〔清〕李有棠撰

金史紀事本末

第一册

卷一至卷一三

中華書局

圖書在版編目(CIP)數據

金史紀事本末/(清)李有棠撰;崔文印點校. —北京:中華書局,2015.8(2024.6重印)
(歷代紀事本末)
ISBN 978-7-101-11029-6

Ⅰ.金… Ⅱ.①李…②崔… Ⅲ.中國歷史-金代-紀事本末體 Ⅳ.K246.404.4

中國版本圖書館CIP數據核字(2015)第127806號

責任編輯:許 桁
責任印製:陳麗娜

歷代紀事本末
金史紀事本末
(全三册)
〔清〕李有棠 撰
崔文印 點校

*

中華書局出版發行
(北京市豐臺區太平橋西里38號 100073)
http://www.zhbc.com.cn
E-mail:zhbc@zhbc.com.cn
北京建宏印刷有限公司印刷

*

850×1168毫米 1/32 · 30印張 · 6插頁 · 490千字
2015年8月第1版 2024年6月第5次印刷
印數:7901-8300册 定價:138.00元

ISBN 978-7-101-11029-6

出版説明

一

《金史紀事本末》五十二卷，清末李有棠撰。

李有棠字芾生，江西萍鄉人，生於道光二十年（一八四〇）左右，卒於光緒末或宣統初年。《昭萍志略·仕籍志》稱其「幼補博士弟子員，食廩餼，以優行貢成均就教職，考取八旗官學、漢國子監學，選授峽江訓導」。《遼史紀事本末》和《金史紀事本末》就是他在任峽江訓導時撰成的。江西學政吴士鑑，認爲這兩部書「紀述淹眩，考訂完密」，於光緒二十九年（一九〇三）上奏推薦，得到朝廷的嘉獎，特賞李有棠内閣中書銜。

除遼、金二本末外，李有棠還編著有《歷代帝王正閏統總纂》、《怡軒雜著》等書。

二

《金史紀事本末》分正文和考異兩部分。

正文「俱本正史」(見本書凡例)，對《金史》紀傳中所記史事，按專題纂輯，縷晰條分，基本上做到了章學誠所謂「文省於紀傳，事豁於編年」(《文史通義·書教下》)，爲研究《金史》的人提供了一些方便。

考異是本書下功力較多的部分，約占全書的一半以上。李有棠説：「凡事有同異，詞有詳略」，即「倣裴世期注《三國志》及胡身之注《通鑑》」例，「小注雙行，分載每條之下，名曰考異」(本書凡例)。考異不僅彙集了大量的材料，提供了研究和解決問題的綫索，而且還提出了作者本人的見解，并對一些具體史實做了考訂。例如本書卷三十七，李有棠根據《金史·阿喜傳》的有關記載，令人信服地考訂了《章宗紀》所載泰和六年七月被殺的宋夏統制即夏興國。又如本書卷十九，李有棠指出，《金史》卷六十六《特進撻懶傳》和卷七十七本名完顏昌的《撻懶傳》，都記有「破杞縣軍，獲胡直孺事及擒石瑱」事，「未知孰是」，「俟考」。雖僅僅提出了問題，但已清楚地表明，《金史》有關記載存在錯誤。凡此，都是對研究金史頗有稗益的。至於對人名異同、地理沿革等考訂，不少地方亦足資參考。

但本書的不足也很明顯。首先是正文在摘取《金史》原文方面，時間性注意不够，不少記載在時間上與《金史》出現了差異。如本書卷三十，大定二年二月，記有「定軍煮私鹽及盜官鹽法……」據《金史》卷四十九《食貨志》，此乃大定三年二月事。又如大定八年正月，記世宗謂海陵修起居注不任直臣一段話，考《金史》卷六《世宗紀》，此事在這年十月。這類情況甚多。另外，本書没有記述金代典章制度的專題，是一較大缺陷。其次是考異，往往不分問題大小，引書皆以多取勝，且多轉述，非但臃腫，錯誤亦復不少。如本書卷十轉述《宋史·魏矼傳》中的一段記載説：「《魏矼傳》謂世忠飲内侍李廙家，刃傷弓匠，此皆少年粗豪之過」。查《宋史》卷三七六《魏矼傳》，分明寫着：「内侍李廙飲韓世忠家，刃傷弓斤，事下廷尉。」經李有棠轉述，則南轅北轍，面目全非了。

至於作者的唯心史觀，他的封建士大夫的地主階級立場，如對農民起義的憎恨和否定，對帝王，尤其是對金世宗的頌揚，對金亡時天象的大量羅列，都表現得比較突出，這裏就不再一一列舉了。

三

本書於光緒十九年（一八九三）首次刊行，此後又經編者親加修訂，於光緒二十九年（一九〇三）重刊。這次點校，卽以重刊本爲底本。

在點校過程中，正文主要校以《金史》，凡校記中未注明《金史》版本的，皆系采用一九七五年我局出版的點校本。本書考異，點校時只對可疑之處，檢核原書，校補了一些明顯的錯誤和衍脱。凡用圓括弧括起的字卽表示删，凡增補的字皆用方括弧括起。此外，爲了閲讀方便，正文每段開始的紀年，注了公元紀年；考異原爲雙行，爲了醒目，也改排成了單行。

本書采用了清乾隆間改譯過的《金史》人名，正如李慈銘所説：「舊名傳習已久，新譯所改，人所罕知，有猝迷其爲何人者。」（《越縵堂讀書記》同治辛未條）因此，這次點校增編了《金史人名清元異譯對照表》附於書後，以便查核。

本書由我局崔文印同志點校。缺點、錯誤希望讀者指正。

中華書局編輯部

一九七九年九月十三日

金史紀事本末凡例

一、金史叙事詳核，用筆謹嚴。説者謂本劉祁歸潛志、元好問壬辰雜編以成書，故稱良史。然累朝實録在順天張萬户家，本紀實據以撰述。太宗天會六年，命完顔勗等掌國史，始綜始祖以下十帝爲三卷。皇統八年，勗等又進太祖實録二十卷。大定中，修睿宗實録。惟衞紹王被弑，記注無存。元初，王鶚修金史，采當時詔令及楊雲翼等日歷以補之，亦稱確覈。至正四年，丞相阿嚕圖等始勒爲成書，凡一百三十五卷，於舊史多所增訂。祇南渡後事迹，多據元、劉二書，非全恃爲稿本也。惟卷帙浩繁，參之遼、宋、元三史及各傳記，紀載多歧。爰不揣譾陋，謹編金史紀事本末一書，縷晰條分，俱本正史。其或事有同異，詞有詳略，兼倣裴世期補注三國志及胡身之注通鑑，取温公所著攷異三十卷，散入各條例，小注雙行，分載每條之下，名曰「攷異」，以便流覽，而資參證。

一、太祖自珠赫店之捷，卽於次年建號稱帝，紀元收國，凡二年，又改元天輔。遼史於天慶五年末載其事，至七年乃載太祖用楊朴策，卽位改元，則收國二年俱付闕如。金史於太祖建國，兩次改元，紀載甚明，且謂爲烏奇邁等所請，并無楊朴定策之事。至遼史所載楊朴勸太祖議和求封，金史亦未之載，列傳且無楊朴其人。今撰金史紀事本末，參校二史，附見之〔攷異〕中，以免疏漏。

一、遼天祚帝幸混同江，遇頭魚宴，太祖不肯起舞，欲殺之，嗣因事送咸州詳袞司問狀。及下詔親征，太祖慟哭，欲自殺以激衆怒，遼復遣使册爲東懷國皇帝。遼史所載甚明，金史未載。他如宗弼順昌之敗，世宗從軍亦曾大挫，而本紀未叙；李世輔劫執薩里罕，而本傳不詳；高汝礪黨附高琪，傳無貶詞。今撰紀事本末，博采羣書，附載之〔攷異〕中，以昭核實。

一、張邦昌、劉豫均受金國册封，其與南宋交涉諸事，皆宜詳載。攷邦昌本傳未叙僭位稱號事，但云至汴勸進，及以隱事被誅。至豫徙都汴京，會兵侵宋，及一切苛暴諸政，概未詳書。他若虛中、藥師諸人，皆以降附立傳；而吴曦叛蜀，册封爲王，雖爲時未久，亦宜備載。今撰紀事本末，蒐採傳記於〔攷異〕中，縷叙源流，以昭炯鑒。

一、金史所紀戰事，繁簡最爲得法，然敗衄之師，多爲國諱。如天眷三年，金再用兵取江南，宗弼趨汴，薩里罕趨陝，踰月遂奏平定。然是時劉錡大捷於順昌，岳飛連捷於郾城、朱仙鎮，及復蔡州、潁昌、淮寧等處，韓世忠三捷於淮陽、泇口、潭城，張俊再捷於永城、亳州，王德亦捷於宿州；而陝西則吴璘捷於扶風石壁砦，王彦捷於青溪嶺，田晟捷於涇州，金史一概未載。至皇統元年，金紀書四月宗弼請侵宋，九月議和罷兵。然攷宋史所載，邵隆敗金人於洪門，復商南；王德敗之於含山，克其城及昭關；關師古等敗之於巢縣；崔皋敗之於舒城；楊沂中、劉錡大破之於柘皋及店步，史皆未書。且宋史均係二三月事，史稱四月始出師，亦不合。至興定以後，淮、陝用兵，金、宋本紀互有詳略。今撰紀事本末，參訂互稽，於〔攷異〕中皆補載之，以成信史。

一、金、宋交綏，國史各侈功績，多係鋪張。如大定間宿州之役，宋史李顯忠傳則云大破孛撒兵，嗣因邵宏淵不協，始退軍，未嘗言敗也。而赫舍哩志甯傳乃言屢敗其兵，彼此互異。觀赫舍哩約赫德等傳，叙南侵淮、泗功，無一敗衂；而宋史趙方、扈再興、孟宗政、趙葵等傳，紀其擊破金兵，均獲大勝，紀載各歧。然攷馮璧傳，謂約赫德所至，宋人皆堅壁不戰，絶無所資，故無功而歸。胡失門傳所言亦合。至武仙傳謂宋孟珙襲仙於順陽，爲仙所敗；而宋史孟珙傳乃言仙屯順陽，珙軍扼之，退走馬蹬，兵敗潛遁，全不相符。今撰紀事本末，綜覽史傳，互證參觀，附見之〔攷異〕中，以備稽核。

一、世宗爲一代令主，衆正盈朝，要以宰輔爲最盛。按宋史紀事本末於真、魏諸賢用罷，勒爲一編，叙次最爲詳整。今倣其例，將一朝賢輔之謀猷、爵里、用舍、存没，錯綜貫串，薈萃成文，以資取法。

一、金史有疎漏處。如衞紹王紀，大安二年九月，京師戒嚴。蓋因蒙古兵逼。然上文未載蒙古起兵之事，直至大安三年四月始書元太祖東征。今參攷元史，附載源流，使知緣起。至宣宗卽位，乃圖克坦鎰勸胡沙胡迎立，而紹、宣二紀均不載。韓常爲宗弼愛將，無役不從，戰功最著，後并繪像衍慶宫，而竟無專傳。烏陵思謀爲宗翰、宗弼謀主，卽烏凌噶色埒美也，亦未立傳。北遼魏王之立，改元建福，蕭氏稱制，建號德興，而金史但稱自立於燕，建元德興，合二人爲一事。遼史載左企弓四人降金被殺，而金史企弓傳，云爲張覺所殺，他三人傳皆令終，且卒皆稱遼官，尤覺無據。今均於〔攷異〕中彙辨之。

一、金國之郡縣分合，山川隸屬，及關津、堡寨之建置，與諸史有不相符者，今皆据國史地理志爲主，而參之各史傳記及方輿紀要、通鑑輯覽等書，分注詳晰，以歸畫一。

一、金史臣工名姓，與宋史多不相符。如窩斡叛黨瓜里、扎巴降宋，李世輔用其謀攻取靈壁，而宋史顯忠傳則謂初約蕭琦，琦背約，擊敗之，取靈壁。惟張子蓋傳有招降蕭鷓巴事，官忠州團練使，或係扎巴，金志亦作蕭鷓巴及耶律适里，而顯忠傳又無鷓巴其人。虹縣叛將爲都統奚托卜嘉，而宋史孝宗紀則謂爲蒲察徒穆大周仁。後蕭琦亦降於顯忠。時金帥爲布薩忠義，方駐汴，而統兵乃志寧，宋史謂宿州帥爲孛撒，或因布薩舊作僕散，以此致訛。世忠傳，兀朮扼於黃天蕩，撻辣在濰州遣孛堇太一來援，宗弼傳則謂爲移喇古。他若世忠傳之聶兒孛堇、牙合孛堇、訛里也，岳飛傳之拓跋邪烏、粘罕索孛堇、劉合孛堇、龍虎大王夏金吾，吴玠傳之没立烏魯折合，吴璘傳之鶻眼郎君、胡盞習不祝、完顏悉列，王德傳之萬户盧孛，秦檜傳之室撚，魏勝傳之蒙恬鎮國、五斤太師，楊再興傳之萬户撒八孛堇，畢再遇傳之完顏蒲辣都，趙方傳之駙馬阿海、樞密完顏小驢、監軍合答，孟珙傳之温端兀陵達，攷之金史，并無其人。大都以訛傳訛，不必相合。今編紀事本末，於名氏之互岐者，詳爲攷核，用昭異同。伏讀國朝重訂金史，悉遵國語解，用三合音改正，而御批通鑑輯覽，亦將蒙古源流諸書，互相考證，多加譯改。今謹遵新譯，仍注舊作某字於其下，以便省覽。

一、金史忠義列傳，於中外殉節諸臣，詳加採摭，著其事實，洵足以表彰毅烈。今撰紀事本末，因篇幅所限，不得不删繁就簡。謹遵通鑑輯覽所編勝朝殉難諸臣例，將官爵、姓名，大書特書，而附載事迹始末於其下，庶文省事增，足備考獻徵文之助，非創例也。其他義例，有與遼史紀事本末同者，不復贅。

金史紀事本末目録

金史紀事本末卷首

紀年表

干支	宋	遼
乙未	宋徽宗政和五年	遼天祚天慶五年
丙申	六年	六年
丁酉	七年	七年
戊戌	八年 十一月改重和元年	八年
己亥	重和二年 二月改宣和元年	九年
庚子	宣和二年	十年
辛丑	三年	保大元年
壬寅	四年	二年 正月，金克遼，天祚出奔。淳立，改元建福，六月殂。

金	干支	宋	遼
金太祖收國元年 按史稱太祖正月稱帝，國號金，建元收國。	癸卯	宋徽宗宣和五年	遼天祚保大三年 五月，天祚子雅里稱帝，改
二年 按史十二月改元天輔，上尊號曰大聖皇帝。	甲辰	六年	四年 是年西遼大石稱帝，改元延
天輔元年	乙巳	七年	五年 按史是年二月天祚爲金擒，
二年 大金國志天輔元年	丙午	欽宗靖康元年	
三年 大金國志二年	丁未	二年 四月，二帝北狩，康王構卽位南京，改建炎元年。	
四年 大金國志三年	戊申	高宗建炎二年	
五年 大金國志四年	己酉	三年	
六年 大金國志五年	庚戌	四年	

元神歷。十月，雅里卒。	金太祖天輔七年 大金國志六年 按史是年八月太祖崩，弟晟立，改元天會。
慶。	太宗天會二年 大金國志天會二年，下同。
遼亡。	三年
	四年
	五年
	六年
	七年
	八年 按史是年九月立劉豫爲齊帝。

干支	宋	金
辛亥	宋高宗紹興元年	太宗天會九年
壬子	二年	十年
癸丑	三年	十一年
甲寅	四年	十二年
乙卯	五年	十三年 按史是年正月太宗崩，景宣帝子亶立，不改元。
丙辰	六年	熙宗天會十四年
丁巳	七年	十五年
戊午	八年	天眷元年

己未	宋高宗紹興九年	熙宗天眷二年
庚申	十年	三年
辛酉	十一年	皇統元年
壬戌	十二年	二年
癸亥	十三年	三年
甲子	十四年	四年
乙丑	十五年	五年
丙寅	十六年	六年

丁卯	宋高宗紹興十七年	熙宗皇統七年
戊辰	十八年	八年
己巳	十九年	九年 是年十二月，平章亮弒帝自立，改是年爲天德元年。
庚午	二十年	廢帝天德二年
辛未	二十一年	三年
壬申	二十二年	四年
癸酉	二十三年	貞元元年 是年三月改元貞元，遷都燕京。
甲戌	二十四年	二年

乙亥	
丙子	
丁丑	
戊寅	
己卯	
庚辰	
辛巳	
壬午	

宋高宗紹興二十五年	廢帝貞元三年		癸未	宋孝宗隆興元年	世宗大定三年
二十六年	四年	史稱二月改正隆。大金國志是冬方改正隆。	甲申	二年	四年
二十七年	正隆二年		乙酉	乾道元年	五年
二十八年	三年		丙戌	二年	六年
二十九年	四年		丁亥	三年	七年
三十年	五年		戊子	四年	八年
三十一年	六年	是年六月遷南京。九月侵宋，十一月被弑。十月，世宗即位於遼陽，改元大定。	己丑	五年	九年
三十二年 六月，禪位太子昚。	世宗大定二年		庚寅	六年	十年

辛卯	宋孝宗乾道七年	世宗大定十一年
壬辰	八年	十二年
癸巳	九年	十三年
甲午	淳熙元年	十四年
乙未	二年	十五年
丙申	三年	十六年
丁酉	四年	十七年
戊戌	五年	十八年

己亥	宋孝宗淳熙六年	世宗大定十九年
庚子	七年	二十年
辛丑	八年	二十一年
壬寅	九年	二十二年
癸卯	十年	二十三年
甲辰	十一年	二十四年
乙巳	十二年	二十五年
丙午	十三年	二十六年

丁未	宋孝宗淳熙十四年
戊申	十五年 十月高宗崩。
己酉	十六年 三月禪位太子惇。
庚戌	光宗紹熙元年
辛亥	二年
壬子	三年
癸丑	四年
甲寅	五年 七月，禪位太子擴。

金
世宗大定二十七年
二十八年
二十九年 正月，世宗崩。太孫璟即位，改明年爲明昌元年。
章宗明昌元年
二年
三年
四年
五年

干支	宋	金
乙卯	宋寧宗慶元元年	章宗明昌六年
丙辰	二年	承安元年 十一月改元承安。
丁巳	三年	二年
戊午	四年	三年
己未	五年	四年
庚申	六年	五年 十二月改明年元爲泰和。
辛酉	嘉泰元年	泰和元年
壬戌	二年	二年

干支	宋
癸亥	宋寧宗嘉泰三年
甲子	四年
乙丑	開禧元年
丙寅	二年
丁卯	三年
戊辰	嘉定元年
己巳	二年
庚午	三年

章宗泰和三年		辛未	宋寧宗嘉定四年	衞紹王大安三年
四年		壬申	五年	崇慶元年
五年		癸酉	六年	至寧元年
六年	元太祖元年 是年十二月，太祖成吉思稱帝於斡難河，滅乃蠻。	甲戌	七年	宣宗貞祐二年
七年	二年	乙亥	八年	三年
八年 十一月，帝崩，無嗣。弟永濟立，改明年爲大安元年。	三年	丙子	九年	四年
衞紹王大安元年	四年	丁丑	十年	興定元年
二年	五年 是春，元起兵襲金烏沙堡。	戊寅	十一年	二年

	元太祖六年	八月，元克金西京，遂入居庸關。	己卯	宋寧宗嘉定十二年	宣宗興定三年
正月，改崇慶。大金國志作重慶，續綱目作崇寧。	七年	十月，元克金東京。	庚辰	十三年	四年
是年八月，王爲呼沙呼弒。九月，昇王珣立，改元貞祐。	八年		辛巳	十四年	五年
四月及元平，五月遷都汴。	九年		壬午	十五年	元光元年
	十年	五月，元克金燕京。	癸未	十六年	二年
	十一年		甲申	十七年 閏八月，帝崩，沂王子昀立，改明年元爲寶慶。	哀宗正大元年
是年四月南侵宋。	十二年		乙酉	理宗寶慶元年	二年
	十三年	是年元伐夏，圍興州，主遵頊奔西涼。	丙戌	二年	三年

大金國志	元	干支	宋	金
	元太祖十四年 是年六月元征西域諸國。	丁亥	宋理宗寶慶三年	哀宗正大四年
	十五年	戊子	紹定元年	五年
	十六年	己丑	二年	六年
大金國志興定六年 按史是年八月改元元光。	十七年 是冬，元征西域班師。	庚寅	三年	七年
大金國志元光元年 按史是年十二月帝崩，子守緒立，改明年元爲正大。	十八年 是冬，元滅欽察國。	辛卯	四年	八年
大金國志元光二年，謂是年十月帝崩，子守緒立。	十九年	壬辰	五年	天興元年
大金國志正大元年	二十年	癸巳	六年	二年
大金國志正大二年	二十一年	甲午	端平元年	三年

金	元
大金國志正大三年	元太祖二十二年 是年六月，元滅夏，以其主晛歸。十二月，太祖殂於六盤山，年六十六，葬起輦谷。
大金國志四年	圖類監國 太祖第四子監國不紀元
大金國志五年	太宗元年 太祖第三子察罕台卽位於和林，是爲太宗。
大金國志六年	二年
大金國志七年	三年
大金國志是春改開興，夏改天興，史同。元圍汴京，議和，退師。帝奔河朔，復圍汴。	四年 是年十月圖類殁。
是年正月，帝走歸德，崔立叛降元。四月，二王后妃北遷。三月，官努作亂，幽帝。六月，誅官努，奔蔡，宋元合圍。	五年
是年正月，帝傳位宗室承麟，城陷，帝自焚。承麟爲亂兵所殺，金亡。	六年 是年〔三〕〔正〕月，（據元史卷二太宗紀改）與宋滅金，以陳蔡東南地歸宋，班師。

金自太祖迄哀宗九主，凡一百二十年。肇基東土，撫有中原。版圖式廓，可謂宏矣！余讀金史，其間稱帝、紀元，或與葉隆禮契丹國志、宇文懋昭大金國志不合，豈代遠年湮，傳訛襲謬，不免見聞異辭，後人遂不能徵諸一是歟？兹撰紀事本末，另輯紀年表，其二志與史異者，附註於旁，以便觀覽，俟後之博雅君子論定云。

萍鄉李有棠芾生甫謹識。

金史紀事本末卷首

帝系考

太祖皇帝姓完顏氏，諱旻，本名阿固達，原作阿骨打。世祖第二子。母曰翼簡后納喇氏。遼咸雍四年戊申七月一日生。世居按春水側。初，從康宗圍哲克依水，擒瑪察獻於遼，拜爲詳衮。康宗殂，乃襲位爲達貝勒，以宋政和五年乙未稱帝，國號金，建元收國。三年丁酉，改元天輔，時遼天慶七年正月也。天輔七年八月，崩於布圖濼西行宮。在位九年，年五十六，葬睿陵，追謚大聖武元皇帝。后：唐古氏謚聖穆、費摩氏謚光懿、赫舍哩氏謚欽憲、布薩氏謚宣獻。子十六：景宣帝宗浚、睿宗宗輔、遼王宗幹、宋王宗望、梁王宗弼、豐王烏里、趙王宗傑、兖王宗雋、瀋王額魯、豳王鄂爾多、衛王宗強、曹王宗敏、紀王實訥埒、息王寗吉、莒王燕孫、鄴王斡琿。

太宗皇帝諱晟，本名烏奇邁，原作吴乞買。世祖第四子，母曰翼簡后納喇氏，太祖母弟也。遼太康元年乙卯生。初爲穆宗養子。收國元年七月，爲安班貝勒。太祖出征，常居守。天輔七年六月，太祖次鴛鴦濼，不豫，至鄂都山，驛召赴行在。八月，太祖崩。九月即位，改是年爲天會元年。三年二月，滅遼。四年十二月，克汴京。八年九月，立劉豫爲齊帝。十三年正月，崩於明德宮，在位十二年，年六十一，葬恭陵，追謚文烈皇帝。后唐古氏，謚欽仁。子十四：宋王宗磐、魯王宗固、曹王宗雅、虞王宗偉、滕王宗英、鄭王宗懿、潞王宗本、翼王呼蘭、衛王宗美、豳王實圖美、瀋王哈必蘇、鄂王沃哩、韓王宗哲、隋王宗順。

熙宗皇帝諱亶，本名哈喇，原作合剌。太祖孫景宣帝宗峻子。母富察氏，追尊惠昭后。天輔三年己亥生。天會十年四月，授安班貝勒。十三年正月，太宗崩，即位，不改元。十五年十一月，廢齊國，降劉豫蜀王。改明年爲天眷元年。四年，改皇統。九年十二月，平章亮弒帝，降封東昏王。在位十四年，年三十一，葬思陵，追謚莊靖孝成皇帝。后，費摩氏爲帝殺，謚悼平。子二：太子濟安謚英悼、魏王道濟。

廢帝海陵庶人亮，字元功，本諱都古嚕訥，原作迪古乃。遼王宗幹次子。母大氏，謚慈憲。天輔六年壬寅生。皇統八年，拜平章政事。九年，弒熙宗自立，改是年爲天德元年。五年，改貞元。四年，改正隆。六年八月，弒嫡母圖克坦太后。九月，自將伐宋。十月，世宗即位於遼陽。十一月，與宋兵戰江上，不勝，還次瓜洲，完顏元宜等弒之。在位十二年，年四十，降海陵郡王，謚曰煬，葬大房山鹿門谷諸王兆域中。後降爲庶人，遷之西南四十里。后圖克坦氏。子四：太子光英被殺、崇王元壽、宿王舒蘇鄂博、滕王廣陽。

世宗皇帝諱雍，本名烏祿。太祖孫，睿宗宗輔子也。母曰貞懿李后。天輔七年癸卯生。皇統間封葛王，爲兵部尚書。天德初，判會寗牧。貞元三年爲東京留守，進封趙王。正隆例，降封曹國公。六年，居母喪。九月，海陵南征。十月，完顏默音等奉帝即位，改是年爲大定元年。二年五月，立允迪爲太子。二十四年三月，如上京，命太子監國。明年六月，太子卒，九月，還都。二十六年十一月，立原王璟爲皇太孫。二十九年正月崩。在位二十八年，年六十七，葬興陵，追謚仁孝皇帝。后烏凌阿氏，謚昭德。弟一，齊王沃里布。子十：顯宗、衛紹王、夔王永升、鄭王永韜、潞王永德、鎬王永中、趙王蘇尼、越王薩嘍勒、越王永功、豫王永成。

章宗皇帝諱璟，小字瑪達格，原作麻達葛。顯宗嫡子也。母孝懿后圖克坦氏。大定八年七月生。十八年封金源郡王。二十五年十二月，進封原王。二十六年四月，賜名璟，拜右丞相，立爲太孫。二十八年冬，世宗不豫，遂攝政。二十九年正月，世宗崩，卽位。明年改元明昌。七年，改承安。六年，改泰和。八年十一月崩。在位十九年，年四十一，葬道陵，追謚英孝皇帝。后富察氏，謚欽懷。第六：宣宗、鄆王琮、瀛王瓌、霍王從彝、瀛王從憲、温王玠。子六：絳王洪裕、荆王洪靖、榮王洪熙、英王洪衍、壽王洪輝、葛王德里。

衛紹王諱允濟，小字興勝，避顯宗諱，更名永濟。世宗第七子。母曰元妃李氏。大定十一年封薛王，進封滕。二十九年章宗立，進封潞王。承安二年改封衛王，泰和八年章宗崩，無嗣，王卽位，改明年爲大安元年。四年改崇慶，明年改至寧。八月，執中反，被弒。在位五年，降東海郡侯，後追封衛王，謚曰紹。后圖克坦氏，徙居鄭州，不知所終。子六：太子從恪、琚、瑄、璪，餘二人，史未列名。

宣宗皇帝諱珣，本名烏達布，原作吾睹補。顯宗長子。母曰昭華劉氏。大定三年癸未生。十八年封温國公。二十九年進封豐王，加開府，判兵、吏部。章宗時賜名從嘉，徙封昇王。至寧元年八月，衛王被弒，九月卽位，改是年爲貞祐元年。二年，遷南京。三年正月，太子守忠卒，立其子鏗爲太孫，尋逝。燕京陷。四年五月，立子守禮爲太子。五年改興定，六年改元光，二年十二月帝崩。在位十年，年六十一，葬德陵，追謚英武聖孝皇帝。后王氏，賜姓温都，謚仁聖，明惠后女弟也。子四：哀宗、莊獻太子守忠、元齡、荆王守純。

哀宗皇帝諱守緒，初名守禮，又名寗嘉蘇，原作寗甲速。宣宗第三子。母曰明惠王后。承安三年八月二十三日生。女弟仁聖后無子，養爲子。宣宗立，封遂王。貞祐四年册爲太子。元光二年十二月宣宗崩，卽位，改明年爲正大元年。九年正月改開興，四月改天興。是冬走河朔，二年，走歸德。崔立作亂，奉梁王從恪監國，汴京尋破，兩宮北遷。帝謀幸蔡州，官努叛，幽帝照碧堂，未幾誅，遂幸蔡。十二月，宋、元合圍。三年甲午正月遜位承麟，城陷，帝縊於幽蘭軒。

在位十年，年三十六，謚曰哀宗。后圖克坦氏，北遷，不知所終。

承麟，博索弟。正月受禪。城破，退保子城，爲亂兵所殺，金亡。時宋理宗紹定七年甲午也。

計九帝，凡一百二十年。

金史紀事本末卷一

帝基肇造

遼道宗咸雍十年（甲寅一〇七四），以女直國和哩布原作劾里缽。〔攷異〕一作劾里缽，御批通鑑輯覽作合理博。爲節度使。女直原作女真，避興宗諱改。〔攷異〕徐夢莘三朝北盟會編云，本名朱理真，番語訛爲女真，係高麗朱蒙之遺。世居阿芝州淶流河，後名會甯府。有生女真、熟女真之别。外有東海女真、黄頭女真二種。尋改號金，在愛新水之上。國語以金爲愛新，水源於此，故又謂之金源。愛新水在甯古塔城東南，源出吉林烏喇，東北流入混同江。淶流河，即拉林水，在今甯古塔地。李心傳繫年要録云，金在漢稱伊掄，南、北朝稱和奇，隋、唐稱默爾赫，至五代始稱女真。元會汾金史攷證云，女真，或曰慮真。又，按春，滿州語「耳墜」也。耳墜以金飾之，金興於愛新水源，因其水黄色而名。舊作按出虎，今改。許亢宗奉使行程録云，第三十六程，自和里間寨九十里至句孤孛堇寨。自北而南，莫知遠近，界隔甚明，乃遼、金二國古界也。又自呼勒希寨八十里直至淶流河，山無寸木，地不産泉，人攜水以行，蓋天以此限兩國也。淶流河濶三十餘（步）〔丈〕，（據許亢宗奉使行程録改）以船渡。王圻續文獻通考云，會甯府，初爲州，天眷初置上京，設留守司，領會甯、曲江、宜春三縣。元初立開元、南京二萬户府，治黄龍府。至元中改遼東路，復改開元路，領咸平府，後隸遼東道宣慰司。明改置三萬衛。欽定滿州源流考云，滿州語金曰「愛新」。金史舊解以金爲按春，滿州語「耳墜」也。耳墜以金爲之，因誤爲金，并按出虎亦誤爲金。吉林境内無愛新水，亦並無按春水，以音與地考之，當爲今阿勒楚喀河。河源在吉林城東北三百里。松漠紀聞、北盟會編、宇文懋昭大金國志等書所載上京行程，過拉林河一程卽至上京驛館。拉林河東去阿勒楚喀不過百餘里，阿勒楚喀河源在吉林城東北三百里，拉林河源在吉林城東北二百二十五里。按之諸書所載，上京宮闕在混同江東二百六十里，去拉林河一百七十五里者，俱約畧相合，此按出虎卽阿勒楚喀之明證也。至金太祖建國號之詔，見本紀。又，太祖實録云，契丹以鑌鐵爲號，其質雖堅，終有銷毁，惟金一色，最爲真寶，自今本國可號大金。所載畧同，并未云有金水源。而金源縣名，遼時已有，在今喀喇沁右翼界，與金初起之地無涉。史殊不足爲據也。先出靺鞨氏，號勿吉，古肅慎氏地也。〔攷異〕肅慎之名，著於周初。考竹書紀年有虞舜二十五年息慎獻弓矢之文。史記虞帝紀亦稱北發、息慎。鄭玄注曰，息慎或謂之肅慎。周書王會解又作稷慎。「息」「稷」與「肅」音轉之訛，其爲一國無疑。後漢書挹婁傳云，卽古肅慎。追魏、晉間通使聘，史臣皆以肅慎書之，傳世二千餘年不絕。宋劉恕稱金之姓爲朱理真。夫北音讀「肅」爲「息」，「須」「朱」同韻，「里」「真」二字合呼之音近「慎」，蓋卽肅慎之轉音，而不知者遂以爲姓。國初舊稱所屬曰珠申，亦卽肅慎，漢人不知原委，遂歧而二之也。見滿州源流考。元魏時，勿吉有七部：曰粟末部，曰博綽原作伯咄。〔攷異〕五代史、宋史、樂史太平寰宇記作泊咄。部，曰恩徹亨原作安車骨。部，曰佛甯原作拂涅。〔攷異〕太平寰宇記作拂湟。部，曰哈沙原作號室。部，曰黑水部，曰白山部，隋時猶存。〔攷異〕王欽若册府元龜云，靺鞨在高麗〔之北〕（據册府元龜卷九五七補），地居營州東二千里，南與新羅接，地方二千里，編户十餘萬，兵數萬。北史云，靺鞨所居，多依山水，渠帥曰大莫弗瞞咄。隋書云，煬帝初與高麗戰，頻敗其衆，渠帥度地稽帥其部來歸，拜右光禄大夫。及遼東之役，度地稽率其徒以從，每有戰功，居之柳城。所載較詳。至唐初，衹有黑水靺鞨、粟末靺鞨二部。粟末靺鞨，始附高麗，姓大氏。李勣破高麗，粟末靺鞨保東牟山，顧祖禹方輿紀要云，在瀋陽中衛東二十里，本挹婁地，今承德縣東二十里。後爲渤海，稱王，傳十餘世。有五京、十五府、六十二州。黑水靺鞨居肅慎地，亦附高麗，嘗以兵十五萬助高麗拒唐太宗，敗於安市。方輿紀要云，在蓋州衛東北七十里。開元中入朝，置黑水府，拜都督，〔攷異〕宋史云，時酋長入朝，拜勃利州刺史。王溥五代會要云，在京師東北六千餘里。開元十年二月，安東都督薛泰請置黑水郡，其酋爲都督，置長史一人監領之。舊唐書，武德初，突地稽入貢，以其部落置燕州，拜總管。貞觀中，以戰功封蓍國公，徙居幽州昌平城。會高開道引突厥來攻幽州，突地稽大破之，拜右衛將軍，賜姓李。子謹行遷營州都督，封燕國公。自高麗滅後，並爲渤海編户。惟黑水部全盛，分十六部。開元十三年，因薛泰請置黑水軍，尋升爲府。所載各異。賜姓名李獻誠。其後服屬渤海，朝貢遂絶。五代時，遼滅渤海，而黑水靺鞨亦附之。勿吉，始見北魏，亦曰靺鞨，故魏書爲勿吉傳，隋書爲靺鞨傳，而北史傳云，勿吉，一名靺鞨，其實則爲一國也。第自唐武德以前，則勿吉與靺鞨互稱，武德以後，則黑水一部獨强，始專稱靺鞨。而粟末部自萬歲通天以後，改稱震國，又稱渤海，無復目爲勿吉矣。考粟末部以粟末水得名，即今之松阿哩江。白山，即今長白山，滿州語謂之果勒敏珊延阿琳。黑水，今黑龍江，滿州語謂之薩哈連烏拉，詞異義同，尤信而可徵也。見滿州源流考。其地有混同江，即黑龍江，又有長白山，所謂白山黑水是也。〔攷異〕陳士元東夷考畧云，混同江，水色微黑，亦名黑龍江，即粟末河。發源太白山，即長白山，横亙百里，巔有水源，下注成湖。出東珠，貴者直千金。南流爲鴨緑江。北流爲混同江，達五國城，東入海。其出北山，南流入松花江。是爲白山黑水。林本裕遼載云，一名宋瓦江，即松花江，在開原北千五百里。楊賓柳邊紀畧云，混同江發源長白山，北流而東，黑龍江發源塞北，南流而東，雖入海處合爲一，而其源則截然兩處。金史世紀稱混同江亦號黑龍江，誤。方輿紀要云，又東流爲阿也苦河。長白山巔有潭，周八十里，淵深莫測。其山横亙千里，高二百里。

續通考云，女直松花江，開原城北一千里，源出長白山。混同江，開原城北千五百里。西北三千三百里爲兀良河。黑龍江，開原北二千五百里，源出北山黑水。胡里改江，源出達州衛東南山下，東北滙爲鏡泊，又北入混同江。忽刺温江，開原城北九百里。哈剌河，開原城東四百里，源出長白山北松山。一迷河，開原城北四百里。又千餘里爲金水河，六千里爲艾葱河、莽哥河。穩禿河，開原東北五百里，又東北千二百里入理河。掃兀河，開原東北五百七十里。又東北一千里爲忽兒海河，合蘭河源，經建州衛東南一千里入海。忽汗河，在靺鞨國三百里恤品河源，經建州衛東南一千五百里入海。通鑑輯覽云，混同江，即松花江，在今吉林烏喇城東南，發源長白山，北流，會鄂諾河，又東合黑龍等江入於海。按，鄂諾河，舊作鄂嫩河，今改。遼史聖宗紀，大平四年改鴨子河爲混同江，紀載各別。按，長白山在吉林烏拉城東南，横亙千餘里，東自甯古塔，西至奉天府，諸山皆發脉於此。山巔有潭，爲鴨緑、混同、愛滹三江之源。古名不咸山，亦名太白山，亦名白山，亦名徒太山，亦名太末山。其名長白山，則自金始也。又，長白山南麓分兩幹：一西南指者，東界鴨緑江，西界佟佳江，麓盡處，兩江會焉；一繞山之西，南北亙數百里，以其爲衆水所分，謂之分水嶺。黑龍江，在黑龍江城東，古名黑水，亦曰完水，又名室建河，亦名鄂嫩河，源北喀勒喀北界肯特山，折而東北流至尼布楚城南一千餘里，又三百餘里入黑龍江將軍界，又東南至吉林烏拉界，會松花江入海。舊唐書言源出俱倫泊，即今庫倫湖。今黑龍江之源，自有鄂嫩河。庫倫湖上流爲克魯倫河，其源與鄂嫩河相近，而克魯倫又東北入黑龍江，此唐書之所由致悞也。見滿州源流考。在江南者入遼籍，號熟女直；〔攷異〕北盟會编云，一曰合蘇欵。在江北者不入遼籍，號生女直。〔攷異〕無名氏北風揚沙録云，金國本三韓辰韓之後，姓拏氏。其地有七十二部落，阿保機恐其爲患，徙豪右數千家於遼陽之南而著籍焉，使不得與本國通，謂之合蘇欵，即所謂熟女真也。自咸州東北分界入室口至東珠江中所居之女真，隸咸州兵馬司，與其國往來無禁，謂之回霸。其自東江北，寗江東，散居山谷者曰生女真，均臣屬契丹，世襲節度使，兄弟相傳，周而復始。人皆辮髮，與契丹異，耳垂金環，留顱後髮，以色絲繫。馬端臨文獻通考，合蘇欵作哈斯罕，卽熟女真。回霸作輝發，非熟女真，亦非生女真。其自涑沫江之北、甯江之東，地方千餘里，户十餘萬，無大君長及國名，小者千户，大者數千，則謂之生女真。宋太宗時，契丹伐女真，女真衆纔萬人，弓矢精勁，爲灰城，以水淋之爲堅氷，不可上，攻之不克，野無所取，遂退，大爲所敗。真宗時，契丹征高麗，女真與高麗合兵拒之，大敗而還。自天聖後屬契丹，世襲節度使。按，輝發河在吉林城南三百二十里，源出納嚕窩集，卽遼吉善河、圖們河、三屯河合流處，東北入混同江。而圖們河與發源長白山之圖們江非一水也。

始祖諱函普，初從高麗來，年六十餘。兄阿庫納原作阿古迺好佛，留高麗不肯從。獨與弟博和哩原作保活里俱。始居完顏部布爾罕原作僕幹之涯，博和哩居札蘭。原作耶懶其後呼實默原作胡十門以哈斯罕原作曷蘇館歸太祖，自言其祖兄弟三人相別而去。蓋阿庫納之後。實圖美、原作胡土門都古嚕訥，原作廸古乃博和哩之裔也。〔攷異〕宗室表，阿庫納裔托卜嘉爲遼太尉，子呼實默官驃騎（大）〔上〕（據金史卷六六胡十門傳改）將軍，以哈斯罕歸太祖。呼實默子果實，原作鈎室，哈斯罕達貝勒。又，和卓原作合住，遼領辰、復二州，亦阿庫納裔。和卓子富色克，遼中正節度；額哩頁，曹州防禦使；布呼，順天節度。博和哩四世孫卓巴納子實圖美，金源郡王；阿索美，原作阿斯懣；忠，本〔名〕（據金史卷七〇完顏忠傳補）都古嚕訥，平章事。金源郡王實圖美子實實，原作習失，特進；思敬，本名薩哈，平章事。按實圖美子尚有察遜，表未列名。久之，其部人與他部相惡，謂始祖曰：「若能解此怨，我部有賢女，年六十未嫁，當以相配，仍爲同部。」始祖爲約和，部衆悦服，因以其女歸焉，并得其貲產。〔攷異〕苗耀神麓記云，始，揞浦出自新羅，奔至阿觸胡，無所歸，遂依完顏，因而氏焉。時酋豪以强凌弱，無有制度，捐浦爲立法令，果斷不私，遠近皆服，號爲神明，六十未娶，有鄰寨鼻察，其酋長姓結徒姑丹，小名聖者貨，有室女，年四十餘，嫁之。未言約和歸女事。今從世紀。生二男：長烏嚕，原作烏魯。次斡魯。〔攷異〕和卓子薩哈弟亦名斡魯，官都統，封鄭王，另一人。宗室表，斡魯八世孫名匡，本名蘇色，官太師、尚書令。史有傳。一女，卓克索巴。原作注思板。〔攷異〕斡魯傳，謂皆福壽之語。按，蒙古語，起立曰「卓克索巴」，蓋祝其易於成立之意。又，滿洲語，是非之是曰「烏嚕」，贅疣之疣曰「斡魯」，皆與福壽語不倫。當時載筆之家不通音譯，往往附會以漢文，未可牽合併改，故仍其舊。自是遂爲完顏部人。〔攷異〕洪皓松漠紀聞云，後因號完顏氏。完顏，猶漢言「王」也。國語解云，卽斡英基雅。宗室表，完顏凡十二部，後皆以部爲氏。史臣記録，有稱宗室者，有稱完顏者。稱完顏者亦有二：有同姓完顏，蓋疏族，如實圖美、都古嚕納是也。有異姓完顏，蓋部人，如罕都，原作歡都是也。大定以前稱宗室，明昌後避睿宗諱稱内族，至宣宗時，詔宗室皆稱完顏，不復識别矣。所載較詳。天會十四年，追謚景元皇帝，廟號始祖。皇統四年，號其藏曰光陵。五年，增謚懿憲。邵經邦宏簡録云，妻謚明懿皇后。

子德帝嗣，諱烏嚕。卒，葬熙陵。皇統五年，增謚淵穆玄德皇帝。宏簡録云，妻謚思皇后。子二：長跋海，次輩魯。〔攷異〕宗室表，輩魯亦作博囉，其孫名呼實，曾孫和卓，原作劾者，官特進。與薩哈父韓國公同名，另一人。

子安帝嗣，諱巴哈。原作跋海卒，葬建陵。皇統五年，增謚和靖慶安皇帝。宏簡録云，妻謚節皇后。子五：綏可、信德、謝庫德、謝夷保、謝里忽。〔攷異〕宗室表，謝庫德，一作錫赫特。孫巴達，原作拔達，官儀同三司。謝夷保，一作錫哩布。子博諾，原作盆納，官開府。謝里忽，一作錫里庫。按，盆納，同時人稱惡盆納，見卷六十五謝庫德傳。又，阿庫德，一爲完顏部勃堇，一爲温迪痕部人，並見謝庫德傳。所載各異。

子獻祖嗣，諱綏赫。原作綏可徙居海古勒水，耕種樹藝，始築室，有棟宇之制。〔攷異〕馬擴茅齋自叙云，混同江以北不種穀麥，所種止稗子。自過嬪、辰州，東京迤北，絶少麥麪。每晨及夕，各以射到禽獸薦飯。同州地宜擦黍。東望大山，云新羅山，出人參、白附子。北盟録云，女真，土多林木，田宜麻穀，以耕鑿爲業。土産名馬、生金、大珠、人參及蜜蠟、細布、松實、白附子；禽有鷹鸇、「海東青」；獸多牛、羊、麋鹿、白彘、青鼠、貂鼠；花菓有白芍藥、西瓜；海多大魚、螃蟹。五代史云，女真地多牛、鹿、野狗。釀糜爲酒。其南海曲有魚鹽之利，契丹仰食。洪皓松漠紀聞云，榛柃木〔名〕，（據松漠紀聞蒲魯虎條補）有文縷，可愛，多用爲椀。西瓜，形如扁蒲而圓，色極青翠，經歲則變黃。其瓞類甜瓜，味甘脆，中有汁，尤冷。嘗攜以歸，可留數月。有久苦目疾者，曝乾服之而愈（按「西瓜」以下，爲紀聞續中語）。契丹國志云，女真部族皆處山林，有屋，居舍門皆於山墻下開之，耕鑿，與渤海人無出租税。又云，人無定居，行以牛負物，遇雨則張革爲屋。又，俗以樺皮爲屋。見文獻通考。人呼其地爲額訥格爾，原作訥葛里漢語「居室」也。史稱額訥格爾，漢言「居室」也。佛葉，漢語「惡瘡」也。和掄，漢語「慈烏」也。又云，得勝陀，國語「額特赫格們」也。日月山，國語「納喇薩喇」也。陷帛，國語「埒綳吉」也。龍駒河，國語「達罕必喇」也。白濼，國語「舍音齊喇」也。鴛鴦濼，國語「昂吉爾」也。燕子城，國語「古勒達爾干」也。羊城，國語「和甯」也。狗濼，國語「音達琿尼約」也。古北口，國語「紐斡哩」也。居庸關，國語「齊喇哈藩」也。松亭關，國語「薩勒扎」也。化成關，國語「哈斯哈雅」也。見滿洲源流考。自此，遂定居於按春水側。原作安出虎。〔攷異〕宏簡録作按出滸。國語解云，金曰按春，即阿伊西。北盟會編云，世居阿木火。按，按春水當改作阿勒楚喀水。攷見上。卒，葬輝陵。皇統五年，增謚純烈定昭皇帝。

宏簡録云，妻謚恭靖皇后。子七：石魯、朴都、阿保塞（據金史卷五九宗室表、卷六五始祖以下諸子傳，「塞」當作「寒」，形近而訛。）、敵酷、敵古迺、撒里輦、撒葛周。〔攷異〕宗室表，朴都，一作巴圖。阿保塞，一作阿布哈。敵酷，一作圖庫。敵古迺，一作都古嚕訥，與實圖美弟官平章者同名。撒里輦，一作薩里罕。撒葛周，一作薩克蘇。卷六十七留可傳，世祖時溫迪痕部孛堇撒葛周，另一人。

子昭祖嗣，諱舒嚕。原作石柳，亦作石魯。〔攷異〕汪輝祖金史同名録云，世祖時不朮魯部卜灰黨、穆宗時紇石烈部人，并見世紀；卷六十八歡都傳，其祖；卷一世紀穆宗時將烏林荅氏；卷十八哀宗紀天興二年護衛，六人同名石魯。始以條教爲治，部人不悅，欲害之，叔父錫里庫原作謝里忽救之，得免。士衆寖强，遼以特哩袞原作惕隱官之。因耀武至於青嶺、白山，撫順討逆，所至克捷。卒，葬安陵。皇統五年，增謚武惠成襄皇帝。妻徒單氏，謚威順皇后。〔攷異〕宗室表，昭祖子烏肯徹，原作烏骨出，伯赫，原作跋(里)〔黑〕（據金史卷五九宗室表改），伯勒赫，原作跋里黑，斡里雅，原作斡里安，和碩台，原作胡失荅，與景祖，共六人。實古納稱昭祖曾孫；崇成，本名布呼，都指揮使，稱昭祖玄孫，不知誰子。汪輝祖金史同名録云，卷六十五麻頗傳太祖時係遼女直、卷一百二十一溫迪罕蒲睹傳迪斡，羣牧副使，三人同名胡失荅。

是時，尚未有文字，無官府，年壽修短，莫得而考焉。〔攷異〕北盟會編云，其人不知紀年，以草一青爲一歲。問之，則曰：「吾見青草幾度」。其言語則謂好爲「感」，或爲「塞痕」。不好爲「辣撒」。酒爲「勃蘇」。拉殺爲「蒙山不屈花不辣」。敲殺爲「蒙霜特姑」，又曰「霑勃辣駭」。夫謂妻爲「薩那罕」，妻謂夫爲「愛根」也。北盟録云，女真言語謂好爲「賽堪」，又爲「賽音」。謂不好爲「朗色」，謂酒爲「博囉達喇蘇」。謂棍子敲殺爲「穆克珊坦塔哈」，又曰「穆克珊布徹赫嚕布」，又曰「斡布哈」。夫謂妻爲「薩爾罕」，妻謂夫爲「額伊根」。又呼女巫嫗爲「薩滿」。又云女真刻木爲契，謂之刻字。賦斂調度，皆刻箭爲號，事急者三刻之。旗幟之外，各有字記大小牌子繫馬上爲號。樂有腰鼓、管笛、琵琶、方響、篥、笙、箏、箜篌、大鼓、拍板。苗耀神麓記云，女真始祖劈木爲剋，如文契約。法令嚴峻，果斷不私，由是遠近皆服，號爲神明。至獻祖，教人燒炭煉鐵，刳木爲器，制造舟車，種植五穀，建造屋宇，有上古之風。由是，隣近每有不平，皆詣訴請，遂號貝勒。北風揚沙録云，性嗜酒好殺。賦斂調發，刻箭爲號，事急者三刻之。謂好爲「臧」，酒爲「勃蘇」。官之等以九曜二十八宿爲號。國有大事，適野環坐，畫灰而議，自卑者始。議畢即滅，不聞人聲，其密如此。史均未載。

子景祖嗣，諱烏古鼐。原作烏古迺。〔攷異〕畢沅續通鑑作烏庫納，云舊作烏古納。遼聖宗太平元年辛酉歲生。自始祖至此六代矣。景祖始役屬諸部，自白山頁赫、原作耶悔，一作葉赫，河名，蓋部族之居近是河者，因以爲號。圖們、原作統門。〔攷異〕圖們江，在甯古塔城南六百里，源出長白山，東北流，繞朝鮮北界，復東南折入海。扎蘭、托卜古倫原作土骨論。之屬，及五國之長皆聽命。〔攷異〕五國部：一，博和哩，滿州語「碗豆」也，舊作剖阿里；一，博諾，滿州語「雹」也，舊作盆奴；一，鄂羅木，滿州語「渡口」也，舊作奧里米，一作伊埒圖，滿州語「明顯」也，舊作越里篤；一，伊勒希，滿州語「副」也，舊作越里吉，今俱改。聖宗時來附，重熙六年始設節度使領之，在西樓東北千里，東接大海，居甯古塔以東。而五國城則爲五國至遼總集之所，即節度使所治之城也。見滿州源流考。

時遼遣林牙赫嚕原作曷魯。〔攷異〕太祖紀，天輔三年孛堇曷魯，另一人。將兵來索逃户，景祖恐其深入也，以計止之。已而，五國佛甯原作蒲聶，又作富聶赫。部節度使巴哩美原作拔乙門，又作巴延瑪勒。叛遼，鷹路不通，遼人將討之，來諭旨。景祖乃陽與爲好，襲而擒之，獻於遼主。得召見，燕賜加等，拜節度使。遼謂節度爲太師，金人稱都太師者自此始。因置官屬，紀綱漸立。鄰國以鐵來售，厚價購之，乃修弓矢器械，兵勢稍振。鄂敏〔考異〕滿州語「飲」也，原作斡泯，今改。水富察原作蒲察等部來附。遼道宗咸雍八年，五國穆延原作没撚部蘇頁原作謝野，一作舍音。貝勒叛遼，景宗率衆擊敗之。卒，年五十四，葬定陵。皇統五年，增謚英烈惠桓皇帝。〔考異〕宗室表，景祖子和卓，原作劾者；噶順，原作劾孫，沂國公；赫色布，原作劾真保，代國公；滿丕，原作麻頗，虞國公；阿里罕，原作阿離合懣，隋國公；們圖琿，原作謾都訶，阿斯罕貝勒，鄭國公；子穆里延，原作謀里也，官工部尚書。至伊克、阿里布，均稱系出景祖，不知世次。又卷六十八歡都傳，父劾孫，另一人。續通考云，景祖長子名劾者，韓王；劾孫，沂王；劾保孫，代王；麻頗，虞王；謾都訶，鄭王，皆天會中追封。又第九子謚定濟。所載稍異。

第二子和哩布嗣，是爲世祖。母唐古原作唐括氏。謚昭肅皇后。興宗重熙八年己卯歲生。至是始襲節度使。

大安七年（辛未一〇九一）和諾克、原作(拉)〔桓〕赧（據金史卷六七桓赧傳改）。薩克達爲亂，會諸軍來攻，世祖率兵大擊破之，各率其屬來降。既而，博都哩原作不朮魯各舊部咸來附。時沃勒原作斡勒部博諾結烏春，烏木罕原作窩謀罕。〔考異〕國語解云，即武噶。舉兵，復擊擒之。未幾，拉必、原作臘醅瑪察原作麻產侵掠牧馬，烏凌阿原作烏林答。〔考異〕國語解作烏林達云，即武禮英噶。部錫馨子頗克綽歡亦在其中，世祖克之，瑪察遁去，遂擒拉必及頗克綽歡獻之遼。已而，復索歸。遂與罕都合兵攻破烏春等於實都，原作斜堆烏木罕棄城遁，進克其城。由是變弱爲强，基業始大。〔攷異〕商輅續綱目云，劾里缽，嚴重多智，因敗爲功。初建官屬，統諸部官之長者稱貝勒，原作勃極烈。宗室傳，時罕都、伊克及和卓、巴達、博諾五人者，不離左右，親若手足，元勳之最著者，明昌五年皆配饗世祖廟廷。準塔、蘇拉布，皆瓜爾佳部人。賽音諾延、綽哈皆圖們部人。富哲尼瑪哈，完顏部人。阿固岱、布達皆音德爾水完顏部貝勒。七人者，當攜離之際，能竭力輔戴者。德濟、呼遜皆珠嘉部貝勒。雙寬、主保皆珠格部人。阿固岱，温特赫部人。五人者又其次者也。按，罕都，原作歡都，封代國公。卷七十杲傳天輔六年將歡都，另一人。

八年（壬申一〇九二）夏五月，世祖卒。年五十四。立十九年，葬永陵。皇統五年，增謚神武聖肅皇帝。原娶納喇氏，以明年卒。〔攷異〕宏簡録作拏懶氏，謚簡肅皇后。據金史卷六三后妃傳「簡肅」當作「翼簡」。續綱目云，子十一：長烏雅束，次卽阿古達。薛應旂通鑑云，長吳剌束，次阿骨打，次吳乞買，次斡帶，次撒也，次斡賽，次斡者，次烏故乃，次闍母，次查剌，次烏特。劾里缽疾篤，呼弟盈哥謂曰：「烏雅束柔善，若辦集遼事，阿骨打能之。」遂卒。宗室表，世祖子威泰，原作斡帶，封魏王；杲，本名舍音，封遼王；烏色，原作斡賽，封（衛）〔鄭〕王（據金史卷五九交聘表改）；烏哲，原作斡者，封魯王；楝摩，原作闍母，封魯王；扎拉，原作查剌，封沂王；昂，本名烏達，原作烏特，平章，封鄆王；阿庫納，原作烏故乃，封漢王，與康宗、太祖、太宗共十一人。續通考，斡帶謚定肅。斡賽封鄭王。（按金史卷六五斡賽傳記其追封衛國王，不記其封鄭王，疑誤。）子宗永（封魯王宗）（據金史卷六五宗永傳删）本名（排）〔挑〕撻（據金史卷六五宗永傳改），封魯王。（按，據金史本傳，此人卒於震武軍節度使，不載其封魯王事，疑誤。）斡者子神土濍封金源郡王。（按，據金史卷五九宗室表、卷六五斡者傳，皆載其子神土濍爲驃騎上將軍，未及其封王事，疑誤。）按，世祖曾孫綽歡傳云，父烏里，祖巴噶布琳，則布琳爲世祖子。表闕未書。

弟肅宗嗣，諱頗拉淑。原作頗剌束，一作蒲拉舒。景祖第四子。遼重熙十一年壬午歲生。初爲國相，盡心匡輔，備知遼國政事、人情，凡有遼事，一切委之。世祖時，叔父伯赫有異志，誘諸部爲亂，從征有功。襲位後，瑪察尚據哲克依原作直屋鎧水未服，率兵討誅之，獻馘於遼。明年，復遣兵伐尼瑪哈原作尼厖古。〔攷異〕國語解作尼忙古。諸部，皆平之。

十年(甲戌一〇九四)八月，肅宗卒，葬泰陵。天會十五年，追謚穆憲皇帝。皇統五年，增謚明睿。妻蒲察氏，謚宣靖皇后。(按金史卷六三后妃傳作靖宣皇后。)〔攷異〕續通考云，温國公耨酷欵、崇國公蒲魯虎，封時皆未詳，均系出肅宗。按，耨酷欵亦作訥古庫，蒲魯虎亦作富勒呼，均肅宗子。見宗室表。

弟穆宗嗣，諱英格，原作盈哥字額魯温。〔攷異〕宏簡録作烏魯完。景祖第五子。遼重熙二十一年癸巳歲生。肅宗時，擒瑪察，遼命爲詳衮。原作詳穩至是，襲節度使。〔攷異〕世紀云，南人稱揚割太師。又曰揚割號仁祖。金代無號仁祖者。穆宗諱英格，「英」近「揚」，「格」近「割」，南北音訛。凡叢言、松漠紀聞、張棣金誌等書皆無足取。薛應旂通鑑云，宋徽宗建中靖國元年冬十月，頗剌束死，阿骨打嗣。按，是年卽遼乾統元年也，中無穆宗、康宗嗣立之事。與世紀異。今從世紀。以兄和卓〔攷異〕滿州語「美好」也，舊作合住，宏簡録作劾者，通鑑輯覽作和琢。子薩哈原作撒改。〔攷異〕滿州語「小圍」也。舊作撒合，今譯改。汪輝祖金史同名録云，卷七十神土懣子思敬，官平章、卷九十三章宗子英王洪衍、卷八十二烏孫訛論傳父謀克、卷九十一安武節度、卷九十八完顏(綱)〔綱〕傳(據金史、金史同名録卷一四改)押軍猛安，六人同名撒改。又，通鑑輯覽薩哈作薩拉噶，又異。爲國相。本傳，世祖長兄和卓子，從穆宗討阿蘇，先克通恩城。及以都統討坍克、卓多、烏塔等部，降之。嗣伐遼之舉，決於都古嚕訥，實自薩哈發之。敦厚多智，能馴服諸部。卒，追封燕國王，配饗太祖廟廷，謚忠毅。子：宗翰、宗憲。〔攷異〕宗室表，薩哈子宗翰，原作粘没喝；扎巴台，原作扎保迪，官特進；宗憲，本名阿蘭，尚書右丞相。稍異。

壽隆二年（丙子一〇九六），錫馨原作星顯水赫舍哩原作紇石烈部阿蘇、原作阿疎穆都哩原作毛睹禄阻兵爲難。穆宗自將伐阿蘇，薩哈以偏師攻通恩原作鈍恩城，拔之。阿蘇初聞來伐，往訴於遼。遂留和卓守阿蘇城，穆宗乃還。嗣後屢索不遣，金人遂用此爲兵端。會赫舍哩部阿勒班原作阿閤版及舒嚕阻五國鷹路，執遼使者，遼詔穆宗討之，攻克其城，出遼使歸之。未幾，烏庫哩原作烏古論。〔攷異〕國語解云即武庫哩。部埒克、原作留可卓多原作詐都與蘇伯水烏庫哩達薩塔原作敵庫德並起兵叛命，命薩哈爲都統，希卜蘇、原作習不出，本傳一作辭不失。昭祖孫，烏肯徹之子。健捷，能左右射。從世祖敗和諾克、薩克達於托果原，功居多。復從肅宗擊敗烏春兵，擒博諾以歸。與薩哈攻埒克城，下之。珠赫店之戰，破遼兵十萬，挫其鋒。與太宗勸進，授愛滿貝勒，雖屢居守，無方面功，而倚任與薩哈比。卒，贈開府，曹國公，進金源郡王，配饗太祖廟廷，謚忠毅。子，呼沙呼，官真定留守。孫，宗亨，甯州刺史；宗賢，官丞相都元帥，爲海陵殺，謚忠毅。見續通考。汪輝祖金史同名録云，即習不失，傳在卷七十，阿買勃極烈，亦作習失，見禮志。又，思敬傳思敬兄名習失，亦作習室、李老僧傳熙宗時都點檢、蒲察鼎壽傳鼎壽子、温迪罕蒲睹傳歐里不，羣牧副使，均同名辭不失。又，海陵時武庫直長名習失。阿里罕、原作阿里合懣。〔攷異〕國語解云，即阿禮哈。通鑑輯覽作鄂蘭哈。瑪爾本傳，景祖第八子。健捷善戰。伐遼之舉，實贊成之。從征屢有功，官古倫英實貝勒，追封隋國王，贈開府，配享太祖廟廷，謚剛憲。宗室表，阿里罕長子賽音，賽音子宗尹，官平章；宗甯官平章，代國公。宗尹子尼楚赫襲明安；宗甯子亶，韓州刺史。阿里罕次子晏，本名鄂倫，左丞相，廣平郡王。晏子伊呼訥。又，宗道官臨洮尹。按，阿里合懣原作阿離合懣。宗室表永中子璩、卷九十二克甯傳大定四年鎮國上將軍，三人同名阿離合懣。卷六十九宗敏傳子密國公、卷七十三宗尹傳本名，三人同名阿里罕。見汪輝祖金史同名録。威泰副之，討平諸叛，撫甯各部如舊時。

六年（庚辰一一〇〇）和卓尚守（通恩）〔阿蘇〕城（據金史卷六七阿踈傳改），穆都哩來降。阿蘇在遼。遼使來罷兵，穆宗以計阻之，遼使走歸，遂克其城。

天祚帝乾統二年（壬午一一〇二）冬十月，蕭哈里原作海里叛遼，亡入阿克占原作阿典。〔攷異〕遼史作阿克展。部，遣其族人額特埒〔攷異〕薛應旂通鑑作斡達剌，通鑑輯覽作烏達喇。來結和，穆宗執之送於遼。募兵，得甲千餘。女直甲兵之數始見於此。前此，蓋未嘗滿千也。次混同水，會遼兵數千攻哈里，弗克。穆宗請遼退師，命太祖策馬突戰，流矢中哈里首，墮馬，擒殺之，獻俘於遼。自此知遼兵之易與也。遂朝遼主於漁所，授以使相，賜予加等。

三年（癸未一一〇三）冬十月，穆宗卒。年五十一，葬獻陵。皇統五年，增謚章順孝平皇帝。妻烏古論氏，謚貞惠皇后。子五人：昌，本名達蘭，原作撻懶，行臺左丞相；芬徹，原作蒲察，齊國公；富爾丹，原作蒲里迭，崇國公；算卓，原作撒（祝）〔柷〕（據金史卷五九交聘表改），銀青光禄大夫；勗，本名烏頁，原作烏也，太師，金源郡王。勗子宗秀，本名色哷綽，昭義節度使。至哈布爾原作胡八魯，甯州刺史。（字）〔子〕（據金史卷六六掃合傳改）蘇赫，一名齊，利涉節度。稱穆宗〔曾〕（據金史卷六六掃合傳補）孫，不知誰子，（按，金史卷六六掃合傳已明言「父胡八魯」

則此處不得云「不知誰子」。考卷五九宗室表，謂胡八魯「不稱誰子」，則這裡子作孫是）姑置之。均見宗室表。〔攷異〕蒲里迭，與卷七十三阿離合懣子同名，另一人。按，遼史天祚紀，穆宗之卒，載在乾統元年。又，所載撿哈里事，乃穆宗卒後。畢沅續通鑑云，世紀，英格癸未歲卒，爲乾統三年，實宋崇甯二年也，而李燾續通鑑長編謂卒於建中靖國元年，一誤也。是歲，烏雅舒襲節度，十一年而卒，而長編又謂英格死，阿古達立，竟脫却烏雅舒一代，二誤也。蓋沿汪藻金盟本末及直北遼事、史愿亡遼録之謬，而未加攷證耳。

兄子康宗嗣，諱烏雅舒，原作烏雅束。〔攷異〕遼史作武雅淑。字摩囉完。原作毛路（宅）〔完〕（據金史卷一世紀改）世祖長子也。遼清甯七年辛丑歲生。五年，康宗襲節度使。高麗使來議事，使者至高麗，拒不納。語詳高麗事中。〔攷異〕續綱目云，時高麗復與女真通好。女真雖舊屬高麗，然不相通者且久。會高麗醫者至女真，還言於王曰：「女真居黑水部者，部族日强，兵益精悍。」其王乃通使女真。自是來往無阻，幷無拒而不納之事。與世紀異，今從世紀。陶宗儀輟耕録云，高麗以北地名巴實伯里，其地極寒，海亦氷，自八月卽合，至明年四、五月方解，人行其上如平地。征東行省每歲委官至尼嚕干，須用站車，每車以四狗挽之。狗（惡）〔悉〕（據陶宗儀南村輟耕録卷八狗站條改）諳人性，若剋減其分例，必齧其主者，至死乃已。命威泰等伐蘇伯水齋沃赫，原作斡豁。克之，進拔歡塔原作（宏）〔泓〕忒（據金史卷一世紀改）城，乃止。本傳，世祖子，太祖母弟，最所鍾愛。臨敵決策，剛毅果斷。初從薩哈攻破埒克城，盡平額訥斯琿路、恩楚路冠盜。及歸自歡塔城，世祖欲偕往甯江州，不果，遂卒。太祖哭之慟，贈儀同三司，魏王，謚定肅。孫古爾吉，宗室表未列名。立十一年，卒，年五十三，葬喬陵。皇統五年，增謚獻敏恭簡皇帝。妻唐括氏，謚敬僖皇后。子三：宗雄，本名摩囉歡，楚王；騰格徹，原作同括

〔留〕〔茁〕（據金史卷六六始祖以下諸子傳改），昭武大將軍；威赫，勸農使，宋國公。見宗室表。〔攷異〕續通考云，康宗子偎可，天德中封廣平郡王，尋例降，大定初封宗國公，疑卽威赫也。洪皓松漠紀聞云，金九代祖名堪布，號始祖，八代祖名額魯，七代祖名雅哈，六代祖名蘇赫，五代祖貝勒，名舒嚕，高祖太師，名呼蘭，曾祖名哈里，曾叔祖名富勒敏，曾季祖名揚格，伯祖名烏嚕斯，俱加謚號。大金國志云，七世祖名龕福，謚景元皇帝；六世祖名訛魯，謚德帝；五世祖名洋海，謚安帝；四世祖名隨濶，謚定昭帝；三世祖名實魯，謚成襄帝；二世祖名胡來，謚惠帝。胡來生三子，長核里頗，次蒲剌淑，季揚割。揚割生三子，長阿骨打，次吴乞買，季思改。苗耀神麓記云，始祖措浦生訛辣魯，訛辣魯生佯海，佯海生隨濶，始號孛堇。生三子：長兀烈，次失侣，季烏熟，爲孛堇。生貨囉北之五祖，逈然超羣，拜甯江軍節度使。生五子：長劾闍，次劾姑遜，次劾里孛，次浦辣叔，次揚割太師。劾里孛生長子兀囉末，三子兀古達，乃太祖。紀載各異。按，金始祖哈富卽龕福，哈富生烏嚕，卽訛魯，烏嚕生雅哈，卽洋海，雅哈生蘇赫，卽隨濶，蘇赫生實魯，實魯生呼蘭，卽胡來。呼蘭三子：長和勒博，卽核里頗，叔曰富勒蘇，卽蒲剌束，季曰伊克，卽揚割，稱太師，始稱强諸部。和勒博生四子：長烏魯斯，卽吴剌束，次太祖，次太宗，次賽音，卽撒也。永昌八年秋，太祖始稱皇帝，建元天輔云。見滿州源流考。

金史紀事本末卷二

太祖建國

遼天祚帝天慶三年（癸巳一一一三）冬，女直國康宗卒，弟阿固達原作阿骨打。〔攷異〕續綱目作阿古達，史愿亡遼録作阿姑打。鍾邦直行程録云，名文，小字阿古忽。襲位，爲達貝勒，是爲太祖。後改名旻。世祖第二子也。母曰翼簡皇后納喇氏。遼道宗時，東方屢出五色雲氣，大若囷倉之狀，司天孔致和竊謂人曰：「其下當生異人，建非常事。」以咸雍四年戊申七月一日太祖生。幼即舉止端重，〔攷異〕大金國志云，太祖在娠時，骨重異常兒。將生，河水爲沸，野獸盡嘷。及生，有光照其室，部落咸異之。既長，臂垂過膝，身長八尺，狀貌雄偉，沈毅寡言笑而有大志。本紀未載。世祖尤愛之。甫成童，善射，所至踰三百二十步，時莫能及。年二十三，從世祖攻烏木罕原作窩謀罕城，壯士托雲原作太峪馳刺，幾中，舅氏和爾和原作活臘胡救之，得免。世祖寢疾甚，太祖適自遼歸，乃執其手謂穆宗曰：「烏雅束柔順，惟此子足了契丹事。」穆宗亦雅重之。嘗從征瑪察，原作麻産擒殺之，獻馘於遼，遼拜爲詳衮。原作詳穩久之，以偏師伐尼瑪哈原作泥厖古部伯赫、布爾噶等，克之，虜其妻子。

初，温都部人巴圖原作跋忒殺唐古部巴噶，原作跋噶穆宗命伐之，臨行，辭曰：「昨夕見赤祥，此行必克。」遂追及於額斯渾原作阿斯温山殺之。尋從都統薩哈原作撒改攻埒克，原作留可破之。還，攻烏塔原作塢塔城，城中人以城降。普嘉努原作蒲家奴。本傳，鄭國公噶順子，改名昱。官温貝勒，進都統。使襲遼主，從杲克中京，追敗遼兵於石輦鐸。烏琿部叛，討平之。卒，官司空，封王，配享太祖廟廷。〔攷異〕續通考謂劾孫子，正隆例降豫國公。明昌四年，始定配享太廟功臣位次，東廊，自杲以下十三人；西廊，自撒改以下十八人。後又增歡都等九人，共計四十人。東爲杲、宗幹、宗望、習〔不〕失（據金史卷三一禮志補）、希尹、宗雄、銀朮可、忠阿思魁、撒離喝、斡里古、（辭不失）〔習失〕（據金史卷三一禮志改）、克甯、張浩；西爲撒改、宗翰、宗弼、斡魯、婁室、闍母、阿離合懣、蒲家奴、劉彦宗、韓企先、李石、志甯、忠义、良弼、石琚、安禮、合喜、宗敘。後增者爲完顔襄、張萬公、僕散端、高汝礪、福興諸人。所載甚詳。招卓多原作詐都降之，釋不誅。未幾，蕭哈里原作海里。〔攷異〕汪輝祖金史同名録云，卷七十天眷時廣甯尹、卷一百二十一粘割韓奴傳遼同知，三人同名海里。叛遼，太祖親擊殺之，獻於遼。康宗七年，歲饑，民轉爲盜，罕都欲悉殺之，太祖曰：「以財殺人，不可！財者，人所致也。」遂減盜賊徵償法爲徵三倍。民間多逋負，康宗患之，太祖請三年勿徵，聞者感泣。自是遠近歸心焉。是歲，康宗卽世，乃襲位。〔攷異〕畢沅續通鑑云，時烏雅舒夢逐狼，屢射不能中，阿古達前，中之，旦日告僚佐，皆曰「吉！兄不能得而弟得之之兆也。」未幾卒，阿古達代。

四年（甲午一一一四）夏六月，太祖至江西，遼使使致襲節度使之命。〔攷異〕大金國志云，是春，蘇源奚室蒲古率其部落内附，共七千餘户。紀未載。初，康宗卒，太祖嗣位，遼使阿息保〔攷異〕畢沅續通鑑作阿勒博，通鑑輯覽作愛錫拉布。國語解云，以力助人曰「阿息保」。來，讓曰：「何以不告喪？」太祖曰：「有喪不能弔，而乃以爲罪乎？」他日，阿息保徑騎至康宗殯所，欲取賵馬，太祖怒，將殺之，〔攷異〕馬永真嬾貞子云，胡人長騎射，所取勝，獨以馬耳。故一人有兩馬，此古法也。北征詩曰：「陰風西北來，慘澹隨回鶻。其王願助順，其俗喜馳突。送兵五千人，驅馬一萬匹。」是知一胡人兩馬也。中國若不修馬政，豈能勝之。趙翼箚記云，金初最重馬。景祖爲部長時，有黄馬，服乘如意。景祖殁，遼貴人争欲得之，世祖不允，割其兩耳，謂之禿耳馬。遼人乃弗取。見阿（辣）〔疎〕傳（據金史卷六七阿疎傳改）贊。時兵力尚微，桓赧、散達方强，欲得盈哥之大赤馬及辭不失之赤騮馬，世祖亦不許，遂戰，敗之。阿里合懣將死，太祖往問疾，詢以國事，對曰：「馬者，甲兵之用，今四方未平，而國俗多以良馬殉葬，當禁止之。」均見本傳。故太祖欲殺阿息保也。諳達傳，騎射絶倫，善相馬。嘗論及善射者，世宗曰：「能如卿乎？」閲馬於市，見良馬，（甚）〔雖〕（據金史卷九一移剌按荅傳改）羸瘦，輒與善價取之，他日果良馬也。宗雄本名摩囉歡。〔攷異〕宋史作謀良虎。國語解云，謀良虎，無賴之名，即穆喇枯。通鑑輯覽作穆哩庫。本傳，康宗長子。從太祖攻甯江州，敗渤海兵。珠赫店之戰，摧鋒力居多。戰達嚕噶城，乘勝逐北，至頁嚕伯奇。又追敗遼主於呼岱巴岡，進平西京。贈太師，封楚王，謚威敏。宗室表，宗雄子額哩頁，原作余里也；富勒呼，原作蒲魯虎，金紫光禄大夫；安塔哈，原作按（塔）〔荅〕海（據金史卷五九宗室表改），太子太保，金源郡王；雅爾堅，原作燕京；阿林，原作阿隣，兵部尚書。又，額哩頁孫富德，上京路提刑。富勒呼子和勒端，原作桓端，金吾衛上將軍。史載常春、呼喇勒、呼喇、呼嚕、徹珍、帕克巴、恩楚皆稱摩囉歡孫，不知誰子，姑置之。續通考云，宗雄次子名答海（按，據金史卷七三本傳，當作按答海），初封許王，後封鄆王。汪輝祖金史同名録云，卷九十三顯宗子玠、卷五海陵紀貞元二年翰林待詔、卷六世宗紀海陵臣宦護衛、卷八十七合喜傳太宗時恩州刺史、卷一百二十烏林答暉傳都點檢，六人同名謀良虎。又，燕京與興定元年蘭州水軍提控同名；按答海與泰和六年部將同名。見承裕傳。紀載各判。諫而止。〔攷異〕遼史天祚紀云，天慶二年春，帝幸混同江釣魚。值頭魚宴，酒酣，帝臨軒，諸部長次第起舞，獨阿固達辭，帝欲誅之，弗果。葉隆禮契丹國志云，道宗末年，阿骨打入朝，遼貴人與爲雙陸戲，相争，阿骨打怒，以刀戕其胸，不死。侍臣請誅之，不許；因以王衍縱石勒，張守珪赦祿山比之。終不聽。史均未載。

既而，遼命久不至。遼主淫酗、好獵、荒政，四方奏事多不省。每歲遣使市名鷹「海東青」於海上，道出境内，使者貪縱，部人厭苦之。〔攷異〕薛應旂通鑑云，女真歲以北珠、貂皮、良犬、俊鷹「海東青」貢於遼。「海東青」者，小而健，能擒天鵝。爪白者尤異。主酷愛，每歲大寒，必命女真發甲馬數百至五國界取之。往往争戰而得，國人厭苦。畢沅續通鑑云，宋河北轉運使梁子美，嘗捐緡錢三百萬市北珠奉上。珠出女直，子美市於遼，遼嗜利，虐女直捕「海東青」以求珠，女直深怨之。北盟會編云，天鵝能食蚌，則珠藏其嗉，唯「海東青」能擒天鵝，則於其嗉得珠焉。又，遼使每至其國，必欲薦寢者。舊輪中下户之室女，後唯擇美好婦人，不問其有夫及閥閱高者，女真深怨。所載最詳。康宗嘗以不遣阿蘇原作阿(竦)〔踈〕（據金史卷六七阿踈傳改）爲言，稍拒其使者。至是，復遣宗室實古納、〔攷異〕蒙古語「審問」也。原作習古迺，今譯改。通鑑輯覽作舒固特。尼楚赫原作銀朮可。國語解云，珠也。本傳，伐遼之舉，發自尼楚赫。嗣戰達嚕噶城，凡九陷陣，大敗之。從克中京，大敗奚錫默於京西。遼主西奔天德，以兵絶其後，卒見獲。從宗翰，侵宋，圍太原，屢敗宋兵。克汴，賜鐵券，拜中書令，封蜀王，謚武襄，配享太祖廟廷。〔攷異〕續通考云，銀朮可爲平章，代王宗尹子，隋王阿離合懣孫。天會十三年，封蜀王，正隆例，降金源郡王。子古雲，原作轂英，官平章。弟麻吉，猛安，謚毅敏。麻吉子沃側，官西北招討使，皆系出景祖。按，宗室表，尼楚赫，宗室子，中書令，金源郡王。子古雲，上京留守。弟瑪奇，銀青光祿大夫。瑪奇子烏色，西北招討使。至續通考所稱爲宗尹子，阿離合懣孫者，同名尼楚赫，襲明安，另一人。阿離合懣，即阿里罕，爲景祖子。續通考誤。汪輝祖金史同名錄云：卷二太祖紀紇石烈部阿疎族弟、卷五十四選舉志大定七年宣徽院同簽、卷七十四文傳大定十三年南京路謀克、卷八十五鄭王永蹈傳本名、卷九十二克甯傳大定時札也、卷一百二僕散安貞傳興定時大名路判官、卷一百三紇石烈桓端傳兄謀克、卷一百三十獨吉氏傳兄護衞，十人同名銀朮可。又轂英姪名阿魯瓦，與海陵伯母徒單氏傳郎君同名。等往索。還言遼主驕肆廢弛之狀，始謀伐之。乃備衝要，建城堡，修戎器。遼人聞之，使節度使尼格原作揑哥來問狀。曰：「汝等有異志乎？」太祖曰：「設險自守，又何問哉！」復遣阿息保來詰，太祖曰：「我小國也，事大國不敢廢禮。大國德澤不施，而逋逃是主，以此字小，能無望乎？若以阿蘇與我，請事朝貢。苟不獲已，豈能束手受制！」阿息保歸，遼始遣統軍蕭托卜嘉原作撻不野。〔攷異〕汪輝祖金史同名錄云，太祖初遼副都統，當是一人。又，同時遼節度爲斡魯殺；收國二年高永昌使人；天輔四年遼上京留守，後被誅。均見太祖紀。卷三太宗天會二年遼詳穩、卷六十六胡十門傳父遼太尉、卷七十六宗義傳海陵妃父即大㚖本名，傳在卷八十七，七人同名撻不野，亦作撻不也。調諸軍於甯江州。亦曰混同軍。故城在今吉林烏喇北、混同江東。〔攷異〕洪皓松漠紀聞云，甯江州（在）〔去〕（據松漠紀聞改）冷山〔百〕（同上補）七十里，地（甚）〔苦〕（同上）寒，多草木，如桃李之類，皆成（圍）〔園〕（同上），至八月，則倒置土中，封土數尺，季春出之，否則凍死。每春冰始泮，遼主必至其地，鑿冰鈎魚，放弋爲樂。金起兵，首破此州。又云，冷山去燕山三千里，去金都二百餘里，去甯江州百七十里。所載較詳。高士奇扈從日錄云，額木赫索囉站東北二百餘里爲冷山，自必爾罕必喇北望，相去約數十里。

積素凝寒，高出衆山上，士人呼白山，以其冬夏皆雪也。太祖聞之，謂諸將佐曰：「遼人知我將舉兵，集軍備我，我必先發制之，無爲人制。」衆曰：「善！」乃入告宣靖皇后〔攷異〕畢沅續通鑑云，係頗拉淑妻富察氏，一作蒲察。以伐遼事，并禱皇天后土，號令諸部。使博勒和原作婆盧火。〔攷異〕國語解云「婆盧」即「佛哩」，滿洲語「潔凈」也。今譯改。本傳，安帝五代孫，以伐遼功，爲泰州都統。從取燕京，蕭妃遁，命與和索哩追之，獲其統軍察剌、宣徽扎拉并其家族。尋與實古納討平達喇。守邊屢有功，擢平章事，贈開府，謚剛毅。續通考云，子婆速，孫吾札忽。宗室表，婆速，一名博索，官特進；吾札忽，一名烏哲庫，呼爾哈節度。按，博勒和之子尚有博碩，孫尚有威泰，表未列名。又，同時有博勒和者，羅索平陝西，博勒和、勝額監戰，後爲平陽尹。徙慶陽，另一人。見本傳。汪輝祖金史同名録云，卷八世宗大定二十三年西京留守、宗室、大定二十八年參政；卷六十四顯宗孝懿皇后傳后祖，五人同名婆盧火。等徵諸路兵，并撫諭各路係遼籍女直，執遼障鷹官。

秋九月，進軍甯江州。次寥晦城，會諸路軍於拉林水，〔攷異〕宋史作來流水。洪皓松漠紀聞云，自上京一百五十里至拉林河。北盟會編云，第三十八程至拉林河，三十九程至上京。許亢宗奉使行程録云，三十六程，自呼勒希寨八十里至拉林河。明一統志云，在會甯北，出三萬衛境馬盂山，東流至黄龍府東，又東南流入女真界，又東北流入混同江。按，拉林河在吉林城東北二百五十里，源出吉林東北之拉林山，北流入混同江。明志稍誤。得二千五百人，傳梃誓衆。進次唐古特旺結原作唐括帶斡甲之地，有光如烈火，起人足及戈矛之上，共以爲兵祥。抵遼界，與戰，大破之，親射殺其將耶律色實，原作謝十。〔攷異〕通鑑輯覽作色錫。遼軍大奔，相蹂踐死者十七八。〔攷異〕朱翌猗覺寮雜記云，次年，契丹加兵女真，女真衆裁萬人。所居有灰城，以水沃其壁，凝凍成氷。距城三百里，焚其積聚，散居山林以待之。契丹至，則城不可攻，野無所取，遂退兵，爲所襲，殺甚衆。紀未載。國相薩哈在別路聞之，使其子宗翰〔攷異〕欽定日下舊聞考作尼堪，云，滿州語「漢人」也，舊作粘罕，今譯改。又「心」也，即尼雅馬。見國語解。遼史作尼雅滿，宋史作粘没喝，通鑑輯覽作尼瑪哈。來賀，且勸進。太祖曰：「一戰而勝，遂稱大號，何示人淺也！」

冬十月朔，進克甯江州，獲防禦使大藥師努，〔攷異〕卷六十三海陵貴妃定哥傳小底，同名藥師努。通鑑輯覽作大約什努。陰縱之，使招諭遼人。鐵驪部來送款。次拉林城，以俘獲賜諸將。召渤海梁福、額特埒，〔攷異〕宏簡録作斡答剌。使招諭其鄉人曰：「女直、渤海，本同一家。我興師伐罪，不濫及無辜也。」使完顔羅索原作婁室。〔攷異〕汪輝祖金史同名録云，卷五海陵紀世宗大定二年小底、卷六世宗紀大定八年護衛、卷七世宗紀大定十六年武器直長姓粘葛氏、卷十五宣宗紀興定三年鄧州元帥府提控、卷十八哀宗紀天興二年總帥、卷八十五世宗子豫王永成本名、卷八十七志甯傳世宗時萬户、卷八十八良弼傳本名、一大婁室鷹揚都尉正大八年戰死、一中婁室總帥、一小婁室元帥俱金亡後降宋被殺、卷一百二十二宣宗時權右都監姓蒲察氏、卷一百二十三楊沃衍傳貞祐三年通遠節度，十四人同名婁室。招撫係遼籍女直，師還，命諸路以三百户爲穆昆，原作謀克十穆昆爲明安。原作猛安。〔攷異〕國語解云，「猛安」即「密噶」，「謀克」即「墨克」。洪皓松漠紀聞云，猛安，夷言曰「盲安」，謀克即「毛毛可」。北盟會編云，其職有忒母萬户，萌眼萬户，毛毛可百人長，蒲里偃，牌子頭之稱，宗室皆謂之郎君。按，女真初時無徭役，壯者悉爲兵，平居則漁畋射獵，有警則下令徵之。凡步騎之仗、糗糧皆自備焉。部長曰孛堇，行兵則稱猛安、謀克，猶千夫百夫長也。凡以衆降者，以是官之。亦見宋史。續通考云，謀克之副曰蒲里衍，卽富埒琿；士卒之副從曰阿里喜。天會五年，調燕、雲八路民兵隸諸萬户，而萬户亦有專統漢軍者。皇統三年置驍毅軍。貞祐初，籍任子赴選監當官者爲軍。興定三年置決勝軍，又招集義軍，設都統等官。元光二年，詔籍陝西僑居官民爲軍。時備禦黄河，簽閒居文武職事官充軍。哀宗時選諸路精兵直隸密院。又置忠孝軍，以石抹燕山奴、蒲察、定住統之。又立忠義軍，皆燕、趙亡命，終不可用。至禁軍之制，本於合扎謀克，合扎猛安，合扎者，言親軍也。謂之侍衞親軍。貞元遷都，立侍衞親軍司以統之。舊有護駕軍，海陵又設神勇軍。正隆南伐，選騎兵爲龍驤軍，步兵爲虎步軍，以備宿衞。五年，罷親軍司，付大興府，置左右驍衞，所謂從駕軍也。騎兵隸點檢司，步兵隸宣徽院。大定初，改防城軍爲武衞軍，掌京師巡捕。尋設上京守衞軍。章宗又設威捷軍。至郡國兵，則太祖初設。東京州縣猛安、謀克如内制。大定十五年，遣蒲察兀虎等十人分行天下，再定猛安、謀克户。又有東北路部族乣軍及各部族軍，皆置總管府及節度使以領之。外有渤海軍、奚軍、漢軍、中都永固軍，西北分番屯戍軍，西北永屯軍、驅軍、邊鋪軍，三虞候順德軍、諸路效節軍、弩手軍、射糧軍、牢城軍。史稱金初猛安、謀克雜厠漢地，聽與契丹、漢人婚姻，以相固結。迨國勢既盛，則罷遼東、漢人、渤海之襲猛安、謀克者，漸以兵柄歸其内族。然樞院募軍，兼採漢制。伐宋之後，參用漢人，卒致猜忌日深，自相戕賊。忠孝等軍構難於内，乣軍雜人召禍於外，豈非自壞家法所致歟？趙翼劄記云：金初設明安、穆昆管軍民，及得中原，始置屯田軍。凡女直、奚、契丹之人皆自本部徙居中州，與百姓雜處，計户授甲仗，自耕種，春秋給衣，出軍始給錢米。世宗時，不欲其與民雜處，始令其衆自相保聚，其土田與民田犬牙相入者，互易之，遂爲永制。嗣後，諸軍户多行不法，不能屯種，賃民代耕，日益貧乏。初以三百户爲一穆昆，十穆昆爲一明安。至宣宗時則三十人爲一穆昆，五穆昆爲一明安。哀宗時，又二十五人爲一穆昆，四穆昆爲一明安。蓋末年愈耗減矣。當蒙古兵起，種人往戰輒敗。承安中，主兵者謂種人所給田少，不足豢身家，故無鬭志，請括民田之冒税者給之。於是武夫悍卒强奪民田。及貞祐南渡，盜賊羣起，向之恃勢奪田者，人視如仇，皆死於鋒鏑之下，雖赤子不免。見元遺山所作張萬公碑，亦載完顏懷德碑。可見種人之安插河北諸郡者，盡殲於宣宗之時。史均未載。按，大定三年秋七月，詔罷契丹猛安、謀克，分隸女直。二十三年七月，奏猛安、謀克戶口之數：猛安戶二百二，口六十一萬五千六百二十四；謀克戶千八百七十八，口六百一十五萬八千六百三十六。綽哈原作酬斡。〔攷異〕太祖紀鼈古孛堇，天輔四年遇害。傳附卷一百二十一僕忽得後，宗室。又見食貨志。卷七十九宇文虛中傳，皇統時人，姓唐括氏，另一人。見元會汾金史攷證。等撫定成默原作讒謀水女直，拜格〔攷異〕蒙古語，令其停止也。原作「鼈古」，今改。酋長和索哩〔攷異〕滿州語「麴皮」也。原作胡蘇魯，今改。以城降。

十一月，奚鐵驪王和勒博原作回離保以所部降。

是月，烏奇邁、原作吳乞買薩哈、希卜蘇原作習不出率官屬諸將勸進，願以新歲元日恭上尊號，不許。阿里罕、原作阿里合懣普嘉努、宗翰等進曰：「今大功已建，若不稱號，無以繫天下心。」太祖曰：「吾將思之。」

太祖收國元年（乙未 一一一五）春正月壬申朔，羣臣上尊號。是日卽皇帝位。帝曰：「遼以鑌鐵爲號，取其堅，然亦變壞，惟金不變不壞。金之色白，完顏部色尚白。」於是國號大金，〔攷異〕金志云，太祖以國產大金及有金水源，故稱大金。北盟會編云，以本土名阿祿阻爲國號，女真語「金」也。紀未載。建元收國。時遼天慶五年也。〔攷異〕遼史於金稱帝，載在天慶七年。大金國志載在八年，契丹國志同。惟續綱目、通鑑輯覽與金史合，蓋載在政和五年也。畢沅續通鑑云，時鐵州楊朴說阿固達稱帝。北盟會編載朴勸稱尊號之言甚詳。大金國志云，朴本渤海大族，少第進士，官校書郎。降女真，頗用事，拜知樞密院內相，國初制度，皆出其手。繫年要録作楊璞。史均未載。

三月辛未朔，獵於寥晦城。北盟録云，女真善騎，上下崖壁如飛，精射獵，每見巧獸之蹤，能躡而推之，得其潛伏之所。以樺皮爲角，吹作呦呦之聲，呼鹿射之。馬擴茅齋自敘云，擴隨金主打圍，自拉林河東行。每旦，金主於積雪中以一虎皮背風而坐，諸將各取所佩箭一枝，擲占遠近，各隨所占。左右上馬，軍馬皆單行，每騎相去五七步，接行不絶，兩頭相望，常及一二十里。候放圍盡，金主上馬，去後隊一二里立，認旗以行，兩翼騎兵視旗進趣。凡野獸自内赴外者，四圍得迫射；外赴内者須主將先射。凡圍如箕掌，徐進約三四十里，近可宿之處，卽兩稍合圍漸促。須臾，作二三十匝，野獸迸走，或射、或擊，盡斃之。取火炙啗。騎散之宿處。金主言：「我國中最樂，無如打圍。」其行軍布陣，大概出此。

夏五月庚午朔，避暑於近郊。甲戌，拜天射柳。自是每歲三日（按，此蓋指五月五日、七月十五日、九月九日，凡三日）以爲常。

秋七月戊辰，以弟烏奇邁爲安班貝勒，國相薩哈爲古倫貝勒，希卜蘇爲愛滿原作阿買貝勒，弟舍音原作斜也爲古倫貝勒。〔攷異〕宋史云，以吴乞買爲諳班勃極烈，撒改、斜也爲國論勃極烈。（按，據金史卷二太祖紀、卷七六杲傳，斜也時爲國論昊勃極烈。）北盟會編又作諳版孛極烈。糾官也，猶中國言總管。自五户孛極烈推而上之，以至萬户孛極烈，皆自統兵。通鑑輯覽「諳班」作「阿木班」，「古倫」作「固倫」。按，國語解云，都勃極烈，總治官名，猶漢云冢宰。「諳版」卽「阿巴」，官之尊且貴者；「國論」卽「固嚕」，尊禮優崇得自由者；「胡魯」卽「庫哷」，爲統領官；「穆賚」卽「伊拉」，位第三；「阿買」卽「阿馬」，治城邑者；「乙室」卽「額西」，迎迓官；「扎失哈」，守官署；「昃」爲陰陽官；「迭」卽「德特」。沈炳震廿一史四譜，太祖朝宰輔，首曰諳班勃極烈，爲之者太宗；次曰國論忽魯勃極烈；又次曰國論勃極烈，爲之者完顏撒改及完顏杲。均見本紀。

九月己卯，黄龍見於空中。癸巳，以薩哈爲古倫烏赫哩原作忽魯貝勒，阿里罕爲古倫英實原作乙室貝勒。

二年（丙申一一一六）春正月戊子，詔曰：「自破遼兵，四方來降者衆，宜加優恤。自今契丹、奚、漢、渤海、繫遼籍女直、室韋、達嚕噶、烏舍、原作兀惹鐵驪諸部〔攷異〕册府元龜云，唐開元二年，鐵利靺鞨首領闥許離等來朝。後屢朝貢，授中郎將。其故地，領廣、汾等六州。當渤海盛時，號鐵利府。入遼，屢通貢使，至天祚不絶，迄於金世。「利」與「驪」音同。續通考云不知其所始，非也。官民，已降或爲軍所俘獲、逃遯而還者，勿以爲罪。其酋長仍官之，從宜居處。」

二月己巳，詔曰：「比以歲凶，庶民艱食，多爲奴隷及犯法徵償莫辦，折身爲奴者；或私約立限，以人對贖，過期則爲奴者，並聽贖。」

夏五月，東京遼史地理志云，本朝鮮地，遼建爲東京，號遼陽府，轄州府軍城八十七，統縣九。〔攷異〕輿地廣記云，遼東，春秋屬燕，秦、漢立遼東，後爲公孫度所據。魏、晉爲遼東郡，慕容廆居之。後魏爲高麗國都，唐李勣平之，得城百七十六，爲都督府九，州四十二，縣一百，置安東都護府於平壤城。上元三年，徙郡故城，儀鳳二年，又徙新城，開元二年，徙平州，復徙遼西故郡城。至德後廢，領羈縻州十四：曰新城州、遼城州、哥勿州、建安州，皆設都督府；南蘇州、木底州、蓋牟州、代那州、倉巖州、磨米州、積利州、黎山州、延建州、安市州。續通考云，遼東，唐以前爲高句驪及渤海大氏所有。遼神册四年葺遼陽故城，以渤海俘户置東平郡，天顯三年，遼東丹國民居之，升爲南京，城曰天福，幅員三十里；府曰遼陽，統縣九：遼陽、仙鄉、鶴野、析木、紫蒙、興遼、肅慎、歸〔仁〕、〔順〕化（據遼史卷三八地理志補）。金置遼陽府，户四萬六百，領遼陽、鶴城、宜豐、石城四縣。天會十年改南京路，設都統軍司以鎮高麗、宜豐、澄、復、蓋、瀋、貴德州、廣甯府來遠軍並屬焉。澄州，領臨溟、析木二縣。復州，領永康、化成二縣。貴德州，領貴德、奉集二縣。來遠州，大定中升爲軍，後改州。平，詔除遼法，省賦稅，置明安、穆昆如制。

冬十二月庚申朔，烏奇邁及群臣上尊號曰大聖皇帝，改元天輔。〔攷異〕大金國志云，是年，北方寒甚，裂膚墮指，多有死者。紀未載。

天輔元年（丁酉一一一七）春正月，開州遼史地理志云本濊貊地，號開封府，更名鎮國軍，高麗爲慶州，渤海爲東京龍原府，聖宗時更今名，治開遠縣，本高麗龍原縣。統州三：鹽州，本渤海龍河郡；穆州保和軍，本渤海會農郡，治會農縣；賀州，本渤海吉理〔府〕〔郡〕（據遼史卷三八地理志改），均隸開州。叛，瓜爾佳薩哈〔攷異〕宏簡錄作加古撒噶。等討平之。

夏五月丁巳，詔：「自收甯江州以後，同姓爲婚者，杖而離之。」

秋七月戊申，以完顏鄂倫原作斡論。〔攷異〕畢沅續通鑑作沃稜。知東京事。

冬十二月，宋使馬政以國書來議和。宋、金之交自此始。

二年（戊戌一一一八）春三月癸未朔，咸州路遼置，故城在今奉天府鐵嶺縣。〔攷異〕渤海爲銅山郡，初號浩里太保城。續通考云，咸州，漢屬樂浪郡，唐滅高麗，置安東都護府。遼滅渤海，置咸州安東軍，領咸平縣。金升爲府，領縣八：平郭、同山、新興、慶雲、清安、榮安、歸仁、玉山。都統烏楞古坐事降穆昆，原作斡魯古。本傳，宗室子，官咸州軍帥，以專恣，降穆昆。尋討賊於牛心堡，道卒，贈特進，配享太祖廟廷，謚莊襄。以闍格原作闍哥。續通考云，宗室子，贈特進，謚莊翼。（按，據金史卷七一斡魯古傳及闍母傳，謚莊翼者爲闍母，未載闍哥之謚，此處誤。）代之。庚子，命羅索爲萬户，鎮黃龍府。遼史地理志云，本渤海扶餘府，一名夫餘府。太祖平渤海還，黃龍見，更名。保甯七年，軍將燕頗叛，府廢。開泰九年，遷城於所屬黃龍縣。

夏六月甲寅，詔有司嚴禁民淩虐典雇良人及倍取贖直者。

秋七月癸未，詔曰：「博囉原作匹里水路完顏珠勒呼、原作朮里古渤海大嘉努等六穆昆貧民，昔嘗給官糧，置之漁獵地，今歷日已久，不知登耗，可具其數以聞。」復詔達嚕噶部貝勒色埒：「凡降附新民，善爲存撫。來者令從便安居，給以官糧，毋輒動擾。」

九月戊子，詔曰：「國書詔令，宜選善屬文者爲之。其令所在訪求博學雄才之士，敦遣赴闕。」

閏月庚戌朔，九百奚部蕭寶、伊遜、原作乙辛北部額里頁，原作訛里(雅)〔野〕（據金史卷二太祖紀改）漢人王六兒、王伯龍，契丹特默、高從（昜）〔祐〕（據金史卷二太祖紀改）等，各率衆來降。以降將霍石、韓慶和等爲千户。

冬十月癸未，以龍化州遼史地理志云，本漢北安平縣地，即龍庭，太祖於此建東樓。降者張應古、劉仲良爲千户。漢人李孝功、渤海二哥率衆來降。

〔十二月〕(據金史卷二太祖紀補)遼懿州在今廣甯縣境。〔攷異〕續通考云，遼太平三年，越國公主以媵臣户置，曰廣順軍，清甯中進入，改今名。甯昌軍，金初隸咸平府，後屬北京，領縣二：順安、靈山。節度使劉宏〔攷異〕遼史屬國表作劉完。以户三千降，拜千户。〔攷異〕孔敬宗傳，字仲先，遼陽人，爲甯昌劉宏幕官。烏楞古兵至境上，勸宏迎降，爲鄉導，拔顯州，授順安令。尋奉詔與宏率懿州民徙内地，擢明安，知安州事。從宗望侵宋，汴京平，宗望命敬宗守汴。終歸德節度使。所載較詳。川州在今廣甯縣境。〔攷異〕續通考云，本唐青州地，遼太祖弟安端置，詔名白川州，察刺誅，省爲川州。領縣三：宏聖、咸康、宜民。寇二萬，已降復叛，赫舍哩卓哩原作紇石烈照里擊破之。〔攷異〕畢沅續通鑑云，是春正月，楊朴言：「自古英雄開國，或受禪，必先求大國封册。」金主遂遣使如遼。使至，遼值歲饑，蕭奉先勸遼主許之。通鑑輯覽繫之元年。稍異。太祖紀未載，蓋諱其事而不書耳。大金國志云，二年春，北方有赤色，長二三丈，西方有火五團，下行十餘丈，皆不至城滅。又，是年，楊朴建議，請正后位，從之，詔册蒲察氏爲皇后。今按，國志所書二年是三年，蓋與史差一年，恐誤。紀均未書。

三年(己亥一一一九)春正月甲寅，東京人爲質者永吉等五人結衆叛。事覺，誅其首惡，餘皆杖百，籍其資産之半。丙辰，詔拜格貝勒(按，據金史卷二太祖紀，酬斡即綽哈爲鼈古孛堇，這裡作「格貝勒」，疑誤)綽哈曰：「呼嚕古、達巴噶原作迭八合二部，先時交惡，今來送欵，毋相侵擾。」

夏五月壬戌，詔咸州路都統司曰：「兵興以前，哈斯罕、輝發原作回怕〔里〕(據金史卷二太祖紀補)與係遼籍、不係遼籍女直户民，有犯罪流竄邊境，或亡入遼者，本皆吾民，遠在異境，朕甚憫之。今既議和，當行理索。可明諭諸路，徧訪其官稱、名氏、地理，具録以聞。」

秋八月己丑，頒希尹原作兀室。〔攷異〕續綱目作谷神，通鑑輯覽作固新。所製女直字。

四年（庚子一一二〇）夏四月乙未，帝自將伐遼。以遼和議無成，命進師。令色克原作斜葛留兵一千鎮守，棟摩原作闍母。〔攷異〕國語解云，「釜」也。即西穆圖，通鑑輯覽作多昂摩。本傳，世祖第九子，太祖異母弟。初從斡魯平東京。及克上京、中京，皆力戰有功。又攻西京，先登，克之。平南京，殺張敦固。從侵宋，師還，拜右都監。從宗輔定山東，封魯王，配享太祖廟廷，謚莊襄。子宗敘，本名德壽，官參政，爲世宗重，配享廟廷。按，完顏安國傳，本名闍母。傳在卷九十四。章宗時樞副，道國公，另一人。見元會汾金史攷證。以餘兵來會於渾河。在今奉天府承德縣南，流至海城縣入遼，即小遼水也。〔攷異〕漢書地理志云，高句驪遼山，遼水所出，西南至遼陽入大遼水。桑欽水經云，元菟高句驪縣，有遼山，小遼水所出，西南至遼陽，入於大遼水。酈道元水經注云，小遼水出遼山，西南經遼陽縣，與大梁水會，又東南逕襄平縣爲淡淵，入大梁水，即太子河也。元一統志，渾河源出廢貴德州境瑚呼瑪山。續通考云，源出塞外，西南流至瀋陽衛，合沙河，又西南流至都司城西北，入太子河。太子河即東梁河，源出斡羅山，西流五百里至遼東都司城東北五里，折而西南流，至渾河，合爲小口，會遼河入海。按，渾河源出長白山納哈窩集。遼東行部誌云，「呼圖克」，漢言「渾河」也。「哈達」，漢言「山」也。「達巴罕」，漢言「嶺」也。「桑阿」，漢言「城」也。「布拉克」，漢語「煖泉」也。「奎」，漢言「清河」也。「雅塔喇庫」，漢言「火鐮」也。「和勒端」，漢言「松」也。「茂摩囉」，漢言「水盂子」也。「博囉和屯」，漢言「范河」也。

秋九月，矩威原作燭（威）〔隈〕（據金史卷二太祖紀改）。水部錫勒哈達原作實里古達等殺貝勒綽哈、布古得原作僕忽得以叛。〔攷異〕斡魯傳，綽哈，宗室子，魁偉善戰，年十五隸軍中。初以兵五百敗室韋，獲其民衆。及招降矩威水部，拜穆昆。布古德初事薩哈。從討蕭哈里，降矩威水部，領行軍千户。從破黃龍府，戰達嚕噶城皆有功。其破甯江州，渤海、伊實布叛，追獲之。至是同被害。天顯中，皆贈官。按，忠義傳，綽哈贈奉國上將軍，布古德贈昭義大將軍。繫死事於五年九月，又異。命斡魯〔攷異〕畢沅續通鑑作鄂囉。本傳，和卓第二子。康宗初，伐沃赫，拔其城。高麗築九城於海蘭甸，斡魯亦築城與抗。克東京，拜南(京)〔路〕(據金史卷七一斡魯傳改)都統。從征遼，屢有功。太祖疾，亟命爲德特貝勒，守雲中。及宗翰侵宋，遂代行兩路都統事。封鄭國王，配享太祖廟廷。子薩巴，〔銀青〕(據金史卷七一斡魯傳補)光禄大夫。汪輝祖金史同名録云，卷六十五傳始祖子。見世紀；卷七十二完顏仲傳，仲兄，統軍；卷四十四兵志，與定五年京南行三司官，四人同名斡魯。分呼古烏春〔攷異〕汪輝祖金史同名録云，即納合烏蠢，而卷一世紀，世祖時叛人，傳在卷六十七，温都部人，同名烏春，亦作烏蠢。之兵以討之。〔攷異〕大金國志云，四年三月，始於渤海、遼陽等州榷莞庫。歲課稍重，商人疑惑，不恤也。是春，日有眚，忽青黑無光，洶洶若動。但所書四年是五年，辨見上。史均未載。毛子廉傳，是年，率户二千四百自臨潢來降。按，子廉，本名巴克實。太祖紀天輔六年，漢人毛巴克實來降，一作八十。卷七十三宗道傳，本名，官臨洮知府，另一人。

五年(辛丑一一二一)春正月，斡魯敗錫勒哈達於哈達拉山，誅首惡四人，餘悉撫定。

夏五月，遼都統耶律伊都等詣咸州降。

閏月辛巳，古倫烏赫哩貝勒薩哈卒。

六月庚子，詔安班貝勒烏奇邁貳國政。以温貝勒舍音爲烏赫哩貝勒，普嘉努爲温貝勒，宗翰爲伊拉齊原作移賚齊。(按，據金史卷二太祖紀、卷七四宗翰傳，皆作移賚勃極烈，「齊」字衍)貝勒。〔攷異〕宏簡録云，斜也爲忽魯勃極烈，爲統領官；杲爲昊勃極烈，爲陰陽之官；宗翰爲移賚勃極烈。按國語解，「昊」宜作「昃」，宏簡録恐誤。

秋七月庚辰，詔咸州都統司曰：「自伊都來，灼見遼國事宜，已決議親征，其治軍以俟師期。」會連雨乃罷。命温貝勒昱爲都統，宗翰副之，帥師而西。

冬十(一)〔二〕(據金史卷二太祖紀改)月辛丑，以杲爲内外諸軍都統，以昱、宗翰、宗幹、原作斡本，金主庶長子。〔攷異〕通鑑輯覽作斡布。宗望、原作斡離不。〔攷異〕一作斡里雅布。通鑑輯覽作斡喇布，張滙節要作沃哩布。滿州語「使留」也。舊作斡離不，今譯改。宗盤原作蒲(盧火)〔魯虎〕(據金史卷七六宗磐傳改)。〔攷異〕通鑑輯覽作博勒郭。等副之，率師伐遼。〔攷異〕大金國志云，五年五月，金用楊朴議，始合祭天地於南北郊及禘享太廟，頒賜有差。所書五年，亦是六年。史未載。

六年(壬寅一一二二)春三月，遼秦晉國王稱帝於燕。遼史云，係興宗第四孫，宋魏王和囉噶子。時守燕京，會天祚入夾山，宰相李處温勸之稱尊號，未幾卒，僞謚宣宗章帝。

夏四月，棟摩、羅索招降天德詳卷三。等州，獲阿蘇而還。

六月戊子朔，帝自將伐遼，發自上京。〔攷異〕史稱上京路〔卽〕(據金史卷二四地理志補)海古勒之地，金舊土也，初稱爲内地。天會二年號所築新城爲會平州。天眷元年號上京。海陵遷燕，削上京之號，止稱會甯府。大定十三年，復爲上京。府一，領節鎮四，防禦一，縣六，鎮一。其宮室有乾元殿、慶元宮、朝殿、涼殿。行宮有天開殿，約羅春水之地〔也〕。(據金史卷二四地理志補)有混同江行宮，興聖宮、永祚宮、光興宮；有皇武殿、雲錦亭、臨漪亭。按，海古勒之地，阿勒楚喀水源於此，一名海古勒水，阿勒楚喀，舊作按出虎，今改正。攷詳卷一。命安班貝勒烏奇邁監國。辛亥，詔諭上京官民曰：「朕順天弔伐，已定三京，但以遼主未獲，兵不能已。今者親征，欲由上京路進，恐撫定新民，驚疑失業，已出自登穆魯。原作篤密呂其先降後叛逃入險阻者，詔後出首，悉免其罪。若猶拒命，孥戮無赦。」是月，耶律聶呼卒。斡魯、羅索敗夏人於野谷。〔攷異〕薛應旂通鑑云，夏將李良輔將兵三萬救遼，金婁宿、斡魯敗之於宜水，追至野谷，澗水暴至，夏人漂没者無數。續綱目宜水作宣水。趙良嗣燕雲奉使録作八月事。所載較本紀爲詳。

秋七月甲子，詔諸將無得遠迎，以廢軍務。丙寅，以額特哷招降者衆，命領八千户，以呼遜原作忽薛（領）〔副〕（據金史卷二太祖紀改）之。壬午，希尹以阿蘇見，杖而釋之。本傳，錫馨水赫舍哩部人。初起兵，以索阿蘇爲辭，至是被獲，軍士問之曰：「爾爲誰？」曰：「我破遼鬼也。」

九月乙丑，詔六部奚〔攷異〕歐陽修五代史云，五部奚：一阿蕃、二啜米、三粵質、四怒皆、五黑紇支。王溥五代會要啜米作啜末，粵質作奥質，怒皆作奴皆，黑紇支作黑訖支。薛居正五代史云，奚之先爲匈奴破，保烏丸山，分五姓，皆有辱紇主以領之。續通考云，奚種在金時有遥里氏、伯德氏、奥里氏、梅智氏、揣氏。按，史稱庫莫奚，歷元魏、周、隋、唐皆兵强。後契丹破之，西保隆科，留者臣契丹，號東、西奚，有五世族，與契丹世爲婚姻，附姓舒嚕，凡十三部、二十八落，一百一帳，六十二族。所載各異。曰：「汝等既降復叛，扇誘衆心，罪在不赦。尚以歸附日淺，恐綏懷之道有所未孚，故復令招諭。若能速降，當釋其罪，官皆仍舊。」

冬十月丙戌朔，次奉聖州。詔曰：「朕屢敕將臣，安輯懷附，無或侵擾。然愚民尚多逃匿山林，卽欲加兵，深所不忍。今其逃散人民，罪無輕重，咸與矜免。率衆歸附，授以世官。或奴婢先其主降，並釋爲民。其布告之，使諭朕意。」

十二月，帝親撫定南京。〔攷異〕遼史地理志云，南京，古幽州地，遼建爲南京，號析津府，統州六，縣十一。金號爲中都路，號大興府。天會七年，析河北爲東、西路，時屬河北東路。貞元二年更今名。縣十：大興、宛平、安次、潞陰、永清、寶坻、香河、昌平、武清、良鄉。見地理志。輿地廣記云，幽州，召公奭赴燕，都此。秦爲上谷郡，漢初分立燕國，後爲廣陽郡，東漢併入上谷，後漢兼立幽州，前燕慕容儁都之，元魏號幽州及燕郡，周改涿郡，唐爲幽州，後爲范陽郡，升盧龍軍，縣九。蔣一葵長安客話云，順天府附郭二縣，東曰大興，西曰宛平。府境南爲固安、霸州；北爲昌平；東爲通州、三河、香河、玉田；西爲良鄉、房山；東北爲薊州；東南爲武清；西南爲涿州。固安之東爲東安、永清；霸州之南爲保定、文安、大城，昌平之東爲懷柔、密雲；通州之北爲順義，南爲漷縣，東南爲寶坻；薊州之北爲平谷，東爲豐潤，東北爲遵化。國初設布政使司，改府曰北平。永樂中，以北平爲行在所，改府曰順天，府署在地安門外鼓樓東。朱彝尊日下舊聞云，大興，本秦薊縣地，漢爲廣陽國，遼改爲析津，金天德五年改爲大興縣。縣治在北城敎忠坊。宛平縣，唐析西界置，名幽都縣，遼改爲宛平，今因之，縣治在積慶坊。安次縣，元改爲東安州，明初降爲東安縣。張文舉東安縣志云，桃水首受淶水，分，東至安次入河，見漢志。省柳宮，在縣南，遼會同中建。遼中丞韓澤墓，在縣西北更生村。又，長慶宮舊在廣平淀，金天會三年移安次南五十里，東接巴納，南通番、漢，有大石橋，以受諸國禮。清類天文分野之書，漷縣，漢泉州地，遼改漷陰，金同，元并漷州，明復故。遼時延芳淀在漷縣西。又縣南有崔氏園亭，四鄉學諭崔禮因金亡隱此，爲名人游觀地。見寰宇通志。明一統志云，永清，唐縣，宋爲霸州治，後併入文安，金復置，在府南五十里。方輿紀要云，寶坻，漢泉州縣地，後漢置鹽倉，金初爲新倉鎭，大定中置縣，故城在大覺寺西。縣志云，城內有金大定十年所建舍利磚塔。

日下舊聞考謂遼大安間建。又，城中有石幢七級，雕刻工巧，金皇統中建，俗傳下有海眼。見長安客話。漕河圖志云，香河，在漕河東八里，本武清縣之孫村，遼置，縣東南濱水，芰荷香馥，因名。日下舊聞云，昌平，漢縣，東魏爲東燕州，後唐改燕平縣，晉復舊，遼屬析津府，金屬大興府。元好問中州集載蔡松年宿昌平詩曰：「燕塵都送入關山，自斷何如二頃田。記得鳴蛩碧花句，蹉跎秋思又三年。」按昌平州有天壽山，明十三陵均在焉。武清，本漢雍奴縣，在通州東南九十里，三角淀在縣南，周二百里。見順天府志。許亢宗奉使行程録云，趙德鈞鎮幽州，於鹽溝置良鄉縣，遼屬析津府，金屬大興府。趙渢良鄉縣學詩云：「儒官宜地僻，竟日有餘清，殿古碑仍在，庭空草自生。風高時落木，雲重欲摧城。客興已瀟洒，秋空更雨聲。」按，碑指李北海雲麾將軍碑。碑有二：一爲李思訓，在陝西；一爲范陽李秀，在良鄉學宫。官同姓同。趙崡石墨鐫華以爲一碑，且以此碑爲松雪所臨，誤。見孫承澤春明夢餘録。黄龍府叛，宗輔討平之。〔攷異〕大金國志云，六年春，陞皇帝寨曰會甯府，建爲上京。其遼之上京，改爲北京。先是，初無城郭，祇呼皇帝寨、國相寨、太子莊，至是，改焉。置三省、六部、尹貳曹屬。本紀未載，但所書六年作七年。楊循吉金小史云，太祖，豁達有大度，知人善任，與下同甘苦，稱帝時，臣下前跪奏事，輒止之。京城宫室，無異州縣廨舍，儀衞護衞，祇類中州守令。在内庭，或遇雨雪，雖后妃亦去韈履而行焉。紀未載。

七年（癸卯一一二三）春正月丁巳，遼奚王和勒博原作回離保僭稱帝，尋被執。〔攷異〕遼史天祚紀云，和勒博卽〔箭〕笴山（據遼史卷一一四回離保傳補）僭號，改元天復，建官屬。命都統瑪格討之，爲郭藥師所敗，一軍離心，其黨阿古齊、甥伊實巴沁等殺之。本傳作阿固齊，及甥巴錦、家奴伯特赫等所殺。其妻阿古自剄死。汪輝祖金史同名録云，卷六十三壽甯縣主傳海陵時宫人、卷七十四文傳大定十三年南京路猛安、卷九章宗紀大定二十九年中侍，四人同名阿古。通鑑輯覽云，和勒博卽蕭幹。續綱目誤分爲二人，非是。蕭旺嘉努傳，奚人，居奎騰河，爲遼率府率，降都統杲。從征和勒博親黨徹底、阿固齊，擒之於色克山，降其餘衆。後從南伐，屢有功，卒，官招討都監。甲申，詔曰：「諸州部族，歸附日淺，民心未寧。今農事將興，可遣分諭典兵之官，無縱軍士動擾人民，以廢農桑。」〔攷異〕續通考云，金之田制，量田以營造，凡五尺爲步。濶一步，長二百四十步爲畝。百畝爲頃。民田業，各從其便，賣質與人無禁，但令隨地輸租。凡桑棗，民户以多植爲勸，少者必植其地十之三。猛安、謀克户，少者必課種其地十之一，除枯補新，使之不缺。凡講射荒地者，以最下第五等減半定租，八年始徵之。作己業者，以第七等減半爲稅，七年始徵之。自首冒比隣者輸官租三分之二。佃黄河退灘者，次年納租。其租稅法，官地輸租，私田輸稅。租之制不傳，大率分田之等爲九而差次之。夏稅畝取三合，秋稅畝取五升。又納秸一束，束十有五斤。夏稅六月，止八月；秋稅十月，止十二月。爲初、中、末三限。州三百里外，紓其期一月。墓田、學官租稅皆免。民愬水旱，如限者免，限外愬者不理。非時之災，則無限：損十之八者全免；七分免所傷之數；六分則全徵。桑被災不能蠶者，免絲綿絹稅。諸路雨雪及收獲之數，月申户部。

二月壬辰，詔安班貝勒曰：「前後起遷户民，去鄉未久，豈無懷土之心？可令所在有司，深加存恤，毋輒有騷動。衣食不足者，官振貸之。」癸巳，詔曰：「頃因兵事未息，諸路關津絶其往來。自今顯、咸、東京等路往來，聽從其便。〔攷異〕北盟録云，遼道路無旅店，行者息於民家，主人與飲食而納之。其市易，惟以物博易，無錢，無蠶桑，無工匠，屋舍車帳，往往自能爲之。俗重油煮麪食，以蜜塗拌，名曰茶食，非厚意不設。寢榻皆土牀，厚鋪毡褥及錦繡貂鼠被，大頭枕。史未載。其間被擄及鬻身者，並許自贖爲良。」乙巳，詔都統杲曰：「新附之民有材能者，可録用之。」癸丑，大赦。

夏四月癸巳，詔曰：「自今軍事若皆申覆，不無留滯。應此路事務申都統司，餘皆取決樞密院。」

五月己巳，次拉林原作落黎濼。奚路都統達蘭原作撻懶攻蘇庫、原作(連)〔速〕古（據金史卷二太祖紀改）卓琳、原作啜里托紐原作鐵尼所部十三巖，皆平之。奚人以次附屬，置明安、穆昆領之。又遣奚馬和尚攻薩必、原作下品達嚕噶并五院司諸部，執其節度伊里。〔攷異〕遼史天祚紀，是年五月，梁王雅里奔西北部稱帝。紀未載。

六月丙辰，帝不豫，將還上京，遼史地理志云，本漢遼東西安平地，遼建爲上京，號臨潢府，統軍州二十五，縣十。命宗翰爲都統，温貝勒昱、德特貝勒斡魯駐兵雲中，以備邊。己酉，次諤都原作斡獨山，命驛召安班貝勒烏奇邁。

八月乙未，次渾河，烏奇邁上謁。戊申，帝崩於布圖原作部堵濼西行宮。〔攷異〕繫年要録云，五月乙丑，太祖卒於白水濼。大金國志云，金主自入燕，所擄中原士大夫家姝姬麗色、光美娟秀凡二三千人北歸。酣歌宴樂，惟知聲色之娛。至此形神已病，未幾遂殂。宋史繫之五月，遼史又繫之保大四年八月，均與史異。今從本紀。年五十六。

九月癸丑，梓宫至上京。乙卯，葬於宫城西南，(之)〔建〕（據金史卷二太祖紀改）甯神殿。天會三年，追謚武元皇帝，〔攷異〕禮志云應乾興運昭德定功睿神章孝仁明大聖武元皇帝。廟號太祖。尋改葬和陵，復改葬大房山，號睿陵。〔攷異〕通鑑輯覽云，葬於海呼城西。苗耀神麓記云，太祖至燕京，入内，見大殿動搖，出城東柴村建寨，不旬日病殂，以白礬大鹽酸歸阿觸胡御寨葬焉。後遷於墳山，號泰陵。續通考云，后唐括氏謚聖穆；裴滿氏謚光懿；紇石烈氏謚欽憲；烏古論氏謚宣獻。見謚法考。宗室表，太祖子十六人：宗幹，本名斡布，太師，遼王；宗望，即斡離不，右副元帥，宋王；宗弼，即兀朮，太師，梁王；烏里，原作烏烈，豐工；宗傑，本名穆里延，趙王，宗雋，本名額爾袞，太保，兖王；額魯，原作訛魯，瀋王；鄂爾多，原作訛魯朶，豳王；宗强，本名阿嚕，衛王；宗敏，本名阿里布，曹王；實訥埒紀王；甯吉息王；燕孫莒王；斡渾，（鄂）〔鄆〕王（據金史卷六九太祖諸子傳改），與景宣帝宗峻、睿宗宗輔共十六人。按，卷三太宗紀天會三年，保州路都孛菫，與豐王同名烏烈。見汪輝祖金史同名錄。

金史紀事本末卷三

克遼諸路

遼天祚帝天慶四年(甲午一一一四)秋九月，太祖起兵伐遼，軍次寥晦城。博勒和原作婆盧火，徵兵後期，杖之，復遣督軍。諸路兵皆會於拉林原作來流水，致遼之罪，申告天地曰：「世事遼國，恪修職貢，定烏春、烏木罕原作窩謀罕之亂，破蕭哈里原作海里之衆，有功不省，而侵侮是加。罪人阿蘇，原作阿疎屢請不遣。今將問罪於遼，天地其鑒佑之。」遂命諸部傳梃而誓曰：「汝等同心盡力，有功者，奴婢部曲爲良，庶人官之，有官者敍進，輕重視功。苟違誓言，身死梃下，家屬無赦。」進抵遼界，先使宗幹原作斡本督士卒夷塹。既渡，遇渤海軍攻我左翼七穆昆，原作謀克軍少卻，敵兵直犯中軍。舍音原作斜也出戰，齊達原作哲垤先驅。太祖命宗幹止之，遂俱還。敵人從之，耶律色實原作謝十墜馬，遼人前救，帝射救者斃，并射色實，中之，色實死。宗幹陷遼軍，帝救之，免胄戰。衆從之，勇氣百倍，敵大奔，相蹂踐死者十七八。國相薩哈原作撒改在别路，以戰勝告之，并所獲色實馬賜焉。進攻甯江州城，遼兵自東門出，邀擊，盡殪之。〔攷異〕遼史天祚紀云，時帝在慶州，略不介意，遣海州刺史高仙壽統渤海軍應援，蕭托卜嘉遇女直軍於甯江東，敗績。紀未載仙壽應援事。

冬十月朔，克甯江州城。師還，謁宣靖皇后。以所獲頒宗室，以色爾袞〔攷異〕宏簡録作賓里館。賚產給將士。

十一月，遼都統蕭嘉哩、原作糺里。〔攷異〕遼史作敵里。副都統托卜嘉原作撻不野將步騎十萬會於鴨子河北。帝自將擊之。既夜，方就枕，若有扶其首者三，寤而起曰：「神明警我也。」卽鳴鼓舉燧而行。黎明及河，遼兵方壞陵〔攷異〕通鑑輯覽作淩。道，遣壯士擊走之。大軍繼進，遂登岸。俄與敵遇於珠赫店。原作出河店。〔攷異〕史愿亡遼録作幽州店。地理志云，後以王迹肇基於此，建爲肇州武興軍，治始興。續通考云，天眷中，置防禦使，隸會甯府，海陵升爲興武軍。貞祐初，改武興軍，置招討使。在鴨子河、黑龍江之側，與元所立肇州在乃顏故地者，另一處。所載較詳。會大風，塵埃蔽天，乘勢擊之，遼兵潰，逐至沃稜原作斡論，一作斡鄰。〔攷異〕通鑑輯覽作沃楞。濼，殺獲首虜及車馬、甲兵、珍玩不可勝計。〔攷異〕遼史蕭托斯和傳云，天祚聞甯江陷，召羣臣議，托斯和請大發諸道兵，以威壓之，北樞密蕭塔喇台曰：「如此，徒示弱，但發滑水以北兵足矣。」乃以蕭嗣先爲都統，托卜嘉副之。兵敗出河店，崔公義等死之，免者十七人。蕭奉先奏赦潰軍，嗣先但免官。十一月，蕭敵里復敗於沃稜濼。太祖紀兩敗均作蕭嘉哩，未書嗣先名。今從紀。史愿亡遼録，嗣先作嗣光，又異。偏賜官屬將士，燕犒彌日。〔攷異〕洪皓松漠紀聞云，金舊俗，炙股烹蒲，以餘肉和菜擣臼中，糜爛而進，率以爲常。凡宰羊，但食其肉，貴人享重客，間（煎）〔兼〕（據松漠紀聞續改。又「凡宰羊」以下，爲紀聞續中之文。)皮以進，曰(仝)〔酒〕(同上)羊。北盟録云，凡食器，無瓠陶，止用木盆。注粥以木杓，數柄，回環共食。下粥，肉味無多，止以魚生，獐生，間用燒肉。飲酒無算，亦用木杓，循環酌之。遼人嘗言女直兵滿萬則不可敵，至是，始滿萬云。〔攷異〕石茂良避戎夜話云，金人凡遇敵，必布圍圓陣當鋒，次張左右翼夾攻，謂之三生陣。每隊十五人，一人爲旗頭，二人爲角，三人爲從，四人爲副，五人爲徹。旗頭死，從不生還，還者幷斬，勝者賞。謂之同命隊。詳北盟會編，史未載。北盟録云，女真用兵，以戈爲前行，號曰「硬軍」。人馬皆全甲，刀棓自副，弓矢在後，設而不發，非五十步不射。弓力七斗，箭鏃至六七寸，形如鑿，入輒不可出。隊伍之法：伍長擊柝，十長執旗，百長挾鼓，千人長則旗幟金鼓悉備。將自執旗，人視所向而趨。自主帥至步卒，皆自控馬。每五十人爲一隊，二十人全裝重甲，持棍槍。後三十人輕甲，操弓矢。遇敵，必有一二人躍馬而出，先觀敵陣之虛實，或向其左右前後結隊而馳擊之。百步之內，弓矢齊發，中者常多。其分合出入，應變如神。

斡魯敗遼兵，斬其節度托卜嘉。布呼原作僕虺等攻賓州，遼史地理志云，即懷化軍，本渤海城。統和中置，隸黄龍府。破之。烏舍楚古爾蘇原作兀惹雛鶻室來降。遼將實古爾〔攷異〕宏簡録作赤狗兒。戰於賓州，布呼、琿楚〔攷異〕宏簡録作渾黜。敗之。烏達布、原作吾睹補芬徹原作蒲察。本傳，一作蒲查。自上京密齊顯河徙屯，卒官開遠軍節度，西北招討使。〔攷異〕伊克傳，系出景祖。與罕都常在世祖左右，居與謀議，出莅行陣，贈特進，謚忠濟，配享世祖廟廷。子阿里布，原作阿魯補，從克汴城，官右監軍；固納，原作骨赧，從南侵，官天德節度；額爾古訥，原作訛古乃，官臨洮尹；薩克達，原作散答；子芬徹，與穆宗子齊國公芬徹同名。見宗室表。汪輝祖金史同名録云，卷九十八完顏匡傳泰和六年副統、卷一百二田琢傳貞祐二年易州刺史、卷十五宣宗紀興定二年戍將、卷一百十八郭文振傳興定五年葭州刺史，五人同名蒲察。又，一作蒲查。卷六十八大定時西北招討使、卷六世宗紀大定五年宿直將軍、卷六十五斡者傳海陵末中都守城軍官、卷百三十三窩斡傳大定元年泰州司吏及曷懶路押軍萬户，六人同名蒲查。復敗實古爾、蕭伊蘇原作乙薛軍於祥州東。遼史地理志云，即瑞聖軍，興宗時置，隸黄龍府。斡琿、集賽兩路降。烏楞古原作斡魯古敗遼軍於咸州西，斬統軍錫埒原作實婁於陣。羅索原作婁室克咸州。〔攷異〕遼史天祚紀云，十二月，咸、賓、祥三州及鐵驪、烏舍皆叛入女直。伊實往援賓州，實喇、圖烈往援咸州，均敗。太祖紀未言三州叛降，且言斬錫烈，稍異，今從紀。大金國志云，天祚兩敗後，謂奉先不知兵，召宰相張琳，付兵十萬，使討之。計户出軍。兵分四路，獨淶流河一軍深入，交鋒，稍卻。都統斡离朶棄營遁，衆推武朝彦爲帥，再戰，大敗。餘三路各退保其城，均陷。史愿亡遼録云張琳外，尚有吴庸。史均未載。

太祖收國元年（乙未一一一五），即遼天慶五年也。春正月丙子，帝自將攻黄龍府，進臨益州。〔攷異〕契丹國志云，宋政和五年，金太祖攻遼，取賓、祥、咸三州，進薄益州。按，鴨淥江，一名益州江，則益州實與鴨淥江相近，當在長白山西南，遼改屬黄龍府。遼史不言仍渤海之舊，或因其名，而不必即其故地也。州人走保黄龍，取其餘民以歸。遼遣都統耶律鄂爾多，原作訛里朶。〔攷異〕遼史作斡里朶，通鑑輯覽作鄂爾德。左副統蕭伊蘇，原作乙薛。〔攷異〕遼史作伊實，通鑑輯覽作伊錫。右副統耶律漳努，原作張奴。〔攷異〕遼史作章努，卷一百二十二粘割貞傳貞祐元年保州録事亦名張奴，另一人。都監蕭色佛埒原作謝佛留。〔攷異〕通鑑輯覽作謝佛哩。騎二十萬、步卒七萬戍邊。〔攷異〕遼史載在四年十一月。帝率兵次甯江州西，遼使僧嘉努原作僧家奴。〔攷異〕汪輝祖金史同名録云，卷十四宣宗紀貞祐四年權右監軍，亦見田琢傳，貞祐時沃州刺史，卷八十四高楨傳海陵時近侍，三人同名僧家奴。來議和，國書斥帝名，且使爲屬國，遂進師。有火光正圓自空墜，帝曰：「此祥徵，殆天助也。」〔攷異〕續通考云，是年十二月，帝以騎兵親侵遼，師還，至熟結濼，有光見於矛端。天輔六年三月，師次西京，有火如斗墜其城中。宗雄曰：「此城破之象也。」是月，城降而復叛，後復取之。紀未載。進逼達嚕噶原作達魯古。〔攷異〕遼史作達里庫，通鑑輯覽作達囉克。城，登高望遼兵，若連雲灌木狀，曰：「敵人心貳而情怯，雖多不足畏。」遂趨高阜爲陣。宗雄原作摩囉歡（按，摩囉歡卽謀良虎之改譯，是其本名，這裡稱「原作」誤。下宗翰原作粘罕、宗望原作斡离不，同誤）以右翼先馳遼左軍，左軍卻。羅索、尼楚赫原作銀朮可衝其中堅，宗翰、原作粘罕宗望原作斡离不等助之，敵兵遂敗。乘勝圍其營，遼軍潰出，遂北至阿嚕原作阿婁。〔攷異〕宗雄傳，追殺至頁嚕伯奇而還。地名互異。岡，盡殪其步卒，獲耕具數千以給諸軍。是役也，遼欲屯田，且戰且守，故併其耕具得之。

二月，師還。〔攷異〕珠嚕傳，宗室子，初從烏色敗高麗於海蘭，取雅魯城，克甯江州，收黃龍府。珠赫店、達嚕噶城、呼岱巴岡諸役，皆力戰有功。東京降，爲本路招安副使。敗遼兵，破通古營。蘇州漢民叛走，追復之，以功爲穆昆，贈鎮國上將軍。紀均未載。

夏四月，遼耶律漳努以國書來，帝以辭慢，留五人，獨遣漳努回報，書亦如之。〔攷異〕大金國志云，是夏五月，北方有光燭地，火星出，殷殷如雷聲，生紅芍藥花，以爲瑞。紀未載。

六月，遼漳努復以國書來，猶斥名，帝亦斥遼主名以報，且諭降。

秋七月甲戌，遼使薩喇原作辭剌，又作賽剌。〔攷異〕汪輝祖金史同名録云，卷七十一斡魯古傳、卷七十四宗望傳天會四年將，卷九十二克甯傳大定四年猛安，三人同名賽剌。以書來，留不遣。

八月戊戌，親征黄龍府，次混同江，無舟，帝使一人導前，乘赭白馬徑涉，曰：「視吾鞭所指而行。」諸軍隨之，水及馬腹。後使舟人測其渡處，深不見底。熙宗紀，天眷二年，以黄龍府爲濟州利涉軍，蓋以太祖涉濟故也。〔攷異〕續通考云，大定末，有司言：「太祖征遼，策馬徑渡，混同江神助順，宜加封爵，修祠宇。」遂封神爲興國應聖公，致祭如禮。又，静甯山舊名旺國崖，太祖征遼，嘗駐蹕。大定五年更名建廟，明昌六年册神爲鎮安公。契丹國志云，混同江之地，其俗刳木爲舟，長可八尺，形如梭，曰梭船。船上施一槳，止以捕魚。至渡車，則方舟或三舟。按，此卽威呼之制，梭船乃漢人語耳。

九月，克黄龍府，遣薩喇還，遂班師。至江，徑渡如前。

冬十一月，遼主自將兵七十萬至圖們，原作駞門。〔攷異〕通鑑輯覽作圖敏。駙馬蕭特默、原作特末。〔攷異〕蕭仲恭傳，父特末，遼中書令，尚主。當是一人。汪輝祖金史同名録云，卷七十四宗望傳太祖時將、卷八十四杲傳陝西舊將爲海陵殺、卷二太祖紀天輔二年契丹降人，四人同名特末。林牙蕭扎拉原作查剌等將騎五萬、步四十萬至沃稜〔攷異〕續綱目作噶琳。濼。帝自將禦之。

十二月己亥，師次約囉，原作爻剌。〔攷異〕通鑑輯覽作鴨緑。深溝高壘以待。尋諜知遼主以漳努叛，西還已二日矣。〔攷異〕遼史天祚紀云，章努、章嘉努爲二人，汪藻謀夏録誤合爲一人，非是。又，紀云，章努反，奔上京，謀立魏國王淳，不果，遂掠慶、（曉）〔饒〕（據遼史卷二八天祚紀改）、懷、祖等州，爲順國女直阿古齊所敗，奔金，爲邏者獲之，伏誅。通鑑輯覽章努作卓諾。遂選騎追及遼主於呼岱巴原作護步答。〔攷異〕遼史作科卜多，續綱目作呼卜圖，通鑑輯覽作和斯布達。岡。視其中軍，最堅，遼主必在焉。使右翼先戰，兵數交，左翼合而攻之，遼兵大潰。遂馳之，横出其中，遼師敗績，死者相屬百餘里。獲輿輦、帟幄、兵械、軍資，他寶物、馬牛無算。蕭特默焚營遁，乃班師。〔攷異〕大金國志云，天祚率兵十餘萬，以蕭奉先爲都統，將精兵二萬爲先鋒，餘分五路，車騎亙百里，期必滅之。阿骨打與之遇，乘其未陣，擊敗之。天祚退保長春，女真遂併渤海遼陽五十四州。通鑑輯覽：奉先作呼都克。史愿亡遼録云，時蕭呼覩姑充都統，學士柴誼副之，分路進兵，均爲所敗，天祚一日夜走三百里。遼史天祚紀云，女直主時聞天祚親征，聚衆，嫠面慟哭以激衆怒。史均未載。又，天祚紀謂科卜多之敗，係與章嘉努戰。按之續通鑑及續綱目、宏簡録諸書皆不合，恐誤。瓜爾佳薩哈〔攷異〕宏簡録作夾谷撒合。取開州，博勒和下德里原作特隣城，薩里罕〔攷異〕宏簡録作辭里罕。降。

二年（丙申一一一六）春閏正月，高永昌據遼東京，僭號，使托卜嘉來求援。

夏四月乙丑，以斡魯統内外諸軍，與芬徹、都古嚕訥本傳，字鄂斯歡，改名忠。實圖美弟。太祖將伐遼，與之議，始決。從征屢有功，官扎蘭路達貝勒、保大節度、平章事，配享太祖廟廷，追封金源郡王。〔攷異〕續通考云，博和哩作保活里，始祖弟，四世孫名石土門，正隆二年封金源郡王。石土門之弟名迪古乃，一名忠，大定二年追封金源郡王。保活里之後名賽不，哀宗時殉難徐州。迪古乃一作迪古迺。卷五海陵紀，本諱迪古乃。實圖美傳，一作神徒們，扎蘭路完顔部人，始祖弟博和哩後。勇敢善戰，與世祖交好最深。隣部來攻，擊敗之，因招諭諸部内附。從伐烏春、烏木罕等皆有功。太祖訪以伐遼議，方會祭，有飛鳥，太祖射之殪，實圖美稱慶，謂爲之兆，即以金版獻。尋從伐高麗及征遼，功尤多，卒，封金源郡王。會咸州路都統烏楞古討永昌。華沙布等被害。〔攷異〕契丹國志云，永昌稱大渤海帝，改元應順，併遼東五十餘州。遼史天祚紀云，永昌殺留守蕭保先，改元隆基。王宗沐續通鑑云，永昌時以兵三千屯八甗口，誘戍卒爲亂，旬日至八千人，求援於金。令歸款，不從。斡魯傳，永昌稱藩，斡魯使華沙布、薩巴往報。會渤海高楨降，言永昌非眞降，乃進兵。華沙布等遂被殺。楨傳，渤海人。楨母時在瀋州，遂來降。賊平，同知東京留守事，判廣甯尹。在鎮八年，政令清肅，吏畏民安。海陵時，歷中京留守，以平盜功，封河内郡王，進代王，行御史大夫，彈劾無所避。正隆例，降冀國公，卒。畢沅續通鑑，華沙布作呼實布，云係支解。通鑑輯覽云，舊作呼沙補，完顏部人。續通考作胡沙虎，云，太祖時從軍，爲詐降人高永昌所執，神色自若，罵永昌曰：「汝叛君逆天，今日殺我，明日及汝矣。」罵不絶口。死，贈節度使。又，特虎，雅撻瀾水人。太祖時從軍，以死捍遼兵，殁於陣。皇統間贈明威將軍。王政傳，熊岳人。其先仕渤海，永昌知政才，欲用之，辭不就。及敗，渤海人争縛永昌以爲功，政獨引退，棟摩異之，薦授穆昆，終保静節度。八甗口在承德縣東。所載較詳。

五月，斡魯等敗永昌，托卜嘉擒之來獻，戮於軍。東京州縣及南路係遼女直皆降。詔改斡魯爲南路都統。〔攷異〕斡魯傳，永昌來拒，遇於鄂爾和水，不戰而卻。追至城下，復大敗之，遂奔長松島。恩勝努、仙格等執其妻子，以城降。未幾，托卜嘉執永昌及家奴道拉以獻，皆殺之。棟摩傳，與永昌隔鄂爾和水，衆遇淖不敢進，棟摩以所部先濟，諸軍畢渡。城中人出戰，擊破之於首山，殲其衆，獲馬五百匹。瓜爾佳沃哩布傳，天德人。從討永昌，以四十騎伏津要，獲候騎，盡知其虚實。永昌駐軍兎兒陁，先據要害，官軍不得渡。與薩哈射殺其先鋒二人，永昌軍遂卻，大軍始渡遼水。嗣後伐遼舉宋皆有功，終節度使、芮國公。按，沃哩布原作吾里補，初爲南圖琿河人。同時有沃哩布，姓烏雅，海南路禪嶺人，從侵宋中山，東及淮南，有功，終鎮遠節度，另一人。張元素傳，字子貞，與浩同曾祖。祖祐，父匡，遼節度。元素以蔭得官。永昌據遼陽，元素在其中，斡魯軍至，開門降，歷鎮武節度。兄汝弼，官參政。盧克忠傳，貴德州人。永昌敗，克忠與托卜嘉追獲之，終靖難節度。契丹國志云，金兀室訥波孛堇追及於長松島，斬之。漢兒軍潰，相聚爲盜，自稱「雲隊」、「海隊」之類。續綱目云時遼遣張琳討永昌，不克。與斡魯軍戰，復敗。瀋州陷，永昌遇金軍於活水，亦敗。史載鄂爾和水，一作沃里活水。通鑑輯覽云，卽瀋水，在承德縣南，源出縣東，下流入渾河。瀋州，今奉天府。是長松島在遼陽東，紀載各異，今從太祖紀。按鄂爾和，原作沃里活，明志删去原文「沃里」二字，謂爲活水，云卽渾河，非是。德特貝勒額圖琿破遼兵六萬於昭蘇原作照散城。本傳，温特赫部人。嘗從攻甯江州，遼兵自東門出，逆擊，盡殪之，授穆昆。攻黄龍府，力戰，被數十創，登其城。後與鄂博沙津援昭蘇城，夜過伊圖水，詰朝，大敗之，斡魯上其功。天輔四年，卒。〔攷異〕斡魯傳所載畧同，惟載在平東京之前，與此稍異，今從太祖紀。按，伊圖水卽伊屯河，在三萬衛西北吉林城西二百九十餘里，源出額赫峯，北流出邊，東入混同江。伊屯門卽在河西。見盛京通志。又，伊爾們河在吉林西百四十里，源出庫嚀訥窩集，北流會伊屯河入混同江。

天輔元年（丁酉一一一七）春正月，古倫温貝勒舍音原作斜也以兵一萬取泰州。遼史地理志云，卽德昌軍，治樂康縣。〔攷異〕續通考云，本遼二十部游牧地。金正隆間始置德昌軍，大定中罷，承安中復置於長春縣，以舊泰州爲金安縣，隸焉。

夏四月，遼秦晉國王耶律聶嚀原作捏里。〔攷異〕劉彦宗傳捏里作雅里。汪輝祖金史同名録云，卷三太祖紀遼梁王、卷八十一鶻謀琶傳康宗時蒲察部孛堇，三人同名雅里。來伐，〔攷異〕契丹國志云，自張琳敗後，國人皆謂王賢，東征必克，乃授都元帥，置怨軍，科派騷擾。會武朝彦作亂，欲殺王，匿之獲免。史愿亡遼録云，時副統爲北府宰相蕭德恭，監軍者永興宮使耶律佛頂、延昌宮使蕭昂。史均未載。詔都古嚕訥、羅索、博勒和將兵二萬，會烏楞古兵擊之。

冬十二月甲子，烏楞古等敗聶哷兵於蒺藜山，在廣陵縣境外。拔顯州，其乾、懿、豪、徽、成、川、惠等州皆降。〔攷異〕陳邦瞻宋史紀事本末云，時斡魯古與斡論等攻顯州，襲破遼怨軍帥郭藥師，進與王戰，敗走之。斡魯古追至河里真陂，拔顯州。烏楞古傳，河里真作額勒錦，又作阿里真，云，乾州後爲閭陽縣，遼諸陵多在此，禁無所犯。徙成、川州人於同、銀二州居之。大金國志云，時燕王將討怨軍，而金人適至，遇於徽州，未陣而潰，退保長泊魚務。金大掠新、成、懿、濠、衞五州，皆降之。史愿亡遼録云：退泊長魚務。所載各異，今從太祖紀。顯州，遼置，今錦州府廣甯縣。是乾、懿、川、豪四州皆在今廣甯縣境。惠州，在今喀喇沁右翼。成州，在宜州北，號長慶軍。徽州亦在宜州北，號宣德軍。見遼史地理志。續通考云，錦州本漢無慮縣，遼建爲臨海軍，亦號奉先軍，今升廣甯府。川州，遼置，本白川州，領宏聖、咸康、宜民三縣。成州，領樹德一鎮。惠州，遼號惠和軍，領惠和一縣。

二年（戊戌一一一八）春正月庚寅，遼雙州遼史地理志云，本挹婁故地，渤海號安定郡，遼名保安軍。節度使張崇降。

二月癸丑朔，遼使耶律努格原作奴哥。〔攷異〕遼史作努克。等來議和。尋以國書來。

夏四月丁巳，遼使復以國書來。

五月丙申，命呼圖克琨原作胡突衮如遼，未幾還。努格復以國書來。

秋七月丙申，呼圖克琨如遼。遼通、祺、雙、遼等州遼史地理志云，通州，本渤海扶餘城，號安遠軍。祺州，本渤海蒙州地，號祐聖軍。遼州，卽始平軍，號東平府。八百餘户來降，命擇膏腴地處之。

八月，呼圖克琨還自遼。努格與托迪原作突迭復以國書來。

九月，努格復以國書來。

冬十二月，努格復以國書來。

三年（己亥一一一九）春三月，耶律努格以國書來。

夏六月辛卯，遼遣太傅實訥埒原作習泥烈等奉册璽來，帝摘册文不合者數事復之。〔攷異〕遼史天祚紀云，天慶九年三月，遣右伊勒希巴蕭實訥埒册金主爲東懷國皇帝。七月，金遣烏林達贊謨來，責册文無「兄事」之語，不言「大金」而云「東懷」，乃小邦懷其德之義，語皆非善，殊（乘）〔乖〕（據遼史卷二八天祚紀改）體式。如依前書，然後可從。九月，復遣實訥埒、楊立忠先持册藁使金，不從。明年，復持副藁來，仍責乞兵高麗。又復以金人所定「大聖」二字，與先世稱號同，遣實訥埒往議，金主怒，遂絶之。所載較詳。北盟會編云，時副習泥烈者爲楊勉，其慶問使爲張孝偉、王甫，押禮物爲劉湜，讀册文爲楊立忠。使至，金主大怒，鞭其使，卻回之。史未書。其册文詞多，不具載。

秋七月辛亥，遼楊詢卿、羅子韋各率衆來降，命各以所部爲穆昆。

九月，以遼册禮使失期，詔諸軍過江屯駐。

四年（庚子一一二〇）春三月甲辰，帝謂羣臣曰：「遼人屢敗，遣使求成，惟飾虚辭，爲緩師計，當議進討。其令咸州路統軍司治軍旅、修器械，具數以聞。」

〔四月〕（據金史卷二太祖紀補）乙未，帝自將伐遼，以遼使實訥埒、宋使趙良嗣等從行。〔攷異〕王偁東都事略云，使趙良嗣如金，阿骨打已出師趨上京，良嗣與會於青牛山。與太祖紀異，今從紀。

五月壬子，至上京，詔曰：「遼主失道，上下同怨。朕興兵以來，所過城邑負固不服者攻拔之，降者撫卹之，汝等必聞之矣。今汝國和好之事，反覆見欺，朕不欲天下生靈久罹塗炭，遂決策進討。比遣宗雄等相繼招諭，尚不聽從。今若攻之，則城破矣。重以弔伐之義，不欲殘民，故開示明詔，諭以禍福，其審圖之。」城中人恃禦備儲蓄爲固守計。帝親臨督戰，克其外城，留守托卜嘉以城降。〔攷異〕王伯龍傳作三年事。趙良嗣等奉觴爲壽，皆稱萬歲。是日，赦上京官民。招諭遼副統伊都。原作余覩進次沃赫原作沃黑。〔攷異〕畢沅續通鑑作沃里。河。宗幹勸班師，從之，命分兵攻慶州。遼史地理志云，號廣寧軍，卽黑河州。伊都襲棟摩原作闍母於遼河，方輿紀要云，出東北山口爲大河，西南流爲大口，入海，行千二百五十里，自廣寧至遼陽爲津要云。〔攷異〕桑欽水經云大遼水出塞外衞白平山，東南入塞，過遼東襄平縣西，又東南過房縣西，又東過安市縣西南入於海。酈道元水經注云，遼水亦言出砥石山，自塞外東流，直遼東之望平縣，西屈而西南流逕襄平縣故城西，又東逕遼陽縣故城西，又南，小遼水注之，又右，會白狼水，至安市縣入海。杜佑通典謂李勣征高麗，還至頗利城，渡白狼、黃嵓二水，土人云，此二水今西南流，卽稱遼水，更無遼源可得。按，遼河東源出吉林城西南之庫呼訥窩集，爲赫爾蘇河，北流，出邊西北，繞鄧子村，又西南折與潢河會，其西源卽潢河也。二源合流，自開原縣入邊，經鐵嶺至開城爲巨流河，經海城縣西，與太子河會爲三汊河入海。衞白平山，郭璞作御白平山，又異。續通考云，遼河源出塞外三萬衞，西北入境，南流經鐵嶺、瀋陽西境、廣寧東境，又南至海州衞，西南入海。又有珠子河，源出廣寧衞東北百里白雲山，南流入遼河。又，大清河，源出三萬衞東北分水嶺，南流經城東南十五里，合小清河入遼河。又，南、北通江，源出海州衞東二十里滑石山，自東而西，橫渡遼河，折而南流，又折而東，復入於遼河。按，珠子河，即遼史所稱錐子河也。又，范河在鐵嶺縣城南三十里，亦名汎河，源出嘉穆呼山，至螞蜂溝入遼河。完顏布達、原作背塔烏塔等擊卻之，特庫原作特虎戰死。

五年（辛丑一一二一）夏四月乙丑朔，宗翰請伐遼。詔諸路預戒軍事。

五月，遼都統伊都等詣咸州降，命與其將吏來見。

冬十（一）〔二〕（據金史卷二太祖紀改）月辛丑，遣烏赫哩貝勒杲原作舍音，舊作斜也。（按，舍音即斜也之改譯，爲杲之本名。此云「原作」，誤。）等將兵伐遼，詔曰：「遼政不綱，人神共棄，今欲中外一統，故行討伐。爾其慎重兵事，擇用善謀，賞罰必行，糧餉必繼，勿擾降服，勿縱俘掠，見可而進，毋淹師期。事有從權，毋須申稟。」

六年（壬寅一一二二）春正月癸酉，都統杲克高、恩、高州，遼開泰中伐高麗以俘户置，治三韓。恩州，亦開泰中以渤海户置，號懷德軍，均在大寧衛境。〔攷異〕北蕃地理志云，高州在中京北百四十里，乃唐松漠府故壘。新州，武安故州也。恩州在中京北六十里，西南至上京二百二十五里，東北至高州百二十里。馬孟山在西六十里，又三十里有饅頭山。回紇三城，遂取中京，遼史地理志云，本遼西地，即營州，遼建爲中京，號大定府，統州十，縣九。〔攷異〕續通考云，中京本奚郡，唐初屬榮州，後置饒樂府。遼聖宗建中京，號大定府，領恩、惠、高、武安、利、（渝）〔榆〕（據遼史卷三九地理志改）澤、北安、潭、松（江）〔山〕（同上）十州；領大定、長（安）〔興〕、（同上）富庶、勸農、文定、昇平、歸化、神（木）〔水〕（同上）、金源（十）〔九〕（同上）縣。恩州領恩化；惠州領惠和；高州領三韓；武安州領沃野；利州領阜俗；渝州領和衆；澤州領神山、灤河；北安州領利民；潭州領龍山；松江州領松江。其所領又十一縣，金初因之，海陵改北京，領大定、長興、富庶、松山、神山、惠和、金源、和衆、武平、静封、三韓十一縣；恩化、文安二鎮。元初設總管府，後改爲大寧路。又云，長興縣本漢賓從縣地。勸農縣本漢賓從縣地。顧炎武京東考古録云，漢書遼西郡賓從縣，莽曰勉武，今本亦有作賓徒者。後漢書，遼東屬國賓徒，故屬遼西。通鑑，晉趙王倫貶吴王宴爲賓徒縣王，秦苻堅封慕容垂爲賓徒侯。晉書載記作賓都侯。「都」之與「徒」，音近致訛，尤爲明證。遼史作賓從，蓋承漢志傳寫之誤而未深考也。下澤州。遼置，漢右北平郡地。〔攷異〕遼史天祚紀云，是年正月，天祚至鴛鴦濼，聞伊都引金兵奄至，用蕭奉先言，賜其子晉王死，人心解體。伊都引金人逼行宫，天祚幸雲中，遺傳國璽於桑乾河。史愿亡遼録云，時祖宗二百年所有珍寶，盡被金掠。紀均未載。

二月己亥，宗翰等敗遼奚王錫默原作霞末於北安州，遼置，金改興州，亦曰寧朔軍，故城在今熱河喀喇河屯。降。奚部西節度使額哩埒原作訛里剌。〔攷異〕汪輝祖金史同名録云，卷十六宣宗興定四年元使、卷八十九魏子平傳大定時易州同知、卷六十一交聘表大定十四年趙王府長史、卷一百完顔伯嘉傳興定時永城縣主，五人同名訛里剌。以本部降。都統杲遣使來奏捷，幷獻所獲寶貨，詔奬諭之。

三月，都統杲出青嶺，在開平廢衞西南。今開原城東南四十里有大青山，疑卽是也。宗翰出瓢嶺，在青嶺北。追遼主於鴛鴦濼。在今赤城縣西北。孫世芳宣府鎮志云，自遼、金來爲飛放之所。遼主奔西京。宗翰復追至白水濼，在大同府北。不及，獲其貨寶。進薄西京，降之。希尹原作兀室。（按，希尹本名谷神，兀室是其又稱。此處云「原作」，誤）追遼主於伊蘇原作乙室部，不及。〔攷異〕遼史天祚紀云，三月，天祚至努克特倉，聞金兵將近，計無所出，乘輕騎入夾山。方悟奉先不忠，逐之，尋與其子幷賜死。又以奔西京爲正月事，與太祖紀異，今從紀。繫年要録云，夾山者，在沙漠北，有泥潦六十里，惟契丹能達，他國不能至，金人每以爲恨。史未書。乙亥，西京復叛。〔攷異〕伊喇諳達傳，遼橫帳人。父瑠和，與伊都俱來降。西京下，復叛，瑠和遇害，諳達以死事之。子授左奉宸，歷兵部侍郎，武定節度，改臨洮尹，卒。

夏四月辛卯，復取西京，遼史地理志云，西京爲古雲中郡，遼號大同府，統州二，縣七。〔攷異〕輿地廣記云，雲州，本戎狄郡。秦屬雁門，定襄、代三郡，二漢因之，後魏徙都平城，置司州代尹，孝文都洛陽，改代尹爲萬年尹，隋屬馬邑郡，唐置北常州，後置雲州，天寶初改雲中郡，升大同軍，縣一。雲中，本平城縣地，隋改曰雲内，唐改定襄，尋復舊。續通考云，大同，唐爲北恒州，又爲雲州，遼置節度使，升西京，領宏、德二州，大同、雲中、天成、長青、奉義、懷仁、懷安七縣。宏州領永寧、順聖二縣。德州領宣德一縣。金爲大同府，領大同、雲中、宣寧、懷安、天成、白登、懷仁七縣。宏州，遼號博寧軍，金置保寧軍，領襄陽、順聖二縣。都統杲趨白水濼。温貝勒昱原名普嘉努，舊作蒲家奴。襲皮室原作毗室部於德里原作鐵吕川，爲敵所敗。還會扎拉兵，追至潰水北，大破之。耶律坦招徠西南諸部，〔攷異〕郭企忠傳，字元弼，子儀後。郭氏自子儀至承勳，世鎮北方。唐季承勳入遼，子孫繼爲天德節度使，至昌金，降副使。企忠官常侍，會坦至雲中，招徠諸部，遂降，仍故官，徙韓州。入見，太祖禮遇優隆，卒官沁州刺史。紀未載。西至夏，其招討使耶律佛德原作佛頂降。金肅、屬西京，故城在今廢勝州東北。西平二郡漢軍四千人叛去，耶律坦等襲取之。〔攷異〕續通考云，遼宗室。又有耶律懷義，遼主謀奪貢，阻之，不聽，取廄馬來降。屢立戰功，官中京留守，封蕭王。耶律塗山，系出遥輦氏，世爲顯族，克宋洛陽、平陝西皆有功，官左僕射，贈部國公。耶律恕，字(仲)〔忠〕厚(據金史卷八二本傳改)，通契丹大小字，屢從宗幹立戰功，官太子少保，封廣平郡王。棟摩、羅索招降天德、雲内、甯邊、東勝等州。雲内州本唐中受降城地，在大同府西北。寧邊州，在朔州西，號鎮西軍，即唐隆鎮。東勝州，即武興軍，唐榆林郡地。〔攷異〕遼史地理志云，本中受降城，唐置天德軍。遼太祖平黨項，克天德，盡掠吏民以東。後置招討司，漸成井邑。而豐州亦號天德軍。富民縣屬西京路。輿地廣記云，唐景雲〔三〕〔二〕（據輿地廣記卷一七改）年，朔方總管張仁愿築三受降城。中受降城有拂雲祠堆。西受降城爲河圯，張説於城東别置新城，城北三百里〔有〕（同上補）鸊鵜泉。勝州，本戎狄地，秦屬雲中、九原二郡，隋立勝州，後改榆林郡，唐因之，縣二：榆林、河濱。元好問中州集，邊元勳，豐州人，祖貫道，遼日狀元。舊唐書云，張仁愿奪漢南之地，築三城，東西相去各四百里。新唐書云，中城南置朔方，西城南置靈武，東城南置榆林。續通考云，唐初立雲中都督府，後改横寨軍，一名天德，金爲雲内州開遠軍，領雲川、柔服二縣。東勝州，唐爲勝州，一名榆林郡。東受降城濱河，徙置於此，遼領榆林、河濱二縣，金領東勝一縣，元割寧邊州之半入東勝，又割其半入武州，領寧邊一縣。是時，山西城邑諸部雖降，人心未固，遼主保陰山。本中受降城地，爲中外分界。〔攷異〕輿地廣記云：唐立瀚海都督府，後更名安北大都護，開元二年治中受降城，十年徙治豐、勝二州之境，十二年徙天德軍，縣二：陰山、通濟。陰山故北戎地，趙武靈築長城，自代至陰山下，至高闕爲塞，秦通匈奴，置三十四縣，漢爲匈奴據，武帝復置陰山縣，屬西河郡，唐因之。所載甚詳。聶哷在燕京。都統杲遣宗望入奏，請帝臨軍，許之。

六月戊子朔，帝親征，發上京。

秋八月己丑，次鴛鴦濼。都統杲率官屬來見。癸巳，追及遼主於大魚濼。方輿紀要云，在興和城西，即魚兒濼。今撫州城，在張家口外。昱、宗望與遼軍戰於石輦鐸，〔攷異〕遼史作石輦驛，通鑑輯覽作錫訥圖。方輿紀要云，在大同西北邊外。敗之，遼主遁。己亥，帝次居延北。辛丑，中京將完顏琿楚敗契丹、奚、漢六萬於高州，貝勒瑪奇原作麻吉死之。瑪奇傳，尼楚赫弟。杲取中京，與素赫和碩台等别降綽里特部。屯兵高州，以兵援蒙克貝勒，大敗敵兵，復敗恩州兵五萬，討平遼人聚中京山谷中者，降三千人。戰於高州境上，伏矢中目。卒，謚毅敏。汪輝祖金史同名録云，卷九章宗明昌元年祗候郎君、卷七十六袞傳天德初護衛、卷一百二蒙古綱傳萬户，四人同名瑪奇。達勒達穆爾原作得里得滿部降。昱、宗望追遼主於諤勒哲圖，原作烏里質鐸不及。〔攷異〕大金國志云，八月，金主追襲天祚於國崖，擒其都統蕭規；天祚脱身走。及夏國引兵數萬援天德軍，金主遣偏師七千擊破之。載在天輔五年，即是年也。史未載。

九月庚申，次草濼。棟摩平中京部族之先叛者，及招撫沿海郡縣。節度使耶律慎思領諸部入内地。乙丑，歸化州降。戊辰，次歸化州。丁丑，奉聖州降。

十月丙戌朔，次奉聖州。武州，唐置，遼改爲歸化州，今宣化府是。新州，本北燕州，遼改爲奉聖州，今保安州是。〔攷異〕輿地廣記云，毅州，本武州，唐末置，後唐改毅州。續通考云，唐武州，遼爲德州，金爲宣德州，元初爲宣寧府，改順寧府，領三縣、二州，明爲宣府衛。又，保安州，本唐新州，遼改奉聖州武定軍，領歸化、可汗、儒、蔚四州；永興、礬山、龍門、望雲四縣。其歸化州雄武軍領文德一縣。可汗州爲清平軍。儒州爲縉陽軍。蔚州，見下。儒州，唐末置，縣一：縉山。新州，唐末置，升威勝軍，縣四：永興、礬山、龍門、懷安。李師夔傳，字賢佐，奉聖州永興人。主郡事，蒐卒治兵。都古嚕訥軍至，與同里沈璋謀出城詣伊都降。領節度，以璋佐之，討平劇賊張勝、焦望天、尹智穆等。歷武平節度，陝西東路轉運使。封(儒)〔任〕國公(據金史卷七五李師夔傳改)。璋，字之達，終鎮西軍節度。紀未載。蔚州在大同府東南。〔攷異〕輿地廣記云，蔚州，本代地，在常山北。趙襄子定代地，武靈置代郡，後周置蔚州，唐因之，縣三：靈邱、興唐、飛狐。續通考云，蔚州，唐爲安邊郡，又改興唐郡，後仍舊，遼升忠順軍，更武安軍，隸奉聖州，今仍爲蔚州，領仙靈、定安、飛狐、靈邱、廣陵五縣。降，以其降臣翟昭彥、田慶皆爲刺史，徐興爲團練使。丁酉，昭彥等殺知州事蕭觀甯等以叛。丙午，復降。

十一月，詔諭燕京官民，王師所至，降者赦罪、復官。

十二月，取居庸關。方輿紀要云，關在昌平州西北二十四里。南口、北口相距四十里。兩山夾峙，稱爲絕險。亦曰軍都關，卽薊門關。〔攷異〕大金國志云，尼雅滿攻居庸關，慮難取，分兵由紫荆口、金坡關攻易州。及出奇取鳳山，沿皇太妃嶺以侵昌平縣。既至昌平，則反顧居庸矣。於是居庸亦潰，金人遂入居庸。又，史列傳，太祖取燕京，博勒和爲左翼，兵出居庸關大敗遼兵，遂取居庸。居庸關，國名齊喇哈番。新唐書志云，關在昌平縣西北三十五里。北齊曰納款關，古夏陽州也。劉定之呆齋集云，元王惲謂始皇築長城，居息庸徒於此，因名。獅山掌録云，上關七里有彈琴峽，水流石罅，聲若彈琴。宇文虛中過居庸關詩云：「奔峭從天拆，懸流赴壑清。路迴穿石細，崖裂與藤爭。花已從南發，人今又北行。節麾都落盡，奔走愧平生。」蔡珪出居庸詩云：「亂石妨車轂，深沙困馬蹶。天分斗南北，人問日東西。側目柴荆短，平頭土舍低。山花兩三樹，笑殺武陵溪。」見元好問中州集。丁亥，次嬀州。戊子，次居庸關。庚寅，遼統軍都監高陸等來送款。帝至燕京，入自南門，次城南。遼臣左企弓等奉表降。壬辰，御德勝殿，羣臣稱賀。〔攷異〕蔡絛北征紀實云，時阿骨打與數臣握拳坐殿戶限上受降。且詢黃蓋有幾柄，欲與羣臣共張之，中國傳以爲笑。金後自尊大，皆燕人及良嗣輩教之爾。紀未載。唯蕭妃與官屬數人遁去。後歸，見天祚，被殺，廢爲庶人，改姓虺氏。見契丹國志。甲午，命左企弓等撫定燕京諸州縣。〔攷異〕呼實哈傳，宗室子。從太祖攻寧江，戰達嚕噶城，破遼主親兵，皆有功。與其兄實古納攻克濟州城，取春、泰州。遼主西走，追至中京，獲其宮人輜重凡八百兩。德州叛，攻克之。從羅索降歸化，從取居庸關，幷燕屬縣及山谷諸屯。歷武定節度，徙汴京留守，卒。紀均未載。

七年（癸卯一一二三）春二月乙酉朔，命薩巴原作撒巴招諭興中府，即霸州地古柳城，亦曰彰武軍。降之。遼來州節度使田（顯）〔顥〕（據金史卷八一田顥傳、遼史卷二九天祚紀改）、溼州刺史杜師回、遷州刺史高永福、〔攷異〕趙翼陔餘叢考云，遼史天祚紀作高永昌。按，永昌於天慶六年爲金將所殺，安得此時又降金，悞也。金史作永福爲是。潤州刺史張成皆降。遼史地理志云，來州歸德（州）〔軍〕（據遼史卷三九地理志改）治來賓縣。（溼）〔隰〕州（同上）平海軍治海（陽）〔濱〕縣（同上）。遷州興（晉）〔善〕軍（同上）治遷民縣。潤州海陽軍治海（濱）〔陽〕縣（同上）。〔攷異〕續通考云，瑞州，本來州，金天德中更爲中州，泰和末改今名，領瑞安、海陽、海濱三縣，遷民一鎮。明置廣寧前屯衛。許亢宗奉使行程録云，第十六程，自遷州九十里至習州，遷州東門外十數步即古長城，所築遺址宛然。程大昌北邊備對云，古者築長城以捍北虜者四世，燕、趙、秦、隋也。秦制多承燕、趙，而隋氏不盡因秦也。史記，燕城起於造陽，西至襄平、遼陽。造陽者，上谷地也；襄平者，遼東縣也；遼陽者，遼水北也，皆燕國邊胡之地，故其建築在此。趙則自代地而西，屬於高闕。代者，雁門郡也；高闕者，靈州北流河之西，陰山之上游也。趙國於雲、代，故其城只並河而西以極乎趙境耳。秦滅六國，西自上郡北地，而東至遼東、西，悉爲秦有。故西起臨洮，則中國極西之地也；北屬遼東，則中國極東之地也。東西迄萬餘里，無論燕、趙之與岷、蘭，蓋無一地而無長城也。於是會今三制，則秦城之長，固周乎中國之北矣。然其地不皆秦築也，秦但補築使足耳。按，遷州古長城，以程泰之言考之，殆燕築也。見厲鶚遼史拾遺。北蕃地理志云，潤州在盧龍寨東。北接遼東驛，取潤水爲名，在中京南五百五十里；東至遼州四十里；西至渝關四十里；南至海三十里。薛延寵全遼志云，廣寧前屯衛，在遼陽城西九百六十里。唐置營州，後改瑞州，遼改來州，置來賓縣，隸大定府。方輿紀要，來州有萬松山、五指山、三州山。又覺華島上有海雲、龍宮二寺。

夏四月丁亥，遣斡魯、宗望襲遼主於陰山。遂追遼權六院司喀勒札原作曷离質於白水濼，獲之。其宗屬秦王、許王等十五人降。聞遼主留輜重青塚，遼史地理志云，豐州有青冢，即王昭君墓。以兵萬人往應州，地理志云，即彰國軍，治金城縣，隸西京路。〔攷異〕輿地廣記云，唐末置，後唐升彰國軍，縣二：金城、（混）〔渾〕源（據下文及遼史卷四一地理志改）。續通考云，應州領金城、渾源、河陰三縣。渾源，唐縣，金升爲州。河陰，遼置，金改山陰。遣卓哩、布達、宗望、羅索、尼楚赫等追襲之。宗望追及遼主，決戰，大敗之，獲其子趙王實訥埒原作習泥烈。續綱目云，係遼主長子。〔攷異〕汪輝祖金史同名録云，卷二太祖天輔三年遼太傅、六年遼護衛；卷三太宗天會二年婆速路猛安；卷五十九宗室表太祖子紀王；卷六十一交聘表大定十七年右副都點檢，亦作習泥列；卷七十六究傳正隆六年南京副都指揮，七人同名習泥烈。及傳國璽。〔攷異〕遼史天祚紀，遺傳國璽於桑乾河，載在保大二年正月，則此所獲者非傳國璽。辨見畢沅續通鑑。時林牙耶律達實〔攷異〕史愿亡遼録作達什，滿州語「吉祥」也，舊作大石，今譯改。壁龍門東二十五里，都統斡魯聞之，遣卓哩、羅索、馬和尚等率兵討之，生擒達實，悉降其衆。〔攷異〕遼史達實傳，云太祖八代孫。通遼、漢文字，善騎射，第進士，爲翰林應奉，陞承旨，歷節度使。天祚入夾山，達實與諸大臣謀立魏王，王卒，立其妻蕭德妃。金主至居庸關，被擒。亡歸天祚，謀興復，諫不聽，乃殺蕭伊實等自立爲王，率所部西去，傳九十年，國亡，是爲西遼。繫年要録，達實作達錫，云，遼亡，達錫以殘衆奉天祚子梁王北奔。洪皓松漠紀聞云，遼亡，達錫降金，因與尼瑪哈雙陸爭道，懼禍，携五子遁，妻被殺。；深入商安（按，「商安」，松漠紀聞作「沙子」。），立梁王爲帝而相之。按遼史，立梁王者迪里，非達錫也，紀聞疑誤。又，大石黨亦名迪里，遼人，既降後遁，見太宗紀及回离保傳。汪輝祖金史同名録云，卷八十二郭企忠傳天會四年代州同知卷三太宗紀天會八年將，三人同名迪里。耶律糾堅原作九斤聚衆興中府作亂，討擒之。糾堅自殺。

五月己巳，次拉林濼。斡魯等以趙王實訥埒、林牙達實、駙馬儒努原作乳奴等來獻，并上所獲國璽。宗雋以所獲秦王、許王、女額頁等來見。〔攷異〕遼史天祚紀云，四月，金兵圍輜重於青塚，硬寨太保蕭特默格竊梁王雅里遁，秦王、許王、諸妃、公主、從臣皆陷沒，惟梁宋大長公主托里亡歸。金尋遣兵送族屬輜重東行，乃遣兵邀戰於白水濼，趙王實訥埒、蕭道甯皆被執。天祚僞降，遂西遁。所載與史異，今從太宗紀。

六月壬午朔，次鴛鴦濼。丙申，帝不豫，命宗翰等駐兵雲中以備邊。〔攷異〕元納新金臺集云，太祖武元皇帝平遼碑在南城豐宜門外，史臣韓昉撰文，宇文虛中書。元宋褧燕石集云，循宜泉橋北少東，園內有太祖平遼碑，扃守嚴秘。園後有小亭，四旁卉木成列，峙二靈璧石於巽坤隅。元郝經讀金太祖睿德神功碑詩云：「雜花裝樹烟草緑，珠翠重重擁燕玉。踏青車騎同一簇，巉天一碑青梢出。鞞肩垂袖立馬看，穹龜交龍勢屈蟠。四面渾鐫堆字山，填金剜盡黑獵斑。冒頭遷史學舜典，序字班書雜文選。銘章生民麗且婉，太祖帝紀都一卷。初睹肅愼兆已陳，日出之國生聖人。周維四邦命維新，不事殺戮義與仁。『海青』一翅海西落，兩國君臣俱不覺。鶻雛聲裏降王縛，漢民不失生聚樂。平地突起金天龍，面如紫玉真英雄。化行江、漢服羌、戎，百年以來誇俊功。參用遼、宋爲帝制，文采風流幾學士。磊磊高文辭稱事，卓冠一代誰復似。汴亡文物委地壞，不收，獨有此碑岌嶪在。幽州荒煙莽蒼無人讀，使我掩面涕泗流。

鄭王已自磨甘露，故隴移來立新墓。小民世情多忌諱，更欲去除誰愛護？不久拽仆野火焚，後人不復見此文。攀花再讀傾一樽，朗詠直過宣陽門。」見陵川集。又，果囉洛納延詩云：「十丈豐碑勢倚空，風雲猶憶下遼東。百年功業秦皇帝，一代文章太史公。石斷龍鱗秋雨後，苔封鼇背夕陽中。行人立馬空惆悵，禾黍離離滿故宮。」均見日下舊聞考。

金史紀事本末卷四

燕雲棄取　張覺　郭藥師附

太祖天輔元年（丁酉一一一七）冬十二月，宋使登州〔攷異〕輿地廣記云，古牟子國。唐置登州，天寶初曰東牟郡，宋復故，領縣四。蓬萊，本漢黃縣，唐登州，治牟平，後更名黃爲蓬萊，徙治焉。後又析蓬萊置黃縣，有萊山，漢嵫縣地在此，有蹲狗山。牟平，二漢舊縣東牟、腄縣地在此，有東牟山、之罘山，秦皇、漢武嘗登之。文登，漢不夜腄縣地，有文登山、成山、不夜城、始皇石橋，明升爲府，統州一：甯海。縣七：蓬萊、黃縣、福山、棲霞、招遠、萊陽、文登。防禦使馬政〔攷異〕宏簡録作馬宏，宋史載在重和元年三月，爲金天輔二年，官武義大夫。東都事略云，馬政，熙河人。其子擴，應武舉，有口辨，令隨父使女真，著書，名茅齋自敘，載金事甚詳。以國書來，曰：「日出之分，實生聖人。竊聞征遼，屢破勍敵。若克遼日，五代時陷入契丹漢地，願畀下邑。」〔攷異〕續綱目云，宋林攄坐使遼失言，貶知潁州。徙大名，過闕，爲帝言遼可取狀，帝始有北伐意。宋史，攄字彥振，福州人。官中書侍郎。罷歸。子緯，死，無嗣。後以京黨貶官。北盟會編云，政和初，宋遣鄭允中、童貫使遼，攜燕人馬植歸，改姓名李良嗣，薦於朝，後賜姓趙。復燕之議自此始。繫年要録云：植得罪於遼，間道說貫以取燕策，貫納之。政和五年，始自雄州來奔。七年春，宋使陶悅自遼歸，具言敵未可圖，會樞密鄧洵武亦言，事暫止。而陶悅奉使録亦謂貫北伐，前軍發；悅歸奏事未可圖，乃寢。悅後贈秘閣修撰。鄭昂危史云：植來歸，匿貫家。能文，數上書，帝喜，賜姓名。三國謀謨録云：良嗣以五年三月上蠟書，雄守和詵以聞，京、貫奏許之。四月，由雄州入覲。蓋貫與之約而後納之，非携以歸也。岳珂桯史云：良嗣頗能文，間以詩篇進邀眷遇，至命兼史局。推修國朝會要等書賞，良嗣亦轉秩。後坐誅。有集，凡數十卷，人唾去不視，無收拾者。周煇清波雜志云：政和間，詵接伴遼使至邢臺，遼使柴誼指呼左右令獵，回，詫曰：「南朝有樂事乎？」詵曰：「南朝所樂，獵德耳！」使爲羞赧。陳邦瞻宋史紀事本末云：初，建隆中，女真嘗自蘇州泛海至登州賣馬，故道猶存。至是，漢人高藥師來言女真破遼事，登州守臣王師中以聞。命京、貫議，令師中募人同往，未達而還。帝復委貫，遂使政與藥師往。北盟會編，藥師外，尚有曹孝才、僧郎榮等。李燾長編云：元豐五年正月，詔在先朝，女真常至登州賣馬，後聞女真馬行道徑，已屬高麗，隔絶歲久不至。今朝廷與高麗通使往返，可諭國王：「女真如願以馬與中國爲市，宜許假道。」後卒不至。見汪藻金盟本末。畢沅續通鑑云：議夾攻，實自宣和二年趙良嗣始。馬政、呼慶兩番所議，但賣馬耳。此云國書，或是良嗣所賫，誤繫之馬政也。長編亦謂封氏有功編年之説未可全信云。方輿紀要云：蘇州，遼置，治來蘇縣，即古南蘇城，今金州衛治。隋大業七年伐高麗，分遣段文振出南蘇道。唐貞觀末，李世勣伐高麗，歷南蘇等城，敗其兵。乾封初，薛仁貴破高麗，拔南蘇等城，即此。

二年（戊戌一一一八）春正月庚寅，使索多〔攷異〕蒙古語「烏翅大翎」也。原作散覩，今譯改。通鑑輯覽作索都。如宋報聘，書曰：「所請之地，今當與宋夾攻，得者有之。」〔攷異〕畢沅續通鑑云：重和元年十二月，政等還，與其使者偕來。政初下海達北岸，爲邏者執，欲殺者屢矣。尋見金主於拉林河，遂遣索多及李善慶齎國書，幷北珠、生金、貂革、人參，同政等來報使。宋史略同，載在明年正月爲異，今從史。蔡絛鐵圍山叢談云：政和八年，改十一月朔爲重和元年，會左丞范致虛言犯北朝年號，蓋遼先有重熙年，時後主名禧，因避重熙爲重和。朝廷不樂。明年三月，遽改重和二年爲宣和二年。陸游老學菴筆記云，政和末，議改元，王黼擬用重和。既下詔矣，范致虛白上曰：「此契丹號也。」未幾，改宣和。然宣和乃契丹宫門名，年名則實名重熙，遼避天祚嫌名，追謂重熙爲重和耳，不必避可也。

三年（己亥一一一九）春正月。〔攷異〕畢沅續通鑑云，金使李善慶等來，館於寶相院。詔蔡京、童貫與議。尋命趙有開、馬政、王師中子瓌齎詔及禮物，與善慶報聘。會有開死，諜言遼已册金爲東懷王，詔政還。差軍校呼慶送善慶等歸，時宣和元年正月也。宋史謂册爲帝，與遼、金史同。北盟會編呼慶作呼延慶，繫年要録王瓌作環。有開，燕京人，名秉直。

夏六月辛卯，索多還自宋。宋使馬政及其子宏來聘。〔攷異〕畢沅續通鑑云，宏卽擴，聲之訛也。先是，馬政已輟行，獨呼慶至耳。本紀恐誤。索多受宋團練使，帝怒，杖而奪之。〔攷異〕畢沅續通鑑云，金史，善慶補修武郎，散都從義郎，勃達秉義郎，給全俸。按，散都卽索多，與善慶等同時受宋官。太祖紀祇載索多，疑脱誤。北盟會編散都作小散多，係熟女真。勃達作渤達，係生女真。所載各異。宋使還，復遣貝勒色埒、赫嚕等如宋。〔攷異〕畢沅續通鑑云，六月，呼慶至軍前，金主與宗翰詰責，留六月，辨不屈，乃遣歸，語曰：「歸見皇帝，若欲結好，早示國書，仍用詔，決難行也！」宋史紀事本末云，初，高麗求醫，帝命二醫往。王曰：「聞天子將與女真圖契丹，苟存契丹，猶足捍邊。女真虎狼，不可交，宜早爲備。」帝聞之，不樂。時廣安安堯臣諫，隙不可開，不聽。又施元之注蘇詩云，范坦於徽宗時再使遼，邊議萌芽，故非時遣使以覘釁。坦言不宜始禍，力辭行。帝怒，責團練副使。宋史未載。

四年（庚子一一二〇）春二月，貝勒色埒、赫嚕還自宋。宋使趙良嗣、王暉來議燕京、西京地。〔攷異〕北盟會編云，宣和二年二月，呼延慶還，具道女真言，并齎其文字來見貫議事。貫議别遣使。三月，詔右文殿修撰趙良嗣同王瓌往，議夾攻取燕、雲及歲幣。畢沅續通鑑云，夾攻之約，蓋始於此。宋史載是年十二月復遣馬政如金議地，薛應旂通鑑亦同，交聘表未書。見元會汾金史考證。

夏四月乙未，帝自將伐遼，克上京，宋使趙良嗣等奉觴上壽，皆稱萬歲。〔攷異〕北盟會編云，七月，金遣斯喇習魯、渤海高隨、大迪烏偕良嗣還，因遣政報聘，歲幣同遼。遼請和，均勿從。繫年要録，時金使爲錫琳赫嚕。趙良嗣燕雲奉使録，時在上京，作詩云：「建國舊碑胡日(按，桯史卷五作月)暗，興王故地野風乾。回頭笑謂(按，桯史卷五作向)王公子，騎馬隨軍上五鑾。」主令契丹吴王妃起舞獻酒，酧酢甚歡。回書略曰：「隔於素昧，未相致於禮容。酌以權宜，在交馳於使傳。共計成夫大事，盍備露於信華。」云云。畢沅續通鑑云，八月，金遣薩喇、哈嚕來。九月，命馬政持國書偕往。書略曰：「遠承信介，特示函書，具聆啟處之詳，殊副瞻懷之素。契丹逆天賊義，干紀亂常，肆害忠良，恣爲暴虐。知夙嚴於軍旅，用綏集於人民，致罰有辭，逖聞爲慰。今者確示同心之好，共圖問罪之師。念彼羣黎，舊爲赤子，既久淪於塗炭，思永靖於方垂。誠意不渝，義當如約。」薛應旂通鑑云，時命童貫屯兵於邊以應金，鈐轄趙隆極言不可，鄭居中亦謂宜守盟約。京曰：「上厭歲幣五十萬故爾。」居中曰：「公獨不思漢世和戎用兵之費乎？使百萬生靈，肝腦塗地，公實爲之。」由是議寢。及遼數敗，貫復乞舉兵，居中又言不宜幸災而動，獨王黼力請取燕、雲，議遂決。通鑑輯覽云，黼信牒言遼主有亡國相，遣陳堯臣繪其像歸，勸帝用兵，并圖其山川險易以上。居中，字建夫，開封人。謂漢世南單于歲給一億九十萬，西域七千四百八十萬，與此孰爲多？潛説友咸淳臨安志云，陳堯臣，婺州人。初爲畫學，(正)〔王〕黻(據上文改)薦爲水部員外郎。假尚書使遼，事還，擢右司諫，賜予鉅萬，時年三十三。歷侍御史。黼貶，坐除名。檜當國，以素交復官。築園亭西湖上，今陳侍御花園也。宋史徽宗紀，二月，遣趙良嗣使金，九月，金使勃堇等來，尋遣馬政報聘。交聘表失書。

五年（辛丑一一二一）春二月。〔攷異〕畢沅續通鑑云，政等初至金，與金主議西京地，不許。草國書，使哈嚕與政等還報。略曰：「適紓使傳，遥示英華，載詳別屬之辭，備形書外之意。事須審而後度，禮當具以先聞。前日趙良嗣等回，許燕京東路州鎮，已載國書，若不夾攻，應難如約。今若更欲西京，請便計度收取，若難果意，冀爲報示。」至是，哈嚕至登州，守臣以童貫討方臘未還，留金使不遣。哈嚕怒，尋令詣闕。留月餘，遣呼慶送歸，但付國書，不遣報使，用王黼議也。蔡絛北征紀實云，時上悔前舉，意欲罷約，諭女真使可復回。宋史，哈嚕作曷魯，載在五月。太祖紀及交聘表均未書。

六年（壬寅一一二二）春三月，遼秦晉國王耶律聶哷原作捏里稱帝於燕。

夏四月壬辰，遣圖克坦烏濟、原作徒單烏甲。〔攷異〕北盟會編作徒姑旦烏歇。高慶裔如宋。〔攷異〕大金國志云，初聞宋不遣報使，疑有謀，復遣孛堇烏歇、高慶裔來，帝禮待甚厚，過契丹數倍。以趙良嗣報聘，馬擴副之。東都事略云，差錫剌曷魯爲使，大迪烏、高隨爲副。時宋宣和四年也。所載姓名各異，今從史。吳曾能改齋漫録云，金攻遼，遼遣王緯來乞師，許之。時金只檄代州不得受逃亡人，未嘗遣使，諸書亦無王緯乞師事，今不取。

五月，遼聶哷遣使請罷兵。尋遣楊勉以書如燕京，諭使聶哷降。〔攷異〕畢沅續通鑑云，時王黼專治邊事，計口出算，得錢二千六百餘萬緡以充用。詔童貫、蔡攸勒兵十五萬應金。五月，貫至高陽關，用知雄州和詵計，降黄榜及旗，述弔伐意。命种師道總東路兵，趨白溝。辛興宗總西路兵，趨范村。耶律達實、蕭幹來拒，兵敗，師道退保雄州。遼使來言：「射一時之利，棄百年之好，結新起之隣，基他日之禍。」貫不能對，乃班師。北盟會編，遼使爲王介儒、王仲孫。宋史徽宗紀云，前軍統制楊可世敗於蘭溝甸，又爲幹敗於白溝。丁亥，辛興宗敗於范村。六月，師道退保雄州，遼人追擊至城下。九月，朝散郎宋昭上書諫北伐，竄廣南。方輿紀要云，范村在涿州西南。東都事略云，貫北伐，帝授三策。貫用劉韐、宇文虛中爲參謀，程唐、王序爲轉運，而機務專倚曹州吏李宗振。鍾邦直行程録云：時惟幕僚李積中投書切諫，累數萬言，不省。潘永因宋稗類鈔云：宣和用兵燕、雲，厚賦天下緡錢，督責甚急。時海州楊劉氏寡居，使二子獻緡錢百萬，免下戶之輸，一郡數縣免於流亡者，皆劉氏賜也。又云：蔡攸嘗賜飲禁中，上頻以巨觥宣勸，懇辭不免，上曰：「就令灌死，亦不至失一司馬光。」黼事徽廟極褻，宮中爲市，使爲市令，上撻之，黼窘呼曰：「告堯、舜免一次。」上曰：「吾非唐、虞，汝非稷、契也。」一日，與踰垣微行，黼以肩承帝趾，不相接，上曰：「聳上來，司馬光！」黼曰：「伸下來，神宗皇帝！」君臣相謔乃爾。陸游老學菴筆記云：黼作相，子閎孚爲待制，造朝，方十四歲，都人目爲胡孫待制。方勺泊宅編云：宣和七年，駕幸龍德宮，黼獻詩，有「巧將千幛遮晴日，借得三眠作翠幃。」人以爲讖，謂其不復見君也。而洪邁欽宗實録，謂卽位時，先諭閤門勿納，貶官，安置永州，安得入龍德宮獻詩，誤矣。蔡絛北征紀實云：時首倡北伐者薛嗣昌、侯益。嗣昌後被黜，死，然每事猶關白宰相。益則專出貫門，罪尤大。岳珂桯史云：宇文虛中在西掖，昌言開邊非策，黼惡之，使爲參謀官窒其口。因上書極諫，書下三省，謫修撰。和子美詵以事詣京，鄭居中薦於徽廟，敷奏明鬯，進階，還任。上制勝强遠弓，詔頒行，能破堅於三百步外，卽鳳凰弓，韓世忠改名尅敵弓，至今便焉。洪邁容齋三筆，謂祖熙甯神臂之規，實不然也。詵知兵，嘗阻伐燕，議坐責。北事作，未及用，死，蓋兩河名將云。會編則曰，先是，和詵以取燕山圖來上，安撫吳玠等皆獻議取燕、雲。所載各異。

六月，耶律聶哷卒，妻蕭妃稱制。先是，聶哷立，改「怨軍」爲「常勝軍」，擢其渠帥鐵州續通考云，本漢安市縣，遼爲建武軍，領定戎一鎮。郭藥師〔攷異〕汪輝祖金史同名録云，卷一百三十阿鄰妻沙里質傳，子謀克；卷十八哀宗天興二年鎮南節度；卷一百完顏伯嘉傳貞祐四年御史；卷一百二十九蕭裕傳海陵時顯武將軍，五人同名藥師。諸衞上將軍。至是以涿、易二州涿州，在順天府西南百四十里。易州，在保定府西北百二十里，遼改高陽軍。輿地廣記云，涿州，漢置，魏爲范陽郡，晉爲范陽國，隋立涿郡，唐因之，縣四：范陽、固安、新昌、新城。易州，秦屬上谷郡，二漢屬涿郡，隋立易州，後改上谷郡，唐因之，縣四：易縣、淶水、滿城、五回。日下舊聞考引國門近游録云，房山縣南五十里有獅山口，涿、易二州交界處，西行約十餘里有兜率寺、十方院，僧塔甚衆。中一塔有碑，曰六聘山天開寺懺悔上人墳塔記，金朝朝議大夫、乾文閣大學士、知制誥、賜紫金魚袋王虛中撰，布衣賈溉書。文稱：「師諱守常，族曹姓，易州新安府人。禮六聘山鐵頭陀爲師。住持本山，三十餘年，所度白黑四衆二十餘萬，以咸雍六年遷化。」塔建於大安己巳姑洗月。宋書涿州邵師儒鐫。朱彝尊吉金貞石志云，六聘山，在房山縣西三十里。天開寺，鉅刹，自後漢歷遼、金，廢興難具載云。歸宋。〔攷異〕中興叛逆傳云，藥師以金吾衛上將軍守涿州，囚其刺史蕭餘慶，遣趙鶴壽送欵於貫，將兵八千五百并一州四縣歸朝。北盟會編云，藥師以涿州降，高鳳以易州降。宋史誤連爲一，且事在九月，而東都事略作八月，陳均九朝編年備要與會編同。史本傳又與宋史同，今從之。汪藻賀收復涿州表云：「臣聞黃帝得天，始正阪泉之伐；宣王復古，爰興玁狁之師。緬維幽、薊之區，久失漢、唐之舊。厥留丕績，以待聖時。出成算於九交，拓提封之萬里。風聲鶴唳，何勞震疊之餘；簞食壺漿，惟恐歡迎之後。皇帝功高，治古道，冒綿區，兼收區夏之心，克紹祖宗之志。得皇天之所覆，徠上古之不臣。前矛突入殊疆，破竹遂無遺策。臣幸逢嘉會，適守遐藩。傳聞毳帶之朝，悉陳濡上；遥想龍墀之慶，獨阻國南。」見五百家播芳文粹。藥師尋以宋兵六千人奄至燕京，甄五臣以五千人奪迎春門，皆入城。蕭妃令閉城門，與宋兵巷戰，藥師大敗，失馬步走，踰城免。宋人猶厚賞之。〔攷異〕繫年要録云，時中山守臣詹度言，燕人無主，願納土。始議再興師，詔貫、攸再出，異議者斬。宋史紀事本末云，七月，貫復以劉延慶爲都統制。九月，藥師降，授恩州觀察使，爲鄉導，至良鄉，爲幹敗。及入城，后密報幹，還擊之，兵敗，走免，劉世宣死焉。延慶燒營遁，幹追至涿水還。契丹國志於白溝不言敗，而襲城之役，謂藥師使延慶，恐誤。　薛應旂通鑑云，自熙、豐以來，所納軍實殆盡，燕人知宋無能爲，作賦及歌詩誚之。藥師還，猶授安遠承宣使，進武泰節度。　陳均九朝編年備要云，藥師遣人諭蕭后降，不從，合戰至晚不解。蕭幹亟來救，或疑延慶兵，登高望之，則燕王冢上立四軍旗矣。尋自南門入，藥師與戰，屢敗，奔門不得出，縋城下，還者數百騎而已。封有功編年云，時延慶聞兵敗，又琉璃河護糧將王淵亦陷賊，次日燒營及輜重奔還，師大潰。　朱勝非秀水閒居録云，時蕭后與四軍大王尚守燕城，藥師入，縱兵四掠，無復紀律。一夕，四軍以殘卒擊王師，奔還蘆溝，大軍亦潰。　大金國志云，時馬擴隨行，抵居庸關，國主謂擴曰：「遼疆土我得十九，止燕京數州地留與汝家。我與大軍三面掩之，令汝家俯拾，亦不能取。」　北盟會編云，時蕭妃遣使納欵，乞數州地爲南朝外屏，貫不許。

冬十二月，帝親伐燕京。命宗望原作斡离不率兵七千以先之。都古嚕訥改名忠出得勝口，尼楚赫原作銀朮可出居庸關。羅索原作婁室爲左翼，博勒和原作婆盧火爲右翼。進次居庸關，遼統軍都監高陸原作高六等來送款。至燕京，入自南門。尼楚赫、羅索陣於城上，遼知樞密院左企弓、虞仲文、樞密使曹勇義、副使張彥忠，參知政事康公弼，簽書劉彥宗奉表降。辛卯，遼百官詣軍門請罪，詔釋之。壬辰，御德勝殿，羣臣稱賀。甲午，命左企弓等撫定燕京。蕭妃遁。　〔攷異〕遼史天祚紀云，蕭德妃五表於金，求立秦王，不許，乃以勁兵守居庸關。及金兵臨關，崖石自崩，戍卒多壓死，遂大潰。　德妃出古北口，趨天德軍。　史愿亡遼録云，金游騎逼城，左企弓集百官議未定，統軍副使蕭一信開啟夏門，放入洛索貝勒軍，登城，遣先獲遼相韓秉，傳令不殺，催百官出丹鳳門毬場内投降。　阿古達戎服坐萬勝殿，皆服罪。宋史徽宗紀云，九月，金遣徒姑且烏歇等來議師期。尋遣趙良嗣報聘。十一月，金遣李靖等來，許山前六州。十二月，復遣趙良嗣報聘。是月，藥師敗蕭幹於永清縣。繫年要録，李靖外尚有烏凌噶色哷美。靖，資州人。元會汾金史考證云，時金令普嘉努責宋以出兵失期，始背初盟，改十七州爲六州。此南北構兵之端，而交聘表均未載。畢沅續通鑑云，十月，復遣良嗣如金。金遣李靖、王度喇、薩魯謨來。時貫再舉伐燕，不克。懼得罪，乃密遣王瓌如金，金乃分兵三道遂克燕。遣兵送良嗣還，且致俘。北盟會編載金國書，略云：「適憑使傳，特示音題，然已露於深悰，斯未洽於舊約。載惟大信，理有所陳，爰念前言，義當可許。」又云：「除許燕京及六州屬縣，餘平、灤、營三州，縱貴朝克服，亦不在許與之限，如或廣務於侵求，諸慮難終於信義。」云云。按六州，係涿、易、檀、順、薊、景。涿、易見上。遼史地理志云，檀州武威軍，本燕漁陽郡地，漢爲白檀縣，縣二：密雲、行唐。宋白續通典云，密雲，卽漢厗奚縣舊治，後漢以居斤奚。謝承續漢書云，白檀縣，卽古北平，後魏爲密雲郡，後周號安州，隋、唐爲檀州，晉入遼，宋改橫山郡鎮遠軍，金復舊。通鑑地理通釋云，順州順義郡，唐天寶初置，治賓義縣。顧炎武昌平山水記云，順義縣在州東南九十里。金人疆域圖云，至燕京百一十五里。樂史太平寰宇記云，卽秦上谷郡地。朱彝尊日下舊聞云，本漢狐奴縣地，唐末爲順州，晉入遼曰歸甯軍，亦曰歸化，宋改名順興，金復故，縣二：漁陽、密雲。王惲秋澗集云，順州舊治，唐歸順州。見大歷五年試太子洗馬、鄭宣力所撰開元寺碑。金節使剛忠王子明死節於州，名晦，高平人。漢書地理志云，薊，古燕國，召公所封。史記正義云，召公始封，蓋在北平無終縣，以燕山得名。後强盛併薊，徙居之。索隱謂北燕在今幽州薊縣故城是也。秦置漁陽郡，隋立元州，尋復舊，唐廢郡屬幽州，開元十八年置薊州，治焉。遼爲尚武軍，宋號廣川郡，金復故，屬中都。唐書地理志云，景州，貞元三年析滄州置，後屢廢屢復。遼史地理志云，名清安軍，本薊州遵化縣，重熙中置。宋改永静軍，金避章宗諱，改景州爲觀州，領縣六：東光、阜城、將陵、吳橋、蓚、甯津。輿地廣記云，營州，本孤竹國，秦漢屬遼西郡，前燕、後燕、北燕都此。隋爲遼西郡，唐爲營州，中爲契丹陷，僑治漁陽，開元中徙治柳城，曰柳城郡，又爲平盧，遼號隣海軍，治廣甯。續通考云，灤州在盧龍寨南，遼置灤州，金置節度，領縣四：義豐、馬城、石城、樂亭。平州，見下。馬擴茅齋自叙云，時良嗣在金，作詩曰：「朔風吹雪下雞山，燭暗穹廬夜色寒。聞道燕然好消息，曉來驛騎報平安。」某和詩曰：「未見燕銘勒故山，耳聞殊議骨毛寒。顧君共事烹身語，易取皇家萬世安。」所載較詳。

七年（癸卯一一二三）九月以後爲太宗天會元年。春正月甲子，遼平州節度使時立愛〔攷異〕遼史作錫凌阿。降，詔曲赦平州。〔攷異〕本傳，立愛遷遼興節度，金遣韓詢入平州招降，立愛請先下詔撫慰，許之。命沃赫阿里爲之副。至張覺爲留守，立愛乃去平州，歸鄉里。是立愛本官平州，而遼史云，蕭妃遣錫凌阿知州事，毅拒弗納。恐誤，今從史。陳士元灤志云，韓詢持招諭平州詔曰：「朕親巡西土，底定全燕，號令所加，城邑皆下。爰嘉忠款，特示優恩：一應在彼大小官員，可皆充舊職；諸囚禁配隸，並從釋免。」時遼主尚在天德，雖開諭而民不從。輿地廣記云，平州，商爲孤竹國，秦、漢爲遼西、右北平二郡地，元魏並立平州，隋爲北平郡，唐曰平州，後爲北平郡。縣三：盧龍、石城、馬城。續通考云，遼爲盧龍軍，改興化，領縣三：盧龍、安喜、望都。金初爲南京，後爲平州興平軍，領縣五：盧龍、撫甯、海山、遷安、昌黎。己卯，宋使來議燕京、西京地。〔攷異〕大金國志云，燕、雲之地有居庸關、金坡關、古北口、松亭關、榆關諸險要，乃蕃、漢之界。當時割地若得諸關，則燕山可保。然平、營、灤三州，契丹據之，改平州爲遼興府，以營、灤隸之，號平州路。至石晉所賂諸州，建燕山爲燕京，以控六郡，號燕京路。宋初議割地，但謂燕山之路，盡得關内之地，不知平州與燕山異路。金破遼，得據平州，則關内之地，蕃、漢雜處。故斡离不自平州入攻，此當時不明地理之故也。方輿紀要云，松亭關在喜峯口北百二十里，遼人自燕京之中京，每由松亭趣柳河。居庸關在昌平州西北三十里。古北口在密雲縣東北百二十里，亦曰虎北口。許亢宗奉使行程録云，第十四程，自營州一百里至潤州。離營州東六十里，至榆關。東自碣石西徹五臺，沃野千里，北限大山。重巒中有五關，居庸可以通大車，運轉餉；松亭、金坡、古北口止通人馬，不可行車。外有十八路，盡兔徑鳥道，止通人，不可行馬。山南則五谷，百果、良材、美木無所不有。出關未數十里，則黃茅白葦，莫知其極，蓋天設此以限南北也。按，金坡關，卽紫荊關，在易州西北。榆關乃山海關，在平州之東。顧炎武昌平山水記云，黃花鎮距州北八十里。鎮城直天壽山之後，當居庸、古北二關之中。北連四海治水，曰黃花鎮川。河出塞外，自二道南入口，逕渤海，至順義界，入白河。其流九曲，俗呼九渡河。祝穆方輿勝略云，黃花鎮以東，歷密雲、馬蘭、太平、燕河，屬於山海，謂之東關；以西歷居庸、白竿、紫荊、倒馬，屬於龍泉，謂之西關。郭造卿碣石叢談云，鐵門山，距鐵門關三里。南有穹窿山，與之並高。其洞十丈，內周十餘里，懸石皆五色，鼓以八音，莫不應焉，名應樂軒。出洞口十里爲西山嶺，卽喜峯，古松亭山也。許有壬紀事，謂有久戍士，父子相逢，喜笑俱死，葬焉。掘，則風雨大作。今戍者祀之曰喜逢，乃烏梁海貢道。日下舊聞考引圖書編云，京城口九十里昌平州，州東北九十里黃花鎮。自鎮歷白馬、陳家、弔馬等峪關口四十八而古北口。又一十四關口至峩嵋塞，中歷黃松峪、將軍石凡五口而薊州東崖峪。自關以東，歷寬峪等關凡十口而遵化縣之烏蘭峪。乃歷沙皮、羅文、松青、龍井兒、潘家口、團營寨關口三十一而喜峯口。又七十里而遷安縣之青山口。又十二口而冷口。又三口而劉家口。又四口而盧龍縣之桃林口。又四口而昌黎縣之界嶺、箭桿等六口，而撫甯縣之義院口。又石門等五口而董家口，歷大毛山、小青山等十四而山海關。此薊、昌各路關砦之大略也。載所載各異。北盟會編云，五月，良嗣自金還，得金國書，略曰：「遠辱華函，繼形温問，因遽成於小補，感特賜於隆儀。載循計議之辭，未悉聽從之諭。致煩馳報，冀示誠音！」云云。詞多不具載。

二月癸巳，宋復使趙良嗣〔攷異〕畢沅續通鑑，良嗣外尚有周武仲、馬擴，今從太祖紀。來，請加歲幣以代燕税，及議畫疆與遣使賀正旦、生辰，置榷場交易，并計議西京等事。癸卯，尼楚赫、道拉〔攷異〕一作道喇，蒙古語「下」也，舊作鐸剌，今譯改。汪輝祖金史同名録云，是年三月，遼族人謀叛，亦見太祖紀；卷七十一斡魯傳高永昌家奴；卷一百三十三窩斡傳世宗時將，四人同名鐸剌。又北盟會編作松度剌。如宋。戊申，詔平州官與宋使同分割所與燕京六州之地。〔攷異〕北盟會編載金國書，略云：「使軺薦居，桀訊迭承，既增歲幣之優，深悉善隣之意。俟成誓約，永保惟和。」詞多不具載。又云，宋平燕北，羣臣表賀，有曰：「舜肇十二州，始別冀都之壤。周建八百國，首疏召公之封。當天津、析木之交，實上谷、廣陽之勝，形勝有金湯之險，膏腴號陸海之饒。」既而宋史紀事本末云，初，朝廷與金約，但求石晉賂契丹故地，而不思平、營、灤三州非晉賂，乃劉仁恭獻契丹以求援者。既而王黼悔，欲并得之，復遣良嗣往，不許。乃與李靖來，且索燕京租税。時左企弓獻金主詩曰：「君王莫聽捐燕議，一寸山河一寸金。」故金人欲背初約，要求不已。良嗣還，金聞遼主欲復故地，乃悉斷橋梁，焚次舍以防之。黼欲功速成，復遣良嗣於歲幣外許每年代税錢一百萬緡，及議畫疆諸事，金遂遣甯朮割等持誓書來，帝曲意從之。復遣良嗣往，并許糧二十萬石。四月，金始遣楊樸來割燕京六州地。庚子，命貫等往，所得七空城，以王安中知燕山府，郭藥師爲副，詔班師。黼總治三省，貫封廣陽郡王，良嗣延康殿學士。平燕録云，時金人用阿骨爽計，寸金寸土，搭取殆盡，席捲而東回，住白水泊。朱彝尊日下舊聞云，貫以詹度權大帥府。度作平燕詩送之，詩曰：「長亭春色送英雄，滿目江山映日紅。劍戟夜揺楊柳月，旌旗曉拂杏花風。行時已決平戎策，到後須成濟世功。爲報燕山諸將吏，太平只在笑談中。」吕中大事記講義云，初，朝廷信良嗣等虚言，謂金人歸我雲中，故曲報并及山後地，然實不得山後也。朱昆田日下舊聞補遺阿骨爽作阿克堇，滿州語「發水投樹木上掛的紫草」也。舊作阿骨爽，今譯改。宰輔編年録云，安中罷左丞，授慶遠節度、燕山路宣撫使。制曰：「惟燕山之作屏，應析木以奠方；念撫綏之維新，在阜成之有術。雲霓之蘇大旱，爰契羣情；文武之憲萬邦，適符予欲。特輟政機之要，出臨朔寨之雄。」時宣和五年正月。會編慶遠作靜難。又爲安撫使者尚有詹度。大金國志云，金許還西京，而誓書無一語及之，皆良嗣與甯朮割共爲欺罔，卒啟兵端。按，仁恭無獻地求援之事。營、平二州，當唐莊宗、明宗時契丹攻陷；灤州乃太祖自置。見顧炎武京東考古録。續綱目本長編之説，不足信。宏簡録云，金叛盟，良嗣坐竄柳州，以御史胡舜（涉）〔陟〕（據宋史卷四七二趙良嗣傳改）言，詔廣西運副李昇之梟其首，妻子徙萬安軍。趙翼箚記云，宋史良嗣傳，謂其往返六七，頗能緩頰盡心，與金爭議，使不納張瑴，金亦難遽啟兵端。中華疆土，復歸版圖，良嗣方且當入功臣傳。迨追原禍始，坐以重辟，未免失刑。修史者復列之姦臣，殊非平情之論。然圖燕議起，終是召禍首謀，强爲出脱，無以懲後。今不取。詔改平州爲南京，以張覺〔攷異〕遼史作張瑴，平州義豐人。賈子莊陷燕録作張瑴，曹勛北狩見聞録作張珏。時介休劇賊亦名張覺，聚黨掠縣邑，屢招不服，後命沈璋往招，即日降。見璋傳。爲留守。覺在遼第進士，官遼興節度副使，至是來降，擢留守。〔攷異〕宋史紀事本末云，遼主走夾山，平州軍亂，殺節度蕭諦里。衆推瑴領州事，練兵爲備。金使康公弼往覘，還言無足慮，乃加平章事兼留守。續綱目諦里作敵里。太祖紀均未載，今從紀。

三月戊午，宋使盧益、趙良嗣、馬宏以國書來。

夏四月壬辰，復書於宋。〔攷異〕北盟會編載金誓書，略云：「惟信與義，取天下之大器也，以通神明之心，以除天地之害。」末云：「所貴久通歡好，庶保萬世。苟違此約，天地監察，神明速應，子孫不紹，社稷傾危。本朝志欲協和萬邦，大示誠信，如變渝在彼，一准誓約，不以所與爲定。」詞多不具載。畢沅續通鑑云，宋舊制，待遼使禮遇有限且迂其程途，次第燕犒，防微杜漸意也。及黼遣良嗣，唯務欲速，自燕山至闕下，限以七日，凡金使四五往返皆然。每至，修陳尚方錦繡，以誇富盛，金人益生心，要索不已。翟耆年籀史云，宣和中，師復幽、燕，獲德光所盜古寶玉尊，形制與黄目等，瑩然無少玷缺。在廷莫知所用，帝獨識爲周之灌尊。乃詔圜邱祭天之器，倣古盡用吉玉。癸巳，命實古納、原作習古迺，亦作實古迺。嘗與尼楚赫言遼可取，太祖計遂決。官東南路都統，後移（泊）〔治〕（據金史卷七二習古迺傳改）高麗，鎮東京。〔攷異〕羅索子亦名實古納，原作石古乃，本名仲。官北京留守，另一人。博勒和監護長勝軍及燕京豪族、工匠，由松亭關徙之內地。

五月甲寅，南京留守張覺據城叛。時左企弓、虞仲文、曹勇義、康公弼等同士民北徙，赴廣陵，過平州，覺使人殺之於栗林下。〔攷異〕遼史天祚紀云，瑴時召李石議，遣張謙召企弓等至灤河西岸，令趙秘校往數十罪，縊殺之。許採陷燕録云，殺遼宰相四人。宋史同。而史本傳祇企弓一人被殺，餘皆令終，今從覺傳。續通考云，企弓，蘇州人，降封燕國公。仲文，甯遠人，封秦國公，後贈特進、濮國公，謚文正。公弼封陳國公，後贈侍中，道國公，謚忠肅。出尚古類氏編。尋以南京降宋，宋人納之。太祖詔諭南京官吏曰：「朕初駐蹕燕京，嘉爾吏民率先降附，故升府治以爲南京，減徭役，薄賦稅，恩亦至矣，何可輒爲叛逆。今欲進兵攻取，時方農月，不忍以一惡人而害及衆庶。且遼國舉爲我有，孤城自守，終欲何爲。今止坐首惡，餘並釋之。」覺兵五萬屯潤州近郊，欲脅遷、來、潤、(濕)〔隰〕(據金史卷一三三張覺傳改)四州。南路軍帥棟摩原作闍母自錦州往討之，敗之於營州。欲乘勝攻南京，以暑雨不可進，退屯於海壖。無何，再擊之於樓峰口，敗之。〔攷異〕阿里傳，是役也，阿里、蘇都哩、呼拉布三明安之力居多。宏簡録云，九月，敗覺將王孝古於新安。紀均未載。復與戰於兔耳山，方輿紀要云，在永平府撫甯縣西七里。雙峯聳峙，絶頂有潭，嶺上廣平可容數萬人。棟摩敗績。覺報捷於宋。宋建平州爲泰甯軍，拜覺節度使，張敦固等皆加徽猷閣待制，〔攷異〕畢沅續通鑑，敦固外，尚有衛甫、趙仁彥、張鈞。宋史，覺加平章事。以銀絹數萬犒軍。覺復整軍來，烏雅富埒琿紿諸將曰：「敵軍少，急擊可破也。若入城不可復制。」遂合戰破之。〔攷異〕王伯龍傳謂討張覺係天輔五年事，與紀異。

十一月壬子，命宗望問楝摩罪，並代領其軍，發廣甯，即錦州附郭邑。下瀕海諸郡縣。會覺聞宋犒賞將至，出迎，宗望引兵襲之，戰於南京城東，大敗之。覺奔燕，宋帥王安中字履道，中山陽曲人。後坐罪，安置道州，卒。匿之甲仗庫。宗望以納叛責宋，并索覺。安中斬貌類者當之，識其非，乃殺覺，函其首來獻。自是，降將卒皆解體，卒用此爲兵端。〔攷異〕大金國志云，宋令李安弼賚詔賜瑴，仍以金花箋御筆付其弟，授瑴，均爲金獲，歸曲宋朝。史愿亡遼録云，覺爲藥師所獲，藏常勝軍中。金來索，帝不欲與，安中與藥師再三執奏，乃縊殺之。汪藻謀夏録云，隱藥師軍中，命安中行刑，語不遜，遂斬之。宋史紀事本末云，覺既死，降將及常勝軍皆泣下。藥師曰：「若來索藥師，亦將與之乎？」繫年要録云，時命藥師斬覺首送金。所載各異。方覺之奔宋也，城中人執其父及二子以獻，戮之軍中。子謹言後仕世宗，爲勸農使，卒，贈輔國將軍。〔攷異〕宏簡録謹言作僅言。壬申，張忠嗣、張敦固降。遣使與敦固入城招諭，復殺使者以叛。是月，詔諭南京，割武、朔二州入於宋。〔攷異〕宋史紀事本末云，時朝廷以山後諸州請於金，金主新立，將許之，因粘没喝言乃止。以武、朔二州來歸。遼史地理志云，武州，即歸化州。朔州，本漢馬邑地，號順義軍。輿地廣記云，朔州，本戎狄地，秦、漢屬代、雁門二郡，魏立新興郡，晉改晉昌郡，後魏置懷朔鎮及朔州，北齊爲廣安郡，隋置代郡，又改馬邑郡，縣二：鄯陽、馬邑。續通考云，唐末爲朔州，後唐升鎮武軍，宋爲朔甯府，遼升順義軍，縣三：鄯陽、甯遠、馬邑。武州，唐隸定襄、馬邑二郡，遼置武州宣威軍，縣一：神武。

太宗天會二年（甲辰一一二四）春正月壬子，命賞宗望及將士克南京功，赦棟摩罪。命貽宋書索俘虜叛亡。甲戌，西南、西北兩路都統宗翰、宗望請勿割山西郡縣與宋。帝曰：「是違先帝之命也，其速與之。」既而以宗翰言，罷之。丁丑，始自京師至南京每五十里置驛。

二月乙巳，詔南京官僚，大小之事，必關白軍帥，無得專達朝廷。

三月己酉朔，命宗望以宋歲幣銀絹分賜將士有功者。己未，南京將劉公胄、王永福棄家踰城來奔，以公胄爲廣甯尹，續通考云：廣甯府，本漢望平縣地，遼爲顯州奉先軍，金天輔中升爲廣甯府，天會間改鎮甯軍。初隸東京，後改隸北京，領縣三：廣甯、望平、閭陽。永福爲奉先節度使。

夏五月乙巳，棟摩克南京，殺都統張敦固。〔攷異〕太宗紀，是年四月，宋使來弔喪。以高卓佛和原作朮僕古，充遺留國信使，高與輔、劉興嗣等充告即位使，如宋。馬擴茅齋自叙云：吴乞買立，遣奚人富謨、漢人李簡充國信使副。宋遣張璩、馬擴往燕山。宋史徽宗紀，正月，爲金主輟朝，遣連南夫弔祭金國。三月，金來匄糧，不與。五月，金使告嗣位。七月，遣許亢宗往賀。九月，金遣富謨弼獻遺留物。交聘表，高卓佛和作高珠巴克。又云：八月，以貝勒烏哲納、李用弓賀宋正旦。十月，宋使賀天清節。十二月，貝勒高居慶、大理卿邱忠賀宋正旦。畢沅續通鑑云，是歲七月，金攻蔚州，殺守臣陳翊，陷飛狐、靈邱。二月，逐應州守臣蘇京，譚稹坐免官。仍以貫爲宣撫使。貫尋遣馬擴至雲中議山後地，歸爲貫言，金包藏禍心，願速營邊備，貫不能用。史未載攻蔚、應二州事，今削而不書。

三年（乙巳一一二五）秋八月壬子，詔有司揀選善射勇健之士以備宋。

冬十月甲辰，命諸將分道侵宋。南京路都統宗望自南京入燕山。至三河，在通州東七十里。及宋郭藥師、張（企）〔令〕徽、（據宋史紀事本末卷五六改）劉舜仁，戰於白河，方輿紀要云，在今通州東二十里，源出宣府衛龍門所東滴水崖，東流入密雲，至通州界，經武清縣東入直沽。〔攷異〕續通考云，白河自密雲縣南至牛欄口與潮河合，流至通州，入直沽，一名白遂河。潮河，在寶坻縣東，一名白龍港，源自黎河、朐河、鮑邱河，至寶坻三义口合流爲潮河，入海。又：密雲縣東南有潮河，下流至順義縣界，合白河。大破之，藥師降。燕山州縣悉平。

〔攷異〕宋史紀事本末云，藥師初與詹度同職，軍横暴，度莫能制。命蔡靖代度。藥師遂專制一路，增兵至三十萬，仍用契丹服飾，朝廷疑之。進太尉，召入朝，不至。令貫行邊察之，藥師迎拜，稱爲父，遂釋然。邀視師，至野，略無人迹。藥師下馬，掉旗一揮，鐵騎燿日，莫測其數，貫失色。歸爲帝言，必能抗敵。蔡攸亦力主之，故内地無防制。屢告變，皆不省。及兵敗，遂刼靖及吕頤浩降。靖康小録云，初得燕山，靖爲大帥，藥師副之。藥師每僞出獵，動經旬日，與金人通謀。靖料其必叛，屢言於朝。李邦彦專事蒙蔽，奏不爲達。岳珂桯史云，藥師桀驁不可馴，宇文虚中請留之京師，挈家居、賜第，用則單騎遣行，事畢即歸，以杜後患，弗聽。名臣琬琰之集，藥師叛，導以陷燕。眉山唐重言開邊始童貫，宜誅之以謝邊人，庶可緩師，宰相不能決。陸游老學菴筆記云，太平興國中，靈州貢馬，足各有二距，其後地陷西戎。宣和時燕山府貢馬亦然，而北戎之禍遂作。東都事略云，常勝軍在燕，計口給錢糧，月費米三十萬石，錢一百萬緡。河北難給，乃下諸路起免夫錢六百二十萬億以助之，天下困弊。蔡絛北征紀實云，黼起免夫錢，計六千二百餘萬緡，以二千萬應副燕山。又，藥師忌張令徽，每抑之，祇加承宣使，故金兵至，令徽先降，藥師亦降。敗聞，羣小匿不奏。除永清節度、燕王，令徽郡王，令世守燕，然無及矣。朱勝非秀水閒居録云，藥師初降，宋賜第京師，喜飲酒，尚醖絶品曰小槽真珠紅者，日賜一樽，置驛送。嘗至京，召入禁，凡寢殿奧密珍奇之物，悉令縱觀。令徽本契丹舊將，官居藥師上，今反爲副，常怏怏。安中薦爲節度使，及戰，望陣降，大軍遂潰。方輿紀要云，今保安州東合河鎮有藥師城，係藥師守燕山時所築。許採陷燕録載藥師降表云：「臣素提一旅之師，偶遭百六之運，大金有難通之路，亡遼無可事之君。宋主載嘉，秦官是與，念一飯之恩必報，則六尺之軀可捐。雖知上帝之式臨，敢忘困獸之猶鬬。」又云：「昔也東征，雖雷霆之怒敢犯，今焉北面，祈天地之量並容。」儒林郎王樞作也。詔以藥師爲燕京留守，給金牌，賜姓完顏。〔攷異〕續通考云：金制，國姓，藥師、董才俱以來降賜。耶律慎思，遼宗室，亦以降金賜國姓。海陵時詔凡賜姓者，皆復舊。慎思子元宜仍姓耶律；藥師子安國仍姓郭。世宗立，復賜元宜姓完顏。或言弑君者不宜尊寵，乃令其子習湼阿補仍姓耶律。後宣宗以王狗兒殺僞統制董九賜國姓，郭仲元、李雄、阿隣均以募兵賜官至節度使。阿隣既賜姓，以兄守（節）〔楫〕（據金史卷一〇三完顏阿隣傳改）及從父兄弟爲請，從之。蓋朝制：賜國姓者，凡以千人敗敵三千者賜及緦麻以上；敗二千人以上者賜及大功以上；敗千人以上者賜止其身故也。嗣仲元援阿隣爲例，不允。時李霆、烏（魯古）〔古論〕長壽（據金史卷一〇三烏古論長壽傳改）、梁佐、李鹹住、張甫、張進、程琢皆以功賜國姓。蒙古、國用安、蘭州汪三郎復以内附賜。而張資祿以功賜姓女奚〔烈〕氏（據金史卷一二二女奚烈資祿傳補），楊沃衍以功賜姓兀林答氏，郭蝦蟆以功賜姓顏盞氏，其後皆死節。史稱貞祐以來賜姓有格，計功而得國姓，則以其貴者反賤矣。用爲鄉導，凡宋事虛實盡知之，宗望得懸軍深入，約質、納幣、割地、全勝以歸者，藥師能測宋人之情，中其肯綮故也。及命諸將討兩鎮，藥師破順安軍營，殺三千餘人。子安國仕海陵，復姓郭。從南侵，以刑部尚書爲副都統，被衆所殺。〔攷異〕大金國志云：斡离不師還，奪常勝軍器甲、鞍馬，散歸遼東、西，尋因其家富，悉奪其貲。又云：伊都叛，粘罕下平州守藥師於元帥府獄，得免，以其家富，盡奪之。北盟會編云：斡离不發常勝軍歸本貫，至松亭關盡殺之，於是起義八千人皆盡。後藥師與家屬同往山西，拘之於泊淀中。方金人北去，嘗以兵至磁州取寄收銀三十萬兩，知州趙將之不能拒。後轉運張格欲斬將之，郎中黄鍔救免。本傳均未載。

金史紀事本末卷五

太宗滅遼　遼主被俘後事　伊都附

太祖天輔七年（癸卯一一二三）秋九月丙辰，太宗即皇帝位，改元天會。本名烏奇邁，原作吳乞買，亦作吳乞馬。〔攷異〕鍾邦直行程録云，名愼，小字吾克埋。改諱晟，世祖第四子，太祖同母弟。遼太康元年乙卯歲生。初爲穆宗養子。收國元年七月爲安班貝勒。太祖征伐常居守，天輔五年命貳國政，至是乃卽位。後謚體元應運世德昭功哲惠仁聖文烈皇帝。后唐括氏，謚欽仁。見續通考。

冬十月壬辰，詔以空名宣頭百道給西南、西北兩路都統宗翰，原作粘罕命以便宜從事。

十一月，羅索破朔州西山，擒其帥趙公直。貝勒斡魯別及博爾蘇原作勃烈蘇。〔攷異〕宏簡録作勃剌速。破走伊實布達原作乙室白答於歸化。己巳，徙遷、潤、來、隰四州之民於瀋州。遼史地理志云，本挹婁國地，號昭德軍，統州一、縣二。〔攷異〕續通考云，渤海爲定理府，領瀋、定二州，遼祇領巖州一州，樂郊、靈源二縣，今因之，又改顯德軍，領樂郊、章義、遼濱、挹婁、雙城五縣。許亢宗奉使行程録云，自顯州一百五十里至梁漁務，又一百三十里至摩綽寨，又八十里至瀋州。十二月甲午，以古倫貝勒杲爲安班貝勒，宗幹原作斡本爲古倫貝勒。按，是年十月己亥，〔上〕〔慶〕元寺（據金史卷三太宗紀改）僧獻佛骨，卻之。見本紀。勅有司輕徭賦，勸稼穡。見續通考。

二年（甲辰一一二四）春二月丙午，宗翰乞濟師，詔選精兵五千給之。詔有盜發遼諸陵者罪死。

閏三月己丑，烏庫哩、原作烏虎里達魯特原作迪烈底兩部來降。舍音原作斜野襲約尼原作遥輦札古雅，原作昭古牙走之，并破奚七巖而撫其民。

秋七月乙未，烏琿原作烏虎部及諸營叛，以齋原作昃貝勒昱等討平之。

八月丁巳，六部都統達蘭原作撻懶擊走札古雅，殺其隊將克爾叟原作曷（蘇）〔魯〕爍（據金史卷三太宗紀改）等。又破降駱駝山、金源、縣名，屬大定府。興中諸軍。

冬十月甲子，約尼札古雅率衆來降。興中府降。戊辰，西南、西北兩路〔權〕（據金史卷三太宗紀補）都統斡魯言：「遼詳袞原作詳穩托卜嘉來降，言耶律達實自稱爲王，置官屬，有戰馬萬匹。遼主從者不過四千户，步騎萬餘，欲趨天德，駐伊都原作余睹谷。」詔曰：「追襲遼主，必酌事宜。其討達實，則俟報下。」

十一月癸未，棟摩原作闍母下宜州，本遼西纍縣地，號崇義軍。〔攷異〕續通考云，金天德中改名義州，領宏正、開義、同昌三縣，饒慶一鎮。拔杈枒山，今廣甯衛西北六十里有搽牙山，未知是否。見方輿紀要。殺節度使韓慶民。〔攷異〕趙翼陔餘叢考云，韓慶民盡節於遼，而其妻又盡節於慶民，遼史宜有專傳，竟畧之不載，入金史，此編次之失檢也。 遼史天祚紀云，是年七月，天祚再謀出兵復燕、雲，下漁陽嶺，取天德、東勝、甯邊、雲內等州，南下武州，爲金兵敗於昂阿下水，復趨山陰。 托卜嘉等降。 紀未載。

三年（乙巳一一二五）春二月壬戌，羅索原作婁室獲遼主於伊都谷。 賜以鐵券。〔攷異〕遼史天祚紀云，是年正月，天祚過沙漠，金兵忽至，徒步走，得脫；至天德，途次絕糧，珠展進麨與棗，宿民家，拜爲節度使。趨黨項，以小呼嚕爲招討使。 二月，至應州新城東，爲洛索獲。 契丹國志云，天祚趨漁陽嶺，粘罕復回雲中。 乃奔山金司，與小胡魯謀歸宋與夏；未決，婁宿馳至，跪於前曰：「奴婢不佞，乃以甲胄犯天威。」因奉觴進，遂俘以還。 時從騎尚千餘，有精金鑄佛，長丈六，他寶稱是，皆委之遁，值大雪，有轍跡，遂爲金兵所及。 按，珠展卽蕭仲恭，後仕金，官宰相。 見本傳。 史愿亡遼録云，天祚兵敗於遼遏水，還奔山金司，小胡虜密報粘罕，遣騎劫，遷入雲中。 馬擴茅齋自叙云，天祚欲趨武州，南投宋朝，隨行僧勸其徑歸女真，從之。 兀室遣人護送歸國。 洪皓松漠紀聞云，天祚走，小骨碌兵敗逸去，粘罕分兵布武、朔境上，遇之，騎兵將加執縛，叱曰：「爾敢縛天子耶？」因使拜阿骨打像，遣歸國。 蔡絛北征紀實亦同。 畢沅續通鑑云，黑龍江有洛索碑，具言擒天祚事。 是擒天祚者爲洛索，非粘罕與兀室也。 至被擒年月，宋史繫之宣和七年正月，卽是年正月也，史愿亡遼録載在保大四年秋，乃宣和六年秋，惟元符詔旨與史同作是年二月。 諸書紀載各殊。 續通考云，鐵券，以鐵爲之，狀如秦瓦，刻字畫欄，以金填之，外以御寶爲合，半留內府，以賞殊功。

夏四月壬寅朔，詔以遼主赴京師。

五月己丑，蕭巴錦原作八斤。〔攷異〕汪輝祖金史同名録云，卷六十九奚王回離保傳，甥，乙室部人；卷四熙宗皇統九年武庫署令耶律氏；卷十四宣宗貞祐三年前華州防禦判官；卷九十移剌斡里朶傳，別名，五人同名八斤。 獲遼玉寶來獻。〔攷異〕續通考云：天會三年三月，斡魯獻傳國寶。時獲於遼者，玉寶四、金寶二。玉寶者：「通天萬歲之璽」一，「受天明命惟德乃昌之寶」一，皆方二寸。嗣聖寶一，御封不辨印文寶一。金寶：御前之寶一，書詔之寶一，二寶金初用之。獲於宋者，玉寶十五、金寶七、印一、金盤銀寶五。玉寶者：受命寶一，咸陽所得，三寸六分，文曰：「受命於天，既壽永昌。」相傳爲秦璽者也。白玉、盤螭紐。傳國寶者一，螭紐，二玉並碧色。鎮國寶一，文曰：「承天休，延萬億，永無極。」又，受命寶一，文曰：「受命於天，既壽永昌。」餘寶詳卷七。皇統五年，始鑄金御前之寶一，賜宋國書及常例目則用之。書詔之寶一，賜高麗、西夏詔并頒詔則用之。大定十八年，御史大夫完顏璋請製大金受命寶，有司以秦璽文進，上命以「大金受用，萬世之寶」爲文。禮尚張景仁、少府監張僅言領工事，詔（康）〔左〕光慶（據金史卷七五左光慶傳改）篆之。二十三年三月，鑄宣命之寶，金玉各一。二十五年十二月，鑄禮信之寶，凡賜方外禮物給信袋則用。初以銅，後改銀。又太皇太后、皇太后、皇后、皇太妃寶，皆用金。又大定二十四年幸上京，鑄金寶授太子，文曰：「守國比親王」，印廣長各一分，龜紐。及疾，太孫攝政，鑄攝政之寶。貞祐三年，以太子守緒控制樞密院，金鑄撫軍之寶，啟稟用之。天會二年，詔給諸司印。正隆元年，命禮部更鑄三卿、三公、親王、尚書令金印，郡王宰執金鍍銀，三四品以下銅。所載甚詳。

秋八月癸卯，斡魯以遼主至京師。甲辰，告於太廟。〔攷異〕續通考云：太宗天會元年正月，即帝位，告祀天地。海陵貞元四年正月，上尊號前三日，遣使奏告天地於常武殿。拜天，分設褥位：昊天上帝居中，皇、地祇居西少御，行一獻禮。正隆六年十月，官屬勸進，世宗親告於太祖廟，即帝位。大定七年正月十一日，上尊號，前期三日，命皇子許王告天地，英王告太廟。十四年三月，更御名，命左相良弼告天地，平章守道告太廟，右相石琚告昭德皇后廟，禮部張景仁告社稷，及遣官祭中嶽。明昌六年五月，以出師，遣禮部尚書張暐告廟、社。大安元年四月，徐、邳河清五百里，告宗廟社稷。貞祐四年三月，以將修太廟，遣李革告祖宗神主於明俊殿。興定三年十月，以慶雲見告太廟。丙午，入見，降封海濱縣名，屬瑞州。王。

冬十一月庚辰，以降封遼(王)〔主〕(據金史卷三太宗紀改)詔天下。〔攷異〕北盟會編引亡遼遺録云，天祚降書，末曰：「念秦、漢之仁恩，誕敷濡澤；誚項羽之過惡，奚免終傷。乞諸軹道之留，免效新安之禍」云云。朱勝非秀水閒居録云，童貫至河東，聞天祚匿近寨，報金人取之，乃露章稱賀。其詞爲舍人王雲作，或云宇文虛中，識者嘆息。賀表畧云：「遣李嗣本統兵，斬首四千餘級，內有首領劉忠廉等二十三名，劉慶等四名，奪獲糧械無算，耶律氏滅亡。」亦見會編。畢沅續通鑑云，金初疑宋匿天祚，遣使來索。貫使諸將出境搜之，會金人自得天祚，事乃息。太宗紀未載。許採陷燕録云，宣和，入燕士大夫爲買珠玉、錦蜀等物，相高低，至數十倍。一日，金字牌來，令置玫瑰一百斤，歲以爲例，此唯一僧善造。僧曰：「往年，天祚於春水秋山外，以此擾民，今又如此。」張端義貴耳集云，契丹有玉注碗，每北主生辰稱壽，徽宗聞而慕之，遣人于闐國求良玉，得一璞，甚大，使玉工爲中節，往遼覘之，如其制琢之。因聖節，北使得見，歸告虜主也，知中國亦有此注。金滅遼，首索得之。及靖康之禍，金亦索此注，與遼注爲對。南燼餘聞云，二帝入金，金引與延禧相見。延禧曰：「我宗真皇帝有百穴珠一顆，大如雞卵，上有百穴，每穴中上有珍珠一顆。月圓之夕，以珠映之，其生珠穴中自落下，以絳紗盛之，每日可得珠百顆。又有通香木一段，長尺許，沸湯沃之，取其汁灑衣服及各物，經年不散，人有奇病，服之卽愈；燒之，天神皆降，其氣聞數百里。契丹滅時，二物不知所在。今拘我索此二物，三年未得，釋去我妻子族屬，盡皆分散給他家人。」所載較詳。按，天祚被獲，大約逾年而殂，諸書所紀想不誣。至天會五年，宗翰等始以宋二帝歸。是天祚與二帝未嘗相見也。見厲鶚遼史拾遺。

四年(丙午一一二六)春二月丁巳，海濱王家奴誣其主欲亡去，詔誅其首惡，餘並釋之。

熙宗皇統元年(辛酉一一四一)春二月乙酉，改封海濱王延禧爲豫王。〔攷異〕遼史天祚紀云，王後以疾終。年五十四，立二十四年。皇統五年葬於廣陵府閭陽縣乾陵旁。大金國志云，王削封後，築城長白山東居之，逾年卒。史均未載。竊憤録謂海陵正隆六年，大閱兵馬，以箭射延禧，貫心而死。不足信。

四年（甲子一一四四）冬十月乙卯，遣使祭遼主陵。

海陵正隆六年（辛巳一一六一）秋七月己丑，殺亡遼耶律氏、宋趙氏子男凡百三十餘人。

世宗大定十七年（丁酉一一七七）春二月壬戌，詔遼豫王、宋天水郡王被害子孫各葬於廣甯、河南舊塋。尋詔其親屬未入本塋者，亦遷祔之。

遼末有耶律伊都原作余睹。〔攷異〕洪皓松漠紀聞作余都姑，蔡絛北征紀實作俞覩。卷一百二十一粘割韓奴傳大定時禿里亦名余睹，另一人。者，宗室子。仕遼至金吾衛（上）〔大〕（據金史卷一三三耶律余睹傳改）將軍，東路都統。太祖天輔元年與耶律瑪格原作馬哥軍於渾河北，尼楚赫、原作銀朮可希尹原作兀室拒之，不敢戰而遁。二年，龍化州人張應古、劉仲良來降，伊都復取之。太祖已取臨潢府，舊名西樓，即遼上京地，領縣五。賜詔招諭。及班師，棟摩還至遼河，方渡，伊都來襲，完顏布達、原作背塔烏塔等力戰，卻之，獲甲馬五百匹，完顏特庫原作特虎死焉。

五年，（辛丑一一二一）伊都因遼主遊畋荒政，倚任樞密德呼台原作得里底及其子摩格，委以軍事。長子晉王賢，不得立爲儲副，欲與伊共圖大計，弗果；〔攷異〕遼史晉王傳，伊都實有謀立事，與此同，而天祚紀謂係蕭奉先誣告，未知孰是。遂率部族送款咸州，並求援接。召入見，賜坐，班同宰相。

命以舊官領所部，徙其家屬於內地。自伊都來降，益知遼虛實，用爲鄉導。

久之，耶律瑪展原作麻（吉）〔者〕（據金史卷一三三耶律余睹傳改）告其謀叛，都統杲言於帝，召問之，杖其黨道拉七十，餘釋不問。

太宗天會三年（乙巳一一二五），大舉南侵宋，伊都爲元帥右都監，擊敗宋師於汾河方輿紀要云，源出太原府靜樂縣管涔山，行經千三百四十里至滎河縣北，入大河。〔攷異〕續通考云，經太原、源清、交城、文水、祁縣至平遥、介休，南入平陽府靈石縣界。又云，汾水源出岢嵐州，流經靈石、趙城、洪洞、臨汾，南歷襄陵、太平、絳州、稷山、河津、滎河入黃河。北，擒其將郝仲連、張關索，統製馬忠，殺萬餘人。

宗翰復南下，伊都留西京。〔攷異〕靖康要盟録載宋賜耶律余睹書曰：「大宋皇帝致書於左金吾上將軍、（有）〔右〕（據金史卷一三三耶律余睹傳改。又上文「上將軍」，據本傳當作「大將軍」）都監耶律太師：昔我烈祖章聖皇帝，與大遼結好於澶淵，惇修信睦，百有餘年，邊境晏安，蒼生蒙福，義同一家，靡有兵革戰闘之事，通和遠久，振古所無。金人不道，稱兵朔方，拘靡天祚，翦滅其國。在於中國誓好之舊，義當興師以拯顛危，而姦臣童貫等迷國擅命，沮遏信使，結納仇讐，購以金繒，分據燕土。金匱之約，藏在廟祧，委棄勿遵，神人怨恫。致金人之强暴，敢肆陸梁，俶擾邊境，達於都城。則惟此之故，道君太上皇帝深悼前非，因成內禪。肆朕初卽大位，惟懷永圖，念烈祖之遺德，思大遼之舊好，輟食興念，無時敢忘。凡前日大臣先悞國構禍，皆已竄逐，思欲親仁善隣，以爲兩國生靈無窮之福。此志既定，未有以達。而使人蕭仲恭、趙輪等能道遼國與燕、雲之人民不忘耶律氏之德，冀假中國詔令，擁立耆哲，衆望所屬，無如金吾者。適諧至意，良用欣懷。昔聞金吾前爲遼國將兵，數有大功。謀立晉王，實爲大遼宗社之計。不幸事不克就，避禍去國。向使前之計行，晉王有國，則天祚安享榮養。耶律氏不亡於天祚，不害其爲孝，而於耶律氏之計，誠至忠矣。宗社之英，天人所相，爲宜繼有遼國，克紹前休，以慰遺民之思。方今總兵於外，且有西南招討太師之助，一德協心，足以共成大事。以中國之勢，竭力擁衛，何事不成？謀事貴斷，時不可失，惟金吾圖之。書不盡言，已令蕭仲恭、趙輪回奏，面道委曲。天時蒸染，更冀保綏。」沈良靖康遺録，宋用吴敏、徐處仁之計，致書余覩，使得書渡河，宣言其事。粘罕見書益忿。惟蕭仲恭作蕭慶。餘同。續綱目云，天會九年，尼瑪哈以伊都遼之宗族，必知達實巢穴，以蕃、漢及女真軍萬人付之，使攻其軍於和勒端城。臨行，質其妻子，仍起燕、雲、河東夫運餉，道計三千餘里，夫死者不可勝計。大金國志和勒端城作漠北曷董城。餘同。史未載。十年，謀反，爲耶律努格所告，亡去。其黨燕京統軍蕭高六伏誅，蔚州節度使蕭特默〔攷異〕宏簡録作特謀葛。自殺。邊部〔攷異〕宏簡録作節度使土古厮。斬伊都及其諸子，函首來獻。〔攷異〕契丹國志云，余覩爲金西軍大監軍，久不遷，怏怏，有異志。盡約契丹、漢兒，令誅女真之在官、在軍者。適悟室自雲中來，中途獲其叛書，卽回燕誅統軍。余覩父子遁，入夏，不納。投韃靼，詐出迎，遂擒殺之。凡與謀者皆伏誅，契丹、漢兒之黠者悉不免。大金國志云，燕京統軍槁里，族誅。并分捕叛黨，令諸路盡殺。契丹諸路大亂，月餘方止。部族亡入夏國及沙漠者無數，由此一亂，幾成灰燼。兀室既殺余覩，并殺粘罕次室蕭氏，本天祚元妃也。蔚州蕭(毛)特〔毛〕可(久)〔叛〕(據大金國志卷七改)，平州守郭藥師，都總管蕭慶下元帥府獄，尋免。以藥師家富，盡奪之。留守李處能預逆謀，族誅。金主以粘罕不能撫馭，各決柳條有差。繫年要録云，處能於宣和末歸宋，拜延康殿學士，賜姓名趙敏修，金人交燕時取以去。史均未載。趙翼劄記云，額爾古訥，一名訛古乃。善馳驛，日能行千里。天會八年從宗翰。在燕。聞余覩反，馳驛往探，黎明走天德，及至，日未曛也。宗室伊克子，官西南招討使、臨洮尹。見本傳。惟余覩反作八年，稍異。

金史紀事本末卷六

太宗克汴

太宗天會三年（乙巳一一二五），卽宋徽宗宣和七年也。夏六月庚申，遣李用和等充告慶使，以獲遼主告宋。〔攷異〕畢沅續通鑑用和作孝和，且繫之九月。云，詔宇文虛中、高世則館之。其實金將舉兵，先使來覘也。時河東奏，宗翰至雲中，頗經營南下。命童貫行邊，且議割雲中地。然其謀已深，懼宋爲備，且多爲好辭以紿之。及清化縣榷鹽場申燕山府，金擁大兵南來，守臣蔡靖及呂頤浩、李與權入奏。大臣以郊禮在近，恐礙推恩，匿不以聞。虛中，字叔通，華陽人。靖，餘杭人。頤浩，字元直，齊州人，封秦國公，謚忠簡。大金國志云，金獲天祚，連遣三使〔聘宋〕（據大金國志卷三補），供應疲弊，實覘道路。會「義勝」、「常勝」二軍畔歸，益知虛實。劉彥宗、伊都力勸南侵，宗翰計遂決。史均未載。日下舊聞考云，清化，卽遼香河縣，在府東百二十里。宋宣和四年更名清化，尋入金，屬大興府。蔣一葵長安客話云，縣境有大、（中）〔小〕（據長安客話卷五改）龍灣二水，夏秋始合流，經寶坻縣界，入七里海，相傳爲遼時海運故道。

冬十月〔攷異〕交聘表，是年七月，以耶律固爲報謝宋國使。十月，宋使賀天清節。紀未載。甲辰，詔諸將侵宋。以安班貝勒杲原作舍音兼領都元帥，伊勒齊貝勒宗翰原作粘罕兼左副元帥，希尹原作兀室爲元帥右監軍，伊都原作余覩爲元帥右都監，自西京入太原。方輿紀要云，古冀州地，秦置太原郡，兩漢爲并州，〔五代〕（據讀史方輿紀要卷四〇補）唐號西京，領州五，縣二十。〔攷異〕輿地廣記云，秦昭、襄使蒙驁攻趙，初置太原郡，唐開元中爲太原府，領河東節度，縣九。續通考云，金屬河東北路，統節鎮三，刺郡九，縣三十九，鎮四十，堡十，寨八。領陽曲、太谷、平晉、清源、徐溝、榆次、祁、文水、交城、（孟）〔盂〕、（據金史卷二四地理志改。下同）壽陽十一縣。唐改汾陽爲陽曲，金倚郭。太谷，唐初置太州，後廢州置太谷縣。平晉，金末廢，尋復舊。清源，隋故縣，金移晉州治此。徐溝，本爲鎮，金大定中置縣。文水，隋、唐名天壽，後改武興，後復舊。交城，唐分置靈州縣南，宋置文通監於此。金廢監，以縣屬太原。壽陽，唐爲壽州，改置縣，金初爲晉州治，後移清源縣，仍舊。（孟）〔盂〕縣，金後升爲州。六部路軍帥達蘭原作撻懶爲六部〔路〕（據金史卷三太宗紀補）都統，舍音原作斜野副之，宗望原作斡離不爲南京路都統，棟摩原作闍母副之，知樞密院事劉彥宗兼漢軍都統，自南京即平州入燕山。〔攷異〕大金國志云，時斡離不主東路，建密院於燕京，彥宗知院事。粘罕主西路，建密院於雲中，時立愛知院事，人號東西朝廷。續通考云，金初燕京樞密院，後改爲行臺尚書省。天會三年侵宋，更西南、西北兩路都統府爲元帥府。官曰元帥，從一品；左右副元帥，正二品；左右監軍，正三品；左右都監，從三品。其都元帥，必諳班勃極烈爲之，居守不出。海陵天德二年置統軍司，分設於山西、河南、陝西三路，以都監、監軍爲使。及南侵，立左右領軍大都督府，將三十二總管。其都監、監軍官如故。泰和時，每行時則樞密院更爲元帥府，罷則復舊，設平南撫軍上將軍、平南冠軍大將軍。又有龍驤、虎威、盪江諸將軍，殄寇、郎將、都尉等官。貞祐時，沿河諸路設行元帥府，大者號便宜，小者名從宜。元光中，招義軍設總領、提控，故時稱元帥爲總領。金制，諸路設都總管府，諸府鎮有都軍司，設都指揮使。各官外有招討司，設於西北、西南、東北三路，置正副使，下有判官、簽判、知事、司法等官。又諸州鎮設節度使，下有同知、判官等官。沿邊州鎮又設防糶使。所載甚詳。丁巳，因宗望言，以棟摩爲南京路都統，蘇赫原作掃喝副之，宗望爲棟摩、劉彥宗兩軍監戰。〔攷異〕畢沅續通鑑云，十一月，貫至太原，遣馬擴往，宗翰責行庭參禮。擴請蔚、應、飛狐、靈邱之地。宗翰曰：「汝尚欲兩州兩縣耶？別割數城，或可贖罪。」擴歸告，貫始驚。未幾，王介儒、薩里穆爾來，復勸貫速割大河以北，益憂懣不知所爲。即托赴闕稟議，諭帥臣張孝純固守。孝純諫不聽，遂逃歸。孝純嘆曰：「平生童太師作幾許威望，臨事乃奉頭鼠竄，何面目見天子乎？」周密齊東野語云，宣和中，童貫伐燕，敗而竄。一日內宴，教坊進伎，首飾皆不同，其一滿頭爲髻如小兒，曰童（太師）〔大王〕（據齊東野語卷一三優語條改）家人也。問之，曰：「大王方用兵，此三十六髻也。」陸游老學菴筆記云，宣和中，百司庶府悉有內侍官爲承受，實專其事，而長貳皆取決焉。梁師成爲秘書省承受，坐於長貳之上，所不置承受者，三省、密院、學士院而已。又云，趙高爲中丞相，龔澄樞爲內太師，猶稍與外庭異。童貫真爲太師，領樞密院，振古所無。大金國志，金使作撒盧拇，云，宋使傅察賀正旦，至境，斡離不執之，副使蔣噩等皆羅拜臣服，察不屈，死之。宋史，察時官太常少卿，字公晦，孟州濟源人。北盟會編云，察死，將官（蔣）〔武〕漢英（據三朝北盟會編卷二二改）命軍士沙立裹其骨歸。事聞，贈徽猷閣待制。李邴誌其墓。靖康小雅云，察遇害，在薊州玉田縣韓城鎮，時官吏部員外郎，迓賀正旦使。十二月二十七日，不屈死。蔡絛北征紀實云，本朝與遼人文移，在兩界對境，謂之關報。金人滅遼，我師於玉田縣築一州，曰清州，以對平州，相與通使人之路。清州有使臣賀允中、副使武漢英適至，斡里雅命邀二人觀打毬，知其渝盟，拒之恐托事生釁，勉從之。及界，則以是日舉兵矣。允中被鎖，漢英頗黠，虜愛之，常在左右，謂此南朝第一降人也。漢英本玉田巡檢使差充副使。史均未載。

十二月庚子，宗翰下朔州，進克代州。在太原府東北三百五十里。〔攷異〕輿地廣記云，後魏曰繁畤郡，後周爲肆州。宋領縣四：雁門縣，本漢廣武縣，有夏屋山、勾注山，即西陘，滹沱水；崞縣，元魏爲石城縣，有崞山，即故樓煩縣地；五台，本慮虒縣，有五台山、慮虒水；繁時縣，元魏置郡，隋復爲縣。續通考云，唐代州置總管府，宋曰雁門郡，金名震武軍。領縣五。五台，金後升爲州。又號繁時縣爲堅州，隸太原路。宋時多廣武一縣。繫年要録云，冬，國相宗維檄宣撫使問罪，遂侵河東。按，宗維即粘罕。耿氏痛哭流涕編載此檄文，繫之三年十一月二十七日，蓋起兵之日；至寇邊，則在十二月。見宋史。

乙卯，中山降，〔攷異〕宏簡録云，時中山戍將王彥、劉璧率部下二千來降。蒲察繩果以三百騎遇中山戍兵三萬於隘口，力戰，死之。朮烈速活里改軍繼至，殺二萬餘人。蕭恭傳，字敬之，納琳奚王後。宗望南侵，恭以材勇代父翊爲萬户(軍帥)(按，金史卷八二蕭恭傳云：「父翊……歸朝，從攻興州……翊嘗領……五州兵爲萬户，軍帥以恭材勇，使代其父行。」則此處「軍帥」二字衍)。至中山，宋兵出戰，恭先以所部擊敗之。平山東，及(漢)〔渡〕(據金史卷八二蕭恭傳改)淮，襲康王，皆在軍中。授德州防禦使，奚人之屯濱、棣間者皆屬焉。仕終兵部尚書。紀均未載。中山，在真定府東北百三十里，今定州是。輿地廣記云，堯始封此，春秋爲鮮虞，戰國爲中山國。續通考云，唐爲定州，宋改中山郡。金爲定州博陵郡定武軍，後復故。領縣七：安喜，本漢盧奴縣；新樂，本漢新市縣地，古鮮虞國；無極，亦漢縣，唐武后改毋作無；望都，爲堯母慶都所居，登堯山可望慶都，故名，唐爲北平縣，金爲慶都；曲陽，古桓州地，唐置縣，北至常山，在其西；行唐，爲唐玉城縣，改章武，後魏名行唐；永平，即漢曲逆縣。所載較詳。

遂圍太原。〔攷異〕大金國志云，粘罕進兵取朔、武、忻、代四州，進距石嶺關，遂圍太原。代州安撫史抗父子迎戰，死之。諸守將孫翊、李嗣本、賀權、冀景、耿守忠，或降或遁，金師如入無人之境。粘罕始有輕中國心，然過城必攻，故比斡離不行稍緩焉。續綱目云，時代州罵賊死者，尚有巡檢李翼、折可與、李聳、王唐臣、劉子英、閻誠翼，贈武德郎。封氏紀年云，孫翊知朔寧府，與金戰，被殺。宋史云，朔州守孫翊援太原，爲麾下所害。府州守折可求亦敗於交城。方輿紀要云，金圍太原，孫翊赴援，由寧化、憲州出天門關，敗没。關在太原府西北六十里。無名氏靖康要録云，朔州守將孫翊勇而忠，與金戰，未決，漢兒開門獻於金。至武州，漢兒亦爲内應。至代，李嗣本拒守，漢兒擒之，以降。至忻州，賀權開門，張樂以迎賊。賊喜，不入城，遂抵石嶺關。張孝純强令冀景往守，以耿守忠助之。至則守忠獻關，景奔還，遂薄太原。紀載各判。伊都破宋河東、陝西援兵於汾河北。布希〔攷異〕滿州語「膝」也，又「去毛鹿皮」也。舊作蒲莧，今譯改。敗宋兵於古北口。方輿紀要云，在密雲縣東北百二十里，亦曰虎北口。兩崖壁立，凡四十五里，爲險絶之道。宗望大破宋軍於白河。郭藥師等降，定燕山州縣。時王伯龍當其左軍，麾兵疾馳蹂之，宋軍亂，諸軍乘勝進擊，藥師以是大敗。〔攷異〕大金國志云，金兵初破檀、薊州，藥師兵屯近郊，戈甲鮮明，金人初見亦懼。及交戰，金兵已北，張令徽等先遁，金追之，藥師遂降。所載較悉。李三錫傳，字懷邦，錦州安昌人。初從劉彦宗，辟將兵保白雲山。尋以衆降，改知嚴州。從宗望南侵，領行軍明安，敗郭藥師軍於白河。擢（汝）〔安〕州（據金史卷七五李三錫傳改）防禦使。政事强明，所至稱治。仕終河北西路轉運使。紀未載。宗望進破宋兵於真定。古鉅鹿郡，亦曰常山，號恒州，領州縣二十七。〔攷異〕輿地廣記云，春秋屬鮮虞，秦屬鉅鹿郡，漢爲恒山郡，改常山，唐爲恒州成德軍，尋爲鎮州，領縣九：真定、藁城、獲鹿、平山、欒城、井陘、行唐、靈壽、元氏。續通考云，宋爲真定府，金爲鎮州成德軍，正隆間復爲府，領九縣，有阜平而無井陘。真定，倚郭，唐初改中山，後復舊。藁城，唐置，後更藁中，尋復故。欒城，唐末改爲欒氏，尋復舊。元氏，爲趙公子元封邑，唐因漢名。獲鹿，本名鹿泉，唐改今名，金升鎮寧軍。平山，唐爲岳州，天寶中改爲縣，名平山。靈壽，本唐縣，宋省入行唐，尋復置。阜平，本隋行唐縣地，宋置北寨，金改北鎮，尋升阜平縣。時富埒琿原作蒲盧渾。〔攷異〕國語解云，卽富勒呼。本傳，烏雅氏，海蘭路人，巴克埒子。膂力絶人，能挽强射二百七十步。從軍，屢有功，歷真定尹，豳國公。從海陵南侵。大定間除東京留守，卒官。續通考云，姓烏延，曷懶路人。將漢兵千騎，與蒙克攻真定，進取贊皇，屬定州所獲人畜、甲仗無算，遂薄信德府。即今順德府。〔攷異〕輿地廣記，春秋爲邢國，秦屬鉅鹿邯鄲郡，張耳、石勒皆都焉。隋爲襄國郡。有龍岡、堯山而無邢台、唐山。堯山，本漢柏人縣。龍岡，秦爲信都，張耳居此，更名襄國。續通考云，信德府，本唐邢州，宋改今名，一號鉅鹿郡，金爲邢州安國軍，領邢台、唐山、內邱、平鄉、任縣、沙河、南和、鉅鹿八縣；道武、新唐、綦村、團城四鎮。邢台，倚郭，唐因隋爲龍岡縣，宋改今名。唐山，本唐東龍州，又改堯山縣，金改唐山。內邱，本唐縣。平鄉，本唐封州，宋省入鉅鹿，尋復舊。任縣，唐置，宋省入南和，尋復舊。沙河爲唐溫州，後廢州，改沙河縣。南和，本唐和州，州廢置縣。鉅鹿爲唐起州，州廢置縣。

初，宗望欲攻信德，恐難下，議未決。大臬本名托卜嘉，原作撻不也。其先，遼陽人，世仕遼，有顯者。少從軍，遼兵敗，寧江破，臬脫身走，爲金獲，太祖以爲東京奚民穆昆，擢同知東京留守。從棟摩破遼兵二十萬，由是顯名。見本傳。獨率本部兵，選善射者射其城樓，別以精兵潛升樓角，遂克其城。〔攷異〕大金國志云，宗望使王芮來取和議書，聞徽宗內禪，大驚，欲回，藥師曰：「南朝未必有備，不如姑行。」遂至信德府。不移時，克之，執守臣楊信功。先攻保州安肅軍，不克。北盟會編云，時用蔡攸議，廢安肅、保信二軍，復爲梁門、遂城縣。及燕山既下，安肅、保信莫能守禦。沈琯南歸録云，金聞內禪，皆驚，斡離不謂太史曰：「爾前日言南朝帝星復明，今驗矣。」以金帛賞之。按，斡離不初告蔡靖以講和，靖留燕；沈琯恐中輟，遂草和議書達金廷。宋、金議和自此始。史未載。宋史，宣和七年十二月，金分兩道入攻，詔內禪。辛酉，即位，日有五色暈，挾赤黄珥，重日相摩盪久之。岳珂桯史載徽祖將內禪前一夕祈天詞云：「奉行玉清神霄保仙元一六陽三五璇璣七九飛元大法師都天教主臣某，誠惶誠恐頓首頓首再拜上言高上玉清神霄大陽總真自然金闕：臣曩者君臨四海，子育萬民，緣德菲薄，治狀無取，干戈並興，弗獲安靖，以宗廟社稷、生民赤子爲念，已傳大寶於今嗣聖，庶幾上應天心，下鎮兵革。所冀遄歸遠順，宇宙得寧，而基業有無疆之休，中外享昇平之樂。如是賊兵偃戢，普率康寧。之後，臣卽寸心守道，樂處閒寂，願天昭鑒，臣弗敢妄，將來事定，復有改革，窺伺舊職，獲罪當大。已上祈懇，或未至當，更乞垂降災咎，止及眇躬。庶安宗社之基，次保羣生之福，五兵永息，萬邦咸寧。伏望眞慈，特賜省鑒。臣謹因神霄值日功曹吏齎臣密表一道，上詣神霄玉清三府，引進仙曹，伏願告報！臣誠惶誠恐頓首頓首再拜以聞。」按，蔡絛國史後補載徽祖教門尊號爲玉京金闕七寶元臺紫微上宮靈寶至眞玉宸明皇大道君，與此不同，靖康要録作七九飛天大陽署異。靖康要録云，淵聖爲道君長子，母惠恭王后。初名亶，改名烜，更名桓。大觀四年三月立爲太子。王黼撰册文，蔡攸書册。六年六月納故少傅朱伯材女爲妃。宣和七年十二月二十三日登位，大赦，制曰：「我國家創業守成，紹二百年之祚運，宅中圖大，奠三萬里之幅員。施及眇躬，嗣膺神器。永念纘承之重，懼及春冰；載惟臨馭之艱，凜深朽索。矧今邊陲未静，師旅方興，肆惟曠蕩之恩，用慰邇遐之望，可大赦天下。」立妃朱氏爲后。上道君帝后尊號。靖康改元詔曰：「朕光膺眷佑，寅奉燕詒，載惟菲薄之資，獲撫盈成之運。宵衣罔怠，旰食靡遑，發政施仁，懷日靖四方之志；經文緯武，圖永康兆民之功。式紀初元，是新美號，庶格神明之助，遂臻華夏之和。茂謹王春，豈特遵魯史踰年之義；迺寧國步，蓋將紹周人過歷之期。布告多方，咸體朕意！」尋降求言詔及親征詔，罷内外官司局凡一百五處。復贈司馬光等官，除元祐黨籍。王楙野客叢書云，宣和乙巳，上皇内禪，吴敏元中建議及謝門下侍郎表曰：「上皇勸勤，授皇圖於元子，微臣攝直，適視草於禁中。初無一言以贊大議，君子與其不伐。」趙翼箚記云，時徽宗欲命太子爲開封牧。李綱謂吴敏，非傳以位號不可。明日，敏遂以禪位説進。并謂綱亦有此議。見綱傳。是傳位之議，本起於綱也。而敏傳謂徽宗將内禪，蔡攸探知上意，引敏入對，遂薦綱，并入見。蔡攸傳亦謂帝欲内禪，親書傳位東宮字，授李邦彦。邦彦不敢承，以付攸，攸薦其客吴敏，遂定議。又，李熙靖傳，道君曰：「外人以内禪爲敏功，不知乃出自吾意，不然，言者且滅族矣。」合數傳觀之，是内禪本出於徽宗，綱議適與帝合，遂贊決耳。按，張端義貴耳録，徽宗聞金人破燕，即命當直學士黃中令草詔罪己，并傳位太子。明日，詔出，淵聖登極。又記徽宗語，謂詔中處分蔡攸盡道，不是只傳位一事，要做他功勞。此亦可證内禪出自帝意也。

四年（丙午一一二六）春正月戊辰，宗弼原作兀朮，一作烏珠。〔攷異〕國語解云，兀朮曰頭，即武諸。取湯陰。本唐湯源縣，屬彰德府。大㚖攻下濬州。即今濬縣，屬大名府。〔攷異〕續通考云，濬州爲唐黎州，石晉改今名，宋設通判，又改平川軍，金皇統中改爲通州。天德間領黎陽、衞二縣，衞橋、淇門二鎮，後爲濬州，元隸大名路。時軍至濬州，宋人已燒河橋，宗望已令軍中：「有能先渡者，功爲上。」大㚖捕得十餘舟，徑渡，擊其守者，奪其戍柵，由是諸軍悉濟，遂下之。〔攷異〕大㚖傳作三年事。達呼布原作迪古補。〔攷異〕布傳云，一作敵古（不）〔本〕（據金史卷八一黃摑敵古本傳改），姓洪果氏。一作黃摑，改作洪郭。世居錫馨水。平東京、上京皆在事有功。從攻回鶻城，破其兵九萬。攻平州，解烏春之圍。南侵，以功襲穆昆，歷隸州防禦使，卒。取黎陽。縣名，在滑縣西二里，今廢。有白馬津，爲大河津渡處。己巳，諸軍濟河。庚午，取滑州。即今滑縣，屬大名府。〔攷異〕輿地廣記云，滑州古豕韋國，春秋屬衞（南）（據輿地廣記卷九刪），宋爲兖州，隋號杞州，後爲滑州，今因唐舊。領縣二：韋城、胙城。王存元豐九域志云，滑州靈河郡爲唐義成軍，治白馬縣。續通考云，唐爲靈昌郡，宋爲武城軍，金大定中隸大名府，領白馬、内黃二縣。白馬，本衞曹邑，隋、唐爲州治，今省韋城縣入焉。内黃，本唐縣，屬黎州，金屬滑州。持嘉暉傳，宗望初伐宋，孟陽之戰，敵中軍徑薄其營，暉與諸將擊敗之，追殺至城下。阿里傳，孟陽之役，阿里扼橋渡，力戰。紀均未載。薛應旂通鑑云，帝以金人南下，悉以禁旅付内侍梁方平守黎陽。何灌言於白時中，請留衞根本，不從。金斡離不陷相、濬二州，迪古補奄至，方平奔潰。河南守橋者，望金旗幟，皆燒橋遁。何灌帥兵二萬，退保滑州，亦望風迎潰。官軍在河南者，無一人禦敵，金遂取小舟以濟。凡五日，騎兵方絶，步兵猶未渡也，旋渡旋行，無復隊伍。金人笑曰：「南朝可謂無人，若以一二千人守河，我豈得渡哉！」遂破滑州。灌奔還。所載較詳。灌，字仙原，祥符人。時中，字蒙亨，壽春人。**宗望使吴孝民等入汴，**方輿紀要云，卽河南開封府。領州四、縣三十。汴京以汴水得名。汴水受陳留、浚儀、陰溝至蒙城入泗，卽禹貢灉水，春秋之邲水，秦、漢曰鴻溝。〔攷異〕輿地廣記云，開封府，春秋爲衞、陳、鄭三國地，秦屬三川郡，東魏分置開封郡，兼立梁州，後周始改汴州，唐初爲宣武軍，宋改開封府，縣十四。續通考云，唐置總管府，宋爲東京，建都焉。金改南京路，統府三、節鎮三、防禦郡八、刺郡八、縣一百八。開封府領縣十二：祥符、陽武、通許、太康、中牟、鄢陵、扶溝、陳留、延津、洧川、長垣、封邱。汴水源出滎陽縣大周山，合京、索、須、鄭四水，東南至中牟縣，北入黄河。京水，源出嵩渚山，經鄭州西南十五里，東北入鄭水。索水，源出滎陽縣小陘山，北流入京水。鄭水，源出鄭州城東二十五里，東北至中牟縣入汴。又云，汴河，當歸德府寧陵縣之衝，由陳留下達於徐。劉延世孫升談圃云，隋開汴河，其勢正衝今南京，至城外，迂其勢以避之，故老相傳爲留趙灣。至藝祖以宋州節鉞，乃其讖也。袁氏楓牕小牘云，汴河渠凡四：曰蔡河，自陳、蔡由西南戴樓門入京城，繚繞向東南陳州門出。曰汴河，自西京洛口分水，從東水門入京城，繞州橋、御路，水西門出。曰五丈河，表自濟、鄆，自新曹門入，通汴河。曰金水河，自京城西南分京、索河築隄，從汴河上用水槽架過，從西北水門入京城，夾牆遮擁入大内，灌後苑池浦。**問宋取首謀平山童貫、譚稹、詹度等，宋太上皇帝出奔。**〔攷異〕潘永因宋稗類抄云，靖康初，金攻濬州，徽廟夜御駿騾名「鵓鴿青」，望睢陽而奔，濱河有一老姥家，張燈，上排户入，媪問姓氏，曰：「姓趙，居東京，已致仕，舉長子自代。」媪進酒，復延至卧内，爇薪釋襪烘趾。及還京，媪没，以白金賜其諸孫。初，徽宗幸京口，駐蹕郡治，曾空青以江南轉運攝府事，置酒行宫内，命喬貴妃出見，曰：「汝每問曾三，此卽是，特令汝一識。」蓋空青喜作長短句，流入中禁故爾。取七寶杯，令喬手擎滿酌，并以杯賜之。空青名紆，王仲言外祖也。吳曾能改齋漫録云，宣和乙巳冬，徽宗幸亳州，途次御製臨江仙詞曰：「過水穿山前去也，吟詩約句千餘。淮波寒重雨疎疎，烟籠灘上鷺，人買就船魚。古寺幽房(奴)〔權〕(據能改齋漫録卷一六樂府御詞條改)且住，夜深宿在僧居。夢魂驚起轉嗟吁。愁牽心上慮，和淚寫回書。」時蔡攸爲恭謝行宫使，矯詔降劄，截留東南勤王兵馬，藉以自衞，不忠甚大。見胡舜陟劾疏，載靖康要録。徽宗將還京，郎中劉觀代宰臣賀表曰：「漢室太公，本是蓬蒿之叟，唐朝肅帝，殊非揖遜之人。」何文縝以語大樸，因改曰：「擁彗迎門，陋未央之末禮，御鞍馳道，笑至德之未情。」陸游老學菴筆記云，徽宗南幸，至潤郡，官迎駕於西津。及御舟抵岸，上御椶頂轎子，一宦者立轎旁，呼曰：「道君傳語，衆官不須遠來。」衞士臚傳以告，遂退。及還京，服栗玉並桃冠白玉簪，赭紅羽衣，乘七寶輦蓋。吳敏定儀注云。趙彦衞雲麓漫鈔云，徽宗既遜位，過亳州燒香。時趙子湜知寧陵縣，道由其邑，賜金帶。趙時服緑，許於緑袍上繫。薛應旂通鑑云，上皇南幸，如亳州，百官多潛遁。貫以勝捷親軍萬人自隨。上皇過浮橋，衞士攀望號慟，貫使親軍射之，中而踣者百餘人。京亦盡室南行。黼載孥以東，貶官安置，李綱請誅之，開封尹聶昌使人殺之於雍邱，取首以獻。李彦賜死，籍其家。朱勔放歸田里，尋伏誅，黨與皆罷。梁師成貶彰化，行及八角鎮，賜死。八角鎮，在順天門外。京，儋州；攸，雷州，子孫二十三人分竄遠地。京行至潭州死。攸及翛皆賜死。遣御史張澂誅童貫於南雄州，梟首闕下。宋史貫傳，少出李憲門，初主杭州明金局，京由之進。京號公相，貫號媪相。京，字元長，興化仙游人。攸，字居安。師成，字守道。黼，字將明，祥符人。勔，蘇州人，冲子，良嗣亦被誅。後治棄河罪，斬梁方平於市，皆自陳東發之也。東，字少陽，丹陽人。後用黃潛善譖，棄市。布衣歐陽澈同死。澈，字德明，崇仁人。沈良靖康遺録云，黼至負固村，遣使追斬之，因呼負國村。靖康前録云，在應天府杞縣南十里。靖康要録云，輔固村在雍邱城南二十里永豐鄉。畢沅續通鑑謂由聶山所殺。宋稗類抄又云，京南遷，詔追取所寵姬慕容、邢、武者三人，金指名來索也。因作詩別曰：「爲愛飛花三樹紅，年年歲歲惹春風。如今去逐他人手，誰復尊前念老翁。」時在道中，市飲食，居民不肯售，至隨以詬駡。京歎曰：「京失人心，一至於此！」至潭州作詞曰：「八十衰年初謝，三千里外無家。孤行骨肉各天涯，遥望神京泣下。金殿五曾拜相，玉堂十度宣麻，追思往昔謾繁華，到此番成夢話。」尋死。先是，徐神翁贈京「東明」二字，卒貶死潭州城南五里外東明寺。攸聞賜死，曰：「誤國如此，死又何憾！」乃飲藥。翛猶豫不能決，左右授以繩，乃自縊死。薛應旂通鑑謂攸、翛皆即所至斬之。徐神翁自海陵到京，蔡京謂時方太平。徐云：「太平，天上方遣許多魔君作壞世界。」再問，笑云：「太師亦是。」又謂蔣穎叔，「天上已遣五百魔王作官，發運使亦是一赤天魔王也。」宣和末，黄安時曰：「亂作不過一二年，天使蔡京八十不死，病亟復蘇，是將使之身受禍也。天下能久無事乎？」靖康兵亂，舊臣悉遠竄，安時居壽春，歎曰：「造禍者全家去嶺外，却令我輩横屍路隅耶！」後卒死於兵，可哀也。貫死所忽有物在地，如水銀鏡，徑三四尺，俄斂不見。徽函貫首，以生油、水銀浸之，又以生牛皮固其函。貫狀貌魁梧，頤下生鬚十數莖，皮骨勁如鐵，不類閹人。潛説友咸淳臨安志云，京少貴，建第錢塘，極雄麗，即今行在殿前司。宣和末，金寇豕突，盡以所積置宅中。靖康初籍没，詔下，適其門下士毛友守杭州，密喻其家，藏隱過半，所以蔡氏之後皆不貧。又嘗以金銀寶貨四十擔，寄其族人家海鹽者，已而一門誅竄，不暇往索，掩爲己有。至今海鹽蔡氏富冠浙右。又，京初褫職居錢塘，有風和尚直造其室，題詩一絶，又書其下云：「衆生受苦，兩紀都休。」後悉如其言。張淏雲谷雜紀云，京南遷，道中市物，知爲京，皆不肯售，至於詬罵，無所不至，州縣吏卒驅逐，稍息。袁文甕牖閒評云，京三子：長攸、次翛、次絛。當時語曰：「蔡京之後尤蕭條。」亦讖兆也。周煇清波雜志云，京之死，適潭守乃其仇，數日不得斂，隨行使臣輩藁葬於漏澤園。見靖康禍胎記。京師染色，宣和間有名「太師青」者，京殮時無棺，以青布條裹屍。亦其讖也。趙甡之中興遺史云，師成安置循州，未行，自殺。蔡絛國史後補云，師成得罪，縊殺之，以自縊聞。所載互異。

癸酉，諸軍圍汴。〔攷異〕大金國志云，藥師嘗打毬於牟駞岡，知天駟監有馬二萬匹，芻豆山積，導斡離不奄取之。

李綱傳信録，上即位，召對，宰相白時中、李邦彦請出狩，綱力諫，拜尚書右丞、親征行營使，曹曚副之。靖康要録云，初，綱聞宰執議出狩，遇知閤門朱孝莊，請奏取旨，與宰執廷辨。孝莊辭以無此例。綱曰：「此何時而用例耶？」孝莊入言，即召對。綱奏：「出狩果行，宗社必危。且太上以宗社傳陛下，捨之去可乎？」與時中爭。未既，有內侍陳良弼自內出，言城難守，命綱與良弼、蔡懋往觀。懋與良弼同回，奏綱言無虞。帝問將，因言時中、邦彥可。時中推綱，因拜留守，以李梲副。追還中宮，未回，明日復戒行。綱扣殿帥王宗濋入見，力爭乃留。令大臣撰數十詔勉將士，閤門宣讀，皆聲喏固守，議始決。

靖康前録云，時中等勸帝幸襄陽。駕至南薰門，綱與燕、越二王懇留，曚具陳軍情，方止。治戰守之具，八日粗畢。以前軍居通濟門外護延豐倉，後勤王兵至，賴之以濟。幼老春秋云，邦彥爲懷州銀匠浦之子。美姿容，阿附梁師成，薦用至宰輔，號「浪子宰相」。宋史，綱，字伯紀，邵武人，謚忠定。甲戌，宋使李梲〔攷異〕大金國志作李鄴，東都事畧作李鋭。北盟會編，鄴與梲，係二人，同使金營，外有高世則爲副。今從太宗紀。繫年要録云，鄴，鉅野人。梲，臨沂人。靖康前録云，鄴歸，盛談敵强，以濟和議。謂人如虎，馬如龍，上山如猿，入水如獺，其勢如泰山，中國如累卵。時號「六如給事」。來謝罪，且請修好，宗望許之。并約質，割中山、河間、府名。唐、宋爲瀛州，領州二，縣十六。〔攷異〕輿地廣記云，河間，秦屬上谷郡，漢屬涿郡，後漢爲河間國，魏爲河間郡，孝文置瀛州，宋大觀間升爲瀛海軍，領河間、樂壽二縣。續通考云，河間，本唐瀛州，宋爲河間府，金爲河北東路，統節鎮二，刺郡五，縣三十，鎮三十五。領河間、肅寧二縣。明隸京師，領景、滄二州，河間、獻、阜城、肅寧、任邱、交河、青城、興濟、静海、寧津、吴橋、東光、故城、南皮、鹽山、慶雲十六縣。河間縣，後魏置肅寧縣，元廢爲鎮，後復舊。獻縣，商爲樂善，金改獻州，領樂壽、交河二縣。阜(成)〔城〕(據上文改)，唐本名漢阜，宋改今名，金屬景州。任邱，元省入河間，後復故。交河，金大定中以石家囤置。青城，本清平鎮。興濟，宋范橋鎮地，大觀初置縣，金屬清州。靖海，宋爲清州窩口寨，大觀中置縣，金屬清州。寧津，本保安鎮，金置縣，屬景州。吴橋，金於將漢縣之吴川置吴橋縣。鹽山，唐初置東鹽州，州廢置縣。太原三鎮地，輸金五百萬兩，銀五千萬兩，牛馬萬頭，表段百萬匹。載書稱伯姪。宋以康王構、字德基。道君第九子。母爲韋賢妃。初封蜀國公、廣平郡王，進康王。少宰張邦昌爲質。上誓書、地圖。癸未，諸軍解圍。

〔攷異〕薛應旂通鑑云，帝召羣臣議，邦彦力主和，綱諫擊之便，不從；使鄭望之往。會金使吴孝民來，與偕還。命梲使金軍，至則膝行而前，恐怖喪膽，失其所言，遂與金使蕭三寶奴、耶律忠、王汭等偕來。凡金所要求，皆藥師教之也。時攻天津、景陽等門，綱力戰禦之，斬數千級，何灌戰死。都統制馬忠自京西募兵至，擊金人於順天門外，敗之，金師暫斂，援路稍通。梲至，邦彦力勸從金議，括金得二十萬兩，銀四百萬兩。餘悉如約。綱言：「金幣數太多，三鎮不可割，親王不當往，姑遣辨士與議和。宿留數日，大軍四集，彼孤軍深入，雖不得所欲，亦當速歸。此時與和，則不敢輕中國，而和可久也。」弗聽。命沈晦先持誓書往，并三鎮地圖示之。初，邦昌亦主和議，不意身自爲質，遂與主達金營。綱獨留三鎮，詔不遣。時金陷陽武，知縣事蔣興祖死之。望之，彭城人。著靖康奉使録一卷。李心傳朝野雜記云，時康王北使，將就馬，小婢招兒見四金甲神各執弓劍以衛上，指示衆，皆云不見。顯仁后聞之曰：「我事四聖真君甚謹，必其陰功。」及陷北，夜深，必四十拜。及曹勛南歸，令奏請加崇奉，答景貺，建延祥觀像，皆沈香斲之。今在西湖上，極壯麗。靖康要録云，正月八日，金攻西水門，以(大)〔火〕(據靖康要録卷一改)船數十順流下。行營司募死士二千布城下，以長鉤搭就岸，以石碎之。於中流安頓叉木。運蔡京家假山石疊門。道間斬百餘人。攻城北，灌戰死。九日，攻封邱、酸棗門，綱乞禁卒善射者千人，射之，應弦倒。募壯士縋城下燒雲梯，獲酋首，殺賊數千人。賊退，遣蕭三寶奴來獻玉帶、名馬講和。北盟會編，金使三寶奴外，尚有高永、張愿恭。詔中書侍郎王孝迪收簇金銀，得金三十萬兩，銀千二百萬兩，及祖宗寶藏、乘輿、服御之物，悉數津送。靖康前録云，孝迪出榜，藉士庶所有。否則，男子殺盡，婦人虜盡，宮室焚盡，金銀取盡。謂之「四盡中書」。所載甚詳。

二月丁酉朔，夜，宋將姚平仲兵四十萬來襲宗望營，擊敗之。〔攷異〕東都事畧作萬人，趙甡之遺史作七千，云：是役也，宋將陳福没於陣，楊可勝被執，不屈死。靖康前録云，西將陳開死之。繫年要録云，平仲，古養子。嘗從童貫平方臘，回京，誇殺魔賊之多。大臣信其説，意謂殺金人如殺魔賊。故敗後隱九江山中。高宗召之，不出。陸游清尊録云，人嘗有見於廬山者。史均未載。薛應旂通鑑云，時种師道入援，沿道揭榜，言領西兵百萬來。經過敵營，金人懼，歛游騎，增壘自衛。召入對，拜同知樞院，統四方勤王兵。請緩給金幣，俟彼惰歸，扼而殲諸河，邦彥不從，惟綱議與合。綱言：「金人貪婪無厭，非用師不可。且敵兵號六萬，而勤王兵且二十萬，若扼河津，絶餉道，分兵復畿北諸邑，以重兵臨敵營，堅壁勿戰，俟其食盡力疲，以一檄取誓書，復三鎮，縱其北歸，半渡而擊之，此必勝之計也。」帝深然之。會平仲慮功名獨歸种氏，夜率萬騎斫敵營，兵敗亡去。綱率諸將出救，戰於幕天坡，射却之。師道復請劫寨及每夕擾之，邦彥不能用。師道，字彝叔，世衡孫。少從張載學。贈少保，謚忠憲。弟，師中，字端孺。山西人。陸游老學菴筆記云，种彝叔，靖康初以保静節鉞致仕，居長安村墅。一夕，旌節有聲，甚異。旦而中使至，遂起。方彝叔赴召時，有華山道人獻詩曰：「北蕃羣犬窺籬落，驚起南朝老大蟲。」趙翼劄記云，靖康圍城之事，平仲欲劫營，以士卒不得速戰爲言，綱主其議，令城外兵俱歸平仲節度，遂及於敗。見平仲傳。而綱傳則謂平仲密奏斫營，夜半中使傳旨，使綱策應，似綱初不知者。蓋因平仲敗，以見失策不在綱。此事本載綱所著靖康傳信録，史館即據以立傳也。

己亥，宗望復進師圍汴。宋使宇文虛中以書來，改以肅王樞爲質，遣康王構歸。師還。〔攷異〕薛應旂通鑑云，金使王汭來致責。用邦彥言，罷綱以謝金人，廢親征行營司。太學生陳東等上書請復用綱，斥邦彥等，以閫外付師道。軍民不期而集者數萬，欲毆邦彥，走免，殺内侍朱拱之等數十人。命復綱右丞。虛中冒鋒鏑至金營往辨，以肅王代康王，邦昌還。汪彥章投李伯紀啟云：「孤忠貫日，正二儀傾側之中；凜氣横秋，揮萬騎笑談之頃。」又云：「士訟公寃，咸舉幡而集闕下；帝從民望，令免冑以見國人。」其贊美至矣。及居翰苑，草謫詞曰：「朋姦罔上，有虞必去夫驩兜；欺世盜名，孔子先誅夫正卯。」繼又云：「專殺尚威，傷列聖好生之德；信讒喜佞，爲一時羣小之宗。」當時有以此問者，彥章曰：「我前敵自直一翰林學士，而彼不我用，安得不醜詆之。」是可笑也。北盟會編云，代綱者爲蔡懋，禁放矢石，陰懷二心。時城上有皂旗紅燈，皆宦官欲爲内應者所爲。金遣崇義節度使大懷仁、龍州團練使耶律忠送還康王，書曰：「使至，迭承來諭，謹送康王，備聆聖心懷注之切。今如命遣送前去。緣以康王久留軍中，謹贈金一萬錠，聊用壓驚，式表微意。」懋，確子。錢士升南宋書云，襲營後，金人見責，邦昌恐懼涕泣，康王不爲動，宗傑疑非親王，更請肅王，乃得還。時副肅王者，尚有駙馬都尉曹晟。靖康要録云，時副虛中者，尚有王俅。差王時雍、高世則館伴金使。晟尚榮德帝姬，與上同生，故遣之。避金酋，改名晟爲(實)〔寔〕(據靖康要録卷二改)。潘永因宋稗類抄云，靖康初，金退，吴敏等秉政，有十不管之謠。云不管太原，只管太學；不管防秋，只管春秋；不管砲石，只管安石；不管肅王，却管舒王；不管燕山，却管聶山；不管疆界，却管舉人免解；不管河東，却管陳東；不管二太子，却管立太子。腐儒之誤國如此。畢沅續通鑑云，金遣韓光裔告辭。帝使虛中持綱所留三鎮詔往。金人北去，師道請乘其半濟，擊之，不許。尋用綱言，分遣諸將，追金兵及於邢、趙間，相去二十里，宰執密啟追還，將士解體。沈良靖康遺録云，金師北歸，所過殘破。自京至黄河數百里，井閭蕭然，屍骸無算。史均未載。

壬子，以滑、濬二州與宋。宗翰定威勝軍，宋史地理志云，在潞州銅鞮縣亂柳石圍中，領縣四。〔攷異〕續通考云，唐初爲沁州，又改陽城郡，後仍舊，(隋)〔宋〕(據續通考卷二二九改)改威勝軍，金仍爲沁州，升義勝軍，統銅鞮、武鄉、沁源、綿上四縣。下隆德府。即今潞安府，領縣八。〔攷異〕輿地廣記云，春秋爲黎侯，赤狄奪其地，而潞子嬰兒爲晉滅。戰國稱上黨，爲韓王別都。秦置上黨郡，後周爲潞州，隋號韓州，唐改昭(夷)〔義〕軍(據輿地廣記卷一八改)，宋初爲昭德軍，後改今名。續通考云，唐初爲潞州，又改上黨郡，仍復舊，宋改隆德軍，今爲潞州，領上黨、壺關、屯留、長子、潞城、襄垣、黎縣、涉八縣。上黨，唐置，屬潞州。壺關，唐初復置壺縣於高望堡，尋移治清流川。屯留，唐自霍壁移今治。長子，本隋置。潞城，唐末改潞子縣，尋復舊。襄垣，隋置。黎城，本黎侯國，隋置縣。涉縣，古沙侯國，漢置縣，金升爲崇州，州廢，置縣，屬真定。丁巳，次澤州。在潞安府南百九十里，領縣四。〔攷異〕續通考云，澤州，唐後改高平郡，尋復舊，宋隸河東路，金屬潞州昭義軍，元光中，升爲忠昌軍，領晉城、高平、陽城、沁水、陵川五縣。晉城，唐初徙蓋州治此，後廢蓋州移澤州治。晉城，宋、金仍舊。高平，即趙長平地，唐置蓋州，州廢，以縣屬澤州。陽城，本唐護澤縣改，金末升爲勣州。沁水，本隋永寧縣改，唐、宋因之。陵川，唐以後屬澤州。

三月癸未，尼楚赫原作銀朮可圍太原。〔攷異〕靖康要録云，太原不下，於城外用植鹿角木，環城厚數里，中爲小徑，往來縱火以警之。時天氣熱，賊兵番休，分食十邑，城守益固。方輿紀要云，金圍太原久不下，於城下築舊城居之，號元帥府。內外斷絶，城中大困。所載各異。宗翰還西京。〔攷異〕北盟會編云，金破威勝軍，守臣詹丕遠被殺。帝聞粘罕兵次高平，遣路允迪、滕茂實往，且告割三鎮。靖康要録云，外尚有宋彥通、王介儒、劉思等。又，劉地使爲臧硧、秦檜。耶律懷義傳，本名伯特，遼宗室子。來降，授西南〔路〕（據金史卷八一耶律懷義傳補）招討使。從宗翰南侵，降馬邑，破雁門，屯兵，進攻太原。時山、陝兵來救，劉光世、折可求栅於文水西山。捕得宋生口，盡知其屯兵要害，分兵襲敗之。再侵宋，從軍，皆有功。仕終中京留守，封蕭王。紀未書。畢沅續通鑑云，宗翰聞宗望議和，亦遣人來索賂，宰相拘其使不與。乃分兵破忻、代，折可求、劉光世均敗。平陽叛卒導入南北關，李植以威勝軍降。破隆德府，知府張確、通判趙伯臻、司録張彥遹死之。進屯澤州。詔种師道、師中、姚古援三鎮。古復隆德府，威勝軍扼南北關。確，字子固，汾州宜禄人，元祐間進士。續綱目李植作李楨。時行移文字出樞密者，則迫令破賊；出三省者，則令護出境。莫之適從，師中患之。方輿紀要云，南北關，在靈石縣東八十里。宋史，光世，字平叔，保安軍人，延慶次子。封鄜王，謚武僖。元好問中州集，滕茂實，字秀穎，姑蘇人。以太學正兼明堂司令，與路允迪、宋彦通奉使割三鎮，被囚雲中。後允迪、彦通南歸，茂實留雁門，與兄宗正（承）〔丞〕福（據中州集癸集滕茂實傳改）、淮南發運使（裿）〔裿〕（同上）共居。未幾，家人亦至。臨終有詩，令黄幡裹尸而葬，刻宋使者東陽滕茂實墓。後如其志。又云，（裿）〔裿〕（同上）當作裪，見南（仲）〔申〕高濟叔碑（同上）。周密齊東野語云，北人爲起墓雁門山，歲時致祭。所記張浮休之弟䃫，嘗爲烏延帥幕，獨不廷謁童貫及徽宗。本以五月五日生，以俗忌，移之十月十日，皆可以補史闕。後其友董詵自拔南歸，上所爲詩，贈直龍圖閣。

夏四月乙丑，耿守忠大敗宋人於西都谷。〔攷異〕畢沅續通鑑云，東兵正將古沆與金人戰於交城縣，死之。北盟會編云，粘罕破黄迪諸寨，悉被害。托克索傳，從瑪武、烏嚕破宋四千人於文水。聞宋將黄迪等兵三十萬屯西山，與耿守忠合擊之，殺八萬餘人，俘獲甚衆。靖康要録云，統制黄迪應援太原，於文水縣潰散逃走，賞錢告捕。所載各異。又云，四月七日，立皇子大寗郡王諶爲皇太子，制畧曰：「生有奇姿，性得異禀，弱靡好弄，屹爾成人之儀；長則嗜書，粹然盛德之器。比肇封於西土，猶虚位於東宫。是用憲祖之彝章，信龜筮之叶吉；實天心之是佑，非朕志之敢私。」云云。是月，斡離不遣計議使賈霆、冉企有議三鎮。未下，時，差王俅迎肅王。因三鎮事留不遣，欲令賈霆等隨俅先到闕。尉氏主簿曹嗣宗、（言）（據靖康要録卷五删）李充美死於職守，皆贈官。遣武安國、王覲奉使絶域。史多未載。

五月辛未，宋种師中以兵十萬出井陘，即勾注山，一名雁門關，在代州西北二十五里。據榆次，縣名，在太原府東南六十里。完顔和尼、原作活女托克索原作突合速。本傳，宗室子，納罕寨人。嘗自領偏師破雲中寇，討應州賊，平之。從宗翰南侵，破石嶺關屯兵數萬，下祁縣、文水，屯汾州，連敗郝仲連、張思正、張關索、馬忠等軍。復破師中兵。再從南下，平汴京，定河東，官左監軍，封定國公。破之於殺熊嶺，在文水縣西六十里。斬師中於陣。托克索復與巴爾斯原作拔離速。本傳，尼楚赫弟。從希尹，大破遼兵於古北口。南侵宋，從克太原。後與瑪武等襲宋帝於揚州。宗弼再定河南，薩里罕經畧陝西，皆在事有功，遷元帥左監軍，卒，謚敏定。〔攷異〕續通考作尼楚赫族叔，系出景祖。未知孰是。敗宋姚古軍於隆州谷。〔攷異〕一統志作隆舟峪。又，隆德係軍名。方輿紀要云，祁縣有隆州谷，明洪武時於此建關。盤陀驛，在縣東五十里。薛應旂通鑑云，太原圍不解，詔師(古)〔中〕(據上下文改)與姚古進軍，相爲犄角。進次平定軍，乘勝復壽陽、榆次等縣。留屯真定，時，粘没喝避暑還雲中，覘者以爲將遁，許翰信之，數遣使趣戰，責以逗撓。師中辦，嚴約古及張灝等俱進。爲金活女所襲，五戰三勝。回，趨榆次，至殺熊嶺，統制焦安節妄傳粘没喝將至，古等失期，師中力戰死。金進敗古軍於盤陀嶺，退保隆德。事聞，綱召安節斬之。安置古廣州。師中贈少師，謚莊愍。大金國志云，師中爲婁室所破。靖康小雅云，先鋒楊志不戰，遁，參謀官黄友戰没。李綱傳信録云，師中心輕敵，金乘間衝突，諸軍射却之。尋以賞不足而散，師中爲流矢所中，死之。趙甡之遺史云，師中戰殁，師道告病歸。耿南仲議出綱爲宣撫使，中丞陳過庭及陳公輔、余應求言綱不當去，皆罷之。靖康要録廣州作廉州。御史余應求，初官校書郎，上疏陳七失，嗣後屢進忠讜，糾劾姦邪。綱辭宣撫，許翰書「杜郵」二字示之。及行，賜御筵於瓊林苑。按，河東，一作兩河。爲副者，劉鞈、解潛。趙德麟侯鯖録云，种師道(經制)〔預知〕(據侯鯖録卷七改)金虜反覆，進二詩，爲張(大)〔六〕(同上)太尉收藏不達。詩曰：「外塞胡兒裏黨臣，勾連數衆赴京城。團團潤潤孤平寨，不識皇家王氣星。」又云：「飛蛾視火殘生滅，燕逐羣鷹命不(從)〔存〕(同上)。從今一掃胡兵盡，萬年不敢正南行。」後金人犯闕，皆如其言。初，與(揚)〔折〕可存(同上)(中)(據知不足齋叢書本侯鯖録卷七删)立殊勳，後欲擊賊，不聽，氣憤卒。元好問中州集，雁門何宏中，字定遠，初調韋城尉，汴京被圍，州郡多避走，獨韋不下。兵退，統制武漢英奏辟，召見，不果。時副帥种師中兵已潰，宣撫檄宏中副漢英守銀冶路。漢英戰死，拜宏中河東、河北統制接應使。糧盡被禽，不屈。放爲黄冠師，起紫微殿，奉徽宗像事之。正隆四年卒。著成真、通理二集。有述懷詩云：「馬革盛尸每恨遲，西山餓踣更何辭。姓名不到中興(歷)〔曆〕(據中州集癸集改)，付與皇天后土知。」宋史，翰字崧老，襄邑人。過庭，字賓玉，山陰人。友，字龍友，温州平陽人。官其後八人。公輔，字國佐，臨海人。繫年要録云，過庭後没於金。嘗得疾，其卒割肋及肝以愈之。贈官。潞州復叛，宋兵十七萬，固納、本傳：伊克子。善騎射，有才幹。從伐遼，戰寧江州、珠赫店皆以有功受賞。從宗翰下中、西二京。圍汴，屢敗其援兵，終天德軍節度。伊克系出景祖，與罕都常在世祖左右。卒，贈特進，謚忠濟。托克索、巴爾斯皆被圍。托克索麾軍下馬力戰，遂潰圍而出。

秋七月戊子，蕭仲恭使宋還，以所持宋帝與耶律伊都蠟書自陳。〔攷異〕畢沅續通鑑云，先是，仲恭來索所許金帛，踰月不遣。其副趙倫懼見留，紿館伴邢倞曰：「金有耶律伊都者，領契丹兵甚衆，貳於金，宜結之使南向，金可襲而取。」徐處仁、吴敏信之，以蠟書命仲恭致之。以書獻宗望，復議南伐。靖康要盟録載其書甚詳。宣和録同，但謂倫還，首其書於粘罕爲異。沈良靖康遺録云：斡離不使蕭慶來，拘於都亭驛。慶見敏慟哭，約共復仇。敏奏以書授之。李燾長編注：謂蕭慶當作蕭倫。王宗沐續通鑑又謂以肅王不歸，欲留其使蕭仲恭，恐傳聞之訛，不足信也。熊克中興小紀云，高宗謂李綱志大才疏，用之誤國。如聽邢倞之計，結餘覩，開釁敵人。周望曰：「如宜撫河東以救太原，先於河陽置納級軍，敵笑之，亦足見其疏也。」按，熊克於忠定每多微辭，恐難盡信。靖康要録云，大臣謂金領肅王過河，留其使朮者等，逾月不歸；及倫還，贈金帛各千兩疋。倫獻書粘罕，表聞其主。又云，七月一日(按，靖康要録卷九於七月十日之後載此書。考大金吊伐録卷二此書只標明七月，不注某日。此「一日」者顯係訛誤。)，帝致書金大元帥云：「比因專使，常以布書，具載悃誠，想加通亮。但以三鎮之民，懷土顧戀，以死堅守，雖令不從。致宿師，引日已久。惟兵民各爲其主，困於暴露，深可憫傷。是用欲以三鎮税租，(佃)〔納〕(據大金吊伐録卷二改)充歲幣。既不失通和之義，抑亦爲長久之圖。諒惟仁明，必能矜察。已遣使大金皇帝及皇子郎君，今再命單車，復陳本末，願加聰亮。有少禮物，具於別幅。秋暑尚煩，更希保護。」又致書皇子郎君云：「比常布問，具致悃誠，近因使介之施，尤詳敦好之意。但以三鎮之民，懷土顧戀，雖令不從。」又云：「方昭大信，諒不受於閒言，將究遠圖，豈是生於細故。成長利於兩國，在仁人之立談。想惟英俊，必能體(充)〔亮〕。」（據靖康要録卷九改）餘略同前書。北盟會編云，麟府折可求言，夏國之北，有遼梁王蕭太師統兵十萬，欲結南朝，以復怨。敏勸帝致書，亦爲粘罕得。紀載各異。宋史，敏，字元中，真州人。處仁，字擇之，應天穀熟人，係恕子。

八月庚子，詔左副元帥宗翰、右副元帥宗望南侵。庚戌，宗翰發西京，宗望發保州。

〔攷異〕耿氏痛哭流涕編作八月十日。靖康要録云，八月，遣劉岑、馬識遠充計議使副赴金。命宗澤使斡離不軍，李若氷使粘罕軍。若氷改名若水。差周望充正旦國信使。九月，差張(元)〔亢〕（據靖康要録卷一一改）使粘罕軍，劉衍使斡離不軍，黄夏卿、趙説充生辰使副。北盟會編云，粘罕令楊天吉、王汭等來詰遺書事，并原割三鎮。宋遣刑部尚書王雲使軍前辨明：書係姦人僞造，非朝廷意，并許三鎮租税。雲歸奏，帝大喜，吴敏力沮乃止。雲疏争，不聽。保州即今保定府。輿地廣記云，宋初爲保塞軍，升保州，政和三年爲清苑郡，領保塞一縣，即清苑。續通考云，本唐清苑縣，隸鄚州，宋升保州，金爲順天軍，隸河北東路，明爲保定府。領祁、安、易三州，清苑、唐、安肅、定興、博野、慶都、雄、蠡、新城、深澤、束鹿、高陽、淶水、滿城、容城、完、新安十七縣。清苑，倚郭，以河得名，宋改保塞縣，金復舊；唐縣，唐因隋舊，朱梁改中山，石晉改博陵，漢復舊；安肅，宋初爲州，後置縣，金升爲徐州，後爲安肅州；定興，本范陽縣地，金大定中置縣；博野，本漢蠡吾縣地，後魏置縣，名博野；慶都，唐爲北平縣，金改今名，屬中山府；雄州，唐歸(又)〔義〕縣（據輿地廣記卷一〇改），五代爲瓦橋關，周置雄州，宋置歸信縣，金升永定軍；蠡縣，唐置州，宋改永寧，金升爲寧州，改蠡州，領博野一縣；新州，唐以督亢地置縣，遼、金因之；深澤，宋曾省入鼓城縣，後復舊；束鹿，唐本鹿城縣改；高陽，唐以縣置滿州，州罷置縣，金屬莫州；涞水，宋曾併入易縣，遼復置；滿城，唐以永樂縣改，金因之；容城，唐改爲全忠縣，金屬安肅州；完縣，唐爲北平縣，宋升北平軍，金改永平縣，升完州；新安，金置新安州渥城縣。宋張灝出兵十萬，出汾州，即今汾州府。〔攷異〕輿地廣記云，春秋屬晉，秦屬太原郡，元魏置西河郡，兼立汾州，北齊置南朔州，後周曰介州，宋因唐舊爲汾州，領縣五：西河、靈石、孝義、介休、平遥。續通考云，唐改西河郡爲浩州，又改汾州，金置汾陽軍，元立元帥府，領汾陽、孝義、介休、平遥四縣。孝義，魏置中陽縣，唐改今名；平遥，唐縣，屬太原府，元改屬汾州；介休，秦縣，後魏置定陽郡，縣曰平昌，周改介休，今因之。巴爾斯擊走之，羅索、原作婁室托克索等復破之於文水。〔攷異〕薛應旂通鑑云，宣撫李綱赴兩河，進次懷州。詔罷所起兵，綱疏争，不報，趣赴太原。乃遣解潛屯威勝軍，劉韐充遼州幕官，王以寧與統制折可求、張思正等屯汾州，范瓊屯南北關。時諸將皆承受御畫，宣撫徒有節制名。韐兵潰，潛兵敗於南關，以師道代，召綱還。張灝與金戰文水，敗績。斡離不犯真定。張思正夜襲金營於文水，敗之；明日復戰，師潰，死者數萬人。思正奔汾州，折可求亦潰於子夏山。於是威勝、隆德、汾、晉、潞、澤、絳民皆渡河南奔，州縣悉空。金復攻太原，綱上書極論節制不專之弊，請合大兵爲一路進。及范世雄以湖南兵至，薦爲判官，方欲會合擊敵，會議和，止進兵，遂代還。言者論敏由蔡京進，安置洛州。北盟會編云，灝爲孝純子。官採訪使，收敗將冀景誅之。文水作郭山寨。方輿紀要云，文水源出永寧州北境之方山，流入文水縣境，至汾陽縣入汾水，亦曰文谷水。又，子夏山即隱泉山，在文水縣西南二十五里。子夏退居西河，即此。所載較詳。劉臻以兵出壽陽，縣名，屬太原府。羅索破之。耶律鐸敗宋兵三萬於雄州。即今保定府雄縣，詳卷九。納延原作那野等敗宋兵七千於中山。庚申，托紐原作突撚取新樂。縣名，屬定州。〔攷異〕宗望傳，時高陸、董才敗宋師三千於廣信。王伯龍傳，以先鋒次保州，遇敵五萬，破之。招降新樂軍民十餘萬。太宗紀未載。

九月丙寅，宗翰克太原，執經略使張孝純。〔攷異〕薛應旂通鑑云，孝純力竭不能克，城遂陷，被執，釋而用之。副都總管王稟負原廟中太祖御容赴汾水死，通判方笈、轉運韓揆等三十六人皆被害。張匯節要云，稟欲出西門，不及，自盡死。趙甡之遺史云，稟負御容，縋城，投谿死。大金國志云，粘罕得稟屍，大罵，踐之而暴於野。圍城凡二百六十日，軍民(前)〔餓〕(據大金國志卷四太宗紀改)死者十八九。韓揆作韓總。三十六人，一作三十人。時死節可考者，尚有稟子閤門祇候荀、統制高子祐、統領李宗顔、提舉單孝忠、廉訪狄流、通判張叔達、王逸、判官王毖。見北盟會編。呼沙呼原作鶻沙虎，曹國公，希卜蘇子。官真定留守，國初有功。〔攷異〕汪輝祖金史同名録云，卷二十七河渠志大定十八年同知真定尹、卷八十烏延蒲盧渾傳其兄、卷八十六蒲察斡論傳大定時猛安，四人同名鶻沙虎。取平遥、靈石、介休、孝義諸縣。靈石縣屬霍州，餘屬汾州府。辛未，宗望破宋种師閔〔攷異〕畢沅續通鑑云，師閔係師道，金史恐傳聞之誤，今姑從之。軍於井陘，取天威軍，宋史地理志云，屬河北西路。〔攷異〕王存元豐九域志，河北路，興國二年分河北南路，雍熙四年分東、西路。東路領澶、瀛、滄、冀、博、棣、雄、莫、霸、德、濱、恩十二州，永静、乾寧、信安、保定四軍。西路領相、定、邢、懷、衛、洺、深、磁、祁、趙、保十一州，安肅、永寧、廣信、順安四軍。并未列天威軍名。克真定，殺其守李邈。〔攷異〕阿里傳，宗望攻真定，阿里與羅索乘風縱火，焚其樓櫓，諸軍畢登，遂克其城。紀未載。薛應旂通鑑云，真定被圍，鈐轄劉翊晝夜力戰，城陷，自縊死。知府李邈被執，北去。先是，真帥劉韐守禦備具，總管王淵、鈐轄李質練卒數千，敵不敢犯。會太原危急，命韐守遼州，辟淵、質自隨。以邈代，措置無策，城遂陷。宋史作十月事，謂之孫氏山亭中縊死。邈，字彦思，清江人，謚忠壯。大金國志云，邈至燕山，劉彦宗逼之降，不屈，粘罕命斬之，談笑赴市。史未書劉翊戰死事，今從紀。

冬十月，羅索克汾州，〔攷異〕大金國志云，粘罕既下太原，縱兵汾、（絳）〔澤〕（據大金國志卷四太宗紀改），下縣、鎮、寨、壘十數。汾州固守，逾月乃克之。知州張克戩巷戰死，一門死者八人。都監賈亶亦死之。宋史，克戩，字德祥。侍中耆曾孫，謚忠確。史未載張、賈死事。石州即今永寧州。〔攷異〕輿地廣記云，石州，在戰國爲趙之離石邑，東漢爲西河郡治，北齊置西汾州及懷政郡，後周改州爲石州，郡爲離石郡，今因唐舊，領縣三。續通考云，唐初改離石郡爲石州，又爲昌化郡，後仍爲石州。金興定中隸晉陽，領離石、方山、孟門、溫泉、臨泉、寧鄉六縣。離石，舊名平夷，明昌中改寧鄉。又，寧鄉，本漢離石縣地，後周析置寧鄉、平夷二縣，隋廢寧鄉，以平夷屬石州，金改平夷曰寧鄉。降。芬徹克平定軍，遼州降。宋置，屬平定軍，縣二。〔攷異〕輿地廣記云，晉爲樂平郡，後魏爲遼陽郡，隋屬遼州，唐遼州徙治此，中和三年復曰遼州，今因之，領縣四，有平城無儀城。續通考云，唐置遼州，又改箕州，又改儀州。宋復舊爲樂平郡。金天會中以與東京、遼州同，加「南」字，天德中復去「南」字，領遼山、榆社、和順、儀城四縣。遼山，倚郭，隋置；榆社，隋置，唐號榆州，州罷置縣；和順，宋熙寧中省入遼山縣，屬平定軍。北盟會編云，金陷麟州建寧寨，知寨楊震及其子居中、執中皆被害，惟沂中方從征河朔，得免。南宋書云，遼亡，其將小鞠⿱髟彔西奔，招合雜羌十餘萬破豐州，攻麟府諸城，楊宗閔屢摧敗之，俘其父母妻子。靖康元年十月，太原陷，鞠⿱髟彔驅幽、薊叛人與夏人、奚人圍建寧，語宗閔子震曰：「汝父奪我居，掩我骨肉，我忍死到今，降則全汝軀命。」越旬，城陷，闔門俱喪。宋史作小鞠⿱髟彔，所載各異，紀均未書。

十一月甲子，宗翰自太原趨汴。戊辰，下威勝軍。癸酉，薩喇達原作撒剌答破天井關。一曰太行關，在澤州南四十五里。乙亥，克隆德府。〔攷異〕北盟會編云，粘罕軍至城下，通判李諤許送犒軍物，民不輿，以刃中譔。城陷，殺戮甚衆。知府張有極被俘。又陷平陽府，經略使林積仁、統制劉鋭棄城走。畢沅續通鑑云，宋遣劉琬扼平陽回牛嶺，兵潰，金遂破平陽。靖康要録云，時府庫困乏，士守回牛嶺者，日給豌豆二升或陳麥。士笑曰：「軍食如此，而使我戰乎？」賊鋭師至於山下仰覷，官兵曰：「彼若以矢石自上而下，吾曹殆矣，爲奈何？」未敢前進。俄，官兵自潰，賊乃登，遂至平陽，琬遁，城陷。河東逢虜記云，絳州軍亂，太守李弼傳遁，帑藏甚富，掠奪一空。趙甡之遺史作李元儒。又有通判李昌言，亦走。紀均未載。和尼渡盟津。即孟津，今孟縣，在懷慶府西北六十里。西京、永安軍、宋史地理志云，本乾寧軍。周平三關，置永安縣，屬滄州。太宗升爲軍，即清州。鄭州在河南府城西北四十里。〔攷異〕輿地廣記云，鄭爲火正祝融之墟。管叔鮮及虢、鄶封地。東遷，鄭武公滅二國，徙都之，今爲奉寧軍，縣六。續通考云，唐置鄭州，又改滎陽郡，宋爲奉國軍，今仍爲鄭州，領管城、滎陽、密、河陰、原武、汜水、滎澤七縣。管城，隋爲滎澤縣，宋省滎澤入管城；滎陽，唐析置武泰縣，屬潞州，尋省入滎陽，宋、金因之；河陰、汜水，金均屬鄭州；密縣，唐爲州，州廢置縣；原武，唐本原陵縣改，宋省入陽武，後復舊；滎澤，舊隸鄭州，宋省入管城。皆降。庚辰，克澤州。時羅索至澤州。托克索、烏嚕以五百騎爲前軀，往招河陽。縣名，屬孟州。先據黄河津，宋兵萬餘背水陣，進擊，破之，皆格於水，遂降河陽。〔攷異〕大金國志云，粘罕軍至河陽，宋宣撫折彦質領兵十二萬夾河而守，簽書李回以萬騎至河上。金人曰：「南兵亦衆，與戰，勝負未可知，不若加以虚聲」，遂擊戰鼓達旦。宋師潰散，提刑許高、許亢各軍皆望風潰。金兵悉渡，官吏皆棄城走。西道都總管王襄、河陽守燕瑾皆遁。宋史欽宗紀作燕瑛，旋爲亂兵所殺。繫年要録云，高、亢後至南康謀叛，爲守臣李定、韓璹所誅。熊克小紀，高、亢作一人。建炎初，用綱言，詔定、璹皆轉一官，謂爲健俠。靖康要録謂金之擊鼓驚衆者，計出婁宿。北盟會編云，粘罕自河陽渡大河，分兵五萬守潼關，以扼西兵。後范致虚至陝，不敢進，錢蓋兵出商、虢、唐、鄧而軍散，職是故也。畢沅續通鑑云，致虚會兵八十萬，以僧趙宗印爲謀主，未嘗知兵。至千秋鎮，爲羅索敗走，還。洪邁夷堅志云，宗印，本陝西士人，爲僧，好大言，致虛命反儒服，官至直龍圖閣。兵敗得疾，自食其糞，經旬死。史未載。進攻懷州，卽今懷慶府。〔攷異〕輿地廣記云，懷州爲禹貢覃懷地，太行山在焉。漢爲河内郡，後魏置懷州，唐後改爲河内郡，今縣三，無山陽。續通考云，唐爲懷州，金加「南」字，又改沁南軍，天德初去「南」字，領河内、修武、山陽、武陟四縣。河内，唐爲懷州治，以太行、紫陵、忠義三縣省入，宋、金仍舊；修武，唐徙治西修武，宋省入武陟，尋復置，金因之；武陟，唐置陟州，州廢，以縣屬懷州，省懷縣入焉，宋、金仍舊。克之。〔攷異〕薛應旂通鑑云，懷州被圍，知州事霍安國扞禦不遺餘力，鼎澧兵亦至，相與拒守，拜徽猷閣待制。城陷，不屈死，一門無噍類。通判林淵、鈐轄張彭年、都監趙士詝、張諶、于潛，鼎澧將沈敦、張行中及隊將五人，皆不屈死。面縛，殺十三人而釋其餘。畢沅續通鑑云，王美投濠死。靖康要録作王英。大金國志，士詝作士譔；諶作許；于潛作丁潛；五人作五百人。所載各異。宗望自真定趨汴。聞宋會諸路軍於睢陽，卽今歸德府。〔攷異〕輿地廣記云，南京應天府，古閼伯所居商邱地，微子封宋，卽此。漢爲梁國，後周置梁州，隋置宋州。續通考云，唐爲宋州，又爲睢陽郡，後唐爲歸德軍，宋升南京，金爲歸德府宣府軍，領睢陽、寧陵、夏邑、虞城、穀熟、楚邱六縣。金亡，宋復取之。睢陽，倚郭，唐曰宋城，改睢陽，金仍舊；寧陵，本古葛伯國，宋屬拱州，後屬應天府，金屬歸德府；夏邑，金本下邑，改屬宋州；虞城，禹封商均地，唐置縣；楚邱，隋本己氏縣改。遣達蘭、原作撻懶阿里庫將兵往拒，敗其前鋒軍三萬於杞縣。今屬開封府。取拱州，宋史地理志云，拱州，本襄邑縣，隸開封府，屬京東西路。〔攷異〕王存元豐九域志云，京東路，熙寧七年分東、西路。東路領青、密、齊、登、萊、濰、淄七州；淮陽一軍。西路領兗、徐、曹、鄆、濟、單、濮七州，無拱州名。輿地廣記云，拱州，春秋屬宋、陳，秦屬三川碭郡，漢屬陳留、淮陽、梁國，今屬開封應天府，建名輔州，又改拱州，縣六：襄邑、考城、太康、寧陵、楚邱、柘城。續通考云，唐屬曹州，宋改拱州，又升保慶軍，金改睢州，領四縣：襄邑，附郭；考城，唐縣，金仍，唐屬曹州，又改睢州；儀封，金爲通安堡；柘城，唐省入穀熟、寧陵二縣，尋復置。降甯陵，縣名，今屬歸德府。復破二萬兵於睢陽。取亳州，今屬鳳陽府。〔攷異〕輿地廣記，亳州，東漢屬沛國，爲豫州刺史治，魏置譙郡，後魏因之，兼立南兖州，後周曰亳州，今縣七。續通考云，唐初爲亳州，後改譙郡，後仍舊，宋升集慶軍，金復爲州，宣宗升爲節鎮州，領譙、鹿邑、衞真、城父、永貞、酇六縣。譙縣，漢置，附郭。敗宋兵四萬，擒其將石瑱。庚辰，諸軍渡河，臨河、縣名，屬歸德府。大名在大名府東南十里。二縣，德清軍、在清豐縣西三十里。開德府今開州，在大名府南百六十里。〔攷異〕輿地廣記，春秋屬衞國，秦置東郡，唐屬澶、濮、魏三州，石晉移濮陽於澶州南郭爲治所，尋升鎮寧軍，宋縣七：濮陽，觀城，臨河，清豐，衞南，朝城，南樂。續通考云，唐爲澶州，宋升開德府，後仍舊，金皇統中改開州，領濮陽、清豐二縣，元加入長垣、東明。清豐，唐置，宋爲德清軍治，金罷州以屬開州；長垣，唐爲匡城縣，五代後復舊，金屬開州。皆下，遂至汴。〔攷異〕大金國志云，斡離不留韓慶和守真定，自侵慶源府，宋都統王淵遣將韓世忠拒之。宣撫范（汭）〔訥〕（據大金國志卷四太宗紀改）軍五萬守滑、濬，知有備，乃由恩州王楡渡趨大名，由李固渡濟河抵汴。薛應旂通鑑云，先是，金兵未渡河，王雲固請康王往使。詔王與雲偕行，許割三鎮，奉金主爲皇叔，上尊號十八字。行至磁州，宗澤請勿往。先是，雲奉使過磁、相，勸二郡撤城外民舍，運粟入保，民怨之。及是，王謁嘉應神祠，民譟，執雲殺之。金兵游騎日至城下，蹤跡王所在。知相州汪彦章以帛書迎王至相。彦章由是受知。東都事略謂因耿延禧等言回相州。熊克小紀云，崔府君，爲東漢崔子玉，封嘉應侯，號應王。上至州，人擁神馬，謂應王出迎。澤啟王宜謁其廟。雲從上入，上既出，雲被害。澤捕害雲者斬之。宋史，延禧爲南仲子。雲字子飛，潭州人，贈觀文殿學士。王上徽號表文係汪藻草定。載丁特起泣血録。博士華初平諫，不聽。初，使南仲辭，以子延禧代行。見繫年要録。周煇清波雜志云，高宗初渡河，一裨將善人倫，密語同列曰：「大王神觀甚佳，此行必成大事。餘舍人、觀察亦保終吉。但資政氣貌甚惡，禍在旦夕。」謂王雲也。後果被害於應王廟中。舍人耿延禧、觀察高世則皆參謀議。潘永因宋稗類抄云，高宗初至磁州，人不欲其北行，諫，不從。宗澤欲假神道以止之，曰：「此有崔府君廟，甚靈，可以卜珓。」仍言其廟有馬更顯應，遂入燒香。其馬啣車輦等物塞去路，遂止不往。後就玉津園口造廟，令曹泳作記。因檜言金以爲功，不宜歸功神，遂毀之。曹泳、湯思退皆檜晚年所信用者。曹尤狡，檜妻兄皆爲所離間。檜没，編置海外死。李心傳朝野雜記云，故事，百官出入皆乘馬。建炎初，上以維揚磚滑，許乘轎。蓋東都舊制，唯婦人得乘車，大臣宗室，特旨許乘肩輿爲異(數)〔禮〕(據朝野雜記甲集卷三百官肩輿蓋條改)。靖康末，高宗奉使至磁，磁守宗澤以所乘轎進，黑漆紫褥而已，上猶卻之。蓋京百官不用肩輿，避至尊也。今行在官，非入朝無乘馬者。舊在京，非宰輔、使相、親王無得張蓋。紹興後，北使至則用之，伴使亦然。至今爲例。又，乾道後，(每)(據上書甲集卷三教坊條删)北使每歲兩至，亦用樂，但呼市人爲之。靖康要録云，初副康王者爲翰林學士王寓，擢左丞；尋憚遠行，以夢誣上，乞免，上震怒，責寓散官，安置新州，黜其父易簡宮祠，以馮澥代行。又以吴幵辭奉使，降三官。命黄鍔由海道往，以禮物議和。十一月七日，雲馳歸，中外大駭，猶集百官議三鎮棄守。若水歸，慟哭，求從其請。梅執禮建議清野。未幾，王及之偕金使王汭來，不復言三鎮，直以過河爲言。命耿南仲、聶昌往使，均辭，免官。昌後行至絳州被殺。所載較詳。又，浮溪文粹云，衛公膚敏使金，至涿州，與沃哩布遇，請相見，問其儀，以例對。公笑曰：「所謂例者，非趨伏羅拜乎？皇子雖貴，人臣也。使者雖賤，亦人臣也。兩國之臣相見而僭君，是一國二君也，不祥莫大焉！」乃長揖而入。

閏月壬辰朔，宋出兵拒戰，宗望等擊敗之。時宋人夜出兵焚攻具，持嘉暉以二穆昆兵擊走之，所當無不捷。當是時，阿里錫默阿里傳，父歡塔，穆宗時内附，有戰功。阿里年十七從征高麗，屢獲捷。伐遼舉宋，功皆最。歷泰寧節度、濟南尹，封王，正隆例，降封韓國公，謚智敏。與察遜雅薩亦合兵禦之，宋軍大潰。太尉何㮚以軍數萬出酸棗門，王伯龍本傳，瀋州雙城人。遼末爲盜，率衆來降，授明安。從伐遼，攻下中京，爲靜江留後，進節度。從平張覺於平州。南侵，敗宋兵於白河。從平汴京，下廬、和，收河南，功居多。歷延安尹，寧昌節度，封廣平郡王，正隆例，降定國公。又以本部遮擊，多所斬獲。癸巳，宗翰至汴。〔考異〕薛應旂通鑑云，金斡離不屯劉家寺，粘罕自河陽來會，駐青城，使劉晏來要帝出盟。時西南兩道援兵爲唐恪、耿南仲遣還，於是四方無一人至者。城中衞士七萬人，以萬人分五軍，命姚友仲、辛永宗領之；以五萬七千人四壁守禦。遣使出關召兵。恪請幸西洛，何㮚引蘇軾論周東遷失策以阻之。都總管張叔夜、胡直孺皆將兵入衞。直孺至拱州，兵敗被執。金縱兵攻通津、朝陽二門，都指揮王宗濋敗，遁，統制高師旦死之。叔夜與戰，初斬金、環二貴將。既而敗還。范瓊出戰，渡河冰裂，没者五百人。㮚趣郭京出師，兵敗，墮死於護龍河。京南遁。後至襄陽，欲爲亂，張思正殺之。宋史，恪，字欽叟，錢塘人。南仲，開封人。叔夜，字稽仲，侍中耆孫。欽宗紀云，時都民殺統制辛亢宗。畢沅續通鑑云，時有劉孝竭亦效京所爲，其兵有「北斗神兵」、「天闕大將」之稱。時叔夜請幸襄陽，天大風雪，卒寒噤不能執兵。趙甡之遺史云，樞密承旨王健，創置奇兵，自爲統領官，㮚領之。尋作亂，殿帥王宗濋捕斬數十人乃定。靖康要録云，御史胡舜陟薦秦元提點京城刑獄，訓練保甲。元進所撰師律并大小八陣圖，舜陟稱其知兵。寇至，請集保甲三萬當一面，不許，請乘間出戰，劉韐取元保甲自益，謀遂寢。然元兵怯，尋潰走。二十八日，城上兵殺辛(慶)〔康〕宗(據靖康要録卷一三改)及其子。三十日，遣聶昌、耿南仲爲告和使，以黄河爲界，王及之擅改爲黄流，敵不許，再遣楊天吉、王汭入議。先是，帝命李轂閲兵劉家寺，取砲石置寺中，至是盡爲賊有。閏月，進士司文政力言不可戰，恐城破稱臣不及，㮚斬之。時有劉宗傑、傅臨政等均效京所爲，登城繪天王像，曰可令敵膽落，故邱濬感事詩有「郭京、楊適、劉無忌，盡向東南卧白雲」之句。識者早知其必敗也。丙辰，克汴城。〔考異〕岳珂桯史云，初，藝祖修汴城，大其基址，紆曲縱斜，時人罔測。蔡京乃撤而方之。靖康，戎馬南牧，二將揚鞭城下曰：「是易攻耳。」遂令植炮四隅，隨方而擊，一砲所壓，一壁皆不可守，城遂陷。其裏城，周世宗所築，用虎牢土，堅密如鐵，元將速不臺砲石環攻不能克。見方輿紀要。朱翌倚覺寮雜記云，宣和己亥，都城北民家，晨起見一物，如龍，伏牀下，大驚，都人往觀，禁中取去，驗之，鼉也，杖殺之。城北去水遠，不知所從來。已而大水，不數年有金人之禍。葉夢得石林燕語云，京師大內，梁氏建國止爲建昌宮，本唐宣武節度治所，未暇增大也。後唐莊宗遷洛，復廢以爲宣武軍。晉天福中，因高祖臨幸，更號大寧宮，今新城是也。其增展外羅城，蓋周世宗始爲之。宋建隆初，以大內制度草創，詔圖洛陽宮殿，展皇城東北隅，命李懷義董其役。周密癸辛雜識云，汴外城，周世宗築，神宗展拓，其高際天，堅壯雄偉。南關外有太祖講武池，周美成汴都賦形容盡矣。又云，梁壽可丙申再游汴梁，書所見梗概：太學內有大金登科題名，女真進士題名，其字類漢篆而不可識。司天臺，太歲殿，徽宗草書。九曜之殿、朝元宮，殿前有大石香鼎二，製作高雅。聞熙春閣前原有十餘座。徽宗每宴熙春，則用此燒香於閣下。香烟蟠結凡數里，有臨春結綺之意也。汴有大殿九間者五。相國、太乙、景德、五岳，盡雕鏤，窮極華侈。塑像皆金時所爲，絕妙。徽宗定鼎碑，瘦金書，蔡京題額。政和定鼎之碑，或云九鼎，金人未嘗遷，亦只在土中或水中耳。光教寺，在汴城東北角。普賢洞記石碑，甚雅，金皇統四年四月一日奉議大夫、行臺吏部郎中、飛騎尉施生撰并書，所謂方人者也。後爲金相，字步驟。東坡寺，入門先經藏殿，藏極工巧，四隅不動，其中運轉經卷無倫次，皆唐人書也。潘永因宋稗類抄云，元祐黨籍碑，成於蔡氏父子，實則王安石啟之。呂惠卿載諸謝章曰：「九金聚粹，盡圖魑魅之形，自此黨論大興，卒致戎馬南鶩。」後金兵入汴，見鑄鼎之象而歎曰：「宋之君臣，用舍如此，焉得久長。」遂怒而擊碎之。時日已暮，宋人猶力戰，槍刺中宮埒琿手，戰益力，遂敗宋師。〔攷異〕棟摩傳，汴城破，諸軍屯城上，城中宋軍潰而西出者十三萬人。棟摩、達蘭分擊，大敗之。耶律懷義傳，我軍圍汴，懷義屯京西，汴城既下，宋兵出奔者，逐擊盡殪之。後從定中京，皆有功，還鎮，加左僕射。紀均未載。薛應旂通鑑云，金焚南薰諸門，統制姚友仲死於亂兵，宦者黄經國赴火死。統制何慶言、陳克禮，中書舍人高振力戰，與其家人皆被殺。劉延慶出奔，爲追騎所殺，城遂陷。叔夜被創，父子猶力戰。帝慟哭曰：「不用种師道言，以至於此。」衛士入都亭驛，殺金使劉晏。其長蔣宣欲邀駕犯圍出，不果。㮚欲率都人巷戰，金宣言和議，乃止。熊克小紀云，延慶陷敵中，後與同志謀逃歸，事覺，遇害。嗣保捷軍卒王進自北還，子光世始知之，乞解官，尋起復。稍異。宣和録云，延慶奪門，陷金明池中死。子光國攜王黼愛妾張氏逃，敵騎至，殺妾，自縊。又異。靖康小雅何慶言作慶彥；黄經國作經臣。提舉官田灝中礮死。靖康要録云，二十四日，大雪深數尺，劉晏邀親王、宰相出城。俄報金兵登城，晏等被殺。金尋來索晏等四尸，以首還之。初薄城，每夜鼓聲四發，城屋皆震，聞者不安。城破，亦然，曰平安鼓。嗣後間一擊之。自十一月十三日雪作，至次年二月一日方晴。初用兵置烽火達北邊，賊初入境，日數千炬，自渡河，不復見矣。賊索京、黼等家族，先以京妾慕容氏及二小孫以往。宋史欽宗紀，宦者黄經赴火死。斬指揮蔣宣、李福、盧萬。時大雨雪，連日夜不止，赤氣亙天，白氣出紫微，彗星見，日赤如火，無光。洪邁夷堅志云，景州馬仙姑於靖康元年十一月二十五日衰麻，哭於市曰：「今日天帝死，吾爲行服。」市人逐之。後聞京師是日失守。又，東平龍可精曆學，謂趙九齡曰：「京師將有大變，吾從此去。」扣之，曰：「火龍日飛雪滿天。」明年丙辰，果不守，時大雪連綿。見潘永因宋稗類抄云，龍伯康，游京師，嗜酒諧謔，携矢於大閲之所，射皆中的。忽指其地曰：「後三年，此間皆胡人。」宣和末，有題字於寶籙宮瑶仙殿左扉云：「家中木蛀盡，南方火不明。吉人歸塞漠，亘木又摧傾。」後靖康之變，方知家中木，宋也。南方火，乃火德。「吉人」、「亘木」，二帝御名。又，宣和元年秋，道德院奏金芝生，車駕往觀，因幸蔡京第。京有詩，帝和云：「道德方今喜迭興，萬邦從化本天成。定知金帝來爲主，不待春風便發生。」後金以宣和七年冬犯京師，十二月二十五日城破，太史預借立春，出土牛以迎新歲，竟無助於事。又崇寧間，徽宗嘗夢青童從天下，出玉牌，上有字曰：「丙午，昌期真人當出。」及覺，預製詔書訪異人。已而，乙巳内禪，明年北狩，乃悟丙午是猖獗之期，而女真之人出也。又，道君改元宣和，人或離合其字曰

「一旦宋亡。」 要録謂信日者王俊民言迎土牛，且令新城益張黄旗，以應木德，仍自東壁始。 辛酉，宋帝出居青城。〔攷異〕靖康要録云，三十日黎明，開朱雀門，上御馬，素隊三百人詣青城見二賊。至南薰門南，立馬移時，候報，許來日入城相見。十二月一日，上宿郊宫，遣宰執議和者數四始定，乃往青城見二酋。 方輿紀要云，青城有二：一在南薰門外，宋祭天齋宫也，曰南青城；其北青城，在封邱門外，則祭地齋宫也。宋二帝及金末后妃所居皆南青城。 袁文甕牖閒評云，青城宫室亭榭皆結綵爲之，頗壯麗。至宣和中始以瓦石爲宫室，宏壯擬於宸極。後金人之來，正據青城。二聖北狩由此，若或使之者焉。

十二月癸亥，宋帝降。是日歸於汴城。〔攷異〕畢沅續通鑑云，帝遣何㮚與濟王栩使金營，及還，喜和議成。既歸都堂，作會飲酒，談笑竟日。遂奉帝詣青城。蕭慶入居尚書省，朝廷動静，皆先關白。帝還宫，金使來，索金一千萬錠，銀二千萬錠，帛(二)〔一〕(據續資治通鑑卷九七改)千萬匹。於是大括金銀。遣陳過庭、折彦質往兩河割地。分遣廬陵歐陽珣等持詔往。珣力諫，不聽。至深州，慟哭，勉以忠義。金執送燕焚死之。 靖康後録云，㮚日於都堂飲醇酒，謳柳辭。聞敵宣索，乃曰：「便饒僴漫天索價，待我畧地酬伊。」聞者大驚。 東都事略云，金索監書蘇、黄集及通鑑，遣兵百衛光墳，凡王安石説皆棄之。 北盟會編云，尋富鄭公、文潞公、温公子孫。 潘永因宋稗類抄云，斡离不破汴京，殺太宗子孫幾盡。宋臣詣其營，覩其貌，絶類宋太祖。伯顏下臨安，有識之者，後於帝王廟見周世宗像，分毫不爽。世又傳王介甫爲秦王廷美後身。

五年(丁未一一二七)春正月癸巳，宗翰、宗望使使以宋降表來上。〔攷異〕繫年要録云，降表係晉陵孫覿秉筆，㮚與程振、胡交修同潤色之。表至，淵聖詣端誠殿，尼瑪哈設飲，別。後馬伸論覿草表罪，不問。表略曰：「三里之城，已失藩籬之守；七祖之廟，幾爲煨燼之餘。久煩汗馬之勞，輒效牽羊之請。」見靖康要録。又云，帝見二賊，迎於門，設香案望金國拜。以表授粘罕，講賓主禮。上卒就主位，供給良厚。駕回，令官民詣軍前謝，僧道作功德報金國全活生靈恩。初見粘罕，作二表，皆覿筆。云：「社稷不損，宇宙再安。」粘罕抹大金二字，祇稱皇帝。又易宇宙二字，云大金亦宇宙也。皆從之。後二太子遣國相持書云：「既往不念，均無可言；事至於今，良爲驚悸。」并命喚回康王，其書不書名。正月九日，賊欲帝再出，以上金主徽號爲辭，㮚謂須親出，上信之。㮚自謂折衝有術，對北使歌曰：「細雨共斜風，作輕寒。」左右皆笑。時若水亦勸上再出，保無他。洎留數日無還意，詰粘罕，謂金銀未如數。因取手詔督取甚急，且具軍令狀。既知帝見廢，即嫚罵粘罕無信，而貪賊怒，驅出青城擊殺之，贈觀文殿學士，官其後七人。薛應旂通鑑云，金再邀帝出，有難色，㮚、若水謂無虞。乃命孫傅、謝克家輔太子監國，復如青城。吴革謂天文帝座甚傾，出必墮其計，叔夜叩馬諫，均不聽。劉韐至金營，酌卮酒自縊。字仲偃，崇安人。第進士，歷延康殿學士，兩河宣撫副使，謚忠顯。子羽父。二月，金逼二帝易服，若水抱帝哭，罵賊，死之。字清卿，曲周人。登第，歷吏部侍郎，謚忠愍。靖康小雅云，時金樞密使韓正年高，尼瑪哈欲使劉韐代之，韐自經。按，實録，正時爲尚書僕射，非樞密使。大金國志云，與韐同死者徐揆。與若水同死者王履。履，開封人，贈武勝節度；揆，衢州人，太學生，試開封爲舉首。趙甡之遺史云，金以金帛不足，殺户部尚書梅知禮、工部侍郎陳知質、禮部侍郎安扶。開封尹程振，鞭胡唐老、胡舜陟、黎確等四人，唐老遂死。繫年要録謂唐老未死，此誤。宋史，知禮作執禮，字和勝，浦江人，扶灊子。振，字伯啟，樂平人，贈端明殿學士，謚剛愍。潘永因宋稗類抄云，執禮初爲給事中，忤王黼，黜守滁，黼罷復職，知鎮江。靖康初，以翰林學士召，謝表畧曰：「喜照壁間而見蝎，乍離楓下而聞鍾。」方應舉，未捷。時有詩自遣曰：「天之未喪斯文也，吾亦何爲不豫哉。」後蔡嶷榜登科，死靖康之難。宜和録云，姚舜明、王重俣亦杖百。夏少曾朝野僉言云，執禮四人，欲結兵以救二聖，與王時雍議不合，金假金銀事殺之。帝通謁二酋，禮數迥異於前，不勝憂懣。編修胡珵、太學生余覺民等上書，請駕回宫。要録尚有汪如海。王明清揮麈後録云，進士黄時偁、段光遠上書，請斬内侍藍忻等，且言不得以金帛久留車駕，不報。趙彦衛雲麓漫鈔云，明清，字仲言，有揮麈録。其從祖王彥輔復撰麈史，則二書皆出一家。沈良靖康遺録云：金以金帛不足，欲縱兵入城，帝問蕭慶，答曰：「須自見元帥。」及往，粘罕不相見，嚴兵護守。靖康小雅云：時帝所居止一榻，二小杌繡坐，蕭然獨坐，夜召孫覿等賦「歸、回」二韻詩。呂本中痛定録云：上賦時字，詩曰：「噬臍有愧平燕日，嘗膽無忘在莒時。」藻詩曰：「戎帳夢回驚日外，都城心切望雲時。」語達帥酋，遂遲留車駕。遺史又云：上元日，金酋請帝至劉家寺觀燈，約赴打毬，會卽還，不果。語云：「七將渡河，潰萬屯之禁旅；八人登壘，摧千仞之空城。」宣和録又云：自帝蒙塵，二帥既不許見，日遣蕭慶須索城中物，脅帝傳旨取之。幼老春秋云：吴幵、莫儔持帥府文字，請上皇出宮，孫傅時雍等乞與諸王后妃偕，上皇乘竹轎出城，鐵騎簇擁而去，百姓痛哭。靖康後録云：上皇與二酋相見，厲聲責之，皆無言，慶等亦不出。少頃，少帝見上皇，號泣，上皇曰：「汝若聽老夫之言，不遭今日之禍。」蓋嘗勸其出幸，爲㮚所阻也。靖康要録云：帝蒙塵後，雨雪不止，物價踴貴，米斗千三百，麥斗千，驢肉斤千五百，歲前羊肉斤四千，豬肉斤三千，至是不復有矣。涑〔餒〕（據靖康要録卷一五補）死十五六，遺骸枕籍。正月十七日，霧氣四塞。二十四日，幵、儔持廢帝僞詔入城，孫傅等讀之，號慟欲死。文曰：「元帥府達以宋王降表申奏，今奉聖旨：先皇帝有大造於宋，宋人悖德，故去年有問罪之舉。乃因嗣子遣信軍前，哀鳴祈請，遂許自新。既而不改前愆，變盟愈速，是用再討，猶敢抗師。洎官兵力擊，京城摧破，方申待罪之禮。況追尋載書，有違斯約，子孫不紹，社稷傾覆。父子所盟，其實如一。今既伏罪，宜從誓約。宋之舊封，頗亦廣袤，既爲我有，理宜混一。然此舉止爲弔民，本非貪土；宜別擇賢人，立爲屏藩，以王兹土。其汴京人民，許隨主遷居。」云云。初，上皇之未出也，金點兵洗城，穴城四壁，每壁爲五洞門，以通鐵騎，取東宮亦然。會如期而出乃止。史多未載。

夏四月，諸軍北還。〔攷異〕宣和録云：金既不能下南京，乃自寧陵而上，盡置僞官，安撫士民，至是盡驅而北，屋舍焚爇殆盡。東至柳子，西至西京，南至漢上，北至河朔，皆被其毒。墳冢發掘殆遍，郡縣爲之一空。靖康要録云，戎人搬運器物，自陽武九十里黃河內，入北青州，徑趨金國。二酋左右姬侍各數百，皆秀曼光麗，紫幘青袍，金束帶爲飾。他將亦不下百人。珍寶山積，求取無厭。內侍權貴，向虜爵納賄者，盡歸於敵矣。四月一日北去，留檄書數百道付邦昌，傳諭四方。略曰：「十三人鼓舞登城，百萬師號呼請命。」周密齊東野語云，政和中，地不愛寶，所在奏貢芝草者，動二三萬本。蘄、黃間有一鋪，二十五里，遍野而出。密州山至彌滿四野，有一本數十葉，衆色咸備者。太守李仲文採及三十萬本作一綱進，除本道運使。汝、海諸郡縣，山石變爲瑪瑙，動以千百。伊陽太和山崩，出水晶幾萬斤，皆以匣進京師。長沙益陽山溪流出生金數百斤，大者至重四十九斤。君臣稱頌，殆無虛日。然越數歲，遂罹狄難，父子播遷，所謂瑞應又如此也。岳珂桯史云，政和間，濮人王老志以方術幸，號洞微先生。一日，帝后召入禁中，老志出幅紙曰：「陛下他日與中宮俱有難，臣行死不及見。臣有乾坤鑑，法可厭禳，然當修德始回天意。請如法鑄鑑，各以五色流蘇垂之，寘寢殿。臣死後，當時坐鑑下。憶臣，語曰：『儆一日，思所以消變於未形者。』」上悚然。詔當方庀工，鑑成進御。老志歸濮卒。靖康陟方之禍，二宮每寶持之，歎其先識焉。又云，宣和末，京師士庶，競以鵝黃爲腹圍，謂之「邀上皇」。婦人便服，不施衿紐，束身短製，謂之「不製衿」。始自宮掖，後至通國皆行。明年，徽宗稱上皇，而有青城之邀，金敵亂華，卒於不能制也。斯亦服妖之比歟？袁文甕牖閒評云，蔡絛國史後補載惠恭王皇后初懷孕，夢宣德正門大啟，兩紅旗各書「吉」字，入，生欽宗。兩吉字，乃「喆」字也。人言欽宗爲喆和尚後身無疑。及立爲太子，梁師成奏，言術者謂東宮命不久，蓋意在鄆王也。然即位一年北狩。術者言亦可信也。（按）（據甕牖閒評卷八刪）喆和尚，徽宗朝人。既死，（朱）〔米〕元章（同上書改）爲書行業碑，真有道德者。又云，嶺南無雪。大觀庚寅歲忽有之，寒氣大甚，雖嶺南地煖莫能勝也，此乃北方兵起之兆，後遂有靖康之變。陸游老學菴筆記云，政和間，妖言至多。織文及纈帛有遍地桃，冠有並桃，香有佩香，曲有賽兒，而道流爲公卿受籙。議者謂桃者，逃也；佩香者，背鄉也；賽者，塞也；籙者，戮也。蔡京書宮觀扁，玉字旁一點，筆勢險急，有道士曰：「此點乃金筆，而鋒鋩侵上，豈吾教之福哉。」又，林靈素詆釋教爲金狄亂華。當時「金狄」之語，雖詔令、章奏、碑版多用之。或謂靈素預知金狄之禍，故欲廢釋氏以厭之，亦妖言耳。又云，靖康初，京師織帛及婦人首飾衣服，皆備四時。如節物則春幡、燈毬、競渡、艾虎、雲月之類。花則桃、杏、荷、菊、梅皆併爲一景，謂之「一年景。」而靖康紀年，果祇一年，蓋服妖也。周煇清波雜志云，端邸聞相國寺陳彦明數學，令人持生年月密問之，彦乃屏人告以大横之兆，事應在兩月後。至是果驗。積官至節鉞。政和全盛時，或云彦嘗嘆運數中微，密告徽宗爲作石記埋宣和殿下。又，郭天信亦嘗以炎正中否告。郭彖睽車志云，宣和間，沂、密有優人，持二子，號「胡孩兒」，年各六七歲，童首而長鬣，所至觀者如堵。自云其婦孿生，後不知所在。尋而胡醜亂華，蓋人妖也。又，李公若水宣和壬寅爲元城尉，村民持獻關大王書，公駭愕。其緘曰「書上元城縣尉李尚書，漢前將軍關某押。」并曰：「夜夢金甲神曰：『汝來日詣縣，逢著鐵冠道士索取關大王書，下與李縣尉。』」既覺，如言，果得之。公發書皆預言。靖康禍變，火其書，作詩紀之，曰：「金甲將軍傳好夢，鐵冠道士寄新書。我與雲長隔異代，翻疑此事大荒虛。」後皆驗。復記其事刻之石。袁氏楓牕小牘云，靖康以前，汴中家户門神多番様，戴虎頭盔，而王公之門，至以渾金飾之。識者謂虎頭男子是「虜」字，金飾，更是「金虜」在門也。不三數年，家户被掠，而王公被禍尤酷。趙德麟侯鯖録云，數年，雍邱菜園人浚井，得石刻，銘曰：「漢代功臣銘，隱在秦城井。到得靖康春，方顯千年景。金狄亂天下，諸賊皆來併。甕下有甘泉，能療千年病。」江萬里宣政雜録云，宣和初，收燕，遼民居汴者，夜有臻蓬蓬歌，詞曰：「臻蓬蓬，外頭花花裏頭空，但看明年正二月，滿城不見主人翁。」此本遼諺，爲宋北轅之讖。又有伎者投竿，念詩曰：「百尺竿頭望九州，前人田土後人收。後人收得休歡喜，更有收人在後頭。」亦遼人作，竟成宋讖。劉子翬汴京紀事云：「倉皇禁陌夜飛戈，南去人稀北去多。自古黄沙埋皓齒，不堪重唱蓬蓬歌。」見李純甫屏山集。元全愚蔣（正子）〔子正〕（據四庫提要卷一四一改）山房隨筆云，直北某州有道君題壁詩云：「徹夜西風撼破扉，蕭條孤館一燈微；家山回首三千里，目斷山南無雁飛。」

金史紀事本末卷七

宋帝北遷　和議附

太宗天會五年（丁未一一二七），卽宋欽宗靖康二年也。五月以後，高宗改元建炎。春二月丙寅，詔降宋二帝爲庶人。〔攷異〕陸游老學菴筆記云，靖康二年，浙西路勤王兵：杭州二千人，湖州九百一十五人，秀州七百一十六人，平江府一千七百三十八人，常州七百八十五人，鎮江府一百人，一路共六千七百五十四人。以二月七日起發，東都之陷，已累月矣。沈良靖康餘録云，二月六日宣金主詔，卽丙寅。何烈靖康草史作丁卯。疑誤。繫年要録載詔，略曰：「路河外之三城，既而不與；結軍前之二使，本以間爲。既爲待罪之人，盍爲異姓之事。所有措置條件，並已宣諭元帥府施行。」高慶裔宣詔訖，蕭慶迫帝易御服，時在端誠殿。丁特起泣血録云，金去赭袍，悉皆搯裂。宋史紀事本末云，時范瓊刼遷上皇及宗戚等三千人如金軍，獨元（祜）〔祐〕（據宋史卷二四三后妃傳改）、孟后以廢居私第，獲免。開封尹徐秉哲奉金命盡取之，下令五家爲保，毋得藏匿，且使衣袂相聯屬以往。俞文豹清夜録云，時上皇將赴金軍，中書舍人姜堯臣極諫，番使以骨朶擊之死。南宋書云，初索教坊妓女至，皆泥首垢面，秉哲令盛飾登車。內侍梁平指言宮中珍玩，鄧述具録妃主，秉哲皆奉文搜括，無一得脫。上皇幼子藏民間，亦搜出。一切徵索，皆其經營，自旦至暮，指顧諠呼，不勝其勞，人皆服其才而嘆其悖。時官開封少尹，淄人。靖康要録云，御筆賜秉哲曰：「朕之宗廟二百年矣，爲閹竪姦臣敗壞，朕父兄弟姪致無所歸。」令秉哲多出文榜，曉諭軍民，善事新主。指揮左藏庫支錢一千貫買針線、瓜菓齎來，并衣物皂角。二月二十三日，白虹貫日，白氣如虹。時開封府等處鎔金銀共四千爐。靖康要盟録載諸帝姬之名甚詳。陸游老學菴筆記又云，時二帝播遷，有小崔才人與道君幼子廣平郡王匿民間，五十日，金亦不問。有從官餽以食，遂爲人所發，亦不免。不十日，敵去矣。城中士大夫可罪至此。金人刼遷宗室，我有司不遺餘力，然比其去，義士匿之獲免者，猶七百人，人心可知。潘永因宋稗類抄云，京城不守，王時雍搜取婦女與敵人，時號爲「金人外公」。又云，靖康之亂，龍德宮服御，多爲都監王殊藏匿，事露，思陵欲誅之，王子裳爲棘卿爲營救，以陳公密研爲謝。所謂熨斗焦者，成一黑龍奮迅之狀，二鸜鴿眼以爲目，遇陰晦則雲霧興。政和間歸內府，祐陵置於宣和殿，爲書符之用。李心傳朝野雜記云，靖康之變，六宮皆北去，惟先朝嬪御得免，高宗建永慶院以處之。繫年要録云，鄆王楷等三十餘人，同詣青城。見洪邁欽宗實録，恐誤。要録又云，金索宗室，莫儔勸取玉牒則得實數，侍郎邵溥及黃哲匿之，給以被焚，疏屬獲免。大金國志云，宗族自太子諶外，王公如鄆王楷等二十四人，妃嬪王夫人十六人，帝姬十五人，諸姬千二百餘人，絹五千四百萬疋，金三百萬錠，銀八百萬錠，大物段子等千五百萬匹，寶印二十九顆。宣和録又云，內侍鄧珪降金，一切呼索皆其謀。珍珠四百二十三斤，北珠四十斤，西海夜明珠百三十八个，玉六百二十三斤，珊瑚六百斤，瑪瑙千二百斤，祖宗二百年蓄積，掃地盡矣。夏少曾朝野僉言云，內侍王仍等亦説粘罕盡取庫藏。周煇清波雜志云，政和三四年間，府畿汝、蔡之間所出瑪瑙，尚方因製作寶帶器玩之屬，至宣和以後，御府所藏，往往變而爲石，成白骨色，悉爲棄物，民間有得之者，竟莫測所以。特記異爾。周密志雅堂雜鈔云，宣和殿所藏殷玉鉞，長三尺餘，一段，美玉、文藻精甚，三代之寶也。後歸於金，今入元。每大朝會，必設於外庭。續通考云，金璽寶獲於宋者：玉寶十五，金寶七，印一，金塗銀寶五。玉寶內受命二寶及傳國鎮國二寶詳卷五。餘天子之寶一、天子信寶一、天子行寶一、皇帝之寶(一)〔二〕(據續通考卷九五改)、皇帝信寶一、皇帝行寶一、皇帝恭膺天命之寶二，皆螭紐，御書之寶二，〔一〕(同上)龍紐一螭紐；宣和御筆之寶一，螭紐；金寶并印者，天下同文之寶一、龍紐；御前之寶二、御書之寶一、宣和殿寶一、皇后之寶一、皇太子寶一，龜紐；皇太子妃印一，龜紐；金塗銀寶者，皇帝欽崇國祀之寶一、天下合同之寶一、御前之寶一、御前錫賜之寶一、書詔之寶一。外有宋內府圖書印三十八：內府圖書之印一、御書三、御筆一、御畫一、御書御寶一、天子萬年一、天子萬壽一、龜龍上珍一、河洛元瑞二、雲漢之章一、奎璧之文一、華國之瑞一、大觀中秘一、大觀寶篆一、政和一、宣和一、宣和御覽一、宣和中秘一、宣和殿制一、宣和大寶一、宣和書寶二、宣和畫寶一、常樂未央一；古文二封，共三十五面。並玉封字一、御畫一、二面並瑪瑙；政和御筆一、係水晶。又元圭一、白玉圭一十九。朝野雜記又云，御寶備於政和，自元符間，得漢傳國璽，因爲受命寶，又作鎮國、定命二寶，共號九寶。京城破，自定命寶外，悉爲金所得。而大宋受命之寶，邵澤民侍郎給以隨葬，乃得全。邦昌復辟，奉寶歸高宗。玉海云，靖康二年四月，謝克家齎至大元帥府。紹興元年五月，內殿宣示視定命寶，猶大半分玉甚明潤，追琢精巧。玉海又云，初，東京渾儀凡四：至道儀在刻漏所，皇祐儀在翰林天文院，熙甯儀在太史局，元祐儀在合臺，每座約重二萬斤。城破，皆爲金所索。揚州之陷也，呂頤浩得渾儀、法物二事獻諸朝。嗣後折半，但用銅八千四百八斤有奇，卒不就。趙甡之遺史云，唯開封府捉事使竇鑒，不忍以大宋宗族交送敵人，自縊死。袁氏楓窗小牘云，李後主手題梁孝元與王仲宣在荆州焚書事，作詩曰：「牙籤萬軸裹紅綃，王粲書目付火燒。不是祖龍留面目，遺編那得到今朝？」書卷皆薛濤紙所抄，惟「今朝」字誤作「金朝」，徽宗惡之，用筆抹去。後書竟如讖入金也。又云，洪駒父才而傲，比汴京失守，粘没喝勾括金銀，駒父以奉命行事，日惟觴酌，幸醉中不見此時情狀，竟爲綱紀自利，峻於搜索，坐貶沙門。元好問中州集，吳學士激時亦北遷，見故宮人，賦詞憫之，云：「南朝千古傷心事，猶唱後庭花。舊時王謝，堂前燕子，飛向誰家。恍然一夢，仙肌勝雪，宮（鬢）〔髻〕（據中州樂府改）堆鴉。江州司馬，青衫淚濕，同是天涯。」詞寄人月圓。容齋隨筆云，先公在燕山，赴侍御張總家集，出侍兒佐酒，乃宣和殿小宮嬪也。激爲作詞，聞者揮淚。詞內字小異。續通考云，激，字彥高，建州人，米芾壻，使金見留，官翰林學士，出知（洙）〔深〕州（據中州集甲集、金史卷一二五吳激傳改)。有東山集十卷。

夏四月丙戌，宗翰、宗望以宋二帝北歸。〔攷異〕宋史紀事本末云，四月，斡离不脅上皇、太后、親王、皇孫、駙馬、公主、妃嬪及康王母韋賢妃、康王夫人邢氏等由滑州去。粘没喝以帝后、太子、妃嬪、宗室、及何㮚、孫傅等由鄭州去。沈良靖康遺録云，北狩分四路：上皇、景、肅諸王爲一處；上及太子燕、越二王爲一處；太長帝姬從鄭皇后爲一處；帝姬諸王從朱皇后爲一處。諸駙馬别爲一處。袁氏楓窗小牘云，花石綱，百卉臻集。廣中美人蕉，大都不能過霜節，惟鄭皇后宅中，鮮茂倍常，盆盎溢坐，不獨過冬便能作花，此亦后隨北駕，美人憔悴之應也。薛應旂通鑑云，上皇離青城，金以牛車數百乘載諸王後宫，皆胡人牽駕，不通華言。至邢、趙間，郭藥師迎謁，上皇曰：「天時如此，非公之罪。」藥師慙而退。斡离不又請王婉容位帝姬，與粘没喝次子爲婦，許之。帝自離青城，頂青毡笠，乘馬，後有監軍隨之。每過一城，輒掩面號泣。至代，滕茂實請俱行，不許，遂度太和嶺至雲中。太和嶺，亦曰太和巖，在雁門山。時，宗澤在衞，欲渡河據金歸路，邀還二帝，弗果。從行者張叔夜至界河，扼吭死，贈開府，謚忠文。何㮚、孫傅從淵聖至燕山，相繼卒。㮚，字文縝，仙井人。舉進士第一，歷官宰相，因議立異姓，不食死。後贈開府。大學士。傅，字伯野，海州人。舉進士，中詞科，歷右丞，同知樞院，贈開府，謚忠定。史臣謂欽宗再幸金營，㮚實誤之。傅匿太子用郭京事尤謬，死不足以償其失也。繫年要録云，㮚在金營，謀奉淵聖間道亡歸，事泄，被焚死。靖康野録云，初，上以太子監國，傅爲留守。及太子出，傅不能阻，與叔夜送至門。繼又取傅及家屬，時人非之。遺録又云，傅既遣皇族出城，尼瑪哈令至青城見上，謂曰：「相公斷送我一門家眷。」傅無言而退。林泉野記謂亦不屈卒，附傳謂不知所終。曹勛北狩見聞録云，四太子求王婉容爲粘罕子婦，婉容自刎死。上皇箚與粘罕曰：「願以身代嗣子，遠朝闕庭，卻令男某等，乞一廣南烟瘴郡奉宗祀，終天年，某即分甘斧鉞，一聽大國之命。」自製表焚之。聞邦昌僭位，泣下霑襟。明日，有臣進詩曰：「伊尹定歸商社稷，霍光終作漢臣隣。」上皇罵曰：「待其歸時，吾已在龍荒北矣！」至真定，二太子請看打毬求御詩，曰：「錦袍駿馬曉棚分，一點星馳百騎奔；奪得頭籌須正過，無令撥綽入斜門。」勛，字公顯，陽翟人。岳珂桯史云，康與之有題徽祖御畫扇詩曰：「玉輦宸游事已空，尚餘奎藻繪春風。年年花鳥無窮恨，盡在蒼梧夕照中。」高皇見之，一慟而已。余嘗見王盧溪作宣和殿雙鵲圖詩曰：「玉（鎖）〔鏁〕（據桯史卷四改）宮扉三十六，誰識連昌滿宮竹？內（院）〔苑〕（同上）寒梅欲放春，龍池水煖鴛鴦浴。宣和殿後新雨晴，兩鵲翯來東向鳴。人間畫工貌不（同）〔成〕（同上），君王筆下春風生。長安老人眼曾見，萬歲山頭翠華轉。恨臣不及宣、政初，痛哭天涯觀畫圖。」許〔彥周〕詩話（據說郛本許彥周詩話補）云，宣和初，何㮚官中書舍人，賜御畫雙鵲圖，諸公多賦詩，校書郎韓駒子蒼亦賦詩二章，曰：「君王妙畫出神機，弱羽爭巢並占時。想見春風鳷鵲觀，一雙飛上萬年枝。」「舍人簪筆上蓬山，輦路春風從駕還。天上飛來兩烏鵲，爲傳喜色到人間。」周密齊東野語云，豐縣姚孝錫，字仲純。宣和登第，調代州兵曹，改五台簿，不仕，因家焉。治生積粟，至數萬石，遇饑出以賑，鄉人德之。日放浪山水詩酒間，自號「醉軒」。著雞肋集。有題滕茂實（詞）〔祠〕（據齊東野語卷十一改）曰：「本期蘇、鄭共揚鑣，不意芝蘭失後凋。遺老（只）〔秖〕（同上）今猶涕淚，後生無復識風標。西陘雁度霜前塞，滹水樵爭日暮橋。追想平生英偉魄，淩雲一笑豈能招。」

五月庚寅朔，宋康王構即位於歸德。今爲府，州一、縣八。〔攷異〕靖康要録云，康王自金歸，上甚喜，賜予良渥，加太傅。制曰：「皇弟某，德宇清深，風度凝遠。出神明之胄，閱義理以居多；依日月之光，（要）〔安〕（據靖康要録卷二改）譽處而無斁。比戎騎之侵軼，至郊（垌）〔圻〕（同上）之驛騷，毅然請行，奮不圖己。有此奇節，顧烈士而（何）〔或〕（同上）難，壓以至誠，雖强敵而可感。幸退師而底績，遂擁旆以言歸。是用躋帝傅之（崇）〔榮〕（同上）班，分州牧之重寄，申威雙鉞，進退兩藩，以勵羣倫，以惇至愛。嗚乎！原隰裒矣，既（具）〔見〕（同上）急難之情；福祿媲之，宜共安平之樂。往膺光寵，益介酬庸。」及陛辭，賜排方玉帶。大元帥府建，夢帝解所服御袍賜之。又嘗登相州郡國飛仙亭，指牌字，三發三中。初，睢陽當五代末有狂僧日呼於市，曰：「此地當有聖人出。」及太祖以歸德節受禪，人以爲應，至是，乃正符其語。又載康王檄云：「見危致命者，忠臣之心；視死如歸者，烈士之勇。凡在率土，世沐湛恩，今陳瀝血之辭，庶獲捐軀之効。邇者，上皇禪位，下詔責躬，事出忱誠，人皆惻隱。恭惟皇帝，遵養潛邸，十有五年，克勤克儉，博通經史，天下延頸，莫不歸心。及受禪之初，金人大入，許割三鎮，乃肯退師。皇帝念祖宗之故疆，乃陵寢之重地，請許賦租之入，以爲歲幣之常。乃曰渝盟，實惟求釁，再操戈而（詣）〔指〕（據靖康要録卷一六改）闕，遂鼓衆而乘墉。至於屈己稱臣，露章引咎。初，兵斂不下，詭曰通和，既邀駕出臨，乃輒留住。二聖、太子、諸王、近臣皆在賊營，恐將北去。考之自昔，未有或然。臣子之心，痛憤徹骨。〔某〕（同上補）昨奉（諭）〔睿〕（同上改）旨，充兵馬大元帥，唱義率衆，影從響答，數百萬衆，憤怒而前。内揆人心，可知天意。逼逐狂虜，今茲已行，而强抑臣僚，俾僭位號。天怒人怨，曷能安居。除已遣發大兵，糾合諸路，把扼險阻，焚絶河梁。或迎擊於前，或追躡於後，期於掃清千里，迎還兩宫外，帥臣、監司、郡守、縣令，共統驍鋭之衆，使堅忠義之心，其撫柔良之民，無忘歸向之舊。凡關津之出入，謹於防姦；或文書之往來，審於辨詐，以報皇朝之涵養，以底天下之治安。報德賞功，非言可究，三辰在上，實聞斯言。檄書到日，曉示軍民，各仰知悉。」時靖康二年四月二日也。又，四月三日，淮甯府知府趙子崧、京西北路安撫何志同、〔江淮荆浙制置〕（同上補）發運使翁彦國、都水使者榮嶷，起兵誓衆。彦國撰文云：「敢告衆士：金（人稱）〔戎再〕（同上補）犯京闕，侵侮暴虐，人神共憤。聖天子屈己議和，猶未退師，曠日持久，包藏禍心，宗社危辱，王命隔絶，天下臣子，各奮忠勇，誓不與賊俱生。今諸道之師大集於近輔，凡我同盟，無徇私，無懷異，無覬覦，戮力合謀，共安王室，以効臣節。三軍之士，視死如歸，千萬人惟一心。進則厚賞，榮於家邦，退則重刑，殺及妻子。有渝此盟，神明殛之！皇天后土，太祖太宗實鑒斯言。」彦國後爲兩浙經制使，横征致亂，判官吴昉助之。建炎初，坐貶。彦國爲李綱姻黨，欲免之，朱勝非言，乃正其罪。周煇清波雜志云，高宗開府相州，繼登寶位。建炎初，詔汪伯彥等省記事跡，成書來上，付之史館。其間所紀符瑞，如冰泮復凝，紅光如火，雲覆華蓋，其類不一。獨諸路文書中帥府，或曰康王，或曰靖王。有解拆「靖康」二字，乃立十二月而立康王，祥契昭灼。識者謂本朝無親王將兵在外故事，一旦付大元帥之柄於皇弟，蓋本天意云。又云，高宗自相州提兵渡河，初程宿新興店。幕府進言，爲宋室中興之兆。紹興辛巳，視師江上，至無錫，幸惠山酌泉，泉上有汲桶，桶間書「吳安」二字，吳安，（閹）〔闔〕（據清波雜志卷一改）隸姓名也。侍衛者喜，謂吳地可安，亦嘗達於聖聽云。宋史高宗紀云，初，欽宗因胡唐老言，命閤門祗候秦仔持蠟書，拜康王大元帥，陳亨伯、汪伯彥、宗澤副之，開府相州。諸將漸集，兵威稍振。以明年五月至應天府，卽位。趙甡之遺史云，時帝降指揮，其真蹟後在何㮚弟榘之子處得之，宣付史館。唐老弟世將爲兄請謚，言及此，帝以爲偶然，不許。帝立時年二十一，册文赦文，皆記室滕康筆。汪伯彥中興日歷謂朱勝非譔，誤也。勝非爲邦昌僚壻。李心傳朝野雜記云，虜再犯京師，康王在河北，何文縝請以帛書拜爲大元帥，淵聖可之。文縝北去，御筆藏於其家。後其弟榘乞進於朝，檜抑不奏。檜死，榘知萬州，索還於秦氏。淳熙中，洪端明請下隆州，索其書，編於中興日歷。榘子令修以聞，詔付史館。遷令修一官。又云：時，宗室承宣使仲琮，謂宜用昔武陵王遵承制故事，稱制不改元，下書（告）〔誥〕（據朝野雜記甲集卷五改）四方，稱副元帥。汪廷俊等以唐肅宗事折之，耿伯順勸其避嫌，乃語塞，議始定。告天册文曰：「嗣天子臣某，敢昭告於昊天上帝：金戎亂華，二帝北狩，天支戚屬，混於穹居。宗社罔所（憑依）〔依憑〕（據朝野雜記甲集卷五改），夷夏莫知攸主。臣某以道君皇帝之子，奉宸旨以總六師，握太元帥之權，倡義旅以先諸將，冀清京邑，復兩宮；而百辟卿士，萬邦黎獻，皆謂人思宋德，天眷趙宗，宜以神器屬於臣某。辭之再四，懼不克負荷，貽羞於來世。九州四海，萬口一辭，咸曰『不可稽皇天之寶命。』（懍懍）〔慄慄〕（同上改）震惕，敢不欽承。尚祈陰相中興於宋祚。」記室滕子（所）濟〔所〕（同上改補）撰也。羅大經鶴林玉露云，建炎登極詔曰：「亹亹萬機，難以一日而曠位，皇皇四海，詎可三月而無君。」又曰：「聖人何以（爲）〔加〕（據鶴林玉露卷一五改）孝，朕每懷問寢之思；天子必有所尊，朕欲（報）〔救〕（同上）在原之急。嗟我文武之列，若時忠義之家，不食而哭秦廷，士當勇於報國；左袒而爲劉氏，人咸樂於愛君。期一德而一心，佇立功而立事。同傒兩宮之復，終圖萬世之安。」其詞明白，亦占地步。然胡致堂萬言書，首論此事，謂建炎以來，有舉措大失人心之事：陛下以介弟受命，出帥河北，二帝既遷，則當糾合義師，北向迎請；而遽膺翼戴，亟居尊位，遥上徽號，建立太子，不復歸覲宮闕，展省陵寢，南巡淮海，偷安歲月，此失人心之最大者。周煇清波雜志云，高宗卽位，肆赦文有兩本，首尾皆同。如道君發德音而罪己，退辭履位之尊；乾龍以震長繼天，首正誤國之罪。悉捐金幣，分割膏腴，（恩）〔思〕（據清波雜志卷一改）愛惜於兩朝，忍輕加於一矢。生靈受賜，夷夏聞風。要質賢王，既驅車而北渡；連結異域，復擁衆以南侵。慨谿壑之無厭，味蜂蠆之有毒。皆太常少卿滕康行。後簽書樞密院，南京人。楓窻小牘云，宋自建隆至靖康，自建炎至乾道，大赦凡一百二十有三，恩洽率土，可謂至矣。潘永因宋稗類抄云，宋藝祖立三年，立誓碑於太廟，封閉甚嚴。勑有司值時享及新主嗣位謁廟禮畢，讀誓詞，止一小黄門從，皆不知所誓何事。靖康之變，悉取禮樂祭祀諸法物而去，門洞開，人得縱觀。碑高七八尺，闊四尺餘。誓詞三行：一云：柴氏子孫有罪，不得加罪；犯謀逆，止賜自盡，不刑諸市曹，亦不連坐。一云：不得殺士大夫及上書言事人。一云：子孫有渝此誓者，天必殛之。後建炎中，曹勛自金回，太上寄語，祖宗誓碑在太廟，恐今天子不及知云。曹勛北狩見聞録云，上皇自出城至過河，諭勛曰：「我夢四日並出，是中原争立之象，不知民肯推戴康王否？」因命勛歸。出御衣，寫字領中曰：「可便卽真，來救父母。」并持韋賢妃信。邢夫人亦寄金環曰：「願早如此環，遂得相見。」又付拭淚白紗帕曰：「深致我血淚之痛。」遂皆哭。且曰：「但有清中原之策，悉舉行之，勿以我爲念。」七月，始以手書至。因建議由海道邀駕歸，出之外。續綱目云，五月，論主和誤國罪：竄李邦彦潯州；吳敏柳州；蔡懋英州。李梲、宇文虚中、鄭望之、李鄴以請割地，安置廣南諸州。耿南仲竄南雄州，死。

六月庚辰，宗望卒，以宗輔爲右副元帥。

冬十月辛未，宋二帝自燕徙居於中京。〔攷異〕趙子砥燕雲録云，五月，道君至燕山，居延壽寺，二太子兩次請打毬，宴會奉巵酒，跪勸道君、鄭后。七月初，淵聖至燕山，寓愍忠寺，與上皇於昊天寺相見，親王東序，駙馬西序，道君在左面，淵聖居右面，皇太子祁次南面西，酒五盞，自早至午，禮畢而歸。嗣濮王仲理居燕山仙露寺，日給米一升，半月支鹽一升。九月，同赴中京，館相府院。二聖同聖眷起行時，金納絹萬疋。道君分百五十疋與仙露寺宗室作冬衣。子砥，藝祖後令珦子，闢和議，初陷燕，後還，知台州，卒。畢沅續通鑑云，嗣濮王仲理等千八百餘人尚在燕，計口給糧，監視嚴密。宗室死者甚衆。元一統志云，大延壽寺在憫忠寺東北。魏元象元年，幽州刺史尉長命造，命爲大雲，後改智泉。後周燬，隋復之。唐竇抗建浮圖，名普覺，尋改隆興，後名延壽。遼保寧中，建殿九間，窮極壯麗。重熙中災，復修。金皇統二年，留守鄧王加完葺。天德三年爲宫。大定中別錫地重建。泰和初工竣，立石，翰林待制路鐸撰記。孫承澤春明夢餘録云，初名尉使君寺，今遺址無考。東都事略，童、蔡入燕，勒碑於延壽寺以紀功，將佐姓名附列，留十日乃回。周篔析津日記云，京師延壽寺凡五六所，皆爲祝釐設。惟琉璃廠東北一區，明正統六年得斷碑，上有「大金延壽寺」可辨。太原僧湛然爲之重建，檢討四明汪奉記。此尚是遼、金舊址也。汪碑尚存。遼史游幸表載聖宗統和六年四月幸延壽、延洪二寺，十五年四月復幸延壽寺。興宗重熙十一年十二月幸延壽寺飯僧，詔宋使觀擊鞠。聖宗紀，十二年四月，以景宗石像成，幸延壽寺飯僧。洪皓松漠紀聞云，燕京蘭若相望，大者三十有六，然皆(律)〔建〕(據松漠紀聞改)院。自南僧至，始立四禪寺，曰大覺(按松漠紀聞作太平)、招提、竹林、瑞像。延壽院主有質坊二十八所，僧職有正副判録，或呼司空。文惟簡虜廷事實云，燕山京城東壁有一大寺，名憫忠，廊下有石刻，云唐太宗征遼東回，念忠義没於王事者，建此寺以薦福。東西有兩磚塔，高可十丈，云是安、史所建。明正統中，改名崇祐，在今外城之西隅。唐太宗又葬隋征遼亡卒於府西南，名哀忠墓，今白雲觀西十餘里。王若升北狩行録云，仙露寺在今宣武門西南。王惲秋澗集，仙露寺僧，寶藏商鼎有年，燕士張文季不惜百金購得之，惲因作歌以紀之。朱彝尊日下舊聞云，據燕雲録稱，奉使官中書侍郎陳過庭、門下侍郎耿南仲并文武五十餘員，原在真定，丁未八月，遣詣燕山崇國寺安泊，則崇國寺金已有之，蓋南北二寺，北建自演公，南則金之舊，今已迷其處矣。孫國枚燕都遊覽志云，崇國寺在皇城西北隅定府大街。元時有東西二崇國寺，後惟西崇國寺存，趙孟頫書有寺碑，宣德間重建，賜名大隆善護國寺，在今西四牌樓大街東。石邦政豐潤縣志云，天宮寺在城西南，遼清寧元年鹽監張日成建。有塔十三級，初名南塔院，壽昌三年賜額極樂院。至金人與宋修好，行府悉厲於此。天會五年，勅加大天宮寺。徐昌祚燕山叢録云，豐潤縣北八十里有浭水，源出崖兒口，經豐潤、玉田，運河入海。凡水皆自西而東，此水獨西，俗呼還鄉河。徽宗過河橋，駐馬四顧，悽然曰：「過此漸近大漠，吾安得似此水還鄉乎？」不食而去。人謂其橋爲思鄉橋。江萬里宣政雜録云，太上北狩，經薊縣梁魚務，務有還鄉橋石，少主命名，人至今呼之。上曰：「此乃亂世之主，後聖必能力伸此冤，令我回此橋。」不食去。

十二月丙寅，詔宗輔侵宋。〔攷異〕畢沅續通鑑云：五月，王倫假（禮）〔刑〕（據續通鑑卷九八改）部侍郎充通問使，進士朱弁副之，傅（雩）〔雱〕（同上書改，下同）假工部侍郎充通和使，趙哲副之。用黄潛善等議，改（雩）〔雱〕爲祈請使，副以馬識遠，而倫、弁、哲皆不遣。復以周望充通問使，趙哲爲副。八月，雩等至雲中，見希尹，以二帝表及國書獻，留彌月，會張浹渡河，被殺。希尹以用兵責（雩）〔雱〕遣還。乃遣倫、弁往，時詔求能使絶域者，許自陳，得宇文虚中、劉誨、楊應誠、劉正彦，皆擢用。熊克小紀云，應誠官浙東副總管，爲帥臣翟汝文所抑。應誠願使絶域，假道三韓，以圖迎二聖，命韓紆副之，汝文奏阻。應誠航海以往，後高麗不允假道，遂還。宋史，倫字正道，莘縣人。弁，字彦章，婺源人。（雩）〔雱〕字彦濟，臨江軍人。李綱所薦，著建炎通問録一卷。繫年要録云，時司馬樸在燕，得登極赦書，遣持詣上皇，爲人告，金主釋之。蔡絛鐵圍山叢談云，上皇命人市茴香，得黃紙包，乃中興赦書也。趙子砥燕雲録謂二太子得之，呈道君；洪皓行述謂令商人陳忠密告。潘永因宋稗類抄云，高宗好養鵓鴿，躬自收放。有士人題詩云：「鵓鴿飛騰繞帝都，暮收朝放費工夫。何如養箇南來雁，沙漠能傳二帝書。」帝聞，召見，補官。吴曾能改齋漫録云，建炎初，有詔諭河北，曰：「桑麻千里，蓋祖宗涵養之恩；忠義百年，亦父老教訓之義。」蓋吴元中辭也。聶昌奉使，未還，加官。制曰：「風寒易水，嗟一往以難還；日遠長安，望重來而不見。」蓋舍人孫覿辭也。竊憤續録云，少帝自天眷五年十月至燕京，居安普寺，前後三四年。天眷十年，金主令帝出寺，賜宅燕京北，令人監守。十二年九月，燕京大火，旬日不息，焚死者千人。金主勒兵出城北門，避之於寶蓋寺，去帝居僅數十步。南燼餘聞云，少帝到燕京，居安普寺，後徙居城東玉帛觀。朱彝尊謂竊憤録、南燼餘聞皆僞書，所紀與王若冲、蔡絛北狩行録、趙子砥燕雲録不同，未足信。按，宋、金二史皆載宋二帝以天會五年四月至燕。天眷，熙宗號，在天會之後十年。且天眷三年後即改稱皇統，並無五年，謬舛滋甚。見日下舊聞考。

六年（戊申一一二八）秋七月乙巳，宋帝遣使奉表請和。〔攷異〕畢沅續通鑑云，五月，倫、弁等渡河至雲中，見宗翰計事，留不遣。薛應旂通鑑云，二月，以宇文虚中爲祈請使，楊可輔副之。又以劉誨爲通問使，王貺副之。紀均未載。元好問中州集載虚中寫金剛經與王正道，〔正道與朱少章復以詩來，〕（據中州集甲集補）即次其韻，詩云：「平生幸識繫珠衣，窮（乏）〔走〕（同上改）他鄉未得歸。有客爲傳祇樹法，此心便息漢陰機。百千三昧一門入，四十九年諸（事）〔是〕（同上改）非。寄與香山老居士，要憑二義發餘輝。」又次朱少章韻，詩云：「前世曾爲粥飯僧，此生隨處且騰騰。經中因認人我相，教外都忘大、小乘。寫去欲云居士頌，信來如續祖師燈。他年辱贈茅菴句，誰謂因緣昔未曾。」詔進兵，以宋二帝赴上京。

〔八月〕（據金史卷三太宗紀補）丁丑，宋二帝素服見太祖廟，遂入見於乾元殿，降宋上皇爲昏德公，帝爲重昏侯。

冬十月戊寅，徙昏德公、重昏侯於韓州。遼史地理志云，本果囉國，舊治柳河縣，遼號韓州東平軍。〔攷異〕遼東行部誌，癸酉，次柳河縣，舊韓州也。先徙州於營州，後改爲縣。又以城近柳河，故以名之。乙亥，次韓州，遼聖宗時併三河、榆河二州爲韓州。三河，本燕之三河，遼俘其民於此置州。故城在遼水側，常苦風沙，移於白塔寨，後爲遼水所浸，移於今柳河縣。又以州非衝途，卽徙於舊九百奚營，卽今所治縣也。見滿州源流考。北盟會編云，三月，遷天眷於通（寨）〔塞〕州（據北盟會編卷一一六改），去燕山千五百里，給地千五百頃。宋史紀事本末云，八月，金徙二帝於韓州。令下之日，盡空其城。命晉康郡王孝騫等九百餘人同往。給田十五頃，種蒔自給。惟秦檜不與，依撻懶以居，厚待之。李心傳朝野雜記云，宋宗室皆聚於京師，熙、豐間始許居於外。蔡京爲政，因卽河南、應天置西南二敦宗院，設宗官主之。靖康之禍，在京宗室無得免者，而睢、雒二都得全。建炎初，上將南幸，先徙諸宗室於江、淮。又太祖太宗九王宅曰睦親，秦王宅曰廣親，英宗三（按朝野雜記甲集卷二作二）王曰親賢，神宗五王曰棣華，徽宗諸王曰蕃衍。棣華以下子孫，皆陷異域。續綱目云，魏行可應募使金軍，假禮部侍郎，見金人於澶淵，知其布衣借官，待之甚薄，留不遣。遺書金人，戒以不戢自焚之禍。竟卒於金。畢沅續通鑑云，時爲副者郭元邁，亦留不歸。紀均未載。庚辰，宗翰、宗輔會於濮，州名，今屬東昌府。〔攷異〕續通考云，唐初爲濮州，又改濮陽郡，後仍舊。宋升防禦郡，領鄄城、范二縣。鄄城，唐爲濮州治。范縣，唐于縣置范州，州廢，屬濟州，後改屬濮州，宋、金因之。侵宋。〔攷異〕宗翰傳，時康王遣王師正奉表，密以書招誘契丹、漢人，獲其書，入奏，乃下詔伐之。按，交聘表無王師正名。宋史及續通鑑均未載，豈以王倫字正道而遂致訛？今闕疑。

七年（己酉一一二九）夏五月乙卯，巴爾斯等襲宋帝於揚州。今隸江南省。〔攷異〕輿地廣記云，春秋屬吳，吳滅屬越，越亡屬楚，秦屬九江郡，漢爲荊國、吳國、江都國、廣陵國，東漢爲郡，宋置廣陽郡，隋初改揚州，後爲江都郡。宋縣三：江都、廣陵、天長。續通考云，唐初改南兗州，又改邗州，又爲廣陵郡，後仍爲揚州，宋爲淮東路，明領高郵、通、泰三州；江都、儀徵、泰興、興化、寶應、如臯、海門七縣。江都，倚郭，唐析置江陽縣，南唐以江陽省入廣陵，宋省廣陵入江都；儀徵，五代皆屬揚州，宋以迎鑾鎮爲建安軍，又升爲真州；泰興，唐析海陵縣地置，屬太州，宋屬揚州；興化，楊吳始因海陵縣地置，宋改爲鎮，後復爲縣，屬高郵州；寶應，後升爲軍，元改安宜府，仍爲縣；如臯，唐析海陵置如臯鎮，南唐升爲縣；海門，本海陵縣東東州鎮，五代置縣，屬通州。

冬十月，宗翰原作兀朮渡江南侵。

十二月壬寅，宋帝入於海。〔攷異〕續通考云，是年三月己卯朔，日中有黑子。七月己巳，昏，有大星隕於東南，如散火。十一月甲寅，天旗明，河鼓直。畢沅續通鑑云，正月，通問使劉誨、王貺、楊可輔自河東還行在，唯虛中獨留，後降金。續綱目云，金遣虛中歸，曰：「奉命北來，求請二帝，二帝未還，虛中不可歸。」遂留。時金國初建，制度草創，頗愛虛中有才藝，每加官爵，即受之，遂與韓昉俱掌制。薛應旂通鑑云，二月，金兵至揚州，帝奔鎮江，用朱勝非計，詔録用張邦昌親屬，遣閤門祗候劉俊明使金軍，仍命持邦昌貽金人約和書藁以行。畢沅謂取之於常州李綱家。俊民請邦昌一子同行，庶可藉口。遂録用其子元亨，及壻山陽廉布與其兄邦榮、兄壻安陽吳若，悉録用。見繫年要録。袁文甕牖閒評云，廉宣仲，幼年及第，邦昌納爲壻，自謂早步青雲。及邦昌得罪，宣仲官竟不顯，病廢累年，死。作畫松詩曰：「獨倚寒崖生意絶，任他桃李自成蹊。」情況可想。趙甡之遺史劉俊民作劉仲，云，五月，起復朝散郎洪皓爲徽猷閣待制，假禮部尚書，充通問使，龔璹副之。薛應旂通鑑又云，帝遣粘没喝書，願去尊號，用金正朔，比於藩臣。皓至雲中，迫之仕劉豫，曰：「萬里啣命，不得奉兩宮南歸，恨力不能磔逆豫，忍事之耶？願鼎鑊無悔。」流冷山。七月，復遣工部尚書崔縱往，不屈，死。皓字光弼，鄱陽人。縱字元矩，臨川人，同年進士。八月，又遣杜時亮、宋汝爲往。書云：「守則無人，奔則無地，冀閣下之見哀而已。」九月丙辰，遣直龍圖閣張邵使金，武臣楊憲副之。邵至濰州，接伴使張樂，不忍聽，請止至三四。見撻懶不肯拜，且責其封劉豫，怒取國書去，執邵送密州，囚於柞山砦。按，皓以七年五月使金，八年，見尼瑪哈於雲中。具載北盟會編。交聘表均未載。宋史高宗紀，是年二月，命忠訓郎劉俊民齎書使金。三月，以王孝迪、盧益爲國信使，進士黃大本、莫時敏爲先期告請使。諸書所載較詳。

八年（庚戌一一三〇）夏六月癸酉，詔以昏德公六女爲宗婦。

秋七月丁卯，徙昏德公、重昏侯於呼爾哈路。地理志云，國初置萬户，後海陵改節度，西至上京六百三十里，北至邊界哈喇巴圖千户千五百里。按，呼爾哈路，爲渤海上京。滿州源流考云，渤海王都忽汗城，因河得名，當即今呼爾哈河。源出吉林烏拉界，會畢爾騰湖東流，經故會寧城北，又九十餘里繞寧古塔城南，北流七百里入混同江。〔攷異〕宋史「丁卯」作「乙卯」，繫年要録同，今從史。薛應旂通鑑云，乙卯，金人將立劉豫，徙二帝於韓州之五國城，去上京東北千里。洪皓密遣人奏書，以桃梨粟麪等獻，二帝始知康王即帝位。宏簡録，呼爾哈作鶻里改。畢沅續通鑑云，時統軍錫庫令二帝減隨行宗室官吏，同行者惟晉康郡王孝騫、和義郡王有奕六人。其餘宗室仲琨等五百餘人、內侍黎安國數百人，皆留。周密齊東野語云，南燼餘聞言二帝初遷安肅軍及雲州，又遷西江州及五國城，去燕凡三千八百餘里，去黄龍府二千一百里，乃李陵戰敗之所。又遷西均從州，乃契丹移州。按，此書乃阿計替手録，所申金國文，後得之金貴人者。又云，阿計替，本河北棣州人，陷金。金使隨二帝入燕及五國城，故備知之。不知金虜多疑，安肯使南人終始追隨乎？此必宣、政間不得志小人妄造，凌辱猥媟之事也。熊克小紀云，道君自燕遷霫郡，草一書使駙馬蔡鞗示秦檜，得達尼雅滿。尋徙韓州。鞗勸覩春秋，恨見之晚。每南望，輒曰：「陵寢在何處？」泣數行下。遇忌辰，輟膳，追慕終日。

教子必以義方，宗室有挾私不和者，必戒之，然紹述神宗之意未嘗忘。有貨安石日録者，輟衣而易之。時五國貝勒巴克塔下通事慶哥，詐傳巴克塔言求北珠，道君與之，事覺，巴克塔欲殺慶哥，使人審覆，道君曰：「初無此事，恐係誤傳。」北人聞之，以手加額。太子烏拉罕遺書求内侍，遣王佃、陳思正往，且囑優容之。北盟會編云，時撻懶南侵，以秦檜隨行，爲參謀官、隨軍轉運使。抵淮岸，約梢工孫静掛帆去。同妻王氏、輿兒、硯童、翁順及親信高益恭等至漣水軍，爲丁禩水寨所執，幾被殺，因秀才王安道救免，檜遂赴行在。以范宗尹、李回、張守薦，擢禮部尚書。安道、静補官。妻兄王喚，先取王氏子爲之兒，名曰禧，檜甚喜。賜詔，略曰：「當干戈之際，有社稷之言，以忠信篤敬而行蠻貊之邦，以靖共正直而爲神明之聽。四年去國，萬里還朝，乃申常伯之聯，用示匪躬之勸」云云。紀未書撻懶縱檜還事。繫年要録云，時副將劉靖欲殺檜而取其貲，不果。與檜定計者，尚有郎中張炳熺，爲王喚孳子。朱勝非秀水閒居録云，檜爲王氏壻，王仲山有別業在濟南，金取千緡贐其行。林泉野記云，檜爲上皇作書遺尼瑪哈，賜錢萬貫，絹萬匹。及攻楚州，縱之，厚載而歸，俾講和爲内助。又，救免者安道外，尚有馮由義。王明清揮麈録餘話云，時楚州守楊揆欲斬檜，客管當可勸送赴行在。洪皓行述，時有室撚知檜狀，皓歸，對檜言託寄聲，檜色變。要録，室撚作錫納。羅大經鶴林玉露云，檜少游太學，博記工文，善幹鄙事。同舍號爲秦長卿，每出游飲，必委之辦集。既登第及中詞科，靖康初，爲御史中丞，請復立趙氏。北遷，情態遂變，諂事撻懶。及兀朮用事，陰與檜約，縱之南歸，主和議。虜邀以七事，有毋易首相之説，正爲檜設。皓自虜回，戲謂撻懶郎君致意。檜大恨之。金遷汴，張師顔作南遷録，載孫大鼎疏，備言其事，檜姦始彰矣。其初歸一節，中興遺史所説尤詳。檜，字會之，江寗人。後建一德格天閣，朝士賀啓曰：「我聞在昔，惟伊尹格于皇天，民到於今微管仲，吾其左衽超擢之。」潛説友咸淳臨安志云，紹興元年二月，以禮部尚書兼侍讀秦檜參知政事。時孫覿知臨安府，以啓賀曰：「盡室航海，復還中州。四方傳聞，感涕交下。漢蘇武節旄盡落，止得屬國；唐杜甫麻鞋入見，乃拜拾遺，未有如公，獨參大政。」檜以爲譏己，始大怒之。

九年（辛亥一一三一）夏六月壬辰，賜昏德公、重昏侯時服各兩襲。

冬十一月己未，遷趙氏疏屬於上京。〔攷異〕畢沅續通鑑云，遷者計五百餘人。

十一年（癸丑一一三三）秋八月戊子，趙㮙誣告其父昏德公謀反，㮙及其壻劉文彥伏誅。

〔攷異〕續通鑑云，沂王㮙告二帝謀變，金人欲令其父子對質，會蔡條力辨其誣乃止。王若冲北狩行録，文彥作彥文。薛應旂通鑑云，紹興二年九月，王倫還自金。先是，倫久困思歸，倡爲和議。烏陵思謀以告粘没喝，因縱之歸。會議討劉豫，事中格，久之，以潘致堯爲通問使。時金天會十年也。明年五月，致堯還，言金欲重臣通使，遂寢出師議。遣簽書韓肖胄偕胡松年往議和。十二月，肖胄偕金使李永壽、王翊來，請還豫俘及西北士民在南者。且欲畫江益豫，與檜前議脗合。議者知金與檜合謀矣。復遣章誼爲通問使，請還兩宮及河南地。王明清揮麈第三録云，肖胄見金主所繫帶，光彩絢目，注視久之。主曰：「此石晉少主獻耶律氏者，唐家日月帶也。」又命取磁碗一枚，曰：「亦少主所獻，內有畫，雙鯉在焉，水滿則跳躍如生，覆之無他。」二物誠絶代之珍也。并見厲鶚遼史拾遺。畢沅續通鑑云，爲副者給事中孫近。且命王倫作書與高慶裔等。倫係旦姪孫，家貧無行，京城破，兵亂，倫徑造御前，賜以夏國寶劍，除兵部侍郎，傳旨撫定。太宗紀均未載，交聘表亦未書遣使事。趙翼箚記云，王倫使金，間關百死，終成和議。世徒以胡銓疏斥其狎邪小人，張燾疏斥其虛誕，許忻疏斥其賣國，遂衆口一詞，謂非善類。史傳亦有家貧無行，數犯法幸免語。然倫係旦弟勗後，本非市儈里魁，其奉使在建炎元年，虜焰正熾，倫獨請行。及至金，被留，動烏陵思謀以和議，欲使其還兩宮，歸故地，尼瑪哈雖不答，然和議實肇端於此。即洪皓之以「畏天保天」語悟室，猶在後也。迨往返議定，境土先歸，使金不渝盟，其功豈諸臣所可及哉。況被拘辭職，甘一死而不撓志節，尤可恕也。故皓歸亦極言倫以身殉國，棄之不取，緩急何以使人。乃以市井無賴數語傳爲口實，此宜急爲別白者也。然倫首倡和議，終隳恢復之功，南渡不競，實由於此。今不取。

十二年（甲寅一一三四），阿里與高彪本名昭和碩，渤海人。從征遼、宋屢有功，卒，官樞副，舒國公，謚桓(莊)〔壯〕（據金史卷八一高彪傳改）。見本傳。監護水運，宋以舟師阻亳州河路，擊敗之，追殺六十餘里，獲其將蕭通。破漣水水寨，盡得其大船，遂取漣水軍，宋史地理志云，漣水，縣名，嗣升爲軍，屬楚州。〔攷異〕王存元豐九域志，興國三年，以泗州漣水縣建軍，熙寧五年廢軍，以漣水隸楚州。續通考云，漣水在安東縣，自沭水分流入縣境，在沭陽者曰南漣水，入安東者曰北漣水。沭河自青州西北馬春固諸澗會流至沭陽縣界，東入桑墟河，同入海。桑墟河，一名桑墟湖，在海州城西南九十里。安輯餘衆。〔攷異〕薛應旂通鑑云，初，章誼至雲中，與論三事，惟畫疆未定。粘沒喝答書，遣還。八月，遣員外郎魏良臣奉表通問，時金已定議出兵，而帝未之知也。十二月，良臣還，議再遣，因魏矼言而罷。畢沅續通鑑云，爲副者宣贊舍人王繪。大金國志云，時豫乞師南侵，粘罕適自雲中入見，與兀室均以爲難。惟窩里嗢請行，遂與撻懶權左右副元帥，使兀朮將前軍，兵敗而還。續綱目云，金主與尼瑪哈議南侵，烏珠力言不可，尼瑪哈斥其偷安。紀載各異，史均未載。熊克小紀云，是歲，道君在五國城，諭王若冲曰：「一自北遷，於今八年，所履風俗異事多矣，深欲著録，未有其人。蔡絛謂文學無如卿者。高居山東，躬稼之餘，爲予記之，善惡必書，不可隱晦，將爲後世之戒。」未幾書成，所謂北狩行録是也。道君謙虛待下，從行羣臣，不以大小，未嘗名呼。或有使令，則温顔諭之。

十三年（乙卯一一三五）正月，熙宗卽位，不改元。夏四月丙寅，昏德公趙佶薨，遣使致祭及賻贈。〔攷異〕宋史作四月甲子，東都事略作四月乙未，繫年要録引國史拾遺作正月二十五日，皆傳聞之誤，今從史。薛應旂通鑑云，四月甲子，上皇卒於五國城，年五十四。遺言欲歸葬內地，不許。時兵部侍郎司馬樸及朱弁在燕山，服斬衰，朝夕哭，金人義之。洪皓在冷山，北向泣血，遣同使臣沈珍往燕山建道場於開泰寺作功德。疏曰：「千歲厭世，莫遂乘雲之仙。

四海遏音，同深喪考之感。況故宮爲禾黍，改館徒饋於秦牢；新廟游衣冠，招魂漫歌於楚些。雖置河東之賦，莫止江南之哀。遺民失望而痛心，孤臣久縶而嘔血。伏願盛德之祀，傳百世以彌昌；在天之靈，繼三后而不朽。」故臣讀之，無不掩涕。見洪忠宣行述。潘永因宋稗類抄載弁送大行文，首曰：「臣等茂林豐草，被雨露於當年；異域殊鄉，犯風霜於將老。節上之旄盡落，口中之舌徒存。」又曰：「嘆馬角之未生，魂消雪窖；攀龍髯而莫逮，淚洒冰天。」樸係温公兄孫。初因納欵使金營，復遺書請存趙氏，遂北去。續綱目云，遣忠訓郎何蘚使金，胡寅上疏諫，罷知邵州。因張浚言使事兵家機權，後將闢地復土，終歸於和，乃遣蘚行。宋史，浚字德遠，漢州綿竹人，封魏國公，謚忠獻。寅，字致堂，安國子。靖康要錄，初爲員外郎，奉使議和，遷兵部侍郎。初見粘罕，使問其族，曰：「先祖司馬光。」曰：「賢者之後。」乃稍加禮。元好問中州集，樸字文季，温公猶子。奉使見留，居於祁陽，授以官，託疾不拜。遨遊王公門，以壽終。工書翰，有晉人筆意。興陵嘗購其遺墨學之。有雪霽同韓公度登圓福寺閣和李劾詩。弁仕宋，爲吉州團練使。通問見留，命以官，託目疾辭，猝然以錐刺之，不爲瞬，遂得免。居雲、朔二十年，號觀如居士。有曲洧風月堂詩話行世。李任道編虛中與弁所製，合爲一集，名曰雲館二星。弁題詩云：「絕域山川飽所經，客蓬歲晚任飄零。詞源未得窺三峽，使節何容比二星？蘿蔦施松慙弱質，蒹葭倚玉怪殊形。齊名李、杜吾安敢？千載公言有汗青。」時虛中受官，而少章以死自守，恥用見比，故託辭以見志云。馬永卿嬾真子云，樸極知星，力辨河鼓乃牽牛星，分爲二，失之矣。又藏王摩詰所畫先聖像。陸游老學菴筆記云，樸陷金，後妾生一子於燕，名之曰通國。實取蘇武胡婦所生子之名名之。而國史不書，其家亦諱之。

十五年（丁巳一一三七）冬十一月丙午，齊國劉豫廢，詔置行臺尚書省於汴。〔攷異〕薛應旂通鑑云，正月丁亥，何蘚還自金，始知道君及鄭太后喪。帝成服，百官七上表，請遵以日易月之制，因胡寅言，遂終服。二月，以王倫爲奉迎梓宮使，如金，納幣。十二月，倫還，謂金許還梓宮及太后，且允歸河南地。復遣之。按，倫數往還，爲之副者皆高公繪。畢沅續通鑑云，因倫言，詔存恤奉使未還者：朱弁、魏行可、郭元邁、洪皓、龔璹、崔縱、郭元、杜時亮、宋汝爲、張邵、楊憲、孫悟、卜世昌家屬，各賜錢三百緡。趙彦衞雲麓漫鈔云，郭元邁，字英遠。由開封徙吴，宣和中上舍。高宗駐(淮)〔維〕揚(據雲麓漫鈔卷八改)，募使金者，元邁請行，以和州團練使爲魏行可副。既至，貽書粘罕，辨〔用兵〕(同上補)利害，乞歸二聖，被留。紹興壬戌，忠(定)〔宣〕(同上改)洪公歸，奏公與王倫以身殉國。朱公弁還，亦言在燕及宜州與元邁唱酬，携詩文數篇歸。張公邵歸，奏云，靖康來，使臣不返者數人，若陳過庭、聶昌、司馬樸、滕茂實、崔縱、魏行可、郭元邁，嘗請於金，只得崔縱、〔魏行可〕(同上補)櫬歸葬焉。周密齊東野語云，邵，字才彦，歷陽人。建炎三年，自承奉郎上書，賜對，假(太)〔大〕(據齊東野語卷一三改)宗伯使撻辣軍，留燕十五年。紹興十三年，與皓還。先是，太母歸，將發，與天族別。淵聖偃卧車前，泣曰：「幸語丞相歸我，處我一郡足矣。」才彦聞之，痛憤。至是，服中遺檜書，謂彼欲留淵聖堅和約，然所貪者金帛。實可還，宜遣使。忤相意，大悔。上疏頌其靖康乞立趙氏，躐進敷文閣待制。秦終疑之。因弟祁子安國爲狀元，居秦塤右，得罪。迺誣祁致死伊妻李氏，冀自免。祁坐囚繫，檜死得釋。邵後知池陽，卒。安國更入部，有德愛，早卒。

熙宗天眷元年(戊午一一三八)秋八月己卯，詔以河南地與宋，命右司侍郎張通古本傳，字樂之，易州人。遼進士。用劉彦宗薦，擢工部侍郎。海陵立，亦敬憚。卒官平章事，封曹王。全金詩載其題靈壁寺詩，多警句。〔攷異〕本傳又謂除中京副留守，爲招諭江南使。與熙宗紀異。李心傳朝野雜記云，紹興八年，通古以行臺侍郎來使。其歸也，歸正燕人周襟與通古舊知，奏乞送至境。通古至安豐軍，贈別詩曰：「良人輕一别，奄忽幾經秋。明月望不見，白雲徒自愁。征鴻悲北渡，江水奈東流。會語知何日，如今已白頭。」檜嘗以胡邦衡封事示之，一覽卽記誦。等使江南。宋帝欲南面，令通古北面，不從，乃西面受詔如常儀。時宋置戍河南，通古言而罷。

〔攷異〕薛應旂通鑑云，紹興八年，撻懶自河南還朝，請以廢齊舊地與宋，斡本力言不可。蒲盧虎位在其上，執議以陝、豫地與宋，遂遣倫偕烏陵思謀來議。秦檜力主之，復遣倫往，遂偕張通古、蕭哲來。詔諭江南，胡銓等抗疏諫，不聽。時豫既廢，金欲立淵聖於南京，因和定而止。畢沅續通鑑斡本作宗幹，蒲盧虎作宗磐，撻懶作昌，云通古以十一月入境，與史異，今從史。葉紹翁四朝聞見録云，銓以樞掾請誅檜以謝天下，請竿王倫首以謝檜，斬臣以謝陛下。所載疏語與宋史異。又云，帝怒，欲正典刑，或以陳東諫，乃貶儋耳。進士吳師古鋟銓疏於木，金人募其疏千金。字邦衡，廬陵人。卒官資政殿學士，謚忠簡。孫槼、榘皆仕至尚書。熊克小紀云，爲思謀副者，尚有石慶元。時銓編管昭州，有孕妾臨月，寓湖上，府趣行，芮如圭、方疇同見晏敦復曰：「某言檜姦，諸公不信；方專國便如此，趙元鎮雖無狀，不至是也！」敦復即見知府張澄寬之。載方疇稽山語録。羅大經鶴林玉露云，胡澹菴乞斬檜，得貶。瀘溪先生王廷珪，字民瞻，送以詩曰：「癡兒不了公家事，男子要爲天下奇。」坐貶辰陽。太府寺。丞陳剛中，字彦柔，亦以啓賀曰：「屈膝請和，知廟堂禦侮之無策；張膽論事，喜樞廷經遠之有人。身爲南海之行，名若泰山之重。」又云：「誰能屈大丈夫之志，寧忍爲小朝廷之謀。知無不言，願請尚方之劍；不遇故去，聊乘下澤之車。」貶安遠軍。瀘溪晚年，孝宗召赴闕，除直祕閣，一子扶掖上殿，亦予官，年踰九十。寺丞竟死安遠，無子，妻爲尼。又三山寓公張仲宗，亦以作啓與詞爲餞得罪。岳珂桯史載盧溪全詩云：「囊封初上九重關，是日清都虎豹閒。百辟動容觀奏牘，幾人回首愧朝班。名高北斗星辰上，身墮南州瘴海間。豈待他年公議出，漢廷行召賈生還。」「大厦元非一木支，欲將獨力拄傾危。癡兒不了官中事，男子要爲天下奇。當日姦諛皆膽落，平生忠義只心知。端能飽喫新州飯，在處江山足護持。」坐流夜郎。及檜死，復作詩曰：「夜讀文公猛虎詩，云何虎死忽悲啼？人生未有向來事，虎死方羞前所爲。昨日猶能食熊豹，今朝無計奈狐狸。我曾道汝不了事，喚作癡兒果是癡。」蓋復前說也。召復，除國子監主簿，乞祠去。再召，欲與一子官，不果。潘永因宋稗類抄云，胡銓上書乞斬檜，金聞之，以千金求其書，得之，君臣失色曰：「南朝有人。」蓋破其陰遣檜歸之謀。乾道初，金使來，猶問銓安在？張浚曰：「檜專柄十九年，只成就得一胡邦衡。」又云：「殺岳武穆，范同謀也。」胡銓上封事，檜怒甚，問范如何處置？范曰：「莫採，半年便冷了。若重行譴謫，必成竪子之名。」檜甚畏范，後竟出之。宋史高宗紀云，張通古欲帝面受書，且索百官備禮迎，用檜議攝冢宰代受國書於使館，命三省樞院吏朝服乘馬導從。與史異。按，此議實出勾龍如淵，見其所著退朝録。小紀又云，時世忠伏兵洪澤，欲刼金使壞和議。其將郝忠密告漕臣胡紡，紡使告肖冑，故由淮西去，不得而刼焉。

二年（己未一一三九）夏四月己卯，宋遣使謝河南地。〔攷異〕繫年要録云，正月，以金講和，下赦文，略曰：「乃上穹開悔禍之期，而大金（許報）〔報許〕（國）〔和〕（據繫年要録卷一二五改）之約。割河南之境土，歸我輿圖；戢宇内之干戈，用全民（力）〔命〕（同上）。」樓炤筆也。東南述聞以爲檜門客所代草。畢沅續通鑑云，正月，王倫簽書充迎奉梓宮、兩宮、交割地界使，藍公佐爲副，與（回）〔報〕（據續通鑑卷一二一改）謝使副韓肖冑、錢愐偕往，許歲貢銀絹各五十萬兩疋。尋以倫爲東京留守。三月，宗弼由沙店渡河之祁州，移行臺於大名。薛應旂通鑑云，正月，遣判宗正士㒟、兵部侍郎張燾詣河南修奉陵寢。六月庚戌，邢后崩於五國城。燾，字子公，德興人。熊克小紀云，士㒟等歸曰：「諸陵下石澗水，自兵興來久涸，二使到日，水卽大至，父老驚嘆，以爲中興之祥。」上語宰執，謂燾必不妄言。又奏徽宗山陵乞不用金玉，帝深知薄葬之益。又，肖冑充報謝使，金廷欲改爲謝恩使。肖冑以使名敕授，不敢輒易，論難再三，不能（辱）〔奪〕（據中興小紀卷二八改）。時金欲得王威、趙滎二人，詔遣還之。韓世忠遺書秦檜，争之，不從。周密齊東野語云：士㒟銜命道荆、襄、宛、洛，祇謁鞏原。過南鄧，岳飛曰：「金虜無信，君宜少駐。」㒟以上命有程，辭去。不數舍，烟塵四起，軍聲囂然，於是失色南奔，忽遇大軍，望之岳幟也，遂馳就之。岳笑曰：「固謂君勿行，正慮此耳。然已遣將與交鋒。君，王人，且近屬，吾當親衛。」道行數里，捷書至，蓋㒟未行前一日出師也。後飛下獄，㒟力辨無辜，且以百口保之，坐與祠。

秋七月辛巳，宋國王宗磐、原作蒲盧虎。〔攷異〕續綱目作富勒呼。兖國王宗雋原作訛魯觀。〔攷異〕

續綱目作額爾袞。謀反，誅。

八月辛亥，行臺左丞相達蘭原作撻懶叛，誅。

九月壬寅，宋使王倫等來，留不遣。〔攷異〕薛應旂通鑑云，兀朮言於金主曰：「撻懶等割地與宋，必有陰謀。」倫行至中山，會撻懶等反。金執倫拘於河間，遣副使藍公佐還，別議歲貢、正朔、誓命等事。撻懶南走，被殺。畢沅續通鑑云，時宗磐等謀爲變，遂命中山府拘倫。且會本路簽軍，以復取河南爲名，遂作亂。十月，倫始見金主於御林，詰責之。所載各異。

三年（庚申一一四〇）夏五月丙子，詔都元帥宗弼原作兀朮復取河南、陝西地，皆平之。〔攷異〕薛應旂通鑑云，六月，東京副留守劉錡，大敗兀朮兵於順昌；岳飛又破之於朱仙鎮。會奉詔班師，所復河南州縣悉陷。史未載。錡，字信叔，德順軍人，贈開府，謚武穆。交聘表，是年，宋禮部尚書莫將等來迎護梓宮。按，宋史莫將官工部侍郎，表所書者，假攝之官也。其副使則宜州觀察使韓恕。畢沅續通鑑云，八月，宋以給事中蘇符、王公亮充正旦使副。符，軾孫也。紀亦未載。朱仙鎮在開封府南四十里。潘永因宋稗類抄云，檜主和，金偏師來伐，檜問策安出？時，張巨山誦「德無常師」，檜心異之，留與語，召諸將爲攻戰計。命巨山作奏，首二句云：「伊尹告成湯曰：『德無常師，主善爲師。』孔子曰：『陳力就列，不能者止。』」遂急書進呈，播告天下，決策用兵。俄，順昌大捷，敵退，檜專其功，擢巨山中書舍人。時有詩嘲之曰：「成湯爲太甲，孔子（按宋稗類鈔卷六紕謬作「宣聖」）作周任。」

皇統元年（辛酉一一四一）春二月乙酉，改封昏德公趙佶爲天水郡王，封重昏侯趙桓爲天水郡公。地理志云，天水郡即秦州雄武軍，隸鳳翔路。〔攷異〕輿地廣記云，秦州，周孝王封非子於此。秦屬隴西郡，漢武分置天水郡，東漢更漢陽郡，晉並立秦州，唐升雄武軍。今縣四：成紀、天水、隴城、清水。續通考云，金後升秦州爲鎮遠軍，領成紀、（治）〔冶〕坊（據金史卷二六地理志改）、甘谷、清水、雞川、隴城、西寧、秦安八縣。後以西寧爲州，以甘（泉）〔谷、雞川〕（同上）屬焉，止領六縣。成紀今廢。清水，唐初置邽州於清水城，州廢，縣屬秦州，五代移置上邽鎮，宋、金仍舊，秦安本宋納甲城，金置秦安縣。

是秋，都元帥宗弼復侵宋，渡淮，淮水，出南陽府桐柏山，過郡四，行三千二百四十里至清河，合黃流至安東入海。〔攷異〕續通考云，淮水入潁上界至壽州西北，合（肥）〔淝〕水（據下文改）至懷遠縣，合渦水東流，經鳳陽府北境，又東北入泗州，至清河口，會泗水，東入於海，府境諸水皆入焉。淝水，源出宿州龍山湖，東流至懷遠縣入淮。又有東淝河，在壽州城東北，西流十里入淮；西淝河在下蔡廢城西南境，東流十里入淮。渦水，自黃河東流，經崇城縣，沿懷遠縣東北與淮合，至臨淮縣東入海。泗水，出山東泗水縣，源有泉四，四泉俱導，因名。西南過徐州，東南過邳州入淮。睢水，源自靈壁縣，東流經睢寧縣界至宿遷縣入泗。洪澤湖山陽縣界舊有閘，魏勝運糧，由此入淮。沂河，自山東沂州城西流，至下邳西南入泗達於淮。又，濠水東源出鍾乳山，西源出鏌鋣山，合流至鳳陽府故濠梁，莊子觀魚於此，東流經新河口入沂。洛水自定遠縣西白望堆入壽州界，至新村南十五里入淮。潁水流經潁州北門外，俗稱小河，上通古汴，下達淮、泗。汝水在潁州南，源發大息山，經新蔡、朱皋東流入淮。薛應旂通鑑云，正月，楊沂中大破兀朮兵於柘皋，死者萬計。又敗之於店步。史未載。北盟會編云，張俊有愛妾，錢塘妓張穠也。知書。柘皋之役，穠遺書引趙雲不問家事以堅其意。及戰勝，遂以其書繳奏，加封雍國夫人。潛說友咸淳臨安志云，建炎元年八月，杭州軍校陳通等叛，囚守臣葉夢得，逼薛昂領州事。安撫翟汝文等討之，不克；知秀州趙叔近招降之。都統制王淵襲破其城，執通及其黨誅之，凡百八十餘人。張俊取杭州甲妓張穠以歸。李心傳朝野雜記云，中興異姓凡七王：俊，循王；存中，和王；吳玠，涪王；璘，信王；世忠，蘄王；光世，鄜王；飛，鄂王；皆追封。宋史，沂中，後名存中，字正甫，代州崞縣人。祖，宗閔；父，震，皆死國難。存中，謚武恭。俊，字伯英，成紀人。畢沅續通鑑云，是夏，洪皓求得皇太后書，遣布衣李微齎至臨安，帝喜，命以官。

以書讓宋，宋復書乞罷兵。宗弼以便宜畫淮爲界。〔攷異〕續綱目云，烏珠欲議和，縱莫將還以道意，檜奏遣劉光遠爲通問使。尋遣還，要官尊望重者爲使。檜復遣魏良臣往稟議。十一月，金以蕭毅、邢具瞻偕良臣來議，以淮水爲界，求割唐、鄧二州及陝西餘地，歲幣銀絹各二十五萬兩疋，仍許歸梓宮及太后，帝悉從其請。命宰執告祭天地、宗廟、社稷，遣何鑄充金國報謝進誓表使。畢沅續通鑑云，光遠方以贓罪爲監司所按，趣召之，擢利州觀察使；以吉州刺史曹勛爲副使。復遣魏良臣往，偕金使蕭慶、邢具瞻來。所載較詳。

冬十二月癸巳，天水郡公乞本品俸，詔賙濟之。

二年（壬戌　一一四二）春二月辛卯，宋使曹勛來，許歲幣銀絹二十五萬兩匹，永守誓言。〔攷異〕王倫傳，皇統元年，宋請和。二年二月，宋端明殿學士何鑄、容州觀察使曹勛進誓表。薛應旂通鑑載誓表曰：「臣構言，今來畫疆，以淮水中流爲界，西有唐、鄧州割屬上國。自鄧州西四十里，并南四十里爲界屬鄧。四十里外并西南盡屬光化軍，爲敝邑沿邊州城。既蒙恩造，許備藩方，世世子孫，永守臣節。有渝此盟，明神是殛，墜命亡氏，踣其國家。臣今既進誓表，伏望上國早降誓詔，庶使敝邑永爲憑焉。」十二月乙亥，鑄至汴見兀朮，遂如會寧見金主。且趣割地，後遣使求商州及和尚、方山二原。遂命周聿、鄭剛中等分畫京西，割唐、鄧二州，陝西割商、秦之半，止存上津、天水、豐陽三縣，及隴西成紀餘地，并和尚、方山二原，以大散關爲界。於是，宋僅有兩浙、兩淮、江東、西，湖南、北，四蜀，福建，廣東、西十五路。西京西南路，止襄陽一府。陝西路，止偕、成、和、鳳四州。凡有府州軍監百八十五，縣七百三。金既畫界，建五京，置十四總管府，凡十九路，其間散府九，節鎮三十六，守禦郡二十二，刺史郡七十三，軍十有六，縣六百三十二。宋史高宗紀云，紹興十六年二月，復割金州豐陽縣，洋州乾祐縣畀金人。又，大金國志，宋割地使作莫將、周聿，稍異。熊克小紀云，宋棄和尚原，仍於大散關内得興趙原爲控扼之所。亦見祝穆方輿勝覽。又，鳳縣志云，興趙原，在縣東北。續通考云，金之壤地：東吉里迷、兀的改諸野人之地。北自蒲與路之北三（十）〔千〕（據金史卷二四地理志改）餘里火魯火曈謀克地爲邊，右旋入泰州婆盧火所〔浚界〕（據金史卷二四地理志補）壕而西，經臨潢、金山，跨慶、桓、撫、昌、净州之地；出天山外，包東勝，接西夏，逾黄河，復西歷葭州及米脂寨，出臨洮府、會州、積石之外，與生羌地相錯。復自積石諸山之南左折而東，逾洮州、越鹽（州）〔川〕堡（同上改），循渭至大散關北，並（入山）〔山入〕（據金史卷二四地理志改）京兆，絡商州，南以唐、鄧西南皆四十里，取淮之中流爲界，而與宋爲表裏。京府州郡諸襲遼制。其餘城塞堡關百二十二，鎮四百八十八。此其可考也。周密齊東野語云，紹興歲幣銀二十萬兩，絹二十萬疋。紅絹十二萬疋，疋重十兩；浙絹八萬疋，疋重九兩。樞密院差使臣四員管押銀綱，户部差使臣十二員管押絹綱，於先年腊月至盱眙。歲幣庫卸續差將官防護，過淮交割。歲前三日，先賫銀百鋌，絹五百匹過淮呈樣，金交幣使副三分之：以一分往燕京；一分往汴京漕司；一分往泗州歲幣庫以備參照。例用開歲三日，長交不過兩月結局。初，胥吏作難，交絹十退其九，追所需如數，方始通融，然亦十退四五。又，貼耗銀二千四百餘兩，每歲增銀二百餘兩，並淮東漕司管認。凡吾使副以下經費，彼不與聞。淳熙末，幹官權安節爲交幣使，揀退銀絹，安節固拒，聲色俱厲，彼不能奪，後竟如數收受。壽皇喜曰：「安節在彼界能如此，甚可重。」遂除監六部門。時通判汪大定亦同獎拔焉。若正旦、生辰遣使，每次禮物：金器一千兩，銀器一萬兩，綵段一千匹，雜物不與。至外遣泛使，則禮物倍之。又有起發副使土物之費及朝辭、回程、宣賜等費。而盱眙四處，應辦南北使副往返賜筵凡八次，每處費錢萬八千五百餘貫，而沿途供應，復不預。若北使之來，賜予尤不貲焉。時聘使往來過盱眙，例遊第一山，酌玻璃泉，題詩石壁，紀歲月，遂成故事。紹興癸丑，鄭汝諧詩曰：「忍恥包羞事北庭，奚奴得意管逢迎。燕山有石無人勒，却向都梁記姓名。」可謂知言矣。宣和甲辰，歲幣銀二十萬兩，絹二十萬疋，代輸燕京税物，計一百萬貫。紹興壬戌，初講和，銀絹各二十五萬兩疋，今每歲各減五萬兩疋。

三月丙辰，遣左宣徽使劉筈以衮冕圭册册宋康王爲帝。〔考異〕繫年要録云，筈，時官中書侍郎，爲副者禮部尚書完顔宗表。宏簡録載册文曰："咨爾宋康王趙構，不弔，天降喪於爾邦，亟瀆齊盟，自貽顛覆。爾越在江表，用勤我師，十有八年於兹，朕用震悼，斯民其何罪，〔今〕（據宏簡録卷二二五金主之三補）天其悔（禍）〔過〕（同上書改），誕誘爾衷，封奏狎至，願身列於藩輔。今遣光禄大夫筈等持節，册爾爲帝，國號宋，世服臣職，永爲屏翰。"熙宗紀未載。歸其母韋氏及故妻邢氏、天水郡王並妻鄭氏喪於江南。〔考異〕王倫傳，三月，遣左副點檢賽里、都轉運使劉裪送天水郡王喪柩及帝母韋氏。繫年要録作四月事，金使爲明威將軍高居安及内侍二人扈從。又，泛使爲左副都點檢沂王宗賢、祕書監劉裪。交聘表未列史臣名，紀亦未載。李心傳朝野雜記云，北使至闕，先遣伴使賜御筵於班荆館，在赤岸，去府十五里。翊日，登舟至北郭稅亭，茶酒畢，上馬入餘杭門。至都亭驛，分位，上賜被褥鈔鑼等。明日，臨安府書送酒食，閤門官説朝見儀，投朝見牓子。又明日，入見，伴使至南宮門外下馬，北使至閤門内，上御紫宸殿，六參官起居；北使見畢，退赴客省茶酒，遂燕垂拱殿，酒五行，惟（侍）〔從〕（據朝野雜記甲集卷三改）官以上預坐，賜茶器名菓。明日，賜生餼。見之二日，與伴使（皆）〔偕〕（同上）往天竺寺燒香，上賜齋筵，次至冷泉亭、呼猿洞而歸。翼日，賜内中酒、菓、風藥、花（錫）〔餳〕（同上）。赴守歲夜筵，酒五行，用傀儡。正旦，朝賀禮畢，上遣大臣就驛賜御筵，中使宣勸酒九行。三日，客省簽賜酒食，内中（貽）〔賜〕（同上）酒果；赴浙江亭觀潮，酒七行。四日，赴玉津園燕射，賜弓矢，酒行樂作，正使射弓，副使射弩，伴使副亦如之，酒九行。五日，大燕集英殿，學士撰致語。六日，朝辭，賜襲衣金帶、大銀器。臨安〔府〕（同上補）送贐儀。遣執政就驛賜燕，晚赴；解换（衣）〔夜〕（同上改）筵，伴使、北使親勸，酬以衣物爲侑。次日，賜龍鳳茶、金鍍合，乘馬出北關門登舟，宿赤岸。次日，遣近臣賜御筵。凡大使得中金千四百兩，副使八百八十兩，衣各三襲，金帶各一（按，朝野雜記甲集卷三作「三」）條。都管上中下三節皆賜銀兩有差。又云：自和戎後，金人正旦餽上金酒器六事：注碗一，盞四，盤一。色綾羅紗縠三百段，馬六匹。生辰，珠一袋，金帶一條，衣七對，稻一合，色綾羅五百段，馬十匹。而戎主生辰正旦，朝廷皆遣金茶器千兩，銀酒器萬兩，錦綺千匹。紹興以來，凡遣往北境使副及三節人從，往返皆遷一官。正使賜裝錢千緡，副八百緡，銀二百兩，帛二百匹。上中下三節人銀帛錢貨有差。又，舊例：南使入北境，北遣伴使來迓，正副使及三節人皆乘馬。後以南人不習騎，乃易以車。又發白軍四百人護送，縣令皆迎迓於境上。至開封，乃賜御宴。真定又賜之。常使至燕京，寓於來遠驛。若泛使，則居寧遠驛。趙翼劄記云，宋之於金，歲幣外，每金使至又有餽贈。大使金二百兩，銀二千兩；副使半之，幣帛稱是。此例，廟堂之上亦知之。故路伯達使宋回，上所得金銀以助邊費。見伯達傳。粱肅使宋回，以所得禮物多，至推排物力時，自增六十貫。見肅傳。金使至夏國者，夏國餽贈，視詔書幾道爲多寡。完顏綱爲賜夏國生辰使，章宗特命賚三詔以厚之。見綱傳。而伯達傳贊曰：「受歲幣，禮也。使者至，燕享，亦禮也。納其賄可乎？乃習以爲常，莫有知其非者。」尋以臣宋詔天下。

〔五月〕（據金史卷四熙宗紀補）乙卯，賜宋誓詔。

秋八月丁卯，詔歸朱弁、張邵、洪皓於宋。〔攷異〕繫年要録云，中興奉使凡三十人，生還者三。皓中途爲留守易王所阻，賴吉祥護出之。所載較詳。宋尋遣使來謝。自是信使不絶。〔攷異〕繫年要録載宋報書（按，據繫年要録卷一四六，此乃紹興十二年九月壬寅大赦制詞，非報金之書），略曰：「上穹悔禍，副生靈順治之心；大國行仁，遂子道事親之孝。可謂非常之盛事，敢忘莫報之深恩。」程克俊筆也。岳珂桯史云，金酋兀朮以前次赦文不歸德其國，明年復起兵陷各地。後二年和議成，檜以孽子熺及其黨程克俊當制，其末曰：「申遣使軺，許光宗廟諱盟好，來存歿者萬餘里，慰契闊者十六年。禮備送終，天啓固陵之吉壤；志伸就養，日承長樂之慈顏。」於是郵傳至四方，遺黎讀之有泣者。蜀士劉望之作詩曰：「一紙盟書換戰塵，萬方呼舞却沾巾。崇陵訪沈空遺恨，郢國憐懷尚有人。收拾金(繪)〔繒〕(據桯史卷五劉觀堂讀赦詩條改)煩廟算，安排鍾鼎誦宗臣；小儒何敢知機事，終望君王赦奉春。」

九月壬辰，詔給天水郡王子、姪、壻，天水郡公子俸給。〔攷異〕交聘表云，十二月，宋使上表謝歸三喪及母韋氏。正使爲參政王次翁、副使爲德慶節度錢愐。又遣參政万俟卨爲報謝使，榮州防禦，邢孝揚爲副。表失載，見錢大昕集。王明清揮麈後録云，時皇太后南歸，遣王次翁、韋淵往迓。后恐事變，貸金使金三百星犒從者，及境索還，次翁以未得檜指，不允；留三日，人情洶洶，王喚代償乃得發。后歸，泣訴，上欲誅次翁，檜因遣出使以避之，卒得免。潘永因宋稗類抄云，次翁，字慶曾，後罷職，奉祠居四明。檜憐之，餽問不絶。歿後，贈卹加厚。檜居政府二十年，始終不二者，只慶曾一人。時金取趙彬等三十人家屬，詔歸之。洪皓曰：「昔韓起謁環於鄭，鄭，小國也，能引義不與。金既陷淮，官屬皆吳人，宜留不遣。彼方困於蒙兀，姑示强以嘗中國；若遽從之，則知我虚實，謂秦無人，益輕我矣。」檜變色曰：「公無謂秦無人。」又云，靖康之變，柔福帝姬隨北狩。建炎四年，有女子詣闕，稱爲柔福帝姬。(隨)〔自〕(據宋稗類鈔卷四改)北歸。詢宮禁舊事，略能言彷彿。詔入宮，授福國長公主，下降高世榮。汪龍溪行制詞云：「彭城方急，魯元嘗困於面馳；江左既興，益壽宜充於禁臠。」資粧一萬八千緡。後顯仁太后回鑾，言柔福死沙漠久矣，付詔獄，訊之，乃一女巫也。前后給賜四十七萬九千緡。遂伏誅。熊克小紀云，女巫，乃阿(吉)〔李〕，(據中興小紀卷三〇改)本乾明寺尼，法名善静。北去，逃歸，詐稱柔福。遣宣政馮益、宗婦吳心兒識認，收入。至是，益、心兒坐編管外州。時復命沈昭遠、王公亮賀金生辰；楊愿、何(孝)〔彦〕良(據中興小紀卷三〇改)賀正旦。嗣後宋使(疑乃「始」字之誤)賀生辰正旦，交聘表均未書姓名。周密癸辛雜識云，徽、欽初葬五國城，迨梓宫還，寓龍德別宫，論功受賞。時選人楊煒貽書執政李光，以真僞未辨；左宣義郎王之道貽書諫官曾統，乞奏命大臣取神櫬之下者斲視之。既而禮官請用安陵故事，梓宫入境，即承之人槨，仍納袞冕翬衣於槨中，不改斂，遂從之。近者，楊髡發諸陵，於徽陵止有杉木一段，欽陵則木燈檠一事耳。蓋二帝遺骸飄流沙漠，初未嘗還也，悲哉。　李心傳朝野雜記云，顯仁韋后，開封人，高宗母也。北遷時，遥尊爲宣和皇后。及歸，居慈寧殿，崩年八十。季弟淵，封平樂郡王，姪孫(璋)〔璞〕(據朝野雜記甲集卷一改)明州觀察使。憲節邢后，祥符人。父焕，慶遠節度，追封安王。后北遷，遥册爲后。及歸，將壓境而崩。初，孟后在建康，有司月奉千緡。顯仁歸，歲奉錢二十萬緡，帛二萬餘匹。後高宗在德壽，月供十萬緡，兵興，減六萬緡。孝宗在重華，月供三萬緡。　宋稗類抄又云，時顯仁韋太后還，欽宗挽其裾曰：「當語九哥，吾南歸，但爲太乙宫主足矣，他無望也。」后與誓：「苟不來迎，瞽吾目。」歸見時事不敢言，未幾目失明。尋募得道士，左翳復明。更求治其右，道士謂其一存誓言，后惕然起拜，拂衣去。上命跡之，無所得，乃靈仙觀朱仙也。後王剛中帥成都，圖朱仙像，儼然當日道士。又后北歸至臨平，問何不見大小眼將軍。或曰：「岳飛死獄矣。」遂怒帝，欲出家，乃服道裝終身焉。　潘永因曰：「當是金人畏飛，傳其狀貌，后習聞之耳。不知后北轅時，飛尚未知名也。」、中興小紀，后在北方，聞韓世忠名，召至簾前曰：「此爲韓相公耶？」慰問良久。　袁文甕牖閒評云，南渡前，士夫燕服，止是冠帶，惟下吏便趨走，則服紫衫。及金兵擾攘，以冠帶不輕，使士夫亦盡服紫衫。迨紹興末，因臣僚言，悉改服涼衫純白之衣，未幾，顯仁升遐，亦其驗已。後又以涼衫近喪服，仍用紫衫，至今不變，終未有言宜仍用冠帶者，可歎也。又南渡前，軍州戎服皆用緋，自紹興末，忽變爲皂色，用墨汁染成，殊非古意。

四年(甲子一一四四)春正月癸丑朔，宋遣使來賀。己未，以宋使王倫爲平州轉運使，既受命，復辭，罪其反覆，誅之。〔攷異〕繫年要録謂倫死在七月。宋史王倫傳，倫死，河間地震，而沈世泊宋史就正編，謂金史五行志是年未書地震，疑其失實。然熙宗紀，是年十月河朔地震，乃五行志失書，然究非因倫而致變也。見畢沅續通鑑。　熊克小紀云，紹興十四年七月，倫居河間。六年，金欲用爲平、灤三路轉運使，不從，被縊而死。後其子述使北人訪其骨，得之以歸。上嘗語宰執曰：「倫雖不矜細行，乃能死節，此爲難也。」歸骨在立冬，上語在十月。述後乞外任，添差平江府通判。　薛應旂通鑑云，光宗紹熙元年十二月，賜王倫謚曰節愍。　湘山樵夫紹興正論，時力排和議者，張浚、趙鼎、胡銓、胡寅、連南夫、張戒、常同、吕本中、張致遠、魏矼、張絢、曾開、李彌遜、晏敦復、王庶、毛叔度、范如圭、汪應辰、許忻、方廷實、韓訓、陳鼎、馮時行、洪皓、沈長卿、陳康伯、張燾、陳括、陳剛中，均坐貶謫。見北盟會編。　按，靖康初，不主和者李綱，而岳飛終身不主和議，被禍尤烈。　均未載。　汪應辰當海陵敗盟後獻復和策，宜削而不書。　又，南宋書尚有尹焞、蘇符、薛徽言、方廷實、胡珵、朱松、張擴、淩景、夏常明、張九成、喻樗、樊光遠、元盥、梁汝嘉、樓炤，亦失載。　趙彦衞雲麓漫鈔云，韓紃，字子禮，紹興八年任潭州判官，上書論和議之非，知州李昭祖得其副本，申朝廷，得旨：「韓紃小官，動摇國是，編管循州。」後爲將官韓京所陷，舉家死。

金史紀事本末卷八

張邦昌之僭

太宗天會四年（丙午一一二六），即宋欽宗靖康元年也。春正月癸酉，南京路都統宗望原作斡离不圍汴，宋使李棁來謝罪，且請修好，許之。宋以康王構、少宰張邦昌爲質，尋遣歸。師還。〔攷異〕宏簡録云：邦昌，字子能，東光人。登進士，累官大司成。政和末，改禮部侍郎，阿時所好，歷尚書左右丞，中書侍郎。欽宗立，拜少宰，進太宰，門下侍郎。質於金，斡离不以斫營事責之，對曰：「非朝廷意。」乃免。還，爲河北割地使，上書者目爲社稷賊，坐貶中太乙宫使。中興姓氏録云：邦昌，嘗以工部尚書使高麗，會國王死，國人權立邦昌爲國王，後詔還之。與童貫議事，不合，面折其短，及再領軍取燕山，邦昌建議止其行。洪邁夷堅志云：邦昌以中書舍人使高麗，至明州謁東海廟，夜夢神告曰：「他日至中書侍郎，但不可爲秉國大夫。」後果敗。續綱目云：邦昌臨行，邀帝署御批無變割地議，不許，遂與康王乘筏渡濠，自午至夜始達金營。未幾，肅王及曹晟往，乃得還。所載較詳。靖康要録云：元年正月七日，制曰：「股肱之起元首，賡聞帝舜之歌；舟楫之濟巨川，備載高宗之命。聿求雋望，式贊鴻圖，在考慎以惟精，顧登庸之敢後？誕揚（字）〔孚〕（據靖康要録卷一改）號，明告治廷：通奉大夫、守中書侍郎張邦昌，識敏而器安，才全而學博。潔於行己，保禮義廉恥之四維；端以立朝，茂正直剛柔之三德。粤登膴仕，亟告嘉猷，念天步之方艱，憂民心之未定，允資厭難，尤賴協恭。是用擢升揆亞之崇，進貳上台之重，仍兼官於鳳沼，俾亮采於龍(池)〔墀〕(同上)。併衍爰田，申加真食，庸昭異數，益示殊私。以朕初載論相之明，爲爾盛年得君之寵。於戲！敉寧中外，矯情當慕於謝安；鎮服邇遐，守正宜師於裴度。欽承予訓，益懋乃恭。可〔特授正奉大夫〕(同上補)少宰兼中書侍郎。」三月三日，制曰：「難進易退，允高君子之風；崇舊優賢，實重公朝之義。誕揚(用)〔明〕(據靖康要録卷三改)命，敷告治廷：光禄大夫、太宰兼門下侍郎張邦昌，知沉而識精，器博而用遠。早登禁路，廷臣無出其先；久預政機，天下實受其賜。嘉有功於社稷，俾正位於台衡。丙吉有聲，獨擅邊書之對；王商多質，能嚴漢相之威。念其素行之勤，處以真祠之逸。升華祕殿，庶便於諮詢；倍賦爰田，用昭於物采。於戲！留侯知足，願遺人事之勞；南仲將歸，毋憚簡書之急。其全明哲，以保功名。可〔特授〕(同上)觀文殿大學士、太乙宫使。」

秋八月庚子，左副元帥宗翰、原作粘罕右副元帥宗望復侵宋。

冬閏十一月丙辰，克汴城。

十二月癸亥，宋帝降。

五年(丁未一一二七)春正月癸巳，宗翰等以宋帝降表來上。知樞密院事劉彦宗請復立趙氏，不聽。

二月丙寅，詔降宋二帝爲庶人。〔攷異〕畢沅續通鑑云，金以金銀不足，欲縱兵入城大索，宗彦諫而止。東都事略云，同知密院孫傅累狀請少帝復位，及另擇神宗二子立之，若立異姓，必不服從。南宋書云，金令吴幵、莫儔來推立異姓，留守孫傅等請立趙氏。金怒，刼傅等，議立邦昌。傅與張叔夜不署狀，執赴軍前。秦湛回天録云，吴幵輿入內都知李石齋文字來。宋史紀事本末云：二月，翰林承旨吳幵、吏部尚書莫儔入城，召百官議，衆莫敢出聲。開封尹王時雍問於幵、儔，二人微言敵意在張邦昌，時雍未以爲然，適宋齊愈至自金營，書張邦昌三字，議乃決。太常寺簿張浚、開封士曹趙鼎、員外胡寅皆逃入太學，不書名。唐恪書名，仰藥死。馬伸、秦檜不從，金怒，執檜去。實録恪附傳，謂恪聞議立異姓，即仰藥自殺，先事而死。恐悞。繫年要録云，後齊愈棄市，制詞曰：「所幸探符之未獲，奈何援筆以遽書，遺毒至今，造端自汝。」當書狀時，有奉直大夫寇庠、朝請郎高世彬獨異議，大慟。喻汝礪、吳給、王庭秀皆致仕去。靖康要録云，幵、儔以議狀往。略曰：「准元帥府牒：限十一日須得共薦一人者。契勘：自古受命之主，必上膺圖籙，下有勳德在民，或雄强近臣，或英豪特起，有大材略，因而霸有天下，方爲人所樂推。今本國臣僚如孫傅等，召自外方，被用日淺，率皆駑下，迷悞趙氏，以至亡國，若備屏藩，必至變亂，上負選用之意。伏望元帥台慈體念，乞於軍前選命邦昌以治國事；如軍前別有道德隆茂爲天命所歸者，乞賜選擇，則本國臣民敢不推戴。」其日早，於宣德樓曉示取班簿具在京官員名銜以報。吴曾能改齋漫録云，齊愈，字文淵。有宮詞云：「禁城春水碧溶溶，洗出飛花萬片紅；葉上細看無一字，可知無女怨春風。」幵、儔，烏程人，皆進士及第第一。時雍，蜀人，附王黼得進。鼎，字元鎮，解州聞喜人，贈太傅，豐國公，謚忠簡。伸，字時中，東平人，以劾汪、黃，貶濮州，卒。檜，字會之，江寧人，死奪王爵，謚謬醜。

三月丁酉，立宋少宰張邦昌爲大楚皇帝。〔攷異〕宋史紀事本末云：金遣邦昌北向，拜舞受册，升文德殿受賀。是日，風霾，日暈無光，百官慘沮。獨時雍、幵、儔等欣然以爲有佐命功。時雍權知密院，領尚書省，幵〔權〕（據宋史紀事本末卷五八補，下同）同知，儔〔權〕（同上）簽書，吕好問〔權〕領門下省，徐秉哲權領中書省。時猶未以帝禮事，唯時雍每言事稱臣啓陛下。北盟會編云，軍器少監王紹草推戴表，先叙金主，略曰：「道合三光，功高九有。惇德允元，智將幾於虞帝；弔民伐罪，義實過於周王。」及叙邦昌，曰：「惟大冢宰相公，識探天人，學貫今古，膺大國褒崇之禮，希前王至盛之功，可治國事，以主斯民。」趙甡之遺史載金册文曰：「無德而王，故天命假於我手；當仁不讓，知歷數在於爾躬。」岳珂桯史載金立邦昌册曰：「維天會五年，歲次丁未二月辛亥朔，二十有一日辛巳，皇帝若曰，朕，惟我太祖武元皇帝肇建區夏，務安元元。肆朕纂承，不敢荒怠，夙夜兢兢，思與萬國格於治。粤惟有宋，實乃通隣，貢歲幣以交懽，馳星軺而講好，期於萬世，永保無窮，蓋我有大造於宋也。不圖變誓渝盟，以怨報德，開端招禍，反義爲仇。今者，國既乏主，民宜混同。然念厥功，誠非貪土。遂命帥府與衆推賢，僉曰：『太宰張邦昌，天毓疏通，神資睿哲，處位著忠良之譽，居家聞孝友之名。』實天命之有歸，仍人情之所傒，擇其賢者，非子而誰？是用遣使備禮，以璽紱寶册命汝爲皇帝，以援斯民。國號大楚，都於金陵。自黃河以外，除西夏封圻，疆埸仍舊。世輔王室，永爲藩臣。貢禮時修，勿疑於述職；問音歲至，無緩於披誠。於戲！天生蒸民，不能自治，故立君以臨之，君不能獨理，故設官以教之，乃知民非后罔治，后非賢不守，其(在)〔有〕(據桯史卷七改)位者，可不謹歟！予懋乃德，嘉乃丕績，日敬一日，雖休勿休。欽哉！其聽朕命。」僞楚録載邦昌手詔曰：「洪惟非常之變，適遭會於斯時，當冀有永之圖，訖敉寧於區夏。庶幾多士，共識予懷。」吳曾能改齋漫録云，邦昌知汝州日，百姓狀，有曰：「乞上命指揮者繫之獄，朝命杖之。」後竟有援此爲開國之祥者。時邦昌逆跡昭然，後見勤王兵集，家屬拘縻廬州，方議復辟宣贊。舍人吳革起兵救駕，范瓊、左言誘殺之，并其子及使臣百餘人。革，字義夫，華陽人。國初佐命廷祚七世孫。見宣和録。好問，字舜徒，希哲子。繫年要録云，時邦昌弟邦基通判廬州，邦昌母及妻子均在焉。江淮運副向子諲檄馮詢、范沖拘之，奏聞。史多未載。

夏四月，師還。丙戌，宗翰、宗望以宋二帝北歸。〔攷異〕靖康要録云，邦昌求免宣索，致書金營曰：「冒承禡禮，顧展謝悰，雖歷貢於忱詞，終未親於台表，退增感悚，豈易敷陳。載惟草創之初，實軫怙危之慮。」又云：「非仁何以守位？非民何以守邦？坐覩轉壑之憂，不啻履冰之懼。與其跼天蹐地，莫救於黎民；曷若歸命竭誠，仰干於鴻造。

伏念察其懇迫，賜以矜容，特寬冒昧之誠，誕布蠲除之惠，幸被始終之德，遂全億兆之生。」不報。尋下令不御殿，不朝百官，引對羣臣於延東殿小軒，言必呼名，飲食居處不用天子禮。宋史紀事本末云，金人將還，邦昌祖道（按，據宋史紀事本末卷五八，「祖道」當作「詣營祖之」。），服赭袍，張紅蓋，所過設香案起居，時雍等從。士庶感愴。因目時雍爲「賣國牙郎。」通鑑輯覽云，玕、儔爲金人須索，朝往暮還，人皆稱爲「捷疾鬼」。邦昌令譚世勣、李熙靖直學士院，皆卧疾不起，憤卒。時工侍何昌言與弟昌辰皆避諱改名，獨徐俯置婢名昌奴，客至則呼前驅使之。世勣，字彥成，長沙人。熙靖，字子安，常州晉陵人，德裕裔。俯，字師川，洪州分寧人，禧子。時不受僞命者，博士孫逢發疾卒。秦湛回天録云，或勸肆赦。好問曰：「赦書日行五百里，今四城之外，並是番人，欲赦伊誰？況公權攝，當俟復辟。」邦昌然之。而趙甡之遺史載赦文曰：「天下承平，幾二百載；百姓樂業，豈復知兵？姦臣首結邊難，招致禍變，城守不堅，越在郊野。子以還車，横見推逼，有堯、舜之揖讓，無湯、武之干戈。四方之廣，弗通者半年；京城之大，無君者三月。從宜康濟，庶拯危難。」云云。靖康要録有云：「既自殘而弗獲，乃忍死以救民。言念生靈，係心宸翰，道路阻音郵之達，吏民無詔令之承。想其憔悴之憂，同此危亡之急。倘不深求於民瘼，豈能安濟於時艱？宜示撫循，用舒陻阨，庶亟臻於寧謐，以終究於遠圖。」潘永因宋稗類抄云，顔博文作赦書，略曰：「無德者亡，知謳歌之已去；當仁不讓，信歷數之有歸。」無非吠堯之辭，聞者駭愕。邦昌傳均未載。陸游老學菴筆記云：賈公望，昌朝孫，晚守泗州，翁彥國勤王不進，面叱之；且約不復餉其軍。彥國愧而去。及張邦昌僞赦至，率郡官哭於天慶觀聖祖殿，而焚其赦書僞命，卒不能越泗而南。所試才一郡，而所立如此，許、潁間謂之賈大夫云。又云：靖康末，括金賂虜，詔羣臣服金帶者，權以通犀帶易之，獨存金魚。又執政則正透，從官則倒透。至建炎中興，朝廷草創，猶用此制。呂好問爲右丞，特賜金帶，高宗面諭曰：「此帶，朕自視上方工爲之。」蓋特恩也。紹興三年，兵革粗定，始詔依故事，服金帶。

五月庚寅朔，康王卽位於歸德。〔攷異〕薛應旂通鑑云，初，金欲留兵衛邦昌，好問力阻止，因謂邦昌曰：「相公欲真立耶？抑姑塞虜意而徐爲圖也？」邦昌愕然。乃曰：「爲今計，當迎元祐皇后，請康王早正大位，庶獲保全。」御史馬伸亦具書勸之，邦昌氣沮，乃尊元祐孟后爲宋太后，居延福宮，册詔，略曰：「當念宋氏之初，首崇西宮之禮。」蓋用太祖迎周太后入西宮故事。南宋書云，好問曰：「如此，則人心疑懼矣。」乃收回册詔。靖康要録云，二月二十八日，延寧宮火，后急就天漢橋南遇仙店，門垂簾幕以避，移居觀音院，回私第。是夜，白氣貫斗，大風寒。四月四日，尊后手書曰：「余世受宋恩，身相前帝，每欲舍生而取義，唯期尊主以庇民。豈圖禍變之非常，以至君臣之易位。既重罹於羅網，實難逭於刀鋸。外逼大國兵火之威，內(拯)〔極〕(據靖康要録卷一六改)黎元塗炭之命，顧難施於面目，徒自(憚)〔悼〕(同上)於夙宵。杵臼之存趙孤，惟初心之有(合)〔在〕(同上)；契丹之立，晉祖，考殊迹以甚明。載惟本朝開創之圖，首議(尊崇西宮)〔西宮尊崇〕(據靖康要録卷一六改)之禮，號同母后，國繫周朝。玆爲臣子之至恭，以示邦家之大任。肆稽成(命)〔憲〕(同上改)，(事)〔爰〕(同上)舉徽章。」云云。李心傳朝野雜記云：后，洺州人，眉州防禦元之孫，兄，天祥官使相，封信安郡王。兄子忠厚，鎮漢軍節度。朱勝非秀水閒居録云，哲宗方擇后，京城作打毬戲，以一擊入窠者爲勝，曰「孟入」。紹聖間，宮掖造禁纈，有巫者姓孟，獻新樣，兩大蝴蝶相對，繚以結帶，曰「孟家蟬」，民間競服。及后廢處，瑶華宮人以爲讖。蟬者，禪也，爲出家之兆。靖康出狩，淵聖欲留孟后爲興復基本，因遣人入城取物，紙尾批痍辭與秉哲云，趙氏注孟子，相度分付。金人以后廢歲久，無預時事，不復取。至是前讖乃驗。蓋「孟入」者，兩復入也，兩御簾帷之應也。可謂異人矣。此次及苗、劉之亂。要録又云，邦昌遣(韓)〔蔣〕師愈(據靖康要録卷一六改)、蔡(淑)〔琳〕(同上)、程巽自陳(按，據靖康要録卷一六「自陳」當作「等賫」)諮目，略曰：「邦昌伏自拜(達)〔違〕(同上改)，已而北去，所遭禍難，不可備詳，惟王慈必蒙矜憫。昨自燕山九月朔日金師再舉之後，杳不聞耗。至去冬臘月二十日還闕，以今年正月十五日到城外，方知國（難）〔變〕（同上）之酷，主上蒙塵於郊，凡使回一行，盡留不遣。二月七日，又聞宣金酋之令，遂遷二帝、后妃皆出，六宮遂（定）〔空〕（同上）。又欲洗城，焚燒宗廟、社稷，百萬生靈，分爲魚肉，俾推異姓，方免屠城。尋奉少帝御筆付孫傅等，令依指揮，方爲長計。兹時公卿大臣，號慟軍前，以救君父。而邦昌對二太子哀號躃踊，以身投地，絶而復蘇，虜執酋命，終莫能回。度非口舌可争，則以首觸柱求死，不能，（忍）〔忽〕（同上）劉彦宗賚城中文字與幵、儔俱至，對衆訶責，不復飲食，凡六七日，垂死。而百官陳述禍福，力勸從權，以濟大事，故遂隱忍於此。兹幸虜騎已還，道路可通，故差師愈賚此，以明本心。伏惟殿下盛德在躬，四海係望，願寬悲痛，以幸臣民。」康王復書，略曰：「天降大禍，不使某前期殞滅，而使聞君親之流離，見宗族之蕩覆，肝心摧烈，涕泪不禁。窮天下之楚毒，不足爲喻！欲（使）〔便〕（同上）引繩伏刃，而二聖之鑾輿未復，四方之兵馬方集，將士忠憤，責以大義，欲（忍）〔飲〕（同上）泣忍死，力圖奉迎。今兩河忠義之兵，數踰百萬，預使邀迎，率皆響應。早夜以覬，聞人音而矍然。念與相公去歲同處賊營，從容浹日，自謂知心。故比來之事，聞流言而不信。今奉教，備陳始終，有伊尹之志，達周公之權，然後知所期之不謬。天或悔禍，可冀二聖之復，所論遣謝克家之意，（怦怦）〔讀之〕（同上）愕眙失措，其何敢承？顧皆緘藏内府，責在守者，候鑾輿歸而上之。九廟之不毁，生靈之獲全，相公之功也。某方身率士卒，圖援父兄，願相公協忠盡力，奉迎二聖，復還中都，克終伊周之志。某身膏賊斧，受賜而死矣。氣令漸熱，動止康裕，方寸方亂，修謝不多。」使臣爲成忠郎黄永錫。邦昌又遣其甥吴何，及國舅韋淵往。大約言封内府庫以待大王，孔子曰：「子在，回何敢死！」邦昌所不死者，以君王之在外也。王喜悦。何，向與王同使金營，召飲酒，敍舊不忘。孟后勸進文，略云：「正惟（閔）〔閑〕（同上）廢之餘，當此危亡之際，冒居寵數，誠亦何心；而百官建言，請權聽政，然神器久虚，必須真主，今中外近屬，惟王一人。矧忠勇英明，四方屬望，入繼大統，非王而誰？王其速驅輿衛，入處宸居，上以安九廟之靈，下以弭四方之變。」又迎立詔云：「吾以薄德，罹此多艱，雖救時敢愛於髮膚，而昧道若臨於淵谷。顧邦基之攸賴，繫神器之有歸。比遣使軺，往馳書牘，蓋上天之眷命，實四海之傾心。諒惟撥亂之姿，已定興王之業。方長贏之應序，宜祉福之具膺。竚來御於法宮，以誕揚於丕號。羣欣攸屬，遐想增懷。故茲書示，想宜知悉。」康王至虞城，邦昌劄子：「伏見謝克家自元帥府回，恭聞車駕自濟州由金鄉單父徑至南京，卽藝祖受命之邦，嗣王朝無疆之歷。天人合應，以啓中興，凡在臣民，不任忭蹈。所有合排辦儀物，百官有司，各以其職，並合發赴南京，以候册立，禮畢遂開朝廷，以出號令。臣猥以駑下，承乏宰司，當躬率百(官)〔司〕(同上)赴行在，所欲於今月二十五日起發前去，庶伸翊戴之誠，以請權宜之罪」云云。康王榜：「近者，金師深入，奄及郊畿，京城失守，二聖播遷，欲立異姓，覆我宗社，賴大臣因時權宜，濟此艱危，因是以存九廟，保全生靈，實社稷之大計，乃心可嘉。深慮百官將士并諸色人尚懷疑慮，曉諭各宜知悉。」續綱目云，遣人至濟州訪康王，會宗室子崧起兵，移書訶斥，使其反正，并曉王時雍等。乃遣謝克家往奉迎，時雍曰：「騎虎者勢不得下，所宜熟慮，噬臍無及。」秉哲從旁贊之，均不聽。克家至，勸進，王不許。宗澤請亟行天討，好問亦遣人來，言大王不自立，恐有不當立而立者。邦昌遣蔣師愈持書自陳，復使克家與韋淵奉寶詣濟州，奉孟后垂簾聽政。以馮澥爲奉迎使。退居資善堂。后命太常少卿汪藻草手勅，俾王嗣統，曰：「比以敵國興師，都城失守，祲纏宮闕，既二帝之蒙塵；誣及宗祊，謂三靈之改卜。衆恐中原之無統，姑令舊弼以臨朝。雖義形於色，而以死爲辭；然事迫於危，而非權莫濟。内以拯黔首將亡之命，外以紓鄰國見逼之威。遂成九廟之安，坐免一城之酷。乃以衰癃之質，起於閒廢之中，迎置宮闈，進加位號，舉欽聖以還之典，成靖康欲復之心。永言運數之屯，坐視邦家之覆，撫躬獨在，流涕何從？緬惟藝祖之開基，實自高穹之眷命，歷年二百，人不知兵；傳序九君，世無失德。雖舉族有北轅之釁，而敷天同左袒之心。乃眷賢王，越居近服，已徇羣情之請，俾膺神器之歸。繇康邸之舊藩，嗣宋朝之大統。漢家之厄十世，宜光武之中興；獻公之子九人，唯重耳之尚在。茲惟天意，夫豈人謀？尚期中外之協心，同定安危之至計。庶臻小愒，同底丕平。用敷告於多方，其深明於吾意。」王至應天府，邦昌來見，伏地請死。既卽位，拜太保，封同安郡王。一月兩赴都堂，參決大事。北盟會編云，胡舜陟亦上劄子，乞正名位。大金國志云，邦昌勸進表，略曰：「使生靈維顧以無歸，雖溝瀆自經而何益？輒學周勃安劉之許，庶幾程嬰存趙之心。」僭位凡三十三日。李綱論異姓建都四十餘日，所載各異。藻，字彥章，饒州德興人。舜陟，字汝明，績溪人。潘永因宋稗類抄所載，以大寶奉上，表云：「孔子從佛肸之召，意在尊周；紀信乘漢王之車，誓將誑楚。」又云，神宗幸秘書省，見江南李主像，人物儼雅，再三歎訝，而徽宗生。生時，夢李主來謁，然其文采風流過李主百倍。及北狩，女真亦用江南國主見藝祖故事。又，徽宗夢錢王乞還兩浙甚急，明日與鄭后言，夢亦同。頃來報韋妃誕高宗既三日，徽宗戲妃曰：「酷似淛臉。」蓋妃籍開封，原占於淛，亦遂成南渡之讖云。又云：宣和中，燕諸王於禁中，高宗困酒，小憩幄次，徽宗揭簾，見金龍丈餘，蜿蜒榻上，以爲天命，因異待焉。後顯仁皇后在沙漠，嘗用象戲局子，裹以黃羅，書康王字，貼於將上焚香，禱曰：「今三十二子俱擲於局，若康王字入九宮者，必得天位，」一擲果然。后喜甚，即具奏，徽廟大喜曰：「瑞卜，昭應異常，可無慮矣。」

宋罪張邦昌，以隱事殺之。太宗聞之大怒，詔元帥府南侵，宋帝走揚州。〔攷異〕續綱目云，李綱拜右相，入朝，力言邦昌僭逆不可留，貶昭化軍節度副使，潭州安置。薛應旂通鑑云：九月，邦昌伏誅。初，邦昌僭居禁中，華國靖恭夫人李氏以菓實相贈遺。一夕被酒，李氏擁之，以赭色半臂加其身，掖入福寧殿，夜飾養女陳氏以進，邦昌還東府，私送之，語斥乘輿。事聞，下於獄，詞伏；詔馬伸至潭州數其罪，賜死。畢沅續通鑑云，邦昌讀詔，不忍自盡，共逼之，乃登平楚樓自縊。蔡絛百衲叢談云，死於平楚門下官舍。王明清揮麈録餘話云，平楚樓在天寧寺。潘永因宋稗類抄云，平楚樓，蓋取唐沈傳師詩「目傷平楚虞帝魂」之句。時邦昌不能引決，仰首忽覩三字，長嘆就縊。陸游老學菴筆記云，邦昌既死，有旨〔月〕（據老學庵筆記卷八補）賜其家錢十萬，於所在〔州〕（同上）勘支。曾文清爲廣東漕，取其券繳奏曰：「邦昌，在古法當族誅，今貸與之生足矣，乃加横恩如此，朝廷何以待仗節死事之家？」詔自今勿與。余銘文清墓載此事，及刻石乃削去，可恨。陳隨隱漫録云，真西山嘗承旨，令述太乙宮明禋祈晴設醮青詞，曰：「我將我享，爰有事於明堂；載禱載祈，肅致忱於楚帝。」上自改爲上帝。楚，邦昌逆號也，凡代王言，不可不謹。宏簡録云，李氏坐杖脊，配軍營務。揮麈後録作彭氏，云，道君在藩邸，納爲妾，慧黠，因小故出爲聶氏婦，及即位，復召入。北狩時，以無名位免。續通鑑云，王時雍、徐秉哲、吴幵、莫儔、李擢、孫覿初坐黨逆，安置高、梅、永、全、柳、歸州。後因李氏事，併誅之。南宋書云，顔博文草僞詔，王紹勸進，文尤悖逆。胡思撰赦文，犯濮王諱。陳沖、洪芻、張卿材、李彝、夏承、周懿文皆搜括金銀。時凌侮刼奪，如繫濟王夫人，鞭寧德皇后親妹，收喬貴妃侍兒，淫鄭紳家婢，取宫人唱曲飲酒，種種不道。及黎確、陳戩、盧襄、李會、李健、范宗尹皆從貶黜。迨宗尹爲相，諸人皆復原職。靖康要録云，王時雍集百官作推戴表，王紹草之。李綱靖康傳信録云，王及之坐蕃衍宅門，詬罵諸王，余大均誘取宫嬪爲妾，外，范瓊、馮澥、李回皆坐貶。趙子崧奏劾國賊十人，鄧肅請分五惡、三惡，次第竄逐。潘良貴請三等定罪。外又有朱宗、曹輔、胡舜陟、胡唐老、齊之禮、姚舜明、王俣皆坐嘗爲邦昌官，貶秩。宋史，良貴，字子賤，金華人。宗尹，字覺民，襄陽鄧城人。子崧，字伯山，燕懿王後，官延康殿學士。初起兵勤王，後坐貶南雄州，卒。趙翼劄記云，靖康之變，朝臣多污僞命，高宗以鄧肅在圍城中，目擊其事，令肅陳奏。肅請分三等以定罪：以待制而爲僞朝執政者，置一等，乃時雍、秉哲、幵、儔、李回及吕好問，共六人。見肅傳。乃好問傳不載其從逆，反備書諫阻邦昌毋(千)〔干〕(據廿二史劄記卷一三改)大位及趣邦昌遣使迎高宗等事。史亦未免廻護也。熊克小紀云，肅，沙縣人。官鴻臚主簿。宣和間因進花石綱詩得名。綱論水災，謫沙縣監税，與相善，至是爲右正言。吕本中雜説云，肅因綱薦得官，汪伯彦薦爲右正言，故傅會綱意。時綱客胡珵，晉陵人，亦請分三等，以次行戮。綱罷，編管梧州。

金史紀事本末卷九

攻取中原

太宗天會五年（丁未一一二七），卽宋高宗建炎元年也。〔攷異〕封有功編年云，是年三月，陝州范致虛兵潰於千秋池。致虛走入關。統制張換敗金人於興仁府，閻邱陞破之於濮州，孔彥威破之於開德府。致虛，字謙叔，建陽人。耿延禧中興記云，宗澤、權邦彥自南華赴援，兵敗，遁還。統領王孝忠中箭死。孫傅父振，時知博州，爲亂兵殺。所載戰車五百兩，爲敵所得。繫年要錄云，澤大敗金人於韋城縣，孝忠戰死。敵夜來刼營，得空壁，大驚，以澤先移軍南華，得免。汪伯彥中興日歷謂澤兵敗南華，失戎車百五十兩，蓋誣之也。澤復敗金人於大溝河。北盟會編云，解州將邵興據神稷山，大破金軍。畢沅續通鑑云，四月，金破陝州，〔權〕（據續通鑑卷九七補）知州种廣死之，統領劉逵戰死，朱弁、孫旦悉遇害。後皆贈官。時，忠州防禦屈堅，不屈死。薛應旂通鑑云，正月，副元帥宗澤自大名至開德，與金人十三戰，皆捷。以書勸康王檄諸道兵會京城。復移書趙野、范訥、曹楙合兵入援，均不答，遂孤軍進至衞南，大敗金兵，斬首數千，自是憚澤。又遣兵過河，襲敗之。金犯蔡州，崇陽令李涓死之，〔涓〕上黨人，贈朝奉郎。史均未載。袁氏楓牕小牘云，紹興二年五月，京師大火，被燬者萬三千餘家；六年十二月，臨安復大火，焚萬餘家，人以爲中興之始改元建炎致此。

夏五月庚寅朔，宋高宗卽位，羅索原作婁室克宋河中府，及解、絳、慈、隰諸州，岢嵐、寧化、火山等城。〔攷異〕河中之破，張鈞續中興義録作五月十七日丙午，蓋據川、陝宣撫案牘書之。輿地廣記云，河中府，周時爲魏國，晉以封畢萬地，秦置河東郡，晉置雍州，後魏爲秦州，後周爲蒲州，唐置中都，後爲河中節度，今爲護國軍；縣八：河東、臨晉、猗氏、虞鄉、萬泉、龍門、榮河、永樂。解州，後漢置，卽秦解梁城，縣三：解縣、聞喜、安邑。絳州，爲晉國都，後魏置東雍州，後周改絳，縣七：正平、曲沃、太平、翼城、稷山、絳縣、垣曲。慈州，東魏爲定陽郡及南汾州。隋爲耿州，後改汾州，尋爲慈州，取慈烏戌爲名，亦曰文(成)〔城〕郡，(據輿地廣記卷一八改)縣一：吉鄉。隰州，後魏爲汾州，隋爲西汾州，改隰州，縣六：隰川、温泉、蒲、大寧、石樓、永和。岢嵐，春秋時爲樓煩胡地，後魏置嵐州，宋析置岢嵐軍，縣一：嵐谷。寧化軍，宋初析嵐州地置，寧化縣，後改軍，以嵐州雄勇鎮置火山軍。方輿紀要云，慈州，今爲吉州，隸平陽。續通考云，河中府，金天德中置節度，大定中，升元帥府，領河東、榮河、虞鄉、萬泉、臨晉、河津、猗氏七縣。解州，金升保昌軍，領安邑、解縣、夏縣、聞喜、平陸、(苪)〔芮〕城(據金史卷二六地理志改)六縣。絳州，金升絳陽軍，晉安府，領正平、曲沃、稷山、翼城、太平、垣曲、絳、平水八縣。慈州，宋置吉鄉軍，金改吉州。隰州，金爲南隰州，領隰川、蒲縣、大寧、石樓、永和等縣。岢嵐，唐，宋爲嵐州，金升鎮西軍，領宜芳、合河、樓煩三縣。時汴京平，諸將西趨陝津，略定河東郡縣。托克索取憲州，故城在今静樂縣。〔攷異〕輿地廣記云，憲州，唐末李克用奏置，縣一：樓煩。後樓煩屬嵐州，以静樂縣來屬，宋爲静樂軍，金爲郡，後改管州，領静樂一縣。敗其援軍。貝勒寧温珠嚕等攻保德，軍名，屬河東路。〔攷異〕續通考云，本嵐州地，宋爲保德軍，立爲州，附郭爲保德縣。輿地廣記云，國初析嵐州地置定羌軍，景德初，改保德。未下，托克索進兵助擊，梯衝並進，遂克其城。貝勒烏爾古攻石州，屢敗，亡其三將；托克索令諸軍去馬戰，盡殪之。〔攷異〕宋史紀事本末云：先是，粘没喝等北去，留銀朮可屯太原，韶合屯真定，婁室圍河中，蒙哥進據磁、相。渤海大撻不也圍河間，帝命馬忠、張換襲之。俄，汪、黄等復主和議，遂留駐河南。至是，婁室以重兵壓河中，守臣席益遁，權府事郝仲連力竭，先殺家人，與子致厚皆不屈，死。潘永因宋稗類抄云：靖康初，東州解習爲郎於朝，未嘗與人接談，金兵南下，擇西北帥守，時相以其謹厚不泄，謂沈鷙有謀，除知河中府。習云：「某實訥於言，故尋常不敢妄措辭於朝列，今一旦委付如此，習死不足惜，竊恐朝廷以此擇人，廟謨誤矣。」習竟没於難。畢沅續通鑑，張换作張焕，席益作温益。宋史高宗紀，馬忠時爲河北經制使。换作涣，時官河北制置使。黄潛善，字茂和，邵武人。汪伯彦，字廷俊，祁門人。仲連，昌元人，贈明州觀察使。所載較詳。達蘭徇地山東，下密州。〔攷異〕北盟會編云：時趙野以前執政知密州，軍卒杜彦等作亂，野棄城走，彦追殺之。宋史地理志云：密州，亦曰安化軍，屬京東路。野，開封人。輿地廣記，密州，秦置琅琊郡，元魏置膠州，隋改密州，唐因之，復爲高密郡，今爲安化軍。縣五：諸城、安邱、莒、高密、膠西。續通考云：宋爲臨海軍，復爲密州高密郡安化軍，金領諸城、安邱、高密、膠西四縣。達呼原作迪虎下單州，廣信軍降。宋史地理志云：單州，隸京西路，領縣四。廣信軍，易州遂城縣，亦曰威勇軍。〔攷異〕輿地廣記云：單州，秦爲碭郡，唐末以宋州之碭山爲全忠鄉里，置輝州。今縣四：單父、碭山、成武、魚臺。廣信軍，初爲威虜軍，後改。續通考云：單州，唐治單父，後唐改單州，金隸歸德府。廣信軍，金泰和中改爲縣，屬保州，領遂城一縣。王存元豐九域志云：京西路興國二年分南、北路，後併一路，熙寧五年，復分二路：南路領襄、鄧、隋、金、房、均、郢、唐八州；北路領潁昌、淮寧、順昌三府，鄭、（濬）〔滑〕（據元豐九域志卷一改）、孟、蔡、汝五州，信陽一（州）〔軍〕（同上）。

六月，宗望卒。〔八月，〕（據金史卷三太宗紀補）以宗輔原作窩里嗢代爲右副元帥。

秋九月辛亥，棟摩原作闍母取河間，時持嘉暉從攻城，李成以雄、莫宋史地理志云，雄州，本涿州瓦橋關。莫州，治任邱縣。〔攷異〕輿地廣記云，周置雄州，政和三年改易陽郡，縣二：歸信、容城。莫州，漢爲莫縣，屬涿郡，唐置鄚州，尋以鄚鄭文相類，更爲莫州，縣一：任邱。兵來援，迎擊，敗之，七戰皆勝。敵將劉先生以兵二萬夜襲營，暉力戰達旦，敵大敗，逾月始克之。〔攷異〕北盟會編云，城陷，孫鈐轄、李廉訪皆被殺。暉傳，以功加桂州觀察使，留鎮河間，仕終平章政事，封榮國公，謚武康。成字伯友，雄州歸信人。本縣弓手，以勇聞河朔，官歸信令，會妻子爲亂兵殺，率萬衆來歸，授忠州防禦捉殺使。道士陶子思謂有割據相，勸成取蜀，遂叛，寇兩淮，爲劉光世破，北走，能左右手運雙刀，所向無前。見熊克小紀。潘永因宋稗類抄云，政和間，謀臣議增稅賦，置西城所，命内侍李彦主之，盡行根刷，專供御前支用。其推行爲尤者，京東漕臣王宓、劉寄是也。胡馬未南牧，河北盜蜂起，欽宗立命斬彦，竄宓、寄以徇，下寬恤之詔，然尋及矣。其後散爲巨寇於江、淮間，如張遇、曹成、鍾相、李成之徒，皆其人也。進破宋兵於莫州，雄州降。〔攷異〕宏簡録云，撒离喝從攻，下河間，雄州李成棄城走，追擊，大破之，雄州降。紀未載。達蘭克祁州、永寧軍，王伯龍攻拔北平，復取保州，順安軍亦降。宋史地理志云，祁州，治蒲陰，領縣二。永寧軍，治博野縣。順安軍，本瀛州高陽關。〔攷異〕王存元豐九域志云，祁州蒲陰郡，在東京千二百里，縣二：蒲陰、鼓城。續通考云，祁州，爲唐義豐縣，屬定州，宋爲蒲陰縣，金升爲祁州，屬真定，領蒲陰、古城、深澤三縣。博野，本漢蠡吾縣地，唐屬蒲州，後置蠡州，宋改永寧軍，金升寧州博野郡，天德中，改蠡州，領博野一縣。薛應旂通鑑云，九月，都統制王彦率岳飛等渡河至新鄉，金兵盛，彦不敢進，飛獨引所部鏖戰，奪其纛而舞，諸軍爭奮，遂復新鄉。明日，戰於侯兆川，又敗之，追擊於太行山，擒其將拓跋耶烏，單騎刺殺黑風大王，金兵敗走。飛知彦不悅己，復歸宗澤爲統制。

金騎數萬薄彦壘，彦走保共城西山，結兩河豪傑，衆十餘萬；金遣兵撓彦糧道，多被斬獲。侯兆川，在輝縣西北。西山，即蘇門山。見方輿紀要。趙甡之遺史云，金帥遣衆酋攻彦壘，皆跪曰：王都統寨，堅如鐵石，未易圖。耶烏，一作雅爾烏。彦，字子才，上黨人。宏簡録云，自李綱罷，所議招兵買馬、料理兩河事皆廢，并罷諸路經制招撫，自是兩河州郡悉陷，唯中山慶原府邢、洺、冀、磁、相州，久之乃破。李心傳朝野雜記云，建炎初，王觀察彦制置河北，聚兵太行山，皆河北士人，涅其面，曰「誓殺金賊（按朝野雜記甲集卷一八作「誓竭心力」）不負趙王。」號爲「八字軍」，嗣隨張忠獻至蜀，守金州。紹興三年春，撒离喝入寇，彦兵大敗，走達州。四年，移知襄陽。六年，召赴行在，以彦爲行營都統制；七年，罷之。十年，劉信叔將「八字軍」，大敗兀朮於順昌，還臨安。今侍衛馬軍，皆其子孫也。又云：壽皇時，李伯紀家請謚，上偶未省，宰相周子充爲言平生大略，上曰：「志廣才疏，其張浚之徒歟？」於是賜謚忠定。田灝傳，字默之，與中人。天慶間進士。權歸德節度使。太祖定燕，舉四州歸朝，累官彰德軍節度。時新定力役，灝蠲籍之半而上之，故相之繇賦，比他州獨輕。後入爲刑部尚書，卒。

冬十二月丙寅，宗輔南侵，徇地淄、青。宋史地理志云，淄州，領縣四；青州，領縣六；均隸京東路。〔攷異〕輿地廣記云，淄州，秦屬齊郡，漢、晉屬樂安國，後魏置東清河郡，隋置淄州，唐因之，復改淄川郡，今縣四：淄川、長山、鄒平、高苑。青州，成王封太公於此，爲齊國。秦置齊郡，漢置青州，晉爲石勒陷，刺（州）〔史〕（據輿地廣記卷六改）曹嶷爲晉守，造廣固城，後慕容恪都焉。隋置北海郡，唐復舊，今縣六：益都、壽光、臨朐、博興、千乘、臨淄。續通考云，淄州，隋置，改貝邱爲淄川縣，附郭長山，唐初屬鄒州，後屬淄州，宋、金因之，新城蒲臺均屬青州，唐升盧龍軍，宋改鎮海，金爲燕都路，領益都、臨朐、穆陵、壽光、博興、臨淄、樂安七縣，明改青州府。攻青州城，未下，城中夜出兵來襲，王伯龍不及甲，擊殺數十人，俄率軍士殺傷宋兵，不可勝計，并擒斬其將。〔攷異〕畢沅續通鑑云，時知青州曾孝序及其子訏爲亂兵所攻，罵賊死。宋史高宗紀，謂孝序爲青州敗將王定所殺。字逢原，晉江人。史未載守臣名。烏淩阿托雲原作烏林答泰欲敗宋將李成於淄州，趙州領縣六，屬真定府。〔攷異〕輿地廣記云，趙州，春秋屬晉，戰國屬趙，秦屬邯鄲郡，晉爲趙國，後魏爲趙郡，北齊兼置殷州，尋改趙州，隋書改爲欒州，後復故，縣五：平棘、寧晉、臨松、隆平、高邑。續通考云，趙州，宋爲慶源軍，金改今名，領平棘、臨城、高邑、贊皇、寧晉、北鄉、隆平七縣；奉城一鎮。降。阿里庫原作阿里刮徇地濬州，敗敵兵，取滑州。〔攷異〕續綱目云，金聞帝如揚州，分道南侵。尼瑪哈自河陽渡河攻河南，鄂爾多、烏珠自滄州渡河攻山東，羅索、薩里罕自同州渡河攻陝西。分遣尼楚赫攻漢上，阿里、富勒琿趨淮南。尼瑪哈至汜水關，陷西京，留守孫昭遠走死。時宗澤爲東京留守，保護河梁，烏珠乃不敢向汴。羅索至河中，官軍扼河西岸，不得渡，乃自韓城履冰過，陷同、華，安撫鄭驤赴井死；破潼關，經制王𤫉引兵遁蜀，中原大震。韓城縣志云，冰橋在縣東北禹門處，每歲大雪時合，驚蟄時解，時日不差。龍門斷岸危峽，河冰蔽天而下，至此山立，若有神驅之者，頃刻成橋，車馬行同陸路。宋建炎元年，金分道入寇，官軍扼於河，乃自韓城履冰渡，即此。大金國志云，先是，粘罕破西京，使高世由守之，翟進殺世由，據其城，至是與鄭建雄扼河，不得渡，乃以重兵屯河陽北城以疑之，陰遣銀朱取九鼎渡河攻南城，軍潰，遂得濟。首敗姚慶軍於偃師，慶死，以李嗣本守西京。宏簡録云，留守孫昭遠遁，少尹阮駿死之。阿里朵圍棣州，守臣姜剛之（按，宋史卷二四高宗紀作綱之）固守，解去。畢沅續通鑑云，昭遠走至陳、蔡間，爲叛兵殺，謚忠愍。北盟會編云，金人自龍門渡河，安撫曲方遁。銀朱陷汝州，提點刑獄謝京走，被殺。李心傳朝野雜記云，金圍西京急，留守孫昭遠遣其將王仔奉啓運宮神御，間道走揚州，後還於福州；而永安軍會聖宮、揚州章武宮之御容，則還於溫州天慶觀，紹興中，奉還臨安。昭遠，忭孫也，字顯叔，眉山人。贈徽猷閣待制。驤，字潛翁，玉山人，贈樞密直學士，謚威愍。

六年（戊申一一二八）春正月丙戌朔。宗弼原作兀朮破宋鄭宗孟軍於青州，克之。〔攷異〕畢沅續通鑑云，時知縣陸有常、張侃，縣丞丁興宗均死之。棟摩克濰州，領縣三，隸京東路。〔攷異〕輿地廣記云，濰州，二漢爲北海郡，北齊改高陽，隋分置雄州，唐始名濰州，政和初改北海郡，縣三：北海、昌邑、昌樂。續通考云，宋名北海軍，後仍爲濰州。時持嘉暉從攻城，督兵先登，城中乘風縱火，發機石，暉力戰，敗之；復破敵於范橋，連戰甚力，卒破其城。〔攷異〕宋史高宗紀云，窩里嗢陷青、濰二州，尋棄去。知濰州韓浩，與通州朱廷傑皆力戰，死之。畢沅續通鑑云，朝議大夫周中與弟辛，（閤）〔闔〕（據畢鑑卷一〇一改）門百口死難。浩，琦孫也。繫年要録青州、濰州之破，並作二月癸卯。與史異。達呼布敗宋將趙子昉兵。薩里罕原作撒离喝，改名杲。〔攷異〕熙宗紀作撒离合。婆盧火傳作撒剌喝。卷六十五斡者傳海陵末中京留守判官另一人。繫年要録云，或作撒里曷，係金主晟從弟。至薩里干，係賽音名。本傳，安帝六代孫，（秦）〔泰〕州（據金史卷八四完顔撒离喝傳改）和勒博黴子。從平陝西，徇地自渭西，降德順軍及涇原、熙河二路，及保（州）〔川〕（同上）。又同璸都討平河外諸寨，降西寧慶陽。陝西平，宗輔率宗弼等還，留薩里罕總兵。續通考云，和勒博黴作胡特孛山，爲博勒和，原作婆盧火族兄弟。其孫爲宗安，官御史大夫。敗宋兵於河上。宗輔又敗宋將馬括兵於樂安。今屬青州府。宗弼進敗宋兵於河上。〔攷異〕薛應旂通鑑云，兀朮自鄭抵白沙，汴京震恐，僚屬入問計，宗澤方對客圍棋，笑曰：「何事張皇？劉衍等在外，必能破賊。」乃選精鋭數千，使繞出敵後，金人方與衍戰，前後夾擊，大敗，去。粘没喝據西京，澤與相持，遣部將閻中立、郭俊民、李景良趨鄭，遇敵，大戰，中立死之，俊民降，景良遁，澤捕斬之。既而，俊民復來説降，并誅之。衍還，部將張撝往救，至滑戰死，急命王宣赴援，破走之，以宣知滑州。金自是不復犯東京。尋得遼臣王策，知金虚實，決大舉之計，屢上疏請帝還京，不報，威聲日著，敵對南人言，必以爺稱之。所載較詳。尼楚赫原作銀朮可取鄧州，宋史地理志云，爲南陽郡領縣五，隸京南路。〔攷異〕輿地廣記，鄧州，春秋時申、鄧二國地，戰國屬韓，後屬楚，秦置南陽郡，後魏兼置荆州，隋改鄧州，梁升宣化軍，後唐改威勝，周改武勝，縣五：穰、南陽、内鄉、淅川、順昌。續通考云，唐初爲鄧州，又改南陽郡，尋復故，宋因之，金升武勝軍，領穰城、南陽、内鄉三縣，後置新野、淅川。續綱目云，尼瑪哈諜知鄧州將爲行在所，命尼楚赫急攻之，范致虚遁，安撫劉汲登陴，力戰，死之。儲峙甚多，悉爲金有。繫年要録云，汲時官西京轉運使，右文殿修撰，攝府事。見家傳。趙甡之遺史云，汲率兩都監出南門，聲言欲戰，或以爲出奔，均被執。或曰登時殺死。後賜謚忠介。簽判李操等以城降，銀朮可搜括既盡，焚其城，遷士民北去。宋史，汲，字直夫，丹稜人，贈大中大夫。高宗紀繫之正月。梁克家中興會要謂汲時官直龍圖閣。北盟會編云，是月，翟興、翟進敗金人於伊川之皁(樊)〔礬〕嶺(據北盟會編卷一一五改)及驢道(堆)〔堰〕(同上)，擒傅太尉，金聞大翟、小翟之名。史均未載。蘇瑪拉原作薩謀魯。入襄陽，巴爾斯入均州，馬武一作馬五。〔攷異〕畢沅續通鑑作瑪圖。取房州。

二月乙卯朔，巴爾斯進克唐州，癸亥，取蔡州。〔攷異〕北盟會編云，銀朮陷均州，知州楊彦明棄城走；陷唐、蔡、汝陽，縣丞郭瓚死之。宋史高宗紀云，金陷蔡州，執守臣閻孝忠。史均未載。地理志云，襄陽，本襄州，領縣六；均州，本武當郡，領縣一；房州，爲房陵郡，領縣二；唐州，爲淮安郡，領縣五，皆屬京西南路。蔡州，一曰淮康軍，領縣十，屬京西北路。輿地廣記，襄州，春秋屬楚，魏置襄陽郡，晉因之，兼置荆州，東晉置雍州，後梁蕭詧都此，西魏始改襄州，唐因之，後爲山(西)〔南〕東道(據輿地廣記卷八改)，今縣六：襄陽、鄧城、穀城、宜城、中盧、南漳。均州，春秋屬(虞)〔麇〕(同上)，戰國屬韓，宋置始平郡，後改武當，齊號齊興郡，梁置興州，後周改豐州，隋改均州，縣二：武當、鄖鄉。房州，春秋時爲(麋)〔麇〕、庸二國，魏置新城郡，西魏置光遷國，隋改房州，復爲房陵郡，今縣二：房陵、竹山。唐州，戰國屬韓，秦屬南陽郡，後魏置東荆州，西魏改淮州，隋改顯州，後爲淮安郡，唐號唐州，今縣五：（沁）〔泌〕陽、（同上）湖陽、比陽、桐柏；淮水，方城所出。蔡州，春秋屬沈蔡，戰國屬楚，漢置汝南郡，宋及後魏兼置豫州，後周改舒州，後爲蔡州，今縣十：汝陽、上蔡、新蔡、褒信、平輿、遂平、新息、確山、真陽、西平。續通考云，唐初爲襄州，後改襄陽郡，宋爲襄陽府，領襄陽、南漳、宜城、穀城、光化、棗陽等縣。均州，宋爲武當軍，治武當。房州，唐初爲遷州，宋置保康軍，領房陵、竹山二縣。唐州，唐初號顯州，後改今名，金屬南京，領（沁）〔泌〕陽（據金史卷二五地理志改）、比陽、湖陽、桐柏四縣。蔡州，今汝寧府，金升鎮南軍，領汝陽、上蔡、西平、確山、遂平、平輿六縣。己巳，伊喇古敗宋臺宗雋軍於大名。庚午，再破其軍，遂擒臺宗雋及宋忠。甲戌，巴爾斯取陳州。癸未，克潁昌府。方輿紀要云，大名府，古魏州，即鄴都，領州一，縣十。陳州，秦爲潁川郡，宋號淮寧府，領縣四。宋史地理志云，潁昌府爲許昌郡，號忠武軍，本許州，領縣七。〔攷異〕輿地廣記云，大名府，春秋屬晉，魏文帝分置陽平郡，後周置魏州，隋曰武陽郡，唐亦曰冀州，後爲魏郡、天雄軍，後唐建鄴都，今縣十一：元城、莘、內黃、成安、魏、館陶、臨清、宗城、夏津、清平、冠氏。陳州，春秋陳國，楚頃襄王徙都焉，後魏立陳郡及北揚州，北齊改信州，隋號陳州，晉爲鎮安軍，今縣五：宛邱、項城、商水、南頓、西華。潁昌府，春秋屬許國，秦置潁川郡，東魏改鄭州，後周爲許州，唐爲潁川郡、忠武軍，梁號匡國軍，今曰潁昌府，縣七：長社、郾城、陽翟、長葛、臨潁、（邢）〔郟〕（據輿地廣記卷九改）、（魯）〔舞〕陽（同上）。續通考云，大名，宋北京魏郡，金改（安武）〔天雄〕軍（據續通考卷二三一改），尋升總管府。陳州，唐名淮陽郡，宋爲府，金爲陳州防禦使。潁昌，金改武昌軍。所載各異。潁昌之破，宋史作正月，時知府孫默死之。鄭州叛入宋，復取之。遷洛陽、襄陽、潁昌、汝、鄭、均、房、唐、鄧、陳、蔡之民於河北。宋史地理志云，洛陽，西京，領縣十六。汝州，爲臨汝郡，陸海軍，領縣五。〔攷異〕輿地廣記云，周定鼎，卜瀍水西，作洛邑，曰王城，今皇城是。卜瀍水東作下都，遷商頑民，曰成周，今洛陽故城是。平王東遷，居王城，子朝據之，晉魏舒城成周居敬王，至考王封弟桓公於河南，居王城，遂爲西周。惠公封少子於鞏，爲東周。赧王居王城，爲秦滅，置三川郡。漢置河南郡，東漢都之。魏、晉爲司州，唐曰河南府，今縣十五：河南、洛陽、永安、偃師、鞏縣、登封、潁陽、新安、澠池、永寧、長水、壽安、福昌、伊陽、河清。汝州，東周爲王畿，漢屬河南潁川郡，隋置汝州，今縣五：梁縣、襄城、葉、魯山、龍興。續通考云，洛陽，唐初爲洛州，改東京，金爲中京，金昌府。續綱目云，鄭州破，通判趙伯振死之，知州董庠棄城走。薛應旂通鑑云，婁宿陷永興，秦州帥李積降。犯熙河，經略張深遣都監劉惟輔趨新店，刺殺其將黑鋒，敵爲奪氣。深復檄都護張嚴往追至五里坡，遇伏，死。粘没喝初聞嚴入關，棄西京赴援，至是歸雲中。翟進復西京。鳳翔府志云，五里坡，在府西四十里。宋置五里鎮，其西與汧陽接界。繫年要録，黑鋒作貝勒哈藩，吴玠功績記作黑風，龔頤正中興忠義録作黑殺大王。北盟會編云，翟興、翟進敗金人於福昌三鄉及龍門，遂復西京。畢沅續通鑑，西京之復作三月事，云，二月，金陷淮寧，知府向子韶死之，弟子褒與(閤)〔闔〕(據畢鑑卷一〇一改)門俱死，惟存一子鴻，謚忠毅。史未書。克淮寧事。子韶，字和卿，開封人，贈通議大夫，官其家六人。見宋史要録。又云，第三將岳景綬戰死，而趙甡之遺史謂子褒守陳州，爲景綬殺，疑誤。時金主居涞流河御寨，左右半南人，謀起義，刼之渡河以爲質，事覺，皆被誅。紀未載。羅索攻下同、華、京兆、鳳翔，執宋經制使傅亮。阿林破河中。斡魯入馮翊。宋史地理志云，同州爲定國軍，領縣六；華州爲鎮國軍，領縣五；京兆，府名，領縣十三；鳳翔，府名，號扶風郡，領縣九，皆隸永興軍路。〔攷異〕唐書地理志云，同州，隋馮翊郡，唐改同州，縣八。華州，隋華陰郡，唐改名太州，又爲興德府，後復爲州，縣四。輿地廣記云，同州，周爲(苪)〔芮〕伯(據輿地廣記卷一三改)韓侯國，漢置河上郡，景帝分爲左内史，武帝爲左馮翊，元魏兼置華州，西魏改同州，唐因復爲馮翊郡，梁爲忠武軍，今爲安國軍，縣六：馮翊、澄城、朝邑、郃陽、(泉)〔白水〕、(同上)韓城。華州，本鄭國，漢屬京兆尹，元魏置華山郡及東雍州，西魏改華州，唐嘗改太州，後復故，亦曰華陰郡、興德府，梁爲感化軍，後唐爲鎮國軍，今爲鎮潼軍，縣五：鄭縣、下邽、蒲城、華陰、渭南。京兆府，周室所居，東遷入於秦，孝公都焉。漢爲渭南郡，武帝分爲右内史，更爲京兆尹，晉爲京兆郡，兼置雍州，後周、隋、唐皆爲帝都。唐末廢爲佑國軍，梁爲永平軍，後唐爲西京，晉爲晉昌軍，漢曰永興軍，今縣十五：長安、萬年、鄠、藍田、咸陽、醴泉、涇陽、櫟陽、高陵、興平、臨潼、武功、乾祐、奉天、終南。鳳翔府，春秋以來爲秦都，漢爲中地郡，後分爲右内史、右扶風，魏、晉爲扶風郡，西魏爲岐陽郡，唐爲岐州，肅宗置鳳翔府，今縣十：天興、岐山、扶風、盩厔、（邵）〔郿〕縣，（據輿地廣記卷一五改）寶雞、虢縣、麟遊、普潤、好畤。宋史紀事本末云，羅索圍永興軍。時京兆兵皆爲錢蓋調赴行在，經略唐重誓死守，副使傅亮奪門出降，重死之。高宗紀繫之正月。續綱目云，重作書别父，城陷，遂與副總管楊宗閔、提舉馬軍程迪、提點刑獄郭忠孝等八人同死。畢沅續通鑑云，轉運副使桑景詢、判官曾謂、主管機宜文字王尚友及其子建中亦死。事聞，贈重資政殿學士，謚恭愍。眉山人。繫年要録云，重中流矢死，嘗上四急務五大患疏。父名克臣。趙甡之遺史謂自縊死。史未書重死節事。宋史程迪作陳迪，王尚友作王尚。熊克小紀云，重辟雅州知録丹稜揚仁以自助，仁辭不至，爲重言全陝之重，必宰輔親臨，號召天下，勢可百倍。昔婁敬一言，漢高感悟，即日駕幸關中。況近臣有請，上當必從。重未及用而死。劉於義陝西通志云，金天會六年戊申，同州有紅巾十萬，攻城危甚，忽大兵至，破賊統兵烏魯大王。憩兵同州界八魚井，見老翁馳白馬，汗如流，詣軍門告急，莫知爲誰。忽有人曰：「城隍廟塑馬，迄今有汗。」本同州志。

三月己酉，達蘭克恩州。宋史地理志云，恩州，本清河郡，晉曰永清軍，縣三。〔攷異〕輿地廣記云，春秋屬齊，漢置清河郡，後周兼置貝州，唐因之，後爲清河郡，今縣三：清河、武城、歷亭。續通考云，唐爲清河郡，宋改恩州，金隸大名府路，領歷亭、武城、清河、臨清四縣。明降爲縣，屬高唐州。薛應旂通鑑云，時中山受圍三年，糧絶，士卒羸困不能執兵。知府陳遘欲括兵力戰，部將沙振潛衷刃入府害遘，并子錫等十七人。振出，爲卒所殺，捽裂之，身首無餘。城陷，金人曰：「忠臣也」，斂而葬之。字亨伯，永州人，官資政殿學士。見宋史忠義傳。畢沅續通鑑作二月事（按畢鑑卷一〇二云：「三月辛卯，金人破中山府。」則不作「二月」事，此處誤。）續綱目云，四月，羅索寇涇原，曲端遣吳玠逆擊於青溪嶺，敵敗走。同、華李彥仙屢敗金師，復陝州及解、絳諸縣，詔彥仙知陝州兼安撫使。字少嚴，彭原人。

夏六月己未，達蘭遣兵下磁州、宋史地理志云，本滏陽郡，舊名慈，縣三。〔攷異〕王存元豐九域志云，在東京四百三十里，治滏陽縣。興國初，昭義縣爲昭德，熙寧中，降爲鎮，入滏陽。續通考云，宋屬滏陽郡，金爲滏陽軍，隸彰德府，領滏陽、武安、邯鄲三縣。信德府。〔攷異〕薛應旂通鑑云，四月，宗澤遣將趙世興復滑州，翟進襲兀朮於河南，兵敗，子亮死之。韓世忠等又敗於文家寺，兀朮尋棄西京去。金克唐州。五月，婁宿大掠而東，陷絳州。初，澤承制以王庶爲陝西制置使，曲端爲河東制置使。錢蓋又檄庶兼節制懷慶、涇原兵。及金人東還，庶欲襲取重載，移文兩路，兵不出。金兵至青溪，爲吳玠扼，至咸陽，畏渭南義兵，不得渡，遂徇渭而東，分兵入鄜延，攻康定。庶遣兵斷河橋及歸路，敵遂去，陷絳州。曲端復秦州。熊克小紀云，四月，統制韓世忠至西京，金烏克紳、伊都之衆屯河陽，世忠約翟進及新降丁進、孟世寧等三軍與金戰。進夜攻金營，金預知，反爲所襲。烏克紳復入西京，進與世忠再與金戰於永安縣，會丁進等不至，陳思恭先走，世忠敗績，張遇救免，收兵歸行在。尋聞金兵渡河，詔世忠等追敵至京東，復爲金敗，張遇死焉。史均未載。世忠，字良臣，延安人，封蘄王，謚忠武。庶，字子尚，慶陽人。真定賊自稱元帥，秦王薩里罕討平之。〔攷異〕畢沅續通鑑云，時金主下詔，開貢舉取士，有司以遼、宋制不同爲請，命南北各因所習之業取之，號南北選。真定拘籍進士試安國寺，侍中劉霄，故遼官，發策問：「宋上皇無道少帝失位，宋進士褚承亮不對而出，放第七十二人，號七十二賢榜。狀元許必仕爲郎官。金史本紀及選舉志作五年事。隱逸傳及周密癸辛雜志作六年事。云，褚，字茂先，宣和中已擢第。至是語霄曰：「君上之過，豈臣子所宜言耶？」長揖而去。霄，咸雍中狀元，怨宋人海上之盟，故發此問。蘇軾東坡題跋云，昔余與北使劉霄會食，霄誦余詩曰：「痛飲從今有幾日，西軒月色夜來新。」公豈不飲者耶，戎人亦喜吾詩，可怪也。茂先子席珍，正隆二年進士，歷州縣，有聲。許必後出左掖門，墮馬死，餘多無顯者。熊克小紀云，金試舉人於蔚州，張孝純主文柄，遼人皆用詞賦，兩河人皆用經義。而孫九鼎爲第一，忻州人。政和間，游太學，與洪皓同舍。陷敵十年，登第。皓在北方屢見之，時建炎三年七月也。續通考云，金初設科制，（由）〔因〕（據金史卷五一選舉志改）遼、宋有詞賦、經義、策試、律科、經童之制，天眷元年五月，詔南北選各以經義、詞賦兩科取士。天德三年，罷經義、策試科。大定十一年，創置女直進士科，初但試策，後增試論，所謂策論進士也。明昌初，又設制舉宏詞科，以待非常之士，故金取士之科有七焉。其試詞賦、經義、策論中選者曰進士，律科、經童中選者曰舉人。凡諸進士舉人，由鄉至府，由府至省，及殿廷共四試皆中選，則官之。至廷試五被黜則賜第，曰恩例。其特命及第者曰特恩。正隆元年，始定三年一舉。大定十八年，因趙承元無行，令榜首先取鄉行可取則授應奉，否則，從常調，或與外除。初，南北選共取進士三百五十人，嗣只二百五十人，及止設詞賦科，不過六七十人。世宗令毋限以數。承安四年，上以一場放二狀元，非是；遂令御試日，詞賦第一名爲狀元，經義魁次之。恩例與詞賦第二人同，後倣此。五年五月，定進士試弓箭格，尋罷。泰和元年，省臣奏，搜撿嚴切，至解髮、袒衣，索及耳鼻，非待士之禮。故大定末，已嘗依前故事，使就沐浴，官置衣更之，上從之。按，制舉科試無常期，聽內外六品以下官、從內外五品以上薦於所屬，詔試之。（名）〔若〕（據金史卷五一選舉志改）草澤士，德行爲鄉（生）〔里〕（同上）所服者，從府州薦之。先投所業策論三十道於學士院，優則試之，授以官。後衞紹王大安元年正月，試宏詞科，餘不多見。承安二年三月，定保舉德行才能格。又按，天眷二年係石琚中進士第一。天德元年，胡礪第一；二年，吕忠翰第一；三年，楊建第一。時王彥潛、常大榮皆進士第一，不知何年。大定十九年，張行簡第一。明昌五年，楊雲翼第一。貞祐三年，李獻能第一。哀宗正大元年五月，賜策論進士孛朮里長河以下十餘人及第，經義進士張介以下五人及第，詞賦進士王鶚以下五十人及第。天興二年，入歸德，賜進士終場王輔以下十六人出身。又，正隆時，孟宗獻發解第一，及府試、省試、廷試皆第一，號孟四元。

秋七月乙巳，宋帝請和，不許。〔攷異〕薛應旂通鑑云，是月，宗澤卒，字汝霖，義烏人。初舉進士，退居東陽山谷間。靖康初，用陳過庭薦，歷東京留守，招集羣盜，聚兵儲糧，謂克復可指日計。前後二十餘奏，每爲汪、黄所抑，復用郭仲荀爲副留守，以察之，憂憤，疽發，卒年七十。臨終，連呼「過河」者三，無一語及家事。訃聞，贈觀文殿學士，謚忠簡。子穎，素得士心，都人請以繼父任，不許，以杜充代。林泉野記謂爲婺州人，登第，歷祕閣修撰。南宋書云，澤母劉氏，夢雷電光燭其身而生。靖康小雅云，是年，命澤總兵，會韓世忠、劉錫自滑州而北，集於中山府，聞命欣躍。行有日矣，汪、黄忌其成功，力阻之。靖康遺事云，除門下侍郎。方勺泊宅編云，澤，婺州農家子，第進士，爲館陶尉，獲逃軍卽殺之，一境無盜。時，呂惠卿帥大名，薦之，且戒其好殺。劉逵鴻書云，華陰道有澤石刻詩曰：「蒼茅作屋幾家居，雲碓風簾路不紓。坡側杏花溪畔柳，分明摩詰輞川圖。」見劉於義陝西通志。熊克小紀云，汪、黄初疑澤，用郭仲荀爲副，繼復欲罷之，賴中丞許景衡力言其能保東京，張慤亦曰：「如澤忠義，得數人，天下定矣。」澤後謚威愍。（按據宋史卷三六〇宗澤傳，澤謚忠簡。）慤終中書侍郎，謚忠穆。景衡卒官右丞。

八月，羅索敗宋兵於華州。額特埒原作訛特剌。〔攷異〕汪輝祖金史同名録云，卷十章宗承安二年平章，卽斡特剌，姓粘割；卷七十五盧彥倫傳太祖時招撫臨潢，亦作斡特剌，三人同名訛特剌。破敵於渭水，遂取下邽。

九月辛丑，勝額原作繩果等敗宋兵於蒲城，又破之於同州，取丹州。方輿紀要云，渭水出臨洮府渭源縣西南谷山。宋史地理志云，下邽、蒲城，均縣名，屬華州。丹州，隸永興軍路。〔攷異〕輿地廣記云，丹州，春秋爲白翟，西魏置汾州及義川郡，後改州爲丹州，隋置丹陽郡，唐爲丹州，今縣一：宜川。宋史紀事本末云，八月，金陷冀州，將官李政死之。再犯永興軍，賀師範與戰於八公原，死之。九月，訛里朶襲破信王榛軍於五馬山。初，和州防禦使馬擴聚兵真定，奉上皇子榛總軍，制諸砦。擴赴行在，金乘虛襲破之，榛亡走，不知所終。熊克小紀云，初官保州防禦，童貫命募兵真定，爲劉鞈所收，繫獄；鞈去，真定陷，擴走出，爲金擄，因與邦傑合。擴至行在，拜總管，以榛爲河外兵馬都元帥，將兵北討。靖康要録云，靖康元年三月，皇弟平陽郡王榛爲檢校太傅、寧江軍節度，以即位推恩也。四月，進封信王。畢沅續通鑑云，擴初引兵攻清平與宗輔戰城南，統制阮師中、翟仲達及其子元忠皆死，擴衆亂，由濟南走歸，万俟㦛及子剛中死之。擴至揚州待罪，罷軍職。史未書宗輔敗擴兵事。

冬十月丁丑，芬徹、羅索敗宋兵於臨真。庚辰，宗翰、宗輔會於濮，侵宋。

十一月庚寅，芬徹、羅索取延安府。宋史地理志云，臨真，縣名，屬延安府，府號彰武軍，本延州，縣七。〔攷異〕輿地廣記云，濮州，春秋屬衞，秦屬東郡，唐爲濮州，今縣四：鄄城、雷澤、臨濮、范縣。延安，春秋爲白翟地，漢爲翟國，改上郡，後魏置東夏州，西魏改延州，隋置延安郡，唐曰延州，梁號忠義軍，後唐改彰武，今縣七：膚施、延川、延長、門山、敷政、臨真、甘泉。續通考云，金皇統二年，置彰武軍總管府。續綱目云，通判魏彥明死之。時，羅索諜知王庶與曲端不和，併兵攻鄜延，庶據險自守，金兵渡清水河，破潼關，秦隴皆震。庶趣端赴援，不應；遣吳玠復華州，自赴襄樂。庶引兵救延安，聞既陷，赴襄樂勞軍，端謀殺之，不果。熊克小紀云，庶帥鄜延，用端爲統制，庶軍政嚴，多殺將士，嘗曰：「設曲端忤我，亦當斬。」端聞，恨之。及延安隨端至龍坊，譏庶愛身，庶曰：「數令不從，誰其愛身者。」端怒，欲殺庶，商之使者謝亮，不可。端乃去，庶以故懊端，欲死之。王瓆亦爲端襲，遁入蜀。所載較詳。乙未，取濮州，安撫使王伯龍破李固寨衆十餘萬於濮州。濮州城守，城中鎔鐵揮軍中，攻之不能克。伯龍被重甲，首冠大釜，挺槍先登，殺守陴者，諸軍相繼而上，遂克之。〔攷異〕續綱目云，初，金圍濮州，知州楊粹中使將姚端襲破其軍。尼瑪哈跣足走，僅以身免。未幾，城陷，死之。北盟會編云，金執粹中歸，大肆屠掠，廬舍俱燼。大金國志祇載姚端，無粹中名。粹中，真定府人，贈徽猷閣待制。史未書金兵敗事。綏德軍降。羅索再攻晉寧軍，宋將徐徽言固守，不能克。宋史地理志云，綏德軍，爲唐綏州地，隸延州，在州東北三十里。晉寧軍，本西界葭蘆寨，縣二，屬河東路。〔攷異〕輿地廣記云，綏德軍，春秋爲白翟，秦屬上郡，西魏置安樂郡，兼立綏州，今爲綏德城，升爲軍，縣五：龍泉、延(禄)〔福〕(據輿地廣記卷一四改)、綏德、城平、大斌。晉寧軍，由石州分置，縣二：臨泉、定胡。續通考云，綏德州，金領清澗一縣，暖泉、義合、清邊、臨夏、白草、米脂、綏平、懷寧、鎮邊、定戎十寨，嗣武一城。晉寧軍，本唐銀州改，金爲葭州，領寨八，堡九。徽言，字彦猷，衢州西安人。熊克小紀云，折可求(字)〔子〕(據中興小紀卷四改)彦文，自東京來，被執，至雲中，尼雅滿啖以利，使爲書以招其父，遂降金。可求與徽言，親也，(今)〔金〕(同上)故挾可求以招徽言。徽言引弓射之，可求走，進擊，大破之，斬婁宿之子。史未書婁宿兵敗及子被殺事。

十二月丙辰，宗弼取開德府。〔攷異〕薛應旂通鑑云，時守臣王棣死之。宏簡録，棣外尚有楊彭年，亦死城中，殺戮無遺。畢沅續通鑑云，知府王棣走，爲軍民踐死，鄭建古亦被殺。繫年要録，棣贈資政殿學士。建古，鉛山人，贈朝議大夫。宋史忠義傳無王棣名，死事見高宗紀。丁卯，宗輔克大名府。呼沙呼敗宋兵於鞏。宋史地理志云，州名，本通遠軍，縣三，屬熙河路。〔攷異〕輿地廣記云，鞏州，古雍州地，春秋屬羌戎，漢末立南安郡，元魏置渭州，隋置隴西郡，唐因之，今縣三：隴西、永寧、寧遠。續通考云，唐初置渭州，後曰隴西郡，陷入北蕃，宋取之，置鞏州，今爲鞏昌府，領隴西、寧遠、伏羌、通渭、津縣、文縣。薛應旂通鑑云，九月，薛廣敗於相州，死之，岳飛與金戰胙城及黑龍潭、汎水關，皆大捷。金克東平府及濟南府。訛里朵克大名，提點刑獄郭永死之，家屬均遇害，謚勇節。進陷襲慶府，軍士欲發孔子墓，高慶裔言而止。熊克小紀云，謚節勇，贈資政殿學士，元城人。守臣張益謙判官裴億降金。續綱目云，十月，楊進復叛，寇汝、洛，翟進戰死，弟興爲招討使。興，字公祥，伊陽人。弟進，字先之，爲楊進殺，贈忠州刺史。繫年要録云，興與子琮復擊殺楊進於魯山縣婆娑店。大金國志云，相州破，守臣趙不試同家屬赴井死。陷德州，都監趙叔醇死之。克東平，守臣權邦彥遁。下濟南，守將趙德降。南宋書叔醇作叔皎。宋史及宏簡録作叔皈。畢沅續通鑑云，破棣州，直秘閣姜剛中死之。宋史高宗紀作姜剛之。又云，是冬，杜充決黃河，自泗入淮以阻金兵。方輿紀要云，胙城，縣名，今屬衞輝府。黑龍潭，在府城西。史均未載。

七年(己酉一一二九)春二月戊辰，宋麟府路安撫使折可求以麟、府、豐三州宋史地理志云，麟州新秦郡，亦曰建寧軍，縣一；府州爲靖康軍，治府谷；豐州爲寧豐郡，縣二，皆隸河東路。〔攷異〕輿地廣記云，麟州，漢屬五原，西河二郡，隋屬銀、勝二州，唐張説奏置麟州，今爲鎮西郡，縣三：新秦、銀城、連谷。府州，漢屬太原郡，隋屬樓煩郡，唐末置府州，後唐以折從阮爲刺史，漢爲永安軍。折氏世守其地，今因之，縣一：府谷。豐州，分府州蘿(萑)泊川掌地(據輿地廣記卷一九删)置，與麟、府接，不統縣。降。羅索、色哩、呼沙呼破晉寧軍，徐徽言拒戰，率衆潰圍出，擒之。使之拜，不拜。臨之兵，不動。命降將折可求諭之，指可求大罵，出不遜語，遂殺之。統制孫昂及士卒皆不屈，被害。〔攷異〕史書折可求以是月降，而薛應旂通鑑，金使可求諭徽言降作去冬事，稍異。徽言，贈晉州觀察使，謚忠壯。熊克小紀云，一夕，内應者啓扉納敵，徽言力戰，被禽。又異。

夏四月，芬徹、羅索取鄜、坊二州。宋史地理志云，鄜州爲保大軍，治宜川；坊州領縣二，皆隸永興軍路。〔攷異〕輿地廣記云，鄜州，春秋屬白翟，漢爲上郡及左馮翊，隋爲鄜城郡，唐升保大軍，今縣四：洛交、洛川、鄜城、直羅。坊州，唐初分鄜州置，亦曰中部郡，今縣二：中部、宜君。續通考云，唐初爲鄜州，又改洛交郡，後仍舊，金置保大軍，仍領四縣。坊州，唐本中部地置，領宜君一縣，宋、金因之。宏簡録云，正月，金再陷青州、濰州，焚其城而去。安撫劉宏道入據之。都統邵興敗金人於潼關，復虢州。畢沅續通鑑云，二月，金破滄州，通判孔德基以城降。北盟會編云，三月，金陷青州，知州劉宏道棄城走，金命向大猷知青州，兵遂趨鄜延，經略郭浩駐兵境上，鄜州遂陷。繫年要録云，洪道尋拔青州，執向大猷，張成以萊州降金。金命吴球守之，知萊陽縣解致明遁歸。紀載各異。

秋九月庚午，宗弼敗宋兵於睢陽，降其城。是月，曹州降。時，持嘉暉從克泗州，屯汶陽，破賊衆於梁山濼，獲舟千餘。移軍攻濟州，降之。暉約束軍士，秋毫無犯，自是，曹、單等州皆望風下。方輿紀要云，曹州，屬兗州府，縣二；泗州，屬鳳陽府，縣二；汶陽，今汶上縣，屬東平州；梁山濼，在東平州西南五十里，古大野澤。濟州，今濟南府。〔攷異〕輿地廣記云，曹州，古曹國，漢彭越都焉。後别爲濟陰國，更名定陶，改濟陰郡。晉爲濟陽郡，後魏置沛郡及西兗州，後周爲曹州，石晉爲威信軍，周改彰信，今爲興仁府，縣四：濟陰、寃亭、乘氏、南華。泗州，春秋屬徐，秦屬泗水郡，漢屬臨淮郡，元魏置盱眙郡，梁置高平郡，又改濟陰郡，今縣三：盱眙、臨淮、招信。濟州，隋爲碭郡，唐廢入鄆州，周别置濟州於鉅野，今因之，縣四：鉅野、任城、金鄉、鄆城。又，齊州，後魏曰濟州，唐爲濟南郡，今升興德軍，縣五：歷城、禹城、章邱、長清、臨邑。續通考云，唐改濟陰郡，後仍爲曹州，宋因之。金大定中，城爲河没，遷州治于古乘氏縣，領濟陰、定陶、東明三縣。泗州，唐改臨淮郡，後仍舊，金正隆四年罷諸路榷場，但存泗州一處，領淮平、臨淮、睢寧、淮濱四縣。濟州，唐以前爲濟北郡，治單父，唐改濟州，宋因之，元領任城、魚臺、沛縣。又云，濟州，唐改臨淄郡，又爲濟南郡，宋爲濟南府，金因之，領歷城、臨邑、商河、章邱、禹城、長青、濟陽七縣。大金國志云，時金兵分下山東，惟濟、單、興仁、廣濟以水阻而存。民人兵火之後，復患河決，歲復大荒，人相食，巨盜王江、宫儀車載乾屍以充糧食，爲金所乘，盡破之。宋史紀事本末云，七月，留守杜充棄東京，歸行在。岳飛諫曰：「中原地尺寸不可棄，今一舉足，此地非我有，他日取之，非數十萬衆不可。」弗聽。命程昌寓、郭仲荀相繼代，亦名存而已。熊克小紀云，閏八月，金分河間、真定爲河北東、西兩路。平陽、太原爲河東南、北兩路，去中山、慶源、信德、隆德府號，皆復舊州名。自餘軍壘，亦多改焉。下令禁民漢服，及削髮不如式者，皆死。薛應旂通鑑云，九月，金陷單州興仁府，遂陷南京，守臣凌唐佐見劉豫，責以大義，被殺。畢沅續通鑑云，唐佐被執，金因而用之。六月，金破磁州，將官蘇珪降迎，下武功。九月，下沂州，守臣以城降。南宋書云，唐佐後與李亘謀疏豫虛實以聞，事洩，被殺。宋贈官。鈐轄孫安道亦死。烏雅呼爾喀傳，初從棟摩圍平州有功，及伐宋，圍汴，五穆昆與宋兵萬人遇於城南，先馳擊敗之。五年，攻宗城縣，敵棄城走恩州，追殺千餘人，獲車四百輛。七年，討平泰山羣盜及兗州寇三千。烏雅沃哩布傳，從攻滄州，下青州，皆力戰有功。將十二穆昆軍救德克濟布於萊州，降四營，拔一營，得户四千。又敗賊兵五萬於恩州，抵臨清，擒賊首以獻。宋兵十萬在單父，從總管宗室伊楞古往（救）〔討〕（據金史卷八二烏延吾里補傳改）之，遇敵，先登，戰功最。進敗賊兵萬人於高密，復與伯騰敗賊王義軍十萬於密州南。終通遠節度使。紀均未載。

冬十月丙子朔，京兆府降。丁丑，鞏州降。〔攷異〕北盟會編云，三月，苗傅、劉正彥叛，帝遜位。四月，復辟。五月，張浚撫諭淮南，爲薛慶所執，幾被殺，尋釋之。六月，苗、劉伏誅。閏八月，宫儀兵敗於密州，李逵、吳順以州降金。

八年（庚戌一一三〇）夏四月辛丑，羅索敗宋兵於醇化。醴州降，遂克邠州。宋史地理志云，醇化，縣名，屬邠州；醴州，本京兆府奉天縣，舊號乾州，領縣五；邠州爲靖難軍，縣五，均屬永興軍路。〔攷異〕輿地廣記云，唐文明元年置奉天縣以奉乾陵，陵在縣北五里。德宗居此，爲朱泚所圍，使（琿）〔渾〕瑊（據輿地廣記卷一三改）扞，得不陷，以縣置乾州，今熙寧五年州廢，縣復屬京兆。邠州，漢末爲新平（縣）〔郡〕（同上），西魏置豳州，後因之，唐改今〔名〕

（據文義補），縣四：新平、宜祿、三水、永壽。續通考云，醴州，宋本乾州改，金仍舊，領奉天、醴泉、武亭、好時四縣。郃州，唐本豳州，以字類「幽」，改爲邠，宋、金因之，領新平、淳化、宜祿、永壽、三水五縣。北盟會編云，二月，聶淵入（東京）〔京師〕（據三朝北盟會編卷一三七改），留守上官悟及其副趙倫出奔。三月，金遣鎮國郎君入據之。自是四京皆沒於金。悟在唐門，爲董平所殺。熊克小紀云：城破，悟爲金所害。時，河東民，所在結爲紅巾，出沒城邑，皆用建炎年號，俟天兵到，盡戮敵人。金兵稍稍北去，蓋金兵械亦不甚精，但奮不顧死，故多取勝，然河東人與習熟，亦無所懼。㧾尼雅滿寨，幾勝，復下令捕之甚急，而勢轉橫矣。有撰勇文者，揭於闤廟，言雖俚而切，略曰：「敵亂甚久，百姓破家者，皆當復仇。否則，枉作男兒，雖活何益！汝若怕敵，則敗，不怕則勝。況敵有五事易乘：連年爭戰，辛苦，易殺；馬倒不能走，易殺；深入重地，力孤，易殺；多帶金銀，易殺；作虛勢嚇人，易殺。各宜齊心戮力，共保無虞！」提刑謝貺得而上之朝，詔兵部、刑部，散布諸路。呂中大事記云，吾觀建炎元年金之內侵，三道也，不惟監司帥府皆死於義，雖小如通判、縣官、將校亦皆死節，降者惟劉豫、傅亮等三人耳。彼之所以固守者，以朝廷之不棄，而必有援兵也。而元年即位之赦，刑部指揮，已不騰報於河之東北，陝之蒲、解，是明係三路矣。使忠臣義士守孤城以待盡，惜哉。玉海云，紹興十三年六月，詔史館編修靖康建炎忠義録，用吏部郎中王揚英言也。書不克成。

金史紀事本末卷十

南侵江浙

太宗天會七年（己酉一一二九），即宋高宗建炎三年也。夏五月，巴爾斯等襲宋帝於揚州。

〔攷異〕宋史紀事本末云，正月，金粘罕陷徐州，知州王復死之。時韓世忠屯淮揚，會山東兵援濮州。粘罕聞之，分兵萬人趨揚州，自率大軍迎戰。世忠夜引還，粘罕躡之，至沭陽，世忠棄軍走鹽城，衆遂潰。粘罕入淮揚，以騎兵三千取彭城，間道克淮東入泗州。畢沅續通鑑云，淮揚破，執守臣李寬，轉運李綋被殺，孫榮戰死。發運副使呂源，收淮北舟船泊南岸，命張瑾焚浮橋。貽書輔臣，乞爲宗社計。南宋書云，閻瑾聞臨淮警，棄泗州走死。時邊汛急，汪、黄禁不得傳説；瑾報至，帝欲南幸，復沮之。續綱目云，時王復與子倚，百口被害。沭陽之役，張遇戰死。二月，尼瑪哈至楚州，守臣朱琳降。劉光世遁，陷天長軍。内侍鄺詢入報，帝即乘騎至瓜洲，得小舟渡江，惟護聖軍卒數人及王淵、張俊等從。日暮，抵鎮江。汪、黄方聽浮屠説法，堂吏呼曰：「駕已行矣。」二人相顧蒼黄，乃戎服策馬南馳，居民争門出，死者枕藉，無不怨憤。司農卿黄鍔至江上，軍士以爲潛善，罵之曰：「誤國誤民，皆汝罪！」鍔方辨，而首已斷。是日，金將馬五率騎先至，聞帝已行，追至楊子橋。時事起倉卒，太常少卿季陵亟取九廟神主出，尋亡太祖神主於道。帝宿鎮江府。翌日，召從臣問去留，王淵勸都錢塘，張邵勸都金陵，帝從淵議。越四日，次平江；又二日，次崇德，進駐杭州。戊辰，金焚揚州去，陳彦復之。中丞張徵劾汪、黃大罪二十，罷免。三月，趙立復徐州。靖康要録云，初，知揚州許汾言，濟、鄆與寇爲鄰，南京雖興王之邦，寇騎屢至；惟揚州前江後淮，有險可恃，願駐蹕於此。下詔，略曰：「屢方勤於北顧，難遽議於東巡。」汾，佞官人，將子也。維揚巡幸記云，敵至瓜洲，民未渡江者尚數十萬，墮江者半，婦女被虜，金帛委棄江畔。祇取渡江費，或渡一人得三百星者，舟子爲富。阻於堰閘得免者，百中一二。時繼鍔死者，史繼徽、李處遜、黃哲、范浩、朱端及汪彥章。中興日歷云，安徽范浩走至宜興，爲盜殺。胡元質成都丁記云，哲，字聖徽，朝服扈從，被執死。尚有黃唐俊，渡江溺死。按，史作五月襲揚州，疑誤，今姑從史。周密齊東野語云，彥章初拜相於維揚，正謝，上殿，而笏墜中斷，上以他笏賜之，非吉徵也，未幾有南渡之變。陸游老學菴筆記云，維揚南渡，雖甚倉猝，二府猶張蓋搭坐而出，軍民懷甎狙擊。黃相既至臨安，二府因言時方艱危，臣等當一切貶損，今張蓋搭坐，猶用承平故事，乞權省，事平依舊。詔從之。蓋懲維揚事也。熊克小紀云，湖州民王永錫獻錢五萬緡，執政言版計無闕，詔却之。潛說友咸淳臨安志云，時帝幸杭州，趙忠簡趨三衢，有別故人詩云：「飄零澤國幾春風，又觸驚濤泛短篷；四海未知棲息地，百年半在別離中。功名元與世緣薄，兵火向來吾道窮；獨倚危樓凄望眼，青山無數浙江東。」又，駐蹕於杭時，有侍臣召對者，既對，所陳劄子，首曰「恭惟陛下，歲二月東巡狩至於錢塘」，吕相頤浩見之，笑曰：「秀才家識甚好惡。」又，汪龍溪撰車駕幸臨安起居表云：「化行裔土，昭武節之親臨；感動中邦，仰天聲之復邇。神祇交相，徒御則安。恭惟皇帝陛下，躬服禹勤，世隆周德。念海寓興師之久，知黎元厭亂之深，蒙犯風霜，猶屈河陽之狩，按行士卒，豈惟灞上之巡。衆徯來蘇，天將悔禍，故三年鬼方之伐，雖若淹延；而七月王業之艱，終期紹復。肆巡方岳，暫駐戎行」云云。趙翼箚記云，拔離速傳，天會四年，與泰欲、馬五襲宋康王於揚州。康王渡江入於建康。按高宗聞警，卽至鎮江往杭州，未嘗至建康也。史恐誤。

冬十月，阿里本傳，錫默阿里自結髮從軍，大小數十戰，尤習舟楫，人以水星目之。正隆中，召赴闕造戰船，卒。餘詳卷六。〔攷異〕續通考，錫默作斜卯，父渾坦，穆宗時内附。正隆例，降封韓國公。卷八十利涉軍節度渾坦，另一人。取陽穀，縣名，屬東平州。莘縣，屬東昌府。降。海（舟）〔州〕（據金史卷八〇斜卯阿里傳改）敗宋軍八萬。破賊船萬餘於梁山泊。招降滕陽、東平、滕陽，軍名，今滕州。東平州，屬兗州府。〔攷異〕輿地廣記云，東平府鄆州，春秋須句國，晉爲東平國，隋爲鄆州，後爲東平郡，唐爲鄆州，大觀初升大都督府，縣六：須城、陽穀、中都，東（河）〔阿〕（據輿地廣記卷七改）壽張、平陰。續通考云，滕陽，唐爲滕縣，屬徐州，宋仍舊，金升滕陽軍，改滕州，又置滕縣，屬兗州。東平，唐鄆州，改興平軍，宋改東平府，屬河東，金改隸山東路，元後爲散府。泰山在泰安州境北五里，曰岱宗，五嶽之一。羣盜。盜攻范縣，屬濮州。擊走之，獲船七百艘。復與當堪、原作當海大臭〔攷異〕本傳，宗弼濟淮，宋時康民軍十七萬來拒，臭擊敗之；復與當堪敗淮南兵十萬，殺萬餘人，王善降。紀未載。破敵於壽春。今壽州，亦曰安豐軍，縣二，屬鳳陽府。〔攷異〕輿地廣記云，春秋屬楚，東漢屬九江郡，兼置揚州，後屬淮南郡，後唐升忠正軍，周徙治下蔡，今因之，縣五：下蔡、安豐、霍邱、壽春、六安。續通考云，唐改壽春郡，宋爲壽春府，又置安豐軍，金爲壽州，領下蔡、蒙城二縣。己亥，安撫使馬世元以城降。〔攷異〕繫年要録作馬識遠，時知府事，以印授王攄，具降書迎拜。識遠留金營三日，以周企代守。企歸金，攄械繫識遠聞於朝，命攄知壽春府。識遠尋爲所殺。攄合樂享士，見識遠索命，仆地死。見洪邁夷堅志。大金國志云，十月，兀朮請於粘罕、窩哩温乞提兵侵淮，許之，以女真萬户聶耳銀朱拔束、渤海萬户大撻不也、漢軍萬户王伯隆大起燕、雲、河朔民兵附之。宋史紀事本末云，兀朮分兵兩道：一自滁、和入江東，一自蘄、黄入江西。遂取壽春，掠光州，陷黄州，守臣趙令峸死之。克江州，劉光世走南康，守臣韓梠遁，遂由大冶趨洪州。黄州破，時殉難者尚有都監王達、判官吴源、巡檢劉卓。令峸贈待制，謚愍。史未載分道入江西事。

甲辰，廬州降。

十一月丙辰，宗弼取和州，〔攷異〕輿地廣記云，廬州，春秋屬舒，秦屬九江郡，曹魏於合肥立州治，梁置南豫州，改合州，隋爲廬州，後唐升昭(信)〔順〕軍(據輿地廣記卷二一改)，周改保信軍，今縣三：合肥、舒城、慎縣。和州，秦漢屬九江郡，北齊立和州，隋復爲歷陽郡，今縣三：歷陽、含山、烏江。續通考云，廬州，卽漢廬子國，唐改廬江郡，仍改廬州，宋爲淮西路，領合肥、梁縣、舒城三縣。王伯龍傳，從攻徐州，敗高托山兵十五萬於清河，擊走韓世忠於邳州，追至揚州，還，降泗州。屯巘陽，敗陳宏賊衆四十萬，破王善於巢縣。取廬、和，伯龍功居多。宋史高宗紀，十一月，金犯廬州，守臣李會以城降；克和州，李儔降，通判唐璟死之。南宋書，璟作琛。史未載。王存元豐九域志云，淮南路，興國元年分東、西路。東領揚、亳、宿、楚、海、泰、泗、滁、真、通十州，三十七縣，西領壽、廬、蘄、和、舒、濠、光、黄八州，無爲一軍，三十二縣。遂渡江。時宋列兵江口，大㚖鼈兵捨舟登岸，擊走之，諸軍相繼而濟。俄遇宋副元帥杜充軍於江寧之西，〔攷異〕輿地廣記云，江寧，春秋屬吳、越，二漢屬丹陽郡，孫吳徙都秣陵，晉改丹陽郡，隋置蔣州，唐改揚州，後析置江寧郡，今縣五：江寧、句容、溧水、溧陽、上元。續通考云，唐初爲蔣州，改白下，貞觀中改江寧，尋爲昇州，楊吳改金陵府，南唐爲江寧府，宋爲昇州，仁宗以昇王建國，升建康軍，高宗改建康府，領八縣，多高淳、江浦、六合。王存元豐九域志云，江南路，興國元年分東、西路。東領江寧一府，宣、歙、江、池、饒、信、太平七州，南康、廣德二軍，四十八縣；西領洪、虔、吉、袁、撫、筠六州，興國、南安、臨江、建昌四軍，四十七縣。大㚖與呼拉布擊走之。先是，宗弼渡淮，阿里先具舟於江上。聞王善兵扼其前，使烏蘇額琳原作烏孫訛論。本傳，薩哈子，襲穆昆。初從宗望侵宋，至汴，破尉氏、中牟援兵，取其城。又破敵於滄州西。再侵宋，蒙克戍開州，額琳以騎四百守河，斬首七百。從宗弼渡淮，敗王善、李成兵，及沂州竇防禦叛，擊擒之，以功除唐州刺史，移淄州，加節度使，卒。敗之於和州北。李成兵七萬據烏江，烏江廢縣，在和州東北四十里。額琳又敗之，宗弼乃得濟。丁卯，守臣陳邦光以江寧城降。〔攷異〕宋史紀事本末云，金陷無爲軍，守臣李知幾遁。下真州及溧水，縣尉潘振死之。克太平州，王𤏡遁。渡江入建康，守臣陳邦光、尚書李梲迎降；通判楊邦乂不屈死。帝問策於呂頤浩，勸航海，遂如明州。北盟會編云，時知太平府郭偉，屢敗金人於采石，改趨馬家渡，陳淬戰死，遂渡江如履平地。王明清揮麈録云，帝初過蕭山，宗室趙不衰迎拜，喜曰：「符兆如是，吾無慮矣！」進三秩。郭彖暌車志云，建炎間，術者周生觀人書字，知休咎。車駕自明駐杭，人心危疑，執政戲書「杭」字示之。周曰：「懼有警報，戎騎將逼。」遂拆其字以右邊一點配木字爲朮，下即爲兀。不旬日，果傳兀朮南侵。陸游老學菴筆記云，建康城，李景所作，其高三丈，因江山爲險固，其受敵，唯東〔西〕〔北〕（據老學庵筆記卷一改）兩面，濠塹重複，皆可堅守。至紹興間，已二百餘年，所損不及十之一。熊克小紀云：邦乂，廬陵人。罵烏珠曰：「汝無厭，而圖中原。天寧久假？行誅汝矣，尚安能汚我！」遂遇害。薛應旂通鑑云，邦乂，字晞稷，吉水人。第進士。事聞，贈直祕閣，謚忠襄，賜廟褒忠。時知徐州趙立，率兵三萬赴行在，與金遇於淮陰，轉鬬四十里，至楚州。議者謂：自燕山之役，南北争戰，未有若此之鏖戰者。滕康、劉珏奉太后將趨虔州，江西制置使王子獻棄洪州走。金陷臨江及洪州，撫、袁二州刺史王仲山、王仲嶷皆降。太后至吉州，金兵追急，后乘舟夜行至太和縣，舟人景信反，楊惟忠兵潰，失宮人一百六十，康、珏遁，兵衛不滿百。自萬安登陸，后及潘貴妃肩輿至虔，鄉兵陳新圍城，胡友擊破之。后稍安。金兵至廬陵，太守楊淵棄城走。時胡銓鄉居，領民兵入城固守，責淵罪，乃還。后赦之。銓散兵歸里。宋史高宗紀，金破臨江軍，吴將之遁。一作吴江。陷洪州，李積中降。王宗望以濠州降。畢沅續通鑑云，陷永豐，知縣趙訓之、縣尉陳自仁遇害。攻建昌，蔡延世拒却之。破吉州，還，屠洪州。繫年要録云，時上元丞趙壘之戰死。陷潭州，通判孟彥卿、趙民彥皆死。烏瑪剌太師屠洪州。史未載江西兵事，今備録之。趙鼎扈從録云：洪州御史臺申太后赴虔州，至太和，楊惟忠軍作亂，內人被害者衆。后、賢妃皆村民荷轎，無一人護從。李心傳朝野雜記云：后往洪州，太廟神主、天章閣神御偕行，舟過落星灣，六宮及後軍舟飄覆者數十，惟太后舟無虞。四年，上幸會稽，遣學士盧益奉后還。羅大經鶴林玉露云：吉州江濱有石材廟，后避寇泊舟廟下，夢神告曰：「速行，寇至！」后驚，卽發舟，指章貢，寇追不及而還。事定，封神剛應侯。太府寺丞陳剛中南遷，題詩廟柱。周煇清波雜志云：后上賓，廷臣進挽歌，辭皆紀垂箔事。林遹詩云：「飲馬驅驕虜，飛龍紀建炎。艱危三改歲，倉卒兩垂簾」云云。一時傳誦。

十二月丙戌，宗弼取湖州。丁亥，克杭州。〔攷異〕輿地廣記云：湖州，春秋屬吳、越，戰國屬楚，漢屬會稽、丹陽二郡，孫吳分置吳興郡，梁兼置震州，隋始號湖州，唐號吳興郡，周升宣德軍，今改昭慶軍，縣六：烏程、歸安、安吉、長興、德清、武康。杭州，春秋屬越，戰國屬楚，秦屬會稽郡，漢因之，陳置錢塘郡，隋始號杭州，尋改餘杭郡，唐復舊，升鎮海軍，今爲寧海軍，縣九：錢塘、仁和、餘杭、臨安、富陽、於潛、新城、鹽官、昌化。續通考云：湖州，宋改安吉州，多孝豐縣。杭州，宋爲臨安府，有海寧而無鹽官。阿里、富埒琿追宋帝於明州。越州降。大臭敗宋周望軍於秀州。〔攷異〕輿地廣記云：明州，秦屬會稽郡，漢因之，唐齊澣以州有四明山，奏置明州，尋爲餘姚郡，梁升望海軍，今爲奉國軍，縣六：鄞縣、奉化、慈溪、定海、象山、昌國。越州，春秋爲越都，秦屬會稽郡，漢因之，東漢置會稽郡，治山陰，宋、梁曰東揚州，隋置吳州，尋爲越州，唐升鎮東軍，今因之，縣七：會稽、山陰、剡縣、諸暨、餘姚、蕭山、新昌。秀州，春秋吳、越分界，秦屬會稽郡，漢因之，隋、唐屬蘇州，後屬杭州，吳越奏置秀州，今因之，縣四：嘉興、華亭、海鹽、崇德。續通考云：明州，唐爲鄞州，又爲餘姚郡，宋升慶元府，領五縣，無昌國。越州，唐改會稽郡，宋升紹興府，領八縣，有上虞、嵊縣，而無剡縣。秀州，唐爲嘉興縣，石晉爲秀州，宋爲嘉禾郡，領七縣，有秀水、嘉善、平湖、桐鄉，而無華亭。陸游老學菴筆記云，南渡後，每邊事危急，則住常程，謂專治軍旅，其他皆權止施行。又急則放百司，謂官吏權聽自便。幸明州時，呂欲并從官令自便，高宗不可，乃止。又敗宋兵於杭州東北。阿里、富勒琿敗宋兵於東關，遂濟曹娥江。在紹興府東九十二里，爲剡溪下流。敗宋兵於高橋。在寧波府西南二十五里。宋帝入於海。〔攷異〕宋史紀事本末云，兀朮進攻廣德軍，岳飛邀擊，六戰皆捷，擒其將王權。攻常州，飛復追至，四戰皆捷。廣德無援，守臣張烈被殺。兀朮遂過獨松關，見無戍者，曰：「南朝若以羸卒數百守此，吾豈獨得渡哉！」犯臨安，守臣康允之棄城走，知縣朱蹕力戰，死之。遣阿里、富埒琿渡浙來追，帝乘樓船次定海，進次昌國。犯越州，安撫李鄴以城降，衛士唐琦擊金帥琶八，死之。畢沅續通鑑，琦時爲親事官。琶八作巴哩巴。熊克小紀、趙甡之遺史均謂擊烏珠，誤。蓋烏珠留杭未嘗過江也。小紀，唐琦作唐寶。時温州通判曾悥不屈，并其家殺之。悥乃鞏孫。潘永因宋稗類抄云，琦，開封人。時李鄴與琶八並馬行，琦持二大甓擊之，中馬，琦被執，琶八曰：「大金兵數(萬)〔百〕(據宋稗類鈔卷三改)萬，汝殺我一人何益？」琦曰：「願碎汝腦，以愧降賊者。」罵鄴曰：「我(日)〔月〕(同上)請官一石米，且不肯負國，汝受國厚恩，乃甘心從賊，尚得爲人耶？」琶八怒曰：「汝欲何以死？」琦曰：「我願(油)〔以〕(同上)布裹尸，灌油，焚三日。」琶八如其言，焚之。琦恐琶八追及高宗，故以焚尸緩其程。會稽帥傅崧請立廟祀之。又云：兀朮既入鄞，將犯蹕，風濤稽天，不得進，遥望大洋一山，問海師何所？曰：「陽山。」兀朮嘆曰：「昔唐斥境極陰山，吾至此足矣，遂下令返棹。其日，御舟將如館頭，亦遏於風，不爾，幾殆。蓋天褫其魄也。龍舒在淮，最殷富，金獨不入其境，説者謂其語忌，蓋「舒」之爲音「輸」也。南宋書云，帝在四明，御史林之平召募海船，適至，張公裕又進海舟二十，以田經船作御舟。大金國志公裕作公佑。繫年要録，公裕，平棘人。敏求孫。時轉運趙億舟先至。北盟會編云，帝欲幸海道，扈從班直作亂，帝射中二人，擒張寶十七人，斬之；優遇辛永宗等，亂乃定。杭州軍亂，殺知州劉誨，陷其城。小紀又云，衛士張寶、譚焕等不欲入海，謀亂，命內侍宣諭，遂定。統制辛企宗（按，三朝北盟會編卷一三五作辛永宗，未知孰是）斬竇、焕十七人，餘分隸諸軍。趙鼎事實云，時班直登舟，不能容，訴於内侍，陳省不決，人衆語諠，肆惡言，蓋激於一時，非本謀也。後斬二十餘人。時，范宗尹等至明州，昨隨崔縱奉使人盧仲自敵中歸，令與歸朝官程暉來。所攜國書，語極不遜，宗尹却不見。潛説友咸淳臨安志云，乙酉，兀朮犯臨安，允之知府事，遁保赭山。赭山與龕山對峙，爲海門，在仁和縣東北六十五里。時直顯謨閣劉誨在城中，軍民推之以守。金遣李儔來説降，未果，誨爲軍殺。錢塘令朱蹕在天竺山遇害。誨贈直龍圖閣。餘杭令曾悬率父老迎拜金兵。悬亦鞏孫。薛應旂通鑑云，是年，戚方叛，犯鎮江，殺守臣胡唐老。字俊明，樞副胡宿曾孫世將兄，贈徽猷閣直學士，謚定愍。廣德守張烈，作周烈。帝次温、台，黄潛善死於英州，鄭凝之亦以兵死。按，帝登舟幸海，汪伯彦日歷作十二月十一日，李正民乘桴記作十五日，王庭秀閔世記作十六日，所載各異。劉侗帝京景物略云，杭州上天竺大士像，晉天福中僧道翊刻。後漢乾祐間，僧從勳自洛陽奉佛舍利安大士頂。宋建炎四年，烏珠入臨安，知像所在，與玉帛圖籍盡航而北。僧智完從至燕，於玉河鄉建寺奉之，曰觀音寺。明成化間於土中得石，乃金大定十七年載天會七年梁王徙像事甚悉。今寺有學士程敏政碑記，然咸淳臨安志謂僧道元逢金難時，秘大士於井，兵退，聞鏗然聲，知井所在，得像歸之院。據此，則觀音寺之像，非天竺像明矣。

八年（庚戌一一三〇）春正月，宗弼使當堪濟師，遂與阿里、富埒琿克明州，執其守臣趙伯諤。進至昌國縣，明爲昌國衛，在象山縣西南八十里。宋帝走温州，〔攷異〕輿地廣記云，温州，秦、漢屬會稽郡，晉置永嘉郡，唐曰東嘉州，後改温州，石晉升静海軍，縣四：永嘉、平陽、瑞安、樂清。續通考云，唐爲東嘉州，又爲永嘉郡，後改温州，宋升瑞安府，領五縣，多泰順。由海道追三百餘里，弗及。遂隳明州城，引軍還。〔攷異〕宋史高宗紀，正月，金犯明州，張俊及劉洪道擊卻之；再犯，俊遁，遂陷。夜大雨，震電，乘勝破定海，以舟師追襲御舟，張公裕以大舶擊却之。續綱目云，三年十二月，阿里、富埒琿至明州西門之高橋，統制劉保戰敗，楊沂中等復殊死戰，舍舟登岸，劉洪道帥兵射其旁，大破之，殺數千人。四年正月，金復來攻，俊、洪道坐城樓，遣兵掩擊，殺傷大半，金人奔北，溺死無數。拔砦，退屯餘姚。烏珠遣兵助攻，俊等遁，屠明州。畢沅續通鑑云，高橋之戰，其將黨用、邱橫死之。熊克小紀，劉保作劉寶，尚有田師中、趙密皆力戰。時，扈從航海者，宰執外，唯趙鼎、富直柔、葉份、李正民、綦宗禮、陳戩六人。鄭居中子億年被掠北去，後降金。南宋書云，帝移舟海澳至章安鎮，在海鬱鬱，游宴六鼇峰以消懷。金追至昌國，縱火焚掠，至沈家門而還。帝去纔隔一日。趙甡之遺史六鼇峯作金鼇峯。潘永因宋稗類抄云，高宗航海次金鼇山，徒步入福濟寺，聞住持僧道祝聖之詞，甚喜。少焉車騎畢集，僧驚怖失措。有司教以起居儀。山下曰黃椒村，婦女咸來瞻拜龍顏，歡聲如雷。曰：「不圖今日得覩天日。」帝勅「夫人各自便。」故今村婦皆曰夫人。趙彥衛雲麓漫鈔云，祥符寺僧師顏曰：「年十四時，事悟講主。建炎三年十二月二十六日，民間譌言，天子航海東來，泊金鼇山下。二十八日平明，有十八（按雲麓漫鈔卷七「十八」作「十六」）人皆衣戰袍，步（月）〔自〕（同上）金鼇入寺。有黃領者坐，頃之，問寺有素食否？時方修歲識，乃取炊餅五枚，進，〔食〕（同上補）其三，已，又食其半。悟講主擷蔬芼以奩（按，雲麓漫鈔卷七作韲）鹽獻。晚復幸金鼇，凡留十四日，始航海幸永嘉。又留四十五日，復航海幸金鼇。留八日，忽聞六軍呼萬歲，捷書至也。遂由四明還紹興。」李正民乘桴記云：「己酉十二月五日，上至四明。十五日大雨，遂登舟至定海。十九日至昌國。二十六日移舟溫、台。連日南風，舟行緩，庚戌正月二日，北風稍勁，晚泊台州港。三日早，至章安，知台州晁公爲來，上幸祥符寺，得餘杭陳彥報，金兵至縣，擊退。六日，得張俊報，四（按，同上書作三）次遇敵，殺傷相當。十四日，俊來。十八日，移舟離章安。二十日，泊青（澳）〔隩〕門（同上書改）。二十一日泊溫州港。」均與史異。金鼇蓋一獨峯，頂有善（齊）〔際〕寺（同上書改）與祥符塔院。紹興末，賜額。先有人題詩曰：「牡蠣灘頭一艇橫，夕陽多處待潮生。與君不負登臨約，同上金鼇背上行。」高廟以爲詩讖。又壁間有詩曰：「黃帽當年駕舳艫，東浮鯨海出三吳。中興事業風波惡，好作君王坐右圖。」不著姓名。阿里布、原作阿魯補。本傳，宗室伊克子，魁偉善戰，破遼舉宋均有功。時從宗弼渡淮，以兵四千留和州，總督江、淮間戍將，討未附郡縣。嗣與達呼布敗敵萬衆於柘皋，歷(左)〔右〕(據金史卷六八阿魯補傳改)監軍，歸德節度，爲海陵殺。大定中，贈儀同三司。傳在卷六十八。至卷八十，阿里布，原作阿離補，另一人。色哩頁原作斜里也下太平、順昌及濠州。〔攷異〕輿地廣記云，唐分宣州置太平州，南唐升雄遠軍，今爲平南軍，復改太平州。縣三：當塗、蕪湖、繁昌。順昌，春秋爲胡國，秦爲潁昌郡，魏曰汝陰郡，唐爲潁州，今升順昌軍，縣四：汝陰、萬壽、潁上、沈邱。濠州，古鍾离子國，秦、漢屬九江郡，東晉置鍾离郡，齊兼置北徐州，隋始號濠州，或作豪，縣二：鍾离、定遠。續通考云，太平，唐爲南豫州，宋升爲路。順昌，唐初爲信州，金復爲潁州，有太和而無萬壽。濠州，南唐爲定遠軍，明爲鳳陽府，建中都。伊喇温傳，本名阿薩爾，遼橫帳人。初從侵宋，渡江，辟巡檢。時江寧、太平初下，宋遺諜扇構百姓，應者數萬，温擒諜，遂不敢竊發。終臨海節度。紀未載。

是月，宋副元帥杜充叛宋，以其衆來降。〔攷異〕宋史載充降於三年十一月，卽天會七年。南宋書云，建康陷，充走真州。守臣向子忞勸由通、泰渡江入浙。充有異志，不聽。子忞棄州南奔。宗弼遣人説充，許如張邦昌故事，遂降。宋削官爵，子孫徙廣州。宏簡録，充，字(子)〔公〕美(據中州集壬集小傳改)，相州人。事聞，徙其子嵩、崑、巖，壻韓汝惟於廣州。元好問中州集載其塵詩云：「汩汩勞生爲爾忙，祗除不到白雲鄉。步回洛浦生羅襪，歌斷秦樓簌杏梁。閑撲衣襟迷遠望，静穿牕隙鎖斜陽。帝城別有風流在，輦路春風十里香。」

二月乙亥，宗弼還自杭州，取秀州。〔攷異〕畢沅續通鑑云，時宗弼屯兵臨安之吴山，縱火焚掠，以輜重不可遵陸，取道秀州，陷其城，都監趙士豎死之。潛説友咸淳臨安志云，先是，成州團練使陸漸迎降，爲鈐轄，勸宗弼括金銀，焚臨安北去。紀均未載。別將巴爾斯追宋孟后於江南。〔攷異〕薛應旂通鑑諸書，后出奔事繫之去年。詳見上。古雲原作固雲。〔攷異〕唐古特語「才能」也，舊作轂英，本名達蘭，尼楚赫子，官平章，上京留守。前行趨潭州。〔攷異〕輿地廣記云，潭州，古三苗國地，秦置長沙郡，晉置湘州，隋曰潭州，唐升武安軍，今因之，縣十一：長沙、安化、衡山、醴陵、攸縣、湘鄉、湘潭、益陽、瀏陽、湘陰、寧鄉，屬荆湖南路。續通考云，潭州，唐置，元改大臨路，領縣五、州七。王存元豐九域志云，荆湖路，咸平三年分南、北路。南領潭、衡、道、永、郴、邵、全七州，桂陽一監，三十四縣；北領江陵一府，鄂、安、鼎、澧、峽、岳、歸、辰、沅、誠十州，四十七縣。宋大軍在常武，古雲以選軍薄其城，敗千餘人。明日，城中出兵來戰，古雲以五百騎敗之，獲馬二百匹，遂攻常武。巴爾斯以諸軍爲大陣，居其後，古雲爲小陣，當前行，即麾兵馳宋軍，宋軍亂，遂大敗之。〔攷異〕宋史紀事本末云，金既破江西諸郡，乃引兵犯湖南，陷潭州。將吏王暕、劉玠、趙聿之力戰死，向子諲棄城遁，金屠其城，去。子諲乃復入。宏簡録云，金陷荆南澧州，守臣唐慤、王淑棄城去。紀均未載。戊戌，取平江。〔攷異〕輿地廣記云，周封太伯爲吴國，秦置會稽郡，漢因之，東漢置吴郡，陳曰吴州，隋曰蘇州，南唐升中吴軍，今爲平江軍，政和三年改爲府，縣五：吴縣、長洲、崑山、常熟、吴江。續通考云，唐爲蘇州，改吴郡，後仍舊，宋爲平江府，領縣七：多嘉定、崇明。薛應旂通鑑云，金游騎至平江，周望奔太湖，守臣湯東野棄城遁。兀朮入城，縱火焚掠，死者五十萬人，得脱者十之一二。既而，沈與求劾望罪，安置連州。三月，金入常州，守臣周杞棄城去。大金國志云，兵過吴縣，統制陳思恭以舟師邀擊於太湖，幾獲兀朮。張邦基墨莊漫録云，時金陷平江，兩浙宣撫周望退軍崑山縣，泊馬鞍山下湖邊，吏方用印，忽旋風起，印與文卷盡墮水，求之不獲，望懼北兵來襲，走屯惠通鎮，留吏求之，禱於馬鞍山神，曰静濟侯。乃作堰捍水，鑿數尺，始得之。所載較詳。

三月丁卯，宗弼及韓世忠戰於鎮江，〔攷異〕輿地廣記云，春秋屬吴、越，漢屬會稽郡，東漢屬吴郡，孫權初鎮丹徒，曰京城，晉置毗陵郡，隋置潤州，今爲鎮江軍，縣三：丹徒、丹陽、金壇。續通考云，唐爲潤州，又改丹陽郡曰鎮海軍。不利。

夏四月丙辰，復戰於江寧，敗之。時宗弼軍還，阿里率兵先趨鎮江。宗弼舟小，契丹、漢軍没者二百，遂泝流西上。世忠襲之，奪世忠大舟十艘，於是宗弼循南岸，世忠循北岸，且戰且行。世忠艨艟大艦數倍宗弼軍，出宗弼軍前後數里，擊柝之聲，自夜達旦。世忠以輕舟來挑戰，一日數接。將至黄天蕩，宗弼乃因老鸛河故道，開三十里通秦淮，〔攷異〕方輿紀要云，大江過昇州東，浸以深廣。自老鸛嘴度白沙横闊三十餘里，俗名黄天蕩，在江寧府東北八十里。秦淮在上元縣治東南三里，有二源：一出句容縣華山；一出溧水縣東廬山，合流於方山，貫府城，至石頭城入大江。續通考云，老鸛河，周世宗所開，在淮安府城西。秦淮，始皇所開，以斷地脈者，因名。一日夜成，乃得至江寧。達蘭原作撻懶使伊喇古自天長縣名，屬泗州。赴援，烏淩阿托雲亦至，連敗宋兵。

宗弼發江寧，將渡江而北。宗弼軍渡自東，伊喇古渡自西，與世忠戰於江渡。世忠分舟師絶江流上下，將左右掩擊之。世忠舟皆張五緉，宗弼選善射者，乘輕舟，以火箭射其五緉，皆自焚，煙焰滿江，世忠舟軍殲焉。宗弼渡江北還。〔攷異〕薛應旂通鑑云，金人至鎮江。初，韓世忠以前軍駐青龍鎮，中軍駐江灣，後軍駐海口，欲俟兀朮還，擊之。及兀朮由秀州趨平江，世忠計不就，遂移師鎮江以待之。先以八千人屯焦山寺，兀朮欲濟江，乃遣使通問，且約戰期，許之。謂諸將曰：「是間形勢，無如金山龍王廟者，敵必登以覘虚實。」遣蘇德將百人伏廟中，百人伏廟下岸側。襲執之，兀朮跳而免。及接戰江中，凡數十合，妻梁氏親執桴鼓，敵終不得濟，俘獲甚衆，擒其壻龍虎大王。兀朮懼，請歸所掠及名馬以假道，均不許。自鎮江西上，至黄天蕩，勢益窘，乃開老鸛河趨建康，岳飛邀擊於新城，大破之。會貝勒太一來援，兀朮引還，欲北渡，世忠與相持於黄天蕩。太一軍江北，兀朮軍江南，世忠以海艦進泊金山下，豫以鐵綆貫大鉤授健者，明旦，敵舟躁而前，海舟分兩道出，其背每縋一綆，則曳一舟沈之。兀朮窮蹙，求會語，祈請甚哀。世忠曰：「還我兩宫，復我疆土，則可相全」。乃募人獻破海舟策，閩人王姓者，教其舟中載土，以平板鋪之，穴懸板以棹槳，風息則出，海舟無風不能動也，且以火箭射其篛篷，不攻自破矣。及天霽風止，遂以小舟出江，世忠絶流擊之，兀朮命射以火箭，煙焰蔽江，遂敗，焚溺死者甚衆，世忠僅以身免，奔還鎮江。兀朮濟江屯六合。是役也，世忠以八千人拒兀朮十萬衆四十八日，敗；然金人自是不敢復渡江矣。南宋書云，世忠敗，墮江，爲崇福院僧普倫救免。孫世詢、嚴允吉戰死。北盟會編云，兀朮既破海舟，欲至建康謀北歸，又爲世忠扼，乃開蘆陽池新河，一夕成，舟出建康，世忠尾擊之。趙雄元勳碑，是役，兀朮僅以身免，俘獲殺傷，不可勝計。輜重山積，被擒男女得免者，無算。均與史異。羅大經鶴林玉露云，梁夫人，京口倡，嘗五更入帥府，見一虎蹲卧，駭走；復往視，乃一卒。蹴起，詢知爲世忠，邀至家，約爲夫婦。蘄王立功，封國夫人。及扼兀朮，幾成擒，一夕鑿河遁去。夫人劾奏世忠失機縱敵，請加罪。朝廷爲動色。韓王墓在蘇州靈巖山寺西麓，紹興中敕葬，禮尚趙雄撰碑，周必大書。見江南通志。熊克小紀云，初，金圍揚州，金壇張續固守不肯動。至是，命偏師控扼要處，與世忠爲犄角之勢。世忠悉師督戰，風弱帆緩，我師不利，所掠盡爲金奪，得舟十餘艘。趙翼劄記云，宋史世忠傳謂龍王廟在金山。按金山在水中，豈能騎而入，又騎而逃，此必誤也。輿地紀勝謂伏兵北固山龍王廟，較爲近理。王明清避亂録載，杭妓吕小小以罪繫獄，會錢塘守邀世忠飲，世忠爲言而出之，遂飲巨觥，攜妓去。揮麈録載王淵妓周氏爲趙叔近得。陳通之亂，叔近招降之。淵遣張俊、世忠討通，并斬叔近，以妓歸淵。淵賜俊，辭，乃予世忠。按，此二事，或因梁氏事附會，近於誣。至宋史常同傳，謂世忠屯鎮江，光世屯建康，私忿欲交兵，常同劾其驕狠無忌憚。趙鼎傳，謂光世部將王德擅殺世忠部將，因其移屯，遣兵襲其後，奪建康府廨。張俊傳，謂世忠所部，逼逐諫臣墜水死，因劾奏奪觀察使。魏矼傳，謂世忠欽内侍李廙家，刃傷弓匠，此皆少年(租)〔粗〕(據文義改)。又，據宋史卷三七六魏矼傳云，「内侍李廙飲韓世忠家，刃傷弓匠，事下廷尉」。與此處所叙「世忠欽内侍李廙家」正相反，此誤）豪之過。世忠傳不載。玉海云，建炎四年，上以世忠不親文墨，命寫郭子儀傳賜諸將。是日，阿里布戰於柘皐；己亥，周企戰於壽春，皆勝之。〔攷異〕方輿紀要云，柘皐鎮，在巢縣西北六十里，即春秋之橐皐，「橐」訛爲「拓」，復訛爲「柘」，今屬無爲州。薛應旂通鑑云，時金人犯江西者，聞兀朮北還，自荆門引去，統制牛皐潛軍擊敗之於寶豐之宋村，擒金將馬五太師。其在建康者，大肆焚掠，執李棁、陳邦光等，自靜安，渡宣化而去。棁道死，邦光歸劉豫。岳飛邀擊於靜安鎮，大敗之。自杜充降，所部多剽掠，獨飛嚴輯其下，不擾居民。士夫避寇者，多賴以免。大金國志云，兀朮至六合，爲岳飛敗。屯楚州九里(涇)〔徑〕，(據大金國志卷六太宗紀改)爲趙立敗。立尋中砲死。會聞宋師出陝右，託言西去。又，自江南回，每遇親識，必相持泣下，訴以過江艱危，幾不免。畢沅續通鑑云，五月，陳德結衆入建康，閤家被害，都監金沔死之。陷定遠，承宣使(閣)〔閻〕勍(據畢沅續通鑑卷一〇七改)被執，不屈死。攻和州，胡廣射宗弼，中其左臂，遂破之。守臣宋昌祚、唐景、蹇譽、徐牻、邵元通皆死。進士龔楫襲金人於新塘，爲所殺。八月，鎮撫使薛慶戰於揚州城下，死之。熊克小紀云，時達蘭遣泰伊，原作太乙，貝勒玷提兵援烏珠，因圍楚州。達蘭居祁州，衆尚留承、楚。劉光世守鎮江，欲携貳之，乃以金銀銅爲三色錢，其文曰：「招納信寶」，獲金人，則燕餞而遺之。踵至者數萬。因創置赤心奇兵，頗得其力。潘永因宋稗類抄云，唐牛奇章元怪録載蕭至忠欲出獵，羣獸求哀於山神曰：「當令巽二起風，滕六致雨。」翼日風雨，蕭不復出郊。建炎中，張、韓擁兵於高郵，時金兵駐楚、泗間，二將自料非敵，甚怯；將交鋒，風雨大作，敵衆散走，損折甚多，遂奏凱。范師直方素滑稽，參軍事，笑曰：「焉知張七、韓五，乃得巽二、滕六力耶？」聞者閧堂。韓淲澗泉日記云，北兵渡江，建康五縣惟句容自保赤山，并無侵害，今户口比他縣獨多，此民兵聚結之利也。續綱目云，九月，楚州陷，鎮撫使趙立死之。初，達蘭圍楚，立固守，不克；烏珠將北歸，以輜重假道，立斬其使。遂設南北兩屯，絶餉道，圍攻數月，飛礮中其首死，旬餘，城陷，贈奉國節度，謚忠烈，徐州人。宋史高宗紀，八月，金陷承州。命陳思恭屯明州防海道。王德、酈瓊敗金游兵於召伯埭。九月，趙霖復和州，金犯揚州，靳賽敗之於港河。楚州之破，鎮撫李彦先來救，兵敗，亦死。十月，岳飛破金人於承州，尋棄泰州，渡江，退保江陰。十一月，金陷泰州，通州守臣吕仲棄城去。皐，字伯遠，汝州魯山人。德，字子華，通遠軍人。瓊，字國寶，臨漳人。陸游老學菴筆記云，建炎初，駕駐南京揚州，而東京置留守司，則百司庶府爲二：一曰在京某司；一曰行在某司。後駕幸建康、會稽，而六宫往江西，亦分爲二：曰行在某司、行宫某司。已而，駕幸建康，六宫留臨安，則建康爲行在，臨安爲行宫。今東京阻隔，而臨安官司猶曰行在某司，示不忘恢復也。時按景德幸澶州故事，置御營使，領以宰相，執政副之。上御朝，御營使副先上奏本司事，然後三省樞院相繼奏事，其重如此。高宗駐蹕揚州，郡人李易爲狀元。次幸臨安，而狀元張九成亦貫臨安。時以爲王氣所在。周淙乾道臨安志云，五代史，唐末豫章人有善術者，望牛斗間有王氣，乃吴、越分野也。宋史地理志，兩浙路當天文南斗須女之分，太内在鳳凰山東，以臨安府舊治子城增東南曰麗正門，外建東西闕亭，百官待漏院，北曰和寧門，東曰東華門。按潛説友咸淳臨安志載高宗駐蹕次第甚詳，云，建炎三年二月壬戌，帝自揚州幸杭州。四月癸丑，侍御史王庭秀請幸江寧。丁卯，發杭州，録事洪浩諫，不聽。五月乙酉，至江寧府。七月辛卯，陞杭州爲臨安府。閏八月丁丑，降御筆，欲定居建康。詔行在職事官條具以聞。始，張浚建武昌之議，百官言不可；輔臣入對，遂定東巡之策。丁亥，帝召諸將問移蹕地，張俊、辛企宗勸自岳、鄂幸長沙，帝以爲非。壬辰，周元曜自京太廟奉藝祖以下神位九室至臨安。壬寅，車駕發建康。十月癸未，至臨安府。庚寅，幸浙東。壬辰，至越州。四年四月，韓世忠鏖金江上，吕頤浩請幸浙西。甲申，下詔親征。紹興二年正月丙午，帝自紹興幸臨安。四年十月丙子，詔親征。戊戌，發臨安。壬寅，入居平江行宫。五年二月壬午，還臨安。先是，留守孟庾上表請還蹕，詔答曰：「朕夙嚴戎駕，底定邊虞，小次舍於吴門，往宅師於建鄴。載念江山之勝，屢經兵火之餘。雖有司版築以時，并繕宫府城池之役；顧斯民襁負而至，尚無邑屋廬舍之依。復覽封章，力祈還幸，見官儀而思漢，諒南北之一心；從仁人而居邠，亦父老之誠意。勉從來牘，暫議回轅，想遲警蹕之意，遂慰羽毛之喜。可依所請，暫回臨安府駐蹕。」侍郎梁汝嘉率本府士庶，復上表來迎，賜詔曰：「朕，萬騎時巡，方圖遠略；九廟未復，其敢奠居。比臨江上之師，覬殄目中之寇。遂頒前詔，暫議還轅。汝等並傾向日之心，咸起望雲之意。有嘉愛戴，諒慰忠忱。」遂以二月丁丑發平江。六年八月甲辰，從張浚議，下詔視師，進幸平江。九月丙寅，發臨安府。七年三月辛未，幸建康，八年二月戊寅，還蹕臨安。復下詔曰：「昔在光武之興，雖定都於洛，而車駕往返見於前史者非一，用能奮揚英威，遞行天討，上繼隆漢，朕甚慕之。朕荷祖宗之休，克紹大統，夙夜危懼，不常厥居。比者，巡幸建康，撫綏淮甸，既已申固邊圉，奬率六軍，是故復還臨安，内修政事，繕治甲兵，以定基業，非厭霜露之苦，而圖宫室之安也。自今應諸路宣撫、制置使等，其深戒不虞，益勵士卒，常若敵至，以聽號令，帥府、監司，其協心同力，共濟軍旅，罔或不勤，以副朕經營之意。」時用趙鼎議，降旨，先發百官，設建康行宫留守，示往復兩都，居無常所。是以上下帖然云。攷臨安府治，舊在鳳凰山右，中興駐蹕，因以爲行宫。而徙建府治於清波門北浄因寺故基。

金史紀事本末卷十一

規取隴蜀

太宗天會八年（庚戌一一三〇），即宋高宗建炎四年也。秋七月辛亥，以皇子、右副元帥宗輔原作窩哩嗢，亦作訛里朶。赴陝援羅索。原作婁室。〔攷異〕南宋書作婁宿，通鑑輯覽作洛索。本傳，完顏部人。從太祖伐遼，屢有功，命爲萬户，鎮黃龍府。尋獲遼主於伊都谷。從宗翰侵宋，定兩河，進兵陝西，城邑多降。汪輝祖金史同名録云，父白答，七水諸部長；卷三太宗紀天會元年遼乙室部人；卷一百二十九蕭裕傳海陵時牌印，三人同名白答。先是，遣羅索經略陝西，宋史地理志云，禹貢雍、梁、冀、豫之域，而雍州全得焉。分永興、鄜延、環慶、秦鳳、涇原、熙河六路，各置經略安撫司。〔攷異〕王存元豐九域志云，陝西路，興國二年分河北、河南路。又有陝府西路，後併一路。熙寧五年，分永興、秦鳳二路。永興軍領京兆、河中二府，陝、延、同、華、耀、邠、鄜、解、慶、虢、商、寧、坊、丹、環十五州，保安一軍；秦鳳路，領鳳翔一府，秦、涇、熙、隴、成、鳳、岷、渭、原、階、河、蘭十二州，鎮戎、德順、通遠三軍。續通考云，金併陝西爲京兆、涇原、鄜延四路，置陝西路統軍司及轉運使。所下城邑，叛服不常。其監戰之阿里布原作阿魯布請益兵，〔攷異〕實嘉努傳，時羅索討陝西未下，實嘉努領本部兵援之，後戍西京，封魯國公，太祖壻。紀未載。汪輝祖金史同名録云，實嘉努，原作石家奴。卷六十五斡者傳海陵時中都守城軍官、卷一百一田琢傳興定三年福山縣令，三人同名石家奴。帥府會諸將議，乃命宗輔往。詔曰：「羅索往者所向輒克，今使專征陝西，淹延未定，豈倦於兵而自愛耶？關陝重地，卿等其戮力焉。」〔攷異〕薛應旂通鑑云：建炎四年正月，婁宿陷陝州，李彥仙死之。彥仙，在陝爲戰守備，遣邵興復虢州，敗金烏魯兵。婁宿至，復大敗之，僅以身免。俄以十萬衆環攻，張浚檄曲端往援，不進，城陷，彥仙投河死。其屬官居民無一人降者。字少嚴，彭原人，贈彰武節度，謚忠威。先是，張浚既平苗劉亂，謂中興當自關陝始，命爲宣撫處置使，治兵興元以圖中原，置幕府秦州，積粟理財，以待巡幸。用趙開總川賦，拜曲端爲威武大將軍、本司都統制，辟劉子羽參議軍事，以吴玠、吴璘掌帳前親兵。子羽，字彥修，崇安人，韐長子。開，字應祥，普州安居人。玉海云：拜浚宣撫，賜川、陝官吏軍民詔曰：「今遣浚往諭密旨，其念祖宗積累之勤，勉人臣忠義之節。以身殉國，無貽名教之羞；同德一心，共建隆平之業。尚有懋賞，以答殊勳。」熊克小紀載曲端拜官詔，略曰：「卿久提貔虎之師，式遏虎狼之寇。覽行臺之邊奏，知分閫之賢勞。已建隆名，俾護諸將，兼制五路，折衝二邊。庶展盡於猷爲，豈復憂於讒間。」學士張守詞也。又云：開總財賦，大變酒法，推行四路。於秦州置錢引務，興州鑄銅錢，官賣銀絹，聽民以錢引或餉錢買之；凡民錢當入官，並聽用引折納官，支出亦如之，民以爲便。朱勝非秀水閒居録云：浚便宜行事，事多出敕末，以便銜押字，黄紙大書，席益、徐俯皆不平之。勝非曰：「彼自建康出國門，已行便宜事矣。」後因沈與求言，令浚等止降指揮，勿得爲詔。時赤氣蔽天，中有白氣如練，貫之。宋史高宗紀云：四年二月，金人內犯，浚自秦州入援，進至房州，後聞金兵退，乃還。三月，金寇終南縣，經略鄭恩戰死。續綱目云：金人滻關，端使玠拒於彭原，敗之。薩里罕懼而泣，羅索復戰，玠敗，部將楊晟死之。端退屯涇源，邠州被焚，玠怨端不救，由是有隙。浚尋罷端兵柄，卒用玠與王庶言殺之。北盟會編云：端馬名鐵象，日馳四百里。及被逮，連呼鐵象可惜。既爲康隨害，鐵象亦斃。林泉野記云：端，字師尹，鎮戎軍人。通書史，善屬文，精騎射。死之後，軍民解體。潘永因宋稗類抄云：端，字平甫，屢戰有聲。浚欲大舉，使張彬往覘，語不合，卒爲所陷。時建炎四年八月也。迨浚得罪，詔追復端職，制曰：「頃失意於權臣，卒下獄於讒死，恩莫追於三宥，人將贖以百身。」及金歸河南，又詔謚壯愍，制曰：「屬委任之非人，致刑誅之横被，興言及此，流涕何追。」端爲涇原都統日，有叔爲偏將，戰敗，誅之，祭以文曰：「嗚呼！斬副將者，涇原都統制也，祭叔者，姪曲端也。尚饗！」一軍畏服。浚嘗按視端軍，端以軍禮見，異之；及點視，放五鴿，則五軍畢集，旗械鮮明，浚雖稱善，心忌之。浚自興州移師閬州，端詩云：「不向關中興事業，却來江上泛扁舟。」其重得罪以此。周密齊東野語又載其詩云：「破碎〔江〕山(河)(據宋稗類鈔卷一、齊東野語卷一五改)不足論，(幾)〔何〕(同上)時重到渭南村？一聲長嘯東風裏，多少未歸人斷魂。」陸游老學菴筆記云，曲端、吴玠均有重名，西人爲之語曰：「有文有武是曲大，有謀有勇是吴大。」端能書，金閬中錦屏山壁間有其書，奇偉可愛。又，姚福進者，兕麟之祖也，德順軍人。以挽强名於秦隴間，至今西人謂其族爲「姚硬弓家。」趙翼箚記云，浚一生不主和議，以復仇雪恥爲(念)〔志〕，(據廿二史劄記卷二三改)固屬正人。然李綱入相時，宋齊愈以附逆伏誅，浚爲御史，劾綱以私意殺侍從，且論其招軍買馬之罪。見綱傳。而趙鼎傳謂浚嘗薦秦檜可任大事，汪伯彦傳謂伯彦既貶，浚以舊嘗引己，與檜援郊祀恩，起伯彦知宣州。高宗紀載浚嘗與飛論淮西事，不合，飛因解兵。奔喪歸，浚奏其意在併兵，以去要君，遂命張宗元權其軍事。戴植鼠璞謂陳東上書被殺，浚又奏胡珵筆削東書，以布衣挾進退大臣之權，遂追勒編置。蓋浚乃黄潛善客，珵則李綱客也。今浚傳皆不載，惟略載殺曲端事，而又謂端部將張忠彦降金，故下端於獄，似非枉殺者，未免意從迴護也。費士戣蜀口用兵録謂端非因庶譖。王之望西事記謂端素少浚，浚因銜之。又云，浚前至襄陽，薦程千秋爲京西制置使，便宜行事，守令以下得誅賞，尋爲桑仲敗。仲據襄陽，千秋遁走，以王以寧、王擇仁代。續通考云，興元府，本唐梁州，改漢中郡，又爲興元府，宋因之。邠州，本唐豳州，以字類「幽」，改爲邠，宋、金皆因之，領新平、淳化、宜禄、永壽、三水五縣。

九月癸亥，宗輔等敗宋張浚軍於富平，耀州降。宋史地理志云，耀州爲華原郡，號威義軍，屬永興路，縣六，富平其一。〔攷異〕輿地廣記云，耀州，春秋屬秦，秦屬内史，漢屬左馮翊，元魏置北雍州，西魏改宜州，復爲通川郡，隋置宜君郡，李茂貞置耀州，升義勝軍，梁改崇州靜勝軍，後唐爲順義軍，今縣七：華原、富平、三原、雲陽、同官、美原、淳化。續通考云，耀州，唐初爲宜州，後爲華原縣，改耀州，宋爲威義軍，改威德，後仍舊，金降爲刺史，領華原、同官、美原、三原四縣。富平，唐徙治義原城，五代，梁屬耀州，宋、金因之。乙丑，鳳翔府降。〔攷異〕續綱目云：七月，張浚遣兵復陝西州郡。聞烏珠將至，檄召熙河劉錫、秦鳳孫偓、涇原劉錡、環慶趙哲及吴玠兵四十萬人，馬七萬匹。錫係錡兄，爲統帥，迎戰，王彦及劉子羽諫，不從。行次富平，玠勸據高阜，不聽；羅索引兵驟至，輿柴囊土，藉淖平行，進薄諸營，方力戰，勝負未分，敵鐵騎直衝趙哲軍，哲軍驚遁，諸將皆潰，金乘勝而進，關陝大震。浚退保秦州，斬哲，置錫合州，自是關陝不可復，論者咎之。李心傳朝野雜記云，趙哲，當復辟時，功在西邊，稱爲名將，故魏公誅之，當時不以爲是。周密齊東野語云，時端部將張中孚、李彦琪諸州羈管，及富平敗，與趙彬等相繼降金，遂犯秦州，五路悉陷。浚以三人皆端心腹，疑其知情，西人多上書訟端寃，浚益忌其得衆心，殺之。紹興四年，浚還朝，侍御史辛炳奏劾，落職，居福州。羅大經鶴林玉露云，浚懼端得士心，殺之。端死，衆心益離。富平之戰，我師詐傳端旗以懼敵，婁室知端已死，撫掌笑曰：「何給我也！」盡鋭力攻，我師敗績，西陝非我有矣。後高廟配享，洪景盧舉此爲魏公罪，遂不得侑食。王之望西事記云，時浚貸民賦五年，錢帛所在山積。又謂端負才喜犯上，非浚所能御，不若殺之。議者罪浚，蜀士多貽書詆訶，浚優容之。有題六言詩於傳舍者，又從而拔之，皆誚訕之辭，浚籠以碧紗，且書後，謂中其病。此所以敗而不亡也。續通鑑云，是役也，洛索已病，既戰，烏珠左翼部將將郤，羅索以右翼力戰，遂敗浚軍。張浚行狀云，九月二十四日，烏珠與尼瑪哈會。按，尼瑪哈時在雲中，蓋誤。趙甡之遺史云，諸軍驚亂，浚乘騎急奔，諸軍皆潰。時浚在邠州，亦誤。南宋書云，浚初榜曰：「能生得婁宿者，白衣授節鉞。」婁宿亦榜曰：「能生擒浚者，賞牛一頭。」北盟會編云，時郭奕爲詩誚浚曰：「秦山未盡蜀山來，日照關門兩扇開。刺史莫嫌迎候遠，相公新送陝西回。」繫年要録云，奕，萬年人。爲幕官，嘗諫用兵。眉山王賞亦獻養威、持重二策，浚不納。張浚丁巳瀟湘録云，初奉使川、陝，上謂五年後方可大舉，嗣聞兀朮南侵，欲傳檄舉兵以圖牽制，子羽曰：「相公不記臨行天語乎？此兵非五年訓練不可用。」浚曰：「萬一有前日海道之行，變生不測，吾儕奈何？」子羽議遂塞。論者謂浚輕舉，歸罪子羽爲多，天實鑒之也。宋史高宗紀云，八月，統制閻興屢破金人於解州東。九月，李彦琦敗金人於洛河車渡。金陷延安府，執呂世存，又陷保安軍。史未載。玉海云，紹興六年，召張浚入見，獻中興備覽四十一篇，上嘉歎，置座隅。又八年，教授李昌言應詔撰中興要覽十篇。七年，林保進中興龜鑑。十三年，何俌又上十卷。十二年，布衣陳靖上中興統論。

冬十(二)〔一〕(據金史卷三太宗紀改)月甲辰，宗輔下涇州。丁未，渭州降，敗宋劉倪軍於瓦亭。戊申，原州降。宋涇原路統制張中孚、知鎮戎軍李彦琦以衆降。馬武等擊宋吳玠軍於隴州。宋史地理志云，涇州爲安定郡彰化軍，縣四；渭州，隴西郡平涼軍，縣五；原州平涼郡，縣二；鎮戎軍，本原州高縣地，砦七；隴州，汧陽郡，縣四，皆屬秦鳳路。〔攷異〕輿地廣記云，涇州，秦屬北地郡，漢武分置安定郡，元魏並立涇州，唐爲彰義軍，今縣四：保定、靈臺、良原、長武。渭州，秦屬北地郡，漢屬安定郡，隋初屬原州，後屬平涼郡，唐没於吐蕃，後以原州之平涼縣置行渭州，後爲隴西郡，縣五：平涼、潘原、安化、崇信、華亭。原州，唐分涇州置，後没吐蕃，於靈臺之百里城置行原州，後唐曰平涼郡，今縣二：臨涇、彭陽。鎮戎軍，秦、漢屬北地郡，元魏置高平鎮，後爲郡，隋爲平涼郡，唐曰原州，後没吐蕃，今以故平高縣地置。隴州，秦屬内史，二漢屬右扶風，西魏置隴州，唐曰汧陽郡，縣四：汧源、汧陽、吳山、隴安。續通考云，唐改安定郡，後爲涇州，宋爲彰化軍，金改保定縣爲涇州，徙治長武，領涇州、長武、良原、靈臺四縣。平涼府，唐爲馬監，隸原州，宋爲涇原路，升平涼軍，金立平涼府，設轉運提刑司，大定中改屬鳳翔路，領平涼、潘原、崇信、華亭、化平五縣。又唐原州，宋爲鎮戎軍，金升鎮戎州，縣二：東山、三川。元立開成府，尋降爲州，廢廣安爲縣，隸焉。明改名固原。隴州，宋、金置防禦使，大定中隸鳳翔，領汧陽、汧源、隴安三縣，後增靈山鎮爲四縣。方輿紀要云，瓦亭，關名，在華亭縣西北百八十里，屬平涼府。中孚，字信甫，張義堡人。仕金至右丞，開府，贈鄧王。周密齊東野語云，張中孚降金，實秦相陰遣，雖吳氏兄弟亦不知其謀，每欲勸其族，故金人信之不疑。及虞允文以兵書開宣幕，以王爵告命招之，乃徑自屯所來歸。按，金史中孚傳，中孚降睿宗，載在九年，與太宗紀及睿宗世紀異。癸亥，宗輔以陝西事狀聞，詔獎諭之。〔攷異〕薛應旂通鑑云，十一月，金陷涇原，劉錡退屯瓦亭，遂陷渭州，鎮戎軍叛將慕有引金兵克環慶。畢沅續通鑑慕有作慕容洧。續綱目云，浚聞金入德順軍，乃退保興州。時輜重焚棄，將士散亡，惟親兵千餘自隨，人情大沮。或請徙治夔州，子羽叱之曰：「孺子可斬也。」因請留駐興州，外繫關中之望，內安全蜀之心，浚然其計。子羽請行，單騎至秦州，召諸亡將，皆以兵會，凡十餘萬，軍勢復振，且請遣吳玠駐軍鳳翔大散關東之和尚原，以斷敵來路。關師古聚熙河兵於岷州大潭，孫偓、賈世芳等聚涇原、鳳翔兵於階、成、鳳三州，以固蜀口，金人知有備，遂引去。呂大麟見聞錄，紹興初，富平大衂，王庶籍興元及諸縣良家子弟義士，知縣爲軍正，尉爲軍副，日閱武於縣，月閱武於州，不半年有兵二十萬。州校厚犒賞，可戰則令尉改秩。今川口義士尚衆，皆庶倡之。擢徽猷閣直學士。

十二月丁丑，羅索卒。本傳，贈侍中，開府，追封莘王，諡(莊)〔壯〕義，(據金史卷七二婁室傳改)配享太宗廟廷。子和尼，歷京兆尹，封廣平郡王，諡貞濟；默音，官東京留守，封榮國公；實古納，終北京留守。大金國志謂婁室之卒，在天會十年，追封郜王。〔攷異〕續通考，婁室，字斡里衍，正隆例降金源郡王。和尼作活(汝)〔女〕(據金史卷七二活女傳改)，降代國公；默音作謀衍，官右副元帥。乙酉，宗輔敗宋劉維輔軍。壬辰，熙州降。時師至熙河，持嘉暉別降諸寨將、鈐轄及吐蕃酋長等，并民户萬五千餘。蘭州叛，與鄂勒博等攻下之，獲河州安撫使白常、熙河副都總管劉維輔以獻。宋史地理志云，熙州爲臨洮郡，鎮洮軍，治狄道。河州爲安鄉郡，治寧河，號熙河路，統州五。蘭州爲金城郡，治蘭泉。〔攷異〕輿地廣記云，熙州，春秋爲西羌，秦置隴西郡，晉分置狄道郡，元魏置臨洮郡，唐陷吐蕃，號武勝軍，今升鎮洮軍，縣一：狄道。河州，古西羌地，秦、漢屬隴西，晉置晉興郡，苻堅立河州，後周爲抱罕郡，唐爲安昌郡，縣三：抱罕、大夏、鳳林。蘭州，亦西羌地，秦、漢屬隴西郡，隋置蘭州，又爲金城郡，唐因之，縣二：五泉、金城。後陷吐蕃，今復。縣一：蘭泉。續通考云，熙州，金爲臨洮府，明領蘭、河二州，狄道、金縣、渭源三縣。河州，在臨洮府東南，元領定羌、寧河、安鄉三縣。蘭州金縣，即金州。續綱目，金掠熙河，維輔擊敗之，殺五千人，俄復至，（惟）〔維〕輔（據上文改，下同）急出城，欲焚積粟，爲金執，捽以去，（惟）〔維〕輔曰：「死犬，斬即斬，吾頭豈汝捽也！」即閉口不言，死。所部多不屈，被殺。畢沅續通鑑云，將官韓青、高子儒皆不降而死。太宗紀未載（惟）〔維〕輔死，姑從之。

九年（辛亥一一三一）春正月癸丑，宗弼、阿里布原作阿离補，系出景祖。滅遼舉宋皆有功。從睿宗定陝西，歷右都監，遷左監軍。後宗弼復河南，爲左副元帥，譚國公，卒，官行臺左丞相，傳在卷八十。至卷六十五之阿里布，係伊克子，另一人。撫定鞏、洮、河、樂、西寧、蘭、廓、積石等州，涇原、熙河兩路皆平。宋史地理志云，洮州，號臨城。樂州舊邈川城，即湟州。西寧州，舊青唐城，即鄯州，爲西平郡賓德軍。廓州爲寧塞城，積石軍，本溪哥城，皆隸秦鳳路。〔攷異〕輿地廣記云，洮州，古羌地，爲吐谷渾據，後周置洮陽郡，兼立洮州，隋、唐爲臨洮郡，縣一：臨（津）〔潭〕（據輿地廣記卷一六改），後陷吐蕃，今收復。樂州，漢、晉後屬西平郡，唐屬鄯州，今爲湟州。西寧州，古西羌地，漢武逐諸羌，乃渡河、湟，築令居塞，東漢末置西平郡，後魏置鄯州，後周置樂都郡，隋、唐爲西平郡，後陷吐蕃，今收復爲賓德軍。廓州，古西羌地，漢末屬西平郡，後周爲廓州，唐曰寧塞郡，後陷吐蕃，今收復。積石軍，本漢金城郡河關縣地，唐置軍，後陷吐蕃，今復置。薛應旂通鑑云，紹興元年三月，金破福津踩同谷以迫興州，浚退保閬州，以張深爲四川制置使，與子羽趨益昌，王庶爲利夔制置使，知興元府。宋史踩同谷作躁同谷。又以吴玠爲陝西都統制。時關、隴六路盡陷，只存階、成、岷、鳳、洮五郡及和尚、方山二原。金既得陝西地，悉與僞齊。見太宗紀。畢沅續通鑑云，正月，金掠天水縣，知縣趙璧、雷震、張昔不屈死。知扶風縣康傑，知天興縣李伸及盧大受、田敢，都監劉宣，巡檢王琦，通判刁羣皆爲金殺。明一統志，扶風，縣名，宋仍舊，唐屬鳳翔。文獻通考云，鳳翔府治天興縣。

冬十月戊寅，薩里罕原作撒离喝改名杲。〔攷異〕南宋書作杲。本傳，海陵立，召爲行臺左丞相兼左副元帥，尋誣其謀反，被誅於其家。大定初，追封金源郡王，謚(忠)〔莊〕襄(據金史卷八〇杲傳改)，配享太宗廟廷，詳卷九。

攻下慶陽。古慶州，爲順化軍，縣四，州一。〔攷異〕輿地廣記云，周之先不(窟)〔窋〕(據輿地廣記卷一四改)所居，春秋爲義渠之戎，秦、漢屬北地郡，西魏置朔州，隋立慶州，唐曰安化郡，改順化，升定安軍，縣三：安化、合水、彭原。續通考云，宋改慶陽軍，金爲慶源路，慶陽置安定軍，領三縣，明加西寧一州，除彭(源)〔原〕(據上文改)，加環縣、真寧，屬河西道。别將持嘉暉兩敗重敵，殺其將戴巢。慕洧以環州降。即通遠軍，今爲環縣。〔攷異〕輿地廣記云，環州，元魏分靈州置，後周爲會州，隋改環州，唐末置安樂州，居吐谷渾，後没吐蕃，大中間收復，號威州，周曰環州，改通遠軍，今復舊，縣一：通遠。續通考云，環州，隋置立鳴沙縣，唐革州以縣隸靈州，宋没於夏，仍舊名，元立鳴沙州。此之環州當是今環縣，并録之，以資攷證。繫年要録云，時環慶帥趙哲誅，以孫恂代，斬敗將張思、喬澤，洧，大懼，遂叛。所載較詳。

宗弼攻宋吴玠於和尚原，在鳳翔府寶鷄縣西南三十五里。抵險不可進，乃退軍。伏兵起，且戰且走，行三十里，將至平地，宋軍陣於山上，宗弼大敗，將士多戰死。〔攷異〕薛應旂通鑑云，玠自富平兵敗，收散卒保和尚原，積粟、繕兵、列栅，爲死守計。鳳翔民感其遺惠，多輸芻粟以助軍。金將没立自鳳翔，烏魯折合自階、成，約期會兵。折合先期至，陣北山索戰，玠更戰迭休，金敗遁。没立方攻箭筈關，玠遣將擊敗之，兩軍終不得合。金自起海角，狃於常勝，與玠戰輒敗，憤甚，謀必取玠。兀朮會諸部兵十餘萬，造浮梁跨渭，自寶雞結連珠營，壘石爲城，夾澗與官軍相拒，進薄和尚原，玠與弟璘選勁弩，分番迭射，號「駐隊」，矢連發不絶，敵稍卻，則以奇兵夾擊，絶糧道，度其困，且走，設伏神坌，敵至伏發，遂大亂，因縱兵夜擊，大敗之。兀朮僅以身免，亟剃其鬚髯而去。熊克小紀云，烏珠中箭而遁，俘其將英格貝勒及隊領三百、甲兵八百，殺敵甚衆，横屍遍野。是役也，烏珠往返萬里，始末三年，損衆踰半。初有從馬數百，僅留其六，道由平陽，守臣蕭慶以三馬奉之，得歸燕山。北盟會編云，追至玉女津，擒羊角孛堇等二十餘人。玠，字晉卿，德順軍隴干人，封涪王，謚武安。弟璘，字唐卿，贈太師，封信王。没立、烏魯折合，續綱目作摩哩、敖拉扎哈，通鑑輯覽作默啜、額勒濟格。又烏魯折合，小紀作鄂拉扎哈。畢沅續通鑑謂爲二人。繫年要録，折合作珠赫。舊唐書地理志云，寶雞，本隋陳倉縣，至德二年改名寶雞。陳倉城在縣東二十里。又，寶雞縣西南二十五里有玉女潭，在玉女祠下，未知卽係玉女津否？箭筈關，卽箭筈嶺，其山兩歧，俗呼箭筈，在汧陽南十五里。見通鑑胡注。岐山縣志云，岐山，一名天柱山，卽箭筈嶺，在縣東北五十里。麟遊縣志云，縣南五十里，有箭筈山，接岐山界。宋末，粘没喝攻此，吴玠遣兵擊敗之，蓋邑之險峻處也。未知孰是。均見劉於義陝西通志。

十年（壬子一一三二）冬十一月癸未，薩里罕請取劍外十三州。與宋王彥軍七千人遇於沙會灤，遂克金州。宋史地理志云，號爲安康郡昭化軍，卽今興安州，隸京西南路。〔攷異〕王存元豐九域志云，金州，卽晉懷德軍，縣四：西〔城〕（據輿地廣記卷八補）爲州治、洵陽、漢陰、石泉。薛應旂通鑑云，時金久窺蜀，以和尚原扼其衝，不得逞，將出奇取之，乃以叛將李彥琪駐秦州睨仙人關，以綴吴玠河池之師；復游騎出熙河，以綴關師古；撒離喝自商於直擣上津，攻金州，敗王彥兵三千。彥焚積聚，退保石泉，金州陷。宋中興四朝志云，和尚原，鳳之東境，抵鳳翔不能百里。自兩當縣直出鳳州，取大散關，距和尚原纔咫尺。仙人關，興之東境，距利州纔七驛。祝穆方輿勝覽云，敵憑和尚原下視散關，僅如蟺蛭，猝有緩急，惟仙人關可恃。明一統志云，路分左右：自成州經天水，出皂郊堡，直抵秦州，此左出之路；自兩當趣鳳州，直出大散關，至和尚原，此右出之路。宋白續通典云，石泉，縣名，宋仍唐舊。宋史地理志，河池郡，卽鳳州，縣三，河池縣在今鞏昌界。續通考云，明金州屬漢中府，領平利、洵陽、白河、紫陽、汚縣、略陽六縣。續綱目云，時朝廷疑浚殺趙哲、曲端爲無辜，任子羽、開、玠爲非是。乃以王似爲宣撫副使，浚始不安。聞似來，求解兵柄，且論似不可任。頤浩、勝非日短浚，召知密院，命盧法原與似同治司事，尋落浚職，命趙鼎代，不果行。鼎號稱賢相，深喜伊川學，凡門人皆擢用，浚客桐廬喻樗，久乃見知，薦爲正字，王居正草詞，稱爲「伊、洛淵源」，爲衆所嫉。因有伊川三魂之說：鼎爲真魂；居正爲强魂；楊時爲還魂。謂身死而道猶行世，時以配元祐五鬼。熊克小紀云，諫議唐輝等言，劉子羽、程唐爲浚謀主，卽行貶黜，詔貶子羽於白州，唐落職奉祠，惟張澄遷直徽猷閣，除漕江西。畢沅續通鑑云，是年三月，金經略使薩里干等合兵來侵方山原，吳玠遣楊政、雷仲等擊敗之。浚擢政知鳳州。金州之破，統制郭進戰死。輯覽謂係明年正月事，今從太宗紀。續通考云，是年閏四月丙申，熒惑入氐。紀未載。

十一年（癸丑一一三三）春正月丁卯，薩里罕敗宋吳玠軍於饒風關。戊辰，取洋州。甲戌，入興元府。卽漢中府，領州二，縣六。洋州，今洋縣，在府東南百二十里。〔攷異〕輿地廣記云，興元，秦爲漢中郡，魏末兼立梁州，後周改漢川郡，唐曰褒州，升山南西道，德宗巡幸，升興元府，今縣四：南鄭、城固、褒城、西縣。續通考云，洋州，唐爲郡，後仍舊，明爲洋縣。興元領縣五，多廉水。宋史地理志云，洋州爲洋川郡武康軍，縣三。薛應旂通鑑云，撒离喝既克金州，乘勝長驅，趨洋、漢。劉子羽聞彥敗，亟命田晟守饒風關，召玠入援。玠自河池日夜馳三百里至饒風，以黃柑遺敵曰：「大軍遠來，聊用止渴。」撒离喝大驚，以杖擊地曰：「爾來何速耶？」遂悉力仰攻六晝夜，死者山積。乃更募死士，由間道自祖溪關入，繞出玠後，乘高闞之，諸軍遂潰，敵入洋州，玠退保興元之西縣；子羽亦焚興元退保三泉。金人興元至金牛鎮，四川大震。子羽遺玠書訣別，玠因愛將楊政勸，間道往會，復扼仙人關；子羽築壘潭毒山，方成，金騎奄至，子羽據胡牀、坐壘口，金兵尋引去。撒离喝回鳳翔以書招子羽，斬其使。初，子羽聞有金師預徙梁、洋之積，金深入，饋餉不繼，殺馬及兩河所簽軍士以食。宋兵腹背要擊，死傷十五六。疫癘且作，引衆還。因出師掩其後，金人墮溪澗死者無算，盡棄輜重走，餘兵多降。子羽還興元。金始謀，本謂玠在西邊，故涉險東來，不虞玠馳至，雖入三州，得不償失。王彥復金州，金遂棄均、房。畢沅續通鑑云，金用降將言，自蟬溪嶺遶出關背，乘夜攻克郭仲荀山寨，乃能乘高下視饒風。吳玠傳，謂小校奔金，導以祖溪關間道，關在饒風北四十里。饒風關在西鄉縣東北百六十里。熊克小紀祖溪作祖溪，疑誤。又云：金遣人齎書招子羽，斬一人，令一人還，問曰：「孰遣汝來？」曰：「國相劉益也。」石泉縣志云，饒風嶺在縣西七十里，南枕漢江，與西鄉接界。爲秦、楚、蜀要道，有關置此。雍大記云，山下有饒風河。縣道記云，西縣，本屬興元府，宋平蜀，以縣當衝要，直屬朝廷。三泉，縣名，隸興元，宋仍唐舊。西鄉隸洋州、寧羌州。沔縣志云，潭毒山在縣西八十五里，爲子羽築壘處。略陽縣志云，有青野原在縣北，紹興三年，吳璘拒金兵，曾駐兵於此。均見劉於義陝西通志。

十一月丙寅，宗弼克和尚原。〔攷異〕瓜爾佳實訥傳，隆州人，呵哈孫，都統布爾噶蘇子。從攻和尚原，出仙人關，宋兵據險，明安綽爾齊突戰不利，實訥選麾下五十人戰，克之。與吳玠相拒，烏雅布行陣不整，爲所乘，實訥領兵逆戰，大破之。計前後功，襲父明安。耶律恕傳，本名耨埒，遼秦王族。羅索與宗翰侵宋，恕隸前鋒，取和尚原，攻仙人關，特爲睿宗所知，終參政，封廣平郡王。紀未書。繫年要錄云，宋失和尚原，史及吳玠傳俱不載，惟見胡世將奏議。然據玠自奏，則在是年春夏之間耳。周淙乾道臨安志云，紹興元年，宣撫張浚劄子，據吳玠陳請陝西出兵，自來祈禱三聖，屢獲顯應，乞於和尚原立廟，賜額曰旌忠廟，封忠烈靈應王、忠顯昭應王、忠惠順應王。三年，張俊等於臨安踏道橋東立廟，改賜觀額。三十二年，徙於覺苑寺故基。宋史紀事本末云，兀朮既陷和尚原，於是宣撫司分陝西之地：自秦、鳳至洋州，吳玠主之，屯仙人關；金、房至巴、達，王彥主之，屯通州；文、龍至威、茂，劉錡主之，屯巴西；洮、岷至階、成，關師古主之，屯武都。通鑑輯覽云，通州，今四川達州，本西魏通州，宋改達州通川郡。此云通州，蓋通川之誤。續通考云，是年五月乙丑，月忽失行而南，頃之復故。紀未載。

十二年(甲寅一一三四)春二月丁酉，薩里罕敗宋吳玠軍於固鎮。方輿紀要云，在漢中府鳳縣西百二十里。〔攷異〕宋史紀事本末云，是年三月，吳玠、吳璘與金兀朮戰於仙人關，敗之。先是，玠因和尚原饋餉艱，令弟璘別築壘於仙人關右之殺金坪，移兵戍守。至是，兀朮、撒离喝、劉夔由和尚原進攻，自鐵山鑿崖開道，循嶺東下。玠以萬人守殺金坪，璘自武、階入援，遺書勸玠修第二隘，示死守，冒圍轉戰七晝夜，始與玠會。敵屢攻營壘，率楊政擊走之。兀朮陣於東，韓常陣於西，璘率鋭師介其間，左右迎擊，軍少憊，急屯第二隘。金生兵踵至，被重鎧，鐵鉤相連，魚貫上，璘以「駐隊矢」疊射，死者層積，踐而登。撒离喝命攻西北樓，姚仲登樓，酣戰，樓傾，挽以帛，復正。金用火攻，仲以酒缶撲滅之。玠急遣田晟以長刀大斧左右擊，明炬四山，震鼓動地。明日出兵，統領王喜、王武率鋭士，分紫、白旗入金營，金陣亂，奮擊，韓常中左目，金人始宵(道)〔遁〕(據宋史紀事本末卷六九改)。玠遣統制張彥劫橫山砦，王俊伏河池，扼其歸路，又敗之。是役也，兀朮以下皆携妻孥來，夔爲豫腹心，欲圖蜀不得逞，乃還鳳翔，授甲士田，爲久〔留〕(同上補)計，不敢妄動矣。趙甡之遺史云，烏珠決計入川，劉豫弟益，時知長安，告玠早爲備，因爲壘關側，號殺金坪，本林泉野記，恐悮。大金國志云，初，統制郭震爲兀朮所襲，破其寨，軍屢敗，玠斬震以徇，乃勝。祝穆方輿勝覽云，殺金坪在長舉縣境。

略陽縣志云，保福山在縣西北百十里白水江北，相近有殺金嶺，其傍地名殺金坪，吳玠拒金人卽此處。隴州志云，八渡河，卽一水河，發源望輦峯，右旋，遶廟前，東北流入汧水。又，神岔溝在闐苑西三里許，一通五峯山窪，一通一水河源，卽吳玠敗兀朮處。又有沙金谷，在州西北十五里，宋建炎中敗金人於此。「沙」作「殺」。薛應旂通鑑云，四月，關師古擊敗金人於熙河，拔寨數十，既而慕洧與金人合兵攻之，師古戰不勝，降金。畢沅續通鑑云，正月，師古襲僞齊大潭縣，至石要嶺，兵敗，降。劉豫失洮、岷地，玠并師古軍，厚資給，兵益精强。又，十三年春，牛皐、高萬、任安、秦元、薛琪、張亨與金人遇於瓦吾谷，死之。宋史劉豫傳，石要嶺作左要領。熊克小紀云，師古因和議，請歸朝，授馬軍都虞候，卒，謚毅勇。同歸者，尚有趙彬、張中孚、中彥，皆補官。富察和珍傳，按春水人。天會三年，從侵宋，攻太原，敗敵兵，復破宋兵三萬於榆次境。六年，攻京兆，先登，有功。七年，取邠州，敗宋兵二十餘萬，克張浚於富平。十二年，擊關師古於臨洮，敗其衆三萬。從取德順、秦、鞏、臨洮、河、蘭等州，敗吳璘兵，終隴州防禦使，鳳翔尹。紀均未書。

熙宗天眷三年（庚申一一四〇）夏五月丙子，詔元帥府復取河南、陝西地。右監軍薩里罕出河中趨陝西。既至鳳翔，擊走宋軍。時，師至耀州。宋人每旦出城，張旗閱隊，郝總管、古雲請兵五百伏山谷，俟其出，舉旗，伏兵發，宋兵馳入城。古雲麾軍登城，拔宋幟，立金幟。宋軍未入者遂降，拔其城。宋軍在京兆西者甚衆。諸將以暑雨，欲駐軍。且聞宋兵九萬會於涇州，都元帥宗弼遣河南步卒來會，遂留諸軍屯環、慶，獨以輕騎取涇州。

六月，擊敗宋兵。初，薩里罕欲退，古雲曰：「我退守，吳玠必取鳳翔，據潼關，在今華陰縣東四十里，古桃林寨。吾屬無類矣，不如速戰。」從之。玠軍自涇之西原來，古雲、錫卜察擊其左右，軍少卻。巴爾斯當其前，衝擊之，遂敗。玠軍僵尸滿地。〔攷異〕宋史紀事本末云，紹興九年，和議成，授吳玠四川宣撫使。六月，卒，以胡世將代。十年五月，詔璘同節制〔陝西〕（據宋史紀事本末卷六九補）諸軍，金渝盟，撒离喝入同州，趨永興，陝西州縣，所至迎降，遂進駐鳳翔。初，關、陝新復，分軍屯熙、秦、鄜延諸路。至是皆隔在敵後，遠近大震。六月，世將召諸將議。璘以百口保破敵，乃分兵據渭南。金犯石壁〔砦〕（同上），璘遣姚仲等破走之。既而鶻眼郎君三千騎衝璘軍，統制李師顏擊敗之，拔其扶風、新城二縣（按宋史紀事本末卷六九及宋史卷三七〇胡世將傳皆不及「新城」一縣，疑誤），獲二將（按「二將」宋史紀事本末卷六九作「三將」）及女真百七十七人。撒离喝怒甚，自戰百通坊，仲力戰，破之。還鳳翔，自是不敢渡隴。諸軍得還。閏月，撒离喝畏璘駐大蟲嶺，不敢争，趨邠州。田晟及王彥、楊從儀屢擊破之；復敗之於涇州，俘獲甚衆，走還鳳翔。史未書國兵屢敗事。宋史高宗紀云，六月，鄭建〔充〕（同上書補）復醴州，傅忠信敗之於華陰，王喜破之於汧陽，吳琦再敗之於陜州，孔文清敗之於鐵城堡，王俊敗之於（盭）〔盩〕厔（據元豐九域志卷三改，下同）楊政等破之於鳳翔城南寨。熊克小紀云，世將遣王俊復興平、醴泉二縣。吳璘攻秦州，拔之，守臣武誼、將官卲卞、成紀知縣荔諫皆降。時，薩里罕遣刺客刺楊政，事覺，誅之。北盟會編云，初，張燾詣永安朝陵回，奏虜情難測，乞陝西早命大帥，檜出燾知成都，見宣撫世將，勸守和尚原及保蜀口，乞料外錢五百萬貫備緩急，蜀得無虞。陸游老學菴筆記云，吳武安玠葬德順軍隴干縣，今雖隔在虜境，松楸甚盛，歲時祠享不輟，虜不敢問也。玠，謚武安，而梁、益間有廟賜額曰忠烈，故西人至今但謂之吳忠烈云。韓淲澗泉日記云，趙開府副吳玠軍須，紹興四年，總爲錢千九百五十五萬七十餘緡。五年視四年，又增四百二十萬五千緡。所謂趙開府，疑即鼎也。薛應旂通鑑云，十月，撒离喝陷慶陽，知府宋萬年降，經略王忠植死之。史未載。繫年要録云，忠植步佛山人。初取石州十一郡，拜華州觀察使，後贈奉國〔軍〕（據繫年要録卷一三八補）節（慶）〔度〕（同上書改）使，謚義節，世將樞副宿子。小紀謂忠植贈開府儀同節度使，官其子孫十人。不拜金詔，死於延安。劉於義陝西通志云，西平原，一名大蟲嶺，在寶雞縣東北十五里，吳玠與金將相持於此。其原延亙，東接鳳翔界。渭南、華陰，縣名，屬華州。汧陽，縣名，今隴州。（盩）〔盩〕厔，縣名，屬鳳翔。雍大記云，邠州城南有紫薇山，遠跨外郭，上有宋、金時屯兵故砦。

冬十二月己亥，以薩里罕爲右副元帥。宏簡録謂雄偉有才略。大金國志云，智勇俱無。昔曲端邠州之戰，見黑鋒死，號哭，衆目爲「啼哭郎君。」趙崡石墨鐫華：金都統經略郎君行記，郎君稱皇弟，無姓名，天會十二年，記，當爲太宗之弟。按，金史世祖子十一人，自康宗、太祖、太宗而外，尚有八人，未知誰是？碑一字不能辨，蓋女真字如是。王元美所録「明王愼德四夷咸賓」八字，正與此同法。字刻唐乾陵無字碑上，凡一百五字，後有譯書漢字，具録左方：「大金皇弟都統經略郎君，嚮以疆埸無事，獵於梁山之陽，至唐乾陵，殿廡頹然，一無所覩，爰命有司，鳩工修飾。今復謁陵下，繪像一新，廻廊四起，不勝欣（懌）〔然〕（據金石萃編卷一五四改），與醴陽太守酣飲而歸，時天會十二年歲次甲寅仲冬十有四日。尚書職方郎中黄應期、宥州刺史王圭從行，奉命題。」按：金世祖子皆未嘗經略陝西，惟薩里干爲安帝六代孫，又爲世祖養子，其在陝西最久，金時宗室皆稱郎君，此或爲薩里干也。碑在陝西，而字體無從辨識，恐不免傳刻之訛。石墨鐫華傳寫，恐尤失真。今謹載譯文，以謹闕疑。延札們都傳，李世輔叛，邀至私署，刼執之。們都奔告達蘭，率兵追及，與戰，始得脱。們都，隆州人。正隆初爲寧州刺史。大定初，宋吳璘據秦、隴，以勇烈軍都總管從克德順，授通遠節度。北盟會編云，世輔執撒离喝，率兵走，半途，以江南議和，許還河南地，出文字示之，遂放歸。世輔奔夏，家屬盡被害。尋自夏執其宰相王樞歸宋。世輔後更名顯忠，綏德軍人，卒，贈開府，謚忠襄。宋名臣言行録云，顯忠初仕金，知同州，以計執金撒离喝，密圖南歸，後由漢村經臨高原奔夏。原在澄城縣南五十里，有龍泉，味甘如醴。隋文帝在同州，每取致焉。見西安府志。又，維川縣志云，縣南八十里有馬翅谷，宋李顯忠嘗屯兵於此。紹興中，李永奇謀南歸，金人賊殺之於馬翅谷。見宋史。又，黑水砦在威戎城南六十里，紹興中，金以李顯忠爲蘇尾九族都巡檢使，駐兵黑水堡。見地理志。

皇統元年（辛酉一一四一）秋，宗弼侵宋，宋乞罷兵，宗弼以便宜，畫淮爲界。〔攷異〕宋史高宗紀云，紹興十一年正月，楊從儀敗金人於渭南。金陷商州，邵隆走。二月，隆破金人於洪門，復（商南）〔南商〕（據宋史卷二九高宗紀改）。四月，慕洧陷新泉砦，攻會州，朱勇破之。九月，璘拔秦州，州將武誼降。姚仲敗金人於丁劉圈，邵隆復虢州，楊政敗金人於寶雞，擒通檢李董，隆復陝州。薛應旂通鑑云，九月，璘既拔秦州，聞金統軍胡盞與習不祝合兵五萬屯劉家圈，請於胡世將，擊之，用新立疊陣法。先一日請戰，敵皆笑，璘遣王彥、姚仲銜枚渡河，陟峻嶺，截坡上，約二將上嶺，而後發火；二將至嶺，寂無人聲，軍已畢列，萬炬齊發，敵駭愕曰：「吾事敗矣。」習不祝善謀，胡盞善戰，二人異議。璘先以兵挑之，胡盞果出鏖戰，璘以疊陣法更休迭戰，輕裘駐馬，亟麾之，士殊死鬬，金人大敗，降者萬人。胡盞走保臘家城，圍而攻之，城垂破，會議和，詔班師。時陝、晉首領爭來附。政下隴州，破岐下諸屯，郭浩復華州，入陝州。詔至，各引師還，世將浩嘆而已。按，劉家圈一作剡家灣，在秦州東北。胡盞作罕占。習不祝作希卜蘇。繫年要録胡盞作罕札。時西和州巡檢元成戰死。熊克小紀云，璘進兵剡家灣，與敵將賀珍郎君戰，兵大潰。稍異。又云，璘嘗著兵書，大略言金有四長，我有四短，當反我之短，以制彼之長。瓜爾佳實訥傳，時宋人欲濳兵襲取石閩諸營，實訥濳自渭南大禹鎮掩其伏兵，射中其軍帥，宋兵敗走，多所俘獲。除華州防禦使，終昭義節度。紀未載。大金國志云，宋割商、秦之半畀金人。初，宋邵隆在商州，始終十年，披荆榛，招離散，至是割屬金，始怏怏，後徙金州，檜酖殺之。

廢帝海陵正隆六年（辛巳一一六一）十月以後，爲世宗大定元年。秋九月，南侵宋。命河中尹圖克坦喀齊喀原作徒單合喜。〔攷異〕宏簡録喜作嘉。爲西蜀道都統制，平陽尹張（忠）〔中〕彥（據金史卷五海陵紀改）副之。中彥，字才甫，中孚弟，初仕宋，知德順軍，降金，官至開府。〔攷異〕大金國志云，以金紫光禄大夫張忠彥（按，金史作中彥）統步軍，孟州防禦使王彥章副之，將五萬衆據秦、鳳以伺巴、蜀。未載喀齊喀名，今從史。王存元豐九域志云，乾德三年，平兩川，併爲西川路，開寶六年，分峽路，咸平四年，分益、梓、利、夔四路，嘉祐四年，以益（都）〔州〕路（據元豐九域志卷七改）爲成都府路，領成都一府，眉、蜀、彭、綿、漢、嘉、邛、黎、雅、茂、簡、威十二州，一監，五十八縣；梓州路，領梓、遂、果、資、普、昌、戎、瀘、合、榮、渠十一州，懷安、廣安二軍，一監，四十九縣；利州路，領興元一府，利、洋、閬、劍、巴、文、興、蓬、政九州，三十九縣；夔州路，領夔、黔、達、施、忠、萬、開、涪、渝九州，雲安、梁山、南平三軍，大寧一監，三十縣。由鳳翔取散關。宋人攻秦州臘家城、德順州，克之。方輿紀要云，大散關，在鳳翔府寶雞縣西南，爲南北險要。秦州爲天水郡雄武軍，縣三，隸鞏昌府。德順州爲德順軍，即渭州隴干縣。〔攷異〕大散關，一曰散關。水經注云，汧水，東入散關。唐書地理志云，寶雞西南有大散關。杜佑通典云，舊關故城在寶雞西南。王存元豐九域志云，寶雞縣有武城、車舍、大散三大鎮。中興四朝志云，屬梁泉縣，在寶雞南，爲秦、蜀往來要道。關距和尚原近，兩山關控斗絶，出可以攻，入可以守，實表裏之形勢也。鳳縣志云，黄牛堡，在縣東北百十五里，交寶雞界。據黄牛寨山，當散關之衝，吴玠將楊從義所築營，與金散离喝（按，據金史卷八四，當作撒离喝）大戰於此。安丙傳，兩修黄牛堡，築趙與原，屯千餘人。鳳州秋防原尤爲險絶。紹興初，州治於此。均見劉於義陝西通志。薛應旂通鑑云，紹興三十一年五月，以吴璘爲四川宣撫使，王剛中副之。八月，金徒單合喜將五千騎扼大散關，游騎攻黄牛堡，守將李彥堅告急，剛中跨一馬馳二百里至璘營，起璘於帳中，責之曰：「大將與國，義同休戚，臨敵安得高枕卧？」璘大驚。馳至殺金坪，進軍青野原，調内郡兵，分道進援黄牛。剛中又檄張正彥濟師，西師大集，李彥堅以神臂弓射金師，却之。璘遣别將彭青至寶雞渭河，夜刼橋頭寨，破之；進復隴州。分遣劉海復秦州，曹淋復洮州。金師退，剛中馳還，謂其屬李燾曰：「將帥之功，吾何有焉？」李燾曰：「身督而功成不居，過人遠矣。」宋史：剛中，字時亨，饒州樂平人，諡恭簡。時蘭州將王宏殺其刺史温敦烏也來降。潘青復隴州。畢沅續通鑑云：十月，姚仲遣王俊敗金人於東洛谷口；任天錫等克豐陽縣及商洛縣，復商州，獲其將完顏守能；柳萬克伏羌城；吴挺敗金人於治平寨；任天錫取朱陽縣；武鉅復盧氏縣及虢州。史未載。

冬十一月，宋人破陝州，號保平軍，縣七，屬永興軍。〔攷異〕輿地廣記云：陝州昔周召分陝之所，春秋虢國地，秦屬三川郡，漢、晉屬宏農郡，後魏兼立陝州，唐末號興唐府，又爲保義軍。續通考云：唐初爲陝州，改陝郡，宋號保平軍，金貞祐中升爲節鎮，領陝、靈寶、湖城、閺鄉四縣。防禦使折可直降，同知使事李柔立死之。〔攷異〕大金國志云：金人侵陝州，宋任天錫擊敗之。畢沅續通鑑云：十一月，任天錫復虢州，敗守臣蕭信兵；邢進復華州，獲其將韓端愿等二十餘人。十二月，王中正克治平寨。宋史高宗紀云：任天錫復上津、商洛二縣及陝州；楊堅復欒川縣，又敗金兵，復長水縣；王彦復福昌縣；閻玘復澠池縣；吴璘復水洛城及治平寨。史均未載。

世宗大定二年（壬午一一六二）春二月丁巳，鄭州防禦使富察世傑本傳，原名阿薩爾，遼陽人。從海陵南侵，敗宋王權兵於和州。歷華州、亳州防禦使。〔攷異〕汪輝祖金史同名録云：本名阿散，亦作阿撒。卷十八哀宗天興二年右副點檢、卷八十二武定節度移剌温，三人同名阿撒。取陝州。時，宋兵屯石壕鎮，舊爲峽石縣，屬陝州。〔攷異〕王存元豐九域志云：陝縣六鄉，石壕、乾壕、故縣三鎮。世傑擊敗之。復敗宋援兵三千。宋兵二千自潼關來，射卻之。復敗之於土壕山，生擒其將。又破之於斗門城及土華，遂圍之，親率選卒二百穴地以入，城遂拔。再破宋兵三萬，復虢州。屬永興軍路。〔攷異〕輿地廣記云：虢州，春秋時，虢南境，爲晉取，秦置三川郡，漢、晉屬宏農郡，隋爲宏農郡改鳳林郡，唐初置鼎州，後爲虢州，今縣三：虢略、盧氏、朱陽。續通考云，盧氏縣，因盧敖得仙而名，本虢州治，唐徙州治宏農，五代、宋、金俱屬虢州。宋史高宗紀云，二月，金犯虢州，璘遣將楊從儀等攻之，分兵守和尚原，金人走寶雞，馬貴斷河中橋，敗金兵。王彦敗金人於虢州東，姚仲遣段彦復原州，姚仲攻德順軍，敗金人於瓦亭砦、新店。畢沅續通鑑云，二月，惠逢敗金將溫特棱兵，復河州及積石軍來羌城，姚仲遣將復鎮戎軍，楊從儀等拔大散關，均未言其破虢州事，今從史。岳珂桯史云，紹興壬午春，南北既交兵，宣撫吳璘謀取雍，使大將姚仲攻大散關，不下，安謂賞給薄。時王之望總軍賦，仲使幕屬宋紱以書抵之，激取銀絹，錢引若干，之望覆書取保狀，紱漸悔，仲亦大恐；閏月辛酉，率諸將肉薄，登城，遂克之。

三月癸卯，圖克坦喀齊喀敗宋兵於德順州。時，宋吳璘侵古鎮，分據散關、和尚原，兵十餘萬。喀齊喀請濟師，詔益河南兵萬人。遣丹州刺史持嘉烏蘇埒克原作赤盞胡速魯〔改〕（據金史卷八七徒單合喜傳補）以兵（二）〔四〕（同上改）千守德順，璘以二十萬人圍之。會統軍都監舒穆嚕迪里破宋兵於河州，〔攷異〕畢沅續通鑑云，閏二月，金將溫特棱攻破河州，屠其城。與史異。李師雄傳，字伯（成）〔威〕（據金史卷八六李師雄傳改），雁門人。仕宋，官清平尉。入齊，擢都統制，知淄州。齊廢，歷武勝節度。正隆末，爲河州防禦使。吳璘攻秦、隴，（令）〔會〕（同上）師雄就逮臨洮，宋兵至，州人欲降，師雄射宋將權儀，擒之，宋兵退。後從喀齊喀以兵攻河州，有功。紀未載。還過德順，乞益兵以救之。喀齊喀遂遣節度使烏雅富埒赫本傳，率賓路人。初從太祖伐遼，勇聞軍中，累官順義節度使。從救德順，改延安、平涼尹，封任國公。將兵二萬，與迪里合。璘將大軍迎戰，日暮乃解。璘聞講和，率兵遁，圍城凡四十餘日。是役也，押軍明安富勒哈之功居多。〔攷異〕續綱目云，璘遣姚仲取鞏。王彦屯商、虢、陝、華。惠逢取熙河，或久攻不下，或既得復失，竟無成功。仲舍輩攻德順，踰四旬不克，以李師顔代。遣子挺節制軍馬，挺與敵戰於瓦亭，大敗之，擒其千户耶律糾堅等百三十七人。金人懲其敗，悉兵趨德順。璘親往督師，先壁於險，且治夾河戰地，按行諸屯，斬不用命者。先以數百騎嘗敵，敵鋭卒空壁躍出，突璘軍，璘先得治地，無不一當百。至暮，璘忽傳呼某將戰不力，人益奮，敵大敗，遁入壁。黎明，師再出，敵不動，會大風雪，金人拔營去。凡八日，克其城。璘還河池，遣嚴忠取環州，姚仲等復蘭、會、熙、鞏等州及永安軍。繫年要録云：時興州路得秦、隴、環、原、熙、河、蘭、會、洮州、積石、鎮戎、德順軍凡十二郡，金州路得商、虢、陜、華州凡四郡，獨北以重兵扼鳳翔，故散關之兵未得進。宋史糾堅作九斤。通鑑輯覽永安作永興。紀載各異。

夏五月丁巳，押軍萬户費摩阿拉、原作裴滿按剌。〔攷異〕元會汾金史攷證云，卷八十八唐括安禮傳大定十七年契丹叛人，後官汝州都巡檢，亦名按剌，另一人。明安伊喇薩爾拉原作移剌沙里〔剌〕（據金史卷六世宗紀補）敗宋兵於華州。時，宋人驅率商、州名，屬西安府，縣四。〔攷異〕輿地廣記云，商州，商契始封於此，秦爲内史地，漢屬宏農郡，東漢屬京兆郡，晉置上洛郡，西魏兼置洛州，後周改商州，唐後爲上洛郡，今縣五：上洛、商洛、洛南、豐陽、上津。續通考云，唐爲商州，又改上洛郡，後仍舊，宋因之，金升爲防禦，隸陜州，明初爲縣，後升爲州，領鎮安、洛南、商南、鎮陽四縣。虢及華山、在華陰縣南十里，卽西嶽也。南山在西安府南五十里，亦曰終南。民五萬攻華〔州〕，（據金史卷八七徒單合喜傳補）阿拉欲堅壁守之，薩爾拉曰：「宋兵雖多，半是居民，不習戰，不如擊之。」阿拉遂以騎兵千敗宋前鋒，追至其大軍，亦敗〔之〕（同上），斬首五千級。

秋七月丁酉，陜西都統璋敗宋姚良輔軍於原州，克其城。〔攷異〕畢沅續通鑑七月作五月，良輔作公輔。時主將爲姚仲，坐繫河池獄。繫年要録云：時統制鄭師廉戰死，統領以下官百一十員皆死。姚仲猶推姚志爲奇功，以捷報。漢中府志云：沔縣北五里有鐵山，宋隆興間，姚仲置寨於此以禦金，相近又有龜山。宋戍兵自寶雞以西至大蟲嶺，皆自散關遁去。璋復敗吳璘於張義堡。屬鎮戎軍。〔攷異〕王存元豐九域志云：在鎮戎軍西南五十里，熙寧五年置。

九月甲午朔，喀齊喀敗吳璘於德順州。〔攷異〕南宋書云：八月，宋統制高師中與金人戰於摧沙堡，死之。九月，金攻東山堡，宋中軍將李庠戰死。史均未載。

冬十月壬辰，華州防禦使富察世傑、丹州刺史持嘉烏蘇埒克敗宋兵於德順州。璘時率兵號二十萬，復據德順取鞏州，臨洮府少尹赫舍哩薩恰原作紇石烈騷洽死之。喀齊喀使璋與實訥埒攻之，連戰皆勝。璘分兵守秦州，喀齊喀自駐水洛城東，在涇州西南百里，即德順軍。〔攷異〕王存元豐九域志云：水洛城，慶歷四年置，在德順軍西南一百里，領王家一城，石門一堡。分軍斷其餉道，璘乃引去。璋等邀擊宋經略荆皐，自上八節至甘谷城，在通渭縣東五十里，屬鞏昌府。〔攷異〕王存元豐九域志云：在秦州西北百八十五里，熙寧元年置，領隴陽、太甘、吹藏、隴諾、(炎)〔尖〕竿（據元豐九域志卷三改）五堡。殺數千人。實訥埒擒宋將朱永等十二人。張安撫守德順，亦棄城遁，烏蘇埒克復擊敗之，擒將校十餘人，遂復德順及秦州。高景山定商、虢，聶赫取環州。於是一十六府州皆復，陝西平。〔攷異〕延札們都傳：時吳璘軍數十萬據秦、隴，們都爲勇烈軍都總管，領軍討之。宋人保據德順。們都與璋策其必敗，曰：「都監親至，敵必退矣。」喀齊喀領軍四萬來赴，遂復德順。明年，秦、隴平，授通遠軍節度，慶陽都總管，卒。紀未載。薛應旂通鑑云，時金以重兵扼鳳翔，爭吳璘新復十三州、三軍，璘亟馳德順以備之。已而金蒲察世傑率師十萬來攻，璘力戰拒之。會史浩議棄三路，詔璘班師，遂還河池。所亡失者三萬三千，部將數十人，連營痛哭，聲震原野。秦、熙、永三路新復州、軍悉陷。先是，虞允文疏爭，罷知夔州。既而還朝入對，陳棄地利害，帝曰：「此史浩誤朕也。」改允文知太平。見續綱目。畢沅續通鑑載於孝宗興隆元年正月，即大定三年正月也。世宗紀又繫之三年四月。所載各異。李心傳朝野雜記云，乾道三年九月，虞丞相入蜀宣撫，使二庫見在錢引八十九萬緡，迨五年三月，虞入朝，是年拘收錢物赴行在。虞公之將没也，奏言拘籍到總領所積年歲用瓜金錢七百九十餘萬緡，合本司所積爲一千六百二十餘萬緡。迨宣撫使罷，吳挺爲興州都統制，利源多爲所擅，前後二十年，財帛不勝計矣。玉海云，宋初，歲入緡錢千六百餘萬，天禧末增至二千六百五十餘萬緡，嘉祐間又增至三千六百八十餘萬緡，至熙、豐間，行新法，所入乃至六千餘萬，元祐初，除其苛急，尚四千八百餘萬。南渡歲入不滿千萬，逮淳熙末增至六千五百三十餘萬，宜民力之困。而皇祐二年命王堯臣等總較天下財賦出入之數：皇祐元年歲入一億二千六百二十五萬一千九百六十四兩，所出無餘，爲書七卷，上之。熊克小紀云，建炎初，在京榷貨物，鬻鹽鈔、茶引，而道路未通，發運使梁揚祖請置司真州，揚祖領之，歲入六百萬緡，子美之子也。自中原俶擾，內外財賦，吏毀其籍，漫無可稽。上獨委中書侍郎張慤理財，曉錢穀利害，吏無敢欺。趙開言自改修茶、鹽、酒已壞之法，歲有常息。起建炎己酉，至紹興癸丑，共繳錢一千五百餘萬緡，兼陝西茶馱及陝西造銅錢引，計川錢又八百三十餘萬緡，大約自川、陝屯兵歲用可計者，糧一百六十餘萬石，而對糴居其半；錢三千餘萬緡，而鹽、酒稅亦半之，此其大略也。又言紹興四年應酬吳玠軍須，歲爲錢千九百五十餘萬緡，五年又增四百二十萬有奇。

章宗泰和五年（乙丑一二〇五）春三月乙丑，宋兵入秦（州）〔川〕界。（據金史卷一二章宗紀改）辛巳，復入鞏州來遠鎮。宋史地理志云，舊爲來遠砦，屬秦州，後改爲鎮，隸鞏州，在寧遠縣西南三十里。諜言韓侂胄統兵鄂、岳，將謀北侵。宋史地理志云，鄂州江夏郡武昌軍，縣七。岳州巴陵郡、岳陽軍，縣四，皆屬荆湖北路。〔攷異〕輿地廣記云，鄂州，二漢屬江夏郡，吳分置武昌(軍)〔郡〕(據輿地廣記卷二七改)，晉、宋兼置郢州，梁分置北新州及上雋郡，隋置鄂州，唐升武昌軍，今縣七：江夏、崇陽、武昌、蒲圻、咸寧、通城、嘉魚。岳州，古三苗國地，秦、漢屬長沙郡，晉立建昌郡，宋置巴陵郡，隋改岳州，又改羅州，唐爲巴州，復爲巴陵郡，今縣五：巴陵、華容、平江、臨湘、沅江。續通考云，唐初爲鄂州又改寧夏郡，升武昌軍，明爲府，領興國一州，江夏、嘉魚、武昌、蒲圻、咸寧、崇陽、大冶、通山、通城九縣。岳州，唐巴州，後改今名，宋爲岳陽軍，明升爲府，領澧州一，巴陵、平江、華容、石門、慈利、臨湘、安鄉縣七。

冬十一月，宋吳曦擁衆興元，欲窺關、隴。〔攷異〕薛應旂通鑑云，寧宗嘉泰元年七月，以吳曦爲興州都統制。曦至興州，因諸罷副都統制王大節，由是兵權悉歸於曦，異志遂成矣。先是，自紹興末，王人出總蜀賦，移諜宣司，勢鈞禮敵。至侂胄以總計隸宣撫副使，得節制按劾，利權亦歸於曦。按，嘉泰元年，卽金泰和元年。時吳挺子曦官殿前副指揮，賂宰輔謀帥蜀，何澹以賂未及，持不可，澹罷奉祠，遂用曦。見續綱目。迨四年春，侂胄定議伐金，命曦練兵西蜀。李心傳朝野雜記云，先是，吳挺死，光宗已屬疾，不之信；趙子直在樞筦，用邱宗卿、楊嗣勳之議，更遣張詔代之，人服其遠識。周密癸辛雜志云，曦由蜀入朝，多買珍異：孔雀四，華亭鶴數十，金魚、比目魚等，及作粟金臺盞遺陳自强者，在今觀之，皆不足道。

六年(丙寅一二〇六)春正月丙申，宋吳曦遣兵圍穆舒隆原作抹熟龍堡，部將布希原作蒲鮮〔攷異〕畢沅續通鑑作富鮮。長安擊走之，斬其將。宋人入薩滿原作撒牟谷。完顏果囉、原作擱剌。〔攷異〕畢沅續通鑑作固喇。元會汾金史攷證云，卷六世宗紀大定六年宿直將軍斜卯擱剌，另一人。完顏齊勤原作七斤，官鞏州兵馬鈐轄。〔攷異〕畢沅續通鑑作齊錦。汪輝祖金史同名録云，卷一百三十三窩斡傳大定初猛安、卷七世宗紀大定十二年叛人、卷十一章宗紀泰和元年右衛將軍紇石烈氏、卷十四宣宗紀貞祐三年右副元帥蒲察氏、卷十七哀宗紀正大四年僞平陽知府李氏、卷一百一僕散端傳本名、卷一百十六慶山奴傳正大八年近侍裴滿氏、卷一百十七粘割荊山傳天興二年亳州亂人崔氏、卷一百十八苗道潤傳貞祐四年降人獨吉氏，十（八）（據金史同名録卷一三删）人同名七斤。約宋將會境上，被襲，趙彦雄等七人死焉。果囉中流矢，齊勤僅以身免。

夏四月甲子，宋人入天水界。乙丑，入東柯谷，部將劉鐸戰敗之。丙寅，以完顔充爲陝西都統，舒穆嚕仲温副之。辛未，吴曦攻來遠鎮之蘭家嶺。

六月乙亥，曦復攻鹽（州）〔川〕（據金史卷一二章宗紀改），即五原郡，今爲寧夏後衛。〔攷異〕輿地廣記云，春秋戎狄地，秦、漢屬北地郡，元魏立大興郡，西魏改五原郡，兼立西安州，後爲鹽州，隋立鹽川郡，唐爲鹽州，後没吐蕃，縣二：五原、白池。完顔王喜一作王善。見完顔綱傳。敗之。

秋七月甲午，吴曦兵五萬入秦州，副都統（按據金史卷十二章宗紀、卷九三承裕傳當作「都統副使」）承裕等敗之。時，承裕與防禦使完顔璘屯成紀界，屬秦州。曦兵由保（坌）〔岔〕（據金史卷九三承裕傳改）、姑蘇等谷來襲，承裕與璘擊走之，追奔四十里，凡六戰，宋人大敗，斬首四千餘級。降詔獎諭。曦別將入來遠鎮，珠格高琪原作朮虎高琪。〔攷異〕畢沅續通鑑作珠赫埒果勒齊。破之。

八月辛未，宋程松遣將曲昌世襲方山原，自率兵襲和尚原、西山寨、龍門等關，克之。

富察貞遣副統費摩阿里〔攷異〕汪輝祖金史同名録云：卷四十七食貨志，大定二十年，前太保；卷七十八，時立愛傳，太祖時撫諭西京；卷十八，哀宗天興二年右副點檢溫敦氏；卷八十，濟南尹韓國公斜卯氏；卷九十三，荆王守純傳，興定時員外郎王氏；卷一百三，元帥左都監蒲察氏；卷一百八，把胡魯傳，元光元年，御史粘割氏；卷一百二十，道國公唐括德溫本名，九人同名阿里。等分路伏兵，擊破之。遂遣珠格哈達等出黄兒谷取和尚原，鈕祜禄囊嘉特等出大寧谷取西山寨，貞由中路取龍門等關，大破之，斬楊廷於陣。諸路兵皆勝，盡復故地。

九月甲辰，吴曦將馮興、楊雄、李珪等以步騎八千入秦州，承裕與璘等擊破之。宋步兵保西山，騎兵走赤谷。承裕遣唐古安塔哈率兵馳擊宋步兵，敗之，追奔至皁郊城，在秦州西南三十里，爲隴右要區。斬首二千。明安巴恬努追殺宋騎兵千人，斬楊雄、李珪於陣，馮興僅以身免。

冬十一月庚子，完顔綱圍祐州，降之。徇下荔川、閭川等城，及宕昌，次大潭縣，降之。富察貞克天水及西和州，進克成州。宋史地理志云，即同谷郡，縣二，隸秦鳳路。天水，縣名，屬秦州。〔攷異〕輿地廣記云，成州，秦以前爲白馬氐，漢屬武都郡，後爲楊氏所據，封仇池公，元魏置南秦州，西魏改成州，隋置漢陽郡，唐復舊，更名同谷郡，今縣二：同谷、栗亭。岷州，西魏置，及同和郡，隋屬臨洮郡，唐爲岷州，曰和政郡，今爲西和州。縣三：（福）〔祐〕（據輿地廣記卷一五改）川、大潭、長道。續通考云，岷州，宋收復祐川縣置，治長道縣之白石鎮，改西和州，屬利州路。成州之克，承裕傳作成裕事。與紀異。

十二月癸丑，宋太尉、昭信節度使、四川宣撫副使吳曦納款於完顏綱，本傳，原名元努，由同簽宣徽院爲陝西安撫，招降疊州羌酋青伊克諸部，以降吳曦功，擢宣撫副使，進左丞。衞王立行省，縉山兵敗，爲執中所害，後復官爵。弟鼎努，官參政。〔攷異〕汪輝祖金史同名録云，卷七十六永元傳本名，官彰德節度；卷一百三十三張僅言傳幼名，官勸農使，三人同名元努。并獻階州。本唐武州，號武都郡，縣二。〔攷異〕輿地廣記云，階州，古白馬氏〔國〕（據輿地廣記卷一六補），西戎別種，漢武置武都郡，後爲楊氏據；元魏置武衞郡，西魏置武州，隋爲武都郡，唐後没吐蕃，復置爲行州，後復故地，號階州，今縣二：福津、將利。戊（子）〔午〕，（據金史卷一二章宗紀改）完顏充攻下大散關，遣烏鴉綽哈原作兀顏抄合以兵趣鳳州即河池郡，縣三。〔攷異〕輿地廣記云，春秋北羌所居，秦屬隴西郡，漢屬武都郡，晉爲楊氏據，元魏置道郡，兼立南岐州，西魏改道郡爲歸真，後周立鳳州，隋爲河池郡，唐因之，今縣三：梁泉、河池、兩當。續通考云，鳳州，唐置，後升節度府，宋爲團練州，明降爲縣。城，入焉。綱承制，立曦爲蜀王。曦遣使奉表及蜀地圖志、吳氏譜牒來。〔攷異〕薛應旂通鑑云，開禧二年三月，以程松爲四川宣撫使，吳曦副之。松移司興元，東軍三萬；曦屯河池，西軍六萬，仍聽節制。財賦，按劾計司。曦益得自專。松始至，欲責曦庭參禮，及境而還。松用東、西軍千八百自衞，曦抽摘以去。松不悟。尋詔曦兼陝西、河東安撫使，知大安軍。安丙陳十可憂於松。松開府漢中，夜延丙議，丙言曦必悞國，蓋丙嘗爲其父客，素知曦，松亦不省。四月，曦與其從弟晛及徐景望、趙富、米脩之、董鎮共爲反謀，陰遣其客姚淮源獻關外階、成、和、鳳四州於金，求封蜀王。十二月，曦既降，按兵不進，佹胄日趣之，乃僞攻秦、隴以堅其心。金許封如康王故事。綱進兵水洛，署曦族人吳端巡檢使，報曦；曦詐稱杖殺端，而陰送款。金主賜詔誘降，略曰：「（以卿）〔卿以〕（據金史卷九八完顏綱傳改）英偉之姿，處危疑之地，必能深識天命，洞見事機。

若按兵閉境，不爲異同，使(其)〔我〕(同上)師東下，無西顧之憂，則全蜀之地，卿所素有，當加封册。更能順流東下，則旌麾所指，(便)〔盡〕(同上)以相付。天日在上，朕不食言！」續綱目云，及蒲察貞破和尚原，犯西和州，曦將王喜等方力戰，曦忽傳令退保黑谷，軍遂潰，貞入成州。曦因焚河池，退屯青野原。時，興州都統制毋思守大散關，金由板閘谷繞出關後，遂陷。曦退屯罝口，綱遣張仔會之，曦盡出告身付仔，綱乃遣馬良顯持詔書、金印立爲蜀王，還興州。是夜，天赤如血，光燭地如晝，有兩日相摩。翼日，召幕屬諭意。王翼、楊騤之抗言曰：「如此，則相公忠孝八十年門户，一朝掃地矣！」曦曰：「吾志已決。」即遣任辛奉表及蜀地圖、譜牒於金。金完顏綽哈攻鳳州。程松自興元逃歸。按，畢沅續通鑑，張仔作張紓，宋史全文作三月事，曦遣姚淮源獻地求封，六月，金封爲蜀王，賜金印。宋史方信孺傳謂金誘降在三月，金史本紀作十二月，然金實先誘降，非曦先求封。至金下詔，則在六月，綱設間久乃得達耳。至宋史寧宗紀，十二月，曦始自稱蜀王。此據其拒命之日，其僭號則在明年也。綱傳姚淮源作姚圓。任辛外，尚有果州團練使郭澄，所持表爲謝恩表、誓表及賀全蜀歸附表三道。大金國志罝口作置口。方輿紀要云，罝口戍在鳳縣西南，或云在洛陽北。亦作沮口。鳳翔府志云，罝口在略陽縣西北三十里寶虹山下，沿江迤西五里。紀載各異。

七年(丁卯一二〇七)春二月癸酉，遣珠格高琪等册吳曦爲蜀國王。曦尋爲宋臣安丙所殺。

〔考異〕完顏綱傳，事聞，下詔責綱。贈曦太師，命德順州刺史完顏思忠招魂，葬於水洛縣。以其族兄吳端之子爲曦後。紀未書。薛應旂通鑑云，正月，曦自稱蜀王，遣將利吉引金兵入鳳州，付以四郡，表鐵山爲界。即興州爲行宫，號興德府，改元，置百官。遣董鎮至成都治宫殿。召隨軍轉運使安丙爲長史，權行都省事。先是，從事郎錢鞏之夢曦禱神祠，神告以安子文足辦此事，鞏之告曦，遂召用。又召楊震仲，不屈，飲藥死。陳咸自髡其髮，史次秦自瞽其目，李道傳、鄧性甫、楊泰之悉棄官去。二月，以楊輔爲四川制置使，曦逐之。初，輔知成都，嘗言曦必反，帝謂輔能誅曦，密詔許便宜行事。安世通力勸舉義兵，遷延不發，曦移輔知遂寧府。續綱目云：時監興州合江倉楊巨源謀討曦，陰與曦將張林、朱邦寧、義士朱福等深相結。眉州程夢錫知之，告安丙，乃延巨源至臥內，因勸丙出主其事。會興州將李好義亦結李貴、楊君玉、李坤辰、李彪等謀誅曦。二月乙亥，丙等矯詔入僞宮，好義與巨源前驅，李貴執曦誅之。僭立凡四十一日。推丙宣撫，巨源參軍事。時金使猶未至也。曦首至臨安，梟之市三日。詔誅其妻子，家屬徙嶺南，奪父挺官，遷祖璘子孫出蜀，獨存其廟祀。玠子孫免連坐。東南紀聞云：曦未叛時，獵，夜歸，見月中人與己肖，自念當貴，卒被誅。亦見岳珂程史。桯史又云：曦家素事梓潼，自玠、璘以來，事必禱，有驗，乃齋而請。是夕，夢神坐堂上，已被赭玉謁焉，因告以逆，且卜年之修永。神不答，第曰：「蜀土已悉付安丙矣。」既寤，大喜，謂事必遂。時安以隨軍漕在魚關驛，召歸，辭相印，但以長史權知都省事。踰月，成獲嘉之績。羅大經鶴林玉露云：安丙等矯詔誅逆曦，其詞曰：「惟干戈省厥，躬朕既昧聖賢之戒，雖犬馬識其主，爾乃甘夷虜之臣。邦有常刑，罪在不赦。」詞旨明白，乃李好義姊夫楊君玉筆也。潘永因宋稗類抄云：曦幼時，父挺問其志，曦有不臣語，父怒，蹴之爐火中，灼其面，號「吴巴子。」李順與曦先後叛於蜀，僭稱蜀王，説者析順字，謂居川之旁，一百八日；析曦字，謂三十八日，我乃被戈。後均驗。後安丙移帥長沙，貪穢狼籍，罷政，捆載而歸。值蜀帥楊九鼎，刻剥失軍心，牙校莫簡叛殺九鼎，剖腹實金銀，曰：「使其貪腹飫飽。」丙生擒莫簡，剖心祭九鼎，再平蜀難。李心傳朝野雜記云：誅曦官賞，自王喜下凡四百二十八，約共轉三十萬，官資錫賚不計也；歲增支總領所錢物七百八十萬緡，而犒賞不與焉。時方信孺往河南議和，既還，僕散揆復使人諭之曰：「已奏朝廷，更得安宣撫與西元帥一書，乃善。」侂胄以書遺安，觀文諭（指）〔旨〕（據朝野雜記乙集卷一〇改），安難之。久之，乃作書如所云，且餉以藥物縑幣，西帥啓緘，却餽，而令鳳翔都統使完顏昱作書以來，但言當聽命於行省而已。周密齊東野語云：三年二月，安丙與李好義、楊巨源等誅曦，以巨源爲四川宣撫使，丙副之。六月，丙殺巨源。丙初矯制，自稱宣撫副使，遂（經）〔徑〕（據齊東野語卷一一改）入銜上奏。時章良能直學士院，謂一時權宜則可，奏功遂稱所假則不可。朝廷宜先罪而後賞，時相不從，竟以所矯官職授之。宋史，丙，廣安人，贈少師，謚忠定。巨源，字子淵，益昌人。

三月壬辰，宋攻破階州及西和州。宣撫副使完顏綱至鳳翔。詔撤五州之兵，分保要害，綱召諸將還。〔攷異〕續綱目云，楊巨源、李好義謂安丙曰：「曦死，賊破膽矣。關外四州爲蜀要害，盍乘勢復取之；不然，必爲後患。」丙然之，於是分遣好義復西和州，張林、李簡復成州，劉昌國復階州，張翼復鳳州，孫忠鋭復大散關。好義兵次獨頭嶺，會忠義及民兵夾擊，金人死者蔽路。七日至西和，金將完顏欽遁，克其城。欲乘勝取秦、隴，宣撫使不許，士氣大沮。所載較詳。又，兩朝綱目備要未載階州，史未載鳳州，稍異。

夏四月，富察貞撤黃牛戍，宋安丙乘之。癸丑，攻破散關，鞏州鈐轄烏雅愛實原作兀顏阿失死之。綱與貞合兵，潛自昆谷西山入，復取散關，斬宋將二人。〔攷異〕完顏綱傳，時詔降兵部侍郎，命尼瑪哈懷忠往按治，會復取散關，斬宋將張統領、于團練，捷聞，釋不問。續綱目云，曦既誅，丙趣楊輔還成都，詔拜宣撫使，丙副之，兼知興州。許奕爲宣諭使，改興州爲沔州，朝廷察丙與輔異，召輔赴闕。輔抵建康，楊簡言其棄成都，不當召，遂命知建康。程松以罪竄澧州。

五月丙申，安丙遣李好義率步騎三萬攻秦州，圍皁角堡，珠格高琪以兵赴之。宋兵列陣山谷，以武車爲左右翼，伏弩其下來逆戰。既合，宋兵佯卻。高琪軍覺，不前。退整陣，宋兵復來。凡五戰，宋兵益堅。乃分騎爲二番，更休迭戰。遣將潛兵上山，自山馳下合擊，大破之，斬首四千級，生擒數百人，圍乃解。〔攷異〕宋史寧宗紀，時楊巨源戰至長橋，敗績。兩朝綱目備要同。蓋本安丙報疏。史未載長橋兵捷事。續綱目云，好義攻秦州，爲高琪所敗，師還，曦將王喜毒之而卒。朝廷慮喜爲變，授節度使，移荆鄂都統制。六月，丙殺巨源。初，誅曦，獎諭詔至興州，巨源謂人曰：「詔命一字不及巨源，疑有以蔽其功者。」俄報王喜授節鉞，巨源通判，心益不平，乃觖功於朝。或謂其謀亂，丙令鞫其黨，皆抵罪。會巨源兵敗長橋，丙密使興元都統制彭輅收巨源，械送閬州獄，至大安龍尾灘，丙使將校樊世顯殺之。聞者扼腕。薛應旂通鑑云，喜遣其死黨劉昌國毒死好義。後昌國白日見好義，持刃刺之，驚怖撲地，疽發背死。按，曦之誅，本巨源、好義之力，均爲丙所忌。巨源則使其殺孫忠鋭，以罪歸之；命彭輅收付獄，而樊世顯殺之。好義號爲喜毒，亦丙所使也。觀李心傳朝野雜記續、陳均編年，所載多略，惟吴師道禮部集、俞文豹吹劍録具書本末，足資考證。按，朝野雜記云，武興之亂，時人記録者，有新、舊安西樓記，安丙撰；靖蜀編，胡南仲撰；楊巨源自叙書，上劉閣學者；巨源事迹，益昌人撰；巨源傳，李瑞撰；李好義誅曦本末、復四州本末、實入僞官人數，皆李好古自記；好義行狀，白子中撰；平蜀實録，楊君玉撰；切齒録，任光旦撰；固陵録，李季允撰；毛氏寓録，毛方平撰；公議榜，成都人撰；佚爵録，趙公宅撰；及耆定録，長沙板行，海濱漁父記。而士大夫之在新沔者，又有編録、辨沔等書。最後，西陲泰定録，盡爲採輯，一從公論云。又，大安軍志云，龍門山東南，去軍城十里。又，大安軍有龍尾灘，由鳳州入閬州之路，宋開禧中，四川帥安丙殺楊巨源於此，或曰卽龍尾坡也。見劉於義陝西通志。

冬十月辛未，陝西宣撫使圖克坦鎰遣副統巴噶罕原作回海，姓把（只）（據金史卷九八完顏綱傳删），終彰化節度副使。見完顏綱傳。〔攷異〕汪輝祖金史同名録云，卷八十四昂傳世宗初牌印祗候、卷八十六獨吉義傳義祖、卷八十七忠義傳大定初符寶祗候，俱姓駝滿氏，四人同名回海。（及）〔下〕（據金史卷一二章宗紀改）蘇嶺關。都統雅爾頁原作押剌。〔攷異〕鎰傳作沃呼伊囉幹。宏簡録作葉禄瓦。拔鶻嶺關，在興安州，洵陽縣東北，爲金、宋分界處。〔攷異〕雍勝略云，在興安州東，接上津縣界，地極險要。興安州志云，在洵陽縣東北二百五十里，與秦嶺相連。

南屬宋，北屬金。均見劉於義陝西通志。果囉別將攻破燕子關、新道口。巴噶罕取小湖關、敖倉至營口鎮，破宋兵千人，追至上津縣，本平利縣，地屬金州。見宋史。今屬鄖陽府。斬首八百餘級，遂取其城。伊囉斡破宋兵二千於平溪，將趨金州，以議和還師。

八年（戊辰 一二〇八）春正月乙亥，宋安丙遣兵襲鶻嶺關，副統巴噶罕等擊走之，斬其將景統領。

二月乙巳，宋參知政事錢象祖遣王柟來，以書上行省，復請川、陝關隘。

夏五月丁未，宋獻韓侂胄、蘇師旦首，詔以陝西關隘還之。〔攷異〕薛應旂通鑑繫之嘉定元年六月。

金史紀事本末卷十二

劉豫之立

太宗天會六年（戊申一一二八）冬十二月，宋知濟南府劉豫以城叛來降。豫，字彦游，阜城人。漢書地理志，阜城，屬渤海郡，宋時爲永静軍，隸河間府。〔攷異〕徐昌祚燕山叢録云，阜城縣南七里，乃僞齊劉豫故宅，至今人稱御莊。宋宣和末仕爲河北西路提刑，徙浙西，抵儀真，縣名，屬揚州府。喪妻翟氏，繼值父憂。康王至揚州，樞密張慤字誠伯，河間樂壽人。薦知濟南府。〔攷異〕楊克弼僞豫傳云，豫丁父憂，以建炎二年起復，除中奉大夫，知濟南府。李心傳謂豫以宣和六年十二月，自朝請大夫，新判北京國子監，除河北西路提刑，以致仕召赴闕，非丁憂起復。所載各異。是時，山東盜賊滿野，豫欲得江南一郡，宰相不與，忿忿而去。〔攷異〕大金國志云，豫世業農，登元符中進士第。歷（州）〔郡〕（據大金國志卷三一改）縣，除侍御史。嘗盜同舍生白金盂、紫紗衣，言者詆之，上疏辨，不問。累章言禮制，忤旨，出爲兩浙察訪，遂家真州。高宗命張悦守濟南，未行；用張慤薦，以豫代。到郡，嚴刑快私忿，除父子容隱條，犯者皆坐罪。僞豫傳載謝表云：「孰云河朔村俗之人，來領浙右廉訪之事。」議者謂其怨望之迹已見。南宋書云，徽宗斥爲種田叟，黜之，避亂儀真。畢沅續通鑑云，張悦守濟南，不行，以鄧紹密代；紹密留知興仁府，乃命豫往。所載各異。紹密後守壽春，爲范瓊殺。達蘭原作撻懶攻濟南，驍將關勝屢出城拒戰，豫殺之而降。〔攷異〕大金國志云，金圍濟南，令郡倅張（東）〔柬〕（據僞齊録卷一僞豫傳改，下同）往援，尋解去。撻懶遣人啗以利，率（東）〔柬〕出，通欵，未載殺關勝事。趙甡之遺史云，時李成侵濟南，豫求援於滄州劉錫，會金兵先至，豫謂滄州兵，開門納之，乃金人也，遂降。恐係傳聞之誤，今從豫傳。時，宋建炎二年十二月也。遂爲京東〔東、西〕（據金史卷七七劉豫傳補）淮南安撫使、知東平府、兼諸路馬步軍都總管，節制河外諸軍。其子麟知濟南府。達蘭屯兵衝要以鎮撫之。〔攷異〕王惲閒談，劉齊王故事詩序：陳教授説豫未貴時，一日顧見白龍見婦翁家大鏡中，但無鱗與角耳。後乃翁亦見，以女妻之。及生二子，以麟、角名之。或謂二子長，豫當大貴，果然。元裕之詩云：「河邊羖攊尚能飛，無角無鱗自一齊。」大金國志云，豫遣使説東京留守上官（悟）〔晤〕（據大金國志卷三一改，下同），（悟）〔晤〕焚書斬使。以賂啗其左右喬思恭、宋厚，俾説（悟）〔晤〕反，（悟）〔晤〕殺之。僞豫傳，宋厚作宋愿，史未載。

八年（庚戌一一三〇）秋九月戊申，立劉豫爲大齊皇帝，世修子禮。〔攷異〕張滙節要作九月九日，豫傳作五月，繫年要録作七月。時册使爲西京留守、檢校太（尉）〔保〕（據繫年要録卷三五改）、尚書右僕射、大同尹、山西〔兵馬〕（同上補）都部署、廣陵郡開國公高慶裔，禮部侍郎、南陽縣開國侯韓昉。按，史無慶裔名，附載之以備參攷。岳珂桯史載金册豫文曰：「維天會八年歲次庚戌、七月辛丑朔、二十有七日丁卯，皇帝若曰：『朕，公於御物，不以天下爲己私；職在牧民，迺知王者爲通器。威罰既已殄罪，位號宜乎授能。迺者，有遼運屬顛危，數窮否塞，獲罪上帝，流毒下民。太祖武元皇帝仗黄鉞而拯黎元，麾白旄而誓師旅，妖氣既殄，區宇大寧。爰有宋人，來從海道，願輸歲幣，祈復漢疆。

太祖方務善隣，卽從來議。重念斯民，久罹塗炭，未獲昭蘇，不委仁賢，孰能保定？咨爾劉豫，夙擅直言之譽，素懷濟世之材，居於亂邦，生不偶世。百里雖智，亦奚補於虞亡；三仁至高，或（願）〔顯〕（據桯史卷七改）從於周仕。當姦賊擾攘之際，正愚氓去就之間。舉郡來王，奮然獨斷；逮（予）〔乎〕（同上）歷試，厥勳克成。夫委之安撫，教化行；任之尹牧，獄訟理；付之總戎，盜賊息；專之節制，郡國清。況有定衰救亂之謀，必挾拯變扶危之策。使民無事，則橐弓力穡，有役則釋耒荷戈。罷無名之征，捐不急之務。徵隱逸，舉孝廉，振紀綱，修制度，省刑罰而去煩酷，發倉廩而息螽螟。神人以和，上下協應。比下明詔，詢考輿情，列郡同辭，一心仰在，宜卽歸仁之地，以昭建業之元。是用遣西京留守高慶裔，副使禮部侍郎知制誥韓（昭）〔昉〕（同上），備禮，以璽（繪）〔紱〕（同上）寶册命爾爲皇帝，國號大齊，都於大名。歲修子禮，（承）〔永〕（同上）貢虔誠；畀爾封疆，並從楚舊。更須安集，自相攸居。爾其上體天心，下從人欲。忠以藩王室，信以保邦圻。惟天難諶，惟命靡常，謹厥德，保厥位，爾其勉哉，勿忽朕命。』」玉册皆以六十六方爲制，每方字兩行，以金書之。韓昉作韓昭。所載册文最詳。要録謂册文爲昉筆。建都大名府，號北京。〔攷異〕畢沅續通鑑云，初，北京軍民聞豫至，殺金人，閉門拒豫，豫擊而降之，遂卽位。史未載。

初，康王既殺張邦昌，自歸德赴揚州，詔發兵南侵，諭曰：「俟宋平，當援立藩輔如邦昌故事。」及宋帝航海，宗弼北還，議所立，衆議折可求及豫皆可立。豫乞達蘭爲求封，遂僭位。〔攷異〕大金國志云，濟南有漁得鱣者，豫妄謂神靈之應，遂祀之。北京豫順門下生禾，五穗同（登）〔本〕（據大金國志卷三一改），爲受命之符。乃使子麟齎重寶，賂粘罕左右，許之。豫詭詞乞立張孝純，乃使問軍（中）〔民〕（同上）所欲立。進士張浹願立豫，議遂決。或謂本叛臣張剛中獻策於高慶裔轉告粘罕，非也。大抵慶裔欲歸功粘罕，恐撻懶先之，故力爲贊成。後酬賄賂不可勝計。麟、猊輩有恩府門生之稱。宋史謂豫持重寶賂撻懶，宏簡〔録〕（據本書卷末引用書目及宏簡録補)謂巨鑪長數十丈,稍異。洪邁夷堅志云,「僞齊初受册,告天祝版,誤書年號靖康,又純用趙野家廟器,識者以爲不詳。」史均未載。趙翼箚記云,豫受金册爲齊帝,時宗翰等議,既爲藩輔,奉表稱臣,則詔至當避正殿,與使者抗禮。太宗曰:「既爲鄰國之君,又爲大朝之子,惟使至,躬問起居;及歸,時有奏則起立,餘並行帝禮。」此僞齊之儀注可考者。置丞相以下官,赦境内。〔考異〕僞齊録載赦文,畧曰:「自念風猷寡陋,家世側微。昔也壯年,久林泉(之是)〔而自〕(據僞齊録僞齊僭位赦文改)樂;今焉晚節,豈軒冕之爲心?屢乞退閒,(迄)〔竟〕(同上)無(成)〔允〕(同上)命。當天造之草昧,念王業之艱難。恭受册儀,尚循牆而欲避;勉膺位號,若負刺之不遑。雖非虞、舜之明揚,幸無湯、武之慙德」云云。豫傳未載。還居東平,曰東京,汴州曰汴京,降宋南京爲歸德府。張孝純等爲宰相,弟益爲北京留守。子麟爲尚書左丞相、諸路兵馬大總管。宋待以敵國禮,孝純及鄭億年、李鄴家人在宋者,加意撫之。〔考異〕朱勝非秀水閒居録,億年爲居中子,母爲王仲山親妹,檜爲仲山壻,檜子熺復娶億年女,後歸朝,檜佐之除雜學士,後復資政殿學士,李光争之,不聽,士論洶洶。以明年爲阜昌元年。〔考異〕僞齊録載改元詔曰:「王者受命,必建元以正始。近古以來,仍(給)〔紀〕(據僞齊録建元阜昌詔改)嘉號,以與天下更新。(者)(按,僞齊録原文爲「乃者卽位之初」此者字爲省略原文而衍)今使命逼臨,促立别號,以昭受命之元(用)〔運〕(同上改),新我齊人之耳目。嘉與諸夏,共受天休,其以十二月二十三日爲阜昌元年。」據此,則非明年改元也,今從史。母翟氏〔考異〕南宋書作翟氏。北盟會編又謂翟氏爲豫嫡妻。今從本傳。爲皇太后。妾錢氏爲皇后,宣和内人也。〔考異〕大金國志云,孝純守尚書右丞相,李孝揚權左丞,張(東)〔柬〕(據僞齊録改)權右丞,鄭億年工部侍郎,王夔汴京留守,以〔豫〕(據大金國志卷三一補)生景州,守濟南,節制東平,僭號大名,起四郡雲從子弟凡六千人,設翼衛、勳衛、親衛，六年，合格出官。滄州進士邢希載、毛澄皆上書請密通江南，斬之。宋史豫傳王瓛作王瓊，云，博州判官劉長孺遺書勸反正，囚之。大索宋宗室，承務郎(闕)〔閭〕琦(據宋史卷三七五劉豫傳改)匿之，杖死。招楚州趙立，使爲所殺。宏簡録張東作張柬，闕琦作閭琦，云，召迪功郎王寵、文林郎李喆，尉氏令姚邦基皆棄官去。朝奉郎趙俊書甲子不書僭年，僞經畧折可求缺望，殺之。立陳東、歐陽澈雙廟於歸德。畢沅續通鑑云，封東安義侯，澈全節侯。進士辥筇力勸豫歸宋，幾見殺，孝純救免。史均未載。熊克小紀云，薩里罕在雲中，嘗因軍事召折可求，語以將廢豫而立可求意。及後廢豫，達蘭欲割河南地歸宋，薩里罕因燕可求，置毒，卒於路。據此，則可求又非豫殺。稍異。周煇清波雜志云，東死於應天府，被逮，作家書，區處後事。其帖今在其外孫括蒼潘景夔家。頃年，許右丞翰爲作哀辭，具著本末。少(陽)〔暘〕(據清波雜志卷五改)初不識李公，李念「伯仁(由)〔因〕(同上)我而死」，祀之家。時上書被行遺者歐陽徹。高宗臨朝，嘗曰：「朕卽位，聽用非人，至今痛恨。」各加贈祕閣修撰，賜官田(二)〔十〕(同上)頃。尋令鎮江府致祭。徹於靖康初金犯闕，請質二子二女而使穹廬，御親王歸，不報。死時年三十三。又進士徐暉乞借官入金奉親王歸，詔假通直郎往使，卒，無聞。羅大經鶴林玉露云，時與陳東陳六賊之罪，且言金不可和狀，尚有津浦高登，字彥先，紹興間對策鯁直，擬降文學，高宗擢爲静江府古縣令。時檜當國，父嘗宰是邑，胡舜陟欲爲立祠，登不從，逮繫訊掠無罪狀。校文潮陽，「出則將焉用彼相」賦，檜怒，謂附鼎，削籍，流容州，死焉。又，吴元美三山文士作「夏二子」賦，譏檜立潛光亭、商隱堂，怨家告檜曰：「亭號潛光，蓋有心於黨李，堂名商隱，本無意於事秦。」亦削籍流容州死。均立祠學宮。

冬十月乙亥，豫遣使謝封册。〔攷異〕續綱目云，十月，淮寗鎮撫使馮長寗叛，降爲工部侍郎。薛應旂通鑑云，是年，金迫朱弁仕豫，誓不爲屈；復迫洪皓，亦不屈，流冷山。時尹惇居商州，豫遣僞帥趙斌禮聘，不從，恐以兵，奔閬州。史未載。沈必先日記云，奏事殿中，高宗言近有人自東京逃歸，聞張九成見爲劉豫用事，可怪。必先對曰：「九成在其鄉里臨安府鹽官縣寄居，去行闕無百里。」上云：「如此，則所傳妄矣。」便與一差遣召來，蓋子韶廷試策，流播僞齊，人悉諷誦，故傳疑焉。翼日，降旨除祕書郎。

十一月庚戌，以遥鎮節度使烏克新原作烏克壽等爲豫生日使。〔攷異〕范拱傳，字清叔，濟南人。宋末第進士，調廣濟軍曹，權邦彦辟爲記室，攝學事。劉豫鎮東平，拱撰謁廟文，豫奇之，因獻六箴。齊國建，擢中書舍人。上初政録十五篇，不能用，進左丞兼門下侍郎。豫以什一爲税，其實裒斂，而刑法嚴急，吏緣爲姦，民益窮困，境内苦之。時丞相孝純、拱兄侍郎巽，極言其弊，不從，巽坐貶。拱力言，尋改爲五等税，民猶以爲重也。豫廢，宗弼用拱言，減舊三分之一。大定中（按，考金史卷一〇五范拱傳，當作「大定初」）爲太常卿，卒官。李上達傳，仕齊，爲吏部員外郎，攝户部事。公私苦什一之法，上達論其弊，豫改定五等之制，卒官山東西路轉運使。字達道，濟陰人。熊克小紀云，初侍郎馮長寧與御史許伯通同定十一税法，與阜昌敕令、敕式皆成，二法並行，文意相妨者，從税法。謂宋之税法，爲民大蠹，權豪交通州縣而欺愚弱，人田宅不承其税。間有陳詞，官吏附勢，不爲推割，産已盡而税猶在。監錮拘囚，死而後已。官擁逃户之税，使邑里代輸。又方田高下，土色不實。朝行寬恤之詔，暮下割剥之令，故民窮起而爲盗。大抵皆吠堯之言也。豫傳均未載。

九年（辛亥一一三一）春正月己亥朔，劉豫遣使來賀。

冬十月戊寅，豫遣使賀天清節。

十一月己未，以陝西地賜豫，從邦昌所受封界故也。〔攷異〕豫傳繫之阜昌二年壬子，即天會十年，與太宗紀異。繫年要録云，是歲爲紹興元年辛亥，即金天會九年，乃劉豫之阜昌二年，又異，今從紀。熊克小紀云，紹興元年五月，真、揚鎮撫使郭仲威擅補官，與劉豫通和，劉光世遣王德渡江，誘擒之，詔斬於平江府。餘將佐非同謀者，皆釋之。時，李成既敗，其謀主李雩爲張俊擒，成勢益蹙，將殘黨遁居順昌，詔淮、蔡二郡掩殺，成遂奔僞齊，餘衆趙瑞等降。宋史豫傳云，時豫置招受司於宿州，誘宋逋逃。十月，遣王世冲寇廬州，鎮撫使王亨誘斬之，大破其衆。史未載。

十年（壬子一一三二）春正月癸巳朔，劉豫遣使來賀。己（亥）〔酉〕（據金史卷三太宗紀改），復表謝賜地。〔攷異〕繫年要録云：是秋，僞齊分野長星見。史未載。

冬十月壬寅，豫遣使賀天清節，尋遣使來告母喪。

十一月癸亥，以武良謨爲豫弔祭使。〔攷異〕大金國志云，阜昌（二）〔四〕（據大金國志卷三一齊國劉豫録改）年，豫母卒，謚慈獻，葬東平，所揭皆田家衣，儀仗同朝廷禮。（按，據大金國志卷三一，以下皆阜昌二年事）封子麟梁國公，張昂權右丞相，益守汴京，李儔知襲慶府。本傳均未載。

是年四月，遷都於汴。〔攷異〕大金國志云，是年十二月，東京官屬請遷都，遂以阜昌三年四月遷於汴。而本傳作阜昌二年，乃紹興二年也，與宋史合，今從本傳。續通考云，豫僞謚祖爲毅文皇帝，號徽祖，僞謚父爲睿（文）〔仁〕皇帝（據宋史卷四七五劉豫傳改），號衍祖。宋史豫傳云，豫徙汴，尊其祖考爲帝，置於宋太廟。是日，暴風捲旂，屋瓦皆震，士民大懼。麟籍鄉兵十餘萬爲太子府軍，賦斂煩苛，民不聊生。先是，襄陽桑仲請正豫罪，命節制軍馬，復所陷州郡，詔河南翟興，荆南解潛，金、房王彦，德安陳規，蘄、黄孔彦舟，廬、壽王亨相爲應援。未幾，仲爲霍明殺。興進屯伊陽山，豫啗以王爵，焚書斬使；麾下楊偉受豫金，殺興持首降。十二月，李横敗豫兵陽石，趨汝州，僞守彭玘以城降。趙甡之遺史云，豫使蔣頤説興降，被殺；因約楊偉爲内應，舉兵攻興，力戰死。張滙節要云，偉先降，豫引賊由間道襲興嘗，力戰，遇害，贈保信節度。熊克小紀云，當汴人震懼時，豫曲赦以安之，因與民約曰：「今後更不肆赦，及不用宦官，不度僧道，文武雜用，不限資格。」又云：紹興二年二月，知壽春府陳辨始貳於豫，並用紹興、阜昌年號。知濠州寇宏，本盜，與僞宿州守胡彬通，至是葉夢得遣使撫之，皆聽命；會豫遣其將王彥充攻壽春，爲辨所敗，宏遂與彬絶。辨復固始縣，宏招納吴青等二千餘人，會豫衆復犯二州，夢得命王冠等往援，遂復光州。前尚書郎乾封李亘，建炎末避地不及，爲豫用，使留守北京，謀歸本朝，豫族誅之。彥舟初隸權邦彥麾下，因事叛去，至是爲簽樞，彥舟不自安，又聞韓世忠已破羣盜，順流下，益有異志，詢於幕官王玠，阻之。南宋書云，六月，彥舟叛，降豫。宏簡録云，董先以商、虢二州附豫。續綱目云，韓世忠敗劉忠於蘄陽，忠走降豫。僞豫傳，時劉從善爲河南淘沙官，谷俊爲汴京淘沙官，兩京冢墓，發掘殆盡。繫年要録云，豫因李英賣注椀，疑非人間物，驗治得實，始置淘沙官。薛應旂通鑑云，王彥敗豫將郭振於白石鎮，復秦州。史均未載。彥舟，字巨濟，相州林慮人。見本傳。

十一年（癸丑一一三三）春正月丁巳朔，劉豫遣使來賀。

冬十月丙申，豫復遣使來賀天清節。〔攷異〕續綱目云，正月，李横屢敗豫兵，復潁昌府，僞安撫趙弼遁，以横爲襄陽、鄧、隨、郢宣撫使。三月，横傳檄復東京，與金將戰於牟駞岡，敗績，潁昌復陷。四月，豫將董震以虢州來歸，李成復寇陷之。會議和，禁諸路侵齊，及招納淮北與中原人來歸者。八月，翟琮棄軍奔襄陽，豫陷伊陽，盡有梁、衛地。十月，成寇襄、鄧，横奔荆南，成遂陷京西六郡。宏簡録云，横破潁順軍，降僞守蘭和，敗長葛兵。南宋書，潁順作順昌，蘭和作藺和。畢沅續通鑑云，潁昌破，譚世則遇害。四月，虢州陷，成欲降謝皋，指腹示曰：「此吾赤心也。」自剖其心，死。七月，河南鎮撫使翟琮因豫據梁、衛地，孤軍不能獨立，奔襄陽，豫遂得伊陽。興子也。繫年要録云，琮初入西京，僞留守孟邦雄方醉卧，俘其族歸。九月，統領吴勝敗僞齊兵於黄堆寨，追殺無遺。還至朧家城，彭宬戰死，賀吉自殺，皆贈官。宋史豫傳云，五月，知壽春府羅興叛，降豫。通鑑輯覽云，二月，李吉敗豫將梁進於伊陽臺，殪之。三月，金兀朮來援，豫亦遣成逆戰牟駞岡，橫敗，潁昌陷。玉海載李橫檄文曰：「僞齊僭號，自速剪夷；國運中興，王師已進。西壓淮泗，東接海沂。驛騎交馳，羽書迭至。我則兼收南陽智謀之士，提大河忠孝之人，仗義以行，乘時而動。」又曰：「金商之兵出其先，荆、湖之師繼其後，若能納欵，則悉仍舊貫；執迷不悟，則後悔難追。」熊克小紀云，橫約信陽鎮撫使牛皐復潁昌府及汝州、葉縣。七月，金、齊兵復犯襄陽，橫棄城遁，敵隨至隨、郢，遠近震懼。橫欲奔荆南，鄂帥鈞洪道拒之。其屬趙去疾、閻大鈞等勸往江西，趙鼎適遣米船至，衆遂安。董先、牛皐率兵先至洪州，橫繼至。鼎遣人迎犒，橫大喜。鼎遣赴闕，既至，爲桑仲訴冤，下霍明於獄，竟薄其罪。後琮亦歸朝，授江東鈐轄，其衆多隸諸軍。紀載各異，豫傳均未書。

是年，宋閤門宣贊舍人徐文來奔。初，元帥府使蕭慶如汴議南侵事，豫報曰：「宋軍帥韓世忠屯潤州、劉光世屯江寧，今舉大兵，欲往采石方輿紀要云，山名，一曰采石圻，在太平府西北二十五里。渡江，而光世拒守。若抵揚州，則世忠必聚海船截瓜洲渡。方輿紀要云，唐初京口江面濶四十里，後沙漲爲瓜洲只濶十八里。明嘉靖時僅濶七八里，又有談家洲橫列其中。若輕兵直趨采石，彼未有備，我必（竟）〔徑〕（據金史卷七七劉豫傳改）渡江矣。光世海船亦在潤州，世忠必先取之，二將由此必不和，以此逼宋帝其可也。」至是，文將大小船六十隻、軍七百來奔，至密州界中，率將佐至汴。〔攷異〕續綱目云，四月，水軍都統制徐文以衆叛附豫。文勇力過人，揮刀重五十斤，呼徐大刀。以功領淮東、浙西沿海水軍，諸將忌之，譖其將叛，遣兵襲之，遂以海舟六十艘，官軍四千餘，自明州浮海抵鹽城附豫。謂二浙可襲，豫喜，命知萊州，寇通、泰州。南宋書，文，字彥武，膠水人。少爲商，應募從軍。紹興二年立御前忠鋭軍，凡七將，其一也。閻畢譜其謀叛，遂降豫。北盟會編云，初，徐聚、徐文在東海縣，有舟船數百。聚爲李彥先害；文下海，據靈山寺，受招安，拜武經大夫。及邵青寇明州，命文備之。紹興三年五月，文欲作亂，命朱師閔往襲，泛海附豫。繫年要録云，文至定海，爲武德郎趙琦拒，制置仇悆追之不及，坐貶官。畢沅續通鑑云，初，與文起事者，李齊、范温嗣，同歸宋者，宋穩。宋史豫傳云，文後寇通、泰。及南侵，効力居多。玉海云，建炎元年六月，置水軍以習水戰，號「樓船軍」、「淩波軍」，從李綱請也。三年正月，呂頤浩請令江、淮習水戰。而飛虎戰船始於王彥恢，戈船始於方滋，海鰍船則允文用之，多槳飛江船則郭剛造之。紹興二年五月，密院言，據探報，敵人分屯淮陽，軍海州。竊慮以輕舟南來，震驚江、浙，緣蘇洋之南，海道通快，徑趨浙江。詔兩浙路帥司速遣官相度控扼，次第，圖本聞奏。中丞沈與求言，海州自京東入浙，必由泰州石港、通州料角、陳貼、通明鎮等處，次至平江南北洋，次至秀州金山，次至明州向頭。又聞料角水勢湍險，儻於石港、料角等處，拘收水手，優給庸直，以待緩急，彼亦安能衝突？七月，呂頤浩言，近置沿海制置司，最爲得策。然虜舟從大海北來，拋洋直至定海，此浙東路也，自通州入料角放洋至青龍港，又沿流至金山、海鹽縣直泊臨安府江岸，此浙西路也。望令仇悆專管淮東、浙西，別除一員專管浙東、福建路，從之。豫與元帥府書曰：「文言宋帝在杭州，其候潮門外錢塘江方輿紀要云，江源有三：一出徽州黟山，曰新安江；一出金華大盆山，曰東陽江；一出衢州百際嶺，曰信安江。流至嚴州府城東南二里合，經杭州城南，謂之錢塘江。〔攷異〕續通考云，浙江，在府城西三里，出歙縣玉山，經建德合婺溪，過富春爲浙江，入海。江口有山居江中，潮水投山下折而曲，因名浙江。其上游曰富春江。又云，錢塘在府城南。唐元和志，邑境偏近江流，功曹華信議立塘以防海水，募能致土石一斛與千錢，旬月，塘遂成，因號錢塘。潛說友咸淳臨安志云，浙江在郡之東南。東漢郡國志，會稽郡有浙江，注引郭璞所注山海經云，出歙縣玉山。又丹陽郡歙縣，注引山海經云，三天子都在閩西海北，郭璞曰在縣東，謂之玉山，其水過今建德，合婺溪，至富春爲浙江，入於海。虞喜志林云，今錢塘江口，浙山正居江中，潮水投山下折而曲，一云江有反濤，水勢折歸，故云浙江。史記云，水至會稽山陰爲浙江。盧肇曰：「浙者，折也。」蓋取其潮出海，屈折而倒流也。一名淛河，山海經云，禹治水至於淛河。莊周亦曰，淛河之水，每日晝夜潮再上，常以月十日、二十五日最小，月三日、十七日最大云。內有船二百隻。〔宋主〕（據金史卷七七劉豫傳補）初入海時，於此上船。別有河入越州，向明州定海口，達昌國縣。其縣在海中，爲聚船積糧處。今大軍可先往昌國取船糧，還趨明州奪御船，抵錢塘江。今自密州上船，風順可五日至昌國，遲亦半月可至。」〔攷異〕宋史紀事本末云，是年，金遣李永壽等來請畫江益豫。學士綦宗禮言，永壽從豫所來，謀必出豫，請嚴備。宏簡録云，吴仲請乘敵使在廷，一戰擒之。畢沅續通鑑云，初，僞齊侍御史盧載陽陳結南夷擾川、廣之策，豫遣通判傅維永及進士宋囦等五十餘人册封交趾李陽焕爲廣王，且結諸溪洞酋長。金亦使毛都魯者二十餘人偕行。繫年要録，金使作穆都哩。史均未載。

十二年（甲寅一一三四）春正月辛亥朔，劉豫遣使來賀。〔攷異〕熊克小紀云，紹興四年三月，初，僞宿遷令張澤率其邑二千餘人自拔來歸，泗州守徐宗誠受之。韓世忠以聞，徐俯欲斬澤送首劉豫，趙鼎力争。用常同言，釋宗誠罪，命澤以官，且給閒田，處其衆於淮西。六月，岳飛進次襄陽，率統制王貴等自鄂渚往，與金、齊兵遇，大破之，遂復襄陽及隨、郢諸州。分遣張顯等進拔鄧州，軍聲大振。史未載。

冬十月庚寅，豫復遣使來賀天清節。

初，宗弼自江南還，宗翰將入朝，再議南侵事。宗翰堅執以爲可，宗弼曰：「江南卑溼，今士馬困憊，糧儲未豐足，恐無成功。」宗翰曰：「都監務偷安爾。」〔攷異〕大金國志云，豫乞師，金主召諸將議，粘罕、兀室以爲難，窩哩嗢以爲可。於是窩里嗢、撻懶權左右副元帥以行，粘罕遂失兵柄。時兀朮無一言，因使將前軍。宏簡録同。豫使爲僞樞密盧偉。畢沅續通鑑作盧偉卿，均與本傳異，今從本傳。及豫以書報，而睿宗即宗輔亦不肯用豫策，使達蘭帥師至瓜洲而還。降。劉麟説其侵蜀，不聽，決計犯淮甸；及歸，飛奏聞，召見，請爲防江之備，授閤門袛候。熊克小紀載劉豫書，略云：「朕受命數年，治頗有敍。永惟吴越、巴蜀、江湖、嶺海，皆元議一統之地。（爭）〔重〕（據中興小記卷一六改）念生民久困，不忍用兵，故爲請於大金，欲割地封之，使永保趙氏之祀。豈圖蔑棄大德，乃敢僞遣使聘，密圖吞噬，先刼汝、潁，次掠襄、鄧，至有收復燕、雲之謀。是用遣皇子麟領東南行（省）〔臺〕（同上）尚書令，會大金元帥大軍，直擣僭壘，務使六合混一。」其吠堯之辭，悖逆如此。畢沅續通鑑云，七月，豫聞飛復襄、鄧，求援於金。九月，金遣宗輔等調兵五萬，豫亦遣子麟、姪猊會兵南侵。騎兵自泗攻滁，步兵自楚攻承，帝相趙鼎議親征。十月，世忠進屯揚州，適魏良臣出使，紿以退屯守江，復向大儀，勒兵設伏。良臣至金營，以所見告。聶埒貝勒引騎趨江口，距大儀五里，伏發，金軍亂，遂敗，擒其將托卜嘉。別將董旼又破之於鵶口橋，擒四十餘人。統制解元敗之於承州北門，擒一百四十八人。宋史紀事本末作聶兒孛堇，董旼作董攸。云，擒撻不野二百餘人。世忠親追至淮，金卒死甚衆。論者謂中興武功第一。趙雄撰世忠碑，托卜嘉作撻孛耶，汪伯彦日歷作闥孛也。繫年要録云，時金陷濠州，寇宏遁，國奉卿被殺，將官丁成、楊熙、丁元皆死。攻楚州，李東遇害，悉贈官。薛應旂通鑑云，十一月，帝次平江，下詔暴豫罪。以張浚知樞密，視師。十二月，金、齊合兵圍廬州，守臣仇悆求救，飛遣牛皋、徐慶援之，擊破金兵，死者不可勝計。良臣還，金索銀絹千萬，復約再使。侍御史魏矼請罷「講和」二字，以攻守代之，遂不遣。金撻懶屯泗州，兀朮屯竹塾鎮，爲世忠所扼。書約戰，世忠遣王愈及兩人以橘茗報之，且言張浚將至，兀朮色變，又餽。道不通，聞主疾篤，夜引還，麟等棄輜重遁。北盟會編云，十二月，王進薄金人於淮，執其酋程師回、張延壽，皆名將也。史均未載。大金國志云，金兵屢敗，宵遁。麟還定遠，一(日)(據大金國志卷三一刪)夜馳二百四十里，始入宿州，北方大恐，軍多散亡。載於阜昌六年，乃天會十三年，與史異。趙彥衞雲麓漫鈔云，紹興甲寅、乙卯，劉麟導金南侵，時車駕駐平江，策士趙九齡請決淮西水以灌金營，朝廷不能用。已而，韓世忠得戎酋約戰書曰：「聞江南欲決淮西水以浸吾軍。」書到之明日，敵實退師。當時但以爲却敵之功，殊不知九齡之力居多。熊克小紀載宋帝親征詔曰：「朕以兩宮萬里，一別九年，覬迎鑾輅之還，期盡庭闈之奉，卑辭厚幣，遣使請和。比得敵疆之情，稍有休兵之議，而逆豫懼禍及身，造爲事端。間諜和好，信逆雛之狂悖，率羣偷而陸梁。警奏既聞，神人共憤，誓挺身而効死，不與敵以俱生。今朕此行，士氣百倍，殪彼逆黨，成此隽功。咨爾六軍，咸知聖意。」(乃)〔及〕(據文義改)麟遁歸，率僞官上言，畧曰：「以中原制江表，強弱之勢，何啻得百二之利，故自古王者興起，必於河北、山東之地，然後爲真。若乃崛起，及遁居吳越之會，計其強者，能自保一隅，有不道，則中原之兵已進，而墟其國者，非一也。」豫以其言曉示僞境。又云，時劉光世屯馬家渡，俊軍采石，世忠退保鎮江，各持私隙，莫肯協心。帝遣魏矼、田如鼇和解之。矼至光世營，勸貽書二帥，始復書，交致其情焉。

十三年(乙卯一一三五)熙宗亶即位，不改元。春正月癸酉，遣使告哀於劉豫，仍詔自今稱臣，勿稱子。并定朝賀、賜宴、朝辭儀。〔攷異〕大金國志云，七月，毀明堂。是日，天地晦冥。八月，麟出獵陳留，義黨百餘欲擒以南歸，事覺，被殺。以劉復知濟南，覩知淮寧軍。張東(按僞齊録作張柬)卒。時豫遣人持海道圖來獻，金大起燕、雲四十萬人於蔚州，造戰船於雄州之北虎州，謀由海入侵，百姓大困，盜賊蜂起，事中輟。宋史豫傳云，正月，郭瓊復光州，降僞守許約。閏二月，僞將商元攻信陽軍，舒繼明死之。八月，復陷光州。十月，令民鬻子依商稅法取其算。

北盟會編云，九月，華旺克光州。十月，齊寇漣水軍，呼延通擊敗之。豫毀景靈東西宮，碎真宗玉石像爲二十八段，開聖佛像鼻衂三日，百姓聳觀。本傳多未載。熊克小紀云：豫毀明堂，得金龍之金四百兩，大銅錢三百萬。

十四年（丙辰一一三六）秋八月癸亥，詔齊國與本朝軍民訴訟相關者，文移署年，止用天會。〔考異〕薛應旂通鑑云，二月，韓世忠聞劉豫聚兵淮陽，即引軍渡淮，傍符離西北，至其城下，爲賊圍，奮戈潰圍而出，不遺一鏃。呼延通與金將牙合孛堇戰，擒之，乘勝掩擊，金人敗去，遂圍淮陽。兀朮與劉猊皆來救，世忠求援於張俊，不赴，世忠臨陣，遣人語敵曰：「錦衣驄馬立陣前者，韓相公也。」敵至，殺其導戰者，尋引去。世忠還楚州，從者萬計。四月，劉豫陷唐州。七月，劉光世復壽春。八月，岳飛遣王貴等下虢州，牛皋復鎮汝軍，擒薛亨、楊再興，復長水縣，進克蔡州。時飛檄豫，畧曰：「契勘僞齊僭號，竊據汴都。舊忝台臣，屢蒙任使，是宜執節效死，圖報國恩。乃敢背棄君父，無天而行，以祖宗涵養之澤，翻爲仇怨；率華夏禮義之俗，甘事腥羶。紫色餘分，擬亂正統。想其面目，何以臨人？方且妄圖襄漢之行，欲窺川蜀之路，專犯不韙，自速誅夷。」云云。宋史紀事本末云：豫聞張浚會師，告急於金，〔乞師救援〕。（文意不明，據宋史紀事本末卷六七補）蒲盧虎謂不可許，遣兀朮提兵黎陽以觀釁。豫簽兵三十萬，分兵三道：麟由壽春犯合肥爲中路；猊出渦口犯定遠爲東路；孔彥舟、李成由光州犯六安爲西路。浚命諸將分道禦之，有渡江者斬。猊至淮東，爲世忠扼，犯定遠，楊沂中遇於越家坊，敗之，改趨合肥，與麟合，至藕（塊）〔塘〕（同上改）沂中率吳錫、張宗顏等腹背夾擊，大敗之，張浚復破之於李（張）〔家〕灣，（同上）僵屍滿野。猊與數騎遁。麟在順昌，拔寨去。彥舟亦解光州圍。回，北方大恐，金始有廢豫意。大金國志云，是役，失車七千兩，船七百隻，器械無算。廢猊爲庶人，免劉復官。僞豫傳，軍始行，知臨汝軍宋著以後期，斬。繼斬使臣趙倚，曰：「已去趙宋矣。」玉海云，時張浚在采石，上賜手詔，遣內侍賜浚端石硯、筆墨、刀劍、犀甲，且召浚還，勞之，曰：「郤敵，卿之功也。」宏簡録云，六月，豫築劉龍城以窺淮西，王師晟破之，執華知罔，俘其衆而還。畢沅續通鑑云，是春，豫再開貢舉，得邵世等六十九人。改明堂基爲講武殿，於其地造戰船。四月，豫將王威陷唐州，扈舉臣、張從之皆死。八月，僞相張孝純遣薛筠間道上書言利害，且請分兵守京西諸州。繫年要録及僞齊録均載，其書不見宋史，豫傳亦未載。又，小紀邵世作邵世矩，稍異。

十五年（丁巳一一三七）春正月癸亥朔，劉豫遣使來賀。己卯，豫復遣使賀萬壽節。

夏六月庚戌，尚書左丞高慶裔等誅。

秋七月辛巳，宗翰卒。〔攷異〕薛應旂通鑑云，四月，淮西劉光世引疾乞解兵柄，罷奉朝請。岳飛自鄂入見，拜太尉、宣撫使，數論恢復之畧，帝曰：「中興之事，一以委卿。」爲檜忌。與張浚議淮西事，復不合，飛因乞終制，步歸廬山。命張宗元監其軍。遂以王德爲淮西都統制，酈瓊副之。聞不協，召德還，命呂祉往諭諸軍。祉奏罷瓊兵柄。斬賽書吏漏語於瓊，瓊遮得其書，遂殺祉及統制張璟、劉永衡，鈐轄喬仲福皆死。率兵四萬渡淮叛降豫。時有得祉括髮之帛歸吳中者，祉妻吳氏持帛自縊以殉葬，聞者哀之。劉錡、吳錫追之，不及而還。祉，字安老，建陽人，宣和初上舍，歷官有聲。又云，浚悔不用飛言。及聞報，色不變，曰：「此有説，第恐虜覺耳！」爲蠟書遺瓊，言事可成，成之；否則，全軍歸。敵得書，疑瓊，分其衆困苦之，邊賴少安。熊克小紀云，飛解兵柄，召入覲，薛弼移書勸其行，至是飛偕弼入奏事，飛手（書）〔疏〕（據中興小紀卷二一改）儲貳事，風吹紙動，飛聲戰，讀不能句。飛退，弼進，上視之，色動。弼曰：「臣在道，（見）〔怪〕（同上）其習寫細字，乃作此奏，雖其子弟無知者。」朱勝非秀水閒居録云，飛下殿，面如死灰。弼進，上曰：「適乞正資（善）〔宗〕（據中興小紀卷二一小注改）名，朕諭以卿雖忠，然握重兵於外，此事非所當與也。」命弼出，開諭之。周密齊東野語云，浚嘗督師陛辭，與高宗約曰：「臣當先驅清道，望陛下六龍夙駕。」約至汴京作上元。飛聞之，曰：「相公得非睡語乎？」浚憾之終身。大金國志云，瓊到汴，爲靖難節度，知鞏州。復遣馮長寧如金乞師。北盟會編云，同叛者，尚有王世忠、靳賽、趙世臣、王師晟；被殺者，尚有邢支。初，浚欲改淮西軍政，參政張守諫，不聽；及敗，坐落職。宗元懼，請斬浚，士論惡之，尋罷。繫年要録云，時，詹至、張燾、葉夢得、王綯均以爲不可，弗聽。鄭克撰祉行狀云，祉密以利害聞奏，不可易將分軍。與諸書異。趙鼎逸事謂浚用韓璡爲淮南漕。璡嘗倅建康，光世不以禮待之，又爲其屬劉靚所辱，積此二忿，故力建議罷其軍，以祉代。書吏爲朱照，漏言。南宋書，同祉死者作張景、趙康直，時知廬州者爲趙康國，亦死。見洪邁夷堅志。小紀又云，執祉及廬之新舊二帥趙康直、趙不羣皆北去，祉中途被害，統制尚（宗）〔世〕元（據中興小紀卷二二改）持其首去。瓊以全軍七萬人降豫。豫遣韓元英乞師於金，不許；使李師雄將兵納瓊七萬，一作三萬。張遇不從，遂歸朝，轉一官。劉永衡作劉永、史衡，鞏州，作拱州。時劾浚者，周祕、石公揆、李誼，奏留者，王綯、張守、趙令衿。上欲竄浚嶺表，鼎力救，分司，居永州。又，趙鼎事實，四萬人作五萬人。浚使張俊宣撫淮西，楊沂中爲制置，分其兵。齊東野語又云，時臺諫交章劾浚，而司諫則謂罪在劉光世，張守力求末減，郎官趙令（裕）〔衿〕（據齊東野語卷二改）乞留浚，陳公輔謂不可因將帥而罷宰相，卒坐落職。尋詔安置嶺表，因鼎救，分司西京。出言官於外。宋敏求春明退朝録云，紹興二十年，浚復上疏論兵，高宗謂其生事，遂有永州之命。王明清揮麈録云，淮西軍叛後，馮楫勸復用浚收後效，高宗正色曰：「朕寧至覆國，不用此人！」遂終高宗朝不復再用。瓊本傳，字國寶，臨（津）〔漳〕（據金史卷七九酈瓊傳改）人，仕宋，官武泰軍承宣使，叛降齊，知拱州，齊廢，入金，歷泰寧節度，遷歸德尹，卒官。嘗語同列曰：「瓊從南伐，每見元帥親冒鋒鏑，宜其所向無前。江南諸帥，每身居數百里外，謂之持重。召軍易將，諭以虛文，謂之調發。制敵決勝，委之偏裨，小捷則增加俘級以爲功。而又國政不綱，濫賞弛罰，不亡已爲天幸，何能振起耶。」時謂確論。子權，字元輿，以門資召爲著作郎，有坡軒集行世，見中州集。

冬十月乙卯，以達蘭爲左副元帥，宗弼爲右副元帥。

十一月丙午，廢齊國，降封劉豫爲蜀王，置行臺尚書省於汴。〔攷異〕宋史紀事本末云：初，豫由粘没喝、高慶裔得立，故奉之特厚，兀朮以下多憾之。會粘没喝死，岳飛遣間持蠟書與豫，約誅兀朮。爲所得，馳白金主，廢計遂決。豫請立麟爲太子，不許，且日乞援。乃建元帥府於太原，令豫兵悉聽節制。以束拔、撻不野爲左、右都監，戍諸郡。尚書省奏，豫治國無狀，令撻懶、兀朮襲之。先召麟議事，至武城，擒之。抵汴，豫方射講武殿，兀朮突入，執其手，偕至宣德門，强乘以羸馬，露刃夾之，囚於金明池。翌日，宣詔廢之。略曰：「朕丕席洪休，光宅諸夏，將俾内外，悉登承平，故自濁河之南，割爲鄰壤之界。灼見先帝舉合大公，罪在弔征，固不貪其土地，從其變置，庶共撫其生靈。建爾一邦，逮兹八稔，尚勤兵戎，安用國爲？寧負爾君，無滋民患，已降帝號，別膺王封。咎有所歸，餘皆罔治。將大革於弊政，用一陶於新風，勿謂奪蹊田之牛，其罰則甚；不能爲託子之友，非棄而何？凡爾臣(工)〔民〕（據僞齊録卷下廢劉豫詔改。又，此詔全文不載宋史紀事本末）當體至意！」乃宣言：「自今不簽(汝)〔爾〕（據宋史紀事本末卷六七改）爲軍，不取免行錢，爲汝敲殺貌事人，請汝舊主少帝來。」人心稍安。繫年要録束拔作布爾噶蘇。畢沅續通鑑云：時王倫見達蘭、宗弼於涿州，言劉豫嘗私結怨，必負上國，頗納其言。浚行狀云：嘗使人以手榜誘豫，略曰：「如能誘致，使之疲弊，精兵健馬，漸次消磨，兹報國之良圖，亦爲臣之後效。」金見此榜，亦疑之。十將傳，岳飛獲金諜，佯以爲己所遣軍士，責以約劉豫共擒烏珠。諜歸，豫遂廢。趙鼎事實云：鼎欲使張俊出不意趣壽春，取其城，措置已定，會金廢豫，乃止。又遣諜者散布兩淮，誘其守將，由是諸郡降者相繼，得精兵萬餘，西馬數千匹。潘永因宋稗類抄云：劉豫嘗揭榜山東，妄言御茶馮益遣人收買飛鴿，因有不遜語，知泗州劉綱奏之，張浚請誅益以釋謗，因鼎言出之浙東。金宋二史多未載。

以張孝純權行臺左丞相。〔攷異〕宋史豫傳：時以胡沙虎爲留守，李儔副之。畢沅續通鑑云：蕭保壽努爲右丞相，温敦師中爲左丞，張通古爲右丞。林泉野記云：後宋得河南地，招孝純來歸，不應，請於兀朮，歸徐州，致仕，卒。子穎，建炎中爲守臣。

熊克小紀云，金以孝純爲豫僞相，送歸鄉。宇文虚中贈詩曰：「閭里共驚新白髮，兒孫將整舊斑衣。」元好問中州集云，字永錫，滕陽人。謚安簡，致仕。時二兄尚健在，鄉人爲作三老圖。子名公藥，字元石，以蔭入仕，官鄗城令，昌武節度副使。詩號竹堂集。寒食云：「一百五日寒食節，二十四番花信風。」孫觀，字彦國，世爲文章家。曾孫厚之，字茂宏，承安二年進士。時武功杜佺，字真卿，宋末以詩名關中，阜昌中登科，莅官有聲。其過馬嵬詩云：「垂柳陰陰水拍堤，春晴茅屋燕争泥。海棠正好東風惡，狼籍殘紅送馬蹄。」道陵第爲高等，有舒溪集。

詔除豫弊政，人情大悦。遷豫家屬於臨潢府。〔攷異〕薛應旂通鑑云，豫廢，求哀於二帥，撻懶曰：「昔趙氏少帝出京，百姓燃頂爇臂號泣，今汝廢無一人憐者，何不自責耶？」豫語塞。大金國志云，豫弟益守陝，遣撒离喝擒之。時得錢九千八百七十餘萬緡，絹二百七十餘萬匹，金一百二十餘萬兩，銀一千六百餘萬兩，糧九千萬石，方州不在此數。立九年，宫嬪百，妊身者九；麟婢百二十人，進女獻妻，得官者多。北盟會編云，如高立之、宋緝、廉公謹、侯湜皆是。百姓日納官錢，内庭種菜出賣。禁隱語，若云南頭去及衣稍鮮麗，均斬。宏簡録云，時數見變異，梟鳴後苑，龍撼宣德門，滅宣德二字。僞豫傳，梟數千鳴南庭，皆作休也之聲，命捕一梟者賞千錢。畢沅續通鑑云，豫初作楮幣，自一千至百千，皆題其末曰「過八年不(准)〔在〕(據畢沅續通鑑卷一一九改)行用。」其兆已見。星隕平原鎮，賁百祥謂禍在百日内，勸修德以禳，被殺。本傳均未載。熊克小紀云，金初立豫，深有悔割山東之意，故達蘭屢畫山東、河北圖以獻，晟不從。及達蘭專權，遂謀山東，諸將謂不若廢豫以取之，議遂決。洪邁夷堅志云，紹興三年，劉子羽知興元府，祈夢靈顯王廟問邊事。夢神持一柈示之，曰：「賀廢劉。」中惟猪肺一具，石榴一顆，覺而喜，豫將廢。又四歲果滅。續綱目云，飛奏乘廢豫之際，擣其不備，長驅以取中原；韓世忠亦上疏言機不可失，請全師北討，不報。

皇統三年(癸亥一一四三)，進封豫爲曹王。〔攷異〕僞齊録，時豫謝表云：「俄知廢罷之議，愈堅措畫之心。」是金之廢豫，豫蓋先知之也。竊憤漫録云，天眷四年十一月，廢劉豫爲河南道行臺，傳送燕京，囚於柏王寺。按，此寺，元一統志及析津志俱不載，或元時已無此寺矣。見日下舊聞考。

六年（丙寅一一四六）九月，豫卒。〔攷異〕宋史豫傳云，紹興十三年六月卒，乃金皇統三年也，稍異，今從史。元好問中州集，豫，字彦由。載其雜詩六首及客館詩一首，云有集十卷行於世。子麟、猊。孫通，海陵時參知政事。四世孫瑛，今在太康。張滙節要云，豫既廢，撻懶逼其北行，居上京天子廟，在燕山東北千七百里。顧奎光金詩選載其雜詩有「紅日轉西漁艇散，一川山影暮天涼」及「無限嶺雲遮不斷，數聲和月到山家」，皆瀟灑有風致。本傳均未載。

子麟，字元瑞，仕宋，補承務郎。豫降，麟因從軍，討水賊王江，破降之。尋知濟南府事。豫僭立，拜興平節度使、開府、梁國公、充諸路兵馬大總管、尚書左丞相。及達蘭以軍廢豫赴汴，止刁馬河，在中牟縣東南召麟渡河議事，因執之。〔攷異〕熊克小紀云，時豫請兵益堅，金令先調發山東兵會淮上。約其子麟以二百騎會濬、滑間，即爲金所擒。豫廢，麟還臨潢。頃之，授北京路都轉運使。歷參政、左丞、開府，封梁國公，卒。〔攷異〕南宋書云，崇寧間有望氣者，言阜城有天子氣甚明，詔斷支隴以泄之。居一年，猶云氣故在，特稍晦，將爲偏閏之象，不克有終。張、劉二逆皆阜城人，卒如所占。至羅誘上南征策，馬定國進君臣名分論，祝簡獻遷都、國馬賦，語多指斥，許清臣毁景靈宮，孟邦雄發永安陵，桀犬吠堯，蓋無責焉。北盟會編謂誘係豫所取狀元，宏簡録作羅許。又，孟邦雄發掘南京冢墓。熊克小紀載祝簡賦，畧云：「嘉爾鑾荆，弗賓弗降。固將突騎，長驅不資。一葦之杭，豈惟觀長淮飲大江而已哉。」豫批曰：「文賦非治天下者所尚。此賦極陳馬之有用，有補馬政，與減磨勘，以示無言不酬。」元好問中州集云，馬定國，茌平人，字于卿，唐中書令周裔孫。宣和末題詩酒家壁，有

「蘇、黄不作文章伯，童、蔡翻爲社稷臣；三十年來無定論，到頭姦黨是何人」句，因是得罪。阜昌初，游歷下亭，以詩撼劉豫，豫召與語，大悦，授監察御史，歷翰林學士。作石鼓辨餘萬言，自號薺堂先生，有集行世，國史有傳。祝簡，字廉夫，單父人。宋末登科，國初官太常丞兼直史館，有嗚嗚集行世。詩甚工，如書懷云：「白髮渾無賴，朱顔更不回。遮眼細書聊引睡，扶頭濁酒最關情。」此類甚多。又有朱之才者，字師美，洛西人。宋崇寧間登科，入齊爲諫官，坐直言，黜爲泗水令。乞退，家嶧陽，自號慶霖居士，有霖堂集行世，昆弟數人，皆有文名。子瀾，字巨觀。

金史紀事本末卷十三

征撫西夏

太祖天輔六年（壬寅一一二二）夏六月，大破遼兵，遼主走陰山，夏將李良輔將兵三萬救遼，次天德境野谷，斡魯、原作鄂囉羅索原作婁室敗之於宜水，〔攷異〕薛應旂通鑑作宣水。趙良嗣燕雲奉使録云，夏人來援，爲暴漲所溺，不言戰，且繫之八月。宜水在榆林府東北邊外。追至野谷，澗水暴至，漂没者不可勝計。宗望原作斡离不至陰山，以便宜與夏議和。并諭「遼主至彼，可令執送。」

夏本元魏後，魏衰，居松州在大寧衛西北。者，因以舊姓爲托跋氏。〔攷異〕遼史作拓跋氏。初，黨項八部有托跋部，自黨項入居銀、夏銀州爲銀川郡，縣四。夏州故城在榆林鎮西北二百里。古朔方，秦爲上郡地。〔攷異〕輿地廣記云，銀州，春秋爲白（翟）〔狄〕（據輿地廣記卷一四改），秦屬上郡，二漢屬西河郡，元魏爲開（先）〔光〕郡（同上），後周爲真鄉郡，兼立銀州，唐改銀川郡，後没吐蕃，今收復，縣四：儒林、真鄉、開（先）〔光〕（同上）、撫寧。夏州，古爲戎狄，秦屬上郡，後爲匈奴據，漢武立朔方郡，夏赫連氏都焉。元魏立夏州，西魏爲宏化郡，唐復舊，升静難軍，縣三：朔方、德静、寧朔。之間者，號平夏部。唐末，托跋思恭以破黃巢功，賜姓李氏，兄弟相繼爲節度使，居夏州，在河南。繼遷再立國，元昊始大，乃北渡河，城興州即懷遠鎮，屬靈州。而都之。其地，初有夏、綏、銀、宥、靈、鹽等州，後遂取武威、張掖、酒泉、燉煌郡地。方輿紀要云，綏爲唐綏州，即綏德軍。宥州在故夏州城西二百二十里。靈州即今寧夏鎮。武威，郡名，即涼州。張掖，郡名，即甘州。酒泉，郡名，即肅州。燉煌，縣名，古瓜州地，今屬沙州。〔攷異〕輿地廣記云，宥州，在寧夏南境，唐立宥州，後爲寧朔郡，後没吐蕃，復置，縣二：延恩、長澤。靈州，爲戎狄地，秦、漢、魏、晉屬北地郡，元魏立靈州，唐升朔方軍，縣四：回樂、靈武、懷遠、保靜。涼州，初屬匈奴，漢武立武威郡，晉兼立涼州，唐爲河西節度，縣五：姑臧、神烏、昌松、天寶、嘉麟。甘州，初爲匈奴有，漢武立張掖郡，西魏爲西涼州，改甘州，縣二：張掖、删丹。肅州，古月氏地，漢立酒泉郡，隋號肅州，唐復故，縣三：酒泉、福禄、玉門。瓜州，初屬匈奴，漢、魏屬燉煌郡，晉立晉昌郡，魏號常樂郡，唐立瓜州，縣二：晉昌、常樂。沙州，古三危地，春秋爲(允)〔元〕(據輿地廣記卷一七改)姓之戎，漢初入匈奴，後分立燉煌郡，唐改沙州，後没吐蕃，後唐立歸義軍，縣二：燉煌、壽昌。續通考云，靈州，唐置，又爲靈武郡，宋陷於夏，改爲翔慶軍。涼州，唐置，宋爲西涼府，爲夏陷，元立永昌路，又有西涼州，明改爲衛。甘州，宋爲夏所陷，改鎮夷郡，又改宣德府，元立甘州路，明改爲衛。肅州，唐置，又爲酒泉郡，宋爲夏據，元立肅州路，明改爲衛。瓜州，唐爲晉昌郡，後仍舊，宋爲夏陷，夏亡，州廢。沙州，唐改燉煌郡，宋改沙州，爲夏陷，元立沙州路，瓜州隸焉。又有莊浪州，本漢武威郡，唐涼州地。南界橫山，東距西河，土宜三種，善水草，宜畜牧，民俗强梗，敢戰鬭。元昊稱帝，遼以公主下嫁，世修朝貢，事具遼史。至是，救遼兵敗，始議和。〔攷異〕太祖紀，是年四月，耶律坦招徠西南諸部，西至夏，其招討使耶律佛德降。金肅、西平二郡漢軍四千餘人叛去，坦等襲取之。棟摩、羅索招降天德、雲内、寧邊、東勝等州。西夏傳未載。

太宗天會二年（甲辰一一二四）春正月甲戌，夏國奉表稱藩，宗翰承制割下寨以北、陰山以南伊蘇伊喇原作耶剌。〔攷異〕西夏傳作頁赫，注云，原作耶刮。畢沅續通鑑作伊實伊喇，云，舊作乙室耶剌。部、圖嚕原作吐祿濼西之地賜之。

三月辛未，夏國王李乾順遣巴哩原作把里公亮等來上誓表。

閏月戊寅朔，使王阿哈原作阿海、楊天吉往賜誓詔。〔攷異〕二國往還使臣，太宗紀未列四人姓名，今據交聘表書之。西夏傳載誓詔，略曰：「先皇帝誕膺駿命，肇啟鴻圖，而卿國據夏臺，境連遼右，以效力於昏主，致結釁於王師。先皇帝以謂忠於所事，務施恩而釋過。迨眇躬之纂紹，仰遺訓以遵行，卿乃深念前非，樂從內附，飭使軺而奉貢，効臣節以稱藩。載錫寵光，用彰復好，所有割賜地土、使聘禮節、相爲援助等事，一切恭依先朝制詔。其依應徵兵，所請宜允。三辰在上，朕豈食言？苟或變渝，亦如卿誓。遠垂戒論，毋替厥誠。」

冬十月甲（申）〔辰〕（據金史卷三太宗紀改）朔，夏遣使謝誓詔，并論宋所侵地。初，宋與夏俱受山西地，宋侵取之。詔曰：「省表具悉！已命西南、西北兩路都統府從宜定奪。」戊午，夏使賀天清節。

三年（乙巳一一二五）春正月癸酉朔，夏遣使來賀。乙未，夏使奉表致奠於和陵。

冬十月壬子，夏使賀天清節。

四年（丙午一一二六）春正月丁卯朔，夏遣使來賀。〔攷異〕太宗紀未載賀正旦事，今據交聘表書之。

冬十月丁未，夏遣使賀天清節。〔攷異〕續綱目云，先是，尼瑪哈遣撒拇使夏，許割天德、雲内、金肅、河清四軍及武州等八館之地。約攻麟州，以牽河東之勢。夏人遂由金肅、河清渡河，取天德、雲内、武州、河東八館之地，因攻鎮威城，兵馬監押朱昭殺其妻子，力戰死之，城遂陷。既而金將古紳以數萬騎陽爲出獵，掩至天德，逼逐夏人，悉奪其地。夏請和，金執其使。時靖康元年四月也。九月，夏陷西安州。十一月，復陷懷德軍，知軍事劉銓、林翊世死之。史均未載。

初，以山西九州與宋，而天德遠在一隅，緩急不可及，割以與夏。後破宋都，獲二帝，乃畫陝西界，自麟府路洛陽溝東距黄河西岸，西歷暖泉堡，屬綏德軍，在米脂縣東四十里，隸延州。鄜延路米脂谷在綏德軍北八十里，後建城砦，今爲縣。至累勝寨，環慶路威(延)〔邊〕寨(據金史卷一三四西夏傳改)過九星原至委布谷口，涇原路威川寨略古蕭關屬懷德軍，東葫蘆河西十五里。至北谷川，秦鳳路通懷堡至古會州，治敷文，初隸熙河路，後屬涇原路。〔攷異〕輿地廣記云，古爲西羌，秦屬隴西郡，西魏置會州，唐曰會寧郡，縣二：會寧、烏蘭，後没吐蕃，今收復，縣一，敷川。自此直距黄河，依現今流行，分熙河路，盡西(域)〔邊〕(據金史卷一三四西夏傳改)以限封域。復分陝西北鄙以易天德、雲内，以河爲界。

及羅索定陝西，博勒和原作婆盧火率兵先取威戎城，地本昇平塔，在綏德軍西百三十里。軍至威戎東與敵遇，擊走之，生致二人，問之，乃知爲夏將李遇取威戎也，乃還其人，而與遇通問。遇軍威戎西，芬徹原作蒲察軍威戎東，而使之議事於羅索。〔羅索〕（據道光殿本金史卷一三四西夏傳補）報曰：「元帥府約束，若兵近夏境，則與夏犄角，無相侵犯。」遇答曰：「夏國既以天德、雲内歸大國，大國許我陝西北鄙之地，是以至此。」芬徹等遂旋師，卒不與北鄙地。〔攷異〕大金國志云，時粘罕復奪夏國所割天德、雲内、河東八館、武州，於是絶好。惟金肅、河清二軍在大河西，不能取之。史未言絶好事。洪皓松漠紀聞云，黄頭女真者，皆山居，號合蘇館女真，戇樸勇鷙，金人出戰，令披重甲前驅，謂之硬軍，疑即黄頭室韋也。按，合蘇館，河西亦有之，有八館，在黄河東，今皆屬金，與金粟城、五花城隔河相近，三城八館舊屬契丹，今屬夏。金約以兵取關中，以三城八館報之，後背約，再取八館，而三城在河西，屢争不能得。其一城忘其名，所載較詳。

十三年（乙卯一一三五）熙宗亶即位，不改元。春正月，遣使如夏報哀。

冬十二月癸亥，始定夏使朝賀，賜宴、朝辭儀。〔攷異〕趙翼箚記云，世宗問張汝弼曰：「夏、高麗皆稱臣，我使者至高麗，與王抗禮，夏王則立受使者拜，何也？」左丞完顔襄曰：「遼、夏本甥舅國，夏以遼公主故，受使者拜，本朝與夏約，遵用遼禮故耳。」汝弼曰：「行之已數十年，不可改也。」世宗從之。見汝弼傳。此可見西夏之於遼、金，雖稱臣而受其使拜，與宋所定使臣賓主相見之禮不同，及哀宗重與夏議和，則爲兄弟國，不復稱臣矣。畢沅續通鑑云，時夏國有芝生於後堂，乾順作靈芝歌，俾中書相王仁宗和之。見只編言，蘭谿顧某嘗客華州王槐野家，架上有夏國書，閲三旬始遍。詳王士禎香祖筆記。西夏傳未載。

十四年（丙辰一一三六）春正月己巳朔，夏遣使來賀。乙酉，復遣使賀萬壽節。〔攷異〕熊克小紀云，紹興六年初，夏國馬多爲韃靼所盜。是歲，夏國興兵，自河清軍渡河，由雲中徑之韃靼，取馬而歸，往來均不假道於金國。初，尼雅滿、烏古紳皆鎮雲中，故夏人不敢動，二帥已罷兵柄，而左監軍薩里罕代守雲中，夏人知其無能爲，所以徑行不顧，金人亦不敢問。按，紹興六年，即是年。紀未載。

十五年（丁巳一一三七）春正月（戊子）〔癸亥〕（據金史卷四熙宗紀改）朔，夏遣使來賀。己卯，復遣使賀萬壽節。嗣後，每歲以爲常，不復嚽。

天眷二年（己未一一三九）冬十月癸酉，夏遣使來告哀。〔攷異〕畢沅續通鑑云，初，李世輔歸夏，說乾順取陝西五路，許之。命先擒青面夜叉以歸，遂遣王樞偕世輔率兵攻延安。時金已還河南地。有耿焕者，與有舊，說世輔，遂執樞等歸宋。西夏傳未載。

三年（庚申一一四〇）夏五月己卯，詔册仁孝爲夏國王。初，夏主乾順以二年卒，子仁孝立。至是，遣使册命，加開府、上柱國。

秋九月庚申，夏遣使謝賻贈及封册。

皇統元年（辛酉一一四一）春正月己未，夏國請置榷場，許之。初，王阿哈等以太宗誓詔賜夏國，欲以契丹舊儀見，不肯曰：「契丹與夏甥舅也，故國王坐受。今君臣也，當如儀。」争數日不決。至是，始起立受焉。

宋慕洧〔攷異〕畢沅續通鑑作慕容洧。以環州降，及割河南、陝西地與宋，洧奔夏，夏以爲僧格原作山訛首領。及薩里罕原作撒离喝再定陝西，洧思（之）〔歸〕，（據金史卷一三四西夏傳改）夏人覺，遂族淯，以表聞，詔責之。〔攷異〕畢沅續通鑑云，明年三月，地震，逾月不止，地裂泉湧，出黑沙，歲大饑，乃立井里以分賑之。西夏傳未載。

五年（乙丑一一四五）夏四月，遣右衞將軍蕭哈、原作撒海兵部郎中耶律福爲横賜夏國使。〔攷異〕熙宗紀未載，茲據交聘表書之。

六年（丙寅一一四六）春正月庚寅，以邊地賜夏國王。〔攷異〕畢沅續通鑑云，是歲，尊孔子爲文宣帝。西夏傳未載。

九年（己巳一一四九）冬十二月，海陵篡立，改爲天德元年。夏賀正旦使至，中道遣還。遣使以即位報諭。至境上，夏人問曰：「聖德皇帝何爲見廢？」不肯納，乃使有司以廢立故，移文報之。

海陵天德二年（庚午一一五〇）秋七月戊戌，夏使御史大夫察喇公濟等來賀即位及受尊號，如舊儀。〔攷異〕交聘表元年十二月，夏賀正使至廣寧，命人諭以廢立事，遣還。二年正月，以名諱報諭夏。再遣使報諭夏。七月，中丞公濟、中書舍人李崇德賀登寶位；開封尹蘇執義、祕書監王舉賀受尊號。紀均未載使者姓名。

三年（辛未一一五一）秋九月，夏主遣使上表，請不去尊號。以經武將軍蕭朋格原作彭哥爲夏生日使。〔攷異〕賀夏生日使者：天德四年九月爲吏部郎中蕭中立，貞元元年爲翰林學士摩諾歡，二年三月，夏使賀遷都者爲王公佐。均見交聘表。熙宗紀未書王公佐名，且學士作待制，稍異。

正隆二年（丁丑一一五七）夏四月戊戌，以宿直將軍温都斡罕原作温敦斡喝爲橫賜夏國使。

秋九月乙丑，以宿直將軍布薩烏哷赫原作僕散烏里黑爲夏生日使。

三年（戊寅一一五八）春正月丙寅，夏奏告使還，遣左宣徽使敬嗣暉諭之。〔攷異〕熙宗紀未載，茲據交聘表書之。

秋九月庚午，以宿直將軍阿勒巴原作阿魯保爲夏生日使。

四年（己卯一一五九）春三月丙辰朔，遣兵部尚書蕭恭經畫夏國邊界。

秋九月，以宿直將軍〔攷異〕交聘表尚有昭毅大將軍五字。瓜爾佳達蘭原作加古撻懶爲夏生日使。

六年（辛巳一一六一）十月，世宗即位，改爲大定元年。秋九月，南侵宋，宋人入秦、隴，夏攻取盪羌、通峽、九羊、會川等城寨。宋史地理志云，盪羌、通峽、九羊，三寨名，屬懷德軍。會川，城名，屬會州。宋亦侵入夏境。〔攷異〕海陵紀未載，今據夏國傳。

世宗大定二年（壬午一一六二）夏四月，夏左金吾衞上將軍梁元輔、翰林學士焦景顔、押進樞密副都承旨任純忠賀登寶位。再遣武功大夫賀義忠、宣德郎高慎言賀萬春節。

秋八月癸酉，夏左金吾衞上將軍蘇執禮、匭押使王（珙）〔琪〕（據金史卷六一交聘表改）、押進中丞趙良賀尊號。

九月庚子，以左司員外郎完顔正臣爲夏生日使。

冬十二月辛未，以夏乞兵復宋侵地，遣尚書吏部郎中完顏德濟體究陝西利害。〔攷異〕元會汾金史攷證云，按金史百官志，尚書省與六部各自一官。六部有尚書、侍郎、郎中、員外郎等官；尚書省則設尚書令、左右丞相、左右丞等官，其屬則有左右司郎中、員外郎。國初爲左右司侍郎，至天眷三年始更今名，並無尚書某部郎中、員外郎之名，表中每多誤載。此處德濟使夏，於吏部郎中上冠以尚書二字，考之西夏傳則但稱吏部郎中，更可證表文之誤矣。夏遣巴哩昌祖、楊彥敬賀正旦。〔攷異〕西夏傳，是歲，復以城寨來歸，且乞兵復宋侵地，詔書嘉獎。世宗紀未載。

三年（癸未一一六三）春三月壬辰朔，夏使額魯元智、程公濟賀萬春節。

夏五月，以宿直將軍珠勒根呼雅克爲橫賜夏國使。

秋七月甲寅，詔市馬夏國。

九月癸巳，遣布薩實訥爲夏生日使。

冬十月己巳，夏使蘇執禮、李子美謝橫賜。〔攷異〕世宗紀未書夏使姓名。實訥作實訥埒，今從交聘表。

四年（甲申一一六四）春正月丁亥朔，夏使威伊原作嵬哆執信、李師白賀正旦。

三月丙戌朔，夏使紐鄂原作紐卧文忠、陳師古賀萬春節。

秋九月，遣宗室烏哩雅爲夏生日使。

冬十二月，夏殿前太尉梁惟忠、翰林學士焦景顔乞免徵索正隆末年所虜人口。〔攷異〕世宗紀只書烏哩雅一人，其餘夏使均未載姓名，今從交聘表書之。以下同。

五年（乙酉一一六五）春正月辛亥朔，夏使鄂囉世、原作訛囉世高嶽賀正旦。

秋九月，以宿直將軍珠格芬徹原作术虎蒲查爲夏生日使。

六年（丙戌一一六六）春正月丙午朔，夏使高遵義、安世賀正旦。

三月甲辰朔，夏使曹公達、孟伯達、押進知中興府趙衍賀萬春節。戊申，中丞李克勤、學士焦景顔奏乞免索俘虜，許之。

夏四月，遣錫默果囉原作斜卯摑剌爲横賜夏國使。

秋九月辛亥，遣伊喇熙載爲夏生日使。

冬十二月戊戌，夏中丞賀義忠、學士楊彦敬謝横賜。

七年（丁亥一一六七）春正月庚子朔，夏使劉志真、李師白賀正旦。

三月己亥朔，夏使任得仁、李澄賀萬春節。

秋九月乙亥，遣唐古呼嚕原作唐括鶻魯。〔攷異〕元會汾金史攷證，卷七十三，宗雄孫鶻魯，另一人。爲夏生日使。

冬十二月壬戌，夏使巴哩昌〔祖〕（據金史卷六一交聘表補，下同）、趙衍爲其臣任得敬求醫，許之。〔攷異〕世宗紀未書夏使巴哩昌〔祖〕求醫事，今從交聘表。

八年（戊子一一六八）春正月甲子朔，夏使利守信、李穆賀正旦。

三月癸亥朔，夏使明博原作咩布師道、嚴立本賀萬春節。

夏四月戊午，夏使任得聰謝恩，詔卻其禮物。

秋九月丁卯，遣引進使高希甫爲夏生日使。

九年（己丑一一六九）春正月戊午朔，夏使莊浪義顯、劉裕賀正旦。

三月丁巳朔，夏使渾進忠、王德昌賀萬春節。

夏五月丙辰，遣完顏賽音原作賽也爲橫賜夏國使。

秋九月，遣布薩忠爲夏生日使。〔攷異〕世宗紀忠作守中，稍異，今從交聘表。

是歲，西番喬嘉族首領札實結往省其母於莊浪族，夏人襲之，力戰，潰圍出，尋死，其母爲夏人所虜。遣大理卿李昌圖等往按，且止勿築祈安城。使還，詔以其姪趙師古爲喬嘉等四族都鈐轄，加宣武將軍。〔攷異〕鈕祜祿額特埒傳，蓋州人，官左司員外郎。十年，以夏發兵築祈安城及襲殺喬嘉族首領札實結，又諜言夏與宋通謀犯邊，詔額特埒副李昌圖往按其事。夏言札實結犯夏境，故殺之，祈安城本上國所賜舊積石地，發兵修築備他盜。又察知宋、夏無交通狀，及喬嘉族擁其姪趙師古爲首領，世宗悅，轉右將軍。所載較詳。先是，大定四年，臨洮尹伊喇成招降，札實結乃率木波、隆普、龐巴、巴哩四族來附，進馬百匹，詔厚加賞賜。成遷南京留守，召拜樞副，封任國公。至是，爲夏人所敗。〔攷異〕成傳，本名婁。其先，遼橫帳人，卒官北京留守。子館蘇鄂博，官武功將軍。續通考云，西番木波苗裔曰董氊，其子曰巴毡角，附宋，賜姓趙，名（忠順）〔順忠〕（據金史卷九一結什角傳改），子永吉，孫世昌，皆受宋官爲左武大夫，領來州防禦，襲把羊族長。金定陝西，世昌換忠翊校尉。既而，鬼蘆族表京臧殺世昌，金遣兵執京臧誅之，以其子鐵哥襲。大定初，宋破洮州，鐵哥弟結什角與其母走入喬家族避之。首領播逋與隣族木波、隴逋、龐拜、丙离四族共立結什角爲木波四族長，號王子。其地北接臨洮積石軍，南限大山，八百餘里不通人行。東南與疊州羌接。西與盧甘羌接。北與西夏客魯族接，共八千餘里。結什角尋來貢馬，賜詔撫諭。後間入寇掠，邊將楊仲武從數騎入營曉諭，羌人感悅，寇遂息。所載姓名，與成傳異。

十年（庚寅一一七〇）春正月壬子朔，夏使劉志直、韓德容賀正旦。

三月壬子朔，夏使張兼善、李師白賀萬春節。

夏閏五月乙未，夏權臣任得敬〔攷異〕宋史孝宗紀作任敬德。畢沅續通鑑繫於乾道四年，蓋大定八年，亦異。中分其國，脅其主李仁孝遣左樞密使朗鄂特原作浪訛（特）（據金史卷六一交聘表删）進忠、參知政事楊彥敬、押進翰林學士焦景顏上表求封，詔不許，并卻其貢物。

初，仁孝嗣位，其臣屢作亂，任得敬抗禦有功，遂相夏國二十餘年，陰蓄異志，欲圖夏國，誣殺宗親大臣，其勢漸逼，仁孝不能制。至是，乃分〔西〕南（北）路（據金史卷一三四西夏傳改）及靈州羅彭原作羅龐地與得敬自爲國，且上表求封，不許。賜詔，略曰：「我國家（勘）〔戡〕（同上〕定中原，懷柔西土，始得畫疆於乃父，繼而賜命於爾躬，恩厚一方，年垂三紀。今兹請命，事頗靡常，未知措意之由來，續當遣使以詢問。所有貢物，已經發回。」得敬密通宋求助，宋以蠟書答之，〔攷異〕畢沅續通鑑云，時任得敬遣間使至四川宣撫司，約發兵攻西番，虞允文報以蠟書。所載較詳。爲夏人得。求封又不見許，仁孝乃謀誅之。

秋（七）〔九〕（據金史卷六世宗紀改）月庚寅，遣瓜爾佳阿里布原作夾谷阿里補爲夏生日使。八月晦，仁孝誅任得敬及其黨與，上表謝，并以宋人蠟書獻，詔慰諭之。〔攷異〕夏使爲巴哩昌祖、高岳。見交聘表。紀未書姓名。未幾，罷保安軍名，隸鄜延路。蘭州榷場。嗣因尚書省奏邊民滋爲姦弊，并綏德榷場罷之，止存東勝、環州而已。

十一年（辛卯一一七一）春正月丙子朔，夏使薩原作煞執直、馬子才賀正旦。

秋八月己巳，遣劉玶爲夏生日使。

十二年（壬辰一一七二）春正月庚午朔，夏使威紐原作嵬恧執忠、劉昭賀正旦。

三月己巳，夏使黨得敬、田公懿賀萬春節。鄂羅紹甫、吕子温、押進巴哩直信賀尊號。

夏四月癸亥，遣唐古阿古爾原作唐括阿忽里横賜夏國。

秋九月辛巳，鈕祜祿額特埒原作粘割斡特剌。〔攷異〕世宗紀額特埒作噶達爾，今從交聘表。爲夏生日使。

冬十二月癸亥，夏使（周）〔罔〕榮忠（據金史卷六一交聘表改）、嚴立本謝橫賜。

十三年（癸巳一一七三）春正月乙丑朔，夏使鄂羅原作卧落紹昌、張希道賀正旦。

三月癸巳朔，夏使巴哩安仁、焦蹈賀萬春節。

秋九月辛卯朔，遣和索哩原作胡什賚爲夏生日使。

十四年（甲午一一七四）春正月己丑朔，夏使薩進德、李師旦賀正旦。

三月戊子朔，夏使巴哩安仁、焦蹈賀萬春節。

秋九月乙未，遣宗室崇肅爲夏生日使。

十五年（乙未一一七五）春正月，夏使李嗣卿、白慶嗣賀正旦。

（秋）〔閏〕（據金史卷六一交聘表改）九月己未，遣（舍音）〔錫默〕（據道光殿本金史卷六一交聘表改）原作斜（也）〔卯〕（同上）和尚爲夏生日使。

冬十二月，夏使鄂羅紹甫、王師信謝橫賜。〔攷異〕世宗紀正月以下闕，今從交聘表。

十六年（丙申一一七六）春正月戊申朔，夏使威轂原作嵬宰師憲、宋宏賀正旦。

三月丙午朔，夏使古沁原作骨（勤）〔勒〕（同上）文昌、王禹珪賀萬春節。

秋九月癸（酉）〔丑〕（據金史卷六一交聘表改）遣完顔托果斯原作覩古速爲夏生日使。

十七年（丁酉一一七七）春正月壬寅朔，夏使額伊原作訛啰德昌、楊彥和賀正旦。

三月辛丑朔，夏使巴哩慶祖、梁宇賀萬春節。

秋九月丁酉朔，遣舒穆嚕呼圖原作石抹忽土爲夏生日使。世宗紀未書。

冬十月己巳，夏進百頭帳，詔卻之。〔攷異〕西夏傳，仁孝再表上，乃許與正旦使同來。

十二月甲午，夏遣東經略使蘇執禮橫進。〔攷異〕世宗紀未載橫進事，今從交聘表。

十八年（戊戌一一七八）春正月丙申朔，夏使紐紐原作惡惡存忠、武用和賀正旦。

三月乙未朔，夏使威明原作嵬名仁顯、趙崇道賀萬春節。

夏四月己丑，遣阿布哈原作阿不罕德甫橫賜夏國。

秋九月辛未，遣完顏富勒呼爲夏生日使。

冬十二月戊午，夏使朗鄂特元智、劉昭謝橫賜。〔攷異〕世宗紀，德甫作橫賜高麗使，又未書夏使謝橫賜，今從交聘表。

十九年（己亥一一七九）春正月庚申朔，夏使張兼善、張希聖賀正旦。

三月乙未朔，夏使來子敬、梁介賀萬春節。

秋九月戊午，遣費摩呼喇原作裴滿呼剌爲夏生日使。

二十年（庚子一一八〇）春正月（庚申）〔甲寅〕（同上）朔，夏使安德信、吳日休賀正旦。

三月癸丑朔，夏使罔進忠、王禹玉賀萬春節。

秋九月壬戌，遣宗室薩布原作賽補爲夏生日使。

冬十二月癸卯，詔夏使入界，如遇當月小盡，限二十五日至京，二十七朝見。丙午，夏使罔永德、劉昭入見。

二十一年（辛丑一一八一）春正月戊申朔，夏使穆納原作謀寧好德、郝處俊賀正旦。壬子，夏請復綏德軍榷場，仍許就館市易。

三月丁未朔，夏使蘇志純、康忠義賀萬春節。

夏四月戊辰，遣巴達爾呼横賜夏國。

秋八月乙丑，遣奚呼實罕原作胡失海爲夏生日使。〔攷異〕交聘表未載復榷場事，今從世宗紀。

二十二年（壬寅一一八二）秋九月（己）〔乙〕（同上）酉，遣布薩哈斯罕原作僕散曷速罕爲夏生日使。

二十三年（癸卯一一八三）春正月丁卯朔，夏使劉進忠、李國安賀正旦。

三月丙寅朔，夏使吴德昌、劉思忠賀萬春節。

秋九月己巳，遣完顔錫里庫原作斜里虎爲夏生日使。

二十四年（甲辰一一八四）春正月辛卯朔，夏使劉執中、李昌輔賀正旦。

二月（甲）〔丙〕（同上）戌，遣宗室亶横賜夏國。

三月庚寅朔，夏使晁直信、王庭彦賀萬春節。

夏五月丙申，尚書省奏夏國王以車駕幸上京，願遣使入賀。帝曰：「往復萬里，暑雨泥濘，不須遣使。」令諭止之。

秋八月癸亥，遣約囉特默格原作遥里特末哥爲夏生日使。

二十五年(乙巳一一八五)冬十(二)〔一〕(同上)月丙申，夏使李崇懿、米崇吉、押進李嗣卿朝見，賀車駕還京。〔攷異〕是歲，賀正旦、生辰、謝横賜，先有詔權止一年，故均未遣使。紀、表同。

二十六年(丙午一一八六)春正月庚辰朔，夏使莽古原作麻骨進德、劉光國賀正旦。

三月己卯朔，夏使莽古德懋、王慶崇賀萬春節。

秋八月己丑，遣李達可爲夏生日使。

二十七年(丁未一一八七)春正月癸卯朔，夏使兗德昭、索遵德賀正旦。

三月癸卯朔，夏使遇忠輔、吕昌齡賀萬春節。

秋九月己酉，遣錫默安圖原作斜卯(安)〔阿〕土(同上)爲夏生日使。

冬十二月，夏使鄂囉紹先、嚴立本謝横賜。

二十八年(戊申一一八八)春正月丁酉朔，夏使瑪納原作麻奴紹文、安惟敬賀正旦。

三月丁酉朔，夏使渾進忠、鄧昌祖賀萬春節。

秋九月甲午朔，遣崇夔爲夏生日使。

二十九年（己酉一一八九）春正月壬辰朔，夏使諾爾桑原作紐尚德昌、字得賢賀正旦。帝大漸，夏使遣還。

三月，夏使李元貞、餘良來陳慰。

夏四月，夏使鄒顯忠、李國安入奠。

五月，夏使納琳原作廼令思敬、梁介賀登位，田周臣押進。

秋八月丙辰，夏使威明彦、劉文慶賀天壽節。

九月戊辰，以衞尉巴爾斯章原作把思忠爲夏生日使。〔攷異〕生日之使，交聘表未載，今從章宗紀書之。

章宗明昌元年（庚戌一一九〇）春正月丙辰朔，夏使唐彦超、楊彦直賀正旦。

夏四月丙辰，遣伊喇寧橫賜夏國。

秋八月己酉，夏使雅蘇原作拽税守節、張仲文賀天壽節，罔進忠謝橫賜。

九月己未，遣烏凌阿瑪展原作烏林荅謀甲爲夏生日使。〔攷異〕橫賜夏國及生日二使，交聘表闕書，而章宗紀於正旦、生辰，均未載夏使姓名，今從交聘表。以下同。

二年（辛亥一一九一）春正月庚戌朔，夏使王全忠、張思義賀正旦，許使館貿易三日。

三月丁巳，夏使李元膺、高俊英爲陳慰使。丁卯，復遣李嗣卿、永昌奉（叔）（據金史卷六二交聘表删）奠皇太后。

秋八月（丁丑朔）〔乙巳〕（據金史卷六二交聘表改），夏使舒威原作孰（鬼）〔嵬〕（同上）英、焦元昌賀天壽節。

九月丁巳，遣白琬爲夏生日使。

十一月戊午，夏廂官吴明契等襲殺邊將阿嚕岱，詔索之，不已，夏人乃殺明契等。〔攷異〕章宗紀只書殺阿嚕岱，而西夏傳所載較詳，今從之。

三年（壬子一一九二）春正月乙巳朔，夏使趙好、史從禮賀正旦。

秋八月丁卯，夏使罔敦信、韓伯容賀天壽節。

九月，遣唐古哈達原作唐括合達爲夏生日使。〔攷異〕生日之使，交聘表未載，今從章宗紀。

四年（癸丑一一九三）春正月己巳朔，夏使烏伊原作吴嘚遂良、高崇德賀正旦。

夏五月丙寅朔，遣舒穆嚕貞横賜夏國。

秋八月辛酉，夏使巴沁原作龐静師德、張崇師賀天壽節，納琳思聰謝横賜。

九月，仁孝卒，子純佑立。

冬十一月庚寅，（按，金史卷六二交聘表作壬申）夏使李元吉、李國安告哀。

十二月甲午朔，密芬原作咩銘友直、李昌輔進遺留物。〔攷異〕章宗紀，九月，賀夏生日使爲西上閤門使大磐，旋充敕祭慰問使，交聘表未書，而横賜使之爲舒穆嚕貞，表亦闕載。

五年（甲寅一一九四）春正月癸亥朔，夏使紐紐世忠、劉思問賀正旦。辛巳，命國子祭酒劉璣、郎中烏庫哩慶裔爲夏册封起復使。

夏四月壬寅，夏使郎鄂特文廣、劉俊才，押進頁允原作野遇克忠來報謝。

秋八月乙卯，夏使頁允思文、張公輔賀天壽節。

冬閏十月丙戌，遣完顔忠爲夏生日使。〔攷異〕交聘表未書生日使，今從章宗紀。

六年（乙卯一一九五）春正月丁亥朔，夏使王彦才、高大節賀正旦。

三月丙申，夏使李彦崇、（邦）〔郝〕庭俊（據金史卷六二交聘表改）謝賜生日。

秋八月己卯，夏使宋克忠、吴子正賀天壽節。

九月辛卯朔，遣鈕祜禄哈尚原作粘割胡（土）〔上〕（據金史卷九章宗紀改）爲夏生日使。〔攷異〕章宗紀，天壽節夏使，載在九月壬午，而哈尚賀夏生日，交聘表又未書。

承安元年（丙辰一一九六）春正月辛巳朔，夏使員元亨、元叔賀正旦。

秋八月甲戌，夏使同崇義、吕昌邦賀天壽節。〔攷異〕章宗紀，五月壬辰，遣鈕祜禄忠横賜夏國。九月（辛）〔乙〕（同上）巳，遣烏庫里達希布爲夏生日使，交聘表均未書。而天壽節夏使，章宗紀繫之九月丁丑朔。所載互異。

二年（丁巳一一九七）春正月乙亥朔，夏使威明世安、李師廣賀正旦。

秋八月（甲）〔戊〕（據金史卷六二交聘表改）戊，夏使羅伊原作羅哆守忠、王彦國賀天壽節、李德冲、劉思問奏告榷場。

冬十二月丁酉，夏使李嗣卿、高德崇謝復榷場。〔攷異〕章宗紀，天壽節之使，繫之九月辛丑朔。又書乙巳以夏使朝辭，詔答許復保安、蘭州榷場。十月丙申，遣蒙古仁本賜夏生日，交聘表均未載。所紀各異。

三年（戊午一一九八）春正月己亥朔，夏使隗敏修、鍾伯達賀正旦。

夏五月戊申，遣伊喇郁爲夏生日使。

秋八月甲午，夏使哲伊原作折哆俊乂、羅（壽）〔世〕昌（同上）賀天壽節。〔攷異〕章宗紀，繫之九月丙申朔，而伊喇郁使夏，交聘表未書。

四年（己未一一九九）春正月癸巳朔，夏使李慶源、鄧昌祖賀正旦。

秋八月己丑，夏使諾爾桑德昌、李公達賀天壽節，納琳思聰、楊德先謝横賜。〔攷異〕章宗紀，天壽節之使，繫之九月庚寅朔，夏使謝横賜，闕載。而五月壬寅，遣薩里罕賜夏生日；庚申，圖克坦仲華横賜夏國，交聘表又未書。

五年（庚申一二〇〇）春正月戊子朔，夏使連都敦信、丁師周賀正旦，附奏爲母疾求醫。遣太醫時德元、王利貞往，并賜御藥。

秋八月壬子，夏使連都敦信、丁師周賀天壽節，劉忠亮、高永昌來謝。〔攷異〕章宗紀，天壽節之使，繫之九月甲寅朔，而十月丁未，遣完顏觀音努賜夏生日，交聘表未載。

泰和元年（辛酉一二〇一）春正月壬子朔，夏使謌原作卧德忠、劉筠國賀正旦。

三月乙丑，夏使頁允思文、田文徽來謝恩。

秋八月戊寅朔，夏使柔思義、焦思元賀天壽節。〔攷異〕章宗紀，繫之九月戊申朔，而十月庚辰，遣完顏綱賜夏生日，交聘表未載。

二年（壬戌一二〇二）春正月丁未朔，夏使白克忠、蘇（寅）〔夤〕孫（同上改）賀正旦。

秋八月庚子，夏使台楚嚕原作天籍辣忠毅、王安道賀天壽節，李建德、楊紹直謝橫賜。〔攷異〕章宗紀，天壽節之使，繫之九月壬寅朔，而十月壬辰，遣赫舍哩毅賜夏生日，通吉温橫賜夏國，交聘表均未載。

三年（癸亥一二〇三）春正月辛未朔，夏使崔元佐、劉彥輔賀正旦。

秋八月甲子，夏使免（免）德元（據金史卷六二交聘表删）、高大亨賀天壽節。〔攷異〕章宗紀，繫之九月丙寅朔，而十月壬戌，遣完顏太平賜夏生日，交聘表未載。

四年（甲子一二〇四）春正月乙丑朔，夏使美赫原作梅訛宇文、韓師正賀正旦。

秋八月（己）〔癸〕（同上改）丑，夏使李德廣、韓承慶賀天壽節。〔攷異〕章宗紀，繫之九月庚申朔，而十月甲寅，遣完顏燮賜夏生日，交聘表未書。

五年（乙丑一二〇五）春正月己未朔，夏使遇惟德、高大倫賀正旦。（秋）〔閏〕（同上）八月辛巳，夏使趙公良、米元懿賀天壽節，鼐爾原作乃來思聰、劉俊德謝橫賜。〔攷異〕章宗紀天壽節之使，繫之九月甲申朔，而遣使賜夏生日，紀、表均未載。

六年（丙寅一二〇六）春正月癸未朔，夏使諾爾桑德、鄭勖賀正旦。乙丑，夏李安全廢其主純佑自立，令純佑母羅氏遣御史大夫罔佐執忠求封册。夏（六）〔七〕（同上）月戊戌，詔問廢立故。〔九月〕（同上補）辛丑，遣温特赫思敬、黄震册安全爲夏國王。

冬十二月乙丑，夏使穆納光祖、張公甫謝封册，押進使梁德樞入見。〔攷異〕西夏傳，三月，仁孝弟仁友子安全廢純佑自立，再閲月死於廢所。七月，使純佑母羅氏上表言廢立事，而章宗紀書七月丙申，夏李純佑廢，姪安全立，奉表來告。九月辛丑，遣思敬册封。所載月日互異，今從交聘表。

七年（丁卯一二〇七）春正月丁丑朔，夏使隗敏修、鄧昌福賀正旦。

秋八月甲辰朔，夏使羅伊思忠、安禮賀天壽節。〔攷異〕章宗紀，繫之九月甲戌朔，而十二月丙午，烏庫哩福齡賜夏生日，交聘表未載。

八年（戊辰一二〇八）春正月辛未朔，夏使渾光中、梁德懿賀正旦。

三月甲申，夏使李元吉、羅世昌奏告。

夏五月辛亥，夏使錫勒原作習勒遵義、蘇寅孫謝賜生日。

冬十月己(酉)〔卯〕(同上改)，夏使李世昌、米元傑賀天壽節，權鼎雄、李文政謝橫賜，朗鄂特德光、田文徽奏告。〔攷異〕章宗紀，秋月未書夏賀天壽節，而十月辛巳，書夏使來賀，夏國有兵，遣使來告，交聘表均失載。

衛紹王大安二年(庚午一二一〇)秋八月乙丑，夏人侵葭州。屬延安府，縣三。〔攷異〕西夏傳未載，今從衛王紀。

三年(辛未一二一一)，安全卒，族子遵頊立。遵頊先以狀元及第，充大都督府主，立在安全卒前一月。是時金兵敗績於會河堡，夏人乘之，侵掠邊境，而通使如故。〔攷異〕韓玉傳，是年，都城受圍，夏連陷邠、涇，陝西安撫檄玉募軍萬餘與戰，敗之。時夏兵五萬方圍平涼，又戰於(平)〔北〕原(據金史卷一一〇韓玉傳改)，夏疑大軍至，解去。授河平軍節度副使。先是，華州李公直謀勤王，玉乃傳檄州郡，京兆統軍使不察，謂公直據華州反，遣都統楊珪襲殺之。公直嘗爲書約玉，爲安撫得，當路忌玉功，奏玉與夏寇有謀，併公直事，下華州郡學獄，死。士論冤之。玉，字温甫，相人，第進士，爲翰林應奉。劉祁歸潛志云：燕人檄，略曰：「人誰無死，有臣子之當爲；事至於今，忍君親之弗顧。王侯將相，寧有種乎？富貴功名，當自致耳！」或誣其有異志，收鞫，死獄中。衛王紀、西夏傳未載玉戰事。續通考云，玉，漁陽人。以經義詞賦兩科進士，入翰林，應制，一日百篇，文不加點。嘗作元勳傳，章宗嘆曰：「元勳何幸得此。」元好問中州集載其臨危手書與子云：「此去冥路，吾心皎然。剛直之氣，必不下沉。兒可無慮；世亂時艱，努力自護。幽明雖異，寧不見爾。」又臨終二詩云：「客自朝那戍，東(還)〔過〕(據中州集辛集改)古鄭原。

衰年會凶運，奇禍發流言。白骨將爲土，青蠅且在樊。仰呼天外恨，沉思地中寃。母喪半途鬼，兒孤千里魂。此心終不滅，有路訴天閽。」「天下無雙士，軍中有一韓。才名兩相累，世道一何(囏)〔艱〕(同上)。旅次窮冬(莫)〔暮〕(同上)，囚孤永夜寒。身亡家亦破，巢覆卵寧完。矍鑠鞍仍在，驚呼鋏屢彈。丈夫忠義耳，無須感歌還。」史均未載。

崇慶元年(壬申一二一二)春三月，遣使册李遵頊爲夏國王，夏人犯葭州，延安路總管完顏諾爾布原作奴婢禦之。

冬十二月，遵頊謝封册。

至寧元年(癸酉一二一三)夏六月，夏人犯保安州，殺刺史。犯慶陽府，殺同知府事。〔攷異〕盧庸傳，字子憲，豐潤人。第進士，至寧元年，任陝西按察副使。夏犯邊，繕治平涼城池，積粟，練兵爲備。十一月，夏掠鎮戎，陷邠、涇，遂圍平涼，庸死守，城賴以完，遷按察轉運使。西夏傳均未載。

宣宗貞祐元年(癸酉一二一三)冬十一月戊辰，夏人攻會州，圖克坦酬爾原作徒單醜兒。〔攷異〕卷一百二十五烏古論黑漢傳天興二年總領醜兒，另一人。擊走之。

十二月癸亥朔，夏人陷〔鞏州〕(同上補)，涇州節度使瓜爾佳守中死之。〔攷異〕酬爾之事，宣宗紀及西夏傳均載，而交聘表未書，表只載守中之死，而紀、傳又闕，所載各異。按忠義傳繫之至寧元年。云，守中時爲通遠〔軍〕(據金史一二一夾谷守中傳補)節度使，夏人數萬入鞏州，城陷，被執，使招誘平涼，不從，交刃殺之，贈東京留守，仍官其子。

二年(甲戌一二一四)秋八月丁未，夏人入邊，命移文責之。〔攷異〕西夏傳，時歸國人喬成齋夏國書，略言金邊吏侵掠，乞禁戢。詔移文答之，不果。尋攻延安、慶(源)〔原〕(據金史一三四西夏傳改)、積石州，乃詔有司移文詰問。所載較詳。

冬十一月丙子，蘭州譯人程察遜〔攷異〕宣宗紀作程陳僧，今從西夏傳。以州叛，西結夏爲援，邊將敗其兵三千。〔攷異〕交聘表繫之乙卯。云，自是連歲與夏交兵矣。薛應旂通鑑云，七月，夏與宋書，議夾攻金，以恢復故疆。時董居誼初入蜀，得書，不之報，由是虜訊中絕。李心傳朝野雜記云，金爲韃靼擾，夏遂叛金，改元光定，時辛未春矣。光定之四年，其左樞密使、吐蕃路都招討使萬慶義勇者，令募僧減波把波賫蠟書二丸，至西和州之宕昌寨，欲與宋犄角，恢復故疆，番兵總管傅翌得而上之，時嘉定七年七月也。西夏傳未載。

三年(乙亥一二一五)春正月，夏兵攻武延川，在平涼府隆德縣西北七十里。進寇環州及積石州，都統姜伯通敗之。又入安鄉關，至河州界三十五里，舊名城橋關。都統曹吉遜等禦卻之。

二月辛卯，攻環州，刺史烏庫哩延壽及錫默摩囉歡原作斜卯毛良虎敗之境上。

三月，詔議伐夏，未果。

夏四月，詔曹吉遜、完顏果勒討程察遜，夏人援之。

秋九月，遂破西關堡，夏人復攻第五將(營)〔城〕(同上)，萬户楊再興擊走之。

冬十月丁亥，夏攻保安及延安，都統完顏果嘉努原作國家奴破之。既而深入臨洮，總管圖們呼圖克們原作陀滿胡土門。〔攷異〕通鑑輯覽作和博。不能禦，完顏和索哩原作胡失(剌)〔來〕(同上)來援，大敗於渭源堡，〔攷異〕王存元豐九域志云，熙州治狄道縣，有白石山，洮水，浩亹河；寨一：康樂；堡八：渭源、慶平、通谷，熙寧五年置，南川、當川六年置，結河，七年置。城陷，和索哩被執。

十一月戊辰，夏兵敗於克戎寨，初屬延州，改隸綏德城。伊喇托卜嘉原作移剌塔不也。本傳，東北路明安人。泰和侵宋有功，歷武寧節度。高琪庇之，爲蘇哷所劾；及破熟羊寨，高琪入賀，拜勸農使，知平涼府，終左都監。破之於熟羊寨。初隸秦州，後屬鞏州。〔攷異〕王存元豐九域志云，在通遠軍北。熙寧元年置軍，本渭州地，古渭寨有威遠、鎮定、西城，及永寧、寧遠、通渭、熟羊、鹽川、通西六寨。又，三岔堡，熙寧四年置。進圍臨洮，總管圖們呼圖克們破之。〔攷異〕宣宗紀云，夏犯綏平，又敗之。西夏傳未載。

四年（丙子 一二一六）夏四月己亥，夏巴鄂原作葩俄特族總管汪三郎率衆來降，進羊千口，詔優給其直。

五月己巳，來遠鎮獲夏諜者陳岊等，知夏將圖臨洮、鞏州，闚長安。命陝西行省備之。〔攷異〕西夏傳但言宋、夏相結來攻，未言其圖臨洮等處，稍異。夏於來羌城屬河州。〔攷異〕王存元豐九域志云，河州定羌城，在州東七十里，熙寜七年置，無來羌名。界河起（析）〔折〕（據金史卷一三四西夏傳改）橋，右都監完顏薩布原作賽不焚之，斬馘甚衆。

六月，鄜延路奏，夏牒報用彼國光定年號，詔封還其牒。

秋閏七月，慶陽總管慶善努等伐夏，完顏果勒敗夏人於阿密灣。

八月，左監軍烏庫哩慶壽敗夏兵於（寇）安〔塞〕堡（同上改補）；〔攷異〕宣宗紀作安寨堡，今從西夏傳。薩布擊走夏兵於結耶嘴（山）〔川〕（同上），〔攷異〕宣宗紀山作川，今從西夏傳。復破之於車兒堡。

冬十一月，提控實嘉喀齊喀、楊沃哩解定西寨名，在秦州西北四十五里，領寧西、牛鞍、上硤、下硤、注鹿、圓川六堡。見王存元豐九域志。之圍。〔攷異〕持嘉喀齊喀傳，時官蘭州刺史。夏人四萬餘圍定西，與楊沃哩擊走之，斬二千級，俘數千人，獲馬八百，器械稱是，餘悉遁去。宣宗紀，薩布來獻捷，命行省視其功賞之。所載較詳。

十二月丙寅，帝與太子議伐夏。左監軍圖們呼圖克們等分三道攻鹽、宥、威、靈、安、會等州。

興定元年（丁丑一二一七）春正月，夏兵三萬自寧州〔攷異〕輿地廣記云，本公劉地，春秋爲義渠戎國，秦屬北地郡，元魏置華州，改班州，後爲豳州，西魏號寧州，後周分置趙興郡，唐後改彭原郡，今縣四：定安、定平、襄樂、真甯。還，慶善努擊敗之。夏人福山以俘户來降，除同知澤州。

夏五月戊寅，夏兵入大北（坌）〔岔〕（同上），都統赫舍哩珠赫原作紇石烈猪狗掩擊，敗之。

秋七月甲辰，右都監完顏閭山敗夏兵於黃鶴（坌）〔岔〕（同上）。夏圍羊狼寨，都統黨世昌等擊走之。

八月，李公直敗夏兵三千。

九月戊寅，夏犯克戎寨，都統羅世暉擊卻之。〔攷異〕喀齊喀傳，正月，以屢敗夏人，遥授同知臨洮府事兼前職。是冬，權元帥府，駐來遠寨以張聲勢，既而獲捷。紀未載。

二年（戊寅一二一八）春正月乙酉，陝西行省奏元兵圍夏王城，李遵頊出走西涼，命子居守。詔嚴邊備。

夏五月，夏人入葭州，慶善努敗之於馬吉峯。〔攷異〕宣宗紀云，丙子，夏人自葭州入鄜延，元帥承立敗之馬吉峯。按，慶善努，舊作慶山奴，字獻甫，本内族，名承立，據此，則係一人，紀載各别耳。

秋七月辛未，夏犯龕谷，瓜爾佳瑞、趙防敗之，追至質孤堡。地理志云，龕谷，宋舊寨。質孤堡臨夏邊，均屬蘭州。〔攷異〕王存元豐九域志云，龕谷寨，元豐四年置，在蘭州東九十四里。又四年，置東關、皐蘭二堡。五年廢勝如、質孤二堡。六年置河千、西關二堡。未幾復來侵，瑞大破之。

三年（己卯一二一九）春閏三月戊午，夏人破葭州之通（泰）〔秦〕砦（同上），屬葭州，在黄河西，臨夏界。刺史赫舍哩王嘉努原作王家奴。戰没。

夏四月乙酉，提控納哈塔邁珠擊敗之，自葭蘆川在葭州西五里。遁去。華州元帥完顏哈達原作合達敗夏兵（三）〔二〕（同上）千於隆州，遂攻其城，陷西（北）〔南〕（同上）隅，會暮乃還。

冬十一月癸巳朔，前嵐州倉使張祐自夏來歸。

十二月，詔移文責問夏國。〔攷異〕薛應旂通鑑云，二月乙丑，夏復以書來四川，議夾攻金人，利州安撫丁焆許之。史未載。

四年（庚辰一二二〇）春二月，夏犯鎮戎，國兵敗績。

夏四月癸亥，夏兵犯邊，元帥喀齊喀遇於鹿兒原，提控烏庫哩世顯〔攷異〕喀齊喀傳世顯作錫馨，一作世鮮。以偏師敗之，〔攷異〕宣宗紀書喀（彥）〔齊〕喀（據金史卷一六宣宗紀改）擊破夏兵，無世顯名，今從西夏傳。都統王定復破其衆於新泉城。元帥慶善努攻宥州，圍神堆府，敗其援兵，斬首二千餘。

秋八月庚午，夏陷會州，烏庫哩世顯叛降夏。復犯龕谷，瓜爾佳瑞連戰破之，乃引去。詔有司移文與夏議和，不克就。夏人三萬圍定西，刺史愛新愛實拉擊走之。九月，夏圍綏平寨安定堡，未幾，陷西寧州，再攻定西，烏庫哩長壽擊卻之。乃襲鞏州，實嘉喀齊喀逆戰十餘次，乃解去。〔攷異〕喀齊喀傳，時夏人退據南岡，遣精兵三萬傅城，又擊走之，生擒夏將喇卜丹、罝卜裕勒等，訊知夏大將尼賜鼎、烏明二人謀，以爲鞏，帥府所在，鞏既下，餘不攻自破。且構宋統制程信等四萬來攻，喀齊喀督兵搏戰，卻之，斬數千人。攻益急，將士殊死戰，殺傷萬計，夏兵遁，（要）〔邀〕（據金史卷一二三赤盞合喜傳改）擊斬首甚衆。薛應旂通鑑云，九月，夏遣樞密寧子真率衆二十萬圍鞏州，趣宋會兵，四川宣撫安丙命諸將分道進兵。統制王仕信發宕昌；質俊、李實發下城；張威出天水；程信出長道；陳立出大散關；田冒出子午谷；陳昱出上津。張威尋下令諸將，毋得擅進兵。質俊等克來遠鎮，敗金人於定邊城。王仕信克鹽川鎮，信會攻鞏州城，不克，趣秦州。夏退師，信邀攻秦州，不從，亦還。遂以宣撫司命，斬王仕信於西和州，罷張威官。紀、傳均未書。哈達傳，十月，夏攻綏德州，遣提控樊澤等分三道擊敗之。西夏傳亦未載。

五年（辛巳一二二一）春二月，寧遠節度使瓜爾佳海壽破夏兵於搜嵬堡。

三月己亥，夏因叛人竇趙兒招，入據來羌城，富珠哩和卓督兵急攻城，拔之。

冬十月壬戌，夏復攻龕谷，博索原作白撒連敗之。丁卯，犯定西、積石之境。

十一月，夏攻安寨堡，哈達與元帥邁珠潛軍夜襲其營，夏人大潰，墜崖谷者無數，下詔獎諭。〔攷異〕續綱目云：十月，蒙古穆呼哩侵夏。夏主遣塔海、甘布將兵五萬屬焉，遂入葭州，金將王公佐遁，以石天應守之。自將兵攻綏德等寨，夏遣瑪爾布往會之。進攻延安，金哈達等大敗，走入城，穆呼哩留兵圍之，而南攻鄜、坊等州。通鑑輯覽塔海作特格，甘布作甘普，瑪爾布作篾布，餘同。宣宗紀及西夏傳均未載。

元光元年（壬午一二二二）春正月，夏陷大通城，宋史地理志云：舊名達南城，屬樂州，隸熙河路。復取之。〔攷異〕宣宗紀於大通城之陷及克復，均未載，只書陝西行省謀復大通城，命密院籌之。

三月癸酉，李師林敗夏人於永木嶺。

秋八月，夏攻寧安寨，復入德順。

冬十月丁丑，夏攻神林堡，尋入質孤堡，唐古昉敗之。〔攷異〕宣宗紀未載攻寧安寨，今從西夏傳。

二年（癸未一二二三）秋七月壬寅朔，夏人犯積石州，羌界寺族多陷沒，寺僧拒而不從者，詔給廩禄。

是年，李遵頊遣其太子德任來侵，固諫，不從，幽之靈州。遣人代將，會天旱不果。嗣元兵問罪夏國，延安、慶源帥府欲乘其敝伐之，陝西行省博索、哈達不可，乃止。隴安節度使阿林〔攷異〕汪輝祖金史同名録云，亦名阿隣。卷二太祖天輔六年以罪誅；卷三太宗天會六年將；卷五海陵武平總管，宗雄子，遷兵部尚書；卷五十九宗室表顯宗子瓚本名，霍王，亦作阿隣；宗强子爽，封榮王；又太宗子薛王宗懿；卷一百三十沙里質傳，其夫；卷十五宣宗興定二年皂郊堡主將，姓郭；卷八十八移剌道傳大定時陳州防禦，十人同名阿隣。不治軍事，夏人乘之，掠五千餘口、雜畜數萬而去。

哀宗正大元年（甲申一二二四）冬十月戊午，夏國遣使來修好。先是，自天會議和，八十餘年，與夏人未嘗有兵革之事。及貞祐初，小有侵掠，以至構難，十年不解，兩國俱敝。至是，遵頊爲蒙古所侵，奔西涼，傳位於其子德旺，乃遣使修好。

明年九月，和議成，稱兄弟之國。遣使來聘，奉國書稱弟。〔攷異〕交聘表云，正大二年九月，夏遣吏部尚書李仲諤、南院宣徽使羅世昌、左司郎中李紹膺來聘。十月，遣聶天驥、張天綱使夏講和事。十二月，遣禮部尚書鄂屯良弼、大理卿費摩欽甫、侍御史烏克遜宏毅充報成使。三年正月，夏遣精鼎匭匣使武紹德、副儀增、御史中丞茂元禮賀正旦。十月，夏使報哀。十一月，遣完顏履信、圖克坦居正爲弔祭使。紀均未書。四年，夏遣精方匭匣使王立之來，未復命，國亡。後以本官居申州，主管唐、鄧、申、裕等處夏國降戶，聽帥府節制。給田千畝。中州人。見西夏傳。元好問中州集云，正大初，夏請和，命馮子駿往議。李獻甫時以成陽簿辟行臺掾，預行。夏使以歲幣爲言，獻甫從旁進曰："夏國與敝邑和好百年，今雖易君臣之名，而爲兄弟之國，使兄而輸幣，寧有據耶？"曰："兄弟且不論，宋人曾與吾家二十五萬匹，典故具在，金朝欲修好，非（比）〔此〕（據中州集癸集改）例不可！"獻甫曰："宋以歲幣餌君家而賜之姓，岸然以君父自居，夏國君臣無一悟者。使者果能主此議，以從賜姓例，敝邑雖輸五十萬，某請以身任之。"夏（便）〔使〕（同上）語塞，議和乃定。使還，録功授慶陽經歷官。後死蔡州之難。按，子駿，名延登，時官翰林待制。獻甫以書表官從行。見潘永因宋稗類抄。立三年，蒙古深入，憂悸而卒。其弟睍嗣立二年，而蒙古圍之，出降，執之以歸。夏亡。時正大四年，即宋理宗寶慶三年也。立國凡十主，合二百一年。〔攷異〕宋史夏國傳，歷世二百五十八年，境土方二萬餘里，河之內外州郡凡二十有二，設兵總計五十餘萬。見夏國樞要等書。元朝祕史云，狗兒年，宋理宗寶慶二年丙戌，太祖征唐兀，即西夏，至靈州城，唐兀主不兒罕，宋史作睍，奉金佛、器幣、男女、駝馬來降。太祖殺不兒罕，盡滅其族。錢大昕三史藝文志云，斡道冲：周易卜筮斷，又論語小義二十卷。按，斡道冲，字宗聖，西夏國相。沈炳震廿一史四譜，夏起景宗元昊顯道元年壬申，當宋仁宗明道元年，盡南平王（睍）〔晛〕（據二十一史四譜卷二改）二年丁亥，當理宗寶慶三年。十主，合一百九十六年。

金史紀事本末

〔清〕李有棠撰

第二册

卷一四至卷三六

中華書局

金史紀事本末卷十四

高麗賓服

太祖收國元年（乙未一一一五）秋九月，帝克黃龍府，命瓜爾佳薩哈攻保州。遼史地理志云，號宣義軍，統州軍二、縣一。宣州定遠軍、懷化軍均開泰三年置。來遠縣，徙遼西諸縣及奚漢户置。高麗降，於此置榷場。保州近高麗，遼侵高麗置保州。至是，命薩哈取之。高麗國王王楷。其地鴨淥江新唐書云，馬訾水，出靺鞨長白山，色若鴨頭緑，號鴨淥水，經元菟郡至遼東安平縣入海，行一千一百里。以東，海蘭路舊置總管府，改爲尹。東南至高麗界五百里。〔攷異〕元史，海蘭府有海蘭河，流入於海。元一統志，海蘭河在瀋陽路，經舊建州東南一千里入於海。明一統志，海蘭河在建州東，東南流千餘里入海。元海蘭府以此名。又有伊勒呼水。今寧古塔城至圖們江朝鮮界六百里皆有海蘭河，則自海蘭窩集至大、小海蘭河皆金時海蘭路一帶舊境歟。以南，東南皆至於海。自遼時歲時遣使修貢事，具遼史。唐初，靺鞨有粟末、黑水兩部，皆臣屬於高麗。唐滅高麗，粟末保東牟山，在瀋陽中衛東二十里。漸强大，號渤海，姓大氏。至唐末爲遼滅。金伐遼，渤海來歸，蓋其遺裔也。黑水靺鞨居古肅慎氏地。有長白山，金國所由起，雖舊屬高麗，久不相通。及金滅遼，高麗以事遼舊禮，稱臣於金。初，高麗有醫者居女直之完顏部。穆宗時，戚屬有疾，醫之愈，使桑阿原作叟阿送歸高麗。醫者歸，語人曰：「女直居黑水部者，部族日强，兵益精悍，年穀屢稔。」王聞之，乃通使女直。既而和索哩來歸，遂率伊勒呼嶺東諸部皆內附。〔攷異〕高麗與金通好，在穆宗十年癸未，維時在遼爲天祚帝乾統二年，在宋爲徽宗崇寧二年。是年，高麗使來，十月，康宗嗣位，交聘表俱畧而不書。見元會汾金史攷證。今按，崇寧二年，乃乾統三年，恐誤。厥後，海蘭甸諸部，盡欲納款，高麗使人邀止之。會穆宗卒，康宗嗣，遣碩碩歡〔攷異〕楊復吉遼史拾遺補作石適歡。率兵趨和尼原作活湼水，徇地海蘭甸，〔攷異〕遼史拾遺補作曷懶甸。收叛亡七城。高麗使來請議事，使者往，拒不納。五水之民附高麗，執團練使十四人。〔康宗〕（據金史卷一世紀補）二年，高麗再來伐，碩碩歡再敗之。高麗復請和，前所執團練使皆遣還。〔攷異〕高麗傳，勝昆烏林答部人，康宗時使高麗見殺，卽世宗昭德皇后曾祖勝管也。見世紀。又世祖時兀虎部人烏春黨滓不乃弟，卷六十五謝庫德傳世祖時加古部孛堇，三人同名勝昆。碩碩歡立幕府於三潺〔水〕（據金史卷一三五高麗傳補），撫定邊民，康宗以爲能。〔攷異〕薛應旂通鑑云，三年三月，高麗侵女真，女真敗之。高麗既與女真通好，會烏雅束遣石適歡以兵徇曷懶甸之地，下其七城，高麗恐不利於己，使人請議事。石適歡使盃魯往，而曷懶甸亦使二詳穩如高麗，高麗執二詳穩，而拒盃魯不納，於是五水之民皆附高麗，執團練使十四人，進攻女真，石適歡連破之，追入闢登水，逐其殘衆踰境，高麗乃遣使議和。所載較詳。按，闢登水，高麗傳作布騰水，又異。四年丙戌，高麗使黑歡方石來賀襲位，遣博囉原作盃魯報之。高麗約還諸亡在彼者，乃使阿古、原作阿聒雙寬往受之。高麗背約，殺二使，築九城於海蘭甸，以兵數萬來攻，烏色原作斡賽。本傳，世祖子，軍還，卒，後追封衞國王。子宗永誅宗磐有功，世宗時歷震武節度使。敗之。斡魯原作鄂囉亦築九城，與高麗九城相對。高麗復來攻，烏色復敗之，進圍其城。高麗約還逋逃，退九城之軍，復所侵故地，遂與之。〔攷異〕額圖琿傳，時從烏色爲前鋒，高麗兵屯海島，率衆三十人夜渡，焚其營寨戰艦，大破之，遂下托津城。既而八城皆下，功最。阿里傳，歡塔攻高麗九城，遇敵於穆爾茂水，力戰，子阿里馳刺其將，敵遂潰。歡塔與碩碩歡合兵於圖們水，阿里首敗敵兵，取一城。及入寇，復禦卻之。阿里追及於海蘭水，殺畧幾盡。復合碩碩歡兵，敗敵兵五萬，又遇敵七萬，阿里先登，大破之。赫木頗傳，錫默部人，性忠直，勇於戰。初，內附和勒端，合軍攻降諸部，因領其衆。及弟和摩爾噶、歡塔、姪阿里攻下諸城，破高麗戍兵，與碩碩歡討平諸部。及破海蘭甸，下托囉城，均有功。卒，贈銀青光祿大夫。續通考云，太祖未卽位時，使斡賽伐高麗，爲具于毬場以待捷音，有二麞渡水至，獲之，太祖曰：「此休徵也。」言未既而捷書至。高麗傳均未載。太祖卽位，使薩哈攻保州，久不下，請濟師，屢破敵，多所俘獲，詔獎之。冬十一月，係遼籍女直瑪穆丹原作麻濆大灣等十五人皆降。攻開州，遼史地理志云，本濊貊地，號鎮國軍，高麗爲廣州，在咸興府西北。取之，盡降保州諸部女直。以薩哈爲保州路都統。時，太祖已破走遼主軍。薩哈破和卓、順化二城，復請濟師攻保州，使斡魯以甲士千人往。

二年（丙申一一一六）春正月，〔攷異〕高麗傳作閏月。高麗遣使來賀捷，且求保州，詔許自取之。仍命薩哈等謹守邊戍。及進攻保州，遼守將遁去，而高麗兵已在城中。其王使富尼瑪再請保州，詔諭當別議。

天輔元年（丁酉一一一七）春正月，開州叛，瓜爾佳薩哈等討平之。

秋八月癸亥，高麗遣使來請保州。〔攷異〕高麗傳均未載，今從太祖紀。

二年（戊戌一一一八）冬十二月，詔諭高麗國王曰：「朕始興師伐遼，已嘗布告，賴皇天助順，屢敗敵兵，北至上京，南至於海，其間京府州縣部族人民悉皆撫定。今遣貝勒卓巴克〔攷異〕太祖紀作珠卜，云原作朮孛。報諭，仍賜馬一匹，至可領也。」

三年（己亥一一一九）冬十一月，海蘭甸長城，高麗增築三尺，邊吏發兵止之，弗從，報曰：「修補舊城。」貝勒呼嚕古、原作胡剌古錫馨原作習顯以聞。詔曰：「無得侵軼生事，但慎固營壘，廣布耳目而已。」

四年（庚子一一二〇），咸州路都統司以兵分屯於保州、博囉威原作畢里圍（三）〔一〕（據金史卷一三五高麗傳改）城，請益兵，詔曰：「汝等分列屯戍，以固封守，甚善。高麗累世事遼，或有交通，可常遣人偵伺。」使錫馨以獲遼國州郡諭高麗。其國方誅亂者，使謂錫馨曰：「此與先父國王之書。」錫馨就館。凡誅戮官僚七十餘人，即以舊禮接見，而以表來賀，並貢方物。

太宗天會元年（癸卯一一二三），以遼主亡入夏國報之，高隨、舍音奉使高麗，至境上，接待之禮不遜，隨等不敢往。太宗曰：「高麗世臣於遼，當以事遼之禮事我。而我國有新喪，遼主未獲，勿遽强之。」命隨等還。

二年（甲辰一一二四）夏（六）〔五〕（據金史卷三太宗紀改）月乙巳，海蘭路軍帥完顔呼嚕古原作忽剌古等言：「往者歲捕海狗、海東青、鴉、鶻於高麗之境，近以二舟往，彼乃以戰艦十四要而擊之，盡殺二舟之人，奪其兵仗。」帝曰：「以小故起戰爭，甚非所宜。今後非奉命，毋輒往。」

秋七月壬辰，和碩台原作鶻實答言：「高麗納吾叛亡，增其邊備，必有異圖。」詔曰：「納我叛亡而弗歸，其曲在彼。凡有通問，毋違常式。或來侵略，整爾行列，與之從事。敢先犯者，雖捷必罰。」

冬十月丙寅，命南路軍帥棟摩原作闍母以甲士千人益哈斯罕路地理志云，初置節度使，治寧州，本高麗蓋葛牟城，後建爲辰州遼海軍，改蓋州奉國軍，縣四。〔攷異〕續通考云，初爲蓋州路，金罷曷蘇館，建辰州遼海軍，領湯池、建安、秀岩、龍岳四縣，神鄉、大寧二鎮。貝勒完顔愛實拉戍海島，以備高麗。

四年（丙午一一二六）夏六月丙申朔，高麗王楷奉表稱藩，優詔答之。

秋七月丙寅，遣高伯淑等宣諭高麗。〔攷異〕高麗傳，副使係烏至忠，諭凡遣使往來，當盡循遼舊，仍取保州路及邊地人口在彼者，須盡數發還。仍敕伯淑曰：「若一一聽從，即賜以保州地。」伯淑至，王楷附表謝，一依事遼舊制。畢沅續通鑑云，金遣知制誥韓昉使高麗責誓表，高麗謂要盟長亂，聖人所弗與。昉以古者巡守朝覲之事折之，乃如約。太宗紀未載。靖康要録云，元年冬，高麗王楷遣使賀登寶位，差衛膚敏爲館伴。至明州，差官押送禮物赴闕。明年四月，使人歸國。

冬十月丁未，高麗賀天清節。

十一月庚申，以高隨充高麗生日使。

五年（丁未一一二七）秋八月戊寅，遣耶律居謹等充宣慶使，以宋捷諭高麗。

冬十月辛未，天清節，高麗遣使來賀。自是信使不絕。〔攷異〕交聘表，爲居謹副者尚有張淮。太宗紀未載。

八年（庚戌一一三〇）春正月甲辰朔，高麗遣使來賀。

是歲，楷上表乞免索保州亡入邊户。既而，勗復表請之，太宗從之。封域始定。〔攷異〕交聘表繫之九年二月，稍異。

十年（壬子一一三二）春正月癸巳朔，高麗遣使來賀。〔攷異〕薛應旂通鑑云，是年四月，高麗王楷遣崔惟信、沈起入貢於宋，獻金、銀、參、帛，詔賜惟（清）〔信〕（據上文改）、起金幣及酒食於同文館，時紹興二年也。據此，則高麗復有通宋之事。玉海云，紹興四年閏四月，高麗遣使貢金幣。高麗傳俱未載。

十三年（乙卯一一三五）熙宗亶即位，不改元。春正月，遣使如高麗告哀，且報即位。

三月己卯，高麗使祭奠弔慰。

夏四月戊午，高麗使賀登寶位。

冬十二月癸亥，始定使臣朝賀、賜宴、朝辭儀。

十四年（丙辰一一三六）春正月癸酉，頒歷於高麗。

冬十月甲寅，遣乾文閣待制吴激賜高麗生日。〔攷異〕元好問中州集載吴學士激有送韓鳳閣使高麗詩句云：「海東絶域皇華使，天上仙官碧落（鄉）〔卿〕（據中州集甲集改）。」激字彦高，宋宰臣拭子，米芾壻也。工詩能文，字、畫得其婦翁筆意。將命帥府，被留爲待制，出知深州，旋卒。有東山集十卷并樂府行世。

皇統二年（壬戌一一四二）春正月乙未朔，高麗遣使來賀。乙巳，命伐高麗。辛亥，萬壽節，高麗遣使來賀。詔加楷開府儀同三司、上柱國。

冬十二月乙丑，高麗遣使謝封册。

六年（丙寅一一四六）夏五月壬申，高麗王楷卒。

六月乙丑，遣使弔祭高麗并起復嗣王睍。明年遣使來謝。〔攷異〕畢沅續通鑑云，九月，高麗請入貢，宋不許。給事中汪藻草詔，畧曰：「壞晉館以納車，庶無後悔；閉玉關而謝質，匪用前規。」帝善之，以爲得體。時建炎三年，乃天會七年也。熊克小紀云，係高麗王楷事。詔畧曰：「比年多故，强敵稱兵，如信使之果來，恐有司之不戒，俟休邊境，當問聘期。」直學士汪藻筆。所載各異。據此，則高麗有通宋之事，金蓋未之知耳。

八年（戊辰一一四八）春二月壬子，遣克埒克巴噶原作哥魯葛波古横賜高麗。甲寅，以大理卿宗安等爲高麗封册使。

夏六月乙卯，高麗使謝賜封册。〔攷異〕高麗傳均未載，交聘表亦未書宗安等封册事，今從熙宗紀。

海陵天德元年（己巳一一四九）冬十二月，高麗賀正旦使至廣寧，遣人諭以廢立事，中路遣還。〔攷異〕高麗傳於海陵朝凡使報往來均未載，今從交聘表及海陵紀備載之。

二年（庚午一一五〇）春正月辛巳，以名諱告諭高麗。

三月丙戌，高麗遣知樞密院事文公裕、殿中（丞）〔監〕（據金史卷六〇交聘表改）朴純沖賀登寶位。〔攷異〕海陵紀繫之六月丙午，未列公裕等名，今從交聘表。

三年（辛未一一五一）秋九月庚戌，遣判官蕭子敏賜高麗生日。

四年（壬申一一五二）秋九月丙午，遣都水使者完顏滿丕原作麻潑賜高麗生日。

貞元元年（癸酉一一五三）春正月辛卯朔，以弟兖喪，不視朝，命有司受高麗貢獻。

秋九月丁亥朔，遣郎中斡克珊原作窊合山賜高麗生日。

正隆二年（丁丑一一五七）夏四月，遣簽書宣徽院事張喆横賜高麗。

三年（戊寅一一五八）秋九月丁丑，遣高存福賜高麗生日。

四年（己卯一一五九）秋九月，遣宣武將軍完顏德濟賜高麗生日。

六年（辛巳一一六一）秋八月，遣太常博士張崇賜高麗生日。

世宗大定元年（辛巳一一六一）冬十一月壬午，命完顏烏肯徹原作兀古出報諭高麗。〔攷異〕高麗傳未載，今從交聘表及世宗紀。

二年（壬午一一六二）冬十二月，高麗衛尉少卿丁應起賀正旦。〔攷異〕世宗紀、高麗傳均未載，今從交聘表。

三年(癸未一一六三)春二月庚寅，高麗守司空金永(允)〔胤〕(據金史卷六一交聘表改，下同)、禮部侍郎金滈夫進奉使，禮賓少卿許勢修賀登寶位，秘書少監金居實謝宣諭。

三月壬辰朔，李公老賀萬春節。

夏四月己卯，韓綱横賜高麗。

冬十月丙寅，伊喇塔富拉原作移剌天佛留賜高麗生日。

十二月乙酉，金存夫謝横賜。〔攷異〕世宗紀只於二月庚寅書高麗使賀萬春節，未列金永(允)〔胤〕等五人名，而金存夫之謝横賜亦未載，今從交聘表。

四年(甲申一一六四)春正月丁亥朔，高麗遣高處約賀正旦。

三月丙戌朔，崔孝温、鄭孝偁賀萬春節。

秋九月辛亥，遣烏庫哩薩哈原作三合賜高麗生日。

冬十二月，高麗使金莊謝賜生日。〔攷異〕世宗紀於高麗使人均未列名，今從交聘表，下倣此。高麗傳云，時鴨淥江堡戍頗被侵越焚毁。紀、表表均未載。

五年(乙酉一一六五)春正月辛亥朔，高麗使高珍縉賀正旦。帝因朝辭，諭曰：「邊境小小不虞，爾主使然耶？疆吏爲之耶？果疆吏爲之，爾主亦當懲戒之也。」初，高麗使者别有私進禮物，以爲常。是歲，萬春節使者陳力升、元頤沖私進，帝以不應典禮，詔罷之。

冬十月辛巳，遣大宗正丞璋賜高麗生日。

十二月，高麗使李知深、尹敦信賀尊號，王輔謝賜生日。

六年（丙戌一一六六）春正月丙午朔，高麗使李世儀賀正旦。

三月甲辰朔，趙仁貴、李復基賀萬春節。

夏四月戊戌，遣伊喇道横賜高麗。

冬十月己卯，遣伊喇諳達原作（伊）〔移〕剌按答（據金史卷六一交聘表改）賜高麗生日。

十二月戊戌，高麗使崔椿謝賜生日，金資用謝横賜。

七年（丁亥一一六七）春正月庚子朔，高麗使潘咸有賀正旦。

三月己亥朔，柳德容賀萬春節。

冬十二月壬戌，崔偎謝賜生日。〔攷異〕世宗紀，是年九月遣都水監李衛國賜高麗生日，交聘表未載。

八年（戊子一一六八）春正月甲子朔，高麗使金起賀正旦。

三月癸亥朔，金光利、趙湜賀萬春節。

冬十月乙未，遣宗室靖賜高麗生日。

九年（己丑一一六九）春正月戊午朔，高麗使陳元光、徐諏賀正旦。

三月丁巳朔，金利誠賀萬春節，崔僙進奉。

夏五月，遣圖克坦懷貞横賜高麗。

秋九月丙辰，遣馬貴中賜生日。

冬十二月庚戌，高麗使裴衍謝賜生日，李世美謝横賜。〔攷異〕世宗紀於高麗遣使謝賜生日及横賜，均未載。

十年（庚寅一一七〇）春正月壬子朔，高麗使陳升賀正旦。

三月壬子朔，崔（侊）〔侊〕（據金史卷六一交聘表改）崔光陟賀萬春節。

冬十月己酉，遣宗室堅原作糺。〔攷異〕高麗傳作大宗正丞糺。賜高麗生日。

十一月己卯，高麗翼陽公晧廢晛自立，稱兄讓國，求封册，不受賜晛生日使。詔遣使詳問。〔攷異〕世宗紀未載。

十一年（辛卯一一七一）春正月壬辰，高麗王晧報稱，前王病，不治事，晧權國政。

夏四月丁卯，晧上表，并以兄表求封。〔攷異〕高麗傳繫之三月。

五月，遣宗室靖宣問。晧實篡國，囚晛海島，靖至高麗，竟不得見。乃以詔授晧，轉取晛表附奏。靖還，帝問大臣，皆曰：「晛表如此，可遂封之。」丞相良弼等曰：「得晧祈請未晚也。」

冬十二月丁卯，晧遣禮部侍郎張翼明等請封。〔攷異〕交聘表作張明翼，世宗紀未書，今從高麗傳。

十二年（壬辰一一七二）春三月己巳朔，高麗使金黄裕賀萬春節，蔡祥正賀加上尊號。丁丑，遣烏庫哩思列、張亨爲封册使。

夏四月丁卯，高麗使李著，崔誧賀尊號。

冬十月，金于蕃、金瑄謝封册。

十三年（癸巳一一七三）春正月乙丑朔，高麗使史正儒賀正旦。

三月癸巳朔，李應求賀萬春節。

冬十一月甲午，遣大洞賜高麗生日。

十四年（甲午一一七四）春正月己丑朔，高麗使崔均賀正旦。

〔二月〕（據金史卷六一交聘表補）丙戌，車仁揆進奉。

三月戊子朔，金練光賀萬春節。

夏四月乙亥，遣完顔佛甯原作蒲涅横賜高麗。

冬十一月戊申，遣曹士元賜生日。

十五年（乙未一一七五）秋九月辛卯，高麗西京留守趙位寵叛其君，請以慈悲嶺以西、鴨渌江以東四十餘城來獻，不納。未幾，伏誅，來告，詔慰答之。時，位寵謀叛晧，遣徐彦（甯）（據金史卷一三五高麗傳删，下同）等九十六人上表曰：「前王本非避讓，大將軍鄭沖、郎將李義方實弒之。臣位寵納土，請兵助援。」帝曰：「王晧已加封册，位寵輒敢稱兵爲亂，且欲納土，朕懷撫萬方，豈助叛臣爲虐。」詔執彦（甯）等送高麗，亂定，遣使謝。〔攷異〕交聘表，奏告平亂使爲朴紹。十一月，遣阿克古富勒呼賜高麗生日。十二月，高麗使趙永仁來謝。世宗紀均未載。王寂拙軒集有送田元長接伴高麗告奏使詩云：「聖朝萬里息烽烟，冀馬吴牛盡穩眠。蝸國弄兵貪裂地，蟻臣將命懇呼天。政須老手不生事，故遣吾髯更著鞭。想到鴨江文字飲，德星清對兩詩仙。」時王晧定亂，遣使告奏。即此詩所云。

十六年（丙申一一七六）春正月戊申朔，高麗使李章賀正旦。

三月丙午朔，蔡順禧賀萬春節。

冬十一月甲子，遣伊喇子元賜高麗生日。

十二月庚子，高麗使王珪謝賜生日，吴光陟、尹崇誨以不許趙位寵内附，陳謝。

十七年（丁酉一一七七）春正月壬寅朔，高麗使吴淑夫賀正旦。丙午，有司奏所進玉帶，乃石似玉者，詔勿問。

二月己亥，高麗使丁守弼進奉。

三月辛丑朔，崔光遠賀萬春節。

夏四月戊子，遣圖克坦烏哲原作烏者橫賜高麗。

冬十二月戊辰，遣布薩懷忠賜高麗生日。甲午，高麗使崔美謝横賜。

十八年（戊戌一一七八）春正月丙申朔，高麗使孫應時賀正旦。

二月癸巳，崔孝求進奉。

三月乙未朔，李仁成賀萬春節。

冬十一月丙戌，遣左光慶賜高麗生日。

十二月戊午，高麗奇世謝賜生日。

十九年（己亥一一七九）春正月庚申朔，高麗使金節賀正旦。

二月丁巳，柳得仁進奉。

三月己未朔，盧卓儒賀萬春節。

冬十一月戊辰，遣盧拱賜高麗生日。

十二月壬子，高麗使柳得義謝賜生日。

二十年（庚子一一八〇）春正月（庚申）〔甲寅〕（據金史卷六一交聘表改）朔，高麗使尹東輔賀正旦。

二月辛亥，金鉉公進奉。

三月癸丑朔，孫碩賀萬春節。

夏四月己亥，遣郭喜國横賜高麗。

冬十一月乙亥，遣任倜賜高麗生日。

十二月丙午，高麗使沈晉升謝生日，王度謝横賜。

二十一年（辛丑一一八一）春二月甲辰朔，高麗使李德基進奉。

三月丁未朔，申寶至賀萬春節。

二十二年（壬寅一一八二）冬十一月甲申，遣布薩忠佐賜高麗生日。

二十三年（癸卯一一八三）春正月丁卯朔，高麗使崔永濡賀正旦。

二月甲子，文章煒進奉。

三月丙寅朔，盧孝敦賀萬春節。

夏四月癸丑，遣赫舍哩珠爾蘇原作述列速横賜高麗。

冬十二月丁亥，高麗使崔孝著朝辭，以詔答王晧。

是歲，晧母任氏卒。

二十四年（甲辰一一八四）春二月甲戌，王晧以母憂未卒哭，請免今年萬春節及進貢，詔允不陳賀，其進貢方物，令隨明年正旦使仝來。〔攷異〕高麗傳云，晧以母喪，乞免賜生日及賀謝等事，詔從之。且繫之二十三年，稍異。丙戌，遣完顏濟勒、郝（俟）〔俁〕（同上）爲勅祭使，大仲尹慰問，永明起復。

冬十月，以上京天寒，詔明年賀使權停一年，其回謝使，後隨朝賀使仝來。

二十五年（乙巳一一八五）冬十一月壬寅，遣伊喇履賜高麗生日。

十二月戊寅，高麗使梁翼、崔素謝敕祭，康勇儒謝慰問，崔仁謝起復。

二十六年（丙午一一八六）春正月庚辰朔，高麗使崔仁賀正旦。

二月丁丑，門義赫進奉。

三月己（巳）〔卯〕（同上）朔，柳公權賀萬春節。

夏四月壬戌，遣李磐横賜高麗。

冬十二月庚子，高麗使任濡謝横賜，盧元謝生日。〔攷異〕世宗紀，是年十一月，遣韓景懋賜高麗生日。交聘表未載。

二十七年（丁未一一八七）春正月癸卯朔，高麗使崔匡輔賀正旦。

二月辛丑，車若松進奉。

三月癸卯朔，李公鈞賀萬春節。

冬十二月庚午，遣趙可賜高麗生日。甲午，高麗使崔存謝賜生日。

二十八年（戊申一一八八）春正月丁酉朔，高麗使崔迪元賀正旦。

二月乙未，吉仁進奉。

三月丁酉朔，李禧賀萬春節。

冬十二月丙寅，遣伊喇彦拱賜高麗生日。庚寅，高麗使周匡美謝賜生日。

二十九年（己酉一一八九）春正月壬辰朔，高麗使李尚儒賀正旦，帝大漸，使還。

夏六月乙卯，高麗使李英搢、黄清來奏會葬并祭奠。

秋八月，崔膺庸賀天壽節。

冬十二月，閔湜謝生日，孫衍謝横賜。

章宗明昌元年（庚戌一一九〇）秋八月己酉，高麗使陳克修、鄭世髦賀天壽節及進奉。初，章宗即位，詔使至界上，頗稽遲，詔移問，高麗遜謝。

冬十二月丁未，盧湜謝賜生日。〔攷異〕章宗紀，十一月辛未，遣伊喇托卜嘉賜高麗生日。交聘表未載。

（攷異）（重複，據本書例删） 王寂拙軒集，有别高麗大使詩二首，曰：「萬里朝天禮告成，歸途氷澌積崢嶸。相從遽作春雲散，欵語何妨夜月傾。兩地關河傷遠别，一天風雪嘆勞生。他年幣玉重來日，對立罘罳眼更明。」「送迓都忘百日勞，匆匆言别奈無聊。渡江相見迎桃葉，分馬能忘贈柳條。煙抹雞林山隱隱，雲横鶴野路超超。君侯此去應前席，爲贊忠嘉事聖朝。」 按，寂於大定二十九年提點遼東刑獄，明昌初召還。此詩未知作於是時否，姑附録於此。

二年（辛亥一一九一）春正月庚戌朔，高麗使鄭克温賀正旦。

三月乙亥，韓正修、崔敦禮奉慰，文得品、李世長祭奠。〔攷異〕章宗紀，正月乙卯，太后崩，遣使告哀於高麗。交聘表未書。

秋八月乙巳，柳光壽賀天壽節，宋宏迪進奉。

冬十二月癸卯，李至純謝賜生日。〔攷異〕章宗紀，十一月丙寅，遣完顏匡賜高麗生日。交聘表未載。

三年（壬子一一九二）春正月乙巳朔，高麗使洪孝忠賀正旦。

秋八月（辛丑朔）〔丁卯〕，（據金史卷六二交聘表改）朴初賀天壽節，師威謝橫賜，石城柱進奉。

冬十二月丁卯，丁光敍謝賜生日。〔攷異〕章宗紀，五月，遣富珠哩子元橫賜高麗。十二月，遣張汝猷賜高麗生日。交聘表未載。王寂拙軒集：有送張仲謀使三韓詩云：「照海旌幢出樂浪，過家上冢路生光。鴨江桃葉朝迎渡，岊嶺松花夜煮湯。恩詔肅將芝檢重，醉鞭低裊玉梢長。遺民笑指天車道，酷似南陽異姓王。」按，高麗稱中原使節，皆曰「天車某官」。事見閻子秀鴨江行記。仲謀，名汝猷，浩子，金史無傳。此詩送其使高麗，然交聘表不載其事，姑附録於此。又，蔡相松年有在高麗館中詩二首，云：「哈喇風味解朝酲，松頂雲癡雨不晴。悄悄重（簷）〔簾〕（據中州集甲集改）斷人語，碧壺春笋更同傾。」「晚風高樹一襟清，人與縹（甍）〔甆〕（同上）相照明。謝女微吟有（高）〔深〕（同上）致，海山星月總關情。」

四年（癸丑一一九三）春正月己巳朔，高麗使楊淑節賀正旦。

秋八月辛酉，蘇良美賀天壽節，門侯軾進奉。

冬十二月庚申，陳光卿謝賜生日。〔攷異〕章宗紀，十二月，遣赫舍哩珵賜高麗生日。交聘表未載。

五年（甲寅一一九四）春正月癸亥朔，高麗使李居正賀正旦。

秋八月己丑朔，權信賀天壽節，柳澤進奉。

冬十二月丁巳朔，劉邦氏謝賜生日。〔攷異〕章宗紀，十二月，遣李敬義賜高麗生日。交聘表未載。

六年（乙卯一一九五）春正月丁亥朔，高麗使白存儒賀正旦。

秋八月己卯，徐諧賀天壽節，周元迪謝橫賜。

冬十二月丁丑，孫宏謝賜生日。〔攷異〕章宗紀，十二月，遣賈益賜高麗生日。交聘表未載。

承安元年（丙辰一一九六）春正月辛巳朔，高麗使宋韙賀正旦。

秋八月甲戌，趙冲賀天壽節，劉應舉進奉。

冬十二月丙午朔，金光當謝賜生日。〔攷異〕章宗紀，十二月，遣阿布哈德剛賜高麗生日。交聘表未載。

二年（丁巳一一九七）春正月乙亥朔，高麗使牙應卿賀正旦。

秋八月戊戌，趙謙賀天壽節，梁元進奉。〔攷異〕是歲，賜高麗生日及高麗謝賜生日，紀表均未書。

三年（戊午一一九八）春三月丙寅，王晧以老疾，令母弟晫權國事，遣使來告。是歲，晧卒，晫立，白汝舟來奏告。

四年（己未一一九九）秋八月己（酉）〔丑〕（據金史卷六二交聘表改），高麗使劉元順賀天壽節，鄭邦輔進奉。

冬十二月乙酉，金陟侯、王儀謝封册。

五年（庚申一二〇〇）春正月戊子朔，高麗使白元軾賀正旦。

秋八月壬子，池資深賀天壽節，申周錫進奉。

冬十月辛丑，遣劉公憲賜高麗生日。

泰和元年（辛酉一二〇一）春正月壬子朔，高麗使李惟卿賀正旦。

秋八月，鄭公順賀天壽節，趙淑進奉，秦彦臣謝賜生日。

冬十二月乙巳，崔南敷進奉。〔攷異〕章宗紀，五月，遣劉（頗）〔頍〕（據金史卷一一章宗紀改）橫賜高麗；十月，納哈塔鉉賜高麗生日。交聘表均未書。

二年（壬戌一二〇二）春正月丁未朔，高麗使門孝軾賀正旦。

秋八月庚子，史洪祐賀天壽節，韓氏謝賜生日。

冬閏十二月己巳，宋宏烈進奉。〔攷異〕章宗紀，十月，遣李仲元賜高麗生日。交聘表未載。

三年（癸亥一二〇三）春正月辛未朔，高麗使郭公儀賀天壽節，師公直謝賜生日。

冬十二月癸亥，林德元進奉。是歲，王晫卒，子韺嗣立。〔攷異〕高麗傳、章宗紀，晫之没，均繫之四年，稍異。

四年（甲子一二〇四）春正月乙丑朔，高麗使李延壽賀正旦。

三月庚寅，王永齡來告哀。

秋八月（乙）〔癸〕（據金史卷六二交聘表改）丑，曹光壽賀天壽節，李儆謝賜生日。

冬十二月丁巳，姜植材進奉，車富民謝橫賜，金慶夫、崔克遇謝敕祭，門存謝慰問，黄孝卿謝起復。

五年（乙丑一二〇五）春正月己未朔，高麗使林仁碩賀正旦。〔攷異〕章宗紀，四月，遣張偁爲敕祭使，石懿等爲慰問、起復、橫賜使。交聘表、高麗傳均未載。

秋閏八月辛巳，崔義賀天壽節。

冬十（一）〔二〕（同上）月辛巳，吴應天進奉。

六年（丙寅一二〇六）春正月癸未朔，高麗使崔甫淳賀正旦。

秋八月丙子，李迪儒賀天壽節，金升謝賜生日，李儁謝起復，韓奇、李承白謝封册。

冬十二月乙亥，慶裕升進奉。

七年（丁卯一二〇七）春正月丁丑朔，高麗使師應瞻賀正旦。

夏四月壬子，遣楊序橫賜高麗。

秋八月壬申，高麗使徐珖賀天壽節，金義元謝賜生日。

冬十二月壬寅朔，鄭光習進奉。〔攷異〕章宗紀，十月，遣珠嘉佛新賜高麗生日。交聘表未載。高麗傳云，時用兵侵宋，夏亦有故，獨高麗遣正旦使，詔不賜曲宴。至七年，詔依故事。

八年（戊辰一二〇八）春正月辛未朔，高麗使林柱材賀正旦。（二）〔十〕月（乙酉）〔己卯〕（同上），林（承）〔永〕祖（同上）賀天壽節，池利中謝賜生日。

衛紹王至甯元年（癸酉一二一三）秋八月，王（䜩）〔禩〕（據金史卷一三五高麗傳改）卒，嗣子㬂主國事。明年，宣宗遷汴，遼東道路不通。興定三年，遼東行省奏高麗復有奉表朝貢之意，乃遣使撫諭，終以道梗未達，詔羈縻之。然自是不復通問矣。〔攷異〕交聘表，興定二年四月癸丑，以詔付行省必喇出諭高麗貸糧、開市二事，遣典客署書表劉丙從行。外、紀未載。

金史紀事本末卷十五

宗翰軍謀 希尹事附

遼天祚帝天慶四年（甲午一一一四）秋九月，太祖起兵破遼兵於甯江州，國相薩哈遣其子宗翰來賀，且勸進，不許。宗翰本名尼瑪哈，〔攷異〕滿州語「魚」也。舊作粘沒罕，亦作粘沒喝，滿州語「心」也。卷五十九世宗子永功子琳本名、卷一百二十廣甯尹，三人同名粘沒曷，亦作粘沒合，遼史作尼雅滿。漢語訛爲尼堪，原作粘罕。〔攷異〕禮志作粘哥。大金國志云，小名烏家奴，一名粘漢，改名宗維。薩哈長子也。〔攷異〕薩哈係世祖長兄，和卓子，宗翰乃和卓孫，太祖爲世祖第二子，於宗翰蓋從父也。遼史天祚紀以尼雅滿爲太祖弟，洪皓松漠紀聞作宗幹，謂爲吴乞買三從兄弟，張棣金誌以宗本爲尼瑪哈。大金國志云，粘罕祖曰劾闍，父師阿盧里。粘罕姿貌雄傑，驍健如風(輪)。（按大金國志卷二七粘罕傳云，粘罕「姿貌雄傑，能披甲周貫馬腹，驍捷如風，輪劍入敵，人莫敢當」。則此處衍「輪」字，據删）紀載各異。年十七，軍中服其勇。議伐遼，與太祖意合。至是，偕希尹原作兀室來賀捷，并稱帝爲賀。太祖猶謙讓，宗翰等再三言，意乃決。

太祖收國元年（乙未一一一五）春正月，遼都統鄂爾多一作(斡)〔訛〕里朶。（據金史卷二太祖紀改）以二十萬兵戍邊，太祖逆擊之，宗翰爲右軍，大破之於達嚕噶原作達魯古城。〔攷異〕大金國志云，遼兵盛，衆謀降，粘罕不可，奮鐵撾而前，諸將隨之，遼兵大敗。所載較詳。

天輔五年（辛丑一一二一）夏四月乙丑朔，宗翰請伐遼，奏曰：「遼主失德，中外離心。我朝興師，大業既定，而根本弗除，後必爲患。今乘其釁，可襲取之。天時人事，不可失也。」太祖然之，命諸路戒備軍事。

五月，射柳，宴羣臣。太祖謂議西征，宗翰計多合，當治兵以俟師期。親酌酒飲之，解御衣衣之。諸臣言時方暑月，乃止。拜爲伊拉齊貝勒。〔攷異〕宏簡録作移賚勃極烈。

冬十一月辛丑，太祖用宗翰策，進取中京，以杲原作舍音都統内外諸軍，宗翰等副之，伊都原作余覩爲嚮導。

六年（壬寅一一二二）春正月乙亥，克中京。宗翰率偏師趨北安州，與羅索原作婁室等合兵，大敗奚王薩滿〔攷異〕太祖紀作錫默，云，原作霞末，遼史作哈瑪爾，今從宗翰傳。兵，北安遂降。乃遣希尹往略邊地，獲遼護衛錫里，〔攷異〕太祖紀作實訥埒，宏簡録作習泥烈。迺知遼主獵於鴛鴦濼，殺其子晉王，衆離心，兵弱不可用。宗翰使努延温敦〔攷異〕太祖紀作諾延温都，宏簡録作耨盌温都。伊喇保〔攷異〕宏簡録作移剌保。往報都統杲，請會師，及杲使瓌都〔攷異〕宏簡録作奔睹。與伊喇保仝來，知無意進取。卽決策進兵，使伊喇保往報杲曰：「初受命，雖未令便取山西，亦許便宜從事。

今恐失機會，已進兵，當會於何地？」宗幹勸杲如其策，意乃決，約會於奚王嶺。〔攷異〕巴爾斯傳，宗翰在北安州，時會舍音於奚王嶺，遼兵奄至古北口，奮擊，大敗之。傳未載。

三月，杲出青嶺，宗翰出瓢嶺，期於羊城濼在大同府東北境。會軍。宗翰率精兵六千襲遼主於五院司，遼主遁去，使希尹等追之。西京既降復叛，耿守忠以兵五千來救，至城東四十里，富察烏里、固納先擊之，斬首千餘。宗翰等繼至，守忠敗走，其衆殲焉。宗翰弟扎巴台沒於陣。〔攷異〕宏簡錄作扎保迪，天眷中贈特進。西京州縣悉降。〔攷異〕棟摩傳，宗翰等攻西京，棟摩、羅索等於城（中）〔東〕（據金史卷七一闍母傳改）爲木洞以蔽矢石，於北隅以芻茭塞其隙，城中兵萬餘出燒之，温特赫博恰擊却之。又爲四輪革車，高出於堞，棟摩乘車先登，諸軍繼之，遂克西京。斡魯傳，時敵據城西浮圖，下射攻城者。斡魯與哈布爾攻浮圖，奪之，復以精鋭乘浮圖下射城中，遂破西京。所載各異。

冬十二月，宗翰已撫定西路部族，謁帝於行在所，遂從取燕京，賜金器。

七年（癸卯一一二三）太宗九月即位，改爲天會元年。夏六月，帝不豫，將歸京師。丙申，以宗翰爲都統，齋貝勒昱、原作普嘉努德特貝勒斡魯原作鄂囉副之，駐軍雲中以備邊。

冬十月壬辰，太宗以空名宣頭百道賜西南、西北兩路都統宗翰，詔曰：「今寄爾以方面，如當遷授，其以便宜從事。」

太宗天會二年（甲辰一一二四）春正月，宋人來請割諸城，宗翰報以武、朔二州。復請曰：

「宋人不歸我叛亡，阻絶燕山往來道路，後必敗盟，請勿割山西郡縣。」帝曰：「是違先帝之命也，其速與之。」未幾，復諫，乃罷。

二月丙午，宗翰請濟師，詔有司選精兵五千給之。

夏四月己酉，以宗翰經略西夏及破遼功，賜以良馬。

三年（乙巳一一二五）冬十月甲辰，詔諸將侵宋。先是，斡魯奏宋不遣歲幣户口事，且將渝盟。帝命宗翰取諸路户籍，按籍索之。而棟摩（原作闍母）再奏宋人敗盟有狀，宗翰、宗望（原作斡离不）均請伐之。於是安班貝勒杲領都元帥，居京師，宗翰爲左副元帥，自太原路南侵。發自河陰，降朔州，克代州，〔攷異〕大金國志云：粘罕自雲中遣女真萬户温敦郎君等東侵居庸關，以應燕山之師。又慮居庸難取，分兵由紫荆口、金坡關攻易州。及出奇取鳳山，入昌平縣。既至昌平，則反顧居庸矣。若是，則白河之戰，不惟藥師乘勝追敵而東，而西亦爲粘罕乘虚而入也。史未載。圍太原府，敗宋河東、陝西軍四萬於汾河之北，殺萬餘人。〔攷異〕太祖紀作耶律伊都事。

四年（丙午一一二六）春正月癸酉，宗望圍汴，遂許宋和。時宗望自河北趨汴，音問未通，宗翰遂留尼楚赫（原作銀朮可）圍太原，己乃率師而南，降定諸縣及威勝軍，下隆德府，實潞州。軍至澤州，宋使至軍中，始知割三鎮講和事。路允迪以宋割太原詔來，城中人不受詔。宗翰取文水及（孟）〔盂〕縣，（據金史卷七四宗翰傳改）復留尼楚赫圍太原。宗翰乃還山西。〔攷異〕續綱目云，尼瑪哈聞宋議和，只遣人來求賂，宰臣以勤王兵大集，拘其使，不與。宗翰大怒，分兵趨汴，入南北關。未幾，還雲中。宗翰傳未載。

秋七月戊子，蕭仲恭使宋還，獻宋少帝所遺耶律伊都書，以興復遼國爲言，詔宗翰等復侵宋。〔攷異〕大金國志云，時二帥會議，兀室曰：「河東既得太原，河北已得真定，乃兩河領袖也。乘此之勢，可先取兩河，再往東京，未晚。」斡离不未有語，粘罕佛然擲貂帽於地曰：「不得東京，兩河雖得而莫守；既得東京，兩河不取可自下。况今我行，得之必矣。如運臂取物，回首可得也。」斡离不忻然，計遂決。宗翰傳未載。八月庚戌，宗翰發西京。九月丙寅，克太原，執宋經略使張孝純等。冬十一月甲子，宗翰自太原趨汴，降威勝軍，克隆德府，遂取澤州。薩喇達〔攷異〕宏簡録作撒剌答。等先已破天井關，進逼河陽，破宋兵萬人，降其城。進攻懷州，克之，遂渡河。

閏月癸巳，宗翰至汴，〔攷異〕大金國志，靖康初元，彗星如箕芒，亙數丈，自北拂帝坐，并掃文昌，或謂粘罕乃妖星之精。宗翰傳未載。與宗望會兵。宋約畫河爲界，復修好，不許。丙辰，尼楚赫等克汴城。〔攷異〕大金國志云，自十一月二十五日圍城，凡四十日。有炮五百餘座在郊外，皆棄不取，金師得之，以爲攻城之用。城破，時粘罕與劉宣軍屢欲血洗，數次登門，望城中有黃旗兵將在空中，不可洗，乃止。史未載。辛酉，宋少帝詣軍前，舍青城。十二月癸亥，宋少帝奉表降。〔攷異〕大金國志云，五年二月十一日，欽宗幸金營，十八日還宮。三月初三日復至金營，粘罕坐而言曰：「皇帝不從汝請，別立異姓。」使人擁帝降至一室，以兵刃守之。天明，呼曰：「太上至矣。」帝視之，果然。太上與帝各居一室，后妃諸王皆不得相見。十六日，粘罕坐帳中，二帝立階下，宣詔曰：「宜擇立異姓以代趙後。趙某父子，差人津遣前來。」以青袍易二帝衣服，以常服易二后之服。惟李若水抱持大哭，被害。所載年月與史異，今從史。

五年（丁未一一二七）夏四月丙戌，使勗就軍中勞賜宗翰等，使皆執其手以勞之。宗翰等以宋二帝及其宗族四百七十餘人及珪璋、寶印、袞冕、車輅、祭器、大樂、靈臺、圖書與大軍北還。〔攷異〕續通考云，皇統九年十月，禮部下太常書鎮圭式樣，大禮使據三禮圖以進，用之。大定十一年，太常寺按禮大圭長三尺，杼上終葵首，天子服之。自西魏、隋、唐以來，大圭長〔三〕〔以〕（據續通考卷九五改）尺一寸，與鎮圭同。蓋鎮圭以鎮天下，四鎮山爲飾。今其圭已依古制，惟無大圭。今御府有故宋白（圭玉）〔玉圭〕（同上書改）圓無上椈及終葵首。自西魏以來，所制玉笏皆長尺有二寸，方而不折，雖非先王之法，蓋後世玉難得，隨宜故也。擬合以御府所藏，行禮就用。太子所執桓圭，長九寸、廣三寸、厚半寸，用白玉。太子入朝起居及與宴則執之。金克宋有金石之樂，及大定、明昌，日修月葺，燦然大備。其隸太常者，郊廟宴享、大朝會，宮懸二舞是也。隸教坊者，則有鐃歌、鼓吹，天子行幸，鹵簿導引之樂也。有散樂、有渤海樂，有本國舊音，世宗嘗寫其意，度爲雅曲。太宗取汴，得宋鍾、磬、樂簴。熙宗加尊號，有司以鐘磬刻晟字者，犯太宗諱，封以黃紙。大定十四年，令宋樂器凡犯廟諱者皆刮去，更爲製名，曰太和之樂。又，樂曲之名，唐以和，宋以安，至金則以甯。初，海陵建宗廟於汴，宣宗南遷修之，其地爲宋景靈宫故址，掘得編鐘十三、編磬八，皆刻大晟爲字。時值多故，禮器散亡，竟不能備。按：大晟樂，係宋徽宗時蜀黥卒魏漢律所製，并頒其樂於天下，後世遂相沿襲而不變。見金華文統。

秋七月甲午，賜宗翰鐵券，除反逆外，餘皆不問。宗翰奏河北、河東請擇賢能官任之，以安新民，遂趨洛陽。〔攷異〕大金國志云，是年，除窩哩嗢爲右副元帥，代斡离不。粘罕約諸將分征河南，窩哩嗢遂自燕山率衆由清滄渡河以定山東。粘罕又遣楊天吉約夏人同取陝西，夏人許之。繫年要録云，時金主遣使諭宗維，止南下之兵，不聽。蓋宗維久專權，金主不能令，唯守虛位而已。按，以宗翰爲宗維，其説得之傳聞，不足信。宗翰傳均未載。

六年（戊申一一二八）春二月癸未，宋董植以兵至鄭州，州人復叛入於宋。宗翰遣兵復鄭州，遂遷洛陽、襄陽、潁昌、汝、鄭、均、房、唐、鄧、陳、蔡之民於河北，而遣羅索平陝西州郡。時河東盜賊尚多，乃遣兵夾河屯守，還師，駐山西。昏德公致書請立趙氏，宗翰受其書而不答。〔攷異〕蔡絛北狩行録載其書，略云：「唐太宗復突厥，而沙陀救唐；冒頓縱高帝，而呼韓賴漢。近契丹滅石氏，中原灰燼，終爲他人所有，其度量豈不相遠哉！近聞嗣子中有爲人推戴者，蓋祖宗德澤在人，至深至厚，未易忘也。若左右欲法太宗、冒頓，受興滅繼絶之名，享歲幣玉帛之奉，當遣一介之使，奉咫尺之書，諭嗣子以大計，使子孫永修職貢，爲萬世之利也。」畢沅續通鑑云，秦檜南還，自言此書曾爲潤色，無可攷證。世傳檜在金已倡和議，因是得歸，或知其爲上皇草書，度其肯任此事，是以歸之耳。宗翰傳未載。

秋七月乙巳，宋帝遣王師正奉表請和，〔攷異〕是時爲宋建炎二年，交聘表未載王師正名，太宗紀亦未書宋遣使請和，今從宗翰傳。密以書招誘契丹、漢人，獲其書奏之，詔進兵南侵。宗翰請先定陝西然後取宋，與諸將議，久不決。帝曰：「康王當窮追，俟平宋，當立藩輔如張邦昌者。陝西亦未可置〔而不取〕（據金史卷七四宗翰傳補）。」於是，羅索、芬徹原作蒲察等平陝西，命宗翰會東軍於黎陽津。

冬十月庚子，與右副元帥宗輔會於濮。進兵至東平，宋知府權邦彥遁，降其城，進克徐州。〔攷異〕輿地廣記云，徐州，春秋屬宋，秦屬泗水郡，項羽都之，漢屬楚國沛郡，晉置徐州，隋爲彭城郡。續通考云，唐號彭城郡，又升武甯軍，宋因之，金屬山東西路，元隸歸德府，明隸南京，升爲府，今州一：邳州；縣七：銅山、蕭縣、碭山、豐、沛、宿遷、睢甯。續綱目徐州之克，載在建炎三年正月，乃天會七年也。宗翰傳連書於會濮之下，今從之。先是，宋運江、淮金幣皆在徐州，盡爲所取，分給諸軍。襲慶府本兖州，爲泰甯軍，縣七。〔攷異〕輿地廣記云，春秋爲魯、邾二國境，秦置薛郡，二漢屬魯國，晉置兖州，北齊改任城郡，隋爲魯郡，升泰甯軍，今因之，縣七：瑕（邱）〔丘〕（據輿地廣記卷七改）、奉符、泗水、襲（邱）〔丘〕（同上）、仙源、萊蕪、鄒縣。續通考云，宋爲襲慶府，金改泰定軍，大定中更名兖州，領磁陽、曲阜、泗水、甯陽四縣。來降。宋知濟南府劉豫叛，以城降於達蘭。原作撻懶。〔攷異〕續綱目云，冬十月，尼瑪哈克濮州，屠之。先是，尼瑪哈爲姚端敗，跣足走免故也。宗翰傳未載。

七年（己酉　一一二九）夏五月乙卯，宗翰遣巴爾斯、原作拔离速烏凌阿托雲、原作烏林答泰欲瑪武原作馬五襲宋帝於揚州，未至百五十里，瑪武先以五百騎馳至揚州，宋帝已前一日渡江。於是貽宗翰書，請存趙氏社稷，自稱「宋康王趙構，謹致書元帥閣下」，元帥府答其書，招之使降。〔攷異〕續綱目云，時韓世忠兵潰沭陽，尼瑪哈入淮、泗。劉光世軍潰，走還，遂陷天長軍。金馬五先馳至揚州，聞帝已南行，追至揚子橋而還。尋焚揚州去。大金國志云，粘罕既下澶、濮，時杜充守東京，慮敵西來，決大河阻之。金不能西，乃東會窩哩溫，同下北京。繼攻兖、鄆，始由徐州回至揚州。所載各異。

冬十月，宗弼等請於宗翰，將兵南侵宋。

八年（庚戌　一一三〇）秋九月戊申，宗翰用高慶裔議，請於太宗，立劉豫爲齊帝。其後宗翰欲用宋降將徐文策伐江南，與宗輔、宗弼議不合，乃止。語詳劉豫事中。〔攷異〕大金國志云，時粘罕與撻懶謀歸秦檜於宋以講和。宋叛臣杜充至雲中，粘罕鄙之。後知相州，密諭諸路同日大索兩河之民，籍爲客户，刺字鬻賣，或驅之異國以易馬。樂壽縣六十八人，誤作六百八人，責數以償；患貧民之多，誘三千人，令甲士坑之。明年，余覩叛，大殺遼宗室。用高慶裔言，禁竊盜，贓及一錢者死。令諸州軍置地牢，深三丈。熊克小紀云，金簽軍之法，以家業高下定者，曰家户軍；以人數多寡定者，曰人丁軍。時雲中有陳氏姑婦，持産籍訴於尼雅滿，謂父子均已陣亡，願盡納産，乞免充軍，烏克紳等怒其沮法，贊尼雅滿誅之，於是國人皆怨。畢沅續通鑑云，時禁諸路，行李必給番、漢公據，方准行走，道路幾無人跡。蕭慶知平陽，拔葱蔬圃亦斬之。高景山告杜充陰通江南，擅納其孫，下元帥府掠治，踰年乃釋。九年六月，宗翰與希尹自雲中之白水泊避暑，山西漢民賂其執蓋者毒之，宗翰幾死。繫年要録云，時都總管蕭慶招降太行紅巾盜齊實、武淵、賈敢等送宗維，均下獄殺之。宗翰傳未載。

十年（壬子一一三二）夏四月丁卯，宗翰朝京師，拜爲古倫右貝勒，兼都元帥。尋用其言，以太祖孫亶爲安班貝勒，皇子宗磐爲烏赫哩貝勒。〔攷異〕畢沅續通鑑云，是年秋，宗翰悉起女直士人，散居漢地，唯金主及將相親屬衞兵之家得留。史未載。

十三年（乙卯一一三五）熙宗亶，正月即位，不改元。春三月甲午，以宗翰爲太保，領三省事，封晉國王。乞致仕，不許。〔攷異〕大金國志云，十二年秋，劉豫乞援，粘罕、兀室以爲難，窩哩嗢、撻懶請行，粘罕遂失兵柄，故太宗殂而亶得立也。不然，粘罕内操兵權，必得其位，則駕羣豪、服諸蕃，其憂大矣。畢沅續通鑑云，宗翰爲國重臣，以功名終，不應有此。本傳亦未載。熊克小紀云，自靖康以來，中原民不從金者，於太行山相保聚。初，太原張横者，衆二萬，往來嵐、憲境，知州同知領兵千五百人入山捕之，爲横敗，兩同知皆被執。又，梁小哥，衆四千，破神山縣。神山距平陽帥府百里。府遣判官鄧奭討之，金軍遙見小哥旗幟，不敢進。都統馬五領契丹鐵騎至，責奭逗遛，并將其軍，與小哥戰，亦敗。小哥，名青，懷、衛間人。時紹興五年，卽天會十三年也。

十五年（丁巳一一三七）夏六月庚戌，尚書左丞高慶裔、轉運使劉思有罪，伏誅。

秋七月辛巳，宗翰卒，年五十八，〔攷異〕續綱目云，金主召尼瑪哈爲相，以鄂爾多代守雲中，遂失兵柄。富勒呼欲挫之，因其所善高慶裔以贓敗，下獄，尼瑪哈乞爲庶人，以贖其罪，不許。臨刑與別，慶裔曰：「公早聽我言，豈有今日！」蓋嘗教其反也。尼瑪哈黨，連坐甚衆，乃憤悶絶食，縱飲，卒。按，鄂爾多，卽宗輔，富勒呼，卽宗磐，一作博勒郭。大金國志云，粘罕總國政，雖卿相拜前亦不爲禮。命相亦取決淫刑毒政，皆慶裔教成。防禦使李興麟坐杖脊除名，趙溫訊值赦得免。北盟會編載粘罕獄中書云：「功成名遂身退，天之道也。臣嘗有此志，躊躇猶豫以至於此。使臣伊、呂之功，反當長平之禍，願陛下釋臣縲絏之難，願爲五湖之游，誓効犬馬之報。」誅粘罕詔云：「持重兵權，陰懷異議，國人皆曰可殺，朕躬曷敢私徇，理當棄礫以彰厥過。嗚乎！四皓出而復興漢室，二叔誅而再造周基，去惡用賢，其鑒如此。布告中外，咸使聞知。」錢大昕云，徐夢莘所載出於傳聞，似未可信。要其晚節失勢，則確然矣。金中雜事云，秦、宋二王惡尼瑪哈專權，因羣聚會，歷吐積憤，忍辱歸第，成疾，遂卒。宗翰傳均未載。追封周宋國王。正隆例，封金源郡王。大定間，改贈秦王，謚桓忠，〔攷異〕本傳，宗翰之卒，繫之十四年。大金國志云，謚忠獻，立廟大興府，祀以天子禮樂。李大諒征蒙記云，僞謚威烈皇帝，均與本傳異。配享太祖廟廷。

孫秉德，別入逆臣傳。色克〔攷異〕宏簡録作斜哥。又卷七十二謀衍傳其子亦名斜哥，另一人。又見世宗紀大定二年魏子平傳。累官節度使。大定初，除刑部侍郎，三坐贓，當死，杖一百五十，除名，後起爲勸農副使。宗翰子孫坐秉德事死者，三十餘人，後嗣遂絶。

同時有希尹者，本名古新，原作谷神，一作兀室，又作悟室，今譯作固新。穿都子也。〔攷異〕宏簡録，穿都作歡都，代國公，謚忠敏。本傳，完顔部人，噶順子。與昭祖交相得，誓曰：「生則同川居，死則同谷葬。」土人呼昭祖爲勇舒嚕，呼穿都爲賢舒嚕。（按，據金史卷六八歡都傳，此皆歡都祖石魯事。作歡都事敍，誤）世祖初襲節度使，伯赫屬尊，謀爲變，穿都左右之。平烏春、烏木罕、拉必、瑪察之亂，功稱最。事四君，出入四十年。遇敵先戰，廷議多用其謀，贈開府。大金國志云，兀室係武元疎族，於屬爲子。自太祖舉兵，常在行陣，征伐比有功。〔攷異〕苗耀神麓記云，母姙三十月而生，音如巨鐘，面長而色黄，少鬚髯。常閉目坐，怒睁如環。大金國志云，爲武元謀主，粘罕倚爲腹心。深密多智，睛黄而夜有光，顧視如虎。希尹傳未載。製女直字，命頒行之。其後，熙宗亦製字，謂之小字，因目希尹所製爲大字。從伐遼，取中京，時遼達魯、和尚、伊勒希〔攷異〕宏簡録作廸六、和尚、雅里斯。棄中京走，希尹與實古納原作迪古乃羅索、伊都襲之，降其旁近人民。〔攷異〕希尹傳，時遼兵屯古北口，宗翰使博勒和將兵二百擊之，琿楚亦將二百人爲後援。尋聞遼兵衆，請益兵。宗翰欲親往，希尹、洛索請行。琿楚至古北口，遇遼游兵，逐之入谷中。遼步騎萬餘出戰，死者數人。琿楚據關口，希尹等至，大破遼兵，斬馘甚衆。按，琿楚，滿洲語「冰床」也，舊作渾黜，今譯改。紀未載。奚人羅和原作落虎來降，使招其父西節度使額哩埒，原作訛里剌以本部降。宗翰駐軍北安，使經略近地，獲遼護衛實訥埒，知遼主在鴛鴦濼。從宗翰進兵，與都統杲會於羊城濼，襲遼主，追及於白水濼，獲其內庫寶物。進至伊實〔攷異〕太祖紀作伊蘇。部，不及而還。〔攷異〕大金國志云，兀室索宋代税錢一百萬緡。又遣婁室追遼主，獲之。其後余睹謀反，兀室自雲中聞其事，見二人交馬議事，擒之，余睹伏誅。本傳均未載。及侵宋，爲元帥右監軍。師還，賜鐵券。復從宗翰追宋帝於揚州。尋入朝請立熙宗爲儲嗣。及卽位，拜左丞相，封陳王。與宗幹共誅宗磐、宗雋。

三年（庚申一一四〇）（五）〔九〕（據金史卷四熙宗紀改）月癸亥，詔賜死，略曰：「（師）〔帥〕（據金史卷七三希尹傳改）臣密奏，姦狀已萌，心在無君，言宣不道。逮燕居而竊議，謂神器以何歸？稔於聽聞，遂致章敗。」并殺右丞蕭慶及希尹子巴達、原作把答。滿達。原作漫帶。〔攷異〕詔畧曰：「慶迷國罔悛，欺天相濟，既致於理，咸伏厥辜。賴天之靈，誅於兩觀。」史未載。皇統三年，以死非其罪，贈儀同、邢國公，以禮改葬。後追封豫王，嗣降金源郡王，大定間謚貞憲。〔攷異〕熊克小紀云，烏克紳之黨，皆爲烏珠所誅。奉使洪皓，嘗與烏克紳持論，幾死。烏珠知之，故得免。烏克紳嘗副尼雅滿行事，爲國人所忌，常以智得免，國人號爲「珊蠻」。女真語「巫嫗」也，以其通變如神，故云。繫年要録云，希尹、蕭慶皆宗翰腹心，宗弼素出其下，及得權，遂構成希尹等罪。先是，客星守陳，宇文虛中以告，希尹不爲怪，至是被誅，連坐者數百人。苗耀神麓記云，兀朮往祁州，衆官餞送。兀（朮）〔室〕（據文義改）於其甲第飲酒，酣，嚙其臂曰：「爾鼠輩豈容我嚙哉！汝之軍馬能幾何？天下之兵皆我兵也。」兀朮佯醉如厠，求救於宗幹，以言解之，遂因后密奏，帝曰：「朕欲誅老賊久矣！」是夜執之，賜死，同男卧魯、南撒、瀛虚、哥滋四人遇害。蕭慶子男同被誅。洪皓松漠紀聞云，兀室第三子撻撻，智勇兼人。蒲路虎之誅撻撻，自後執其手而誅之。爲明威將軍，以烝寡嬸事，兀室杖之百，遂病，見蒲路虎來而死。畢沅續通鑑撻撻作達勒達。希尹傳均未載。

孫守道，世宗朝官左丞相；守貞，仕至平章政事，蕭國公，謚肅；守能，歷西北招討使，坐贓，杖，除名。

金史紀事本末卷十六

宗望戰事

太祖天輔五年(辛丑一一二一)冬十(一)〔二〕(據金史卷二太祖紀改)月辛丑,以烏赫哩貝勒杲原名舍音爲諸軍都統,昱、原名普嘉努宗翰、原作粘罕宗望等副之。宗望,本名斡剌布,原作斡魯補。〔攷異〕汪輝祖金史同名録云,卷四十四食貨志,大定二十年大名男子;卷八十七僕散忠義傳,忠義高祖;卷一百二十七,以孝爲護衛,姓温迪罕氏;卷一百三十二元宜傳,正隆末延安少尹,五人同名斡魯補。又名斡里雅布,原作斡离不。〔攷異〕張滙節要作窩里孛,禮志作斡里不,又作訛魯補。卷七十一斡魯古傳,太祖時人,亦名訛魯補,另一人。太祖次子也。〔攷異〕大金國志作宗傑,武元第四子。繫年要録謂爲旻嫡子。每從太祖征伐,常在左右,至是始命將兵。〔攷異〕大金國志云,爲人眇小,性仁慈,喜談佛、道,號爲菩薩太子。本傳未載。

六年(壬寅一一二二)春三月,都統杲等追遼主於鴛鴦濼,遂奔西京。時宗翰在北安州,獲遼護衛實訥堨,〔攷異〕宗翰傳作錫里。知遼主在鴛鴦濼,請杲會兵襲之。杲出青嶺,遼兵二百餘掠降人家貲,宗望曰:「若能生致此輩,可審得遼主所在虛實。」獨與馬和尚逐越盧、孛古、野里斯等，留一騎趣後軍，卽馳擊，敗之，生擒五人。因審遼主未去，遂進兵。追至五院司及白水濼，不及，遼主走陰山。耶律聶呼自立於燕京。山西新附州郡，人心未固，杲使宗望請太祖臨軍。宗望至京師，百官入賀。太祖曰：「宗望與十餘騎徑涉兵寇數千里，可嘉也。」賜宴歡甚。宗望固請幸軍中，許之。

夏六月戊子朔，太祖親征遼。次大濼，杲使希尹原作兀室奏徙西南招討司諸部於內地。宗望謂宜徙之上京，下其議，命軍帥度宜行之。

秋八月癸巳，太祖聞遼主在大魚濼，自將精兵襲之。昱、宗望率兵四千爲前鋒，晝夜兼行，追及遼主於石輦驛。〔攷異〕遼史同，惟太祖紀作石輦鐸。軍士至者才千人，遼軍餘二萬五千，方治營壘。〔攷異〕普嘉努傳，帝自草濼追遼帝，次古爾珍川，烏舍、馬和尚夜潛入遼帝營，執斯勒年還，知遼帝所在，普嘉努等遂追及之。與紀異。昱與諸將議，伊都原作余覩曰：「我軍未集，人馬疲劇，未可戰。」宗望曰：「今追及遼主而不亟戰，日入而遁，則無及。」遂戰。短兵接，遼兵圍之數重，士皆殊死鬬。遼主謂宗望兵少，必敗，與嬪御皆自高阜下平地觀戰，伊都指示諸將曰：「此遼主麾蓋也，若萃而薄之，可以得志。」騎兵馳赴之，遼主望見，大驚，卽遁去。遼軍大潰，太祖命宗望以千騎追之，昱爲後繼，追遼主於諤勒哲圖，原作烏里質鐸不及。

冬十二月，宗望率兵七千，從克燕京。

七年（癸卯一一二三）太宗九月卽位，改爲天會元年。夏四月丁亥，命鄂囉原作斡魯爲都統，宗望副之，襲遼主於陰山、青塚之間。宗望將至青塚，遇泥濘，衆不敢進，自與當堪四騎以繩繫遼都統達賚，原作大石使爲嚮導，直至遼主營。時，遼主往應州，遼史地理志云，州爲彰國軍，屬西京，縣三，治金城。其（大）〔太〕（據金史卷七四宗望傳改）叔呼拉搭原作胡盧瓦妃、國王聶呼原作捏里次妃、遼漢夫人并其子秦王、許王，女古裕、原作骨欲伊林、原作餘里衍斡里延、原作斡里衍大額頁、次額頁，原作大奧（衍）〔野〕、次奧（衍）〔野〕（同上）。趙王妃斡里延，招討達魯、原作迪六詳袞原作詳穩魯爾錦、原作六〔斤〕（同上）。節度使特實古爾原作迪赤狗兒（按，據金史卷七四宗望傳，「迪」當作「孛迭」）皆降。〔攷異〕太祖紀云，宗望等襲遼權六院司喀勒扎於白水濼，獲之。其宗屬秦王、許王等十五人降。與宗望傳稍異。斡魯傳，時爲西南路都統，往襲遼主，使博爾蘇、薩噶爾瑪克以兵二百襲喀勒扎，獲之。遼主往應州，遣卓哩、布達各舉兵邀之，宗望奄至遼主營，盡俘其宗屬。斡魯使之奏捷。叙次又殊。凡得車萬餘乘，惟（寧）〔梁〕王雅里（據金史卷七四宗望傳改）〔攷異〕遼史作梁王雅里。及其長女遼史云，名托里。乘軍亂亡去。羅索原作婁室等獲其左右輿帳。進至索勒敏，原作掃里門爲書招遼主。主自金城縣名，屬應州。來，知族屬被俘，率兵五千餘決戰。宗望擊敗之。遼主遁，獲其子趙王實訥埒原作習泥烈及傳國璽。別將獲牧馬萬四千匹，車八千乘。遼主使穆隆阿原作謀盧瓦持兔紐金印請降。視之，乃元帥燕國印。復遣書招諭，遂趨天德，遼耶律慎思降。遣使諭夏，曲示和好，以阻其救遼之心。候人烏舍原作吳十回，言夏迎遼主渡河，傳檄諭之。

五月己巳，宗望獻遼俘及傳國璽於行在所，太祖嘉其功，以遼蜀國公主伊林賜之。未幾，平州張覺〔攷異〕遼史作張瑴。叛，棟摩原作闍母與戰於兔耳山，敗績。使宗望問狀，就以棟摩軍討之。

冬十一月癸亥，發廣寧，下瀕海州縣，尋及覺，戰於南京城東，大破之。覺奔宋，城中人執其父及其二子以獻，戮之軍中。張敦固以城降，復叛，進圍其城，敦固大敗。

太宗天會二年（甲辰一一二四）春正月壬子，命賞宗望平南京功，以空名宣頭五十、銀牌十給之。〔攷異〕續通考云，初，穆宗時，諸部長各刻信牌，交互馳驛，訊事，擾人。太祖定議，非穆宗命，擅制牌號者寘重法。收國二年九月，制金牌，後又制銀牌、木牌。金牌授萬户，銀牌授猛安，木牌則謀克、蒲輦所佩。與空名宣頭，均付軍帥，以爲功賞。至遞牌，則國之信牌也。大定末製紅油黑字者，尚書省、文字省遞用之；朱漆金字者，勅遞用之，並掌之左右司。有司遞文字，則牌送各部，付馬鋪轉遞，日行二百五十里。如臺部別奉聖旨文字，亦給如上制。所載甚詳。詔（威）〔咸〕州（同上）輸粟宗望軍。

二月乙巳，詔南京官僚，事必關白軍帥，毋得專達朝廷。〔丁未〕（據金史卷三太宗紀補）命宗望凡南京留守及諸闕員，可選勳賢注擬以聞。

三月己酉朔，詔宗望以宋歲幣銀絹分賜將士〔之有功者〕（同上）。宗望請選良吏招撫遷、閏、來、隰之民保山砦者，從之。

夏六月，帝召宗望赴闕，棟摩克南京，殺張敦固，南京平。宗望赴京師。（按，金史卷七一闍母傳、卷七四宗望傳，不載克南京日期，卷三太宗紀繫之五月，此作六月，疑誤）

是歲，宗翰請勿割山西州縣與宋，宗望亦力言之，事遂寢。

三年（乙巳一一二五）冬十月甲辰，詔諸將侵宋。先是，宗望至軍，宋兵三千自海道來，破九寨，殺馬城縣遼史地理志云，本盧龍縣地，在灤州西南四十里。戍將節度使圖爾噶，原作度盧斡取其銀牌兵仗及馬而去。宗望索戶口，宋人弗遣，且聞童貫、郭藥師治軍燕山，由是奏請侵宋。曰：「苟不先之，恐爲後患。」宗翰亦以爲然，故南侵之謀，宗望實啟之。遂命宗望爲南京路都統，棟摩副之，自燕山路入侵。尋奏棟摩於臣爲叔父，請棟摩爲都統，臣監戰事，從之。

十二月甲辰，至三河，敗宋郭藥師兵四萬五千於白河，藥師降，遂取燕山府，盡收其軍實，州縣悉平。進破真定兵五千人，下信德府，次邯鄲。縣名，屬廣平府。宋李鄴請修舊好，留軍中不遣。〔攷異〕繫年要録云，是冬，都經略處置使宗傑自檀州入河北，義勝軍在河東者皆叛，童貫遁，常勝軍亦囚宣撫餘礼、蔡靖以燕降。事聞，命鉅野李鄴持省院牒詣金軍，迎獻三鎮地以和，且言內禪。按，宗傑，即斡喇布，犯檀州在十二月，使名見上淵聖書，與史稍異。

自藥師降，益知宋虛實，宗望表爲南京留守。及董才降，兼知地理，又請任以軍事，太宗從之。俱賜姓完顏氏，給以金牌。

四年（丙午一一二六）春正月，宗望率諸軍渡河，取滑州。使吳孝民入汴責納叛事，執送首謀，以黃河爲界，納質奉貢。遂圍城。宋少帝請爲伯姪國，增幣議和，以康王構、張邦昌爲質。沈晦持誓書及三鎮地圖來，語詳克汴事中。

二月〔丁酉朔〕（下文有「是夜」二字，無所承，今據金史卷七四宗望傳補），宗望與宋成，退軍孟陽。〔攷異〕續通考云，唐置河陽軍，升孟州，宋爲濟源郡，金爲州，領河陽、王屋、濟源、温四縣。大定中爲河壞，移新城，謂之上孟州，故址謂之下孟州。方輿紀要云，孟縣，即孟津，一曰盟津，唐曰孟州，治河陽。是夜，宋兵來襲營，迎擊，大敗之，復圍汴。宋遣宇文虛中來辯，改肅王樞爲質，康王構遣歸。師還，河北兩鎮不下，分兵討之。罷常勝軍，給還燕人田業，命將士屯守邊境，遂還山西。

夏六月庚戌，宗望獻所獲三象。庚申，命宗望爲右副元帥。頃之，宋少帝以書貽伊都，蕭仲恭發其事，詔復侵宋。

秋八月癸丑，宗望會諸軍，發自保州，宋种師閔〔攷異〕宋史作种師道。軍井陘，縣名，屬真定府。宗望大破之，遂取天威軍。東還，克真定，執知府李邈，〔攷異〕邈執至燕山，被害，故太宗紀書執爲殺。得户三萬，降五縣，遂趨汴。

十一月，宗望至河上，降魏縣。屬大名府。諸軍渡河，留諸軍分出大名之境。降臨河縣，至大名縣，克德清軍、開德府。阿里庫〔攷異〕宏簡録作阿里刮。以三千騎先驅破宋兵六千於路，取胙城，縣名，屬衛輝府。抵汴城下，覆宋兵千人，擒數將。宗望至，復遣諸將遏宋援兵，璮都原作奔睹等連破之。

閏月壬辰朔，宋兵一萬自汴城來戰，宗望選勁勇五千，使當堪等擊敗之。宗翰來會軍，克汴城，宋少帝詣軍前。

十二月癸亥，宋帝奉表降。使𠣙就軍中執宗望手以勞之。

五年（丁未一一二七）夏四月丙戌，宗望等以宋二帝北還，乃分諸將鎮守河北，遂西上涼陘。詔宗望曰：「自河之北，今既分畫，重念其民，見城邑有被殘者，遂阻命堅守，其申諭招輯安全之。儻堅執不移，自當致討。若諸軍（有）〔敢〕（據金史卷七四宗望傳改）利於俘掠，輒肆焚蕩者，當底於罰。」

六月庚辰，宗望卒。〔攷異〕大金國志云，斡离不會粘罕於草地，議還徽宗，粘罕未之許。會打毬，冒熱，以水沃胸背，致傷寒，死，遂中輟。時六月二十一日也。趙子砥燕雲録云，七月二十日，太子在御寨，離燕山七百里，到涼㴲，傷寒，病亡。繫年要録以宗望爲宗傑，云，宗傑聞帝中興，議歸上皇，宗維未之許。按，宗望首謀南侵，豈肯遽歸徽宗，均傳聞之誤也。然傅雩通問録，館伴李侗嘗曰：「汴城初下，二太子欲立宋後，刻碑梁、宋間，使知行兵有名，國相然之。後其説變，以固新之言爲然。」據此，則欲歸上皇之説，亦必有因也。

十三年（乙卯一一三五），熙宗亶正月卽位，不改元。追封宗望爲魏王。皇統三年，進許國王，徙晉國王。天德二年，贈太師，加遼燕國王，配享太(祖)〔宗〕（據金史卷七四宗望傳改）廟廷。正隆例，降金源郡王，大定三年，改封宋王，謚桓肅。〔攷異〕大金國志云，謚忠武，繫年要録作神武。

子齊，本名舒蘇，庸滯無材能，累官特進、安武軍地理志謂卽冀州信都郡，縣五。節度使；文，本名胡剌，亦作答剌。〔攷異〕汪輝祖金史同名録云，卷九章宗明昌三年安武軍節度副使；卷十明昌六年右補闕；卷七世宗大定十九年左衛率府率；卷七十三宗雄傳宗雄孫；又，守能傳本名；卷八十二甯昌節度；卷八十五永功傳章宗時彰國節度；卷八十六海陵時行軍猛安；卷一百十一古里甲石倫傳貞祐三年汾州權右都監，亦作胡魯剌；卷一百二十一烏古論仲温本名，十一人同名胡剌。仕至武定軍地理志云卽德興府，晉新州，遼奉聖軍地。節度使，大名尹，封荆王，坐贓，奪爵，大定中，以反誅；京，歷北京留守，封壽王，謀反，免死，安置樓煩，卒。〔攷異〕宗室表：文本名呼喇，德州防禦使；京，本名呼嚕，西京留守。所載稍異。汪輝祖金史同名録云，京本名忽魯。卷七十習〔不〕失傳（據三史同名録卷一三、金史卷七〇習不失傳改，又，此段引文脱宗望傳太祖時將亦同名忽魯）太祖時朮甲孛里篤(覽)〔黨〕；（據三史同名録卷一三改）又京傳海陵時護衛；卷一百十八武仙傳天興元年刑部主事，五人同名忽魯。

同時宗輔，亦太祖子。后妃傳，母爲布薩氏，追尊宣獻皇后。〔攷異〕大金國志作宗堯，名窩里嗢，武元第五子。宋史作訛里朶，續綱目作鄂爾多，繫年要録作鄂爾昆，熊克小紀作鄂勒琿，云，原名斡离嗢。按，訛里朶，與卷二太祖紀收國元年遼都統同名，亦作斡里朶。卷六十九可喜傳令史，反，誅；又移剌斡里朶，官通遠節度，均另一人。太宗天會五年八月，代宗望爲右副元帥。十二月，侵宋，自清、滄〔攷異〕輿地廣記云，滄州，春秋爲齊、趙二國地，漢置渤海郡，（梁）〔宋〕（據輿地廣記卷十改）立樂陵郡，後魏爲滄水郡，復置滄州，唐改景城郡，今縣五：清池、無棣、鹽山、樂陵、南皮。清州，分滄州置，五代時置乾寧軍，縣一：乾寧。續通考云，清州，宋號乾寧軍，後以河清改今名，金爲乾寧郡，領會川、興濟、靖海三縣。滄州，領清池、無棣、南皮、鹽山、樂靖五縣。地理志，清州領縣三。滄州爲横海軍，屬河間府，領縣三。所載各異。渡河，徇地淄、青，遣將敗宋兵淄州，趙州降，敗敵兵，遂取滑州，下汝州。

六年（戊申一一二八）正月，克清州，使棟摩取濰州。十月，與宗翰會於濮，侵宋，克大名府。〔攷異〕大金國志云，窩里嗢、撻懶敗馬擴於北京、清平，以攻河南。粘罕既破澶、濮，會窩里嗢之衆攻北京，繼攻兖、鄆。所載較詳。

八年（庚戌一一三〇）七月，命專征陝西以援羅索。九月，敗宋張浚軍於富平。下涇州，敗劉維輔軍，熙州降。十年，進左副元帥。十三年五月，卒。〔攷異〕大金國志云，秋九月，劉豫來乞援，命窩里嗢、撻懶將兵往。冬，劉麟等兵敗，窩里嗢等糧盡，引還。自燕山入見，卒於路。兀朮取其妻壽昌娘子歸黎陽。宏簡録云，卒於嬀州。稍異。世宗卽位，追尊豳王爲立德顯仁啟聖廣運文武簡肅皇帝，廟號睿宗。〔攷異〕大金國志云，太宗朝封晉王，熙宗時封冀王，世宗立，追稱懿宗。續綱目云，封許王。宏簡録云，卒時年四十，追封潞王，謚襄穆，贈太師，陪葬睿陵，改葬大房山，號景陵。按，睿宗子沃里布，原作吾里補，封齊王，與世宗爲兄弟，凡二人。見宗室表。皇妣富察氏爲欽慈皇后，〔攷異〕后曾祖名賽補，而卷七世宗大定二十年，少府少監宗室；卷八十六蒲察斡論傳大定時押軍萬户，姓徒單氏；卷一百二十徒單思忠傳其曾祖，從太祖伐遼，戰没，四人同名賽補。祖名蒲刺，而卷六十三壽寧縣主傳宗望女亦名蒲刺。父名按補，與烏延胡里改傳太宗時監軍同名。見汪輝祖金史同名録。

李氏爲貞懿皇后。

金史紀事本末卷十七

舍音宗幹輔政　韓企先等附

太祖收國元年(乙未一一一五)秋七月戊辰，以舍音〔攷異〕滿州語「色白」，原作斜也，今譯改。太宗紀作斜野，禮志作賽也。　汪輝祖金史同名録云，卷六十三熙宗悼平后傳，曾祖，姓裴滿氏；卷一百二十徒單恭傳本名，太師，鞏國公，三人同名斜也。又卷五海陵紀貞元二年烏古迪烈司招討亦名斜野，另一人。卷七十三阿离合懣子及守能傳世宗時番部通事；卷六世宗大定九年宿直將軍；卷十六宣宗興定四年懷、孟帥，三人同名賽也，繫年要録作賽音。爲古倫貝勒，〔攷異〕宏簡録作吳勃極烈。世祖第五子，太祖母弟也。太祖伐遼，次寥晦城，抵遼界，敵兵犯中軍，舍音出戰，遣宗幹止之，乃還。

冬十二月丁未，從太祖追及遼主於呼岱巴原作護步答岡，大敗之。是戰，舍音援矛殺數十人，功稱最。

天輔元年(丁酉一一一七)春正月，古倫温貝勒舍音，以兵一萬攻泰州，下金山縣。〔攷異〕地理志云，泰州爲昌德軍，隸上京，治金安縣。此云金山縣，未知屬何處。孟古原作女固脾室四部及渤海人皆來降，遂克泰州。城中積粟轉致烏哩雅原作烏林野振先降諸部，因徙之内地。

五年（辛丑一一二一）夏閏五月辛巳，古倫烏赫哩貝勒〔攷異〕宏簡録作忽魯勃極烈。薩哈原作撒改卒。六月庚子，以舍音代之。

冬十（一）〔二〕（據金史卷二太祖紀改）月辛丑，大舉伐遼，以杲爲内外諸軍都統，時舍音改名杲。宗翰原作粘罕等副之，伊都原作余睹爲嚮導。詔曰：「遼政不綱，人神共棄。今欲中外一統，故命汝率大軍以行討伐。〔爾〕（同上補）其慎重兵事，擇用善謀，賞罰必行，糧餉必繼，勿擾降服，勿縱俘掠，見可而進，（母）〔無〕（據金史卷二太祖紀、卷七六杲傳改）淹師期，事有從權，無煩奏禀。」又詔曰：「若克中京，禮樂、儀仗、圖書、文籍，並許津發赴闕。」〔攷異〕宏簡録云，是年，杲率兵取中京，牒知遼人欲焚芻糧，徙居民遁去。奚王霞末又欲窺我兵少則迎戰，若不敵，則退保山西。其實皆無鬭志，杲乃委輜重，以輕兵馳擊之。紀未載。

六年（壬寅一一二二）春正月癸酉，都統杲克高、恩、回紇三城。乙亥，取中京，獲軍貲、牲畜億計，遂下澤州，分兵屯守要害。適完顔罕都游兵出中京南，遇騎兵，紿曰：「乞明旦降。」杲信之，使温特赫額埒春原作温迪痕阿里出等往迎，奚王錫默圍之。納哈塔通恩等據坂去馬，殊死戰，敗其兵。〔攷異〕太祖紀作宗翰等敗錫默兵，今從杲傳。宗翰知遼主獵鴛鴦濼，請進兵襲之。因宗幹言，乃約會軍奚王嶺。

三月，杲出青嶺，宗翰出瓢嶺，遼主西走。宗翰遣達蘭原作撻懶追擊遼都統瑪格於道蘭。〔攷異〕宏簡録作馬哥，云趨擣里。達蘭請益兵於杲，而獲樞密德勒岱父子。〔攷異〕宏簡録作得里底及節度使和尚、雅里斯、余里野等。太祖紀未載。

西京已降復叛，杲進攻之。夏四月辛卯，復取西京。〔攷異〕宏簡録云，時留守蕭察刺踰城降。太祖紀未載。卷七十一婆盧火傳遼統軍，係一人。汪輝祖金史同名録云，太祖紀作查刺。卷一收國元年遼林牙，天祚紀作察刺；卷四熙宗皇統九年安武節度，被殺；亦見宗室表景宗子；卷八世宗大定二十二年壽州同知，處死；卷五十九宗室表世祖子，沂王；卷六十三海陵母徒單氏傳寧德宮護衛；卷八十六大定時興平節度，姓烏延氏；同卷大定時西北招討，姓夾谷氏；卷九十八完顏匡傳大定時中侍局都監，姓蒲察氏；卷一百二十徒單恭傳恭季弟；卷一百二十三楊沃衍傳元光二年提控，十一人同名查刺。〔杲〕（據金史卷七六杲傳補）率大軍趨白水濼，遣將招撫未降州郡。是時，耶律聶呼原作捏里自立於燕京。山西諸城人心未固，遣宗望原作斡离不請太祖臨軍。聶呼遺書於杲請和，杲復書，責以不先稟命，輒稱大號，若能自歸，當以燕京留守處之。聶呼復書自明，杲復以書責之。

夏六月戊子朔，太祖發京師，杲使馬和尚奉迎於塔魯原作撻魯河。斡魯原作鄂囉敗夏兵，杲使希尹原作兀室等奏捷，且請徙西南招討司諸部於內地。太祖至鴛鴦濼，杲上謁，嘉賞之。太祖追遼主於古爾珍〔攷異〕宏簡録作回离畛。川，南伐燕京，次奉聖州。詔曰：「自今諸訴訟書付都統杲決遺。若有大疑，即令聞奏。」太祖定燕京，還次鴛鴦濼，以宗翰爲都統，杲從太祖還京師。

七年（癸卯一一二三）太宗九月即位，改爲天會元年。冬十二月甲午，以杲爲安班貝勒，原作諳班勃極烈。與宗幹共治國政。〔攷異〕沈炳震廿一史四譜，太宗朝宰輔爲諳班勃極烈者，杲及熙宗；爲國論忽魯勃極烈者，宗磐；爲國論勃極烈者，宗幹、宗翰；爲阿捨勃極烈者，謾都訶；爲平章者，韓企先、時立愛及鐵驪突离剌。均見本傳。

太宗天會三年（乙巳一一二五）冬十月甲辰，大舉侵宋，以杲領都元帥，居京師。宗翰、宗望分道進兵。四年，再侵宋，以宋二帝歸。八年，杲卒。熙宗皇統三年，追封爲遼越國王。配享太祖廟廷，謚智烈。

第九子博濟，原作孛吉，亦作孛極。〔攷異〕元會汾金史攷證，卷一百四移剌福僧傳宣宗時原州刺史孛吉另一人。苗耀神麓記作孛急。一名宗義，天德間，官平章政事，爲海陵所殺，并舍音子孫百餘人；唯幼子阿古爾〔攷異〕宏簡録作阿虎里。得免，後封爲王，世襲千户。大定間皆追復官爵。〔攷異〕宏簡録，弟蒲馬、孛論出、呵嚕、隈噶，並贈龍虎衛上將軍。紀未載。宗室表，杲子宗義，原作孛吉；佛門，原作蒲馬；博勒準，原作孛論出；呵哈，原作阿嚕；威赫，原作偎喝；阿古爾，原作阿虎里，凡六人。汪輝祖金史同名録云，卷六十七石顯傳昭祖末太灣；卷八十九梁肅傳大定時趙王府長史；卷一百三十五高麗傳收國二年使人，四人同名蒲馬。又卷四熙宗皇統六年封任王，太祖子，詳太祖崇妃蕭氏傳，亦作隈喝，見宗義傳；卷二十七河渠志大定二十七年衛州新鄉主簿，三人同名偎喝，與康宗子勸農使宗國公同名，即隈可。

當天會間，與杲同輔政者曰宗幹。

太宗天會元年（癸卯一一二三）即天輔七年九月，即位改。冬十二月甲午，以宗幹爲古倫貝勒。宗幹本名斡布，原作斡布（按，據金史卷七六宗幹傳當作斡本），一作烏布。太祖庶長子。〔攷異〕續通考，太祖系：一、遼王宗幹；次、宋王宗望；三、梁王宗弼；豐王烏烈；趙王宗傑；陳王宗雋；瀋王訛魯；豳王訛魯朵；衞王宗强；曹王宗敏；紀王習泥烈；息王寧吉；莒王燕孫；鄴王斡忽。所載與史稍異。初，太祖伐遼，遇遼兵於境上，使宗幹率衆填塹，（土）〔士〕（據金史卷七六宗幹傳改）卒畢渡，渤海軍馳突而前，左翼七穆昆少卻，直犯中軍。杲輒出戰，使宗幹止之，乃還。達嚕噶原作達魯古城之戰，宗幹以中軍爲疑兵。未幾，從杲取春、泰州。太祖克上京，次沃赫原作沃黑河，宗幹率羣臣請班師，從之。從都統杲取中京，宗翰自北安州遺書，請進兵追襲遼主，杲猶豫未決，宗幹固請，乃許會師。既會軍於羊城濼，杲使宗幹與宗翰以兵六千襲遼主至五院司，主遁，敗其將耿守忠兵於西京城東。至是，太宗立，拜古倫貝勒，同杲輔政。

三年（乙巳一一二五）春二月壬戌，羅索獲遼主於伊都谷，始命宗幹等議禮制度，正官名，定服色，興庠序，設選舉，治（歷）〔曆〕（據金史卷七六宗幹傳改）明時，皆自宗幹啓之。〔攷異〕宗雄傳，初學契丹大小字，盡通之。凡金國初建立法、定制，皆與宗幹建白行焉。及與遼議和，書詔契丹、漢字，宗雄與宗翰、希尹主其事。紀未載。續通考云，太祖收國元年初即位，陳耕具九，視以闢土養民之意。以良馬九隊，隊九匹，別爲色，并介胄、弓矢、矛戟奉上。熙宗天眷二年，詳定常朝及朔、望儀。准前代制，以朔日、六日、十一日、十五日、二十一日、二十六日爲六參日。後又定制以朔望爲朝參，餘日爲常朝。大定二年，命臺臣定朝參禮。又有元旦、聖誕上壽儀，受尊號儀，肆赦儀，臣下拜赦詔儀，册后儀，册太后儀，册太子儀，太子生日，正旦受賀儀，太子與百官相見儀，外國使入見儀，曲宴儀，朝辭儀，詳禮志。又律吕制度，遼用周黍尺九寸，管空，徑三分爲本。又詔行秬黍所定升斗。金明昌五年，詔〔用〕（據金史卷三九樂志補）唐、宋故事，置所，講議禮樂。有司謂「雅樂自周、漢來止存大法，魏、晉後更造律度，訖無定論。至周保定中，得古玉（尺）〔斗〕（同上改）於地中，以造尺律。牛宏改用蘇綽鐵尺，隋、唐因之。黄巢亂後，樂懸散失，博士殷盈孫以周法鑄鎛鐘、編鐘，處士蕭承訓等校石磬，合奏之。至周顯德以黍定律，比唐樂高五律。宋初亦用王朴所製樂。時和峴以周顯德律音近哀思，乃依西京銅望臬、石尺重造十二管，取聲下王朴一律。景祐初，李照以聲猶高，更用太府布帛尺，遂下太常樂三律。皇祐中，阮逸、胡瑗改造（上）〔止〕（同上改）下乙律，聲不和，仍用王朴樂。元豐間，楊傑叅用李照鐘磬加四清聲，下王朴樂二律，爲新樂。元祐間，范鎮造新律，下李照樂一律，未用。至崇寧中，魏漢津以人君指節爲尺，其所造鐘磬，即今所用樂是也。漢津所用指尺，殆與周、隋、唐玉尺同，故樂律無太高太下，可久用。惟宜補鑄辰鐘十五、辰磬二十一、通舊各爲二十四簴。上曰：「樂律不當泥於器，要在聲和。」遂敕南京取宋舊工，更鑄〔辰鐘〕（同上補）十有二。又（二）〔以〕（同上改）舊鐘，姑洗、夷則皆高五律，無射高二律，别鑄以補之，乃協。所載甚詳。

四年（丙午一一二六），官制行，詔中外。〔攷異〕續通考云，金國官長，初皆稱勃極烈，升拜宗室功臣。其部長曰孛堇，統數部者曰忽魯。至熙宗定官制，皆廢。後惟鎮撫邊民官曰禿里、烏魯。國之下，有掃穩、脱朵；詳穩之下，有麼忽、習尼昆，皆踵遼舊。至漢官，則天輔七年設行樞密院。天會四年，建尚書省，遂有三省之制。至天眷初，頒新官制及換官格，始定勳封、食邑入銜。正隆元年，罷中書門下省，止置尚書，設尚書令，左右丞相、平章爲宰相；左右丞、參政爲執政官；左右司，郎中、員外郎帶修起居注，及都事二員、祗候郎君等。又設六部，各尚書侍郎、郎中、員外郎等。外官：則五京設留守司，留守帶府尹，兼本路兵馬都總管；副留守帶少尹，兼副總管，及判官、推官、司獄之屬。諸路有提刑司，後改按察使，兼宣撫使、勸農、採訪事，及副使、簽事、判官、通判等官。其管領錢穀曰轉運使，後惟設都轉運使，及同知判官。而諸路轉運皆兼於按察。外設漕運司，提舉及同提舉各一員，管河倉、漕運之事。趙彥衞雲麓漫鈔云：近日優人作雜班，似雜劇而簡畧。金國官制，有文班，武班。若醫卜、倡優，謂之雜班。每宴集，伶人進，曰雜班上，故流傳至此。

十年（壬子一一三二）夏四月庚午，以宗幹爲古倫左貝勒。未幾，改定制度，詔中外。

十三年（乙卯一一三五）熙宗亶正月卽位，不改元。春三月，以宗幹爲太傅，領三省事。

熙宗天眷二年（己未一一三九）秋七月辛丑，以宗幹爲太師，進封梁宋國王，入朝不拜，策杖上殿，以足疾，設坐奏事，監修國史。〔攷異〕宏簡録云：是年，詔侵宋，宗幹率羣臣奏：「宋妄自鴟張，祈求無厭，今若不取，後患難圖。」遂詔中外復河南疆土。先是，宗磐等執議，以廢齊舊地與宋，宗幹力爭不能得，至是始與宗弼議合，復取之。見畢沅續通鑑，本傳未載。

皇統元年（辛酉一一四一），賜宗幹輦輿上殿，制詔不名。帝幸燕京，宗幹從。會有疾，帝親臨問。自燕京還，至野狐嶺，宗幹疾亟，不行，帝復親臨視，語及軍國事，帝悲泣不已。明日，仍與后同往。后親與宗幹饋食，至暮乃還。并赦罪囚，爲禳解。居數日，卒，帝哭之慟，輟朝七日，親臨祭葬。海陵簒立，追尊明肅皇帝，廟號德宗。世宗卽位，追削之，〔攷異〕宗幹傳，大定二十二年，太子允恭奏，略曰：「追惟熙宗世嫡統緒，海陵無道，弒帝自立，崇正昭穆，削其煬王，俾齒庶人之列。瘞之閑曠，不封不樹，既已申大義而明至公矣。海陵追崇其親，逆配於廟。今海陵既廢爲庶人，而明肅猶竊帝尊之名，列廟祧之數。海陵大逆，正名定罪，明肅亦當緣坐。臣謂當削去明肅帝號，止從舊爵，明詔中外。」書奏，帝嘉納。所載甚詳。改封皇伯、太師、遼王，謚忠烈，配享太祖廟廷。

子充，本名實圖美，原作神土懣。〔攷異〕汪輝祖金史同名録云，卷六十五斡者傳其子驃騎上將軍；卷七十思敬傳其父金源郡王；卷九十一宗室，婆速路都總管，四人同名神土懣。亦作神土門，一見卷七十六宗本傳豳王；一見卷八十五永中傳其子璋本名，亦作神徒門。官(右)〔左〕（據金史卷七六神土懣傳改）丞相，封代王。其子塔納原作檀奴官歸德節度使，阿里布原作阿里白官輔國上將軍，皆爲海陵殺。〔攷異〕宗室表，充封鄭王，子四，次子永元，本名元努，彰德節度；三子額布勒，原作鄂補，同知濟南尹。本傳未載。

亮即海陵。

兖，本名梧桐，歷太尉、樞密使，封王。子阿哈原作阿合同知(武定)〔定武〕（據金史卷五九宗室表、卷七六兖本傳改）節度使。

襄，本名永慶，輔國上將軍，追封衞王，贈司徒。子和尚，封應國公，賜名樂善，坐事誅。

衮，本名博恰，一名富勒堅，〔攷異〕汪輝祖金史同名録云，衮本名蒲甲，亦作蒲家，傳在卷七十六。而卷一百二十九李通傳正隆六年昭義節度副使蒲甲，另一人。又，袞傳，家奴喝里，與卷三太宗紀天會五年回鶻可汗喝里同名。官西京留守，封王，坐與穆隆阿等交通，誅。

同時漢人稱賢相者，惟韓企先。企先，燕京人。九世祖知古仕遼爲中書令，徙居柳城，縣名，屬營州。世貴顯。乾統間第進士。都統杲定中京，擢樞密副都承旨，遷轉運使。宗翰經略山西，表爲西京留守。天會六年，劉彥宗卒，本傳，宛平人，六世仕遼，相繼爲相。父霄，官中京留守。太祖定燕京，彥宗隨左企弓降，官平章，知密院，卒，封兗國公，謚英敏。子蕚，濟南尹，任國公；筈，右丞相，鄭王。按，劉霄係遼咸雍十年狀元。見元遺山集及周密癸辛雜識。〔攷異〕趙子砥燕雲録云，戊申正月，劉彥宗搜索舉人赴燕山雜試，於竹林寺作試院。南北同院，異場引試。二月十七日，引試北人，詩賦一場；二十八日，引試南人，三場，至三月二十七日開院。北，四百人，取六分；南，六千人，取五百七十一人。彥宗曰：「第一番進士，須寬取誘之。」竹林寺，遼道宗清寧八年，楚國大長公主捨諸私第，剏厥精廬，奉勅以竹林爲額。見奉福寺尊勝陀羅尼幢。納新金臺集云，竹林寺，金熙宗駙馬宮也。寺僧云：「一塔無影。」日下舊聞考云，竹林寺，景泰中重建，易名法林寺，在筆管衚衕，今廢。有天順中翰林學士呂原碣其塔，今無可考。洪皓松漠紀聞云，國少浮屠氏，有趙崇德者，爲燕都運，未六十，休致爲僧，自爲大院。請燕竹林寺慧日師住持，約供衆僧三年費。果囉洛納延詩云：「城南天尺五，祇樹給孤園。甲第王侯去，精藍帝釋尊。老僧誇塔影，稚子斲松根。何日天台路，相從一問源。」續通考云，彥宗，字魯開，天會六年卒，追封鄆王，正隆例降，後封兗國公。次子筈，遼進士，歸金，元帥府號令約束，多所擘畫。熙宗時法駕儀仗，亦筈討論。時有賈少沖，字若虛，通州人，天眷二年進士。篈欲妻以妹，不就，曰：「富貴當自致之！」後官順天節度使。見少沖傳。以企先同平章事，知樞密院。七年，遷尚書左僕射兼侍中，封楚國公。

先是，太祖平燕京，始用漢官宰相，賞左企弓等，置中書、樞密於廣寧府；而朝廷宰相，自用女直官號。太宗立仍舊。及誅張敦固，移置中書、樞密於平州，尋移燕京，凡漢地選授、調發、租稅皆(稱)〔承〕(據金史卷七八韓企先傳改)制行事。故自時立愛本傳，涿州人。仕遼至御史中丞，漢軍都統。太祖克燕山，先送款，宗望再至，拜平章，封陳國公。數從宗望軍，謀畫居多。歷侍中、中書令，加開府，卒官。〔攷異〕續通考云，立愛，字(壽昌)〔昌壽〕(據金史卷七八時立愛傳改)，遼太康九年進士，天會十〔五〕(同上補)年，改封鄭國公。劉彥宗及企先，官爲宰相，其職大抵如此。〔攷異〕元好問作張萬公碑云，金制，自尚書令而下，有左右丞相爲宰相，尚書左右丞爲執政官，凡內族外戚及國人有戰功者爲之，其次則奚、霫人，又次則叅用漢進士，不過以示公道而已，無相權也。

舍音、宗幹當國，勸太宗改舊制，立尚書省以下諸司府寺。十二年，以企先爲尚書(左)〔右〕(據金史卷七八韓企先傳改)丞相，〔攷異〕趙翼劄記云，十二年，以企先爲尚書右丞，漢人爲真相此自始。與史異。召入見，太宗驚異曰：「朕疇昔嘗夢此人，今果見之。」於是方議禮制度，損益舊章。企先博通經史，因革咸取折衷。〔攷異〕文藝傳韓昉，字公美，燕京人。天慶二年，中進士第一。天會四年，使高麗，還，擢禮部尚書兼太常卿。在職凡七年，禮制因革，均在事有功爲最。久歷參政，鄆國公，卒官。元好問中州集，昉，宛平人。遼末狀元，仕國朝至宰相，嘗撰武元聖德神功碑，爲作者所稱。子，汝嘉。其爲相，爲官擇人，專以奬勵後進爲己任。推轂士類，甄别人物，一時臺省多君子。密謀顯諫，必(資)〔咨〕(同上改)於(正)〔王〕(同上)，宗翰、宗幹雅器重之，世稱賢相焉。皇統元年封濮王。六年卒，年六十五。配享太宗廟廷，圖像衍慶宮，謚簡懿。世宗亟稱之，谓前後漢人宰相無能及者。

次子鐸，仕至順天軍即保州，縣二。節度使。

金史紀事本末卷十八

熙宗刑政得失

太宗天會十三年（乙卯一一三五）春正月己巳，太宗崩，年六十一，謚曰文烈皇帝，葬和陵。〔攷異〕苗耀神麓記云，太宗患風疾，半身不遂，約一年，至是年元旦，見佛像在日傍，從者皆覩，遂僵仆，尋殂。張滙節要云，紹興四年冬，烏奇邁以病死。時諸軍在江上未歸，不敢發喪，至次年軍回，乃告各路。趙子砥燕雲録云，金置庫積財，惟行兵用之。國主私用過度，諳班告粘罕請罪之，扶下殿，杖二十，羣臣謝罪，繼時過盞。其説誕妄不足信。紀均未載。庚午，熙宗亶即位。本名哈喇，原作合剌。〔攷異〕苗耀神麓記作喝囉。熊克小紀云，小名哈爾滿。太祖孫，豐王宗〔浚〕〔峻〕（據金史卷一九世紀補改）〔攷異〕洪皓松漠紀聞作繩果，張滙節要作室曷，繫年要録作勝果。云，勝果死，其妻爲庫堪所收。庫堪乃宗幹小名，蓋視亶如己子，因勸立之。婆盧火傳太宗天會六年將，亦名繩果，另一人。子。母曰富察氏。先是，安班貝勒杲卒，太宗意未決，會宗翰、原作粘罕宗輔原作窩里嗢入朝，與宗幹固請，立爲儲嗣。至是襲位，不改元。〔攷異〕續通考云，是年正月辛巳，太白晝見，凡四十餘日伏。天眷二年五月戊子、八月丁〔五〕〔丑〕（據金史卷四熙宗紀改），太白均晝見。皇統七年正月丁亥、七月己巳，太白均經天。八年十月甲子，太白晝見。十一月壬申，太白經天。十二月丙寅，太白晝見。詳五行志。（按，當係天文志。下同。）

三月甲午，以都元帥宗翰爲太保，領三省事。

夏五月甲申，左副元帥宗輔卒。〔攷異〕沈炳震廿一史四譜，熙宗朝宰輔領三省事者，宗翰、宗磐、宗幹、宗雋、宗弼、宗賢、宗敏、宗本及蕭仲恭、完顔勗。海陵丞相，則希尹、宗固、完顔亮及秉德、韓企先；平章，則完顔奕、完顔昂、劉筈；左右丞，則高慶裔、蕭慶、宗憲、李德固、唐括辨、完顔稟。均見本紀。

秋九月壬申，追尊皇考豐王爲景宣皇帝，廟號徽宗，皇妣富察氏爲惠昭皇后，改葬興陵。戊寅，尊太祖后赫舍哩原作紇石烈氏爲太皇太后，〔攷異〕紀書二月(己)〔乙〕(同上)巳，追謚太祖后唐古氏曰聖穆皇后，費摩氏曰光懿皇后，與此爲三。太宗后唐古原作唐括氏亦尊爲太皇太后。

冬十一月，以尚書令宋國王宗磐原作蒲盧虎，亦作蒲魯虎，本名富勒呼。〔攷異〕汪輝祖金史同名録云，卷十五宣宗興定三年，治書侍御史；卷五十〔九〕(據金史卷五九宗室表補)宗室表肅宗子崇國公，康宗子謀良虎子猛安；卷八十一夾谷謝奴傳太祖時總管，五人同名蒲魯虎。亦爲蒲盧渾，子名阿虎迭，見卷六十三海陵昭妃阿里虎傳，與卷一百二十武定節度同名。又作阿虎特。爲太師，希尹原作兀室爲尚書左丞相，高慶裔爲左丞，蕭慶爲右丞。

十二月癸亥，以京(師)〔西〕(同上)鹿囿賜貧民。〔攷異〕洪皓松漠紀聞云，鹿頂合，燕以(壯)〔北〕(據松漠紀聞補遺改)者方可車，須是未解角之前。才解角，血脉通，冬至方解。好者有人字，不好者成八字。有髓眼不實，北人謂角爲鹿角合，頂爲鹿頂合。南鹿不實，定有髓眼，不可車。北地角未老，不至秋時不中。又，麋角與鹿角不同，麋角如駝骨，通身可車，卻無紋；鹿頂骨有紋，上下無之，亦可熏成紋。按，鹿角解於五月，此云冬至，恐誤。續通考云，十三年，詔公私禁酒。先是，天會初始命榷酤官，以周歲爲滿。至大定二年，詔宗室私釀者，從轉運司鞫治。三年，命設軍百人，（禁）〔隸〕（據金史卷四九食貨志改）兵馬司，同酒使副合干人巡察。八年，更定酒使司課及五萬貫以上者，注右職。二十七年，改收麴課，聽民酤。承安初，令酒務，元額上通取三分作糟酵錢。（按，此乃泰和四年事，見金史卷四九食貨志，這里稱「承安初」疑誤）大金國志云，是冬，宗盤攻盲骨子，敗之，由是失歸附心，諸部解體。志又作蒙古，云金初起，嘗假兵於蒙古，及得國，不償元約，遂有怨言。紀均未載。

熙宗天會十四年（丙辰一一三六）春三月壬午，以太保宗翰、太師宗磐、太傅宗幹並領三省事。

秋八月丙辰，追尊九代祖以下曰皇帝、皇后，定始祖、景祖、世祖、太祖、太宗廟皆不祧。時程寀上疏，請詔有司定議謚號，上慰祖宗在天之靈，帝嘉納，始贈太祖尊謚。〔攷異〕大金國志云，是秋，劉豫乞師侵宋，遣兀朮提兵黎陽以覘釁。紀未書。續通考云，是年正月壬辰，熒惑入月。三月丁酉夜，中星摇。九月癸未，有星大如缶，起西南，流於正西。十一月己巳，狼星摇。丙寅，日中有黑子，斜角交行。詳五行志。

十五年（丁巳一一三七）夏六月庚戌，尚書左丞高慶裔、轉運使劉思有罪，伏誅。〔攷異〕大金國志云，是春，左丞慶裔以贓下大理寺，乃粘罕腹心也。宗磐之徒欲挫粘罕，故先折其羽翼，斬於會寧府市。所載較詳。續通考云，是年正月戊辰，歲星犯積尸氣。

秋七月辛巳，宗翰卒。丙戌夜，京師地震。封皇叔宗雋原作訛魯觀，亦名額爾袞。等爲王。

丁亥，汰兵興濫爵。

冬十月乙卯，以達蘭原作撻懶爲左副元帥，宗弼原作兀朮爲右副元帥。

十一月丙午，廢齊國，置行臺尚書省於汴。

十二月癸未，命韓昉、耶律紹文等編修國史。以勗本名烏頁，一作烏野。〔攷異〕汪輝祖金史同名録云，本名烏也。卷六十五斡者傳大定時萬户，姓特里失氏；卷九十二克寧傳太宗時肇州防禦使，姓唐括氏，三人同名烏也。又，卷八十三椿年傳本名，海陵時參政，姓納合氏；卷一百三十六元宜傳正隆時猛安，姓唐括氏，三人同名烏野。爲尚書左丞、同平章事。本傳，穆宗第五子，剛正寡言。海陵方用事，會議，〔海陵〕（據金史卷六六勗傳補）後至，勗面責之。封秦漢國王，太師，領三省事。子宗秀，官昭義節度使，廣平郡王。續通鑑烏野作烏延，云，好學，平汴，唯載書數車。既掌修國史，自始祖以下十帝，綜爲三卷，詳畧得體。嘗奏上太祖實録二十卷，又作女直郡望姓氏譜。字勉道，國人稱爲秀才。同掌國史者，尚有耶律迪延，原作迪越。見勗傳。嗣後宗弼修太祖實録，皇統八年進；良弼修太宗實録，天德七年進。又，睿宗實録，大定十一年進；國史院修世宗實録明昌四年進；王若虛修章宗實録興定四年進；又修宣宗實録，正大五年進。承安五年，楊廷秀言編太祖、太宗、世宗、熙宗四朝聖訓。又正大四年，史奕進世宗遺訓。所載甚詳。大金國志云，是年，大内都點檢出（忽）〔忍〕質（據大金國志卷九熙宗紀改）之子，與國主元妃亂，並伏誅。紀未載。

天眷元年（戊午　一一三八）春正月戊子朔，頒女直小字。〔攷異〕熙宗所製女真小字，用以譯經、史試科舉，迨蒙古字行，而女真字遂中輟。明祕閣書目尚有女真字母一書，今亦失傳。見滿州源流考。

二月壬戌，如約羅春水。己巳，詔罷拉林原作來流水、混同江護邏地與民耕牧。

三月庚寅，以禁（院）〔苑〕（據金史卷四熙宗紀改）隙地分給百姓。

夏四月壬午，立妃費摩原作裴滿氏爲皇后。〔攷異〕熙宗紀作立爲貴妃，恐誤。洪皓松漠紀聞作圖克坦氏。續通考云，裴滿達，本名忽撻，婆盧（本）〔木〕部（據金史卷一二〇裴滿達傳改）人，質直孝友。天輔六年，從蒲家奴追叛寇於鐵呂川，力戰，有功。熙宗娶其女，是爲悼平后，拜太尉，徐國公，進封王。又云，是夏，見一蒼龍，一爪承一嬰兒，爲龍所戲，畧無懼色。三日如故。

五月己亥，詔以經義、詞賦兩科取士。

秋八月甲寅朔，頒行官制。〔攷異〕金國聞見録載詔，畧云：「可則循，否則革，事不憚於改。爲言之易，成之難，政或譏於欲速。作室肯構，第遵底法之良；若網在綱，庶弭有條之紊。」紀未載。己卯，詔以河南地與宋。以右司侍郎張通古等使宋。〔攷異〕元好問中州集，安陽王競，字無競。宋末登進士，仕國朝至禮部尚書、翰林學士承旨。大定四年卒。善作大字，廣丈，結密如小楷，京師宮殿題牓皆其筆，閒閒公以爲古今第一手。其奉使江左，題同官蕭顯西湖行記後詩云：「雲煙濃淡費臨摹，行記看來卽畫圖。雲夢不妨吞八九，筆頭滴水了西湖。」國史有傳。其奉使年月未載交聘表，姑附録於此。以京師爲上京，府曰會寧，舊上京爲北京。〔攷異〕續綱目云，會寧，卽海古勒地，金舊土也。安春水源於此，故名金源。至是升爲上京會寧府，改遼上京臨潢府爲北京，而東京遼陽、西京大同、南京大興、中京大定諸府則仍舊。所載較詳。〔九月〕（據金史卷四熙宗紀補）丁酉，改燕京樞密院爲行臺尚書省。甲辰，以奕爲平章政事。

冬十月甲寅朔，以李德固參知政事。丙寅，封叔宗强爲紀王，宗敏邢王，太宗子呼拉布原作斛魯補）等十三人爲王。己巳，始禁親王以下佩刀入宮。辛未，定封國制。〔攷異〕續通考云，定封國制，屬吏部。凡封王大國號二十，曰：恒、邵、汴、鎬、并、益、彭、趙、越、譙、郢、魯、冀、絳、兖、豫、鄂、夔、宛、曹；次國三十，小國三十。封王之郡號十：金源、廣平、平原、南陽、常山、太原、平陽、東平、安定、延安。封公主(三)〔之〕（據金史卷五五百官志改）縣號三十。凡白號之姓，封金源郡、廣平郡、隴西郡，分三等。黑號之姓，皆封彭城郡。其封爵正從品級高下：正從一品曰郡王，曰國公；正從二品曰郡公；正從三品曰郡侯；正從四品曰郡伯；正五品曰縣子，從五品曰縣男。凡食邑封王者，萬户實封千户；郡王五千户，實封五百。以次遞減。郡伯以下無實封。命婦：凡母妻從其夫、子，皆封夫人；五品封郡君、縣君。癸酉，以東京留守宗雋爲尚書左丞相，封陳王。〔攷異〕大金國志云，是歲，府州守折可求爲撒离喝所酖，子彥文挈家走河東，命知代州。宋史高宗紀，紹興八年正月，壽州宋超來歸。蔡州提轄白安時殺金將兀魯，執其守劉永壽來降。熊克小紀云，時夏國乘金人有折可求之喪，攻府州，奪之。子彥文奔河東，金復命知代州。紀均未載。

二年（己未一一三九）春正月戊戌，以宗雋爲太保，領三省事，進封兖國王。希尹復爲尚書左丞相。

三月丙辰（按，是年三月辛巳朔，月内無丙辰，疑此處誤），命百官詳定儀制。

夏四月甲戌，百官朝參，初用朝服。〔攷異〕大金國志云，金俗好衣白，自滅遼臣宋，漸有文飾。至於衣服，尚依舊俗，貴賤以布之粗細爲別。富人春夏多以紵絲綿紬爲衫裳，亦間用細布；冬以貂鼠、青鼠、狐貉皮或羔皮爲裘，或作紵絲紬絹；秋冬亦衣羊皮，或獐鹿皮爲衫。袴襪皆以皮。續通考云，金時，凡大祭祀、加尊號、受册寶，則服衮冕。行幸、齋戒、出宫，或御正殿，則通天冠、絳紗袍。初，太宗即位始服赭黄。章宗初立，以世宗喪，服淡黄袍，烏犀帶；常朝服，小帽，紅襴偏帶，或束帶。天眷二年，命百官朝參用朝服，凡導駕及行大禮，文武皆服之。正一品，貂蟬籠巾，七梁額花冠，貂鼠立筆，銀立筆，犀簪導，佩劍；正二品，七梁冠，銀立筆，犀簪導，不佩劍。餘以次遞殺。中丞，則獬豸冠，青荷蓮綬。公服。大定制文資五品以上官服紫，皆加襴。祭服，泰和元年，禮官言袞冕十二旒，元衣纁裳，備十二章，天子之祭服也。通天冠，絳紗袍，紅羅裳，天子之朝服。臣下則服青衣朱裳以祭，朱衣朱裳以朝。國朝唯天子備袞冕，通天冠二等之服。今羣臣但有朝服而無祭服，宜參酌古今改置祭服，冠如朝冠，而但去貂蟬立筆，服用青衣朱裳白襪朱履，非攝事官則用朝服。從之。太子冠服，冕用白珠九旒，紅絲組爲纓，青衣朱裳九章，謁廟則服之。至遠游冠，名始魏、晉，後世承襲非宜，殆不同於鯢魚邪，蒿之禁者也。餘詳輿服志。

六月辛亥，烏舍原作吴(矢)〔十〕(據金史卷四熙宗紀改)。〔攷異〕熊克小紀作仲和什，又作烏克紳，疑誤。畢沅續通鑑作和什，云原作謝什。謀反，伏誅。

秋七月辛巳，宗磐、宗雋謀反，伏誅，詔天下。〔攷異〕宗磐傳，太宗長子，天會間爲烏赫哩貝勒。熙宗立，益加優禮。宗翰没，日更跋扈。嘗與宗幹争論上前，持刀向之。既而達蘭、宗雋入朝，陰相黨附，遂謀作亂。宗幹、希尹發其事，下詔誅之。宗雋，太祖子，大金國志作太宗次子，云，郎君吴矢謀反，下獄，事連宗盤、宗雋，及虞王宗英，滕王宗偉等。(用)〔因〕(據大金國志卷一〇熙宗紀改)朝旦，伏兵誅之，夷其族。詔畧曰：「周行管、蔡之誅，漢致燕王之辟，惟兹無赦，古不爲非。不圖骨肉之間，有懷蜂蠆之毒。」又曰：「宗盤，族連諸父，位冠三司，信任宵人，煽爲姦黨，坐圖問鼎，行將弄兵」云云。翰林學士韓昉筆也。繫年要録作知制誥劉昉筆。紀未載。達蘭爲行臺左丞相。甲午，咸州詳衮原作詳穩沂王暈坐與宗磐謀反，誅。以宗弼爲都元帥，越國王；辛丑，以宗幹爲太師，梁宋國王。

八月辛亥，達蘭與翼王呼蘭原作鶻懶及呼勒希圖、原作活离胡土達蘭子斡帶、額特布原作斡帶、烏達補謀反，并誅。

九月戊寅朔，降封太宗諸子。〔攷異〕續綱目云，是冬，金呼沙呼攻蒙古，糧盡而還，蒙古追襲之，大敗其衆於海嶺。蒙古在女真東，唐爲蒙兀部，勁悍善戰，夜中能視，以鮫魚皮爲甲，可捍流矢。李心傳朝野雜記云，金盛時，置東北招討司以禦蒙兀、高麗；西南招討司以統韃靼、西夏。蒙兀所據，蓋吳乞買創業時二十七團寨。韃靼之境，東接臨潢府，西鄰夏，南距靜州，北抵大人國，所謂生韃靼也。宇文懋昭謂金初代之蒙古，與元之蒙古爲二國，相去千里。究之今蒙古諸境，延袤萬里，或稱萌骨、朦骨、盲骨、蒙兀、蒙骨斯，部族雖殊，總屬朔漠，其實皆蒙古耳。趙翼陔餘叢考引孟珙蒙達備録謂，北有蒙古斯國，雄於北邊，後衰滅。成吉思起兵，慕蒙爲雄國，乃改稱大蒙古。蓋蒙古斯，即磨古斯，「磨」、「蒙」聲相近也，建號由此。可補元史之闕。繫年要録云，時海寇張青至遼東，僞稱王師，破蘇州，遼土大擾。中原之被掠者，多起兵應之。史均未載。

三年（庚申一一四〇）春正月癸巳，以宗弼領行臺尚書省事。

夏四月乙巳朔，温都思忠廉問諸路貪廉，升黜有差。〔攷異〕續通考云，金考課法，凡內外官政績，及所歷資考、更代之期、去就之故，秩滿皆備陳於解由，吏部據以定能否。又撮解由之要，於銓擬時讀之，謂之銓頭。又會歷任銓頭而書於行止簿。又爲簿列百司官名。有所更代，則以小黄綾書其期及去就之故，而制其銓擬之要領焉。天眷三年，思忠察得廉吏杜遵晦等百二十四人，進一階；貪吏張軫等二十一人，皆罷之。大定以後，分道考察，號稱得人。

見興定初，中丞李英奏。丁卯，帝如燕京。

五月丙子，詔元帥府復取河南、陝西地。宗弼自河南趨汴，薩里罕原作撒离喝出河中趨陝。〔攷異〕熊克小紀云，金簽軍法：元帥府下諸路帥，帥下節鎮，節鎮下郡縣，籍丁多寡，令備軍裝，以聽點集。初，皆尼雅滿之徒專之，至是始令諸路不得從元帥府，須見裏面使臣所持御畫、牌劄，方許簽發，蓋疑其下也。然元帥府距國都甚遠，緩急安能應援兩河哉。未幾，河南平。

六月，陝西平，遣使奏捷。

秋九月癸亥，殺左丞相希尹、右丞相蕭慶及希尹子巴達、原作把搭滿達。原作漫帶

冬十一月癸丑，以孔子裔孫璠襲封衍聖公。本傳，字文老。齊阜昌三年補迪功郎，襲封，主祀事，至是加承奉郎。子拯，字元濟。皇統三年璠卒，拯襲。大定十四年，命禮官參酌開元禮，定釋奠儀。以兖國公顏、鄒國公孟配。十六年，立兖州學闕里廟宅，子孫入學者聽。二十年，授孔總曲阜令。明昌三年，〔詔衍聖公可超〕（據金史卷一〇五孔元措傳補）遷中議大夫。祀用三獻，祭酒充，改用太常樂工。十月，修曲阜宣聖廟，黨懷英撰碑文。賜孔端甫同進士出身。四年八月，親行釋奠禮。承安二年，孔元措襲封，丁祭，帝親爲贊文。五年，命進士名避聖諱。元措後歸元。餘詳續通考。

十二月己亥，以阿里布爲左副元帥，薩里罕爲右副元帥。〔攷異〕續綱目云，時金主興禮樂，立孔子廟於上京，得其四十九代孫璠，遂封之。又置屯田軍於中原，自燕京至淮、隴之北皆有之。紀未載屯田事。

皇統元年（辛酉一一四一）〔攷異〕蔣芾逸史云，高麗日歷，壬戌年改皇統，乃紹興十二年。熊克小（歷）〔紀〕（據中興小紀改）改皇統在紹興十四年。據紹興講和錄蕭毅所持烏珠書，已稱皇統元年，合之王大觀行程錄，則改元在紹興十一年較妥。蔣與熊皆誤。春二月戊寅，詔致仕官至三品者，給半俸。〔攷異〕續通考云，天眷三年，詔文武五品以上致仕給半俸，三品者給俸全。皇統元年，詔致仕三品者俸祿人力各給半。大定十一年，詔年七十以上致仕者，不拘官，亦給半俸。二十五年，增留守、總管、統軍、轉運、府尹、節度月俸。二十八年，增外任小官、煩劇局員俸。給諸教授俸。明昌初，令增百官俸。按，〔金史百官志〕（按，下文有「所載甚詳」，無所承，今據補），俸給之數，正一品：三師，錢粟三百貫石，麴米麥各五十稱石，春衣羅、秋衣綾各五十匹，春秋絹各二百匹，綿千兩；三公、親王以次遞減。外官諸使司都監，食置二十萬以上六十貫，十萬貫以上五十貫，以下遞減。又二品以上無職田，三品而下在京者亦無職田。正三品外官，公田三十頃，統軍、招討二十五頃，從三品以下遞減。凡職田，畝取粟三斗，草一稱，倉場隨月俸支。所載甚詳。戊（午）〔子〕（據金史卷四熙宗紀改）親祭孔子廟，北面再拜。退謂侍臣曰：「朕幼年遊佚，不知志學，歲月逾邁，深以爲悔。孔子雖無位，其道可尊，使萬世景仰。大凡爲善不可不勉。」自是頗讀尚書、論語及五代、遼史諸書。

夏四月丙子，以韓昉參知政事。辛巳，宗弼請侵宋，從之。

五月己酉，宗幹卒。

〔七月丙午〕（據金史卷四熙宗紀補）以宗弼爲尚書左丞相，領行臺如故。

秋九月戊申，詔賜鰥寡孤獨不能自存者，人絹二匹、絮三斤。〔攷異〕續通考云，天壽節設施老疾貧民錢數，在都七百貫，宮籍監給諸京二十五貫，以次遞減。諸孤老幼疾人，各月給米二斗，錢五百文，春秋絹各一匹。身故者給殯埋錢一貫。

是秋，宗弼侵宋，尋及宋平，畫淮爲界。〔攷異〕地理志，皇統元年十月，宗弼畫淮中流爲界，西自鄧州南四十里，西南四十里爲界。泰和八年始置沿淮巡檢使。續通鑑作十一月，本紀及弼傳均未載，所繫日月各異。

二年（壬戌一一四二）春正月己亥，帝獵於拉林河。

夏五月癸巳朔，不視朝。帝自去年荒於酒，與近臣飲，或繼以夜。宰相入諫，輒飲以酒，曰：「知卿等意，今既飲矣，明日當戒。」因復飲。尋宴羣臣於五雲樓，皆盡醉而罷。〔攷異〕畢沅續通鑑云，時金使求白面猢猻及鸚鵡、孔雀、獅子、猫兒，帝令悉與之。曰，聞金后擅政，三省惟承后旨。性侈靡，其珍珠裝被，集繡婦至數千，后日更繡衣一襲，直數百緡。其風如此，豈能久耶。續通考云，時臨潢盧彥倫性機巧，能迎合悼后意，頗見寵任，官至禮部尚書，封郇國公。紀均未載。

三年（癸亥一一四三）春正月己丑朔，以皇太子濟安喪，不御正殿。〔攷異〕畢沅續通鑑云，濟安初病時，主與后幸佛寺焚香泣禱，曲赦五百里内罪囚，卒，謚英悼。所載較詳。趙興祥傳，盧龍人，思温裔。歸國，爲六宅使，同知宣徽院。母憂去官。熙宗素聞其孝行，及英悼太子受册，以本官起復，護視太子。轉宣徽使，封申國公，定武節度。紀未載。

三月辛卯，以勗爲平章政事，宗憲爲尚書左丞。

夏五月甲申，初立太廟、社稷。〔攷異〕金圖經云，金本無宗廟，不修祭祀。自平遼後，漢臣言天子孝在尊祖，宜建宗廟，主乃築室內東南隅，制極簡畧。亮遷燕，築巨闕於南城之南，曰太廟，標名衍慶宮。貞元三年，始奉安神主。大定十一年，郊祀前一日享太廟，議薦新禮。續通考云，天輔七年，太祖(築)〔葬〕(據續文獻通考卷八十改)上京宮城西南，建(凝)〔寧〕神殿(同上)於陵上。後諸京皆立廟，在京師者曰太廟。天會十三年，熙宗幸燕及受尊號，皆親享。天眷二年，立太祖原廟於慶元宮及會寧府。迨太廟成，改曰衍慶宮。聖武殿復建世祖、太宗、睿宗神御殿。皇統三年立太廟於上京。海陵遷燕，增廣舊廟，奉安神主。正隆中建南京，復立宗廟。宣宗遷汴，遂因之。大定七年，建社稷壇於中都，祭用春秋二仲月上戊日。天德後始有南、北郊之制。大定、明昌，禮寖備。南郊壇在豐宜門外，圜壇三成。北郊壇在通元門外，方壇三成。常以冬至日合祀天地於圜(邱)〔丘〕(據續文獻通考卷六五改)，夏至日祀地祇於方(邱)〔丘〕(同上)。明一統志云，金拜郊臺，在府西南七里，大定間建。析津志云，郊天臺，在京城南五里，大定十一年建。朱彝尊日下舊聞云，金時郊臺在豐宜門外，疑卽今豐臺，爲京師養花之所。

秋七月丙寅，致祭太皇太后，尋謚爲欽仁皇后，葬恭陵。后爲唐古氏。是年三月辛酉崩。〔攷異〕熊克小紀云，紹興十三年十二月，金遣右宣徽使完顏曰曄、祕書少監馬諤賀宋正旦。己酉見於紫宸殿，獻金注碗、金盤各一，金盞四，雜色綾羅紗縠三百，良馬六。自是使命往復不絕，歲貢物數亦無增損。初，北使來，命户部張澄館伴。是禮久不講，澄頗知舊制。凡使人入見及謝辭、燕犒、賜予之儀，澄皆傳之，悉合法度，遂爲定式。是冬金使，交聘表未書，卽皇統三年也。紀亦未載。

四年(甲子一一四四)春正月甲寅，詔以去年宋幣賜始祖以下宗室。〔攷異〕續通考云，皇統四年，詔左丞勗、平章奕，職俸外，別給二品俸。舊制，皇兄弟及子封一字王者，爲親王，給二品俸；宗室封一字王者，給三品俸。勗等別給二品俸，異數也。張九思傳，字全行，錦州人。歷亳州防禦使，副劉仲延受宋幣於泗州。往歲，使者每以幣物不精責宋使，〔宋使〕（據金史卷九〇張九思傳改）乃私饋銀帛，各直數百千以爲常。九思獨不肯受，仲延從之。自是私饋遂絶。

秋八月癸未，殺其子魏王道濟。按，宗室表，熙宗子：濟安、道濟，凡二人。

九月乙酉（按，是月己酉朔，月内無乙酉，此月份或干支有誤），如東京，畋於沙河，方輿紀要云，在復州衛南八里。出衛東得利嬴城山，合麻河，西注於海。射虎，獲之。〔攷異〕程寀傳，字公弼，析津人，遼末中進士甲科，官殿中丞。入國朝，歷史館修撰。熙宗時爲右諫議大夫，上疏諫獵，請戒有司圖上獵地，簡忠義爪牙之士守衛左右，不然，恐貽宗廟憂。終彰德節度。紀未載。

冬十（一）（據金史卷四熙宗紀删）月壬辰，立借貸飢民酬賞格。以河朔諸郡地震，復百姓一年。死者，官爲斂葬。陝西等處饑，民典雇爲奴婢者，官給絹贖還。是月，帝獵於海島，至東京。〔攷異〕畢沅續通鑑云，主獵三日，親射五虎。左丞勗獻東狩射虎賦，主甚悦，厚貺之。大金國志云，是春，渤海千户馬拽固謀叛，殺萬户烏掄，欲遁之沙漠，爲元帥府所誅。熊克小紀云，是冬，屬國黄龍之北大雪，色如血赤，至春方消。紀均未載。

五年（乙丑一一四五）春二月乙未，次濟州地理志云，即利涉軍，更名隆州，後升爲隆安府。春水。

三月戊辰，次天開殿。

夏五月戊午，初用御製小字。以平章勗諫，帝爲止酒，仍布告廷臣。

秋九月庚申，至自東京。〔攷異〕續通考云，是年四月丙申，彗星見西北，長丈餘，至五月乃滅。七年正月辛未，彗星見東方，長丈餘，凡十五日滅。又三年八月丙申，老人星見。繫年要録云：是年，金主以生子大赦，度僧凡三萬。熊克小紀繫於紹興十四年及皇統四年，稍異。大金國志云：是秋，國中大旱、蝗，飛蝗蔽日，詔蠲民租。時有蒙兀之擾，又值荒旱，民不聊生，大河復決李固渡，漂居民五千餘家。紀均未載。

六年（丙寅一一四六）春正月壬申，封太祖諸孫爲王。乙亥，畋於美稜。原作謀勒壬（申）〔辰〕（據金史卷四熙宗紀改），如春水。帝從禽，導騎誤入大澤中，馬陷，因步出，不罪導者。

夏四月庚子朔，以宗固爲太保、右丞相兼中書令。

六月乙巳，殺宇文虚中及高士談。〔攷異〕續綱目云：金重虚中才，號國師。恃才傲物，好譏訕，目女真爲礦鹵，貴人積不能平。至是，唐古酬等上變，鞫治無狀，乃以圖書爲反具。虚中曰：「死自吾分，然圖籍，南來士大夫家皆有之，翰林學士高士談家尤多，豈亦反耶？」并殺士談。虚中老幼百口同盡。士談，瓊孫也。本傳，虚中，蜀人。官禮部尚書、翰林承旨。唐古酬作唐古綽〔哈〕（據道光版殿本金史卷七九宇文虚中傳補）。通鑑輯覽作唐古充愛，云舊作唐古酬斡。繫年要録作五年九月事，云：虚中與士談結東北義士，欲因郊天刼殺金主，以蠟書告宋，檜不納，宋後贈開府，謚肅愍，賜廟名仁勇，爲置後。朝野雜記云：時，秦會之當國，遽繳其書遺金人，高宗不知。今其孫紹節，官右司郎中。續通考云：虚中謀刼二帝歸宋，不克而死，賜其後姓趙氏。李大諒征蒙記、王大觀行程録所載畧同，疑其説有因也。虚中，死時年六十八，子師瑗，亦贈官。元好問中州集，虚中，字叔通，成都人。宋黄門侍郎，金歷承旨。皇統初，諸俘虜謀奉爲帥，奪兵杖南奔，事覺，繫詔獄。餘仝。所載上烏林天使詩三首云：「平生隨牒浪推移，祇爲生民不爲私。萬里翠輿猶遠播，一身幽圄敢終辭。魯人除館西河外，漢使驅羊北海湄。不是故人高議切，肯來軍府問鍾儀。」「拭玉轅門吐寸誠，敢將緩頰（阻）〔沮〕（據中州集甲集改）天兵。雷霆倘肯矜彫弊，草莽何須計死生。定鼎未應周命改，登壇合許趙人平。知君妙有經邦策，存取威懷萬世名。」「當時初結兩朝歡，曾見軍前捧血槃。本爲萬年依蔭厚，那知一日遽盟寒。羊牽已作俘囚獻，魚漏終期網罟寬。幸有故人知底蘊，下臣獲考敢謀安。」又，士談，字子文。宣和末忻州户曹。有蒙城集行世。其丙寅刑部中詩二首云：「世事邯鄲枕，歸心渭上舟。覺來無朕兆，意外得俘囚。忠信天堪仗，清明澤自流。藜羹猶火食，永愧絶糧(邱)〔丘〕(同上)。」「幽囚四十日，坐穩穴藜床。縲絏元非罪，艱難已備嘗。全家音頓阻，孤枕夢難忘。會有相逢日，牽衣話更長。」周密雲煙過眼録云，房山高克恭彦敬有二琴，其一後題金儒鳴玉，唐大中五年進上，處士金儒斲此琴。其名鳴玉。下刻「高士談家寶藏」六字，已爲人削去，尚存書跡。琴乃宣和御府故物，後歸金。士談以通宋被殺，或者惡而去之。色赤如新栗殼，斷文隱起如蛇虯，奇物也。其一三足鼎峙，皆美玉，咸通中張鉞斲。欵用小篆，精妙，銘文漫漶不可識。顧奎光金詩選載士談棣棠詩云：「閒庭隨分占年芳，裊裊青枝淡淡香。流落孤臣那忍看，十分深似御袍黃。」又題禹廟詩云：「可憐風雨胼胝苦，後世山河屬外人。」均有故主之思，聞者悲之。

是歲，遣鈕祜禄罕努原作粘葛韓奴**招耶律達實，**原作大石**被害。**〔攷異〕熊克小紀云，先是，使北者得自辟十人以從，賞典既厚，願行者多，納金以請，遂爲故事。時禮侍周執羔爲賀金生辰使，始拒絶之。事在紹興十六年。畢沅續通鑑云，金討蒙古，連年不能克，命蕭保壽努與議和，割二十七團寨，且歲遺牛、羊、米、豆，并册其酋爲國王，不許。

七年(丁卯一一四七)春正月癸未，以西京鹿囿爲民田。〔攷異〕熊克小紀云，紹興十七年二月，宰執奏：國信所乞裁減接伴北使官屬事，上曰：「奉使邊知白渡淮數日，尚未至，恐滯中途，則衆人不能無擾，可降指揮，今後計程赴行在。」

夏四月戊午，宴便殿，帝醉酒，殺户部尚書宗禮。〔攷異〕續綱目云，金主初年倚任勳舊，吏清政簡。

既而費摩后干政，朝官因之以取宰相。主欲立繼嗣，爲后制，心不能平，因縱酒酗怒，至手刃侍臣十餘人。所載較詳。

六月丁酉，殺橫海軍名，即滄州。節度使田𣪍等八人。

秋九月，右丞相宗固卒。以宗弼爲太師，領三省事，都元帥行臺如故。勗爲左丞相，〔宗〕賢（據金史卷四熙宗紀補）爲右丞相，蕭仲恭本傳，原名珠魯準，一作朮里者。祖、父仕遼皆貴顯。仲恭母，遼道宗季女也。遼主命其弟仲宣留侍母，仲恭從而西。及被獲，太宗嘉其忠，擢用之，累官右丞相、太傅、越國王，除燕京留守。正隆例，降鄭國公，謚貞簡。子拱，官禮部侍郎，爲海陵殺。仲宣，本名伊里布，卒官武寧節度。爲平章政事，劉筈爲左丞，李德固爲右丞，蕭肄參知政事。〔攷異〕劉筈於皇統五年爲行臺右丞相。見本傳，而熙宗紀載在六年，稍異。

冬十一月癸未，以亮爲左丞。

十二月戊午，以秉德參知政事。〔攷異〕畢沅續通鑑云，三月，金始與蒙古和，歲遺甚厚。其酋鄂囉貝勒自稱祖元皇叔〔帝〕（據續通鑑卷一二七補），改元天興，金不能討，但分據要害而已。又云，主無嗣，宗賢勸選後宮，遣相士選西河室女，得四千餘人，皆入宮。史均未載。

八年（戊辰一一四八）夏四月甲寅，遼史成。〔攷異〕伊喇子敬傳，字同文，本名鄂克多囉。遼五院人，平章巴格曾孫。皇統間特進。伊喇因修遼史，辟爲掾，史成，除同知遼州事，簽書樞密，同修國史，卒官廣寧尹。蕭永祺傳，字景純，本名富里，廣寧尹耶律固奉詔譯書，辟置門下。固作遼史未成，永祺繼之，作紀三十卷，志五卷，傳四十卷上之，除太常丞。遷承旨，同修國史。紀均未載。時文登郭長倩，字曼卿，中皇統經義乙科，官祕書少監，兼修起居注。撰石決明傳，時輩稱之。所著有崑（崙）〔嵛〕集（據金史卷一二五郭長倩傳改）。見續通考。

六月乙卯，以左丞亮爲平章政事，唐古辯爲左丞。尋因奉職不謹，杖之。

秋八月庚子，出勗領行臺事，以宗賢爲尚書左丞相，蕭仲恭爲尚書右丞相。

九月丙申，唐古辯罷，以禀爲左丞。

冬十月辛酉，宗弼卒。

十一月乙未，詔州郡長吏兼用本國及諸色人。辛丑，以亮爲（右）〔左〕（據金史卷四熙宗紀改）丞相，秉德爲平章政事。

十二月乙卯，以蕭仲恭爲太（保）〔傅〕（同上），領三省事，宗賢爲太師，領三省事兼都元帥。〔攷異〕續綱目云，是冬十二月，亮生日，金主遣大興國以司馬光畫像、玉陶罕、廐馬賜之。后亦附賜禮物，主聞之，怒，杖興國而奪回賜物。亮本懷不軌，疑畏更甚。紀未載。

九年（己巳一一四九）春正月戊戌，宗賢出領行臺，（按，據金史卷四熙宗紀，戊戌，「……都元帥宗賢罷。領行臺尚書省事勗爲太師……」這裏顯係句讀致誤）以勗爲太師，領三省事，亮兼都元帥，太保，領三省事。

〔二月甲寅〕（據金史卷四熙宗紀補）唐古辯復爲右丞。〔攷異〕大金國志云，春二月，黄頭女真三千叛，遣右都監拔束討平之。史未載。

夏四月壬申夜，大風雨，雷電震壞寢殿鴟尾，火入帝寢，燒幃幔，趨別殿避之。丁丑，龍鬬於利州榆林河水上。地理志云，龍山縣有榆河，屬北京路之利州，即此。〔攷異〕續通考云，即遼中京阜俗縣。統和末置刺史。又開泰中升觀察，金因之，領阜俗、龍山二縣，漆河一鎮，菉州一寨。大風壞民居官舍，瓦木人畜皆飄颺十餘里，死傷數百人。〔攷異〕續通考云，時同知州事石抹里壓死。又云，天眷二年三月辛巳朔，歲星留逆在太微。九月辛巳，太白犯軒轅左星；乙巳，犯左執法。十一月戊寅，太白入氐。三年七月壬戌，月犯畢。十二月壬午，掩東井軒轅南第一星。皇統元年二月甲戌，月掩畢大星。二年十一月己酉，月犯軒轅大星；甲寅，犯氐東北星。三年正月己丑，熒惑犯軒轅次北一星。二月己丑，月犯畢大星。八年閏八月丙子，熒惑入太微垣。九年七月丁亥，熒惑犯南斗第四星，凡二次。畢沅續通鑑云，九年四月戊辰，日左右生青赤黃珥，太白犯月。太史言不利於君，大臣將作亂。紀多未載。

五月戊子，因天變肆赦。命翰林學士張鈞草詔，參政蕭肄謂其語涉誹謗，殺之。〔攷異〕苗耀神麓記云，鈞赦文稱：「乃者龍潛我宮」之句，大怒，曰：「龍奈我何！」杖數百，截去手足而斬之。蕭肄傳，奚人，有寵於熙宗，復諂事悼后。鈞草詔，肄譯其語爲誹謗，帝怒，命拽下榜數百，不死，以手劍剺其口而醢之。肄與海陵後有惡，除名，放歸田里。岳珂桯史云，張鈞視草有「顧兹寡昧」及「眇予小子」之言，譯者曰：「漢兒强知(職)〔識〕(據桯史卷一二改)以詈我主上耳！」主問故，曰：「寡者，孤獨無親；昧者，不曉人事；眇爲瞎(子)〔眼〕(同上)；小子爲小孩兒。」主怒，醢之。亮登位，赦，暴其惡及此。所載各異。是日，曲赦上京罪囚。庚寅，出亮領行臺，尋召入爲平章政事。〔攷異〕續綱目云，主既殺鈞，問誰使之，宗賢以亮對，遂出亮。過中京，與蕭裕定約而去。至良鄉召還，逆謀益甚。紀未載。戊申，武庫署令耶律巴克沁原作八斤妄稱上言宿直將軍蕭榮與胙王元本傳，宗峻子，太祖諸孫中最稱賢。子育本名和卓，大定中歷南京副留守。〔考異〕續通考云，元係紀王習泥列子。宗室表：育官大宗正丞。所載稍異。爲黨，誅之。〔考異〕續通考云，七月甲辰，太白、辰星、歲星會於張。紀未載。

秋八月庚申，宰臣議徙遼陽、渤海之民於燕南，從之。侍從高壽星等當遷，訴於后，〔后〕（據金史卷四熙宗紀補）以言激帝怒，杖議者平章秉德，殺郎中薩哈，原作三合壽星竟得不徙。秉德尋復爲左丞相。

九月戊戌，出宗敏領行臺，以宗本爲太保，領三省事。

冬十月乙丑，殺北京留守胙王元及弟安武節度使扎拉、原作查剌。〔考異〕宗室表，胙王元及扎拉，皆景宣帝宗峻子，與熙宗兄弟，凡三人。左衞將軍塔斯、原作特斯故鄧王子阿蘭、原作阿懶。〔考異〕汪輝祖金史同名録云，卷六十三海陵時昭妃；卷七十世宗時右丞相，三人同名阿懶。又，唐古辯傳作敖拉。錢大昕集云，一作阿楞。達蘭。原作達林，一作達賚。〔考異〕續綱目云，亮忌胙王常勝及鄧王子阿林，會河南孫進叛，自稱皇（帝）〔弟〕阿禪大王，（據金史卷六九胙王元傳改）乘此構之，遂殺常勝、阿林及扎拉等。宗傑傳，太祖子，名穆里延，又名没里野，追封越王，進趙王，謚孝悼。子奭爲會寧牧，封鄧王，終西京留守。子阿蘭、達蘭。達蘭原作達懶，海陵爲相，構殺之。及纂立，并殺宗傑妻。胙王元，本名常勝。阿禪大王，原作按察大王。阿蘭官奉國上將軍。繫年要録云，時兵部尚書賽音、奇辰，護衞將軍巴克沁，廣威宿直將軍塔斯、定遠，各以罪，族。續通考云，衞王宗强，太祖子，其子爲榮王爽，本名阿隣。所載各異。

十一月癸未，殺皇后費摩氏，召胙王妃薩滿〔攷異〕繫年要録作費摩申。畢沅續通鑑作薩摩，通鑑輯覽作薩茂。一作撒卯。入宫。癸巳，帝獵於和羅温圖琿，遣使殺妃烏庫哩原作烏古論氏及瓜爾佳原作夾谷。〔攷異〕畢沅續通鑑作瓜勒佳。氏、張氏。

十二月丙辰，殺妃費摩氏於寢殿。尋爲亮所弒，年三十一，降爲東昏王。貞元三年，改葬大房山蓼香甸，諸王同兆域。大定間，追尊宏基纘武莊靖孝成皇帝，廟號熙宗，葬思陵。〔攷異〕繫年要録云，大定中，追尊武靈皇帝，廟號閔宗，踰年乃改封。大定二十八年，改葬思陵。制曰：「朕惟熙宗以皇元嫡孫，受文烈顧命。即位十五年，庶人亮簒逆，誣詆，降從王封。肆予一人，纘承先緒，仰惟熙宗，位號宜正。稽合禮文，升祔太室。葬非其所，卜地涓日，奉遷梓宮，備禮改葬，庶慰在天之靈。」見思陵録。史失書。大金國志云，熙宗幼聰悟，得韓昉等教之，賦詩染翰，雅歌投壺，盡失女真故態。屏棄舊臣，後宮盛色，骨肉之間，邪心斯起。末年淫刑濫殺，以及於禍。紀未載。

金史紀事本末卷十九

達蘭搆亂

太祖天輔六年（壬寅一一二二）春三月，宗翰原作粘罕追遼主於鴛鴦濼，遼都統瑪格原作馬哥奔道蘭，達蘭收其羣牧。宗翰使達蘭追擊之，不及，獲遼樞密使德勒岱〔攷異〕太祖紀作德呼台，云，舊作得里底。及其子摩格、原作摩哥。〔攷異〕卷一百三十三窩斡傳太宗時忠勇校尉，另一人。納延原作那野。〔攷異〕太宗天會四年將，海陵天德四年猛安，三人同名那野。以還。達蘭〔攷異〕蒙古語七十數也。原作撻懶，亦作撻辣，今譯改。通鑑輯覽作達賚。汪輝祖金史同名録云，卷五海陵紀西京路統軍銀朮可子轂英本名，正隆四年宿直將軍，卷五十九宗室表太祖子宗傑孫，卷六十六宗室特進，卷六十八歡都傳貞惠皇后弟烏古論氏，卷一百二十唐括德溫傳父臨海節度，七人同名撻懶。改名昌，穆宗子。〔攷異〕大金國志云，武元從弟，爲人驍勇無賴，少時暴横，部落苦之。達蘭傳未載。續通考，齊國公蒲察、崇國公蒲里迭亦穆宗子，封時均未詳。

秋八月癸巳，太祖自將追遼主於大魚濼，留輜重於草濼，使達蘭、雅穆原作牙卯守之。時，奚路兵官琿楚不能安撫其衆，以達蘭爲奚六部軍帥，鎮之。實古納、原作習古迺博納和原作婆盧以護送常勝軍及燕京豪族、工匠，自亭松關入内地，太祖戒之曰：「若遇險阨，則分兵往，二人廼合於達蘭。〔攷異〕大金國志云，是歲，撻懶從破燕山，武元愛其雋爽。傳未載。

七年（癸卯一一二三）太宗九月卽位，改爲天會元年。夏五月己巳，奚六部軍帥達蘭討噶珊、原作劾山蘇庫原作速古部，奚人據險戰，殺且盡，蘇庫、卓琳、原作啜里托紐原作鐵尼十三巖皆平之，降詔獎諭。其後，撫定奚部，表請設官鎮守，命依東京、渤海例，置千户穆昆。〔攷異〕宏簡録云，撻懶遣奚馬和尚攻下品、達魯古并五院司諸部，執其節度乙列，詔以克副所託，良用嘉歎，獎之。所載稍異，今從達蘭傳。

太宗天會二年（甲辰一一二四）秋八月丁巳，達蘭擊走遼外戚約尼原作遥輦札古雅原作昭古牙部族於建州，〔攷異〕續通考云，遼以建州南地給五十畝與晉太后耕種，營屋、建廟。聖宗因水害遷州治於唐，故崇州地曰武寧軍，領永霸、永唐二縣，今領永霸一縣，本唐昌黎縣地。方輿紀要云，在太寧衛東南四百餘里，唐昌樂縣地，亦曰保静軍。擒其隊將克爾叟、原作曷魯燥博斯呼原作白撒曷殺之。先是，舍音原作斜野襲走約尼二部，獲其妻孥及官豪之族。至是達蘭復擊破之，進降金源縣屬大定府，唐青山縣地。及約尼二部，再破興中兵，降建州官屬，札古雅兵敗亦降，興中、建州悉平，詔增給銀牌。達蘭舉蕭公翊爲興中尹，餘皆以契丹、漢人攝治，帝皆從之。

三年（乙巳一一二五）冬十月甲辰，詔大舉侵宋，以達蘭爲六部路都統，與宗望原作斡离不自南京入燕山。

四年（丙午一一二六）春二月己亥，宗望與宋盟，師還，達蘭仍歸中京。

秋八月庚子，宗翰、宗望再侵宋，軍趨汴，達蘭、阿里庫破宋兵二萬於杞，覆其三營，獲都總管胡直孺及其二子與都統制隨師元及其三將，遂克拱州，降寧陵，破睢陽，下亳州。宋兵來復睢陽，擊走之，擒其將石璸。〔攷異〕特進達蘭傳，宗室子，年十六事太祖，未嘗去左右。珠赫店之役，控止太祖馬，挺槍殺十數人，太祖壯之。及戰達嚕噶城，大敗其衆，攻臨潢、春、泰州、中、西二京，皆有功。仕終銀青光禄大夫，加特進，卒。本另一人，而傳中亦載破杞縣軍、獲胡直孺事，及擒石璸，與此無別。未知孰是，故附録於此以俟攷。

五年（丁未一一二七）夏四月，諸軍凱還。丙戌，擢達蘭爲元帥左監軍。

五月，達蘭徇地山東，取密州，克鉅鹿屬順德府，下祁州，永寗軍降。地理志云，宋以定州博野縣置，初號寗邊軍，更今名。〔攷異〕大金國志云，是年七月，撻懶親圍中山，中山巨鎮也，守禦尤嚴於他郡，明年二月始克之。達蘭傳未載。

六年（戊申一一二八）春三月己酉，達蘭下恩州。

夏六月己未，遣兵分下磁州、信德府。時劉豫以濟南府降，詔以豫爲安撫使，治東平，達蘭以左監軍鎮撫之，大事得專決焉。〔攷異〕大金國志云，六年冬，撻懶會窩里嗢之衆，敗馬擴於北京。清平七年二月，復合兵，分下山東諸郡，進屯濱州。達蘭傳未載。

八年（庚戌一一三〇）秋九月戊申，詔立劉豫爲齊帝。初，宋人既誅張邦昌，帝命復求如邦昌者立之，或舉折可求，達蘭力舉劉豫，故立之。〔攷異〕大金國志云，撻懶久居濱、濰，劉豫以相近，奉之尤厚，故嘗有許豫僭逆之意。高慶裔恐爲所先，因勸粘罕立之。宋史亦謂撻懶嘗言於粘没喝，未許，因高慶裔力勸，乃從之。國志又云，撻懶自八年攻淮（南）〔東〕（據大金國志卷二七撻懶傳改），人馬疲弊，復爲張敵萬所敗，其壻萬不剌被擒，鋭氣沮喪。且傳南軍來襲，軍中夜驚，寇盜蜂起，遂率衆北歸，請於粘罕，乞割齊國滄州鹽場，不許。北盟會編云，撻懶攻張榮於泰州縮頭湖，爲所敗，士卒溺死甚衆，乃收餘衆二千還楚州。張滙節要，萬不剌作户不剌，俘溺番漢四千餘。又九年正月，富察哈布爾、完顔圖哩討張萬敵於白（頭）〔馬〕湖（據金史卷三太宗紀改），陷於敵。見太宗紀，惟人名、地名均異，未知孰是。達蘭傳均未載。史稱遼、金故地濱海多産鹽，上京、東北二路食肇州鹽，率賓路食海鹽，臨潢之北有大鹽濼，烏爾古實壘部有鹽池，皆足以食境内之民。大定二十(二)〔一〕（據金史卷四九食貨志改）年，修遼東等路諸鹽場，爲兩鹽司各行其地。北京宗、錦之鹽行本路及臨潢府、肇州、泰州之(鹽)〔境〕（同上），與接壤者亦給焉。二十四年，帝在上京，謂烏庫哩元忠等曰：「舊率賓以東食海鹽，夫餘、呼爾哈等路食肇州鹽。初，定額萬貫，今增至二萬七千。若罷鹽引，添竈户，庶可易得。」明年還京，謂宰臣曰：「凡人家食鹽，無引目即以私治罪，細民徐買食之，何由有引？因罷遼東鹽使司。見滿洲源流考。

封魯國王。熙宗天會十五年（丁巳一一三七）十三年正月熙宗即位未改元冬十月乙卯，以達蘭爲左副元帥，

十一月丙午，降劉豫爲蜀王。豫既立，數年無尺寸功，迨乞兵侵宋，達蘭復率兵往援，豫兵屢敗，始命達蘭與宗弼原作兀朮赴汴，執而廢之。

天眷元年（戊午一一三八）秋八月己卯，詔以陝西、河南地與宋。先是，達蘭與宗弼俱在河南，宋使王倫求陝西、河南地於達蘭。及達蘭朝京師，倡議以廢齊地與宋，帝命羣臣議，會東京留守宗雋原作訛魯觀來朝，與達蘭合力，時宰相宗磐原作蒲盧虎主其議，位在宗幹上，宗憲本傳，本名阿蘭，亦作敖拉，宗翰弟，仕至右丞相，封鉅鹿郡王。熙宗因是議，稱其識慮深遠。爭之不能得。達蘭弟勗原名烏頁亦以爲不可，弗聽，竟執議以地與宋。〔攷異〕大金國志云，金克山東，多撻懶力。久居濰州，回易屯田徧於諸郡，每認山東爲己有，始欲立豫。然嘗怒其不拜，有悔意，遂獻議以新河爲界。粘罕用事，不得行，只取清州。粘罕死，議取山東，未果。豫廢，因歸之於宋。達蘭傳未載。

久之，宗磐跋扈尤甚，宗雋亦爲丞相，達蘭持兵柄，均附之。謀反有狀，宗磐、宗雋皆伏誅。詔以達蘭屬尊，有大功，釋不問，出爲行臺左丞相，詔慰遣之。〔攷異〕舒穆魯卞傳，本名阿爾噶里，初隸宗弼帳下，時宗磐爲太師，達蘭爲左副元帥，人争附之。使人召卞，卞不往。及二人誅，人多其有識，歷河南招討使、臨洮尹，卒。達蘭至燕京，愈驕肆不法，復與翼王呼蘭原作鶻懶謀反，而朝議知其初與宋交通，倡議割地，宗弼請復取之。〔攷異〕大金國志云，時除杜充右丞相，命下，撻懶語使者曰：「我開國功臣，何罪而與降奴爲伍耶？」不受命而叛。兀朮留宋使王倫於祁州，密奏曰：「撻懶、宗盤主謀割地，二人必陰結彼國，今使至汴，未可令過界。」遂拘送祁州。又云，撻懶令中山府拘倫，會諸軍欲叛盟以應宗盤，所載互異，達蘭傳均未載，今從史。會有上變告達蘭者，下詔誅之。達蘭自燕京南走，追殺於祁州，并殺翼王及宗人呼勒希圖、原作活离胡土、達蘭二子威泰、烏達布〔攷異〕熙宗紀作斡泰、額特布，又作斡帶、烏達〔補〕〔補〕（據金史卷四熙宗紀改）而赦其黨與。〔攷異〕大金國志云，撻懶欲走宋，不克，乃北走沙漠。兀朮遣都監撻不也追獲之，下祁州獄，誅。臨刑，謂兀朮曰：「我死，禍必及爾，宜速圖之。」兀朮俛首無言。因其子大撻，久之，赦出庶子勗，後官平章。按勗係撻懶弟，此誤。洪皓松漠紀聞，大撻作大撻馬，勗作敦，字勉道，一曰烏撻馬，熊克小紀作泰伊，繫年要錄作大伊瑪。謂達賚走至儒州望雲甸被獲。其二子後以赦得釋。苗耀神麓記云，時契丹召哲郎君告訐於兀朮，遣兵五百獲之於虎北口，賜死祁州。三子宗武、宗旦、宗望與妃棨哥皆遇害。李大諒征蒙記云，闥辣有長男勝都花，知罪北遁，捕殺之。王山言，兀朮之戕撻懶，帛練拉殺之，其家三百口同盡，合焚其尸，屠其所居，三村之人皆不留。趙甡之遺史云，秦檜聞撻懶封魯王，遣燕人高益恭往賀，且勸就封魯地，己爲之應。益恭至祁，爲人告，遂誅撻懶及其一族八百餘口，而烹益恭。小紀又云，時金法嚴令暴，加以飢饉，民不聊生，下令欠債者以人口折還，及藏逃亡而被告者皆死。至是，大臣如宗磐、達蘭悉誅，黨與滋衆，皆爲亡命，所在蠭起。平定、威勝、遼州道路不通，及太行山義士入懷州萬善鎮，州人大恐。中原盛傳大駕親征，民皆陰備軍器，晝則罷市，晚視霞起，則曰御營烈火光矣。畢沅續通鑑云，昌既誅，其子勝花都郎君率故部曲叛，與蒙古通，以是復强取二十七團寨，金討之不能制。王大觀行程録，勝花都作星哈都，達蘭傳均未載。

金史紀事本末卷二十

宗弼兵略

太宗天會四年（丙午一一二六）春正月戊辰，宗弼侵宋，取湯陰縣，降其卒三千。宗弼，本名烏珠，原作斡啜又作兀朮，亦作斡出，〔攷異〕卷一百二十二女奚烈斡出官楨州刺史，別一人。或作晃斡出，太祖第四子也。〔攷異〕大金國志云，武元第六子，生時穹廬中鬱鬱有氣，均異之。爲人豪傑，膽勇過人，猿臂善射，遇戰酣，出入陣中，部衆憚之。宗弼傳未載。希尹原作兀室獲遼護衛實訥埒，知遼主在鴛鴦濼。都統杲出青嶺，宗弼從宗望原作斡离不率百騎與馬和尚逐越盧、孛古、〔攷異〕卷一百二十粘割韓奴傳，大定時康里部長孛古另一人。伊勒希原作野里斯等，馳擊，敗之。矢盡，奪遼兵士槍，獨殺八人，生擒五人，遂追襲遼主於鴛鴦濼。至是，從宗望攻宋，取湯陰。至御河，宋已焚橋，不得渡，克爾叟原作合魯索以七十騎涉之，殺宋焚橋軍五百人。宗望抵汴，宗弼以三千騎薄其城，宋上皇出奔，選百騎追之，弗及，獲馬三千而還。

夏四月癸卯，宗望因和議成，遣宗弼來奏捷。

六年（戊申一一二八）春正月丙戌朔，宗弼破宋鄭宗孟軍於青州，克其城。初，宗望卒，宗輔代爲右副元帥，徇地淄、青，宗弼從行。至是，克青州，復破賊將趙成於臨朐，縣名，屬青州。大破黄瓊軍，遂取臨朐。宗輔軍還，遇敵三萬衆於河上，宗弼擊敗之，殺萬餘人。秋七月乙巳，宋帝請和，詔進兵，宗輔發河北，宗弼攻開德府，糧乏，轉攻濮州。前鋒烏凌阿托雲原作烏林答泰欲破王善二十萬衆，遂與王伯龍等取濮州，降旁近五縣。再攻開德府，宗弼先登，克之。及攻大名府，宗弼復先登，克其城，河北平。

七年（己酉一一二九）夏五月乙卯，巴爾斯襲宋帝於揚州。〔九月〕（據金史卷三太宗紀補）宗弼敗宋兵於睢陽，降其城。復進兵歸德，降之。冬十月，宗弼請帥師南侵，許之。先遣阿里、富埒琿原作蒲盧渾至壽春，宗弼軍繼之。宋馬世元降。進降廬州及巢縣，屬無爲州王善降。〔攷異〕太宗紀，十月丁酉，阿里、當堪、大㚖破敵於壽春。己亥，安撫馬世元以城降。甲辰，廬州降，稍異。今從宗弼傳。

十一月丙辰，當堪原作當海等破酈瓊萬餘衆於和州，克其城，宗弼遂自和州渡江。將至江寧西二十里，宋副元帥杜充率步騎六萬來拒，呼拉布、原作鶻盧補當堪、達呼原作迪虎大㚖等合擊敗之，守臣陳邦光以城降，留長安努、烏哩雅原作斡里也守之。使阿里布原作阿魯補等别將兵徇地，下太平州、濠州及句容、溧陽等縣。太平州屬縣三，今升爲府，句容、溧陽均屬江寧府。湖江而西，屢敗張永等兵，杜充遂降。〔攷異〕太宗紀均作明年正月事。宗弼自江甯取廣德〔軍〕（據金史卷七七宗弼傳補）路，今爲州，治建平。〔攷異〕輿地廣記云，春秋爲吳、越地，漢屬丹陽郡，梁置大梁郡，又爲陳留郡，隋唐屬宣州。續通考云，唐初以綏安縣置姚州，後廢州，改綏安爲廣德縣，宋爲廣德軍，領廣（平）〔德〕（據輿地廣記卷二四、元豐九域志卷六改）、建（德）〔平〕（同上）二縣。追襲宋帝於越州。至湖州，取之。先遣阿里、富埒琿趨杭州，具舟於錢塘江。宗弼至，攻杭州，克之。宋帝聞杭州不守，遂奔明州。復遣阿里、富埒琿追襲之，破宋兵三千，渡曹娥江，去明州二十五里，大破宋兵。追至城下，復敗之。宋帝入於海。時鄂勒博、珠爾蘇降越州，大臭亦破宋周汪（按，金史卷三太宗紀作周望）軍。

八年（庚戌一一三〇）春正月己未，阿里、富埒琿與當堪克明州，泛海至昌國縣，追三百餘里，不及而還。

二月乙亥，宗弼自杭州還軍，取秀州及平江。持嘉暉擊宋兵，敗之。

三月，阿里率兵先趨鎮江，宗弼軍繼至。宋韓世忠以舟師扼江口，與戰不利。

夏四月丙申，復與韓世忠戰於江甯，敗之，遂渡江北還。語詳南侵江浙事中。

秋九月，宗弼從宗輔定陝西。癸亥，與張浚戰於富平，敗之。時宗弼陷重圍中，韓常矢中目，怒拔去其矢，血淋漓，以土塞（槍）〔創〕（據金史卷七七宗弼傳改），躍馬奮呼搏戰，遂解圍，與宗弼俱出。

九年(辛亥一一三一)春正月癸丑，宗弼與阿里布撫定鞏、洮等州，并招降熙河、涇原兩路。

冬十月戊寅，宗弼與宋吳玠戰於和尚原，敗績，將士多陷沒，語詳規取隴、蜀事中。〔攷異〕大金國志云，兀朮南侵，與宋陳思恭戰於姑蘇，韓世忠戰於大江，劉錫戰於富平，吳玠戰於劍外，凡四戰皆敗，往返萬里，首尾二年，士馬消耗十存三四，自以箭鎗，帛纏其臂，其衆由是不振。本傳未載。　按陳思恭係故相執中曾孫。

十一年(癸丑一一三三)冬十一月丙寅，宗弼克和尚原，時古雲以本部兵破宋師五萬，遂奪新(義)〔叉〕口。(據金史卷七二彀英傳改)是夜大雪，道路皆冰，宋兵駐和尚原，勢重難逕取，宗弼用古雲策，入自旁道，迫高山叢薄間，出其不意，遂取之。古雲請速入大散關，宗弼在仙人關，在鳳縣南百二十里。古雲先攻之，宗弼叱使退，古雲曰：「敵氣已沮，不取，後必悔。」已而果然。乃班師，古雲殿，且戰且行，達秦中。〔攷異〕宗弼傳作十年事，今從太宗紀。

熙宗天會十五年(丁巳一一三七)熙宗於天會十三年正月卽位，未改元。冬十月乙卯，以宗弼爲右副元帥，封瀋王。

天眷二年(己未一一三九)秋七月丙戌，以宗弼爲都元帥，進封越國王。先是，達蘭、原作撻懶宗磐原作蒲盧虎執議以廢齊地與宋，宗弼察達蘭與宋人交通賂遺，奏請誅之，因復舊疆。時宗磐已誅，達蘭在行臺，復與呼蘭原作鶻懶謀反，遂詔宗弼爲太保，領行臺尚書省、都元帥如故，軍旅錢糧悉總其事，往燕京，誅達蘭，并拘留宋使王倫不遣。〔攷異〕奔睹傳，是年宋將岳飛以兵十萬攻東平，奔睹倉猝出禦，時桑柘方茂，奔睹多張旗幟於林間，爲疑兵，飛不敢動，相持數日而去。飛又以十萬衆圍邳州，守將告急，奔睹語使者，城西南有塹，深丈餘，急窒之，飛果從此穴地入，以有備而止。按，是時金以地與宋，并無戰事，卽次年叛盟，飛在京西，亦未嘗至東平邳州也，史恐誤。

三年（庚申一一四〇）夏五月丙子，詔元帥府復取河南、陝西地。〔攷異〕無名氏紹興講和録載詔書曰：「非朕一人與奪有食言，尚念軍士久歲征役，所成大事，或當此行，尚慎終其初，亦使四海永清光昭我烈祖之德威」云云，詞多不具載。命都元帥宗弼自黎陽趨汴京，右監軍薩里罕原作撒离喝自河中趨陝西。〔攷異〕東南紀事以金人渝盟，用酈瓊爲謀主。按史稱復取陝、豫，本宗弼之謀，瓊不過從而附和耳，今不取。宋岳飛、韓世忠分據河南州郡要害，復出兵涉河東，駐嵐、石、保德之境，以相牽制。宗弼遣孔彥舟下汴、鄭兩州，王伯龍取陳州，李成取洛陽，〔攷異〕續綱目云，烏珠大閱國中兵，分道入寇，率孔彥舟入汴，遣烏禄取歸德，李成取河南，分兵下諸郡。時東京留守孟庾，南京留守路允迪皆以城降，權西京留守李利用棄城走，河南州縣悉降，拱州守王慥死之。繫年要録云，或曰允迪至汴京，七日不食死。時宋詔有能生擒烏珠者除節度使，賜銀帛五萬兩疋，田千頃，第一區，且下檄文數其罪，所載較詳。呼爾哈傳，天會八年攻廬、和，比至含山縣，伏兵擒宋姚觀察。九年，定陝右，破敵兵千，從富埒琿徇地熙、秦，敗宋人二千於秦州。宋兵屯襄陽，擊破之，宗弼復河南，攻陳州，呼爾哈領二穆昆軍大敗宋兵，終顯德節度使，宗弼傳未書。自率衆取亳州〔攷異〕續綱目，時提點魏經死之，史未載。及順昌府。〔攷異〕續綱目云，時劉錡至順昌，聞東京降，與知府陳規爲守城計。部將許清議合，治守具，六日粗畢，金遂圍城，韓常營白沙窩擊敗之。葛王烏禄龍虎大王兵薄城，擊卻之，溺死無算。破其鐵騎三千，移砦李村，夜斫其營，終夜自戰，積尸盈野，退軍老龍灣。烏珠率十萬衆來援，及戰，錡爲五浮橋於潁河上，毒潁上流，敵飲水卽病，錡士氣間暇，俟敵氣怠，遣兵出擊，殊死鬭，敵大敗。是夕，大雨，平地水尺餘。明旦，烏珠拔營去，追擊之，死者數萬。牙兵三千，號「鐵浮屠」，及鐵騎拐子馬，號「長勝軍」，均被殺。平日所恃以爲强者，十損七八，器械山積，至陳數將士罪，皆鞭之。洪皓密奏，是捷金人震恐，燕之寶器悉徙而北，意欲捐燕以南棄之。宗弼傳未載。劉錡傳，戎兵逼順昌，以破敵弓射之，翼以神臂(弓)（據宋史卷三六六劉錡傳删）强弩射之，敵稍稍引去。又韓世忠嘗獻克敵弓，上命增損其制倣造之。楊存中更造馬黄弓，制度精密。紹興十三年冬，上以所造弓矢賜北使，均見玉海。熊克小紀云，時劉錡領王彦所統「八字軍」赴任，至順昌，議城守，通判王若海緣府檄至行在，錡以奏附行，卽登城區處。命許青守東門，杜杞守北門。又，李村斫營者爲騎將閻充，繫年要録作閻充。又云，賀輝守西門，鍾彦守南門。郭喬年破賊録云，太尉欲斂兵入城，爲守禦計，陳守愕然曰，城中人聞警報皆欲去，太尉獨望守城耶？疑規未必有此語，今不取。楊汝翼破賊録云，時王德奉命來援，兵退始至，且以解圍奏。錡尋被旨，先發赴鎮江，命杜杞等防護，德申宣撫司曰，某以全軍裹送出潁河矣，其誕妄如此。德翟縣人，號王夜叉。順昌破賊記云，王山言，金祇烏珠一人，國兵盡隨南下，及敗於順昌，時三郎君亦敗於陝西，南宋若更有一項軍來，敵可擒也。王存元豐九域志云，順昌爲潁州汝陰郡順昌軍，治汝陰縣，在東京五百五十里。縣四，汝陰、萬壽、潁上、沈(邱)〔丘〕（據元豐九域志卷一改）。

嵩、汝等州相次皆下。時暑，宗弼還軍於汴，岳飛等軍皆退去，河南平。

〔攷異〕薛應旂通鑑云，五月，岳飛長驅以圖中原，將發，密奏，帝褒其忠，授少保。李寶、牛皋破敵於京西，飛自克蔡州，遣張憲敗韓常於潁昌，復淮寧府。郝晟復鄭州，張應、韓清復西京，楊遇復南城軍，喬握堅復趙州，金人大震。李興復伊陽八縣及汝州，李成遁，詔興知河南府。張應會興復永安軍。兀朮逼郾城，飛奮擊，以麻札刀破「拐子馬」，大敗之。楊再興復破之於小商橋，殺二千人，再興戰死。張憲繼至，再敗之，兀朮遁，中原大恐。遣子雲擊殺其壻夏金吾，使梁興會太行忠義敗之於垣曲及沁水，遂復懷、衛州，追至朱仙鎮，大破之。遣使修治諸陵。時兩河豪傑皆約期會兵，自燕以南，金號令不行，欲僉兵，無一人應者。金將王鎮等相繼降，韓常亦欲率衆五萬內附，飛喜曰，直抵黄龍府，與諸軍痛飲耳。方指日渡河，檜力主和議，飛一日奉十二金字牌。自郾城還，新復府州悉陷。初，兀朮欲棄汴去，書生叩馬諫曰，自古未有權臣在內而大將能立功於外者，岳少保且不免，況欲成功乎？遂止。嗣遺檜書曰，汝朝夕以和請，岳飛方爲河北圖，必殺飛始可和。故檜力謀殺之。宋史高宗紀，與再興同戰死者爲王蘭，通鑑輯覽作王蘭，繫年要録謂尚有張林。宋史牛皋傳後總敍飛功，謂飛遣皋及王貴、董先、楊再興等經略東、西京、汝、潁、陳、蔡諸郡，時李寶捷於曹州，董先捷於潁昌，劉政捷於中牟。梁興垣曲之捷，金張太保、（李）〔成〕太保（據宋史卷三六八牛皋傳改）等以衆降，稍異，餘同。熊克小紀云，飛拔起列將爲張、韓所忌，飛破楊么，獻樓船各一，兵械俱備，韓大悅，俊益惡之。薛弼每勸其調和，而輕鋭者復勸飛勿苦降志，隙益深矣。俊後遂搆成其獄。飛在鄂，嘗夢辛中丞勘獄，適次膺至，厚禮之，及下獄，乃万俟卨除新中丞也。洪邁夷堅志以爲何鑄云，獄，坐金南侵不赴援，指斥乘輿，命孫葉作書與張憲，令擘畫，看畢焚之。又詐傳兀朮犯上，流雲與憲咨目，憲懷之，遂謀反。僧澤一向憲言，宜先以兵守總領轉運司。北盟會編云，飛謀令回軍，軍士應時南嚮，飛口呿而不能合，良久乃曰，豈非天乎？在寺中，與王貴、董先、張憲、王俊坐，飛忽曰，天下事竟如何？憲曰，在相公處置耳。俊告訐，引此語，追先爲證，死獄中，梟其首，雲與憲皆棄市。岳侯傳，字鵬舉，相州人，少爲韓魏王莊客。下獄，中毒死，葬臨安菜園內。林泉野記云，飛死時年三十九，妻子遷嶺外，天下寃之。汾州和浹上書辨其寃，編管袁州。飛初於建炎中論事坐廢，母姚氏留河北，迎歸，事之孝。妻劉氏改適，在世忠軍中，飛遺錢三百千，奏聞，見要録。又和浹作智浹。朝野雜記云，時緣坐者尚有王處仁、蔣世雄、孫萃、于鵬除名，編管僧澤一，智浹決杖，配流。朱芾、李若虛嘗爲謀議官，落職。又云，近歲郵置最速者，莫如金字牌，遞凡赦書及軍機要務則用之，仍自內侍省遣撥，日行四百里。又飛嘗詣資善堂，見孝宗英明俊偉，疏請建國儲，謂欲圖恢復，必先正國本。張戒默記謂紹興七年事，其孫珂作行實，謂爲十年事，且辨默記之訛。宋史飛傳，世忠心不平，詣檜詰之，檜答曰，事體「莫須有」，而中興紀事本末作「必須有」，朱彝尊從之。按，雲爲飛養子，憲愛將也。檜惡岳州因飛姓改純州，改岳陽軍爲華容軍，飛客姚岳請之也。後因亮敗盟，詔飛妻李氏子霖等皆生還。布衣劉允升訟飛寃，下棘寺死。大金國志云，洪皓蠟書奏金所畏惟飛，至呼爲父。聞其死，酌酒相慶。何鑄傳云，鑄治飛獄，力辨其寃，謂不當無故殺一大將，似能主持公道者。而鑄嘗與羅汝楫劾飛，見汝楫傳。又嘗爲檜劾王居正爲趙鼎黨，奪職奉祠，見居正傳。劾張九成黨趙鼎，見九成傳。今鑄傳皆不載，史亦有意迴護者。

六月，宗弼遣使奏捷，帝遣使勞問宗弼以下將士。尋攻嵐、石、保德，皆克之。〔攷異〕薛應旂通鑑云，時韓世忠使王勝等復海州，張浚遣王德復潁昌，還，復宿州。德自壽春馳至蘄縣，郤金游騎，因趨宿州，守將馬秦降。乘勝入亳州，酈瓊與烏祿聞其至，曰，夜叉未易當也，即遁去。德請乘機進取，浚不許而還。楊沂中兵潰，自壽春走還泗。金屠宿州。九月，諸將奉詔皆還鎮。熊克小紀云，浚出廬州，命趙密出西路，敗敵兵於宿城。王德連下宿、亳，以孤軍駐壽春，累月敵不敢南向。世忠遣王勝，成閔趨淮揚，水陸轉戰，金兵入沂河，死者甚衆，獲戰船二百。勝與王權破海州，擒僞守王山，獲金人，押至行在。繫年要録云，時解元敗金人於沂州潭城縣，世忠復敗之於迦〔口〕鎮（據繫年要録卷一三七補），劉寶等破之於千秋湖陵。阿里布傳，宗弼復河南，阿里布先濟河，撫定諸郡，再爲歸德尹。宋岳飛等來取河南地，拔陳、許、潁三州，旁郡響應，阿里布擊敗攻歸德之兵，復亳、宿等州，河南平，功居最。歷右監軍、節度使，爲海陵殺。後贈儀同。舒穆魯卞傳，宗弼復取河南，與宋戰潁州，漢軍少却，卞身被七創，率勇士十餘騎奮擊敗之。宗弼傳均未載。

冬十二月乙亥，宗弼上言宋將岳飛、張俊、韓世忠率衆渡江，詔命擊之。〔攷異〕續通鑑本末補，紹興十一年，命張俊、楊沂中率師赴淮西，岳飛進兵江州，無世忠率衆渡江之文。史遺沂中而稱世忠，疑是傳聞之誤。按紹興十一年係皇統元年。趙彥衛雲麓漫鈔云，建炎時韓、岳軍最精，時於軍中角其勇健者，（另）〔令〕（據雲麓漫鈔卷七改）爲籍，以次遞升，別置親隨軍。（另）（據雲麓漫鈔卷七删）謂之背嵬軍，悉於上等人內角其優者補之。一人背嵬諸軍，統制而下與抗禮，犒賞異常。凡遇堅敵無不立破，見范參政致能說。燕北人呼酒瓶爲嵬，大將之酒瓶必令親信人負之，范嘗使北，見道中人有負罍者，則指云，此背嵬也。故韓、岳因以名軍，嵬卽罍，北人語訛，故云韓軍誤用字耳。周密癸辛雜識云，周益公日記，楊存中，人呼爲「髯閹」，以其多髯而善逢迎也。王梅溪集亦同。

皇統元年（辛酉一一四一）夏四月辛巳，宗弼請侵宋，從之。

秋七月丙午，以宗弼爲尚書左丞相兼侍中、都元帥、領行臺如故。遂率師渡淮，未乞罷兵，以便宜畫淮爲界。〔攷異〕薛應旂通鑑云，春正月乙卯，兀朮犯壽春。初，兀朮謀再舉，聞諸將還，遂引兵陷壽春，渡淮，克廬州，取商州，命諸將赴援，屢敗金兵。二月，王德拔和州，兀朮退屯昭關。商守邵隆破金人於洪門，復商州。金爭和州，俊敗之。王德敗之於含山關，師古敗之於巢縣。德復含山及昭關，崔臯敗之於舒城。丁亥，楊沂中、劉錡大破兀朮於柘臯，時兀朮以柘臯地平，利用騎，因駐師。錡夾石梁河而陣，沂中引兵會，分爲三，渡河進擊。兀朮騎兵十萬，分兩隅，德直犯其鋒，諸軍繼之，敵大敗，又追破之於東山，死者萬計。又敗之於店步，復廬州。熊克小紀云，時壽春守孫暉與統制雷仲棄城去，廬州守陳規卒，故二城皆陷。劉錡至廬州，敵騎大集，錡少退，以避其鋒，繼屯東關，遏敵衝，軍勢復振。俊遣姪子蓋及王德復和州，追至全椒，敵引去。趙密出六丈河，遏賊歸路。錡與烏珠遇，據柘臯，夾道而陣，德與田師中渡橋合擊，俊軍繼至，敵大敗，復廬州。詔諸將捷音繼至，軍聲大振，兵興以來未有今日之盛。知福州張浚以緡錢六十萬助軍，詔獎之。俊兵八萬皆精銳，號「鐵山軍」。三月，濠州陷，王進被殺。俊會沂中追敵，遇伏，德救免。詔飛引兵援淮西，以糧乏爲辭。及濠州破，俊、檜皆恨之。檜用范同計，召諸將還，罷其兵柄，令列校各統所部，得專達，曰統制御前軍焉。又万俟卨謂飛倡言棄兩淮，均不可信。時飛與俊在鎮江閱兵，乞罷除宫觀。時淮西遇敵力戰，死者尚有劉實。南宋書，濠州之陷，邵青死之，張宏戰没於汧陽。温特赫富拉塔傳，（龍）〔隆〕州（據金史卷八一温迪罕蒲里特傳改）人，皇統元年從宗弼南侵，留軍唐州。擊敗敵衆，復破大名軍數萬，討平邳州土賊二十萬，南京路遇敵兵二萬，擊敗之，仕至泰寧節度。毛碩傳，字仲權，甘陵人。皇統元年，權知拱州。宋張俊據亳州，柘城（海鹽）〔酒鹽〕（據金史卷九二毛碩傳改）房人傑叛應，碩討平之，復柘城，卒官南京〔都〕（據金史卷九二毛碩傳補）轉運使。李心傳朝野雜記云，紹興初，内外大軍凡十九萬四千餘，而川、陝不與，宿衛、神武、右軍、中軍七萬二千八百，張（俊）〔浚〕（據朝野雜記甲集卷十八改）將（左）〔右〕（同上）軍，楊沂中將中軍。江東劉光世，淮東韓世忠，湖北岳飛，湖南王（瓊）〔𤫊〕（同上，下同），四軍十二萬一千六百。尋併神武、中軍，隸殿前，而右軍如故。五年春，（瓊）〔𤫊〕罷，以萬五千歸張俊（按，據上書同卷「張俊」當作「韓世忠」），由是三（衛）〔衙〕（同上，下同）外，有韓、張、岳三人，今鎮江大軍韓氏部曲也，建康大軍張氏部曲也，鄂州大軍岳氏部曲也。至三（衛）〔衙〕諸軍，殿前司，則本辛永宗中軍部曲而益以他軍也。馬軍司，則本王彦部曲而益以解潛、劉錡、田晟軍也。步軍司，則本顔漸部曲而益以他軍也。馬步二司不能敵殿前之半，故楊存中權勢獨盛。若御前軍，但供厮役，如昔廂軍爲武臣差遣。興州、興元府、金州三都統司兵，本曲端、吴玠、關師古之徒，後皆爲玠併，共七萬人。至乾道末，籍存者凡九萬七千三百零，歲用錢千七十八萬七千一百四十二緡，糧百五十八萬七千六百七十三斛。李大諒征蒙記云，時兀朮諸軍飢苦，深懼宋師渡江，不擊自潰，但用一檄書下宋取捷，自詡爲萬世不傳之策。迨病篤，猶慮南軍精鋭，有心争戰，將來不能制禦，可輔天水郡王安坐汴京，併力破敵云云。續綱目，和議成作十一月事，地理志作十月，今從宗弼傳。

（三）〔二〕（據金史卷七七宗弼傳改）年（壬戌一一四二）春二月，宗弼入朝，詔監修國史，賜以人口、牛馬各千，駝百，羊萬，仍每歲宋幣內給銀絹二千兩疋。初，和議成，拜太傅，賜金券。至是表乞致仕，優詔不許。

七年（丁卯一一四七）秋九月，以宗弼爲太師、領三省事、都元帥，領行臺如故。

八年（戊辰一一四八）秋八月戊戌，宗弼進太祖實録，帝焚香立受之。

冬十月辛酉，宗弼卒。大定中，謚忠烈，配享太宗廟廷。〔攷異〕繫年要録云，没於皇統五年。李大諒征蒙記云，贈大孝昭烈皇帝。元一統志，燕舊城仙露坊有玉虛觀舊碑，金泰和八年，主事龐鑄所撰重修三清殿記，文簡理明。觀中有故太師梁忠武王祠堂。王諱宗弼，乃武元第八子。泰和四年八月，道士高守沖爲立碑，文亦鑄作。至元七年，建玉虛觀大道祖師傳授之碑，參政楊果撰、蕭挺書。觀在今罐兒衚衕，已廢，惟明胡濙、李錦二碑尚存，乃景泰中立，非正統中也，見日下舊聞考。洪邁夷堅志云，兀朮有妃耶律氏，方頤修頷，明眸華髮，權略過男子，兀朮敬畏之。遼末，爲常勝軍校龐太保妻，嘗詣燕山樂先生問命，卦成，決其有后妃之貴，後歸兀朮，封越國王妃。云先公在燕時，熟識其狀，予奉使日，接伴使日，工部侍郎龐顯忠蓋耶律氏在龐時生也。本傳未載。

子亨，本名伯特，原作孛迭。〔攷異〕汪輝祖金史同名録云，卷五海陵貞元二年通進，被殺；卷十四宣宗貞祐四年翰林學士；卷七十四宗望傳遼節度；卷八十一大名尹景國公，亦作勃迭，耶律氏；卷九十四瑶里氏崇義節度；卷一百三十三窩斡傳大定初昭信校尉，七人同名孛迭。封芮王，海陵以爲右衞將軍。

海陵忌太宗諸子，因謁太廟，賜亨良弓衞左右。亨性直，材勇絶人，辭曰：「弓弱不可用」，遂忌之，出爲真定尹，歷留守。家奴梁遵誣告亨與衞士符公弼謀反，案驗無狀，遵坐誅，益爲所忌。改廣甯尹，使李老僧圖之，家奴魯爾錦原作六斤。〔攷異〕汪輝祖金史同名録云，卷六世宗紀故吏；卷七十四宗望傳遼詳穩；卷九十八完顔綱傳泰和六年隊校，僕散氏；卷一百三烏古論禮傳本名，河東北宣撫；卷一百五温達罕締達傳大定十九年内直丞；卷一百二十二烏古論德升傳本名，左監軍；本卷完顔氏，宣宗時保大節度；卷一百二十九李通傳海陵末契丹賊邊氏，從亂；又至寧元年提控、宿直將軍，從亂；一五十户不肯從亂，後官鈐轄，均蒲察氏，並見執中傳，十一人同名六斤。因與亨侍妾私通，告其謀逆，榜掠不伏。本傳，鞫是獄者爲工部尚書耶律安禮、大理正圖哩。〔攷異〕圖哩本作忒里，卷三太宗天會九年將忒里另一人。老僧至因所，使人就其陰間殺之。比死，不勝楚痛，聲達於外。嗣并殺其妃圖克坦氏、次妃大氏、子音德原作羊蹄。〔攷異〕宗室表名揚德。等三人。大定初追復亨官爵，封韓王，併妻、子改葬之。〔攷異〕大金國志云，烏陵思謀，本北遼曷蘇館女真，字仲遠，官寧遠大將軍，沁南軍節度。兀朮爲元帥時，凡軍國大事皆（委）〔問〕（據大金國志卷二七烏陵思謀傳改）之。又韓常，燕山人，字元吉。官萬户都統，兀朮南侵，常爲先鋒，累有功。在陝數年，每役必從，後知潁昌府。熊克小紀云，金人近歲用兵多不利，始知憚中國。時遼軍萬户韓常爲濬州守，與判官宮茵論南北兵戰之事，茵曰：「此非南之所能敵。」茵益都人，蓋諛之也。常曰：「不然，今昔異勢，昔我强彼弱，今我怯彼勇，所幸者南人未知北間事耳。」張滙節要云，思謀小名撒盧母，從粘罕爲都提點，用爲腹心。粘罕死，嘆曰：「可惜官人，備歷艱阻以取天下，今爲數小子所壞，我未知死所矣。」後事兀朮。妻曹氏，乃彬之裔也。李大諒征蒙記云，兀朮死後，天德三年誅韓常、周棨等四十餘員，内多有親立戰功者。繫年要録云，烏陵思謀卽烏凌噶色埒美。韓常，慶和子，史均未立傳。瀛洲道古録云，元時翰林院以金烏珠第爲之，歐陽楚公詩曰：「翰林老屋勢深雄，猶是金家兀朮宮」是也。史亦未載。

金史紀事本末卷二十一

田㲄之獄

熙宗皇統元年（辛酉一一四一）秋七月丙午，以宗弼爲尚書左丞相兼侍中，都元帥、領行臺如故。

六年（丙寅一一四六）春二月，尚書（左）〔右〕（據金史卷四熙宗紀、卷七八韓企先傳改）丞相韓企先卒。

七年夏六月丁酉，殺横海軍節度使田㲄、左司郎中奚毅、翰林待制邢具瞻（〔玫異〕元好問中州集，具瞻字巖夫，遼西人，天會二年進士。與吳、蔡爲文章友，其出塞詩曰：「樓外青山半夕陽，寒雅翻墨點林霜。平沙細草三千里，一笛西風人斷腸。」史未載。）及王植、高鳳廷、王傚、趙益興、龔夷鑒等。

先是，韓企先爲相，拔擢一時賢能，皆置機要。田㲄與孟浩皆在尚書省。㲄爲吏部侍郎，浩爲左司員外郎。既典選，善銓量人物，分别賢否，所引用皆君子。而蔡松年、許霖、曹望之皆小人，求與㲄相結，㲄薄其爲人，拒之。

松年，蔡靖子，〔靖〕（據金史卷八九孟浩傳補）失守燕山，敗宋國，㲄譏斥松年。松年初事宗弼於行臺省，以微巧得幸。宗弼當國，引爲刑部員外郎，望之爲尚書省都事，霖爲省令史。皆怨瑴等，時毀短之於宗弼。凡與瑴善者，皆指以爲朋黨。韓企先病甚，宗弼候之。時瑴在企先所，聞其至，知其惡己，避之。宗弼曰：「丞相年老且疾，病，誰可繼丞相乎？」企先舉瑴，而宗弼先入松年等譖，謂之曰：「此輩可殺。」瑴聞，流汗浹背。企先卒，瑴出爲橫海軍節度使。選人龔夷鑑除名，值赦，得與覃恩。吏以夷鑑白瑴，瑴乃倒用月日署之。許霖在省典覃恩，行臺省工部員外郎張子周素與瑴有怨，因事在京師，知之，嗾許霖發其事，詆以專擅朝政。詔獄鞫之，擬瑴與奚毅、邢具瞻、王植、高鳳廷、王傚、趙益興、龔夷鑑〔攷異〕畢沅續通鑑，王傚作王敬，夷鑑作彝鑑。死，其妻、子及所往來孟浩等三十四人皆徙海上，仍不以赦原。天下冤之。〔攷異〕劉祁歸潛志云：瑴等好分別流品，謂松年失節，望之俗吏，霖小人，屏不用，皆恨之。會企先卒，瑴等失勢，三人趣遼王宗弼，起黨事，奏聞熙宗，曰：「黨人何爲？」曰：「黨人相結欲反耳。」熙宗曰：「若爾，當盡誅之。」遂收下獄，且遠捕四方黨與。每得一人，先漆其面赴訊，使不相識。搒掠萬狀，瑴、具瞻死獄中。三人皆進用。所載較詳。王寂拙軒集，先君行狀云，知真定府平山縣，秩滿赴行臺，吏部王植、王傚輩一見喜曰，吏部知公廉士，久欲改官，當從此著鞭矣。辭以疾，除唐縣令，退謂所知曰，田侯疾惡大甚，怨隙已成，其能免乎？未幾，果起大獄。按寂父諱礎，字鎮之，大名莘人也。伯特德哩布傳，原作伯德特離補，奚五王族人。國初，與父托卜嘉歸朝，從宗望南侵，別次安肅州，大破宋兵，取其城。討平羣盜，擒降將胡愈，擢涿州刺史，入爲工部郎中。從張浩營東京宮室。田瑴黨事起，朝省一空，攝行六部事，終崇義節度。紀未載。按卷一百二十九李通傳，海陵時護衛特離補另一人。松年用是遷左司員外郎。

海陵立，累遷户部尚書。海陵遷中都，徙榷貨務以實之，復鈔引法，皆用松年謀。及議南侵，命爲正旦使使宋，嗣進右丞相，封衛國公。正隆四年死，謚文簡。望之，宣德人，擢行臺吏部員外郎，歷户部尚書。霖以諂事海陵，仕至左宣徽使。世宗立，黜之，放歸田里。〔攷異〕劉祁歸潛志云，松年在相位，其後晨赴朝，上馬見瑴召辨，左右聞松年云，某當便行。望之在吏部廳事，亦見瑴召辨，二人由此死。而霖病創頸斷死，天之報施亦顯矣哉。大抵類田蚡、灌夫事也。史未載。然祁當代人，所言當不妄，故附録之，以昭炯鑒。元好問中州集云，松年字伯堅，父靖，官翰林學士。松年工樂府，與吴彦高齊名，號「吴蔡體」，有集行世。其鎮陽別業有蕭閒堂，自號蕭閒老人。（廣）〔永〕平（據中州集辛集改）王擴字充之，明昌五年進士，（官）〔權〕（同上）陝西〔西路〕（同上補）轉運使，行六部尚書。嘗疏言，大定間曹望之爲户部，天下倉廩、府庫皆實，百姓無怨歎之聲，存乎其人，不在改官稱也，今乞罷三司，仍復户部之舊，毋駭民聽可也。據此，則望之亦似有才能者。擴謚剛毅。

初，世宗在當時，知瑴黨事皆松年等構成。而黨人遇天德赦令還鄉里，多物故，惟孟浩與瑴兄穀、王補、馮煦、王中安在。大定二年召見，復官爵。浩，字浩然，灤州人，遼末第進士。天會中，由令史歷郎中，至是擢侍御史，復拜（右）〔左〕（據金史卷八九孟浩傳改）司員外郎，進尚書右丞，兼太子少傅。罷爲真定尹，卒官。性篤實，遇事輒言，無所隱。世宗嘉其忠，每稱之。穀自大理寺丞，累官同知，中京留守，終利涉軍節度使，補官工部員外郎。煦爲工部主事。中安知火山軍事。〔攷異〕王賁傳，字文孺，宛平人。父中安，第進士，坐田瑴黨事廢。世宗立，黨禁解，終沂州防禦使。賁第進士，終南京按察使。弟質亦進士，官禮部尚書。元好問中州集，時濟南李之翰字周卿，宣和末擢第，仕國朝，守寧州。陷瑴黨籍，除名，徙上京，遇赦，復官，終東（京）〔平〕（據中州集辛集改）倅，有漆園集行世。子靈石尉謙，孫德元。又王仲通字（連）〔達〕夫（同上），長慶人，天會六年進士。陷瑴黨，編配五國城，會赦還。世宗立，復官，終永定節度使。史均未載。

迨章宗卽位，詔尚書省曰：「故吏部侍郎田瑴等皆中正之士，小人以朋黨陷之，由是得罪。世宗用孟浩爲右丞，當時在者俱已用之，亡者未加追復，其議以聞。」時顧命大臣張汝霖，其父浩素與松年友善，力阻之而止。汝霖没，章宗復詔曰：「田瑴黨事之後，有官者以爲戒，惟務苟且，習以成風。先帝知其無罪，録用生存之人，有擢至宰執者，其次有爲節度、防禦刺史者。其死者猶未追復，〔子孫〕（據金史卷八九孟浩傳補）尚在編户，朕甚憫焉。宜並加恩卹，以勵風俗。據田瑴一起人除已敍用外，但未經任用身死，並與復舊官爵，其子孫坐此事削除官職者，亦與追復。應合追復爵位，其子孫不及蔭敍者，亦皆量與恩例。」〔攷異〕劉仲洙傳，瑴等黨事廢錮者三十餘家，仲洙知其冤，上書力辨，帝從之，迺復瑴官爵，而黨禁益解。紀未載。仲洙字師魯，宛平人。第進士。性剛直，果於從政，尤善治民，爲一時能吏。歷官定海節度使。亦見本傳。同時李完，字（令）〔全〕道（據金史卷九七李完傳改），馬邑人，詞賦進士。歷陝西〔西路〕（同上補）轉運使，亦長於吏治。馬百禄字天錫，三河人。父柔德，天會初第進士，歷修撰，坐田瑴黨免官。世宗朝，召用。百禄登詞賦進士，終南京提刑，以剛直廉幹聞。楊伯元字長卿，尉氏人，第進士。以才幹多被委任，終安武節度。劉璣字仲璋，益都人。第進士，官太常卿。兄（琓）〔琉〕（據金史卷九七劉琉傳改）字伯玉，官定海節度。弟瑋，太府監。康元弼字輔之，雲中人，正隆進士，終南京轉運使。伊喇益字子遷，中都路人。以蔭補官，終河東按察使。國史均有傳。

金史紀事本末卷二十二

秉德唐古辯謀逆 烏達等附

熙宗皇統七年（丁卯一一四七）冬十一月乙亥，兵部尚書秉德進三角羊。擢爲參知政事。秉德，本名伊遜，原作乙辛。〔攷異〕苗耀神麓記作阿辛。續通考羊作牛，云，一作羊。又天眷五年十月，大名進牛生麟。宗翰原作粘罕子也。初爲西南招討使，改汴京留守。丁母憂，起復。至是由兵部尚書，拜參政。

八年（戊辰一一四八）夏四月辛丑，遣秉德與烏凌阿富勒呼等廉察官吏，使還，拜平章政事。

九年（己巳一一四九）十二月海陵篡立，改爲天德元年。秋八月庚申，廷議徙遼陽、渤海之民於燕南，秉德及左司郎中薩哈原作三合主其事。侍從高壽星等當遷，訴於后，后怒，白帝，〔帝〕（據金史卷四熙宗紀補）怒議者，杖秉德，殺薩哈。

九月戊戌，以秉德爲尚書左丞相兼中書令。

時熙宗在位久，悼后干政，而繼嗣未立，帝無聊，不平，屢殺宗室，箠辱大臣。秉德懷忿，乃與唐古辯、烏達等謀廢立。烏達告海陵，海陵因與秉德謀弑帝。遂於是年十二月九日，與唐古辯、烏達、呼圖、額勒楚克、大興國、李老僧、海陵妹夫塔斯弑帝於寢殿。〔攷異〕大金國志云，燕京留守岐王亮時在外，諸王召入同謀。〔亮〕（據大金國志卷一三熙宗紀補）潛往上京至駙馬宅與燕、趙諸王議，駙馬曰：「有一人可使，乃興國奴也。此人好犀帶，岐王照夜白馬，惠之必從。」興國奴大喜，結門者乞伏效里等，令開門，諸王入，主熟寢，叱曰：「無道主，匹夫耳，可速斬之！」言訖，劍落，良久死，駙馬以衾裹其屍。苗耀神麓記云，唐古卞率平章亮、參政蕭王仲武、太常烏達、宿直將軍斡諸、尚廐局使高景山及興國奴同謀，護衛忽突以槍刺殺之。繫年要録云，時有護衛將軍瑚圖克，初不與謀，亮等入霄儀殿門，亶驚起，求弓刀不獲，瑚圖克以槍刺亶於殿壁，衆前争斫殺之。所載姓名互異，今從史。秉德意未有所屬，呼圖奉海陵坐，因羅拜，呼萬歲，殺曹國王宗敏、本名阿里布，太祖子，大定間追復官爵。〔攷異〕汪輝祖金史同名録云，亦作阿魯補。卷三太宗紀天會八年將，官歸德節度；卷五十九宗室表景祖裔，行臺左丞相，卽阿离補，亦作阿里補、阿盧補；卷七十六宗固傳太宗子虞王宗偉及海陵子光英，五人同名阿魯補。苗耀神麓記作阿魯孛山，子阿里罕亦被害。又，宗室表，宗敏官太傅，領東京行臺尚書省事，長子褒，本名薩哈連，封舒國公，進爵王，次子阿里罕封密國公，所載各判。左丞相宗賢。本名色哩，一作賽里，希卜蘇孫。官太保都元帥、領三省事，與海陵同相，未嘗假借，爲所忌，被殺。初，熙宗殺胙王常勝，納其妻宫中。尋殺悼后，將以常勝妻爲后，未果，海陵詭以熙宗議立后召，將入，猶曰當力争，及被殺，尚未知也。見本傳。〔攷異〕續通考，希卜蘇一作辭不出，孫宗賢，皇統四年封豳國公，至列傳第六十六卷之宗賢，宗（定）〔室〕（據續通考卷二〇六改）子，本名阿嚕，臨海節度，封廣平郡王，正隆例降，大定初封景國公，起博索路都總管，卒，另一人。汪輝祖金史同名録云，賽里一作塞里，卷七十一斡魯傳曾孫、卷一百二十一温迪罕蒲覩傳迪斡羣牧使，三人同名賽里。海陵立，以秉德爲左丞相兼侍中，左副元帥，封蕭王，〔攷異〕苗耀神麓記云封楚國公。賜鐵券，賞賚有加。

海陵天德二年（庚午一一五〇）春正月乙巳，出秉德領行臺尚書省事，因烏達譖之也。時秉德方在告，限十日發行。會海陵欲除太宗諸子，并除秉德，以秉德首謀廢立，及弒熙宗不卽勸進，銜之。烏達因言秉德與宗本謀反有狀，曰：「昨會宗本家，海州刺史子忠〔攷異〕繫年要録作烏爾袞言其貌類趙太祖，秉德笑受其言。且謂歷數有歸。其妻嘗指斥主上，語皆不順。」遣使就行臺殺之。秉德以口語致怨，既死，并殺其弟圖哩、原作特里嘉哩、原作（糺）〔糺〕里。（據金史卷一三二秉德傳改，下同）〔攷異〕海陵紀又作糺里罕。汪輝祖金史同名録云，卷三太祖紀遼都統、卷七十四太宗時都統，三人同名糺里。又，宗室表載秉德弟色克，原作斜哥，勸農副使，而未列圖哩、嘉哩名，與傳互異。及宗翰子孫、死者三十餘人，宗翰之後遂絶。

世宗立，追復秉德官爵，贈儀同。詔以明安、穆昆還薩哈原作撒改曾孫佛門，原作盆買遣使改葬，家産給近親奉祠。

同時與秉德首謀廢立者曰唐古辯。

熙宗皇統八年（戊辰一一四八）夏六月乙卯，以都點檢唐古辯爲尚書左丞。唐古辯，本名翁鄂羅，原作斡骨剌。〔攷異〕薛應旂通鑑作唐括辯。尚熙宗女代國公主，爲駙馬都尉。至是由參政拜左丞。

秋七月戊寅，以左丞唐古辯奉職不謹，杖之。

九月，唐古辯罷。

九年（己巳一一四九）春二月甲寅，會寧牧唐古辯復爲尚書左丞。

冬十二月丁巳，唐古辯與秉德等弑熙宗。

初，秉德等謀廢立，而烏達以語海陵，海陵謂辯曰：「若行大事，誰可立者？」辯曰：「無乃胙王常勝乎？」問其次，曰：「鄧王子阿林。」〔攷異〕錢大昕云，一作阿懶，鄧王，父名宗傑，景宣同母弟，故辯以爲當立。海陵曰：「阿林屬疎，安得立？」辯曰：「公豈有意耶？」海陵曰：「若不得已，舍我其誰？」遂旦夕相與密謀。護衛塔斯疑之，告悼后，后語熙宗，熙宗怒，責之，逆謀益甚。十二月九日，海陵、秉德等會辯家。至夜，辯等以刀藏衣下，隨入宮，門者以辯駙馬，不疑，皆納之。遂弑熙宗，立海陵，辯爲尚書右丞相兼中書令，封王，賜錢絹及鐵券，進左丞相。

蕭裕計，坐與宗本謀反，誅。辯爲海陵謀逆，海陵深忌其忮忍。嘗與觀太祖畫像，謂其眼相似，彼此均色動。尋用父，重國，官東平尹，奪職，復起防禦使。大定間，以政績聞，終橫海軍節度使。

同黨烏達，〔攷異〕滿洲語置也，原作烏帶，今譯改，復改名言。卷一百二十九李通傳正隆二年刑部尚書，按即𨤺盤溫敦兀帶，傳在卷八十四，亦作斡帶，另一人。汪輝祖金史同名録云，卷八十一溫迪罕蒲里特傳其子武功將軍、卷一百三十三窩斡傳大定二年咸平路總管，三人同名兀帶。又，卷一世紀穆宗時副都統、卷四熙宗紀天眷二年撻懶子、卷七十一婆盧火傳其孫廣威將軍，四人同名斡帶。金史國語解云，凡市物已得曰「兀帶」，取以名子者猶言貨取如物然也。兀帶即武遠。（按，據上文「武遠」當作「烏達」）阿里布原作阿魯補子也。〔攷異〕宗室表，阿里布系出景祖，行臺(右)〔左〕（據金史卷五九宗室表改）丞相。譚國公子烏達，崇義節度。孫烏達布，同知大興尹。烏達布子烏頁布，筆硯祗候。阿里布次子方，簽書樞密，襲穆昆。所載甚詳。熙宗時官大理卿。當秉德謀廢立，烏達知之，告海陵，遂與俱弒熙宗。海陵立，爲平章政事，封許國王。烏達妻唐古氏淫佚，嘗與海陵通，又私其家奴閻乞兒，秉德面斥之，遂誣奏秉德欲立葛王。海陵出秉德，遂殺之。以秉德世襲明安穆昆并家產授烏達，進司空、左丞相兼侍中。尋以事出爲節度使，使其妻唐古氏殺之，而納爲貴妃。子，烏達布原作烏答補，亦作兀答補。〔攷異〕卷八十八移剌道傳，太宗時磁州刺史兀答補另一人。終同知大興尹。

大興國〔攷異〕大金國志作興國奴，本宋內侍，爲金所虜。事熙宗爲寢殿實達爾，原作小底權近侍局直長，最見親信，未嘗去左右。海陵生日，熙宗使興國賜珍玩，悼后亦以物附賜，事聞，杖興國一百。海陵因使李老僧説興國舉大事，欣然許之，乃約期起事。興國取符鑰開門，矯詔召海陵等入。熙宗嘗置佩刀御榻上，興國先取投榻下，亂作，熙宗索佩刀不得，遂被弑。海陵即位，以爲廣寧尹，賜與如其黨。尋改崇義軍即義州，遼宜州也，縣二。節度使，賜名邦基。大定間詔磔於思陵之側。

圖克坦額埒楚克，原作徒單阿里出虎會寧人，徙懿州。父巴噶，原作跋改官興中尹，與宗幹世爲姻家。皇統末，與布薩呼圖俱爲護衛十人長。海陵告以逆謀，許以女妻其子，遂與布薩呼圖直禁中，約期入宫。至寢殿，額埒楚克先進刃，呼圖繼之，熙宗仆，海陵復刃之，血濺其面及衣。海陵立，累官太原尹，封王。其子珠蘇爾尚榮國公主和尼，原作合女爲駙馬都尉。額埒楚克後坐謀反，誅，并殺其妻，命其子焚屍投骨水中。〔攷異〕劉樞傳，字居中，三河人，天眷二年進士，官奉直大夫。張浩營建燕京宫室，遣樞治工役。遷（工）〔刑〕（據金史卷一〇五劉樞傳改）部員外郎，鞫治太原尹額埒楚克反狀，旬日（具獄）〔獄具〕（據金史卷一〇五劉樞傳改）。歷工部侍郎，卒官中都路轉運使。父巴噶，後歷官工部尚書、济南尹，卒。

布薩呼圖，〔攷異〕薛應旂通鑑作僕散忽土，亦作烏土。汪輝祖金史同名録云，卷七世宗紀大定十七年兵部郎中、卷八十二光英傳咸平路猛安、卷九十二克寧傳熙宗悼后弟，均姓陀滿氏，卷一百十六石盞女魯歡傳正大九年權元帥，亦作胡土，六人同名忽土。改名思恭，上京人。本微賤，宗幹常周恤之。十二月九日直宿，海陵因之入宫。至寢殿，熙宗聞步履聲，咄之，衆皆卻，呼圖曰：「事至此，不進得乎？」乃相與排闥入。既弒熙宗，秉德尚未有所屬，呼圖因奉海陵坐，衆前稱萬歲，并使殺曹國王宗敏。累官右丞相、太尉、樞密使，封王，後使討契丹薩巴，不克，族滅之。本傳，思恭臨刑，繩枚窒口，不能言，但舉首視天日而已。

圖克坦貞，本名塔斯，原作特思。〔攷異〕亦作特厮。卷八十一蒲察胡盞傳，父謀克特厮另一人。贈司徒博勒和原作婆盧火子也。其妻爲海陵同母女弟，亦與逆謀。歷官都點檢，封王，遷樞密副使，擢御史大夫、左監軍，從侵宋。大定間改太原尹。後伏誅，及其妻與二子慎思、實禄，原作什六而宥其諸孫。其女爲章宗母，章宗立，尊爲皇太后，追贈貞等有差。〔攷異〕王翛傳，章宗改葬貞，欲用前代故事，班劍、羽葆。宰臣以貞與弒熙宗，意難之。下禮官議，翛時爲禮部尚書兼大理卿，上言：「晉葬王導有之，唐以下王公鹵簿并無班劍兼羽葆，非臣下所宜用。」上弗從。性剛直，臨事果決，吏民憚其威，雖豪右不敢犯。卒官定海節度使。

李老僧，〔攷異〕續綱目作羅卜藏。舊爲將軍司書吏，與大興國有親，素相厚。海陵將舉事，使老僧結興國。逆謀成，海陵立，遷同知廣寧尹。使察韓王亨罪，意遲回，黜爲易州刺史。後賜名惟忠，一作維忠改延安（尹）〔府〕（據金史卷一三五李老僧傳改）同知。大定初，坐與兵部尚書克實謀反，誅。

又有高懷貞者，由令史累遷禮部侍郎。海陵以近屬，爲宰相，專威福柄，遂成弒逆之計，皆懷貞輩小人慫慂導之。大定二年，放歸田里，後起爲定國軍地理志云，卽同州，縣九，後改今名。節度使。

金史紀事本末卷二十三

海陵淫暴

熙宗皇統九年（己巳一一四九）十二月海陵篡立，改爲天德元年。冬十二月丁巳，平章政事亮弑其君亶而自立。亮字元功，本諱都古魯訥，原作迪古乃。〔攷異〕大金國志云，幼名孛烈漢。遼王宗幹原作斡本次子也。〔攷異〕煬王江上録云，係阿骨打長子宗翰之元子。按宗幹乃太祖庶長子，録誤以宗幹爲宗翰，且係宗幹次子稱元子亦誤。今從史。母大氏，天輔六年壬寅歲生。天眷三年以奉國上將軍赴宗弼軍前任使，拜行軍萬户，擢中京留守。爲人僄急，多殘忍，猜忌任數。〔攷異〕大金國志云，好讀書，外寬和而城府深密，人莫測其際。矯飾盜名，包藏禍心。所載較詳。初，熙宗以太祖嫡孫嗣位，而已亦太祖孫，遂懷覬覦。在中京，專務立威。明安蕭裕傾險敢決，亮結納之。因勸舉大事，語在蕭裕亂政事中。皇統七年（丁卯一一四七）五月，（詔）〔召〕（據金史卷五海陵紀改）判大宗正事，進平章政事，攬權植黨，引肅裕爲兵部侍郎。尋由平章擢右丞相，兼都元帥。先是，因召對，熙宗語及太祖創業艱難，亮嗚咽流涕，信爲忠。嗣使大興國賜亮生日，悼后亦附賜，熙宗怒，奪還，由此不自安。加太保、領三省事，復坐張鈞事，出領行臺。過中京，與蕭裕定約。至良鄉，召還，爲平章政事，用是益危迫。會右丞相秉德、左丞唐古辯因被杖，謀廢立。烏達語亮，亮因與相結，并使李老僧約寢殿實達爾原作小底大興國、護衛十人長圖克坦額勒楚克、原作徒單阿里出虎布薩呼圖原作僕散忽土等舉大事。熙宗被弑，呼圖倡言奉亮，坐，皆拜稱萬歲，遂殺左丞相宗賢、曹國王宗敏，乃卽位。以秉德爲左丞相，唐古辯爲右丞相，烏達爲平章政事，餘爵賞有差。召秉德等六人誓太祖廟，賜鐵券及錢絹、牲畜，追謚皇考爲睿明皇帝，廟號德宗。〔攷異〕繫年要録云，興國努傳旨，斂取侍衛弓刀，揮出殿門。詐召大臣，沂王宗賢入宮，爲所害。宗敏繼至，縊殺之。交聘表云，時宋賀正旦使至廣寧，遣人諭以廢立，遣還。按，宋賀正使副，太常少卿張杞，和州團練使趙述，而賀生辰使副，司農卿湯鵬舉，吉州刺史石靖，同時遣還。表未具書耳，見錢大昕潛研堂集。熊克小紀云，鵬舉奏見彼國接伴使言，新主亮登位，見報諸國，乃下詔排辦準備。有司奏，每年金賀正旦使到闕（相）〔朝〕（據中興小紀卷三四改）見日，依五禮新儀設黃麾角仗千五十六人，將來使到，乞依新儀，從之。

海陵天德二年（庚午一一五〇）春正月癸巳，尊嫡母圖克坦原作徒單氏、母大氏、皆爲皇太后。〔攷異〕畢沅續通鑑云，宗幹初納宗雄妻，與海陵不相能，及簒位，因於府第，并其子及宗雄孫七人殺而焚之，棄其首於濠水。紀未載。以蕭裕爲祕書監，出秉德領行臺尚書省事。

二月戊辰，以唐古辯爲左丞相，烏達爲右丞相。

三月丙戌，以弟兖爲司徒兼都元帥。〔攷異〕沈炳震廿一史四譜，海陵朝宰輔領三省事者爲，完顏兖、徒單恭、耨盌温敦思忠、大臭，丞相則唐括辯、烏帶、劉筈、完顏昂、蕭裕、張浩、僕散忠恭、蕭玉、蔡松年，平章則宗義、李德固、張通古、張暉，左右丞則孛極、劉麟、張中孚、劉萼、蕭賾、耶律安禮、良弼、劉長言、李通，均見本紀。

夏四月戊午，殺太傅領三省事宗本、本名阿嚕，一作阿魯。左丞相唐古辯、判大宗正事宗美。原作呼爾察。〔攷異〕薛應旂通鑑作胡里甲。遣使殺領行臺事秉德、東京留守宗懿、〔攷異〕續綱目作阿林。薛應旂通鑑作阿隣。北京留守卞本名克實。〔攷異〕續綱目作呼拉布。薛應旂通鑑作斛祿補。及太宗子孫七十餘人，宗翰子孫三十餘人，諸宗室五十餘人。辛酉，以尚書省譯史蕭玉爲禮部尚書，蕭裕進尚書左丞，烏達加司空，(左)〔右〕(據金史卷五海陵紀、卷八四耨盌温敦思忠傳改)丞相温都思忠本名伊里布。〔攷異〕本傳温都作諸延云，原作耨盌温敦，而百官志耨盌與温敦作二姓，乃熙宗、海陵二紀又稱温都，未知孰是。國語解云：「温敦」即「武圖」。又，是時烏林答贊謨爲行臺參政，惡思忠貪黷，思忠因搆贊謨殺之。贊謨即贊謀，見思忠傳。思忠，阿爾薩水人。太祖伐遼，時無文字，諸將軍事皆口授思忠面奏，受詔傳致，雖往復數千言無少誤。遼議和，皆思忠與贊謨往來專對。累官尚書令，封廣平郡王，海陵用其譖，殺贊謨。世宗時，詔復贊謨官爵，且謂宰臣曰：「贊謨忠實、剛毅，思忠與有隙，譖殺之，今思忠子孫皆不肖，亦陰報也。」初，思忠搆殺贊謨，納其妻曹氏及財產之半，章宗時，因其女五十九言，詔還之。續通考云，正隆例降封異姓，惟思忠封廣平郡王，賜玉帶。按，金設樞密院，其爲上下所倚任者，名奏事官，其目有三：一曰承受聖旨；二曰奏事，謂事有區處，當取奏裁；三曰省院議事，皆默記之，退爲檢目，皆以一人主之。〔正〕大(據金史卷一一四白華傳補)中白華嘗居此職云。所載甚詳。爲平章政事，劉筈爲右丞相，布薩呼圖爲殿前都點檢。

秋七月己丑，烏達罷，以思忠爲左丞相，蕭裕爲平章政事。

九月甲午，立惠妃圖克坦氏爲后。〔攷異〕后妃傳，海陵善飾詐，妾媵初不過三數人。及即位，逞欲無厭，後宮諸妃十二位，餘難舉數。后由岐國妃正位中宮。南侵時，后與太子光英居守，光英爲圖們額哩頁所殺，后歸母家，卒於上京。續通考云，世宗憐其無依，詔歸父母家，歲賜錢二千貫，奴婢皆給官廩。大定十年卒。而北盟會編云，后爲徒姑丹氏，亮被弒，遣驛使殺之。繫年要録云，張浩害太子光英及后圖克坦氏，皆傳聞之誤。

冬十月辛未，殺太皇太妃蕭氏係太祖妃及其子任王威赫。遣使殺左副元帥薩里罕原作撒离喝。〔攷異〕繫年要録云，時其子御史大夫沙律亦被殺。於汴，并殺平章政事宗義、原作博濟，係舍音子。前工部尚書穆里延、原作謀里野，景祖孫，們圖琿次子。〔攷異〕續綱目作穆里野。御史大夫宗安，皆夷其族。因令史約索原作遥設誣其謀反也。以魏王威泰〔攷異〕續綱目作威台，通鑑輯覽作斡爾達，亦作斡帶。孫呼爾察舊作活里甲，亦作呼爾吉。好修飾，亦族之。

十二月己未，罷行臺尚書省。改都元帥府爲樞密院。以都元帥宼爲樞密使、太尉，領三省事如故。右副元帥大㚖爲右丞相，左監軍昂爲樞密副使。〔攷異〕后妃傳，是年，使禮部侍郎蕭拱取耶律氏女密呼於汴，以非處女出之。賜拱死，以其妻賜實格之夫文，復召入宮亂之。密呼尋召入，封柔妃。續通考云，是年正月甲辰，日有暈珥，白虹貫之。十一月丙戌復然。九月乙亥，太白晝見，至明年正月辛卯後不見。五行志，是年十二月乙卯，慶雲見，狀如鸞鳳，五彩。明年正月丁酉，白虹貫日，所載各判，紀未書。（按，據金史此載天文志）

三年（辛未一一五一）春三月壬辰，詔廣燕京，建宮室。〔攷異〕大金國志云，時右丞相梁漢臣、兵部侍郎何卜年俱勸遷都，從之。　續綱目云，命左丞相張浩、右丞相張通古等調諸路夫匠，營燕京宮室，一依汴京制度。運一木之費至二十萬，牽一車之力至五百人。宮殿徧傅黃金，間以五綵，金屑飛空如落雪。一殿之費以億萬計，成而復毁，務極華麗。所載較詳。但海陵紀，右丞相無梁漢臣名，張浩時爲尚書右丞，亦非左丞相。畢沅續通鑑謂副張浩者爲蔡松年，又異。　金圖經云，浩等按圖修繕宮室，城四圍，凡九里三十步。自天津橋北曰宣陽門，門分三，中繪一龍，兩偏繪鳳，用金鍍銀實之。中門惟車駕出入，兩邊分雙、隻日開。東爲太廟，西爲尚書省。通天門觀高八丈，朱門五，飾以金釘，又設左右掖門。南城正東曰宣華，正西曰玉華，北曰拱辰門。內殿九重，殿三十有六，門閣倍之。中曰皇帝正位，後曰皇后正位，東曰內省，西曰十六位，爲妃嬪居。西出玉華門爲同樂園，瑤池、蓬、瀛、杏林盡在是。范成大攬轡録云，亮建燕都，規摹出孔彥舟。役夫百二十萬，作治數年，死者無數。宮中屏扆牖皆汴宮故物。汴匠燕用，製作工巧，所造皆刻其名，今用於燕，其兆先見。析津志云，金築燕城，用涿州土人，置一筐，左右手排，立定，自涿至燕傳遞，空筐出，實筐入，人止一畚，不日成之。材木則取之真定府潭園。王惲玉堂嘉話云，天眷三年，析津放第於廣陽門西一僧寺，門上唱名。至遷都後，命宣陽門上唱名，遂爲定例。許亢宗奉使行程録云，燕城周圍二十七里，樓臺高四丈，樓計九百一十座。池塹三重，開八門。至天德三年，展築南城三里，國志所引蔡珪大覺寺碑合計周三十里，并外郛共周七十五里。城門十二，其標題皆禮部尚書王競，士林推重。盧彥倫傳，臨潢人，時官大名尹，奉詔營燕京宮室。紀未載。

夏四月丙午，詔遷都燕京。〔攷異〕繫年要録載詔，畧曰：「昨因綏撫南服，分置行臺，時則邊防未寧，法令未具，本非永計，(亦)〔只〕(據繫年要録卷一六二改)是從權。既而人拘道路之遥，事有歲時之滯，凡申欵而待報，乃欲速而愈遲。今既庶政惟和，四方無侮，用並尚書之亞省，會歸(權)〔機〕(同上)政於朝廷。又以京師粤在一隅，而(分)〔方〕(同上)疆廣於萬里。以北則民清而事簡，以南則地遠而事繁。深慮州府申陳，或至半年而往復，閭閻疾苦，何由期月而周知？供饋困於轉輸，使命苦於驛頓，未可時巡於四表，莫如經營於兩都。眷惟全燕，實爲要會。將因宮廟而創官府之署，廣阡陌以展西南之城。勿憚暫時之艱，以就得中之制。所貴兩京一體，保宗社於萬年，四海一家，安黎元於九府。咨爾中外，體予至懷。」但繫之歲末，與史異。安搭哈傳，一名鄂勒歡，宗雄次子，性端重。時判大宗正，將遷中都，諫曰：「棄祖宗興王之地而他徙，非義也。」海陵不悅，留之上京，大定間封金源郡王。紀未載。

五月壬子，宰臣請益嬪御，廣嗣續。〔攷異〕續通考云，金制，元妃、貴妃、淑妃、德妃、賢妃，正一品；昭儀、昭容、昭媛、修容、修儀、修媛、充儀、充容、充媛，曰九嬪，正二品；婕好正三品，美人正四品，才人正五品，各九員，曰二十七命婦。寶林正六品，御女正七品，秀女正八品，各二十七員，曰八十一御妻。貞祐後，貴妃下有真妃，淑妃下有麗妃、柔妃而無德妃、賢妃。復有尚宮夫人、欽聖夫人、資明夫人，均正五品。其宮闈歲給，太后、太妃宮各錢二千萬，綵二百段，絹千匹，綿五千兩。妃歲給錢千萬，綵百段，絹三百匹，綿三千兩。嬪下遞減。又，金代后不娶甥舅之家，有周姬齊姜之義，所載甚詳。命圖克坦貞詔宰臣，前所(錄)〔誅〕(據金史卷五海陵紀改)黨人諸婦女中，多朕中表親，欲納之宮中。蕭裕諫，不從。遂納宗本子蘇爾圖、原作莎里畷宗固〔攷異〕續綱目作舒嚕。子呼喇勒、原作胡里剌。〔攷異〕續綱目作蘇喇勒。宗雄傳，宗雄孫亦名胡里剌，另一人。和碩打、原作胡失打。〔攷異〕續綱目作和碩台。秉德弟嘉哩妻宮中。后妃傳，嘉哩妻高氏，封修儀，後以家事訴，遣出之。

六月丙子，殺太府監完顏富魯原作馮六。

冬十月己巳，殺蘭子山明安蕭拱。

十二月戊辰，杖壽寧縣主蘇尼原作徐輦。

是歲，子崇王元壽卒。〔攷異〕續通考云，是年始制國子監定詞賦經義生百人，小學生百人。又算學，凡司天臺學生，女直二十六人，漢五十人。醫學凡十科，大興府學生三十人，餘京、府同，散府遞減。太宗時，赤盞暉爲歸德節度，時宋州舊無學，暉建學舍，課生徒，復其身，此爲州府設學之始。世宗大定中，詔京、府設學養士，凡十七處，共千人。章宗時復增置府、州學舍以進士。官提控。紀均未載。

四年（壬申一一五二）夏六月戊寅，權超台原作楚底部明安納延伏誅。

秋七月癸卯，命崇義節度使烏達妻唐古定格原作定哥。〔攷異〕續綱目作鼎格。汪輝祖金史同名録云，卷五海陵天德四年徒單恭兄、卷一百十八胡天作傳天作子奉職，三人同名定哥。殺其夫而納之。

九月甲午，次中京。丙午，殺太府少監劉景。

冬十月甲申，殺太祖長公主烏嚕，杖其夫平章圖克坦恭。恭兄定格，初尚烏嚕。定格死，恭强納焉，而不相能，又與侍婢呼達原作忽撻。〔攷異〕汪輝祖金史同名録云，卷一百二十裴滿達傳本名，太尉徐王亦作忽達，又作胡撻，二人同名忽撻。不協。呼達得幸於后，遂譖殺之，而并罷恭。封呼達爲〔莘〕國夫人（據金史卷七七完顔亨傳補）。

十一月辛丑，買珠於烏爾古德哷勒原作烏古迪烈部及扶餘〔攷異〕畢沅續通鑑作富楚，云，原作蒲與。路，禁私相貿易，仍調兩路民採珠一年。地理志云，扶餘路初置萬户，海陵改置節度。烏爾古德呼勒爲招討司，兩路相近，南至上京六百七十里，北至北邊界。世宗紀大定十九年始罷東北路採珠。

十二月甲子，斬妾人敲仙於中京市。〔攷異〕續綱目云，是年，亮召濟南尹烏祿妻烏淩阿氏，至良鄉，得間自殺。薛應旂通鑑作烏林答氏，即世宗妻，後謚昭德皇后。世宗終身不別立后。蔣一葵長安客話云，自殺在良鄉之固節驛，以縣得名。妃聞其名，曰：「我得死所矣。」李嘉賓題驛詩云：「(往)〔狂〕(據長安客話卷五改)金跨中原，南渡轉炎精。海陵滅三綱，醜類禽獸行。殺夫納其婦，節義(漸)〔澌〕(同上)以傾。(貞)〔賢〕(同上)哉葛王妃，挺挺女中英。被召欲不往，夫禍與之并。辭王隨使去，庶使全王生。行矣死傳舍，而不墜初盟。烏嚕得再世，衆推帝東京。江上斃兇逆，境內樂昇平。人稱小堯舜，實延完(顏)〔氏〕(同上)祐。燕山有佳色，燕水有餘清。山青節不朽，水遠流芳聲。乾坤氣磊落，驛名永以旌。」按，世宗次室張氏，玄徵女，進封元妃。三李氏丞相石女，生衛王。薨，葬海王莊。衛王立，追謚光獻后。見后妃傳。

貞元元年(癸酉 一一五三)**春二月庚申，幸燕京。**

三月辛(卯)〔亥〕(據金史卷五海陵紀改)**至，初備法駕。**〔攷異〕續通考云，金初得遼儀物，克汴始有車輅之制。熙宗幸燕始用法駕。世宗有事南郊，命太常寺倣宋鹵簿造之，缺金輅、玉輅，可見者象輅、革輅、木輅、耕根車、皮軒車、進賢車、明遠車、白鷺車、羊車、革車、大輦，凡十有一。又，七寶輦飾以玉褶，網七寶滴子，用真珠，宋欽宗爲上皇製，海陵自汴取用之。至行仗，則有法駕、大駕、黃麾仗，凡行幸及郊廟祀享則用之。其常行儀衛，宮中導從大抵依宋制增損之。熙宗用法駕凡士卒萬四千五十六人，馬六千七十八匹。海陵初，祀廟用黃麾仗四千人，至還燕，用萬八百二十三人，馬三千九百六十九，分八節，諸從駕官陪從朝服，不足者公服。世宗時祇用三千人，郊祀用大駕七千人。先是，行幸皆役民執仗，始易以軍士。章宗朝南郊，用人二萬一千二百一十八，馬八千一百九十八，又遇大禮、大朝會，有內外立仗，海陵時用三千人，大定後遞減其數。其册太子用黃麾半仗。所載甚詳。**甲寅，選良家子百三十人充後**

宮。乙卯，以遷都詔中外，改元。〔攷異〕張棣金誌云，大赦境內。然亮詔未肆赦，誌恐誤。詔略曰：「顧此析津之分，實惟輿地之中。參稽師言，肇遷都邑。迺嚴宗廟之奉，迺相宮室之宜，遂正畿封，以作民極」云云。紀未載。以燕京爲中都，汴京爲南京，中京爲北京。〔攷異〕地理志云，貞元元年，定都以燕，乃列國名不當爲京師號，遂改名聖都，尋改中都。大金國志云，天德四年冬，燕京新宮成，自會寧府遷都之。貞元元年正月元夕，張燈宴羣臣，賦詩縱飲而罷。與紀異。花外東風閣日記云，元世祖以北平爲大都，然安祿山已先稱之矣。海陵以北平爲燕京，然史思明已先稱之矣。灤雪偶談云，陶潛詠荆卿詩云：「提劍出燕京」，蓋燕之名京久矣。按，史記云，燕亦渤、碣之間一都會也。南通齊、趙，東北邊上谷至遼東，北隣烏桓、夫餘，東綰濊貉、朝鮮。桓寬鹽鐵論云，燕之涿、薊，富冠海內，爲天下名都。河圖括地象云，燕卻背沙漠，進臨易水，西至軍都，東至遼，長蛇帶塞，險陸相乘也。唐六典云，東至於海，南迫於河，西距太行，北通榆關、雁門。新唐書杜牧傳云，舜分冀州爲幽、并，程其水土，與河南等，常重十三，自黃帝後，帝王多居其地。朱子語類云，冀都山脉，從雲中發來，前則黃河環繞，泰山聳左爲龍，華山聳右爲虎，嵩爲前案，淮南諸山爲第二重案，江南五嶺爲第三重案。故建都莫過於冀，所謂無風以散之，有水以界之也。惟葉子奇草木子云，元劉太保遷元京北城，取居庸關水入城，冀稍潤其土，然不及百年禍變，亦作豈地數有限而致然耶？均見日下舊聞考。丙辰，以圖克坦恭爲太保，領三省事，蕭裕爲(左)〔右〕(據金史卷五海陵紀改)丞相，張浩〔本傳，本姓高，東明王後，渤海人。第進士，歷禮部尚書。田瑴獄起，臺省一空，命行六部事，卒官太師、尚書令、南陽郡王謚文康。子汝霖，官平章，芮國公，謚文襄。〔攷異〕元好問中州集，汝霖字仲澤，封莘國公。弟汝爲字仲宣，河北轉運使。汝翼仕不達，皆進士。汝方字仲賢，汝猷字仲謀，均宣徽使。父子兄弟皆有詩傳於世。外孫爲王子端，內翰。汝霖春溪詩云：「黯黯春愁底處銷？小桃無語半含嬌。東風不管前溪水，暖綠溶溶拍畫橋。」張通古爲平章政事。

〔四月〕（據金史卷五海陵紀補）戊寅，皇太后大氏崩。〔攷異〕續通考云：四月，太后崩，詔尚書省應隨朝官至五月一日方治事，中都自四月十九日爲始，禁樂一月；外路自詔書到後，官司三日不治事，禁樂一月，聲鍾七晝夜。紀未載。

夏五月辛卯，殺弟西京留守博恰原作蒲家及完顏穆剌斡原作譈盧瓦等。博恰傳，本名富勒堅，坐事出爲西京留守。海陵忌之，嘗與穆隆阿有舊，以玉帶遺之，謂爲尉遲敬德，且召日者問休咎，家奴哈里上變，悉誅之。所載較詳，唯作穆隆阿稍異。乙卯，以京城隙地賜朝官及衞士，尋徵錢有差。

冬十月丁巳，獵於良鄉。封料石岡神爲靈應王，以嘗禱此祠，得吉卜也。〔攷異〕方輿紀要云，地在縣治東三里，岡有古城五座，方圓棋布。岡頂有多寶佛塔，隋時建。日下舊聞考云，古城址已廢，「料」亦作「燥」，佛塔今尚存。牛象坤良鄉縣志云，塔高十五丈，唐尉遲敬德修。蔣一葵長安客話云，良鄉縣南有琉璃河，自房山龍泉峪流至霸州，入拒馬河。又，胡良河自房山經涿州入此河。舊有橋，旁有一鐵竿，長數丈，蓋鎮壓物。俗謂王彦章〔所遺〕，（據長安客話卷五補）謬。范成大石湖集，琉璃河又名劉李河。路振乘軺録同。宋敏求入蕃録謂爲六里河。桑欽水經云，聖水出上谷。孫汝澄曰，卽琉璃河，見孫國枚燕都游覽志。酈道元水經注云，聖水自涿縣東與桃水合首，受涞水於徐城東南良鄉，西分洹水，世呼南涉溝，卽杭水，亦名督亢水。高士奇扈從西巡日録云，琉璃河，王曾奉使録作劉李河，蓋劉、李二姓人居之，大房山孔水入焉。石橋巨麗。會典謂自磁家務發源，潛流地中，至良鄉東入渾河。寶坻縣志云，縣城東街有大覺寺，遼重熙年建。相傳寺內有古鐘，係東海浮來。見曹學佺名勝志。

附録：金張瓚大覺寺記云：「下管院在新倉木南，始遼重熙間老僧常住建彌陀佛舍，後趺坐而化，火之不灰，夏臘七十餘，其徒二人以師像立於佛側。已而髮再生，盈月則削，爲女子所污而止。二僧傳其法，度沙門五人：志普、志言、志名、志遠、志月。自是，佛宫日廣，建毘盧殿，尋更爲十方院，遼之天慶六年也。其後，又建彌陀殿與兩廡及藏經之所。又冶鐘，既成，將建樓，而主僧行超遇疾，以貞元初年十二月逝，僧善䛒主寺，建窣堵以葬其師。又建内經一藏，漆函金飾，工制瑰瑋。刻毘盧壇覆以毳幕、珠瓔、寶幟，文采燦然。又建東堂及鐘樓，開園鑿井，甎垣一周，於是僧徒伐貞石，屬西來客張瓚書其事。瓚爲孔氏學，若浮屠，非夙所嗜，見䛒師不忘祖功有足嘉者，於是乎書。」見寶坻舊志。

十二月戊午，賜貴妃唐古定格家奴孫梅進士及第。定格尋坐與舊奴閻乞兒〔攷異〕汪輝祖金史同名録云，卷四十四兵志天興時金昌府虎威都尉紇石烈氏、卷一百三十二執中傳至寧元年護衛，三人同名乞兒。姦，賜死。乞兒及比邱尼三人皆伏誅。〔攷異〕后妃傳，定格妹實格，爲祕書監文妻，海陵私之而納於宫中。召文至便殿，使實格穢談，戲文以爲笑。定格死，出之，復召爲修容，進麗妃。紀未載。封侍婢貴格莘國夫人，封所納皇叔曹國王宗敏妃阿蘭爲昭妃。

閏月乙酉朔，殺護衛特默格原作特謨葛。

二年(甲戌一一四五)春正月甲寅朔，帝有疾，不視朝。右丞相蕭裕與前真定尹蕭豐家努原作馮家奴等謀反，伏誅。

二月甲申朔，以張浩爲右丞相兼中書令，蕭玉爲平章政事，張暉爲尚書右丞。

夏五月丁丑，太原尹圖克坦額呼楚克伏誅。

秋九月己未，常武殿擊鞠，令百姓縱觀。禮志云，金因遼舊俗，行拜天禮，重午於鞠場，中元於内殿，重九於都城外。其制，刳木爲盤，如舟狀，赤爲質，畫雲鶴文。爲架高五六尺，置盤其上，薦食物於中，聚宗族拜之。若至尊，則於常武殿築臺爲拜天所。又重午日插柳毬場，爲兩行。當射者以尊卑序，各以帕識其枝，去地約數寸，削其皮而白之。先以一人馳馬前導，後馳馬以無羽横鏃箭射之，既斷柳，又以手接而馳去者爲上。斷而不能接去者次之。或斷其青處又中而不能斷，與不能中者爲負。每射，必伐鼓以助其氣。已而擊毬，各乘馬持鞠杖，長數尺，其端如偃月。分其衆爲兩隊，共争擊一毬。先於毬場南立雙桓，置板，下開一孔爲門，而加網爲囊，能奪得毬擊入網囊者爲勝。毬狀（如小）〔小如〕（據金史卷三五禮志改）拳，以輕韌木枵其中而朱之。按，常武殿與廣武殿本擊毬習射之處。〔攷異〕宏簡録云，是月次順州，還宫時，以頓次需索民間，一鵝售用數萬，以一牛易一鵝。紀未載。

冬十月庚辰朔，殺廣寧尹韓王亨。宗弼子也。

十一月戊辰，帝命諸從姊妹皆分屬諸妃，出入禁中，與爲淫亂。卧内徧設地衣，裸逐爲戲。〔攷異〕后妃傳，壽寧縣主實庫宗望女。静樂縣主布拉及錫納，宗弼女。實古爾，宗雋女。皆從姊妹。混同郡君蘇呼和卓及其妹伊都，宗本女，爲再從姊妹。重節宗磐女孫。及母大氏表兄張定安妻鼐喇古、麗妃妹富魯和卓，皆有夫，惟實庫喪夫。海陵無所忌恥，使高實古、訥格、阿古等傳達言語，皆私之。惟錫納及蘇呼和卓最寵，恃勢笞決其夫。凡宫人有夫者，〔其夫〕（據金史卷六三后妃傳補）皆遣往上京。常令教坊番直禁中，每幸婦人，必使奏樂，撤其幃帳，或使人説淫褻語於其前。〔嘗〕（據金史卷六三后妃傳補）幸室女不得遂，使元妃以手左右之。妃嬪列坐，率意淫亂。或令人效其形狀以爲笑樂。所載較詳。按，（銀）〔錫〕納（據上文改）原作習撚，與海陵昭媛札巴侍女同名。

十二月乙酉，以温都思忠爲太師，領三省事如故。

三年（乙亥一一五五）春正月辛酉，以大臭爲太傅，領三省事。

二月壬午，以昂爲太尉、樞密使，張浩爲左丞相，布薩思恭爲右丞相。

三月壬子，杖張浩及平章張暉。〔攷異〕畢沅續通鑑云，時磁州僧法寶欲去，浩、暉欲留之。主責之曰：「聞卿等到寺，法寶正坐，卿等側坐，失大臣體。」杖各二十。法寶懼甚，杖二百。紀未言留法寶及法寶懼，稍異。

夏四月丁丑朔，昏霧四塞，日無光，凡十有七日。

五月七日，南京大內火。

六月（丙戌）〔乙未〕（據金史卷五海陵紀改），命布薩思恭等如上京，奉遷太祖、太宗梓宮至大房山山陵〔攷異〕方輿紀要云，山在房山縣西十五里。亮以靈峯寺爲山陵，故縣有萬寧之名。繫年要録云，金初無陵寢，但葬於護國林，至是始改，卜遷於良鄉縣西之大洪山佛寺。金圖經云，亮令司天臺於良鄉縣西五十里大紅山西大紅谷曰龍銜寺，峯巒秀拔，毀其寺，改葬祖父於寺基之上，將正殿元位佛像鑿穴，奉安太祖、太宗、德宗，餘隨昭、穆序焉。大紅谷國志作大洪谷，龍銜寺作龍城寺。惟熙宗葬山陰。海陵紀，大房山行宮名磐寧。正隆元年二月庚子，謁山陵。七月己酉，命太保昂如上京，奉遷始祖以下梓宮。十月乙酉，葬始祖以下十帝於大房山。閏月己亥朔，山陵禮成。大定二十一年，封大房山神爲保陵公。册曰：「古之建邦設都，必有名山大川以爲形勝。我國家既定鼎於燕，西顧郊圻，巍然大房，秀拔渾厚，雲雨之所出，萬民之所瞻，祖宗陵寢於是焉依。仰惟嶽鎮，古有秩序，皆載祀典。矧茲大（事）〔房〕（據金史卷三五禮志改），禮可闕歟？其爵號、服章俾列於侯伯之上，庶足以稱。今遣官備物，册命爲保陵公。勅有司歲時奉祀，并禁樵采。」尋置萬寧縣。明昌初，改奉先。元至元中改爲房山縣。本良鄉之昌黎里。見朱彝尊日下舊聞。劉静修集有過奉先縣詩。及迎皇太后圖克坦氏。

秋七月辛酉，如大房山，杖提舉營造官、吏部尚書耶律安禮等。

九月丁卯，帝迎梓宮及太后於沙流河，命持杖二束，跽太后前，請笞之。太后撫慰而罷。

十月丙子，太后至中都，居壽康宮。按，史志云，正北列三門，中曰粹英，爲壽康宮，母后所居也。

十一月戊申，山陵禮成。

十二月乙未，帝朝太后於壽康宮。己亥，太傅領三省事大臭卒，帝親臨哭，命有司廢務及禁樂三日。〔攷異〕畢沅續通鑑作大托卜嘉，云，降金，從伐遼侵宋，屢有功。歷行臺右丞相，搆陷完顏杲，得主意，擢用之。卒，贈太師、晉國王，謚傑忠，見卷六（按，當見卷八〇大臭傳）。

正隆元年（丙子一一五六）春正月己酉，羣臣上尊號。帝自九月廢朝，常數月不出，有急奏，召左右司郎中省於卧內。庚戌，始視朝。〔攷異〕續通考云，二月，遣刑部尚書紇石烈婁室等十一人，分行大興府、山東、真定府拘括係官或荒閑牧地，及官民占射逃絶户地。戍兵占佃宫籍監，外路官本業外增置土田，及大興府平州路僧尼、道士、女冠等地，盡以授所遷之猛安謀克户，且令民請射而官得其租。紀未載。

夏五月辛亥，修容安氏閤女御爲妖所憑，舞譟宮中，命殺之。〔攷異〕后妃傳，凡坐中有嬪御，海陵擲一物於地，使近侍環視，他視者殺。男子於妃嬪位舉首者刓其目。便旋須四人偕往，所司執刀監護，不由路者斬之。日入，下階者死。告者賞錢二百萬。男女悞相觸，先言者賞三品官，後言者死，齊言者皆釋之。女使闢拉有孕，海陵欲幸之，〔飲〕（據金史卷六三后妃傳補）以麝香水，躬自揉拉其腹，竟墮其胎。按，是時被罪死者甚多，史蓋不勝書耳。

是月，頒行正隆官制。

六月庚辰，天水郡公趙桓薨。〔攷異〕竊憤録云，主大閲講武殿，令天水侯領一隊，乘羸馬，圍既合，爲騎兵踐踏死。且作六年事。嚴冬友謂當從文道紀年紀略作爲海陵所害，庶於書法爲允。今從之。

潘永因宋稗類抄云，獻陵北狩不還，任元受時爲下僚，率中原搢紳爲位佛宮，作疏哀之。畢沅謂録爲僞書，不足信。曰：「時巡萬里，羣心久阻於望霓；歲閲三星，仙蹕俄遷於奔電。悲纏率土，冤薄層空。臣等跡忝簪纓，心增荼蓼，從君以出，始慚晉國之亡臣；御主而還，終愧趙家之養卒。攀號奚及？摧隕何窮！嘗聞無罪而殺一夫尚復有辭，而籲上帝，矧茲二載，喪我兩君，義不戴天。叩九閽而靡愬，禮應投地。希十力之可憑，爰竭蚍蜉之(誠)〔忱〕(據宋稗類鈔卷三改)。仰于龍象之馭，恭惟孝慈淵聖皇帝，夙躋上哲，遽屬多艱。嗣服幾年，躬勤庶政。遥羈元朔，祇爲蒼生，已深露蓋之嗟，更(割)〔劇〕(同上)輼車之慘。遺弓安在，憑几莫聞。萬乘墨縗，將禦徐戎之難，六軍縞素，咸聲義帝之冤。自憐草野之踪，莫效涓埃之報。惟依妙果，式佐神游，伏願法證三乘，趣超十地。如天子名爲善寂，萬有皆空，猶世尊身入涅槃，一真不壞，兜离響滅，恒聞梵唄之潮音，區脱塵空，來(印)〔卽〕(同上)寶華之法會。然後神明助順，中外謀全。載木主以徂征，誓修幽壤之怨。奉梓宮而旋穸，冀慰在天之靈。」按，任名盡言，著小醜集，楊誠齋序。檜没後，高宗除湯鵬舉爲侍御史，以啟賀，公論大申。浚作都督，辟入幕，以養母力辭。岳珂桯史云，徽宗上賓，淵聖方身縻異境，高景山初以訃聞，任元受作疏文以奠於郡國，禮制之外因心薦嚴。雖前無此比，亦不失臣子盡誠之誼。文係二篇，且於「憑几莫聞」下接云：「熏修唯藉於佛乘，升濟或資於仙駕。恭願神游，超越睿識圓明，區脱塵空，來(印)〔卽〕(據桯史卷一五改)寶華之法會。兜离響滅，常聞金鼓之妙音。更冀大覺垂慈，三靈協佑，護持正法，隆世祖中興之功，摧伏諸魔，雪懷王不返之怨。」二曰：「仙馭賓空，載嚴遐駕。法筵撤席，更罄餘哀。恭惟大行孝慈淵聖皇帝蹈千仞之淵冰，脱羣生(之)〔於〕(同上)塗炭。」「皇天降割裔土告終」以後，始接「萬乘墨縗」等句。餘字句間有不同。

冬十月庚寅（按，是年閏十月己亥朔，月内無庚寅，這裏干支有誤），杖右丞相蕭玉、左丞蔡松年、右丞耶律安禮、御史中丞馬諷等。安禮傳，本名納罕，系出約尼氏。歷樞副、左丞，封温國公。鞫宗弼子韓王亨獄，奏無反狀。及議降累朝功臣封爵，諫南侵，忤旨，罷爲南京留守。致仕，卒。諷字良弼，瀰陰人。〔攷異〕續通考云，「正隆元年，龐迪爲鳳翔尹，時興師南侵，征斂煩急，官吏因緣爲姦，富者賄免，貧者破産。迪悉召民，使共議，增減不假，威督而役力均，人情大悅。」紀未載。

二年（丁丑一一五七）春二月癸卯，詔削降封爵，命公私文書但有王爵字者，立限毀抹，雖墳墓碑誌並發而毀之。

冬十月壬寅，命會寧府毀舊宮殿、諸大族第宅及儲慶寺，仍夷其址而耕種之。丁未，禁賣古器入他境。乙卯，初鑄銅錢。〔攷異〕續通考云，「正隆二年十月，以議鼓鑄禁銅越外界懸罪賞格，括民間輸器。陝西、南京者輸京兆，他路悉輸中都。三年二月，中都置錢監二，東曰寶源，西曰寶豐。京兆置監一，曰利用，文曰「正隆通寶」，輕重如宋小平錢，而肉好，字文峻整過之，與舊錢通用。」所載較詳。

三年（戊寅一一五八）春正月丙寅，子舒蘇鄂博原作矧思阿不死，殺太醫副使謝友正及其乳母等。己卯，杖右諫議大夫楊伯雄。本傳，生實達爾東勝家，保養之，封其母唐古氏爲柔妃。死後，追封宿王。伯雄竊議其不宜養於宮外，被杖。字希雲，藁城人。忠實敢言，仕至禮部尚書。海陵嘗登瑞雲樓納涼，命伯雄賦詩，句云：「六月不知蒸鬱到，清涼會與萬方同。」海陵曰：「伯雄出語不忘規戒，人臣當如是矣。」除定武節度，改平陽尹，徙河中，卒。謚莊獻。顯宗在東宮，時伯雄爲少詹事，集古太子賢不肖爲書進之。弟伯仁字安道，第進士，官翰林學士、禮部侍郎，文詞典麗。

秋七月甲申，以耶律安禮爲尚書左丞，進參政赫舍哩良弼爲右丞，敬嗣暉、李通爲參知政事。

冬十一月癸未，詔左丞相張浩、參政敬嗣暉營建南京宮室。〔攷異〕繫年要録載於元年及四年，稍異。

王士點禁扁云，金以幽州爲中都，汴爲南京，宮之扁曰：啟慶、衍慶、聖壽、翠微、慶寧、景明、坤寧、光春、萬寧、磐寧、壽康、仁壽、隆慶、壽安、長春、建春、興德、慶元、光興、孝寧、壽聖、集慶、坤儀、會聖。殿之扁曰：長樂、長生、浮玉、仁安、仁智、仁政、保安、保成、洪政、大安、大慶、崇慶、廣寒、廣德、廣仁、瓊光、隆德、瀛洲、重光、厚德、天興、樞光、光德、光興、集英、明俊、熙春、集賢、明揚、慶春、泰和、純和、慶和、太和、德和、元和、魚藻、德昌、福寧、燕壽、德壽、福壽、端儀、德儀、徽音、常武、揚武、閱武、臨武、聖武、皇武、文明、芳明、承明、文昭、乾元、承華、臨芳、貞元、宣華、慈訓、絳霄、蓬萊、睿思、翠霄、寧福、紫宸、奉慈、湧金、儀宸、孝慈、玉清、神龍、丕承、景祥、德輝、辰居。其他樓、閣、池、苑名多不具録。日下舊聞考云，士點所載宮殿各名，據地理志及本紀間有與上京、東京、西京等處名目相同者，如皇武、光德、德元、辰居等殿，興德、慶元、光興等宮，史繫之上京，保安殿繫之西京，孝寧宮繫之東京，景明宮、揚武殿在桓州，樞光殿在撫州，柔遠殿、長春行宮在灤州石城縣，光泰殿在遂城縣，或異地同名，姑存以俟考。大金國志云，崇慶元年，元軍至城下，城中乏薪，拆絳霄殿、翠霄殿、瓊華閣材分給四城。孫承澤春明夢餘録云，遼正殿曰洪武，元正殿曰大明，後之年號、國號先見，謂非定數耶？朱昆田日下舊聞補遺云，遼以大安名殿，而金以之紀年，亦兆之先見者。鄭建充傳，字仲實，鄜州人。仕宋，知延安府。來降，擢京兆都監，歷平涼尹。時營繕南京宮室，山、陜材木浮河下，多沈溺，有司錮其家。建充請至砥柱解筏順流，錮者得釋。李晏傳所載畧同。

是歲，封子廣陽爲滕王，尋卒。〔攷異〕畢沅續通鑑云，九月，改光州爲蔣州、光化軍爲迪化軍、光山縣爲期思縣，避金太子光瑛名也。太子年十二，善騎射。嘗射獐獲之，主以薦太廟。趙翼劄記謂光化軍改爲通化軍。又，金章宗以完顏匡爲賀宋正旦使，權易名弼，避宋諱，此彼此避諱故事也。海陵以「英」字與「鷹」字聲相近，改「鷹坊」爲「馴鷙坊」，國號有「英國」改爲「壽國」、「應國」爲「杞國」。滕王母南氏，本大臭家婢，封才人。續通考云，三年正月丁亥，有星大如杯，長二丈餘，其光燭地，出太微，没於梗河之北。

四年（己卯一一五九）春二月丁未，修中都城。造戰船於通州。續通考云，唐爲潞縣，金天德中改今名。有豐備、通濟二倉。興定中升防禦州，領潞縣、三河二縣。諭宰臣以南侵事。調諸路明安穆昆軍，皆籍之。

冬十二月乙亥，殺太醫使祁宰，以其上疏諫侵宋故也。〔攷異〕繫年要録云，是年金命罷諸路榷場，祇留泗州一處，遂詔留盱眙軍榷場，餘并罷。商賈失業者衆，漸致抄掠，久之乃定。

五年（庚辰一一六〇）春二月辛未，河東、陝西地震。鎮戎、德順軍大風，壞廬舍，人多壓死。甲戌，遣引進使高植、刑部郎中海古勒原作海狗分道監視所獲盜賊，並凌遲處死，或鋸灼去皮、截手足。仍戒屯戍千户穆昆等，後有獲者並處死，總管府官亦決罰。〔攷異〕續通考云，金舊俗，輕罪笞以柳葼，殺人及盗劫者擊其腦殺之，没其家貲，十四入官，六償主，家人爲奴婢。獄掘地〔深〕（據續通考卷一三五補）廣數丈。太宗稍用遼、宋法，刑贖並行。嗣後以杖折徒，州縣立威，置刃於杖，虐於肉刑。季年，君臣好用筐篋故習，官吏日以慘酷爲能。有司姦贓，真犯可決也，而微過亦然。風紀之臣，失糾皆決。考滿，校其受決多寡爲殿最。其初，效秦人强主威，待宗室少恩，〔待〕（據金史卷四五刑志補）士〔大〕（同上）夫少禮，均隱忍就功名。世宗臨馭，去律援經，言幾於道，鮮有及之者。章宗繼體，尚有祖風。熙宗創皇統〔制〕（據金史卷四五刑志補）頒行，取河南地，罷酷毒刑具。大定初，立軍前權宜條理，復命删定，與前制書並行。尋命大理卿移剌道重修大定制條，凡千一百九十條，計十二卷。泰和元年，司空襄進新定律令勅條格式，後又命尼龐古鑑等重修新律。哀宗時，用張行信言，罷高琪所定職官犯罪的决法。

三月辛巳，東海縣屬海州民張旺、徐元等反，遣都水監徐文等率舟師九百浮海討之，以試水師。未幾，平。庚子，進右丞良弼爲左丞，横海節度使、致仕劉長言起爲右丞。〔攷異〕元好問中州集，東平劉長言字宣叔，宋相莘老孫。宣叔爲正隆宰相，詩文能世其家。今不復見矣。史祇載其爲右丞，十一月罷，未言其爲宰相。

夏四月庚戌，昭妃富察阿里庫原作阿里忽有罪，賜死。昭妃爲駙馬都尉穆里延女。初嫁宗磐原作蒲盧虎子阿古岱，被誅，再嫁宗室囊嘉特，亦死。海陵初欲取之，其父不從，及即位，三日即納之。因嗜酒，寵衰。其女重節亦與海陵亂，昭妃怒批重節頰，滋不悦，嗣因榜殺厨婢三娘，命縊殺之。

冬十二月癸丑，禁中都、河南北、山東諸路軍民網捕禽獸及畜養鷹隼者。禁朝官飲酒，犯者死，三國人使燕飲者罪。

六年（辛巳一一六一）春正月丁丑，判大宗正圖克坦貞等飲酒，杖之。〔攷異〕爽傳，名阿林，衛王宗強子，官橫海節度使。海陵將侵宋，嚴酒禁，坐與弟阿蘇及從父兄亨、圖克坦貞會飲被杖，坐左遷。所載較詳。海陵紀尚有益都尹京，又異。辛丑，殺富察阿古岱原作阿虎迭女徹辰。徹辰，慶宜公主出，幼鞠宮中，海陵欲納之，太后不可。嗣諷其夫阿里布出之，而納於宮中。至是，以徹辰與完顏守誠有姦，并殺之。〔攷異〕續綱目云，亮使伊喇補出其妻富察伊徹〔而納之。伊徹〕（據續綱目補），亮姊女也。

二月乙巳，杖衛王襄之（女）〔妃〕（據金史卷五海陵紀改）及左宣徽使許霖。癸亥，發中都。丙寅，次安肅州。

三月己卯，改河南北邙山在洛陽府城外十里爲太平山。將至獲嘉，縣名，屬衛輝府。有男子上書言事，斬之。所言莫得聞。自中都至河南，所過麥皆空。復禁扈從擾累，莫有從者。

夏四月庚戌，發河南府，契丹本布原作不補伏道左，陳破海賊功，爲李惟忠所抑，立命斬之。弟兖妻烏雅原作烏延氏有罪，賜死，因與奴姦也。其弟指揮實訥原作習泥〔烈〕（據金史卷五海陵紀改）亦罪誅。（按，據金史卷五海陵紀，誅兖妻烏延氏、弟習泥烈皆爲三月事）

五月，契丹諸部反，遣右〔衛〕（同上）將軍蕭圖喇原作禿剌等討之。尋命樞密使布薩思恭等繼往。〔攷異〕伊喇鄂爾多傳，一名巴錦，系出遼五院司，由令史歷孟州防禦使。正隆間，轉同知北京留守。會伊克河闌子山等明安契丹謀亂，時方發兵討之，鄂爾多押軍至松山縣，爲所執，不屈困辱，之後得脱。還，卒官通遠節度。紀未載。壬戌，次南京。是夜，大風壞承天門鴟尾。〔攷異〕續通考云，正隆五年八月庚午，日中有黑子，狀如人。六年二月甲辰朔，日有暈珥戴背，紀均未載。癸亥，備法駕，入於南京。〔攷異〕熊克小紀云，時張浩具九節儀從迎亮入南薰門，及門，而雨暴至，儀從皆不可舉。入内，至承天門，迅雷大作。天變如此，竟不知懼。所載各判。

秋七月己丑，命殺亡遼耶律氏、宋趙氏子男凡百三十餘人。

八月壬寅，單州杜奎據城叛，遣都點檢耶律湛等討之。癸丑，以圖克坦太后諫南侵，弒之於甯德宮，命焚之，棄骨水中，并殺侍婢十餘人。太后爲帝嫡母，宗幹正室，蒲帶〔攷異〕汪輝祖金史同名録云，卷七十三宗雄傳，其孫北京臨潢提刑使；卷八十八完顏守道傳，其弟點檢司判官；卷一百三十夾谷阿魯真傳，其子，四人同名蒲帶。之女。賢而無子，逮下有恩，帝母大氏事之謹。熙宗被弒，太后心非之，不曾賀，陰銜之。及卽位，嫌隙愈深。大氏崩，自上京迎至中都，諫阻侵宋，益不悅。嗣迨遷汴，太后使侍婢高福娘問起居，帝私之，使伺察動靜。其夫特默格教之增飾其言。布薩思恭討契丹，入見，太后語久之，福娘以告。使點檢大懷忠〔攷異〕大金國志作赤盞彦忠，熊克小紀作持嘉彦忠，各判。等往弒之。至，則命太后跪受詔，尚衣局使華特默擊之，仆而復起，護衛高福等縊殺之。〔攷異〕北盟會編云，亮在汴，母病往視，問所苦，曰：「遠征江南，是吾病也。」亮大怒曰：「非朕母也，乃梁宋國王之小妻耳！」遂賜白練，死。繫年要録又作亮生母，命護國將軍遲嘉彦忠弒之。時圖克坦后及太子光瑛復諫，亮亦欲誅之，避三日而後去。所載各判。封福娘鄖國夫人，夫爲刺史。大定間均伏誅。殺右〔衛〕〔同上〕將軍蕭圖喇、護衛鄂勒博，族樞密使布薩思恭、北京留守蕭賾、西京留守蕭惟忠，杖尚書令張浩、左丞相蕭玉。

九月戊子，殺前壽州刺史摩囉歡。原作毛良虎庚寅，大名府賊王九據城叛，衆至數萬，所至盜賊蠭起，官軍莫敢近。有言者，輒罪之。（庚寅）〔甲午〕（同上改），大舉侵宋，發南京，留皇后及太子光英居守。宗室表，海陵子凡四人，光英本名阿里布，元壽封崇王，舒蘇鄂不封宿王，廣陽封滕王。光英傳，係圖克坦后生，時燕京轉運使趙襲慶多男，故又名趙六，養於同判大宗正事方之家，賜方錢千萬。〔攷異〕趙可所撰王基墓誌云，亮借民稅五年，民益憤怨。紀未載。

冬十月丙午，慶雲見。世宗即位於遼陽，改元大定。左司郎中鄂博庫原作吾補可。〔攷異〕宏簡録作兀不喝，後事世宗。嘉其公忠，累官横海節度使。見本傳。等入白，乃拊髀嘆曰：「我本欲滅宋後改元大定，豈非天命乎？」乃出素所取一戎衣大定事示羣臣。〔攷異〕大金國志作張浩録赦文，馳奏，即遣先鋒郭安國回衆攻之，命盡誅黄河以北之叛己者。繫年要録作郭瑞孫，云，係安國子，所載各判。

十一月甲午，刻期渡江。乙未，兵變，俄爲完顔元宜等所弒，年四十。〔攷異〕大金國志云，主死於瓜洲渡龜山寺。先一夕，有大星墜地，聲如雷。且稱其知書，自矯飾府庫資財，無所愛，吟咏冠絶當時。并未言及諸淫褻事。賈益謙傳謂海陵被弒，世宗立，大定間禁近能暴揚海陵蟄惡者輒得美仕，故當日史官修實録多所附會。史稱海陵之事，君子不無憾焉。夫正隆暴惡其大者斯亦足矣，中冓之醜史不絶書，誠如益謙言，則史亦可爲取富貴之道乎？噫！其甚矣。鄭子聃傳，字景純，廷試第一甲第一人，官贊皇令，召爲書畫直長。海陵以會試第一人程文示子聃，意少之。海陵因命與張汝霖等同進士雜試，中第者七十三人，子聃果第一。歷吏部侍郎，修國史。世宗修海陵實録，知其詳無如子聃者，蓋以史事專責之也。都督府以其柩置南京班荊館，後葬於大房山鹿門谷諸王兆域中。大定二年降爲海陵郡王，謚曰煬。二十年降爲庶人，改葬山陵西南四十里。

金史紀事本末卷二十四

太宗子孫之戮 蕭玉事附

廢帝海陵庶人天德元年（己巳一一四九）冬十二月，以太保宗本爲太傅，領三省事。宗本，原名阿嚕，太宗子。熙宗天眷三年封原王。

初，宗幹謀誅宗磐原作蒲盧虎，故海陵心忌太宗諸子。熙宗時，〔海陵〕〔據金史卷七六宗本傳補〕私議宗本等勢强，主上不宜優寵太甚。及篡立，猜忌益深，遂與祕書監蕭裕謀殺太宗諸子。誣以秉德出領行臺，與宗本別，因會飲，約内外相應。使尚書省令史蕭玉首告。又宗本言「長子錫里庫原作鎖里虎。〔考異〕宗室表作阿里庫云，原作阿里虎，而未列其弟薩爾拉之名。汪輝祖金史同名録云，卷七十四文傳靈壽縣主、卷六十三海陵昭妃姓蒲察氏，三人同名鎖里虎，亦作阿里忽。當大貴，因不令見主上」。又，秉德言（按，據金史卷七六宗本傳，「秉德」當作宗本）：「若太傅得大位，此心方安。」唐古辯謂宗本言「内侍張彦善相，相太傅有天子分。」宗本答云：「有兄東京留守在。」宗美原作呼爾察。〔考異〕繫年要録作衛王宗義。言：「太傅是太宗主家子，合爲北京留守。」卞一作呼拉布，本名可喜，見宗本傳。汪輝祖金史同名録云，卷六世宗大定二年兵部尚書，有傳；卷十四宣宗貞祐四年延州刺史，三人同名可喜。與宗本言，「事不宜遲」。宗本與玉言，「大計衹於圍場内決」。并賜袍、馬爲表識物，遂以告蕭裕，裕以聞。蕭玉出入宗本家，親信如家人。海陵恐宗本、秉德等宗室懿親，誅之無名，使玉上變，可示信。於是使人召宗本等擊鞠，海陵先登樓，命左衞將軍圖克坦塔斯、〔攷異〕宏簡録作徒單特異。近侍局副使耶律必埒哩〔攷異〕宏簡録作闢离剌，爲蕭裕妹壻。實達爾密伺宗本、宗美，至即殺之。宗美時判大宗正事，臨死神色不變。宗本已死，蕭裕使人召蕭玉，以車載至裕弟蕭祚家。時玉被酒方醒，驚恐號(跳)〔咷〕（據金史卷七六宗本傳改），且言告欵已具，因引見。海陵言，宗本反狀如裕所告，因遣使殺東京留守宗懿一作阿林、北京留守卞。及遷益都縣名，屬青州府尹畢王宗哲原作和碩、平陽尹稟、本作呼爾哈，亦作胡里改。〔攷異〕卷八十二顯德軍節度胡里改，另一人。左宣徽使京本作和色哩，原作胡什賚。〔攷異〕汪輝祖金史同名録云，卷七世宗大定十三年宿直將軍、卷八大定二十一年右副都點檢，三人同名胡什賚。又胡失來見海陵昭妃阿懶傳與卷一百三十四西夏傳貞祐三年陝西宣撫副使，亦作胡失剌。又，忽失來見卷一百十八胡天作傳元光元年知平陽府事，與執中傳至甯元年奉御，同名。等，家屬分置別所。既而使人要於路，并其子男無少長皆殺之。而中京留守宗雅喜事佛，世稱「善大王」，召至闕，亦殺之。太宗子孫死者七十餘人，〔攷異〕苗耀神麓記云，殺太宗子潞王阿魯、中京留守胡里不阿里、留守判宗胡里加、宰王胡沙、霍王胡東、鄆王神徒馬、蔡王烏也八人及後嗣七十餘口，所載畧殊。太宗後絶。遂以宗本等罪詔天下。

宗固，本名呼嚕。原作胡魯。〔攷異〕汪輝祖金史同名録云，卷一世(宗)紀(據金史卷一目録删)穆宗時蒲察部孛堇，卷十六宣宗元光二年札也，卷一百六高琪傳貞祐初按察判官，卷十六宣宗興定五年御史烏古論氏，卷九十三荆王守純傳興定時令史，卷一百八宣宗、哀宗時平章把氏，七人同名胡魯。天會十五年爲燕京留守，封豳王。熙宗既誅宗磐，本名富勒呼，原作蒲魯虎。太師、宋王。使宗固子京往燕京慰諭。既而翼王呼蘭原作鶻懶復從達蘭原作撻懶謀反，因降封太宗諸子，且下詔曰：「豳王宗固等或謂當絶屬籍，朕所不忍。但不得稱皇叔，其母、妻封號從而降者，審依舊典。」皇統二年使判大宗正事。(三)〔六〕(據金史卷七六宗固傳改)年爲太保、右丞相兼中書令，是歲卒（按，據金史卷四熙宗紀，宗固當卒於皇統七年)。子京坐宗本誅。

宗雅，本名呼拉布，中京留守，封代王。宗偉，本名阿里布，原作阿魯補。封虞王。宗英本名呼拉布。〔攷異〕宗室表作呼沙呼云，原作斛沙虎。封滕王。宗懿本名阿林東京留守，封薛王。呼蘭封翼王。宗美本名孛吉，一作呼爾察。判大宗正，封豐王。實圖美一作神土門封鄆王。哈必蘇原作斛孛束封霍王。沃里一作斡烈封蔡王。宗哲本名和碩，亦名鶻沙。〔攷異〕汪輝祖金史同名録云，卷六世宗大定九年御史、卷八大定二十八年殿中侍御史、卷六十三熙宗悼平后祖，四人同名鶻沙。益都尹，封畢王。皆天眷中受封。宗順，本名阿嚕岱，亦作阿魯帶。〔攷異〕汪輝祖金史同名録云，卷四熙宗皇統八年御史；卷九章宗明昌二年邊將，爲夏人所殺；卷九十四内族襄傳其父，皇統中參政；卷一百十一完顔訛可傳宣宗時内族元帥都監，亦作阿虎帶；卷一百十三賽不傳；泰和時副統、卷一百二十一粘割韓奴傳大定時通事；卷六世宗大定二年萬户；卷十一章宗泰和三年安國節度副使；卷一百二必蘭阿魯帶傳宣宗時益都行省參政，十人同名阿魯帶。天會二年卒，後封徐王。惟翼坐達蘭誅，餘均與宗本同時被害。

大定二年，追封宗固魯王，宗雅曹王，宗順隋王，宗懿鄭王，宗美衞王，宗哲韓王，宗本潞王，實圖美豳王，哈必蘇瀋王，沃哩鄂王，呼爾哈和色哩克實並贈金吾衞上將軍。惟宗磐、阿里布、呼沙呼、呼蘭四人不復加封。〔攷異〕宗室表，太宗子凡十四人。史載北京留守卞、平陽尹稟皆太宗孫，不稱誰子，未列世次。

蕭玉，奚人，既從蕭裕誣宗本罪，海陵喜甚，自尚書省令史爲禮部尚書，賜予甚厚。數月，爲參知政事。丁母憂，起復，授明安。子尚公主，賜第一區，分宗本家資賜之。俄代張浩爲尚書右丞，歷平章政事、右丞相，封陳國公。因訊閻拱事不合，決杖。正隆三年，進司徒，判大宗正事。五年，以司徒兼御史大夫。海陵至南京，擢左丞相，改吳國公。尋議伐宋事，玉曰：「天以長江限南北，舟楫非我所長。苻堅百萬伐晉，不能一騎渡，故知其不可。」海陵叱使出，怒其以苻堅爲比。因杖張浩，再杖玉。及發南京，留玉與張浩同治省事。世宗立，降奉國上將軍，放歸田里，奪所賜家產。久之，起爲孟州防禦使，轉定海節度使、太原尹，坐事免，尋死。子德用，世宗屏不任。

金史紀事本末卷二十五

蕭裕亂政

熙宗皇統七年（丁卯一一四七）冬十一月癸未，以同判大宗正亮爲尚書左丞，亮引蕭裕爲兵部侍郎。裕本奚人，名揚珠原作遥折，初以明安居中京，海陵爲留守，與相結，每論天下事。裕揣海陵有覬覦心，密謂曰：「留守先太師，太祖長子，人心天意，宜有所屬，誠舉大事，願竭力以從。」海陵逆謀，裕實啓之也。至是，除裕兵部侍郎，出同知南京留守事，改北京。海陵領行臺，過北京，謂裕曰：「我欲就河南兵建立位號，先定兩河，舉兵而北。君結諸明安以應我。」定約而去，中道召還，遂篡立，拜祕書監。

海陵天德二年（庚午一一五〇）夏四月戊午，殺太傅宗本本名阿嚕等，以蕭裕爲尚書左丞。初，海陵心忌太宗諸子，欲除之，與裕密謀。裕傾險巧詐，因構致其罪。宗本等已死，裕乃求宗本門客蕭玉告以反狀，已具令，上變，天下寃之，語詳宗本事中。因拜裕左丞，加儀同，授明安，賜予甚厚。

秋七月己丑，進拜平章政事，監修國史。舊制，首相監修。今以授裕，異數也。

貞元元年（癸酉一一五三）春三月辛亥，遷都燕京，以蕭裕爲右丞相兼中書令。裕在相位，任職用事頗專恣，威福在己，勢傾朝廷。海陵倚信之，他相仰成而已。裕與高藥師善，嘗告以海陵密謀，藥師奏之，且謂裕有怨望心，海陵戒諭不罪之。或又謂裕擅權者，海陵以爲忌裕者衆，不之信。因出其弟左副點檢祚爲益都尹，妹夫左衞將軍耶律必埒里原作闢离剌爲甯昌節度使，地理志云，軍名，即懿州。縣二，遼爲廣順軍。以絶衆疑。裕未悉其意，轉謂海陵疑己。海陵弟兖共在相位，以裕多自用，頗防閑之。裕又謂海陵使兖備之也。而海陵猜忌嗜殺，裕恐及禍，遂與前真定尹蕭豐嘉努、原作馮家奴前御史中丞蕭珠展、原作招折博州同知約索、原作遥設裕女夫和勒博原作曷剌補謀立亡遼豫王延禧孫，并使親信蕭托諾原作屯納往結西北招討使蕭懷忠。一作海呼。〔攷異〕繫年要録作和和。懷忠依違未決，謂托諾曰：「此大事，汝歸遣一重人來。」裕乃使珠展往。懷忠問與謀者復有何人？珠展曰：「五院節度使耶律朗。」而懷忠先與朗有隙，而珠展嘗上達蘭原作撻懶變事，懷忠疑其反覆，因執之，并收朗繫獄，上變。時約索亦賜布達〔攷異〕滿州語，飯也。舊作白答，今譯改。書，令相助，布達奏之。海陵命斬於市，會懷忠上變事入奏，得免。

海陵引見裕，問謀反故，裕以前事所疑對。且曰：「陛下與唐古辯及臣約同生死，辯以强忍果敢致死地，臣恐不得死所，故謀反耳！太宗子孫無罪皆死臣手，臣死亦晚矣。」海陵尚欲曲貸之，裕曰：「臣子既犯如此罪，何面目見天下人，願絞死，以戒不忠者。」海陵遂以刀刺左臂，取血塗裕面，謂曰：「汝死，當知朕無疑汝心。」因哭送出門，殺之，并誅約索及豐嘉努。豐嘉努妻，豫王女也，與子轂皆與反謀，并殺之。遣護衞巴噶原作龐葛往西北招討司誅朗及珠展，而托諾、和勒博皆亡走，捕得，托諾棄市，和勒博自縊死。

巴噶殺珠展等，并殺無罪四人，杖五十。以裕等罪詔天下。遷懷忠樞密副使，以布達爲牌印。高藥師嘗奏裕怨望，進階顯武將軍。懷忠尋出爲西京留守，正隆末，坐討契丹事被殺，夷其族。

金史紀事本末卷二十六

契丹諸部之叛　薩巴　蕭斡罕　德壽

海陵正隆六年（辛巳一一六一）十月世宗即位，改爲大定元年。夏五月庚辰，契丹諸部反，遣右〔衛〕（據金史卷五海陵紀改）將軍蕭圖喇原作禿剌等討之，尋命樞密使布薩思恭、〔攷異〕通鑑輯覽作瑚圖克西京留守蕭懷忠往助。

初，西北契丹部有薩巴原作撒八。〔攷異〕汪輝祖金史同名録云，卷二太祖天輔七年命招諭興中府；卷三太宗天會九年耶律大石黨；卷六十三徒單后傳寧德宮直長，爲海陵殺；卷六十九歡都傳穆宗時納喝部人；卷七十一斡魯傳，子銀青光禄大夫；又，使人爲高永昌殺；卷八十九移剌子敬傳世宗時都監；卷一百二十九李通傳世宗初詔使；卷八十七志寧傳，父懷忠本名，官開遠節度，十人同名撒八。者，爲招討使司譯史。正隆五年，海陵徵諸道兵南侵，使牌印蘇赫、舊作燥合，一作素赫。洋格盡起西北路契丹丁莊，契丹人曰：「西北路接近隣國，世爲讐怨。若男丁盡從軍，彼以兵來，則老弱必盡係累矣。願使者入朝言之。」蘇赫畏罪不敢言，洋格慮後有事，憂死。蘇赫復與牌印耶律諸爾、原作（哪）〔娜〕（據金史卷一三三窩斡傳改)令史穆達里哈原作没荅(揑荅)〔合〕(同上)督起西北路兵。於是薩巴與博多布原作孛特補及部衆殺招討使完顏烏色原作沃(則)〔側〕(同上)。本傳，尼楚赫弟，瑪奇子。從宗望侵宋有功，還，駐東平。攻陝西，爲右翼都統。遷華州防禦使、西北招討使。薩巴秩滿已數月，冒食俸禄，烏色發其事，遂遇害。所載較詳。及蘇赫，執耶律諾爾、穆達里哈。取招討司貯甲三千，遂反。議立豫王延禧子孫，推都監老和尚〔攷異〕通鑑輯覽作楞華善。又，窩斡傳一都監、一五院司部人，皆正隆五年從叛，而世宗紀大定二年書契丹老和尚降，二人未知誰屬。爲招討使，山後四羣牧、山前諸羣牧皆應之。

時烏哲羣牧使温特赫布敦原作温迪罕蒲睹聞亂作，陰爲備，賊不得發，乃給諸奴借與兵仗，明旦，賊至，無以禦，遂被執，不屈，臠殺之，子孫皆與害。伊囉斡羣牧使鶴壽，鄆王昂子，本名烏達布，原作吾都不不應老和尚招，與二子皆被殺。及諸羣牧使副圖克坦色哩、原作徒單賽里。〔攷異〕汪輝祖金史同名録云，作賽一，思忠父，正隆末糺椀羣牧使；卷八十七志寧傳大定時謀克；卷九十八完顏匡傳匡兄，章宗時奉御，三人同名賽一。持嘉和碩台、原作赤盞胡失答和色哩、原作胡失賴完顏珠勒呼、原作朮里骨希卜蘇，原作辭不失詳袞原作詳穩瓜爾佳邁珠、原作加古買住完顏蘇瑪格、原作達没葛高彭祖等皆殉難。五院司部人老和尚、納延亦殺節度使珠嘉烏哲以應之。千户實格等與前招討使完顏滿丕殺招討使烏凌阿富勒呼，以所部趨西北路，爲節度使阿爾薩哩原作阿(厠)〔厮〕列(據金史卷一三三移剌窩斡傳改)所追擊，實格與數騎遁去，合於薩巴。

咸平府地理志云，初爲咸平路，升爲府，置總管府。縣八，故城在鐵嶺衛東北。穆昆瓜里原作括里與所部自山後逃歸，咸平少尹完顏額哩頁原作余里野。〔攷異〕太祖紀天輔六年遼臣，另一人。欲收捕瓜里家屬，瓜里遂招誘富家奴隸，數日得二千人，攻陷韓州及柳河縣，地理志云，本渤海粵喜縣地，屬韓州樂平軍。遂趨咸平。額哩頁迎擊，兵敗，賊遂據咸平。於是繕完器甲，出財募兵，勢甚張。明安納喇綽奇原作綽質，一作納蘭綽赤。聚兵扼〔干〕夜河（據金史卷一三三移剌窩斡傳補），賊不得東。〔綽奇〕（同上）兵敗，〔攷異〕忠義傳，瓜里兵四萬大至，綽奇拒戰。賊兵十倍，遂見執，臠殺之。詔贈官兩階，二子皆得蔭。斡罕傳未載。瓜里遂犯濟州，爲將軍富珠哩富卦喇原作孛朮魯吴括剌等擊敗之於信州。地理志云，即彰信軍。治武昌縣，本渤海懷遠軍。瓜里收餘衆趨東京。〔攷異〕烏雅扎拉傳，瓜里陷韓州，圍信州，遠近震駭。扎拉道出咸平，遂率本部亟還信州，與戰，敗之。賊整兵攻城，扎拉下巨木壓之，殺賊甚衆，乃解去。扎拉手執兩大鐵簡，重數十斤，追擊於韓州東，復大敗之，走東京。斡罕傳不作扎拉事，餘詳後。時世宗爲留守，以兵四百拒之。賊至（長）〔常〕安縣（同上），聞（宮）〔空〕（同上）中聲如擊數千鼓者，候見旌旗蔽野，傳言留守以十萬兵至矣，即引還，亦與薩巴合。〔攷異〕續通考云，時世宗守東京，有大星流入第中，梁水暴漲，水與城等，舉酒酹之，退。至是，乃遣思恭等討之。

秋八月癸亥，族樞密使布薩思恭等。先是，蕭圖喇往討薩巴，相持數日，連戰皆無功。糧餉不繼，圖喇退軍臨潢。而薩巴度大軍必繼至，謀歸達實，原作大石乃率衆沿龍駒河方輿紀要云，在長泰縣北千餘里。西出。及思恭等至，與圖喇合兵，追至河上，不及而還。思恭與懷忠坐逗留，皆族誅，圖喇亦誅死。北京留守蕭賾不能制其下，殺降人而取其婦女，亦坐誅。詔以白彥敬〔攷異〕海陵紀作彥恭，係一人。汪輝祖金史同名録云，本名遥設。卷三太宗天輔七年遼官、卷五海陵貞元二年博州同知，三人同名遥設。又，彥敬父、遼率府率阿斯，與海陵嫡母徒單氏侍女同名。爲北面兵馬都統，赫舍哩原作紇石烈志甯副之。完顏古雲原作縠英爲西北路兵馬都統，唐古布古岱原作唐括(索)〔孛〕姑的(同上)。〔攷異〕海陵紀作孛古的。副之，以討薩巴等。薩巴既西行，而衆不欲往，僞署六院節度使伊喇斡罕〔攷異〕國語解云，滿洲語，袖頭也。原作移剌窩斡，今譯改。本紀作蕭斡罕。按逆臣傳云，斡罕姓耶律氏，故亦稱伊喇，非后族也。本紀誤。熊克小紀作鄂哈。通鑑輯覽作鄂斡。又異。汪輝祖金史同名録云，母名徐輦。卷五海陵紀天德三年壽寧縣主亦名徐輦，另一人。兵官辰嘉原作陳嘉殺薩巴，執老和尚、博多布等。斡罕自爲都元帥，辰嘉爲都監，擁衆東還，至臨潢府東南新羅寨。

冬十月丙午，世宗即位於東京，改元大定。以完顏古雲爲左副元帥，駐歸化。遣伊喇扎巴原作移剌扎八招契丹諸部爲亂者。扎巴等見斡罕，以上意諭之，〔攷異〕任熊祥傳，字子仁，燕人，遼末第進士。入金爲樞密院令史。時高慶裔攝院事，熊祥未嘗阿意事之。大定初，爲太子(太)〔少〕(據金史卷一〇五任熊祥傳改)師。時斡罕竊號，用兵未息，上憂之。詔百官議所以招伐之宜，熊祥請以恩信招懷之。帝問孰可使？熊祥請行。帝曰：「卿老矣，無煩爲此。」紀未載。既約降，復謂扎巴曰：「若降，汝能保我輩無事乎？」扎巴見斡罕勢富强，度其有成，反説之曰：「汝等兵勢强盛，若果有大志，吾不復還。」賊將綽哈原作逐斡亦阻之，遂不降。札巴留賊中，其副博哈、原作播斡瑪哈原作麻駭還歸。〔攷異〕忠義傳，額里頁亦作訛里也，爲尚廐局直長。遣招諭契丹，斡罕叱使跪，不屈，被殺。從者閏孫、史大、習馬實達爾博多皆遇害。事聞，贈額里頁宣武將軍，餘校尉。斡罕傳未載。斡罕引兵攻臨潢府，總管伊蘇瑪勒兵敗被執，進圍其城，衆至五萬。〔攷異〕宏簡録作移室懣，前敗契丹兵，殺萬餘賊於伊改河，以功遷臨潢尹。本傳，姓温特赫氏，率賓路人，官德昌軍節度。正隆末，契丹反，敗會寧六明安於提木嶺，屯於信、韓二州之境。伊蘇瑪勒率數千人殺賊萬餘於雅哈河遷臨潢尹。斡罕來攻，接戰，勦殺甚衆。所乘馬中流矢而仆，爲賊所執。尋執至城下，使招降。其妻子官屬登城臨望，厲聲曰：「我恨軍少不能滅賊，賊毋能爲也，慎勿降。」賊怒殺之。推官麻珪等皆感激拒守。賊引退。所載各異，斡罕傳均未書。

十二月，斡罕稱帝，改元天正。時都統白彦敬、副統志甯在北京，聞世宗即位，以兵來歸。乃使左都監烏哲庫、原作吾扎忽。本傳，泰州博勒和子，屢從侵宋，有功。契丹反，與伊蘇瑪勒同討之。大定初，改咸平尹，徙臨潢，攝左都監。與歡塔俱從實圖美解臨潢之圍。及寇退，泰州得完，徙百姓旁邑及險阨地以俟大軍。戰長濼、陷泉皆有功。卒，官呼爾哈節度。善用軍，所往無不克，號爲「鶻軍」。所載稍異。右都監實圖美、本諸宗室，從志甯敗賊長濼，戰霧凇河，皆有功，仕至博索路都總管。父胡速魯改，與卷六世宗紀大定二年丹州刺史姓赤盞氏者同名。廣甯尹布薩歡塔討之，本傳，扶餘路人，樞密使呼圖弟。呼圖爲海陵所誅，釋歡塔，官興平軍節度。斡罕反，爲行軍都統。賊平，改臨潢尹，終利涉軍節度。所至有治聲。〔攷異〕斡罕傳無布薩歡塔，尚有同知北京留守完顏果濟。所載互異。并救臨潢。比至，賊解圍去攻泰州。烏哲庫追及於斡里原作窊歷山，將戰，明安呼魯蘇原作忽剌叔以所部應賊，大軍遂敗。〔攷異〕楚呼傳，姓尼瑪哈氏，哈斯罕人。初，從大臭南侵宋，屢有功，授慶陽尹。與都統烏哲庫、副統琿等討斡罕，行至斡里，與之遇，左軍少郤，楚呼挺槍(既)〔馳〕(據金史卷八六尼龐古鈔兀傳改)入其陣，殺多人，賊乃退。契丹平，遷東北招討使。忤思敬，坐事被逮，自縊死。斡罕傳未載。

泰州節度使烏哩頁原作烏里雅。〔攷異〕汪輝祖金史同名録云，卷六世宗大定四年宿直將軍，姓完顏氏；卷八十一夾谷謝奴傳太宗時將，三人同名烏哩雅。軍與賊遇，亦戰敗，烏哩頁僅以數騎免。賊勢益張。賊四面登城，明安烏克遜阿里布力戰，斬賊甚衆，賊退，城賴以完。

世宗大定二年(壬午一一六二)春正月庚寅，遣右副元帥完顏默音率師討蕭斡罕。

二月，詔應賊諸人於賊中自拔來歸者，更不問。其有官職及率衆歸附者，仍與官賞；才能者録用；奴婢、宫籍監人皆與放免。如能捕殺斡罕者，加特進，授真(定)(據金史卷一三三窩斡傳删)總管。

〔閏月〕(據金史卷六世宗紀補)庚寅，遣平章政事伊喇元宜往泰州，規措邊事。乙未，兵部侍郎温都珠德勒等與斡罕戰，敗於勝州。

夏四月己巳，完顏默音等大破斡罕於長濼。乙亥，復破之於霧鬆河。先是，瓜里將犯韓州，聞元帥兵至，不戰遁去，將轉趨懿、宜州。默音屯懿州慶雲縣，及屯川州武平縣，方輿紀要云，霧鬆河在臨潢西南境。長濼或云即饒州長樂縣。〔攷異〕說文繫傳云，天氣下地不應曰霿，地氣發天不應曰霧。霾，風雨土也。地理志云，慶雲縣屬咸平府；武平縣，初隸高州，今屬大定府。斡罕遂自泰州往攻濟州，欲邀糧運。默音與右監軍完顏福壽、本傳，哈斯罕人，父和卓，國初來歸，授明安。福壽襲其職，仕至興平軍節度。左都監烏哲庫合兵萬三千，總管圖克坦克甯與布薩歡塔、完顏頁頁、原作巖雅唐古烏延爲左翼，節度使志甯、實圖美與完顏果濟、尼瑪哈楚呼原作龐古鈔兀爲右翼，至珠格崖，委輜重，齎數日糧，輕騎襲之。降人吉勒扎〔攷異〕克甯傳作降吏奇徹云，原作糺者。說默音攻賊巢穴，取輜重，乃乘夜亟發。斡罕知之，還救，遇於長濼，伏兵四起，賊不能支，諸將整陣力戰，忽反風揚砂，賊陣亂，官軍馳擊，大破之。斡罕率衆西走，追及之於霧鬆河。賊已濟，毀其津口，令於下流束柳填港過。追數里，得平地，方食，賊奄至。志甯軍急整陣，賊自南岡馳下，衝陣者三，志甯力戰，流矢中左臂，戰自若。大軍畢至，左翼騎兵先與賊接，賊據上風，縱火擊官軍，官軍步兵亦至，併力合戰，會天雨風止，官軍奮擊，大破之。克甯追奔，不及而還。〔攷異〕克甯傳，大軍遇賊於長濼，賊二萬餘欲繞出陣後，克甯奮擊，賊乃却。左翼萬户襄與大軍合擊，賊遂敗。追奔十餘里，時四月一日也。越九日，追及於霧鬆河。左翼先戰，克甯騎三千追掩十五里，賊迫澗不得亟渡，殺傷甚衆。賊收軍，克甯令軍士下馬射賊，賊遂引而南，所載互異。襄傳，時從默音與賊戰於肇州之長濼，襄先登鏖戰，足中流矢(襄)〔裹〕(據金史卷九四襄傳改)創以戰，氣愈厲，七戰皆勝。賊走渡霧鬆河，追及之，所駐地多草，賊乘風縱火，襄亦縱火，立空地以竢。尋率衆搏戰，大敗之，俘獲萬計。斡罕傳未載襄戰事。賊既敗，默音不復追討，駐軍白濼。斡罕攻懿州，不克，遂破川州。於是發驍騎數萬，命左都監高忠建總兵往討。右宣徽使宗亨本傳，本名托卜嘉，希卜蘇之孫，呼沙呼子也。性忠謹，充護衛，擒宗磐、宗雋有功，加忠勇校尉。從海陵南伐，領武陽軍都總管，過淮，得世宗手詔，即入朝，授右宣徽使。討契丹賊，爲（西北）〔北京〕路（據金史卷七〇宗亨傳改）都統。爲北京路都統，完顔德濟副之，會元帥府擊賊。

五月己亥，以志甯爲右監軍。默音坐逗留，與福壽均召還。以布薩忠義爲平章政事兼右副元帥，〔攷異〕克甯傳作兼都元帥。時默音請益萬騎，克甯傳謂宜更置良帥可有功，否則騎雖十倍未見其利，朝廷如其議，詔還默音。所載較詳。經畧契丹。以宗敘爲兵部尚書，宗尹爲河南統軍使，富察世傑爲西北路副統，從行。未幾，與賊戰於和托，左翼軍萬户扎拉奮擊，敗之，左翼宗亨軍亂，敗於賊，右翼宗敘引兵來救，賊乃退。〔攷異〕扎拉傳，一作查剌，姓烏雅氏，率賓路人，慶陽尹普嘉努子也。卒官興平節度使。臨戰奮勇，見者辟易，雖重圍萬衆，出入若無人之境。時大軍未集，扎拉領六百騎與賊戰，斬首三千。宗亨、世傑七穆昆兵戰不利，世傑走扎拉軍。賊攻之，扎拉拒戰。宗亨軍來援，賊乃去。所載稍異，今從斡罕傳。又，同時有名扎拉者姓瓜爾佳氏，隆州人，工部尚書實訥子，仕至西北招討使，另一人。

斡罕西走，忠義、志甯合軍，追及於裊嶺〔攷異〕世宗紀及志甯傳均作諾爾嶺。方輿紀要云，裊嶺在臨潢西南，今翁牛特左翼西南一百十里，里有裊嶺，字形相近，或即是也。西陷泉。明日，賊騎三萬涉水而東。

大軍先據南岡，作偃月陣，步兵居中，騎兵據其兩端，使賊不見首尾。是日，大霧晦冥，既陣，霧開，少頃晴霽，〔攷異〕忠義傳，時昏霧四塞，忠義禱曰：狂寇肆暴，殺戮無辜，天不助惡，當爲開霽。莫已，昏霧廓然。斡罕傳未載。賊見左翼據南岡，不敢擊，擊右翼軍，烏延扎拉力戰，賊稍卻。志甯率諸將合戰，賊大敗，〔攷異〕扎拉傳，賊先犯右翼，扎拉擊走之。斡罕使阿卜薩自後斫扎拉，扎拉回顧，以箭背擊阿卜薩，折其右臂。與志甯軍合擊，賊大敗。又，楚呼傳以前鋒追及斡罕於陷泉，大破之。斡罕傳均未載。將涉水去，大軍逐北，人馬相蹂踐死者不可勝計，陷泉皆平。踵擊餘衆，俘斬萬計，〔攷異〕襄傳，從忠義追賊至梟嶺西之陷泉，及之，率右翼軍先奮擊，賊大潰，人馬相蹂而死，陷泉幾平。賊首斡罕僅與數十騎遁去，卒就擒。論功爲第一。授亳州防禦使，時年三十三。斡罕傳未載襄事。生擒其弟僞六院司大王諾爾，原作梟斡罕僅與數騎脱去，瓜爾佳清臣等追之不及，斬千餘級，獲車帳甚衆。其母蘇尼自羅和岡西走，志甯追及之，獲其輜重，俘五萬餘人，雜畜無算。僞節度使六，及其部族皆降。〔攷異〕宏簡錄云，六月，忠義與窩斡戰於花道，大敗之。史未載。

斡罕合散卒萬餘人入奚部，時出寇蘇勒庫淀、古北口、興化之間。萬户温特赫阿嚕岱與戰，敗焉。〔攷異〕斡罕傳，時阿嚕岱以兵四千屯古北口、薊州石門關等處，各以兵五百守之。阿嚕岱，蒙古語山陰也，舊作阿魯帶。蘇勒庫淀作蘇嚕克古淀，蒙古語牧羣也，舊作速魯。今俱譯改。詔默音等合兵擊之。完顔思敬以所部兵助討賊，降者甚衆，餘多疾疫死，無復鬬志。斡罕度勢窮，〔攷異〕世宗紀，時左監軍高忠建破奚於栲栳山，及招降旁近奚六營，有不降者，攻破之，盡殺其男子，以其婦孺分給諸軍。忠義傳云，時伊喇道取茂巴爾諸奚之家，茂巴爾奚乃降，斡罕勢益窮。本傳未載。謀自羊城道西京奔夏國。大軍追益急，衆多散，度不得西，乃北走沙陀間。志甯獲賊朔和卓〔攷異〕志甯傳作碩和卓。弗殺，縱還，許捕斡罕以自効。

秋九月甲午，默音擒奚明安和卓。原作合住，此與本卷中之和卓非一人。庚子，朔和卓與錫勒塔干執斡罕，詣右都監思敬軍，并獲其母蘇尼及其妻、子、子婦、弟姪。唐古布古岱獲前節度使順原作什溫及其家屬，李嘉努原作李家奴，見卷一百三十三窩斡傳，世宗時西北招討使。至卷二太祖紀天輔二年詔招諭未降者，亦名李家奴，另一人。獲僞樞密綽哈等三十餘人。僞監軍納延亦降。仍獲僞都元帥酬格。原作醜哥志甯率清臣等追餘黨，至燕子城，地理志云，即柔遠縣，隸宣德州。盡得其黨。前至茂巴勒達原作抹拔里達之地，均獲之，逆賊悉平，〔攷異〕宏簡録云，九月乙未，詔右丞紇石烈良弼招撫奚、契丹之未降者。斡罕傳未載。詔天下。思敬獻俘於京師，梟斡罕首，磔其手足，分懸諸京府。其母、妻并戮之。瓜里、扎巴南奔宋，左宣徽使宗亨坐降甯州刺史。以思敬爲右副元帥，忠義擢右丞相，志甯遷左副元帥，朔和卓、錫勒塔干除同知節度事。〔攷異〕諸延溫都烏達傳，太師思忠姪。斡罕初定，人心未安，世宗召授咸平尹，爲北邊行軍都統，改會甯尹。爲治寬簡，多備禦，謹斥候，邊郡以寧。入拜參政，卒。紀未載。續通考云，大定十七年，以西南、西北招討司恐契丹餘黨生事，令遷於烏古里(古)〔石〕壘部（據金史卷七世宗紀改）及上京之地。

章宗承安元年冬十一月庚寅，特們原作特滿羣牧契丹圖卜蘇、姓也，原作（隨）〔陁〕鎖（據金史卷十章宗紀改），今從八旗姓譜改正。德壽〔攷異〕卷七十一宗敘傳本名，大定時參政，另一人。據信州反，建元曰身聖。衆號數十萬，遠近震駭。左丞相襄時行省事於北京，遣臨潢道總管烏庫哩道遠、咸平總管富察守純分道討之，擒德壽送京師，伏誅。本傳云，初，襄之出鎮也，至石門鎮，密謂僚屬曰：「北部犯塞奚足慮？第恐姦人乘隙而動。北京近地軍少，當預爲之備。」即遣官發上京等軍六千，至，果得其用。按，石門鎮在薊州東六十里，俗呼石門口，亦呼石門峽，山峽壁立，即郭藥師敗宋師處。大金國志云，泰和元年，耶律德壽叛，聚兵數萬，以毛尾爲大帥主，拜十一騎爲元帥〔馬〕，（據大金國志卷二〇章宗紀補）紇石烈善樂爲招討使，將兵三十萬以擊之，誅德壽、毛尾，遂追其餘衆至草地，凡六十日而歸。與史異。今從史。

金史紀事本末卷二十七

海陵南侵

海陵天德二年（庚午一一五〇）春正月乙巳，遣完顏思恭等以廢立事報宋。

二月甲子，以完顏元宜充賀宋生辰使。〔攷異〕交聘表，二年正月辛巳，以名諱告諭宋。遣都指揮使完顏思恭、翰林直學士翟永固爲報諭宋國使。二月甲子，以兵部尚書完顏元宜、修起居注高懷貞爲賀生日使。繫年要録云，紹興二十年五月甲午，金賀生辰使副完顏思恭、翟永固見於紫宸殿。思恭等來報亮代立，既出境，就遣來賀。與表異，恐當以表爲正，見錢大昕金史攷異，今從海陵紀。思敬傳，名薩哈，扎蘭河人，實圖美子。初名思恭，避顯宗諱改，卒官樞密使。熊克小紀云，紹興十九年三月，思恭等入見，貢金注椀二、綾羅三百、良馬六。紀又未載。

三月丙戌，宋遣使賀卽位，詔以天水郡王玉帶賜之。〔攷異〕交聘表，宋正使參政余唐弼、副使保信節度鄭藻。宋史及繫年要録唐弼作堯弼，宏簡録作康弼。史作唐弼，係避世宗父諱追改之耳。是冬，金遣秘書監蕭曠、翰林待制王兢賀宋正旦。紀未載。

三年（辛未一一五一）夏六月丙子，宋遣使祈請山陵，不許。〔攷異〕續綱目云，二月，以簽樞巫伋爲祈請使。至金，首請迎靖康帝歸國。金主曰：「不知歸後何處頓放？」伋唯唯而退。熊克小紀云，巫伋與余堯弼乞今後朝退，依典故權赴檜府第聚議，從之，蓋皆檜黨也。交聘表，副伋者，保信節度鄭藻。是年，宋賀正使副禮部侍郎陳誠之、均州觀察使錢愷，賀生辰則權直學士王曮、和州團練使趙述。又，三月，遣少府監耶律烏格使宋賀生辰。十月，以副點檢富珠哩阿哈使宋賀正。宋史作兀朮魯定方。繫年要録云，五月，金使詹事劉長言、指揮使耶律夔賀天中節。十二月，使烏珠魯定方、蕭永祺賀正。熊克小紀云，紹興二十一年正月，禮部兼侍讀陳誠之使金。初，亶之存也，本朝太后歲與亶妻禮物巨萬，至是亮代，遂輟此禮。誠之入北，豫爲遜辭諭之，彼國竟不敢言，及還，上嘉之。紀均未載。

四年(壬申一一五二)春正月丁酉朔，宋使賀正旦。正使爲檢正文字陳夔、副使惠州刺史蘇華。壬子，宋使賀生辰。正使爲檢詳文字陳相，副使吉州刺史孟思恭。

冬十月甲申，以太子詹事張用直、本傳，臨潢人，以學行稱。宗幹延置門下，海陵與兄充皆從學。賜及第。海陵立，進太常卿詹事，謂曰：「朕父子皆受卿學，亦儒者之榮。」使宋賀正，卒於汴，喪歸，親臨奠。子授武義將軍。〔攷異〕宋史作張利用。交聘表，用直卒，改使轉運左瀛。紀未書。左司郎中溫都威泰原作斡帶。〔攷異〕繫年要録作溽盌温都子敬，官兵部郎中。爲賀宋正旦使。〔攷異〕繫年要録云，五月，金使大理卿田秀穎、客省使大允賀天中節。交聘表，秀穎官刑部尚書。大允作大斌，官東上閤門使。紀均未載。

貞元元年(癸酉一一五三)春正月辛卯朔，帝不視朝，命有司受宋貢獻。丙午，生辰，宋遣使來賀。〔攷異〕兖傳，海陵弟，官太尉。天德四年十二月晦，卒，明年元旦，帝輟朝不受賀。紀未書。繫年要録，是年，宋賀正使副，權國子司業孫仲鼇、宣贊舍人陳靖。賀生辰使副，吏部員外郎李琳、忠州防禦使石靖。宋史失載。

三月，遷都燕京。

夏四月辛酉，以右宣徽使赫舍哩薩哈連原作紇石烈撒合輦。宋史作大雅，副使兵部郎中蕭簡。使宋賀生日。

冬十一月丙申，以户部尚書蔡松年使宋賀正旦。〔攷異〕繫年要録作紇石烈師顔，副使右司郎中羅索。

二年（甲戌一一五四）春正月甲寅朔，帝有疾，不視朝，宋使就館燕。（乙）〔己〕（據金史卷五海陵紀改）巳，宋使賀生辰。〔攷異〕賀正使副，檢正公事施鉅、帶御器械冀彦明。生辰使副，左司郎中吴㮚、宣贊舍人張彦攸。宋史，吴㮚賀正旦，施鉅賀生辰。所載各異，紀均未書。

夏四月辛卯，遣工部尚書耶律安禮、吏部侍郎許霖賀宋生日。〔攷異〕繫年要録載於五月。

冬十月庚子，遣刑部侍郎白彦恭賀宋正旦。彦敬傳，本名約索，博勒和部族人，避睿宗諱，改名彦恭。按，顯宗，本名允恭，當是避其諱，改名彦敬，與完顔思敬同，本傳疑誤。時副使，翰林待制胡勵。本傳，字元化，磁州人。天會十年舉進士第一，卒官刑部尚書。

十二月丁未，宋使貢方物。〔攷異〕宋史及繫年要録均無遣使事。潘永因宋稗類抄云，施聖與嘗使金，親王至，不肯退班，時稱其有守。金使至闕，問館伴曰：「師點今居何官？」館伴宇文价指示之，金使恍然曰：「一見正人，令人眼明。」按，聖與使金，未知何時，姑附於此。

三年（乙亥一一五五）春正月己酉朔，宋使賀正旦。正使爲國子司業沈虛中，副使毅武郎張掄。甲子，宋使賀生辰。正使爲左司郎中張士襄，副使宣贊舍人張恍。〔攷異〕熊克小紀云，明年，上謂宰相曰：「去歲士襄奉使回，朕前奏事，欺罔不實，宰臣祇以不肅罷之，既與以宫祠，可與遠小監當，以爲將來奉使之戒。」

三月庚午，遣左司郎中李通賀宋生日。〔攷異〕交聘表，副使同知轉運耶律隆。紀未書。

夏五月癸丑，南京大内火。〔攷異〕續綱目云，金主陰有南侵意，將遷汴，遣完顔長寧等經畫之。既而大火，宫室盡焚，主大怒，杖殺長寧。紀未載。（按，金史不載完顔長寧事，唯與大内火有關者名馮長寧，被杖除名，疑卽其人。）

冬十月己亥，遣翰林承旨耶律歸一賀宋正旦。副使，大理少卿馬諷。紀未書。〔攷異〕熊克小紀云，紹興二十五年冬，金使將到，詔諸路差牽挽人并給錢米，違者彈劾。初，和議定，時國書中有不得輒易大臣之語，蓋檜恐復用浚也。至是忌之尤深，興獄株連，并捕趙鼎子汾下大理獄，凡五十三人。獄上，而檜病篤，不能書，尋死，子熺以少師致仕。方詔獄之興，逮百餘家，帥臣王師心隨事救之，得免者多。檜死，獄乃熄。

正隆元年（丙子一一五六）春正月癸卯朔，宋使賀正旦。正使爲禮部侍郎王珉，副使宣贊舍人王漢臣。

戊午，宋使賀生辰。正使爲宗正丞鄭柟，副使宣贊舍人李大授。〔攷異〕繫年要録云，柟因張修劾罷，改命徐嘉。紀未書。

三月庚申，遣左宣徽使敬嗣暉、大理卿蕭中立賀宋生日。〔攷異〕宋史云，三月，東平進士梁勛上言，金人必舉兵，宜爲備。帝怒，編管千里外州軍。下詔戒妄言邊事。四月，宋遣翰林學士陳誠之領閤門事蘇華賀尊號。交聘表失書，紀亦未載。熊克小紀云，時誠之假官資政殿大學士，曾於紹興十八年賀生辰，至是凡三使，頗見信。後有往聘者，必問其安否？是秋七月丁未，夜彗出東方井宿間。詔避殿減膳，士庶直言得失，輔臣沈該等待罪。上曰：「看所臨分野，當在秦、晉間。朕以天下爲憂，豈問遠近耶？」又謂宰執曰：「比年金使到館，朕給内庫錢一萬付都亭驛，備人使買物，先爲還其直，其歸還與否亦不較也。」潘永因宋稗類抄云，是年，淮、宋之地將秋收，蝗飛蔽天，忽有鳥名鶖，高且大，脰有長嗉，可貯數斗物，千百爲羣，連城數十邑，才旬日，食蝗靡孑遺，歲以大熟。事聞，金廷下制，封鶖爲護國大將軍。

冬十一月己巳朔，遣右司郎中梁（球）〔銶〕（據金史卷五海陵紀、卷六〇交聘表改）、左〔衛〕（同上補）將軍耶律湛賀宋正旦。〔攷異〕繫年要録湛作諶，金無「左將軍」官，録稱定遠大將軍，當從之，亦見范成大攬轡録。紀未載湛名。

二年（丁丑一一五七）春正月戊辰朔，宋使賀正旦。正使爲宗正少卿李琳，副使幹辦公事宋均。癸未，宋使賀生辰。正使爲左司郎中葛立方，副使宣贊舍人梁份。

夏六月乙未，遣禮部尚書耶律守素賀宋生日。繫年要録，副使爲太常少卿許竑。〔攷異〕交聘表竑作竑，官刑部侍郎。

冬十一月辛未，遣副都指揮使高珠巴克原作高助不古。〔攷異〕繫年要録，正使爲高士廉，副使珠勒根彦忠。本傳，原名斡克珊，哈斯罕人。由令史歷刑部尚書。使宋還，所得金繒，分贈親友。交聘表，彦忠作温綽，云，原作阿勒根窊産，又異。賀宋正旦。

三年（戊寅一一五八）春正月壬戌朔，宋使孫道夫賀正旦。陛辭，海陵使敬嗣暉諭曰：「歸白爾帝，事我上國，多有不恭。今略舉一二事：爾民有逃入我境者，邊吏皆卽發還，我民有叛入爾境者，有司索之，往往託辭不發，一也；爾於沿邊盜買鞍馬備戰陣，二也。我聞此二事，皆爾國楊太尉所爲。」又曰：「爾國比來行事，殊不似秦檜時，何也？」蓋欲南侵，故設此二端，而雜以他辭言之。〔攷異〕宋史紀事本末云，道夫還，具奏海陵語，帝曰：「朝廷待之甚厚，彼以何名爲兵端？」道夫曰：「彼身弑其君而奪之，興兵豈問有名！」湯思退非之，道夫每言武事，沈該疑其引用張浚，惡之，貶知綿州。思退，字退之，處州人。道夫，字大沖，眉州丹稜人，時官禮部侍郎。繫年要録作太常少卿，副使爲宣贊舍人鄭朋。丁丑，宋使賀生辰。正使爲起居郎劉章，副使舍人李邦傑。

三月辛巳，遣兵部尚書蕭恭賀宋生日。〔攷異〕畢沅續通鑑云，時副使魏子平還朝，帝問蘇州與大名孰優？對曰，不可比。曰，何謂也？曰，宮室、車馬、衣服、飲食，人之所美也。江湖卑溼，舟船以爲居，魚鰕以爲釀，夏服蕉葛猶不堪其熱，蓋不侔矣。主時欲南侵，聞之不悦。紀未載。

冬十一月辛酉，遣工部尚書蘇保衡賀宋正旦。副使爲率府率阿克占謙。〔攷異〕交聘表，副使吏部侍郎阿克占和實瑪勒，云，原作阿典和實滿，所載各異。癸未，詔左丞相張浩、參政敬嗣暉營建南京宮室。嗣暉傳，字唐臣，易州人。天眷二年進士，官參政。〔攷異〕宋史紀事本末云，時國子司業黃中使金，還，上言金治汴京以迫我，宜早爲備，果至汴，則强兵健馬數日可及境。思退怒，貶官。中，字通老，邵武人。大金國志作黃允中，官工部侍郎。紀未載。

四年（己卯一一五九）春正月丙辰朔，宋使賀正旦。正使爲秘書少監沈介，副使閤門祗候宋直温。辛未，宋使賀生辰。正使爲司業黃中，副使閤門祗候李景夏。〔攷異〕宋使黃中使金作去年事，見上。畢沅續通鑑云，是月，命罷沿邊諸榷場，祇留泗州一處。

二月丁未，修中都城，造戰船於通州。〔攷異〕大金國志，董是役者户部尚書蘇保衡，侍郎韓錫，夫死甚衆。張棣正隆事迹，尚有郎中張彥愈；宋史張浩、敬嗣暉及内侍梁漢臣、降將孔彥舟諸人。宋翌金亮本末繫之十月。紀均未載。諭宰臣以侵宋事，調諸路明安、穆昆軍，年二十以上、五十以下者皆籍之。雖親老丁多亦不許留侍。續綱目云，前後簽軍五十餘萬人。

三月丙辰朔，遣使分詣諸道總管府督造兵器。詔諸路舊貯軍器，並致於中都。〔攷異〕宋翌金亮本末云，十月，命集諸路夫匠造軍器於燕京，以李通董之。時工役繁興，民不能堪，箭翎一尺至千錢，村落間往往椎牛以供筋革，至鳥雀狗彘無不被害者。鄭建充傳，正隆軍興，括筋革造軍器，百姓多椎牛取之，或生拔取其角，牛有泣下者，建充白其事於朝。時官平涼尹，後爲胥吏李換誣其藏甲欲反，下獄，死。餘詳卷二十三。

夏四月辛亥，遣秘書監王可道賀宋生日。副使爲左司郎中王蔚。〔攷異〕畢沅續通鑑云，四月，宋歸朝官李宗閔上書，言備金三事。宋史作李宗閏，繫年要録云是李邈子。

秋八月，詔諸路調馬，以户口爲差，計五十六萬餘匹，富室有至六十匹者，仍令户自飼養，以俟師期。〔攷異〕續通考云，天會三年七月，詔南京括馬，分給諸軍。天德間迪河斡朵、斡里保、蒲速斡、燕恩、兀者五羣牧所，皆因遼舊，設官分治。又於諸色人内，選家富丁多及品官家子，猛安、謀克、蒲輦軍等使之。司牧曰羣子分牧，并立刑賞格。契丹之亂，遂亡其五，存者馬駝千餘。正隆四年，調諸路馬五十六萬匹。大定時置牧所七，更定賞罰。末年，馬至四十七萬，牛十三萬，羊八十七萬，駝四千。衛王以後，屢次括馬，哀宗時至殺官馬犒軍士，以迄於亡。

冬十月乙亥，獵於近郊，觀通州造戰船。甲辰，宋使上表謝，賜詔戒諭。（按，是年十月辛亥朔，月内無甲辰。據金史卷六〇交聘表，「宋使上表謝」事在七月甲辰。此誤）〔攷異〕繫年要録，是年九月，稱謝使同知樞密王綸、昭信節度曹勛還朝，入見，即此事。續綱目云，綸還言，和好無他，盛德所致。思退等皆賀，帝深嘆進取非計。綸，字德言，建康人。按，宋史曹勛傳，王綸作王倫。倫死在紹興十四年，安得二十九年尚有與勛同使之事。及閱王綸傳，始知其誤，見趙翼劄記。海陵紀未載宋使事，今從交聘表。

十一月甲辰，遣翰林侍講學士施宜生賀宋正旦。〔攷異〕交聘表，副使爲宿州防禦使耶律必呼里，原作闢里剌，繫年要録，名翼。紀未載。卷七十二婁室傳，遼奉聖州守臣闢里剌，另一人。宋史紀事本末云，宜生，閩人。帝命吏部尚書(梁)〔張〕燾（據宋史紀事本末卷七四改）館之都亭驛，以首邱諷之，乃爲隱語曰：「今日北風甚勁。」又取几問筆扣之曰：「筆來！筆來！」後爲介所告，主烹之。燾，字況之，鄆州須城人。宏簡録云，宜生密言其主圖繪山水題詩事，帝始驚懼。張端義貴耳集云，宜生，邵武人，宋潁州教授。以罪北走，仕金，試一日獲三十六熊賦，擢第一。破題云：「雲屯八百萬騎，日射三十六熊。」翰墨大全云，試賦爲狀元。潘永因宋稗類鈔云，宜生少遊鄉校，遇異僧，善風鑑，謂面有權骨，可公卿。身毛皆逆上，且覆腕，時范汝爲訌建劍，干以祕策，尊用之。范敗，變服爲傭，渡江至泰，匿吴翁家。三年，至龜山，仍遇前僧，資之渡淮至燕。上書，被繫，赦得釋，應歸義試，擢第一，歷官禮部尚書。僧後至金，宜生薦爲天使國師。李心傳朝野雜記云，淳熙中，北使賀正，自負其辨，頗凌慢王人，韓彦古子師時爲館伴，北使自誦其廷試賦「雲屯一百萬騎，日射三十六熊」句。子師遽曰，「一百萬騎僅能得三十六熊，何其尠也？」使憫然。熊，射侯也。韓不學，竊以爲熊羆之熊，故使猝然無以應，自是辭色頗恭。日下舊聞考，薊州學有金正隆元年翰林直學士施宜生撰漁陽重修宣聖廟學碑，字蹟剥落。學在城内拱星街，明洪武七年修。見圖經志書。顧奎光金詩選載其平陽書事詩云，「春寒窣窣透春衣，沿路看花緩轡歸。穿過水雲深密（裏）〔處〕（據金詩選卷一改），馬前蝴蝶作團飛。」元好問中州集，宜生，字明望，浦城人。曾仕齊，自號三住老人，有集行世。賦柳云：「朱門處處臨官道，流水年年繞禁宮。」山谷草書云：「行所當行止（所）（據中州集乙集刪）當止，錯落中間有條理。意溢毫摇手不知，心自書空不書紙。」初，在潁州，日從趙德麟遊，頗得蘇門沾丐云。張棣正隆事迹云，修撰蔡珪作詩書屏上，曰：「萬里車書一混同，江南豈有別疆封？提兵百萬西湖側，立馬吴山第一峯。」主與馬韓哥坐論勝概，奮髯箕踞，不勝其鋭。薛應旂通鑑云，初，孫何帥臨安，柳耆卿作望江潮詞贈之，極言景物繁華，其詞流播，因而羨慕。潘永因宋稗類鈔載其詞云：「東南形勝，三吴都會，錢塘自古繁華。煙柳畫橋，風簾翠幙，參差十萬人家。雲樹繞堤沙，怒濤捲霜雪，天塹無涯。市列珠璣，户盈羅綺競豪奢。重湖叠巘清佳，有三秋桂子，十里荷花。羌管弄晴，菱歌泛夜，嬉嬉釣叟蓮娃。千騎擁高牙，乘醉聽簫鼓，吟賞烟霞。異日圖將好景，歸去鳳池誇。」後謝處厚有詩云：「莫把杭州曲子謳，荷花十里桂三秋。那知卉木無情物，牽動長江萬里愁。」大金國志云，主聞李貴兒唱望海潮詞，梁大使曰，「此神仙詞也。」亮贈其相温敦詩曰，「一醉吴山頂上峯。」見王之望文集序。潛説友咸淳臨安志云，吴山在城中，宋人祠子胥山上，因名胥山。盧元輔作胥山銘，燬於火。樂史太平寰宇記云，北有寒泉，清甘不竭。西湖在郡西，舊名錢塘湖，出於武林泉，周迴三十里。自唐及今，爲遊觀勝地。中興以來，衣冠之集，宫室之麗，尤非昔比。趙翼劄記云，主嘗令畫工密圖杭州湖山，親題詩其上，有「立馬吴山第一峯」之句。

十二月乙卯，宋遣使告母韋氏哀。〔攷異〕繫年要録，正使爲翰林學士周麟之，副使吉州團練使蘇華。時亮喜麟之辨利，宣賜金瀾酒三樽，銀魚、牛魚各一盤，皆金寶器，併賜麟之。歸繳進，賜之。周煇清波雜志云，顯仁上仙，遣使告哀，并致遺留物，金器二千兩，銀器二萬兩，銀絲合十面，各實以玻璃、玉器、香藥，青紅撚金錦二百疋，玉笛二管，玉觱栗二管，玉簫一攢，象牙拍板一串，象牙笙一攢，縷金琵琶一副，縷金龜（同）〔筒〕（據清波雜志卷六改）嵇琴一副，象牙二十株。時宗樞持節往次燕，二日，中貴人密餉金瀾酒二尊，〔銀魚〕（同上補）牛魚各一盤，皆金寶器，并令留之，伴使致詞陳賀，館人以手加額上，謂前此未有，爲特禮也。北轅録云：燕山酒頗佳，館晏所餉極醇厚，名金瀾酒，蓋用金瀾水所釀。或作金瀾，舊注改作瀾，不知是否？集韻，瀾，阿葛切，音遏。金有金瀾水。范成大桂海虞衡志載金瀾酒事云：金瀾，燕京山名。周必大二老堂雜誌云：周樞密充金哀謝使，主愛之，享以所釣牛魚，非舊例也。樞密糟其首，歸獻於朝。同館王龜齡目爲魚頭，公聞金甚貴此魚，一尾之直與牛同。按，遼主於達揄河釣牛魚，以其得否，占歲好惡，今日手親新釣。金亦用遼制也。王易燕北録云：牛魚即南方鱘魚。馮道使遼，嘗得牛魚賜，即此。程大昌演繁露謂即本草所著東海之魚其頭如牛者，非真牛頭也。按，此即鱏鰉也，宋人呼爲牛頭耳。周麟之海陵集云：予懇會同館，先朝内侍梁大使傳旨賜金瀾頭二缾，銀魚、牛魚二盤，缾盤皆金銀，形製精巧。古樂府「月穆穆以金波」，又「洞庭秋月生湖心，層波萬頃如鎔金。」名蓋取諸此乎？燕中暑月，於冰窖造御酒，甚清冽，使至，嘗被賜。女真多釀糜爲酒，盛饌，膈粉爲貴，以木柈貯之，其瀋墨色，以葱蒜置其上。麟之詩曰：「金瀾酒，皓月委波光。入牖冰台，避暑壓瓊艘，火炕敵寒揮玉斗，追歡長是秉燭游。日高未放傳杯手，生平飲血狐兔場，釀糜爲酒氈爲裳。猶存故事設茶食，金剛大鐲胡麻香。五辛盈盤膈粉黑，豈解玉食羅瓊漿。南使來時北風冽，冰山峩峩千里雪。休嗟北酒不醉人，別有班賜下層闕。或言此酒名金瀾，金數欲盡天意闌。醉魂未醒酲未覆，會看骨肉争相殘。一雙寶榼雲龍翥，明日朝辭倒壺去。祇留餘瀝酹昭臺，帝鄉自有薔薇露。」按，金俗又重茶食，國初尤尚此品，若中州餅餌之類，多至數十種。用大盤累飣，高數尺，所至供客賜宴亦用焉。一種名金剛鐲，尤大。乙丑，遣左副點檢大懷忠使宋弔祭。〔攷異〕交聘表，副使爲大興少尹諸延温都謙。繫年要録作努延温都謹。熊克小紀，大懷忠，官左宣徽使。努延温屯謙，原作㮶盌温都謹，官禮部侍郎。繫之紹興三十年二月，爲正隆五年二月，所載各判。乙亥，太醫使祁宰諫侵宋，殺之。〔攷異〕繫年要録作五年正月，時年七十，官翰林副使。大金國志作翰林學士祁宣。本傳，字彦輔，江淮人。宋季，以醫術補官入朝，官中奉大夫、欲白劾，會元妃疾，入視，卽上疏諫南侵，言甚激切，戮於市，籍其家，天下哀之。世宗時贈資政大夫，給還田宅。章宗録用其子忠勇校尉，謚忠毅。宏簡録載疏略云：「況今各安土(字)，〔宇〕(據宏簡録卷二四二祁宰傳改)師出無名。加以大起徭役，營建兩都，繕治甲兵，調發軍旅，賦役繁重，民人怨嗟。星變屢見，已歲自刑，害氣在揚州，太白未出，進兵者敗。〔兼〕(同上補)地利不便，舟師水涸，騎兵馳射，不可驅逐。」又云，主謂其疏爲綦戩筆，杖之，〔綦戩〕(原文義不明，據金史卷八三祁宰傳補)實不知也。張棣正隆事迹云，奏曰：「民爲邦本，本固邦寧，今則北造軍器，南修宮室，民苦轉輸，不勝疲弊。來歲害氣在進，不利行師，伏望曲從臣請。」煬王江上録云，宣奏曰：「陛下棄宮殿，幸諸州，敗盟興師，無故舉事，興工動土，修造兩京，内開無用之河，嗟怨盈路，太乙出現，謂妖不畏，伏望察天地之不祥，收兵罷役，通和南宋，復還故都，天下幸甚。」主怒，族誅之。所載互異，姑附録之。

五年(庚辰一一六〇)春正月庚辰朔，宋使賀正旦。正使爲起居舍人楊邦弼，副使榮州刺史張説。乙未，宋使賀生辰。正使爲太府卿李潤，副使宣贊舍人張安世。

二月壬子，宋參知政事賀允中爲韋后遺獻使。〔攷異〕繫年要録，副使爲保信節度使鄭藻。紀均未載。

夏四月，宋使葉義問來謝弔祭。〔攷異〕義問官樞密，字審言，嚴州壽昌人。副使爲和州防禦使劉允升，紀及交聘表均未載。熊克小紀云，義問還朝，密奏金將入侵，宜備海道。既，又奏應變持久二説，不報。時太常奏金使來賀天中節，詔工部侍郎黄中充館伴。故事，錫宴，使者謝於庭下，至是辭以方暑，請拜廡下，中持不可，乃如故。及送伴還，言聞金日繕甲兵不休，且重兵屯中州，宜有以待之。紀均未載。甲寅，宿州防禦使耶律翼坐使宋失體，杖二百，除名。

秋七月癸卯，遣使簽諸路漢軍。〔攷異〕張棣正隆事迹，時使者爲尚書梁球（按，據金史卷五海陵紀「球」當作「銶」）、蕭德温、侍郎高懷正等十五人。熊克小紀云，時亮命梁球、蕭德温先計女眞、契丹、奚家三部之衆，不限丁數，悉簽起之，凡二十四萬，壯者爲正軍，弱者爲伊勒希。一正軍以二伊勒希副之，類爲十二萬。又，中原漢兒與渤海軍總十七路，惟中都路造軍器、河南路修汴京免簽外，其十五路，通爲二十七萬。倣唐制，分爲二十七軍，正副諸軍，悉令蕃、漢相兼，毋用一色人。所載較詳。煬王江上録云，時童謡曰：「正軍三匹馬，簽軍兩量鞋，郎主向南去，趙老送燈臺。」紀未載。

冬十月庚午，遣完顔希琳原作普（速）〔連〕（據金史卷五海陵紀改）等二十四人督捕諸路盜賊。籍水手，得三萬人。〔攷異〕宏簡録云，是月，遣虞允文賀金正旦。還奏將看花洛陽，前使賀允中亦言必叛盟，宜爲備。不聽，命致仕。允文，字彬甫，隆州仁壽人，謚忠肅。李心傳朝野雜記云，時光州守强友（亮）〔諒〕（據朝野雜記甲集卷二〇改）言，金主已死，胡雛嗣立，改元新德，大臣信之。虞并父使還，言金酋不死，已授甲造舟，爲南渡計。續綱目云，九月，以李寶爲浙西副總管。寶嘗陷金，自海道來歸，召見，言北事甚悉。令於平江督海舟捍禦。寶河北人，卒，贈少保。

十一月乙酉，遣濟南尹布薩烏哲、原作僕散烏者翰林直學士韓汝嘉賀宋正旦。〔攷異〕宋史作僕散權。是年，金遣右副點檢蕭榮、諭德張忠輔賀宋生辰。交聘表失書。尋使益都尹京等三十一人押諸路軍器於軍行要會處安置，使軍至分給，餘則聚而焚之。〔攷異〕宏簡録云，是月戊申夜，白氣亙天。汏金國志云，是年，楚王、澤王、德王以南侵爲憂，用梁漢臣譖，殺之。紀均未載。

六年（辛巳一一六一）春正月甲戌朔，宋使賀正旦。正使爲起居舍人虞允文，副使知閤門事孟思恭。〔攷異〕允文使金，宏簡録作五年事。見上。己丑，宋使賀生辰。正使爲檢詳文字徐度，副使帶御器械王謙。庚子，詔自中都至河南府，所過州縣調從獵騎士二千。

二月甲寅，以參政李通爲右丞。徵諸道水手運戰船。癸亥，發中都。

三月癸巳，次河南府。〔攷異〕熊克小紀云，左僕射陳康伯與參政楊椿密議備敵策有四，兩淮諸將分畫地界，措置民社，寓兵於農；沿江諸郡，增壁積糧，及論劉寶將驕卒少，不可專用。尋因陳俊卿言，罷寶兵柄，朝論快之，侍御史汪澈亦極陳利害。康伯，字長卿，弋陽人，封魯國公，謚文正。

夏四月戊申，詔有司移問宋人蔡、潁、壽諸軍對境創置堡戍者。命簽樞密院高景山賀宋生日，（左）〔右〕（據金史卷一二九李通傳改）司員外郎〔攷異〕繫年要録作刑部侍郎。王全副之。臨行，謂全曰：「汝見宋主，卽面數其罪。當命大臣某某來此，朕當親詰問之，〔攷異〕晁公忞敗盟記云，當於湯思退、陳康伯、王綸三人内差員，及楊沂中、鄭藻并内臣一人同來議事。且索漢、淮之地。不從，則厲聲詆責，彼必不敢害汝。」蓋欲激怒爲兵端。謂景山曰：「回日，以全所言奏聞。」全至宋，如言訶斥。宋帝曰：「聞卿北方名家，何乃如是？」全復曰：「趙桓今已死矣。」宋帝遽起，發哀而罷。〔攷異〕晁公忞敗盟記云，全謂天水郡公以風疾故，并奏事訖，駕興，宰執入議凶制，調發軍馬，并無遽起發哀之事。史蓋傳聞之誤。熊克小紀云，時宰臣於都堂議舉哀典故，有謂上不可以凶服見使者，欲俟其去乃發哀。黃中亟曰：「此大事，一失禮，謂天下後世何？且使人或問故，將何以對？」於是始議行禮及調發守江、淮之策。庚戌，發河南府，次温湯，遣使徵諸道兵。〔攷異〕薛應旂通鑑云，帝召羣臣議舉兵，内侍張去爲陳退避策，安傳幸閩、蜀，人情恟恟。陳康伯曰：「金敵敗盟，神人共憤，今日之事，有進無退，聖意堅決，則士氣自倍，願分三衞禁旅助襄、漢，待其先發應之。」乃以利州西路都統吴拱知襄陽府，部兵三千戍之，退守荆南，以視緩急。拱，玠子也。命成閔率兵三萬戍鄂州，侍御史陳俊卿以去爲陰沮用兵，乞斬之，以作士氣。帝嘉納。以劉錡爲江淮、浙西制置使，屯揚州。閔，字居士，邢州人。俊卿，字應求，興化人，封魏國公，謚正獻。潘永因宋稗類鈔云，秦檜之初得疾，宣州通判李季設醮於天台桐柏觀，途遇一士曰：「公爲太師奏章乎？」曰：「然。」曰：「徒勞耳！數年後，張德遠當自樞府再相，劉信州當總大兵捍邊，若太師不死，安有是事耶？」醮之明日而秦死。後果驗。

六月癸卯，自汝州如南京。〔攷異〕繫年要録作七月事。宋遣使來賀遷都，使韓汝嘉就境上止之，曰：「朕始至此，比聞北方小警，欲復歸中都，毋庸來賀。」宋使乃還。〔攷異〕正使爲樞密都承旨徐嘉，副使知閤門事張掄。繫年要録，正使初命周麟之，辭不行，罷官，命嘉代。汝嘉官翰林侍講學士，自是使命遂絶。又，載在七月，稍異。北盟會編云，亮欲舉兵，諫議大夫韓汝嘉自盱眙歸，請寢兵講和。亮曰：「汝爲宋游説耶？」賜死。紀及交聘表均未載。元好問中州集，汝嘉，字公度，宛平人，昉子。皇統二年進士，歷真定轉運，坐事，轉清州防禦使，召爲學士，卒。未言賜死。寄元真同年詩曰：「十年塵土鬢先斑，杖履還來踏故山。葉寄殘紅春尚在，雲酣濕翠雨仍慳。不堪倚樹追前事，更恐臨溪見病顔。一日暫來千日去，何時倦鳥得真還。」

秋七月己丑，大括天下贏馬，官至七品，聽留一匹，等而上之。并舊籍民馬，其在東者給西軍，在西者給東軍，交相往來，絡繹不絶，死者狼籍於道。亡失多者，官吏懼罪，或自殺。所過蹂踐民田。調發牽馬夫役。詔河南州縣，羸馬所至，當給芻粟，無可給，有司以爲請。海陵曰：「此方百姓，儲蓄尚多，今禾稼滿野，羸馬可就牧田中，借令今歲不穫，亦何傷乎？」及徵發諸道工匠至京，疫死無數，天下始騷然矣。盜賊蠭起，大者連城邑，小者保山澤，所至開劫府庫，令人攘取。太府監高彦福、大理正耶律道、翰林待制大穎出使還朝，皆言盜賊事，怒杖之。由是人莫敢言。世宗紀：穎後起官祕書丞。道傳作伊喇道，歷御史中丞，簽樞，轉西京留守，卒。

八月，自將三十二總管兵侵宋，進自壽春。以樞密使昂原名璮都，亦作奔睹，景祖弟伯赫孫，咱斡子，卒官都元帥，漢國公。子宗浩，官都元帥。〔攷異〕續通考云，赫作跋黑。又世祖幼子亦名昂，本名吾魯古，皇統初封漆水郡王，詔署銜加皇叔祖字，卒，追封鄆王，另一人。宗室表，昂，本名烏達，亦作烏特，官平章，封鄆王。子正嘉，原作鄭家，益都尹。鶻壽，本名烏達，布伊囉斡羣牧使。正嘉子承暉，本名福興，右丞相。爲左領軍大都督，（左）〔右〕（據金史卷五海陵紀改）丞李通副之。（右）〔左〕（同上）丞赫舍哩良弼爲右領軍大都督，大宗正烏雅富哷琿〔攷異〕宋史作烏延蒲盧渾。富察通傳，本名富埒琿，一作蒲魯渾，中都路人。從南侵，隆州諸軍尤精銳，命總之。兵壓淮，通率騎二百先濟覘敵。及弁中，敵兵躍出，通按兵直前，傍有舞槊來刺者，回身射之，應弦斃。諸軍併擊，敗之。紀未載。通後事世宗，官平章，封任國公，以開府致仕，卒。副之。圖克坦貞及永年爲左右監軍，許霖、富察鄂倫爲左右都監，皆從。蘇保衡爲浙東道水軍都統制，完顏正嘉原作鄭家副之，浮海趨臨安。劉萼爲漢南道都統制，布薩烏哲原作烏者副之，進自蔡州。圖克坦喀齊喀原作徒單合喜爲西蜀道都統制，張中彥副之，取大散關。時昂以舊將總師，從人望，通實專其事。召諸將授方略。令后與太子居守，張浩等留治省事。〔攷異〕海陵紀，分置諸將作九月事。李通傳作八月，今從通傳。煬王江上録作五年五月，兵分八路，起汴京。完顔仲取川、陝，完顔明取均、房，阿魯穆爾自亳州，齊芬珠徹自壽州，郭拉捫自青、齊，蘇保衡自通州。所載年月事迹均異。又云，時御製喜遷鶯詞，曰：「旌麾初舉，正駃騠力健，嘶風江渚。射虎將軍，落雕都尉，緑帽錦袍翹楚。怒磔戟髯争奮，捲地一聲鼙鼓。笑談頃指長江，齊駭六師飛渡。此去無自墮，金印如斗，獨在功名取。斷鎖機謀，垂鞭方畧，人事本無今古。試展卧龍韜韞，果見功成朝暮，問江右，想雲霓，以俟元黄迎路。」岳珂桯史云，亮初王岐，以事出使，詠驛中竹曰：「孤驛瀟瀟竹一叢，不同凡卉媚春風。我心正與君相似，祇待雲稍拂碧空。」書壁述懷曰：「蛟龍潛匿隱滄波，且與蝦蟆作混和。等待一朝頭角就，撼摇霹靂震山河。」題瓶中巖桂云：「緑葉枝頭金縷裝，秋深自有別般香。一朝揚汝名天下，也學君王著赭黄。」及遷汴，中秋待月不至，賦鵲橋仙詞曰：「停杯不舉，停歌不發，等候銀蟾出海。不知何處片雲來，做許大通天障礙。虬髯撚斷，星眸睜裂，惟恨劍鋒不快。一揮截斷紫雲腰，子細看嫦娥體態。」其桀驁之氣，溢於言表。宋史：是月，宿遷魏勝起兵復海州，屢敗金兵。字彦威，後贈保寧節度，謚忠壯。繫年要録云，時汪應辰上復和策，王繼先請斬主兵官，帝不懌，劉婉儀寬解，詞相似，帝怒出之，免繼先官，籍家。所載甚詳。

九月甲午，發南京，嬪妃皆從。〔攷異〕薛應旂通鑑云，金兵六萬，號百萬，氊帳相望，鉦鼓之聲不絶。李通造浮梁於淮水，上將自清河口入淮東，遠近大震。丁亥，高平人王友直起兵復大名府，尋自壽春歸宋，授忠義都統制。北盟會編云，是月，夏俊克泗州，張超敗金人於光化軍。宋史作通化軍。紀均未載。

冬十月乙巳，陰晦，失路，是夜二更始至蒙城。縣名，屬亳州。丁未，渡淮，將至廬州，獲白鹿，以爲武王白魚之兆。〔攷異〕畢沅續通鑑白鹿作白兔。宋史紀事本末云，時亮渡淮，分軍圍海州，魏勝乞援於李寶，合擊於新橋，敗之，拔砦去。劉錡扼之於清河口，王權棄廬州，退屯昭關，還至和州，錡亦退軍揚州，金主入廬州。帝議欲航海，陳康伯力勸親征，從之。次平江，命葉義問督師，虞允文參軍事。李心傳朝野雜記云，海陵臨江，中外震懼。陳魯公爲左相，獨鎮以静，人心少安。會羽書至，召輔臣，中使屢趣之，魯公行益緩，上嘗夜出手札散百官，浮海避狄，公取御札焚之。時都人皆遁，賴陳不爲搖，敵退，獨公與王通老家屬在城中。趙甡之遺史云，義問見軍報金添生兵，顧侍史曰：「生兵是何物？」遠近傳以爲笑，時謂「去源樞密」。繫年要録「去源」作「土園」。南宋書云，李寶遣孔福敗金人於大人洲，穆椿夜攻金營，殺其帥高定山，復廬州。北盟會編云，金人廬州，安撫龔（璹）〔濤〕（據北盟會編卷二三四改）棄城走，都監楊春權州事。與金戰，殺康定山，復廬州。邵宏淵敗金兵五千於六合，又戰於西府橋，兵敗，真州陷。宋史作胥浦橋，在儀真縣西十七里。楊春作楊椿。所載各異。紀均未書。漢南道劉萼取通化軍、蔣州、信陽軍。卽義陽軍，隸京西北路。〔攷異〕輿地廣記云，春秋屬申，秦、漢屬南陽郡，晉置義陽郡，宋立宋安郡，南齊置司州，有三關之險，後魏曰郢州，後周曰申州，隋改義州，又爲義陽郡，唐因之，今爲義陽軍。縣二：信陽、羅山。舒穆魯卞傳，時爲武毅軍都總管，由別道進。遇宋伏兵，擊敗之，遂下信陽軍及羅山縣。至蔣〔州〕（據金史卷九一石抹卞傳補），宋守將棄城遁，遂取其城。所載較詳。圖克坦貞敗宋王權於盱眙，進取揚州。前鋒軍至叚寨，宋戍兵皆遁，敗宋兵於蔚子橋及巢縣。〔攷異〕大金國志云，時金破安、豐、光、和等州，萬户蕭琦以十萬騎取滁州，破揚州。宏簡録云，金騎追王權至蔚子橋，統制姚興戰死。吴拱復唐州，金兵抵樊城，守將翟貴、王進戰死。王彥復蔡州，斬其總管楊寓。北盟會編云，破蔡州者趙樽，安撫劉澤棄揚州走。熊克小紀云，金既入兩淮，亟命成閔總諸軍回援淮西，金劉謌擁衆十萬，聲言取荆南，又欲自光、黄擣武昌，朝廷慮其由此入江西，命吴拱援武昌，王澈止之。敵果犯襄陽，拱擊卻之。周煇清波雜志云，韓蘄王嘗在鎮江，晚令帳前提轄王權至金山，仍戒不得用船渡，懇給浮環，偕一卒至西津，遂浮以渡。登岸，僧(巨)〔叵〕(據清波雜志卷五改)測，疑爲鬼神，詰得其詳，因指適所歷處皆黿鼉穴，曰：「官既不死，他日必貴。」權後果建節。至和州，王權夜以兵來襲，射卻之。翌日，雨，宋人焚積聚，宵遁。詰旦追之，宋兵逆戰，明安韓棠軍卻，遂失利。武(健)〔捷〕(據金史卷五海陵紀改)軍副總管阿薩爾原作阿散，即富察世傑。力戰，卻之，王權退保南岸。〔攷異〕阿林傳，時爲神勇都管，至廬州，與宋王權軍十萬戰於柘臯蔚子橋，敗之。至和州南，復與權軍八萬戰，又敗，追殺至江上，斬首數千級。後以全軍還，世宗嘉之，擢兵部尚書。從征斡罕，軍還，至懿州，卒。紀未書阿林名。宋史高宗紀，權退屯采石，金主陷和州，入揚州，劉錡留駐瓜洲。金兵來争，遣統領員琦逆擊於皂角林，大破之，斬其壻高景山。及再犯，錡病劇，詔還鎮江，盡失兩淮地。劉汜、李横連戰皆敗，魏俊、王方死之。義問走建康。羅大經鶴林玉露云，逆亮窺江，劉錡病，亦同捍禦。亮殲，錡亦卒，特贈太尉。周益公行詞曰：「岑彭殞而公孫亡，諸葛死而仲達走，雖成功有命，皆莫究於生前，而遺烈在人，可徐觀於身後。」讀者服其的切。北盟會編云，皂角林之戰，初殺二千餘人，復戰，又殺敵，横屍二十里。魏俊作魏友。按，趙翼劄記引烏延蒲轄奴傳載大定二年與延安高景山及宋兵戰於慶陽，世宗紀大定四年冬，都統高景山取商州，據此，則景山未被殺也。所載各異，紀均未書。方輿紀要云，皂角林在揚州府南三十里。浙東道蘇保衡與宋人戰於海道，敗績，副統正嘉死之。本傳，係鄆王昂子，爲火炮所擊，赴水死。〔攷異〕宋史高宗紀云，李寶大敗金兵於陳家島，殺其將完顏鄭家奴等五人，擒倪詢等獻於朝。崔臯及金人戰於定山，敗之。大金國志云，李寶之戰，統軍蘇保衡未發，旋聞兵敗，自經死，蓋用馮忠嘉海道記所書也。北盟會編，倪詢外，尚有應簡，後均伏誅云，實結王世隆、趙開等皆來降，遂與曹洋等擊破之。金兵被焚及投海死者約數萬，獲蘇保衡、完顏鄭家、蒲輦阿元、孟斌、高什等。熊克小紀云，時寶遣辨士招納降附山東豪傑王世隆、明椿、劉異輩，皆來投，寶與子公佐率兵至膠西石臼島。時金舟泊唐島，相距止一山，候風卽南，不知王師猝至，寶遣將禱於石臼神，祈風助順，果風自南來，衆喜，爭奮，遂大敗之，中原民降者三千餘人，遣曹洋飛小舟告捷。應簡作商簡，倪詢作倪荀，尚有梁三兒等，帝降詔奬之，授寶靖海節度、沿海制置使。李心傳朝野雜記云，淮、浙姦民倪詢、梁簡等至北地，獻議造舟，因爲嚮導，至是悉被誅，焚舟數百艘，獲軍儲器械萬計。周煇清波雜志云，時敵舟皆以油纈爲帆，舒張如錦繡，未須臾，噴濤怒浪，捲聚一隅，此以火箭還射之，煙焰蔽天。捷聞，錫賚甚渥，御書「忠勇李寶」四字以寵之。按，保衡，字宗尹，雲中天成人，實未死，亦未被獲，卒官右丞。見本傳，今從之。鄆王昂傳陳家島作松林島。所載各異。時築臺於江上，海陵披金甲登臺，殺黑馬祭天，以一羊一豕投江中。召都督昂及富垺琿曰：「舟楫已具，可以濟江矣！」富垺琿曰：「臣觀宋舟甚大，我舟小而行遲，恐不可濟。」海陵怒曰：「爾昔從梁王追宋帝入海島，豈皆大舟耶？明日汝與昂先濟。」昂懼，欲亡去，至暮乃使人謂曰：「前言一時之怒耳，不須先渡江也。」明日，遣總管阿林、阿薩爾率舟師先濟，宿直將軍温都敖拉、國子司業馬欽、武庫直長實實皆從戰。置黃旗、紅旗於兩岸，紅旗立則進，黃旗仆則退。既渡江，兩舟先逼南岸，水淺不得進，與宋兵相對射者良久，矢盡，遂爲所獲，亡一明安，軍士百餘人。退還和州。〔攷異〕宋史紀事本末云，金令渡江，晨炊玉麟堂，先濟者與黃金一兩。會義問命虞允文往蕪湖迎李顯忠，交王權軍。至采石，權去，顯忠未來，敗兵星散，允文立召諸將，勉以忠義，曰：「金帛、告命皆在此，以待有功。」衆請死戰，命列大陣不動，分戈船爲五部。敵麾數百船絶江來，抵南岸者七十餘艘，薄官軍，軍少卻。允文撫時俊背曰：「汝膽畧聞四方，立陣後則兒女子爾。」俊卽揮雙(力)〔刀〕(據宋史紀事本末卷七四改)出，士殊死戰。官軍以海(鰍)〔鰌〕(同上)船衝敵舟，皆沉。敵半死半戰，日暮未退。會有潰卒自光州來，允文授以旗鼓，從山後轉出，敵疑援至，始遁。命勁弩追射，大敗之。敵歸者，亮皆敲殺之。宏簡録，時俊外，尚有張振、王琪、戴皋等。李顯忠行狀尚有張榮。北盟會編尚有盛新，其被害者爲沈文貴。時亮自楊林口出舟，當塗民觀者數十里不斷，不啻數十萬人，亮色動。又云，金以十七舟渡江，僅鑿沒其二舟，至蹇駒瓜洲甃亮記所載采石之功，未免失之誇詡，皆嫉功之言，不足信。員興宗采石戰勝録云，時金兵死於岸者二千七百餘人，射死萬户一人，生獲千户五人，女直三百餘。王明清揮麈第三録云，時諸將已破敵，允文偶至采石，遂令奏捷。蒙睿知盛新功多賞薄，抑鬱死。所載各異。周密癸辛雜識云，亮窺江，步帥李棒建謀欲斷吴江長橋以扼奔突，時洪景伯知平江，奏止之。俄又有建策於常熟福山一帶多鑿穽以陷虜馬者。趙翼箚記云，宋史李顯忠傳，亮南侵，將濟江，王權自和州遁歸。命顯忠代，詔虞允文趣顯忠交軍，於是有采石之捷。顯忠遣萬人渡江，盡復淮西州郡。亮切責諸將，諸將弑之。按，允文傳，采石之捷，顯忠未至，其功無與於顯忠。又，亮因采石之敗，卽趨瓜洲，刻日渡江，未渡而被弑，亦非關顯忠之復淮西而責諸將也。

時聞世宗卽位東京，謀北歸，且分兵渡江，李通不可，遂趨揚州。過烏江縣，觀項羽祠，嘆曰：「如此英雄，不得天下，誠可惜也！」〔攷異〕繫年要録云，亮詣西楚霸王祠卜濟江，不吉，命爇其座。俄大蛇見棟梁，其間如數千人大呼，亮大驚，亟引去。史未載。抵揚州，使耶律摩多原作没答。〔攷異〕通鑑輯覽作默達。護神果軍扼淮渡。凡自軍中還至淮上，無都督府文書皆(焚)〔殺〕(據金史卷一二九李通傳改)

之。乃出內箭繫帛書其上，使射之南岸，招諭宋人。王權亦縱所獲金人齎書數其罪，命焚之。〔攷異〕畢沅續通鑑謂遣瓜洲所獲鎮江軍校尉張千挐舟持書至軍前，將士皆變色。繫年要録載亮書云：「朕提兵南渡，汝望風即去，已見汝具嚴天威。今至江上，南兵亦不多，但汝舟師進退有度，朕甚賞愛。若盡陪臣禮，舉軍來降，高爵厚禄，在所不吝。倘執迷不悟，朕今往瓜洲渡江，必不汝赦。」允文用顯忠言作檄曰：「昨王權望風退舍，使汝鴟張。已將權重竄典憲，今將乃李世輔，汝豈不知？若渡江，願一戰以決雌雄。」亮大怒。所載各異。海陵亟欲渡江，驍騎果桑原作高僧。〔攷異〕通鑑輯覽作噶山。欲率衆亡，事覺，殺之。下令，軍中卒亡者殺其富埒琿；〔攷異〕宋史作「蒲里衍」，通鑑輯覽作「富魯章京」。富埒琿亡者殺其穆昆，穆昆亡者殺其明安，明安亡者殺其總管，士益危懼。并令軍士運鴉鶻船及糧船於瓜洲渡，期明日渡江，敢後者死。〔攷異〕宋史紀事本末云，允文知亮敗必復來，分遣海舟縋上流，別使盛新扼楊林河口。明日，敵至，夾擊，大敗之，焚其舟三百。亮率軍趨揚州，至瓜洲，居龜山寺，允文與楊存中命戰士試舟中流，回轉如飛，亮笑曰：「紙船耳！」有一將跪奏：「南軍有備，不可輕。」杖之。楊林渡在和州東二十五里。北盟會編云，楊林之戰，敵應弦倒者萬數，焚其舟百五十。李心傳朝野雜記云焚其舟九百五十。所載互異。紀未書兵敗，今從之。

〔十一月〕（據金史卷五海陵紀補）乙未，浙西都統制完顏元宜軍反，遂遇弒。并收其妃嬪及李通等皆殺之。〔攷異〕蹇駒瓜洲斃亮記云，時虢州簽軍雷政渡江歸順，報金主被弒事。宋史紀事本末云，時元宜遣使議和。未幾，金軍在荊、襄、兩淮者皆拔柵去。初，金人之犯邊也，鄭樵言歲星在宋、金主將自斃，至是果驗。樵，字漁仲，莆田人。羅大經鶴林玉露云，紹興辛巳，亮南侵，高宗下詔親征，畧曰：「惟天惟祖宗，既共昌於基運，有民有社稷，敢自逸於燕安？」又曰：「歲星臨於吴分，(定)〔冀〕(據程史卷三改)成淝水之勳，鬭士倍於晉師，(可)〔當〕(同上)決韓原之勝。」洪容齋筆也。幸平江，亮授首，遂班師。岳珂程史云，亮渝盟，有上封事者言，吾方得歲，寇(目)〔且〕(同上)送死。詔問太史考步，如言。陳文正當國，請以著之，詔書蓋指此。又云，狄騎初退，朝議尚懷杞憂，范宗尹薦朝散大夫毛隨有甘石學，召赴行在，入對，言今年冬歲當躔而興宋，自此敵必不敢南渡矣！然禦戎上策，先自治，願修政以應天道。繫年要録云，亮死之日，天重陰。時有胡斌者，先語洪邁曰：「昨夕四鼓，濃雲塞空欲雪，而東北忽穿漏，一大星墜，蓋金主死祥也。」先是，有客詣葉義問上書曰，以太乙局考之，金於冬至，必有蕭牆之變。趙彦衛雲麓漫鈔云，紹興三十一年七月二十六日侵晨，日出如在冰面，色淡如白，中有二人，一南一北，南者色白，北者色黑，相與上下甚速。至日中，光彩射火，以水照之，祇見面白一人，餘不見。是年十二月，逆亮送死於淮南，悟黑人爲亮云。大金國志云，時紫茸車克宋秦州，又侵茨湖。茨湖在大江之南，國人以舟渡，欲攻光化趨襄陽，爲史俊敗，復爲楊欽破之於洪澤鎮，吴超敗之於楊林渡，翼日乃退。北盟會編云，時李貴克順昌府，茨湖之役，史俊殺金酋杜總管。十二月，吴拱復鄧州及汝州，成閔復揚州及盱眙軍、泗州、陳州，武鉅復河南府，李顯忠復和州及淮西諸郡。熊克小紀云，丙申，亮細軍破泰州，統制王剛棄城走江陰。十二月，趙樽克蔡州，刺史蕭懋德遁去。宋史高宗紀，李滕復通化軍，杜隱復嵩州，沙世堅入泰州，昝朝復鄧州，王選復楚州，牛宏入汝州，劉鋭入泗州。金高顯以壽春府來降，王任自壽春來歸。史多未載。程史又云，劉蕴古，燕人。亮將南侵，使僞降以覘國。以首飾販鬻壽春，頗言金國虚實，邊臣以聞，召赴行都，授迪功郎，浙西差遣。金亮誅，未得問，隆興初，濠梁奏北方游手萬餘人，應募營田，蕴古請自將與金角，次相史文惠斥其姦，不果。張忠獻奏改倅太平州，稟議軍事。後數載，〔蕴古〕(文義不明，據程史卷一〇補)使僕駱昂北歸，搜其橐，得所刺朝廷機事，乃伏誅。初，吴山伍員祠，扁額金碧甚侈，蕴古至，輒易之，而刻其姓名。時右武大夫魏仲昌獨知爲真細作，榜其名以示踵至者。亦見潛説友咸淳臨安志。

金史紀事本末卷二十八

李通姦佞　張仲（珂）〔軻〕（據金史卷一二九李通傳改，下同）梁琉附

海陵正隆三年（戊寅一一五八）秋七月甲申，以（户）〔吏〕（據金史卷五海陵紀改）部尚書李通爲參知政事。通以便辟側媚，得幸於海陵。累官右司郎中，遷吏部尚書。請謁賄賂，輻輳其門，海陵嘗戒諭之。〔攷異〕宏簡録云，凡渤海漢人仕進者，必賴通及户部尚書許霖爲之先容，右司郎中王蔚任其事。所載較詳。至是，拜參政。海陵恃累世强盛，欲大肆征伐，以一天下。嘗曰：「天下一家，然後可以爲正統。」通揣知其意，遂與張仲（珂）〔軻〕、馬欽、宦者梁琉，近習羣小輩，盛談江南富庶、子女玉帛之多，逢其意而先道之。海陵信其言，以通爲謀主，遂議興兵南侵。〔攷異〕宋史紀事本末云，初，金主御武德殿，召李通及胡厲、蕭廉語之曰：「嘗夢上帝召見，命爲天策上將，令征宋國。」衆皆稱賀，南侵議始決。又召通與翟永固、敬嗣暉、韓汝嘉入見薰風殿，問曰：「朕欲遷都於汴，遂侵宋，統一海内，卿意如何？」通以天時、人事不可失機對，亮大悦。惟永固力言不可，汝嘉是之。亮怒，尋赦之，汝嘉卒以勸寢兵被殺。永固，字孟堅，良鄉人，官左丞，見本傳。熊克小紀云，海陵曰：「朕受命出而上馬，見鬼兵無數，朕發一矢射之，衆皆嗟嘆，覺，聲猶在耳，既視廐中馬，其汗如水，箭亦亡其一，此異夢也。」按亮所乘烏騅小馬，號「小將軍」。紀均未載。

四年（己卯一一五九）春二月，海陵諭宰相曰：「宋雖臣服，有誓約而無誠實。比聞沿邊買馬及招納叛亡，不可不備。」遣使籍諸軍并括民馬，造戰船於通州。〔攷異〕大金國志云，是歲，命通造軍器於燕京。本傳未載。

六年（辛巳一一六一）春正月，命參政李通諭宋使徐度等曰：「朕昔從梁王嘗居南京，樂其風土。帝王巡狩，自古有之。淮右多隙地，欲校獵其間，從兵不踰萬人。汝等歸告汝主，令有司宣諭朕意，使淮南之民，無懷疑懼。」

二月甲寅，以李通爲尚書右丞，詔曰：「卿典領繕完兵械，今已畢功，朕嘉卿忠謹，故有是命。俟江南事畢，別當旌賞。」

秋（八）〔九〕（據金史卷五海陵紀改）月，自將三十二總管兵侵宋，以太保昂原作璝都爲左領軍大都督，李通副之。〔攷異〕大金國志云，主以李通爲大都督，粘安阿述虎副之，稍異。今從海陵紀。昂係舊將，使帥諸軍，從人望，實使通專其事。海陵恐糧運不繼，命諸軍渡江，無以僮僕從行，聞者皆怨嗟。將至廬州，見白鹿，馳射不中。既而，後軍獲之以進，大喜，賜以金帛。謂通曰：「昔武王伐紂，白魚躍入舟中。今朕獲此，亦吉兆也。」時梁山濼水涸，先造戰船不得進，乃命通更造之。督責苛急，將士七八日夜不得休息。壞城中民居以爲材木，煮死人膏爲油用之。〔攷異〕宏簡録云，殫民力如馬牛，費財用如土苴，又過於狹小，不能濟大江。通傳未載。先是，諸軍發南京，將士亡歸者相屬於道。哈斯罕明安福壽、東京穆昆金住等始受甲於大名，即舉部亡歸，從者萬餘，皆公言於路曰：「我輩今往東京立新天子矣。」〔攷異〕宋史作曷蘇館猛安福壽、高忠建、盧萬家。婆娑路總管謀衍、東京謀克金住等。通鑑輯覽曷蘇作和碩，婆娑作博索，謀衍作默音，金住作金柱。紀載各異。

冬十月丙午，世宗即位於遼陽，數海陵過惡數十事。會濟江兵敗，郎中鄂博庫原作吾補可等入白，遂召諸將謀北歸，且分兵渡江。議定，通復入奏曰：「陛下親師，深入異境，無功而還，若衆散於前，敵乘於後，非萬全計。若留兵渡江，車駕北還，諸將亦將解體。今燕北諸軍近遼陽者，恐有異志，宜先令其渡江，斂舟焚之，絶其歸望。然後陛下北還，南北皆指日而定矣。」深然之。明日，遂趣揚州，會師於瓜洲渡，期以明日濟江。尋爲完顏元宜等所弑。都督府以南伐之計，皆通贊成之，右監軍圖克坦永年乃其姻戚，刑部尚書郭安國，衆所共惡，皆殺之。〔攷異〕繫年要録云，諸將殺補闕馬欽。按，欽至大定中尚存，非死於揚州也。今不取。大定二年，削通官爵，人心始快。

同黨張仲（珂）〔軻〕，幼名努爾，原作牛兒。〔攷異〕卷一百二十四畢資倫傳，其子皇后位奉閤舍人亦名牛兒，另一人。市井無賴，説傳奇小説，雜以俳優詼諧語爲業。海陵引之左右，以資戲笑。海陵封岐國王，以爲書表，及篡立，爲祕書郎。海陵嘗對仲（珂）〔軻〕與妃嬪褻瀆，仲（珂）〔軻〕但稱死罪，不敢仰視。又嘗令仲（珂）〔軻〕倮形以觀之，侍臣往往令倮裼，雖圖克坦貞亦不免此。完顏布琳、原作普連大興少尹李惇皆以贓敗，海陵置之要近。伶人于慶兒官五品，大氏家奴王之彰爲祕書郎。之彰睪珠偏僻，海陵親視之，不以爲褻。唐古辯家奴和尚、〔攷異〕汪輝祖金史同名録云，卷二太祖天輔六年遼節度被獲，後以叛誅；卷六世宗大定四年衛王襄子，伏誅；卷七大定十五年符寶郎；卷十三衛王至寧元年完顏元努子，奉御，死難；卷十四宣宗貞祐三年司屬令、四年工部侍郎、興定三年金安節度；卷八十六獨吉義傳義子、大定時應奉翰林文字；又同卷尼龐古鈔兀子，大定時謀克；卷一百四郭俣傳大定末利涉節度；卷一百二十蒲察鼎壽傳本名，河南尹；卷一百二十一伯德梅和尚傳明昌六年德昌節度，十三人同名和尚。烏達家奴葛温、葛魯皆置宿衛，有僥倖至一品者。左右或無官職，人或以名呼之，卽授以顯階。嘗置黄金裀褥間，喜之者令自取之，其濫賜如此。

宋余唐弼賀登極，且還，海陵以玉帶附賜宋帝。仲（珂）〔軻〕曰：「此希世之寶，可惜輕賜。」海陵曰：「江南之地，他日當爲我有，此置之外府耳。」由是知有南侵意，益務逢迎。俄遷祕書丞，轉少監。海陵嘗召仲（珂）〔軻〕與右補闕馬欽、校書郎田與信、直長實實原作習失。〔攷異〕畢沅續通鑑作迪實。入便殿，侍坐。海陵與仲（珂）〔軻〕論漢書曰：「漢之封疆，不過七八千里，今吾國幅員萬里，可謂大矣。」仲（珂）〔軻〕曰：「本朝疆土雖大，而天下有四主，南有宋，東有高麗，西有夏，若能一之，乃爲大耳。」海陵曰：「彼且何罪而伐之？」仲（珂）〔軻〕曰：「臣聞宋人買馬修器械，招納山東叛亡，豈得爲無罪？」海陵喜曰：「向者，梁珫嘗言宋有劉貴妃者，資質豔美，蜀之花蕊、吴之西施所不及也。今一舉而兩得之，俗所謂『因行掉手』也。江南聞我舉兵，必遠竄耳！」欽、與信對曰：「海島、蠻越，臣等皆知道路，彼將安往？」欽又曰：「臣在宋時，嘗率軍征蠻，所以知也。」海陵謂實實曰：「汝敢戰乎？」對曰：「受恩日久，死亦何避？」既而曰：「朕舉兵滅宋，遠不過二三年，然後討平高麗、夏國。一統之後，論功遷秩，分賞將士，彼必忘勞矣。」

四年（己卯一一五九）三月，仲（珂）〔軻〕死。冬至前一夕，海陵夢仲（珂）〔軻〕求酒，既覺，嗟嘆良久，遣奠其墓。

馬欽，幼名韓哥。嘗仕宋，〔攷異〕繫年要録云，爲劉光世親軍副都統。海陵南侵，遂召用。自貴德縣屬貴德州寧遠軍。令爲補闕，遷國子司業。大定二年，以巧佞除名。〔攷異〕繫年要録云，金主被弑，諸將殺補闕馬欽，係誤。

同時，宦者梁珫，本大臭家奴，〔攷異〕宋史作梁漢臣。煬王江上録云，漢臣本宋内侍，每思報仇。繫年要録云，係師成養子。珫傳未載。隨元妃入宮，以閹竪事海陵。性便辟，善迎合，特見寵信。舊制，宦者惟掌掖庭事。天德三年始以王光道爲内藏庫使，衞愈、梁安仁皆以宦官領内藏，以唐莊宗委張承業爲比，宦者始預政事。而琉委任尤甚，累官近侍局使。及營建南京宮室，數命琉往視工役，或言其未善，雖已成，卽盡撤去。丞相張浩亦曲意事之，與之均禮。〔攷異〕煬王江上録云，梁漢臣勸修兩京，以爲正使，孔彦舟爲副，仍差都統阿史多木津寧統騎軍二十萬駐汴城外，以防夫匠逃走。彦舟後被譏，賜酒酖之，出爲西京留守，中途藥發，死。大金國志云，梁漢臣獻策於主曰：「汴京重地，鎮服南邊一也，令諸州置造器甲，咸使精備二也，糧食不缺三也，創置巨船，訓習水軍，支備海道四也，招募義士，使爲先鋒五也。」主皆從之。琉傳均未載。

海陵欲侵宋，琉因極言劉貴妃絶色傾國。及將發，令縣君高實古〔攷異〕畢沅續通鑑作高蘇庫爾，云，原作師古兒。貯衾褥之新潔者，俟得卽用之。議者言琉與宋通謀，勸侵宋以疲敝國中。海陵抵和州，聞琉與宋人交通有狀，謂之曰：「聞汝交通宋國，傳泄軍情。汝本奴隸，朕拔擢至此，乃敢爾耶？若至江詢得實迹，殺汝亦未晚也。」又謂校書郎田（爾）〔與〕信（據金史卷一三二梁琉傳改，下同）曰：「汝面目亦可疑，必與琉同謀。」皆命執之。及被弑，琉與（爾）〔與〕信皆爲亂兵所殺。〔攷異〕宋史，亮兵敗，焚其龍鳳舟，斬梁漢臣及造舟者二人。煬王江上録云，采石兵敗，北船千餘奔還西岸，梁大使奏曰：「本國大捷，請陛下登舟，早達建康。」將從之，爲赤盞明威諫阻。亮大怒曰：「汝本宋舊臣，朕高爵厚禄，恩逾朝士，不知紀極，而敢反朕！」遂命斬於江岸。員興宗記采石始末稱，十一月金主鞭梁大使一百，又稱衆殺金主，併殺梁大使。注，名球，引亮來采石者。按，大使卽漢臣，球時官户部尚書，另一人，均與史異。通鑑輯覽云，時内侍被殺者尚有大慶善。薛應旂通鑑作大慶山。

金史紀事本末卷二十九

完顏元宜之變

海陵天德元年（己巳一一四九）冬十二月，以完顏元宜爲兵部尚書。元宜本名阿里，原作阿列一名伊德訥，亦作伊特年，原作移特輦。本姓耶律氏。父慎思，〔攷異〕汪輝祖金史同名録云，卷八十四白彦敬傳海陵時開府、卷八世宗紀大定二十二年徒單貞子，三人同名慎思。天輔七年，宗望追遼主至天德，慎思來降，且告夏人以兵迎遼主，將渡河去。宗望移書夏人，諭以禍福，夏人乃止。賜慎思完顏氏，官至儀同三司。元宜便騎射，善擊毬。皇統元年，充護衞，累遷頞勒本羣牧使，入爲武庫署令，轉符寶郎。至是，海陵篡立，擢兵部尚書，復姓耶律氏。

正隆六年（辛巳一一六一）秋九月庚寅，南侵宋，以元宜爲神武軍都總管。先是，元宜由尚書出爲節度使，歷順義、即朔州，領縣三。昭義即古潞州二軍，再入爲兵部尚書、勸農使，從軍以本官領都總管。詔以大名路騎兵萬餘益之。前鋒渡淮，拔昭關，方輿紀要云，在和州含山縣北十里小峴山西，崎嶇險仄，爲廬、濠之阨要。遇宋兵萬餘於柘皋，力戰卻之。至和州，宋兵十萬來拒，元宜麾軍力戰，抵暮而罷。宋人乘夜襲營，元宜擊走之。黎明追及宋軍，斬首數萬，以功遷銀青光祿大夫。海陵增置浙西都統制，使元宜領之，督諸軍渡江，佩金牌，賜衣一襲。是時，世宗已即位於遼陽，軍中多懷去就。海陵軍令慘急，亟欲濟江，衆思亡歸，決計於元宜。明安唐古烏頁〔攷異〕宋史作唐括烏野，通鑑輯覽作烏延。曰：「前阻淮渡，皆成擒矣！比聞遼陽新天子即位，不如共行大事，然後舉軍北還。」元宜曰：「待王祥至，謀之。」王祥者，元宜子，爲驍騎副都指揮使，在別軍，元宜使人密召之。既至，遂約詰旦衞軍番代即行事。元宜先紿其衆曰：「有令，爾輩皆去馬，明日渡江。」衆皆懼，乃以舉事告之，皆許諾。

冬十月乙未黎明，元宜、王祥與武勝軍都總管圖克坦守素、明安唐古烏頁、穆昆鄂勒博、原作斡盧保〔攷異〕卷五海陵紀，正隆六年護衞十人長，被殺。按，亦作斡盧補。斡魯保，另一人。羅索、原作婁薛温都長壽〔攷異〕汪輝祖金史同名録云，卷四十七食貨志太師耨盌温敦思忠孫。納合椿年傳作思忠子，名長壽，當是一人。而卷九十二克寧傳，大定四年猛安、卷一百一僕散端傳貞祐二年河南統軍使、卷九十高德基傳大定時東京推官、卷一百三宣宗時通遠節度，姓包氏、卷一百十七徒單益都傳正大九年戰没，六人同名長壽。等率衆犯御營。海陵聞亂，疑宋兵奄至，攬衣遽起，箭入帳中，取視之，愕然曰：「乃我兵也。」大慶善原作大慶山曰：「事急矣，當出避之。」海陵曰：「將安往？」方取弓，已中箭仆地。延安少尹納哈塔鄂勒博舊作納合斡魯補，通鑑輯覽作斡喇布。先刃之，手足猶動，遂縊殺之。〔攷異〕繫年要録云，亮妹夫唐古安禮知兵，亮聞新主立，使以本部歸，故諸將益無所憚。大金國志云，諸將謀舉事，總管萬載曰：「殺郎主，欲與宋和則生矣！」時細茸軍衞之甚嚴，說遣往秦州，去者過半。威勝統軍耶律勸農兵多逃，懼誅，與子宿直將軍母里謀，亦欲殺之。趙甡之遺史細茸軍作紫茸軍，又號細軍，秦州作泰州。云，亂矢齊發，斃於帳中。熊克小紀萬載作萬戴，母里作穆爾。晁公忞敗盟記云，作亂者戴總管、李總管。變作，亮妹夫先劃刃於其腹，已亦被殺。煬王江上錄云，總管大懷忠、蕭鵬巴、樂家奴謀亂。是夜，樂家奴先盜郎主劍，以燭引主出帳，諸人萬箭齊施，射殺之。大懷忠引軍北遁。繫年要錄作耶律阿烈與其子母里哥謀，又鵰巴作札巴，樂家奴作藥家奴。紀載各異。今從元宜傳。續通考云，時海陵問司天馬貴中曰：「近日天道何如？」對曰：「前年八月，太白入太微右掖門，九月，至端門左掖門，並歷左右執法。太微爲天子南宮，太白兵將之象，其占兵入天子之庭。」海陵曰：「今將征伐，而兵將出入太微，正其事也。」貴中又言：「當有出使者，或爲兵，或爲賊。」海陵曰：「兵興之際，小賊不能爲也。」是歲，南侵，被弒。先是，又嘗問馬貴中曰：「朕將伐宋，天道如何？」對曰：「去年十月甲戌，熒惑入太微，至屏星留退西出。占書，熒惑常以十月入太微庭受制，出伺無道之國。」又，「去年十一月太白晝見經天，占爲兵喪，爲不臣，爲更主。又主有兵，兵罷，興兵，兵起。」又，「正隆六年臨潢府聞空中有軍馬聲，仰見風雲，杳靄神鬼，甲兵蔽天，自北而南，仍有語經行者。」未幾，海陵南征遇害。郭象睒車志云，逆亮末年，自製尖靴，頭極長銳，曰：「便於取鐙。」而足指所不及，謂之不到頭。又爲短鞭，僅存其半，謂之「没下梢」。其後渝盟，果爲其下戕死江上。驍騎指揮使大磐整兵來救，王祥出語之曰：「無及矣。」大磐乃止。軍士攘取行營服用皆盡。乃取大磐衣（布）〔巾〕（據金史卷一三二完顏元宜傳改），裹其尸焚之。遂收李通、郭安國、圖克坦永年、梁珫、大慶善，皆殺之。〔攷異〕續綱目云，收其妃嬪及李通等皆殺之。熊克小紀云，殺其太傅及三妃，與謀事者十餘人。晁公忞敗盟記云，殺妃五人及太傅一人，左右數十人。苗耀神麓記尚有王光道、馬欽。又，梁珫作梁恪。紀載各異，今從元宜傳。元宜行左領軍副大都督事，使使者殺太子光英於南京。〔攷異〕大金國志作光瑛，殺之者爲額里頁，時官太子少師兼河南統軍使，歷右都監，宋陷陳、蔡，爲所敗，終京兆尹。按，光英頗警悟，讀孝經，至「三千之罪莫大於不孝」，意指海陵弑母之事。死時年十二，本名阿里布。見本傳。汪輝祖金史同名録云，額里頁原作訛里也。卷八世宗大定二十二年壽州刺史處死、卷八十九魏子平傳大定時滄州同知、卷九十移剌道傳大定初應奉翰林文字、卷一百二十一大定初尚廐局直長，死節、卷七十四文傳大定十二年修撰、卷一百二十烏古論元忠傳本名，官彰德知府，七人同名訛里也。諸軍北還。〔攷異〕續綱目云，元宜退軍三十里，遣人持檄詣鎮江軍議和，遂北歸。大金國志，時移牒畧曰：「正隆失德，無名興師，兩國生靈，横被塗炭。已從廢殞，見議班師。各務散兵，以圖舊好。」繫年要録云，亮死，衆亂。用梁球言，草檄講好，遣降人張真持之南渡。檄畧云：「太祖創業開基，奄有天下，迄今四十餘年，講信修睦，兵革寢息，百姓安業。不意正隆失德，師出無名，使兩國生靈，枉被塗炭。奉新天子明詔，已行廢（隕）〔殞〕（據繫年要録卷一九五改），大臣將帥，方議班師赴闕。各宜戢兵，以敦舊好。須至牒者，右領軍都監開國公布徹等。」元宜傳未載。

世宗大定二年（壬午一一六二）春，元宜入見，拜御史大夫，詔以高楨勉之。未幾，進平章政事，封冀國公，賜玉帶、甲第一區，復國姓。往泰州規措契丹事。元宜使忠勇校尉李榮招斡罕，被害，詔追贈榮官四階。未幾，契丹平，元宜還朝，奏請益諸羣牧鎧甲，從之。復請益臨潢戍軍士馬，詔給馬六百匹。久之，罷爲東京留守，乞還所賜甲第，許之。賜以襲衣、吐鶻、廐馬、「海東青」鶻。尋致仕，卒。遣使致祭，賻贈甚厚。

子薩尼雅布，官符寶祇候，世宗令還本姓。大定十一年，尚書省奏擬納哈塔鄂勒博除授，帝曰：「昔廢海陵，此人首入殺之，人臣之罪，莫大於是，豈可復加官賞？其世襲穆昆，姑聽仍舊。」十八年，濟嚕海原作扎里海上言：「凡爲人臣，能捍災禦侮者，宜録用之。今弒海陵者，以爲有功，賞以(官)〔高〕(據金史卷一三二完顏元宜傳改)爵，非所以勸事君也。宜削奪，以爲人臣之戒。臣在當時亦與其黨，如正名定罪，請自臣始。」帝曰：「濟嚕海自請其罪以勸事君，此亦人之所難。」使充趙王府祇候郎君。

金史紀事本末卷三十

世宗致治

世宗大定元年（辛巳一一六一）冬十月丙午，慶雲見，帝卽位於東京。〔攷異〕續通考云，正隆六年六月丙午，慶雲見，世宗卽位於遼陽。又，天德二年十二月乙卯，慶雲見，狀如鸞鳳五彩。後大定間，慶雲環日者三：八年七月己卯、八月辛亥、二十三年十月己未。又，在遼陽時，方寢，有紅光照室，及黃龍見於寢上，復有雲氣自西來，黃龍見其中，是年卽位。十四年八月，次紇里，亦日中白龍見於御帳東，俄乘雲上升，尾猶曳地，北去。諱雍，本名烏祿。原作烏嚕。〔攷異〕滿洲語「是」也。大金國志名襃，張棣正隆事迹名裒，字彥舉，小字忽辣馬，一作呼喇美。所載各異。太祖孫，爾王宗輔原作窩里嗢子也。〔攷異〕汪輝祖金史同名録云，宗輔二子，長世宗，次齊王吾里補，與顯宗子瀛國公琦同名。琦又作吾里不，卷八十一芮國公傳孛特本部節度，姓夾谷氏；卷八十二通遠節度，姓烏延氏；卷一百二十徒單恭傳其子，諫議大夫，五人同名吾里補。母貞懿皇后李氏。〔攷異〕大金國志作禿丹氏。天輔七年癸卯歲生於上京。體貌奇偉。美鬚髯，長過腹，胸間有七子如北斗形。〔攷異〕大金國志云，生雲中，夜有光明，體重異常兒。李心傳朝野雜記云，舍人趙温叔使北還，入見，上問「朕何如葛王？」對曰：「臣觀葛王，望之不似人君，規模氣象，不及陛下萬一，中原不難復也。臣敢再拜賀。」上大悅。性仁孝，沈靜明達。善騎射，推第一。〔攷異〕大金國志云，嘗侍熙宗，見桎梏重囚，請赦之，降其罪。扈從侵宋，常在兵間，爲士卒推服。紀未載。皇統間封葛王，爲兵部尚書。貞元三年，改東京留守，徙王趙。正隆例降曹國公。六年，居母喪，值契丹反，起東京留守。瓜里來犯，擊卻之。海陵使副留守高存福伺起居，將與推官李彥隆託爲擊毬，謀不利。别遣摩囉歡原作謀良虎圖淮北諸王。會故吏魯爾錦原作六斤。〔攷異〕通鑑輯覽作埒爾錦。自南來，具言其事，李石因勸早圖之。遂召官屬會議，於座上執存福及彥隆。〔攷異〕宏簡録云，石與彥隆託爲擊毬，即於座上執存福。與紀異。時完顏福壽、本傳，哈斯罕人。正隆末，從南侵，由山東道至泰安。既授甲，乃誘將校北還，共立世宗。進右監軍，命討斡罕，敗之。召還，授興平節度，卒。〔攷異〕汪輝祖金史同名録云，卷一百三桓端傳貞祐三年都統，姓溫迪罕氏；卷一百六高琪傳泰和六年將，姓夾谷氏；卷一百二十二唐邑主簿，姓孛朮魯氏；卷一百三十二執中傳至寧元年符寶郎，姓徒單氏，五人同名福壽。高忠建、盧萬家努、完顏默音等各率兵來附，共殺存福等，遂即位。〔攷異〕苗耀神麓記作十月八日事。赦文畧曰：「朕惟前君，乃太祖長孫，受文烈遺命，嗣膺神器，十有五年，内撫外寧，近安遠至，雖晚年刑戮過甚，而罪不及民。亮位叨宰相，不思盡忠以救，敢行篡弑，自僭竊以來，昏虐滋甚，是用列其無道，昭示多方。朕方留守東京，遵養時晦，衆來赴愬，同辭敦請，朕推誠固讓，至於再三，俯循羣情，勉登大寶，臨御之始，如履春冰，宜推肆眚之恩，以布維新之令」云云。内數十罪，詞多，不具載。

十一月己卯，阿蘇、原作阿鎖璋本名呼密，原作胡麻愈，世祖子魯王烏哲孫，實圖美子。殺中都留守薩勒札，原作蔢离只使厚嘉努（按「厚」當作「實」，因原文「石」訛作「后」，改譯致誤。）原作（後）〔石〕家奴（據金史卷六五完顔璋傳、卷六九阿瑣傳改）。等來賀。〔攷異〕（梁）〔粱〕王爽傳，（據金史卷六九爽傳改）海陵渡淮，分遣使者翦滅宗室。爽時爲安武節度，憂懼不知所出。會世宗立，宗室璋推爽弟阿蘇行中都留守，遣報爽。爽棄妻子偕弟克實東迎車駕，至魚梁務，入見，世宗大悦，除都指揮，封温王，判大宗正，進榮王，陪葬山陵。阿蘇歷興平節度、濟南尹。厚嘉努作實嘉努。固雲傳，是年十一月，固雲以軍至中都，同知留守璋請至府議事。固雲疑璋有謀，陽許諾，排節仗若將往者，遂〔率〕（據金史卷七二轂英傳補）騎從出施仁門，駐兵通州，見世宗於三河。按，固雲，唐古特語「才能」也。舊作轂英，今譯改，卽古雲。以如中都期，詔羣臣。諭中都轉運使左淵曰：「凡宮殿張設，毋得增置，無役一夫，以擾百姓，但謹圍禁、嚴出入而已。」〔攷異〕繫年要録云，金遣通事蕭恭持赦詔撫定州、縣。及中都，權留守拒不納，恭立誅之，大興尹李天吉懼而聽命。自黄河以北皆下。與紀異。

十二月丁巳，幸中都。詔軍士扈從者復三年。同知河間尹高昌福上書陳便宜，覽之再三。詔内外職官言事。昌福，宛平人，天會十年進士，歷工部尚書，改彰德節度，徙河中尹，卒。〔攷異〕方輿紀要云，大定初，世宗自遼陽赴燕京，次海濱縣，尋至榛子鎮。鎮在灤州西九十里。史未載。地理志云，是年十月，命都門外夾道重行植柳，各百里。續通考云，是年用吏部尚書張中彦言，命陝西路參用宋舊鐵錢。四年，寢不行。詔陝西行户部詳究其事，言公私不便，遂罷之。時將東巡，費用百出，自遼以東，錢貨甚少，計司患不給，欲輦運以資調度。張亨謂上京距都四千餘里，輓錢而行，率三致一，極勞民力，不若行會法便，使行旅便於囊槖，國家無轉輸之勞，而用自足。從之。紀均未載。

二年（壬午一一六二）春正月戊辰朔，日食。帝徹樂、減膳不視朝。〔攷異〕王寂拙軒集有萬春節口號詩云：「翠微黃繖望天顏，警蹕西清綴兩班。瑞日曈曈明綵仗，香雲靄靄擁蓬山。已聞賀使朝金闕，佇看降王欵玉關。君壽國安從此始，老人星見丙丁間。」按，萬春節，世宗生日。此詩似作於大定初也。庚午，帝謂宰相曰：「進賢退不肖，宰（臣）〔相〕（據金史卷六世宗紀改）職也。有才能高於己者，或懼其分權，不肯引置同列，朕甚不取。卿等無以此爲心。」〔攷異〕續通考云，大定二年，詔隨朝六品、外官五品以上，各舉廉能官一員。三年，定制，若察得所舉相同者，即擬旌除，其聲跡穢濫，所舉官降罰。十九年，時朝廷既取民所譽者升遷之，後民赴都舉請者多，詔罷之。章宗立，以選舉十事諭尚書省。都統色克、原作斜哥副統布呼原作布輝，哈斯罕人。祖和卓，靜江節度，父額里頁，真定安撫。布輝嘗從追宋帝於明州。睿宗召至麾下，以昭勇大將軍從海陵侵宋，半道亡歸遼，拜哈斯罕節度，終順天節度。有傳。〔攷異〕卷八十尼龐古鈔兀傳孛堇布輝，另一人。坐擅易中都官吏，除名。壬申，敕御史臺檢察六部文移，稽而不行，行而失當者，皆舉劾之。乙亥，如大房山。獻享山陵，禮畢，欲獵，因左丞相晏（按，據金史卷六世宗紀，「獻享山陵」乃丙子事）本傳，名鄂倫，一作斡論，景祖孫，阿里罕次子。明敏多謀略，歷都元帥、廣平郡王，加太尉，卒官。汪輝祖金史同名録云，卷十六宣宗興定五年唐鄧元帥；卷八十二石疊部族節度，姓烏孫氏；卷九十三章宗子壽王洪輝；卷一百八侯摯傳貞祐三年同簽樞，姓阿勒根氏；卷一百十三白撒傳天興二年都尉，姓紇石烈氏；卷一百二十烏古論元忠傳其父；卷一百三十二李老僧傳海陵時小底，八人同名訛論。又，斡論，卷二太祖〔紀〕（據三史同名録卷九補）中京都統；卷六十三海陵母徒單氏傳翰林待制；卷六十六合住傳世宗時昭毅大將軍，叛誅；卷七十六永元傳世宗時濬州防禦；卷八十五永德傳其子（炎）〔琰〕（據金史卷八五永德傳改）；卷八十六大定尹，七人同名斡論。等諫，還宮。因曰：「朕嘗慕古帝王，虛心納諫。卿等有言卽言，毋緘默自便。」〔攷異〕黄久約傳，字彌大，東平人，第進士。嘗侍朝，故事，宰相奏事，近臣避。久約欲趨出，世宗止之。自是，諫臣不避以爲常。時以太常卿兼諫職，歷橫海節度。雋朗敢言，爲文典贍，有外祖風。久約母劉氏，右丞長言妹。長言無傳。元好問中州集，字宣叔，父蹟，官儀徵令。工詩文，有南榮集傳東州。史云外祖，蓋指蹟也。辛巳，兵部尚書克實原作可喜，太祖孫，父名宗強，本作阿魯，衛王，兄名爽。等謀反，伏誅。烏哲傳，時中都留守璋與克實謀，結將軍鄂倫、延安尹李惟忠、副統布呼等。因帝謁山陵作亂。會於克實家，説萬户高松，不允，乃與克實執鄂倫等上變。克實誅，拜璋彰化節度使，布呼濬州防禦使，松崇義節度使。璋後侵陝有功，擢左都監，終臨洮尹。帝念克實太祖孫祇數人，詔勿緣坐。李惟忠卽老僧。松本名摶多，析木人。又，和卓傳，時鄂倫與布呼親舊與謀議，既知事不成，乃上變。所載較詳。是日，詔前工部尚書蘇保衡、太子少保高思廉等振賜山東百姓粟帛，無妻者具姓名以聞。〔攷異〕續通考云，是年，有司以用度不足，奏預借河北東、西路、中都租稅，詔不允。時崞州游完，因饑，日賑三百餘口，冬給窮民衣服五百套，春秋募人平治道路二百五十里，北至太和嶺，南至忻口。老猶以仁愛勵子孫。平陰王去非督妻孥耕織給伏臘，教授束脩分惠人弟子。班恤貧，女及笄，代辦資粧嫁之。壬辰，帝謂宰執曰：「朕卽位未半年，可行事甚多，近日全無敷奏。朕深居九重，賴卿等贊襄，各思所長以聞，朕豈有倦？」又曰：「卿等當參民間利害及時事可否，以時敷奏，不可自便優游。」（按，據金史卷六世宗紀，「又曰」乃甲午事）命河北、山東、陝西等路征南步軍並放還家。咸平、濟州人三萬屯京師。

二月庚子，詔前户部尚書梁（球）〔銶〕（據金史卷六世宗紀改）等安撫山東百姓。招諭盜賊，或避賊及徭役他徙者，並令歸業，諸罪並與原免。定軍煮私鹽及盜官鹽法，命猛安、謀克巡捕。〔按，據金史卷四九食貨志，此事在大定三年二月。〕〔攷異〕續通考云，金濱海多產鹽，上京、東北二路食肇州鹽，速頻路食海鹽，臨潢北有大鹽濼，烏古里石壘部有鹽池。及得中土，鹽場倍之，故設法立官加詳焉。大定初，梁肅爲轉運，移牒肇州、北京、廣寧鹽場，許民以米易鹽，公私皆利。後曹望之請於大鹽濼設官榷鹽，聽民以米貿易，凡貯米二十餘萬石，歲凶，民賴以濟。尋增置七鹽司，後以擾民，罷遼東、北京鹽使司，別設巡捕官，禁不得於人家搜索食鹽一斗，不得究治，惟盜販私煮則捕之。所載較詳。

閏月甲戌，帝謂宰臣曰：「比聞外議言，奏事甚難。朕於可行者未嘗不從。自今敷奏勿有所隱，朕固樂聞之。」又曰：「臣民上書者，多勅尚書省詳閲，而不即具奏，天下將謂朕徒受其言而不行也。其亟條具以聞。」（按，據金史卷六世宗紀「又曰」條乃戊子事）〔攷異〕續通考云，諸士庶陳言有可採行者，依等第給賞，上等銀絹各三十兩匹，中等二十兩匹，下等十兩匹。數事從一支，若大事應補官者，從吏部格。

三月乙巳，免南京正隆丁夫貸役錢。以廉平戒諭官吏。詔河南、陝西、山東良民被誣爲賊者，釐正之（按，據金史卷六世宗紀，「詔河南」爲癸亥事）。

夏四月乙亥，詔減御膳及宮中食物之半。〔攷異〕趙興祥傳，時官左宣徽使，上謂曰：「俸禄出於百姓，不可妄費。今尚食庖人猥多，徒縻廩禄，可約略損減。」近臣獻琵琶，上卻之，謂興祥曰：「朕憂勞天下，未嘗以聲妓爲心。自今以後，勿復有獻，宜悉諭朕意。」有司奏南北邊未息，恐財用未給，乞罷修神龍殿涼位工役，詔興祥傳旨罷之。興祥，盧龍人，思温裔。紀未載。

五月壬寅，立楚王允迪爲皇太子。〔攷異〕宏簡録云，本諱胡士瓦，賜名允迪。卒，謚宣孝。章宗立，追謚顯宗光孝皇帝，葬裕陵。

秋七月丁(酉)〔巳〕(據金史卷六世宗紀改)，率賓軍士珠勒呼等誣完顏默音子色克寄書其父謀反，帝覽書，辨其誣，誅告者。〔攷異〕大懷貞傳，字子正，遼陽人。大定二年，官洺州防禦使，改沂州，遷彰國、安武軍節度。縣尉獲盜，得一旗，上圖(元)〔九〕(據金史卷九二大懷貞傳改)宿。詰之，有謀叛狀，株連凡萬人。懷貞誅其首亂者十八人，餘皆釋之，終彰德節度。紀未載。

八月癸酉，帝謂宰相曰：「唐虞之聖，猶務兼覽，乃能治。正隆專任獨見，故取敗亡。朕早夜孜孜，冀聞讜論，卿等宜體朕意。」詔「百官官吏，凡上書言事或爲有司所抑，許進表以聞，朕將親覽，以觀人材優劣。」謂御史臺曰：「卿等所劾，惟諸局文移稽緩，及緩於赴局者，此細事也。自三公以下，百僚善惡邪正，當審察之。否則治罪。」(按，據金史卷六世宗紀，「謂御史臺」爲丁亥事)辛卯，罷諸關征税。〔攷異〕續通考云，二年，制院務創虧及功酬格。八月，罷諸關征税，衹令譏察。二十年，定商税法，金銀百分取一，諸物百分取三。明昌初，勅尚書省定院務課商税額，諸路使司院務千六百一十六處，比舊減九十四萬一千餘貫。五年，增置院務千二十三處。初，大定間中都税使司歲獲十六萬四千四百四十餘貫。承安元年，歲獲二十一萬四千五百七十九貫。所載較詳。

冬十〔一〕(據金史卷六世宗紀補)月丁酉，第職官爲三等黜陟之。

十二月乙酉，遣刑部侍郎劉仲淵等廉察宣諭東京、北京等路。〔攷異〕史志云，是年閏月，神龍殿十六位火，延及泰和、厚德殿，或謂係宫人稱心等放火。見列傳。按，伊德傳作閏二月癸巳，世宗紀作閏二月辛卯，各異。續通考云，是年十月戊辰，有大星如太白，起室壁間，没於羽林軍，尾跡長丈餘。汪輝祖金史同名録云，是年，澤州刺史特末哥伏誅。卷八世宗紀大定二十四年遥里特末哥官侍御史，另一人。

三年（癸未一一六三）春二月甲子，詔太子少〔保〕〔詹事〕（據金史卷六世宗紀、卷一〇五楊伯雄傳改）楊伯雄等廉問山西路。招諭陝西。（按，據金史卷六世宗紀，「招諭陝西」爲壬申事）詔，「灤州飢民移於山西贍濟，仍於道路計日給食。」（按，據金史卷六世宗紀，此事在二月庚午；緊接楊伯雄廉問山西路下。此係於招諭陝西之下，誤。）

三月丙申，遣官往捕中都以南八路蝗。命户部侍郎魏子平（據金史卷六世宗紀，「命魏子平」事在壬寅）本傳，字仲均，宏州人。歷户部尚書，出爲南京留守，卒官平陽尹。等分詣諸路勸農，及廉問官吏。詔免去年諸路租稅。

夏四月，詔吏犯贓罪，雖會赦，不敍。〔攷異〕續通考云，金制，取吏員者，有律科，亦曰進士。其法以律令内出題，每五人取一。大定中，定試令史格，取無定數。章宗立，命吏并通治論孟。按，皇統八年，曾定右職、省令史、譯史格。宣宗時，馬慶祥以尚書省譯史官、鳳翔判官死節。烏古論奴申以譯史官、行省郎中死節。蒲察琦以刑部椽官都統死節。

乙酉，振山西路貧民，給六十日糧。

六月己卯，觀稼於近郊。詔「正隆末，濟州逃軍爲中都〔官軍〕（據金史卷六世宗紀補）邀殺者，官爲收葬。」復詔「中都、平州及饑荒地并經契丹剽掠，有質賣妻子者，官爲收贖。」（按，據金史卷六世宗紀，「復詔」條在十一月。此繫於六月，誤。）尋令流民未復業者，增限招誘。〔攷異〕續通考云，諸因災傷及盜刼去處，良民被賣爲奴者，贖爲良，分例照原賃錢，給男婦一十五貫，年幼減半。又，是月，紀載以刑部尚書蘇保衡參知政事，而保衡傳謂由禮部拜。小異。

秋八月庚午，詔曰，祖宗時有勞効未曾遷賞者，尚書省酌量升除。諭求仕官輒入權要門，追一官，仍降除。以請求有所饋獻及受之者，具狀奏裁。（按，據金史卷六世宗紀，「諭求仕官」一條，爲十一月戊申事。此繫於八月，誤。）戊寅，詔罷契丹明安、穆昆户，分隸女直。〔攷異〕續通考云，金制，户有數等，有物力者爲課役户，無者爲不課役户。女直爲本户，漢人及契丹爲雜户。猛安之奴婢免爲良者，止隸本部爲正户，没入官良人，隸宫籍監者爲監户，没入官奴婢，隸太府監者爲官户、奴婢户。遼人佞佛，以良民賜諸寺，分其税一半輸官，半輸寺，爲二税户。户以五家爲保，户主推其長充。凡户口計帳，三年一籍，凡漢人、渤海人，不得充猛安、謀克户。後變爲通檢，又爲推排。凡户隸州縣與隸猛安、謀克者，其輸納高下又不同。其因户之園宅、牲畜、樹藝及藏鏹多寡而徵者，謂之物力，貴賤均徵，無能免者。至大定初，詔免二税户，凡六百餘人。又明昌時，北京等路奏免二税户凡一千七百餘户，萬三千九百餘口。由是二税户多爲良矣。舊額，推排物力錢三百二萬二千七百十八貫九百二十二文，至承安三年，計十三路，共錢二百五十八萬六千七百二貫四百九十文，蓋以貧乏，除免六十三萬八千一百十一貫也。

九月丙午，詔翰林待制劉仲誨等廉問車駕所經州縣。

十一月癸丑，罷貢金線緞疋。

四年(甲申一一六四)春正月戊子，罷路府州元日及萬春節貢獻。〔攷異〕大金國志云，正月，詔造總計録，知有餘不足之數，革去吏姦。紀未載。

二月，免安州地理志云，宋爲順安軍，治高陽，金隸河北東路，徙治葛縣。今年賦役。世宗紀載，壬寅，至安州大獵，詔扈從人舍民家者，人日支錢一百與其主。免北京今年課甲。以粟價踴貴，故復免北京歲課緞疋一年。(按，據金史卷六世宗紀，「免緞疋」爲三月事)

夏五月，旱。癸卯，勅有司審冤獄，禁宫中音樂，放毬場役夫。禱雨於北郊，未幾雨。

秋八月壬申，帝謂宰臣曰：「卿每奏皆常事，凡治國安民及朝(廷)〔政〕(據金史卷六世宗紀改)不便於民者，未嘗及也。如此，則宰相之任，誰不能之。」〔九月〕(同上補)又曰：「形勢之家，親識訴訟，請屬道達，官吏屈法徇情，宜一切禁止。」〔攷異〕時征南節度趙隇子孫、司徒張通古子孫皆不肖，淫蕩破貲産，賣田宅，詔曰：「自今官民祖先亡没，子孫不得分割居第，止以嫡幼主之母致鬻賣，仍著爲令。紀未載。

是歲大有年，斷死罪十有七人。〔攷異〕忠義傳，時徐州江志叛，曹珪子弼在賊中，珪謀誅志并其子，弼殺之，詔再進一階。續通考云，是年十月，命泰寧節度張(宏)〔弘〕信(同上改，下同)等二十四人，分檢諸路物力。嗣(宏)〔弘〕信在山東專以多得物力爲功，督責苛急，棣州防禦宗室永元面責其非。惟梁肅通檢東平、大名平允，詔他路以爲準。後十五年，復命肅等二十六人，二十二年，命完顔烏里也等，二十六年，命李晏等均分路推排。所載甚詳。

五年(乙酉一一六五)春正月辛未，命有司，旱蝗水溢之處，免租税。〔攷異〕大金國志云，賜高年孝弟力田人粟帛，赦河南被兵諸州。紀未載。

二月壬寅，罷納粟補官令。〔攷異〕續通考云，皇統三年三月，陝西旱，饑，始詔富民入粟補官。大定初，以兵興歲歉，令民進納補官。又募能濟饑民者，視其人數多寡爲補官格。十月，省臣奏，正隆中進錢粟者，亦授官，從之。五年二月，以邊鄙寧息，罷之。明昌二年，勅山東、河南、北闕食之地納粟補官有差。承安二年，復令入粟補官。貞祐二年從胥鼎言，令丁憂人許應舉求仕，監户許從良入粟有差。三年二月，勅司縣官有能勸率出粟，以多寡遷官，皆注見闕。天興元年八月，京城人楊興入貲，授延州刺史，劉仲温入貲，授許州刺史。

冬十一月丙午，帝謂宰臣曰：「朕在位日淺，未能偏識臣下賢否，全賴卿等盡公舉薦。今六品以下殊乏人材，何以副朕求賢之意。」

是歲，聽人射買寶山縣銀冶。〔攷異〕續通考云，九年，御史臺以河南府和買金銀冶，抑配百姓，奏罷之。十二年，詔金銀坑冶聽民開採，毋收稅。二十七年，聽民於農隙採銀，承納官課。時定襄退吏誣縣民匿銅者十八村，節度張大節廉得其實，抵吏罪，民立石頌之。又部中銀冶衆，議官榷，大節曰：「山澤之利，當與民共，貧而無業者，雖嚴刑，能禁其竊取乎？宜明諭民，授地輸課。」從之。明昌二年，計見在金千二百餘錠，銀五十五萬二千餘錠。三年，御史李炳言，有司奏在官銅數可支十年，請勿令夫匠逾天山北界採銅，恐生邊釁，從之。用提刑言，封諸處銀冶，禁民採鍊。五年，臺臣奏復召募射買。泰和時，李復亨言汝州、魯山、保豐、鄧州南皆産鐵，募工置冶，可獲利，從之。貞祐中，宗室從坦奏平陸産銀鐵，若以鹽易米，募工煉冶，可以資財，從之。所載甚詳。

六年（丙戌一一六六）春正月庚午，勅宮中張設，毋以塗金爲飾。

夏四月甲戌朔，詔月朔禁屠宰。尋詔每月朔望及上七日，無奏刑名。（按，據金史卷六世宗紀，朔望「無奏刑名」事在是年十二月甲戌。）

五月戊申，幸華嚴寺，觀故遼諸帝銅像，詔主僧謹視之。〔攷異〕析津志云，大聖安寺在舊城，皇統中賜名大延聖寺。大定三年，新堂成，改額大聖安，殆金、元以來名刹也。釋智樸盤山志云，普濟寺，一名甘泉寺。昔爲毒龍湫，徙山後之蔣福山，號「三潭」。金釋圓照有甘泉寺通和尚塔序，畧曰：「師諱行通，俗姓張氏，雲中人，天會間闡辦公倡法燕都，參示仰山。大定四年，退居三河白塔，次年擬上盤山，道經甘泉，衆請師住，未幾，怡然而化。」塔在寺正北高阜。日下舊聞考云，薊州西有盤山，舊名四正山，亦曰盤龍山，一名田盤山，魏田疇隱此，故名。姬翼雲山集謂古有田盤先生，自齊來此，因名。二說未知孰是？山有感化寺，有遼乾通七年碑，漁陽南忭撰文，沙門肅回書碑，稱魏太和十九年無終縣民田氏營建，唐太和、咸通間，道宗、常實二師繼踵住持，幽州主帥清河張公奏請於朝，因得賜額。寺有金圓新和尚窣堵坡記，大定中，沙門法詮撰。按，感化寺，舊名寶積寺明成化中，易額廣濟。又，金上方感化寺，故監寺澄方遺行碑銘，大安七年釋志隆立石，惟遼無乾通年號，疑誤。又，瑞雲菴，始建歲月無考，金大安中重修，西有朝陽洞、歸雲洞。白巖寺，唐貞觀中建，遼天顯十一年復建，金大定中重修。均見盤山志。又，香水寺，唐建，有頭陀大師靈塔實行碑，金正隆六年，中都寶塔寺沙門知心撰，善進書。文曰：「師諱行及，海東新羅常興人。覽兹香水，偶然挂錫，創石頭菴，山精自竄，拓靈源脈，巖虎他之。於廣明元年仲夏，無疾而終，門人惠超等塑以真像，塔而藏之。其後塔菴盡阤，恒浄等視之不忍，重修巨塔表焉。」寺在盤山西南二十餘里，金國文具録，秘書省，今在燕宏法寺。析津志云，宏法寺在舊城，大定十八年潞州崔進女法珍印經一藏進於朝，命聖安寺設壇，爲法珍受戒爲比邱尼。二十三年，賜紫衣宏教大師。明昌四年立碑石，秘書丞兼翰林修撰趙渢記，翰林侍講學士黨懷英篆額。蓋此刹元時尚存，至明始廢。姑録於此，以存金石之遺。壬子，詔雲中大同縣及警巡院給復一年。〔攷異〕續通考云，金制，凡敍使品官之家並免雜役，驗物力所當出者祇出顧錢。進納補官，未至廕子孫，及凡有出身者出職，帶官敍當身者雜班敍使，五品以下及正品承廕已帶散官，未及職者，子孫與其同居兄弟，下逮終場舉人、係籍學士、醫學生皆免一身之役。三代同居，已旌門則免差發，三年後免雜役。此金代復除之法也。壬戌，諭將幸銀山，諸扈從軍士賜錢五萬貫，有損苗稼者並償之。

冬十月甲申，詔免雄、莫等州今年租。〔攷異〕大金國志云，七月，嗢熱國内附，以其地爲資、霖等州。十月，免諸雜色（隸役）〔役隸〕（據大金國志卷一六世宗紀改）爲白户。十一月，詔從征陣亡者蠲其〔家〕（同上補）租稅。十二月，以京畿兩猛安民户，不自耕墾，及供桑棗爲薪，命大興少尹完顏讓巡察。紀均未載。方輿紀要云，是年，世宗至望雲，將如金蓮川，不果，至十二年始至金蓮川納涼，後數至焉。在雲州堡東北百里，川産黄花，望若芙蕖，因名。梁襄傳，字公贊，絳州人，大定三年進士。歷薛王府掾。世宗將幸金蓮川，襄疏諫，上曰：「襄言可取，故罷其行。然襄謂隋煬帝以巡遊敗國，不亦過乎？如煬帝者，蓋由失道虐民，自取滅亡。雖不巡幸，國將安保？爲人上者，但盡君道，雖或巡幸，庸何傷乎？」襄因以直聲聞，終保大節度。學問該博，練習典故。

七年（丁亥一一六七）夏五月丙午，大興府獄空，詔賜錢三百貫以宴勞之。

六月癸酉，命地衣用龍文者，罷之。

秋七月戊申，禁服用金線，其織賣者皆抵罪。〔攷異〕續通考云，閒官八品以上及士人僧尼有師號者，許服花紗、綾羅、絲紬。詔百官從人，祇許服黑紫。命省臣奏事衣窄紫。又吏員有書袋之製，公服常服皆懸於束帶上，違者所司糾之，以別於士民也。

九月，詔修起居注王天祺察訪所經過州縣官。

冬十月乙未朔，詔所幸郡邑，曾宴寢堂宇勿避。勅有司於東宫凉樓前增建殿位，孟浩諫而止。令吏部察縣令賢否，黜陟之。丁巳，帝謂宰臣曰：「海陵不辨人才優劣，惟徇己欲，多所升擢。朕以此爲戒，祇用實才，自今鷹坊各局分，不得授以臨民職任。」〔攷異〕續通考云，時蠡州同知移剌延壽在官汚濫，帝詢其出身，乃正隆時鷹坊子，始下此勅。紀未載。

八年（戊子一一六八）春正月乙丑，帝謂宰臣曰：「朕治天下，方與卿等共之，事有不可，各當面陳，慎勿阿順取容，偷安自便。」又曰：「朕思得賢士，寤寐不忘。自今朝臣出外，卽令體訪廉能及草萊可助治者以聞。」（按，據金史卷六世宗紀，「朕思得賢」一段，爲七月戊辰語）又曰：「卿等舉用人材，凡己所知識，必使他人舉奏，朕甚不喜。如賢，何必計親疏也。」（按，據金史卷六世宗紀，「卿等舉用」一段，爲九月癸酉語）又曰：「海陵修起居注，不任直臣，故所書多不實。可訪求得實，詳録之。」孟浩曰：「良史直筆，君舉必書，古帝王不自觀史，意正在此。」（按，據金史卷六世宗紀「海陵修起居注」及「孟浩曰」一段，爲爲十月乙未語）帝謂侍臣曰：「唐、虞未有華飾，漢文務爲純儉。朕與修宫室，均損宫人歲費充之，今亦不復營建矣。如宴飲，惟太子生日及歲元，近亦止上元、中秋，未嘗至醉。至佛法，尤不信。梁武爲同泰寺奴，遼道宗以民户賜寺觀，加三公官，其惑深矣。」諭敬嗣暉曰：「凡爲人臣，上欲要君之恩，下欲干民之譽，必虧忠節，卿宜戒之。」（按，據金史卷六世宗紀，「諭敬嗣暉」一段，在二月）本傳，字唐臣，易州人。天眷二年第進士。海陵侵宋，留南京，與張浩同治尚書省事，卒官參知政事。謂李石曰：「臺憲固在分別邪正，然內外百司，豈謂無人？惟見卿等劾罪，不聞舉善。今宜刺舉善惡，分別以聞。」（按，據金史卷六世宗紀，「謂李石曰」一段，爲九月辛巳語）

秋九月辛酉，令「自今差役，凡稱御前者，皆須稟奏，仍附册。」

冬十月己丑朔，詔戒諭官吏貪墨。令圖畫功臣於太祖廟。〔攷異〕大金國志云，七月，以水澇遣使巡撫流亡，令恤冤獄，久者罰。續通考云，是年二月甲子，北望淀雨雹，廣十里，長六十里。十一年六月戊申，西南招討司惢里海水之地，雨雹三十餘里，小者如雞卵，其一最大，廣三尺，長丈餘，四五日始消。哀宗正大二年四月，京畿大雨雹。五年四月，鄭州大雨雹，桑柘皆枯。餘不勝書。

九年（己丑一一六九）春正月庚午，詔諸州和糴，無得抑配百姓。

二月庚寅，制妄言邊關兵馬者，徒二年。丙申，詔改葬漢二燕王於城東〔攷異〕酈道元水經注云，燕王陵有伏道，西北出薊城中。景明中造浮屠，建刹，窮泉，掘得此道。王府所禁，莫有尋者，通城西北大陵，而是二墳基址盤固，猶自高壯，竟不知何王陵。史列傳，初，兩燕王墓舊在中都城外，海陵廣京城，圍墓在東城內。前嘗有盜發其墓，大定九年詔改葬於城外，俗傳六國時燕王及太子丹之葬。及啓壙，其東墓之柩，題其端曰燕靈王舊。「舊」，古「柩」字通用，乃西漢高祖子劉建葬也。其西墓，蓋燕康王劉嘉葬也。蔡珪作兩燕王墓辨，據葬制、名物、款刻甚詳。庚子，以中都等路水，免稅。曹、單二州水尤甚，復一年。〔攷異〕大金國志云，二月，命侍郎完顏孛烈思往遼東一帶詢訪官吏治狀，按舉黜陟，問民疾苦。紀未載。

三月辛巳，以大名路艱食，遣使減糶。

夏四月癸巳，遣使諸路勸農。

六月，久旱，命宮中毋用扇。未幾，雨。

秋七月乙卯朔，罷東北路採珠。

冬十月辛丑，詔宗廟之祭，以鹿代牛，著爲令。

十二月丙（子）〔戌〕（據金史卷六世宗紀改），詔振臨潢、泰州、山東東路、河北東路諸民饑。

是歲，帝謂宰臣曰：「亡遼日屠食羊三百，豈能盡用？徒傷生耳。朕每食，常念民饑，猶在己也。彼身爲惡而口祈福，何益之有。朕與大臣論議，非正不（行）〔言〕（同上），卿等不以正對，非臣道也。」謂宰臣曰：「諸臣初仕，競求聲譽，爵位既顯，即徇默苟容，爲自安計，朕甚不取，（其）〔宜〕（同上）宣諭之。」

十年（庚寅一一七〇）春正月甲子，命宮中元宵毋得張燈。〔攷異〕大金國志云，是月，詔以去年臨洮府路蘭、秦、河、會州旱，大饑，命所司存恤。紀未載。

二月甲午，安化〔軍〕（據金史卷六世宗紀補）節度使圖克〔坦〕子温、（據道光版殿本補）副使老君努以贓罪誅。

冬十月甲寅，獵於霸州。宋史地理志，本幽州永清縣地，後置益津關。〔攷異〕輿地廣記云，漢屬渤海郡，後漢屬廣陽國河間郡，晉入遼，周復之，置霸州，今爲永清郡。縣二：文安、大成，詳卷三十九。聞固安令高昌裔不職，罷之。司候成奉先率職謹恪，除固安令。〔攷異〕續通考云，大定中，盧庸爲定平令，修築舊堰，引涇水溉田，民獲其利。大金國志云，時燕羣臣於同樂園之瑶池，語及帝王成敗，以不嗜殺爲本，數年休息，民力(其)〔少〕(據大金國志卷一七世宗紀改)蘇，獨貪殘吏恐爲百姓蠹，宜時加稽察，以革其弊。孛詰烈稽首曰：「陛下言及此，社稷之福也。」紀未載。按，元好問中州集載師拓同樂園詩云：「晴日明華構，繁陰蕩緑波。蓬邱滄海(近)〔遠〕(據中州集丁集改)，春色上林多。流水時雖逝，遷鶯暖自歌。可憐歡樂(地)〔極〕(同上)，鉦鼓散雲和。」劉祁歸潛志作尹無忌詩。又趙秉文詩云：「春歸空苑不成妍，柳影毿毿水底天。過却清明游客少，晚風吹動釣魚船。」見滏水集。帝謂侍臣曰：「護衞以後皆是治民之官，其令教以(詩)〔讀〕(據金史卷六世宗紀改。又，此段話紀在二月戊申)書。」謂宗敍本傳，原名德壽，棟摩第四子，官參政。曰：「卿昨爲河南統軍時，言黄河堤埽利害，甚合朕意。朕每念百姓差調，官吏互爲姦弊，不早計料，臨期星火率斂，所費倍蓰，爲害非細。卿當革弊，擇利爲之。」(按，據金史卷六世宗紀，「謂宗敍」一段，在三月庚午)〔攷異〕河渠志云，是年，議決盧溝以通漕運，計當役千里内民夫。上命免被災之地，以百官從人助役。未幾，以山東歲饑，罷之。十一年十二月，省臣奏復開之，自金口疏導至京城北入濠而東，至通州之北入潞水，計工可八十日。及渠成，以地高水峻，不能勝舟，上與宰臣語及之，平章元忠曰，請求識河道者按視其地，竟不能行而罷。紀未載。謂石琚曰：「女直人徑居達要，不知閭閻疾苦。汝等自丞簿至是，民間何事不知？凡有利害，當悉敷陳。」(按，據金史卷六世宗紀，「謂石琚」一段，在三月庚午)諭宰臣曰：「朕論事有未究利害者，宜悉心論列，毋爲面從，退有後言。」又曰：「比體中不佳，有妨朝事。今觀所奏事，皆依條格，殊無一利國之事。若一朝行一事，歲計有餘，則其利博

矣。朕居深宮，豈能悉知外事？卿等尤當注意。」（按，據金史卷六世宗紀，「又曰」一段在十二月丙寅）

十一年（辛卯一一七一）春正月壬午，詔職官年七十以上致仕者，給半俸。命振南京屯田明安被水災者。詔宰執以下官生日受饋獻者，罷官。謂宰臣曰：「往歲清暑山西，近路禾稼甚廣，殆無畜牧之地，因命五里外乃得耕墾。今聞民皆去之他所，甚可矜憫，其命依舊耕種。」

夏六月己酉，詔罷同州沙苑歲貢羊。諭自今勞民之事，具以聞。〔攷異〕史稱會寧府歲貢秦王魚，又貢猪二萬。遼陽府土產白兔、師姑布、鼠毫、白鼠皮、人參、白附子。按，「秦王」二字，即「鱏鰉」之誤。

秋八月癸卯朔，詔朝臣直言國家利便，治體遺闕，毋隱。勑舉劾職官勤惰，命宰臣舉五品以下官。

冬十月甲寅，帝謂宰臣曰：「朕已行之事，卿等務爲承順，不復執奏。自今朕旨雖出而有未便者，卽奏改之。汝尚書省亦當容受直言勿拒。」

十一月戊寅，幸東宮，謂太子曰：「吾兒在儲貳之位，朕當〔爲汝〕（據金史卷六世宗紀補）措天下，無復有經營之事。〔汝〕（同上）但無忘祖宗純厚之風，以勤修道德爲孝，明信賞罰爲治而已。如遼海濱王，以國人愛其子，嫉而殺之，此何理也！昔唐太宗屬高宗繼伐高麗，此等事，朕不遺汝。」又謂：「『爾於李勣無恩，今出之，爾後以爲僕射，必致死力。』君人者焉用僞爲？朕御臣下惟以誠實耳。」〔攷異〕續通考云，是歲，尚書省奏天下倉廩貯粟二千七十九萬餘石。上曰：「朕聞國無九年之蓄，則國非其國，故括天下之田以均賦，歲取九百萬石，自經費七百萬石外，二百萬石又爲水旱所蠲免及賑貸之用，餘纔百萬石而已，以廣儲蓄，備饑饉也。小民以爲稅重，小臣沽民譽，亦多議之，皆不慮國家緩急之備。」

十二年（壬辰一一七二）春正月戊寅，詔有司，「凡陳言文字，皆國政利害，自今言有可行，封送祕書監，當行者，録副付所司。」諭諸王長史曰：「朕選汝等勸導諸王爲善，否，當力諫。不從，則具某日行某事以聞，阿意者罪。」（按，據金史卷七世宗紀，「諭諸王長史」在二月壬寅）丙申，以水旱，免中都等路去年租稅。〔二月〕（據金史卷七世宗紀補），尚書省奏，廉察到清强官，令速議升除。詔「自今官長不法，其僚佐不糾正及不舉發者，皆坐之。」户部尚書高德基濫支朝官俸錢四十萬貫，杖八十。本傳，字元履，渤海人。第進士，爲令史。海陵剛愎自用，每與詳辨。至是降蘭州刺史。子錫。

〔三月〕（據金史卷七世宗紀補），詔尚書省，贓污官已被廉問者，卽罷之。

夏五月甲戌，命振山東東路饑。戊寅，禁百官及承應人不得服純黄油衣。禁扈從蹂踐民田。令詢問亡失民間物，償其直。詔給西北路人户牛。〔攷異〕續通考云，金制，有牛頭稅，卽牛具稅，猛安、謀克部女直户所輸之稅也。其制：每（來）〔耒〕（據金史卷四七食貨志改，下同）牛三頭爲一具，限民（日）〔口〕（同上，下同）二十五受田四頃四畝有奇，歲輸粟約一石。官民占田無過四十具。天會三年，以歲稔，官無儲積，無以備饑饉，詔令一（牛）〔耒〕賦粟一石。四年，詔內地諸路，每牛一具，賦粟五斗，爲定制。大定時，每牛一頭，令各輸三斗。後又限民（日）〔口〕二十五算牛一具，隨年輸納。被災者蠲之，貸者俟來年徵還。

冬十一月甲戌，詔「宗室中有不任職者，授以散官，量與廪禄。」丙子，曹國公主家奴犯事，宛平令劉彦弼杖之，以主折辱令，深責之。臺臣不言者，奪俸一月。戊子，帝屏侍臣與宰臣議事，記注官亦退，帝曰：「史官記人君善惡，朕之言動及與卿等所議，皆當與知，其於記録，毋或有隱。可以朕意諭之。」

十二月辛亥，禁審録官以宴飲廢公務。詔金、銀坑冶，聽民開採，毋得收税。〔攷異〕續通考云，是年三月庚寅，雨土。十六年三月戊申，雨豆於臨潢之境，形鋭而赤，味頗苦。二十三年三月乙酉，氛埃雨土。大金國志云，是年兩河大饑，死亡枕藉，令所在開倉賑恤。冀、莫、澤、潞等州盗起，令僕(射)〔散〕忠義（據大金國志卷一七世宗紀改）等討之，屠及無辜，而强壯逃免，竟不能制。五行志云，宛平張孝善有子曰合得，大定十二年三月旦以疾死，至暮復活，云是良鄉人王建子喜兒，而喜兒前三年已死，建驗以家事，能具道之。尚書省奏，此蓋假尸還魂，擬付建爲子。上曰：「若是，則姦倖小人競生詐僞，黷亂人倫，止付孝善。」紀均未載。

十三年（癸巳一一七三）春正月癸酉，詔免南客車俊者誤犯邊界罪。令有司嚴禁州縣坊里爲民害者。〔閏月〕（據金史卷七世宗紀補）詔「東宫官屬有行檢不修及不稱職者，具以名聞。」

三月乙卯，太子詹事劉仲誨請增東宫牧人及張設，不許。本傳，字子(惠)〔忠〕（據金史卷七八劉仲誨傳改），宰相筈子。官太子少師、御史中丞，爲東宫官十五年，多進規戒，顯宗特加禮敬。

夏四月己巳，特授洺州與地廣記云，春秋爲赤狄國，漢置廣平國，魏置廣平郡，後周改洺州，唐爲廣平郡。今縣五：永年、肥鄉、平恩、雞澤、曲周。孝子劉政太子掌飲丞。〔攷異〕續通考云，政母目喪明，旦夕舐之，忽能視。後母有疾，刲股肉啖之，愈。詔旌其廬。金初有温迪罕斡魯，西北路猛安人，年十五居父喪，廬墓。母疾，刲股療之，愈。詔授護衛。陳顏，汲縣人。父光，爲奴誣告賊殺人，繫獄，拷訊自誣服。顏請代父死，守白帥，併釋之。天會間詔旌其門。明昌三年有司奏，文登王震孝行，賜同進士出身，注教授。又益都王樞博學善書，事親至孝，賜同進士出身，附王澤榜。同時，棣州劉瑜母喪，質子給葬事。詔賜（束）〔粟〕（據金史卷一二七劉瑜傳改，下同）帛終其身。相州温石，幼孤，奉母以天年終，穿土起坟，廬墓側，垂老祭祀，親滌器。武陟劉全，值金末喪亂，父源母崔爲寇掠，父卒，母被虜，乞食得金，贖母還，侍養三十餘年。河東薛繼元事母孝，所在化之。孟興早喪父，事母孝謹，事兄亦如之，賜（束）〔粟〕帛。國史均有傳。

五月戊戌，禁女直人毋得譯爲漢姓。〔攷異〕國語解所載完顏曰王，女奚烈曰郎之類，皆大定、明昌間所譯也。見錢大昕潛研堂集。

秋七月庚子，復以會寧府爲上京。帝謂宰臣曰：「會寧，國家興王地，自海陵遷都永安，女直人寖忘舊風。朕初嘗見女直風俗，迄今不忘。今之燕飲音樂，皆習漢風，蓋以備禮也，非朕心所好。東宮不知女直風俗，第以朕故，猶或存之。恐異時一變此風，非長久之計。甚欲一至會寧，使子孫得見舊俗，庶幾習效之。」（按，據金史卷七世宗紀，「會寧」一段在三月乙卯）尋御睿思殿，命歌者歌女直詞。顧謂太子諸王曰：「朕思先朝所行事，未嘗暫忘，故時聽此詞，亦欲令汝輩知之。汝輩自幼惟習漢人風俗，不知女直純實，至文字語言或不通曉，是忘本也。自今當體朕意。」（按，據金史卷七世宗紀，「御睿思殿」一段在四月乙亥）〔攷異〕趙翼簷記云，是年八月，金始以策論試女直進士於憫忠寺。寺有雙塔，進士入院之夜半，聞東塔有音樂聲西入宫，試官侍御史完顏蒲捏、李晏等曰：「文路初開，而有此兆，得賢之徵也。」中選者圖克坦鎰等二十七人，後多爲顯官。見選舉志。此寺在京師宣武門外，即法源寺，最宏敞，遼聞宋真宗訃，曾於此建道場。又，興宗十一年，遇景宗宣獻后忌辰，帝與皇太后素服飯僧於此。宋王曾記契丹事云，燕京有憫忠寺，本唐太宗爲征遼陣亡將士造。宋使至遼，遣館伴導以游觀。曹勛北狩見聞録，宋徽宗至燕，館於大延壽寺，欽宗館於憫忠寺。金胡沙虎反，召完顔綱至，囚於憫忠寺，明日殺之。後謝枋得至燕，寓憫忠寺，見壁間曹娥碑，泣曰：「小女子猶爾，吾豈不汝若哉？」遂不食死。此皆憫忠寺故事，並録之。陸游南唐書，元宗嗣位，遣公乘鎔使契丹，至幽州，館於愍忠寺。先迎御容入宫，言元欲識唐皇帝面，乃引見如舊儀。趙子砥燕雲録云，淵聖至自雲中，駐蹕憫忠寺。岳珂桯史云，徽祖上賓，洪皓嘗於憫忠寺肆筵以奠。張養浩歸田類藁云，天會五年，迎旃檀瑞像至燕，奉安憫忠寺，見瑞像來儀記。陸游老學菴筆記云，肅王與沈元用使北，館憫忠寺，見唐碑皆偶儷，凡二千餘言。元用素强記，歸，取筆書之，闕十四字，肅王輒補之無遺者，又改謬誤四五處，元用駭服。此又憫忠寺故事，翁記所闕，補録之。劉侗帝京景物略云，憫忠寺中一碑，下半斷裂，可讀者其上段字，有觀音地宫舍利函記，遼大安十年沙門善製。朱彝尊日下舊聞云，是碑文字悉完，未嘗斷裂。末曰：「大安十年，歲次甲戌，閏四月辛未朔二十二日壬辰申時，功德主燕京管内左右街都僧録，崇禄大夫、檢校太師、行鴻臚卿、聰辨大師、賜紫沙門善製，門人義中書。」此外累朝遺碣。如唐靈芝書寶塔頌，景福元年采師倫書重藏舍利記，遼王進思寺尼薦福尊勝陀羅尼幢記及金大定間禮部令史題名記，黨懷英撰，諸碑皆足資考證。惟景物略所稱明陳贄公鼐二碑，詞蕪不足録。

十四年（甲午一一七四）春二月戊寅，詔免去年被水旱百姓租稅。勅禁明安、穆昆民毋故會飲。命「衛士習女直語，仍自後不得漢語。」（按，據金史卷七世宗紀「禁會飲」、「習女直語」皆在三月）

夏四月乙丑，禁民間妄建佛寺。

冬十月乙卯朔，詔圖畫功臣二十人於衍慶宮聖武殿左右廡。〔攷異〕趙翼箚記云，金史實實傳所載凡二十一人：遼王舍音、金源郡王薩哈、遼王宗幹、秦王宗翰、宋王宗望、梁王宗弼、金源郡王希卜蘇、斡魯、希尹、羅索、尼楚赫、完顏忠、薩爾罕、楚王宗雄、魯王棟摩、隋國公鄂蘭哈瑪爾、豫國公普嘉努、兖國公劉彥宗、特進烏楞古、齊國公韓企先，并特進實實，皆功臣最著者也。阿里布傳又載：代國公罕都、金源郡王實圖美、徐國公琿楚、鄭國公們圖琿、濮國公實古訥、濟國公芬徹、韓國公錫默阿里、左監軍巴爾斯、魯國公富察實嘉努、光祿大夫蒙克、隋國公和尼、特進托克索、齊國公博勒和、儀同三司烏雅富勒琿、阿里布、鎮國上將軍烏凌阿托雲、太師勗、太傅大㚖、大興尹持嘉暉、金吾衛上將軍瑪武、驃騎衛上將軍韓常、譚國公阿里布，共二十二人。此又多景祖、世祖開國時立功最著者也。大定十五年，又圖志寧、良弼，泰和元年續圖石琚。此一朝策勳典故也。　帝謂大臣曰：「海陵崇尚吏事，宰執祇以案牘爲功。卿等當思經濟之術，不可狃於故常也。」（按，據金史卷七世宗紀，「謂大臣曰」一段，在三月甲午）謂太子諸王曰：「行莫大於孝弟，孝弟自蒙天祐。汝等各思自盡，勿因妻妾離間以至相違。」（按，據金史卷七世宗紀，「謂太子諸王」一段，在四月）謂尚食局使曰：「太官之食，皆民脂膏。日者品味太多，徒爲縻費。自今祇進可口者數品而已。」（按，據金史卷七世宗紀，「謂尚食局使」在十一月戊戌）

十五年（乙未一一七五）春正月。〔攷異〕史原文注云，此下闕。世宗當極盛之世，半年餘豈無一事可紀？今自本紀外，既無附見傳志之事，而徧考諸書，無可引證。或史臣疏漏，抑偶有殘闕歟？今仍闕疑。王寂拙軒集有渡遼詩云：「我家河朔望咸平，飛鳥猶須半月程。盡道遼陽天梯遠，渡遼何況更東行。」又，渡遼舟中小酌詩云：「佳會清歌取次成，逸篇高詠極崢嶸。掀髯已判玉山倒，蘸甲不辭金椀傾。落日襯雲魚尾赤，斜風捲水縠紋生。豫愁江上分飛後，千里關河月共明。」寂於大定十五年奉命往白霫治獄，二十九年提點遼東路刑獄，此二詩未知作於何時。

閏九月己酉朔，帝謂良弼曰：「今在官者，須職任稱愜所望，始加勉。否則因循，豈爲忠臣之道？」又曰：「秉德等在武靈時皆有能名，然不務遠圖，祇以苛刻爲事，卒賣直取死，得爲能乎？」

十六年（丙申一一七六）春正月甲寅，詔免去年被水、旱路分租稅。

夏四月丙戌，詔京府設學養士，及定宗室、宰相子程式等第。制商賈舟車，不得用馬。

秋九月己酉，詔西邊所在和糴爲緩急備。詔海陵時臣下被戮者，官爲收葬。

冬十一月甲子，以鈕祜禄罕努前使西遼被害，録用其子。〔攷異〕續通考云，熙宗天眷中，門蔭之制，凡一品至八品皆不限所蔭之人。大定二年二月，前遣遼陽主簿石抹移迭、都監移剌葛補招奚、契丹叛人，爲志寧、白彦敬所害，詔録其子。四年五月，詔皇家袒免以上親就蔭者，依格引試，中選者勿令當傔使。五年十月制，亡宋官當蔭子孫者，並同亡遼官用蔭。又更定冒蔭及取蔭官罪賞格。

十二月丙子，詔諸流移人老病者，官與養濟。〔攷異〕續通考云，十七年五月，省奏咸平府路一千五百餘户，自陳皆長白山星顯禪春河女直人，遼時簽爲獵户，移居於此，號移典部，遂附契丹籍。國初首詣軍降，仍居本部，今乞釐正，詔從之。

十七年（丁酉一一七七）春正月壬戌，詔「海陵時大臣無辜被戮家屬籍没者，並釋爲良。遼豫王、宋天水郡王被害子孫，各葬舊塋。」

三月辛亥，詔免河北十路去年被旱、蝗租稅。振東京、博索、哈斯罕三路饑。〔攷異〕大金國志云，四月，主與太子、諸王東苑賞牡丹，晉王允猷賦詩，和者十五人。時兀朮子偉侍側，言曰：「國家起自漠北，皆以勇力戰爭，今多用遼宋遺臣，〔以〕（據大金國志卷十七世宗紀補）富貴文字，壞我風俗。宋主有志報復，朦骨不受調役，夏亦侵邊，不知三邊有急，使詩人去當得否？」主默然。知内侍省事余萬福扶出，自是文武如冰炭矣。紀未載。

六月己卯，謂宰臣曰：「朕年老矣，恐因一時喜怒，處置有所不當，卿等即當執奏，毋爲面從，成朕之失。」

秋八月庚辰，謂宰臣曰：「今在官者，同僚所見，事雖合理，亦以爲非，意謂從之，則恐政非己出。朕甚惡之。」壬午，謂宰臣曰：「今在下僚豈無人材？但在上者不爲汲引，惡其材勝己故耳。」丙戌，謂臺臣曰：「臺臣糾察吏治能否，務去其擾民，且冀其得賢也。今所至皆受訟諜，聽其妄告，使爲政者如何則可？」

冬十月辛巳，謂宰臣曰：「今在位不聞薦賢何也？昔狄仁傑起自下僚，力扶唐祚，使既危而安，延數百年之永。仁傑雖賢，非婁師德何以自薦乎？」又曰：「朕年已老，宜及康强時，其政令之未完、法令之未一者，皆修舉之，朕不爲怠。」（按，據金史卷七世宗紀，「朕年已老」句，在十二月）〔攷異〕續通考云，是年上謂宰臣曰：「遼東賦税舊六萬餘石，通檢後，幾二十萬，六萬時何以仰給？二十萬後，所積幾何？」户部契勘，謂先以官吏數少故能給，今官吏兵卒及孤老數多，以此費大。上曰：「當察其實，毋令妄費。」紀未載。

十八年（戊戌一一七八）春正月庚申，免中都、河北等路前年被災租稅。

閏(五)〔六〕(據金史卷七世宗紀改)月辛丑，命振西南、西北兩招討司民，及烏庫哩實壘部轉户饑。帝謂宰執曰：「縣令之職，最爲親民，當得賢材用之。邇來犯法者衆，殊不聞有能者。比在春水，見石城、玉田兩縣令皆年老，苟禄而已。」平章石琚曰：「良鄉令焦旭、慶都令李伯達皆能吏，可任。」帝命擢用之。(按，據金史卷七世宗紀，「謂宰執」一段，在三月丁未)復曰：「朕巡幸所至，必令體訪官吏臧否。向玉田知主簿舒穆嚕杳，能吏也，可授本縣令。」(按，據金史卷七世宗紀，「復曰」一段在四月)

冬十一月庚申朔，尚書省奏，擬宗室額爾克原作阿可爲刺史。帝曰：「郡守係千里休戚，安可不擇人而私其親耶？」不許。〔攷異〕大金國志云，正月，學士張酢、吴與權等請修明軍政爲自立計，從之。九月，夏將蒲魯合野攻麟州、卬(郡)〔都〕(據大金國志卷一七世宗紀改)酋禄東賀叛應之，城陷。夏遂擄金帛子女數萬，毁城而去。續通考云，是年，代州立監鑄錢，命震威節度李天吉、知保德軍高季孫往監之，所鑄不可用，削二人官，仍杖季孫八十。命工部郎中張大節、吏部員外郎麻珪代。文曰：「大定通寶。」字文肉好，勝正隆時。世傳其錢料微用銀云。十九年始鑄新錢，至萬六千餘貫。二十年，名代州監曰阜通，設監，正副各一，以節度州同知兼領。尋以參政粘葛斡特剌爲提控。二十七年，别設曲陽監，名利用，設監副、監丞，經營銅事。二十八年，京府節度州增流泉(監)〔務〕(據金史卷五七百官志改)凡二十一所。章宗立，五臺民劉完上訴，命丁用楫往審，還言阜通、利用二監，歲鑄錢十四萬餘貫，費至八十萬餘貫，病民而多費，詔并諸流泉務均罷之。

十九年(己亥一一七九)春二月乙卯，免去年被水旱民田租税。

夏四月己丑朔，詔振西南路饑。帝謂宰臣曰：「姦臣欲有規求，往往私其黨與，託以他事，陽不與，而陰爲之力。朕觀古之姦邪，當建儲之際，惟勸擇立昏懦，冀他日可弄權爲姦利也。」又曰：「朕觀前賢，將諫，與父母妻子訣，示以必死。同列目覩其死，不顧身，又爲之諫，此盡忠於國者，人所難能也。」又曰：「人多奉釋、老，意欲徼福。朕初頗惑之，旋悟其非。且上天立君使之治民，若盤樂怠忽，欲以僥倖，難矣。果能愛養下民，天必祐之。」（按，據金史卷七世宗紀，以上對話皆在三月）〔攷異〕續通考云，天會元年，上京慶元寺獻佛骨，却之。時移瑞像佛牙入內殿供養。五年，移旃檀瑞像於憫忠寺。皇統二年，於上京宮側造大儲慶寺，普度僧尼百萬，大赦天下。六年，賜清惠佛智護國太師號，金襴大衣，所用珍異，其欽敬古未有，帝后親奉撫足禮受。大定元年，燕京建大慶壽寺，勅皇子降香賜錢及田。二年，除迎賽神佛禁令。六年，東京建清安禪寺，般瑟于叱會。時（真儀）〔貞懿〕皇后（據金史卷六四后妃傳改）出家，建重慶寺。二十年，建仰山棲隱禪寺。二十四年，大長公主建昊天寺，給田度僧。二十六年，幸香山寺，賜名大永安，賜田及錢。九月，次朔州，屢幸仙洞、香林、净名、上方、中盤、天香、感化諸寺。章宗以後，更難具載矣。

六月戊子朔，詔更定制條。〔攷異〕伊喇慥傳，本名伊德爾，契丹人。十九年官大理卿，典領更定制條。初，皇統間參酌隋、唐、遼、宋律令，以爲皇統制條。海陵率意更改，吏緣爲姦。慥詳定，凡千一百九十餘，爲十二卷，書奏頒行。尋同修國史，卒官臨洮尹。紀未載。

秋七月辛未，有司奏擬趙王子實古納人從，帝曰：「兒輩尚幼，若奉承太過，使侈心滋大，卒難節抑，此不可長。諸兒每入侍，朕必涖之以嚴，庶知朕教戒之意。」〔攷異〕大金國志云，正月，晉王允猷爲盜所殺，太子允升所使也。嗜酒好獵，膽勇能用兵，每勸南侵，混一天下，主不聽。至是，殺允猷，事覺，奔和龍，至會同調兵，主遣明威將軍劉宇至，合戰，兵敗，被殺，并誅其妻子八十餘人，謚允猷爲元悼太子。二十年，立昇王允恭爲太子。世宗子七：長太子允升、次昇王允恭、晉王允猷、四、五闕名，次鄭王永蹈、次衛王允濟。今以史考之，世宗子十：顯宗母弟趙王、越王早卒，未賜名，此外無名允猷者。若𡑗王允升歷事四朝，年齒最高，至宣宗朝尚存，初無立爲太子、謀叛見殺之事，不足信。見錢大昕潛研堂集。又，允升，本名斜不，傳在卷八十五。至食貨志所載泰和七年河北按察使，另一人。

二十年（庚子一一八〇）春正月丁丑，以玉田縣行宫地偏林爲御林，大淀濼爲長春淀。〔攷異〕郭造卿碣石叢談作長春濼，有長春宫，殿曰芳明。二十四年，如長春宫春水。二十六年、二十七年，兩至。世宗殂，後主如春水，改都南行宫爲建春，改遂城行宫爲光春，而長春不書矣。按，玉田縣在薊州城東八十里，古無終子國，漢置無終縣，隋爲漁陽郡治，唐更名玉田，屬薊州，宋改經州，金復舊。

三月乙丑，詔免中都等路去年租税。尋罷西北路進馬、駝、鷹、鶻等。〔攷異〕續通考云：是月，詔諸稻粟非邊要地當儲外，聽民折納。時參政梁肅奏曰：「方今斗米三百，人已困餓，錢難得故也。計天下歲入二千萬貫，歲用餘千萬，院務場坊及百姓合納錢者，通減數百萬。院務場坊可折納穀帛，折支官兵俸給，使錢帛布散，民間易得。」上曰：「懸欠院務，許折納可也。」是月，以户尚曹望之言，詔減鄜延及河東路税五十二萬餘石，增河北西路税八萬八千石。紀均未載。

夏四月乙巳，帝謂宰臣曰：「女直官多謂朕食用太儉，朕年高，不欲屠宰物命。貴爲天子，克自節約，亦不惡也。服御或舊，常使澣濯，破始更易。帳幕但令足用，何用華飾？」復曰：「山後地皆親王、公主、勢家所占，轉租於民，〔皆〕（據金史卷七世宗紀補）由卿等之不察。當盡心勤事，毋令朕煩勞也。」又曰：「朕觀資治通鑑，編次歷代廢興，甚有鑒戒，用心如此，古之良史也。」（按，據金史卷七世宗紀，「復曰」以下至此，爲十月事）又曰：「郡守選人，資考雖未及，廉能者則升用之，以勵其餘。」（按，據金史卷七世宗紀，以上「又曰」一段在十一月乙亥）又曰：「岐國用人，一言合意，便升用之。否卽責罰。凡人言辭得失，賢者不免。自古用人，咸試以事，奏對間安能知人？朕惟衆所與者用之，不以獨見爲是也。」（按，據金史卷七世宗紀，以上「又曰」一段，爲十二月辛巳事）

〔攷異〕大金國志云，是年，亡遼遺族羣牧使耶律斡罕聚兵十萬，自號後遼皇帝，結北地諸部爲援。主遣宣徽使紇石烈撒合輦爲元帥，將兵八千擊擒之，封金源郡王。按，斡罕叛亂係正隆末年事，志紀海陵末載斡罕之叛，而載於是歲，係誤。

二十一年（辛丑一一八一）春正月壬子，帝聞山東、大名等路明安、穆昆之民，驕縱奢侈，不事耕稼。盡令漢人蒔種。詔遣閱實户數，計口給地，必令自耕。地有餘而力不贍者，方許招佃，仍禁農時飲酒。尋復令閱實勤惰及收穫多寡定責罰。丙子，次永清縣，賜孝子錢五百貫。

二月乙巳，以元妃李氏喪，致祭興德宮，諭宰臣勿禁市肆音樂。〔攷異〕續通考云，是年二月，元妃李氏薨，詔允蹈、允（齊）〔濟〕（據金史卷一三衛紹王紀改）、允德皆服衰絰居喪。己丑，太子及扈從臣僚奉慰於芳明殿。辛卯，留守平章唐括安禮及曹王允功等上表奉慰。所載較詳。

三月丁未朔，聞薊、平、灤等州民乏食，發粟貸之。乙丑，詔山後官地，冒占十頃以上者，皆籍入官，均給貧民。〔攷異〕續通考云，是月，陳言者謂豪强多占奪田土者。上曰：「前參政納合椿年占地八百頃。又，山西田亦多爲權要占，以致小民無田可耕，徙居陰山惡地，何以自存？」故有是詔。省臣又奏：椿年、猛安三合、故太師思忠孫長壽等親屬七十餘家占地三千餘頃。上曰：「至秋，除牛頭地外，各給十頃，餘拘入官。山後招討司所括者亦同此。」明年，命招復梁山濼流民，官給以田。所載甚詳。

閏月，帝謂宰臣曰：「古人君多用讒諂，蒙蔽爲害，漢明帝尚爲此輩所惑，朕於近習讒言，未嘗入耳。至宰輔亦不偏用一人私議也。」復曰：「朕言行豈能無過？常欲人直諫而無肯言者。使其言果善，朕從而行之，何難也？」（按，據金史卷八世宗紀，「復曰」一段在四月）〔攷異〕續通考云，是年，諭省臣曰：「黄河已移故道，梁山濼水退甚廣，已安置屯田民。昔嘗恣意種之，今官已籍其地，而民懼徵其租，逃者甚衆，可免徵并赦罪，賑以官粟。」金制：屯田户佃官地者，有司移猛安、謀克督之。收國五年二月，遣昱及宗雄分諸路猛安、謀克民萬户屯泰州，以婆盧火統之，賜耕牛五十。天會九年，宗敍請募貧民戍邊屯田，給廩粟，使貧者無艱食之患，富家免更代之苦，得專農業。上善之。四月，詔新徙戍邊户乏耕牛者，給官牛，别委官勸督。其續遷戍户未至者，姑止，卽其地種藝，使畢穫而行，及來春農至戍所。

二十二年（壬寅　一一八二）春三月（丁丑）〔甲申〕（據金史卷八世宗紀改），詔今歲行幸山後，所須並不得取之民間，雖人夫亦官給值，違者杖八十。〔攷異〕續通考云，車駕巡幸，顧工馬夫，日給三百文，步夫二百三十文，圍鵝夫隨程幹辦人各二百文，傳遞果子夫百五十文。若以私家作行宮者，量給緞匹。太廟神厨、祠祭勾當人、少府監隨色工匠部役官，受給官司吏錢粟二貫石，春秋絹各一匹。

秋七月辛巳，宰臣奏事，因帝違豫，請退。帝曰：「豈以違爽於和，而倦臨朝之大政耶？」使終其奏。

冬十二月辛酉，立强取諸部羊馬法。

二十三年（癸卯一一八三）春二月庚戌，御史臺進所察州縣官罪，止録其惡，而不舉善，詔并察以聞。

三月丙戌，詔戒諭中外百官。

秋八月乙未，以女直字孝經千部分賜護衛親軍。

九月己巳，命頒行所譯五經、諸子及新唐書。〔攷異〕續通考繫之二十四年，稍異。

冬閏十一月甲午，帝謂宰臣曰：「帝王之政，固以寬慈，然梁武帝專務寬慈，致綱紀大壞。朕嘗思之，賞罰不濫，卽寬慈也。」復曰：「燕人自古忠直者鮮，其俗詭隨，有自來矣，雖屢經遷變，而未嘗殘破者，此也。南人勁挺敢言，直諫者多，前有一人見殺，後復繼之，甚可尚也。」（按，據金史卷八世宗紀，「復曰」一段在六月壬子）〔攷異〕管子云，燕之水，萃下而弱，沈滯而雜，故其民愚戇而好貞，輕疾而（好走）（據日下舊聞考卷一四六删）易死。吳子云，燕性慤，其民愼，好勇義，寡詐謀，故陳守而不走。史記貨殖傳云，燕地踔遠，人民希與趙、代俗相類。禮書云，燕人少思慮，多輕薄，地使之然也。輕死，急人，俗使之然也。

漢書地理志云：燕俗愚悍少慮，輕薄無威。亦有所長，敢於急人，燕丹遺風也。杜樊川集，幽、并之地，程其水土，與河南等，（處）〔常〕（同上改）重十一二，其人沈鷙多材力，重許可，能辛苦。東坡集，燕俗勁勇而沈靜。樂史太平寰宇記，燕，其（地）〔氣〕（同上）躁急。燕之爲言，燕也，其氣内盛。祝穆方輿勝覽，民務農桑，士習詩、書，無强暴相凌之風，有寡求不争之習。郝經陵川集，燕浴歷遼、金幾四百年，然而不漸宣、政佻靡之化，豪勁任俠，渾厚敦雅，有唐遺風。遼志云，南京水甘土厚，人多技藝，秀者學讀書，次則習騎射，耐勞苦。元劉静修過易臺詩云：「萬里河山有燕、趙，百年風氣自遼、金。」易臺，今順天府屬地，所載互異。因世宗語及，並録之。又曰：「昨夕苦暑，朕通宵不寐。因念小民比屋卑隘，何以安處？」（按，據金史卷八世宗紀，此「又曰」一段亦爲六月壬子事）又曰：「女直進士，可依漢進士補省令史。夫儒者操行清潔，非禮不行。以吏出身者，習爲貪墨，至爲官，習性難改。政道廢興，實由於此。」〔攷異〕續通考云，正月，廣樂園燈山焚，延及熙春殿。見五行志，紀未載熙春殿。紀載八月大名府猛安人馬和尚謀叛，伏誅。卷二太祖天輔七年將、卷五海陵貞元二年臨潢府總管、卷一百三桓端傳貞祐三年都統，四人同名馬和尚。又，天輔時，有奚馬和尚。

二十四年（甲辰一一八四）春三月壬寅，如上京，命太子允恭守國，趙王永中輔之。帝謂宰臣曰：「卿輩皆故老，宜悉心輔導。」顧六部官曰：「朕聞省部文字，多以小疵駁之，致累歲不能結，朕甚惡之，自今宜戒。」

夏五月己丑，至上京，居光興宫。戊戌，宴於皇武殿。謂宗戚曰：「朕思故鄉，積有年矣，今既至，可同歡飲。」宗戚皆霑醉起舞，竟日乃罷。

六月辛酉，幸按春水臨猗亭。壬戌，閱馬於綠野淀。謂宰臣曰：「天子巡狩，當舉善罰惡，凡士民之孝弟姻睦者舉用之，其不顧廉恥無行之人則教戒之，不悛，即加懲罰。」（按，據金史卷八世宗紀，「謂宰臣」一段在七月乙未）

秋八月乙亥，詔免上京今年市稅。〔攷異〕續通考云，是年閏十一月，制外任官嘗爲宰執者，凡吏牘上省部，依親王例免書名。明年十月，以宰臣年老艱於久立者，命置小榻廊下，使少休息。承安三年四月，諭宰相遇雨可循廊廡出入。興定三年四月，以天暑，詔宰相四日一奏事。紀多未載。

二十五年（乙巳 一一八五）春正月丁亥，宴妃嬪、親王、公主、從官，宗室男婦與坐者千七百餘人，賞賚有差。

二月癸酉，以東平尹烏庫哩色呼原作思列。〔攷異〕伊喇道傳，世宗時河南統軍使思列，當即此人。又，完顏思列，見卷七世宗紀大定十七年忠順節度副使；卷八十六烏延蒲離黑傳祖烏延思列，均另一人。怨望，殺之。

〔四月〕（據金史卷八世宗紀補）丁丑，宴宗室、宗婦於皇武殿，賜官階、銀絹有差。宗室婦女及羣臣故老以次起舞，進酒。帝自歌本曲，道王業之艱難，及繼述之不易，至「慨想祖宗，宛然如睹」，慷慨悲咽，不能成聲。於是諸夫人皆歌本曲，如私家之會。既醉，帝復續〔詞〕〔調〕（據金史卷八世宗紀改），至一鼓乃罷。詔曲赦會甯府，免今年租稅，百姓年七十以上者補一官。（按，據金史卷八世宗紀，「曲赦會寧府」在壬申）復謂羣臣曰：「上京風物，朕自樂之，每奏還都，輒用感愴。

祖宗舊邦，不忍捨去，萬歲之後，當置朕於太祖側，卿等勿忘。」己卯，發上京，宗戚奉辭。帝曰：「朕久思故鄉，甚欲留一二歲，京師天下根本，不能久於此也。太平歲久，國無征徭，汝等皆奢縱以致貧乏，朕甚憐之。務當儉約，毋忘祖先艱難。」因泣數行下，衆皆感愴而退。

〔攷異〕是年夏四月，涿州重修文宣廟，有黃久約碑記，云：「范陽舊有夫子廟，在城東南，唐貞元五年，盧龍節度劉公所建，遼統和中始移置於此。年禩綿遠，將傾圮。前爲守者，非無意於更新，徒以州治當南北之衝，四方行旅，取道往來，十率八九，使客冠蓋，旁午晨夕，疲於應接。又案牘簿書，視他州爲繁，日不暇給，故視爲餘事。大定二十三年冬，汾陽郭侯豫自尚書郎出殿是邦。下車之初，以令從事伏謁祠下，既而周覽庭宇，憫其敝陋，愀然變容，退而嘆曰：『爲政之先，獨不在於斯乎？矧聖天子在上，闡彌文，緝墜典，凡所以尊禮先儒，誘進多士，纖微畢舉，發於誠心。而州近在畿甸之内，迺不能助宣風化，況疏遠者哉！』於是命工繪圖，亟議改築，計所當費，約用錢二十餘萬。即日移文計司，久乃得報，減三分之二，止得其一。既不足於用，方左籌右度，未有以爲計。其僚有顯武將軍梁倣先者，爲主倉庫官，毅然以身任其責，造黃堂而請曰：『倣先，里人也，上世以儒學取功名，享爵位。小子不肖，亦幸賴先人餘蔭，入官秩，登五品，迹所由來，非治心行己，仰遵先師遺訓，何以臻此？今廟在鄉里，廢毁如是，貽使君憂，心實恥之。願因斯時，會里中一二大姓及子弟之業儒者，各出私財，以佐國用度。』侯聞其言而義之，即爲割月俸，并諸贖鍰盡付之，授之以成須，厥效於後起。二十五年夏四月二十日癸丑，訖五月八日庚寅，總爲屋二十有八楹。制度大小廣狹，悉因其舊。榱棟之腐橈者，撤而易之，垣牆之頹靡者，築而起之，階戺之缺罅者，甃而完之。薅薙荒翳，塗韄漫漶，中奠廟室，旁列東西兩序，以達於大門，庖廩齋舍，各有次第，皆備無缺。工募於民，厚與之直。役夫則用胥靡之徒，其飲食皆不戒而勸。舊圖六十二從祀弟子，及前代名儒之像於殿陛十哲塑像之後，則改繪於兩廡。諸費除官給外，獨用錢四十餘萬，皆出於衆人之樂輸，非有以畏迫勉强而然者。

落成之日，公私改觀，父老稱贊，咸謂不有刊勒，何以視久遠，侯乃遣人走京師，遺書故人須(昌)〔城〕(據金史卷九六黄久約傳改)黄久約爲記，而系之以銘。銘曰：「卓哉素王，百世之師。出逢周衰，大道蔽虧。立言著行，是訓是彝。有國有家，政行令施。祇率軌範，永作表儀。生爲至人，没有嚴祠。衮舄煌煌，巍然而离。春秋奠薦，著令攸司。范陽遺宫，有年於兹。日毁月壞，風雨弗支。郭侯下車，經之營之。去故取新，付託疇咨。允毅梁君，造請以辭，願幹葺事，惟公之爲。市財傭工，費鉅不貲。弗足於公，競捐其私。屹然崇成，曾靡愆期。學者用勸，祀事以時。之德之功，去益見思，後來之人，當敬勿隳。」按，涿州又有漢昭烈廟碑記，王庭筠撰。云：「仁者未必成功，成功者未必仁。仁者之心以仁仁天下，不仁者之心以仁濟其私。故善論人者，論其心之何如，而成敗不與。以仁濟其私者，發於其言，見於其事，亦仁也，蓋竊仁以欺天下。夫竊仁者，是有大不仁根著於心，然竊仁易窮也，而根著於心者卒不可掩。天下之人莫不腹詈噫唾，雖一時成功，旋與草木同腐矣。仁者之心，不以其身其家而以天下，故天下之人亦相與謳歌戴仰，願以爲君，雖生無成功，天下之人莫不歎息，至後世猶喜稱道。精爽在天，能推其仁心，用之不已，施之不竭，呼吸而雲雨，咄嗟而風霆，咫尺萬里，朝夕千載，此(政)〔理〕(據日下舊聞考卷一二八改)之自然無足怪者。先主，仁人也。當陽之役，不以身而以民，永安之命，不以家而以賢，雖不能如其言，要之其心，如是而已。有厚天下之心，必饗天下之報，至今天下之人，猶歎息其無成而〔喜〕(同上補)稱道之，涿之人又祠而奉之，宜哉。涿，先主之故家也。廟距州西南十里而遠，庭有石，乃刺史婁君延重修記，唐乾寧四年也，則血食於此舊矣。歲久屋老，纔庇風雨。今年夏四月，里民始議增葺，於是富者以貲，巧者以藝，少者走以服其勞，老者坐以董其功。稍完治中堂，新作門屏，又作兩廡配祀，元臣諸葛孔明、關雲長、法孝直在東；龐士元、張翼德、簡憲和在西。既成，具興廢歲月，乞文於庭筠，將以刻諸石。庭筠曰：「五季兵火之餘，室廬焚蕩殆盡，而廟貌巋然獨存，悍夫暴客過堂下，斂兵肅跡不敢犯，則其仁之入于民深矣。大哉，仁乎！蘊於心，充於天地，被於萬物，蓋有不與死而俱亡者。幽而爲神，其遺澤殘烈施及天下後世，以達其生平未厭之心必矣，豈獨私乎一鄉哉？祠而奉之者，特其鄉人之情耳。

庭筠既書其事，復作歌遺之，使迎送神，佐其鼓舞以樂之，其辭曰：「舜禹不可作兮古猷日潰，盜取盜守兮恬不怪。仁人起兮力砭其廢，志天下兮豈獨爲漢計？大統未一兮時以逝，奄爲神明兮陟配上帝。何紓我憂兮仁及異世。彼曹丕兮死爲妖彗，握長鋏兮載芟載劃。燕山之陲兮，范水之裔，平疇如砥兮惟神之豐沛。鬱幢幢兮羽葆蓋，悵籬樹兮今安在？記先時之舊事兮，想亦爲之一慨，神之去來兮蒼虬翠，驂粲華裾兮鏘鳴玉珮。鉦瑟而吹籥兮，紛擊音之繁會。牲肥酒香兮，神其飫醉。未雲席帝兮，回風滿旆。將而送兮百拜，民不忘兮遺愛。驅螟蝗兮疫癘，時雨暘兮屢歲。俾富康兮耆艾，民德神兮事（事）〔之〕（同上）無替。」見朱彝尊吉金貞石志。蔣一葵長安客話云，先主故宅在涿州西南十五里樓桑村，建於唐乾寧四年。今承安初重修，黃華老人有記，載涿州志，卽指此。涿州境東南有盧植墓，俗呼南臺，植，涿人，先主嘗從受學者也。元好問中州集載王寂詩：「南臺故址今頹然，漢盧植墓疑相傳。」又，寂有先主廟詩云：「當年竹馬戲兒曹，笑指樓桑五丈高。故國神遊得無恨，壞（坵）〔垣〕（據中州集乙集改）風雨夜蕭騷。」

夏六月庚申，太子允恭卒，遣使致祭。

秋九月甲申，次遼水，召見百二十歲老人，能道太祖開創事，嘉嘆，賜食及帛。己酉，還宮，奠宣孝太子於熙春園。〔攷異〕畢沅續通鑑云，太子常侍宴常武殿，典食進粥，有蜘蛛在盌中，典食懼，太子曰：「蜘蛛吐絲乘空，適墮此中耳，豈汝罪哉！」在東宮十五年，恩德浹人者深，軍民巷哭。元好問中州集載賜右相石琚詩云：「黃閣今姚宋，青宮舊綺園。繡絺歸里社，冠蓋畫都門。善訓懷師席，深仁寄壽尊。所期河潤溥，餘福被元元。」風箏詩次高駢韻云：「心與寥寥太古通，手隨輕籟入天風。山長水闊無尋處，聲在亂雲空（璧）〔碧〕（據中州集卷首改）中。」此詩，山陽民家所上者。續通考云，世宗第二子，章宗父，追謚顯宗〔光〕孝皇帝（據金史卷一九世紀補補），后徒單氏，謚孝懿，劉氏謚昭聖。

二十六年（丙午一一八六）春三月己丑，詔尚書省曰：「卿等未嘗薦士，祇限資格，安能用人？古有布衣入相者，聞宋亦多用流寓之人，皆不拘貴近也。以本朝境土之大，豈無其人？朕難偏知，卿又不舉。自古豈有終身爲相者？外官三品以上，必有可用之人，但無由得進耳。」又曰：「皇孫原王府官屬，當選純謹秉性忠直者充，勿用有權術之人。」（按，據金史卷八世宗紀，「皇孫」一段，在四月壬子）癸巳，香山寺成，幸其寺，賜名大永安，給田二千畝，栗七千株，錢二萬貫。〔攷異〕世宗紀載是年四月己未，幸（永）〔壽〕安宮（據金史卷八世宗紀改）。禁扁諸書未載。（臣）〔巨〕構傳（據金史卷九七巨構傳改），大定中，詔構與近臣經營香山行宮及佛舍，疑卽指此。見日下舊聞考。

五月戊子，盧溝決於上陽村，漂流成河，遂因之。〔攷異〕河渠志，是月，盧溝決於上陽村。先是，決顯通（塞）〔寨〕（據金史卷二七河渠志改），詔發中都三百里内民夫塞之。至是，復決，朝廷恐枉費工物，令勿治。二十八年，詔盧溝河使旅往來津要，令建石橋，未行世宗崩。章宗立，命造舟，復令建石橋。明昌三年三月成，賜名廣利，并建東西廊，令人居之。許亢宗奉使行程録云，盧溝河水極湍激，每候水淺，河置小橋以渡。近年兩岸造浮梁，建龍祠，彷彿如黎陽三山。高士奇扈從西巡日録云，盧溝橋跨桑乾河，俗呼渾河，亦曰小黄河。橋建自明昌初。范成大石湖集載盧溝詩云：「草草輿梁枕水低，匆匆小駐濯漣漪。河邊服匿多生口，長記軺車放雁時。」又，九月過盧溝，水調歌頭詞：「萬里漢家使，雙節照清秋，舊京行遍中夜，呼渡濟黄流。寥落桑榆西北，無限太行紫翠，相伴過盧溝。歲晚客多病，風露貂裘。對重九，須爛醉，莫牽愁。黄花爲我一笑，不管鬢霜羞。袖裏天書咫尺，眼底關河百二，歌罷此生浮。惟有平安信，隨雁到南州。」趙秉文滏水集詩云：「河分橋柱如瓜蔓，路入都門似犬牙。落日盧溝溝上柳，送人幾度出京華。」令免諸路水旱租税四十九萬餘石。詔「凡陳言文字，詣登聞檢院送學士院聞奏，勿經省廷。」（按，據金史卷八世宗紀，「免租」爲四月事，「凡陳言文字」一段則爲六月甲戌事）

冬十月戊寅，定職官犯贓同僚相糾察法。甲午，詔增河防軍數。尋命諸軍以時訓練。十二月甲申，因黄久約言，罷遞送茘支。〔攷異〕續通考云，八月乙亥朔，日月五星會於軫。先是，四年正月戊子，熒惑歲星同居氐。十七年九月庚戌，歲星熒惑太白聚於房。二十二年十二月癸未，熒惑太白皆居氐中。二十四年十月壬申，太白辰星同度。

二十七年（丁未一一八七）〔二月〕（據金史卷八世宗紀補）乙酉，帝謂宰執曰：「朕於言事狂妄者，未嘗罪之。卿等不盡言，何也？今事有利害，可竭誠言之。朕見緘默不言之人，不欲觀之矣。」又曰：「十室之〔人〕〔邑〕（同上改），必有忠信。今地廣民衆，豈得無人？唐顔真卿、段秀實皆節義臣，終不升用，亦大臣蔽而不舉也。卿等當不私親故，而特舉忠正，朕將用之。」（按，據金史卷八世宗紀，「又曰十室」一段係三月事）又曰：「朕觀唐史，惟魏徵善諫，所言皆國家大事，甚得諫臣之體。近時臺諫，止摘細微，未嘗及國家大利害，豈知而不言歟，毋乃亦不知也。」（按，據金史卷八世宗紀，「觀唐史」一段，爲十月庚寅事）丁亥，命沿河京、府、州、縣長貳官，並帶管勾河防事。免中都、河北等路被河決水災軍民租税。（據金史卷八世宗紀，「免」下係六月戊寅事）詔「河水泛溢，農夫被災者，免差税一年。衞、懷、孟、鄭四州塞河勞役，并免今年差税。」（按，據金史卷八世宗

紀,「免差税」事在十一月甲寅)

三月乙卯,尚書省言「孟家山金口閘下視都城百四十餘尺,恐暴水爲害,請閉之。」從之。〔攷異〕金口閘在石景山迤東。元都水少監郭守敬請於金口西預開減水口,西南〔入〕(據文義補)大河,以防水患,而利漕運。命罪人在禁有疾,聽親屬入視。(按,據金史卷八世宗紀「命罪人」條乃二月丙申事)〔攷異〕元好問中州集,咸陽蕭貢,字真卿,大定中進士。歷右司郎中,預修律令,條畫當上心,興陵嘉歎曰:「漢有蕭相國,我有蕭貢,刑獄吾不憂矣。」又奏:「死囚獄已(其)〔具〕(據中州集戊集改),仍責家人伏辨,以申寃抑。」從之。遷刑部侍郎,入謝曰:「臣願因是宣廣陛下好生之德。」上大悅,凡所平反,皆允之。終户部尚書,謚文簡。本傳末載其恤刑事。所著有史記注百卷。

夏五月壬子,詔罷海蘭路所進海葱及太府監日進時果。

冬十二月戊子,禁女直人改稱漢姓,學南人衣裝,犯者抵罪。

二十八(戊申一一八八)年春三月丁酉朔,宴羣臣於神龍殿,諸王、公主以次上壽。帝歡甚,以本國音自度曲,蓋言臨御久,春秋高,思國家基緒之重,萬世無窮之託,以戒皇太孫,當修身養德,善於持守,及命左丞相克寧盡忠輔導之意。

夏四月癸未,命建女直太學。制諸教授必以宿德高才者充。

冬十一月庚子,詔南京、大名府等處避水逃移不能復業者,官與津濟錢,仍量畝給以耕牛。

十二月乙亥，帝不豫，詔皇太孫攝政。明年正月癸巳，崩於福安殿，壽六十七，葬興陵。

〔攷異〕續通考云：二十九年正月己卯巳初日有暈，左右有珥，白虹貫之亘天，東有戟氣，長四尺餘。丁巳，巳初日有兩珥，上有背氣兩重，復於日上爲冠。二月甲子辰刻日上有重暈兩珥，拖而復背，凡數次。乙丑，日暈，兩珥，有負氣，承氣，而白虹亘天，左右有戟氣。又，正月丁酉，土星留氐中三十七日，逆行，後七十九日乃出氐。六月丙辰，月犯太白，月北星南，同在柳宿。十一月己未，熒惑守軒轅，至戊辰退行，其色稍怒。又自卽位以來，太白晝見及經天，并五星侵犯，不勝書。

史稱自南北講和，與民休息，羣臣守職，上下相安，家給人足，倉廩有餘，刑部斷死罪，歲或十七人，號稱「小堯舜」。然求賢之急，求言之切，不絕於口，而羣臣不能將順其美，以底大順，惜哉。

金史紀事本末卷三十一

大定初宋人和戰

世宗大定元年（辛巳一一六一），卽宋紹興三十一年也。冬十二月庚申，以元帥左監軍高忠建等爲報諭宋國使。〔攷異〕宋史繫於次年二月。今從史交聘表。副使爲德昌節度張景仁。語以罷兵，歸還正隆所侵地。紀未載。丙寅，詔左副元帥完顏古雲規措南邊及陝西等路事。〔攷異〕宋史紀事本末云，十二月，成閔李顯忠收復兩淮州郡。時，張浚被召，過池陽，聞金敗兵二萬猶屯和州，浚往犒顯忠軍，卽趨建康，先諜通判劉子昂備行宮儀物，請帝臨幸，帝從之。

二年（壬午一一六二）春正月辛巳，遣左副點檢富察阿布哈原作蒲察阿孛罕等，賞賚河南軍士。甲午，命河北、山東、陝西等路征南軍士，並放還家。〔攷異〕續綱目云，正月，山東人耿京起兵復東平，遣辛棄疾入朝。京尋爲張安國所殺。棄疾還，謀誅安國，授江淮判官。宋史高宗紀，棄疾外，尚有賈瑞云。是月，金攻壽春府，宋忠義將劉泰戰死。金人引去。棄疾字幼安，歷城人。李寶將王世隆執安國以獻。按，棄疾初在耿京軍中，僧端義竊印以逃，辛追獲之。端義曰，我識君相乃青兕也，力能殺人，幸勿殺我。辛斬其首，歸報京。史未載壽春戰事。

二月丙辰，嵩州刺史舒穆嚕珠德勒原作石抹朮突剌敗宋兵於壽安縣。屬河南府。〔攷異〕富察鄂倫傳，上京人，大定初，官河南統軍使。宋兵據壽安，嵩州刺史舒穆嚕圖喇等求救於鄂倫，遣呼沙呼將兵助之，大敗宋師於鐵索口，復其城。所載各異。丁巳，鄭州防禦使富察世傑取陝州。甲子，詔都元帥璮都原作奔睹開府山東，經略邊事。〔攷異〕宋史紀事本末云，是月，帝還臨安，御史吴芾請留蹕建康，不聽。命虞允文爲川陜宣諭使，至蜀，與吴璘經略中原。王宣敗金人於汝州，再戰，敗還。汲靖破之於確山。吴拱復永安軍。王剛敗之於海州，杜彦救淮寧，敗金人於項城。大金國志云，金破淮寧府，宋守臣陳亨祖戰死。畢沅續通鑑云，亨祖母及其家五十餘人皆死。統領戴規巷戰死。繫年要録云，金圍城，亨祖登陴，中流矢死。城陷，家屬遇害，與規均贈官。紀皆未載。王存元豐九域志云，淮寧府爲陳州淮陽郡鎮安軍，(洽)〔治〕(據元豐九域志卷一改)宛邱縣，在東京二百四十五里，縣四。詳卷九。

三月癸卯，左都監圖克坦喀齊喀敗宋師於德順州。〔攷異〕宋史紀事本末云，四月，金遣豆斤太師發兵二十餘萬復攻海州，魏勝乞援於李寶，寶以聞。命鎮江都統張子蓋救之，與勝合，大敗金人於石湫堰，溺死者半，圍遂解。豆斤舊作五斤。續綱目作烏錦。通鑑輯覽作烏珍。南宋書云，是役統制張玘戰死。世宗紀均未載。

夏五月丁巳，押軍萬户費摩阿拉原作裴滿(援)〔按〕剌(據金史卷六世宗紀改)等敗宋兵於華州。〔攷異〕續綱目云，是月，以議和罷三招討司。時李顯忠陰結金都統蕭琦爲內應，請出師。自宿、亳趨汴以通關、陝，而鄜延一路素知顯忠威名，必皆響應。且欲起其舊部，以取河東。會詔罷兵乃止。

六月，宋遣使來賀卽位。〔攷異〕交聘表，正使爲翰林學士洪邁，副使鎮東節度張掄。邁爲皓季子，字景盧，時官起居舍人。掄知閤門事。表所書皆假官。續綱目云，金高忠建至臨安議遣使報聘，且賀卽位。工部侍郎張闡請嚴遣使之命，正敵國之禮，不從則戰，庶中國之威可振。遂遣邁往，邁奏接伴禮儀十四事。俄，忠建責稱臣并新復州郡，陳康伯以義折之，乃止，遂行。至燕，閤門見書不如式，令改陪臣二字，必用舊儀。邁執不可。鎖使館，三日水漿不通。邁語不遜，欲留之，張浩不可，乃遣還。所載較詳，惟作閏二月出使。宋史繫之四月，各異。闡字大猷，永嘉人。潘永因宋稗類抄云，景盧奉使，父皓嘗薦之。及爲金困辱歸，太學諸生作詞曰：「洪邁被拘留，垂哀告彼酋。七日忍飢猶不耐堪羞，蘇武曾經十九秋。厥父既無謀，厥子安能解國憂？萬里歸來誇舌辨，村牛，好擺頭時不擺頭。」蓋洪好搖頭也。羅大經鶴林玉露云，景盧往報聘，入境，與其接伴約用敵國禮，伴許諾。故沿途表章皆用在京舊式。未幾，盡却回，使依近例。易之不可，乃扃驛門絶供饋者。一日，館伴復來言，嘗從忠宣學，勸勿固執。景盧等懼，易表章授之，供饋乃如禮。時爲之語曰：「一日之飢禁不得，蘇武當時十九秋。傳語天朝洪奉使，好掉頭時不掉頭。」所載不同，當從續綱目爲正。史均未載。

秋七月丙午，宋高宗傳位，孝宗嗣立。〔攷異〕宋史載在六月；南宋書作五月；交聘表、世宗紀作七月。當是金於是時始聞報耳。時張浚入見，命宣撫兩淮，勸堅志以圖恢復。欲遣舟師由海道以擣山東，命諸將出師犄角以向中原。史浩議欲城采石、瓜洲，浚不可，遂有隙。凡所規畫多沮之。浩字直翁，鄞縣人。是月，追復岳飛官，以禮改葬，官其孫六人。趙樽復光州。李心傳朝野雜記云，孝宗爲太祖七世孫，秦王德芳裔。父秀安僖王子偁，第進士，官嘉興丞，母祥符張氏。生時紅光滿室，如日正午。以歲在協洽，屬羊，字曰羊。潛說友咸淳臨安志云，時高宗將倦勤，即檜舊第築新宮，名德壽。六月乙亥，内出御札曰，朕宅帝位三十有六載，荷天之靈，宗廟之福，邊事稍寧，國威益振。惟祖宗傳序之重，兢兢焉，懼不克任。憂勤萬幾，弗遑暇逸。思欲釋去重負，以介壽臧。蔽自朕心，亟決大計。皇太子賢聖仁孝，聞於天下，明知世故，久係民心。其從東宮，付以社稷，惟天所相，非朕敢私云云。丙子，行内禪禮畢，移仗居焉。岳王墓在棲霞嶺下，嶺在錢塘門外顯明院北。舊多桃花，開時爛然如霞，因名。周淙乾道臨安志云，紹興三十二年六月四日，旨以德壽宮爲名，十一日，上皇退處是宮，今上卽位。宮在望仙橋東門外，有百官待漏院。袁氏楓窗小牘云，高廟在建康，有大赤鸚鵡自江北來，集行在承塵上，口呼萬歲，鼓翅下有小金牌，刻「宣和」二字。比上膳，鸚鵡大呼：「卜尚樂，起方響。」久之，曰：「卜娘子不敬萬歲。」蓋道君時掌樂宮人以方響引樂者，故猶以舊格相呼。帝爲罷膳，泣下。後持至臨安，死，帝親爲文祭之。潘永因宋稗類鈔云，高宗宮中養鸚鵡數百，因思歸，送赴隴山。後數年，使臣過，鸚鵡問曰：「上皇安否？」曰：「崩矣。」皆悲鳴。賦詩云：「隴口（深山）〔山深〕（據宋稗類鈔卷三改）草木黄，行人到此斷肝腸。耳邊不忍聽鸚鵡，猶在枝頭説上皇。」又云，孝宗復岳官爵，收召子孫，給還（田資原）〔原資〕，（據宋稗類鈔卷三改）入止九千緡。卒時係請具浴拉脇，李隗順負屍出，葬北山之漘。有一玉環殉，樹雙橘於上。棺上一鉛筩有棘，寺曾勒字爲埋瘞之符。後官訪其瘞，以一班職賞上告。屍色如生，更斂禮服。武穆有滿江紅詞，曰：「怒髮衝冠，凭欄處，瀟瀟雨歇。抬望眼，仰天長嘯，壯懷激烈。三十功名塵與土，八千里路雲和月。莫等閑白了少年頭，空悲切。靖康恥，猶未雪，臣子恨何時滅？駕長車，踏破賀蘭山缺。壯志飢餐仇恨肉，笑談渴飲姦雄血（按，據全宋詞，「仇恨」當作「胡虜」，「姦雄」當作「匈奴」，蓋清文禁甚嚴，故迴避也）。待從頭收拾舊山河，朝天闕。」死後金使（王）〔劉〕陶（同上改）問何罪？館伴以謀叛對。陶曰：「江南忠臣善用兵者，止一飛，所謂有一范增不能用。」檜聞，令館伴勿奏。尋貶之。其贈鄂王，謚忠武。文曰：「李將軍口不出辭，聞者流涕。藺相如身雖已死，凜然猶生。易名之典雖行，議禮之言未一。始爲忠愍之號，旋更武穆之稱。獲覩中興之舊章，灼知皇祖之本意。爰取危身奉上之實，仍采戡定禍亂之文。合此兩言，節其一惠。共孔明之志與漢室，子儀之光復唐都。雖計效以或殊，在秉心而弗異。垂之典册，何嫌今古之同辭。賴及子孫，將與河山而並久。」據此則稱忠武爲宜。周密齊東野語云，洪邁追復制詞曰：「事上以忠，至無嫌於辰告。師行有律，幾不犯於秋毫。」辰告者，岳嘗上疏請建儲並實録也。

繫年要録云，先是金遣忠義、志寧經畧四川，爲南師所敗，檄至盱眙。按，是時忠義等方討斡罕，無暇以檄致宋。至冬方奉南侵之命，且云敗於四川，尤係傳聞之誤。見畢沅續通鑑。

九月壬子，以完顏思敬爲右副元帥經略南邊。癸亥，河南統軍使宗尹阿里罕孫，官平章，代國公。復汝州。時宋取汝州，宗尹使富珠哩原作孛朮魯定方本名阿哈，寧嘉河人。將兵四千往攻之。汝州東南北三面皆山林險阻，不可以騎軍戰。宋兵時由鵶路出没。定方至襄城縣名，屬汝州。諜知，聲言諸軍至。俄，定方趨鵶路，宋人果棄城遁。追至布袴叉，擊敗之，遂復其城。〔攷異〕瓜爾佳清臣傳，時宋兵二萬襲陷汝州，殺刺史烏克遜滿丕及漢軍二千，宗尹遣定方與清臣領騎兵四千往擊之，宋人棄城遁，復其城。稍異。

冬十一月，以布薩忠義爲右丞相，將兵侵宋，赫舍哩志寧爲左副元帥副之。〔攷異〕南宋書作林忠義、高志寧。續綱目云，金主以宋不稱臣，詔忠義總戎事，居南京，節制諸軍。志寧駐兵淮陽。將行，諭曰：「宋若歸侵疆，貢禮如故，則罷兵。」忠義至汴，簡閱士卒，分屯要害。所載較詳。潘永因宋稗類鈔云，壽皇鋭意親征，大閱禁旅。郭杲爲殿巖。廬陵劉改之過賦一詞與郭曰：「玉帶猩袍，遥望翠華，馬去似龍。擁(千官鱗集)貂蟬争出，〔千官鱗集〕(據全宋詞改)貔貅不斷，萬騎雲從。細柳營開，團花袍窄，人指汾陽郭令公。山西將，算韜鈐有種，五世元戎。旌旗蔽滿寒空，魚陣整、從容虎帳中。想刀明似雪，縱橫(安稍)〔脱鞘〕(同上)，箭飛如雨，霹靂鳴弓。威撼邊城，氣吞漠北。慘(澹)〔淡〕(據宋稗類鈔卷五改)塵沙(歎落日)〔吹北風〕(同上)。中興事，看君王神武，駕馭英雄。」郭餉劉數十萬錢。潛説友咸淳臨安志云，是歲，知臨安府趙子潚加兵部侍郎。金使來議和，子潚言交兵後，事情叵測，宜待以軍禮，一以示武，二以從儉，三以自備。及孝宗立，有恢復志，常慮兵衛不武，子潚練本府兵，習爲鵝鸛魚麗陣。上觀於便殿，嘉奬，賜金帶。宗寧傳，本名阿多古，景祖裔阿里罕孫。初從海陵南侵，戰瓜洲渡，功最。大定二年，擢歸德節度，歷天德軍，爲行軍都統，賀宋正旦使，終平章事。按，交聘表祇有宗室（崇）〔宗〕寧（據金史卷六一交聘表改）於十一年以西南招討充正旦使。未知是一人否。

三年（癸未 一一六三）春正月壬子，遣客省使烏居仁賞勞河南軍士。

二月壬申，詔撫諭陝西。

夏四月，取商、虢、環州，宋所侵一十六州皆復。〔攷異〕宋史紀事本末云，金志寧以書求海、泗、唐、鄧、商州地及歲幣。先是，金兵十萬屯河南，聲言規取兩淮。張浚請屯盱眙、濠、泗以備之。至是以書抵浚，欲依皇統舊約，否則會兵相見。且遣蒲察徒穆、大周仁屯虹縣，蕭琦屯靈壁。續綱目蒲察徒穆作富察都木，大周仁作達周仁。薛應旂通鑑云，帝鋭意恢復，浚乞幸建康，浩不可。浚請出師渡淮，三省、密院不預聞。遂遣顯忠屯靈壁，邵宏淵趨虹縣。浩乞罷王十朋，劾其懷姦誤國八罪，出知紹興府。十朋字龜齡，樂清人，謚忠文。南宋書，環州之破，守臣强霓及弟震死之。世宗紀均未載。

五月丙申，宋人攻破靈壁、屬宿州虹縣。屬鳳陽府辛丑，以忠義兼都元帥，還軍河南。統軍使奚托卜嘉一作撻不也。〔攷異〕汪輝祖金史同名録云，卷九章宗紀明昌元年西上閤門使；卷七十宗亨傳本名，宗室，寧州刺史；卷八十一伯德特魯補傳父京兆尹；卷八十二蕭仲恭傳祖遼樞密使，五人同名撻不也，又作撻不野。宋史作蒲察徒穆、大周仁及蕭琦。叛入於宋。宋人攻破宿州。〔攷異〕輿地廣記云，春秋屬宋，秦屬泗水郡，漢屬沛郡，唐置宿州。今縣五：符離、蘄、臨渙、虹縣、靈壁。續通考云，宋升保静軍，金置防禦使，隸山東西道，後升節度。領縣四，無虹縣。稍異。時宋將黃觀察據蔡州，楊思據潁昌。志寧使完顏王祥復取蔡州，黃觀察遁去。完顏襄拔潁州，獲楊思。〔攷異〕襄傳，時爲潁、壽都統，率甲士二千渡潁水，敗敵兵五千，復潁州，擒楊思。次濠州，宋將郭太尉退保横澗山，襄攻之，伏弩射中其膝，督攻愈急，拔之，獲郭太尉。趨滁州，將至清流關，敵欲三道來襲，志寧命襄率騎分二道，攻克其關，稱爲天下英傑。所載較詳。移牒宋密院張浚，依皇統舊式，浚復書至麾下議之。宋李世輔用降將瓜里、扎巴，〔攷異〕大金國志作蕭鷓巴、耶律適里，契丹餘黨，皆驍將也。正月，自海道奔宋。潘永因宋稗類鈔云，曾覿字純甫，偶歸正官蕭鷓巴來謁，既退，復一客至，其素所狎也。因問曰：「蕭鷓巴可對何人？」客曰：「可對曾鶉甫。」曾以爲慢己，與之絶。陸游老學菴筆記云鷓巴，北人謂之札八。所載各異。謀攻靈壁、虹縣，進陷宿州。歸德尹珠嘉蘇色、防禦使烏凌阿薩喇、原作烏林答剌撒萬户温特赫蘇赫、費摩羅索不(受)〔守〕(據金史卷八七紇石烈志寧傳改)約束，輕兵出戰，故敗，城遂陷。瓜爾佳呼喇没於陣。本傳，上京人。初爲行軍明安，(按，金史卷八六夾谷胡剌傳，不載其「爲行軍猛安事」)海陵使將騎兵往揚州，敗宋兵於宣化鎮。從侵宋，領萬户，由泗州進。戰没，贈鎮國上將軍。〔攷異〕續綱目云，顯忠自濠梁渡至陡溝，擊敗蕭琦兵，復靈壁。歸附日衆。宏淵圍虹縣，久不下，顯忠遣降卒開諭禍福，富察都木、達周仁皆降。宏淵恥功非己出，顯忠又斬其卒，由是不協。蕭琦亦降於顯忠。薛應旂通鑑云，顯忠兵傅宿州城，大敗金兵。巷戰，斬數千，擒八千，中原震動。詔授招討使，宏淵副之。南宋書云，時統制王珙戰死。所載較詳。志寧復取之。世輔既得志，日置酒高會。志寧率萬騎自睢陽趨宿州。令從軍盡執旗幟，駐州西爲疑兵，三明安兵駐州南，自以中軍駐州東南扼歸路。世輔果謂中軍在州西，而東南兵少，以步騎數萬先擊之，使別將率兵三千出自東門，欲自陣後攻志寧軍，萬户芬徹擊敗之。右翼瓜爾佳清臣爲前行，短兵接戰，世輔軍亂，追殺至城下。是夕，世輔將按誅敗將，統制常（奇）〔吉〕（據金史卷八七紇石烈志寧傳改）懼來奔，盡得城中虛實。明日出戰，志寧率清臣力戰，大敗之，殺騎士萬五千，步卒三萬。世輔夜遁，清臣追及，復斬首數千級，獲甲仗甚衆，遂復宿州。河南副統富珠哩定方死於陣。時天大暑，定方督戰，馳突敵陣中，出入數四，因渴甚，下馬取水被害。〔攷異〕宋史紀事本末云，時顯忠擊敗志寧軍，孛撒復自汴率步騎十萬來攻。晨薄宿州城，顯忠邀宏淵夾擊，不從，獨以所部力戰。敵大至，用克敵弓射卻之。宏淵曰：「當此盛夏，搖扇清涼且不堪，況烈日披甲苦戰乎？」人心遂搖。至夜，統制周宏、邵世雄（按，宋史紀事本末卷十七「雄」作「雍」）、劉侁引兵遁，左師淵、李彦孚（縱）〔從〕（據宋史紀事本末卷七七改）之。顯忠移軍入城，統制張訓通等亦遁。金攻城，顯忠力戰，斬二千級。因宏淵走，遂引還。次符離，師大潰，喪失資械殆盡。至揚州上疏自劾，安置潭州。尋復太尉奉祠。浚罷爲江淮宣撫使，思退等復召用矣。李心傳朝野雜記云，顯忠晚年再典騎軍，病廢，詔常俸外，歲給上供米三千斛。時趙樽最廉，及罷，加錫賚助其歸。宋史孝宗紀，張浚上書請議和，帝不許。洪稚存據行狀疑爲誤。周密齊東野語云，浚退至維揚，解所佩魚，假張蘊古爲朝議大夫使金求和，僚吏止之，乃乞遣使議和。帝怒曰：「方戰而求和是何舉措？」雜記亦云，則實有是請矣。野語又云，浚初出師，德壽知之，謂壽皇曰：「毋信浚虛名，將來必誤大計。他專把國家名器、財物做人情。」及敗，孝宗下詔罪己。有云：「明不足以見萬里之情，智不足以擇三軍之帥。號令既乖，進退失律。」又云：「素服而哭殽函之師，敢廢穆公之誓。嘗膽而雪會稽之恥，當懷勾踐之圖。」趙翼劄記云，宿州之敗，因破宿州時，顯忠欲私其金帛，不以犒軍，忤宏淵，致師潰。見胡銓傳。今顯忠傳乃謂宏淵欲發倉庫犒軍，顯忠不可，只以見錢充賞，士不悅，致潰。似顯忠之慎重倉庫，並無私意，然論罪時，顯忠之謫獨重，則激變非無因也。續綱目潭州作鄧州。畢沅續通鑑孛撒作貝薩，異。乙卯，復以完顏思敬爲右副元帥。〔攷異〕續綱目云，八月，因陳俊卿言，復命浚都督江淮軍馬，劉寶招撫淮東。金志寧復以書議和，張闡力陳六害，不可許。帝遣盧仲賢報聘，戒勿許四郡。思退命許之。浚奏仲賢不可委，弗聽。十一月，仲賢還，以罪竄郴州。復遣胡昉往。召浚還，集議和金得失，浚及虞允文、胡銓、閻安中疏争不從。罷康伯相，以思退代。浚以平章仍督師。宋史，胡昉外尚有楊由義。周密齊東野語云，時詔浚視師，浚復謀大舉，帝不從。召浚還，罷相，廢都督府。及和議將成，浚堅持以爲未可，思退乃白上，以張藴古求和事，議遂絀。史均未載。

四年(甲申一一六四)春正月甲辰，元帥府言：「宋審議官胡昉致書議和，以其言失信，拘軍中。」帝覽之曰：「宋人失信，行人何罪，當卽遣還。」邊專令元帥府從宜措畫。〔攷異〕薛應旂通鑑云，帝聞昉被執，謂浚曰：「和議不成，天也。自此，事當歸一矣。」詔王之望以幣還金，尋遣昉歸。初，思退恐和議不成，奏乞禀請上皇，帝批曰：「金無禮如此，卿尚欲議和，今日敵勢非檜時比，卿議論檜不若。」思退大駭，陰謀去浚。令之望奏守泗非計，帝惑之。會錢端禮亦言宜以符離之潰爲戒，遂詔浚行視江淮。金撤兵退。伊喇子敬傳，忠義南侵，宋請和，而書式、疆界未定。帝曰：「宋主求成，反覆無信，喜爲夸大。」子敬對曰：「宋書言海陵敗於采石，大軍北歸，按兵不襲，俾全師還。海陵未嘗敗於采石，其譎詐多此類。」與諸書異。紀均未載。

夏六月壬戌，尚書左丞赫舍哩良弼至自征南元帥府。庚辰，詔諭元帥府曰：「所請南征軍萬五千，今以騎三千，步四千赴之。」詔陝西帥府議入蜀利害以聞。〔攷異〕薛應旂通鑑云，四月，思退諷右正言尹穡論浚跋扈，且費國不貲，奏令張深守泗，不受趙廓之代爲拒命。復(諭)〔論〕(據薛鑑改)參政馮方(按，據宋史紀事本末卷七七，馮方爲督府參議官，疑作參政誤)，罷之。浚乞解督府，詔錢端禮、王之望宣諭兩淮，罷浚，判福州。陳良翰、周操諫，不聽，皆坐罷。思退亟欲和議成，命撤兩淮邊備，決棄地求和之計。浚疏諫，行至餘干，得疾，卒。贈太師，謚忠獻。良翰字(良)〔邦〕彥(據宋史卷三八七陳良翰傳改)，臨海人。周密齊東野語云，時金志寧遺書議和，有曰：「出師詭道，襲我靈壁、虹縣，以十餘萬衆竊取二小邑，主將氣盈，率衆直抵符離。帥府以應兵進討，憑仗天威，以全制勝，所殺過當，餘衆潰去，計其得喪孰少孰多？若謂以少致敗，則請空國之衆，以迎我師」云云。宋史趙鼎傳，時議回臨安，鼎奏：「恐回蹕後，中外謂朝廷無恢復志。」上曰：「張浚措置三年，竭民力，耗國用，何嘗得尺寸地，此論不足恤也。」劉氏日記云，浚自任恢復，朝廷莫敢違。及辟查籥馮方爲屬，尤輕鋭。周益公時爲中書舍人，唐文若來別，益公執手戒勿輕舉。浚知，極憾。然卒敗事。何氏備史云，符離之敗，兵財掃地盡，反謂殺傷相等，行賞轉官無虛日，實録時政無一字及之，公論安在哉？澗上閒談云，近修四朝史，如浚傳所書嘉禾、刺客，乃附會雜説張元刺韓忠獻事。又載蠟書遺酈瓊語，亦是潘遠紀聞岳武穆秦州叛卒事。至云符離潰師，公方鼻息如雷，乃是心學，亦取萊公紀事中意。乃不審其是非，登之信史可乎？羅大經鶴林玉露云，尹穡字少稷，博學工文，與陸游同賜出身。穡言行有法，又通世務，時論歸重。嗣附思退，力排浚，除諫議，公論始薄之。後貶嶺南，累年，蒙恩北歸，見周益公，自悔名望掃地，悵然久之，益公每擧爲士夫戒。

秋八月甲寅朔，詔元帥府曰：「前所請收復舊疆，乞候秋涼進發。今已秋涼，復俟何時？」〔攷異〕宋史紀事本末云，八月，胡銓疏諫和，畧曰，成則十可弔，不成則十可賀。又，臣恐再拜不已必至稱臣；稱臣不已必至請降；請降不已必至納土；納土不已必至銜璧；銜璧不已必至輿櫬；輿櫬不已必至如晉帝青衣行酒，然後爲快。今日朝士皆婦人也。不聽。壬午，遣宗正少卿魏杞如金議和，帝諭曰：「今遣使，一正名，二退師，三減歲幣，四不發歸附人。」杞條陳十七事。陛辭，奏曰：「臣奉旨出疆，豈敢不勉？萬一無厭，願速加兵。」帝善之。錢端禮奏遣王(忭)〔抃〕

(據宋史紀事本末卷七七改)持周葵書致金二帥。時思退亟欲和，尹穡乞置獄，取不肯撤備及棄地者二十餘人論罪。及命思退視師，辭，乃命楊存中爲同都督。杞字南夫，壽春人。端禮字處和，臨安人。葵字立義，宜興人。

冬十一月乙酉，河南都統圖克坦克寧敗宋魏勝兵於十八里莊(按，「十八里莊」，金史卷六一交聘表作「十八里口」。宋史紀事本末只稱「淮陰東十八里」。未詳孰是)，**取楚州。**方輿紀要云，卽淮安府，縣九，州二。〔攷異〕輿地廣記云，秦屬九江郡，漢屬臨淮郡，東漢屬廣陵郡，晉置(正)〔山〕陽郡(據輿地廣記卷二〇改)，魏曰淮陰郡，隋立楚州。今縣四：山陽、寶應、鹽城、淮陰。續通考云，宋爲淮安府，領山陽、鹽城、桃源、清河四縣。李心傳朝野雜記云，十一月，詔略曰：「朕以太上聖意不敢重違，而宰輔羣臣前後屢請，以盡依初式，再易國書，歲幣成數亦如議，若彼堅欲商秦之地、俘降之人，則朕有以國斃不能從也。」克寧傳，時魏勝取弊舟鑿底，貫大木植水中，別以船載巨石，貫鐵鎖沈水底，以塞十八里口。克寧使錫默和尚選善泅者以大(筏)〔繩〕(據金史卷九二徒單克寧傳改)植木拔出之，徹去沈船。進至淮口，大敗宋兵，射殺勝，取楚州及淮陰縣。是役也，薩喇功居多。時和議尚遷延，至是，宋人懼，乃如約。宋史紀事本末云，時思退陰遣孫造，說金以重兵脅和，忠義(遽)〔遂〕(據宋史紀事本末卷七七改)渡淮。魏杞行至盱眙，忠義使趙房長來，求覲國書。杞不可，馳白忠義，疑國書不如式，又求割商秦地及歸正人、歲幣二十萬。帝命盡依初式。許割四州。忠義猶未厭，與志寧分兵犯楚州，劉寶遁。魏勝拒戰，中矢墜馬死，城陷。金入濠、滁州，王彥棄昭關走。朝議欲棄淮保江，楊存中持不可，乃已。太學生張觀等劾思退與尹穡、王之望姦邪誤國，鈎致敵人罪，乞斬三人謝天下。思退竄永州，行至信州，憂悸死。復相陳康伯。之望免。丙子，王(忭)〔抃〕(同上)見二帥，得報書歸，復持康伯書往。周密齊東野語云，孝宗聞勝死，追惜之，諭近臣曰：「人才須用而後見，使魏勝不因邊釁，何以見其才？如李廣在文帝時故不用，使生高帝時，必立大功矣。」後放翁贈劉改之詩曰：「李廣不生楚漢間，封侯萬户宜其難。」蓋用阜陵語也。所載較詳。

五年(乙酉一一六五)春正月己未，宋通問使魏杞等以國書來。書不稱「大」，稱「宋皇帝」，稱名，「再拜奉書於叔大金皇帝。」歲幣二十萬。辛未詔中外。〔攷異〕大金國志云，國書畧曰：「(備)〔脩〕(據大金國志卷一六世宗紀改)好齊盟出於初議，中因曲(議)〔見〕(同上)或爲矛盾之言，致此數年未講衣裳之會。玆聆嘉報，不替舊歡，仰衞社之大忠，謹睦隣之高誼。已遵要束，無復異圖。二(帥)〔將〕(同上)令與其介康諝同詣燕山，國(兵)〔師〕(同上)亦罷。」時四年十一月也。續通考云，宋歲幣，天會時銀二十萬兩、絹三十萬匹，每年代稅錢壹百萬緡。皇統時銀二十萬兩、絹三十五萬匹。大定時銀絹各三十萬兩匹。時宋許犒軍錢三十萬貫，邀其銀三百萬兩。宋移書乞減，乃如舊。陸游老學菴筆記云，魏道弼參政使金軍，抗辭不撓，金酋大怒，欲於馬前斬之，揮劍垂及頸而止，故道弼頭微偏。續綱目云，乾道元年三月，杞還自金。初，金館伴張恭愈以國書稱大宋，脅杞去「大」字，不可，且言天子神聖，才傑奮起，人人有敵愾意，北朝用兵能保必勝乎？金君臣環聽拱竦，卒正敵國禮而還。帝慰藉甚厚。交聘表，杞官禮部尚書。康諝作康湑，官崇信軍承宣使。史未載脅杞去「大」字事。張景仁傳，字壽甫，遼西人，官翰林待制。忠義侵宋，景仁掌其文辭。宋議和已，改表爲書，稱臣爲姪，但不肯世稱姪國，往復凡七書乃定，皆景仁爲之。世宗稱其能，謂「指事達意，辨而裁，真能文士。」歷承旨兼御史大夫，同修國史。嘗劾烏庫哩元忠，有直聲。仝時富珠哩阿婁罕隆州人，從忠義侵宋，屢入奏事，論斷可否，世宗甚重之。又使宋結和，議定入奏，得厚賜。累官參政、北京留守。紀均未載。癸酉，命元帥府諸新舊軍以六萬人留戍，餘並放還。以宋歲幣悉賞諸軍。

二月壬午，以左副都點檢完顏仲等爲宋報問使。〔攷異〕大金國志「仲」作「中」，副使爲翰林直學士楊伯通。至是始謂江南爲宋皇帝。仲傳，初爲報問使，奏請與宋主相見儀，世宗曰：「宋主起立接書則授之。」及至宋，如禮。交聘表伯通作伯雄，官詹事。潘永因宋稗類鈔云，紹興講和後，金使經由官私牌額，悉以紙蒙覆之。隆興間，金使往天竺山燒香，過太學門，臨安尹命吏持紙冪太學二字，程宏圖堅持不令登梯。事聞，阜陵嘉歎，遂免。至今循之。宏圖後登第，上記其姓名，擢大理司直，遷丞，卒。

夏四月丁未，都元帥忠義還自軍，擢左丞相。

〔五月壬子〕，（據金史卷六世宗紀補）召志寧入見，拜平章政事，還軍。

秋八月己卯，前宿州防禦使烏凌阿薩喇〔攷異〕畢沅續通鑑作喇薩，云舊作剌（薩）〔撒〕（據金史卷六世宗紀改）。以與宋李世輔交通，伏誅。

九月，遣吏部尚書高衎等賀宋生日。〔攷異〕交聘表，副使伊喇道，紀未載。

冬十一月戊午，遣右副都點檢烏庫哩尼瑪哈 原作烏古論粘没喝。〔攷異〕宋史作忠弼。賀宋正日。〔攷異〕交聘表，爲副者禮部侍郎劉仲淵。又，三月，宋遣禮部尚書洪适、崇信軍承宣使龍大淵賀萬春節。八月，復遣吏部尚書李若川、寧國承宣使曾覿賀尊號。紀均未載。盤洲集，适使北回，至涿鹿，詩云：「回首燕然日再西，一杯相屬使軺歸。殘花媚野不妨好，倦鳥投林自在飛。可惜光陰銷客枕，不嫌塵土染征衣。大明退直清和日，已約梯雲訪翠微。」李心傳朝野雜記云，自渡江後，北使往來皆稱其國御名、廟諱，而本朝止傳御名。紹興初，重明節黄文叔接伴，遣掌儀田愿等持廟諱、御名三紙往。北使副曰：「前無此例。」往返久之，北使乃曰：「所言極是當理，爲來時未奉朝廷指揮，望相諒。」文叔乃已。及歸奏，乞請更正。又，北使與館伴往來文牒，皆以花字代書名，隆興再和，未之有改。乾道二年冬，陳應求初執政，北使賀正者至，應求押宴，使改私覿狀，不書名，却之。掌儀懼生事，應求力持。使者詞屈，問應求爵里甚悉，而易狀書名，曰，特爲陳公屈，遂爲例。舊例，宰執親爲北使除館，以三衙衛士給役。乾道初，虞相始革之。歲使北使，金銀器皿文思院造成，工部及宰執相繼閱驗，然後進呈。淳熙末，因李侍郎昌圖止，令赴都堂驗視。又云，張詔使北，一日，持所繪祐、獻二陵像至館，皆北地服，詔嘗識列聖御容，卽再拜。酋問之，答曰：「詔雖不識其人，但見龍鳳之姿、天日之表，疑北朝祖宗也，敢不下拜？」酋無語。孝宗喜，遂驟用。

六年（丙戌一一六六）春正月丙午朔，宋遣使來賀。正使爲户部尚書方滋，副使福州觀察使王（忭）〔抃〕（據金史卷六一交聘表改）。

三月（壬寅）〔甲辰〕（同上），宋遣使賀萬春節。正使爲吏部尚書王曮，副使利州觀察使魏仲昌。

秋九月丁未，遣户部尚書魏子平賀宋（主）〔生〕（據金史卷六一交聘表改）日。副使爲左衛將軍瓜爾佳扎拉。

冬十一月癸丑，遣右副都點檢烏庫哩元忠賀宋正旦。副使爲少府張仲愈。〔攷異〕李心傳朝野雜記云，乾道二年，蔣子禮執政，以張俊明州城下、吴玠和尚原、殺金坪、韓世忠大儀鎮、劉錡順昌府、員琦皂角林、邵宏淵胥浦橋、李寶唐島、虞允文采石磯、趙樽蔡州、吴拱茨湖、王宣確山、張子蓋海州，爲十三處戰功。而藕塘不與，係破僞齊。然陳思恭大湖之戰幾獲兀朮，錡與沂中柘皋之戰，破敵十萬，均不載，何也？畢沅續通鑑云，六年八月，宋詔將諸軍戰功顯著十三處，立定格目。玉海本會要亦載之。又見李壁中興戰功録。然王應麟謂沂中藕塘之戰因破僞齊不與其列，岳飛郾城之戰亦未載，固多不審矣。

七年〔丁亥一一六七〕春正月庚子朔，宋遣使來賀。正使爲工部尚書薛良朋，副使昭慶承宣使張說。

三月己亥朔，宋遣使賀萬春節。正使爲翰林學士梁克家，副使安慶承宣使趙應熊。

秋九月己巳，遣勸農使富察索囉原作莎魯窩賀宋生日。副使爲東上閤門使梁彬。

冬十(二)〔一〕(據金史卷六世宗紀改)月辛未，遣河間尹圖克坦克寧賀宋正旦。〔攷異〕交聘表未載，今從世宗紀。周密齊東野語云，乾道丁亥冬至，郊祀，有風雷之變，宰相葉顒、魏杞策免。先是會慶節，北使在庭，時受誓戒矣，議者欲權免上壽，就館錫宴，未果，宴集英如常。天變豈偶然哉？洪邁當制，有曰：「理陰陽而遂萬物，所嗟論道之非，因災異而策三公，實負在天之愧。」蓋有所諷也。

八年(戊子一一六八)春正月甲子朔，宋遣使來賀。正使爲户部尚書唐瑑，副使保寧承宣使宋鈞。

三月癸亥朔，宋使賀萬春節。正使爲試工部尚書王(溜)〔瀹〕(據金史卷六一交聘表改)，副使未載。

秋九月癸亥，遣右宣徽使伊喇錫勒塔干原作神獨斡賀宋生日。副使爲太府監高彦佐。

冬十一月乙丑，遣同簽大宗正事博和托原作闢合土賀宋正旦。副使爲右司郎中李昌圖。

九年(己丑一一六九)春正月戊午朔，宋遣使來賀。正使爲工部尚書鄭聞，副使明州觀察使董(誠)〔誠〕(同上)。

三月丁巳朔，宋使賀萬春節。正使爲翰林學士胡元質，副使保康承宣使宋直温。

秋九月甲寅朔，遣刑部尚書高德基賀宋生日。

冬十一月辛酉，遣京兆尹宗室毅賀宋正旦。副使爲左司郎中牛德昌。

十年（庚寅一一七〇）春正月壬子朔，宋遣使來賀。正使爲試吏部尚書汪大猷，副使寧國承宣使曾覿。

三月壬子朔，宋使賀萬春節。交聘表，正使爲試工部尚書司馬伋，副使泉州觀察使馬定遠。閏五月丁酉，尚書省奏宋祈請使赴闕日期。詔以九月十一日朝見。九月丙戌，宋資政殿大學士范成大、崇信節度使康湑至。〔攷異〕宋史紀事本末云，乾道六年閏五月，以起居郎范成大爲祈請使，求陵寢地及更受書儀，蓋泛使也。初，檜媚金，凡使至，捧書升殿，北面立榻前跪進。帝降榻受書，交內侍。康伯當國，令伴使取書進。思退又循檜故事，帝悔，欲更之，乃令成大往，密草奏，具言受書儀并陵寢，懷之入。初進國書，辭氣慷慨，金君臣方傾聽，忽搢笏出疏，主駭曰：「此豈獻書處耶？」俄歸館，金廷紛紜。太子允恭欲殺成大，或勸止之。二事皆無成。大金國志，復書畧云：「和約再成，界山河而如舊，緘音遽至，指鞏洛以爲言。援昔時無用之文，瀆今日既盟之好，既云廢祀，欲伸追遠之忱；止可奉遷，即俟刻期之報。至若未歸之旅櫬，亦當並發於行途。抑聞附請之詞，欲廢受書之禮，出於率易，要以必從，於尊卑之分何如？顧信誓之誠安在？事當審處，邦可孚休。」成大字致能，吳郡人，歷官參政。韓淲澗泉日記云，紹興戊辰，太常少卿方庭碩如金展陵寢。先是諸陵皆遭發掘，哲宗至暴骨，庭碩解衣裹之。惟昭陵如故。歸奏，上泣，悲動左右。時相大怒，劾其奉使無狀，除廣東提刑，到官瘴死。出疆者莫敢言陵寢事矣。隆興改元，胡銓召對，首及庭碩語，帝悟，亟議遣使問陵寢之故，未果，後遂有成大之事。岳珂桯史，時金遣吏部郎中田彥臯、侍御史元顏温來迓。范知金法嚴，附請決難達不泄，語二使，不復疑。至燕，乃密草奏，具言受書事，始嘗附元顏仲、李若川等口陳，久未得報。臣有奏劄在此，搢笏出之。嗣乃宣詔令納館伴處。太子欲戮之，越王不可。頃，引見如常儀。歸，館伴果宣旨取奏去。廷議方殷，會西夏任得敬謀篡蜀，宣司嘗以蠟書通問，爲夏獲，送金，主益怒。范朝辭，詰之，范言姦僞不可測，嗣見真書，又曰，御寶可爲，況印文乎？主直其詞，事得不竟。羅大經鶴林玉露云，致能使北，口奏河南爲宋陵寢地，乞與宰相議，未允。主意不回。乃自爲書納袖中，跪進。既退，金廷議羈留，主不可。及回，奏曰：「口奏之事，乞於國書中明報，仍先宣示，庶使臣不墮欺罔之罪。」許之。既還，上嘉其不辱命，因至大用。初，在燕京，寓會同館，吏微言有羈留議，乃賦詩曰：「萬里孤臣致命秋，此身何止一浮漚。提携漢節同生死，休問羝羊解乳不。」會同館，燕山客館也，遼已有之。燕賓館，燕山城外館。致能又有詩曰：「九日朝天種落歡，也將佳節勸盤餐。苦寒不似東籬下，雪滿西山把菊看。」見石湖集。周煇北轅録云，入宣陽門由馳道西南入會同館。李心傳朝野雜記云，使至燕，寓來遠驛，泛使則居遠驛焉。思陵録云，淳熙十五年二月，遣留禮儀使顔師魯、高震至燕京，燕賓館宴畢入來寧館，蓋泛使館也。

秋九月壬(子)〔午〕(據金史卷六世宗紀改)，遣簽書樞密事伊喇子敬賀宋生日。副使爲宫籍監張僅言。

冬十一月丁亥，遣詹事富察富色克賀宋正旦。副使爲同知宣徽院韓(澗)〔綱〕(據金史卷六一交聘表改)。〔攷異〕薛應旂通鑑云，十月，起居舍人趙雄請置局議恢復，擢中書舍人。十一月，遣雄等如金賀生辰，別函書請陵寢，更受書禮，主不許。辭歸，主曰：「汝國何舍欽宗靈柩而請鞏洛山陵？如不欲欽宗之柩，我當爲汝國葬之。」畢沅續通鑑云，時雄還，謂金主爲庸人，中原日望王師，帝甚悦。李心傳朝野雜記云，乾道六年十月，金使伊喇子敬來，趙雄爲館伴，探問敵情甚多，奏聞，帝甚善之。

十一年(辛卯一一七一)春正月丙子朔，宋遣使來賀。正使爲試工部尚書吕正己，副使利州觀察使辛堅之。

三月乙亥朔，宋使賀萬春節。正使爲翰林學士趙雄，副使泉州觀察使趙伯驌。辛巳，以天水郡公旅櫬依一品禮葬於鞏洛之原。〔攷異〕聖政草載在歲末。宋史繫之三月。會要載金人宣諭甚詳，不具書。宋史孝宗紀又作五月。所載各判。

秋八月己巳，遣刑部侍郎烏凌阿天錫賀宋生日。副使爲中丞李文尉。

冬十一月丁丑，遣西南招討使宗寧等賀宋正旦。交聘表，正使作宗室崇寧，副使户部侍郎程輝，所載各異。

十二年（壬辰一一七二）春正月庚午朔，宋遣使來賀。正使爲試工部尚書莫濛，副使利州觀察使孫顯祖。

三月己巳朔，宋使賀萬春節。正使爲龍圖閣翟紱，副使宜州觀察使（徂）〔組〕士粲（同上）。

夏四月，宋試吏部尚書姚憲、安德承宣使曾覿來賀上尊號。

秋九月辛巳，遣右副點檢瓜爾佳清臣賀宋生日。副使爲左司郎中張汝弼。

冬十一月丙子，遣户部尚書曹望之賀宋正旦。副使爲右司郎中赫舍哩哲。

十三年（癸巳一一七三）春正月乙丑朔，宋遣使來賀。正使爲試吏部尚書馮樽，副使泉州觀察使龍雲。

三月癸巳朔，宋使賀萬春節。正使爲試禮部尚書韓元吉，副使利州觀察使鄭興裔。

秋八月丙戌，遣左副都點檢宗室襄賀宋生日。副使爲國子司業張汝霖。

冬十一月，遣大興尹璋賀宋正旦。副使爲客省使高翊。

十四年（甲午一一七四）春正月己丑朔，宋遣使來賀。正使爲翰林學士留正，副使利州觀察使張（嶷）

〔嶷〕（據金史卷六一交聘表改）。癸巳，宋使朝辭，尚書省奏宋來書語涉平易，遣諭宋使。大興尹璋至宋，宋人奪其國書，璋仍赴宴受私物。除名，杖百五十，禮物入官。見交聘表。

二月丙寅，以刑部尚書梁肅爲宋詳問使。副使爲趙王府長史富察額哩埒。肅至宋，宋帝接書如舊儀。五月，肅還，宋以謝書附奏。見交聘表。肅傳載國書畧曰：「盟書所載，衹於帝加皇字，免奉表稱名稱臣再拜，并減歲幣，便用舊儀，親接國書。兹禮一定，於今十年。今知歲元國信使到，彼不依禮例引見，輒令迫取於館，姪國禮體當如是耶？往問其詳，宜以誠報。」肅至宋，宋一一如約。肅還，附書謝畧曰：「惟十年遵盟之久，無一毫成約之違。獨顧禮文，宜存折衷。矧辱函封之貺，（當）〔尚〕（據金史卷八九梁肅傳改）循躬受之儀，既俯迫於輿情，嘗屢伸於誠請，因歲元之來使，遂商榷以從權。敢勞將命之還，先佈鄙悰之懇。自餘專使肅控請祈。」肅至泗州，先遣都管圖們富尼瑪入奏，上大喜，超拜濟南尹。所載較詳。

三月戊子朔，宋使賀萬春節。正使爲户部尚書韓彦直，副使保信承宣使劉炎。

秋九月乙未，遣兵部尚書完顏讓賀宋生日。副使爲祕書少監賈少仲。己酉，宋試工部尚書張子顔、明州觀察使劉宻報聘，求免起立接書，詔不許。見交聘表，紀未載。

冬十一月丙申，遣御史中丞劉仲誨賀宋正旦。副使爲左衞將軍赫舍哩額頁。

十五年（乙未一一七五）春正月，宋遣使來賀。正使爲試户部尚書蔡洸，副使江州觀察使趙益。紀失載，今從交聘表。

秋〔閏〕（據金史卷七世宗紀補）九月己未，遣歸德尹完顏王祥賀宋生日。副使爲客省使盧璣。

冬十一月戊午，遣右宣徽使宗室靖賀宋正旦。副使爲拱衛都指揮高運國。

十六年（丙申一一七六）春正月戊申朔，宋遣使來賀。正使爲試户部尚書謝廓然，副使泉州觀察使黄夷行。

三月丙午朔，宋使賀萬春節。正使爲試工部尚書張宗元，副使利州觀察使謝純孝。壬子，宋翰林學士湯邦彦、昭信承宣使陳雷奉書申請，及朝辭，帝答以書。見交聘表。〔攷異〕大金國志云，是年八月，宋湯邦彦來申議請陵寢地，至燕，拒不納。旬餘乃入見，夾道皆控弦露刃，邦彦不敢措一辭而出，坐流新州。紀均未載。

秋九月癸丑，遣殿前都點檢富察通賀宋生日。副使爲左司郎中張亨。

冬十一月戊午，遣同知宣徽院劉琉賀宋正旦。副使爲近侍局使烏凌阿愿。〔攷異〕玉海云，淳熙三年，權禮部侍郎李燾進四繫録，記女真、契丹起滅，自紹聖至宣和、靖康凡二十卷。上曰：「朕可一日忘此虜哉？」按，淳熙三年卽大定十六年。先是乾道七年。太常簿趙粹中進恢復機密十論及制狄權鑑四十卷、富强要策十卷。按，乾道七年爲大定十一年也。

十七年（丁酉一一七七）春正月壬寅朔，宋遣使來賀。正使爲試吏部尚書閻蒼舒，副使江州觀察使李可久。

三月辛丑朔，宋使賀萬春節。正使爲試户部尚書張子正，副使明州觀察使趙士葆。

秋九月辛丑，遣右副都點檢完顏實訥埒原作習泥烈賀宋生日。副使爲儀鸞使曹士元。

冬十一月丙辰，遣延安尹完顏富拉塔原作蒲剌覩賀宋正旦。副使爲翰林直學士鄭子晌。

十八年（戊戌一一七八）春正月丙申朔，宋遣使來賀。正使爲翰林學士錢良臣，副使嚴州觀察使延璽。

三月乙未朔，宋使賀萬春節。正使爲試禮部尚書趙思，副使宜州觀察使鄭槐。

秋九月辛未，遣大理卿張九思賀宋生日。副使爲左衞將軍宗室崇肅。

冬十一月壬申，遣靜難節度使烏雅扎拉原作烏延查剌賀宋正旦。副使爲太府監王汝楫。

十九年（己亥一一七九）春正月庚申朔，宋遣使來賀。正使爲户部侍郎宇文价，副使江州觀察使趙鼐。

三月己未朔，宋使賀萬春節。正使爲龍圖閣學士錢沖之，副使潭州觀察使劉浛。

秋九月戊午，遣左宣徽使富察（鼐）〔鼎壽〕（據金史卷六世宗紀、卷六一交聘表改）賀宋生日。副使爲刑部郎中高德裕。

冬十一月壬戌，遣御史中丞伊喇慥賀宋正旦。副使爲東上閤門使左光慶。

二十年（庚子一一八〇）春正月（庚申）〔甲寅〕（同上）朔，宋遣使來賀。正使爲試禮部尚書陳峴，副使宜州觀察使孔異。

三月癸丑朔，宋使賀萬春節。正使爲試工部尚書傅淇，副使婺州觀察使王公弼。

秋九月壬戌，遣太府監李佾賀宋生日。副使爲左司郎中完顏烏哩雅。

冬十一月乙丑，遣真定尹圖克坦守素賀宋正旦。副使爲左諫議大夫揚〔伯〕仁（據金史卷六一交聘表補）。

二十一年（辛丑一一八一）春正月戊申朔，宋遣使來賀。正使爲龍圖閣學士葉宏，副使福州觀察使張詔。

三月丁未朔，宋使賀萬春節。正使爲試户部尚書蓋經，副使閬州觀察使裴良能。

秋八月乙丑，遣右副點檢宗室和索哩原作胡什賚賀宋生日。副使爲左司郎中鄧儼。按，是年冬正旦使，紀及交聘表均未載。

二十二年（壬寅一一八二）春三月辛未朔，宋使賀萬春節。〔攷異〕宋賀生日，紀及交聘表未書使臣姓名。

秋九月戊寅，遣左衞將軍宗室徹辰原作禪赤賀宋生日。副使爲翰林直學士吕忠翰。

冬十一月丙子，遣吏部尚書富察珠哩罕賀宋正旦。副使爲都水監宋中。

二十三年（癸卯一一八三）春正月丁卯朔，宋遣使來賀。正使爲試吏部尚書王藺，副使明州觀察使劉彀。

三月丙寅朔，宋使賀萬春節。正使爲試工部尚書賈選，副使武奉承宣使鄭興裔。

秋九月己巳，遣同簽大宗正宗室方賀宋生日。

冬閏十一月甲午，遣西京留守博勒和賀宋正旦。副使爲尚食局使李溏。

二十四年（甲辰一一八四）春正月辛卯朔，宋遣使來賀。正使爲顯謨閣學士余端禮，副使宜州觀察使王德顯。

三月庚寅朔，宋使賀萬春節。正使爲試吏部尚書陳居仁，副使隨州觀察使賀錫〔來〕（據金史卷六一交聘表補）。

秋八月癸亥，遣太府監張大節賀宋生日。副使爲左司郎中完顏博勒和。

冬十一月甲午，詔上京地遠天寒，行人跋涉艱苦，來歲宋國正旦、生辰，勿遣使。

二十五年（乙巳一一八五）冬十一月甲午，遣臨潢尹布薩守中賀宋正旦。副使爲中丞馬惠迪。十二月，宋遣試禮部尚書王信、明州觀察使吳瓌賀萬春節。見交聘表。紀均未載。

二十六年（丙午一一八六）春三月己卯朔，宋使賀萬春節。正使爲試户部尚書章森，〔副使爲〕（依本書例補）容州觀察使吳曦。

秋八月辛卯，遣益都尹宗浩賀宋生日。副使爲諫議大夫黃久約。

冬十一月辛亥，遣刑部尚書伊喇子元賀宋正旦。副使爲左司郎中馬琪。

二十七年（丁未一一八七）春正月癸卯朔，宋遣使來賀。正使爲試刑部尚書李巘，副使漳州觀察使趙多才。

三月癸卯朔，宋使賀萬春節。正使爲試兵部尚書張淑春，副使鄂州觀察使謝卓然。

秋九月己酉，遣河中尹田彥皐賀宋生日。副使爲近侍局使呼沙呼。

冬十月乙亥，宋高宗崩。

十一月庚戌，遣左副都點檢崇安賀宋正旦。副使爲御史中丞李晏。

十二月壬午，宋遣使告哀。正使爲敷文閣學士韋璞，副使鄂州觀察使姜特立。〔攷異〕李心傳朝野雜記云，壽皇居高廟，喪，未改月，值會慶節，金使至，從沈清臣正卿議，命却其書幣，就館津發，北使感嘆而去。繼賀正使踵至，從尤延之等議，就殿東楹設素幄引見，使人、百官並免私見，其禮物勿入殿，付有司。明年會慶節依正旦例，於垂拱殿東楹設淡黃引見，仍用紹興三十年故事，移宴於館，不用樂。節前一日，諭使人免賀，止就東閤門拜表起居。又，故事，北使來朝，例錫花宴，如在大祀齋禁中，則不用樂。乾道三年，值親郊散齋內，用蔣子禮說，詔垂拱上壽止樂，正殿爲北使權用。六年，始從趙温叔言，去樂，論者韙之。

二十八年（戊申一一八八）春正月丁酉朔，宋遣使來賀。正使爲試工部尚書萬鍾，副使（宣）〔宜〕州（據金史卷六一交聘表改）觀察使趙不違。癸卯，遣左宣徽使富察克忠如宋弔祭。副使爲户部尚書劉瑋。

二月己丑，宋遣使獻遺留物。正使爲試户部尚書顏師魯，副使福州觀察使高（麗）〔震〕（同上）。

三月，宋使賀萬春節。正使爲試户部尚書胡晉臣，副使鄂州觀察使鄭康孫。

夏五月戊申，宋使來謝弔祭。〔攷異〕交聘表作甲辰，正使爲試禮部尚書京鏜，副使容州觀察使劉端仁。潘永因宋稗類鈔云，鏜使金報謝，康元弼館伴，錫宴汴亭，力請撤樂。既還，孝宗嘉其能守禮，稱爲今毛遂，除權侍郎，至大用。陸游老學菴筆記云，集英殿宴金使九盞：第一肉鹹豉，第二爆肉雙下角子，第三蓮花肉油餅骨頭，第四白肉胡餅，第五羣仙肉太平畢羅，第六假圓魚，第七奈花索粉，第八假沙魚，第九水飰鹹豉，旋鮓瓜薑，看食棗䭔子髓餅、白胡餅、鐶餅。

秋九月甲午朔，遣安武節度使王克温賀宋生日。〔攷異〕交聘表甲午作丙申，安武作武安，副使爲近侍局使呼沙呼。

冬十一月甲辰，遣河中尹田彦皐賀宋正旦。副使爲吏部侍郎伊喇仲方。

二十九年(己酉一一八九)春正月壬辰朔，帝大漸，不能視朝。宋正旦使遣還。正使爲顯謨閣學士鄭僑，副使廣州觀察使張時修。癸巳，帝崩。章宗嗣。甲辰，遣大理卿王元德等報哀於宋。

二月，宋孝宗内禪，光宗立。

夏四月辛未，宋使來弔祭。正副使爲葛廷瑞、趙不慢。

五月壬寅，宋使告嗣位。正副使爲羅點、譙熙載。戊午，遣東北招討使温特赫蘇赫原作温迪罕速可使宋，賀即位。〔攷異〕陸游老學菴筆記云，使北舊惟使副得乘車，三節人皆乘馬，馬惡則蹄齧不可羈，鈍則不能行，良以爲苦。淳熙己酉，完顔璟嗣僞位，始命三節人皆給車，供張飲食比前加厚。時金賀登寶位使自云悟室孫，喜讀書。館伴鄧千里與游西湖，至林和靖祠堂，忽問曰，林公嘗守臨安耶？千里笑而已。

閏月庚辰，宋使來賀登位。正副使爲沈揆、韓侂胄。

六月乙卯，敕有司移報宋天壽節。〔攷異〕陸游老學菴筆記云，謝子肅使金回云，金廷羣臣自徒單相以下皆白首老人，徒單年逾九十矣。戎人姓多三兩字，有姓斜卯者。己酉春，金移文境上曰：「皇帝生日本是七月，今爲南朝使人冒暑不便，已權改作九月一日。」其内鄉之意，亦可嘉也。

秋七月辛巳，遣刑部尚書完顏守貞等賀宋生辰。

八月丙辰，宋使賀天壽節。正使爲禮部尚書謝深甫，副使觀察使趙昂。

冬十一月辛酉，遣右宣徽使費摩餘慶等賀宋正旦。

金史紀事本末卷三十二

世宗朝宰輔

世宗大定元年（辛巳一一六一）冬十一月辛未，以户部尚書李石爲參知政事。石字子堅，遼陽人，貞懿皇后弟。先世仕遼，爲宰相。父綽爾齊，原作雛訛只〔攷異〕汪輝祖金史同名録云，卷八十一夾谷謝奴傳猛安、卷八世宗紀大定二十三年縣令、（第）〔卷〕（據金史同名録卷六改）七十三宗尹傳大定二年萬户，四人同名雛訛只。桂州觀察使。高永昌據東京叛，攻之不克，死。石敦厚寡言，器識過人。天會中，官景州刺史。海陵遷燕京，入見，指之曰：「此非葛王之舅乎？」葛王謂世宗也。尋除興中少尹，託疾歸。海陵使高存福圖世宗。石知之，勸其先發，從之。至是以定策功，拜參政，納其女後宮，生鄭王永蹈、衞王永濟，是爲元妃。

二年（壬午一一六二）春正月庚午，以濟南尹布薩原作僕散忠義爲尚書右丞。忠義本名烏哲，原作烏者。〔攷異〕汪輝祖金史同名録云，卷七世宗大定十七年滕王府長史姓徒單氏、卷九章宗大定二十九年修起居注姓完顏氏、卷七十八劉仲誨傳大定時密雲縣尉姓石抹氏，四人同名烏者。上京博勒和原作拔盧古河人，宣獻后姪，元妃兄也。先代自國初世襲穆昆，父博羅，原作背魯官博索路統軍使，致仕。忠義魁偉長髯，喜談兵，有大畧。幼從宗輔原作窩哩温定陝西，行間射中宋大將，宋兵潰，遂知名。從宗弼原作兀朮再取河南，爲明安。攻冀州，先登。攻大名府，力戰，破其軍十餘萬。渡淮，克壽、廬等州，宗弼稱爲將帥器。皇統四年，除博州防禦使。學女直字及古算法，閱月盡通之。職業修理，郡中稱治。一夕陰晦，囚徒謀反，獄將校皆惶駭失措，忠義令守吏撾鼓鳴角，囚徒驚爲天曉，不敢出，咸自就桎梏。海陵南侵，爲漢南路副統，克通化軍。至是，由濟南尹入朝拜右丞。

夏六月庚午，進忠義平章政事，兼右副元帥，經畧契丹。先是斡罕原作窩斡叛，完顔默音討破之，乃擁衆貪鹵掠，不進擊，而縱其子色克暴横軍中，士卒解體，久無功。忠義請討賊自効，因召默音還，勒色克歸本貫，以忠義代，加封榮國公。未幾，契丹平，語詳契丹諸部叛亂事中。師還，拜右丞相。

冬十一月癸巳朔，詔忠義帥師侵宋，以左副元帥赫舍哩原作紇石烈志寧副之。志寧本名薩哈連，原作撒合輦，亦作撒曷輦。〔攷異〕汪輝祖金史同名録云，卷十四宣宗貞祐三年樞密，終中京留守；卷六十四宣宗明惠皇后傳哀宗時點檢；卷六十五鑾睹傳孫猛安；卷六十九宗敏傳子褒本名；舒王；卷一百六高琪傳貞祐初近侍局直長，六人同名撒合輦。又，卷八十六獨吉義傳大定初護衛（司史）（據金史卷八六獨吉義傳删），同名撒曷輦，姓陁滿氏。上京和坦原作胡塔安人。自五代祖太尉罕齊原作韓赤以來，世姻王室。父薩巴官開遠節度使。志寧沈毅有遠畧，娶宗弼女，宗弼最愛之。皇統間爲護衞。海陵時累擢樞副、開封尹。契丹薩巴原作撒八反，布薩思恭原作僕散忽圖等征討無功，誅。命志寧與白彥敬討之。至北京，聞世宗有異志，陰結會寧尹完顏富色哩原作蒲速賚等，將攻之。會世宗立，遣使來招，志寧殺使者九人。詔默音討之，衆不肯戰，乃降。〔攷異〕通吉義傳，海陵南侵，諸軍多逃歸，而世宗在東京得衆心。都統白彥敬自北京使人陰結義，共圖世宗。及即位，義即日來歸，具陳密謀。帝嘉其不欺，拜參政，終益都尹。紀未載。按，義本名呼拉布，原作鶻魯補，哈斯罕人。又卷七十三丞相晏傳，晏兄子亦名鶻魯補，另一人。尋命爲右監軍，從忠義討平契丹，至是，還自軍，拜左副元帥，經畧南邊。

是歲六月戊子，以南京留守赫舍哩良弼爲尚書右丞。（右副元帥）（據金史卷六世宗紀、卷八八紇石烈良弼傳删）良弼本名羅索，原作婁室輝發原作回怕川人。父太宇，世襲佛寧，原作蒲輦徙宣寧。天會中，選女直字學生，良弼在選中，希尹原作兀室稱爲國令器。由令史擢右司郎中。參政椿年薦，歷參政，〔攷異〕良弼傳，椿年薦由右司郎中擢刑部尚書。而椿年傳謂由大理丞爲右司員外郎。所載互異。按，椿年本名烏頁，納哈塔氏，歷官參政，封譚國公，謚忠辨，見本傳。又，締達傳，時女直字設學校，命訛离剌等教之。其後納哈椿年、紇石烈良弼皆由此致相位，而温〔迪〕罕締達（據金史卷一〇五温迪罕締達傳補）最號精深。締達官翰林學士承旨，謚文成。轉左丞。海陵侵宋，諫不聽，爲右領軍大都督。世宗立，改留守，至是召爲右丞。

三年（癸未一一六三）夏四月丁卯，以參政李石爲御史大夫，封趙國公。

五月辛卯朔，右丞相忠義朝京師，命兼都元帥，還軍。時志寧與宋兵戰，大捷，復宿州。忠義以書責宋，宋遣洪遵等來議，前後貽書凡七，宋託故未從。乃移軍壓淮境，遣志寧率偏師渡淮，取廬、和等州。宋人懼，而世宗亦思與天下休息，詔忠義度宜以行，語詳宋人和戰事中。

乙卯，詔參知政事完顔守道按問大興府捕蝗官。守道本名實訥埒，原作習泥烈，亦作習泥列。〔攷異〕汪輝祖金史同名録云，卷六世宗大定三年宿直將軍，交聘表作習泥；卷六十五斡者傳大定時權副都統；卷六十一交聘表大定十七年右副都點檢，四人同名習泥列。以祖希尹功擢應奉翰林文字。世宗立，遷左諫議大夫，進參政。時契丹餘黨未附者衆，北京、泰州、臨潢民不安，詔守道往招撫，呼敦紐赫等內附，民以寧息。

冬十一月甲寅，進良弼左丞，以吏部尚書石琚爲參知政事。琚字子美，定州人，沈厚好學。父臯，補郡吏，從棟摩原作闍母克青州，諫止虜掠，隨守定州，故焚叛民籍，全活者衆。琚博通經史，工詞章，天眷二年，中進士第一起家，歷吏部侍郎。世宗舊聞其名，及即位，擢左諫議大夫，詳定制度，拜參政。

四年(甲申一一六四)夏五月己酉，命參政石琚等於北郊望祭禱雨，壬子雨。

〔六月〕(據金史卷六世宗紀補)壬戌，左丞良弼至自征南元帥府。

秋七月庚子，以良弼爲平章政事。

八月戊午，以參政守道爲尚書左丞。嘗從獵近郊，有虎傷獵(犬)〔夫〕(據金史卷八八完顏守道傳改)，帝欲親射之，守道叩馬極諫，乃止。

是日，以大興尹唐古安禮爲參知政事。安禮本名烏㮸古，原作斡魯古。〔攷異〕董師中傳作訛魯古。汪輝祖金史同名録云，卷十一太祖時謀克，卷九十一温迪罕移室懣傳兄子謀克，三人同名斡魯古。字子敬。好學，知爲政大體，累官臨海節度使。大定初，遷益都尹，地理志云，臨海，軍名。本錦州，縣三，隸北京路。益都，本鎮海軍，縣七，即山東東路。徙大興，召爲參政。

五年(乙酉一一六五)春正月己未，宋和議成。

夏四月丁未，右丞相忠義還自軍。

五月壬子，左副元帥志寧以召入見。丁巳，進忠義左丞相，加志寧平章政事，還軍。諭曰：「卿壯年能立功如此，朕甚嘉之，南服尚須一往規畫。」

六年(丙戌一一六六)春二月丁亥，左丞相忠義卒。〔攷異〕本傳作正月。帝親臨哭奠，賻贈加等，命參政安禮護喪事，謚武(壯)〔莊〕(據金史卷八七僕散忠義傳改)。忠義動由禮法，謙以接下，善御將士，能得其死力。及入輔，知無不言。自漢唐以來，外家未有兼任將相功名始終如忠義者。圖像衍慶宮，配享世宗廟廷。子揆。

是月，志寧還京師，拜樞密使。〔攷異〕世宗紀作十二月。

冬十一月丁卯，參政石琚以母憂，罷。

十二月丙申，進良弼右丞相監修國史，封宗國公。

七年（丁亥一一六七）春正月辛亥，起復石琚爲參知政事，尋進右丞。天長觀災，詔有司營繕，闢民居以廣大之，費錢三十萬貫。〔攷異〕元一統志云，天長觀在舊城，內有唐再修天長觀碑，節度衙推劉九霄撰。咸通中，道士李知仁重葺。金明昌三年重建，元元貞二年重修，有承旨王鶚碑，與此所載不合。姚牧菴集，王處一，寧海東牟人。大定二十七年徵至燕京，居天長觀。帝問衛生爲治，對曰：「含精以養神，恭己以無爲，雖廣成復生，爲陛下言，無易此者。」世宗嘉之。蔚州采地蕈，役數百千人。琚奏之，帝曰：「自今凡稱御前者，當稟奏。」對曰：「聖訓及此，百姓之福也。」時議禁網捕狐、兔等野物，累計其獲，或至徒罪。琚奏曰：「捕禽獸而罪至徒，恐非陛下意，請杖而釋之。」帝曰：「然。」

夏四月壬辰，加御史大夫李石司徒。時安化軍名，即密州，縣四。節度使圖克坦子温，平章喀爾喀姪也，贓濫不法，石劾之。石奏事，宰相下殿立，俟良久。既退，或問石「奏何久？」石正色曰：「正爲天下姦污未盡誅耳。」聞者悚然。

秋九月辛未，參政安禮罷。

冬十一月，太子生日，宴東宮，志寧奉觴上壽。帝悦，顧謂太子曰：「天下無事，吾父子今日相樂，皆此人力也。」使取御前玉大杓酌酒，帝手飲之，卽以玉杓及黄金五百兩賜之。以女下嫁志寧子諸神努。皇女以婦禮謁見，舅姑坐受，歡飲而罷。

八年（戊子一一六八），帝因常德暉言，謂宰相曰：「朕思庶職多不得人，中夜而寤，或達旦不能寐。卿等注意選擇，朕亦密加體察。」良弼對曰：「女直、契丹人須是（會）〔曾〕（據金史卷八八紇不烈良弼傳改）習漢人文字，然方今多爲黨與，或稱譽於此，或見毁於彼，所以難也。」帝曰：「朕所以密令體察也。」又曰：「明安穆昆牛頭税粟，本以備凶年，凡水旱乏糧處，就振給之。」

九年（己丑一一六九）冬十月辛丑，進拜良弼左丞相。良弼爲相最久，練達朝政，帝所詢訪，盡誠開奏，垂紳正笏，不動聲氣，議論多稱帝意。參政宗敍請置沿邊濠塹，良弼曰：「敵國果來伐，此豈可禦哉？」帝曰：「卿言是也。」詔以志寧爲右丞相。

十一月己未，左丞守道擢平章政事，右丞石琚爲左丞。帝曰：「古有居下位能憂國爲民，直言無忌者，今何以無之？」琚對曰：「是豈無之，但未得上達耳。」帝曰：「宜盡心采（擇）〔擢〕（據金史卷八八石琚傳改）之。」

十二月丙戌，以東京留守圖克坦喀齊喀原作徒單合喜。〔攷異〕汪輝祖金史同名録云，卷一百完顏伯嘉傳貞祐四年前韓州刺史，卷一百十三哀宗時樞密姓赤盞氏，三人同名合喜。爲平章政事。喀齊喀，上京（連）〔速〕蘇海水（據金史卷八七徒單合喜傳改）人，蒲揑子。〔攷異〕卷七世宗紀大定十四年勸農副使，亦名蒲揑，另一人。魁偉，膂力過人。皇統間，由穆昆歷隴州防禦使，屢敗宋兵，遷平涼尹，擢左都監。正隆末，爲西蜀道都統。世宗立，降詔撫諭，表陳侵宋方畧，許便宜從事。屢破宋吴璘軍，語詳規取隴蜀事中。陝西平，詔書褒美，入爲樞副，改留守，擢平章，封定國公。

十年（庚寅一一七〇）春正月甲戌，以司徒李石爲太尉、尚書令，封平原郡王，進廣平。

夏閏五月庚辰，夏國王李仁孝請分國之半，以封其臣任得敬。帝問宰相，李石等請許之。帝曰：「此非仁孝本心，不可從。」良弼議與帝意合。既而夏誅得敬，上表謝。

秋九月庚辰，良弼丁憂，起復如故。

十一年（辛卯一一七一）夏六月甲子，平章喀齊喀卒，賻贈有加，遷其孫薩哈武功將軍。原作三合。〔攷異〕汪輝祖金史同名録云，卷四熙宗皇統元年左司郎中，被殺；卷四十七食貨志大定二十一年猛安；按，即椿年子參謀合，見傳；卷一百三十二執中傳泰和六年謀克；卷八十二簽樞，有傳；卷一百十五崔立傳天興三年元帥，詳武仙傳，六人同名三合。配享世宗廟廷。

冬十月丙寅，左丞相良弼進睿宗實録。時高麗國王晛讓國於其弟晧，帝疑之，問良弼，對以非晛本心。其後趙位寵求以四十州來附，其表果言王晧弑其君晛，如良弼策。語詳高麗事中。〔攷異〕良弼傳，時每旦暮日色皆赤，帝問：「何故？」對曰：「旦而色赤應在東，高麗當之，暮而色赤應在西，夏國當之，願陛下修德以應天，則災變自弭。」已而，夏與高麗相繼變作，其言皆驗。世宗紀未載。

是歲，志寧代宗敍北征。既還，遣使迎勞，賜弓矢、玉吐鶻。封廣平郡王，進金源，賜宗弼所服玉帶。

十二年（壬辰一一七二）夏四月丙寅，右丞相志寧卒，帝親臨其喪，賻贈甚厚，謚武定，圖像衍慶宮。帝嘗曰：「志寧臨敵身先士卒，勇敢之氣，自太師梁王未有如此人者也。」明昌五年，配享世宗廟廷。

十三年（癸巳一一七三）冬十月丙子，以前南京留守唐古安禮爲尚書右丞。先是安禮爲參政，以事忤帝意，出爲橫海節度使，數年不復召。石琚對便殿，從容進曰：「安禮忠直，久在外官。」帝然之，遂自南京召爲右丞。

十四年（甲午一一七四）春二月庚午，以太尉李石爲太保，致仕，尋卒，謚襄簡，配享世宗廟廷。世宗時，尚書令凡四人，張浩以舊官，守道以功，圖克坦克寧以顧命，石以定策，他無及者。子獻可，第進士，歷户部侍郎、山東提刑使。〔攷異〕元好問中州集，石，遼末狀元。獻可字仲和，世宗元妃弟，大定十年進士。歷州縣，入翰苑，終提刑。衛王立，以元舅，贈特進，道國公。有召還，過故關山詩云：「過關天日正晴明，誰道山神不世情？遠客得歸心緒別，隴瀧間作斷腸聲。」本傳未載。

冬十二月戊寅，進平章守道右丞相，以樞密副使圖克坦克寧爲平章政事。克寧本名錫馨，原作習顯。〔攷異〕汪輝祖金史同名録云，卷一太祖天輔三年金備高麗官曷懶甸孛堇，一作石顯；卷一百十六官努傳天興二年内族；卷一百九陳規傳正大四年御史，四人同名習顯。又卷六十七景祖時烏林答部〔人〕（據金史卷六七石顯傳補）名石顯。萊州地理志云，本宋東萊郡，號定海軍，縣五。〔攷異〕輿地廣記云，卽禹貢萊夷，春秋爲萊國，二漢爲東萊郡，後魏兼置光州，隋改萊州，亦曰東萊郡，唐因之。今縣四：掖縣、萊陽、膠水、卽墨。人。父和珍原作況者官汾陽軍名，今汾州。宋爲西河郡，縣五。見地理志。詳卷九。節度使。克寧資質渾厚，寡言笑，善騎射，有勇畧。因母舅希尹薦，熙宗時由符寶祇候歷忠順軍名，今蔚州，後改。一名武安軍，縣五。見地理志。節度使。其妻爲宗幹女嘉祥縣主。海陵誅其同母兄富勒堅，原作蒲甲降克寧知滕陽軍。今滕州，縣三。大定初，以都統從默音征契丹。用其議，召默音還，以忠義代討平之，擢太原尹。復從侵宋，取楚州及淮陰縣。和議成，改大名尹。至是，由樞副拜平章，封密國公。

是歲，宋使張子顏等請更受書儀，琚與安禮勸許之，良弼持不可。守道等議合，事遂寢。由是終不復改。〔攷異〕趙翼劄記云，孝宗嘗欲改受書儀，遣范成大至金陳奏，世宗不允。後金遣完顏璋賀宋正旦，宋使人就館取書而去。璋還，杖一百除名。見璋傳。次年，劉仲誨來賀正旦，宋仍欲變接書儀，仲誨不可，乃仍用舊儀。已而，金使烏林答天錫來賀會慶節，要孝宗降榻問金主起居，帝不許，天錫跪不起。宰相虞允文請帝還内，令使者明日隨班上壽。見宋史孝宗紀及允文傳。又，金黃久約爲賀宋生日副使，適宋館伴正使病，欲以館伴副使代正使行事，久約曰：「倘副使亦病，則將以都轄掌儀等行禮乎？」竟令正使獨前，行已，與館伴副使聯騎。見久約傳。蓋儀節有關國體，皆不肯自屈耳。至使臣朝賀，時均有山呼舞蹈禮，金海陵愛宋使山呼聲，使神衛軍習之。見蔡松年傳。金張暐使宋，以世宗大行在殯，受賜不舞蹈。見暐傳。是兩國使臣非國喪均舞蹈也。按，暐聘宋還被杖除名，卽大定十四年事。仲誨亦於是年冬被命使宋賀正旦。均見世宗紀，而交聘表張子顏、劉崈報聘求免起立接書繫之九月。紀未載。良弼請詔「朝官六品以上，外官五品以上，各舉所知。」從之。帝問宰相曰：「堯有九年之水，湯有七年之旱，而民不病饑。今一二歲不登，而人民乏食，何也？」良弼對曰：「古者地廣人稀，崇尚節儉，而又惟農是務，故蓄積多，而無饑饉之患也。今地狹民衆，又多棄本逐末，耕之者少，食之者衆，故一遇凶歲，而民已病矣。」帝深然之。命有司懲戒荒縱不務生業者。

十六年（丙申一一七六）春二月己亥，平章克寧罷爲東京留守，以其女嫁爲瀋王永成妃得罪，克寧不悅，求致仕故也。妃時以姦伏誅。

十七年（丁酉一一七七）冬十一月戊戌，以克寧爲平章政事，進右丞安禮爲左丞（按，據金史卷七世宗紀，安禮進左丞在十二月），左丞石琚擢平章政事，封莘國公。

十八年（戊戌一一七八）春正月庚戌，修起居注伊喇傑言：「每屏人議事，雖史官亦不與聞，無由紀録。」帝問平章琚、左丞安禮，對曰：「古者史官，天子言動必書，使人君知畏也。」帝然之。朝奏屏人議事，記注官不避自此始。

夏六月庚午，左丞相良弼卒，謚誠敏。良弼性聰敏、忠正，善斷決，出人意表。雖起寒素，致位宰相，朝夕惕惕，盡忠於國。謀慮深遠，薦舉人材，常若不及。居位(凡)〔幾〕(據金史卷八八紇石烈良弼傳改)二十年，成太平之功，稱賢相焉。圖像衍慶宮，改謚武定(按，據金史卷八八本傳未載改謚武定事，疑此誤)，配享世宗廟廷。伊喇造傳，本名伊德爾，契丹部人，由令史歷(陝)〔陳〕州(據金史卷八九移剌慥傳改)防禦使。良弼欲致仕，上問：「誰可代卿者？」曰：「伊喇造清幹忠正，臣不及也。」召爲太府監，進刑部侍郎，改大理卿。被詔更定制條成書，十二卷。奏進，賜銀幣有差，遷刑部尚書，改西京留守。徙臨洮尹，卒官。又良弼子晗達，本作曷達，亦作曷答。卷九十八完顏匡傳世宗時侍正曷答，另一人。

秋八月丙辰，進守道爲左丞相，以石琚爲右丞相。

九月癸酉，以左丞安禮爲平章政事，參政伊喇道爲右丞。道本名趙三，其先伊實部人，徙咸平。寬厚，有大志，以篤孝著名。由令史歷戶部郎中。海陵謂其骨相異常，必登公輔。從侵宋，爲長史。世宗立，擢翰林直學士，歷右丞。〔攷異〕鈕祜祿額特埒傳，由令史歷昌武節度使，十八年入爲刑部尚書，拜參政。世宗嘗諭唐古安禮曰：「朕思爲治之道，考擇人才最難，(知)〔如〕(據金史卷九五粘割斡特剌傳改)額特埒所舉者，頗稱朕意。」又曰：「朕素知此人極有識慮，貌雖柔而心甚剛直，所行不率易也。」進右丞兼樞副，出爲上京留守。章宗立，拜平章，封芮國公，謚成肅。又蔚州程輝字日新，第進士，二十三年拜參政。承安元年卒，謚忠簡。性倜儻敢言，世宗屢稱之。香河王蔚字叔文，第進士，歷參政，進右丞。性通敏，曉析吏事，世宗稱其才幹。漷陰馬惠迪字吉甫，第進士，歷中丞，拜參政，終南京留守。世宗喜其聰而樸實，朝官少有如者。均見本傳。

十九年(己亥一一七九)秋八月壬辰，右丞相石琚致仕。世宗屢稱其知人，曰：「琚爲相，舉能其官。」嘗內燕，琚在坐，諸王竊語，世宗曰：「使我父子家人輩得安坐無事，而有今日之樂者，此人力也。」乃歷舉數十事曉之，皆俯伏請罪。大定間，將立元妃，琚曰：「元妃自有子，元妃立，東宮搖矣。」帝悟而止。二十〔三〕〔二〕（據金史卷八世宗紀、卷八八石琚傳改）年卒，謚文憲，圖像衍慶宮，配享世宗廟廷。

二十年（庚子一一八〇）春三月辛巳，以克寧爲右丞相，徙封譚國公。克寧爲相，持正守大體，不屑屑於簿書期會，帝屢稱之。

冬十一月丁巳，右丞道罷爲南京留守，尋入拜平章政事。

二十一年（辛丑一一八一）春閏三月癸卯，以左丞相守道爲太尉、尚書令。〔四月戊申〕，（據金史卷八世宗紀補）進克寧左丞相；安禮右丞相，封芮國公，進封申。秋七月己亥，以克寧爲樞密使，守道復爲左丞相。

二十二年（壬寅一一八二），右丞相安禮卒，世宗稱其忠直，且練習政事，無出其右者。配享世宗廟廷。

二十三年（癸卯一一八三）秋七月乙酉，平章伊喇道罷爲咸平尹，封莘國公。明年，卒，圖像藏祕省。子光祖官左宣徽使。

二十六年（丙午一一八六）夏四月壬戌，左丞相守道致仕。自秉政以來，効竭忠勤，明昌四年卒，謚簡靖。子珪襲穆昆，璋第進士。

五月甲申，以司徒克寧爲太尉、左丞相，命輔導原王。屢請立爲皇太孫，因侍宴，稱爲「忠實、明達，漢之周勃」。帝嘗問史事，奏曰：「臣聞古者人君不觀史，願陛下勿觀。」帝曰：「朕豈欲觀（史比）〔此〕（據金史卷九二徒單克寧傳改），深知史事不詳，故問之耳」。初，蘆溝水決，久不能塞，加封安平侯，久之，水復故道。帝喜獲感應，克寧奏曰：「神之所佑者正也，人事乖，則弗享矣。報應之來皆由人事。」帝曰：「卿言是也。」時頗信神仙浮圖事，故克寧及之。

二十八年（戊申一一八八）冬十一月癸丑，幸太尉克寧第。

十二月乙亥，帝不豫，命克寧兼尚書令，封延安郡王，與宰執宿内殿。

章宗立，徙封東平，拜太傅，加太師，進封淄王。明昌二年卒，謚忠烈，圖像衍慶宫，配享章宗廟廷。〔攷異〕世宗朝，丞相尚有完顏晏、完顏宗憲、烏古論元忠、完顏襄。平章尚有完顏元宜、完顏㝅英、完顏思敬、蒲察通、完顏崇尹、張汝霖。左右丞尚有翟永固、蘇保衡、孟浩、張汝弼、粘割斡特剌。見沈炳震廿一史四譜，此未盡載。蒲察通，中都路人，謚成肅。（按，金唯卷九五粘割斡特剌謚成肅，蒲察通無謚。蓋因上述二傳前後相接，致誤）

金史紀事本末卷三十三

河決之患

世宗大定八年（戊子一一六八）夏六月，河決李固渡，方輿紀要云，大名府魏縣東南有李固鎮，清、淇合流於其側，亦大河津渡處也。入曹州。續通考云，曹州本唐濟陰郡。大定八年，城爲河所没，遷州治於古乘氏縣。領縣三：濟陰、定陶、東明。黄河當克宋之初，兩河悉畀劉豫。豫亡，河遂盡入國境。數十年或決或塞，遷徙無定，因設官置屬以主其事。沿河上下，凡二十五埽，六在河南，十九在河北。埽設散巡河官一員，而置都巡河官六員。後又特設崇（樞）〔福〕（據金史卷二七河渠志改）上下埽都巡河官兼石橋使。凡巡河官，皆從都水監廉舉，總統埽兵萬二千人。至是，河決李固渡，水潰曹州城，分流於單州之境。

九年（己丑一一六九）春正月，遣都水監梁肅本傳字孟容，奉聖州人，官參政，謚正憲。往視決河。河南統軍使宗室宗敍言：「大河所以決溢者，以河道積淤，不能受水故也。今曹、單雖被其害，而所壞農田無幾。今欲河復故道，不惟大費工役，亦卒難成功。縱能塞之，他日霖潦又將潰決，則山東河患又非曹、單比也。且沿河數州縣興大役，人心動摇，恐宋人乘閒，構爲邊患。」肅亦言：「新河水六分，舊河水四分。今若塞新河，則二水合流。如遇漲溢，南決則害南京，北決則山東、河北均受其害。不如李固南築堤，以防決溢爲便。」帝從之。

二月庚子，以中都等路水，免税。又以曹、單二州被水尤甚，給復一年。

十年（庚寅一一七〇）春三月戊午，拜宗敍爲參知政事，諭曰：「卿昨言黄河堤埽利害，甚合朕意。」

十一年（辛卯一一七一）春正月丙申，命振南京屯田明安被水災者。

是歲，河決王村，方輿紀要云，卽今濮州治，又州東北有石村。南京孟、衞州界，多被其害。

十二年（壬辰一一七二）春正月，尚書省奏言：「水東南行，其勢甚大。可自河陰縣名，屬鄭州。廣武山山在縣東北十里，見方輿紀要。循河而東，至原武、陽武、二縣均屬開封府。東明縣名，屬開州。等縣，孟、衞等州增築堤岸。」詔遣太府少監張九思及赫舍哩邈小字阿卜薩監護工作。

十三年（癸巳一一七三）春三月，尚書省請修孟津、滎澤、屬鄭州崇福埽堤以備水患。帝乃命雄武以下八埽並以類從事。

十七年（丁酉一一七七）秋七月，大雨，河決白溝。

冬十二月，尚書省奏：「請修隄埽，日役夫萬一千五百，以六十日畢工。」詔以工部郎中張大節及高蘇董其役。〔攷異〕大節傳，河決於衛，横流而東，滄境有九河故道，大節即相宜繕隄，水不爲害。大節字信之，代州五臺人。第進士，歷官震武軍節度。世宗稱其忠實。又曰賦性剛直，果於從政，在王倫上。子巖叟，亦進士，終沁南節度。同時費摩亨字仲通，臨潢人。第進士，終河東按察使。沃埒忠本名蘇布，蓋州人，由令史歷武寧節度。均以政績稱。

十九年（己亥一一七九）秋九月，因南京有司言，增京埽巡河官一員。

二十年（庚子一一八〇）冬十二月，河決衛州輿地廣記云，衛州，戰國屬魏，秦屬三川郡，二漢屬河内郡，魏置朝歌郡，晉改汲郡，東魏置義州，後周改衛州，又爲修武郡，唐曰衛州，亦爲汲郡。今縣四：汲縣、獲嘉、新鄉、共城。及延津縣名屬開封府。京東埽，瀰漫至歸德府，遂失故道，勢益南行。乃自衛州埽下接歸德府南北兩岸增築隄防，以捍湍怒，并設歸德巡河官一員。

二十一年（辛丑一一八一）冬十月，以河移故道，命築隄以備。

二十六年（丙午一一八六）秋八月戊寅，尚書省奏河決衛州隄，壞其城。帝命户部侍郎王寂、都水少監王汝嘉馳傳措畫備禦。既而河勢泛濫及大名，遣户部尚書劉瑋本傳，字德玉，咸平人，官右丞，謚安敏。巡視。以寂不職，黜爲蔡州防禦使。〔攷異〕畢沅續通鑑云，寂與汝嘉徙衛州胙城，寂不以拯災爲事，集衆網魚，取官錢以致民怨，坐貶。而寂拙軒集所載各詩，謂羣言媒孽所致。元好問中州集言之甚畧，無可取證。按，續通考云，八月，河決衛州隄，壞其城。遣官巡視者，專以網魚取官物爲事，既而，河勢泛及大名，於是別遣劉瑋行户部事，從宜規畫。又遣王寂、王汝嘉徙衛州胙城縣，所載又異。又，中州集云，寂字元老，薊州玉田人，天德三年進士。興陵朝，以文章政事顯，終於中都路轉運使，年六十七，謚文肅。有拙軒集、北遷録行世。元老專於詩，其元夕感懷云：「殘夢闕河鼇禁月，舊游燈火馬行春。」留別郭熙民云：「五年風雪黄州（國）〔閏〕（據中州集乙集改），萬里關河渭水秋。」人共傳之。子欽哉、直哉、鄰哉，俱爲能吏。紀昀云，寂所著北遷録今失傳，而好問所選寂詩僅七首及附見姚孝錫傳後一首。惟永樂大典内所載寂詩文尚多，各體具備，清刻鑱露，不愧作者金代知名士。見中州集者百數十家，今惟趙秉文、王若虚二集尚有傳本，餘多湮没。獨寂所編拙軒集六卷足與滹南、滏水相抗行，俾讀者得以攷見，金源文獻之遺，可爲寶貴矣。又稱登天德二年第，起家祈縣令，曾爲中都副留守。其以人言去國，尚在刺蔡州時云。

冬十月，命添設河防軍，禁推排物力。

二十七年（丁未一一八七）春正月，因尚書省言河慶安流，請加鄭州河陰縣聖后廟褒贈，詔加號曰（聖）〔順〕（據金史卷二七河渠志改）濟聖后，廟曰靈德善利之廟。〔攷異〕續通考云，時河決衞州，自衞抵清、滄皆被其害。詔劉瑋以户部尚書兼工部尚書往塞之。或謂天災流行，非人力可禦，惟當徙民以被其衝。瑋曰：「不然，天生五材，遞相休旺。今河決者，土不勝水也。俟秋冬之交，水勢稍殺，以漸興築，庶幾可塞。」明年，瑋齋戒禱於河，工役齊舉，河乃復故。按，正隆二年，東京水溢，水與城等。決入女牆石罅中，湍激如湧，人惶駭。世宗時爲留守。親登城，舉酒酬天，水退。貞祐三年九月，以河水決，亦遣參政侯摯祭河神於宣州。興定三年八月地震，遣禮部尚書楊雲翼祭社稷。均見續通考。

二月，因御史臺臣言，命南京沿河四府十六州長貳官皆提舉河防事，四十四縣令佐皆管勾河防事。或能捍禦及致疏虞，隨時聞奏，以議賞罰。每歲命工部官一員，沿河檢視。

初，衛州爲河水所壞，乃命增築蘇門，遷其州治。至明年水息，居民仍還，皆不樂遷，遣大理少卿康元弼字輔之，雲中人，官刑部侍郎，見本傳。按視，請修治舊城便，從之。〔攷異〕續通考云：二十七年，河決曹、濮間，瀕水者多墊溺，朝廷遣康元弼往相視。其地水盆，而城在盆中，水易爲害，請命於朝徙之。卒改築於北原，曹人賴之。二十八年，議遷衛州治，以避河患。既而，以民不樂遷止。勅自今河防官司怠慢失律者，皆重抵以罪。似州治之遷係曹、濮，而衛并未嘗遷也。又云：十二月，工部言營築河堤用工六百八萬餘，就用埽兵軍夫外，有四百二十餘工當用民夫。遂命去役所五百里州府差顧，於不差夫之地均徵顧錢，驗物力科之。每工百五十文外，日支官錢五十文，米升半。仍命彰化節度使內族裔、都水少監大齡壽，提控五百人往來彈壓。先是河南提刑言，沿河居民多困乏逃移，蓋以河防差役故也。竊惟禦水患者不過堤埽，若土工從實計料，薪藁椿杙以時徵斂，亦復何難？今春築堤，都水監初料取土甚近，及其興工乃遠數倍，人夫懼不及程，貴價買土，一隊之間，多至千貫。又許州初料薪藁十八萬餘束，既而，又配四萬四千，是皆常歲必用之物，農隙均科則易輸納。自今堤埽興工，乞令本監以實計度一歲所用物料，驗數折稅。或令私買於冬月，分爲三限輸納爲便。詔尚書省詳議以聞。按，歲用薪百一十一萬三千餘束，草百八十三萬七百餘束，椿杙不與。均見續通考。

二十九年（己酉一一八九）夏五月，河溢於曹州小隄之北。以奏報稽遲，詔切責之。

章宗明昌四年（癸丑一一九三）冬十一月，尚書省奏：「河平軍即衛州治。節度使王汝嘉等言『大河南岸舊有分流河口，如可疏導，足泄其勢，及長隄以北，亦有可歸納排淪之處，其濟北埽以北宜創起月隄。』請遣本監官從汝嘉等同往相視，庶免異議。如大河南北必不能開挑歸納，其月隄宜依所料興修。」帝從之。

十二月，命都水監官提控修築黃河隄。

五年（甲寅一一九四）春正月，尚書省奏：「都水監丞田櫟等言，前代每遇古隄南決，多經南、北清河分流。南清河北下有枯河數（套）〔道〕（據金史卷二七河渠志改）河水流其中者長至七八分。北清河乃濟水故道，可容二三分而已。今河水趨北，齧長隄而流者十餘處，而隄外率多積水，恐難依元料增修長隄與創築月隄也。可於北岸牆村決河入梁山濼故道，依舊作南、北兩清河分流。然北清河舊隄歲久不完，當立年限增築大隄。而梁山故道多有屯田軍户，亦宜遷徙。今擬先於南岸王村、宜村兩處決隄導水，使長隄可以固護，姑宜仍舊，如不能疏導，卽依上開決，分爲四道，俟見水勢隨宜料理。」宰臣以櫟議所關利害非細，請遣官覆視。詔以知大名府事內族裔、户部郎中李敬義充行户工部事，命參政胥持國都提控。又奏差德州防禦使李獻可及焦旭本傳，字明鋭，柏鄉人。時稱能吏，卒官西京轉運使。章宗初立，爲御史，劾奏太傅克寧、丞相襄不應請車駕田獵，帝命勿治。見本傳。同時漷陰張亨字彥通，第進士，終南京轉運使。明達吏事。漁陽韓錫字難老，以蔭補官，歷絳陽節度。懿州鄧儼，字子威，第進士，官户部尚書，出知歸德府卒。薊州巨構字子成，登進士，終横海節度。濟陰賀（楊）〔揚〕庭（據金史卷九七賀揚庭傳改）字公叟，經義進士，卒官陝西轉運使。宛平閻公貞，字正之，由進士同知武定節度，入爲大理卿，遷學士，校定律令，多所是正，金人以爲法家之祖云。國史均有傳。於山東當水所經州縣築護城隄，及北清河兩岸舊隄〔別〕（據金史卷二七河渠志補）役夫修築。嗣後集百官詳議，咸以爲黄河水勢變易無定，非人力可以指使，況梁山濼淤填已高，而北清河狹不能容，兼所經州縣田盧不一，使大河北入清河，山東必被其害，應毋容議，事遂寢。〔攷異〕李愈傳，愈時爲河南提刑使，憲臺廉察以愈爲最。入見，帝稱其敢爲。又曰：「愈論河決事，謂宜遣官視護以慰人心，其言良是。」明年，改河平軍節度，卒，謚清獻，有狂愚集二十卷。字景韓，絳州正平人。正隆中詞賦進士，歷官刑部尚書。

秋八月，河決陽武故隄，灌封邱縣名，屬開封府。而東，詔同知都轉運使高旭及鈕祜祿弈小字罕嘉努，原作韓家奴。同往規措。王汝嘉等杖七十，罷職。復命參政馬琪往，仍許便宜從事。琪本傳，字(伯)〔德〕玉（據金史卷九五馬琪傳改），寶坻人。官參政，性明敏，習吏事，尤長於錢穀。然吝好利，爲上所少。通鑑輯覽云，河決陽武，灌封邱，東歷曹、濮、鄆、范諸州縣界，中至壽張，注梁山濼分爲二派，由北清河入海。南派由南清河入海。從此南北分流，不能復塞。攷北清河即今大清河，南清河即泗水。胡渭禹貢錐指云，河匯梁山濼，分二派入南、北清河。自宋熙寧十年，始尋經塞治，至是復行其道，而河流又爲一大變矣。議者謂金欲以宋爲壑，利河之南而不欲其北，故不復治。不知河自北而南在漢已然，觀武帝瓠子歌淮、泗滿之文，可知河之入淮不自宋始。宣房之舉，力倍工堅，故能終久不潰。宋熙寧時，王安石用事，任使非人，施工苟且。所以才及百年卽大徙，不可復塞也。按，玉海云，熙寧十年七月，河決澶州曹村。元豐元年春，修塞治，以牲玉祭河。閏正月丙戌首事，四月，名埽曰靈平，立廟曰靈津。孫洙撰記，是年五月甲戌朔，新堤成，長百十四里。河自定武還北流，羣臣表賀。蘇軾作河復詩：「吾君仁聖如帝堯，百神受職河神驕。帝遣風師下約束，北流夜起澶州橋。」時胥持國與馬琪奏言：「已至光祿村周視隄口，隄岸陷潰，至十餘里外方能取土。而隄面窄狹，僅可數步，人力不能施，雖成易毁。而中道淤澱，地有高低，流不得泄，且水退，新灘亦難開鑿。其孟華等四埽與孟陽隄道，沿汴河東岸，但可施工者，卽悉力修護，則京城不至爲害。」琪又言：「都水監員數冗〔多〕（據金史卷二七河渠志補）事廢，請罷各掾，設勾當官二員，其都散巡河官入縣令廉舉人內選注。」從之。未幾，琪還朝奏言：「孟陽河隄及汴隄已修築，水不能犯汴城。自今河勢趨北，來歲春首，擬於中道疏決，以解南北兩岸之危。」遂命翰林待制鄂屯忠孝、太府少監温（防）〔昉〕（同上改）充行户工部事，修治河防。尋命御史臺官體究河防利害。

六年（乙卯一一九五）（春三）〔夏四〕（據金史卷一〇章宗紀改）月，以河防工畢，參政胥持國等進官有差。

宣宗貞祐三年（乙亥一二一五）夏四月，單州刺史延札天澤言：「守禦之道，當決大河使北流德、博、觀、（德州卽宋平原郡，縣三。博州卽東昌府。觀州卽景州，縣六。〔攷異〕輿地廣記云，德州春秋屬齊，秦屬齊郡，二漢曰平原郡，晉爲平原國，隋置德州，復爲平原郡，唐同今。縣二：安德、平原。博州春秋屬齊，秦屬東郡，晉屬平原國，宋分置魏郡，後魏曰南冀州，隋立博州，唐改博平郡。今縣四：聊城、高唐、（棠）〔堂〕邑（據輿地廣記卷一〇改，下同）、博平。續通考云，德州，唐改平原郡，後仍舊。今隸山東西路，領安德、德平、平原三縣。博州，唐博縣，宋隸河北東路，今隸大名府。明升東昌府，領臨清、高唐、濮三州，聊城、（棠）〔堂〕邑、莘縣、博平、茌平、邱縣。）滄之地。今其故隄猶在，工役不勞，水就下必無漂没之患。而難者若不以犯滄鹽場損國利爲説，則以浸没河北良田爲解。然河徙之後，淤爲沃壤，正宜耕墾，收倍於常，利孰大焉？否則河南一路兵食不足，而河北、山東之地皆瓦解矣。」命議之。

四年（丙子一二一六）春三月，延州刺史温札薩克蘇原作温撒克錫言：「近世河離故道，自衞東南而流，由徐、邳邳州屬淮安府，縣二。〔攷異〕續通考云，邳州，唐後廢屬泗州。宋置淮陽軍，今爲州，元領宿遷、下邳、睢寧三縣。入海，以此河南之地爲狹。竊見新鄉縣屬衞輝府（按輿地廣記卷一一當作中山府）西河水可決使東北，其南有舊隄，水不能〔溢〕，（據金史卷二七河渠志補）遵行五十餘里與清河合，則由濬州、大名、觀州、清州、柳口入海，此河之故道也，皆有舊隄，補其缺罅足矣。如此則山東、大名等路皆河南，而河北諸郡亦得其半，退足爲禦侮之計，進可壯恢復之基。」

五年（丁丑一二一七）夏四月，敕樞密院，沿河要害之地，可壘石岸，仍置散星樁、陷馬塹以備敵。

金史紀事本末卷三十四

章宗嗣統

世宗大定二十九年(己酉一一八九)春正月癸巳，帝崩。皇太孫即位。諱璟，小字瑪達格，原作麻達葛。〔攷異〕續通考云，章宗生於此山，世宗愛其山勢衍氣清，故以命名。後改爲胡土白山，建廟。明昌四年八月，册山神爲瑞聖公，命有司春秋致祭。通鑑輯覽又作瑪達干，稍異。顯宗嫡子也。〔攷異〕宗室表，顯宗子七，鄆王琮，本名承慶；開府瀛王瓌，本名罕都，原作歡睹；開府霍王從彝，本名阿林；祕書監瀛王從憲，本名沃里布，原作吾里補；祕書監温王(价)〔玠〕(據金史卷五九宗室表改)，本名摩囉歡，原作謀良虎；與章宗、宣宗共七人。按瓌名歡睹，與世宗子永升子璡同名。續通考，明昌中，琮謚莊靖，後改莊〔惠〕(據金史卷九三完顏琮傳補)。瓌謚文敬。從彝一名瓚，皆田氏生。吾里補一名琦，謚敦懿，劉氏生。价作玠，謚悼敏，王氏生。又琦子從厚封艾國公。所載稍判。母孝懿皇后圖克坦氏。〔攷異〕大金國志作趙氏，故鄆王楷幼女。續通考云，父貞尚遼王宗幹女梁國公主，生后於遼陽。母夢神授寶珠，光焰滿室，祔葬裕陵。以大定八年七月丙戌生。初，封金源郡王，進原王。二十六年五月甲申，拜右丞相。十一月庚申，立爲皇太孫。〔攷異〕劉祁歸潛志云，時待制趙可當筆，有云：「念天下大器，可不正其本歟？而世嫡皇孫所謂無以易者」，人皆稱之。及即位，首擢直學士。章宗紀未載。本傳，字獻之，高平人。貞元二年進士，翰林制誥多出其手。其歌詩樂府尤工，號玉峯散人集。元好問中州集載其使高麗次來遠驛雪夕詩，有「煖老正思燕地玉，辟寒誰有魏臺金」之句。子述字勉叔，承安中登科。絳州梁襄字公贊，大定初進士，官保大軍節度。其賀章宗卽位表云：「曾天子、祖天子，世嫡相承；舜何人，予何人，自强不息。」又劉迎字無黨，東萊人，大定十三年對策爲當時第一。明年，第進士，官太子司經，顯宗親重之。章宗立，録舊學勞，賜其子國樞進士第。所著號山林長語，詔國學刊行。十二月乙亥，世宗不豫，遂攝政，居慶和殿東廡，至是卽位。丙申，詔免今歲租稅，及歷年逋欠。鰥寡孤獨人絹一疋，米二石。

二月甲子，命學士院進呈漢、唐便民事，及當今急務。勅開登聞鼓院，以達冤枉。戊辰，詔宮籍監户及奴婢悉放爲良。丁丑，增定百官俸。令有司稽考典故，許引用宋事。是月，宋孝宗内禪，子光宗卽位。

夏五月壬子，敕收録功臣子孫，量材任使。

六月辛卯，修起居注完顏烏哲等上書諫獵，納其言。拾遺馬升上儉德箴。乙未，初置提刑司，分按九路，兼勸農、採訪事，屯田、鎮防諸軍皆屬。

秋七月辛酉，減民地稅十之一，河東南、北路十之二，下田十之三。令農民於錢慳之郡所納錢貨，許折粟帛。〔攷異〕續通考云，八月，尚書奏河東地狹，稍凶荒，則流亡相繼。竊謂河南地廣人稀，若令招集他路，量給閒田，則河東飢民減少，河南且無曠土。從之。九月，又奏，制諸人佃官閒田者，免五年租課，今乞免八年，則或多墾。從之。辛巳，詔京府、節鎮、防禦州設學養士。初立經童科。

九月壬戌，詔罷告捕亂言人賞。制强族大姓，不得與所屬官吏交往。

冬十一月，詔五品以上官各舉所知，否則坐以蔽賢罪，并到任卽舉自代。辛巳，詔各路饑饉，先賑後奏。

十二月戊戌，復置北京、遼東鹽使司，仍罷（巡鹽）〔鹽巡〕（據金史卷九章宗紀改）使。〔攷異〕續通考云，章宗諭有司曰：「比因獵，知百姓多有鹽禁獲罪者，民何以堪？」令百官議。鄧儼等謂，若令民計口定課，民既輸乾辦錢，又必別市而食，是重費民財，而徒增煎販者之利。現鹽價減至每斤爲三十八文，乞更減去八文，價賤易售，羨餘必多。況今府庫金錢約折錢萬萬貫有奇，若量入爲出，必無不足之患。李晏等謂，乾辦既非美名，又非良法，必欲杜絶私煑盜販之弊，乞每斤減爲二十五文。郭邦傑等謂，平、灤瀕海，及太原鹵地，可依舊乾辦，餘同儼議。王翛請每斤減爲二十文，罷巡鹽官。徒單鎰，則以乾辦爲便。宰臣奏，每斤官本五十文，減爲二十五文，似爲得中。上遂命寶坻、山東、滄鹽每斤減爲三十文，餘從所請，乾辦鹽錢遂罷，計減百八十五萬四千餘貫。未幾，復加三文，後遞加價七，鹽司舊課歲入六百二十二萬六千六百三十六貫有奇。嗣後增至千七十七萬四千五百一十二貫有奇。尋詔沿淮諸榷場聽民以鹽市易。

章宗明昌元年（庚戌一一九〇）春正月壬戌，以王（尉）〔蔚〕（據金史卷九章宗紀、卷九五王蔚傳改）爲尚書右丞，完顏守貞爲參知政事。本傳，本名蘇頁，襲祖古新穆昆，同知西京留守。章宗立，召爲刑部尚書。使宋賀生日還，拜參政。時帝鋭意於治，問漢宣綜核名實之道，施行果何如？對以樞機周密，品式詳備。帝曰：「行之果何如？」答曰：「在陛下勵精無倦耳。」歷平章，移知濟南府，卒官。謚肅。

三月，初設應制及宏詞科。辛巳，詔修曲阜孔子廟學。尋敕黨懷英撰碑文，親行釋奠禮，北面再拜。〔攷異〕大金國志云，時以張克己爲參知政事，謂有建儲勳也。

夏五月戊午，拜天於西苑，射柳擊毬，縱百姓觀。〔攷異〕王惲西苑懷古和劉懷州韻云：「彩鳳簫聲徹曉聞，宮牆烟柳接龍津。月邊橫吹非清夜，鏡裏蓬萊總好春。行殿基存蕉作土，踏鞋舞歇草留茵。野花豈解興亡恨，猶學宮粧一色勻。」又西園懷古詩云：「錦摛西苑正隆修，大定明昌事讌遊。海露恩波鼇抃首，花翻瑶豔雪迷樓。三千歌舞繁華歇，一片風煙慘澹愁。興廢算來無五紀，至今靈沼詠西周。」劉景融西園懷古詩云：「瓊苑韶華自昔聞，杜鵑聲裏過天津。殿空魚藻山猶碧，水涸龍池草自春。民樂當歌身後曲，弓彎不見舞時茵。絳桃誰植宮墻外，露濕胭脂恨未勻。」均見秋澗集。史學宮詞云：「寶帶香褠水府仙，黄旂綵扇九龍船。薰風十里瓊華島，一派歌聲唱采蓮。」劉秉忠游瓊華島詞云：「瓊華昔日，賀新成，與蒼生樂昇平。西望長山，東顧恨滄溟。翠輦不來，人換世，天上月自虚盈，樹分殘照水邊明。雨初晴，氣還清，醉却興亡，惟有酒多情。收取晉人腮上淚，千載後，幾新亭。」見藏春詩集。果囉洛納延詩云：「秋水清無底，涼風起緑波。錦帆非昨夢，玉樹憶清歌。帝子吹笙絶，漁郎把釣多。磯頭浣紗女，猶恐是宮娥。」見納新金臺集。按金之瓊華島即元萬歲山，一曰萬壽山。至陶宗儀輟耕録，謂金人厭勝築。瓊華島之土皆取自塞外之山，未免附會。見日下舊聞考。

六月壬辰，奉太后幸慶壽寺。〔攷異〕元會汾金史攷證云，原本作壽慶。按，朱彝尊日下舊聞，慶壽寺，金章宗時所刱，並無壽慶寺。又孫承澤春明夢餘録載雙塔寺即金慶壽寺。今據改。

秋八月乙酉，詔設常平倉，罷諸府鎮流泉務。選才幹官爲刺史。戊戌，帝謂宰臣曰：「何以使民棄末而務本，以廣儲蓄？」户部尚書鄧儼曰：「今風俗侈靡，宜定制度，辨上下，使服用居室各有差等。用度有節，蓄積自廣矣。」

是年，以伊喇履爲尚書右丞，本傳，字履道，遼東丹王七世孫。第進士，歷參政。刊修遼史，謚文獻。〔攷異〕元好問中州集，履學易，通太玄，精陰陽歷數，以蔭補國史掾。歷禮部尚書，特賜孟宗獻榜進士。預淄王定策功，拜參政，進右丞，卒，謚憲（按中州集壬集不載其謚號，疑此處誤）。其史院感懷詩曰：「不學知章乞鑑湖，不隨老阮醉黄壚。試從麟閣諸賢問，肯居蘭臺小（吏）〔史〕（同上改）無。一戰得侯輪妄尉，長身奉粟媿侏儒。禁城鐘定燈花落，坐拊陳編惜壯圖。」三子：辨才武廟署令，善才工部尚書，楚材中書令。所載較詳。圖克坦鎰爲參知政事，尋進右丞。本傳，鎰該習經史。時帝鋭意治平，鎰上言：「撫太平之基，宜稽古崇德，毋因物以爲好惡，輕忽小善，不恤人言。昔唐陸贄嘗陳隔塞之弊九，上有其六，下有其三。陛下能慎其六，爲臣者敢不慎其三哉。上下之情通，則綱舉目張矣。」帝嘉之。紀未載。沈炳震廿一史四譜，章宗朝，尚書令徒單克寧，丞相夾谷清臣、完顏襄、宗浩，平章完顏宗寧、烏林答愿、粘割訛特剌、夾谷衡、張萬公、徒單鎰、僕散揆、完顏匡、僕散端、完顏守貞，左右丞王（尉）〔蔚〕（據金史卷九章宗紀改）、移剌履、劉瑋、胥持國、董師中、完顏齊、楊伯通、孫卽康、獨吉思忠。均見本紀。右丞相襄罷。襄傳，本名安，原作唵，昭祖五世孫。初，討契丹，功第一，授亳州防禦使。從侵宋，擒楊思、郭太尉。師還，累官右丞相，任國公。受顧命輔章宗，至是罷。卒，謚武昭，南陽郡王。〔攷異〕宗室表，實古納本作什古迺，昭祖曾孫，東京留守。子阿嚕岱，原作阿魯帶。（參政孫）〔孫參政〕（據金史卷九四襄傳改）襄歷左丞相，配享章宗廟廷。按什古迺亦作什古，與宗望女昭寧公主同名。續通考又作釋古。

大金國志云，是年夏國入寇嵐州，又侵石州。紀未載。

二年（辛亥一一九一）春正月甲寅，始許宮中稱聖主。

二月壬辰，敕親王及三品官家，毋許僧尼道士出入。禁以太一混元受籙，私建菴室者（按，據金史卷九章宗紀「禁受籙建庵」在十月）。〔攷異〕續通考云，承安元年，幸天長觀，建普天大醮，禁屠宰七日，無奏刑，百司權停決罰。泰和七年，幸玉虛觀。按道家有三正一教者，龍虎山張氏所傳是也。真大道教者，始金季道士劉德仁，以苦節危行爲先，不妄取於人，不苟侈於己。五傳至酈希誠，見重於元憲宗，授太元真人。太乙教者，金天眷中，道士蕭抱真傳太乙三元法籙之術，亦顯於元。又王嘉字允卿，名中孚，改世雄，字德威，後入道，號重陽子，咸陽人。母娠二十四月而生，遇異人爲吕仙翁化身，授口訣。大定七年抵寧海，立全真觀，弟子(烏)〔馬〕鈺(據新元史卷二四三馬鈺傳改，下同)嗣其教，與譚處端、劉處元、邱處機繼主宗盟，以鍾、吕、劉爲三祖，嘉爲祖師。元贈重陽全真開元真君。(烏)〔馬〕鈺名玉甫，寧海人，號丹陽子。譚字伯玉，寧海人，號長春子。劉字通妙，東萊人。邱棲霞人，號長春子，大顯於元。又孫仙姑，號清淨散人，寧海忠翊女。郝大通字太古，寧海人，號廣寧子。王處一東牟人，號金陽子。劉德仁滄州樂陵人。郭志空章邱人。李笈濟南人。張信真樂安人。吕道章垣曲人。李志方安陽人。又訾豆，自號寧真子。所載甚詳。

(三)〔四〕(據金史卷九章宗紀改)月庚寅，禁民庶不得服純黄、銀褐色。癸巳，諭有司：「自今女直字直譯爲漢字，國史院專寫契丹字者罷之。」

六月癸巳，禁稱本朝人及本朝言語爲「番」，違者杖之。

冬十一月甲寅，禁伶人不得以歷代帝王爲戲及稱萬歲。〔攷異〕大金國志云，上趙太后尊號壽福，集百官大列妓樂。三月，拜經童爲相，經童者僧童也。封監女爲貴妃，內庭事惟其言是聽，外事惟乞兒李點檢主之。朝綱不正，軍民胥怨。西夏陷鄜、坊州，攻保安軍。續通考云，十一月乙丑，危宿在羽林軍上壘壁星下，光芒明大。紀均未載。

三年(壬子一一九二)春正月丙辰，以孝懿皇太后小祥，尚書省請依元年世宗忌辰例，諸王陪位，服慘(素)〔紫〕(據金史卷九章宗紀改)，去金玉之飾，百官不視事，禁音樂屠宰，從之。〔攷異〕續通考云：時孝懿后梓宮在殯，太傅克寧卒，帝欲親爲燒飯，張暐言而止。又霍王從彝母早死，温妃石抹氏養之。明昌六年，温妃卒，暐奏：「慈母服齊衰三年，桐杖布冠，禮也。從彝近親，至尊壓降與臣下不同，乞於未葬前服白布衣絹巾，既葬，祇用素服終制，朝會從吉。」允之。壬戌，如春水。〔攷異〕劉祁歸潛志云：章宗春水放海青，時趙黄山在翰苑扈從。既得鵝，索詩，立進之。詩云：「駕鵝得暖下陂塘，綵騎星馳入建章。黄傘輕陰隨鳳輦，綠衣小隊出鷹坊。搏風玉爪凌霄漢，瞥目風毛墮雪霜。共喜園陵得新薦，侍臣齊捧萬年觴。」趙名渢，字文(儒)〔孺〕(據金史卷一二六趙渢傳改)，東平人。大定間進士，官禮部郎中。自號黄山，篆書配黨懷英，號「黨趙」，趙秉文稱其書法在蘇、黄伯仲間。著黄山集。閻詠亦有復軒集。曹班又有春瀾集二卷。南宮吕宗孚字信臣，所著有清漳集。均見續通考。按，文藝傳，宗孚作中孚，冀州人。清漳作南漳，又異。

二月辛丑，詔追復田轂等官爵。

三月辛卯，令「檢勘前後所申孝義之人，如有可用者，具以聞。」

夏四月丙(辰)〔寅〕(據金史卷九章宗紀改)，旱災，下詔責躬。罷不急之役，省無名之費，汰冗員，〔攷異〕續通考云，金朝官數，大定末，在任官萬九千七百員，四季赴選者千餘，歲數監差者三千。明昌四年，奏周歲官死及事故者，六百七人，新入仕者五百一十，見任者萬一千四百九十九，內女直四千七百五員，漢人六千七百九十四員。至泰和七年，在任官四萬七千餘，四季赴部擬授者千七百，監官到部者七千二百九十餘，則三倍大定時矣。所載甚詳。決滯獄。

五月癸酉，罷北邊開壕之役。甲戌，雨。戊寅，出宮女百八十三人。

秋八月甲辰，集百官問朝政得失及民間利害，令各書以對。

冬十月戊午，命訪求博物多知之士。〔攷異〕大金國志云，主登極，尊禮大臣，講論經史。至是除內侍江淵爲內都知，出入宮掖，大受賂遺，國體始弱矣。紀未載。

四年（癸丑一一九三）春正月癸未，命察舉官吏以德化爲先。辛卯，賑河北諸路被水者。癸巳，諭點檢司，「行宮外地及圍獵之處，悉與民耕。雖禁地，聽民持農器出入。」〔攷異〕續通考云，明昌元年，詔瀕水民地，已種蒔而爲水浸者，可令以所在官佃對給。五年十一月，詔罷紫荆嶺所護圍場。

三月（庚午）〔壬申〕（據金史卷一〇章宗紀改），制定民習角觝槍棒罪。甲申，幸香山永安寺及玉泉山。〔攷異〕胡礪傳，天會間，大軍下河北，礪爲軍士所掠，行至燕，亡匿香山寺。大定二十六年重修，寺成，賜名大永安。章宗紀又書，承安三年七月，幸香山。八月，獵於香山。四年八月，復獵。五年八月，幸香山。泰和元年六月，幸香山。六年九月，幸香山。南濠集云，香山寺亦名甘露。上金剛殿後有古椿六，又上由畫廊登慈恩殿，其右爲香爐岡，岡下有蟾蜍石、丹井，又有夢感泉。章宗嘗至其地，夢矢發，泉湧，旦起掘地，果得泉。後僧濬之，遂隱。劉侗帝京景物畧云，山多名蹟，有葛稚川丹井、金章宗祭星臺、護駕松、碁盤石、香爐石。蔣一葵長安客話云，今來青軒之前，兩腋皆疊嶂環列，賓軒爲章宗祭星臺。其西南道上，章宗經此，有松密覆，因名護駕松。日下舊聞考云，蟾蜍石即今蟾蜍峯。丹井即今雙井。香爐石即今玉乳峯。餘均無考。宋啟明長安可游記云，香山有乳峯石，時噓雲霧，類匡廬香爐峯，故名。孫承澤北平古今記云，祭星臺或是元時祭遁甲神之地，號靈應萬壽宮。劉太保秉忠遺址。明王衡緱山集詩云：「空潭落星辰，騰沙鬱四野。不知何王碑，隔坡問牧者。」王崇簡冬夜箋記云，香山又有碧雲寺。元之碧雲菴，遼耶律阿勒彌所建。明巨璫于經拓爲寺。經死，魏忠賢重修。均立冢域，後爲御史張瑗奏毁。劉友先玉泉山詩注，章宗搆芙蓉殿於此山。客話又云，玉泉山頂有章宗行宫芙蓉殿故址。章宗嘗避暑於此。

夏五月辛巳，諭諸路，令月具雨澤田禾分數以聞。

冬十二月甲寅，册長白山神爲開天宏聖帝。〔攷異〕續通考云，初，有司言，長白山在興王之地，服章爵號非在公侯上不足稱。因册爲興國靈應王，勅每歲降香，有司春秋致祭。明昌四年十月，御大安殿，用黄麾立仗，復册爲開天宏道聖帝。所載較詳。按，大定四年，禮官言嶽、鎮、海、瀆當以五郊迎氣日祭之。詔依典禮，以四立土王日，就本廟致祭。在他界者，遥祀封爵，仍唐、宋舊。明昌六年，詔加嶽瀆王爵，從沂山道士楊道令言也。每歲遣使奉御署祝版，奩香乘驛行禮。

是歲，大有年，邢、洺、深、冀、河北〔西路〕（據金史卷一〇章宗紀補）十六穆昆之地，野蠶成繭。〔攷異〕續通考云，天會三年七月，錦州野蠶成繭，以絲綿來獻，詔賞其長吏。承安元年六月，平晉縣民利通，家蠶自成綿長七尺一寸五分，潤四尺九寸，詔賜絹十疋。所載甚詳。

五年（甲寅一一九四）春正月己巳，詔行「區田法」，相其地宜，務從民便。〔攷異〕續通考云，先是武陟高翌上「區種法」，且請驗人丁地土多少，定數令種。下省臣議，令農田百畝以上，如瀕易得水地，須區種三十餘畝，多種者聽。無水者從民便。乃委各千户、謀克、縣官依法勸率，後竟不能行。紀又載承安元年四月行「區種法」，民年十五以上、六十以下有土田者，丁種一畝。

〔二月〕（據金史卷一〇章宗紀補）丁酉，詔購求崇文總目内所闕書籍。

三月戊子，置宏文院，譯寫經書。〔攷異〕續通考云，章宗立，詔自今學士院詔誥並用四六，尋因温敦伯英言，命學官講經。泰和元年十月，詔有司購遺書，宜高價以廣搜羅。詔藏書家不願送官者，官爲謄寫，畢，復還之，仍量給半直。四年十月，詔親軍年三十以下，令習孝經、論語。

夏四月壬辰，幸北苑。〔攷異〕趙秉文有北苑詩，見滏水集。劉頍傳，帝幸南苑，苑中有唐舊碑，書「貞元十年御史大夫劉怦葬」。帝見之曰：「苑中不宜有墓。」以頍本怦後，賜錢三百貫，改葬之。紀未載。乙卯，幸景明宮，董師中本傳，字紹祖，洺州人。第進士，官左丞。通古今，善敷奏，練達典故。處事精敏，嘗言宰相不當親細故，要知人才，振紀綱。卒，謚文（憲）〔定〕（據金史卷九五董師中傳改）。元好問中州集作邯鄲人，皇統九年進士。直道自立，雖性喜恢諧，不害爲國朝名相。有漳州集行世。等疏諫，不聽。是月，宋孝宗崩。

秋七月戊辰，獵於和濟格爾，原作豁赤火一發貫雙鹿。是日獲鹿二百二十二，頒賜有差。〔攷異〕蔣一葵長安客話云，大通橋東有鹿園，方廣十餘里，地平如掌，古樹偃仰，與高塚相錯，傳是章宗故址。劉侗帝京景物畧云，鹿園，章宗故園也，今爲藍靛廠。日下舊聞考，藍靛廠有二處，一在西直門外，今西頂廣仁宮即其地。一在東直門外，即此鹿園遺蹟也。

九月戊寅，勑尚書省集百官議備邊事。命諸路并北準布〔攷異〕滿州語提撕也，舊作阻轐，今譯改。以六年夏，會兵臨潢。〔攷異〕續通考云，金制，會兵用虎符。初，禮官言漢與郡國守相爲銅虎符，唐以銅魚符起軍旅，易守長等用之。至是，斟酌前制，其符用虎分左右，左者留御前，以親臣掌之，右付招討統軍官主之。發兵三百以上及徵兵、召易本司長貳官，從尚書省奏請左第一符，近侍局囊封付主奏者，省臣録聖旨與符函封，用省印記之，專帶牌馳送付彼。至，則視其封以右符勘合，然後奉行。用後復封送左符付使者，送省銜進。倘事急，亦許先發後聞，詔即施行之。貞祐三年，更定密院用鹿符，宣撫用魚符，統軍用虎符。其發與付印封，如例。

冬十二月辛酉，平章政事完顏守貞罷。本傳，守貞讀書通法律，明習國朝故事。時金有國七十年，禮樂刑政，因遼、宋舊，雜亂無緒。帝欲更正爲一代法，其儀式條約多守貞裁訂。故明昌之治，號稱清明。喜推轂善類，接引後進，朝中正人多出入門下，爲胥持國等所忌，故罷。〔攷異〕續綱目，守貞之罷載在六年冬。畢沅續通鑑云，守貞既罷相，出守，持國猶忌。尋以在政府與近侍竊言宮掖事，坐解職。下詔切責其不公。紀未載。以尼瑪哈鑑爲參知政事。本傳，原名威喇，隆州人。第進士，歷太子侍丞。世宗稱其保護太孫，禮節言動猶有國俗純厚舊風。章宗立，拜參政。卒，謚文(恭)〔肅〕(據金史卷九五尼厖古鑑傳改)。

六年(乙卯一一九五)春正月庚戌，罷陝西括地。時北邊警，慶州被圍急，招討副使裕爾伯特原作瑶里孛迭擊卻之。

夏五月庚戌，遣左丞相瓜爾佳清臣本傳，原名阿卜薩，罕都人。討契丹、侵宋均有功，累官左丞相，密國公。〔攷異〕汪輝祖金史同名録云，阿卜薩一作阿不沙。卷八十六烏延查剌傳世宗時叛黨、卷一百二十一訛里也傳其子，官世宗時外帳小底，三人同名阿不沙。行省事於臨潢府。尋遣使來獻捷。清臣領軍出征，令伊喇敏爲都統，完顏安國副之，〔攷異〕忠義傳，伯特梅和尚，(秦)〔泰〕州(據金史卷一二一伯德梅和尚傳改)人。官崇義節度，時爲副統，會敵入臨潢，力戰，被射死，贈龍虎上將軍、護衛。博克托等戰沒。紀未載。博克托原作鬭合土。卷六世宗紀大定八年同簽大宗正，賀宋正旦鬭合土另一人。清臣傳，時左衛將軍完顏充與安國分左右翼，與紀異。又，傳後作右衛將軍，疑悮。按，充於泰和間屢立戰功，具載章宗紀，而此事獨未之載，又無本傳可證，故補識之。分領前隊，自選精兵爲後隊。進至哈里河，前隊於栲栳濼攻營十四，下之。回迎前軍，屬部色徹掩其所獲羊馬資械歸。清臣遣人責其賕罰，北準布由是叛去，大肆侵掠。事聞，降授橫海節度使。是役也，清臣首其事，致北鄙不寧者數歲，天下尤之。安國傳，時爲先鋒都統，適屬部叛，安國討定之。遷本路招討使。紀未載。命尚書左丞瓜爾佳衡本傳，本名阿里布，山東西路人。第進士，歷應奉翰林文字，擢左丞，改上京留守，遷樞副，進平章，英國公。卒，謚（文）〔貞〕獻（據金史卷九四夾谷衡傳改）。〔攷異〕汪輝祖金史同名録云，原作阿里補。卷六世宗大定十年户部郎中、卷七十一吾扎忽傳大定時泰州押軍猛安、卷九十移喇道傳大定時同知睢州事，均姓烏古論氏，四人同名阿里補，又作阿里不。卷一百十九仲德傳哀宗時元帥，同名。將兵赴撫州。地理志卽鎮寧軍。縣四，治柔遠，隸西京路。詔右丞相襄領行省事。敗敵於望雲，遂率駙馬都尉布薩揆等進軍大鹽濼，地理志屬北京路，隸臨潢府。分兵攻取諸營。時襄招降呼必紇，原作胡疋紇遣完顔充進次烏魯斯原作斡魯速城。尋命支軍出東道，自出西道。東軍至龍駒河，被圍。襄馳救，合擊，大破之。敵奔斡勒嘉原作斡里札河，遣完顔安國追躡之，衆散走，凍死者十八九，降其部長，遂勒勳九峯石壁。安國傳，襄總師，進安國兩路都統，大捷於多泉子。統所部萬人疾驅。薄敵，破，降之。擢樞副，卒。忠義傳，彰德治中舒穆嚕元毅本名舒蘇，以邊警改撫州刺史。出，與敵遇，力戰死之。贈信武將軍。子世勣，後登進士第。紀均未載。是月，命減萬寧宮陳設九十四所。〔攷異〕史志云，京城北離宮有大寧宮，大定十九年建。後更爲壽寧，又爲壽安。明昌二年，更爲萬寧。泰和四年，萬寧宮端門災，卽此。張僅言傳，護作大寧宮，引宮左流泉溉田，歲穫稻萬斛。趙秉文有扈蹕詩，見滏水集。元史舒穆嚕明安傳，攻萬寧宮，克之，取富昌、豐宜二門。元遺山集云，壽寧宮有瓊華島，絕頂廣寒殿，近爲黄冠輩所毁。

十月，以歲幸春水、秋山，自今十日一進起居表。〔攷異〕宋潛溪集云，金源之制，歲以正月如春水，九月幸秋山，羣臣一進起居表。朱彝尊日下舊聞云，春水、秋山疑無定所，春漁於水，卽曰春水，秋獵於山，卽曰秋山云爾。顧炎武昌平山水記云，州西二十五里有駐蹕山，山南有棲雲嘯臺，高二丈許，正北有石梯可上，金章宗建亭於此。山下有石牀、石釜，今亡。畿輔山川志云，章宗駐蹕處，巖鐫「駐蹕」二大字。又，神嶺峯在灌石村西北，章宗游此，以所飲酪漿洒石壁上，至今猶白。西南有寒巖，多奇花異草。芹城小志云，州東十五里有緜山，一名宜山。祝穆方輿勝覽載有緜山寺，金真定周昂題詩云：「野闊羣山驚破碎，雲低滄海認微茫。」潘自牧記纂淵海云，燕山自西山迤邐東來，至玉田縣西北，延袤數百里，直抵海岸。翁文簡集云，燕山去神京百里，明朝諸陵在焉，更名天壽，卽昌平縣東黄土山也。曹學佺名勝志云，平谷縣城南五里，逆流河西，有章宗看花臺遺阜。又縣東二十里有望馬臺，西北二十里有發箭臺，皆章宗游獵處。按，平谷本漢縣，屬漁陽郡，金大定末，大王鎮升。地理志作平峪。問奇集云，「峪」讀如「裕」。釋志朴盤山志云，翁同山一名空同山，在薊州城北五里。上有崔府君祠，又呼府君山。舊有日照寺，寺有圓覆法師舍利塔。金大定九年，進士孫設撰記。甃塔之東西有小石碣，列建塔居士沙門姓名。寰宇通志云，避暑亭在薊州西北五里，相傳章宗避暑於此。

承安元年（丙辰一一九六）春正月甲申，大鹽濼羣牧使伊喇覩等爲光嘉喇原作廣吉剌部兵所敗，死之。

二月丁卯，右丞相襄、左丞衡至自軍中。己巳，復命還軍。

秋七月庚辰，御紫宸殿受賀，賜諸王宰執酒，敕有司以酒萬尊置通衢，賜民縱飲。都人尋進酒三千二百瓶。乙酉，命有司收瘞西北路陣亡骸骨。

九月丁丑朔，幸天長觀。按，本紀，承安二年七月，幸天長觀，建普天大醮。泰和元年二月，復幸。三年十二月，賜天長觀額爲太極宮。〔攷異〕山中白雲祠，舊太極宮，即元大都長春宮。棲霞邱處機幼爲全真，學於寧海崑崙山，金宋二季徵召不赴。太祖自奈曼命近臣持詔求之，入見，屢以止殺爲戒，全活甚衆，賜還。與高弟十八人游漠北，居燕長春宮地，化焉，今都城西南白雲觀也。見元史及于慎行穀城山房筆塵。李孟謙甘水仙源録云，時北平王粹，字子正，遇長春弟子李志常，北面執禮，居長春宮孝元堂，嗜讀工文，詩有陶、韋風，有「十月風霜侵病骨，數家針線補殘衣」之句。從弟鬱亦工詩，嘗以布爲囊，采當世名公卿詩投其中。少居釣臺，潛心述作。李欽叔得所著賦及碑，大驚，薦於諸公，後爲兵殺。見劉祁歸潛志。釣魚臺，在三里河西北里許，是金主游幸處。見問次齋集。臺前有泉湧出，不竭，凡西山支流悉注此。元時謂之玉淵潭，爲丁氏園池。元人游賞賡和，極一時之盛。見劉侗帝京景物畧。辛巳，襄赴闕，進拜左丞相，封常山郡王。

冬十月，準布復叛，命襄行省北京、簽樞密完顏匡行院撫州。〔攷異〕裕爾伯特傳，時領步騎萬次懿州，賊數萬逆戰，勢張甚。伯特擊御之，身中二創。捷聞，遷一官。明年，糺軍千餘剽掠錦、懿間，伯特敗之，奪所掠，還本户。紀均未載。

十一月庚寅，特們原作特滿羣牧契丹圖卜蘇、原作陁鎖德壽等據信州反，襄遣將討平之。

〔攷異〕宏簡録云，襄命總管烏古論道遠、蒲察守純分道進討，擒德壽等送京師。大金國志載在泰和元年，稍異。詳卷二十六。

二年（丁巳 一一九七）春三月，召左丞相襄還，命參政裔行省北京。未幾，北部復叛，裔戰失律，杖除名。復命襄爲左副元帥莅師，尋拜樞密使兼平章政事。時襄遣宗浩出軍泰州，左丞衡出軍西北路，以邀準布，自率兵出臨潢。頃之，色徹部族詣撫州降。襄乃進屯默音埒里、額穆爾蘇〔攷異〕宏簡録作沔移剌烈、烏滿掃等山以逼之。無何，泰州軍與敵接戰，宗浩督其後，殺獲過半。諸部相率納款，自是北（鄆）〔陲〕（據金史卷九四完顏襄傳改）遂定。〔攷異〕宗浩傳，章宗初，北部光嘉喇屢入塞，準布亦叛，丞相襄謂破光嘉喇，則準布無東顧憂。宗浩請先討光嘉喇。時哈達濟與占楚琿皆北方別部，往來準布、光嘉喇間，連歲擾邊。宗浩命主簿薩招降光嘉喇，期會於伊瑪河，宗浩前軍至特爾格山，遇占楚琿軍，斬千二百級，俘車畜甚衆，哈達濟、占楚琿二部長皆降。乃移軍趨伊瑪，大破必里克圖軍。薩等追躡，及之斡里雅布水，大破之，博斯和九部請内屬。所載較詳。又，裕爾伯特傳，三年，從宗浩爲都統，戰伊瑪河及骨堡子西，殺獲甚衆。大金國志云，是年大旱，山東、澤、潞寇盜屯結，命龍虎將軍張天翼討之，江淵遣其弟源監軍，兵敗，天翼戰死。時淵用事，除拜、生殺皆出其口，張克己等朝夕候門下，軍報不時聞，兀朮子偉諫，除名，徙代州。元聖武親征録云，時襄率兵逐叛者北走，帝聞之，遂起兵斡難河迎討，與戰於納剌禿失圖之野，獲大車、金銀綳車各一，遂授帝爲察兀禿魯。按，帝卽元太祖也。史均未書。

秋八月丙戌，以左宣徽使膏爲尚書右丞。〔攷異〕錢大昕潛研堂集云，史作膏。「膏」字不見於字書，疑譌。余見曲阜孔廟石刻，承安四年三月，泰定軍節度使兼兗州觀察使完顏𩫏祭文，後有孔元措跋曰：「相國完顏公自右丞出鎮沇郡，」與章宗紀承安三年十二月，右丞膏罷年月相合，然則「膏」即「𩫏」之譌。說文，𩫏、用也，從亯，從自，讀若庸。石刻作𩫏，隸體小變耳。通鑑輯覽云，音庸，續綱目誤作膏。本名額里埒，舊作阿里剌，宗室也。又，備考內有𩫏字，余頌切，音用，解作鼻知香云。續通考云，是年十二月，遣户部侍郎上官瑜體究西京逃亡，勸沿邊軍民耕種，户部郎中李敬義規措臨潢等路農務。章宗紀「瑜」作「踰」，稍異。

三年（戊午一一九八）春正月丙辰，如城南春水，尋名都南行宮曰建春。〔攷異〕章宗紀，明昌五年正月，幸城南別宮，即承安時之建春宮。明昌在承安前，時尚未有建春名，故稱別宮耳。見日下舊聞考。隱逸傳，趙質字景道，遼相思溫後。大定末，舉進士不第，隱居燕城南，教授爲業。明昌間，章宗游春水過焉，聞絃誦聲，幸其齋舍，見壁所題詩，諷詠久之。召至行殿，命之官，固辭曰：「臣僻性野逸，志在長林豐草，金鑣玉絡非所願也。」上益奇之，賜田千畝，復之終身。

三月壬寅，始榷醋。〔攷異〕續通考云，大定初，以國用不足，權時榷醋，以助經費。二十一年，府庫充牣，罷之。明昌五年，旋榷旋罷。承安三年，省臣以國用浩大，復榷之。五百貫以上設都監，千貫以上增同監一員。

冬十月癸未，行樞密院薩察等言，請開榷場於色勒年，原作轄里（裏）〔褭〕（據金史卷一一章宗紀改）從之。丁亥，定官民存留見錢之數，設回易務，更立行用鈔法。〔攷異〕續通考云，明昌四年八月，因陝西提刑言，令本路榷稅及諸名色錢折交鈔，官兵俸許錢絹銀鈔各半，若錢銀數少，即全給交鈔。五年三月，立存留見錢法，令官民家見錢不過二萬貫，猛安、謀克不過萬貫，餘則易他物收貯，告者賞。承安二年，省臣議，舊制，銀每錠五十兩直百貫，遂改鑄銀，名「承安寶貨」，一兩至十兩分五等，每兩折錢二貫，公私同見錢用，尋罷。（太）〔泰〕和（據金史卷四八食貨志改）二年十二月，上以交鈔事召户部尚書孫鐸、侍郎張復亨議於内殿，復亨以三合同鈔可用，鐸請廢不用。自是國虚民貧，經用不足，專以交鈔愚百姓，而法又不行，世宗之業衰焉。四年七月，用户部尚書上官瑜言，請罷限錢法。

十一月辛亥，以邊事定，大赦。賜丞相襄以下將士金幣有差。〔攷異〕史稱北邊之警，清臣首議出師，遽以貪小利敗。襄雖賢，竭力而後勝其任，然而兵連禍結，以終金世。迹襄之築壕塹以自固，其猶元魏、北齊之長城歟。

四年（己未一一九九）春正月辛酉，復以張萬公爲平章政事，封壽國公。本傳，字良輔，東阿人。第進士，歷官中外，終山東安撫使，謚文貞。輔政八年，薦拔〔多〕（據金史卷九五張萬公傳補）廉讓之士。性剛正，典章文物多所裁定。元好問中州集載其登稷山清樾詩云：「問囚推案朝還暮，危坐不知春淺深。今日簷間看風色，一株紅杏暗驚心。」宣宗紀，帝言章宗秋還，聞平章萬公卒，嘆曰：「朕迴將拜萬公丞相，而遂不起，命也。」傳未載。

二月乙丑，如建春宫春水。〔攷異〕續通考云，時帝諭點檢司曰：「自蒲河至長河及細河以東，朕常所經行，宫爲和買其地，令百姓耕之，仍免其租税。嗣後，元兵至，舒穆魯明安曾駐軍於此。見元史本傳。庚午，御宣（和）〔華〕門（據金史卷一一章宗紀改）觀迎佛。〔攷異〕劉侗帝京景物畧云，潭柘寺去都城西九十里，金碑二，明昌五年，僧重玉（記）〔詩〕（據帝京景物略卷七改）、大定十三年楊節度（建）〔記〕（同上）。寺在晉、梁、唐、宋代有尊宿，而唐華嚴爲著。王衡緱山集云，寺之兩殿，鴟工絶，金、元時故物也。寺創於唐，重飭於大定。釋重玉有從顯宗游龍泉寺詩云：「一林黄葉萬山秋，鑾仗參陪結勝游。怪石斕斒蹲玉虎，老松盤屈卧蒼虬。俯臨絶壑安禪室，迅落危巖瀉瀑流。可笑紅塵奔走者，幾人於此暫心休。」按，重玉詩刻在延壽塔後。龍泉寺即潭柘寺，距寺半里許有塔園，僧塔五：一曰中都潭柘山龍泉寺寶禪師塔，皇孫祖敬撰，大定二十八年休休道者祖深建；一曰渾源州永安禪師第一代歸雲大禪師塔，銘寂通居士陳時可撰，郭恤建堅石；一曰中都竹林禪寺第七代奇和尚塔，大聖安寺，西堂傳法沙門廣善銘，大定十九年建；一曰第九代了公禪師塔，銘大慶壽寺住持傳法沙門德順撰，泰和四年門人善瓊等建，餘一石刻云，故廣慧通理禪師之塔，其碑字已漫滅。又雀兒菴，在潭柘後山五里。章宗幸此彈雀，彈發不虛，帝喜，爲建菴，曰雀兒，今廢。熊相薊州志云，隆福寺在州東六十里，有金泰和三年吕卿雲葛山重修隆福院記，詞多，不具載。析津志云，寶集寺，唐時建。有石幢在佛殿前，遼統和間沙門彦珪、彦瓊、宗景，重熙間慧鑑，金天會時思愿、智徧，大定間重暉，承安間志元，皆統領教門。至元至正三年，儀公被詔主寺，嘗承詔校金書藏典，爲撰續釋氏通鑑，進諸嘉禧殿，上嘉歎之。明初寺廢。

三月己亥，户部尚書孫鐸等始轉對香閣。鐸傳，字振之，歷亭人。大定時歷同知檢院（按，據金史卷九九孫鐸傳，鐸爲同知檢院當在明昌初），奏言「上訴者皆因省斷不得直，若上訴者復送省，則必不行矣。乞自宸衷斷之。」上然之。詔凡訴者，每朝日奏十事。泰和末進參政，改絳陽節度。貞祐初卒。

夏五月壬辰朔，以旱，下詔責躬，求直言，理寃獄。

六月癸未，奉職翽和尚進浮漏水稱影儀簡儀圖，命有司倣造。

冬十月甲申，初置審官院。

〔十一月〕（據金史卷一一章宗紀補）乙（酉）〔未〕（同上改），敕京、府、州縣設普濟院。

十二月癸未，更定科舉法。〔攷異〕大金國志云，二月，建太學於京城南，生徒甚衆。主博學工詩。五月，在泰和殿賞牡丹，詠詩云：「洛陽谷雨紅千葉，嶺外朱明玉一枝。地力發生雖有異，天工造物本無私。」九月，趙太后薨，遺命宸妃謂其家三四百口爲煬王所殺，叢葬和龍，欲創一寺，追薦冥福。遂下和龍府，起大明寺，建九級浮屠。諫議胡列璧諫，不省。紀未載。元好問中州集亦載牡丹詩云。泰和殿在雲龍川。又，道陵中秋賞月瑶光樓，召文孺對御賦詩，以清字爲韻。詩云：「秋氣平分月正明，蘂珠宫闕對蓬瀛。已驅急雨消殘暑，不遣微雲點太清。簾外清風飄桂子，夜深涼露滴金莖。聖朝不奏霓裳曲，四海謳歌即樂聲。」道陵大加賞異，手酌金鍾以賜。且字之曰：「文孺，以此鍾賜汝作酒直。」士林榮之。文孺趙渢字也。堅瓠集云，章宗嘗詔録馬嵬詩，得五百餘首，付詞臣品第。高德卿詩在高等。詩云：「事去君王可奈何，荒墳三尺馬嵬坡。歸來枉爲香囊泣，不道生靈淚更多。」周密癸辛雜識云，章宗母乃徽宗某公主女。故章宗嗜好書畫，悉效宣和字畫，尤爲逼真。金之典章文物，惟明昌爲盛。

五年（庚申一二〇〇）春三月辛巳，定本國婚聘禮制。

夏四月丙午，尚書省進律義。

秋七月癸亥，定居祖父母喪，婚娶聽離法。

冬十一月乙卯，初定品官過闕則下制。〔攷異〕大金國志云，是年，蒙軍大舉深入，至斯波川，和龍帥完顔太康禦之於東津，愛王兵與之合，自君子津濟。十二月，和龍陷，遂取東、平、灤三州。次年二月，蒙軍犯北部，敗其衆於骨立，追至揚割城而還。大興以北千里蕭條，耕桑俱廢。加以旱暵，民不聊生。史未載。

泰和元年（辛酉一二〇一）春正月己巳，更定廕敘法，頒行之。〔攷異〕續通考云，明昌初，詔收録功臣子孫，量才於局分承應。定品官子孫試補令史格。吏部言，天眷中，八品用廕不限所廕之人。貞元中，七品用廕方限以數。乞依舊格，五品以上廕一名，六品廕子孫兄弟二人，七品仍舊格。時又以舊格雖有己子，許廕兄弟姪，所以崇孝弟，而新格禁之，遂聽讓廕。又定承廕人試弓箭格。至是，用太府監孫復言，門廕太濫，更定其法，頒行之。六年，以蒲古烈圖剌、完顔言僧皆死國事，官其子。所載較詳。

二月壬辰，去造土茶律。

夏五月戊寅，削尊長有罪卑幼追捕律。

六月己亥，申風俗奢靡之禁。

秋七月辛酉，禁放良人不得應科舉，子孫不在禁限。甲子，諭「上書人言及宰相者，不得申省。」

九月戊申朔，更定贍學養士法：生員給田及粟有差。

冬十月壬寅，勅有司購遺書，量給其直。

十二月丁酉，司空襄等進新定律令敕條格式五十二卷。辛丑，詔頒行之。〔攷異〕刑志載新定律令三十卷，敕條三卷，六部格式三十卷，司空襄進，詔以明年五月頒行之。與此小異。

二年（壬戌一二〇二）秋八月丙申，鳳凰見於磁州武安縣鼓山石聖臺。〔攷異〕續通考云，是月，石聖臺有大鳥十，其羽五色爛然，高可逾人，九子差小，倚旁高四五尺，禽鳥萬數如朝拱然。俄有大鳥怒來搏擊，羣以爲鳳凰也。留二日，西北去。事聞，告宗廟，詔中外。周密癸辛雜識謂爲泰和四年六月事。云，鳳去，村民疑臺下有異，私掘三尺餘，石罅中直插金箭一，取不能盡。擊折，得其半。以火煅劍，見火，化飛蟬蜂散飛去。所載各異。

冬十一月甲辰，更定德運爲土，臘用辰。詔中外。

三年（癸亥一二〇三）夏四月己未，命吏部侍郎李炳等詳定儀禮。

夏五月壬申，以重五拜天射柳，上三發三中。四品以上官侍宴魚藻殿。〔攷異〕禮志，常以冬至日合祀天地於圜邱，夏至日祀地祇於方邱。春分朝日壇曰大明，在施仁門外東南。秋分夕月壇曰夜明，在彰義門外西北。風師壇在景風門外東南，歲以立春後丑日祀。雨師壇在端禮門外西南，歲以立夏後申日祀。是日，祭雷師於位下。明昌六年，帝未有子，行高禖之祀。壇在景風門外，與圜邱東南相望，歲以春分日祀。續通考云，大定十一年郊祀，定議以太祖配享南郊。前一日，徧告祖宗。其日，備法駕、鹵簿，躬詣郊壇行禮。承安元年，將郊，命禮神之玉及燔玉皆用真玉。前郊祀，黨懷英讀祝册，至帝名，聲微下，帝命平讀之。五年五月，勅來日重五拜天，服公裳者拜禮仍舊，諸便服者並用女直拜。按，女直拜，先袖手，微俛身，稍復却，跪左膝，左右摇肘，若舞蹈狀。凡跪，摇袖，下拂膝，側左右肩者凡四。如此者四跪，復以手按右膝，單跪左膝而成禮。國言摇手而拜，謂之撒速。

六月戊申，定職官追贈法。

冬十月戊戌，日將暮，赤如赭。己亥，大風。甲辰，申、酉間天大赤，夜將旦亦如之。〔攷異〕大金國志云，四年三月，中天以北，其色殷紅如血。司天奏，十年後主天下大亂。主怒責之。畢沅續通鑑云，時杜時昇知天文，謂所親曰：吾觀正北赤氣如血，東西亘天，天下當大亂，亂而南北合爲一，因南渡河，隱居嵩洛山中。續通考云，明昌三年十二月丙申，北方微有赤氣。泰和四年二月丁卯，日出無光。五年九月戊子，西北方黑氣，間有赤氣如火。又西南、正南、東南皆赤，中有白氣貫徹。既而風雨。二更，黑雲間赤氣復起，往來游曳，内有白氣數道，其赤氣又滿中天，約四更始散。六年正月，北京申，龍山縣西，見有雲結成車牛行帳之狀，前後摧損，晡時乃散。九月己酉，夜將曙，北方有赤白氣數道，歷王良下，徐行至北斗，開陽、瑤光之東而散。所載甚詳。

四年（甲子 一二〇四）春二月庚戌，始祭三皇、五帝、四王。尋詔定〔前代〕（據金史卷一二章宗紀補）帝王合致祭者。〔攷異〕續通考云，金制，前代帝王三年一祭於仲春之月。伏羲陳州，神農亳州，軒轅涿州，少昊兖州，顓頊開州，高辛歸德府，陶唐平陽府，舜、禹、湯河中府，文、武京兆府。泰和三年，省臣奏，開元禮，祀古聖王請御署，自漢高下二十七帝不署。平章鎰等議，降祝版又請署，從之。三月，詔定前代帝王合致祭者。省臣奏，三皇、五帝、四王已行三年一祭禮，若自夏太康十七君致祭爲宜。從之。

夏四月丙申，詔定縣令已下考課法、衣服制。

秋八月庚子，命完顏綱等編類陳言文字，凡二千卷。

九月壬申，定屯田户自種及租佃法。〔攷異〕續通考云，五年二月，上先聞諸路括地時，其間屯田軍户多冒名增口，以請官地及包取民田，民有空輸賦税，虚抛物力者。至是，省臣言，若復遣官分往追照案憑，訟言紛紛，何時已乎。遂令虚抱税石已輸送入官者，命於税内每歲續扣之。時主兵者言，比歲征伐，兵多敗衂，蓋屯田地寡，無以養贍，至有不免饑寒者，故無鬭志。願括民田之冒税者，分給之，則戰士氣自倍矣。廷議已定，平章張萬公疏言五不可，不報。時又括官田以給軍。保州節度張行簡疏陳，比者括官田給軍，既一定矣，有告欲别給者，輒從其告，至今未已。名曰官田，實取之民，當限以日月，不許再告爲便。省臣請實有水占河搨不可耕種者，下按察司覆，同，然後改撥。餘準已撥爲定。制可。所載甚詳。

冬十月甲午，定私鹻法。令親軍均習孝經、論語。

五年（乙丑一二〇五）春三月癸亥，更定兩税輸限。〔攷異〕續通考云，三月，諭宰臣，凡輸送粟麥，三百里外減五升。以上，每三百里遞減五升。粟折秸百稱者，百里内減三稱，二百里内減五稱，不及三百里減八稱，三百里及輸本色藁草減十稱。九月，諭宰臣曰：「十月民穫未畢，遽令納税可乎？改秋税限十一月爲初。中都、西京、北京、上京、臨潢、陝西地寒，稼穡遲熟，夏税限以七月爲初。」

夏六月丁酉，制定本朝婚禮。

冬十一月乙未，初定武舉格。〔攷異〕續通考云，金武舉始於皇統時，至承安四年十一月，許諸色人試武舉，其制則詳於泰和式，有上中下三等。又，依蔭例問律一條，孫、吴事十條，能説五者爲上等，否則黜，餘爲中下等。願再試者，聽。凡不知書者，雖上等爲中，中爲下。泰和六年九月，勅省臣，有方畧出衆，武藝絶倫，工幹辦事工巧過人者，其招選之。貞祐三年，武舉中者同進士例，賜勅命章服。又，隨處武舉入試者遣詣京師，别爲一軍，備緩急。詔近臣舉良將。興定二年四月，特賜温迪罕繳住等一百四十人及第。己亥，更定宫中局、署承應收捕格。〔攷異〕大金國志云，正月，完顔天穆與蒙軍戰於北陝口，死之。進至桑乾，其弟天與亦戰死，蒲伏虎烏倫大濮收衆天都山，不甚敗。二月，蒙軍退，三月陷末波城，出白道，殺三戍將及千户賀拔禾。四月，自飛狐道回河東，嵐、代二州皆震。十二月（按，大金國志卷二一章宗紀作十一月），蒙軍分二道，一自白檀，一自靡陂，羣臣請遷都避之。徐王律明等大敗，僅以身免，夜入長秦城。蒙軍尋聞西夏之警，乃去。紀未載。

六年（丙寅 一二〇六）春正月辛丑，更定保伍法。〔攷異〕續通考云，上以舊定保伍法有司滅裂不行，其令結保，有匿姦細、盜賊者連坐。宰臣請從唐制，五家爲隣，五隣爲保，城置坊正，鄉置里正，催督賦役，勸課農桑。又有主首、壯丁，巡警盜賊。猛安謀克設寨使，寺觀設綱首。凡坊正、里正，以其户十分内取三分，富民出顧錢募充，人不得過百貫，役不得過一年。又大定初，舉國户纔三百餘萬，二十七年，户六百七十八萬九千四百零，口四千四百七十萬五千零。明昌初，户六百九十三萬九千，口四千五百四十四萬七千九百。時户口數如此，而粟祇五千二百二十六萬一千餘石，除官兵二年之費，餘驗口計之，口月食五斗，可爲四十五日之食。上以蓄積不多，力農者少，詔百官議務本、廣儲之道。(太)〔泰〕和(據續通考卷一二改)七年冬，户七百六十八萬四千四百零，口四千五百八十一萬六千零，户增大定時百六十二萬二千七百一十五，口增八百八十二萬七千六十五，此金版籍之極盛也。

夏五月癸巳，山東路災，赦死罪以下。

秋八月乙亥，赦唐、鄧、潁、蔡、宿、泗六州，免(令)〔來〕(據金史卷一二章宗紀改)年租税三分之一。

冬十一月庚子，初定茶禁。〔攷異〕續通考云，金茶自宋歲貢外，皆貿易於宋界榷場。大定十二年冬，定榷場香茶罪犯法。十六年，以私販茶者多，乃更造香茶罪賞格。承安三年秋，以茶費國用而資敵，命設官製之。時賈鉉疏論山東採茶事，謂茶樹隨山皆有，一切護邏已奪民利，又以揀茶樹執誣小民，嚇取貨賂，宜嚴禁止。四年春，淄、密、寧、海、蔡州各置一坊，造新茶，依南方例，每斤爲袋，直六百文，命各司縣鬻之。買引者，納錢及折物各從其便。尋禁山東造賣私茶。泰和元年二月，去造土茶律。四年，令每袋價減三百文。五年春，罷造茶之坊。六年冬，省臣奏：「茶非必用之物，上下競啜市井，茶肆相屬，商旅以絲絹易，歲費百萬，若不禁，恐耗財彌甚。」遂命七品以上官，其家方許食茶，仍禁販賣及饋獻，不應留者以斤兩定罪、賞。宣宗末年，因省臣言，制親王公主及現任五品以上官，蓄者存之，不得賣餽，餘人并禁之。犯者徒，告者賞。所載較詳。是日，日斜，有流星二，光芒如炬，幾及一丈，起東北没東南。〔攷異〕續通考云，是年八月癸卯，月暈圍太白、熒惑二星。九月癸丑，夜半有流星如太白，色赤，起於婁宿。明年正月丙戌，月有暈，圍歲、鎮二星，在參、畢間。紀未載。日下舊聞考云，是年，詔建昭烈武成王廟，其制如唐舊禮。按，唐書禮樂志，開元十九年，始置太公尚父廟，以張良配，春、秋上戊祭之。以古名將爲十哲坐侍，後廢。至是復祀，迨明洪武中，令武成王從祀帝王廟，罷其舊廟，仍去王號，廟祀遂廢。

七年（丁卯一二〇七）夏六月己酉，以山東盜，制同黨能自殺捕出首官賞格。

秋九月壬寅，敕女直人不得改爲漢姓、學南人裝束。〔攷異〕續通考云，章宗時，詔臣庶名犯古帝姓及同者禁之。又定皇族收養異姓男爲子者徒三年，姓同者減二等。定以國姓賜功臣賞法。

八年（戊辰一二〇八）春正月癸酉，收毁大鈔，行小鈔。〔攷異〕孫鐸傳，上言乞罷諸路鈔局，惟省庫仍舊。小鈔無論路分，可令通行，上命速行之。

夏六月癸未，免河南、山東、陝西六路今年夏税，河東、河北、大名等五路半之。乙未，定服飾明金象金制。

秋七月乙巳，詔頒捕蝗圖於中外。更定生發坐罪格。

冬十一月丁未，勅諭臨潢、泰州路脩邊備。丙辰崩，葬道陵。謚憲大光運仁文義武神聖（仁）〔英〕（據金史卷一二章宗紀改）孝皇帝，后蒲察氏謚欽懷。〔攷異〕太祖陵曰睿陵，太宗恭陵。苗耀神麓記，太祖葬泰陵，太宗豫陵。按，太祖、太宗後雖改葬大房山，名仍其舊。苗氏所載與史不同，或者其初擬名也。見徐乾學讀禮通考。又，熙宗初葬於費摩后墓中。貞元三年，改葬大房山蓼香甸。大定初，追上謚號，陵曰思陵。二十八年，改葬峨嵋谷，陵名仍舊。煬王葬於大房山鹿門谷諸王兆域中，後改葬山陵西南四十里。睿宗號景陵，顯宗號裕陵，均在大房山。世宗葬興陵，章宗葬道陵，宣宗葬德陵。明因我朝龍興克遼東，惑形家言，劚斷房山地脈，建關廟於其地，爲厭勝術。明亡，始命修復焉。儲巏大房金源諸陵詩云：「奉先西下亂山侵，澗道回旋入暮林。翁仲半存行殿跡，莓苔盡蝕古碑陰。秋山春水風煙換，大定明昌德澤深。却是宣和解亡國，穹廬黄屋恐非心。」見柴墟集。

金史紀事本末卷三十五

李妃干政　胥持國事附

章宗明昌五年（甲寅一一九四）春正月乙丑，昭容李氏進位淑妃。李氏名師兒，其家有罪，没入宮籍監。父湘，母王盼兒，皆微賤。大定末，以監户女子入宮。是時，宮教張建教宮中，師兒并諸宮女皆從學。故事，宮教以青紗隔障蔽内外，不得見面。有不識字及問義，皆自障内映紗指字請問，宮教自障外口説教之。諸女子中惟師兒易爲領解，建不知其誰，但識其聲音清亮。章宗嘗問建，宮教中女子誰可教者？建對曰：「就中聲音清亮者最可教。」章宗以建言求得之。〔攷異〕元好問中州集，建字吉甫，蒲城人。明昌初，舉才行，授絳州教官，召爲宮教，應奉翰林文字，出同知華州防禦事。道陵賜詩，有「從今書錦蓬峯下，三樂休誇榮啟期」。士林榮之。自號蘭泉老人，有集行世，見本傳。又有毛宮教麾，字牧達，平陽人。大定中舉學行，賜進士，授校書郎，入教宮掖，終同知沁州軍事，有平水集行世。朱宮教瀾，字巨觀，學問該洽，大定末進士，應奉翰林文字，終於待制。以嘗入教宮掖，故集中多宮詞。史皆未載。

宦者梁道譽師兒才美，勸章宗納之。章宗好文辭，妃性慧黠，能作字，知文義，尤善伺候顔色，迎合旨意，遂大愛幸。明昌四年，封爲昭容，至是，進淑妃。〔攷異〕劉祁歸潛志云，世言李氏姿色不甚麗，其盛時不減楊貴妃家，然止於奢縱，不能蠹政害民也。畢沅續通鑑云，元妃嘗遣人以皂幣易内藏紅幣，左藏庫副使高竑拒不肯，元妃奏之，帝喜，轉竑儀鸞局少府少監。紀及妃傳均未載。北平舊志載金明昌遺事，有燕京八景，元人或作爲古風。所謂八景者：玉泉垂虹、太液秋波、瓊島春陰、居庸疊翠、薊門飛雨、西山積雪、盧溝（晚）〔曉〕（據長安客話卷四改）月、金臺夕照是也。玉泉在宛平縣西北三十里，山有石洞三，甘泉湧出，色如素練，洞門刻玉泉二字。山有觀音閣、呂公洞，其上有金時芙蓉殿故址，爲章宗避暑處。太液在城右，東瞰瓊華島，而西北南三面極深廣，東南有儀天殿，中架長橋以通往來。又有土臺，松檜蒼蔚，芰荷舒卷，波瀾漣漪，上下天光，真勝境也。瓊島在皇城西北苑中，下瞰池水，環以雉堞。承光殿東之北孤嶼，瞰臨北海，相傳爲遼之瓊華島。上多奇石，宋艮嶽之遺，金人輦致於此。今爲永安寺，悦心，其便殿也。蔣一葵堯山堂外紀云，章宗爲李宸妃建梳粧臺於都城東北隅，今禁中瓊華島粧臺，本金故物也。目爲遼蕭后梳粧臺，恐誤。納新金臺集云，粧臺，李妃所築，今在昭明觀後。妃嘗與章宗露坐，上曰：「二人土上坐」，妃應聲曰：「孤月日邊明。」上大悦。果囉洛納延粧臺詩云：「廢苑鶯花盡，荒臺燕麥生。韶華如逝水，粉黛憶傾城。野菊金鈿小，秋潭玉鏡清。誰憐舊時月，曾向日邊明。」亦見金臺集。藝林伐山云，章宗宮中以張過麝香小御團爲畫眉墨。徐昌祚燕山叢録云，宛平西齋堂村産石，黑色而性不堅，磨之如墨。金時宮人多以畫眉，名曰眉石，又曰黛石。按，西苑之太液池、瓊華島爲金明昌中萬寧宮西園遺蹟，乃有明別館所在。至（今）〔金〕（據文義改）時大内，當在今廣寧、右安門外。居庸去北京九十里，關中有峽，曰彈琴，道旁有石，曰仙枕，兩崖峻絶，層巒疊翠。薊門在舊城西北隅，門外舊有樓館，行人多賦詠，今只二土阜，樹木蒼翠。西山來自太行，上干霄漢。值大雪初霽，凝華積素，若圖畫。章宗西山八院，其一曰清水院，卽今大覺寺，在黑龍潭北十五里。見劉侗帝京景物畧。素園石譜云，西山與天壽山相接，其石精巧，人常以此充英石，但色枯不甚黑耳。郭璞山海經注云，燕山多嬰石，似玉有符采嬰帶，所謂燕石也。蘆溝本桑乾河卽渾河，在都城西南四十里。有石橋，上刻石獅，形狀奇巧，明昌間所造。金臺有三處，並在易州易水東南，爲燕昭師事郭隗處。金人慕之，而築此臺。今在舊城內。均見日下舊聞考。

承安四年（己未一一九九）冬十二月，進封淑妃李氏爲元妃。先是追贈妃父湘上柱國、隴西郡公。祖父、曾祖父皆追贈。兄喜兒嘗爲盜，與弟特爾格〔攷異〕劉祁歸潛志作帖哥。汪輝祖金史同名録云，卷十五宣宗興定元年河間招撫使，姓移剌氏；卷九十一移剌成傳把羊族都管，姓趙氏；卷一百三東北招討使，姓完顏氏；卷一百二十二溫迪罕老兒傳萬奴子，五人同名鐵哥。皆擢顯近，喜兒累官宣徽使、安國節度使。特爾格歷近侍局使，少府監。見妃傳。勢傾朝廷，風采動四方。射利競進之徒，爭趨走其門。南京李炳、中山李著與通譜系，超取顯官。〔攷異〕劉祁歸潛志云，炳官按察，著官翰林，皆與妃家結爲親。獨李懷川晏辭不肯。妃傳未載晏事。晏傳，字致美，高平人。皇統六年經義進士，歷御史中丞。遼以良民爲（上）〔二〕（據金史卷四六食貨志、卷九六李晏傳改）稅户，錦州龍宮寺僧橫尤甚，訴者害之島中。晏奏免者六百餘人。年老，以禮部尚書、昭義節度致仕。卒，謚文簡。元好問中州集云，與興陵有藩邸之舊，召入翰林，爲學士。高文大册，號稱獨步。子仲畧，大定中進士，均有集行世。詳衞王遇害註中。著字彥明，真定人。承安二年經義第一人，官翰林，遷彰德府治中。城陷，不屈死。顧奎光金詩選載李晏高麗平州中和館後草亭詩云：「籐花滿地香仍在，松影拂雲寒不收。山鳥似嫌游客到，一聲啼破小亭幽。」胥持國附依以取宰相。怙財固位，上下紛然。知其姦蠹，不敢擊之，雖擊之，莫能去也。〔攷異〕姬端修傳，字平叔，汝州人。本姓宗氏，避睿宗諱改。大定中進士。承安初，官御史，上書乞遠小人。帝問：

「小人爲誰？」對曰：「李仁惠兄弟。」仁惠，喜兒賜名也。喜兒不敢隱，具奏之。上雖責之，而不能去也。歷大理丞，謂執中言事涉私，解職。卒官節度副使。董師中傳，時帝問端修言小人爲誰？師中曰：「應謂李喜兒輩。」與端修傳異。又，圖克坦鎰傳，時淑妃擅寵，烈風昏曀連日，鎰官平章，上疏諫，切中時弊，不能行。帝問漢高、光孰優？鎰曰：「光武在位久，無沈湎冒色之事。高祖惑戚姬，卒致亂。由是言之，光武優。」帝知其諷諫，默然。元好問中州集，德州教授田庭芳上書，言近臣怙寵。帝問紹祖，近臣爲誰？紹祖指喜兒。史不載田庭芳名，或闕書。紹祖係董師中字。又云，端修一字伯正，衞王避世宗諱改。卒官全州節度副使。姪孫汝作守汝州，殉難。顧奎光金詩選載端修漫書詩云：「冷面宜教冷眼看，只慙索米向長安。陰崖何限枯松樹，望見屏幃盡牡丹。」續通考云，時太宗諸子宗本等，皆因避諱，加山爲崇。赫舍哩執中貪愎不法，章宗知其跋扈，而屢斥屢起，卒亂天下。自欽懷皇后崩，本傳，富察氏，上京和碩河人。祖名阿胡迭，與迪姑迭傳其父胡論水部長姓溫迪罕者同名。父鼎壽，尚熙宗女鄭國公主，贈太尉、越國公。后初爲夫人，進爲妃。風儀粹穆，知讀書爲文。追冊爲后。〔攷異〕續通考云，蒲察鼎壽，曷速河人。沈厚有明鑑，通契丹、漢字，長吏事。大定中歷外任，有惠政。世連姻戚，女爲皇后，長子辭不失凡尚定國、景國、道國三公主，不以勢力驕人，稱爲外戚之冠云。又，唐括德溫本名阿里，上京率河人。父撻懶，尚康宗女。德溫尚睿宗女楚國長公主。官大名尹，封道國公。蒲察阿虎迭尚海陵姊遼國長公主，卒，繼尚鄧國長公主。歷尚書、節度，封楚國公。徒單公弼本名習烈，河北東路人。尚世宗女息國公主，官平章，定國公，謚（愿恪）〔恪愿〕（據金史卷一二〇徒單公弼傳改）。其父府君奴尚熙宗女。唐括貢本名（遠）〔達〕歌（據金史卷一二〇唐括貢傳改），太傅阿里子。尚世宗女吳國公主，官樞密，（肅）〔蕭〕（同上）國公。又金時徒單照至曾孫繹，凡四世尚主。中宮虛位久，意屬李氏。故事，皆圖克坦、唐古、富察、納喇布、赫舍哩、烏凌阿、烏庫哩諸部長家，娶后尚主，而李氏微甚。又大臣臺諫，持不可，〔攷異〕畢沅續通鑑云，張萬公傳，謂御史姬端修論淑妃，帝怒，杖之七十。御史大夫張暐、侍御史路鐸坐降官。然端修被杖，非因論淑妃，暐、鐸削官亦不因李氏也。乃進位元妃，而勢位熏赫與皇后侔矣。〔攷異〕大金國志云，宸妃者，南(宋)〔宫〕(據大金國志卷一九章宗紀改)華原郡王鄭居中曾孫女，因内侍江淵，江從一、季璉言，納之集慶宫中，甚嬖之。時酣醉，日昃不視朝，三省黄案委令裁決，坐膝上批答詔旨。淵時獻寶玩，與相結，改姓鄭。時愛王叛亂，妃執盃勸酒，歌解愁曲，主益悦，起芳華閣爲長夜飲，奏報不時聞，及會寧失，平、灤陷，皆不知。因謝世雲等言，始駭。完顔世卿曰：「太宗討趙氏，携三千口來，今日亂國家者皆是其女孽，此天也。」又云：「承安三年春，主幸蓬萊院，陳玉器玩好，欵識多宣和物，主惻然動色。宸妃進曰：『作者未必用，用者未必作，宣和作此爲陛下用耳。』嘗與主同輦過御龍橋，見白石如雪，愛之，歸白主輦至，築岩洞於芳華閣。用工二萬人，牛馬七百乘，道路相望。會是冬賞菊於東明園，見屏間畫宣和艮嶽，問内侍余琬，對曰：「宣和帝運東南花石築艮嶽，致亡其國，先帝命圖之以爲戒。」妃怒曰：「宣和之亡不緣花石，乃用童貫、梁師成故爾。」蓋譏琬也。本傳未載。又析津志云，京師南城外三十里有葆台，故老相傳明昌時李妃避暑之台，無碑志，有寺甚壯麗，乃故京藥師院之支院也。朱彝尊日下舊聞云，宋顯夫南城俚歌十首其四有「停驂惆悵聖安寺，後堂空祀李宸妃」之句。元一統志云，大聖安寺在舊城。按，寺記金天會中，佛覺大師瓊公，晦堂大師俊公自南應化而北，道譽日尊，學徒萬指，帝后出金錢數萬爲營繕費，成大法席。皇統初，賜名大延聖寺。大定三年，命晦師主其事，内府出重幣以賜焉。六年，新堂成，崇五仞，廣十筵，輪奐之美，爲都城冠。八月朔，作大佛於寺以落成。七年二月，改額爲大聖安寺。又宋牧仲詩注，聖安寺在柳湖村，旃檀佛嘗飛至寺中。元學士程鉅夫有記。周篔析津日記，聖安寺金、元舊碑無一存者，向有金世宗、章宗、李宸妃像，今皆無之。殿前怪柏已盡，地名東湖柳村。後圮，明正統中復修，易名普濟寺。今殿前只存明碑二：一慈仁寺沙門德慶撰，通政司參議廣陽趙昂書，成化末立石；一上谷參軍張壽民撰，江西道監察御史徐圖書，萬歷中立石。又西山隆教寺西，越澗有長嶺，嶺半有章宗看花台，台畔有古松一株。見孫承澤春明夢餘録。

附録諸表臣聖安寺旃檀佛像刻石記略：自古靈像頗多，惟優填王旃檀像其傳最遠。按佛以周昭王二十四年甲寅誕聖西域，五十二年壬申入滅。佛成道之後，嘗升忉利爲母氏説法，數月未還，時優填王以久闕瞻依，迺刻旃檀佛像聖表，以紓翹想之懷。目犍連慮有缺謬，以神力攝三十二匠升天，諦觀相好，三返乃得其真。既成，王與國人若與神對。及佛復降人間，王率臣庶往迎佛，其像升空謁佛，佛爲摩頂，記曰：我滅度千年後，爾往震旦國，大興佛化。佛滅千二百八十餘年，始自西域至龜茲。六十八年東至涼州。一十四年至長安。一十七年傳至江左，百七十三年至淮南，三百一十七年復至江南，二十一年北至汴京，百七十六年北至燕京，居聖安寺。一十二年又北徙上京，二十八年復至燕京，居於内殿。五十四年會舊内火，復遷居聖安，一十九年詔迎入萬歲山，安置仁智殿。六年，當己丑之歲，詔迎入大聖壽萬安寺，處於後殿。計自優填王像刻之初，至泰定乙丑，凡二千三百餘歲矣。萬歷己丑，僧通月重刻於石。見日下舊聞考。

泰和二年（壬戌一二〇二）秋八月丁酉，皇子德里一作忒隣生。初，欽懷后及妃姬嘗有子，或二三歲或數月即夭。〔攷異〕宏簡録云，賚明夫人林氏生荆王洪靖。諸姬生榮王洪熙、英王洪衍、壽王洪輝，皆夭。續通考云，章宗長子洪裕三歲卒。明昌三年追封絳王。宗室表，章宗子六，洪裕絳王；洪靖本名阿古剌，原作阿虎懶，荆王；洪熙本名鄂特藏布，原作斡魯不，榮王；洪衍本名薩哈，原作撒改，英王；洪輝本名額琳，原作訛論，壽王；德里原作忒隣，葛王，凡六人。所載各異。承安五年，帝以繼嗣未立，禱祀太廟、山陵。太府少監張汝猷奏乞親行祀。事後，遣近臣詣諸岳觀祈禱。命完顏匡往亳州禱太清宮。至是，元妃生德里，宴五品以上於神龍殿，六品以下宴於東廡。詔平章圖克坦鎰報謝太廟，右丞匡報謝山陵。既彌月，詔賜名，封葛王。

冬十二月，以皇子生滿三月，勅放僧道度牒三千道，〔攷異〕章宗紀，十二月癸酉，以皇子晬日，放僧道戒牒三千，稍異。設醮玄真觀，祈福。丁丑，御慶和殿，浴皇子。詔百官用元旦禮儀進酒稱賀，五品以上進禮物。〔攷異〕盧璣傳，字正甫，彥倫子，官左宣徽使。時元妃李氏生皇子滿三月，章宗以璣年七十，老而康强，命以所策杖爲洗兒禮物。紀未載。生凡二歲而薨。

八年（戊辰一二〇八）承御賈氏及范氏皆有娠，未及乳月，章宗已得嗽疾，頗困。時衛王永濟來朝，章宗於諸父中最愛之，欲使嗣立，語在衛王事中。衛王朝辭，章宗力疾，與擊毬，謂曰：「叔（父）〔王〕（據金史卷六四后妃傳改）不欲作主人，遽欲去耶。」元妃在旁，謂帝曰：「此非輕言者。」

十一月乙卯，章宗大漸，衛王未發，元妃與黄門李新喜議立衛王，使內侍潘守恒召之。守恒曰：「此大事，當與大臣議。」遂使召平章匡。匡顯宗侍讀，最爲舊臣，有征伐功。至，則與定策立衛王。丙辰，章宗崩。遺詔曰：「朕之內人見有娠者兩位。如其中有男，當立爲儲貳。如皆是男，擇可立者立之。」

衛紹王大安元年（己巳一二〇九）春二月壬辰，章宗內人范氏損其遺腹，詔內外曰：「章宗皇帝以重器畀眇躬，遺旨謂掖廷內人有娠者兩位，如得男則立爲儲貳。申諭多方皎如天日。朕雖涼菲，實受付託。思克副於遺意，每曲爲之盡心。擇靜舍以（避）〔俾〕（據金史卷六四后妃傳改)居,(俾)〔遣〕(同上)懿親而守視。欽懷后母鄭國公主及乳母蕭國夫人晝夜不離。昨聞有爽於安養,已用軫憂而弗寧。爰命大臣專爲調護。今者平章布薩端、左丞孫卽康奏言:『承御賈氏當以十一月免乳,今則已出三月,來事未可度知。范氏產期,合在正月,而太醫副使儀師顏言,自年前十一月,診得范氏胎氣有損,調治迄今,脉息雖和,胎形已失。及范氏自願於神御前削髮爲尼。』重念先皇帝重屬大事,豈期聞此?深用怛然。今范氏既已有損,而賈氏猶或可冀,告於先帝,願降靈禧,默賜保全,早生聖嗣。尚恐衆庶未究端由,要不匿於播敷,使咸明於吾志。」

夏四月庚辰,殺章宗元妃李氏及承御賈氏,以完顏匡爲尚書令。詔曰:「近者有訴李氏潛計負恩,自泰和七年正月,章宗暫嘗違豫,李氏與新喜竊議,爲儲嗣未立,欲令宮人詐作有孕,計取他兒僞稱皇嗣。遂於年前閏月十日,因賈承御病嘔吐,腹中若有積塊,謀令賈氏詐稱有身,俟將臨月,於李家取兒以入。月日不偶,則規別取,以爲皇嗣。值帝崩,謀不及行。當先帝彌留之際,命平章匡都提點中外事務,明有敕旨,『我有兩宮人有孕』,更令召平章,左右並聞斯語。李氏并新喜乃敢不依敕旨,欲喚喜兒、特爾格,事既不克,竊呼提點近侍局烏庫哩慶壽與計。因品藻諸王,議復不定。知近侍局副使圖克坦札克繳,原作徒單張僧遣人召平章,已到宣華門外,始發勘,同平章入內,一遵遺旨,以定大事。方先帝疾危,數召李氏，不到。索衣，亦不卽來，猶與其母私議。先皇平昔或有幸御，李氏嫉妬，令女坐李定奴作紙木人、鴛鴦符以事魘魅，致絶聖嗣。所爲不軌，莫可殫陳。事既發露，遣大臣按問，具伏。使宰臣往審，亦如之。有司議，法當極刑。以爲久侍先帝，欲免其死，王公百僚，執奏堅確。(令)〔今〕(同上)賜李氏自盡。王盼兒、李新喜各正典刑。喜兒、特爾格如律，追除復係監籍，安置遠地。諸連坐，並依律行。承御賈氏亦賜自盡。」或謂完顏匡欲專定策功，構致如此。〔攷異〕布薩端傳，時與孫卽康護視章宗內人有娠者，已而有人告李氏、賈氏事，並坐誅，端得爲右丞相。本名齊勤，中都路人。贈延安郡王，謚忠正。續通考謂爲忠義子，疑有悞。自後不復稱元妃，但呼李師兒云。

宣宗貞祐元年(癸酉一二一三)秋閏九月丙戌，詔降故衞王爲東海郡侯。詔曰：「大安之初，頒諭天下，謂李氏令賈承御虛稱有身，各正罪法。朕惟章宗聖德聰明，豈容有此欺紿。近因集議，武衞軍副使兼提點近侍局完顏達、霍王傅大政德皆言有寃。此時達職在近侍，政德護賈氏，所以知之。朕親臨問，左證其事曖昧〔無〕(同上)據，當時被罪貶責者，可俱令放免還家。」由是李氏家族皆得還。

同時胥持國字秉鈞，代州繁時人。經童出身，〔攷異〕續通考云，金制，經童，凡士庶子年十三以下，能誦二大經、三小經，又誦論語、諸子五千字以上，府試十五題，通十三以上，會試每場十五題，三場共通四十一以上，爲中選。所貴在幼而誦多者，若年同，則以誦大經多者爲最。皇統末，詔開童子舉，取至百二十二人。天德時廢之。章宗立，復置。明昌三年，平章完顏守貞乞約數取之，參政胥持國請中選者加修舉業，勿遽登仕途。能擢進士，第同進士任用。凡舉不中，方從本科出身，從之。五年，勅神童三次終場，同進士恩榜遷轉，每舉放四十人。天會中，東平童子劉天驥，七歲能誦論、孟五經，明昌初，益都童子劉住兒，十一歲能詩賦，誦大小六經，行草有法，孝行夙成。上召試鳳凰來儀賦、魚在藻詩及旱詩，賜本科出身。其後稱神童者五人：太原常添壽，四歲能作詩，劉滋、劉微、張漢臣，後皆無聞。獨易州麻九疇，三歲識字，七歲能草書，作大字，趙秉文目爲「徵君」而不名。又易州張元素，八歲試童子舉。所載甚詳。調博野縣屬保定府丞，授太子司倉，轉掌飲令。太子識之，擢祇應司令。章宗立，除宮籍副監，賜庫錢五十萬，宅一區。俄改同簽宣徽院事、工部侍郎，兼領宮籍監。閱三月，遷尚書，使宋。

明昌四年（癸丑一一九三），拜參政，賜孫（卽）〔用〕康（據金史卷一二九胥持國傳改）榜下進士及第。會河決陽武，持國請督役，遂行尚書省事。明年，進右丞。

爲人柔佞有智術。初，李妃起微賤，得幸於帝。持國久在太子宮，知帝好色，陰以祕術干之。多賂妃左右用事人。妃亦自嫌門第薄，欲藉外廷爲重，乃數譽持國能，由是大爲帝所信任，與妃表裏，筦（攝）〔擅〕（同上）朝政。誅鄭王、鎬王，黜完顏守貞等事，皆起於李妃、持國。士之好利躁進者，皆趨走其門下，四方爲之語曰：「經童作相，監女爲妃」，惡其鄙賤也。

〔攷異〕薛應旂通鑑云，翰林趙秉文上書劾奏，主召問，語頗差異。命內族暠鞫之，遂引王庭筠等，并下獄，被斥。秉文傳，庭筠外，尚有御史周昂，省令史潘豹、鄭贇道、高坦共五人。劉祁歸潛志云，秉文由外官爲庭筠所薦，入翰林，上言進君子退小人，帝召問爲誰，對以君子爲守貞，小人爲持國。詰問何以知之？趙惶迫曰：「朝論如此。」因收庭筠等下吏，各貶官，杖七十。時語有「不攀欄檻只攀人」之句。元好問中州集載庭筠獄中二詩賦萱云：「沙麓百戰場，舄鹵不敏樹。況復幽圄中，萬古結愁霧。寸根不擇地，於此生意具。婆娑綠雲杪，金鳳掣未去。晚雨沾濡之，向我泣如訴。忘憂定漫説，相對清淚雨。」見燕云：「笑我迂疏觸禍機，嗟君底事入圜扉。落花吹濕東風雨，何處茅簷不可飛。」周昂字德卿，真定人，沁南節度伯祿子。年弱冠擢第，歷台省，爲人所擠，竟坐詩得罪，謫海上。復入翰林，言事愈切。出佐三司，從承裕軍上谷，城陷，與從子嗣明同死於難。未載爲秉文所累事。本傳，(同)〔周〕昂(據金史卷一二六周昂傳改)有送李天英下第詩，云：「不須寂寞恨東歸，洗眼三年看一飛。試捲波瀾入毫穎，莫教歐九識劉幾。」天英名經，錦州人。作詩極刻苦，不蹈襲前人，李純甫稱爲「今太白」。再舉不第，莫知所終。見本傳。顧奎光金詩選載周昂詩四首，其夜步云：「擊柝(却)〔隣〕(據中州集丁集改)居靜，(閉)〔開〕(同上)門宿鳥驚。西風秋半急，北斗夜深明。獨立乾坤大，徐行杖履輕。遙憐漢宮闕，重露濕金莖。」

承安三年(戊午一一九八)，臺臣劾奏：「右司諫張復亨、右拾遺張嘉貞，同知節度使事趙樞、張光庭，户部主事高元甫，刑部員外郎張巖叟，省令史傅汝梅、張翰、裴元、郭(乳)〔郛〕(據金史卷一二九胥持國傳改)皆趨走權門，人謂爲『胥門十哲』。〔攷異〕續通考云，十人均爲御史臺臣。復亨、嘉貞尤卑佞苟進，不稱諫職，俱宜黜罷。」於是持國以通奉大夫致仕，嘉貞等皆補外。久之，起知大名府事，未行，改樞密副使，〔攷異〕續綱目云，九月，起官參知政事。佐樞密襄治軍北京。一日，帝召修撰路鐸問以他事，語及董師中、張萬公優劣，鐸曰：「師中附持國進。持國姦邪小人，不宜典軍馬。不惟不允人望，亦不能服軍心。若回日再相，必亂天下。」鐸傳，字宣叔，伯達子。明昌中爲右拾遺，諫幸景明宮。上書請復用守貞，乃入拜平章。郝忠愈獄起，事涉鎬王，疏奏寬解上意，言切直，得召對，言：「宰相權太重，均衡之。」劾參政楊伯通引李浩，謂以公器結私恩。終孟州防禦使。貞祐初，城破，投沁水死。剛正有直臣風。伯通字吉甫，宏州人。元好問中州集云，宣叔，冀州人。文尤奇，詩精微溫潤，自成一家。有虛舟居士集，得之鄉人劉庭幹家。弟鈞，字和叔，亦有重名，第進士，終萊州判官。父伯達，字仲顯，正隆五年進士，仕終武安節度使。國史有傳。顧奎光金詩選載鐸七夕詩云：「秋香瀉月笑談香，飲散歸來夜未央。(闌)〔闕〕(據中州集丁集改)角星河搖淡影，柳行燈火試新涼。雄飛勳業歸時輩，信美江山(著)〔着〕(同上)漫郎。萬事浮雲心鐵石，休將梁國嚇蒙莊。」帝頷之。尋死於軍中。謚曰通敏。子鼎。〔攷異〕畢沅續通鑑云，主問張萬公曰：「持國已死，其爲人竟何如？」對曰：「持國素行不謹，如貨酒樂平樓，好利可知。」主曰：「此非好利，如馬琪鬻省醞，乃爲好利也。」紀未載。

金史紀事本末卷三十六

鎬王鄭王之殺

世宗〔大定〕（據金史卷九章宗紀補）二十九年（己酉一一八九）春正月癸巳，章宗卽位。

夏閏五月丙子，進封趙王永中爲漢王，賜修公解錢三百萬，特加其子實古納原作石古乃銀青榮祿大夫，阿里罕原作阿离合懣奉國上將軍。

初，世宗明德皇后〔攷異〕后傳，本謚昭德，因有司奏太祖謚有昭德字，乃改明德。生顯宗、趙王蘇尼、原作孰輦越王薩嘮勒，原作斜魯二王皆早卒。元妃張氏生永中及越王永功。元妃李氏生鄭王永〔韜〕〔蹈〕（據金史卷八五永蹈傳改，下同）、衛王永濟、潞王永德。梁昭儀生豫王永成。石抹才人生夔王永升。永中本名薩喇勒，原作實魯剌又名萬僧。大定元年，封許王，改封趙，累官樞密使，判大宗正事。十九年，改葬明德皇后於坤厚陵，永中母元妃張氏陪葬。十一月庚申，自磐寧宮發引。永中以元妃柩先發，使執黃繖者前導。俄頃，皇后柩出，顯宗徒跣。少府監張〔謹〕〔僅〕言（據金史卷一三三張僅言傳改，下同）〔攷異〕宏簡錄作張僅言。呼執黃繖者，不應。既葬，〔謹〕

〔僅〕言欲奏其事，顯宗解之，乃止。〔攷異〕續通考云，大定九年五月，尚書省奏越王永中、隋王永功二府有所興作，宜發役夫。上曰：「朕見宮中竹有枯瘁者，欲令更植，恐勞人而止。二王府各有引從人力，又奴婢甚多，何得更役百姓？爾等但以例爲請，海陵横役無度，可盡爲例耶。自今在都浮役，久爲例者仍舊，餘皆官給傭直，重者奏聞。」紀未載。二十四年，世宗幸上京，留顯宗與永中居守。二十五年，顯宗薨於中都，召永中赴行在，加開府儀同三司。〔攷異〕宏簡録云，明年復爲樞密使。賜諸子名：石古乃曰瑜，神土門曰璋，阿思懣曰玘，阿離合懣曰瑑。汪輝祖金史同名録云，卷八世宗紀大定二十一年定州刺史、卷九十一温迪罕移室懣傳大定初輔國上將軍，三人同名阿思懣。至是，章宗立，起復判西京留守，進封漢王。〔攷異〕后妃傳，太子薨，永中行次最長，圖克坦克寧勸世宗立章宗爲太孫。世宗嘗曰：「克寧與永中有親，而建議立太孫，真社稷臣也。」紀未載。

章宗明昌二年（辛亥一一九一）春正月辛酉，孝懿皇太后崩，吴王永成、隋王永升奔喪後期，皆罰俸一月，杖其長史五十。永中適有寒疾，不能至。帝怒，頗意諸王有輕慢心，遣使責永中曰：「已近公除，亦不須來。」

二月，永中始入臨，行燒飯禮。及朝辭，與諸王并賜遺留物，而嫌忌自此始。

夏四月甲午，改封并王。

三年（壬子一一九二），以永中判平陽府事，進封鎬王。初置王傅、府尉官，名曰官屬，實檢制之也。〔攷異〕章宗紀作二年二月事。府尉希望風旨，過爲苛細。永中自以世宗長子，且老矣，動有掣制，情思鬱鬱，乃表乞閒居，詔不許。

四年（癸丑一一九三）冬十二月戊戌，鄭王永蹈以謀逆誅。增置諸王司馬一員，檢察、禁防。河東提刑判官伯勒赫原作把里海。〔攷異〕畢沅續通鑑作巴哩哈。私謁永中，杖，解其職。前近侍局副使費摩克爾森原作裴滿可孫。〔攷異〕畢沅續通鑑作費摩克斯。受永中屬，爲實古納求除官，坐免。

五年（甲寅一一九四）冬十月庚戌，故尚書右丞張汝弼妻高托噶原作高陀斡以謀逆伏誅。汝弼者，元徵子，永中母舅，其妻高托噶屢以邪言怵永中。自大定間，畫永中母張妃像，奉之甚謹，挾左道爲永中求福，希冀非望。至是，坐詛祝，誅。事連汝弼，以死後事覺，得不追削官爵。〔攷異〕汝弼傳，字仲佐，彰（德）〔信〕（據金史卷八三張汝弼傳改）節度使，玄素兄。正隆二年第進士，歷官左丞，罷爲廣寧尹，卒。妻張氏與世宗母貞懿皇后有屬，世宗納元徵女爲次室，曰元妃，生永中。所載較詳。帝疑事在永中，未有以發也。

六年（乙卯一一九五）夏五月乙未，判平陽府事鎬王永中以罪賜死，并及二子。詔中外。時鎬王傅尉奏其第四子阿里罕因防禁嚴密，語涉不遜，詔同簽大睦親府事𩫏〔攷異〕永中傳作𩫏，云，「郭」本字也。原本訛亳，非。孫卽康傳作𩫏，亦誤。御史中丞孫卽康本傳，字安伯，大興人。大定十年進士，由令史歷泰寧節度。章宗議置相，張萬公等薦卽康，且言卽康及第在賈鉉前，帝曰：「用相安問榜次，朕意謂鉉才可用也。」卒相卽康。（按，自「章宗議置相」至此，見金史卷九九賈鉉傳）拜參政，歷左右丞。衞王立，進平章，封崇國公。鉉字鼎臣，博平人。第進士，官參政，與黨懷英刊修遼史，出知濟南府卒。黨懷英傳，與治中郝俁充遼史刊修官，伊喇益、趙渢等七人爲編修官，遷學士。章宗後乃令陳大任繼成遼史焉。未列鉉名。稍異。鞫問，并得第二子實圖美原作神土門所撰詞曲，語不道。家奴德格首，永中嘗與侍妾瑞雪〔攷異〕孫卽康傳作瑞雲，且云是獄天下寃之。言：「我得天下，子爲大王，以爾爲妃。」遣官覆按，狀同。命禮部尚書張暐、本傳，字明仲，日照人。正隆五年進士，博學該通，卒官安武節度使。兵部侍郎烏庫哩慶壽覆之。帝謂「鎬王祇以言語得罪，與永蹈異」。參政馬琪以爲「人臣無將」，左丞相清臣謂「素有妄想之心」。詔集百官議，均請如律。惟宮籍監丞盧利用乞貸其死，〔攷異〕后妃傳，平章守貞持其事，不肯決。帝怒，罷知濟南府事。永中傳未載。詔不許。永中遂死，二子皆棄市。用國公禮收葬，官給葬具，妻子威州地理志云，卽陘山郡，治井陘，屬河北西路。〔攷異〕續通考云，威州，唐初改井陘縣爲井州，尋省。宋置天威軍。金天會初，以井陘縣升爲威州陘山軍，後爲刺郡。領井陘一縣。元加洛水，明降爲縣。安置。

六月丙辰，右諫議大夫賈守謙、右拾遺布薩額爾克原作訛可坐奏對不實，罷其官。中丞孫卽康、右補闕蒙古呼喇、右拾遺田仲禮各罰金二十斤。〔攷異〕后妃傳，賈守謙、路鐸上疏欲寬解上意，滋不悅，皆斥外。劉祁歸潛志云，賈字彥亨，東平人。少擢第，爲諫議，上疏力爭鎬王獄，士論直之。後官左丞，卒官。益謙傳，沃州人，大定十年詞賦進士。歷州郡，以能稱，擢左司郎中。上疏諫幸景明宮，入對稱旨，進吏部侍郎。以議衞王事，解職。尋改山東按察使，河北轉運使，入爲御史中丞，改吏部尚書，拜參政，遷右丞，以左丞致仕。正大三年卒，年八十三。子〔堅〕〔賢〕卿（據金史卷一〇六賈益謙傳改）、〔歐〕〔頤〕卿（同上）、翔卿，皆以門資入仕。元好問中州集云，字亨甫，本名守謙，避哀宗諱改。有贈答史院從事詩，尚佳。

泰和七年（丁卯一二〇七）春二月丁巳，詔復永中王爵，謚曰厲。改葬實古納於威州。

宣宗貞祐二年（甲戌一二一四）夏五月辛巳，詔徙鎬王家屬於鄭州。

三年（乙亥一二一五），太康縣屬開封府人劉全嘗爲盜，入衛真縣名，屬亳州。界，詭稱愛王，指實古納也。全欲爲亂，因假託以惑衆，誘王氏女爲妻，且言其子方聚兵河北。東平李甯居嵩山，方輿紀要云，在登封縣北十里，爲中嶽。有妖術。全邑人時温稱甯可論大事，乃使范元書僞號召之。甯至，推爲國師，議僭立。事覺，全、温、甯皆伏誅。

興定二年（戊寅一二一八），譙縣屬亳州孫學究私造妖言云：「愛王終當奮發，今匿跡民間，自號劉二。」衛真百姓王深等皆信以爲然。有劉二者，出而當之，遣歐榮輩結黨、市兵仗，署旗，謀僭立。事覺，誅死者五十二人，緣坐者六十餘人。〔攷異〕大金國志云，愛王爲鄭王允蹈子，名大辨，封遂甯郡王，改愛王。母蕭氏，生時夢一人乘馬持刀自南來云，「宋紹興主遺至」。及長，以蒙人屢入寇，使鎮北邊，爲大通節度使。及鄭王死，遂於明昌五年正月據五國城叛，命東安王瑜、武定王瑶討之。至桑乾，爲骨孛興所敗。尋復簽軍二十萬往，蘇寶奴兵敗自殺。愛王懼，遣何大雅赴蒙古求援，連兵克大都及和龍。泰和四年卒，子雄三大王葬之於冷山，遂代立。衛王卽位，手詔諭曰：「泰和猜忌，兄弟失懽，骨肉至親化爲仇怨，誘引外敵，傾危本家，計王之心，亦復何忍？往事已矣，今宜改圖。」李心傳朝野雜記云，愛王，葛王孫，始允恭早世，葛王愛其兄越王，欲立之，不果。金主立，愛王遂謀叛，爲其妻父僕散琦所逐，乃以放牧會甯府爲名，居上京以叛。明昌六年三月丁酉也。金主三召之不至，連結契丹、韃靼、蒙國，取慈、岳等州。時越王在咸平，契丹檄金人請立之爲帝，金主徙王於慶陽。五月丁酉，賜王死，誅其家屬八十餘人，惟愛王在，至今爲患。琦卽承安四年來賀上生辰者。按，明昌六年，本朝慶元二年。承安四年，本朝慶元六年。作此録，後按年乃見。有記虜中事者，以愛王爲鄗王允恭子。然鄗王乃(王)〔主〕（依本書例，據金史卷九章宗紀、卷一九顯宗紀改）璟父，淳熙十六年，御札下沿邊諸州，避其名諱甚詳。昔以爲鄗王後，甚誤。錢大昕云，愛王父子稱兵事，不載於史，且志稱爲鄭王子，史作鎬王子，亦異。按，其時元太祖尚未建元，所謂大朝者何指？然自明昌後，北邊屢用兵，内族襄等傳但云「邊事急」，不言首難之人。從者多契丹舊部，史雖諱其事，然實推之，必有愛王倡亂北邊，久之病死。故内地姦人亦屢假其名也。永中子孫禁錮，自明昌至正大末凡四十年。天興初，詔弛禁。未幾，南京亦不守云。永中死前二年，有鄭王永(韜)〔蹈〕之事。

鄭王永(韜)〔蹈〕本名尼楚赫，初名實古爾。原作石狗兒大定十一年，封滕王，進封徐。二十五年，加開府。遷大興尹。章宗立，判彰德節度使，進封衛王。明昌二年，徙封鄭王，三年，改判定武軍。卽中山府，縣七。

初，崔温、郭諫、馬太初與永(韜)〔蹈〕家奴畢慶壽私説讖記災祥。郭諫善相，慶壽以告永(韜)〔蹈〕，乃召郭諫相己及妻子。諫曰：「大王相貌非常，王妃及二子皆大貴。」又曰：「大王元妃長子，不與諸王比也。」又召崔温、馬太初論讖記天象。温曰：「丑年有兵災，屬兔命者，來年春當收兵得位。」諫曰：「昨見赤氣犯紫微，白虹貫月，皆主丑後寅前，兵戈僭亂事。」

〔攷異〕宏簡録以此數語爲馬太初所言。永(韜)〔蹈〕深信之，乃陰結内侍鄭(兩)〔雨〕兒(據金史卷八五永蹈傳改)伺帝起居，以崔温爲謀主，郭諫、馬太初往來游説。河南統軍使布薩揆尚永(韜)〔蹈〕妹韓國公主，〔攷異〕續通考載睿宗妹梁國公主亦下嫁布薩揆云，金朝公主史多不全，今列其可考者：太祖女畢國公主下嫁烏古〔論〕訛論(據金史卷一二〇烏古論元忠傳補)，太宗女鄂國公主下嫁奪阿隣(按，據金史卷一二〇徒單繹傳，繹母爲鄂國公主。然是傳不載繹父名，「奪阿隣」係繹祖所授猛安名。此處作繹父名，誤)，熙宗女鄭國公主嫁蒲察鼎壽，第七女瀋國公主嫁徒單繹。又，府君奴尚熙宗女，不著封號。睿宗女楚國公主嫁唐括德温，冀國公主嫁烏古論粘没曷。海陵妹遼國公主迪缽、定國公主崔哥，女弟慶宜公主皆嫁蒲察阿虎迭。世宗第一女魯國公主嫁烏古論元忠，第二女唐國公主嫁徒單思忠，第四女吴國公主嫁唐括貢，第七女宛國公主嫁烏林答復。定國、景國、道國三公主皆嫁蒲察辭不失。衛國公主嫁蒲速烈，澤國公主長樂不著所尚。顯宗女鄴國公主嫁烏古論誼，邢國公主嫁僕散安貞，昇國公主不著所尚。章宗女鄁國公主嫁烏林答琳，宣宗女温國公主不著所尚。按，金朝公主之可考者如此，餘詳上卷。名號稍異。永(韜)〔蹈〕謀取河南軍以爲助，與妹澤國公主長樂〔攷異〕汪輝祖金史同名録云，卷一百十四斜卯愛實傳天興元年内族，宿直將軍；卷十七哀宗天興元年點檢，爲家奴所害；卷一百十三白撒傳正大九年總領，爲習顯所害，四人同名長樂。謀，使駙馬都尉富拉塔原作蒲剌覩。〔攷異〕卷六十一交聘表，大定十七年延安尹蒲剌覩，亦作蒲剌睹，另一人。致書於揆，且請婚。揆拒不許結婚，使者遂不敢言不軌事。永(韜)〔蹈〕家奴董壽諫，不聽。以語同輩奴遷家務，上變。時永(韜)〔蹈〕在京師，詔平章完顔守貞、參政胥持國、尚書楊伯通、知大興府事尼瑪哈鑑鞫問，連引甚衆，久不能決。帝怒，責守貞等。右丞相清臣勸速結以安人心，遂賜永（韜）〔蹈〕及妃卞玉、二子安春、原作按春。〔攷異〕汪輝祖金史同名録云，卷十四宣宗貞祐三年鞏國公、卷一百十一古里甲石倫傳正大時内族賽不子，三人同名按春。愛新、原作阿辛公主長樂自盡。以永（韜）〔蹈〕家産分賜諸王，澤國公主財物分賜諸公主。富拉塔、崔温、郭謙、馬太初等皆伏誅。〔攷異〕大金國志云，允（韜）〔蹈〕爲世宗第六子，母趙氏，性寛厚有局量。時主酣飲荒政，謡云：「東欲行，西欲飛，中間一路赤垂垂，我醉不醉知不知」。完顔高、完顔志密謀立鄭王，遣其妹夫唐适、蒲剌兄察説王，允之。會唐适婢春英與張衞通，衞爲适所逐，春英以謀告衞，遂詣大興告變。分兵捕，下獄，鄭王及唐适、蒲剌、同母妹新興公主榮安公主並伏賜死，餘黨夷三族。詔曰：「天下一家，詎可窺於神器，公族三宥，卒莫逭於常刑。非忘本根骨肉之情，蓋爲宗社安危之計，亦由涼德，有失睦親，乃於間歲之中連致逆謀之起。恩以義掩，至於重典之亟行。天高聽卑，殆非此心之得已。興言及此，惋嘆奚窮。」元好問中州集云，此詔爲黨公懷英筆。公制誥，百年以來推第一。字世傑，泰安軍奉符人，宋太尉進裔孫。大定十年擢進士甲科，歷官翰林學士。出爲大定節度，以承旨致仕，卒年七十八。是夕，大星殞於堂，謚文獻。禮部閑閑公誌其墓，稱其文似歐公，詩似陶、謝，書法爲中朝第一。其題宋上皇扇後詩云：「便面團圝字點鴉，天風吹墮委塵沙。燕泥庭草争工拙，何似當年陌上花」。布薩揆坐除名，董壽免死，隸監籍。還家奴賞錢二千貫，還五官。自是諸王禁防益密矣。〔攷異〕大金國志云，事發，時主與鄭宸妃、張婕妤皆醉卧未興，江淵以水沃面告以故，乃分兵捕獲。主聽讒多疑，尋黜其伯永中於平陽。章宗紀未載。

泰和七年（丁卯一二〇七），詔復王封，改葬，謚曰剌。以衞王永濟子阿禪爲永（韜）〔蹈〕後，奉其祀。時下詔曰：「朕追惟鄭邸，誤蹈非彝，藁窆原野，多歷歲年。怛然軫懷，有不能已，乃詔追復王爵，備禮改葬。

今稽式古典，命汝爲鄭王後，守其祭祀」。〔攷異〕阿禪，賜名璪，本名按辰，亦作按陳。卷七十三守能傳新息縣令按辰另一人。

永中同母弟越王永功，〔攷異〕宏簡録云，本名宋葛，又名廣孫。本傳，初封譙王，後進越王，而衛王元年冬進封越王爲譙王，與宗室表及傳互異。章宗時歷西京留守，判平陽府事。宣宗卽位，從遷汴。興定五年卒，謚忠簡。子璐，本名福孫，琳本名粘没曷，璹本名壽孫，〔攷異〕卷一百十一撒合輦傳正人四年尚書另一人。累官開府，封密國公。〔攷異〕宏簡録云，字仲實，一字子瑜。資質簡重博學，有俊才，喜爲詩，工草書。元好問中州集云，越王長子，宗室中第一流人也。樂善好賢，風流藴藉，有承平時王孫故態。所居有樗軒，自號樗軒老人。圍城中，以疾薨，年六十一。其題梁臺詩云：「汴水悠悠蔡水來，秋風古道野花開。行人驚起田(家)〔間〕(據中州集戊集改)雉，飛上梁王鼓吹臺。」自題寫真云：「枯木寒灰久亦神，(因)〔應〕(同上)緣來現胙公身。只(緣)〔因〕(同上)酷愛東坡老，人道前身趙德麟。」樗軒嘗封胙國公，故云。時開封趙滋字濟甫，畫人能品，詩學亦有功，題黃石廟等最工。以布衣從胙公游，商畧法書名畫，以真賞稱焉。後没於東平，年五十九。與趙秉文、楊雲翼等交。南遷時，盡載法書，名畫以從。所著有如菴小藁。第五子守禧，字慶之，風神秀徹，特所鍾愛，平日所蓄書畫盡付之。及汴城降，年未三十病卒。

永(韶)〔蹈〕同母弟潞王永德，章宗時歷勸農使。宣宗興定五年，判大睦親府，卒。子鄂倫〔攷異〕續通考作斡論，改名(玹)〔琰〕(據金史卷八五永德傳改)。

異母弟豫王永成本名哈雅，原作鶴野章宗時歷官判咸平、太原、平陽府事。泰和四年卒，謚忠獻。〔攷異〕續通考云，永成所著有樂善居士文集。其子瑋本名仁壽、瑭本名仁安。

夔王永升本名錫卜察，原作斜不出。〔攷異〕汪輝祖金史同名録云，本名鶴壽，傳在卷八十五。至卷六十五鄆王昂傳子耶魯瓦羣牧使，本名吾都不，見温迪罕蒲睹傳；卷一百二十二宣宗時鄜州元帥，姓紇石烈氏，三人同名鶴壽。

章宗時歷（宣）〔定〕武（據金史卷八五永升傳改）節度使，宣宗貞祐元年卒。〔攷異〕續通考云，其子璀本名懽覩。又，世宗孫有吾覩補者，大定十九年封温國公，不知誰是。按，宗室表，世宗子永中封鎬王；蘇尼原作孰輦，封趙王；薩嘍勒原作斜魯，封越王；永功本名桑阿，判中山府，越王；永成本名羅索，豫王；永升本名錫卜察，定武節度，夔王；永蹈鄭王；永德本名恩楚，判大睦親府，潞王；與顯宗、衞紹王凡十人。

〔清〕李有棠撰

金史紀事本末

第三册

卷三七至卷五二

中華書局

金史紀事本末卷三十七

布薩揆侵宋更盟

章宗明昌元年（庚戌一一九〇）春正月丙辰朔，宋試户部尚書郭德麟、宜州觀察使蔡錫賀正旦。〔攷異〕章宗紀繫之去年十二月，以世宗喪，正旦不受賀，且未列使名。今從交聘表，以下同。

秋七月己巳，遣禮部尚書王儵等賀宋生日。

八月己酉，宋使賀天壽節。正使爲顯謨閣學士（邱）〔丘〕崈（據金史卷六二交聘表改），副使福州觀察使蘇必勝。

冬十一月乙卯，遣簽書樞密事巴達爾呼等賀宋正旦。

二年（辛亥一一九一）春正月庚戌朔，宋試吏部尚書蘇山、潭州觀察使劉詢賀正旦。辛酉，孝懿太后崩。丙寅，遣左副都點檢亶等報哀於宋。

三月丁丑，宋使來弔祭。正使爲試禮部尚書宋之瑞，副使嚴州觀察使宋嗣祖，太常少卿王叔簡讀祭文。

秋七月己巳，遣同簽大睦親府事兖等賀宋生日。

八月乙巳，宋使賀天壽節。正使爲試户部尚書趙雝，副使婺州觀察使田皋。

冬十一月丁巳，遣豳王傅宗璧等賀宋正旦。

三年（壬子一一九二）春正月乙巳朔，宋煥章閣學士黄申、明州觀察使張宗益賀正旦。〔攷異〕章宗紀繫之去年十二月，以太后喪，正旦不受賀，且未列使名，下同。

秋七月辛卯，遣都點檢布薩端等賀宋生日。

八月丁卯，宋使賀天壽節。正使爲工部尚書錢之望，副使廣州觀察使楊大節。

冬十一月戊寅，遣右副都點檢温都忠等賀宋正旦。

四年（癸丑一一九三）春正月己巳朔，宋顯謨閣學士鄭汝諧、均州觀察使譙令〔雍〕（據金史卷六二交聘表補）賀正旦。

秋七月己丑，遣御史中丞董師中等賀宋生日。

九月甲子朔，宋使賀天壽節。〔攷異〕交聘表繫之八月辛酉，正使爲吏部尚書許及之，副使明州觀察使蔣介。

冬十一月戊寅，遣翰林直學士完顔匡等賀宋正旦。命匡權易名弼，以避宋諱故也。

五年（甲寅一一九四）春正月癸亥朔，宋使賀正旦。正使爲翰林學士倪思，副使知閤門事王知新。

夏六月戊戌，宋孝宗崩。

秋七月甲子，光宗遜位，甯宗立。

九月戊午朔，宋使賀天壽節。〔攷異〕交聘表繫之八月乙卯，正使爲試工部尚書梁總，副使明州觀察使戴勳。壬申，宋使來告哀。正使爲顯謨閣學士薛叔似，副使廣州觀察使謝淵。戊寅，遣知大興府事尼瑪哈鑑等使宋弔祭。

冬十月庚寅，宋使獻遺留物。正使爲户部尚書林湜，副使泉州觀察使游恭。

閏月戊午朔，宋使告卽位。正使爲翰林學士鄭湜，副使廣州觀察使范仲任。甲戌，遣河東南、北提刑使王敵往賀。副使爲廣威將軍舒穆嚕仲温。

十一月庚子，遣右宣徽使伊喇敏賀宋正旦。副使爲山東東路轉運使高世忠。

六年（乙卯一一九五）春正月丁亥朔，宋使賀正旦。使者爲試禮部尚書曾三復。

二月癸未，宋使來報謝。正使爲焕章閣學士林季友，副使明州觀察使郭正己。

秋八月辛未，遣吏部尚書吴鼎樞等賀宋生日。

九月壬午朔，宋使賀天壽節。〔攷異〕交聘表繫之八月己卯，正使爲試吏部尚書汪義端，副使福州觀察使韓侂胄。

冬十一月丙申，遣刑部尚書赫舍哩貞賀宋正旦。

承安元年（丙辰一一九六）春正月辛巳朔，宋使賀正旦。正使爲翰林學士黄艾，副使均州觀察使柳正一。

秋九月丁丑朔，宋使賀天壽節。〔攷異〕交聘表繫之八月甲戌，正使爲試工部尚書吳宗旦，副使湖州觀察使張卓。癸未，遣吏部尚書張嗣等賀宋生日。

冬十一月甲午，遣陝西統軍使崇道等賀宋正旦。

二年（丁巳一一九七）春正月乙亥朔，宋使賀正旦。正使爲煥章閣學士張貴謨，副使嚴州觀察使郭倪。

辛丑，宋遣使告母后哀。正使爲試禮部尚書趙介，副使利州觀察使朱龜年。（按，此與三年正月乙丑重復。據宋史卷三七寧宗紀宋「母后」崩於慶元三年，卻承安二年十一月，此處誤。）〔攷異〕章宗紀及交聘表均未書遣使弔祭。

秋九月辛丑朔，宋使賀天壽節。〔攷異〕交聘表繫之八月戊戌，正使爲試工部尚書衞涇，副使泉州觀察使陳奕。丁未，遣知歸德府事完顏愈等賀宋生日。

三年（戊午一一九八）春正月己亥朔，越辛丑，宋使來賀正旦。正使爲煥章閣學士曾炎，副使鄂州觀察使鄭挺。乙丑，宋遣使告祖母后哀。正使爲試禮部尚書趙介，副使利州觀察使朱龜年。

二月辛巳，遣都指揮使烏凌阿天益等使宋弔祭。〔攷異〕交聘表未書，今從紀。

秋八月癸未，宋遣使報謝。正使爲試刑部尚書湯碩，副使福州觀察使李汝翼。

九月丙申朔，宋使賀天壽節。正使爲顯謨閣學士楊王休，副使利州觀察使李安禮。遣中都都轉運使孫鐸等賀宋生日。

冬十一月丁未，遣太常卿楊庭筠等賀宋正旦。

四年（己未一一九九）春正月癸巳朔，宋使賀正旦。正使爲工部尚書馬覺，副使廣州觀察使鄭蓋。

秋九月庚寅朔，宋使賀天壽節。〔攷異〕交聘表繫之八月己丑，正使爲試工部尚書李大性，副使泉州觀察使金湯楫。己未，遣知東平府事布薩琦等賀宋生日。

冬十一月甲寅，遣知濟南府事范楫等賀宋正旦。

五年（庚申一二〇〇）春正月戊子朔，宋使賀正旦。正使爲焕章閣學士朱致知，副使福州觀察使李師摯。

秋九月甲寅朔，宋使賀天壽節。〔攷異〕交聘表繫之八月壬子，正使爲户部尚書趙善義，副使鄂州觀察使屬仲祥。

冬十月庚子，宋使告母后哀。〔攷異〕交聘表，正使爲試刑部尚書吴旰，副使利州觀察使林可大。十一月乙卯，遣工部尚書烏庫哩誼使宋弔祭。章宗紀均未書。

十一月己巳，宋復遣使告哀。按，光宗以八月辛卯崩，至是始告哀。正使爲焕章閣學士李寅仲，副使福州觀察使張良顯。辛未，遣右副點檢赫舍哩忠定賀宋正旦。

十二月癸未朔，遣河南統軍使充等使宋弔祭。

泰和元年（辛酉一二〇一）春正月壬子朔，宋使賀正旦。正使爲寶謨閣學士林桷，副使利州觀察使王康成。壬戌，宋使獻先帝遺留物。正使爲試工部尚書丁常任，副使嚴州觀察使郭倓。

三月乙亥，宋使報謝。正使爲試刑部尚書虞儔，副使泉州觀察使張仲舒。

秋八月丙申，宋復遣使謝。正使爲試户部尚書俞烈，副使福州觀察使李言。

九月戊申朔，宋使賀天壽節。〔攷異〕交聘表繫之八月丙申，正使爲試吏部尚書陳宗召，副使廣州觀察使竇夔。遣右宣徽使圖克坦懷忠等賀宋生日。

冬十一月庚申，遣右衞將軍赫舍哩齊勤等賀宋正旦。

二年（壬戌一二〇二）春正月丁未朔，宋使賀正旦。正使爲煥章閣學士李景和，副使福州觀察使陳有功。

秋九月壬寅朔，宋使賀天壽節。〔攷異〕交聘表繫之八月庚子，正使爲試工部尚書趙不艱，副使鄂州觀察使黄卓然。甲寅，遣都指揮使完顏瑭等賀宋生日。〔攷異〕交聘表繫之八月丙辰，（按，是年八月壬申朔，月内無丙辰。「八月」當是「九月」之誤）副使張行簡。

冬十二月癸酉，遣武安節度使圖克坦公弼等賀宋正旦。

三年（癸亥一二〇三）春正月辛未朔，宋使賀正旦。正使爲試吏部尚書魯誼，副使利州觀察使王處久。

秋九月丙寅朔，宋使賀天壽節。〔攷異〕交聘表只書甲子日，未繫月，疑有脱誤（按，是年九月丙寅朔，「甲子」是其前二日，則「甲子」前脱「八月」二字）。正使爲試禮部尚書劉甲，副使泉州觀察使郭倬。壬申，遣刑部尚書承暉等賀宋生日。

冬十一月辛未，遣簽樞密院事通吉思忠等賀宋正旦。時奉御完顏阿嚕岱使宋還，言宋權臣韓侂胄市馬厲兵，將謀北侵。帝怒其生事，笞五十，貶官。及淮平陷，擢安國節度副使。見章宗紀。

四年（甲子一二〇四）春正月乙丑朔，宋使賀正旦。正使爲試吏部尚書張孝曾，副使容州觀察使林伯成。丁丑，孝曾回，至慶都縣卒。遣防禦使鈕祜祿〔元〕（據金史卷六二交聘表補）充敕祭使，賻贈絹布各二百二十疋，館伴張雲護喪歸。〔攷異〕章宗紀鈕祜祿作努色爾，原作女奚列。

秋八月乙卯，遣知真定府事完顏昌等賀宋生日。

九月庚申朔，宋使賀天壽節。〔攷異〕交聘表繫之八月癸丑，正使爲試禮部尚書張嗣古，副使廣州觀察使陳（煥）〔渙〕（同上改）。

冬十一月丁卯，遣右副都檢點烏凌阿毅等賀宋正旦。〔攷異〕交聘表，癸未，寶雞郿縣諸社被宋抄掠。紀未載。

五年（乙丑一二〇五）春正月己未朔，宋使賀正旦。〔攷異〕交聘表，正使爲試吏部尚書鄧友龍，〔副使〕（據例補）利州觀察使皇甫斌。庚申，宋兵入遂平縣縱掠，出獄囚，火官舍，害令尉而去。二月己酉，掠泌陽，剽巡檢家貲，害其家人。紀未載。薛應旂通鑑云，甯宗嘉泰三年冬，鄧友龍使金，有賂驛使求見者，具言金爲韃靼所困，饑饉連年，民不聊生。王師若來，勢若拉朽。友龍歸告。韓侂胄上倡兵之書，北伐議遂起。時金國多難，懼朝廷乘其隙，沿邊聚糧增戍，且禁襄陽榷場。邊釁之開自此始。續綱目云，三年七月，造戰艦。八月增置襄陽騎軍，尋又置澉、浦水軍。四年正月，定議伐金。金爲北鄙準布等部所擾，無歲不興師討伐，兵連禍結，國勢日弱。有勸侂胄立蓋世功名以自固者，遂聚財募卒，出封樁庫黃金萬兩，以待賞功。命吳曦練兵西蜀。安豐守臣厲仲方言，淮北流民咸願歸附，浙江安撫使辛棄疾入見，言金國必亡，願屬元老備兵爲緩急計。鄭挺、鄧友龍附和其說，用師之意益銳。通鑑輯覽謂金自明昌末，北部哈達錦、桑節袞恃強擾邊，光嘉喇尤桀驁，屢脅諸部入寇。卓木布亦叛，師老財匱。按，哈達錦舊作合底忻，桑節袞舊作山只昆，光嘉喇舊作廣吉剌，卓木布舊作阻轐，即準布。所載稍異。周密齊東野語云，長沙鄧友龍嘗從南軒游，自詭道學，後爲謝丞相被累，出爲淮西漕，日夕謀復入。時金方困北兵，歲荐饑，於是沿邊不逞號「跳河子」者，時時剽獵事狀，陳說利害，友龍得之，爲奇貨，獻於韓，兵端實友龍發之也。李心傳朝野雜記云，侂胄死，從事郎毛自知降充殿試第五甲，仍奪第一人恩例，以首論用兵也。潛說友咸淳臨安志云，封樁庫在三省大門內，肇於孝皇之世。玉音對輔臣謂，創此備緩急者是也。嘉定七年，又分户部所掌錢物隸本所，於是有上下之别，下庫在左藏庫中門內，又安邊太平庫在封樁下庫南。左藏庫在清湖橋西，以韓世忠所獻賜第爲之。

三月乙丑，宋兵入秦川界。辛巳，入鞏州來遠鎮。唐州得宋諜言，韓侂胄屯兵鄂、岳，將謀北侵。〔攷異〕交聘表，三月戊午朔，宋兵焚平氏鎮，掠民財。紀未載。

夏四月癸巳，命樞密院移文宋人，依誓約撤新兵，毋縱入境。〔攷異〕交聘表，〔四〕〔三〕（據金史卷六二交聘表改）月庚午，宋兵掠鄧州白亭巡檢家貲，持其印去。紀未載。宋史及通鑑均不書，惟見完顏匡傳。又，鞏州來遠鎮及唐州得宋諜，均繫之是月，與紀異。

五月甲子，以平章布薩揆爲河南宣撫使，籍諸道兵備宋。甲申，宋人入漣水縣。〔攷異〕大金國志云，宋鎮江都統戚拱，結弓手李成焚漣水。完顏匡傳，宋人入確山界奪民馬。宋史李成作李全。交聘表，甲申，楚州安撫使戚拱遣其將高顯以兵五百人破漣水。紀未載姓名。

六月戊子，復漣水縣。甲寅，召諸大臣問備宋之策，皆以設備養惡爲言。帝以南北和好四十餘載，民不知兵，不忍先發。〔攷異〕完顏匡傳，時趙之傑、承暉、孟鑄等皆謂宋不敢敗盟。獨匡曰：「彼置忠義保捷軍，取先世開寶、天禧紀元，豈忘中國者哉？」參政思忠、大理卿烏延議與合。又云，侂胄嘗再爲國使，覘知虛實，及爲相，遂與蘇師旦倡議復仇。畢沅續通鑑云，據兩朝綱目備要言，金北邊聚糧，且禁襄陽榷場，與宋史同。然金主憚於用兵，見本紀。又完顏匡傳，此宋人託爲兵端，曲在金耳，今不取。

秋八月辛卯，詔罷宣撫司。時宋殿帥郭倪，濠州守將田俊邁誘虹縣民蘇貴等爲間。河南將臣所遣諜多受宋賂，皆言宋增戍本虞他盜。及聞行臺建，亦畏讋不敢去備，且兵皆白丁，饑疫死者什二三，由是中外信之。宣撫司以宋三省、樞密院及盱眙軍諜來上，又皆鎸點邊臣爲辭。揆固請罷司，從之。〔攷異〕交聘表繫之五月，稍殊。復奏罷臨洮等路新置弓箭手。

九月甲申朔，宋使賀天壽節。〔攷異〕交聘表繫之閏八月辛巳，正使爲試吏部尚書李壁，副使廣州觀察使林仲虎。戊子，遣河南統軍使赫舍哩子仁等賀宋生日。紀載，是日西北方黑雲間有赤氣如火色，次及西南、正南、東南皆赤，有白氣貫其中，至中夜赤氣滿天，四更乃散。戊戌，宋兵三百攻比陽寺莊，地理志云，比陽縣名，屬唐州淮安郡。副巡檢阿里哈肆嘉努原作阿里根寺家奴。〔攷異〕汪輝祖金史同名錄云，卷十五宣宗興定二年密州同知節度，姓夾谷氏；卷九十八完顏匡傳世宗時侍正，三人同名寺家奴。死之。甲辰，宋人焚黃澗，擄巡檢高顒。

冬十月丁丑，宋人襲比陽，唐州軍事判官索多原作撒覩死之。

十一月乙酉，宋人入内鄉，縣名，屬鄧州。攻洛南縣名，屬商州。之固縣，商州司獄壽祖追至丹河，〔攷異〕漢書地理志云，丹水出上雒冢嶺山，至淅入鈞。史記正義云，故丹城去丹水二百步。酈道元水經注云，出上洛縣西北冢嶺山，過縣南，又自倉野東，歷菟和山東南，過商縣，南歷少習，出武關，東南流入臼口，南合汋水曰淅口。按，丹水計經商州境三百二十里，經山陽徑十四里，又經商南境二百二十里，共五百五十四里出境。源自冢嶺山之息邪澗黑龍峪，水自藍田界入焉，又會洪門河、蒲坌溝水、水道河、大荆川、西荆川、泉水、大小黄川、紫峪河、坌口河、荆川、大小桃坌河十九河。諸水餘不具載。見劉於義陝西通志。擊敗之。己丑，遣太常卿趙之傑等賀宋正旦。〔攷異〕薛應旂通鑑云，時之傑入見，侂胄故使贊者犯金主父嫌名以挑之。之傑遂倨慢，侂胄請帝還内。著作郎朱質請斬金使，不報。詔使人更以正旦朝見，尋因北使倨慢，奪館伴使副官。是冬，以邱崈爲江淮宣撫使，辭不拜。手書諫北伐，不從。崈字宗卿，江陰軍人，官樞府，謚忠定。命辛棄疾安撫兩浙，進樞密承旨，辛棄疾（長沙）〔歷城〕（據宋史卷四〇一辛棄疾傳改）人，豪爽尚氣節，喜功名，時亦爲侂胄所用。元好問中州集，之傑字伯英，大定人。本名宗傑，避諱改。大定十六年進士，仕終太常卿。使宋還，言事云：「宋人文敝之極，且脆弱，不足憂，邉部爲可慮也。」其前識如此。子繪，名進士，早卒。孫季卿，今在燕中。史未載。顧奎光金詩選載之傑題洛源龍潭寺詩一首。

十二月，宋吴曦擁衆興元，欲窺關隴，皇甫斌擾淮北。

六年（丙寅一二〇六）春正月癸未朔，宋使賀正旦。正使爲試刑部尚書陳景俊，副使知閤門事吴琯。

丁亥，宋使陳克俊朝辭，諭曰：「大定初，世宗皇帝許宋世爲姪國，朕遵守遺法，和好至今。豈意爾國屢有盜賊犯我邊境，故遣大臣宣諭河南。及得爾國公移，已（點）〔黜〕（據金史卷一二章宗紀改）邊臣，抽去戍卒，朕不介意小嫌，遂罷宣撫。比來羣臣屢以爾國渝盟爲言，朕惟和好歲久，委曲涵容。恐姪宋皇帝或未詳知。若依前不息，朕雖兼愛生靈，事難終已。卿等歸國，當具言之。」〔攷異〕續綱目云，景俊還，以告陳自强，自强戒勿言，由是用兵益決。

三月己酉，宋人攻靈壁，南京按察使行部至縣，匿民舍得免。

夏四月丙辰，宋人圍壽春，防禦使賢聖努擊卻之。統軍使赫舍哩子仁遣嚴整等覘敵，還言皇甫斌聚兵規取唐鄧，以降人田元、張貞、張勝爲鄉導，乃請以南京副留守赫舍哩毅及副統軍圖克坦鐸分統諸軍，而自以兵駐汴防守，從之。〔攷異〕大金國志云，是時，汴京留守爲完顏童奏報始知。紀未載。丙寅，詔平章布薩揆領行省於汴，便宜從事。以赫舍哩執中爲都統，完顏薩喇原作撒剌。〔攷異〕汪輝祖金史同名録云，卷十一章宗紀承安五年大理卿、卷四十五刑志泰和五年翰林修撰，三人同名撒剌。爲副統，盡徵諸道兵。復以完顏充爲陝西五路都統。語詳規取隴蜀事中。丁丑，宋人入新息，縣名，屬息州。內鄉及泗州、虹縣、潁上。續通考云，息州，唐後改新息，金升爲州，以新息爲倚郭，割真陽、褒信、新蔡隸焉。泗州，唐改臨淮郡，後仍舊，金置榷場，領淮平、臨淮、睢甯、淮濱四縣。〔攷異〕宋史甯宗紀云，時鎮江都統制陳孝慶復泗州，江州都統制許進復新息，光州忠義人孫成復褒信，陳孝慶復虹縣。大金國志陳孝慶作陳孝廣。通鑑輯覽云，郭倪遣兵復泗州，時畢再遇爲先鋒，功第一。再遇尅期進，聞金已有備，乃先一日出其不意。舊有二城，乃僞爲攻西城狀，逕趣東城。先登，克之。殺金兵數百，西城亦降。所載互異。續綱目云，侂胄聞捷，乃降詔伐金。畧曰：「天道好還，中國有必伸之理，人心効順，匹夫無不報之仇。軍入塞而猶肆創殘，使來庭而敢爲桀驁。洎行李之繼遣，復慢詞之見加，含垢納污，在人情而已極，聲罪致討，値胡運之將傾。兵出有名，師直爲壯。言乎遠、言乎近，孰無忠義之心？爲人子、爲人臣，當念祖宗之憤。」直學士院李壁詞也。壁字季章，眉州丹稜人，燾子。李心傳朝野雜記云，侂胄舉兵，先以葉正則適直學士院，使草出師詔，再三辭，又欲命詹鴻父漸，亦辭，乃命壁爲之。所載甚詳。

五月壬午，宋李爽圍壽州，田俊邁入蘄縣，屬宿州。秦訛攻蔡州，防禦使完顏佛珠原作佛住敗之。入金城海口，殺長山尉，執二巡檢去。〔攷異〕薛應旂通鑑云，時建康都統李爽攻壽州，兵敗。江州都統王大節攻蔡州，亦不克而潰。宋史甯宗紀云，大節兵潰除名，袁州安置，尋徙封州。史未載大節事。丙戌，以出師告於天地太廟。戊子，命平章揆兼左副元帥，完顏匡爲右副元帥，陝西都統充爲右監軍，烏庫哩縠爲左都監。癸巳，宋田俊邁率步騎二萬攻宿州，安國軍名，卽邢州。節度副使納喇邦烈與同知防禦使穆延薩克達逆擊，敗之。邦烈中流矢。宋郭倬、李汝翼以衆五萬繼至，遂圍宿州。會霖雨，邦烈遣騎潛出敵後，擊敗之。薩克達率騎蹂之，殺傷數千人。敵復聞援軍將至，遂夜遁，黎明踵擊，追至蘄，州名。〔攷異〕輿地廣記云，春秋屬楚，秦屬九江郡，二漢屬江夏郡，吳置蘄春郡，北齊置雍州，後周曰蘄州。今縣五：蘄春、蘄水、羅田、廣濟、黃梅。續通考云，唐後改蘄春郡，後仍舊。宋爲防禦州，明隸黃州府，領廣濟、黃梅二縣。執田俊邁。〔攷異〕宋史甯宗紀云，郭倪遣郭倬等攻宿州，敗，還至蘄，金人追而圍之。倬執統制田俊邁以與金人，乃得免。續綱目及薛應旂通鑑倬外尚有李汝翼。岳珂桯史云，王師始渡淮，李汝翼以騎帥，郭倬以池，田俊邁以濠，分三軍並趨符离，圍之。虜守欲迎降，忠義已肉薄而登，我軍反嫉其功，自下射之。顛守陴者曰：「是一家人，猶爾我輩，安得脫？」復爲備，餉爲敵焚，三將無覺者。居數日，而士不爨矣。初取泗，居一月，之宿州。汝翼至，營於積水卑窪處，爲水淹，軍饑，遂先潰。二將亦掃營去，改塗自蘄入城，而敵已至，我軍幾殲。大酋僕撒孛堇使謂汝翼，「執俊邁歸我，可全師。」不敢應。提轄余永甯告倬，遂執之與敵。敵啟門，出二將，猶勦其後騎。倬爲招撫倪弟，庇弗究。事聞，命大理正喬夢符置獄京口，杖永甯脊，黥流海島。倬弟僎妄訴於平原，喬復至，獄具，永甯磔死，倬棄市，從者置極典。汝翼竄瓊州，籍其家。俊邁家賜宅予官。倪尋以怯懦謫南康，嘉定中，與僎俱流嶺南，沒入貲産。倬之罪不及汝翼，其帥九江，刻剝無藝，日課軍士，貧者履一雙，人呼「李草鞋」。既敗，猶取馬司五萬緡歸其家。倪、倬、僎皆浩孫，世將家，寵利盈溢，隕其家聲。 甲辰，宋皇甫斌攻唐州，刺史烏克遜鄂屯一作兀屯，官左監軍，有傳。〔攷異〕卷〔八十〕一（據金史卷八一夾谷吾里補傳補）夾谷吾里補傳其父名兀屯，另一人。拒之，行省遣泌陽縣名，屬唐州。副巡檢納哈塔軍勝來援，遂敗之。〔攷異〕烏克遜温屯傳，原作烏古孫兀屯，上京路人。時皇甫斌步騎萬人攻唐州，遣泌陽尉博碩布、巡檢布希拒守，另遣判官薩克達襲宋營，敗之，殺數千百人，宋兵亂，遁去。及斌復來攻，與軍勝合擊，伏兵發，宋兵爲二，遂大潰。至湖陽，斬首萬級，又敗其別將於竹林寺，手殺之。所載較詳。

六月辛亥朔，宋李爽圍壽州，刺史圖克坦義拒守，踰月不能下。河南統軍判官奇珠原作乞住及邁珠原作買哥等來援，合擊敗之。同知軍州事布埒庫原作蒲烈古中流矢死。部曲魏全亦不屈死。〔攷異〕大金國志云，時宋李爽侵壽州，敗績。田林取壽春府。宋史甯宗紀田林作田琳，稍異。 庚申，右翼都統完顏薩布原作賽不，後官右丞相，行省徐州，死節。〔攷異〕汪輝祖金史同名録云，卷一百六高琪傳琪奴、卷一百二十二梁持勝傳咸平治中，三人同名賽不。敗宋曹統制兵於溱水。方輿紀要云，在新鄭縣北，源出密縣境。一名澮水，東北流至縣界，與洧水合。洧水源出登封縣陽城山。〔攷異〕薩布傳，宋皇甫斌遣率步騎數萬。按，遣字下疑有脱簡。考章宗紀，泰和六年六月，薩布敗曹統制於溱水，史佚其名，應即斌所遣也。薛應旂通鑑、宋史甯宗紀皆未載此事，無可質證，姑仍其舊。見元會汾金史攷證。續綱目云，侂胄以師出無功，免鄧友龍官，以邱崈爲兩淮宣撫，駐揚州。崈至鎮，部署諸將，悉以三衙江上軍分守江淮要害。於是王大節、李汝翼、皇甫斌、李爽等皆坐貶。斬郭倬於鎮江。蘇師旦以罪竄韶州，籍其家。所載甚詳。丁巳，詔彰德府，宋韓侂胄祖琦墳毋得損壞，仍禁樵採。有宋宗族所居，各具以聞。長官常加提控。

秋七月癸未，宋商榮復攻東海縣，令完顏綳森原作卞僧擊敗之。還，中伏矢死。甲午，宋統制戚春以舟師攻邳州，刺史完顏從正敗之。春赴水死，斬其副夏統制。〔攷異〕（愛實）〔宗室〕傳（據金史卷六六宗室傳改），原作阿喜，宗室子。歷同知歸德節度。宋統制劉文（儉）〔謙〕（據金史卷六六阿喜傳改）攻宿遷，愛實迎擊，破之。復破戚春、夏興國舟兵萬餘人，斬興國於陣。遷鎮國上將軍。復渡淮，破寶應、天長二縣。據此，則夏統制名興國，可補本紀之闕。

九月戊戌，命尚書左丞布薩端行省於汴。

冬十月〔攷異〕宋史作八月。戊申朔，平章揆分九道侵宋。以行省兵三萬出潁、壽，統軍使子仁兵三萬出渦口，副元帥匡兵二萬五千出唐、鄧，左監軍紇石烈執中兵二萬出清口，右監軍充兵一萬出陳倉，右都監貞兵一萬出成紀，安撫使綱兵一萬出臨潭，都總管舒穆仲温〔攷異〕宋史作石抹仲。兵五千出鹽川，防禦使完顔璘〔攷異〕續綱目作疇，宋史一名嶙。兵五千出來遠。方輿紀要云，渦口故城在懷遠縣東北十五里，今訛爲[illegible]城。清口在淮安府城西，今爲清江浦。陳倉山在寶雞縣東南四十里。成紀，縣名，屬秦州。臨潭城在洮州衞西南七十里。鹽川城卽漳縣，在鞏昌府南七十里。來遠鎮在漳縣西南三十里。〔攷異〕續通考云，清河縣西有清河，卽泗水下流，源自泰安州，經徐州至邳東境曰直河，西境曰沙河，又南下至清江縣西北三汊河口，分爲大小三清河達於淮。

十一月壬午，匡遣烏庫哩慶壽攻下棗陽，完顔江山克光化軍，烏克遜尼敦原作温占孫乃屯（按，據金史卷九八完顔匡傳，「乃屯」當是「兀屯」之誤）攻神馬坡。〔攷異〕温屯傳，從匡取棗陽，襲神馬坡，宋兵五萬夾水陣，以强弩拒岸。温屯分兵奪其三橋，自辰至午連拔十三寨。從攻襄至漢江。紀作尼敦，異。完顔諳達攻隨州，慶壽扼赤岸，斷襄漢路，宋將雷太尉遁，遂取之。匡進圍德安，別以兵徇下安陸、應城、雲夢、孝感、漢川、荆山等縣，遂攻襄陽，破其外城。芬徹并克宜城。宋史地理志云，棗陽縣屬隨州。光化軍治乾德縣，後改爲縣。隨州爲漢東郡，崇信軍，縣三。德安，府名，本安州安遠軍。安陸、應城、雲夢、孝感均縣名，屬德安府。漢川屬漢陽府。荆山屬懷遠軍。宜城屬襄陽府。〔攷異〕輿地廣記云，隨州，古隨國，秦、漢屬南陽郡，晉惠置隨（州）〔郡〕（據輿地廣記卷八改），西魏置并州，改隨州，唐改漢東郡，今升崇義軍，改崇信。縣三：隨縣、唐城、棗陽。郢州，晉、宋爲竟陵郡，後周置石城郡，兼置郢州，唐後爲富水郡。今縣二：長壽、京山。安州，漢、晉爲江夏郡，宋分置安陸郡，西魏置安州，後唐升安遠軍。縣五：安陸、雲夢、應城、考城、應山。按，德安本安州，屬縣只少孝感。安陸，本郢州，屬縣鍾祥卽長壽。天門卽竟陵、京山。只多灊江。續通考云，隨州，唐後改漢東郡，後仍舊。宋爲崇信軍又爲棗陽軍，元復故。領隨縣、應山二縣。德安府，唐初爲安州，一名安陸郡，宋爲府，領安陸、孝感、應城、雲夢四縣。漢陽府，唐初爲沔州，又改沔陽郡，宋爲漢陽軍，領漢陽、漢川二縣。續綱目云，金犯神馬坡，江陵副都統魏友諒突圍奔襄陽。招撫使趙淳焚樊城遁。金遂破信陽、襄陽、隨州，進圍德安府。大金國志云，金圍德安，爲守將李師尹所敗。史未載。丁亥，行省揆克安豐軍，取霍邱縣，均屬壽春府進次廬江。屬無爲軍。續通考云，無爲州，宋始以城口鎮置，元領無爲、廬江、巢縣三縣。〔攷異〕穆延薩克達傳，揆出潁、壽，薩克達爲中軍副統，克安豐軍，戰霍邱、花黶功居多，軍中號「長槍副統」。續綱目云，揆引兵至淮，測八疊灘可涉，卽遣奧屯驤揚兵下蔡，聲言欲渡。守將何汝（勵）〔礪〕（據金史卷九三僕散揆傳改）、姚公佐屯兵花黶，以備之。揆乃遣賽不等潛師渡八疊灘，駐南岸，官軍遂潰，死者無數，遂奪潁口，下安豐軍及霍邱。八疊灘在壽州西北淮水旁。通鑑輯覽奧屯驤作鄂吞襄。揆傳作鄂屯驤。宏簡録作奧屯襄，所載各異。襄傳，上京路人。官北京留守、宣撫使，爲宣差提控錫林所害。錫林原作習烈。卷六十八歡都傳穆宗諸父子；卷一百二十徒單公弼傳本名，定國公，三人同名習烈。壬辰，宋督師邱崈遣劉祐來乞和。庚子，復遣林拱〔攷異〕交聘表作林拱（辰）（據金史卷六二交聘表删）持書來議。癸卯，復遣宋顯等以書幣來獻。〔攷異〕薛應旂通鑑云，時金攻淮南日急，詔郭杲將兵駐真州以援之。命邱崈督視江淮軍馬，或勸棄廬、和爲守江計，崈曰：「棄淮則與敵共長江之險，吾當與淮南俱存亡。益增兵防守。」時，執中克淮陰，縣名，屬楚州山陽郡自清河口渡淮，遂圍楚州。〔攷異〕大金國志云，時宋將郭超失利，史未載。子仁克定遠縣及滁州，徇下來安、全椒二縣，取真州。定遠屬鳳陽府。來安、全椒屬滁州。真州卽儀徵縣。〔攷異〕輿地廣記云，滁州，秦、漢屬九江郡，宋置新昌郡，齊置南譙州，北齊改臨滁，後周曰北譙，隋立滁州，唐爲永陽郡。縣三：清流、來安、全椒。真州，分揚州置，南唐以永山縣地置迎鑾鎮，今爲建安軍，升真州。縣二：揚子、六合。續通考云，滁州，唐析揚州城置，又改永陽郡，後爲滁州。周密齊東野語云，開禧用兵，金元帥紇石烈子仁領兵據濠、梁，大書一詞於倅廳壁，詞名上平南，即上西平調，云：「蠆鋒搖，螳臂振，舊盟寒。恃洞庭彭蠡狂瀾，天兵小試，萬蹄一飲楚江乾。捷書飛上九重天，春滿長安。舜山川，周禮樂，唐日月，漢衣冠。洗五州妖氣，關山已平，全蜀風行，何用一泥丸。有人傳喜日邊，都護先還。」時宋真州兵數萬保河橋。子仁分軍涉淺，潛出敵後，敵大驚，不戰而潰。斬首二萬餘級，生擒其將劉挺、常思敬、蕭從德、莫子容，皆驍將也。〔攷異〕宋史紀事本末云，子仁入真州，士民奔逃渡江者十餘萬。知鎮江府宇文紹節亟具舟以濟，又廪食之。自是淮西郡縣皆陷。史未載。

十二月丁未朔，撲攻和州，薩克達中流矢死。〔攷異〕宋史甯宗紀作十一月，云，金圍和州，守將周虎拒之。敵騎萬五千駐六合，縣名，屬真州建安軍。撲以右翼掩擊，斬首八千級。進屯瓦梁河，以控真、揚諸路之衝。整步騎，列旗幟，沿江上下，江表大震。邱崈復遣陳璧等奉書乞和。〔攷異〕宋史紀事本末云，是月，金攻六合，郭倪敗於胥浦橋。倪棄揚州走。魏友諒潰於花泉，走江陵。時撲欲通和罷兵。有韓元靚者，琦五世孫，撲遣渡淮，密獲之，佯詰其由，始露講解意。仍使北歸，得金行省文字，聞於朝。侂胄許之，遂遣陳璧往，王文繼之，具言用兵乃蘇師旦、鄧友龍、皇甫斌所爲，今皆貶。撲猶以侂胄爲詞，因許還其淮北流移人，及今年歲幣，始允和，退屯下蔡。按，交聘表韓元靚作韓元靖（按，金史卷六二交聘表仍作「靚」），稍異。薛應旂通鑑云，冬，以畢再遇權山東、京東招撫司。時諸將皆敗，唯再遇數有功。金常以水櫃取勝，再遇夜縛藁人數千，被甲執旗，儼立成行。昧爽鳴鼓，敵驚，放水櫃，後知其非兵，甚沮。進攻，金大敗。又嘗以香料煑豆，誘敵馬就食。佯敗，反攻，死者無計。再遇字德卿，兖州人。史未載。又紀載是年五月甲申，太白晝見。六月辛未木星晝見，未幾經天。八月辛亥，木星晨見。己未太白晝見，尋經天。九月乙酉，將五鼓，北方有赤白氣數道，起王良下，至北斗開陽、摇光東。

是歲，吴曦叛宋來降，封蜀王。〔攷異〕宋史甯宗紀云，吴曦始自稱蜀王。

七年（丁卯一二〇七）春正月丁丑朔，完顏匡攻襄陽，遂取穀城。乙酉，贈故壽州死節軍士魏全宣武將軍。庚寅，行省揆還駐下蔡。縣名，屬壽春府。時宋復遣陳璧來，揆卻之，宋人乃決巨勝、成公、在揚州府西五十里。雷㙛（按，金史卷九三僕散揆傳「㙛」作「塘」）在揚州府西北十五里。〔攷異〕續通考云，雷㙛在揚州府城北十里，一名雷陂，唐長史李襲譽引渠水溉田。又有得勝湖，在興化縣東十里，宋張榮、賈虎敗金人於此，因名。潴積水爲阻，盡焚其廬舍、儲積，過江遁。揆以方春地溼，欲休養士馬，乃振旅還軍。遂有疾，以左丞相宗浩兼都元帥代之。〔攷異〕章宗紀作崇浩，今從本傳。

二月丁巳，宋知樞密院張巖遣方信孺以書詣行省議和。〔攷異〕續綱目云，崈言金欲和，宜移書成前議，且暫免；侂胄繫衘，遂罷，以張巖代。侂胄募人使金，信孺自蕭山丞召赴都曰：「開釁自我，金若問首謀，以何詞對？」侂胄矍然遂往。時葉適兼江淮制置使，乞節制江北諸州，從之。李心傳朝野雜記云，宗卿之罷，命由中出，執政不之知。李季章在都堂力争，謂「宗卿有人望，奈何去之？」侂胄變色曰：「方今天下只有邱宗卿耶？」因拂衣起。按，邱崈之罷，宋史全文及兩朝綱目備要作本年，而宋史侂胄傳作明年，疑誤。信孺字孚若，興化軍人。己未，完顏匡克荆門（州）〔軍〕（據金史卷一二章宗紀改）。屬荆湖北路，縣二。〔攷異〕續通考云，荆門州，唐爲縣，宋升爲軍，元升爲府，尋復舊。領長林、當陽二縣。戊辰，左副元帥撻卒於軍。本傳，本名臨喜，忠義子。尚韓國公主，官統軍使，坐永（韜）〔蹈〕（據金史卷九三僕散揆傳改）事免，起官節度。以北邊戰功，歷西南招討使，築塞九百里。還拜參政，進平章，封濟國公。侵宋屢捷，卒，謚武肅。子安貞，尚邢國長公主。次子甯壽爲奉御。

三月庚子，以完顏匡爲左副元帥，本傳，本内族，名蘇色。累官樞副，進平章。代崇浩總兵，封定國公。章宗崩，衛王立，專定策功，構殺李妃，拜尚書令，封申王。怙寵自用，官以賄成。〔攷異〕續通考云，世祖九世孫。宗室表，始祖子斡魯八世孫，官太師。汪輝祖金史同名録云，蘇色本作撒速。卷六十三壽甯縣主傳海陵時近侍局直宿；卷八十七志甯傳世宗時歸德尹，姓朮甲氏；卷一百一承暉傳從孫奉御，四人同名撒速。子仁爲右副元帥。

五月丙申，宋張巖復遣方信孺以書至元帥府，增歲幣，乞和。〔攷異〕錢大昕云，宋史，六月以林拱辰爲通謝使，遣富琯告謝太后哀，劉彌正賀生辰。交聘表均未書，蓋其時以和議未成，不得達也。

秋八月戊申，方信孺復齎其主誓書藁來。〔攷異〕宗浩傳，信孺致書略云：「方信孺還，遠貽報翰及所承鈞旨，仰見以生靈休息爲重，曲示包容矜軫之意。聞命踴躍，私竊自喜，即具奏聞，備述大金皇帝天覆地載之仁，與都元帥海涵春育之德。旋奉上旨，亟遣信使通謝宸庭，仍先令信孺再詣行省，以請定議。區區之愚，實恃高明，必蒙洞照，重布本末，幸垂聽焉。」又言，「合遣人使，接續津發，已具公移，企望取接。伏冀鑒其至再至三之誠，亟踐請盟之諾，即底於成，感戴恩德，永永無極。誓書副本慮往返遷延，就以録呈。」金復書略云：「方信孺重以書來，詳味其辭，於請和之意雖若婉遜，而所晝之事猶未悉從，惟言當還泗州等驅掠而已。至於責貢幣，則欲以舊數爲增，追叛亡，則欲以橫恩爲例，而稱臣、割地、縛送姦臣之事，則並飾虛説，（并當）〔弗肯〕（據金史卷九三宗浩傳改）如約。豈以爲朝廷過求有不可從，將度德量力足以背城借一與我軍角一日勝負者哉？」所載較詳。

九月甲戌朔，都元帥宗浩卒於軍。本傳，係內族昂子，字師孟，本名老。大定時官參政。章宗立，改北京留守。征北有功，擢樞密使，封榮國公，進左丞相。建議築濠塹，命督役。代揆督師侵宋。與宋議和，卒，謚通敏。

冬十一月丙子，宋遣左司郎中王柟以書講和，稱伯，增犒軍錢，誅蘇師旦，函首以獻。〔攷異〕薛應旂通鑑云，初，信孺至濠州，子仁下之獄，露刃環守，絕薪水，要以反俘、歸幣、縛送首謀、稱藩、割地五事。曰：「反俘、歸幣可也。縛送首謀自古無之。稱藩割地非臣子所敢言。」子仁曰：「若不望生還耶？」答曰：「吾將命出國門，已置生死度外矣。」送至汴，辨對不少屈。以還，更以林拱辰爲通謝使，與信孺持國書誓草及許通謝錢百萬緡，宗浩仍未允，復遣還。侂胄問五事，五不敢言。固問，則曰：「欲得太師頭耳。」侂胄大怒，貶三官，臨江軍居住。凡三使金，以口舌折强敵，雖未即和，已有成説矣。以柟代，假官持書北行。柟，倫孫也。所載較詳。壬辰，宋參政錢象祖以誅韓侂胄移書行省。詔檄宋以侂胄首贖淮南地。〔攷異〕續綱目云，侂胄怒金索首謀，復鋭意用兵。以趙淳鎮江淮，免張巖。巖開督府九月，耗縣官錢三百七十萬緡，而無成功。禮部侍郎史彌遠請誅侂胄，楊后助之，使榮王曮疏奏，帝不答。后請命其兄次山合謀，彌遠得密旨，乃告錢象祖，許之，遂命夏震統兵擁至玉津園側，殺之。下詔暴其罪，時十一月乙亥也。趙翼劄記云，事見楊后傳，而侂胄及李壁二傳均同。乃彌遠傳，則謂彌遠與皇子詢先奏罷侂胄，官給舍，交章論之，乃就誅。召彌遠對咸和殿，此蓋諱其擅殺之迹，與甯宗紀合。潜説友咸淳臨安志云，玉津園在嘉會門外，紹興十七年建。金使蕭秉温來賀天申節，遂燕射其中。孝宗數臨幸，與太子親王以下講燕射禮。淳熙元年，嘗御製詩以賜，云：「一天秋色破寒煙，別籞連隄壓巨川。欣見歲功成萬寶，因行射禮命羣賢。騰騰喜氣隨飛羽，婀婀淒風入控弦。文武從來資並用，酒餘端有侍臣篇。」時光宗在東宮，及右丞相曾懷皆有賡和，刻之石。葉夢得石林燕語云，瓊林苑、金明池、宜春苑、玉津園，謂之四園。瓊林苑乾德中置。金明池在苑北，以習水戰，後與瓊林均爲游燕之地。宜春〔院〕〔苑〕（據上文改）本秦悼王園，後廢不治。玉津園則五代之舊，半以種麥。仲夏，駕幸觀刈麥。後惟契丹賜射爲故事。周淙乾道臨安志云，玉津園在龍山北。

八年（戊辰一二〇八）春二月乙巳，宋錢象祖復遣王柟來請川、陝關隘。

夏四月癸卯，日暈三重，皆内黄外赤。

〔閏月〕（據金史卷一二章宗紀補）乙未，宋獻韓侂胄等首於元帥府。

五月丁未，御應天門，備黄麾立仗，親王文武合班起居。平南撫軍上將軍赫舍哩貞以宋賊臣首獻，并奉露布以聞。懸其首、畫像於市，罷兵。丙辰，平章匡至自軍。改元帥府爲樞密院。〔攷異〕薛應旂通鑑云，正月，右諫議大夫葉時請梟侂胄首於兩淮，以謝天下，不報。初，柟至金，請依靖康故事，世爲伯姪國，增歲幣爲三十萬兩疋，犒軍錢三百萬緡，並函師旦首獻。金主命索侂胄首。柟還，召百官議，倪思謂有傷國體。吏部尚書樓鑰謂姦宄已斃之，首又何足惜。命斵棺取首，梟之兩淮，仍諭諸路。遂以一首付柟送金，以易淮、陝侵地。邵伯温四朝聞見録云，章良能謂姦宄之首不足惜，王介争之。倪思議與章仝。宋史作樓鑰謂首不足惜，而倪思謂有傷國體，蓋傳聞之異。又云，金受侂胄首，謚曰忠謬侯。史不載。鑰字大防，鄞縣人。潛説友咸淳臨安志云，丁卯，和議，金索首謀，函首予之。或爲樂府云：「寶蓮山下韓家府，主人飛頭去和虜。」高九萬吳山絶句云：「拂曉官來籍録時，未曾吹徹玉參差。旁人不忍聽鸚鵡，欲向金籠唤太師。」又，開禧中，帥臣趙師睪於柳州龍王廟重塑五王像，冕旒珪服畢具，其中三像，一模侂胄，二自强，三師旦。時韓、陳猶在，台臣攻師旦，唯於疏中。及師旦自貌其像，不敢斥韓、陳，至今未有易之者，然師旦論疏可考也。李心傳朝野雜記載有小詩云：「函首和戎事亦非，當時於此息兵機。咸陽追復真堪恨，那得中原駕六飛。」潘永因宋稗類抄云，函侂胄首，宋金乞和。時太學諸生有詩曰：「自古和戎有大權，未聞函首可安邊。生靈肝腦空塗地，祖父冤仇共戴天。晁錯已誅終叛漢，於期未遣尚存燕。廟堂自謂萬全策，却恐防邊未必然。」明年，閤門舍人周登出聘，金使令引南使觀忠謬侯墓，且釋曰：「忠於爲國，謬於爲身。」詢之，乃韓也。又，錢象祖嘗諫用兵，與侂胄有隙，史彌遠因合謀誅之。甯宗不知也。都下語曰：「釋伽佛中間坐，羅漢神立兩傍。文殊普賢自鬭，象祖打殺師王。」聞者絶倒。周密齊東野語云，彌遠初未有殺侂胄意，謀之張鎡，鎡曰：「勢必不兩立，不如殺之。」彌遠撫几曰：「君真將種也，吾計決矣。」時侂胄三夫人滿頭花生辰，鎡移庖韓府，酣飲至五鼓，周筠告變，不聽。既被誅，上愕然不信。台諫交章論列，三日後猶未悟其死。繼乃下詔暴其罪，家籍沒，至函首送金。謂林大中議亦同倪思，主之尤力。獨章良能以爲事關國體，抗詞力争。時有題詩於侍從宅者曰：「平生只説樓攻媿，此媿終身不可攻。」又云：「歲幣頓增三百萬，和戎又送一於期。無人説與王柟道，莫遣當年寇準知。」按，侂胄任情妄動，自取誅。僇然雜記所載趙師䍐犬吠，乃鄭斗所造，以報撻武學生之憤。至許及之屈膝，費士寅狗竇，亦皆撰造醜詆。信史不擇是非，而盡紀之，何哉。又，癸辛雜識云，王宣子嘗爲太學博士，適一婢有孕，而不容於内，出之女儈家。韓平原父同鄉無子，聞王氏有孕婢在外，遂明告而納之，未幾得男，卽平原也。

六月癸酉，宋通謝使試禮部尚書許奕、福州觀察使吴衡奉其主書入見。甲戌，謁謝於衍慶宮。丁酉，以左副都點檢〔完〕顏侃（據金史卷十二章宗紀補）爲宋諭成使，禮部侍郎喬宇副之。

秋七月戊申，宋使朝辭，致答通謝書及誓書於宋。

八月己丑，遣户部尚書高汝礪等賀宋生日。

冬十月辛巳，宋使來賀。〔攷異〕交聘表，諭成使祗載〔完〕顏侃(同上)，無裔字名，且繫之七月戊申。又書，己酉宋户部尚書鄒應龍、泉州觀察使李謙賀天壽節，與紀異。宋史甯宗紀，六月，金遣使來歸大散關及濠州。八月，置安邊所。九月，以和議成諭天下。繫年要録云，是年，宋遣曾從龍賀明年正旦，聞章宗之喪，改充弔祭使。遣宇文紹彭賀即位。金遣裴滿正來告哀，蒲察知剛致遺留物，又遣使告卽位。交聘表失書。又，瀛州道古録云，宋與遼、金南北通問，各設國信使。使至，俱置客省司四方館。使引進，有官押燕，有伴使。事不一，大半多用詞臣。北有燕賓館，南有班荆館。至燕京，則許遊憫忠、慶壽諸刹，至臨安，則伴使偕往天竺燒香，次冷泉亭、呼猿洞而歸。當時紀行之書存於今者，王曾上契丹事、富弼奉使録、許亢宗奉使行程録、洪皓松漠紀聞、范成大攬轡録、周煇北轅録，僅寥寥數卷，其宮闕制度猶可藉以考證。外如路振乘軺録、宋敏求入蕃録、范鎮使北録、劉敞使北語録、江德藻聘北道里記、沈括使遼圖抄、李罕使遼見聞録、寇瑊奉使録、王曙戴斗奉使録、王晉使範、連鵬舉宣和使金録、何鑄奉使雜録、雍垚佐隆興奉使審議録、張棣講和事迹、韓元吉金國生辰語録、姚憲乾道奉行録、余嶸使燕録、樓鑰北行日録、富軾奉使語録，間軼不傳。又若趙良嗣燕雲奉使録、馬擴茅齋自叙、沈括南歸録、鄭望之靖康奉使録、李若水山西軍前奉使録、傅雱建炎通問録、范仲熊北紀、晁公忞金人敗盟記，雖散見於北盟會編，而未必全。至若皇華録、南北歡盟録、南北對鏡圖、南北國信記、議盟記、接判語録、北朝國信語録、賀正人使例、使北録、靖康要盟録、紹興通和録、講和録、開禧通和特書通問本末諸書，或僅留其目，并作書者姓氏多佚矣。

金史紀事本末卷三十八

衞王遇害

章宗泰和八年（戊辰一二〇八）冬十一月丙辰，章宗崩，衞王即位。諱永濟，初作允濟，避顯宗諱改。小字興勝，世宗第七子，母曰元妃李氏。王長身，美鬚髯，天資儉約，不好華飾。大定十一年封薛王，改封滕。章宗立，進封潞王。承安二年，改封衞王，歷判府軍。初，章宗誅鄭王、鎬王，久頗悔之，復爵賜謚，且以衞王子阿禪原作按陳爲鄭王後，改衞王武定節度使。八年冬入朝，時章宗已感嗽疾，衞王辭行，而章宗意留之。先是置王傅府尉官，檢制宗室。王雖鄭王母弟，柔弱鮮智能，爲帝所愛。既無繼嗣，欲立王，故留之。〔攷異〕兩朝綱目備要云，世宗子時唯永濟在。然其時尚有越王永功、虁王永升，不止衞王也。今從史。召平章完顏匡定策，奉王即位。〔攷異〕大金國志云，李黄門與右丞撒窣立之，拜撒窣太傅領三省事，封申王。及大漸，元妃李氏與黄門李新喜詔羣臣先緣事罷者悉復敍用。北邊被兵，貧民所在，有司存問賑恤。紀未載。李心傳朝野雜記，右丞撒窣作右丞相撒窣，又異。

衛紹王大安元年(己巳一二〇九)春正月辛丑，飛星如火，起天市垣，有尾，跡若赤龍。

二月乙丑，太白晝見，經天。立元妃圖克坦氏爲皇后，封皇子六人爲王。

三月甲辰，以平章布薩端爲右丞相。

夏四月庚辰，殺章宗元妃李氏及奉御賈氏。以平章完顏匡爲尚書令。〔攷異〕沈炳震廿一史四譜，衛王朝宰輔爲尚書令者只完顏匡，而丞相則僕散端、徒單鎰，平章則獨吉千家奴、徒單公弼，左右丞則奧屯忠孝、胡沙虎、完顏福興、完顏元奴，均見本紀。

冬十月，歲星犯左執法。

十一月，平陽地震，有聲如雷，自西北來。詔免租稅，撫卹有差。

是冬，詔戒厲風俗。〔攷異〕續通考云，是年，徐沛界黄河清五百餘里，凡二年。以其事詔中外。臨洮楊珪上疏，謂爲災異。宰臣議以妖言誅之，恐絶言路，詔大興鎖還本管。後宣宗貞祐二年六月，黄河自陝州界至衛州八柳樹溝，十餘日纖鱗皆見。紀載徐、邳州河清事，繫之二年四月，稍異。大金國志云，是歲，諭民納粟補官。自四月至於六月不雨，內出寶器及圖書、文畫付雜買場賣。史均未書。

二年(庚午一二一〇)春正月庚戌朔(按，據長術，是年正月庚寅朔，此誤)，日中有流星出，大如盆，其色碧，向西行漸如車輪，尾長數丈，没於(蜀)〔濁〕(據金史卷一三衛紹王紀改)中，至地復起，光散如火。

二月，客星入紫微垣，光散爲赤龍。地大震，有聲如雷。〔攷異〕續通考載於元年四月壬申。

夏四月，北方有黑氣，如大道，東西亘天。

五月，詔儒臣編續資治通鑑。

六月，大旱，下詔罪己，賑貧民闕食者。

八月乙丑，立子胙王從恪爲太子。

十一月，中都大悲閣東渠內火自出，逾旬乃滅。閣南刹竿下石罅中火自出，人近之卽滅，俄復出，如是者復旬日。中都火（撳）〔焮〕（同上）民居。〔攷異〕五行志竿下作幡竿下，云，自是都城燔爇二三十處。又三月，大悲閣災，延燒萬餘家，火五日不絕。析津志云，大悲閣東南有披雲樓，舊有題額，是章宗手書。上有遠樹影，雖風雨晦冥皆見之。孫承澤春明夢餘録，耶律楚材和韻題詩云：「閒上披雲第一重，離離禾黍漢家宮。窗開青瑣招晴色，簾捲銀鈎挹曉風。好景安排詩句裏，閒愁分付酒杯中。靜思二十年間事，聚散悲歡一夢同。」載湛然居士集。續通考云，大安二年，潰河之役，以交鈔八十四車爲軍餉，兵衄國殘，不遑救弊，交鈔之輕，幾不能市易矣。

是歲地屢震。

三年（辛未 一二一一）春正月乙酉朔，熒惑入氐中，凡十有一日乃出。

二月，熒惑犯房宿。有大風從北來，發屋折木，通玄門關、東華門重關皆折。〔攷異〕王士點禁扁云，金以幽州爲中都，汴爲南京，門之扁曰宣和、曰啓夏、曰豐宜、曰丹鳳、曰大慶、曰承天、曰日精、曰月華、曰左右昇平、曰左右昇龍、曰隆德、曰嚴祇、曰繁禧、曰安泰、曰祇肅、曰安貞、曰南薰、曰大興、曰大安、曰南順、曰順陽、曰四會、曰仁安、曰德和、曰德昌、曰文明、曰光興、曰啓慶、曰明昌、曰徽音、曰光翼、曰宣陽、曰光隸、曰宣華、曰玉華、曰應天、曰嘉會、曰宣曜、曰陽春、曰施仁、曰灝華、曰麗澤、曰彰義、曰景風、曰端禮、曰通玄、曰會城、曰崇智。按，應天門内有左右翔龍門，皇太后册立乘輿至翔龍門。見禮志。又，貞元三年，廢帝登寶昌門觀角觝，及登寶昌門樓殺昭媛徹伯爾，御寶昌門臨軒親試。見紀傳。泰和六年，詔建昭烈武成王廟於闕廷之右麗澤門内。見本紀。元遺山集載梁園春詞云：「雙鳳簫聲隔綵霞，宫鶯催賞玉谿花。誰憐麗澤門邊柳，瘦倚東風望翠華。」王惲玉堂嘉話云，燕城西南門曰端禮，有大定末劉無黨所撰左丞唐古安禮碑云：「尹大興，時迎午休吏，燕雀語堂下，人不知有官府。」王文正上遼事，南門外有裕悦王廨，爲宴集之所。永平館舊名碣石館，清和後易之，亦爲朝士宴遊地。見明一統志。按，清和恐係統和之訛。周煇北轅録云，入豐宜門，過龍津橋。橋分三道，通用奪玉石扶闌，上琢爲嬰兒狀，極工巧。范成大石湖集，橋在宣揚門外，以玉石爲之，引西山水灌其下。詩云：「燕石扶闌玉雪堆，柳塘南北抱城迴。西山剩放龍津水，留待官軍飲馬來。」

閏月，熒惑犯鍵閉星。

三月，大悲閣災，延及民居。有黑氣起北方，廣長若大隄，内有三白氣貫之，如龍虎狀。

冬十月，每夜初更，東、西方天明如月初出，經月乃滅。熒惑犯壘壁陣。

十一月，殺河南陳言人郝贊。〔攷異〕五行志云，二月，大風從西北來，發屋拔木，吹清夷門關折。時有男子郝贊詣省，語帝卽位後天變屢見，宜退位，讓有德。有司問：「汝狂疾乎？」贊曰：「我不狂疾，但爲社稷計，宰相皆非其才。」每日省前大呼，凡半月。上怒，誅之隱處。大金國志云，是歲，禮部兼太常卿杜世昌請郊天地，祕書監郘文虎乞州縣立力田科。紀均未載。

崇慶元年（壬申一二一二）春三月，大旱。

夏五月，詔賣空名敕牒。河東、陝西大饑，斗米錢數千，流莩滿野。

秋七月，有風自東來，吹帛一段，高數十丈，飛動如龍形，墜於拱辰門。

冬十月，曲赦西京、遼東、北京。

十一月，振河東南路、南京路、陝西東路、山東西路、衛州旱災。

至寧元年（癸酉一二一三）春正月，振河（南）〔東〕（據金史卷一三衛紹王紀改）、陝西饑。

二月，詔招撫遼東。知大名府事烏庫哩誼謀不軌，伏誅。

三月，太陰、太白與日並見，相去尺餘。〔攷異〕續通考載於崇慶元年正月日正午時，與此稍異。

夏五月，改元。〔攷異〕五行志，初，衛王即位，改元大安。四年，改曰崇慶。既又改曰至寧。有人謂曰：「三元大崇至矣。」「大崇」者，大虫也。俄而有胡沙虎之變。陝西大旱。詔招諭咸平路契丹部人之嘯聚者。起呼沙呼〔攷異〕滿州語鵰鶚也。舊作胡沙虎，今譯改。後改名執中。復爲右副元帥，領兵屯通玄門外。

秋八月，大霧晝晦。〔攷異〕五行志云，是月，衛紹王之變。是日，海水不潮，寶坻鹽司懼其虧課，致禱無應。及宣宗即位，乃潮。紀未載。治中福海，呼沙呼傳，係南平姻家，姓完顏氏。〔攷異〕卷九十六完顏匡傳泰和六年將福海，另一人。將兵屯城北。辛卯，呼沙呼矯詔誅反者，執福海殺之，奪其兵。壬辰，自通玄門入，殺知大興府圖克坦南平及其子刑部侍郎默呼原作没撚。〔攷異〕一作没烈。卷六十五鑾睹傳曾孫惟鎔本名没烈，宣宗時邳州經略。另一人。於廣陽門西。〔攷異〕大金國志云，南平官左副元帥，迎合上意，沮格軍賞，衆皆怨之。執中因以誅南平爲名。李革傳，南平貴幸用事，勢傾中外。遣所親以進取誘革，革拒之。承暉傳，南平父子大爲姦利，嘗面斥其非。本傳，時南平行至廣陽門西寓義坊，馬上與執中遇，執中手槍刺殺之。所載較詳。福海男符寶珊延率衆拒戰，死之。珊延原作鄯（延）〔陽〕（據下文及金史卷一三衛紹王紀改）。〔攷異〕滿州語白色也。舊作鄯陽，今譯改。宏簡録同大金國志作善羊。云，官都統，率五百人力戰。自旦至午，手殺數十人，身中數十矢而死。所載較詳。都統實古納原作石古乃。〔攷異〕日下舊聞考作實庫，滿州語撒袋内襯帖也。舊作石古，今譯改。通鑑輯覽作錫固納。汪輝祖金史同名録云，卷七世宗大定十九年趙王子；卷七十一婆盧火傳平迭剌，即太祖時都統習古迺，亦作實古乃；卷七十二婁室子仲本名，北京留守，四人同名石古乃。亦戰死。本傳，時變起倉卒，中外不知所爲，善延、實庫乃往天王寺召大漢軍五百人赴難，與執中戰於東華門外。蔣一葵長安客話云，天王寺即隋之宏業寺，元魏孝文所建，隋於此建塔藏舍利。唐開元中，改額天王寺。金大定二十九年，改名大萬安禪寺。見耶律楚材湛然居士集。明宣德間，勅更天甯寺。其塔高二十七丈五尺五寸。今塔下有勅更名勅碑，後有尊勝陀羅尼石幢，遼重熙十七年五月立。見艮齋筆記及陝志。呼沙呼叩東華門，遣人呼守直親軍百户楝爾、原作冬兒。〔攷異〕卷十七哀宗正大六年隴州防禦使冬兒，另一人。五十户富察魯爾錦，原作蒲察六斤。〔攷異〕續綱目作陸錦，通鑑輯覽作埒爾錦。不應。許以世襲明安三品官職，亦不應。〔攷異〕大金國志云，時主遣皇子蔣王持詔投門下，募能殺執中者，白身除大興尹，世襲千户，無應者。紀未載。都點檢圖克〔坦〕威赫（據道光殿本金史卷一三衛紹王紀補）原作渭河，一名鎬。縋而出，〔攷異〕呼沙呼傳，威赫縋城出，見以積薪焚東華門，立梯登城。紀未載。護衛色埒默原作斜烈

（乞兒）（據金史卷一三衞紹王紀删）。〔攷異〕大金國志作將軍合住。通鑑輯覽作色埒默和爾，呼沙呼傳作實埒奇爾，外尚有將軍春山。所載互異。拾鎖啓門，呼沙呼以兵入宮，盡逐衞士，代以其黨，自稱監國元帥。〔攷異〕本傳，時召禮部令史張好禮，欲鑄監國元帥印。好禮曰：「自古無異姓監國者」，乃止。元好問中州集，一日，虎賊下禮部鑄監國寶，張信甫時爲尚書，持不可。虎賊雖怒，亦竟不能殺也。紀均未載。薛應旂通鑑云，主復用呼沙虎將兵，徒單鎰諫不聽。又責其好獵，遂與其黨完顏醜奴、烏古論奪剌等作亂，分軍爲三，叩東華門，呼曰：「韃靼至北關，已接戰矣。」使徒單金壽召南平，至，手刃殺之，遂入宮。居大興府，召聲妓與親黨會飲。續綱目醜奴作綽諾，奪剌作道喇，所載各異。癸巳，逼帝（入）〔出〕（據金史卷一三衞紹王紀改）宮，以素車載至故邸，遣兵錮守。尚宮左夫人鄭氏掌寶璽，聞難，端居璽所。呼沙呼遣黃門入收璽，鄭曰：「璽爲天子用，呼沙呼人臣，取將何爲？」黃門曰：「今天時大變，主上且不保，況璽乎？侍御當思自脱計。」鄭厲聲叱駡，遂瞑目不語。黃門出，呼沙呼卒取「宣命之寶」。〔攷異〕本傳，時莊獻太子在中都，迎至東宮。遣圖克坦福壽取符寶，陳於大興府露階上，盜用御寶出制、除拜。所載較異。續通考云，大定二十三年三月，鑄「宣命之寶」，金玉各一。金寶以進呈爲，始一品及王公。妃用玉寶。二品以下用今「宣命之寶」。其黨遷官凡數十人，遂使宦者李思（忠）〔中〕（同上）〔攷異〕大金國志作李監成，宏簡録作李思中。害帝於邸。〔攷異〕大金國志云，主初即位，命學士吴宗稷具述國難及哀痛之意。尋動無名之師，輕挑外侮，甚至蔬食徒跣，日焚香，告天不幸，適丁其會矣。紀未載。

九月甲辰，宣宗即位。詣邸，臨奠伏哭盡哀。勑以禮改葬。〔攷異〕續綱目云，呼沙呼欲僭位，訪之徒單鎰，答曰：「翼王，章宗兄，顯宗長子，衆望所屬，宜立之。」遂遣徒單銘迎昇王珣，立之。本傳作遣奉御和色哩三人、護衞布希班第、完顏酬努十人迎宣宗。大金國志謂用烏陵用章、蠢希古議，迎立豐王珣。所載互異。呼沙呼請廢爲庶人，詔百官議。太子少傅鄂屯忠孝、侍讀學士富察思忠請從廢黜，户部尚書武都、拾遺田庭芳等三十人請降爲王侯，太子太保張行簡請用漢昌邑王、晉海西公故事，侍御史完顏恩楚原作訛出等十人請降復王封。呼沙呼不從，竟降封東海郡侯。〔攷異〕宏簡録云，時召羣臣議，衆相視莫敢言。獨拾遺白庭秀奮然曰：「先朝素無失德，在禮不當廢。」從之者禮書張敬甫、户部武文伯、諫議張信甫、龐才卿、石抹晉卿等三十四人。呼沙呼傳拾遺作文學。循吏傳，武都字文伯，東勝州人。大定中進士，官兵部尚書。坐事罷，起爲刑部尚書。中都被圍，爲河東宣撫使，卒。及呼沙呼誅，始贈實古納順州地理志云，爲遼歸化軍，縣二，隸中都路。刺史、珊延順天節度〔副〕使（據金史卷一二二鄯陽傳補）、棟爾加龍虎衞上將軍、魯爾錦加定遠大將軍，餘贈卹有差。

宣宗貞祐二年（甲戌一二一四）夏五月，將南遷，詔徙故衞王家屬於鄭州，尋徙南京。〔攷異〕宗室表，衞王子六，可考者四：太子從恪；琚本名明安，原作猛安；瑄本名安春，原作按出；（喿）〔璪〕（據金史卷五九宗室表改）本名阿禪，原作按辰。母氏所出，均未詳。

三年（乙亥一二一五），黜衞王母光獻李后尊謚，及神主遷出太廟。

四年（丙子一二一六），詔追復衞王，謚曰紹，加開府儀同三司。

興定五年（辛巳一二二一）正月，詔修衞王事迹。時左丞賈益謙嘗事衞王，遣使就鄭州訪之。曰：「知衛王者莫如我。爲人勤儉，愼惜名器，校其行事，中材不及者多矣，吾知此耳。設欲飾言以實其罪，吾亦何惜餘年。」朝議偉之。

哀宗天興元年（壬辰一二三二），詔釋衛王子孫禁錮，聽自便。〔攷異〕巴胡魯傳，元光元年，宣宗以巴胡魯爲巡護衛紹王宅都將。卷二太祖紀天輔七年契丹亂人，與巴胡魯同名九斤。愛實傳，衛紹王、鎬厲王家屬皆以兵防護，巡察之嚴〔過〕（據金史卷一一四愛實傳補）於獄犴。愛實上言，哀宗始聽自便。張特立傳，字文舉，東明人。泰和中進士，官御史。疏言「衛、鎬二王久加禁錮，如防寇盜，世宗在天之靈得無傷乎？聖嗣未立，未必不由此也。」所載較詳。

赫舍哩原作紇石烈呼沙呼，一名胡沙虎，改名執中。阿蘇裔孫也，徙東平路明安。明昌初，歷右副點檢，肆傲失職，降肇州詳卷三。防禦使，遷興平軍名，即平州。節度使。丁母憂，起復歸德節度使，轉招討副使。承安二年，命簽樞密院，佐丞相襄北征，辭。下有司，降爲永定軍名，即雄州，縣三。節度使，坐事解職。泰和（九）〔元〕（據金史卷一三二紇石烈執中傳改）年，起知大興府。中丞孟鑄劾其「貪殘不法，怙罪弗悛，既蒙恩貸，轉生跋扈。如雄州詐認馬，平州冒支俸，破淶州人魏廷實〔攷異〕孟鑄傳廷實作廷碩。家，發其冢墓，拜表不赴，祈雨聚妓，毆罵同僚，擅令停職，失師帥之體，不稱京尹任」。〔攷異〕孟鑄傳，由令史歷主事，升中丞。後執中作亂，執鑄及張行信至，問曰：「汝輩向來彈我者耶？」鑄等以正言答之。遣還家，曰：「且俟後命。」執中死，鑄尋卒。所載較詳。李仲略傳，晏子，字簡之。第進士，歷修撰，權左司都事，世宗稱爲健吏。又曰：「仲略精神明健，如俊鶻脱帽。」遷侍郎。時執中坐贓，命仲略鞫之，罪當削解。權要言太重，仲略謂其兇殘狠愎，慢上虐下，不可宥。帝是之。授山東按察使，卒，謚襄獻。俄從布薩揆侵宋，爲都統，屢敗宋兵。克淮陰，進圍楚州，擢左監軍。兵罷，改招討使，西京留守。

衛王大安三年（辛未一二一一），命行樞院，與元兵遇於定安北。先遁，師遂潰。行次蔚州，擅取官庫銀幣，奪官民馬，殺淶水令。至中都，皆釋不問，遷右副元帥，權左丞。崇慶元年（壬申一二一二），放歸田里。

明年，復召至中都議軍事。左諫議大夫張行信上書諫，丞相圖克坦鎰亦謂不可用，參政梁鏜跪奏其姦惡，乃止。〔攷異〕蘇呺傳，彈奏者尚有烏庫哩德升。劉祁歸潛志云，張轂字伯英，許州人。官御史，言姦臣執中事，士論壯之。後官平陽轉運使。李遹字平甫，灤州人。擢第，爲御史，亦言執中不法事，後官東平治中。執中傳均未載。然善結近侍，交口稱譽，復使將兵，遂作亂，弒衛王。

九月，迎立宣宗。拜太師、尚書令、都元帥，封澤王，授中都路和羅噶圖世襲明安。（第）〔弟〕（據金史卷一三二紇石烈執中傳改）特默一作特末也。〔攷異〕汪輝祖金史同名録云，卷八世宗大定二十七年寶坻尉、卷七十思敬傳大定初叛黨，三人同名特末也。爲都點檢，子準一作豬糞。〔攷異〕卷百十九粘葛奴申傳天興二年陳州建威都尉亦名豬糞，另一人。除濮王傅、兵部侍郎。以烏庫哩誼第賜之。儀鸞局給供張，妻王氏，賜紫（給）〔結〕（同上）銀鐸車。侍朝賜坐，亦不辭。提點近侍局慶善努、副使惟弼、奉御惟康請除之，宣宗不許。及右監軍珠格原作朮虎高琪屢戰不勝，呼沙呼戒之曰：「今日出兵果無功，當以軍法從事。」及出戰，復敗。高琪懼，遂率所部糺軍圍其第。呼沙呼聞變，彎弓注矢外射，不勝，登後垣欲走，衣袿墮而傷股，軍士就斬之。〔攷異〕薛應旂通鑑云，蒙古兵至懷來，金高琪拒之，敗績，僵尸四十餘里。進圍中都，至皂河，欲渡高橋，胡沙虎病足，乘車督戰，大勝。翼日再戰，創甚。期高琪以糺軍出拒，不至，欲斬之。主令免死。胡沙虎乃益其兵令出戰曰：「勝則贖罪，否則斬。」及敗還，遂殺胡沙虎。所載較詳。劉祁歸潛志云，果勒齊入其第，露刃前，執中方濯足，大駭，走入臥內，軍士追殺之。又異。高琪執其首，詣闕待罪，赦之。拜左副元帥。〔攷異〕大金國志云，主盡收弑逆之人殺之，拜高乞樞密使。其黨呼糺軍反，市人爭殺之，糺軍死者甚衆，撫諭乃安。詔暴其罪惡，削官爵。弟特默等補外官。而慶善努等皆遷賞。

貞祐二年（甲戌一二一四），德州防禦使酬努亦伏誅。

金史紀事本末卷三十九

元人克燕

衛紹王大安二年（庚午一二一〇）秋九月庚子，遣使慰撫宣德行省軍士。丙午，京師戒嚴。上日出巡撫，百官請視朝，不允。辛亥，宣德行省罷。詔撫諭中都、西京、清、滄被兵民户。是歲大饑。禁百姓不得傳説邊事。〔攷異〕元史太祖紀云，諱特穆津，姓卻特氏，蒙古部人。十世祖勃端察爾，母曰阿倫果斡，嫁託本默爾根，生二子而寡居。夜寢帳中，夢白光自天窗入，化爲金色神人，趨卧榻，遂有娠，生勃端察爾。卒，子巴噶哩台哈必齊嗣。卒，子瑪哈多丹嗣。妻摩納倫，生七子而寡，爲雅賚爾滅。六子皆死，惟季子納沁存，撫立其長孫海都爲君，部族漸衆。傳至伊速克依卽也速該，并吞各部，卒，謚烈祖神元皇帝。初，征塔塔爾部，獲其酋特穆津，卽鐵木真。適宣懿皇后生子，以名之，手握凝血如赤石。烈祖殁，帝幼，部衆多歸泰赤烏，尋與札木哈克等部來侵，破走之，諸部多降。會金師滅塔塔爾部，授察克禿魯，復破奈曼部博囉汗於和倫札色山及杭愛山，奈曼勢弱。及克埒部王汗叛，戰於哈喇克沁沙圖之地，破平之。因征西夏，大掠而還。遂稱帝於鄂諾河，卽斡難河，號青吉斯皇帝，卽成吉思。時金泰和六年丙寅，乃宋開禧二年也。平奈曼，以博羅汗歸卽乃蠻國。因金殺其宗親罕布海汗，欲復仇。五年春，金築烏沙堡，命哲伯襲殺其衆，遂略地而東。初，衛王奉命往靜州受貢，奇帝狀貌。帝見衛王不爲禮，王歸，欲請兵攻之，未果。王即位，詔至，當拜受，問爲誰？曰：「衞王。」遽南面唾曰：「我謂中原皇帝是天上人做，此等庸懦亦爲之耶？」即乘馬北去。王怒，欲俟其入貢害之。事覺，遂與金絶。兩朝綱目備要云，王遣衆分屯山後，欲襲殺之，爲乣軍所告，遂不果。蒙古小徹辰薩囊台吉蒙古源流云，元太祖稱帝不建年號。孟珙蒙達備録謂有天興之號，疑誤。至文獻通考則以謚號爲年號，尤非也。薛應旂通鑑御特作奇握，温孛端察爾作孛端乂兒，阿倫果斡作阿蘭果火。云，帝母月倫生帝於跌里温盤陀山。杭愛作沆海，博羅汗作盃禄可汗。續綱目月倫作謂楞。通鑑輯覽阿倫果斡作阿倫郭斡。邵遠平元史類編，托本默爾根作脱奔伴哩犍。大方通鑑云，阿蘭一乳三子，長孛完合答吉，次孛合撒赤，季孛端乂兒。國語解云，特穆津，蒙古語鐵之最精者。舊作忒没真，今譯改。哲伯，蒙古語梅針箭也。舊作遮別，今譯改。按，諸書所載姓名各異。元史所謂太祖五年，即大安二年也。李心傳朝野雜記云，生韃靼有白黑之别，今忒没真乃黑韃靼也。與白韃靼皆屬金，歲親入貢，但答賜，不使入其境。明昌元年，白韃靼王攝叔弟殺兄自立，攝叔子白波厮方二歲，金取歸，養之黑水千户家。泰和七年春，攝叔入貢，金襲殺之，立白波厮，遣還國。白波厮在黑水千户家，悦其女，欲娶之，璟不許。白波厮怒，叛歸，黑韃靼以此益强。又云，韃靼以射獵爲生，兼器甲弓矢惟骨鏃，地不産鐵也。契丹鐵禁甚嚴，及金得河東，廢夾錫錢，執劉豫，又廢鐵錢。由是秦晉鐵錢皆歸之，遂大作軍器，國益强。金盛時，歲入貢，隸東北招討司。

三年（辛未一二一一）春三月，詔括民間馬，令職官出馬有差。

夏四月，元兵來征，遣西北招討使鈕祜禄哈達原作粘合合打乞和。平章政事通吉遷家努、原作獨吉千家奴，一名思忠。〔攷異〕卷八十五永蹈傳家奴，亦名千家奴，另一人。參政和碩一名承裕，亦名胡沙，又作呼實。〔攷異〕汪輝祖金史同名録云，卷八十斜卯傳太祖時太尉、卷一百二十四馬慶祥傳元光元年楨州全勝堡提控，姓僕散氏，三人同名胡沙。和碩，宗室子。初，侵宋，屯成紀，大敗宋兵，克成州。遷統軍使，以參政禦元兵，大敗，除名。起臨海節度使，卒。思忠亦因兵敗坐解職。均見本傳。行省事，西京留守赫舍哩呼沙呼行樞密院，備邊。〔攷異〕元史太祖紀云：二月，帝南伐，敗金將達實於野狐嶺，取大水濼、豐利等縣。金復築烏沙堡，七月，命哲伯攻拔之，及烏月營。續綱目云：初，金納哈買住守北鄙，奔告金主曰：「近見蒙古鄰部附從西夏獻女，而造箭製盾不休，行營令男子乘車惜馬力，非圖我而何？」主怒，囚之。至是始釋之，而遣使請和，不允。大金國志云：七月，元軍自和龍趨山後，與國兵戰於灰河而敗，命執中往助，復敗於大勝甸，奔還。主怒，罷之。進逼屏口，國兵又敗。通鑑輯覽買住作塔邁珠。紀未載。

秋八月，詔獎諭行省官，慰撫軍士。遷嘉努、和碩自撫州即興和城。唐新州地，去宣府三百餘里。〔攷異〕續通考云：遼秦國長公主建爲撫州，金明昌中設刺史，爲桓州支郡，治柔遠鎮，承安中，改鎮甯軍。領柔遠、集甯、豐利、威甯四縣。退軍，駐宣平。縣名，屬宣化府，在明萬全衛西十里，即大新鎮。河南大名路軍逃歸，詔招撫之。

九月，遷家努、和碩敗績於會河堡。在明萬全衛西，爲遼、金戍守之地，今宣化府境。時，因烏沙堡在廢興和城西。之役不爲備，失利，遷嘉努解職，以和碩主兵事。元兵至野狐嶺，在萬全衛北三十里，今宣化府境。和碩南遁，追擊至會河堡，兵大潰，脱身走入宣德，詔除名。〔攷異〕張翰傳，字林卿，秀容人。大定末進士，歷户部員外郎。思忠、承裕行省〔戍邊〕（據金史卷一〇五張翰傳補），翰充左右司郎中，論議不相叶，處置乖方，翰屢争之，不見聽。承裕就逮，衛王知翰嘗有言，特召見，慰之。宣宗南遷，爲户部尚書，經度皆有條理。卒，謚達義。元好問中州集云：秀容張翰，貞祐初，歷户部侍郎。車駕南渡，出爲河平節度使，召拜户部尚書。草創之際，經費空竭，事皆倚辦，信通濟之良材也。旦暮爲相，會卒，年五十五。弟翛，字飛卿，亦進士，仕終河東北都總管。猶子天彜，亦登科。子天任，字西美，近侍局副使，死於宋州之難。翰有奉使高麗過平州館詩云：「昨日龍泉已自奇，一峯寒翠壓簷低。兼并未似平州館，屋上層巒屋下溪。」居庸關失守，禁男子不得輒出中都城門。前軍至中都，戒嚴。遣參政梁瑭鎮撫之。〔攷異〕元史太祖紀云，八月，帝及金帥戰於宣平之會河川，敗之。九月，拔德興府，守將遁去，哲伯遂入關，抵中都。兩朝綱目備要、宋史全文均作崇慶元年入居庸關，乃明年事。與紀差一年。薛應旂通鑑云，元兵拔烏沙堡、烏月營，破白登城，攻西京，凡七日，胡沙虎等遁。追至翠屏山，遂取西京及桓、撫州。方輿紀要云，烏月營在烏沙堡西南。白登城在大同府東百十里。西京即大同府。翠屏山在萬全衛北三里。元兵入居庸，至皂河，欲度高梁橋，爲金將胡沙虎所敗。皂河即高梁河，在順天府城西，所載各異。元好問中州集，瑭字國寶，范陽人。大定十六年進士，由州縣歷參政。天資方正，敢言大事。北兵起，立和議，人有笑其懦者，後如其言。卒官。胡沙虎咤曰：「梁瑭在，族矣。」其爲人可知。有留題長平驛詩云：「殺降未見無禍者，（果）〔累〕（據中州集壬集改）將其能有種乎？」史未載。續通考云，德興府本唐新州地，遼改奉聖州，今升爲德興府。領縣六：德興、嬀川、縉山、望雲、龍門、礬山。鎮一：永安。明改保安州。

冬十月，泰州刺史珠格原作朮虎高琪屯通化門外。上巡撫諸軍。

十一月，以上京留守圖克坦鎰爲右丞相。鎰初聞中都警，遣同知烏克遜鄂屯原作烏古孫兀屯將兵二萬入衛。嘗請徙桓、昌、撫桓州本烏桓所居，在開平衛西。昌州即寶昌縣，在興和西北。撫州見上。〔攷異〕續通考云，桓州本上谷郡地，金置桓州威遠軍，明昌中，改置刺史。領清塞一縣。百姓入內地，上信梁璒議，責之曰：「是自蹙境土也。」及元兵定三州，始悔之。至是，鎰復請置行省於東京，備不虞。上不悅曰：「無故遣大臣，動摇人心。」未幾，東京不守，上乃大悔。〔攷異〕畢沅續通鑑云，時元將哲伯攻東京，不拔，用部將索濟倫布哈計，襲破之。本傳作今年事，元史本紀作明年事。以呼沙呼爲右副元帥，權右丞。時方棄西京走還，仍遣將兵，因又請兵二萬，屯宣德。詔與三千人屯嬀川。〔攷異〕方輿紀要云，在延慶衞城東南，時欲移屯南口，蒙古襲敗之，卽居庸南口也。遷家努坐覆軍，除名。和碩責授咸平路總管。〔攷異〕本傳，王薄其罪，除名。續綱目云，時將士以其罰輕，益不用命。紀未載。命萬户奎騰〔攷異〕蒙古語冷也。舊作（狐）〔𠈁〕頭（據金史卷一三衞紹王紀改），今譯改。屯古北口。

十二月，簽陝西兩路漢軍五千人赴中都。太保張行簡、左丞相布薩端宿禁中議軍事。端尋罷。

是歲，德興府、宏州、昌平、懷來、縉山、豐潤、密雲、撫甯、集甯，東過平、灤，南至清、滄，由臨潢過遼河，西南至忻、代，皆爲元陷。〔攷異〕元史太祖紀云，十月，襲金羣牧監，驅其馬而還。耶律阿哈降，入見帝於行在所。皇子卓沁、察罕台、諤格德依分徇雲內、東勝、武、朔等州，下之。是冬，駐蹕於金之北境。劉伯林、瓜爾佳常格等來降。薛應旂通鑑卓沁作朮赤，察罕台作察合台，諤格德依作窩闊台，卽太宗也。續綱目窩闊台又作烏格台。通鑑輯覽朮赤作卓齊。大金國志云，十二月，元軍薄都城，完顏天驥遣將金突通拒戰，殺三千人。大興尹烏陵用章拒守，天驥欲劫寨，完顏律明不可，建議巷戰。元攻南順門，天驥縱其入，用火焚屋，元軍死傷甚衆，引退。天驥戰死。律明守內東城，發大炮擊元軍，邵邕戰殁。遣東安王請和，許婚公主及繒帛三百囊。元焚繒帛，欲烹東安王。未果，攻轉急，律明拒御之。又，以野狐嶺之敗爲獨吉毛吃合及烏林答，而完顏七斤復敗於晉山縣。所載均與金、元史異。

崇慶〔攷異〕大金國志作重慶，續綱目及薛應旂通鑑均作崇甯。元年（壬申　一二一二）春正月〔己酉〕（據金史卷一三衞紹紀補）朔，呼沙呼請退軍屯南口。移文尚書省曰：「大兵來必不支，一身不足惜，三千兵爲可憂，十二關、建春、萬甯宮且不保。」朝廷惡其言，下有司按問，數其罪，罷之。〔攷異〕元史太祖紀云，正月，帝破昌、桓、撫等州。金將赫舍哩紏堅等率兵三十萬來援，帝與戰於獾兒嘴，大敗之。薛應旂通鑑作去秋事。云，閏九月，金命完顏九斤、完顏萬奴等率兵四十萬駐野狐嶺，胡沙虎爲後繼。或請掩擊，九斤不許。元主進兵獾兒嘴，大敗金師。胡沙虎僅以身免。克晉安，居庸守將福興遁。薄中都，金主欲奔汴，會元兵敗，引還，乃止。李心傳朝野雜記云，崇慶二年正月，韃兵至居庸關，左將軍福海棄關遁。允濟議以細軍自衞，奔南京開封府。會細軍五百人自相激勵，誓死迎敵，殺韃兵數百。韃兵不敢進。問所俘鄉民，細軍有幾？給曰：「二十萬。」遂懼，斂兵退。所載年月各異。通鑑輯覽萬奴作諤諾勒。按，金史、元史去年均無薄中都事。又云，是年三月，元主命第四子拖雷與赤駒駙馬攻克德興府，盡拔境內諸城堡而去。金人復守之。而聖武親征記又作去年事。元史作明年七月事。拖雷作圖類，赤駒作齊奇。續綱目拖雷作圖壘。大金國志云，正月，統軍完顏及等赴援，至易州，遣使朦骨國，俾襲其後。元軍覺，不得志。亦請和，退取興中路，歸。賁興、穆思順追敗其後軍。至臨洮，別將攻興化，和建并永霸皆陷，赤地千里。尋遣使請婚及割地，許以熙宗女順國公主嫁之，歲幣三十萬，遣王良往至陰山見國相，不允。良復回。紀均未載。

夏五月，簽陝西軍三萬赴中都，并括其馬。以南京留守布薩端爲河南、陝西安撫使，提控軍馬。〔攷異〕元史太祖紀云，秋，圍西京。金左都監鄂通襄來援，帝遣兵誘至密谷口，逆擊之，盡殪。復攻西京，帝中流矢，遂撤圍。九月，察罕克奉聖州。大金國志云，九月，元軍取三韓，哨騎至順州，舉朝失措。張慶之請遷都。用章、律明誓死守。拜用章樞密使。十月，至城下，百計攻城，用章與李思安、張瓊、范（增）〔臻〕（據大金國志卷二三東海郡侯紀改）隨機堵禦，元軍死者衆，乃退。十二月，屯順州，毀城，忽不知所在。越半月，始自古社越龍漠去。史未載。

至甯元年（癸酉一二一三）九月後爲宣宗貞祐元年。夏五月，復起呼沙呼爲右副元帥，領武衛軍三千屯通玄門外。〔攷異〕元史太祖紀云，七月，克宣德府，遂攻德興府，拔之。次懷來。及金帥完顏綱、高琪戰敗之，追至古北口，金兵保居庸，詔克特卜齊守之，遂趨涿鹿。呼沙呼遁。帝出紫荆關，敗金師於五回嶺，拔涿、易，契丹烏蘭巴爾等獻古北口，哲伯遂取居庸，與克特卜齊會。邵遠平元史類編云，時命遮別反自南口攻居庸，破之，出古北口，與可忒薄刹軍合。薛應旂通鑑可忒薄刹作可忒薄察。續綱目云，既而又選諸部精兵五千，奇爾台、哈台二將圍守中都。按，懷來衛在萬全司東南百五十里，即遼可汗州地。紫荆即金坡關，在易州西八十里。五回嶺在易州西南百二十里，武水所出。大金國志云，七月，元軍至山後，都元帥福興迎戰而敗，主黜之。兩朝綱目備要同，然攷之承暉傳，未嘗迎戰而敗，蓋因完顏綱之敗而誤也。元史謂趨涿鹿，呼沙呼遁，然此時呼沙呼未嘗守涿鹿，亦因高琪之敗而誤也。李心傳朝野雜記云，至甯元年七月，韃兵復至山後，都元帥福海迎敵而敗，允濟黜之。魯國忠武王行録云，金人以山後諸郡不可守，即移兵山前。時太祖經略山後諸州，皆平，自紫荆關領兵大入。攻涿州，州兵殊死戰，晝夜急攻四十餘日，拔之。又，元史可忒薄刹譯作奇塔特博恰。「奇塔特」，蒙古語漢人也。「博恰」，身笨也。元史列傳云，金恃居庸險，冶鐵錮關門，布鐵蒺藜百餘里，守以精鋭。徹伯爾還報，遂進師。距關百里，不能前，召徹伯爾問計，對曰：「從北黑樹林中有間道，容一騎，若勒兵銜枚出，終夕可至。」乃令輕騎前導，自暮入谷，黎明，已至平地。疾趨南口，金鼓之聲自天下，金人睡未知，比驚起，莫能支，遂克之。所載較詳。按，徹伯爾，蒙古語廉潔也。舊作察八，今改。

秋八月，呼沙呼廢衛王而弑之。時，左丞完顏綱以兵十萬行省事於縉山，誘其子奉御和尚，使作書召其父入，綱遂以軍來，并其子皆殺之。本傳，一名元努，字正甫。子名安和，謂因之憫忠寺。明日，押至市口，使張霖卿數其失四川、敗縉山事，殺之。後安和訟父寃，復官。弟鼎努，官參政。〔攷異〕大金國志云，時執中領兵至紫荆關，開門延敵，軍潰還，綱禦之易州，大敗。密奏執中受北路，故放入關，執中懼誅，遂作亂。與史異。

九月甲辰，宣宗立。

冬十月丁酉朔，京師戒嚴。辛丑，元使伊埒齊來。辛亥，右監軍高琪戰於城北，凡兩敗績而歸，就以兵誅呼沙呼於其第，仍授左副元帥。壬子，元兵下涿州。

十一月庚午，將乞和於元，詔百官議於尚書省。癸未，元兵徇觀州，刺史高守約死之。又徇河間府、滄州。〔攷異〕元史太祖紀云，秋，分兵三道，命皇子卓沁、察罕台、諤格德依爲右軍，循太行而南，取保、遂、安肅、安定、邢、洺、磁、相、衛、輝、懷、孟，掠澤、潞、遼、沁、平陽、太原、吉、隰，拔汾、石、嵐、忻、代、武等州而還。皇弟哈札爾及旺沁諾延、卓濟特、博恰爲左軍，遵海而東，取薊州、平、灤、遼西諸郡而還。帝與皇子圖類爲中軍，取雄、霸、莫、安、河間、滄、景、獻、深、祁、蠡、冀、恩、開、濮、滑、博、濟、泰安、濟南、濱、棣、益都、淄、濰、登、萊、沂等郡。復命穆呼哩屠密州，史天倪、蕭博特來降，授萬户。帝至中都，還屯大口。時唯中都、通、順、真定、清、沃、大名、東平、海、邳、德等州十一城未下。李心傳朝野雜記云，崇慶二年秋，衛王被弑，韃靼留大酋撒沒喝圍燕京，自將所降楊伯遇、劉伯林漢軍四十六都統，分大軍爲二路，攻取兩河諸州郡。伯遇者，蔚州吏。伯林者，集甯海射士也。時中原兵皆僉往山後，令鄉兵防守。韃靼盡驅其家屬來攻，父子兄弟遥相呼認，人無固志，所攻皆下。薛應旂通鑑云，時留怯台恰台屯燕城北，餘分三道，破九十餘郡，數千里殺戮幾盡，子女牲畜皆席捲去。續綱目怯台恰台作奇爾哈台。時屋廬焚燬，城郭邱墟。惟大名、真定、青、鄆、邳、海、沃、順、通州有兵堅守，未能破。永清史秉直，率里人數千詣涿州軍門降。穆呼哩欲用秉直，秉直辭。以其子天倪爲萬户，領降人家屬屯霸州。史均未載。天倪字和甫，後官都元帥，爲武仙殺。父秉直，官尚書。叔天祥，官都元帥。弟天澤，字潤甫，官左相，贈太師，謚忠武，進封鎮陽王。均見元史本傳。又，穆呼哩，滿州語禿尖也。舊作木華黎，今譯改。本傳，扎拉爾氏，世居鄂諾河，本戚里與保爾濟、博囉罕、齊拉袞號都爾本庫魯克，猶華言四傑也。爲佐命元勳，卒年五十四，贈太師，謚忠武。續綱目保爾濟、博羅罕作博爾濟、傅勒呼。

宣宗貞祐二年（甲戌一二一四）春正月辛未，元兵徇彰德府，知府事洪果玖珠原作黃摑九住。〔攷異〕汪輝祖金史同名録云，卷十六宣宗元光元年唐州提控，姓夾谷氏；卷十八哀宗天興元年都總領，亦作久住；卷四十四兵志正大時内族統親衞軍，亦作久住；卷九十八完顔匡傳大定時寢殿小底；卷一百十七王賓傳天興元年濮州觀察副使；卷一百十九婁室傳天興二年息州帥；卷一百二十一宗室，成州刺史，貞祐二年死節，八人同名九住。又，久住二見上。一見白華傳，仕金歸宋降元，爲同列所害。三人同名久住。死之。〔攷異〕邵遠平元史類編載在五月。復徇益都府，下懷州，沁南軍節度使宋扆死之。〔攷異〕邵遠平元史類編作朱扆，載在五月。

二月壬子，元使伊埒齊札巴來。

三月辛未，遣平章承暉如元乞和。甲申，伊埒齊札巴復來，詔百官議。庚寅，奉衞紹王公主歸於元，是爲公主皇后。元兵下嵐州，鎮西節度使烏庫哩仲温死之。〔攷異〕邵遠平元史類編載在五月。大金國志云，是春，元約宋夾攻鍾離縣。夜有三騎渡淮而南，出文書一囊，絹畫地圖一册，云，「來請兵」。

宋守臣不敢受。史未載。李心傳朝野雜記載，初見三騎渡淮者，爲水、陸路巡檢梁實。守臣遣効用統領李興等辭之。韃兵至濟南，復遣三十七人護三人者來，又以三百兵送過邳州，奪舟渡河而西，爲濠州所卻。路絶，不得歸，匿虹縣白鹿湖中。後三日，縣遣人捕送泗州。并戒邊吏，後有似此者驅去，違者從軍法。或謂三人一爲韃通事，一爲金莫州同知，一爲漢兒。或謂其一爲河北士人張三深云，所載更詳。

夏四月，元兵退，詔以和議成，赦國内。〔攷異〕元史太祖紀云，駐蹕中都北郊，諸將請乘勝破燕，不從。遣使諭金主曰：「兩河郡縣皆爲我有，所守唯燕京，天既弱汝，我復迫汝於險，天其謂我何？我今還東，汝不能犒師以弭諸將怒耶？」遂乞和。奉衛紹王女岐國公主及金帛、童男、女五百，馬三千以獻，遂遣丞相福興送出關。邵遠平元史類編謂送至野麻地而還。大金國志云，時李雄聚衆數萬於居庸關，欲邀擊之，福興傳主命不許。既出關，驅中原少壯數十萬而去。召雄歸，授鎮國上將軍。尋運糧涿州，爲元殺。京城白金三斤，不能易米三升，死者無數。續綱目云，高琪謂韃靼人馬疲病，當決一戰。承暉曰：「不可，我軍身在都城，家屬各居諸路，向背未可知。戰敗必散，勝亦思妻子而去，社稷安危在此一舉，莫如遣使議和，待彼還軍，更爲之計。」主然之。又謂元既和，出關盡取所擄，山東、兩河少壯男女數十萬皆殺之。史均未載。

夏五月壬午，車駕發中都。加都元帥平章承暉一名福興。〔攷異〕汪輝祖金史同名録云，卷十四宣宗貞祐四年中丞、又貞祐元年贈官，姓裴滿氏；卷一百二十一甯海州刺史，貞祐二年戰死，桊祖本名，姓烏古論氏；卷一百二十七辛愿傳河南府尹，姓温迪罕氏，五人同名福興。金紫光禄大夫，封定國公。左丞兼左副元帥穆延原作抹撚。〔攷異〕元史作穆雅。八旗姓譜作穆延，今從之。盡忠，加崇進，封中國公，留守中都。〔攷異〕大金國志云，主以完顏昌爲大興尹兼留守。臨辭，勞之曰：「卿家曾大父開國元勳，父復死國難，宜竭力固守，使無後顧憂。」昌大慟，主亦揮淚令速回，許便宜從事。與史異。又云，初，粘罕欲都燕，司天監郝世才本遼臣，精術數，謂燕京土燥山遠，水泉不潤，可以威守，難以文定。泰和末童謡曰：「易水流，汴水流，百年易過又休休。兩家都好住，前後總遲留。」後皆驗。史未載。金國南遷録云，初，尼堪有志都燕，因遼宫闕，於内城築四城，每城各三里，前後各一門，樓櫓池塹，皆如邊城。每城之内，立倉廒、甲仗庫，各穿複道，與内城通。時烏舍、韓常、洛索皆笑其過計。尼堪曰：「百年間當以吾言爲信。」及海陵定都，欲撤其城，翟天祺曰：「忠獻開國元勳，措置必有説」，乃止。按，遼、金故都在今都城南面，而元代尚有遺址，謂之南城，而稱新都爲北城。自明嘉靖間築外羅城，故蹟漸湮。今叅稽記載，如憫忠寺、昊天寺在今宣武門南，與廣甯門相近，元人稱爲南城古蹟。又，今城外白雲觀西南有廣恩寺，卽遼、金奉福寺，距西便門尚遠，而金泰和中曹謙碑記謂寺在都城内。又，金天王寺卽今天甯寺，在廣甯門外稍北，而元一統志謂在舊城延慶坊内。又，今琉璃廠在正陽門外，近得遼時墓碑，稱爲東門外之海王村。又，今黑窰廠在永定門内先農壇西，而其地有遼壽昌中慈智大師石幢，亦稱爲京東。又，圖經志書載都土地廟在舊城通玄門内路西，通元乃金都城北門，而都土地廟今在武定門外西南土地廟斜街。由是觀之，則遼金故都尚在今外城迤西及郊外地，其東北隅約與今都城西南隅相接。見日下舊聞考。又，孫承澤春明夢餘録云，南城在今城西南，唐藩鎮城及遼、金故都城也。隋之天甯寺舊在城中，今在城外矣。憫忠寺有唐景福元年重藏舍利記，其銘曰：「大燕城内，地東南隅有憫忠寺，門臨康衢。」憫忠寺舊在城中東南，今在城外西南僻境矣。朱彝尊日下舊聞云，隋、唐之幽州洪業寺在城内，唐之幽州憫忠寺在城東南隅。遼之南京因之。今拓南城，時妝台在城東北，至元之中都，則今德勝、安定、東直三門外，皆城中地，而白馬廟、瓊華島、妝台、太液池、柴市、憫忠寺、大悲閣咸在南城。迨徐甯改築，縮其北五里，廢光熙、肅清二門，規制差隘。永樂中重拓南城，然憫忠寺、大悲閣仍限門外。蓋都城凡數徙，坊市變置。閱絳雲樓書目，有皇元建都記及蕭洵有故宫遺録二編，惜燔於火，遺蹟遂難徵矣。按，朱氏所稱瓊華島、太液池在南城者，乃指金時周七十五里之外城，非金都三十里之内城也。元至元間改建都城，去都東北三里，則指金之内城東北。若外城之瓊島、液池，元人即於此營建大內，並未嘗全棄其地。析津志及元李洧孫大都賦記載甚明。

秋七月，車駕至南京。

八月庚子，太子至自中都。

九月癸亥，山東路報萊州之捷。續通考云，萊州，唐初改東萊郡爲萊州。宋爲防禦州，金升定海軍，明爲府。領平定、膠州二州，掖縣、濰縣、昌邑、高密、即墨五縣。〔攷異〕元史太祖紀云，六月，金糺軍卓多等殺其主帥，率衆來降。詔薩木哈、舒穆嚕明安與卓多等圍中都。薛應旂通鑑云，主至良鄉，扈從糺軍叛，殺主帥素温，推斫答、比涉兒、札剌兒三人爲帥，北還。承暉拒之於盧溝，斫答擊敗之，降元。合兵圍燕京，太子行，中都益懼。邵遠平元史類編云，糺軍之「糺」音「冥」。遼東君也，凡二十五部族。史均未載。日下舊聞考云，素温，滿州語姜黄色也，今譯改索琿。斫答，蒙古語石也，今譯改札達。又，克特亦舊作斫答，蒙古語火鐮也。比涉兒，唐古特語琥珀也，今譯改貝實勒。札剌兒，蒙古語纓絡也，今譯改扎拉爾。

冬十月丁酉，元兵徇順州，勸農使王晦死之。〔攷異〕邵遠平元史類編繫之五月。壬寅，詔曲赦中都路。乙卯，遣參政富珠哩德裕原作富拉塔，亦作蒲刺布。行省事於大名府。元兵下成州。

十二月戊戌，遣真定帥永錫一名哈昭，原作合周。等援中都。〔攷異〕德裕傳，隆安路人。時中都圍急，詔發河北兵救之，凡真定、中山、保、涿等兵，左監軍永錫將之。大名、河間、清、滄、觀、霸、河南等兵，德裕將之，并護糧運。德裕不時發，及李英兵敗，坐貶。終知益都府事。永錫削官，杖八十。本内族，後復使總兵，失潼關除名。哀宗立，起參政。英傳，字子賢，益都人。擢進士第。貞祐二年正月，英乘夜與壯士李雄等四百九十人出城，緣西山進至佛巖侍，令雄等下山招募軍民，旬日得萬餘人，擇衆所推服者領之。尋率之援燕。史未載。丁未，以和議既定，聽民南渡。乙卯，元兵徇懿州，節度使高閭山死之。〔攷異〕元史太祖紀云，十月，穆呼哩征遼東高州，盧琮、金朴等降。錦州張鯨殺其節度使，自稱臨海王，遣使來附。邵遠平元史類編云，始置行省於宣平，以撒沒哈領之，統金降民。紀未載。

三年（乙亥一二一五）春正月壬戌，遣內侍諭永錫防邊，毋以和議爲（解）〔辭〕（據金史卷一四宣宗紀改）。乙亥，北京軍亂，殺宣撫使鄂屯襄，降詔招諭。〔攷異〕畢沅續通鑑云，提控實呼殺鄂屯襄，推烏庫哩音達琿爲帥。尋降元，爲留守。實呼爲宣撫使所殺。實呼舊作習烈。音達琿舊作寅答虎。薛應旂通鑑作去秋事，云，木華黎攻北京，守將銀青敗於花道，爲完顏昔烈、高德玉等所殺。寅答虎降元，權北京留守。以吾也兒權帥府事。金順、成、懿、通州悉降。亦見蘇天爵名臣事略。元史寅答虎作伊勒都呼。吾也兒作烏頁爾，云，原作吾也而，沙卜珠氏，官至北京總管，都元帥。續綱目云，九月，穆呼哩攻金遼西州郡，下之。時進兵攻金北京，守將銀青帥衆二十萬禦於花道，敗還，嬰城自守。其裨將完顏實呼、高德玉等殺銀青，推音達琿爲帥。史天祥等率兵進攻，遂舉城降。穆呼哩怒其降緩，欲坑之，蕭額森曰：「北京爲遼西重鎮，既降而坑之，後豈有降者乎？」從之。奏寅答虎權北京留守，以烏頁爾權帥府事以鎮之。於是金順、成、懿、通州相繼降。所載各異。丁丑，右副元帥富察齊勤以軍叛，降元。曲赦其黨，募能獲齊勤者以其官官之。〔攷異〕元史作蒲察七斤，云，以通州降元，授元帥。時金將完顏和卓監軍，愛新蘇赫以步兵萬二千人、糧車五百輛援中都，舒穆魯明安將三千騎往擊之。遇於涿州宣封塞，獲蘇赫，和卓遁去，盡得其輜重。見元史本傳。按，「和卓」，滿洲語美好也，舊作「合住」。「愛新」，滿洲語金也，「蘇赫」斧也，舊作「阿興鬆哥」，今俱譯改。又，涿州志，宣封塞作宣封坡，見日下舊聞考。李心傳朝野雜記云，貞祐三年春，東平援兵五萬至安次，遇韃兵，不戰而潰。大名兵八萬至固安亦潰。惟真定兵四萬，合保、涿援兵一萬，至旋風寨，與戰二日，糧絶而敗。所載各異。

二月辛卯，元使伊埒齊來，遣宰臣饋以酒饌。〔攷異〕元史太祖紀云，興中府元帥石天應來降，授興中府尹。天應字瑞之，永清人。史未載。壬辰，命御史中丞李英、左都監烏庫哩慶壽領兵護饟中都，付以空名宣勑，許視功遷賞，逗撓者從軍律。

夏四月丙辰，帝議遣親軍六千餘及所募二千七百餘人〔援〕（據金史卷一四宣宗紀補）中都。宰臣以行宫單弱止之。〔攷異〕元史太祖紀云，時金中丞李英等率師援中都，戰於霸州，敗之。四月，克清、順二州。英傳，時中都急，詔慶壽將兵，英收義軍，督〔糧〕（據金史卷一〇一李英傳補）運援燕。馭衆素無紀律，遇元兵於霸州，被酒，大敗，英死，士卒殲焉。事聞，贈官，謚剛貞。録用其子。劉祁歸潛志云，英渤海人。素以氣節聞，至潞州戰死，天下惋惜。慶壽作庚壽，無罰。歷官集慶節度。元史云，時帝遣右副元帥星薩將四百騎迎戰，舒穆嚕明安將五百騎繼之，遇於永清。將戰，命士卒佯敗，金兵來追，迴擊，大敗之，死及溺死者甚衆。獲李英及所佩虎符，得糧千餘車，遂屠永清。所載較異。明一統志云，霸州在順天府南二百一十里，本秦上谷郡地，石晉時入於遼，周克益津關，置霸州，割文安、大城二縣隸之。益津關本幽州會昌縣，唐天寶中改永清，宋省縣入文安，政和三年，升爲郡，尋入金，天會七年置信安(郡)〔軍〕（據金史卷二四地理志改），屬河間路，貞元初改屬中都。蔣一葵長安客話云，霸城，宋將楊延朗修，號北方重鎮。沿城有七十餘井，曰護城井。端拱二年，於此置榷場，爲遼、宋分界處。州北一里有界河，延朗建草橋於此，因以名關。曹學佺名勝志云，狼城去信安城三十里。又十里爲拆城，延朗嘗屯兵拒遼於此。金史列傳，伊喇益爲霸州刺史，郡東南有堤久圮，屢爲民害，並增修之，民以爲便。元史伊喇鼐爾詣太祖軍門，獻十策，帝召見，問生何地？曰：「霸州。」因號爲霸州元帥。又，舒穆嚕拜達，仕金爲平曲水砦管民官，木華黎率師至霸州，遂降。續通考云，貞元二年，改屬上都，領益津、文安、大城、信安四縣。大定中，以霸州治益津縣。大城縣志云，本漢東平舒縣，周屬霸州，改今名。學宮在縣治西，金天會十二年，縣令姚璧建。有劉光國記云：「昔王仲淹遊孔子之廟，嘗嘆曰：『大哉乎，君君、臣臣、父父、子子、兄兄、弟弟、夫夫、婦婦，夫子之力也。』蓋夫子之道具於人心，而著於君臣、父子、兄弟、夫婦之倫。其教具於六典，而行於邦國、鄉黨、家庭之間。自漢、唐以至於今，莫不知尊其道矣。其道尊，則其祀亦尊，廟貌之崇，垂之有永，前哲之所以形於歌詠，鐫於金石者豈無謂哉！平舒公廨之西，孔聖舊宮在焉。規制大陋，瞻視未尊，歲久而就圮。天會十二年秋九月，邑令姚公下車未久，一日顧謂僚屬諸士子曰：『風化之地衰敝若此，吾何以辭其責乎？』乃積良材，運堅甓，集衆工以量度之。上而殿廡，下而庖庾，莫不繕治。而復賁之墁飾繚之垣堵，煥然其一新矣。余惟儒學之設，明人倫、育人才，非徒美觀也。唐虞三代之盛，蓋有自來，而秦火煨燼，聖學榛蕪，視學宮爲傳舍者衆矣。昔范甯宰餘杭，性質直，好儒學，風化大行於期月之後，自中興以來莫之或先云。今公加意學校，可無愧於餘杭風矣。然范公之崇學、敦教者，不止於修葺宮牆，公之教平舒也，豈無身先士類者乎？其於聖經賢傳之大旨，君、臣、父、子之大倫，禮樂刑政之大法，講習討論於師友之間，勇往奮迅，洗濯刮磨，務臻師道之妙。士習丕變，與學宮而俱新，庶不負夫子之教，而造士作人之盛心，愈久而不泯也。於是乎書。」

夏五月庚申，招撫山西軍民，仍降詔諭之。〔攷異〕劉祁歸潛志云，遼東高庭玉字獻臣，官河中府治中，與元帥温迪罕福興交惡。值燕京危，欲赴援，屢以言激福興，被誣下獄，拷掠死。名士如龐才卿、雷希顔、辛敬之皆逮繫。會赦，免庭玉死，詔除河南副安撫，代福興。尋知其寃，謫福興遠郡，昭雪之。元好問中州集云，庭玉，恩州人，大定末進士。章宗、衛王朝甚有時名。豪爽尚氣節，一時名士多歸之。貞祐初，自左右司郎官出爲河南府治中，與知府復興忤，被陷。工詩賦，猶子廣(元)〔之〕(據中州集戊集改)今在河中。才卿名鑄，遼東人。少擢第，仕有聲。南渡後，爲翰林待制，遷户部、歷京兆轉運使，卒。博學能文，尤工詩。見本傳。敬之名愿，福昌人。庭玉聞其名，引爲上客。坐累，被訊掠幾死。能詩，佳句極多。顧奎光金詩選載廷玉平州詩云：「柳色方濃别玉京，程程又值石龜城。山重水複人千里，月苦風酸雁一聲。上國春風桃葉渡，東陽寒食杏花餳。楚魂蜀魄偏相妬，兩地悠悠寄此情。」鑄亦有贈田器之燕子圖詩。愿過崧山詩云：「催老年光袞袞來，好懷知欲向誰開。箕山潁水春風裏，呼起巢由共一杯。」史均未載。是日，中都破，右丞相兼都元帥承暉死之。户部尚書任天寵、知大興府事高霖皆及於難。〔攷異〕邵遠平元史類編云，燕京破，石抹明安入城，焚宫室，火月餘不滅。蓋圍三年矣。時帝避暑桓州，遣使勞問，輦其府庫之資北去。元史謂遣呼圖克籍帑藏。大金國志云，主命福興與完顏昌守，燕城陷，昌投於火，福興竄歸汴，亦被誅。宋通鑑注云，福興自剄死。薛應旂通鑑云，時被圍久，承暉悉以兵付盡忠，自持大綱，以礬寫奏，告急。援絶，仰藥死。盡忠將南奔，妃嬪聞之，皆束裝至通玄門。盡忠紿曰：「我當先出，與妃嬪首途。」皆信之，乃與愛妾及所親出城，不反顧，金祖宗神御及諸妃嬪皆淪没焉。盡忠至汴，釋不問，仍爲平章。貞祐三年十月，始伏誅。按，國志誤以盡忠爲福興，致與史不合，今從史。時有户部令史郭忠者，蔚州人。率山後軍民與元兵戰，敗之。金後名其軍爲「花帽軍」。又，元帥撒没曷所居用金飾龍床，足踏金杌子，以銀爲馬槽，金爲酒甕，大者重數千兩。奢侈如此，而徵求不已，燕人患之。見大金國志。李心傳朝野雜記云，撒没曷，山東人。或謂名摩猴羅，或以爲合謀理，未知孰是。時燕京宫室雄麗爲古今冠，韃人見之，敬畏不敢仰視。俄爲亂兵所焚，蓄積貨財，初無所用。元王惲秋澗集云，金故苑西有虞帝廟，兵後廢不治。獨貞元間顏魯公子頵書幽州節度韋稔重修廟碑尚存。稔撰文，頵正書并篆額。書畫端莊，殊有父風。亦見趙明誠金石録及析津志。元史王檝傳，燕京始平，宣撫王檝請以金樞密院爲宣聖廟。二十四年，遷都北城，立國子學於國城之東，乃以南城國子學爲大都路學，春秋率諸生行釋菜禮，仍取舊岐陽石鼓列廡下。耶律楚材湛然居士集云，王巨川於灰燼之餘草創宣聖廟，以己丑二月八日丁酉行釋奠禮，諸儒相賀曰：「可謂吾道有光矣。」劉侗帝京景物略云，石鼓高二尺，廣徑一尺有奇，其數十，其文籀，其詞頌天子之田。元大德十一年，虞集爲大都教授，得之泥中，始移國學大成門内。言鼓者人人殊，謂周宣王之鼓，韓愈、張懷瓘、竇臮也。謂文王之鼓，至宣王刻詩，韋應物也。謂秦氏之文，宋鄭樵也。謂宣王而疑之，歐陽修也。謂宣王而信之，趙明誠也。謂成王之鼓，程大昌、董逌也。謂宇文周作者，金馬子卿定國也。鼓文剥漫，宋治平中存字四百六十有五。元至元中存字三百八十有六。據今搨本，則甲鼓字六十一、乙鼓字四十七、丙鼓字六十五、丁鼓字四十七、戊鼓字一十二、己鼓字四十一、庚鼓字八、壬鼓字三十八、癸鼓字六，共三百二十五字。惟辛鼓字無存者。日下舊聞考云，石鼓文重文不計，共字六百二十，闕者三百六字，不全者七十四字，全者二百有四十字，較景物略所載計少八十五字。孫承澤春明夢餘録云，石鼓舊在陳倉野中，韓昌黎官博士，請祭酒輿致太學，不從。鄭餘慶遷之鳳翔孔子廟。五代時散失。宋司馬池知鳳翔，復輦至府學，已失其一，皇(祜)〔祐〕(據春明夢餘録卷六七改)四年，向傅師搜足。大觀二年，歸汴京，以金填其文。初置辟雍，後移(保)〔寶〕和殿(同上書改)。金克汴，輦至燕，(元初)(同上書删)置王宣撫家，移〔大興〕(同上書補)府學，皇慶移至文廟戟門内。其文漫漶不可讀，潘愜山廸音訓載四百九十四字，薛尚功帖載四百五十一字，今存三百二十五字。按，馬定國所著石鼓辨萬餘言，引據詳明。又有六經考，見續通考。使蒙日録云，端平甲午九月初一日抵燕京，守將保喇巴圖出迎，館人使於王檝宅堂。重九日，宴人使，女樂俳優畢集。十二日，同王檝謁宣聖廟，即是金舊樞密院，因就看亡金宮室，瓦礫填塞，荆棘成林。按，「保喇」，蒙古語雄駝也。「巴圖」，堅固也。舊作布吾剌拔都，今譯改。圖經志書云，石經文碑在舊燕城南白紙坊，乃金舊國子學，殿堂、門廡皆燬，惟餘石碑二通，上刻春秋經傳及禮記，文多磨滅不完。明一統志亦云。又，元王惲有修理大都石經事狀，載春明夢餘録。録云，九經石刻舊在汴梁學宮，金人移置於燕，今不復存矣。又云，唐太宗聞蘭亭真蹟在僧辨才處，遣御史蕭翼賺得，命湯普徹、馮承素、諸葛貞、歐陽詢、褚遂良臨之，歐、褚最傳。歐爲定武本，褚爲唐絹本。定武本當時刻石已值萬錢。石晉亂，遼人輦之而北，路棄殺虎林。宋慶曆中，李學究得之。時宋景文守定武，以幣金代償其子官錢，納石於庫。熙甯間，薛師正出牧，刊一別本，以應求者。其子紹彭又剔損古刻「湍流帶左右」五字爲識，大觀中，向其子嗣昌取龕宣和殿。靖康之亂，金人取石鼓及蘭亭敍輦至燕。石鼓在國學，而蘭亭不知所在矣。今存國學者，疑是定州薛師正翻刻本或紹彭所刻本，雖非古刻，然元人不能也。此石一云明初出天師菴土中，一云元主北遷，棄於路，徐中山取置國學，未知孰是。

金史紀事本末卷四十

宣宗南遷

衛紹王至寧元年（癸酉一二一三）秋九月甲辰，宣宗卽位。〔攷異〕續通考云，是時紫雲覆城上數日。又，帝彰德故園竹開白花，如鷺鷥滌，俄而入繼大統。紀均未載。諱珣，本名烏達布。原作吾睹補。〔攷異〕世宗紀作吾都補。又，世祖子鄆王昂同名吾睹補，亦作吾都。顯宗庶長子，母曰昭華劉氏，遼陽人。生宣宗，是日，大雨震電，驚悸卒。宣宗立，追尊皇太后。見后妃傳。大定三年癸未歲生。初封温國公，進豐王。泰和中，賜名從嘉，徙封邢，改封昇，所至著祥異。〔攷異〕大金國志云，幼，美風姿，嗜學，善談論，工詩。奇偉寬容，隆準龍顏。大安間，長人見大興，曰：「豐王宜王燕。」俄不見。道人持方寸玉印，曰：「以獻新君。」置諸市，莫知所在。紀均未書。至是，衛王被弑，迎於彰德府，遂卽位。改是年爲貞祐元年。〔攷異〕大金國志云，時其子譚哲馬既在京，乃以符寶付之。紀未載。乙巳，諭尚書省，事皆卽規畫，悉依世宗所行行之。詔羣臣直言無隱。左諫議大夫張行信言崇節儉、廣聽納、明賞罰三事。尋請立守忠爲皇太子。從之。〔攷異〕史稱守忠爲元妃生。貞祐元年立爲后，其名既不可考，又云自王氏姊妹入宮而后寵衰，尋爲尼。然本紀二年立都察氏爲后，時守忠尚在，主何故遽廢其母？且太子卒，立太孫，太孫卒，乃立王氏子守禮，是未嘗移寵於王氏也。恐誤。　續通考云，宣宗后王氏，中都人，明惠皇后妹也。母夢二玉梳化爲月，而生二后。宣宗爲（冀）〔翼〕王（據金史卷一四宣宗紀、卷一七哀宗紀改）時納爲元妃，姊爲淑妃，生哀宗。后無子，養哀宗爲子。貞祐二年，賜姓温敦氏，立爲后。哀宗立，尊爲太后，居仁聖宫。及城破，后及諸妃嬪北遷，不知所終。后立時，姊進元妃，哀宗立，尊爲太后，居慈聖宫。待哀宗嚴，卽位，始免夏楚。正大八年崩，葬迎翔門外百里莊，謚明惠。所載又異。

冬十月乙巳，詔應遷加官賞，諸色人與本朝人一體。壬子，設京城鎮撫彈壓官。置招賢所。放宫女百三十人。

十二月丁酉朔，以平章圖克坦公弼爲尚書（左）〔右〕（據金史卷一四宣宗紀改）丞相，珠格高琪爲平章政事。〔攷異〕沈炳震廿一史四譜，宣宗朝宰輔爲尚書令者胡沙虎，而丞相則徒單鎰、徒單公弼、僕散端、完顏承暉、朮虎高琪、高汝礪，平章則抹撚盡忠、完顏守純、胥鼎、把胡魯，左右丞則徒單銘、賈益謙、侯摯、永錫、蒲察移剌都、徒單思忠，均見本紀。　續通考云，八月〔戊子〕（據金史卷二三五行志補），將曙，大霧蒼黑，跬步無見。十月丙午，夜有白氣，三衢紫微而不貫。十二月丙申，白氣東西竟天，移時方散。又云，衞州有童謡曰：「團圞冬，劈半年，寒食節，没人烟。」明年正月，元兵破衞，城遂坵墟。又，興定五年，京師童謡云：「青山轉，轉山青，耽誤盡，少年人。」蓋是時人皆爲兵，戰鬭山谷，輾轉不休，尚至老也。　周密癸辛雜識云，貞祐初，洛陽大旱，登封西告成村有魃爲虐。父老云，旱魃至，必有火光。少年輩入昏憑高望之，果見火光入農家。以大棓擊之，火燄散亂，有聲如馳。古云，旱魃長三尺，行如風，未聞有聲也。

宣宗貞祐二年（甲戌一二一四）春正月乙酉，徵處士王澮，不至。後授大中大夫，翰林學士，賜詔褒諭。命有司復議本朝德運。〔攷異〕大金德運圖説一卷，皆貞祐二年尚書省集議之案牘也。金初，用金德，色尚白。自泰和二年，更用土德。至是，更令所司集議，言應爲土德者四人，應爲金德者十四人，迄無定論而罷。所載較詳。

(二)〔三〕(據金史卷一四宣宗紀改)月癸未，京師大括粟。

夏四月乙未朔，以胥鼎爲尚書右丞。命布薩安貞等爲諸路宣撫使，安集遺黎。時山東、河東、北諸郡失守、殘燬，惟真定、大名、清、沃、東平、徐、邳、海數城僅存而已。至是，以元允和議，京師解嚴，赦國内。庚戌，左丞相圖克坦鎰卒。尚書省奏幸南京，從之。

五月乙亥，帝決意南遷，太學生趙昉等上章極論利害，皆慰諭之。詣原廟奉辭。戊寅，以南京留守布薩端嘗請臨幸，及行，先詔諭之。時端判南京，與統軍使長壽、按察使王質，三奏請南遷，參政耿端義本傳，字忠嗣，博平人，大定末進士，官參政。力主之，意乃決。百官士庶皆力言不可，趙昉等四百人力争，皆不聽。〔攷異〕納塔謀嘉傳，上京路人。歷修撰，轉監察御史。時議遷都，謀嘉諫曰：「河南地狹土薄，他日宋、夏交侵，河北非我有矣。當選諸王分鎮遼東、河南，中都不可去也。」不聽。後復諫伐宋，亦弗從。終兵部侍郎。李心傳朝野雜記云，霍王從彝諫南遷，(王)〔主〕(據朝野雜記乙集卷一九，「燕京乏糧」爲宣宗答詔，本書下文稱宣宗爲主，據改)謂燕京乏糧。從彝請自督運，主不許。憂憤成疾，卒。大金國志云，大名守余從義奏乞遷都，張慶之、聶希古、費歆、孫大鼎議與合。慶王琮嗣、安王伸、霍王從彝、樞密承旨完顏宗魯等諫，不聽。以希古提舉行宮事，烏陵用章總宿衛。所載各異。壬午，車駕遂發中都。丙戌，次定興。禁扈從蹂踐民田，并勅計直酬之。

六月甲午朔，以高汝礪爲參加政事。戊午，次彰德府，曲赦其境內。庚申，南京行宮寶鎮閣災。壬戌，次宜封，黄龍見西北，〔攷異〕五行志云，六月潮(行)白河(據金史卷二三五行志删)溢，漂古北口鐵裹門關至老王谷。古北口，國語瑠和嶺也。

秋七月，至南京。〔攷異〕賈益傳，字損之，通州人。初，宣宗爲吏部尚書，益爲侍郎，相得歡甚。貞祐二年，至汴京，訪益所在，召爲太常卿。上防秋十三事。與户部尚書李革論遷河北軍民不便，不報。致仕歸。父少(仲)〔冲〕(據金史卷九〇賈少冲傳改)，立元妃温都氏爲皇后。〔攷異〕續通考云，九月，元妃、淑妃王氏受封。大風昏霾，黄色充塞天地。紀未載。

〔八月〕(據金史卷一四宣宗紀補)庚子，皇太子至自中都。明年，卒，謚莊(襄)〔獻〕(據金史卷九三莊獻太子傳改)。〔攷異〕續通考云，謚莊獻。時太子少師爲阿魯罕。見太子傳。與世宗時北京留守孛朮魯阿魯罕同名。

冬十月甲午，詔遣官市木波、西羌馬。陝西軍士戰死者，命給糧贍其家。〔攷異〕大金國志云，十月，幸中山府。詔太原出兵戍飛狐。幸大名。穆日華備船四千艘，二十四日始至汴。所載月日與史異。

十一月丁卯，以布薩端爲左丞相。〔攷異〕大金國志云，聶希古遷太傅、魏國公，烏陵用章太保衛國公，余崇義太保鄭國公，張慶之濮陽郡公。詔曰：「一人無良，萬方何罪？興言及此，流涕奚從。朕方圖大，以宅中期與更新而休化。」又曰：「朕屬兹艱難，多憑忠義。逮兹三十年之間，科舉一遵於彝(訓)〔制〕(據大金國志卷二四宣宗紀改)。胡爲四百州之廣，任使屢病於無人？已勅攸司，精於選士。」紀未書。

十二月戊戌，頒勸農詔。〔攷異〕續通考云，貞祐初，田琢上疏略曰：「臣聞古之名將，雖在征行必須屯田，趙充國、諸葛亮是也。古之良吏，必課農桑以足民，黃霸、虞詡是也。方今曠土多，游民衆，乞明勅有司，無蹈虛文，嚴升降之法，選能吏勸課。公私皆得耕墾，富者備牛出種，貧者傭力服勤。若又不足，則教之『區種』，期於盡闢斯已。官師圉牧，勢家兼并，亦籍其數，授之農民，寬其負算，息其徭役，使盡力南畝。則蓄積歲增，家給人足，富國強兵之道也。」宣宗深然之。又云，是年正月壬戌，日有左右珥，上有冠氣。紀未載。只於九月丁亥，載太白晝見於軫，十一月辛巳，載熒惑犯房宿鉤鈐星。而續通考又闕書。

三年（乙亥一二一五）春（正）〔二〕（據金史卷一四宣宗紀改）月丁酉，詔諸色人遷官並視女直人，否則以違制論。（二月）（據金史卷一四宣宗紀删）乙卯，勅奏急事不拘假日。丁巳，日初出赤如血，欲没復然。〔攷異〕續通考繫之二年二月己巳。戊午，大風，隆德殿鴟尾壞。是秋七月庚申，紀又載有星如太白，色青白有尾，出紫微北極傍，入貫索中。

三月壬戌，詔河北州縣官，令文武五品以上辟舉，不聽以它事差占，仍勒終任。詔各路訓練義兵，隣境有警，責其救援。降人自拔歸國者，遷職。沿河州縣官罷軟不勝職者，汰去之。令百官各陳防邊利害，封章以聞。（辛臣）〔朕〕（據金史卷一四宣宗紀改。又，「置局」事在五月辛巳。）於宮中置局，命方正官數員採取施行。

夏四月癸卯，籍赴選監當官爲軍。〔攷異〕劉祁歸潛志云，金朝兵制最弊，每下令簽軍，州縣騷動。貞祐初，簽任子選監當官者爲軍，屢赴愬臺省，始免之。元光末，備潼關、黃河，簽軍自未居官者外，無文武小大職事官，皆揀之至許州。前侍御史劉元規年幾六十，選爲千户，余先子以前監察御史，亦爲千户，餘不勝計。物議譁然，後亦罷之。惟余以終場舉人獲免。立法之弊一至於此。所載較詳。

秋七月丙寅，制品官納弓箭之令，丁憂、致仕者免。〔攷異〕是秋七月，工部下開封市白牯，取皮製御用鞠仗。珠格筠壽時爲器物局副使，以其家所有鞠仗以進。奏曰：「中都食盡，遠棄宗社，陛下當坐薪懸胆之日，奈何以毬鞠細物動摇民間，使屠宰耕牛以供不急之用，非所以示百姓也。」帝不悦，擲仗籠中。出爲橋西提控。見本傳。

八月甲辰，詔諸職官有才可大用者，尚書省具以聞。命近臣舉良將（按，據金史卷一四宣宗紀，「命近臣」事在丁未）。御史許古上恢復中都策。（按，同上書，「許古上策」在己酉）

冬十月己丑，平章穆延盡忠以罪下獄，誅。詔求承暉後，以其猶子永懷爲器物直長（按，同上書，「求承暉後」在甲辰）。壬子，召衍聖公孔元措爲太常博士，以山東多寇故也。〔攷異〕續通考云，是歲正月，旦，黑霧四塞，巳時乃散。六月，京城中夜妄相驚逐狼，月餘方息。十月，夜，西北有霧氣如積土。紀未載。

四年（丙子　一二一六）春正月癸酉，詔謚故皇太孫曰沖懷。己卯，立遂王守禮爲皇太子，〔攷異〕續通考云，宣宗四子，莊獻太子守忠及玄齡，其母未詳。明惠皇后生哀宗，真妃（龎）〔寵〕氏（據金史卷九三守純傳改）生荆王守純。守忠子沖懷皇太孫，名鏗。守純子曹王訛可、戴王某、翬王孛德，後與宗室皆死青城之難。宗室表，守純本名昂圖，原作普圖爾（按，據金史卷九三守純傳，其本名當作盤都），判大睦親府事。孛德亦作伯特。按，守純子三，可以名見者二人。改名守緒。詔控制樞密院事。〔攷異〕趙翼劄記云，金初，制度未立，多兄弟叔姪互相傳襲。太宗以弟繼兄，熙宗以從孫繼叔祖，皆未嘗立爲皇太子也。熙宗始立子濟安爲太子。未幾，薨。海陵立子光英爲太子，亦遇害。世宗先立允恭爲太子，未即位薨。後立璟爲皇太孫。衞紹王立子從恪爲太子。紹王被弑，從恪亦禁錮二十餘年。「汴京之變」，崔立立爲梁王。降元，被殺於青城。宣宗立子守忠爲太子，三年薨。後又立子守緒爲太子，是爲哀宗，竟亡國。統計金源所立太子，竟無一享國者。庚辰，詔免逃户租。時言者請遣官勸農。秋成，考績以甄賞宰臣。言民恃農以生，初不待勸，但寬其力，勿奪其時可也。遣官不過督州縣，計頃畝，嚴期會而已。吏卒因爲姦利，是乃妨農，何名爲勸？帝是其言，不遣。

二月甲辰，命參政李革〔爲〕（據金史卷一四宣宗紀補）修太廟使，禮部尚書張行信修社稷，并定太廟、祔享、親祀儀。未幾，禮成。〔攷異〕續通考云，燕京廟制，初止十一室。大定十九年四月，禘祔閔宗，遂增展太廟爲十二室。明昌初，世宗將祔廟，有司言，太廟十二室，自始祖至熙宗雖係八世，然世祖與熙宗兄弟，不相爲後，用晉成帝故事，止係七世，若特升世宗、顯宗，即係九世。於是，五月遂祧獻祖、昭祖，升祔世宗，明德后及顯宗於汴京。廟制，在宫南馳道東，（風）〔凡〕（據金史卷三〇禮志改）十一室，中爲始祖廟，祔德帝、安帝、獻祖、昭祖、景祖，祧主五。世祖室祔肅宗，穆宗室祔康宗，餘各一室，無祔。始祖東向，餘依昭穆，南北相向。貞祐初，權奉肅宗止世祖室，始祖以下諸神主，於隨室奉安。庚戌，詔凡死節臣，籍數立廟致祭。

夏四月丁酉，太白晝見於奎。甲辰，扶風、郿縣有蝗傷麥。

六月丙申，歲星晝見於奎，百有一日乃伏。壬子，以旱，命李革審決京師冤獄。

冬十月丙寅，詔京城具防城器械，多鑿坎穽，築垣牆於隙地。命吏、禮、兵、工四部尚書董防城之役。

十一月（庚）〔壬〕（據金史卷一四宣宗紀改）午，河東行省胥鼎自將平陽精兵入衞，拜左丞。命樞府督軍應之。

興定元年（丁丑一二一七）春正月癸卯，議減庶官冗員。

二月壬戌，尚書省請罷諸州府學生廩給，不許。

三月乙酉，遣官分道捕蝗，仍禁苛暴擾民。尋因單州雨雹傷稼，詔遣官勸諭農民改蒔秋田，官給其種。紀載五月壬辰，原武縣雨雹傷稼，復遣官貸種改蒔。

夏四月丁未朔，以宋歲幣不至，遣將經略南邊。

五月丁亥，民苑汝濟上書陳利害。帝示宰臣曰：「卑賤小人猶能如此盡言，有可采者即行之。」右丞富察伊埒圖原作移剌都棄官，擅赴京師，降知河陽府即孟州，詳下卷（按，據金史卷一五宣宗紀，「河陽」當作「河南」）事。山東帥府蒙古綱擅械轉運〔使〕（據金史卷一五宣宗紀補）李秉鈞，法當決，秉鈞反詈綱應論贖，詔兩釋之。

六月庚戌，詔捕治遼東受僞署官家屬，得按察使高禮妻子，戮之。甲寅，招撫使惟宏言彰德守臣擅徙民山砦避兵，帝曰：「難保之城，守之何益，徒傷我民爾。勿治。」乙丑，置南京流泉務。尋罷之，設提舉倉場使副。

冬十月丁未，以霖雨，詔寬農民輸稅之限。

十一月庚子，命蠲百姓逋賦及免徵軍須錢。

十二月庚午，免逃户復業者差賦。

是歲，(右)〔左〕(據金史卷一五宣宗紀、卷一一三白撒傳改)都監承裔襲破果爾原作瓜黎餘族諸番帳，屢破之，奏捷。河西嘉納克原作搁納等族千餘户來歸。〔攷異〕薛應旂通鑑云，十月，以河東爲中京會甯府。紀未載。續通考云，是年，徒單頑僧言：「兵興以來，以勞進階，下僚或至極品。自今非親王子及職一品，餘人雖散官至一品，乞皆不許封公，其已封者，雖不追奪其儀衛，亦當降從二品制。」從之。又十月癸丑，夜有流星大如杯，長丈餘，自軒轅起貫太微，没角宿上。紀均未書。只載四月戊辰，太白晝見於井。八月戊申，木星晝見昴，六十有七日乃伏。九月癸巳，月犯東井西扇北第二星。十一月癸未，月暈木火二星，木在胃，火在昴。而續通考又失載。

二年(戊寅一二一八)春正月乙亥，詔議振恤。〔攷異〕續通考云，時劉從益爲葉縣令，自兵興，户減三之一，田不毛者方七千畝有奇，其歲入七萬石如故。從益請於大司農，爲減一萬，民甚賴之，流亡歸者四千餘家。紀未載。

二月甲辰，免中京、嵩、汝等州逋租。〔攷異〕續通考云，右丞領三司事侯摯言：「按河南軍民，田總一百九十七萬頃有奇，見耕種者九十六萬餘頃。上田可收一石二斗，中田一石，下田八斗，十一取之，得九百六十萬石，自可饒給歲支，且使貧富均，小大各得其所。臣在東平嘗試行一二年，民不疲而軍用足。」詔有司議行之。紀未載。定奴婢救主法。

夏四月乙巳，曲赦遼東等路。(防)〔坊〕州(據金史卷一五宣宗紀改)宣撫副使赫舍哩阿敦，原作按敦爲左監軍格綳額原作哥不靄誣其叛，殺之。阿敦議卹，格綳額釋不問(按，據金史卷一五宣宗紀，紇石烈按敦被殺議郵事在三月）阿里巴斯原作阿里不孫自潼關之敗，逃匿，遣子請罪，赦之。諭以自効。癸亥，遣重臣審理京師冤獄。

五月丙申，增隨朝官及諸承應人俸。

秋七月，大旱。遣官望祀嶽鎮海瀆於北郊，祭九宮貴神於東郊。命楊雲翼等分道理冤獄。尋大雨。

九月丙戌，諭太子：「軍務當亟行者，先行後聞。」

冬十一月庚午，大赦。御登賢門，召致政舊臣，賜食，訪時政得失。〔攷異〕劉祁歸潛志云，宣宗喜刑法，政尚威嚴，故在位多苛刻。徒單右丞思忠，好用麻椎擊人，號「麻椎相公」。李運使特立號「半截劍」，馮內翰璧號「馬劉子」，雷希顔爲御史，至蔡州，杖殺姦豪五百人，號「雷半千」，完顔麻斤出、蒲察咬住皆以酷聞。至蒲察合住、王阿里、李渙等，胥吏中尤技刻者也。宣宗紀未載。璧字叔獻，真定縣人。承安二年經義進士，歷州縣，召入翰林，擢修撰。屢奉使鞫大獄，不少貸，權貴側目。興定末，以同知集慶節度致仕。卒，年七十九。子渭，字清甫，仕爲密院機察，人稱馮孝子。希顔名淵，一字季默，渾源人。崇慶二年進士，仕至翰林修撰。生平慕田疇、陳元亮之爲人，爲御史，彈劾不避權貴。出巡郡邑，豪猾望風遁。均見本傳及中州集。又，顧奎光金詩選載希顔贈陳正叔詩，有「賦出石腸欲婉麗，政成鐵面却中和」之句。又在洛陽，同裕之、欽叔賦詩，有「事去關河不橫草，秋來陵寢但飛蓬」句，尤爲感慨遙深。酷吏傳，馬劉子作馮劊；蒲察咬住作富察莽伊蘇；合住作和卓，後刺恒州，北走被誅，與王阿里、富察耀珠號宣朝三賊。耀珠居睢陰，軍變被殺。續通考云，是年八月壬戌，有流星大如杯，尾長丈餘，其光燭地，起建星没尾中。一云自東北至西北而墜，其光如塔長，先有聲如風，後若雷者三，牕紙爲震。紀未載。只載十月癸亥，月犯軒轅左角之少民星。

三年(己卯一二一九)春正月丙子，稅民種地畝，議行均輸。赦和市邊城軍需，無至配民。

免單丁民户月輸軍需錢。

〔二月甲辰〕(據金史卷一五宣宗紀補)令軍中誅賞，四品以下聽決。

夏四月庚午，築京師裏城，命侯摯董役，高琪總之，遣近侍四人巡視。癸未，陝西黑風晝起，有聲如雷，地大震。紀載五月壬子，太白晝見於參。六月戊子，平涼等處地震。八月丁卯，木星犯輿鬼東南星。戊辰，木星晝見於柳，百有九日乃滅。〔弢異〕(五行)〔天文〕志(據金史卷二〇天文志改，下同)云，五月壬子，太白晝見於參，三十有六日經天，百八十四日乃伏。七月壬寅，有星自西南來，光燭地，狀如月，小星千百環之，若迸火然，墜於東北，聲如鼓。十一月癸丑，白虹二夾月，尋復貫之。續通考云，四月，大風吹河南府署飛百餘步，户案門鑰開，文牘飄落不知所在。平涼、鎮戎、德順尤甚，廬舍傾壓，死者萬計。五月庚戌，月食既。紀多未書。

六月戊寅，曲赦河東南、北路。

秋七月庚子，曲赦陝西路。乙卯，曲赦山東西路。

八月丁丑，緩在京差徭。

冬十月乙丑，平涼府慶雲見，以圖來。百官表賀，告太廟，詔國内。癸未，裏城畢工，賜賚宰臣有差。建碑會朝門紀其功。是役，帝慮擾民，募人能致甓五十萬者遷一官，一百萬仍升一等。平陽判官完顏阿拉及霍定和，發宋蔡京故居，得二百萬有奇，准格遷賞。

十一月丁巳，右丞相高琪以罪下獄。尋伏誅。

四年（庚辰一二二〇）春正月壬子，晝晦，有頃，大雷電，雨以風。〔二〕〔三〕（據金史卷一六宣宗紀改）月甲寅，木星犯鬼宿積尸氣。紀復載六月戊辰，月犯土星。己巳，太白晝見於張，百八十有四日乃伏。十一月壬辰，木星晝見於翼，積六十有七日伏，夜又犯靈臺第一星。〔攷異〕續通考云，正月戊辰，二更，天鳴有聲。是年，華州渭南縣裴德甯家伐樹，破，其中有五色大字，表裏脗合，有司謂爲太平之兆，乞付史館。紀未書。

夏五月甲午，擊鞠臨武殿。以暑，免常朝，四日一奏事。諭工部，暑月停工役。

六月甲戌，旱，敕有司閱獄，雜犯死罪以下悉釋之。

秋七月癸丑，遣參政李復亨等分道勸農。〔攷異〕續通考云，四年十月，移剌不言：「軍户自徙於河南，數年尚未給田，移徙不常，貧者甚衆。請括諸屯處官田，人給三十畝，仍不移屯他所，則軍户安居，官糧可以漸省。」宰臣言：「前此亦有言授地者，樞密院謂值事緩而行之。今河南罹水災，流亡者衆，所種麥不及五萬頃，減往年大半，歲所入殆不能足，若撥之爲永業，俟有穫，即罷其家糧，亦省費之一端也。」上從之。五年正月，京南行三司石抹斡魯言：「京東、西、南三路，屯軍老幼四十萬口，歲費糧百四十餘萬石，皆坐食民租，甚非善計。宜括逋户舊耕田。南京一路舊墾田三十九萬八千五百餘頃，内官田民耕者九萬九千頃有奇。今饑民流離者大半，東、西、南路計亦如之。朝廷雖招使復業，民恐既復之後，生計未定而賦斂隨之，往往匿而不出。若分給軍户，人三十畝，使之自耕，或召人佃種，可數歲之後蓄積漸饒，官糧可罷。」令省臣議之，竟不能行。所載較詳。

十二月乙酉，鎮南節度使温特赫思敬上書，言錢幣、稅賦二事。〔攷異〕續通考云，思敬上言：「今民輸稅，其法大抵有三，上户輸遠倉，中户次之，下户最近。然近者不下百里，遠者數百里，道路之費，倍於所輸。而雨雪有稽遲之責，遇賊有死傷之患，不若止輸本郡，令有司核算倉之所積，稱屯兵之數，使就食之。若有不足，則增斂於民。民計所欲不及道里之費，將忻然從之矣。」所載較詳。

五年（辛巳一二二一）春正月戊子，括南京諸（河）〔州〕（據金史卷一六宣宗紀改）逋户舊耕官田，給軍户。辛丑，太白晝見於牛，二百三十有二日伏。〔攷異〕（五行）〔天文〕志（據金史卷二〇天文志改，下同）云，時司天瓜爾佳德（五）〔玉〕（據金史卷二〇天文志改）等奏，爲臣强之象，請禳之。帝曰：「斗牛吴分，乃宋境，他國有災，吾禳之可乎？」紀未載。又云，九月歲星犯左執法。閏十二月戊子，熒惑犯軒轅。甲午月犯熒惑。戊戌鎮星晝見於軫。己亥太白晝見於室。續通考云，正月，山東奏慶雲見。四月丙子，日正午，有黄暈四匝，色鮮明。六月戊寅，日將出，有氣如大道，經丑未歷虚危，東西不見首尾。十二月己丑，北方有白氣，廣三尺餘，東西竟天。紀多未書。

二月癸酉，以旱災，曲赦河南路。丙子，禁京城兵器。〔三月〕（據金史卷一六宣宗紀補）己亥，省試經義進士，考官額外多放喬松等十餘人。帝以久旱，特允之。

夏六月戊寅，駙馬都尉布薩安貞坐謀反，并其三子皆伏誅。本傳，原名阿哈，尚邢國長公主。屢平羣盜，侵宋歸，省官因其不殺宋宗室，奏其謀叛。又畏讒，賄近侍局，反以證成其罪。嘗曰：「三世爲將，道家所忌。」卒以祖忠義，父揆有大功，免兄弟連坐。按，阿哈亦作阿海。汪輝祖金史同名録云，卷六十七阿竦傳其父、卷八十一夾谷謝奴傳其祖、卷八十六孛朮魯定方傳世宗時鳳翔尹、卷九十四内族襄傳明昌二年左司郎中、卷一百十六石盞女魯歡傳天興二年歸德總帥、卷一百三十四西夏傳太宗時臣，七人同名阿海。

秋八月甲戌，除逋户負租毋徵見户。

冬十月乙卯，太醫侯濟、張子英治皇孫疾，誤致死，不忍誅，杖除名。

十一月辛丑，蠲徐、邳、宿、泗及歸德、亳、壽、潁等州逋租。〔攷異〕續通考云：十月，上諭宰臣曰：「比欲民多種麥，故令所在官貸易麥種。今聞實不貸與而虚立案簿，反收其數以補不足之租，其遣使究治。」紀未載。

閏十二月己丑，同知保静節度使郭澍以徵糧失期，誣殺平民，坐誅。

元光元年（壬午一二二二）春正月壬子，遣官墾種京東、西、南三路水田。〔攷異〕續通考云：貞祐三年三月，諭尚書省，歲旱議弛諸處碾磑，以其水溉民田。四年八月，程淵言：「碭山諸縣陂湖，水至則畦爲稻田，水退種麥，所收倍於陸地。宜募人佃之，官取三之一，歲可得十萬石。」詔從之。興定五年五月，南陽令李國瑞（利）〔創〕（據金史卷五〇食貨志改）開水田四百餘頃，詔陞職二等，仍録其最狀，徧諭諸道。是冬，議興水田。省奏：「漢召信臣於南陽灌溉三萬頃，魏賈逵堰（沙）〔汝〕水（同上）爲新陂，通運二百餘里，人謂之賈侯渠。鄧艾修淮陽、百尺二渠，通淮、潁、大治諸陂於潁之南。穿渠三百餘里，溉田二萬頃。今河南郡縣多古所開水田之地，收穫多於陸地數倍。」勅令分治，户部按行州縣，有可開者，誘民赴功，其租止移陸田，不復添徵，仍以官賞激之。陝西除三白渠設官外，亦宜視例施行。元光元年正月，遣户部郎中楊大有等詣京東、西、南三路開水田。按，金代水利，惟章、宣二宗講求，爲最備云。

夏四月辛巳，〔置〕（據金史卷一六宣宗紀補）大司農以下官，各路兼置行司。丁酉，更定辟舉縣令法。〔攷異〕紀於興定三年十月，定保舉縣令能否升黜舉主制，未幾，罷。至是，更定其法。史言辟舉法行，縣令多得人。如咸甯令張天綱、長安令李獻甫、洛陽令張特立三人有傳。餘如興平師夔、臨潼武天禎、汜水黨君玉、偃師王登庸、高陵宋九嘉、登封薛居中、長社李天翼、河津孫鼎臣、郟城李無黨、滎陽李過庭、尉氏張瑜、長葛張子玉、猗氏安德璋、三原蕭邦傑、藍田張德直、葉縣劉從益，皆極一時之選。劉祁歸潛志云，興定初，朝議縣令最親民之官，立保舉法。一時能吏如王庸令洛陽，程震令陳留，皆著治績。或入爲臺部官。自是，爭以能相尚，民亦多受其賜。洵良法也。所載甚詳。

六月戊寅朔，命造舟運陝西糧，由大慶關渡抵湖城。〔攷異〕續通考云，世宗大定初，劉璣同知漕運司事，奏言「漕戶顧直大，高虛費，官物宜酌量裁損。若減三之一，歲可省官錢一十五萬餘貫」。上是其言。章宗明昌六年三月，以北邊糧運，括羣牧馳，以銀五十萬兩，錢二十三萬六千九百貫以備支給。銀五萬兩、金器一千八百兩、金牌百兩、銀盂八十兩，絹五萬疋、雜綵千端、衣四百四十六襲以備賞勞。哀宗天興元年八月，發丁壯五千人運糧以餉合喜。合喜時爲樞密，將兵應完顏思烈等，自汝州急入援，故餉之。

秋七月乙亥，太白晝見經天，與日爭光。

八月己卯，彗星見西方。改元，大赦。〔攷異〕續綱目云，長星見，耶律楚材謂其主曰：「女真將易主矣。」劉祁歸潛志云，興定六年夏，彗星出西方，長丈餘。據漢武故事，改元禳之。其年十一月崩。已而，宋帝亦崩。天道果誰應耶？所載年月不合。〔五行〕〔天文〕志云，是年正月，月犯熒惑。壬戌，犯軒轅。三月壬子，月食太白。四月丙寅，歲星犯太微左執法。八月，彗星出亢宿攝提周鼎之間，指大角。太史奏，「除舊布新之象，宜改元修政以消天變。」九月丁未，滅。壬申，月食歲星。續通考云，十一月丁未，東北有赤雲如火。紀多未書。

冬十月甲申，獵近郊，免百官迎送，勿令治道勞百姓。甲辰，以京兆官民避兵南山者多至百萬，遣官安撫之。

二年（癸未一二二三）春正月戊午，鬻爵恩例有丁憂官得起復者，令罷之。

三月辛酉，命禁茶。

秋八月乙亥，火星入鬼宿中，掩積尸氣。〔攷異〕（五行）〔天文〕志云，八月乙亥，熒惑入輿鬼，掩積尸氣。十月壬午，犯靈臺。十一月又犯心大星。續通考云，正月，有鶴千餘翔於殿庭，移刻乃去。時，烏鵲夜驚，飛鳴蔽天。其餘妖怪甚多。紀多未書。丙戌，遣官分行蔡、息、陳、亳、唐、鄧、裕諸州。凡官吏有與民立砦避兵者，置砦長、副員，仍先遷一官。〔攷異〕續通考云，九月，權立職官有田不納租罪。上問：「向者有司以徵稅租之急，民不待熟而刈之以應限。今麥將熟矣，其諭州縣有犯者，以慢軍儲治罪。」時京南司農卿李蹊言：「按齊民要術，麥晚種則粒小而不實，故必八月種之。今南路當輸秋稅百四十餘萬石，草四百五十餘萬束，皆以八月爲終限。若輸遠倉，及泥淖往返不下二十日，使民不暇趨時，是妨來歲之食也。乞寬徵斂之限，使先盡力於二麥。」朝廷不從。見續通考。

冬十二月辛巳，免延安土民差稅。邳州民丁陣亡者，各贈官一階。歸德、徐、邳、宿、泗、永、亳、潁、壽等州，復業及新地民，免差稅二年。丁亥，帝不豫，太子率百官入問起居。庚寅，崩，壽六十一，號宣宗，葬德陵。

金史紀事本末卷四十一

中原淪陷

宣宗貞祐三年（乙亥一二一五）秋七月戊午朔，元兵收濟源縣。〔攷異〕元史太祖紀云，十年七月，紅羅山寨主杜秀降，授錦州節度使。遣伊奇哩往諭金主，以河北、山東未下諸城來獻，去號，爲河南王，當爲罷兵。不從。詔史天倪南征，授右副元帥，賜金虎符。紀未載。

八月庚子，前冀州〔攷異〕輿地廣記云，冀州，春秋屬晉，秦屬鉅鹿郡，漢置信都國，景帝改廣川，明帝更樂安，安帝曰安平，後兼置冀州，後魏爲長樂郡，隋爲冀州，又置信都郡，唐爲冀州，今升武安軍。縣六：信都、蓨縣、南宮、棗強、武邑、衡水。續通考云，冀州，唐改魏州，後仍舊。宋爲信都郡，升武安軍，金因之。領信都、南宮、衡水、武邑、棗彊五縣。教授鈕祐祿特烈原作忒都，亦作忒鄰。〔攷異〕章宗紀，葛王同名忒鄰，見卷九十三。集義兵，復立州治，招徠民户至五萬，置山東西路總管府於歸德府及徐、亳二州。特遷三官。以太常卿侯摯爲參政，行省事於河北東、西兩路。甲辰，置行樞密院於徐州、歸德府。戊申，東平、益都、太原、潞州置元帥府。壬子，置行省於陝西，以左丞相布薩端領之。諭堅守各處要害。令宣撫使治邠州，更以步騎守沿渭諸津。設潼關提控，總領軍馬等官。

九月甲戌，詔開、滑、濬、濟、曹、滕諸州置連珠寨如衞州。〔攷異〕元史太祖紀云，八月，史天倪取平州，金經略使奇珠降。穆呼哩遣史進道攻廣甯府，降之。是秋，取城邑凡八百六十有二。薛應旂通鑑，奇珠作乞住，宣宗紀均未載。

冬十二月乙巳，元兵徇大名府。〔攷異〕元史太祖紀云，十一月，史天(倪)〔祥〕(據元史卷一太祖紀改)討興州，擒其節度使趙守玉。紀未載。

四年(丙子 一二一六)春正月庚午，元兵取曹州。

二月甲申朔，圍太原。丁亥，以胥鼎爲樞副權左丞，行省事於平陽。〔攷異〕輿地廣記云，平陽府，古晉州，堯所都。秦、漢屬河東郡，魏分置平陽郡，劉淵都焉。後魏兼置唐州，改晉州，隋置臨汾郡，唐升定昌軍，後唐爲建雄軍，今因之。縣十：和川、岳陽、臨汾、洪洞、襄陵、神山、趙城、汾西、霍邑、冀氏。續通考云，平陽，唐爲晉州，金爲平陽府。領十縣，有浮山而無神山，餘同。薛應旂通鑑云，四月，胥鼎聞蒙古兵度潼關，即遣必蘭阿魯帶、徒單百家帥兵萬五千濟河趨關陝，自以精兵援汴京，又遣僕散掃吾出會諸將以拒蒙古兵之自關而東者。主嘉其忠，拜左丞還鎮。宣宗紀載在十月，姓名亦異。己亥，元兵攻下霍山諸隘。山在平陽府霍州東南三十里。同知觀州事張開復河間府滄、獻本樂壽縣，隸河北東路。等州，并屬縣十有三。

三月庚辰，復(邳)〔邢〕州(據金史卷一四宣宗紀改)捷至。

夏四月癸巳，張開奏復清州等十一城。

五月癸丑朔，山東行省上沂州宋瑯琊郡，縣二。〔攷異〕輿地廣記云，沂州爲齊、魯地，秦屬琅琊，漢置琅琊國，宋爲琅琊郡，後魏置北徐州，後周曰沂州。今縣五：臨沂、承縣、沂水、費縣、新泰。續通考云，唐改琅琊郡，後仍舊，宋、金因之。領臨沂、費縣、剡城三縣。之捷。辛酉，以右丞侯摯行省事於東平。

〔六月〕（同上補）癸卯，罷河北諸路宣撫司，更置經略司。

秋七月癸丑朔，昭義節度使必喇阿嚕岱原作必蘭阿魯帶。本傳，官甯化州刺史，擢簽樞，權參政，行省益都。復立潞州，最爲有功。復威州及獲鹿縣。

閏月辛卯，復深州。地理志云，獲鹿縣，屬真定府。深州爲饒陽郡，縣五。〔攷異〕輿地廣記云，深州，春秋屬晉，漢屬信都國，魏晉爲博陵國，後魏爲博陵郡，隋置深州，唐曰饒陽郡。今縣五：靜安、束鹿、安平、饒陽、武强。續通考云，金爲刺郡，餘同。

八月丙子，元兵攻延安。

九月辛巳朔，攻坊州，以永錫爲御史大夫，領兵赴陝西，便宜從事。壬辰，元兵攻代州，經略使鄂屯酬和尚戰没。〔攷異〕邵遠平元史類編云，十月，木華黎攻延安，經略使奥敦醜和尚死之。與紀異。

冬十月己未，招射生獵户練習武藝知山徑者，分屯陝、虢要地。命左監軍必喇阿嚕岱守潼關，知歸德府事完顔仲元軍盧氏。縣名，屬虢州。元兵攻潼關，西安節度使尼瑪哈富勒呼〔攷異〕邵遠平元史類編作泥龐古蒲魯虎。戰没。命伊喇卓拉布原作伊剌周剌阿不屯闕、陝（按，同上書，

「屯關陝」事在乙丑〕。戊辰，元兵徇汝州。己巳，命沿河唯存通報小舟，餘悉焚之。丙子，行樞院完顏哈達以徵兵失應，坐誅。〔攷異〕元史太祖紀云：秋，色爾濟鄂特薩木哈巴圖爾率師由西夏越潼關，獲金西安節度使尼瑪哈富勒呼，拔汝州等郡，抵汴京而還。　薛應旂通鑑云：蒙古主駐軍魚兒濼，遣三哥拔都帥萬騎自西夏趨京兆，攻潼關，不下，乃由嵩山小路趨汝州，過山澗，輒以鐵鎖相鉤，連接爲橋以渡，遂赴汴。金主急召「花帽軍」於山東。蒙古兵至杏花營，距汴京二十里，「花帽軍」擊敗之，遁還陝州。適河冰合，遂渡而北。時所至皆下，金求和，蒙古主欲許之，謂撒没喝曰：「辟如圍場中獐鹿，吾已取之矣，唯餘一兔，盍舍之。」撒没喝議以河北、山東未下諸城來獻，去帝號，稱臣，議遂寢。與元史不合，且繫之貞祐三年十月亦異。按，色爾濟鄂特原作撒里知兀䚟。續綱目作撒格巴圖，卽三哥拔都也。薩木哈卽撒没喝。　續綱目云，時御史臺言：「敵兵深入重地，近抵西郊，彼知京師屯宿重兵，不復叩城索戰，但以游騎遮擊道路，而別兵攻擊州縣，是亦困京師之漸也。若專以城守爲事，中都之危復見今日，況公私蓄積，視中都百不及一，此臣等所以寒心也。願陛下命陝西兵扼潼關，與伊爾必斯爲犄角，選勇將十數，各付精兵，隨宜伺察，且戰且守，復踰河北亦以此待。」因高琪言，不許。所載較詳。

十一月壬午，行省胥鼎入衞京師，拜左丞。以王質、完顏僧嘉努權左右監軍，代鎮河東。〔攷異〕續綱目云，鼎慮蒙古兵扼河，乃檄絳、解、隰、吉、孟五州經略司，會師夾攻。及敵兵自三門、析津北渡，至平陽，乃遣兵拒戰，大敗之，遂北去。紀未載。　乙酉，元兵至沔池。〔攷異〕沔池當作澠池。宋史地理志云，縣名，隸河南府，所謂淆、澠也。沔水則當從沔，此疑誤。　右副元帥富察阿里巴斯原作阿里不孫軍潰而逃，失其所佩虎符。戊戌，華州元帥府復潼關。庚子，河南統軍使赫舍哩素赫原作掃合。〔攷異〕汪輝祖金史同名録云，卷六十五鑾睹傳其子猛安；卷六十六穆宗曾孫齊本名，官上京留守；卷一百三納蘭胡魯剌傳曹州豪民；卷一百四郭俣傳大定末同知宏文院，姓把氏；卷一百二十八石抹元傳貞祐初副統，六人同名掃合。以發兵後期，坐誅。

十二月癸亥，元兵攻平陽。徇大名府。進自代州神仙橫城及平定承天鎮諸隘，進攻太原府。宣撫使烏庫哩禮間道告急，詔發潞州諸道兵援之。

興定元年（丁丑一二一七）春正月乙巳，元兵攻觀州。

二月己未，徇忻（攷異）輿地廣記云，忻州，春秋屬晉，秦、漢屬太原郡，元魏置肆州，後周徙治於雁門郡，隋置新興郡，改忻州，取忻口爲名，唐仍忻州，後爲定襄郡。今縣二：秀容、定襄。續通考云，忻州，唐初改新興郡，後仍舊，又改定襄郡，金隸太原府。代。

三月戊寅，以李革權參政，行省事於河東南路。乙未，先徵山東兵接應經略使苗道潤，共復中都，而石海據眞定叛，慮爲所梗，乃集鈕祜祿貞、郭文振、武仙所部精鋭，與東平軍爲犄角之勢，圖之。石海尋伏誅。詳下卷。己亥，元兵攻新城及霸州。（攷異）大金國志云，時易州苗仙武、清州郭仲元、霸州統軍白文哥，聚兵合八十萬，元患之。言於金，遣夾谷監軍討之。文哥縊死，仙武、仲元亦召回賜死，軍遂潰散。北軍歸，轉攻回鶻，奪其纖珠堅城而都之。遣兵掠西河等路，金遣侍郎烏古孫孛吉入貢，凡去汴三萬里。紀未載。

夏四月癸丑，命完顏寓權左都監，行帥府事，督苗道潤進復都城。先是，招撫使伊喇特爾格，原作鐵哥與道潤不協，互言有異志，故命重臣鎮之。己未，以遼東行省完顏阿里巴斯爲參政，行省事於博索路。遼東宣撫富察烏錦原作五斤。〔攷異〕汪輝祖金史同名録云，卷十二章宗泰和六年右振肅，宣宗貞祐元年遷參政；卷十七哀宗正大元年太行山陵使，姓僕散；卷九十一石抹卞傳其父羣牧使，三人同名五斤。行省事於上京。

五月甲辰，元兵下洐城縣（按，金史地理志無洐城縣，疑地名有誤），軍官任福死之。

六月己酉，修潼關，以暑藥勞夫匠。設潼關使副及三門、集津提舉官（按，據金史卷一五宣宗紀「設潼關使副」在乙丑）。〔攷異〕元史太祖紀云，夏，盗祁和尚據武平，史天祥討平之，遂擒金將巢元帥以獻。察罕破金監軍瓜爾佳於霸州，金求和，察罕乃還。紀未載。

秋八月壬子，削御史大夫永錫官，有司論失律當斬，特貰其死。

九月丁丑，以左監軍必喇阿嚕岱行省事於益都。辛卯，元兵攻隰州及汾西縣，屬平陽府。圍沁州。攻太原簸箕掌寨，進薄太原城。攻交城、清源（按，同上書，「攻太原」事在乙未）。二縣名，均屬太原府。癸卯，命立沿河冰牆鹿角。

冬十月乙卯，元兵徇中山府及新樂縣。屬定州。下磁州。取鄒平、長山二縣名，均屬濟南府。及淄州。

十一月丙戌，元兵收濱、棣、博三州。地理志云，濱州治渤海，縣四。棣州，宋安樂郡，縣三。博州，宋博平郡，縣五。〔攷異〕輿地廣記云，濱州，由滄州分置，五代置榷鹽務於海旁，後置瞻國軍，後周立濱州。今縣二：渤海、招安。棣州，春秋屬齊，宋爲樂陵郡，唐置棣州。今縣三：厭次、（商）〔滴〕河、（據輿地廣記卷一〇改）陽信。續通考云，濱州，唐置榷鹽務，周改濱州，今隸益都路。領渤海、利津、蒲台、霑化四縣。棣州，隋置，唐改樂安郡，金爲棣州。博州見上。下沂州。復攻太原府。

十二月甲（申）〔辰〕（據金史卷一五宣宗紀改）朔，元兵攻潞州，都統馬甫死之。克益都府。復攻沂州，官民棄城遁。辛酉，下密州，節度使完顏寓死之。

是月，進富察烏錦右副元帥，行省事於遼東。〔攷異〕邵遠平元史類編云，八月，以木華黎爲太師，封魯國王，賜九斿旗，曰：「建此旗以出號令，如朕親臨也。」薛應旂通鑑云，主以木華黎有大功，拜太師、國王，承制行事，賜誓券金印，分宏吉剌等十軍，並番漢諸軍悉隸麾下，建行省於燕、雲，謂曰：「太行之北，朕自經略，太行之南，卿其勉之。」乃自中都南攻遂城及蠡州，皆下之。時，木華黎欲屠城，州人趙瑨泣請得免。遂東擊齊，定益都、臨淄、登、萊、濰、密等州而去。續綱目，宏吉剌作鴻吉哩，稍異。

二年（戊寅一二一八）春二月壬子，御史以北兵退，請汰各處行院帥府冗官。不許。己巳，以侯摯行省河北兼安撫使。

夏四月乙巳，以瓜爾佳必喇原作必蘭權參政，行省遼東。壬子，侯摯督兵復密州及高密縣。

〔五月〕（據金史卷一五宣宗紀補）壬辰，河北行省復黃縣。己亥，元兵徇錦州，元帥劉仲亨死之。〔攷異〕大金國志云，是月，蚩尤旗見，長竟天。紀未載。

六月甲辰，樞院言：「元集兵應州、飛狐，將分道南下，覩其意，不在河北，而在陝西。河東各路義士宜於農隙校閱。東平、單州衝要，豫徙其農民糧畜置可守之城，修近城水砦。潼谷遠連商、虢，宜令兩帥府按視扼塞。」又言「賈瑀刺殺苗道潤，乞正專殺之罪」。詔勿問。尋以其軍隸涿州刺史李奇嚕，原作癡驢副以張甫、張柔。道潤傳，從遷汴，屢戰有功，授宣武將軍，擢中都留守。〔攷異〕薛應旂通鑑云，道潤初爲河北隊長，擊羣盜有功，遷知中山府，擢中都經略使。有勇略，得衆心，撫定五十餘城。署保定張柔右監軍，行帥事。續綱目云，道潤素與瑀有隙，瑀伏甲射殺之，從者何伯祥以聞，部將靖安民代領其衆。柔方會兵復仇，趨中山，與元遇，戰於狼牙嶺，馬蹶被擒，遂降。爲河北都元帥。柔字德剛，易州定興人。卒，贈太師，汝南王，謚忠武。子十一，宏範最顯，見元史本傳。方輿紀要云，狼牙嶺卽狼牙口，在定州倒馬關西南六十里。三關外牆至此與内牆合爲一。紀未載。命參政巴古拉與平章胥鼎協力防秋（按，同上書，「防秋」事在丁未）。

八月己酉，詔河（東）〔北〕（同上改）行省完顏霆赴援山東。元穆呼哩原作木華里。〔攷異〕續綱目諸書均作木華黎。等帥步騎數萬，自太和嶺徇河東取代州及（陘）〔隰〕州（同上）。

九月乙亥，下太原府，左監軍烏庫哩德升死之。〔攷異〕續綱目云，時穆呼哩圍太原數匝，德升并力禦之。城西北隅壞，德升聯車塞之，三却三登，矢石如雨，守陴者不能立。城破，德升謂其姑及妻曰：「吾守此數年，不幸力窮。」自縊死。所載較詳。丙戌，以納哈塔富拉塔原作納合蒲刺都。〔攷異〕續綱目作布拉圖布德裕。爲右監軍，行帥府事於潞州。戊子，置秦關等處九守禦使，命完顏芬徹等分戍諸阨。元兵徇汾州，節度使烏雅恩徹亨原作兀顏訛出虎。〔攷異〕通鑑輯覽作完顏恩徹痕。死之。辛卯，下孝義縣〔攷異〕元史，是秋，金將武仙攻滿城，張柔擊敗之。史未載。

冬十月己酉，徇絳、潞。遂攻平陽，提控郭用死之。城破，行省知府事李革〔攷異〕邵遠平元史類編作李華。及蘇爾坦死之。〔攷異〕續綱目云，時革守平陽，兵少援絶，城陷。或謂革上馬突圍出，革歎曰：「吾不能保此，何面目見天子？汝輩可去矣！」遂自殺。所載較詳。權平定州〔攷異〕輿地廣記云，平定軍，晉爲樂平郡，今置平定軍。縣二：平定、樂平。續通考云，唐爲廣陽縣，宋爲平定軍，金升爲州。詳卷六。刺史范鐸以棄城，誅。丁巳，元兵攻澤州。

十一月甲申，取潞州，右監軍納哈塔富拉塔及王良臣死之。丙申，下太原之韓村砦。

十二月己亥朔，命完顏伯嘉權參政、左監軍，控制河東南、北路，便宜從事。

三年（己卯 一二一九）春正月壬辰，以元兵已定太原，河北事勢非復向日，集百官議備禦策。

夏六月壬申，制沿河戍兵逃亡罪。甲戌，定防秋將校擊毬、飲燕之罰。戊子，遼州總領提控唐古果勒原作狗兒帥師復太原府。〔攷異〕續綱目云，五月，張柔率兵南下，克雄、易、保安諸州。攻賈瑀於孔山臺，斷其汲道，力窮乃降。縛瑀，剖心祭道潤。引兵次滿城，與武仙戰，大破之。鼓譟追擊，尸陳數十里。下完州，祁陽、曲陽皆降。進攻中山府，與仙將葛鐵槍戰新樂，飛矢中柔頰，落其二齒。柔拔矢再戰，鐵槍大敗，死者數千。劉成來攻，復破之，遂南掠鼓城、深澤、甯晉諸縣。由是深、冀以北，鎮定以東三十餘城，望風降附。柔之威名震於河朔。元史張柔傳，新樂之戰，柔中流矢，拔之復戰，斬數千級，擒藁城令劉成。尋爲燕帥孛赤台所譖，幽土室，及死乃得免。紀均未載。

元史王鶚傳，本金正大元年第一甲第一名進士，官左右司郎中。金亡，將被殺，張柔聞其名，救之，館於家。薦歷翰林學士承旨，制誥典章多所裁定。後宋留夢炎亦以一甲一名進士，官右丞相，入元爲承旨。是兩國狀元均爲元所用也。

秋八月壬申，元兵下武州，軍事判官郭秀死之。丁丑，下合河縣，屬嵐州縣令喬天翼等死之。

九月甲辰，徇東勝州，節度使伯特烏格原作伯德窟哥死之。庚戌，命行省胥鼎領兵赴河中。〔攷異〕元史太祖紀云，是秋，穆呼哩克嵐、吉、隰等州，進拔絳州，屠之。史未載。

冬十月丁卯，以完顏開、郭文振權左右都監，行帥府事，謀復太原。丁亥，元兵屯綿上。

十一月癸巳朔，遣樞副布薩安貞、同簽樞額爾克行院事於河北。己亥，元兵徇彰德府。下晉安府，即絳州，縣八，號絳陽軍。工部尚書鈕祜祿貞死之（按，據金史卷一五宣宗紀，「下晉安府」事在戊午）。

四年（庚辰一二二〇）春正月丁酉，元兵下好義堡，霍州續通考云，霍州，唐初爲霍山郡，又改吕州，州廢，以縣屬晉州，金升爲霍州。領趙城、汾水、靈石三縣，後爲鎮定軍。刺史伊喇阿里哈等死之。

三月己酉，以吏部尚書李復亨參政，珠嘉賽音行懷、孟帥府事。

夏四月戊辰，元遣趙瑞下孟州。〔攷異〕輿地廣記云，孟州，春秋屬周，漢後屬河內郡，唐置孟州。今縣六：河陽、溫縣、濟源、汜水、河陰、王屋。今爲河陽府。王存元豐九域志云，孟州爲河陽三城節度，治河陽縣，去東京三百五十里。提控魯德、王安復大名府。以參政巴古拉爲左副元帥，承立爲右監軍，行省京兆。

五月癸卯，元兵徇陝州，地理志云，卽宋火山軍，改今名，隸嵐州，治河曲。下兖州，節度使(完)〔兀〕顏威赫作原畏可（據金史卷一六宣宗紀改）死之。

六月丁丑，元遣楊在下大名，攻開州東明、長垣。二縣名，屬開州，隸大名府。

秋七月癸丑，遣烏庫哩仲端等使元。〔攷異〕續綱目云，仲端如蒙古求和，呼爲兄，主不允。遣達呼如金報聘，謂仲端曰：「向欲汝主授我河朔地，彼此罷兵，汝主不從。今念汝遠來，河朔既爲我有，關西數城未下者割付我，令汝主爲河南王，勿復違也」。達呼，一作塔忽，見宣宗紀，所載較詳。元史太祖紀繫之十七年，乃元光元年也，又異。

八月丙戌，恒山公武仙降元。〔攷異〕薛應旂通鑑云，木華黎至滿城，使蒙古不花將騎三千出倒馬關，適葛鐵槍兵攻臺州，不花與之遇，戰敗之，仙遂舉城降。通鑑輯覽，不花作布哈，「三千」作「二千」，仙以真定降。倒馬關卽古臨上關，今保定府唐縣北。續綱目云，穆呼哩以史天倪權知河北西路兵馬事，仙副之。天倪説穆呼哩云：「今中原已粗定，大兵所過猶抄掠，非王者弔伐意。且王爲天下除暴，豈可效他軍所爲乎？」穆呼哩善之。卽下令禁剽掠，遣所俘老幼。軍中肅然。所載較詳。按，元史太祖紀謂以天倪爲都元帥。又異。

冬十月壬戌，元復遣蒙古達呼、額哩埒來。

十一月乙巳，詔柴茂、蓋仁貴攝左右都監，行帥府事於真定。元穆呼哩以兵圍東平。

〔攷異〕元史太祖紀云：初，東平嚴實來歸。冬，邢州節度武貴降。進攻東平，不克，留嚴實守之。撤圍趨洺州，分兵徇河北諸郡。　薛應旂通鑑云：木華黎既戢士卒，州郡悦附，遂以輕騎入濟南。嚴實挈所部三府六州户三十萬詣軍門降，拜爲行省。實將李信乘實出，殺其家屬來降，實攻信，殺之。復取青崖嶇。時金兵二十萬屯黄陵岡，遣將襲濟南，大敗。木華黎遂薄黄陵岡，金兵復敗，溺死者衆。進陷楚邱，圍東平。　元史實傳，字武叔，泰安長清人。卒，封魯國公，謚武忠。

五年（辛巳一二二一）春正月丁酉，元兵攻天井關。庚戌，山東行省奏東平之捷。

二月丙辰朔，置招撫司於單州。曲赦東平府。

夏五月癸丑，東平内徙，命蒙古綱行省邳州，王庭玉行帥府於黄陵岡。〔攷異〕續綱目云：初，金兵固守東平，穆呼哩謂嚴實曰：「東平糧盡，必棄城去，汝入城安輯，勿苦郡縣以敗事也。」乃留蘇嚕克圖屯守，命實權行省。謂千户薩里台曰：「東平破，可命石珪、嚴實分城南北守之。」遂北還。五年五月，東平被圍久，糧道復絶，行省蒙古綱、監軍王庭玉不能守，率衆趨邳州，蒙古蘇嚕克圖邀擊，斬七千級，嚴實遂入城。薩里台中分其城，以實撫東平以北恩、博諸州，石珪移治曹州。　珪尋爲王庭玉所破，珪被殺。　元史本紀及穆呼哩傳，均以實入東平爲四月事。　又，蒙古綱一作呼爾噶。　本傳，本名呼爾根，原作胡里綱，咸平人。　承安中進士，歷右副元帥，權參政，行省山東，後爲禄格所害。元史太祖紀謂金東平行省爲孟古，原作忙古云。　六月，宋石靖降，授濟、兖、單三州總管。　所載各異。　趙翼劄記云：嚴實自請攻衛州，與金伊喇富阿遇於南門，適合達自北奄至，實兵敗被執。史天倪率壯士伏於延津，截其歸路，實得脱歸。事見天倪傳，而實傳不載。

冬十月癸丑，布薩毅夫行省京東，督諸軍芻糧。辛酉，元兵攻綏德州。戊寅，命許州帥赫舍哩鶴壽將兵屯潼關西。

十二月辛亥朔，元兵下潼關、京兆，詔省院議之。

閏月辛巳朔，元兵徇鄜州，節度使完顏魯爾錦、左都監鶴壽、右都監富察羅索及鈕祜祿資祿皆死之。〔攷異〕薛應旂通鑑云，冬，木華黎由東勝州涉河，引兵而西。夏主懼，遣塔海監府等宴之於河南，且遣塔哥甘普將兵五萬屬焉，遂入葭州。金將王公佐遁，命石天應權行臺守之，自將攻綏德，破馬、克戎兩寨。夏將迷僕往會，不肯拜，引衆去。至是，攻延安，迷僕始贄馬而拜。金帥合達與納合買住禦之，木華黎命蒙古不花伴敗，伏發，金兵亂，殺七千餘人，合達走入延安城。留軍圍之，自將兵南攻鄜、坊等州，所載較詳。續綱目，塔海作塔爾海；塔哥甘普作唐海甘布；迷僕作瑪爾布。通鑑(通)〔輯〕覽(據本書卷末引用書目改)，塔海監府作塔卜沁布，塔哥甘普作特格甘普，瑪爾布作蔑布。按，馬、克戎兩寨，續綱目作馬、克戎爾寨。當作馬欄、克戎兩寨。延安府志云，馬欄鎮在宜君縣西南百二十里，通慶陽界。克戎寨在綏德州西北六十里，接米脂界。本夏人細浮圖砦，元豐四年收復，元祐中畀夏人，紹聖四年收復。亦見宋史地理志。

元光元年(壬午一二二二)春二月乙未，元兵屯葭州。(常)〔帝〕(據金史卷一六宣宗紀改)念鄜延被兵，又延安受圍，嘗發民粟給官軍。詔除延安、鄜、坊、丹、(霞)〔葭〕(同上)、綏德稅租。〔攷異〕元史太祖紀云，是春，穆呼哩克乾、涇、邠、原等州，攻鳳翔不下。史未載。

夏四月壬午，元兵攻陵川縣。屬澤州。

五月戊申朔，屯隰、吉、冀等州。〔考異〕薛應旂通鑑云，金於牛心寨僑治吉州事，木華黎自隰州攻之，知州楊貞令妻孥先墜崖，已從之，皆死。木華黎留兵守之。紀未載。

秋七月庚戌，元將阿勒楚爾原作按察兒屯兵晉安、冀州境。丙辰，上黨公完顏開復澤州。元史太祖紀，天作爲天祚。是秋，金復遣烏克遜仲端請和，見帝於回鶻國，議未允，歸。續綱目云，穆呼哩徇青龍堡，天作遂降。〔考異〕薛應旂通鑑云，七月，金平陽公胡天作叛，降元。宣宗紀，興定五年冬，禮部侍郎仲端及翰林待制安庭珍使北還，各遷一官。所載年月互異。

八月癸巳，河間公伊喇重嘉努、原作衆家奴高陽公張甫復河間府。

冬十月癸未，復曹州。乙未，元兵下榮州之胡壁堡及臨晉。

十一月丁未，徇同州，節度使李復亨及副使額爾克〔考異〕薛應旂通鑑作訛可。通鑑輯覽作鄂和。死之。戊辰，蒙古布哈原作蒲花，亦作不花攻鳳翔府。〔考異〕續綱目云，穆呼哩所過皆下，且使蒙古布哈引游騎出秦、隴以爲聲援，自將兵下孟州晉陽、霍邑等寨，使石天應爲河東行臺，諸將並受節制。遂趨長安，使元哈納台布哈屯守之，遣昂吉將兵斷潼關。薛應旂通鑑謂使兀胡乃太不花屯守安赤，斷潼關。通鑑輯覽，兀胡乃太不花作烏呼爾台布哈，安赤作阿齊台。日下舊聞考作台哈布哈。云，「台哈」，蒙古語長毛也。「布哈」，犍車也。舊作太不花。所載各異。

二年（癸未　一二二三）春正月乙巳，元兵下河中府，〔考異〕侯小叔傳作元光元年十二月。宣宗紀作二年正月。薛應旂通鑑及續綱目均作去年十月取河中，使石天應守之。元史石天應傳又作元年九月移軍河中。所載年月互異。按，元史太祖紀云，十月，河中來附，以石天應守之。與穆呼哩傳合。見畢沅續通鑑。右都監侯小叔〔攷異〕通鑑輯覽作侯孝順復之。未幾，復陷。〔攷異〕續綱目云，穆呼哩攻鳳翔，久不下，將北還，侯小叔襲破河中，殺石天應，焚浮橋而退。命天應子烏格代領其衆。初，金都監阿嚕岱守河中，恇怯不能軍，竭民膏血爲浚築計。及絳州破，遂馳奏河中不可守。棄之，燒民居官舍，一二日而盡。尋有言河中重鎮，不可棄，復命修葺，終不能成，故隨守隨陷。所載較詳。薛應旂通鑑，烏格作斡可。侯小叔傳以復取河中連繫於元年十二月，又異。

二月己亥，鳳翔圍解，賞嘉喀齊喀擢左監軍，餘陞賞有差。本傳，二月，穆呼哩國王、薩勒奇布哈等及夏人圍鳳翔，步騎數十萬，東自扶風、岐山，西連汧、隴數百里，皆其營柵，攻城甚急，喀齊喀力禦之。時同知臨洮府延札哈瑪爾戰尤力，以便宜授通遠節度，帝許之。喀齊喀拜簽樞。哀宗立，擢參政，權樞副。紀載哈瑪爾云原作顔盞蝦蟆，以功進官。

三月癸丑，以推官嘉勒斡原作籍阿外權右都監，代領侯小叔軍。甲子，命完顔伯嘉權參政，行省河中。續綱目云，是月，穆呼哩自河中還至解州聞喜縣，搆疾死，年五十四。

夏四月癸酉朔，復霍州汾西縣。

五月丙午，復河中府及榮州。乙卯，權平陽公史詠復霍州及洪洞縣。〔攷異〕布薩安貞傳贊云，貞祐時，安貞定山東，布薩端鎮陝西，胥鼎控制河東，侯摯經營趙、魏，其措注有可觀者。故田琢撫青、齊，完顔弼保東平，必喇阿嚕岱守上黨，皆嚮用有功焉。高琪忌功，汝礪固位，西啓夏釁，南挑宋兵。宣宗道謀是用，未幾，潼關破，（淆）〔崤〕（據金史卷一〇二僕散安貞傳改）澠毁，汴城晝閉，方且增城隍繕御寨，以祈逃死。然田琢走益州而青、齊裂，綱去東平而兗、魯蹙，安貞死而南伐無功。自時厥後，無足言者矣。

金史紀事本末卷四十二

羣盜叛服

衛紹王大安三年（辛未一二一一）秋九月，元兵薄中都，中都戒嚴。〔攷異〕續綱目云，初，益都楊安國少無賴，以鬻鞍韂爲業，人呼楊鞍兒，遂自名楊安兒。泰和中，金南侵，起爲羣盜。嗣降金，至防禦使。及蒙古兵至，招鐵瓦敢戰軍，得千人，以唐古哈達爲都統，安兒副之，戍邊。至雞鳴山，亡歸山東，與張汝楫聚黨攻擊州縣，殺掠官吏，山東大擾。薛應旂通鑑，都統爲唐括合打。稍異。衛王紀未載。

崇慶元年（壬申一二一二）夏五月，河東、陝西大饑，斗米錢數千，流莩滿野。命南京留守布薩端爲河南、陝西安撫使，提控軍馬。〔攷異〕薛應旂通鑑云，是歲，金泰安劉二祖兵起，寇掠淄、沂二州。李心傳朝野雜記云，二祖女劉小姐亦聚衆數萬，後爲「花帽軍」所破。紀均未載。

至寧元年（癸酉一二一三）九月後，爲宣宗貞祐元年。春二月，詔招撫遼東。〔攷異〕續綱目云，二月，契丹人瑠格官北邊千户。蒙古兵起，金疑遼遺民有異志，瑠格不自安，遁至隆安，聚衆至十餘萬，稱都元帥，遣使附於蒙古。金遣呼實率兵往攻，瑠格大敗之，遂自立爲遼王，改元元統，盡有遼東州郡，都咸平。薛應旂通鑑，瑠格作留哥，後降蒙古，爲元帥，令居會甯。呼實作胡沙，一作和碩。元史太祖紀作去年事。瑠格傳，其將伊實布尋謀叛自立，改元天威，被殺。其相奇努(復叛)〔監國〕(據元史卷一四九耶律留哥傳改),爲金山殺,稱王,改元天德。其後,通古哈沙相繼叛,均瑠格討平之。卒,子實沙嗣,世鎮廣甯。所載較詳。金史承裕傳,瑠格一作留可,即移剌留哥。紀傳屢見,多不繫姓。卷一穆宗時烏古論部人亦名留哥,另一人。地理志,隆州爲利涉軍,升爲隆安府。通鑑輯覽作龍安,恐是其地。

宣宗貞祐二年(甲戌一二一四)夏四月乙未朔,因元兵退,以布薩安貞等爲諸路宣撫使,安集遺黎。

五月壬午,遷都南京。〔攷異〕舒穆嚕元傳,字希明,懿州人。由譯史歷山東西路轉運使。貞祐初,洪果烏登徵兵東平,擁衆不進,大括民財,衆皆怨怒。副統布隆蘇赫殺烏登於坐,取其符佩之,縱恣尤甚。元密疏,劾其擅殺近臣,無上不道,蘇赫坐誅。紀未載。薛應旂通鑑云,十二月,金濰州李全兵起。全北海農家子,鋭頭蠭目,權譎善下人。弓馬趫捷,能運鐵槍,人號「李鐵槍」。開禧中,戚拱嘗結之以復漣水。時遷汴,賦斂益横,兩河遺民羣聚爲盜,寇掠州郡,皆衣紅衲襖以相識,呼爲紅襖賊。全與仲兄福聚衆數千,抄掠山東。劉慶福、國安用、鄭衍德、田四、千潭等皆附之。續綱目,于潭作于洋,子潭,小異。又,張鯨據錦州,自稱臨海王,興中府石天應皆附於蒙古。元史作明年事。紀均未載。

三年(乙亥一二一五)春正月乙丑,詔宣撫阿哈、總管和卓討賊劉二祖、張汝楫。

二月丙午,武清縣巡檢梁佐,柳口巡檢李耀珠,原作咬住以誅乣賊張暉、劉永昌等進官,賜姓完顏。丁未,山東宣撫使布薩安貞原作阿哈,亦作阿海。遣提控布薩瑠嘉等,破賊楊安兒步騎三萬,殲其衆,降僞頭目三百,脅從户三萬。先是安兒與張汝楫等攻刼州縣,安貞擊敗之於益都城東。安兒奔萊州,徐汝賢以城降。至登州,刺史耿格納僞,鄒都統付以州印,安兒遂僭號，改元天順陷甯海。州名，屬登州。〔考異〕續通考云，僞齊以登州之文登、牟平二縣立甯海軍。金升爲甯海州。攻濰州，其黨（郭方）〔方郭〕三（據金史卷一〇二僕散安貞傳等改，下同）據密州，李全掠臨朐。縣名，屬青州。安貞以瑠（格）〔嘉〕（據道光殿本金史卷一〇二布薩安貞傳改）及額琳分左右翼，大敗賊衆於昌邑縣名，屬平度州（按，據金史卷二五地理志，昌邑當屬濰州）。東及辛河，殺獲無算，遂復萊州。斬汝賢。安兒脫身走，耿格、史潑立降。襲殺（郭方）〔方郭〕三，復密州。安兒後與汲政乘舟入海，欲走岠嵎山，舟人曲成等擊之，墜水死。耿格伏誅，妻子皆遠徙。〔考異〕宣宗紀作貞祐二年十二月誅耿格，三年二月破楊安兒。安貞傳作二年七月破安兒，十二月誅耿格，年月各異，未知孰是。薛應旂通鑑云，時安貞與行省完顏霆、經歷黃摑將「花帽軍」討安兒，敗之，殲其衆，安兒墜水死。無子，其妹四娘子狡悍善騎射，劉全收餘黨，奉之稱姑姑，衆尚萬餘，至磨旗山。李全附之，因與私，以爲夫。續綱目，黃摑作洪果。通鑑輯覽作洪郭。宣宗紀未載。周密齊東野語云，淄州李全第三，以販牛馬來山東，有北永州牛客張介引至漣水，充尉司弓卒，復還淄業屠，結黨不逞抄掠淄、青界。時楊安兒聚衆數萬，妹曰小姐姐，或曰其女，後稱師姑，能馬上運雙刀。全攻劫其堡，安兒令至與妹角勝負，全設伏鈎致之，安兒迎歸，便成姻，自是名聞南北。因張介招，復歸金。全窮蹙謀南附，知楚州應純之納焉，官副總管。金復下詔招之，全復書有云：「甯作江淮之鬼，不爲金國之臣。」潛往濰州，遷其父母兄嫂之骨，葬於淮南，不復北向。

三月壬午，山東宣撫司報大沫堌之捷。時安貞遣赫舍哩約赫德原作牙吾答。〔考異〕國語解云，卽岳納哈。薛應旂通鑑作豐阿拉。通鑑輯覽作要赫德。破巨蒙等四堌及馬耳山，殺劉二祖賊四千餘人，降餘黨八千，擒僞宣差程寬，〔招〕（據金史卷一〇二僕散安貞傳補）軍使程福，降脅從民三萬。

遣兵會瓜爾佳錫爾格〔攷異〕薛應旂通鑑作夾谷石里哥。及默埒，敗賊劉二祖於宿州大沫堌，擒斬之，及其黨崔天祐、李思溫。餘衆保大、小峻角子山，前後殪賊萬計。〔攷異〕續綱目云，劉二祖死，餘黨推霍儀爲帥，彭義斌、石珪、夏全、時青、裴淵、葛平、楊德廣、王顯忠附焉。時青後降金，而石珪、夏全、裴淵等降宋，珪後爲李全所圖，復殺淵降元，爲元帥。紀均未載。趙翼劄記云，彭義斌自山東起義，隨李全來歸，即與趙范、趙葵破金兵，義斌獨擊至下灣渡，掩金人於淮。見賈涉傳。後因全亂楚州，制置使許國走死，義斌斬全使，誓必報仇。令攻恩州，擊敗之。致書趙善湘，願討全自効。令誣義斌叛，朝廷憚全，未行賞，遂拓地而北，結東平嚴實，圖河朔，攻真定，降武仙，衆至數十萬。實降元，與博羅罕軍合，與戰五馬山，兵敗死之。事聞，嘉其忠，得追贈。見趙范、李全傳及元史嚴實傳，而宋史不爲立傳，亦史家之疎也。事詳卷四十六。己丑，贈(防)〔華〕州(據金史卷一四宣宗紀改)防禦使完顏巴錦官。長勝軍都統楊珪伏誅(按，據金史卷一四宣宗紀，「楊珪伏誅」事在四月，此繫之三月誤)。先是京兆治中李友直私逃華州，結同知馮朝，判官郝遵甫，同知楊庭秀，〔攷異〕元好問中州集，華州楊庭秀，字德懋，大定中進士。學詩於張建，有「渴心曉夢江湖闊，醉眼春風草木低」之句，出刺澤州，致仕，閒居鄉里。坐爲楊珪詿誤被法，士論寃惜之。史未載。主簿宿徽等，團集州民，號「忠義扈駕都統府」，作亂，殺巴錦。以書約都統楊珪，珪諱之，嗣請自効。執友直，阬其黨千餘人。安撫使以便宜族友直等。事聞，故有是命。

夏四月壬子，山東西路宣撫副使完顏弼本名達吉不，傳在卷一百二。〔攷異〕汪輝祖金史同名録云，卷十宣宗承安元年國子監丞，姓烏古論氏；卷九十高德基傳大定時司候，姓尼龐古氏；卷一百三十四西夏傳大定初吏部郎中，四人同名達吉不。又郎中一作達吉，與斡者傳大定時中丞同名。奏招大沬堌渠賊孫邦佐、張汝楫以五品職，下詔湔洗其罪。汝楫復謀叛，誘邦佐，邦佐斬使，馳報弼，弼殺汝楫及其黨萬餘。以邦佐爲德州防禦使，擢泰定節度使，仍官其子。弼封密國公。本傳，本名達希布，蓋州人。累官宣撫使，卒。所辟承裔、圖們胡圖克們、約赫德皆立方面功。治東平，愛民，省費，雅歌投壺，有良將風。丙辰，諭田琢留山西流民少壯者充軍，老弱就食邢、洺，欲趣河南者聽。琢本傳，字器之，蔚州定安人。明昌五年進士，歷官山東西路轉運使，權知益都府事，行六部尚書，討平膠西亂，擒李旺，破張聚，復濱、棣二州。屢遣將擊却李全兵。治中張林凶險不逞，恥出琢下，時琢在山東徵求過當，頗失衆心，林兵逐之。事聞，宣宗召琢還，行至壽張，疽發背，卒。元好問中州集，時有喬宇者，字德容，洪洞人，進士喬扆子。大定中登科，貞祐初，〔爲〕（據中州集丙集補）益都按察轉運使，與田琢俱没兵間。琢嘗在塞外，繫詩燕足云：「幾年塞外歷崎危，誰謂烏衣亦此飛，朝向蘆陂知有爲，莫投茅舍重相依。君憐我處頻迎語，我憶君時不掩扉。明日西風悲鼓角，君應先去我何歸？」後任潞州，雙燕仍集廨舍，繫足蠟丸故在，因請龐君才卿繪爲圖，求諸公賦詩。琢慷慨有奇節，閒閒公所謂「田侯落落奇男子」是也。

秋八月己酉，紅襖賊掠（城）〔成〕武，（據金史卷一四宣宗紀改）縣名，屬兗州府。（按，據輿地廣記卷七成武屬單州）宣撫副使延札原作顔盞天澤討走之，斬首數百級，進一官。命侯摯招邢州賊程邦傑以官。

九月乙亥，紅襖賊周元兒陷深、祁州、束鹿、安平、無極等縣，真定帥府以計破之，斬元兒及其黨五百。

冬十月戊戌，遼東宣撫司報破璠格原作留哥之捷。壬子，遼東賊布希萬奴僭號，改元天泰。〔攷異〕薛應旂通鑑云，金宣撫蒲鮮萬奴據遼東，自稱天王，國號大真。元史，東平王於太宗五年癸巳，與皇子貴由攻完顏萬奴於遼東，平之。萬奴爲金内族，自乙亥聚衆據遼東，號東夏，至是凡十九年而滅。所載族姓互異。赫舍哩德傳，字廣之，真定人。明昌二年進士，歷遼東轉運使。萬奴逼上京，德與部將劉子元擊却之。遷東京留守，後權右都監行帥府於宿州，終工部尚書。汪輝祖金史同名録云，卷十五宣宗興定二年將，姓紇石烈氏；卷一百二十四馬慶祥傳正大時死節士，姓馮氏，三人同名萬奴。又，哀宗紀正大三年反賊作萬家奴，疑係一人。卷六世宗紀大定元年顯德節度萬家奴，另一人。

十一月丙辰，河北行省侯摯入見，尋遣還鎮。詔河北西路宣撫副使田琢自濬徙其兵屯陝。

十二月乙未，太康縣人劉全、時温，東平府民李甯謀反，伏誅。〔攷異〕續綱目云，蒙古以張鯨總北京兵，從奪呼蘭、薩里必南征。鯨懷反側，穆呼哩命蕭額森監其軍。至平州稱疾不進，額森殺之。弟致憤其兄被害，殺長史，據錦州，稱瀛王，改元興隆。略平、灤、瑞、利、義、懿、廣甯等州，下之。穆呼哩率先鋒蒙古布哈、權帥烏頁爾等軍討之，州郡悉復。元史太祖紀云，改元興龍，號漢興皇帝，繫於四月。又，十一月璠格來朝，以其子實沙入侍，實沙原作斜闍。紀多未載。

四年（丙子一二一六）春正月丙寅，紅襖賊犯泰安、德、博等州，山東西路行帥府兵敗之。

三月己巳，經畧副使張文破趙福，復恩州。

夏四月己丑，秦州官軍破妖賊趙用、劉高二等，奏捷。辛丑，侯摯言：「紅襖賊掠臨沂、費縣境，官軍敗之。時，賊渠郝定僭號署官，陷滕、兗、單諸州〔及〕（文義不貫，據金史卷一〇八侯摯傳補）萊蕪、新泰。」二縣均屬泰安州。〔攷異〕續通考云：「泰安州本博城縣，唐於縣置東泰州，州廢，改乾封縣。宋改奉符縣。金置奉安軍，升爲州。領縣二：奉符、萊蕪。元加長清、新泰二縣。布薩安貞遣兵討之，連戰皆捷，殺九萬人，降者三萬，郝定僅以身免。未幾，爲侯摯所擒，送汴伏誅。自安兒、二祖敗後，河北殘破，干戈相尋，所在團結寇掠，官軍雖討之，不能除也，大抵皆李全、國用安、時青之徒焉。〔攷異〕大金國志云，有郝八者，名儀，據山東叛，僭號大齊，改元順天。疑是郝定之訛。

六月壬辰，遼西僞瀛王張致遣完顏內赫、原作南合張烏遜原作頑僧奉表降，詔授致北京路行帥府事兼宣撫使，內赫同知兵馬總管府，張烏遜同知廣甯府。〔攷異〕薛應旂通鑑云，木華黎以致兵精，且依險爲阻，欲設奇取之，乃命吾也兒等別攻溜石山堡，諭曰：「汝急攻溜石，賊必遣兵往援，我出不意斷歸路，可一戰擒也。」又金蒙古不花屯永德縣西十里以伺之，致聞溜石被圍，果以兵救，不花遣騎扼歸路，且馳報木華黎。夜半，引軍疾馳，比曙抵神水，與致遇，不花兵亦至，前後夾擊，大敗之，進圍錦州。拒守月餘，其監軍高益縛致出降，殺之。續綱目，不花作布哈，餘同。元史太祖紀作春月事，云：致陷興中府，穆呼哩討平之。所載互異。地理志，永德縣屬興中府。神水，縣名，屬錦州。

興定元年（丁丑一二一七）春三月甲辰，威州刺史武仙討真定石海，斬之，及其黨二百人。降葛仲、趙林、張立等軍，盡獲海僭擬之物。進仙權知真定府事。

夏四月戊申，孟州萬户（李）〔宋〕子玉（據金史卷一五宣宗紀改）率兵叛，斬關而出，經畧使蘇爾坦等追敗之。至輝州今爲輝縣，屬衛輝府。〔攷異〕續通考云，唐以共城縣置共州，宋隸衛州，金改河平縣，又爲蘇門縣，復升爲輝州，置山陽縣屬焉。境，其黨邢福殺子玉以降，餘黨家屬悉放歸農。庚戌，「花帽軍」作亂於滕州，詔山東行省討之。南陽五朵山盜千餘，剽掠至方城，節度副使伊喇洋格原作羊哥。〔攷異〕汪輝祖金史同名録云，卷十四宣宗貞祐四年知歸德府、遷鄭州防禦除名，姓裴滿氏；卷一百二蒙古綱傳興定五年爲佃户所害，三人同名羊哥。討敗之，殲其衆。戊午，平定州賊閻顯，殺其賊渠閻德用以降。乙丑，濟南、泰安、滕、兖等州賊並起，侯摯遣棣州防禦使完顔霆討平之，降壯士二萬，老弱五萬。〔攷異〕續綱目云，時霆自清河出徐州，斬霍儀，前後斬首千餘，招降僞元帥石珪、夏全，餘衆皆潰。紀未載。

五月癸卯，蘭州千户李平，苦提控富察雅爾堅原作燕京貪暴，殺之，構夏人以叛，爲其黨張宸所獲，遷宸官四階。

六月己酉，苗道潤表降人李琛復叛，琛亦告道潤異謀，詔山東行省察之。〔攷異〕道潤傳，官中都留守，招降蠡州通吉齊勤。與琛忤，琛攻滿城、完州，道潤拒戰，殺其兄榮及弟明等。互相訐奏，詔和解之。會道潤與伊蘭特爾格合撫定河北，令諸道共爲應援。後與賈同、賈瑀互攻，瑀詐約和，刺殺之。餘詳前卷。高汝礪傳，賈同作賈全，所載各異。乙丑，遼東行省奏敗契丹之捷。事在正月中，至是始來告耳。

秋七月癸未，陝州萬户馬寬逐其刺史李策，據城叛，州吏擒斬之，夷其族。

八月戊申，陝西行省奏木波賊犯洮州，敗績遁去。

九月癸巳，遼東行省完顏阿里巴斯爲叛人伯特呼圖原作伯德呼土所殺，權左都監納塔裕等討誅之。贈阿里巴斯平章、（葛）〔芮〕國公（據金史卷一〇三完顏阿里不孫傳改）。

冬十一月壬午，用從宜伊喇邁努原作移剌買奴言，徙賊魚張二等親屬於歸德、睢、陳、鈞、許間。〔攷異〕郭仲元傳，是年，敗紅襖賊於白里港，獲老幼萬餘，縱遣之。紅襖賊復犯曹馬城，剽掠徐、單之間，提控高琬等分兵擊之，俘生口二千。續綱目云，七月，李全等出没島嶼，寶貨山積，不得食，相率食人。會鎮江武鋒卒亡命山陽，誘致米商，獲利數十倍。因説知楚州應純之以歸銅錢爲名，弛渡淮之禁，由是來者莫遏。有定遠民季先，初爲楊安兒軍職。安兒死，先至山陽，夤緣沈鐸得見純之，言山東豪傑願歸正。以鐸爲武鋒副將，與高忠皎集兵，分二道伐金，先遂以全五千人附忠皎，合攻海州，不克。全尋與其兄福襲金青、莒州，取之。時丞相史彌遠鑒開禧之事，不明招納，密敕純之慰接，號「忠義軍」，給糧。於是東海馬良、高林、宋德珍等萬人輻輳漣水，全等生羡心焉。史未載。宋史李全傳，全既降宋，與金兵戰，制置使賈涉以朝命許殺太子者賞節度使，殺親王者賞承宣使，殺駙馬者賞觀察使。全以所得金牌上於涉，謂殺駙馬阿哈所得者。涉遂奏，授廣州觀察使。其實四駙馬不死也。見趙翼箚記。續通考云，鈞州，僞齊置潁順軍，金改爲鈞州。領陽翟、新鄭二縣。元加密縣。

二年（戊寅一二一八）春二月庚戌，許州長社縣何冕等謀反，伏誅。〔攷異〕薛應旂通鑑云，正月壬午，李全率衆歸宋，以全爲京東路總管。紀未載。

夏四月戊午，紅襖賊犯徐、邳，行樞院兵大破之。東平行省破（紅襖）〔黑旗〕（據金史卷一五宣宗紀改）賊，拔膠西縣。屬密州。渠賊李全來援，並敗之。河北行省破紅襖賊，進至密州，降僞將校數十，士卒七百，悉令復業。

五月甲戌，招撫副使洪果阿嚕岱原作黄幗阿魯答襲破李全於莒州續通考云，莒州，唐置，復罷，宋以縣屬密州，金復爲州，治莒縣。又領沂水、日照二縣。及日照縣之南，三道擊之，追奔四十里。辛巳，萊州民曲貴殺經畧使内族專努，原作轉奴自稱元帥，構宋人據城叛，提控王庭玉等討平之，誅曲貴及其黨白珍、吕忠等數十人。

六月甲辰，石州賊馮天羽據臨泉縣叛，州刺史赫舍哩公順討之。天羽等迎降，殺之。餘衆走保積翠山，王九思等攻之，殺賊二千人。遣馬季良持詔招諭，其黨安國用降，遷防禦使，分其軍於絳、霍間。〔攷異〕續綱目云，七月，金石州人國安用降宋，以爲同知孟州事。紀未載。壬子，紅襖賊犯沂州，官軍敗之，追至（百）〔白〕里港（據金史卷一五宣宗紀改），提控齊信没於陣，命議䘏。

秋八月辛酉，棣州提控赫舍哩綽哈原作醜漢。〔攷異〕汪輝祖金史同名録云，同時壽光縣巡檢，均見卷一百二田琢傳；卷六十六世祖曾孫朿傳本名，鎮西節度，三人同名醜漢。討賊張聚，大破其衆，復濱、棣二州。姦人李宜伏誅。〔攷異〕田琢傳，聚殺防禦使錫默，據棣州，并取濱州，琢遣綽哈討破之，復二州。紀未書田琢所遣。

九月庚寅，李全破密州，執招討副使洪果阿嚕岱及同知瓜爾佳肆嘉努。進破壽光縣。屬青州府。

冬十月甲辰，李全破鄒平縣及臨朐縣。甲寅，山東轉運副使程戩、邳州提控王汝霖等通宋人爲變，侯摯遣兵討誅之，及其黨崔榮、韓松、戚誼皆伏辜。〔攷異〕侯摯傳，戩官防禦使。己未，李全據安邱，提控王政屯昌樂，二縣名，均屬青州府。俟王庭玉兵同進討。太府少監伯特玩擅率政兵攻全，致敗，提控王顯死之。〔攷異〕田琢傳作伯特完，時琢奏，「完本相視山東山崓、水寨，未嘗徧行，獨留密州，輒爲此舉，乞治其罪。」詔遣官鞫治，會赦而止。

十二月甲寅，紅襖賊攻彭城縣名，屬徐州。之胡(村)〔材〕寨(同上)，徐州兵敗之。

三年(己卯 一二一九)夏六月甲戌，李全寇日照、縣名，屬莒州。博興，縣名，屬青州府。赫舍哩萬奴敗之。寇卽墨，完顏僧壽又敗之，復萊州。

秋八月丁丑，中山治中王善殺知府事李仲等以叛。

冬十一月甲寅，徐州總領納哈塔祿格原作納合六哥大破紅襖賊於狄山。丁巳，泰安軍副使張天翼爲賊張林所執以歸宋，縶之楚州，逃歸，授睢州刺史。〔攷異〕續綱目云，初，蒙古克益都，不守，府卒張林復立府治，歸金爲治中。會知府田琢在山東徵求過當，失衆心，林逐之。琢走還汴，林遂據益都，山東諸郡皆附之。林欲歸宋，會李全克齊州，進薄青州城下。挺身入城說林，結爲兄弟，遂奉青、莒、登、萊、濱、棣十二郡歸宋，授林京東安撫使兼總管。薛應旂通鑑云：時大雨雪，氷合，全説賈涉，請取泗州東、西城自效，涉許之。全以長槍三千人夜半渡淮，潛向泗之東城。將踏濠水傅城下，俄城上荻炬齊發，曰：「賊李三，汝欲偷城耶？天黑特燭之」！全知有備，引兵還。所載較詳。周密齊東野語云：全下益都，張林降，獻二府、九州、四十縣，降頭目千人、戰馬千五百匹、兵十五萬。聞於朝，授左武衞大將軍、廣州觀察使、忠義軍都統制，特賜銀絹緡錢等。趙翼箚記云：宋史賈涉傳，全取海州及密、濰，收登、萊二州，又結青州張林，以濱、棣、淄、濟、沂等州來降，自是恩、博、景、德至邢、洺十餘州相繼請降。涉傳檄中原，以地來歸及反戈自効者，朝廷爵土無所吝。按，是時金衰，盜賊分據，全北行招林，遂來降。其表云：「舉七十城之全齊，歸三百年之舊主。」實李全功也，而係之涉傳，竟似涉發蹤指示者，亦未免附會也。

四年（庚辰一二二〇）春三月乙巳，林州續通考云：林州本林慮縣，金升爲州。元復爲縣，又析輔巖入焉，隸彰德路。明降爲縣。元帥惟良擒叛人單仲、李俊，誅之。降其黨盧廣。壬子，紅襖賊于忙兒襲據海州。〔攷異〕輿地廣記云：海州，春秋爲魯東地，秦屬薛郡，後分爲郯郡，漢改東海郡，東魏置海州，唐因之，亦爲東海郡。今縣四：朐山、懷仁、沭陽、東海。續通考云：唐爲海州，宋隸淮東路，金爲海州，中刺史。領朐山、贛榆、東海、漣水、沭陽五縣。經畧使完顏辰爾原作陳兒擊敗之，復其城。

夏四月癸亥，安武節度使柴茂破紅襖賊於棗強。縣名，屬冀州。祁州經畧段增順擊叛賊甄全於唐縣，屬保定府。敗之。庚辰，東平提控富察善爾原作山兒破紅襖賊於聊城。縣名，屬東昌府。

五月癸巳，紅襖賊犯樂陵、縣名，屬武定州。鹽山，縣名，屬滄州。橫海節度使王福連擊敗之。

張聚來寇，又敗之。

秋七月辛卯，宋人及紅襖賊犯河朔，諸郡皆降，獨滄州經畧使王福固守。會益都賊張林來攻，福乃叛降林。〔攷異〕錢大昕金史攷異云，時有兩張林，此攻滄州者，本益都府卒，授治中，興定三年逐轉運使田琢而據其地，史所稱益都張林也。是年八月，金犯東平府，監軍王庭玉敗之，擒其僞安化節度使張林，則爲益都桃林寨總領，號張大刀者也。癸丑，林州總領嚴祿等討紅襖賊於彰德府，生擒僞安撫使王九。

八月戊午朔，嚴實、成江、王贇據濟南，山東招撫高居實遣人招嚴實於青崖（堌）〔砦〕（據金史卷一六宣宗紀改），獲其欵以聞。李全犯東平府，監軍王庭玉敗之，擒其僞安化節度使張林。〔攷異〕續綱目云，嚴實初爲金長清令，爲主將所疑，挈家壁青崖堌（按，金史卷一六宣宗紀作「青崖砦」）依張林。會宋遣趙拱招諭，因歸宋。分兵四出，州郡悉下，太行以東皆受節制。賈涉以聞，復遣拱往，遂與李全、張林合兵攻東平。蒙古綱固守，全等夾汶水而砦，詰旦，與金監軍王庭玉遇。會將軍鄂博台兵大至，旁有繡旗女將持槍突鬭，全幾不免，退保長清，精鋭喪失殆盡。全還楚州。實後復降蒙古，見上卷。薛應旂通鑑，鄂博台作斡不答。後宋大名忠義彭義斌復京東州縣，嚴實將晁海以青崖堌（按，金史卷一六宣宗紀作「青崖砦」）降宋，時嘉定十五年九月，乃金元光元年也。

九月甲辰，滕州提控夏義勇討紅襖賊，敗之。

冬十月己卯，紅襖賊復入泗州，掠人畜而去。辛巳，授紅襖賊時青滕陽公、本處兵馬總領、元帥兼宣撫使。〔攷異〕薛應旂通鑑云，青初與叔父全俱爲紅襖賊。及安兒、二祖敗死，青降金，爲濟州萬户。後附李全歸宋，處之龜山，衆至數萬。至是，金紇石烈牙吾塔招之，降，乞邳州屯老幼，未許。復歸宋，拜京東鈐轄，攻泗州，拔西城，鄂爾多大敗之，率衆遁。所載較詳。

五年（辛巳一二二一）秋七月己亥，義（陽）〔勇〕（據金史卷一六宣宗紀改）軍叛，據碭山縣。屬徐州。夜襲永城，縣名，屬亳州。爲副總領高琬所敗，命蒙古綱併力討捕。

八月壬子朔，諭尚書省，給碭山叛軍家屬糧。癸亥，林、懷帥府邀擊紅襖賊於伏恩村，敗之。

（九）〔十〕（據金史卷一六宣宗紀改）月戊午，遣親軍討河南羣盜。

冬十一月乙未，紅襖賊掠（徐）〔宿〕州（同上）。辛丑，蒲城縣屬華州。民李文秀等謀反，伏誅。

閏十二月乙酉，提控珠嘉耀珠破沈丘賊於陳瓦。己丑，孫瑀、烏肯徹原作吾古出招降泰和屬潁州。賊（三）〔二〕（同上）千人。詔斬其首惡，餘並釋之。丙申，紅襖賊夜入蒙城縣，屬壽州。令失符印，軍民死者甚衆，賊大掠而去。己亥，發兵捕京東盜。陳、亳等州，鹿邑、城父二縣名，均屬亳州。諸縣盜蠭起，命樞府遣官討之。捕盜軍所過殘民，遣御史按視。軍所獲牛，有司以官錢收贖。詔定招捕土寇官賞格。〔攷異〕宏簡録云：正月，時青破泗州，昌武節度使畢資倫被執，不屈。因之鎮江府土獄十四年，脅誘百方，終不從。後聞哀宗死，設祭江岸，投水死。薛應旂通鑑云：十一月，宋京東安撫張林叛降蒙古。時李全既併漣水忠義軍，益驕悍，始造舭艛，舟通互市。使兄福守膠西，諸郡貿易車夫，皆取辦於林，林不能堪。林財計仰六鹽場，福恃弟勢，欲分其半，不許。福怒曰：「若背恩耶？待與都統提兵取君頭耳。」林懼，用其黨李馬皃計，以京東諸郡復降蒙古，授山東東路都元帥。福走還楚州，林遣賈涉書言，非己叛，實由李福也。明年夏，宋知濟南府种贇討張林，林敗走。李全入青州，據之。羅大經鶴林玉露云，李全常曰：「吾不患兵不精，唯患財不贍。」有教以依朝廷式様造楮幣，從之，所造不勝計，持過江南市物，人莫能辨。其用頓饒，而江南之楮益賤，上下共以全爲憂。辛卯，上元夜，酒酣，自提兵攻維揚，忽陷於城外淖中，死。宋、元史張林作張琳，謂授滄、景、濱、棣等州元帥。

元光元年（壬午一二二二）春正月辛亥，元帥惟弼破紅襖賊於張籌店。

二月戊申，恒州軍變，萬户呼延棫等千餘人焚掠城中而去。

夏六月丁酉，紅襖賊掠柳子鎮，驅掠人畜，提控張瑀追擊，奪還。僞監軍王二據黎陽縣，屬濬州。提控王（全）〔泉〕（據金史卷一六宣宗紀改）討之，復其城。

秋七月己未，歸德行院王庭玉破紅襖賊於曹州。復襲徐州之十八里砦及古城、桃源，縣名，屬淮南府。官軍破之。庚申，河北羣盜犯封丘、開封界，令樞院禦捕之。

冬十月壬午，河中萬户孫仲威執其安撫使阿布哈呼喇，據城叛，陝西行省討平之。

二年（癸未一二二三）秋八月辛未朔，邳州經畧使納哈塔禄格原作陸格，亦作六哥。〔攷異〕汪輝祖金史同名録云，卷八十一高彪傳父遼刺史、卷八十二顏盞們都傳子武功將軍，三人同名六哥。等率都統金山顏俊入省署，殺行省右副元帥蒙古綱，據州叛。遣官招諭，禄格拒命。約赫德率兵圍之，焚其樓櫓，斬首百餘。宋鈐轄高顯、統制侯進、正將陳榮等誅禄格降，衆尚拒守，方督兵進攻，宋總領劉斌、黄温等縛顔俊、戚誼、奇格一作乞哥。〔攷異〕卷一百二十三陳和尚傳，父，泰和時同知階州。另一人。及梟金山巴達首來獻，徐福亦納欵，撫慰其衆。〔攷異〕薛應旂通鑑云，綱馭下嚴，納合六哥殺之，據州反。與蒙古將李二措致書海州，欲附李全，全遣王喜兒以兵應接而已。繼之二措納喜兒而囚之，全欲攻邳，四面阻水，不得進，與戰，兵敗，走還青州。牙吾答討殺六哥，復其城。史未載全事。

九月丙午，約赫德報桃源、淮陽捷，并以納哈塔(魯爾錦)〔禄格〕(據道光殿本金史卷一六宣宗紀改)構李全狀來告。降人孫邦佐自全軍中來歸，擢山東西路都總管。格所署僞都統烏庫哩賽罕、原作賽(堪)〔漢〕(據金史卷一六宣宗紀改)瓜爾佳瑠珠原作留住。〔攷異〕汪輝祖金史同名録云，卷一百二蒙古綱傳元光二年總帥，姓孛朮魯氏；卷一百二十烏林答琳傳本名，貞祐時静難節度，三人同名留住。等來歸。丙寅，札雅呼嚕原作札也胡魯等拔邳州南城。約赫德函禄格首來獻(按，據金史卷一六宣宗紀，牙吾塔獻首在十一月)。

冬十月壬辰，滕州人時明謀反，伏誅。

十一月丙午，邳州紅襖賊三千來降，命使撫諭，遣還河朔。

金史紀事本末卷四十三

封建九公

宣宗興定四年（庚辰一二二〇）春二月，封經略使王福等九人爲郡公，皆兼宣撫使，便宜行事。〔攷異〕薛應旂通鑑、續綱目均作四月事。初，貞祐四年，右司諫珠嘉濟敦原作朮（里）〔甲〕直敦（據金史卷一二八苗道潤傳改）乞封建河朔，詔尚書省議，事寢不行。興定三年，太原不守，河北州縣不能自立，集百官議。翰林承旨圖克坦鎬等十有六人謂「制兵有三，戰、和、守。今欲戰，則兵力不足。欲和，則彼不肯從，唯有守耳。河北州郡既殘破，不可一概守，宜取願徙者，屯河南、陝西，否則許推其長，保聚險阻」。刑部侍郎鄂屯哈斯罕原作奧屯胡撒合三人曰：「宜令諸郡選才幹、衆所推服、能糾衆遷徙者，願之河南或晉安、河中及諸險隘，量給之食，授田耕墾，置僑治官撫循之。壯者教之戰陣。勅晉安、河中守臣繳石、嵐、汾、霍之兵，以謀恢復，莫大之便。」兵部尚書烏凌阿原作烏林答與二十一人曰：「河朔諸州，親民掌兵之職，擇土人嘗居官有材畧者授之。急則走險，暇則耕種。」宣徽使伊喇光祖等三人曰：「太原雖暫失，亦可復。當募(士)〔土〕(同上)人威望服衆者，假以方面重權，能復一道，卽以本道總管授之。能悍州郡，卽以長佐授之。必能各保一方，使百姓復業。」提點尚食局舒穆嚕〔穆〕(同上補)請以高爵募民，畧同光祖議。辛臣欲置公府，帝意未決，中丞完顏伯嘉曰：「宋以虛名致李全，遂有山東實地。苟能統衆守土，雖三公亦何惜焉？」帝曰：「他日事定，公府毋乃多乎？」伯嘉曰：「若事定，以三公就節鎮，何不可者？」計乃定。〔攷異〕明陳仁錫謂，卽漢高捐關東，使布越三人人自爲戰之計。詳見苗道潤傳。宣宗紀未載。至是，封滄州經略使王福爲滄海公，以清、滄、觀州，鹽山、無棣、二縣名，均隸滄州。(東)〔樂〕陵(據金史卷一一八王福傳改)、東光、甯津、吳橋、將陵、阜城、六縣名，均隸景州，屬河間府。蓨縣屬冀州隸焉。河間路招撫伊喇重嘉努原作移剌衆家奴。〔攷異〕卷一百十三白撒傳正大九年糺軍將田衆家奴，另一人。爲河間公，以獻、蠡、地理志云，獻州本樂壽縣。縣二。蠡州，宋永甯州，治博野。安、深州，河間、肅甯、二縣名，均屬河間府。安平、武強、饒陽、三縣名，均屬晉州。六家莊、郎山寨隸焉。真定經略使武仙爲恒山公，以中山、真定府，沃、地理志云，沃州，宋慶源府。金改爲趙州，後仍舊。縣七。〔攷異〕續通考云，宋爲慶源軍，金天會中，改趙州。領縣七：平棘、臨城、高邑、贊皇、甯晉、栢鄉、隆平。冀、威、鎮甯、平定州，抱犢寨、欒城、縣名，屬真定府。南宮縣屬冀州。隸焉。中都東路經略使張甫爲高陽公，以雄、莫、霸州，高陽、屬安州。信安、文安、大(成)〔城〕(據金史卷一一八張甫傳改)、保定、四縣名，屬霸州。靜海、縣名，屬河間府。寶坻、武清、二縣名，屬通州。安次縣屬大興府。隸焉。中都西路經略使靖安民爲易水公，以涿、易、安肅、舊爲州，今爲縣，屬保定府。〔攷異〕續通考云，本易州宥戎鎮地，宋建安肅州，又爲縣。天會中升爲徐州，天德中改今名。領安肅一縣。保州、君氏川、季鹿、三保河、北江、礬山寨、青白口、朝天寨、水谷、檯谷、東安寨隸焉。〔攷異〕方輿紀要云，礬山在保安州西南百二十里，有南北二口，出白綠礬，淶水出焉。唐置礬山縣，金末建爲寨。君氏川以下，其地皆在州境。遼州從宜郭文振爲晉陽公，河北東路皆隸焉。平陽招撫使胡天作爲平陽公，以平陽、晉陽府、（隆）〔隰〕（據金史卷一一八胡天作傳改）、吉州隸焉。昭義節度使完顏開爲上黨公，以澤、潞、沁州隸焉。山東安撫副使燕甯爲東莒公，益都府路皆隸焉。總帥本路兵馬，署置官吏，賦斂，賞罰得以便宜行之。除已畫定所管州縣外，如能收復隣近州縣，亦聽管屬。同時，九府財富兵强唯武仙耳。

武仙，威州人。嘗爲道士。初，率鄉民保威州西山，權刺史。興定元年，破石海，命卽真遷知真定府，累官中京留守，權右都監，封恒山公。四年，叛降元，〔攷異〕續通考云，金玉妻，甯晉人。玉署元帥府監軍。時武仙叛，遣人齎誥命，誘玉妻，妻拒曰：「妾豈可使夫懷二心於國家耶？」仙怒，圍之數匝，殺其子甯壽。副史天倪治真定。仙兄貴爲安國節度使，史天祥擊之，亦降元。仙治真定六年，與天倪積不相能，宣宗遣諜招之，遂於哀宗正大二年殺天倪，〔攷異〕畢沅續通鑑云，卽元太祖二十年，而姚燧牧菴集撰史公神道碑誤作十年。復以真定來降，爲元將薩納台原作笑乃（碍）〔解〕（據金史卷一一八武仙傳改）。〔攷異〕元史本傳作實訥台，云與天澤合兵取真定。及復叛，又取之，遣弟賽罕殺仙弟於紫荊關，俘其妻子而還，後斬。仙將盧洽中圍仙於雙門，仙遁走。所擊，乃奔汴。〔攷異〕元史太祖紀云，二月，仙殺天倪，以真定叛。三月，天澤擊仙，走之，復真定。據王惲秋澗集撰天澤家傳，則復真定在六月，而薛應旂通鑑繫之正月，誤也。方輿紀要云，時武仙置抱犢砦，據以自守。天澤屯真定，以高公、抱犢諸砦爲仙巢穴，攻破之。寨在獲鹿縣西八里。

五年（戊子一二二八），哀宗召見，復封爵，置府衞州。

七年（庚寅一二三〇），圍上黨，聞元兵攻衞州，退還。詔平章哈達原作合達及布哈原作蒲阿救之，徙仙兵屯胡嶺一作胡陵關，扼金州路。

八年（辛卯一二三一），元兵涉襄、漢，哈達、布哈駐鄧州，仙由荆子口引兵會。

天興元年（壬辰一二三二）正月，布哈兵敗於三峰山，仙由密縣屬禹州，隸南陽府。走南陽，收潰軍，得十萬，屯留山，立官府，聚糧，繕器，兵勢復振。〔攷異〕宏簡録云，仙從四十騎趨御寨，不納，乃舍騎登嵩山絶頂，得免。

三月，汴京被圍，拜仙參政兼樞副。合色呼一作錫林。〔攷異〕宏簡録作思烈，丞相襄子，由提點近侍局遷都點檢、權參政，行省鄧州。兵敗，降中京留守。元兵圍之不下，崔立使其子脅降，射之，俄聞立叛，恚病數日卒。兵入援。八月，至密縣，遇元蘇布特原作速不䚟兵，卽按軍眉山店，勸色呼阻澗結營與俱進，不聽。先至京水，兵潰。仙還軍留山，召入衞，不果。仙與總領洪果薩哈有怨，薩哈降元，〔攷異〕宏簡録作黄摑三合。云，思烈承制授宣差，總領五朶山一帶行元帥府。仙惡其權盛，改爲征行元帥，遂怨。詐以書約取裕州，續通考云，唐初置北澧州，又改魯州，州屬唐州，今升爲裕州。領縣三：方城、舞陽、葉縣。仙至，與元兵夾擊，敗仙於柳河，仙跳走聖朶寨。〔攷異〕宏簡録云，仙敗，責沈邱尉曹政擅殺裕州防禦使李天祥，令總領楊全斌械之。會赦得釋，與楊全斌俱降宋。

時哀宗走歸德，使修撰魏璠字邦彥，渾源人。貞祐二年進士，後爲元世祖徵至和林。卒，謚靖肅。見續通考。間道召仙，不赴。璠責之，幾被殺。尋以軍乏食，徙鄧州，總帥伊喇瑗本名聶赫，一作粘合，字廷玉。畏其逼，以女妻之，乃還順陽。故城在淅川縣東北三十里。瑗舉城降宋，疽發背死。仙爲宋將孟珙所襲擊，敗珙兵，生擒其統制數十，獲馬千餘。〔攷異〕宋史孟珙傳，時仙爲珙敗於順陽，退保馬蹬山。珙用降將劉儀計，追擊敗之，降其衆七萬。山在內鄉縣西南百八十里，史未載。仙懼復來，徙淅川縣名，在鄧州西南百二十里。之石穴，追哀宗走蔡州，遣近侍烏頁原作兀顏責其赴難，終不應。〔攷異〕哀宗紀，武仙刼將士謀取宋金州，至淅水，軍潰。尚書盧芝、侍郎石玠謀歸蔡州，仙追芝不及，遂殺玠。玠字子堅，河中人，進士。爲汝州防禦，行侍郎。芝字廷瑞，河東人。任子補官，以西安節度行尚書。仙追不及，走至南陽，爲土賊殺。見宏簡録。俄至黑谷泊，進退失據。蔡州破，糧盡軍散，從十八人北行渡河，爲澤州戍兵所殺。〔攷異〕劉祁歸潛志云，李汾字長源，太原人。仙辟掌書記，國亡，汾勸仙歸宋，爲仙麾下害。史稱仙與恩烈不合，懼汾，欲除之。汾覺，遁。泌陽令王德追獲之，絶食卒，未言被害事。元好問中州集，元光末，用薦得從事史館，與雷李忭，坐罷，武仙署爲講議官。不合，遁泌陽，爲所害。工詩，如「長河不洗中原恨，趙括元非上將才。」「三輔樓台失歸燕，上林花木怨啼鵑。」「空餘一掬傷時淚，暗墮昭陵石馬前。」同輩作七言詩者皆不及也。又遺山有哀李長源詩，云：「冀州事死東州禍，李翰林亡陝府兵。方爲騷人箋楚些，更禁詩客墮秦坑。石苞本不容孫楚，黄祖安能貸禰衡？同甲四人三横貫，此身雖在亦堪驚。」王元粹亦有哭長源詩，云：「十月西來始哭君，山中何處有孤墳？以才見殺人皆惧，忤物能全我未聞。李白歌詩堪應詔，陳琳書檄偶從軍。窮途無地酬知己，會待昇平緝舊文。」見顧奎光金詩選。

王福本河北義軍，積戰功爲同知横海節度事。復濱、棣二州，拜滄州經略使。遷知東平府，權右都監。〔攷異〕宏簡録云，福遣張聚、王進復濱、棣二州，以聚攝棣州防禦事，進攝濱州刺史。尋與聚有隙，聚以棣附益都張林。福欲自爲經略使，上言乞選重臣爲使，朝廷因而授之。封滄海公。紅襖賊屢來犯，擊却之。〔攷異〕宏簡録云，紅襖賊李二太尉寇樂陵，擊敗之。寇鹽山，副使張文與戰，大勝，擒其二統制，斬首二千級。樂陵，縣名，今屬武定州。尋引宋人入河北，福嬰城固守。益都張林、棣州張聚日來攻掠，勢危蹙。福將南奔，衆止之，遂降於張林。

伊喇重嘉努，積戰功，賜姓完顏。歷河間路招撫使，權右都監，封河間公。興定末，所部州縣皆不守，移屯信安，與張甫合兵，復取河間府及安、蠡、獻三州。尋改信安爲鎮安府，與甫協力保守，鎮安遂全。〔攷異〕宏簡録云，時遣將孫汝楫、楊壽、袁德、李成分保外垣，遂全鎮安。日下舊聞考云，伊喇舊作移剌，從八旗姓譜改。重嘉努亦作仲夾奴。時，奏「鎮安距迎樂堌海口二百里，實遼東往來之衝。高陽公甫有海船在鎮安西北，可募人直抵遼東，以通中外之意。賞不重不足以使人，擬應募者遷忠顯校尉，仍賞錢五千貫。」詔從之。見本傳。信安軍，宋置。初名破虜軍，即淤口寨，金初因之。大定七年降爲縣，隸霸州。見地理志。

張甫，初附元，嗣爲涿州刺史李奇嚕原作瘸驢所招，遂與張進來降，授中都路經略使。與永定節度使賈仝不協，屢相攻擊。會仝殺甫參議官邢（璋）〔瑋〕（據金史卷一一八張甫傳改），甫力攻之，仝敗，自縊死。及奇噜降元，遂代爲中都東路經略使，權右都監，封高陽公。〔攷異〕宏簡録云，元將佴砦奴屢窺雄、霸，甫遣驍將窩羅虎假千里馬以獻，佴砦奴乘間推投閣下，幾斃，窩羅虎復乘千里馬以歸，追者莫及。按，佴砦奴，今譯作里齋努。窩羅虎，今譯作鄂囉呼，蒙古語，進也。宋史云，時會飲於燕京之大悲閣，鄂囉呼醉，里齋努而推使投閣，仍佯醉下樓，乘馬歸甫。人服甫之用間焉。所載各異。及伊喇重嘉努不能守河間，甫居之信安，卒全其城。〔攷異〕元史張禧傳，張仁義，金末徙家益都。元太宗下山東，仁義乃走信安。時，燕、薊已下，獨信安猶爲金守。其主將知仁義勇而有謀，用之左右。國兵圍信安，仁義率敢死士三百開門出戰，圍解。以功署軍馬總管府，守信安踰十年。度不能支，乃與主將舉城降。又楊傑珠格傳，從額蘇倫攻信安。信安城四面阻水，其帥張進數月不降，傑〔謂〕（據文義補）珠格曰：「彼恃巨浸，我師進不得利，退不得歸，不若往説之。」凡三往乃降。按，珠格，蒙古語，閒散也。舊作只哥。額蘇倫，蒙古語，和也。舊作阿朮魯。今俱譯改。賜姓完顔。進亦擢左監軍，賜國姓。〔攷異〕趙翼箚記云，賜姓始於漢高祖賜項伯姓爲劉氏。金末亦多有賜姓者，其制亦異，有賜本國大姓者，如東永昌賜姓温都氏；包世顯、包長壽、包疙疸賜姓烏庫哩氏；多隆烏賜姓哈薩喇氏；何定賜姓必喇氏；馬福德、馬栢壽賜姓瓜爾嘉氏；楊沃衍賜姓烏凌阿氏；資禄賜姓女奚烈氏；李辛賜姓温撒氏是也。其功多勢大者，竟賜國姓，如郭仲元、郭阿隣、李霆、梁佐、李咬住、國用安、張甫等皆賜姓完顔氏是也。其附入屬籍，又有差等，以千人敗敵三千者，賜及緦麻以上；敗二千人者，賜及大功以上；敗千人者，賜止其家。

靖安民，德興府永興縣人。初，充義軍，隸苗道潤。歷安武節度使、知德興府，中都西路招撫使。道潤死，與李奇噜分領其衆，權左監軍，行帥府事。安民上書言「經略使劉鐸嫉道潤功，反間賈瑀、李琛，殺道潤。」鐸亦許奏安民擅殺杜貴事，召鐸還。封安民易水公。安民出兵至礬山，復取檐車寨。在保安州西南。元兵乘虛襲之，提控馬豹以其妻子老弱降。安民及經歷郝端還潁，遂遇害。贈金紫光祿大夫。

郭文振字拯之，太原人。由進士歷遼州刺史，深得衆心，擢中都副留守，權左都監，行帥府事。與張開合兵復取太原，封晉陽公。尋以轄境遼闊，請命葭州刺史瓜爾佳芬徹原作古里甲蒲察分治嵐、管以西諸州，制可。上書乞遣前平章胥鼎行省河北，諸公府、帥府并聽節度，以圖恢復。不報。詔文振應援史詠復河東。未幾，遼州不守，徙其軍於孟州，復徙衛州。然亦不能軍，寄寓而已。

胡天作字景山，管州地理志云，本宋憲州静樂郡。人。初，以鄉兵守本州，爲刺史，改同知平陽府。復平陽，充招撫使，權左都監，封平陽公。守凡四年，屢有功。録其子定格爲奉職。未幾，青龍堡危急，詔遣瓜爾佳實倫會郭文振、張開兵救之，次彈平寨，知府事珠格和索哩原作朮虎忽失來等降元。以兵臨城，索其妻子。天作被執，〔攷異〕史繫於元光元年十月，而元史穆呼哩傳繫之七月。嗣受官爵。招撫懷、孟，其子定格聞之，自經死。贈信武將軍。天作後謀脱走，爲元殺。宣宗以史詠權平陽公府事，徙軍河中府。當平陽初破，詠父祚、母蕭氏、妻梗氏皆殉難。

張開，景州人。初，團結鄉兵爲固守計，歷（青）〔清〕州（據金史卷一一八張開傳改，下同）防禦副使，同知觀州事。復河間府及滄、獻二州十三縣。復（青）〔清〕州，加經略使，賜國姓。俄潼關不守，召入衞，累官潞州（安）〔招〕（同上）撫使，〔權〕（同上補）林州元帥府，擢左都監。與郭文振共復太原，封上黨公。復取高平縣屬澤州及澤州，大戰壺關，縣名，在今潞安府東二十五里。有功。正大間，潞州失守，開居南京，部曲離散。天興初，起復，與劉益爲西面元帥，領兵攻衞州，敗於白公廟。時哀宗走歸德。開與劉益謀收潰兵從衞，不果。遂與承裔西走，皆爲民家所殺。

燕甯，初爲莒州提控，守天勝寨，與益都田琢、東平蒙古綱相依爲輔車之勢，山東倚三人爲重。甯擊敗紅襖賊（五）〔王〕公喜（據金史卷一一八燕寧傳改）兵，復沂州。招撫胡七、胡八，引爲腹心。累官山東安撫副使，封東莒公。與蒙古綱、王庭玉保全東平，加金紫光祿大夫。還軍天勝，戰死。詔贈祖父母、父母官，族屬五十餘人皆廩給之。自益都張林逐田琢，繼而甯死，蒙古綱勢孤，徙邳州，而山東不復能守矣。〔攷異〕史傳贊云，苗道潤死，靖安民與張甫中分其地，然無北境矣。大凡九公封建，宣宗實録所載如此。他書載滄海公張進、河間公伊喇重嘉努，一作移剌中哥，易水公張進、晉陽公郭棟，此必正大間繼封，如史詠繼胡天作者，然不可攷矣。趙翼箚記云，九公之外又有十郡王之封。十郡王者，李德明、封仙、張瑀、張左、卓翼、康琮、杜政、吴歪頭、王德全、劉安國也。十人皆無傳。惟德全、安國、封仙、杜政略見國安用傳中。大抵皆安用部曲，無功績可紀者也。

金史紀事本末卷四十四

宋人構怨

宣宗貞祐元年(癸酉一二一三)秋閏九月辛未，遣使如宋。〔攷異〕交聘表，使奉國上將軍烏陵阿興。戶部侍郎高霖爲報諭宋使。十一月，宋賀正使入境有期，以大兵在近，姑停之，令有司移報。宣宗紀未載。

二年(甲戌一二一四)春正月辛未，宋人攻秦州。統軍使舒穆嚕仲温擊卻之。〔攷異〕交聘表，正月丁丑，宋刑部尚書真德秀等賀即位，駐境上，以中都被圍，諭罷之。紀未載，而表亦未書宋攻秦州事。所載各異。

三年(乙亥一二一五)春正月辛酉朔，宋使來賀。癸亥，曲宴宋使。〔攷異〕交聘表，正使爲顯謨閣學士聶子述，副使廣州觀察使周師鋭。紀未載。

三月壬申，宋使賀長春節。〔攷異〕正使爲顯謨閣學士丁焴，副使和州觀察使侯忠信。是月丙子，宋使朝辭，因言宋帝請減歲幣如大定例，帝以本自稱賀，不宜别有祈請，諭解之。紀均未載。

冬十一月戊午，詔以王世安爲(安)〔招〕(據金史卷一四宣宗紀改)撫使。樞密院進世安取盱眙縣名，屬泗州。之策，命與泗州帥府所遣人同往計度其事。南侵之議自此始。〔攷異〕交聘表，九月己巳，遣左諫議大夫巴古拉、工部侍郎圖克坦鄂勒博賀宋生日。十一月庚辰，遣都指揮使富察烏錦、禮部侍郎楊雲翼賀宋正旦。紀均未載。而紀於十二月甲寅，書禮部奏正旦宋使來賀，不宜輟朝，不舉樂，服色如常儀。交聘表又未載。續綱目云，甯宗嘉定七年五月，起居舍人真德秀上書請絶歲幣，帝從之。蓋貞祐二年也。明年，以德秀爲江東轉運副使。朝辭，先言十失，後奏五事：宗社之恥不可忘、比鄰之道不可輕、幸安之謀不可恃、導諛之言不可聽、至公之論不可忽。反復切至。宋史五月作七月。畢沅續通鑑云，宋歲幣蓋因德秀之言而議罷，至喬行簡言之始改計耳。故今歲十二月，明年正月、十二月尚遣使也。至馮璧傳云，貞祐四年，宋拒使者於淮上，遣兵南侵。而宣宗紀及交聘表，四年皆書宋遣使來賀，並無拒使事。係誤。德秀字景元，浦城人。官參政，謚文忠。李心傳朝野雜記云，衞王允濟立，辛未秋，朝廷余郎中嶸北使賀萬秋節，而燕京被圍，不暇延使者。嶸至涿州還。癸酉秋，衞王被弑，鄷王珣立。董舍人居誼賀生辰，至沃州還。繼而，賀登極真舍人德秀、賀正李舍人臯均抵盱眙，金皆不克迓。諜者言，金有內難。朝議紛然矣。

四年（丙子一二一六）春三月丙寅，宋使賀長春節。〔攷異〕交聘表，正月(己)〔乙〕〔據金史卷六二交聘表改〕卯朔，宋試工部尚書施累、廣州觀察使陳萬春賀正旦。三月甲子，宋華文閣學士留筠、宜州觀察使師亮賀長春節。紀未書正旦使事，而長春節又未書使者姓名。

秋九月壬辰，遣中衞尉完顏諾爾布原作奴婢賀宋生日。

冬十一月甲辰，遣工部侍郎和尚賀宋正旦。〔攷異〕交聘表，生日副使爲少詹事納塔謀嘉，正旦副使爲右司郎中布薩毅夫。紀均失書。

興定元年（丁丑一二一七）春正月己卯朔，宋遣使來賀。〔攷異〕交聘表，正使爲煥章閣學士陳伯震，副使福州觀察使霍義。紀未列使名。癸未，宋使朝辭，帝謂宰臣曰：「聞息州南境有盜，此乃彼界饑民，沿淮爲亂耳。宋人何故攻我？」高琪請伐之，以廣疆土。帝曰：「朕意不然，但能守祖宗所付足矣，安事外討。」

三月庚寅，宋使賀長春節。〔攷異〕交聘表繫之三月己丑，正使爲試工部尚書錢撫，副使潭州觀察使馮(炳)〔柄〕(據金史卷六二交聘表改)，紀未列使名。

夏四月丁未朔，以宋歲幣不至，命烏庫哩慶壽、完顏薩布原作賽不等經略南邊。甲子，薩布奏敗宋兵於信陽，州名，屬汝甯府。〔攷異〕續通考云，唐初爲申州，又改義陽郡，宋爲信陽軍，元升爲府。領羅山、信陽二縣。明降爲縣，尋爲州。斬首八千，生擒統制周光。及隴山在信陽州東北等處，前後六戰，俘馘甚衆。復遣兵渡淮，略中渡店，拔光山、羅山、定城等縣，破光州兩(邑)〔關〕(據金史卷一一三完顏賽不傳改)，斬首萬餘級。宋史地理志，光山、定城均屬光州。羅山屬信陽軍，均縣名。光州今屬汝甯府。定城廢，今爲光州治。〔攷異〕輿地廣記云，光州，春秋爲黄、弦二國，秦屬九江郡，漢爲汝南江夏郡，魏分立弋陽郡，梁兼置光州，唐曰光州，又爲弋陽郡，今因之。縣四：定城、固始、光山、仙居。薛應旂通鑑云，金渡淮犯光州中渡鎮，執榷場官盛允升殺之。慶壽分兵寇樊城，圍棗陽、光化軍，別遣完顏阿隣入大散關，圍西和、階、成州，宋詔趙方、李珏、董居誼禦之。阿隣卽郭阿林，以功賜國姓。方字彦直，衡山人。贈太師，謚忠肅。

五月癸巳，宋人攻潁州，焚掠而去，遂取漣水縣。戊戌，行樞院兵敗宋人於泥河灣及樊城。在襄陽府城北漢江上，與府城對峙。〔攷異〕續綱目云，五月，金犯襄陽、棗陽，趙方抗疏主戰，檄扈再興、陳祥、孟宗政等禦之，仍增戍光化、信陽、均州。金兵至，再興等分三陣，設伏以待。及戰，再興中出一陣，復卻，金人逐之，宗政與祥分左右翼掩擊，大敗之，屍骸枕藉山谷間。尋報棗陽圍急，宗政午發峴首，遲明卽至，金人駭，遁。方聞捷，大喜，以宗政權知棗陽軍。未幾，京湖將王辛、劉世英亦敗金兵於光山、隨州。宋史甯宗紀，王辛敗金人於安昌砦，殺其統軍完顏掩，金兵遁去。徐州、光化皆以捷聞。史均未載。再興字叔起，淮人。宗政字德夫，絳州人，官防禦使。

六月丙辰，宋人合土寇攻東海境，詔諭沿邊罪宋。〔攷異〕薛應旂通鑑云，時趙方請以伐金詔天下。略曰：「朕勵精更化，一意息民。犬戎跨我中原，天厭久矣。狐兔失其故穴，人競逐之。豈不知機會可乘，仇恥未復？念甫申於信誓，實重起於爭端，若能立非常之勳，則亦有不次之賞。」遂傳檄詔諭中原官吏軍民。南宋書作「蠶食快其所求，鵲巢徵其將覆。」所載稍殊。

秋七月辛巳，宋人圍泗州及靈璧縣。乙酉，襲破東海縣，復合土寇攻海州，經略使擊破之。

八月己酉，海州軍敗宋人於石湫南及漣水縣中土橋。癸丑，宋兵攻確山縣，敗之。壬戌，經略使阿布哈努色爾原作阿不罕奴失剌敗宋軍於海州境。提控李元亦屢敗宋兵，多所俘獲。

九月己卯，蔡州帥府誘宋人侵息州，邀擊之，虜其將沈俊。

冬十月壬戌，右司諫許古上疏，請先遣使與宋議和。高汝礪言：「和議先發於我，恐自示弱，非便」。帝命古草通和諜，宰臣以其言有祈哀意，無足取，議遂寢。

十一月丁酉，詔唐、鄧、蔡州諸帥府舉兵侵宋。

十二月甲寅，提控韓璧敗宋人於鹽倉。權右都監（高）〔完顔〕（據金史卷一〇〇完顔閭山傳改）閭山敗宋兵於吴寨谷。改知平涼府。〔攷異〕完顔閭山傳，蓋州人。明昌二年進士，知鳳翔府，權右都監。宋兵千餘伏吴寨谷，閭山率騎掩擊，敗之，殺三百，獲牛羊千計。改知平涼，召爲吏部尚書，行晉安帥府，卒。紀作高閭山，疑誤。（按，據金史卷一五宣宗紀，未載高閭山敗宋吴寨谷事）又宣宗紀貞祐二年冬殉難懿州節度高閭山、卷七十二宗雄傳海陵時牌印亦名閭山，均另一人。單州節度使郭仲元敗宋人於龜山在盱眙縣東北三十里。及盱眙。仲元傳，中都人。官兵部尚書，右監軍，知鳳翔府，賜國姓，爲南渡名將。興定元年，宋人圍海州，仲元軍高橋，令提控阿林領騎絶出其後夾擊之，宋兵解去。〔攷異〕薛應旂通鑑云，時完顔贇犯四川，迫湫池堡，破天水軍，守臣黄炎孫遁。攻白環堡，破之。進逼黄牛堡，統制劉雄棄大散關，遁。史均未載。

二年（戊寅一二一八）春正月壬午，宋人攻淮北，唐州帥府敗之，獲統領（季）〔李〕雄韜（據金史卷一五宣宗紀改）、陳臯以歸。癸未，近侍局副使額爾克報南師之捷。戊子，唐、鄧元帥薩布連報攻宋捷。宋人攻泗州，又戰却之。時宋兵萬餘攻泗州，赫舍哩約赫德原作牙吾答赴援。至臨淮，殺宋卒三百，進破宋兵八千於城下。圍盱眙，敗宋援兵，斬首千餘，溺死無算，俘獲千計。又破宋師於蓮塘。〔攷異〕馮璧傳，是役也，宋堅壁不戰，約赫德無功而還。行省奏其故違節制，詔璧佩金符鞫之。紀及約赫德傳均未載。宋史甯宗紀，正月，金犯隔芽關，與元都統李貴遁，官軍大潰。紀亦未載。元帥薩布敗宋人於鐵山及上(舍)〔石〕店(據金史卷一一三完顏賽不傳改)、唐縣。屬南陽府。

二月癸卯，宋人攻青口，行樞院遣兵敗之。丙午，額爾克敗宋人於防山。赫舍哩和勒端原作桓端。〔攷異〕汪輝祖金史同名録云，亦作喚端。卷一百七張行信傳大定二年平涼府判官，姓烏古論氏；卷一百十一古里甲石倫傳興定三年石州同知；卷一百十三賽不傳天興二年都尉，姓尼龐古氏；卷一百十九婁室傳天興三年睦親府同簽；又本卷仲德傳天興三年元帥；又宗室表富勒呼子金吾衞上將軍，七人同名桓端。奏光州、信陽捷。庚戌，海州經略敗宋兵於朐山，縣名，屬海州。表請繼其軍儲。詔東平帥府發兵護資糧應之。壬子，薩布攻棗陽，敗宋兵三萬。薄城壕，殺及溺死者三千，遂圍之。宋騎兵千、步卒萬來援，復大敗之。〔攷異〕續綱目云，時孟宗政權棗陽，築隄積水、修治城堞，簡閱軍士。至是，薩布率步騎圍城，宗政與扈再興拒守。歷三月，大小七十餘戰，金兵輒敗。忿甚，圍城開壕，控兵列壕外。宗政募壯士突擊，金人不能支。盛兵薄城，宗政隨方力拒。隨州守許國援師至白水，鼓聲相聞，宗政率諸將出戰，金人奔潰。與紀異。大金國志云，時游騎至漢上，均州守應謙之棄城走。史亦未載。癸丑，郭阿林敗宋兵於皁郊堡，在今秦州西南三十里。擒其將吳筠及將校一二百。〔攷異〕宋史甯宗紀，二月，金破大散關去。沔州都統王大(節)〔才〕(據宋史卷四〇寧宗紀改)馬蹶，死於河池。丙午，金克皁郊堡，宋師死者五萬人。進焚湫池堡。薛應旂通鑑云，先是安丙嘗納夏人合從之請，會師攻秦、鞏，而夏人不至，遂有皁郊之敗。復破之於裴家莊、六谷中及寒山嶺、龍門關、大石渡、稍子嶺，俘獲甚衆。已而，兵敗死之。事聞，贈西京留守。本傳，姓郭，以功賜國姓。宣宗立，爲通州防禦使，改清州、山東西路宣撫使。〔攷異〕裴家莊等處之捷，宣宗紀作額爾克事，云得粟二千石，所載各異。薛應旂通鑑云，利州都統王逸，率兵十萬復大散關及阜郊堡，斬金統軍完顏贇。進攻秦州，至赤谷口，泗州都統劉昌祖命退師，且散忠義人，遂大潰。宋史地理志，利州爲益川郡甯武軍，縣四。泗州，順政郡，縣二。所載勝敗互異。宋史甯宗紀，時鎮江忠義都統制彭惟誠等敗於泗州。丁巳，壽州行樞院敗宋人於高柳橋水砦，夷其砦而還。壬戌，額爾克遣兵拔宋寨棊盤嶺。約赫德破宋人於盱眙軍。

三月癸未，額爾克敗宋人於光化軍。輿地廣記云，春秋屬楚，二漢屬南陽郡，西魏置酇城郡，今爲光化軍。治乾德。表言國兵自桐栢縣名，屬唐州。入宋境，所向克捷。〔攷異〕大金國志云，宋楚州鈐轄梁昭祖掩擊金師，都統沈鐸遣兵助之，金人不勝，糧舟被焚。紀未載。

夏四月丁未，鞏州行省承裔一名博索敗宋人於阜郊堡。丁巳，陝西行省兵破宋雞公山，取和州、成州。至河池縣黑谷關，守者皆遁，前後獲糧九萬斛，錢數千萬，軍實不可勝計。〔攷異〕薛應旂通鑑云，四月，金攻阜郊堡，趨西和州，劉昌祖焚城遁還。守臣楊克家及成州守羅仲甲，階州守侯頤，皆棄城走，金人諸州。犯大散關，守將黃立遁。犯黃牛堡，興元都統吴政拒却之。政至大散關，斬立以徇。事聞，政進三官。昌祖竄韶州，克家等皆遠竄。所載較詳。

丁卯，臨洮路奏敗宋人之捷。

五月辛未朔，鳳翔元帥完顏閭山破宋人於(部)〔步〕落堝（據金史卷一五宣宗紀改）、香爐堡諸屯。丙戌，承裔遣提控烏庫哩長壽出鹽川鎮，即今鞏昌府漳縣治。納喇吉遜出鐵城堡，在岷州境，屬熙河路。所向皆捷。辛卯，壽州行樞院兵敗宋人於史河。在霍邱縣北。

冬十月甲寅，宋人攻漣水縣，提控劉瑛敗之。

十二月甲寅，以開封治中呂子羽〔攷異〕元好問中州集，字唐卿，大興人。大定末進士，仕至陳州防禦使。元光末，爲酷吏所誣，以乏軍興繫獄。比赦至，先自縊死，後復官。雷希顔爲制辭曰：「毀譽之來，在仁賢而不免。是非之論，至久遠而乃公。」人謂唐卿無愧。屏山故人外傳，呂氏凡中第者六，以「六桂」名其堂。貞幹字周卿，著竭石志數十萬言，皆近代事，幽隱譎怪，無所不有。在史館論正統，謂國朝祇當承遼。章廟怒，謫西京運幕。餘均名士。等使宋講和。〔攷異〕交聘表，時朝議乘勝與宋講和，以子羽及南京轉運副使馮璧爲詳問使。行至淮中流，宋人拒止之。自此和好遂絶。紀繫之明年正月。癸亥，命布薩安貞權參政，爲左副元帥，行省帥事，侵宋。安貞率兵至安豐，宋兵七千拒戰，完顔呼喇勒擊敗之。追至淝水，方輿紀要云，出廬州府西北四十里雞鳴山，分二派，一入巢湖，一入淮。詳卷七。死者二千餘。至大江而還。

是歲，完顔霆擊敗宋兵於朐山，斬高太尉、彭元帥於陣，餘衆潰去。逾月復至，擊卻之。本傳，霆本姓李，官至安撫使，知歸德府事。

三年（己卯一二一九）春正月庚午，呂子羽至淮，不納而還。下詔南侵。〔攷異〕續綱目作去年事，且云，主命安貞輔太子率師南侵。薛應旂通鑑云，正月，金寇西和州，守將趙彦呐設伏待之，殲其衆乃還。乙未，興元都統吴政及金人戰於黄牛堡，死之。二月，金攻武休關，都統李貴遁還。進破興元府，權府事趙希旨棄城走，遂破大安軍及洋州。四川制置使董居誼遁。沔州都統張威使石宣邀擊於大安軍，大破之，殲其精兵三千，俘其將巴土魯安，金人遁。續綱目又云，金入洋州，守臣蔡晉卿拒之。不克，城陷，金焚之而去。居誼自利州還，詔竄永州，以聶子述代。

宣宗紀，取武休在二月，取興元、洋州在三月，餘均未載。鳳翔府志云，武休關在鳳縣南二百三十里，接褒城界，今置武關驛。王存元豐九域志云，梁泉有武休鎮。祝穆方輿勝覽云，褒斜谷旁連武休關，極東爲饒風關。異時，獨倚饒風以控商、虢，由武休以達長安。故當關爲蜀之咽喉，宜嚴其備。宋史地理志云，大安軍本三泉縣，屬興元府永州甯陵郡，縣三。

二月庚子，約赫德敗宋人於滁州。乙巳，攻宋光山縣，俘其統制蔡從定等。光州以兵來援，復敗之。戊申，拔小江寨，殺其統制王大蓬，斬三萬，俘萬餘。復取武休關。〔攷異〕約赫德傳，正月，敗宋人於濠州之香山村。二月，又破輔嘉平〔山〕寨（據金史卷一一一紇石烈牙吾塔傳補），斬首數千，俘五百餘人，馬牛數百，糧萬斛。大金國志云，克鳳州，守臣雷雲走，夷其族。復攻武休關，破之。紀未載。帝曰：「頃近侍還自陝西，謂博索原作白撒，即承裔。見上。已得鳳州。如得武休關，將遂取蜀。朕意不然，假令得之，亦何可守？此舉特爲宋人渝盟，初豈貪其土地耶？朕重惜生靈，惟和議早成爲佳爾。」己未，行省安貞入宋境，破梁縣屬廬州。等軍，擒統制李申之。右副元帥薩布、左都監約赫德奏白石關、平山砦之捷。〔攷異〕薛應旂通鑑云，二月，金完顏訛可復大舉圍棗陽，趙方命許國、扈再興兵三萬，分二道攻唐、鄧，擣其虛。子范監軍，葵爲殿。訛可百計攻城，宗政隨機守禦，殺傷甚衆。金兵頓城下八十餘日，會國等攻唐、鄧，大勝，引軍還戰，殺金兵三萬，訛可單騎遁，俘獲無算，追至鄧州而還。金自是不復窺襄、漢，遺民歸者萬數。籍勇壯，號「忠義軍」，宗政威振境外，金呼爲孟爺。宣宗紀未書。趙翼箚記云，宋本紀，嘉定十二年，書金帥訛可攻棗陽；孟宗政傳亦書訛可棗陽敗歸之事，而訛可傳轉不載何耶？范，字武仲，葵，字南仲。

三月庚午，薩布敗宋人於七口倉。右都監完顏哈達原作合達。〔攷異〕劉祁歸潛志作合打。汪輝祖金史同名録云，卷九章宗明昌三年郊社署令，姓唐括氏；卷一百十九粘割奴申傳天興二年陳州虎威都尉；卷一百二十二粘葛貞傳貞祐元年恩州刺史，四人同名合達。又卷十三衞紹王大安三年西北招討使，姓粘合氏；卷十四宣宗紀貞祐三年簽樞，伏誅，姓完顏氏；卷一百二安貞傳大安三年都統，姓唐括氏；卷一百三桓端傳貞祐三年都統，姓夾谷氏；卷一百四宣宗時歸德知府，姓斡勒氏，六人同名合打。破宋人於（海）〔梅〕林關（據金史卷一五宣宗紀改），擒統制張時。己卯，提控鄂屯沃哩布原作奥（登）〔屯〕吾里不（同上）敗宋師於上津縣。屬商州。軍還至濠州，宋人來拒，約赫德擊走之。乙酉，哈達敗宋人於馬嶺堡。丙戌，安貞敗宋師於石幗山及塗山。哈達攻拔麻城縣，屬黄州府獲其令張倜、（斡）〔幹〕（據金史卷一一二完顏合達傳改）辦官郭守（禮）〔紀〕（同上）。薩布奪宋小口倉，獲糧九千石，兵仗三十餘萬。又敗其兵於老口鎮及石鶻（巖）〔崖〕（據金史卷一五宣宗紀改）。是月，行省安貞入朝。以南侵師還，罷南邊州郡籍民爲兵者。胥鼎等遷賞有差。〔攷異〕續綱目云，金寇淮西，圍安豐軍及滁、濠、光州，李珏命將救之，不達。遂犯和州、全椒、來安、天長、六合，淮南流民渡江避亂，諸城悉閉。金游騎至采石楊林渡，建康大震。時賈涉以淮東提刑知楚州，節制京東忠義，乃遣陳孝忠向滁州，石珪、夏全、時青向濠州，季先、葛平、楊德廣繼之，李全、李福邀其歸路。至渦口，與約赫德、呵哈連戰於化湖陂，殺其將數人，乃解諸州之圍而去，追敗之於曹家莊。金自是不敢寇淮東。紀末書金兵敗事。周密齊東野語云，賈涉官淮東制閫，嘗遣趙珙往元軍議事。歸，得其大將樸鹿花所獻皇帝「恭膺天命之寶」玉璽一座，并元符五年寶樣一册，及翟朝宗所獻寶檢一座進於朝，下禮部議受寶典禮，此嘉定十四年七月也。詔文武各進秩，諸軍三學並推恩。按，「靖康之變」，金取玉寶十四去，而此寶居二，其一則哲宗元符三年製，一欽宗靖康元年製也。及金南遷，寶玉多爲元取，當時識者謂不宜鋪張云。

夏五月乙未朔，鳳翔帥府兵敗宋人於黄牛等堡。

秋九月丙申，唐州從宜瓜爾佳天成敗宋人於桐栢。〔攷異〕薛應旂通鑑云，十二月，京湖制置使趙方使扈再興、許國、孟宗政分三道伐金，戒之曰，「毋深入，毋攻城，第潰其保甲，燬其城寨，空其資糧而已。」宋史「三道」作「二道」，餘同。紀未載。

四年（庚辰　一二二〇）春正月庚戌，宋步騎十餘萬圍鄧州，聞援軍至，夜焚營去。招撫副使珠格伊埒圖原作朮虎伊剌答追及之，奪其俘還。〔攷異〕續綱目云，時扈再興、許國等攻唐、鄧州，皆不克而還，孟宗政敗金人於湖陽。薛應旂通鑑作再興攻唐，國攻鄧，皆不克還。大金國志許國誤作「許因」。云，金攻樊城，爲趙方所拒。史均未載。

夏六月庚辰，宋人方子忻來歸，有司處之鄭州。詔增廩給，優遇之。

秋七月辛卯，宋人及紅襖賊犯河朔，諸郡皆降。經略王福以滄州附張林。〔攷異〕薛應旂通鑑云，六月，賈涉誘殺漣水忠義軍副都統季先，其下推石珪爲帥以拒涉。初，李全自化湖陂之捷，有輕諸將心，以季先威望出己上，結涉吏莫覬譖先欲反，涉命先赴密院議事，於道殺之。遣統制陳選代領先衆，其部曲裴淵、宋德珍、孫武正、王義深、張山、張友六人拒不納，潛迎石珪爲統帥。選還，涉恥之，分珪軍爲六，命淵等分統，亦不從，乃授珪統轄。珪尋以入漣水，非涉本心，懷不安。李全復請討珪，遂命全移師駐楚州之南渡門，而遣將招珪軍。來者，增錢糧，否則罷給，衆心遂散。珪殺淵，挾武正、德珍降蒙古，爲元帥。全求并將漣水軍，涉不能却，因付之。周密齊東野語云，涉以先反側聞於朝，赴密院審察。甫至都門，殿帥馮樹宴之三茅觀後小寨，命勇士撲殺之。全愈無忌憚，漣水人心不安。裴淵等請石珪爲帥，制司恐，令全率萬人以往。全憚珪，不敢動。涉呼淵赴山陽稟議，令珪密圖之。會韃兵至，珪自疑，遂殺淵以歸韃。先是權上書胡榘，嘗言「全狼子野心，不可倚仗」。及全獲捷於曹家莊，擒金人僞駙馬，乃作濠梁歌以諛之。趙翼劄記云，先死，全欲并將其軍，詭稱其軍有三千虛籍，覆之可省費，遂付以兵。欲覆視，全忽報邳州有警，已遣七千人往救，不果覆。全往山東，涉勸農出郊。暮歸，全軍在楚州者遮道不得入，涉使人語全妻楊氏，楊氏揮之退，始入城。見全傳。今涉傳不載，反謂全得玉璽獻於朝，賞節度，涉嘆曰：「朝廷但知官爵可以得其心，豈知驕則至於不可救耶？」是似能駕馭羣盜者。此傳必其子似道當國日，史館所立，元人因之不改也。

九月壬寅，宋人圍皁郊堡，提控完顏伊都原作益都擊敗之。甲寅，宋人出秦州，會夏人來侵。〔攷異〕薛應旂通鑑云，時安丙遺夏書，約夾攻。九月，夏遣樞密甯子真率衆二十萬圍鞏州，安丙命諸將分道會。攻城不克，遂趨秦州，夏亦退師。語詳征撫西夏事中。

五年（辛巳一二二一）春正月戊戌，宋人襲泗州西城，提控王祿死之。〔攷異〕續綱目云，時青入泗州西城，二月，金來救，青敗乃還。乙巳，詔諸道兵集蔡州，侵宋。

二月庚〔辰〕〔申〕（據金史卷一六宣宗紀改），命內族惟弼行院事於中京；沃呼哈達行帥府於蔡、息；納哈塔降福行院事於宿州；富珠哩達哈、原作孛朮魯達阿完顏額珠行帥府於唐、鄧。辛未，安貞以兵出息州，破宋人於淨居山寺，拔黃土關。癸酉，約赫德攻泗州西城，大破宋兵。

時青乘城指揮，射中其目，遂拔衆南奔。追擊之，宋兵大潰，遂復西城。進逼濠州，至渦口，乏糧，引還。

三月庚寅，宋人圍唐、鄧，行帥事額琳力戰卻之。前千户摩囉歡自拔歸國，授同知唐州事。

夏四月丙寅，安貞破宋黄、蘄等州，前後殺掠不可勝計。俘宋宗室男女七十餘口獻於京師。安貞每獲宋壯士，釋不殺，無慮數萬，因用其策，輒有功。〔攷異〕續綱目云，金寇蘄州，知州事李誠之百計守禦。會黄州失守，金併兵攻蘄，城始陷，誠之并其妻子官屬皆死之。金兵退，扈再興邀擊於天長，敗之。及渡淮北去，李全又大敗之。薛應旂通鑑云，二月，金圍光州，犯五關，圍黄州，分兵破諸縣。別將復犯漢陽軍。三月，再興攻唐州。金圍黄州久，詔馮榯援蘄、黄，不進，黄州守何大節佩郡印誓死守，城陷，沉江死。陷蘄州，李誠之自殺，家屬赴水死。事聞，贈誠之官，立廟。不録大節死事，史官且書其棄城遁，非是。誠之，婺州東陽人。

五月戊戌，宋人據楚丘，縣名，屬歸德軍。官軍復之。時宋人攻唐州，守將額琳爲所敗，死者七百。匿之，以捷聞。御史納蘭發其事，帝以額琳係薩布猶子，不之罪。録納蘭敢言功。

六月戊寅，安貞坐謀反，并其三子皆伏誅。

秋八月乙丑，宋人掠沈丘，縣名，屬順昌府。殺縣令。

九月，約赫德大敗宋人於團山，遷賞有差。

十一月乙未，宋人攻蘄縣。壬寅，宋人焚潁州，執防禦判官去。〔攷異〕元好問中州集，宣宗頻歲南侵，密縣呂大鵬作詩欲以撼主兵者云：「縫掖無由挂劍衣，劍花生澀馬空肥。燈前草就平南策，一夜江神泣涕歸。」大鵬字鵬舉，自言係宋申公裔。史未載。

元光元年（壬午一二二二）春二月，宋以重兵攻平輿、褒信，二縣名，屬蔡州。國兵力戰卻之。捷聞，詔遣官覈實賞給。己酉，命額爾克行帥府事，節制三路軍馬侵宋，時全行院事，副之。

三月辛酉，宋人掠確山縣屬蔡州之劉村。

夏四月丁未，行樞院報淮南之捷。

五月壬戌，額爾克、時全軍大敗。額爾克（鐫）〔朘〕（據金史卷一六宣宗紀改）官兩階，時全伏誅。〔攷異〕薛應旂通鑑云，時訛可等由潁、壽進，渡淮，敗宋軍於高塘市。攻固始縣，破廬州將焦思忠兵。俄牒言，時全姪青受宋詔，拒金兵，全匿其事。五月，訛可引衆還，距淮二十里，將渡，全矯詔留諸軍收淮南麥，衆惑之。留三日，訛可欲還，全力沮。是夕，大雨，淮水暴漲，乃爲橋渡軍，宋兵襲之，大敗。橋壞，全以輕舟先濟，士卒盡沒，兵財益匱，全坐誅。趙翼劄記云，金史本紀書訛可帥師侵宋，書訛可、時全軍大敗，訛可當死，面責而釋之。時全傳亦載師還收麥，遇雨，爲宋兵襲敗，乃訛可傳絶無與宋交兵一字。殊爲記載之疎。

秋九月壬子，約赫德請由壽州渡淮，擣宋巢穴，不從。己巳，宋人掠遂平縣名，屬蔡州。之石砦店，復侵南陽，縣名，屬鄧州。唐州提控瓜爾佳玖珠敗之。

冬十月壬午，宋張惠攻零子鎮，爲鄂爾多原作斡魯朵所敗，虜其裨將二人。

十一月甲寅，約赫德報臨淮破宋兵之捷。時宋人潛渡淮，至聊林，盡伐隄柳，塞汴水，斷糧道。約赫德遣精兵千人破之，獲其舟及渡者七百人，汴流復通。

二年（癸未一二二三）春三月甲辰朔，宋人襲汝陽。縣名，屬蔡州。

夏六月乙亥，京東總帥報淮南之捷。

秋九月庚子朔，宋人入壽州，鈕祜祿博諾原作蒲乃力戰卻之，提控珠嘉算綽和原作朮甲（剌）〔剌〕只罕（據金史卷一六宣宗紀改）破宋兵。甲辰，宋人攻南陽，約赫德敗之於桃（源）〔園〕（同上）、淮陽。時約赫德率兵渡淮東，破兩寨，焚其村塢數十。還，遇宋兵陣淮南岸，擊敗之。尋有兵自東南來追，復大破之。進敗宋兵於湖陂（按，金史卷一六宣宗紀作胡陂），提控珠嘉綽爾原作朮（蒲）〔虎〕春兒（同上改）遇害。事聞，贈銀青（光）〔榮〕（同上）祿大夫。

冬十月戊戌，唐、鄧行帥府報淮南之捷。〔攷異〕薛應旂通鑑云，甯宗嘉定十七年三月，金主遣其尚書令史李唐英至滁州通好。既而，復遣樞密判官移剌蒲阿率兵至光州，榜諭軍民，更不南侵。交聘表，〔二〕〔三〕（據金史卷六二交聘表改）月，以邊帥意，遣忠孝軍三百，送唐英至滁州，宋人宴犒旬日，以奏稟爲辭，和事竟不成。六月，復遣伊喇布哈，以文榜諭，自是宋人亦斂兵。哀宗紀末書唐英通好事。餘所載略同。按，宋嘉定十七年，卽金哀宗正大元年也。

金史紀事本末卷四十五

高琪用事　高汝礪附

衞紹王大安三年(辛未一二一一)秋九月，中都戒嚴。

冬十月，命泰州刺史珠格原作朮虎。〔攷異〕國語解，即珠赫呼，亦見八旗姓譜。高琪將所部乣(部)〔軍〕(據金史卷一〇六朮虎高琪傳改)三千人屯通玄門外。高琪或作高乞，〔攷異〕滿洲語，中心也。舊作高琪，今譯改果勒齊，見通鑑輯覽。西北路明安人。大定末，由護衞十人長累官宿直將軍、同知臨洮府事。泰和六年，與彰化節度副使巴噶罕侵宋，備鞏州諸鎮。宋兵萬餘自鞏州轆轤嶺入，高琪奮擊，敗之。疊州輿地廣記云，古諸羌地，晉屬汶山郡，後周立西疆、恒香二郡，兼立疊州，隋廢，唐復立疊州曰合川郡。縣二：合川、常芬。羌酋青伊克內附，〔攷異〕完顏綱傳，青伊克本吐蕃種。宋取河湟，夏取河西四郡，部落散處西鄙。其呼里族帥曰埒爾錦，據古疊州，有四十三族，十四城，三十餘萬户，蓋蠻境也。埒爾錦卒，子額爾袞嗣。宋不能制，縻以官爵，傳六世，至青伊克尤勁勇得衆。欲歸金，父事洮州刺史曹佛哩。請內附，弗許。迨佛哩死，子普賢爲懷羌巡檢使，會完顏綱經略西事，普賢傳箭入羌中，青伊克率諸部內屬，授疊州副都總管，賜詔獎諭。所載甚詳。

詔與知府事舒穆嚕仲温出界，合青伊克兵進取，深嘉其奮勇。俄爲封册使，封吴曦爲蜀國王。〔攷異〕爲副者翰林直學士(詹)〔喬〕宇(據金史卷一〇六朮虎高琪傳改)。詔高琪曰：「卿以邊面宣力，加之讀書，蜀人識卿威名。勿以財賄動心，失大國體。檢制隨去奉職，勿有違枉生事。」見本傳。使還，加都統，號平南虎威將軍。宋安丙遣將李好義攻秦州，圍皁郊堡，高琪赴救，大破之，圍解。宋兵三千人攻馬連寨以窺湫池，遣瓜爾佳福壽擊走之。至是，因元兵逼，詔屯通玄門外，尋爲鎮州防禦使，權右都監。

至甯元年(癸酉一二一三)九月，宣宗即位，改爲貞祐元年。秋八月，高琪從行省完顏綱軍屯縉山，縣名，屬德興府，爲晉新州地。與元兵戰，大敗。初，高琪駐兵縉山，得士卒心。左丞綱將赴京，行省圖克坦鎰勸其勿往，不聽。至是，果敗。

閏九月，擢高琪爲右監軍。詔曰：「聞軍事皆(申)〔中〕(據金史卷一〇六朮虎高琪傳改)覆，得無失機會乎？自今當卽行之，朕但責成功耳。」尋被詔自鎮州移軍守禦中都迤南，次良鄉，不得前，乃還中都。

冬十月，高琪與元兵戰，凡兩敗績而歸。赫舍哩呼沙呼即紇石烈執中戒之曰：「汝連敗矣，若再不勝，當以軍法從事。」及出，復敗。高琪懼誅，自軍中入，遂以兵入呼沙呼第，殺之。持其首詣闕待罪，帝赦之。授左副元帥，將士遷賞有差。詔曰：「呼沙呼蓄無君之心，形迹露見，不可盡言。提點近侍局慶善努、近侍局使色呼默、原作斜烈直長薩哈連原作撒合輦累曾陳奏，方慎圖之。色呼默漏此意於呼嚕，原作胡魯呼嚕以告恩楚，原作訛出恩楚達於高琪，今月十五日將呼沙呼戮訖。惟玆臣庶將恐有疑，肆降札書，不匿厥旨。」論者謂高琪專殺，故降此詔。

十二月丁酉朔，進高琪平章政事，兼前職。翰林院完顏蘇呼原作素蘭。〔攷異〕劉祁歸潛志作速蘭，女直進士魁。自中都議軍事還，上書求見，乞屏左右。故事，有奏密事輒屏左右。先是，太府監丞游茂以高琪威權太重，因入見，屏人密奏，請裁抑之。帝未從，茂轉告高琪，乃具以聞。茂論死，詔免之，杖一百除名。自是，密奏必令一近臣侍立。及蘇呼請帝御便殿見之，惟留近侍局直長趙和和侍立。蘇呼奏曰：「日者帥府議削伯特文格原作伯德文哥兵權，乃詔領義軍。改除之命拒而不受，帥府方欲討捕，朝廷復赦之，且不隸帥府。臣風聞皆出平章高琪。」帝曰：「汝何以知之？」蘇呼曰：「臣見文格與永清副提控劉溫牒云，平章已處分，令隸大名行省，毋遵帥府約束。然則，文格與高琪計結明矣。」帝頷之。復奏曰：「高琪本無勳望，因畏死，擅殺呼沙呼，計出於無聊耳。妬賢樹黨，竊弄威權。去歲，都下書生樊知一言乣軍必生亂，遂以刀杖決殺之。使其黨伊喇托卜嘉原作移剌搭不也爲武甯節度使，招乣軍，無功，復爲武衛軍使。此賊滅亂紀綱，禍害忠良，惟陛下察之。」帝曰：「朕徐思之。」蘇呼出，復戒曰：「慎勿泄也。」本傳，一名翼，字伯(陽)〔揚〕(據金史卷一〇九完顏素蘭傳改)。登策論進士，由翰林擢御史。宣宗遷汴，上書末曰：「中都糧乏，故車駕至此，稍獲安地。倘不知設備，再如前日，未知有司復請何之。」所進言多有裨益。歷中丞、參政、行省京兆。召還，至陝，亡奔行在，中途遇害。父喪，曾廬墓三年。

宣宗貞祐四年（丙子一二一六）春二月乙酉，平章高琪表乞致仕，不允。

冬十月，元兵取潼關，次嵩、汝間，令史高嶷乞命高琪爲帥，亟圖進禦，不報。御史臺言：「兵踰潼關，深入重地，請選勇將各付精兵，且戰且守。」詔付尚書省。高琪曰：「臺官素不習兵，備禦方略，非所知也。」遂寢。高琪祇欲以重兵屯駐南京以自固，州縣殘破不復恤。帝惑之，計行言聽，終以自斃。〔攷異〕劉祁歸潛志云，性頗廉，月俸計家所費外，悉納之官。惟忮忍，多害其敵己者。殺東平帥移剌都者，皆其力也。所載較詳。

十二月辛亥，高琪加崇進、右丞相。請修南京裏城。帝曰：「民力已困，此役一興，病滋甚矣。城雖完固，朕亦何能獨安此乎。」

興定元年（丁丑一二一七）春正月癸未，宋賀正旦使朝辭，帝曰：「聞息州透漏宋人，此乃彼界饑民沿淮爲亂，宋人何敢犯我？」高琪請伐之，以廣疆土，不許。

冬十月壬戌，右司諫許古請與宋議和，命草牒，示宰臣，高琪曰：「辭有哀祈之意，自示微弱，不足取。」遂罷。集賢院諮議官呂鑑請往南邊，馳書招諭，高琪曰：「鑑狂妄無稽，但其氣岸可尚，付陝西行省備任使。」制可。

十二月辛亥，陝西行省胥鼎諫侵宋，高琪曰：「諸軍已進，無復可議。」遂寢，不報。鼎復言「錢穀之冗，非九重所能兼，但當總大綱，責成功。」高琪曰：「陛下法上天行健之義，憂勤庶務，夙夜不遑，乃太平之階也，鼎言非是。」當是時，南北用兵，帝深以爲憂。右司諫呂造乞詔内外百官上封事，直言無諱，或召見，親訪以盡下情。帝嘉納，詔百官議河北、陝西備禦之策。高琪深忌之，一無所用。高琪督修裹城，帝問曰：「人言此役恐不能就，如何？」高琪曰：「終當告成，但其壕未及浚耳。」帝曰：「無壕可乎？」高琪曰：「苟防城有法，正使兵來，臣等愈得効力。」帝曰：「與其臨城，曷若不令至此爲善？」高琪無以對。及工畢，受金鼎之賜。〔攷異〕劉祁歸潛志云，高琪建議，南京城分八十里，極大難守，内築子城周四十里，壞民屋舍甚衆。使朝官監役，不前，輒杖之。及元兵至，仍守外城。當工初起，得石碣，有詩云：「瑞雲靈氣鎮城東，他日還應與北同。歲月遷移人事變，却來此地再興工。」亦有數云。紀未載。高琪自爲相，專固權寵，擅作威福，與高汝礪相唱和。高琪主機務，汝礪掌利權，附己者用，否則斥。凡言事忤意及負材力與己頏者，對上陽稱其才，使幹當於河北，陰置死地。〔攷異〕劉祁歸潛志云，高琪爲相，初欲擢用文人。自許古、劉元規等相繼彈劾坐罷，因大惡進士，專用胥吏，由是吏權大盛，吏員不五年皆得要職。帝亦喜此曹刻深，皆亡國之政也。紀及本傳均未載。自罷樞密元帥，後常欲得兵權。遂力勸南侵，置河北不復措意，凡精兵皆置河南，苟且歲月，不肯出一卒應方面急。

三年（己卯一二一九）冬十一月丁巳，高琪以罪下獄。

十二月，高琪伏誅。初，英王守純欲發其罪，懼其黨與盛，未果。會高琪使奴薩布原作賽不殺其妻，歸罪於薩布，送開封府殺之以滅口。開封府不敢違。事覺，帝久聞其姦惡，因此事誅之。〔攷異〕劉祁歸潛志云，高琪坐殺妻爲家人訟，宰執將奏，法當避，高琪怒，遽索馬歸。帝命擒下獄，以大不敬論死。先是，高琪惡士大夫，輒以軍儲加箠杖。趙秉文攝南京轉運使，亦坐誤糧儲杖四十，趙大憤。及誅，詔適當筆，首曰：「君臣分嚴，無將之罪莫大。夫婦義重，不睦之刑安逃？曾是一身，兼此二惡。」人謂趙仇雪矣。紀及本傳均未載。尚書省都事布薩納木舍布原作僕散奴失不曾以英王謀告高琪，論死。餘各杖七十，勒停。先是，帝將南遷，欲置乣軍於平州，高琪難之。及遷汴，戒搏多厚撫此軍，搏多輒殺數人，以至於敗。帝嘗曰：「壞天下者，高琪、搏多也。」終身以爲恨云。〔攷異〕搏多，原作豪多，姓穆延，名盡忠，上京路人。第進士，歷西京按察使。及執中走還，代爲留守，進都元帥、平章。與承暉守燕，城破，奔還汴，仍爲平章。忤高琪，與弟烏哩雅語及中都事，烏登告其謀逆，下獄誅，并殺其弟。餘詳元人克燕註中。

同時高汝礪，字巖夫，應州金城人。大定中，第進士，莅官有能聲。明昌初，授石州刺史。歷諫議，請羣臣奏事諫官得預聞。乞舉行「推排法」。令户部尚書賈執剛與汝礪先推排在都物力。〔攷異〕續通考謂汝礪疏奏，國朝自大定通檢後，十年一推物力，惟貴簡静而重勞民。今言者，請如河北歲括實數之田，計畝徵斂，有大不可者三，議遂寢。趙翼劄記云，周官以歲時定民之衆寡，辨物之多少，入其數於小司徒。三年，則天下大比，此良法也。金制則分按民之貧富而籍之，以應科差，謂之「推排」，亦曰「通檢」。率十年一次，督責苛急，易滋抑勒、告訐、賄詐之弊，與宋吕惠卿「手實法」正同。然以宋暫行即罷之弊政，而金代數十年行之不變，故雖以世宗之求治，無救於民病也。按，大定中，推排各户，土地、牛具、奴婢之數分上中下三等，務使貧富適均。承安中，遂定制，已典賣物力，止隨物推收。析户異居者，許令別籍。户絶及困弱者免，新强者增之。泰和間，累擢中都路都轉運使，進户部尚書。時鈔法滯，因隨事上言，多所更定，民甚便之。〔攷異〕劉祁歸潛志云，金錢幣祇用銅錢。正隆時，始鑄新錢，餘皆宋舊錢。高巖夫爲三司副使，倡行鈔法，初甚貴重，過於錢。嗣後兵興，官出甚衆，民間始輕之，法益衰。南渡初，至有交鈔千貫，不抵錢十文用者。商賈重困，俗謂「坐化」。官知其非，屢爲更造，一起一衰，迄於國亡，錢不復出矣。續通考云，金初用遼、宋舊錢，天會末，雖劉豫「阜昌元寶」「阜昌重寶」亦用之。海陵貞元二年，遷都後，户部尚書蔡松年請復鈔引法，始置印造鈔引庫及交鈔庫，皆設使、副、判各一員，都監二員，而交鈔庫副專主書押、搭印、合同之事。印一貫、〔二貫〕（據金史卷四八食貨志補）三貫、五貫、十貫五等，曰大鈔；一百、二百、三百、五百、〔七百〕（同上）五等，曰小鈔，與錢並用。以七年爲限，納故易新，循宋張詠四川「交子法」，而紓其期。時，有欲罷之者，有司奏言公私俱便，不可廢，祇乞削去年限，民得常用。其年久文字磨滅，許納舊换新。從之。厥後，法屢更而弊益滋矣。史臣曰，正隆初，議鼓鑄，銅禁甚嚴，銅不給用，漸興窰冶，凡産銅地脈，遣吏訪察，且及外界。而民用銅器不可缺者，皆造於官而鬻之，官民交病，聽民自造而官爲立價以售，此銅法之弊也。若錢法，則鼓鑄未廣，斂散無方，初恐官庫多積錢不及民，立法廣布，繼恐民多匿錢，乃設存留之限，開告訐之路，犯者繩以重法，卒莫能禁。州縣錢艱，民多私鑄，苦惡特甚，乃以官錢五百易其一千。及改鑄大錢，所準加重，百計流通，終莫獲效。濟以鐵錢，鐵不可用，權以交鈔。錢重鈔輕，相去懸絶，物價騰踴，鈔至不行。權以銀貨，銀幣又滋，遂罷銅錢專用交鈔。銀貨在官，利於用大鈔。大鈔出多，民益見輕。在私利於用小鈔，小鈔入多，國亦無補。於是禁官不得用大鈔。已而，恐民用銀而不用鈔，責民以鈔納官，先造二十貫至百貫例，後造二百貫至千貫例，先後輕重不倫，民益駭惑。後又限以年數，限以地方，公私受納，限以分數，民疑益深。其間易交鈔爲寶券，又爲通寶爲寶泉，未幾，織綾印鈔，名曰珍貨，復作寶會，訖無定制，而金祚亡矣。所載甚詳。宣宗南遷，拜參政。

貞祐三年（乙亥一二一五）五月，朝議括官田及牧馬地，以贍河北軍户之徙河南者，以汝礪總其事。尋因羣臣言不便，事遂寢。〔攷異〕續通考，時因汝礪言，命右司諫馮開隨處按視，人給三十畝，以汝礪總之。還奏不可爲，求加察。石抹世勣、劉元規皆言不便，詔罷給田，但半給糧半給實直焉。四年，復遣官括河南牧馬地，既籍其數，議給軍。因宰臣言，命再議，乃擬民有能開收馬地及官荒地作熟田者，半給爲永業，半給軍，詔從之。未幾，省臣請令諸帥府各以其軍耕耨，爲以逸待勞之策。許之。

四年（丙子一二一六）正月，由右丞進左丞。時高琪欲歲閲民田徵租，汝礪力阻而止。南侵，民困，言者請議和，汝礪言其非計，不許。同提舉榷貨司王三錫建議榷油，高琪勸帝從之，以汝礪言乃罷。未幾，拜平章，進右丞相，監修國史，封壽國公，加榮禄大夫。謂其官未至二品，特升兩階。

哀宗立，諫官言汝礪欺君固位，天下所共嫉，宜黜之，以厲百官。不允。又有投匿名書云「高某不退，當殺之」，因請老，不許。正大元年卒。性縝密廉潔，結人主知。然規守格法，循默避事，故爲相十餘年，未蒙譴訶。貪戀不去，士論譏之。〔攷異〕元好問中州集云，南渡後，機務倥偬，未嘗一日廢書不觀。臨終留詩有「寄謝東門千樹柳，安排青眼送行人」之句。卒時七十一，配享宣宗廟廷。士論謂其才量渾厚，足爲守成良相，恨所遭不時耳。所載稍異。

金史紀事本末卷四十六

哀宗守汴

宣宗元光二年（癸未 一二二三）冬十二月庚寅，帝崩於（隆）〔寧〕德殿（據金史卷一六宣宗紀改）。辛卯，皇太子守緒即位。初諱守禮，又諱甯嘉祿。原作甯甲速宣宗第三子。母明惠王后，賜姓溫都氏。承安三年八月生。宣宗立，封遂王。貞祐四年，立爲太子。〔攷異〕大金國志云，性寬和慈仁，嗜書博學，干戈擾攘談論不輟，才藻富贍好爲文章。紀未載。至是，宣宗不豫，暮夜，近臣皆出，惟前朝資明夫人鄭氏年老侍側。帝知其可託，曰：「速召太子主後事。」言絶而崩。是夜，皇后及龐貴妃問安寢閤。龐氏陰狡機慧，常以其子守純年長不得立，心怏怏。夫人恐其爲變，紿之曰：「帝方更衣，后妃可少休他室。」伺其入，遽鑰之。急召大臣，傳遺詔，立太子，始啓户出后妃，發喪。太子方入宮，英王守純已先至，命護衛監守，乃即位。

哀宗正大元年（甲申 一二二四）春正月庚子，權吏部侍郎富察和卓原作合住。〔攷異〕汪輝祖金史同名録云，卷六世宗大定二年奚猛安被擒；六年泰州叛人，伏誅；卷十四宣宗貞祐三年總管；又興定五年通遠節度，姓孛朮魯氏；卷六十六遼領辰、復二州；卷六十九胙王元傳子育本名，大宗正卿；卷七十四文傳大定時南京路猛安；又家奴姓石抹氏；卷八十六福壽傳父猛安；卷九十三荆王守純傳宣宗末駙馬都尉，姓徒單氏；卷一百四郭俁傳大定末侍儀司令；同卷烏林答與本名，宣宗時工部尚書；卷一百二十徒單四喜傳正大九年經歷官，十四人同名合住。改恒州刺史，未幾伏誅。左司員外郎尼瑪哈華山改同知楨州事。逐二姦臣，士夫相賀。戊午，帝始視朝，大風飄端門瓦。〔攷異〕續通考云，是日，昏霾不見日，黃氣塞天。人以爲壬辰、癸巳之兆。紀及五行志均未載。有男子服麻衣，望承天門且笑且哭。詰之，則曰：「吾笑，笑將相無人。吾哭，哭金國將亡。」重杖而遣之。南陽民布陳謀反伏誅。

三月，熒惑犯左執法。紀又載，四月癸酉，犯右執法。而〔五行志〕〔天文志〕（據金史卷二〇天文志改，下同），正月丙午，月犯昴。三月癸丑，犯熒惑。四月乙未，太白辰星相犯。紀闕書。甲寅，以延安帥完顏哈達原作合達權參政，行省京兆，兼統河東兩路。

夏五月戊申，詔刑部，登聞檢、鼓院聽冤者陳訴。

〔六月〕（據金史卷一七哀宗紀補）辛卯，立妃圖克坦氏爲皇后。〔攷異〕元史太祖紀云，夏，宋大名總管彭義斌侵河北，史天倪敗之於恩州。

秋九月，樞密判官伊喇布哈原作移剌蒲阿，改作伊喇豐阿拉。復澤、潞，獲馬千匹。

〔十二月〕（據金史卷一七哀宗紀補）高琪定職官犯罪的決百餘條，因左丞張行信言，改依舊例。

二年（乙酉一二二五）春正月甲申，有黄黑之祲。

夏四月辛卯朔，起復胥鼎爲平章，行省衛州。

五月丁丑，蘇椿自大名來奔，詔置之許州。〔攷異〕薛應旂通鑑云，嘉定十七年六月，大名府蘇椿等舉城來歸，詔悉補官，卽以其州授之。當正大元年，至是復自宋來奔耳。時李全遣劉慶福圍許國，國縊死，全據楚州。牒誘彭義斌，不從，遂攻恩州。義斌與戰，敗之。義斌既克山東，復納李全降兵，兵勢大振，遂圍東平，下真定。嚴實與蒙古將孛里海合圖之，兵潰，義斌爲史天澤所擒，不屈死之。京東州縣復爲實有，凡五十四城。元史太祖紀云，六月，彭義斌以兵應武仙，天澤禦於贊皇，擒斬之。史未載。

八月，鞏州元帥田瑞反，行省軍圍之。弟實格原作十哥。〔攷異〕卷一百二十三窩斡傳正隆末闢沙河千户十哥，另一人。殺瑞，出降，授涇州節度使，世襲明安。

九月，夏國和議成，遣使來聘。

冬十月乙亥，伊喇布哈敗宋人於光州，獲馬數千，斬首千餘級。內族王嘉努原作王家奴。〔攷異〕汪輝祖金史同名録云，卷十五宣宗興定三年葭州刺史，姓紇石烈氏；卷六十三海陵嫡母徒單氏傳寗德宮直長，爲海陵殺；卷八十一烏古迪烈招討都監，姓蕭氏；卷一百二完顏弼傳大安三年押軍千户，五人同名王家奴。故殺鮮于主簿，特命斬之。詔有司爲死節士十三人立褒忠廟。〔攷異〕續通考云，時完顏陳和尚死節鈞州，陀滿〔胡〕土門（據金史卷一二三陀滿胡土門傳補）死節臨洮，皆立像祀之，廟曰褒忠。按，天眷中，洪洞令劉徽柔斷叔殺姪事，部民驚服，爲立生祠。大定間，長社令張萬公招諭土寇數萬，衆感悟去，邑人立生祠。明昌五年，言者謂葉魯、谷神創女直文字，乞封贈立祠，詔依倉頡立廟盩厔例，官爲立廟於上京。興定中，王浩令涇陽，有惠政，去後民立生祠。又商衡令威戎，開倉賑饑，民德之，爲立生祠。命趙秉文、楊雲翼作龜鏡萬年録。〔攷異〕續通考云，時秉文等上君臣政要。又沙溪傳慎微有興亡金鏡録百卷。正大間，同知集賢院呂造，著尚書要録奏進。東明王鶚，金末狀元，著論語集義、應物集、汝南遺事。信安桂瑛著語孟旁通。

三年（丙戌一二二六）夏五月己未，宋兵掠壽州境。癸亥，永州桃園軍失利，死者四百。

六月壬子，詔諭遼東行省討反賊萬嘉努，原作萬家奴赦脅從者。

秋八月，伊喇布哈復曲沃縣名，屬絳州及晉安。〔攷異〕元史太祖紀云，九月，李全執張琳，郡王岱遜進兵圍全於益都。十二月，李全降。續綱目云，三月，蒙古圍全於青州，糧援路絶，使其兄福還楚州。時朝廷欲圖全，以制置使徐晞稷畏懦罷之，以劉琸代。琸資望尤淺，盱眙忠義夏全作亂，逐琸，以衆降金。琸走死，又以姚翀制置淮東。寄治僧舍，媚事全妻楊氏。李福謀殺劉慶福，復逐翀至明州，死。福爲張林殺，全擊林，殺之，復誘殺時青併其衆。時正大四年六月、七月事也。先是，蒙古圍青州一年，全降係五月事。而富珠哩傳謂全於三年十二月引兵入齊，至四年四月乃降元。所載時日互異。

冬十月己巳，宋忠義軍夏全自楚州來歸，王義深、張惠、范成〔進〕（據金史卷一七哀宗紀補）以城降，封四人爲郡王，改楚州爲平淮府。〔攷異〕薛應旂通鑑云，八月，檄、知盱眙軍彭忙等赴楚州圖李全餘黨，時青密遣人報全，張惠、范成進以朝檄不及己，歸盱眙，縛忙渡淮，以盱眙降金。金使專制河南以拒蒙古。全得時青報，還楚州。王義深奔金，國安用殺張林、邢德以自贖。周密齊東野語云，初，賈涉病歸，許國代知楚州，授文階，坐受李全庭參禮，激變走死，文武被害者數十人。徐晞稷代，至則一意逢迎，全益驕，還青州。晞稷罷，璋代，措置乖方。會夏全自盱眙率衆來歸。先是李全欲殺夏全，得璋救免。至是留以自衞，又命封閉李全、劉全、張林等府庫，限北軍三日出城。尋與楊氏通，遂合。李福作亂逐璋，事聞，命姚翀代。時，全猶未歸，李姑姑與其夫兄李福殺劉慶福、張甫，以誅逆聞，封姑姑楚國夫人。翀賴國安用匿免。未幾，安用誅李福，姑姑易服往海州。續綱目云，時有郭統制者，殺全次子通及全妻劉氏，詭稱楊氏，函首獻。楊紹雲後亦爲全殺。嚴道甫云，夏全等四人封王，非一時，金史牽連書之，亦有舛誤。

是歲，設益政（書）（據金史卷一七哀宗紀刪）書院於内廷，以楊雲翼等爲説書。〔攷異〕元史，是冬，皇子謌格德依及察罕之師圍金南京，遣唐慶責歲幣於金。史未載。（五行）〔天文〕志云，十一月丙辰，月掩熒惑。丁巳，熒惑犯歲星。庚申，犯壘壁陣。癸酉，五星並見於西南。十二月，熒惑入月。續通考云，三月乙丑，有火自吏部出，大如斛，流行展轉，人皆驚避，踰時而滅。庚午，省前有氣微黄，自東北亘西南，狀如虹，中有白物十餘，往來飛翔。又有光倏見，如二星，移時方滅。紀均未載。

四年（丁亥一二二七）春正月壬戌，增築中京城，浚汴京外壕。

二月，布哈、約赫德復平陽，執知府李齊勤，〔攷異〕錢大昕諸史拾遺云，一作李七斤，即元史忠義傳之李守忠也。獲馬八千。〔攷異〕約赫德傳作三千。又本紀載布哈、約赫德復平陽，而布哈傳不載，蓋約赫德之復平陽，未嘗與布哈偕也。今從紀。而布哈靈寶之捷，本紀又未書。

三月，元兵克德順府，節度使愛新、原作愛申。〔攷異〕別名忙哥。卷一百二十四烏古孫奴申傳哀宗奉御亦名忙哥，另一人。亦見崔立傳。攝府判馬肩龍死之。元兵復下平陽。己巳，徵夏稅二倍。

夏五月丁丑，元兵克臨洮府，總管圖們呼圖克們原作陀滿胡土門。〔攷異〕通鑑輯覽作和摶死之。〔攷異〕元史太祖紀云，正月，帝攻積石州。二月，破臨洮府。三月，破洮河、西寧二州，遣旺泌諸延攻拔信都府，繫月稍異。邵遠平元史類編云，時與總管同死者，尚有知州陳寅。詔議乞和於元。陝西行省進三策：上策自將出戰，中策幸陝州，下策棄秦保潼關，不從。

六月戊申朔，遣前御史大夫完顏哈昭原作合周。〔攷異〕通鑑輯覽作哈準，一名永錫。爲議和使。〔攷異〕元史太祖紀云，時副使爲鄂通阿古，原作奧屯阿虎。紀未載。

秋七月，元兵自鳳翔徇京兆，關中大震。未幾，復克商州。〔攷異〕薛應旂通鑑云，蒙古入京兆，復破關外諸隘。至武、階，四川制置使鄭損棄沔州遁，三關不守。金盡棄兩河、關陝，併力守河南，保潼關。自洛陽、三門、析津，東至邳州之源雀鎮，東西二千餘里，立四行省，帥精兵二十萬守禦。是冬，鐵木真殂於六盤山，立二十二年，年六十六。臨終囑假道於宋，下兵唐、鄧，直擣大梁，後卒如其策。廟號太祖。六子，長朮赤早卒，二察合歹，三窩闊台，四拖雷，至是，拖雷監國。六盤山，在固原州西南三十里。元史太祖紀云，帝次清水縣西江，七月，崩於薩里川哈喇圖之行宮，葬起輦谷。日下舊聞考云，特穆津墓在蘆溝河側，山水環繞。相傳插矢以爲垣，邏騎以爲衞，闊踰三十里。特穆津生於此，故葬此。今墓無考。

八月己巳，大風，落左掖門鴟尾，壞丹鳳門扉，隕霜殺禾。〔攷異〕〔五行〕〔天文〕志云，正月壬戌，熒惑犯太白。六月丙辰，太白入井。七月丁亥，熒惑犯斗從西第二星。續通考云，六月丙辰，白氣經天。十月乙未，日上有虹，背而向外者二，長丈餘，兩旁均有白氣貫之。紀多未書。

是月，李全自益都復據楚州，遣總帥額爾克、原作訛可元帥慶善努原作慶山奴守盱眙，與戰於龜山，敗績。封全淮南王，不受。

五年（戊子 一二二八）春正月庚辰，遣知開封府事完顏莽伊蘇原作麻斤出如元弔慰。尋以不職，免死除名。

二月乙巳朔，大寒，雷，雨雪，木之華者盡死。〔攷異〕（五行）〔天文〕志云，五月乙酉、月掩心大星。續通考云，八月，御座上聞若有言者曰「不放（槍）〔搶〕（據金史卷二三五行志改）則何」？索之不見。紀未載。癸丑，詔塑呼圖克們像入褒忠廟。書死節子孫於御屏，量才任使。

三月甲戌朔，羣臣請依舊制，樞密（使）〔院〕（據金史卷一七哀宗紀改）聽尚書省節制，不從。〔攷異〕續綱目云，三月，蒙古兵入大昌原，金哈達使忠孝軍提控完顏陳和尚爲前鋒，以四百騎大破蒙古兵八千，蓋二十年來始有此捷，奏功第一，名振國中，授定遠大將軍，世襲謀克。又於七年正月，書蒙古入金大昌原，布哈敗之，慶陽圍解。薛應旂通鑑同。按，大昌原之捷，陳涇續編作五年三月，薛通鑑因之，與續綱目同，蓋本忠義傳。徐乾學後編繫之六年，本哀宗紀。惟畢沅續通鑑改作七年正月，據約赫德、布哈傳，云，七年正月戰於大昌原，慶陽圍解，即爲陳和尚前鋒。奏捷之事，前人誤分大昌原、慶陽爲二事，故致誤耳。大昌原在慶陽府南，接寗州界。

秋八月甲子，以博索原作白撒爲尚書（左）〔右〕（據金史卷一七哀宗紀改）丞。

十二月壬子，完顏訥新原作訥申改侍講學士，充國信使。〔攷異〕元史太（祖）〔宗〕紀（據元史卷二太宗紀改。又，此事在元太宗元年，卽較此晚一年），八月，金遣阿固岱來歸太祖賵；尋復遣使來聘，卻不受。所載各異。

六年（己丑一二二九）春二月丙辰，命丞相薩布原作賽不行省關中，召平章哈達還朝。布哈率忠孝軍總領陳和尚〔攷異〕畢沅續通鑑作完顏彝，通鑑輯覽作禪華善。駐邠州。遣白華宣諭，專備軍須。

秋八月丙申，布哈再復澤、潞。

冬十月，元兵駐慶陽界，詔陝西行省遣使乞緩師。

十二月乙未，命副樞布哈、總帥約赫德、簽樞額爾克合兵救慶陽。〔攷異〕續綱目云，八月，元太宗窩闊台立。十二月，定算賦。以史天澤、劉黑馬、蕭扎拉爲萬户，統漢兵分守中原。

七年（庚寅一二三〇）春正月，副樞布哈等解慶陽之圍。以額爾克屯邠州，布哈等還京兆。以約赫德爲左副元帥。值元使翁鄂羅北還，約赫德出語不遜，激怒元主，卽自將侵陝西。〔攷異〕薛應旂通鑑云，初，蒙古使斡骨欒至陝西議和，蒲阿、牙吾答留之。及慶陽圍解，志意驕滿，蒲阿乃遣斡骨欒還，謂曰：「我已準備軍馬，能戰則來。」歸告元主，卽與拖雷侵陝西，破山砦六十餘所，遂趨鳳翔。約赫德傳，一名志，本出親軍。明年，棄京兆，歸至閿鄉，得寒疾，不汗死。性鷙狠，好結小人，不受朝廷節制。詆毀宰執，陵侮朝使。以銀符佩妓，屢往州郡取賕，號督差，行省厚賂之。御史康錫疏劾，釋不問。屢破宋兵，威震淮南。喜用鼓椎擊人，號「盧鼓椎」，可止兒啼，如呼「麻胡」云。子阿里哈，號「小鼓椎」，坐官努誅。原作阿里合，一作合里合，卷一百二十二移刺阿里合同名。宣宗時霍州刺史康錫，字（百）〔伯〕禄（據金史卷一一一康錫傳改），趙州人。至寧元年進士，拜御史，劾侯摯、師安石非相才；薩哈連聲勢熏灼，請託公行，不可在禁近，時論韙之。後爲河中府治中，城破，從帥濟河，船敗死。與雷淵、冀禹錫齊名。

夏五月，釋清口宋敗軍三千人，願留者五百，屯許州，餘縱遣之。

秋八月，元兵圍武仙於舊衛州。

冬十月己未朔，命平章哈達、參政布哈引兵解其圍。軍還，帝登承天門犒勞，并賜世襲明安，行省閿鄉，縣名，屬陝州。以備潼關。〔攷異〕元史太宗紀云，春，遣兵圍京兆，金主率師來援，敗之，拔其城。夏，多果朗及金兵戰，敗績，命蘇布特援之。七月，帝南伐，拔天成等堡，遂渡河，攻鳳翔。十一月，攻潼關、藍關，不克。十二月，拔天勝寨及韓城、蒲城。紀未載。（五行）〔天文〕志云，十月己巳，月暈，至五更復有大連環貫之，絡北斗，內有戟氣。十二月庚寅，有星出天津下，大如鎮星，色不明。初犯輦道，二日見於東北，在織女南。乙未，入天市垣。戊午，方出。癸丑，歷房北，復東南行，入積薪凡二十五日而滅。續通考云，十二月，新衛州北三里許，有影在沙上，如舊衛州城狀，寺塔宛然，數日乃滅。紀均未載。

八年（辛卯　一二三一）春正月，元兵圍鳳翔。遣判官白華等諭閿鄉行省進兵，哈達、布哈以未見機會，不行。尋復遣諭，亦不行。〔攷異〕哈達傳，正月，元蘇布特破小關，殘盧氏、朱陽，散漫數百里。潼關總帥納哈塔邁珠拒之，乞救於二帥。遣陳和尚往援，北兵退至倒回谷（按，金史卷一一二完顏合達傳「倒回谷」作「谷口」）而還。盧氏、朱陽，二縣名，屬虢州。紀未載。蘇布特原作速不臺，蒙古烏梁海人。卒，封河南王，謚忠定。續綱目云，白華還，金主復遣諭以鳳翔圍久，恐不能支，可領軍出關，畧與渭北軍交手，北軍聞必奔赴，少紓鳳翔之患。哈達、布哈始出關，行至華陰，與渭北軍交戰。比晚，收軍入關，不復顧鳳翔矣。所載各異。

夏四月丁巳朔，元兵克鳳翔。兩行省棄京兆，遷居民於河南，留慶善努守之。〔攷異〕元史太宗紀，鳳翔之破作二月事，云，攻洛陽、河中諸城，下之。五月，命圖類出師寶雞，遣綽布干使宋，假道殺之。復遣李國昌使宋索糧。綽布干原作捌干罕。續綱目作蘇巴爾罕云，金降人李昌國言於圖壘，出寶雞以侵漢中，不一月可達唐、鄧，從之。使蘇巴爾罕如宋假道，且謂會兵，至沔州青野原，統制張宣殺之。圖壘曰：「宋自食言，背盟棄好，今日之事，曲直有在矣。」

五月，李全妻楊妙真以全陷没於宋，構浮梁楚州，欲復宋讎。遣哈達、布哈屯桃源界激河口，以防侵軼。時兩行省約宋師爲夾攻計。牒知楚州大軍已還河朔，哈達遂取淮陰，詔改名歸州。以行省烏庫哩雅爾噶守之，郭恩爲右都監。明日，宋將燒浮梁，泗州總領實格叛歸楊妙真，防禦使圖克坦達喇死之。總帥邁珠舊作買住，姓納哈塔氏，舊作納合。〔攷異〕卷一百二十一溫迪罕蒲睹傳速木典糺詳穩亦名買住，姓加古氏。另一人。亦以盱眙降宋。〔攷異〕薛應旂通鑑云，時趙善湘制置江、淮，李全據楚州叛，攻泰州，知州宋濟降。聞趙范、趙葵已入揚州，鞭鄭衍德，率衆攻揚州，立柵灣頭，與戰輒敗。築長圍，困三城，爲范葵破，退陷於新塘淖中，伏誅。其黨國安用從全妻楊氏，范葵追擊，大敗之，走山東，降蒙古，爲都元帥，行省山東。周密齊東野語云，全叛圍揚州，詔削奪官爵，停給錢糧，令諸路兵討之。兵敗，陷新塘，次日，於沮洳屍中得一紅袍無一手指者，乃全也。時理宗紹定四年五月。北軍悉遁，諸州皆復。又云，全孽子瓊，初名松壽，乃徐希稷子。賈涉開閫維揚，嘗使與諸子同學，其後全無子，屢託涉視之，涉遂與以爲後，更名瓊云。劉子澄嘗著淮東補史，紀載甚詳。

秋九月丙申，元兵駐河中府，慶善努棄京兆東還。召哈達、布哈赴汴，議救河中，懼不行。還陝州，出師至冷水谷而歸。元兵攻河中，乃遣元帥王敢率兵萬人救之。〔攷異〕元史作十月圍河中。薛應旂通鑑云，八月，拖雷分三萬騎入大散關，趨華陽關，破鳳州，屠洋州，攻武休，出其東南。圍興元，軍民死者數十萬。其西軍由沔州取大安軍路，渡嘉陵江，趨葭萌，畧地至西水縣，破城寨百四十而還。東軍屯興元、洋州間，趨饒風關。葭萌，縣名，屬利州。西水縣屬閬州。華陽關在洋縣北百五十里華陽山，唐置爲縣，要地。見漢中府志。又，柳宗元館驛使記云，自長安至盩厔其驛十有一，其蔽曰洋州，其關曰華陽。趙翼劄記云，元史圖類傳，時分兵攻宋諸城堡，長驅入漢中，陷閬州。過南鄭，遂由金人房，乘騎浮渡漢水而北。是圖類之經宋境，由力戰而入也。而按竺邇傳，圖類由山南入金境，時爲先鋒，趣散關，宋已燒絶棧道。制置桂如淵守興元，按竺邇假道如淵，度我兵壓境，勢不徒還，遂遣人導之，由武休東抵鄧州而去。是宋許假道未嘗戰也。所載各異。續綱目云，十月，四川制置使桂如淵逃歸，詔以李𡌴代知成都府，趙彥吶副之，知興元府。初，彥吶治西和五年，安丙待之厚。崔與之謂必誤國事，朝廷不從。

冬十一月丁未，元兵至饒風關，〔攷異〕哀宗紀一作嶢峯，一作饒豐，合達傳作饒峯，係一地。由金州而東。省院議以逸待勞，未可與戰。帝曰：「南渡二十年，所在之民，破田宅、鬻妻子，竭肝腦以養軍。今兵至，不能逆戰，止以自護，京城雖存，何以爲國？天下其謂我何？朕思之熟矣，存與亡有天命，惟不負吾民可也。」乃詔諸軍屯襄、鄧。

十二月己未，河中府陷，簽樞草火額爾克原作訛可。〔攷異〕元史塔思傳作完顏火燎。通鑑輯覽作鄂和。死之。元帥板子額爾克原作訛可提敗卒三千走閿鄉。詔赦將佐以下，杖額爾克，死。〔攷異〕續綱目云，時蒙古築松樓，高二百尺，下瞰城中，百道並攻。草火額爾克搏戰力竭，城陷被擒，就死。板子額爾克走閿鄉。初，在閿鄉，爲監戰陸爾所制，有隙，及改河中總帥，同赴召。陸爾譖其畏避，主信之。至是，怒其不死節，杖殺之。兩人皆內族，一得賊，好以草火燒之，一嘗誤呼宮中牙牌爲板子，故因以別之。陸爾原作六兒。卷二太祖紀天輔二年降人同名。劉祁歸潛志云，南渡後，內侍權重，宣宗倚爲耳目，伺察百官。故奉御輩採訪民間，號「行路御史」。或得一二事奏之，因以責臺官，皆抵罪。又方面之柄，雖責將相，每差一奉御監戰，臨機應變，多所牽制。遇敵，多先奔，故師多喪敗。哀宗因之不改，以迄於亡。哈達、布哈率諸軍入鄧州，楊沃衍、陳和尚、武仙兵皆會，出屯順陽。

戊辰，元兵渡漢江〔攷異〕續通考云，漢江，由漢中流經鄖縣、均州、光化至襄陽府城北，又東南經宜城抵安陸，至大別山入江。其水因地而名，曰漾、曰沔、曰漢、曰滄浪，總之一漢也。沔江在荆門州東九十里，源自陝西漢中，爲漢水，至荆山南爲滄浪水，過潛江爲沔水。潛江，在潛江縣入漢，直江荆門州東南百六十里，南流入潛江界平塘湖，達三湖以合沔水。滋水，京山縣西八十里，又沔陽州東南有三滋水。襄陽府城東北有白河，源出鄧州界，入漢。又城東北百里有唐河，源出唐縣入漢。均州南六里，有曾河，源出大利山，東流經城南入漢。清涼河，南漳縣東十二里，源出西溪洞，與蠻河合。蠻河源自房縣界，經南漳入宜城西南六十里，均入漢。滚河，棗陽縣西南合白河入漢。泌河，光化縣東南，流至府界與白河合，入漢。而北，諸將請乘其半渡擊之，布哈不從。及兵畢渡，戰於禹山在鄧州析川縣東南三十里。之前，元兵少卻，營三十里外，以大捷聞。〔攷異〕元史太宗紀作次年正月，蓋據報聞之日耳。拖雷傳，是日大霧迷道，爲金人所襲，殺傷相當。金史蒲阿傳謂，戰三交，北兵少退，向蒲阿後突之，爲蒲〔阿〕〔察〕定住〔據金史卷一一二移剌蒲阿傳改〕所卻。北兵又擁高英軍，軍動，合達欲斬英，英復力戰。北兵又擁樊澤軍，合達斬一千夫長，軍殊死鬬，乃御之。合達傳，拖雷兵至禹山，合達等拒戰，北兵襲之。武仙一軍殊死鬬，北兵退走。追奔之際，忽大霧四塞，合達命收軍。頃之，霧散，乃前有一大澗，闊數里。非此霧，則北兵人馬滿中矣。是此戰實有御敵之功，非全虛也。諸相置酒省中，左丞李蹊曰：「非今日之捷，生靈之禍可勝言哉。」無何，元兵分趨汴京，京師戒嚴。是夜二鼓，哈達、布哈引軍還鄧州，元兵躡其後，盡獲其輜重。〔攷異〕薛應旂通鑑云，禹山之戰，蒙古兵突前，蒲察定住力戰始退。合達欲逐之，蒲察不可。明日，蒙古兵忽不見，邏騎還，始知在光化對岸棗林中，不下馬已四日，林外不聞音響。二帥議入鄧州，敵兵至，邀其輜重去。二帥入鄧州，蒙兵趨汴，時民保城壁者，聞捷皆散還鄉里。不數日，游騎突至，多被俘獲。所載較詳。

天興元年（壬辰一二三二）是年本正大九年，正月改開興，四月始改天興。春正月壬午朔，日有兩珥。癸未，置尚書省、樞密院於宮中，以備召問。時元兵道唐州，元帥完顏兩羅索原作婁室與戰襄城之汝墳，敗績，走還汴。遣完顏莽伊蘇等部民丁萬人，決河水衞京城。（癸未）（據金史卷一七哀宗紀刪）起前元帥瓜爾佳實倫行帥府事。哈達、布哈引軍自鄧州趨汴京。乙酉，以點檢瓜爾佳薩哈原作撒合。〔攷異〕汪輝祖金史同名錄云，卷十八哀宗天興元年東面元帥，姓把氏；卷七十宗賢傳太祖時戰没；卷一百三桓端傳貞祐四年沂州同知防禦事，四人同名撒合。爲總帥，將兵三萬巡河渡，權近侍局使圖克坦長樂監其軍。起近京諸邑軍家屬五十萬口入京。丙戌，元兵定河中，由河清縣宋屬河南府。白坡鎮名，河清縣城東。渡河。〔攷異〕呼圖傳，開興元年正月戊子，北兵以河中一軍由洛陽東四十里白坡渡河。白坡，故河清縣，河有石底，歲旱水不能尋丈。國初，以三千騎由此路趨汴。是後，縣廢爲鎮。宣宗南遷，河防上下千里，常以此路爲憂，每冬日，命洛陽一軍戍之。河中破，有言此路可徒涉者，已而果然。北兵既渡，奪河陽官舟以濟諸軍。所載較詳。丁亥，薩哈、長樂率兵至封邱縣名，宋屬開封府。而還。左司郎中錫默愛實原作斜卯愛實。官中京留守，有傳。〔攷異〕汪輝祖金史同名録云，卷十八哀宗天興二年都尉，姓王氏；卷百二十四烏古孫仲端傳其子，官奉御，三人同名愛實。請斬之以肅軍政，不從。〔攷異〕薛應旂通鑑云，正月，以孟珙爲京西鈐轄，代江海統忠順軍，駐棗陽。命史嵩之制置京湖，知襄陽府。時金主聞兵至，召羣臣議，令史楊居仁請乘其遠至擊之，平章白撒不從。蒙古主用西夏人恤可計，自白坡渡河，馳報拖雷以師會。夾谷撒合至封丘，軍還。蒙古兵奄至，麻斤出等皆死，丁壯得免者僅三百。紀未載。都尉烏凌阿呼圖一軍自潼關入援，至偃師，遁走登封二縣名，均屬河南府。少室山。在登封縣境，與太室山相埒，相去十七里，總名嵩山。壬辰，衞州節度使完顏薩尼雅布原作斜捻阿不棄城走汴。甲午，修京城樓櫓及守禦備。元兵薄鄭州，與白坡兵合，屯軍元帥馬伯堅以城降，〔攷異〕元史作馬伯奇，云，授令符，使守之。防禦使烏凌阿耀珠死之。乙未，元游騎至汴城。〔攷異〕續綱目云，蒙古主入鄭州，遣蘇布特等攻汴。金羣臣議所守，言高琪所築裏城決不可守，於是定計守外城。主命趙秉文爲赦文，情詞哀痛，聞者感勵，洛陽人至於痛哭。紀未載。丁酉，大雪。兩行省軍及元兵戰於鈞州之三峯山，敗績。方輿紀要云，鈞州即今禹州，屬開封府。三峯山在州西北三十里。〔攷異〕張翥題納新金臺集云，時金師三十五萬來拒，忽中夜大雪，戈戟、弓矢凍不能施，我師一鼓殲之。元史塔察兒傳，與金合達戰三峯山，敗之。明年壬辰三月，太宗班師，命偕速不台圍汴。按，合達、蒲阿二傳及元史睿宗圖類傳，三峯山之戰在壬辰正月，今敍於壬辰之前，作辛卯冬事。塔察兒傳誤。又，史天澤傳謂太宗三峯山戰勝後卽北還，留睿宗總兵圍汴。按，塔察兒傳，太宗圍汴，金主以訛可出質，太宗與睿宗還河北。睿宗傳亦云睿宗同北歸，未嘗留圍汴京也。天澤傳亦誤。哈達、陳和尚、楊沃衍〔攷異〕沃衍別名斡烈，傳在卷百二十三，左監軍，賜姓兀林答氏。卷七十六宗本傳太宗子鄂王亦名斡烈，另一人。走鈞州，城破皆死之。副樞布哈就執，尋亦死。武仙走密縣。自是軍不復振。〔攷異〕續綱目云：時哈達、布哈率兵十五萬援汴，蒙古兵三千尾之，且行且戰。至黃榆店，望鈞州二十五里，忽有旨召二帥赴京，兵方發，蒙古兵自北渡者畢集，以大樹塞道，楊沃衍奪路，得至三峯山。蒙古兵四面圍之，嗣開鈞州一路，縱之走，哈達、陳和尚等入鈞州。蒙古主在鄭州，聞圖壘與哈達相持，乃遣昆布哈、齊拉袞等赴之，至，則金軍已潰，乃合攻鈞州。哈達匿窟室中，城破發而殺之，陳和尚自詣軍前，不屈死。薛應旂通鑑云，武仙走密縣，楊沃衍、樊澤、張惠、高英力戰死。蒲阿走，被擒，至官山殺之。蒙古主所遣將爲口温不花、赤老温。哈達傳，名瞻，字景山。由推官權右監軍，討平平州亂，城破降元。居半歲，自拔歸，擢右都監。屢敗宋、夏兵，張行信稱爲良將。封芮國公，兵敗爲元殺。元將嘗曰：「汝家所恃惟黃河與哈達耳！今哈達爲我殺，黃河爲我有，不降何待？」布哈本契丹人，兵敗亦死。大金國志云，蒲瓦兵敗，出降，係誤。元史郭德海傳，哈達、布哈走匿浮圖上，德海命掘浮圖基，出其柱焚之。太宗紀，丁酉，獲布哈；戊戌，獲哈達。是布哈之擒在哈達先，又異。移剌蒲阿傳，三峯山之戰，元兵開鈞州路，縱金兵走，而以生軍夾擊之，楊沃衍、樊澤皆戰死於路。沃衍傳則謂沃衍已入鈞州，元使人招之不從，自縊死。二傳所載不符。己亥，徐州行省慶善努引兵赴援，入睢州，謀走歸德，至陽驛店，遇敵，徐帥完顏烏里原作兀里，一名鄂倫。力戰死。慶善努被擒，使招京城，不從。睢州刺史張文壽棄城從慶善努，皆死之，遂下睢州。（按，據金史卷一七哀宗紀慶山奴（即善努）謀走歸德至「下睢州」爲二月事）義勝軍校侯進、杜正、張興率所部北降。潼關守將李平以關降元。許州軍變，殺元帥瓜爾佳實倫、〔攷異〕劉祁歸潛志，一作卜倫。鈕祜祿仝周、蘇椿，以城降元。〔攷異〕實倫傳，隆安人，剛悍自用。歷節度行帥事，以罪免，起昌武節度，代仝周。至是，内族安春等開門降，實倫投廨後井中，仝周自縊，蘇椿被殺。所載較詳。

二月甲寅，元兵徇臨涣，縣令張若愚死之。戊午，次盧氏，關陝行省總帥兩軍，及秦藍帥府軍棄潼關而東，與之遇，值大雪，未戰而潰。行省圖克坦烏登、原作兀典，亦作吾典，傳在卷百十六。〔攷異〕汪輝祖金史同名録云，卷十五宣宗興定三年故行軍副提控，姓夾谷氏；卷百十八苗道潤傳興定元年潞州提控，姓烏林答氏；卷百二十八石抹元傳貞祐初近臣，姓黄摑氏，四人同名吾典。又卷十八哀宗紀天興二年息州行省，參政抹撚兀典，另一人。總帥納哈塔和碩原作納合合閏。〔攷異〕續綱目「合閏」作「合音」，通鑑輯覽作「赫伸」。敗死。完顏重喜〔攷異〕卷七十四文傳家奴重喜，另一人。降，斬於馬前。都尉鄭倜殺都尉苗英亦降，經歷商衡死之。〔攷異〕續綱目云，時主召烏登援汴，與合音、重喜帥軍十一萬，騎五千，盡撤秦、藍諸關之備，從虢入陝。軍糧數十萬斛，船二百餘艘，皆順流東下。聞敵至，盡棄之。復盡起州民運靈寶、硤石倉粟，會游騎至，殺掠不可勝計。至鐵嶺，降元，被殺。烏登、合音走山谷，被擒，亦死。圖克坦百家時在陝，招納潰軍，兵勢稍振，敗於鄭西。至京，言烏登等鐵嶺敗狀，籍三人家資，暴其罪。方輿紀要云，靈寶，縣名。屬陝州。硤石城，在陝州東南三十里。鐵嶺在盧氏縣北四十里。元遺山岐陽詩三首云：「突騎連營(馬)〔鳥〕(據金詩選卷四改)不飛，北風浩浩發陰機。三秦形勝無今古，千里傳聞果是非。偃蹇鯨(鯢)〔鯢〕(同上)人海闊，分明蚍犬鐵山圍。窮途老阮無奇策，空望岐陽淚滿衣。」「百二關河草不横，十年戎馬暗秦京。岐陽西望無來信，隴水東流聞哭聲。野蔓有情縈戰骨，殘陽何意照(孤)〔空〕(同上)城？從誰細向蒼蒼問，爭遣蚩尤作五兵。」「眈眈（如）〔九〕（同上）虎護秦關，懦楚孱齊机上看。禹貢土田推陸海，漢家封檄盡天山。北風獵獵悲笳發，渭水蕭蕭戰骨寒。三十六峯長劍在，倚天仙掌惜空閑。」時金守將李平以關降元，遂長驅入陝，詩蓋作於此時也。顧奎光金詩選載李長源避亂陳倉南山，回望三峯，追懷淮陰侯詩云：「憑高四顧戰塵昏，鶉野山川自吐吞。渭水波濤喧隴阪，散關形勢扼興元。旌旗日落黄雲戍，弓劍霜寒白草原。一飯悠悠從漂母，誰憐國士未酬恩？」

乙丑，元兵攻歸德。〔攷異〕薛應旂通鑑云，石盞女魯歡命冀禹錫守禦，竭其材智，得不陷。史作實嘉紐勒罕，通鑑輯覽作什嘉紐勒緷。庚午，起復薩布爲左丞相。〔攷異〕沈炳震廿一史四譜云，哀宗朝丞相祇賽不，而平章則胥鼎、合達、侯摯、完顔合撒，左右丞則張行信、赤盞尉忻、師安石、李蹊、顔盞世魯、完顔忽斜虎，均見本紀。劉祁歸潛志云，二月，陳州陷，元帥粘割奴申死之。紀未載。括京民軍二十萬分隸諸帥。

三月丁亥，元兵攻中京，留守薩哈連原作撒合輦。投水死。〔攷異〕薛應旂通鑑云，蒙古立砲攻洛陽，城中唯三峯潰卒三四千及忠孝軍百餘守禦，撒合輦疽發背，不能軍，投濠水死。元帥任守貞攝府事。及援汴，衆推强伸爲僉事，赤身搏戰，號「憨子軍」。用銅鞭發箭，又創遏砲，能發大石於百步外，所擊無不中。攻三月，不能拔，乃退。紀未載。續綱目强伸作「齊克伸」，「伸」亦作「紳」。甲午，命平章博索宿上清宫，樞副喀齊喀宿大佛寺，以備緩急。〔攷異〕劉祁歸潛志云，時，帝在宫中常聚后妃涕泣，欲自縊，爲宫人救免。將墜樓，亦爲左右救。白撒與赤盞合喜用事，姦佞無遠畧，士庶皆惡之。帝信任不去，識者知其誤國矣。喀齊喀傳，先以守鳳翔自誇，至是守西北隅，受攻最急，語言失措，面無人色。軍士特以車駕數出慰勞，人自激昂，爭爲效命耳。紀均未載。元遣使自鄭州來諭降，出國書，索學士趙秉文、衍聖公孔元措等二十七家及歸順人家屬，布哈妻子、繡女、弓匠、鷹人又數十人。庚子，封荆王守純子額爾克原作訛可。爲曹王，〔攷異〕續通考云，訛可初封蕭國公。又，守純次子戴王史失其名，三子孛德封翟王。天興初，守純第産肉芝一株，高五寸許，紅鮮可愛。既而，枝葉津流，濡成血，臭不可聞，剗而復生者再。又，第中每夜房間狐鳴，秉燭逐之則失所在。汪輝祖金史同名録云，卷十章宗明昌六年右拾遺、卷十六宣宗元光元年定國節度死節、卷百十一内族一戰死一杖死、卷百十四白華傳内族首領官，六人同名訛可。命左丞李蹊送元營爲質，後與其子全俱還。〔攷異〕劉祁歸潛志，李蹊外，尚有翰林學士張本，紀未載。元好問中州集，本字敏之，觀津人。貞祐二年進士，工大篆及八分，詩有古意。正大九年，從曹王出質，客居燕京長春宮將十年，後遊濟南，病卒。密國公璹以曹王幼，請代，不許。遣諫議大夫費摩阿古岱、原作裴滿阿虎帶太府監國世榮爲講和使。〔攷異〕劉祁歸潛志，爲副者尚有吏部侍郎劉仲周。權參政楊慥分軍防守四城。元兵攻城，帝出撫慰軍士，千户劉壽語不遜，釋勿問。親傅戰傷者藥，出内府金帛、器皿賞戰士。

夏四月癸丑，元帥劉益叱其子戰死。丁巳，遣户部侍郎楊〔居〕仁（據金史卷一七哀宗紀補）奉金帛請和，見允，以珍異往謝。〔攷異〕薛應旂通鑑云，時蒙古主北還，遣使諭降。金使訛可爲質請和，速不臺曰：「我奉命攻城，不知其他也！」乃立攻具，沿壕列木柵，驅老幼填壕。平章白撒，以議和不敢戰。主從六七騎出端門，時新雨泥濘，至舟橋，都人遮擁，至有悞觸御衣者。進笠，不受，曰：「軍中暴露，安用此？」爲曹王行，敵併兵進攻，擊以火砲，樓櫓皆以牛皮爲障，隨即延爇。相傳周世宗築京城用虎牢土，堅密如鐵，受砲惟凹而已。所載較詳。癸亥，明惠后陵被發，失柩所在，尋獲而葬之。甲子，御端門，肆赦改元。〔攷異〕劉祁歸潛志云，四月八日始輟攻，下詔改元。衆謂攻三日不解，城將隳。俄見元兵焚砲車，衆皆賀。已而不退，四面駐軍環之，由是知禍未艾也。士庶縱酒肉，歌呼，無久生心。所載畧異。薛應旂通鑑云，時參政合喜以守城爲己功，欲率百官入賀，參政思烈曰：「城下之盟，春秋所恥，況以罷攻爲可賀耶？」合喜怒曰：「社稷不亡，君臣免難，汝等不以爲喜耶？」乃命趙秉文爲表。秉文曰：「春秋，新宮災，三日哭。今園陵如是，酌之以禮，當慰不當賀。」事乃已。詔官民能復州郡者賞。出金帛犒軍。減御膳、罷冗官、放宮女，上書不得稱聖，改聖旨爲制旨。汴京解嚴，步軍始出封邱門采薪蔬。〔攷異〕元史石抹阿辛傳，阿辛將黑軍長驅擣汴州，入自仁和門，收圖籍，振旅而歸。按，金史，汴京之圍，哀宗以訛可爲質，蒙古主卽還，使碎不䚟等圍守，未嘗攻破汴城。塔察爾與金人戰南薰門，亦未嘗破門而入。迨哀宗出走，崔立叛降，元兵始入城。其先亦無攻破城門之事，阿辛傳誤。見趙翼箚記。丙寅，以尚書省兼樞密院事。國制，樞院雖主兵，而節制在尚書省。兵興以來，茲制漸改，凡軍事，省官不得預，院官獨任專見，往往敗事。言者多謂將相權不當分，至是始併之。〔攷異〕趙翼箚記云，金初，爲相者多兼元帥，如宗翰爲固倫貝勒兼都元帥、領三省事；宗弼入朝，爲太師，領三省事，都元帥如故，可見兵事皆宰相參決也。明昌以後，蒙古勃興，北部騷動，惟恐漏洩、傳播，祇令樞密主之，宰相遂不得預。陳規疏請戰守大計，須省院得議，楊雲翼亦奏軍旅大事，宰相不得與聞，欲使利病不蔽得乎？皆不聽。至是始復舊制，而國亡矣。己巳，建威都尉完顏鄂倫原作兀論同元使摩多原作没忒入城，見於隆德殿。

夏五月辛巳，遷民告出城者以萬數，薩布、博索不聽。乙酉，以南陽王子思烈（按，據道光版殿本金史卷一七哀宗紀，「思烈」當作「色哷」）原作色哷（按，當作「思烈」，同上）行省鄧州，召援兵。詔博索致仕。放京城四面軍，李辛不奉詔。戊子，裕州將賀德希原作都喜率西軍二千人援，放遷民出城。辛卯，大寒如冬，城中大疫，凡五十日，諸門出死者九十餘萬人，貧不能葬者不在是數。尋復修汴城，塞四門，以便守禦。以疫後，園户、僧道、醫師、鬻棺者擅厚利，命倍征以助國用。楊春入據亳州，判官劉均死之。

六月，豐紳原作封仙據徐州，圖克坦益都〔攷異〕宣宗紀興定四年行軍提控，後爲秦州節度完顔益都，另一人。走宿州，推張興行省事。國安用入徐州，殺張興，推豐紳主州事。〔攷異〕薛應旂通鑑，作亂者尚有總領王祐，爲國安用殺。紀未載。宿州將高拉格、原作臘哥李宣殺節度使赫舍哩阿古原作阿虎。〔攷異〕宣宗紀貞祐三年户部郎中，後官宣徽使，見合達傳，另一人。父子，奉伊都爲帥，不從，走穀熟，縣名，屬歸德府。遇元兵死之。

秋七月甲申，飛虎軍士申福、蔡元擅殺元使唐慶等三十餘人於館，詔貰其罪，和議遂絶。〔攷異〕劉祁歸潛志云，七月，慶等來邀帝往議，帝託疾卧御榻，慶等無禮，語不遜。飛虎軍數輩憤，夜持兵入館殺慶等，館伴奥屯按出虎及晝二人亦死。趙翼劄記云，元史太宗命慶往諭金主，黜帝號稱臣，主不聽，慶以語侵之。金君臣遂謀害慶，夜半，令人入館殺之。則慶之死，爲金主使矣。然是時，哀宗方納質求和，豈敢殺使招釁？此蓋元人藉口以爲兵端也。乙未，宿州帥重嘉努原作重僧奴稱國安用降，遣因世英等封爲兗王，行省京東，賜姓完顔，改名用安。〔攷異〕續綱目云，安用既得徐州，金宿州帥劉安國、邳州帥杜政皆以城降，安用遂據三州。蒙古帥額蘇掄怒，遣將張進率兵入徐，圖安用。安用懼，遂與徐州帥王德全刼殺張進及海州帥田福等數百人，與楊妙真絶，乃仝安國、德全因重僧努降金。楊妙真屠其家屬，走青州。金主遣因世英封拜安用，令主事常謹表謝，後復與安國、德全有隙。所載較詳。丙午，參政思烈、恒山公武仙、鞏昌帥呼沙呼原作忽斜虎，字仲德。〔攷異〕哀宗紀又於八月書前儀封令魏璠上言，鞏昌帥完顏仲德沈毅有遠謀，請奉命往召，不報。按，前稱其名，後乃稱其字，致誤分爲二人，今不取。率兵自汝州入援，命樞密使喀齊喀將兵萬五千應之。

八月己酉朔，進屯中牟故城。辛亥，思烈遇元兵於京水，在滎陽縣境，源出嵩渚山，至鄭州入鄭川。遂潰，走御寨。時思烈不用武仙策，謂仙本無入援意，左司員外郎王渥諫，幾被殺。兵果敗，渥没於陣。〔攷異〕續綱目云，初，三峯山之敗，仙收潰軍十萬屯留山。汴被圍，詔與色呼等入援。仙至密縣東，遇蒙古兵，即按軍眉山店，報色呼曰：「阻澗結營，待仙至俱進」，不聽。至京水，軍潰。渥太原人，令寗陵，有治績，得內擢。元好問中州集，字仲澤，興定二年進士。歷樞密院經歷官，權右司郎中。中牟失利，不知所終。博通經史，工書法，詩其專門〔之〕（文義不明，據中州集己集王渥小傳補）學。嘗被檄再至楊州制司，宋人愛其才，有中州豪士之目。顧奎光金詩選，載其游藍田詩。武仙退保留山，左監軍任守貞死之。喀齊喀奔還，免爲庶人，籍其家賜軍士。本傳，元兵退，喀齊喀引爲己功，由是軍國事盡決其手。初，汴京被圍，司諫陳岢上封事切直，呼其名爲「陳山可」，怒叱之，皆竊笑。及被廢，居汴，鞅鞅不樂。後爲崔立所殺。降監軍長樂官。戊午，括民間粟，尋罷。復以進獻取之。及賞官并買進士第。〔攷異〕續通考云，金末括粟，攔糴一切，掊克之政靡不爲之加賦數倍，豫借數年。或欲得鈔，則豫賣下年差科。高琪爲相，議至榷油，進納濫官則受空名宣勅，或與五品正官。僧道入粟，始自度牒，終至德號，剛副威儀，寺觀主席亦鬻之。甚而丁憂求仕，監户從良，進士出身，鬻至及第。叛臣、劇盜之降無不激賞，加以王爵賜以國姓。名實混淆，國欲不亡得乎？其弊在鄙遼樸儉，襲宋繁縟之文，懲宋寬和，加遼操切之政故也。所載較詳。戊辰，起復侯摯平章，行省京(都)〔東〕路(據金史卷一七哀宗紀改)。帥兵至封丘，潰還。甲戌，金木星交。

九月辛丑，夜大雷，工部尚書富聶遜震死。原作蒲乃速。一作范乃速，誤，今改正。〔攷異〕卷百十四石抹世勣傳宣宗時槙州參政，另一人。哀宗紀，七月乙巳，金木火太陰會於軫翼，司天武亢極言天變，上惟嘆息，不之罪。閏九月己酉，彗星見東方，色白，長至四丈餘，凡四十八日滅。司天奏其咎在北，帝曰：「我亦北人，今日之事我當滅也，何乃不先不後適丁此乎？」見(五行)〔天文〕志。續通考云，八月，有箭射入宫中，書姦臣姓名，兩日再得之。哀宗紀載於閏九月己未，稍異。

閏月辛酉，再括京城粟，以御史大夫哈昭、點檢圖克坦伯嘉主之。總領完顔玖珠以粟有蓬稗，杖殺孝婦於省門。〔攷異〕薛應旂通鑑云，合周覬復用，建言京城括粟，尚可得百萬石，命爲參政，與右丞李蹊主其事。令各家自實，壯者存石有三斗，幼者半，書其數門首，匿者以升斗論罪。久住尤酷暴，杖殺寡婦，聞者盡棄其餘於糞溷中，所括不能三萬斛，滿城蕭然，死者相枕。劉祁歸潛志云，主之者裴滿阿虎帶。蹊官左丞，掌財賦，南京被圍，坐糧餉不繼，免。以侍郎張師魯代，未言括粟事。又云，十月下令括糧，自親王宰相下，皆留三月糧，人三斗，餘入官，匿者死，雖后妃家不免，被罪者多。蒲察定住尤暴，杖殺無辜數人。按，哈昭一名永錫，性好作詩，詞語鄙俚，人皆戲笑。自草括粟榜文，有「雀無翅兒不飛，蛇無頭兒不行」等語，書「而」作「兒」，掾吏知之，不敢易也。京城因目爲「雀兒參政」。所載較詳。

冬十一月壬子，京城人相食，詔曹門、宋門放士民出就食。時左司郎中錫默愛實以言事忤近侍，送有司，尋釋之。〔攷異〕續綱目云，時京城人相食，主出太倉粟食餓者，愛實嘆曰：「與其食之，何如勿奪？」爲奉御把奴告，送有司，賴近侍李大節救免。本傳，字正之，策論進士。官學士，上言罷括粟，則改虐政爲仁政，散怨氣爲和氣，不報。又上書，歷數時相非材多，坐罷。諫近侍權太重，近侍泣訴送有司，李大節救免。改中京留守，不知所終。通鑑輯覽作瑪喇愛錫，所載各異。大節後仕元，官補闕，謚貞肅。

王德全不納。會劉安國與重僧努入援，至臨渙，用安劫殺之。壬戌，兗王用安率兵至徐州，元帥使因世英還，至宿州，遇元兵死之。〔攷異〕安用傳，淄州人，名耀（甫）〔爾〕（據道光版殿本金史卷一一七國用安傳改），一作咬（住）〔兒〕（據金史卷一一七國用安傳改）。本紅襖賊黨，歸元爲元帥，歸金拜平章。上遷蔡，疏陳「六不可」，因乏糧，復歸宋，爲總管。與元兵戰，敗走徐州，投水死。怨家田福一軍臠食其肉立盡。世英贈汝州防禦使。宋史理宗紀，贈安用順昌節度。子國興授承節郎。薛應旂通鑑云，十月，金盱眙守將以城歸宋，改爲昭信軍。金以汪世顯爲鞏昌總帥。初，世顯以戰功爲征行從宜，分治陝西西路。時調度窘迫，世顯發家貲率豪右助邊，鄰郡效之，軍餉遂足。主以忽斜虎爲總帥，世顯同知府事，二人盡忠抗蒙古。及忽斜虎勤王，以世顯代之。紀未載。丙寅，河、解元帥趙偉據陝州叛，殺行省阿布哈努色爾原作阿不罕奴十剌等二十一人，誣以反狀聞。帝知其冤，不能直，授偉（右）〔左〕（據金史卷一八哀宗紀改）監軍行帥事。尋歸元。時偉屯金雞堡，因糧匱，恨左右司員外郎李獻能，斬之，遂作亂。殺行省，而獻能被害尤酷。字欽叔，貞祐間進士。絳州録事張升赴水死。〔攷異〕元好問中州集，時安邑劉祖謙字光甫，承安五年進士。歷州縣有政聲，拜御史，以鯁直稱，終翰林修撰。一時名士如雷御史淵、李内翰獻能、王右司渥，皆游其門。獻能，河中人，以省元賜第，廷試第一人。在翰苑十年，文章行業過人處甚多，事母尤純孝。集中有贈王飛伯雜言及送其歸陽翟諸詩尤工。飛伯名鬱，大興人。爲文閎肆奇古，詩歌俊逸。汴被圍，上書言事，不報。圍解，突出，爲兵士害。詳卷三十四。國史均有傳。

十二月甲申，詔議親出，遂除拜扈從及留守官。庚子，發南京。

金史紀事本末卷四十七

宋元克蔡

哀宗天興元年（壬辰一二三二）冬十二月丙子朔，帝以事勢危急，遣近侍郎白華問計，對以紀季以酅入齊之義，請車駕出就外兵，留荆王監國。於是親巡計決，遂拜右司郎中。〔攷異〕薛應旂通鑑云，主召羣臣議，或言歸德四面皆水，可自保。或言宜沿西山入鄧。或言速不臺在汝州，不如取陳、蔡路往鄧。遣問白華，謂「宜直赴汝州決戰，外可激三軍之氣，內可慰都人之心。若祇圖遷避，民戀家業，未必毅然從行，可詳審之。」時丞相薩布主鄧議，哈薩喇、烏達布、珠爾、高顯、王義深均主歸德議，帝不能決。所載稍異。甲申，詔議親出。再議於大慶殿。帝欲以官努、一作固納高顯、劉益〔攷異〕劉祁歸潛志「益」作「奕」爲元帥，不果。是日，以右丞相薩布原作賽不兼左副元帥，平章博索原作白撒兼右副元帥。及參政恩楚，原作訛出。〔攷異〕劉祁歸潛志作斡出。汪輝祖金史同名録云，卷七十三宗雄傳其孫；世宗子潞王永德本名；卷九十八完顏匡傳世宗時入殿小底；卷一百四寓傳本名、安化節度，五人同名訛出。左丞〔攷異〕薛應旂通鑑作左丞相。李蹊，左監軍圖克坦伯嘉原作百家等，〔攷異〕劉祁歸潛志，尚有近侍局副使李大節，左右司郎中進德、張衮。率軍扈從。命參政完顏納新原作奴申。〔攷異〕國語解作「訥蘇克」，通鑑輯覽作「納蘇肯」。等留守汴京。丁亥，御端門，發府庫及兩府器皿、宮人衣服賜軍士。〔攷異〕薛應旂通鑑云，初議親出，諸將佐合辭奏曰：「聖主不可親出，祇可命將。」至是，民間興傳車駕往歸德，軍士家屬留汴。目今食盡，坐視城中，均饑死矣。縱能至歸德，軍馬所費支吾，復得幾許日？」主命賽不宣言曰：「前日巡狩之議爲白華改，今往汝州索戰矣。」所載較詳。遂發南京，與太后、皇后、諸妃別，大慟。行次公主苑，太后持米肉徧犒軍士。辛丑，詔諭戍兵曰：「社稷宗廟在此，汝等軍士勿以不預進發便謂無功，若保守無虞，將來軍賞豈在戰士下？」聞者灑泣。是日，鞏昌元帥呼沙呼原作忽斜虎至自金昌，爲帝言京西三百里間無井竈，不可往，東行之議遂決，授右丞。癸卯，次黃城。丞相薩布子安春有罪，伏誅。甲辰，次黃陵岡。在儀封縣東北五十里，接山東曹縣界。史作黃龍岡。乙巳，諸將請幸河朔，從之。〔攷異〕續綱目云，十一月，蒙古再遣王檝來議夾攻，史嵩之以聞。朝臣皆謂可遂復仇之舉，獨趙范不喜曰：「宣和海上之盟，厥初甚堅，迄以取禍，不可不鑒。」帝不從。命嵩之報使許之，遂遣鄒伸之往許，俟成功，以河南地來歸。元遺山有車駕東狩後即事詩五首云：「翠被悤悤見執鞭，戴盆鬱鬱夢瞻天。祇知河朔歸銅馬，又見臺城墮紙鳶。血肉正應皇極數，衣冠不及廣明年。何時真得攜家去，萬里秋風一釣船。」「慘淡龍蛇日鬬爭，干戈直欲盡生靈。高原水出山河改，戰地風來草木腥。精衞有冤填瀚海，包胥無淚哭秦庭。并州豪傑今誰在？莫擬分軍下井陘。」「鬱鬱圍城度兩年，愁腸饑火日相煎。焦頭無客知移突，曳足何人與共船？白骨又多兵死鬼，青山元有地行仙。西南三月音書絶，落日孤雲望眼穿。」「萬里荆襄入戰塵，汴州門外即荆榛。蛟龍豈是池中物？蟣虱空悲地上臣。喬木他年懷故國，野煙何處望行人？秋風不用吹華髮，滄海橫流要此身。」「五雲宮闕露盤秋，銀漢無聲桂樹稠。復道漸看連上苑，戈船仍擬下揚州。曲中青冢傳新怨，夢裏華胥失舊游。去去江南庾開府，鳳凰樓畔莫回頭。」

二年（癸巳一二三三）春正月丙午朔，帝濟河，北風大作，後軍不克濟。丁未，元兵追擊於南岸，元帥完顏珠爾、原作猪兒賀德希原作都喜死之。帝於北岸爲之震懼，爲珠爾等設祭，贈官，録用其子孫。建威都尉完顏額埒春降，斬其二弟以徇。議取衛州，今衛輝府元帥官努將忠孝軍千人，東面元帥高顯、果毅都尉鈕祜禄耀珠領軍萬人爲前鋒，至蒲城。在汾西縣西南二里。〔攷異〕博索傳，時前鋒軍尚有范承進、王義深、張開、劉益，皆總帥伯嘉總之。各齎十日糧，聽博索節制。紀未載。庚戌，至漚麻岡，命博索引兵攻衛州，不克。聞元兵至，遂退師，戰於白公廟，在衛州城東。敗績，棄軍東遁，元帥劉益、上黨公張開亦遁，皆爲民家所殺。益部曲王全降元。按，元遺山有衛州感事詩云：「神龍失水困蜉蝣，一舸倉皇入宋州。紫氣已沈牛斗夜，白雲空望帝鄉秋。劫前寶地三千界，夢裏瓊枝十二樓。欲就長河問遺事，悠悠東注不還流。」「白塔亭亭古佛祠，往年曾此走京師。不（如）〔知〕（據金詩選卷四改）江令還家日，何似湘纍去國時？離合興亡遽如此，棲遲寥落竟（何）〔安〕（同上）之？太行千里青如染，落日闌干有所思」。戊午，帝進次蒲城，復還魏樓村，遂走歸德。辛酉，司農卿富察世達、元帥完顏呼圖原作胡土，亦作忽土，見石盞女魯歡傳。〔攷異〕汪輝祖金史同名録云，卷十章宗明昌六年左司郎中，姓粘葛氏；卷十五宣宗興定元年叛人；卷六十八歡都傳世祖時人；卷百十一正大九年權參政，姓烏林答氏，五人同名胡土。出歸德西門奉迎，乃駐蹕焉。〔攷異〕續通考云，哀宗奔歸德，時患砲少，或以泥及磚爲之。議者恐爲敵所輕，不復用。父老言北門有菜圃，中多石炮，是張進所置。掘之，得五千有奇，上有刻字，或大吉字，甚喜，用之。時官努嘗以火槍破敵，其制以赭黃紙十六重爲筒，長二尺，諸實以柳灰、鐵汁、磁末、硫磺、砒硝之屬，以繩繫鎗端，軍士各懸小鐵罐藏火，臨陣燒之，焰出鎗前丈餘，藥盡而筒不盡。元兵不能支，大潰。紀未載。元全愚蔣正子山房隨筆云，金南遷，國弱不支。又遷睢陽，某后不肯播遷，寧死於汴。元遺山詩曰：「桃李深宮二十年，更將顏色向誰憐？人生衹合梁園死，金水河邊好墓田。」遣奉御珠嘉塔克實布、后弟圖克坦肆喜往汴京迎兩宮。〔攷異〕宏簡録云，帝遣后弟四喜與內臣馬福惠、近侍朮甲荅失不往迎徒單后及王太后。至，則并柔妃裴滿氏、令人張秀蘂等十餘人及宮中寶物以出。至陳留，見城外火起，仍還宮。四喜與妻完顏氏及塔失不、咬住得歸，帝怒，殺之。哀帝紀謂實布以其父耀珠，肆喜以其妻出，帝怒，斬二人於市。劉祁歸潛志云，肆喜獨携其族去。所載各異。續通考云，徒單后值宣宗及后有疾，嘗刲膚以進，宣宗聞而嘉之。正大三年立爲后，遷歸德，時遣使奉迎，不果出。城破，北遷，不知所終。父頑僧，官鎮南節度。卷十四宣宗紀貞祐四年同知廣寧府頑僧，另一人。壬戌，博索伏誅。薩布致仕，命右丞呼沙呼行省徐州。遣富察世（傑）〔達〕（據金史卷一八哀宗紀改）等如陳、蔡取糧，以元帥李琦、王璧護之。戊辰，崔立叛，據汴京降元。

二月丙子朔，魚山縣名，屬汝州。張瓛殺元帥完顏呼圖。行省呼沙呼往討，會從宜嚴祿誅瓛，乃還。〔攷異〕仲德傳作二月辛卯夜，張瓛作亂。乃二月十六日也。所載各異。嚴祿尋叛歸漣水。

三月，蔡帥烏庫哩鎬以糧四百餘斛至歸德，表請臨幸。遣學士烏庫哩布希以幸蔡之意諭州人。戊辰，官努叛。

夏四月壬午，徐州行省呼沙呼誅王德全并其子，及黨王琳、楊璝、錫默延壽，召經歷商瑪用之。甲辰，鄧州節度使伊喇瑗以其城叛，與白華均亡入宋。〔攷異〕薛應旂通鑑云，金唐鄧行省武仙，與唐守武天錫、鄧守伊喇瑗謀迎主入蜀，犯光化，孟珙擊天錫，斬之，俘四百餘人。又敗金人於呂堰，俘獲無算，遂攻順陽，武仙敗走馬蹬山。縣令李英及申州安撫張林均以城降，瑗懼，亦納欵。白華傳，字文擧，(澳)〔隩〕州(據金史卷一一四白華傳改)人。由進士官翰林、樞密院判，屢言軍事，見信用。命召伊喇瑗入援，至鄧州，事久不濟，會瑗以鄧入宋，華亦從至襄陽，宋授均州提督。因范用吉叛宋北歸，時議譏之。用吉卽富珠哩玖珠。初，歸宋，謁制置趙范，故更姓名范用吉。趙喜，擢置左右，復易姓花。使爲太尉，改鎮均州，尋歸元，爲家人誣以叛，同列害之。

六月己卯，官努伏誅。帝御雙門，赦忠孝軍，以安反側。遂決計遷蔡，詔蔡、息、陳、潁各以兵來迓。壬午，中京陷，留守呼圖奔蔡，總帥强伸死之。戊子，召徐州行省呼沙呼還，以穆延烏登原作抹撚兀典行省事，郭恩爲總帥副之。辛卯，帝發歸德，留元帥王璧守禦。壬辰，次亳州。癸巳，命節度使王進、王賓徵民兵運鐵甲、糗糧，鎮防軍崔富格原作復哥殺王賓等，張天綱以便宜授富格節度使。罷其役，州人乃安。〔攷異〕續通考云，時發自歸德，連日大雨，平地水數尺，軍士漂没。及蔡始晴，復大旱四月，識者以爲不祥。續綱目云，時久雨，朝士扈從者徒行泥水中，掇青棗爲糧，足脛盡腫。至亳州，黄衣皁蓋，從者二三百人，馬五十匹而已。城中父老拜伏道左，諭以祖宗恩德，皆泣下。留一日，進次亳南，避雨雙溝寺。蒿艾滿目，主嘆曰：「生靈盡矣。」爲之大慟。紀未載。己亥，入蔡州，召徐州行省穆延烏登還，起右丞相薩布代之。〔攷異〕續綱目云，主入蔡，儀衛蕭條，父老羅拜歔泣，主亦欷歔。以右丞呼沙呼總領省院事。時臨淄郡王王義深據靈壁望口寨以叛，遣鈕祜祿緼綽將徐、宿兵討之，義深敗走漣水，入宋。

秋七月癸卯朔，曲赦蔡州管内罪犯。弛門禁，通衆貨，蔡人便之。〔攷異〕大金國志，制曰：「天方悔禍，少寬北顧之憂。人亦告勞，爰啟南巡之議。惟今蔡郡，實古豫州。干戈以來，市井如故。介孤墉而抗敵，出衆力之輸勤。及聞臨幸之初，愈謹奉迎之禮。嗚呼，奉畜爾衆，敢辭亳邑之遷，時邁其邦，尚獲國家之助。咨爾有衆，體予至懷。」史未載。乙巳，以烏庫哩鎬爲御史大夫兼總帥。時從官近侍皆窮乏，悉取給於鎬，鎬不能人滿其欲，日夕交譖，甚以尚食闕供爲言。帝怒，稍疏。鎬憂鬱，常稱疾在告。〔攷異〕本名囒老，原作栲栳。蔡州城破，執之以招息州。不下，被害。見本傳。續綱目及宋史孟珙傳均作降，稍異。以張天綱爲御史中丞、權參政。完顏藥師爲鎮南節度兼蔡州觀察使。烏庫哩布希權右都監，行帥事。羅索簽樞院事。〔攷異〕本姓富珠哩，又作孛朮魯。時總帥爲中羅索，元帥小羅索。外有長羅索，前官鷹揚都尉，與元兵戰死於白鹿原。三人者皆内族，名同，以長幼別之。見本傳。通鑑輯覽謂此爲小洛索，稍異。丁巳，護衛布希舒嚕原作蒲鮮(至)〔石〕魯(據金史卷一八哀宗紀改)負祖宗御容至自汴，奉安乾元寺。前御史(大夫)〔中丞〕(同上)富察世達、元帥博斯呼至自汴，以世達爲吏部侍郎，權行六部尚書。

八月癸酉朔，以秦州元帥鈕祜祿烏展原作完展行省陝西，諭取宋興元。〔攷異〕郭哈瑪傳，「天興三年正月，烏展聞蔡已破，欲城守以待嗣立者。假稱有旨宣諭，以安衆心。綏德州帥汪世顯嫉之，力攻鞏昌，破之，刼殺烏展送款於元。所載甚詳。元王檝使宋還，宋遣軍護行。帝聞之懼。〔攷異〕趙翼劄記云，時金軍不復南侵，宋人亦思繼好。正大八年，行省忽以箚付下襄陽制置司，約同禦北兵，且索軍餉。箚付者上行下之檄也。於是宋制置使陳該遂怒，辱使者，而和好復絶。癸未，元帥楚琎復立壽州於蒙城，遷賞有差。乙酉，元召宋師攻唐州，右監軍烏庫哩和歡原作黑漢戰死，主帥富察某爲部曲所食。城破，宋求食人者，盡戮之，餘無所犯。駐兵息州南，詔權參政穆延烏登、簽樞羅索行省院於息州。以兵襲宋人於中渡店，斬獲甚衆。〔攷異〕續綱目云：蒙古塔齊爾使王檝至襄陽，約攻蔡州。史嵩之先以兵會伐唐州，金將黑漢戰死，城遂降。駐軍息州南，降者日衆。息州刺史烏庫哩呼嚕懽，請益兵，主遣烏登及中羅索帥忠孝軍五百往，諭之曰：「北兵，我實難敵。至宋人，何足道哉？朕得甲士三千，縱橫江淮間，破之必矣。」尋以呼嚕畏縮，命瓜爾佳玖珠代之。烏登後聞國亡，發喪，謚主曰昭宗，舉城南遷。元追及於羅山，自萬户下七百人皆被殺。薛應旂通鑑呼嚕作忽魯、塔齊爾作塔察兒、玖珠作九住，餘同。（九月癸卯朔）〔是月〕（據金史卷一八哀宗紀改）假内族阿古岱原作阿虎帶。〔攷異〕續綱目作阿固岱。同簽大睦親府，使宋借糧。諭曰：「宋人負朕深矣，朕自卽位，戒飭邊將無犯南界。邊臣生事，均責之。得宋一州，隨卽付與。近淮陰來歸，彼多以金帛爲贖，朕若受財，是貨之也。付之全城，秋毫無犯。清口臨陣，生獲數千，悉卽資遣。今乘我疲敝，據我壽州，誘我鄧州，又攻唐州，彼爲謀亦淺矣。元滅國四十以及西夏，夏亡及我，我亡必及於宋。脣亡齒寒，自然之理。若與連和，爲我亦爲彼也。卿其以此曉之。」至宋，宋不許。

〔九月〕（據金史卷一八哀宗紀補）戊申，魯山元帥元志入援，升爲總帥。庚戌，以重九拜天於節度使廳，諭羣臣曰：「國家自開創，涵養汝等百有餘年，或以先世立功，或以勞効起家，被堅執銳，積有年矣。今當厄運，與朕同患，可謂忠矣。比聞北兵將至，正汝等立功報國之秋。縱死王事，不失爲忠孝鬼。往者常慮不爲朝廷知，今日臨敵，朕親見矣。汝等勉之。」因賜卮酒。酒未竟，邏騎馳奏「敵兵數百突至」，將士踴躍請戰，許之。是日，分軍防守四面及子城。以總帥羅索守東面，承麟副之。參政鎬守南面，元志副之。點檢烏凌阿呼圖守西面，元帥蔡巴爾原作八兒副之。副點檢王善爾原作山兒，官忠孝軍元帥。〔攷異〕宣宗紀興定四年總領提控蒲察山兒，另一人。守北面，元帥赫舍哩柏壽副之。行帥府鈕祜祿温綽守東南，左都監瓜爾佳當格原作當哥副之。右衞將軍色呼默守子城，都尉王愛實副之。辛亥，元兵築高壘，圍蔡城。命括城中粟，禁公私釀酒。〔攷異〕薛應旂通鑑云，衆既出，蒙古兵奔潰。塔察兒以數百騎復駐城東，金主遣兵接戰，又敗之。自是不復薄城，分築長圍困之。元史注，卽塔齊爾，一名布展。居官山，博囉罕從孫，官行省都元帥。按，塔齊爾，蒙古語瘠地也。哀宗紀蔡州之攻未載塔察兒名。

冬十月癸未，徐州守臣郭恩殺官吏以叛，行省薩布死之。戊子，徵諸道兵。丙申，副都點檢温都察遜原作温敦昌孫戰歿。

十一月辛丑朔，宋遣其將江海、孟珙率兵萬人及糧三十萬石助元攻蔡。〔攷異〕宋史理宗紀作十月事。珙字璞玉，棗陽人。宗政子，封吉國公，贈太師，諡忠襄。見本傳。

十二月甲戌，盡籍民丁防守。括婦人壯健者假男子衣冠運大石，帝親出撫軍。丁丑，元兵決練江、宋兵決柴潭入汝水。方輿紀要云，練江在城西十里，出確山縣樂山。柴潭在城南三里。汝水出汝州魯山縣西南七十里大盂山。續通考云，天興三年正月，冊柴潭神爲護國靈應王。〔攷異〕薛應旂通鑑云，時塔察兒遣張柔薄城，金人鉤二卒以去。柔中流矢如蝟，孟珙麾先鋒救之，挾柔出。明旦，珙殊死戰，奪柴潭樓，拔之。蔡恃潭爲固，外即汝河，潭高於河五六丈。樓伏巨弩，相傳有龍，不敢近。珙謂彼所恃惟此水，決而注之，涸可立待，遂鑿隄，潭果決，入汝水。元亦決練江，由是兩軍皆濟。所載較詳。元史太宗紀，十二月，敗武仙於息州，金人以萊、濰、海、沂等州降。史未載。按，柔中流矢，爲珙救出事，見宋史孟珙傳，而元史張柔傳不書。己卯，元兵破外城，宿州副總帥高拉格原作剌格戰死。〔攷異〕續綱目云，時外城破，進逼土門，金驅老稚熬爲油，號「人油砲」。不堪其苦，珙遣道士説止之。金羅索率精鋭五百夜出西門，人荷束藁，沃油其上，將燒兩軍寨及砲具。元兵覺，伏弩射御之，傷者甚衆，羅索僅以身免。紀未載。己丑，元兵隳西城。〔攷異〕薛應旂通鑑云，先是忽斜虎命築寨，浚濠爲備。及西城墮，兩軍皆未能入，但於城上立柵自蔽。忽斜虎選三面精鋭日夕戰禦。紀未載。帝謂侍臣曰：「我爲金紫十年、太子十年、人主十年，自知無大過惡，死無恨矣。祖宗傳祚百年，至我而絶，與自古荒淫暴亂之主等爲亡國，獨此爲介介爾。」又曰：「古無不亡之國，亡國之君往往爲人囚縶，或爲俘獻，或辱於階庭，閉之空谷。朕必不至此，卿等覩之，朕志決矣。」都尉王愛實戰歿，總帥王鋭殺元帥瓜爾佳當格叛，降元。庚寅，以御用器皿賞戰士。甲午，帝微服夜出東城謀遁，及柵，不果，戰而還。乙未，殺馬二百匹犒將士。〔攷異〕大金國志云，三月，白都尉反，上登門諭其軍曰：「爾等自拔歸國，名曰忠孝，豈可殺我？」衆感其言，誅白都尉。紀未載。

三年（甲午一二三四）春正月甲辰，以近侍分守四城。戊申，夜，帝集百官，傳位於內族承麟。博索弟，系出世祖，時官東面元帥。承麟固讓。詔曰：「朕肌體肥重，不便鞍馬馳突。卿平日趫捷，萬一得脱，國祚不絶，此朕志也。」己酉，承麟卽位。禮畢，亟出捍敵，而南面已立宋旗幟矣。俄頃，四面夾攻，呼聲震天地。南面守者棄門遁，敵兵入城，中軍巷戰，不克，帝自縊於幽蘭軒。權點檢色埒默矯制召承御實嘉氏、近侍局大使焦春和、內臣宋珪及侍從官巴良弼、阿勒根文卿曉以大義，皆從死。〔攷異〕大金國志，色埒默作斜烈。宋珪作宋規，本名乞奴，有傳，內侍殿頭。汪輝祖金史同名録云，卷八世宗大定二十六年親軍、卷百二十二粘割貞傳貞祐元年河間府判官，三人同名乞奴。薛應旂通鑑云，忽斜虎聞之，謂將士曰：「吾君已崩，吾何以戰爲？吾不能死於亂兵之手，吾赴汝水從吾君矣，諸君其善爲計。」言訖，赴水死。於是孛朮魯小婁室、兀林答胡土、總帥王志、元帥王山兒、紇石烈柏壽、烏古論桓端及軍士五百餘人，皆從死焉。末帝退保子城，聞帝崩，大哭，謚曰哀宗。〔攷異〕紀傳皆稱哀宗，獨百官、食貨志稱義宗，大金國志同。息州行省謚曰昭宗，故官傳於宋者曰閔宗。劉祁歸潛志但稱爲末帝，紀載各殊。見錢大昕集。又，元史雪不台傳、槊直腯魯華、闊闊不花等傳，均作義宗。哭奠未畢，城潰，諸禁近舉火焚之。奉御經實原作絳山收其骨，瘞之汝水上。〔攷異〕經實傳，色埒默將死，遺言經實，使焚幽蘭軒。方火熾，兵入，經實留不去，欲俟火滅，收其骨，雖寸斬不恨。元將布展曰：「此奇男子」，許之。乃收餘燼，裹以衾，瘞之汝水旁，後不知所終。續綱目云，孟珙索得金主骨，與塔齊爾分之。周密齊東野語云，端平元年，史嵩之子申開閫荊湖，與孟珙合韃靼兵攻蔡，取金主殘骸以歸，作露布誇耀一時，且繪八陵圖以獻，遂議遣使修奉陵寢。時鄭忠定當國，欲乘時撫定中原，會趙南仲、趙武仲、全子才惑於降人谷用安說，而守河據關之事起矣。入汴、入洛，糧道不繼，以至敗亡。此殆天意，徒以貪功冒進罪之亦非至公論也。所載骸骨事與史異。末帝爲亂兵所害，〔攷異〕元史太宗紀，詔獲承麟殺之。亂兵，疑即蒙古兵。金亡。〔攷異〕續綱目云，是日黑氣壓城上，日無光。大金國志云，是日日大赤無光，京、索間雨血十餘里。又云，太祖以甲午歲叛遼，義宗以甲午歲亡國，是有天焉，豈人力哉。沈炳震廿一史四譜，起太祖收國元年乙未，當宋徽宗政和五年，盡哀宗天興三年甲午。九主，合一百二十年。楊維楨作宋遼金正統辨，以宋爲正，金稱國號於重和之元年，歷一百一十七年。謂金泰和之議以靖康爲游魂餘魄，比之昭烈在蜀，則當時之論，固知宋有遺統在江之左矣，而金欲承其絶爲得統可乎？好黨君子，遂斥紹興爲僞統。吁，吾不忍道矣。且世祖平宋之時，有過唐不及漢，宋統當絶，我統當續之喻，是世祖以歷數之正歸之於宋，而以今日接宋統之正者自屬，更可知矣。又，（謝）〔脩〕端（據國朝文類卷四五改）辨宋遼金正統謂遼金爲正，當稱「北史」。自宋初至靖康爲宋史，而建炎以來爲南宋史。待制王（珏）〔理〕（據續通考卷一六一宋史條改）祖之，著（之）〔三〕（同上）史正統論。然士論終以宋爲正統，持議不決。至正三年，命脱脱等爲總裁，論宋、遼、金各爲史，凡再閱歲，書成，多歐陽玄屬筆云，均見續通考。又，金亡，女直部歸元，元設軍民萬户府五，鎮撫北邊。曰桃温、曰胡里改、曰斡朶憐、曰脱斡憐、曰孛苦江，分領混同江南北水達達及女直之人有合蘭府水達達三路，以總攝之。所載甚詳。

金史紀事本末卷四十八

博索悞國　承立附

哀宗正大五年（戊子一二二八）秋八月甲子，以參知政事博索爲尚書右丞。博索，内族，世祖裔，原作白撒，〔攷異〕續綱目作拜甡。元史郭侃傳作伯撒。卷九十移剌道傳大定二年降人白撒，另一人。一名承裔，末帝承麟兄也。幼爲奉御。貞祐閒，累官知臨洮府兼兵馬都總管。興定元年，爲左都監，行帥府於鳳翔。是年，詔陝西行省侵宋，博索出鞏州鹽（井）〔川〕（據金史卷一一三白撒傳改），在鞏昌府漳縣城，宋因置鹽川寨。擊破宋兵於皂郊堡及天水軍。二年四月，拔西和州及成州。三年，取興元、洋州，擢權參政，行省平涼。四年，夏兵由高峯嶺攻定西州，舊屬鞏州通遠軍遣將大破之，并招諭諸蕃部内附。元光元年，大敗夏兵，取大通城。隸樂州嚮德軍。哀宗立，邊事日急，召還朝，拜右丞。尋進平章。博索居西陲幾十年，當宋、夏之交，雖頗立功効，皆諸將力爲多。本恇怯無能，惟以儀體爲事。性愎而貪鄙。及爲相，專愎尤甚。嘗惡堂食不適口，每以家膳自隨。國家顛覆，初不恤也。〔攷異〕劉祁歸潛志云，南渡將相皆膏粱乳臭子，若白撒，祇以能打毬稱。完顏訛可以打毬號「杖子元帥」。定奴號「三脆羹」。有以忮忍號「火鐐元帥」者，紀及本傳均未載。

天興元年（壬辰一二三二）即正大九年也。春正月丁酉，兩省軍敗績於〔三〕峯山（據金史卷一七哀宗紀補），元兵與白坡兵合，長驅趨汴。〔攷異〕續綱目云，元主用夏人恤可計，自河中由河清縣白坡渡河，遣報圖壘，以兵會主駐鄭州，命蘇布特攻汴。所載較詳。令史楊居仁請乘其遠至擊之，博索不從，且陰怒之。遂遣完顏莽伊蘇、原作麻斤出邵公茂等部民萬人，開短隄、決河水以固京城。功未畢，騎兵奄至，莽伊蘇等皆被害，丁壯無還者。壬辰，棄衛州，運守具入京。初，元兵破衛州，宣宗南遷，移州治於宜村渡，築新城於河北岸，去河不數步，惟北面受敵，而以石包之，歲屯重兵。元兵屢至不能近。至是棄之，旋爲元軍所據。地理志云，衛城舊治汲縣，因河患徙其城。貞祐二年，城宜村，以胙城爲倚郭云。甲午，修京城樓櫓。先是宣宗以京城闊遠難守，詔高琪築裏城，公私力盡，乃得成。至是，議所守。朝臣有言「裏城決不可守，外城決不可棄。」於是決計守外城。在城諸軍不滿四萬，京城周百二十里，人守一乳口尚不能遍，故詔避遷之民充軍，又詔在京軍官有於上清宮平日防城得功者，如內族按春、原作按出虎，官元帥。〔攷異〕汪輝祖金史同名録云，卷七十七宗尹傳大定時宗室，爲奉御；卷一百二十八趙重福傳三司使，三人同名按出虎。塔呼喇、原作大和兒劉伯綱等皆隨召而出。截長補短，假借而用，得百餘人。又集京東、西沿河舊屯兩都尉及衛州已起義軍，通建威得四萬人，益以丁壯六萬，分置（舊）〔四〕（據金史卷一一三白撒傳改）城。每面別選一千名「飛虎軍」，以專救應。然亦不能軍矣。〔攷異〕喀齊喀傳，元攻城，〔守城之〕（同上補）具有大礮，名「震天雷」者，鐵礶盛藥，以火點之，礮起火發，其聲如雷，聞百里外。所爇圍半畝之上，火點着甲鐵皆透。大兵又爲牛皮洞，直至城下。掘城爲龕，間可容人，則城上不可奈何矣。人有獻策者，以鐵繩懸「震天雷」者，順城而下，至掘處火發，人與牛皮皆碎迸無跡。又飛火槍，注藥，以火發之，輙前燒十餘步，人亦不敢近。大兵惟畏此二物云。所載甚詳。

二月庚午，起復薩布原作賽不爲左丞相。〔攷異〕續綱目云，初，薩布謂都事商衡曰：「某不知相道，恐他日史官書某時以某爲相而國亡」，遂致仕。至是，汴圍愈急，財匱援絶，主大懼。拜甡謂勢必講和，議定，則首相當往爲質，力請起用薩布云。且括汴京民二十萬，分隸諸帥。本傳未載。

三月甲午，詔博索宿上清宮以備緩急。時京城被攻，大臣分守四面。博索主西南，受攻最急，樓櫓垂就輒摧。傳令取竹爲護簾，所司大索，無所得。博索怒，欲斬之，員外郎張衮附所司耳語曰：「金多郎濟矣，胡不於平章府求之？」所司懷金三百兩徑往，賂其家僮，果得之。〔攷異〕薛應旂通鑑云，白撒時主和，不敢戰，軍中喧閧。主出端門，軍士進曰：「北兵填濠過半，平章令勿放一鏃，恐壞和議，豈有此計耶？」主曰：「朕以生靈故，稱臣進奉，止一子，未長成，今往爲質。待曹王出，兵不退，汝等死戰未晚。」初，白撒命築短墻，甚狹，容二三人得過，以防奪門。至是，諸將請乘夜斫營，不能出。比出，已爲元覺。又募死士穴城出，燒砲座，城上懸紙燈爲應，亦被覺。放紙鳶，置文書其上，以誘被俘者，識者笑之。紀及本傳均未載。又，喀齊喀傳，時右丞舒嚕命作江水曲，使城上人静夜唱之。蓋河朔先有此曲，以寄謳吟之思，其謬誤如此。紀亦未載。已而議和，兵退。廷議罷博索，不自安，謂令史元好問曰：「我妨賢路久矣，得退爲幸。爲我撰乞致仕表。」俄而詔至，令致仕，軍士猶恨其不戰悞國，揚言欲殺之。博索懼，一夕數遷。帝以親軍二百陰爲備，衆憤不能泄，遂相率毁其别墅。其黨薩尼雅布原作斜捻阿不領本部軍戍汴，聞之，徑詣其所，斬經其垣下者一人以鎮之。是時，遷民告出城者以萬數，博索不聽。

夏六月，博索開渠於私第東。

冬十月，復起博索爲平章政事，權樞密使兼右副元帥。〔攷異〕哀宗紀繫之十二月丙子朔，今從本傳。時蘇布特等兵散屯河南，汴城糧且盡，援兵復無至者。羣臣爲帝畫出京計，遂命博索等率軍扈從。

十二月，車駕發南京，次黄陵岡。博索先降元兵兩寨，得河朔降將。帝赦之，授以印及金虎符。羣臣議以河朔諸將前導，鼓行入開州，取大名、東平，豪傑當有響應者，破竹之勢成矣。温騰察遜〔攷異〕薛應旂通鑑作温敦昌孫，續綱目作温都察遜。所載各異，今從博索傳。曰：「太后、中宫皆在南京，北行萬一不如意，聖主孤身欲何所爲？若往歸德，更五六月不能還京，不如先取衛州，還京爲便。」博索曰：「聖體不便鞍馬，且不可令元兵知帝所在。今可駐歸德，臣等率降將往東平，俟諸軍到，可一鼓而下。因經畧河朔，且空河南之軍。」帝然之。時帝已遣官努將三百騎探滬麻岡，未還。帝將御船，賜博索劍，得便宜從事。決東平之策。官努還奏，「衛州有糧可取。」帝召問博索，〔博索〕（據金史卷一一三白撒傳補）曰：「京師且不能守，就得衛州欲何爲？臣謂東平之策便。」帝主官努議。〔攷異〕薛應旂通鑑云，金主惑白撒之說，一意向河朔，稍異。今從博索傳。

二年（癸巳一二三三）春正月，帝在黃陵岡，歸德守臣以糧糗三百餘船來餉，遂就其舟以濟南岸，未濟者萬人。元將和爾古納原作回古乃率四千騎來追，賀德希原作賀都魯。〔攷異〕博索傳作賀得希。揮一黃旗督戰，身中多箭，軍殊死鬭，得卒十餘人，元兵稍却。帝送酒百壺勞之。須臾，北風大作，舟皆吹著南岸，元兵復擊之，溺死者近千人，元帥珠爾、原作猪兒都尉赫舍哩額琳等皆死之。遂命博索攻衛州。帝駐兵河上，留親衛軍三千護從，命總帥伯嘉總諸軍，聽博索節制，發自蒲城。帝時已遣薩布將馬軍北向矣，博索以三十騎追及，謂薩布曰：「有旨，令我將馬軍。」薩布謂帝曰：「北行議已決，不可中變。」帝曰：「丞相當與平章和同。」完顏呼沙呼原作忽斜虎，字仲德。扣馬諫曰：「存亡在此一舉，衛州決不可攻。」帝麾之曰：「參政不知。」博索遂攻衛州。兵至城下，御旗黃繖招之，不下。夜，北騎三千奄至，官努、哈薩哈、原作和速嘉烏達布、原作兀地不按春併力拒戰，北兵卻六十里。然自發蒲城，遷延八日始至衛，猝無攻具，縛槍爲雲梯，州人守益固，攻三日不克。會聞元兵濟自張家渡，至衛西南，遂班師。元兵踵其後，戰於白公廟，敗績，博索等棄軍遁。車駕還次蒲城東三十里，劉益等爲民害。博索密奏益軍叛去，點檢穆延烏登、原作抹撚兀典總領溫騰察遜請帝登舟，帝曰：「正當決戰，何遽退乎?」俄而博索倉皇至曰:「今軍已潰,元兵近在隄外,請幸歸德。」帝遂登舟,侍衛皆不知,巡警如故。時夜已四更矣,遂狼狽入歸德。〔攷異〕續綱目,時元將爲史天澤。與主同登舟者副元帥和爾和六七人。翌日,諸軍始知,遂大潰。所載較詳。博索收潰兵大橋,得二萬餘人,懼不敢入。帝聞,遣近侍伊喇甯古、赫舍哩阿里哈以舟往迎。既至,不聽入見,併其子下獄。諸軍出怨言,乃暴其罪,籍家產賜軍士。囚七日,餓死,其子呼圖哩原作忽土都,亦作忽土隣。亦死獄中。發其弟承麟、子果勒原作(于)〔子〕(據金史卷一一三白撒傳改,下同)狗兒。〔攷異〕汪輝祖金史同名録云,卷十五宣宗興定三年遼州總領提控;卷一百一僕散端傳平涼府知府,本姓王氏,見李英傳,三人同名(于)狗兒。徐州安置。

初,瀕河居民聞軍北渡,潛伏洞穴。及見官努軍號令明肅,秋毫無犯,老幼婦女不復畏避。俄博索輩縱軍四出,剽掠俘虜,所過邱墟。都尉高禄謙、苗用秀等仍掠人食之,而博索誅斬在口。官吏殘虐,一飯之費至數十金,公私皇皇,民始思叛。博索目不知書,姦黠有餘,簿書政事,聞之卽解。善談議,多知。接人則煦煦然。好貨殖,能捭闔中人主心。浸(淫)〔漬〕(同上)取將相,起第汴西城。規倣禁掖,婢妾百數,皆衣金縷。奴隸月廩與列將等,猶以爲未足也。帝嘗遣中使責之曰:「卿汲汲於此,將無北歸意耶?」然終不悛,以及於禍。

從弟承立一名慶善努,原作慶山奴字獻甫。偉儀觀,性恇怯,無能。宣宗立,擢西京副留守兼提點近侍局。呼沙呼專權亂政，嘗言於宣宗，後伏誅，承立愈見寵幸，近侍局始用事矣。三年，元兵圍中都，遣募兵往援。俄爲右都監，行帥府事。四年，遷慶(陽)〔原〕（據金史卷一一六承立傳改）都總管。興定間屢擊破夏兵，以功進左都監兼節度使，行帥事於鄜州。哀宗正大四年，李全據楚州，授承立元帥，屯盱眙。兵敗，死者萬餘，委棄資仗甚衆。〔攷異〕元好問中州集，高平申萬全字百勝，貞祐初中乙科。正大中，召爲史館編修，從行省慶山（按，據金史卷一一六承立傳，當作「慶山奴」爲是）南征，溺水死。史未載。時軍無見糧，轉輸不繼，民疲奔命，愁嘆盈路。樞密判官白華上章，乞斬之以謝天下，不報。降定國節度使，又以受賂奪一官。八年正月，鳳翔破，行省徙京兆民於河南，令承立以行省守之，祇病卒八百，瘦馬二百，屢請還。每奏以一帖，附其兄博索乞爲地，不許。尋棄軍還，使代圖克坦烏登行省徐州。天興元年，入援，總領侯進等叛降元。承立退保歸德，次楊驛店，遇薩納台原作笑乃斛軍，遂潰。徐州帥鄂倫原作烏里，見哀宗紀。云，舊作兀里，一作兀倫。戰死，承立被擒。至真定，見史天澤，戒其以生靈爲念，大帥特默岱誘使招京城，不從，卒被害。

鄂倫爲丞相薩布姪。元光間，例以諸帥爲總領，鄂倫以丞相故，獨不罷。防近族而用疏屬，故博索、承立、鄂倫輩皆腹心倚之。

金史紀事本末卷四十九

崔立之變

哀宗天興元年（壬辰一二三二）冬十二月乙酉，帝親出師，以崔立爲西面元帥，與參政兼樞副完顏納新、原作奴申，亦作訥申。〔攷異〕汪輝祖金史同名録云，卷一百十六官努傳天興二年帥府經歷官，姓把氏；卷一百十九傳官陳州行省，姓粘葛氏；卷一百二十四傳官左司郎中，姓烏古孫氏，四人同名奴申。通鑑輯覽作訥蘇肯。本傳，字正甫，蘇呼弟。第進士，歷清要，屢使北，以勞拜參政。劉祁歸潛志云，齷齪不能有爲。樞副權參政薩尼雅布、原作習捏阿不。〔攷異〕劉祁歸潛志作習保阿不。注云，金史作斜捻阿不。又異。戶部尚書完顏珠赫、原作珠顆東面元帥博斯呼、原作把撒合南面元帥珠嘉耀珠、原作朮甲咬住。〔攷異〕汪輝祖金史同名録云，卷七世宗大定十二年德州防禦使，文兒子，亦作斂住；卷十六宣宗貞祐三年柳州巡檢，姓李氏；卷十七哀宗天興元年鄭州防禦使，姓烏林答氏；卷十八天興二年果毅都尉，姓粘葛氏；卷一百十九忽斜虎傳天興二年工部侍郎；卷一百二十九蒲察合住傳宣宗朝賊臣，七人同名咬住。又，塔克實布父亦名耀珠，另一人。北面元帥富珠哩邁努原作孛朮魯買奴。〔攷異〕卷十五宣宗紀興定元年從宜，姓移剌氏，另一人。等留守汴京。立，將陵人，少貧無行，嘗爲寺僧負鈸鼓。乘兵亂，從上黨公張開，爲都統、提控，積階遥領太原知府。正大初，求入仕，爲選曹所駁。每以不至三品爲恨。圍城中，授安平都尉。至是擢爲西面元帥。

二年（癸巳一二三三）春正月戊午，帝進次蒲城，還駐魏樓村。李辛自汴京出奔，伏誅。〔攷異〕劉祁歸潛志云，上疑東面帥李新跋扈，先罷爲兵部侍郎，卽令二相羈縻之。及上出，二相召新入省，新疑見擒，踰城走。命將追及湟水中，斬之。及崔立亂作，各帥無一人與抗，人謂新若在，決與立抗衡。新死，故立得志。所載較詳。惟「辛」作「新」異。又白華傳謂辛賜姓斡色。辛酉，遣使往汴京奉迎兩宮。戊辰，立與其黨韓鐸、藥安國等舉兵作亂，殺參政納新、樞副薩尼雅布。立性淫狡，嘗思亂以快其欲。藥安國者管州人。年二十餘，有勇力。嘗爲嵐州招撫使，以罪繫開封獄。既出，貧無以爲食，立潛結納之。安國健啖，日飽之以魚，遂與之謀。先以家置西城上，事不勝，則挈以逃。日與都尉（楊）〔揚〕善（據金史卷一一五崔立傳改）入省中候動靜。布置已定，召善以早食，殺之。遂帥甲士二百撞省門而入。二相聞變，趨出，立拔劍曰：「京城危困，二公欲如何處之？」二相曰：「事當好議之。」立不顧，麾其黨張信之、富珠哩昌格出省，二相遂遇害。馳往東華門，道遇點檢温都阿里，見其衷甲，殺之。卽諭百姓曰：「吾爲二相閉門無謀，今殺之，爲一城生靈請命。」衆皆稱快。〔攷異〕續綱目云，初，汴人以金主親出師，日聽捷報。及聞軍敗，始大懼。時蘇布特攻城日急，內外不通，米升至銀三百，殍死相望。縉紳士女多行乞於市，至有自食妻子者。諸皮器物皆蒸充饑。第宅樓館多撤以爨。及奉迎使至，人情益不安。崔立謀作亂，左司都事元好問謂薩尼雅布曰：「自車駕出京，今二十日許，又遣使迎兩宮，民間皆謂國家欲棄京城，相公何以處之？」答曰：「吾二人惟有死爾。」好問曰：「死不難，誠安社稷、救生靈，死可也。否則，徒以一身飽五十紅衲軍，亦謂之死耶？」納新傳，時民間有立荆王監國，以城歸元之議。二相不知，省令史許安國請集百官士庶，問保社稷活生靈之計。元好問以其言白納新，命與副樞議。以爲然，明日召集省中計事。納新拱立無語，薩尼雅布當反覆申諭，繼以涕泣。又明日，亂遂作。劉祁歸潛志云，立令衆庶曰：「吾爲二丞相閉門悞衆，將餓死，今殺之，以救一城生民。」且禁諸軍士取民一錢處死，闔郡稱快。謂有生路也。食時，忽陰雨開霽，日光爛然。紀及本傳均未載。

是日，左右司員外郎聶天驥、御史大夫費摩阿固岱、諫議大夫烏克遜納新、左副點檢完顏阿薩爾、原作阿散奉御莽格、原作忙哥講議富察琦、户部尚書完顏珠赫皆死之。〔攷異〕薛應旂通鑑云，時被殺者尚有左司郎中納合德輝等十餘人。立還省中，集百官議所立。勒兵入見太后，傳令立衛王子從恪爲梁王監國。〔攷異〕續綱目云，立曰：「衛紹王太子從恪，其妹公主在北兵中，可立之。」乃遣其黨韓鐸以太后命往召從恪至。所載較詳。即自爲太師、軍馬都元帥、尚書令。尋自稱左丞相，鄭王。〔攷異〕大金國志云，時北軍因而受之，加河南行省權皇帝。劉祁歸潛志云，太后封立爲壽國公。弟倚平章政事，侃殿前都點檢。〔攷異〕劉祁歸潛志云，時以張頌爲殿前都點檢。其黨富珠哩察罕〔攷異〕立傳作昌格。劉祁歸潛志作孛朮魯濟之。注云，金史作孛朮魯長河。〔御史中丞〕，（察罕下無所承。據金史卷一一五崔立傳補）韓鐸副元帥、知開封府，折希顏、〔攷異〕劉祁歸潛志作折彦顏。藥安國、漳軍努、完顏哈達原作合答。〔攷異〕汪輝祖金史同名録云，卷八十三椿年傳子忠武校尉；卷一百三十二執中傳泰和時户部侍郎，姓粘葛氏，與李炳鞠魏廷實獄，不附執中者，三人同名合答。並元帥，師肅左右司郎中，賈良兵部郎中兼右司都事。又署工部尚書温特赫額實、原作温迭罕二十吏部(尚書)〔侍郎〕(據金史卷一一八哀宗紀改)劉仲周兼參知政事，宣徽使鄂屯舜卿爲左丞，户部侍郎張正倫爲右丞，〔攷異〕劉祁歸潛志云，以奧東阿虎帶爲右丞，劉仲周、張正倫皆參知政事。蓋立取仲周女爲妻，正倫有人望也。所載稍異。〔左〕(同上)右司都事張節爲左右司郎中，尚書省掾元好問爲左右司員外郎，王天祺、康瑭爲都事。〔攷異〕劉祁歸潛志云，以刁璧爲兵部尚書。初，立起與璧謀，及期，璧不往，立怒，故不得執政。其餘以次遷擢，除拜無虚日。開封判官李禹翼棄官去。户部主事鄭著召不起。遂送二相所佩虎符詣元蘇布特〔攷異〕哀宗紀作薩布特，原作碎不觧。元史注原作速不臺。軍前納欵。初，立假安國之勇以濟事，至是，復忌之。聞安國納一都尉夫人，數其違約，斬之。壬(辰)〔申〕(據金史卷一一五崔立傳改)，蘇布特至青城，立服御衣，儀衞往見之。大帥喜，飲之酒，立以父事之。既還，悉燒京城樓櫓，大帥始信其實降也。立託以軍前索隨駕官吏家屬，聚之省中，親閲之，日亂數人猶若不足。又禁城中嫁娶，有以一女之故殺數人者。未幾，遷梁王及宗室近族皆置宫中，以腹心守之，限其出入。以荆王府爲私第，取内府珍玩實之。

二月，立以天子衮冕、后服獻元。括在城金銀，搜索薰灌，訊掠慘酷，百苦備至。鄖國夫人〔攷異〕劉祁歸潛志云，鄖國夫人王氏，宣宗后姊，末帝之姨。招權納賂，積貲如山，號「自在夫人」。崔立之變，凡富貴家皆搜括金銀，鄜國竟捶死。所載較詳。及内侍高祐、京民李民望之屬死杖下。温都衛尉親屬八人，不任楚毒，皆自盡。博索夫人、李蹊妻子〔攷異〕劉祁歸潛志云，白撒夫人尤奢侈，李蹊亦以取積聞。皆被掠死。同惡相濟，視人如仇，期於必報而後已。人竊相謂曰：「汴京被疫，時死者百餘萬，恨不早預其數，而值此不幸也。」〔攷異〕續通考云，南京未破時，市中有一僧，持一布囊，貯棗，日日散與市人在所，兒童百十從之。又一人拾街上破瓦，復以石擊碎之。人皆以爲狂。後乃知其意，蓋人欲早散，國家瓦裂云。劉祁歸潛志云，南京屢有妖怪。元光間，白日虎入鄭門，吏部中有狐躍出，宫中亦有狐及狼。又夜聞鬼哭輦路。每日暮，烏鵲蔽天，皆亡國之兆也。史多未載。立時與其妻入宫，兩宫賜予不計其數。立因諷太后作書陳天時人事，遣皇乳母招歸德。當時冒進之徒争援劉齊故事以冀非分者，比肩接踵。〔攷異〕薛應旂通鑑云，羣小附和，請建功德碑。翟奕以尚書省命學士王若虚爲文，若虚私謂好問曰：「今召我作碑，不從則死，作之則名節掃地，不若死之爲愈。然，姑以理諭之。」謂奕曰：「丞相功德碑當指何事而言？」奕曰：「丞相以京城降，活生靈百萬，非功德乎？」若虚曰：「學士代王言，功德碑謂之代王言可乎？且丞相既以城降，則朝官皆出其門，自古豈有門下人爲主帥頌功德而可取信於後世者乎？」奕雖殘虐，聞之不能對而去，事遂得已。劉祁歸潛志云，碑序爲元裕之筆，其銘詞則王若虚點定。既成，趣曹益甫書之。草定者爲祁及麻革，賜進士出身。後求巨石不得，取宋時甘露碑，命張君庸書之。刻方畢，北兵入城，未知其竟能立否也。又異。元好問中州集，若虚字從之，藁城人。承安二年進士，釋褐鄜州録事，歷翰林直學士。北渡後，居鄉里。東游，與劉文季輩登泰山，殁於黄峴峯之萃美亭，年七十。所著慵夫集及滹南遺老集若干卷傳於世。國史有傳。子恕，字寬夫。顧奎光金詩選載其題歸去來圖詩四首，有「此公若識真歸處，何必田園始是家」及「銷憂更藉琴書力，借問先生有底憂」之句，史多未載。時陳州都尉李順兒殺行省鈕祜祿納新及招撫使劉天起，送欵於崔立。張俊民、李琦奔汴京，王璧還歸德（按，據金史卷一八哀宗紀，「李順兒」至「王璧」事，皆在四月）。〔攷異〕宏簡録云，李順兒爲陳州防禦使粘葛奴申帳下振武都尉。奴申完聚陳州流亡數十萬口，指爲東南生路。知順兒蓄異志，使孫鎮撫圖之，爲順兒所害，遂殺奴申及其子姪壻紇石烈正之，送欵於立。加淮陽節度，行省如故。尋爲蒲察合達等所誅，并其黨舉城奔蔡，元兵殺之，老幼數十萬少有脱者。所載較詳。

夏四月癸巳，立以梁王、荊王及宗室男女至青城，皆及於難。〔攷異〕劉祁歸潛志云，青城在大梁城南五里，乃粘罕駐軍處。當時后妃、皇族皆詣焉，因盡俘而北。後元兵亦於此下寨，而后妃、内族復詣此地，多僇死，亦可怪也。周密癸辛雜識云，北客有詠汴京、青城云：「萬里風霜空緑樹，百年興廢又青城。」蓋金亡亦集其諸王於此而殺之。顧奎光金詩選載元遺山癸巳四月出京詩云：「塞外初捐宴賜金，當時南牧已駸駸。只知灞上（莫）〔真〕（據金詩選卷四改）兒戲，誰謂神州遂陸沈。華表鶴來應有語，銅槃人去亦何心。興亡誰識天公意，留著青城閱古今。」此詩蓋作於崔立送后妃赴青城，速不台入汴時。甲午，兩宮北遷，立妻王氏備仗衞送兩宮至開陽門。是日，宮車三十七兩，太后先，中宮次之，妃嬪又次之，宗族男女凡五百餘口。次取三教、醫流、工匠、繡女，皆從行。〔攷異〕續綱目云，四月，崔立以太后王氏、皇后徒單氏及梁王從恪、荊王守純、諸妃嬪、宗室五百餘人，衍聖公孔元措、名儒梁陟及醫流、三教、工匠、繡女赴青城，蘇布特殺二王及族屬，而送后妃等於和林。在道艱楚萬狀，尤甚於徽、欽之時。元史太宗紀云，立送二后、二王至軍前，蘇布特遣送行在，并無殺二王事。宏簡録云，京城破，兩宮諸妃皆北遷，不知所終。惟寶符李氏從至宣德州，居摩阿院，寢佛殿中，常念佛。闔北行，於佛前自縊死。續通考云，李氏臨終自書門紙曰：「寶符御侍此處身故。」所載較詳。元兵入城，立時在城外。兵先入其家，取其妻妾寶玉以出，立歸，大慟而已。〔攷異〕薛應旂通鑑云，初，蒙古之制，凡攻城不降，矢石一發，則屠之。汴京既陷，速不臺遣使言於其主曰：「此城相抗日久，士卒多傷，請屠其城。」耶律楚材馳見蒙古主曰：「將士暴露數十年，所爭者土地人民耳。得地無民將焉用之？」主不許，楚材固爭，乃詔「除完顏氏一族外，餘皆原免」。時避兵在汴者尚有四十七萬户，皆得保全，遂爲定制。元史楚材傳，字晉叔，遼東丹王托雲八世孫。卒年五十五，贈太師，追封廣寧王，謚文正。匏翁家藏集，耶律丞相墓在甕山下，前有石像，鬚絲三繚，其長過膝。青箱堂記云，甕山下東南數十步，舊有丞相祠，崇禎中尚存公及夫人二石像。陸友墨史云，金季楊文秀以善墨聞。法不用松煤而用燈煤，子彬得其遺法以授楚材，楚材授子鑄，使造一萬丸，銘曰玉泉萬笏。按，楚材子二，曰鉉，曰鑄。製墨者係其第二子鑄。楚材曾題和林新居壁詩，有「舊隱西山五畝宮」之句。劉侗帝京景物畧云，金元間有僧自稱萬松野老，居燕京從容菴。文正見之，參學三年，僧以湛然居士目之。今乾石橋之北有磚塔，高七級，額曰萬松老人塔，在今西牌樓南大街西。成德渌水亭雜識云，老人有萬壽語録、釋氏新聞。善撫琴，嘗向文正索琴，以承華殿春雷及種玉翁悲風譜贈之，且寄以詩，有「一曲悲風對譜傳」之句，見湛然居士集。又嘗寄孔雀便面，附以詩，傳之法門，亦佳話也。

李琦者，山西人，爲都尉，在陳州與鈕祜禄納新同行省事。陳州變，入京，附崔立妹壻折希顏，娶瓜爾佳元妻。年二十餘，有姿色，後有言其美於立者，欲强之。差琦出京，琦以妻自隨，如是再三，立遂欲殺琦。琦又數爲折希顏辱，乃謀殺立。而李伯淵者，寶坻縣名，屬通州。人，爲千户，美姿容，深沈有謀。每憤立不道，欲仗義殺之。李齊諾者，〔攷異〕續綱目作李賤奴。燕人，以都尉爲東面元帥，立視若部曲，積不能平，均與琦合。

三年六月，傳近境有宋軍，伯淵等陽與立謀備禦。翌日晚，燒外封丘門以警動立。是夜，立寐不安，一夕百卧起。比明，伯淵等約立視火，從苑秀、折希顏數騎往。諭京城男子，皆詣太廟街點集。既還，行及梳行街，伯淵於馬上抱立，持匕首刺之，立墜馬死。伏兵起，元帥洪果薩哈殺苑秀、折希顏，伯淵繫立屍馬尾，號於衆曰：「立殺害刼奪，烝淫暴虐，大逆不道，古今所無。當殺之不？」衆齊聲應曰：「寸斬之未稱也。」乃梟立首，望承天門祭哀宗。或剖其心生噉之。以三尸掛闕前槐樹上，樹忽拔，人謂樹有靈，懼爲所污。遂籍其家，以其妻王花兒賜丞相鎮海帳下士。〔攷異〕薛應旂通鑑云：端平元年正月戊辰，史嵩之露布，告金亡，以陳、蔡西北地分屬蒙古。蒙古以劉福通爲河南道總管，嵩之遣郭春按循故壤，詣奉先縣，汎掃祖宗諸陵。孟珙還屯襄陽，江海屯信陽，王旻戍隨州，王安國守棗陽，蔣成守光化，楊恢守均州。並益兵飭備，經理屯田於唐、鄧州。四月，遣朱復之修奉八陵。六月，趙范、趙葵欲乘時撫定中原，建守河據關收復三京之議，鄭清之力主其説。詔知廬州全子才率兵赴汴，李伯淵等以書約降，謀殺崔立，葵遂趨汴。遣徐敏子入洛，爲蒙古所敗，潰還。事聞，均貶秩。十二月，蒙古王檝來責敗盟，遣鄒伸之等報謝。河、淮間無寧日矣。所載甚詳。

劉祁曰：「金自南渡後，爲宰相者無恢復之謀，臨事相習低言緩語，互相推讓，以爲養相(度)〔體〕（據金史卷一一五崔立傳改）。每四方災異，民間疾苦，將奏，必相謂曰：『恐聖主心困。』事危，輒散曰：『俟再議。』已而復然。或有言當改革者，輒以生事抑之。故所用必擇愞熟無鋒鋩易制者用之。每北兵壓境，則君臣相對泣下，或殿上長吁。兵退，則大張具，會飲黄閣中矣。因循苟且，竟至亡國。又多取渾厚少文者置之台鼎。宣宗嘗責丞相布薩齊勤，『近來朝廷紀綱安在？』齊勤不能對，退謂郎官曰：『上問紀綱安在？爾等自來何嘗使紀綱見我。』故正人君子多不能用，〔用〕（同上）亦未久而卽退也。」祁字京叔，渾源州名，屬大同府人。應奉翰林文字從益子。本傳，從益字雲卿。大安元年第進士。入翰林，踰月卒，年四十四。精於經學，爲文章長於詩，五言尤工。有蓬門集。子祁，太學生。郁字文季俱有名於時。嘗著歸潛志，與元裕之名好問，太原人，德明子。從陵川郝晉卿學，淹貫經傳。爲箕山琴操等詩，禮部趙秉文見之，以爲近代無此作，遂名震京師。第進士，歷左司員外郎。國亡不仕。采摭遺聞，嗣後纂修金史多所採錄。見本傳。又，好問中州集，晉卿名天挺，少日有賦聲，不就舉。貞祐之兵，避於河南，往來淇衛間。爲人有崖岸，耿耿自信。年五十七卒於舞陽。臨終，浩歌自得，不以死生爲意。子思温，字和之。孫經，字伯常，今在順天。德明，秀容人，唐禮部侍郎次山後。累舉不第，放浪山水間，飲酒賦詩，年四十八終於家。詩不事彫飾，居東山福田精舍，東岩，其自號也。有集三卷行世。見參政楊玉叔所撰墓銘。中州集末載其律詩四十〔三〕（據中州集癸集補）首。好問兄敏元，讀書無所不窺。嘗賦望月詩，有「莫怪更深仍坐待，密雲或有暫開時」之句，後歿於北兵之禍。元遺山集載其出都詩云：「漢宮曾動伯鸞歌，事去英雄可奈何。但見觚稜上金爵，豈知荆棘卧銅駝。神仙不到秋風客，富貴空悲春夢婆。行過盧溝重迴首，鳳城平日五雲多。」「歷歷興亡敗局（基）〔棊〕（據金詩選卷四改），登臨疑夢復疑非。斷霞落日天無盡，老樹遺台秋更悲。滄海忽驚龍穴露，廣寒猶想鳳笙歸。從教盡剗瓊華了，留住西山儘淚垂。」

壬辰雜編二書多言金末喪亂事，猶有足徵者。〔攷異〕裕之所著有詩文集若干卷、杜詩學一卷、東坡詩雅三卷、錦機一卷、詩文自警十卷。又紀録野史多至百餘萬言。續通考以裕之與麻知幾爲翼統先儒。知幾名九疇，易州人。弱冠入太學，有文名。南渡居遂平西山，以古學自力。正大初，第進士，官應奉翰林文字。罷歸郾城，元兵亂，走確山，爲兵所得，遂卒。朱彝尊日下舊聞云，宋靖康二年正月，金索秘書監文籍，節次解發，見丁特起泣血録。洪邁（客）〔容〕齋隨筆（據本書卷末引用書目改）亦云，宣和殿、太清樓、龍圖閣所儲書籍，靖康蕩析之餘，盡歸於燕。元之平金也，楊中書惟中於軍前收集伊洛諸書，載送燕都。及平宋，王承旨構首請輦宋三館圖籍，宋之實録、正史皆完，勑平章太原張易兼領秘書監事，許京朝官借觀。至明文淵閣藏書，乃合宋、金、元所儲滙於一，益以永樂間南都所運百櫃。考正統六年編定目録，凡四萬三千二百餘册，列朝實録、聖訓又數千卷。若永樂大典一書多至二萬二千九百三十七卷，皆藏諸皇史宬，不與焉。

金史紀事本末卷五十

官努之叛

哀宗天興元年（壬辰一二三二）冬十二月乙酉，帝欲以富察官努、原作蒲察官奴。〔攷異〕大金國志云，本姓移剌。高顯、劉益爲元帥，不果。〔攷異〕續綱目云，主欲以官奴爲馬軍帥，顯爲步軍帥，益副之。三人欲奉命，參政恩楚曰：「汝輩把耙不知高下，國家大事可易承耶？」官奴曰：「若將相可了，何至使我輩。」事亦中止。所載較詳。官努少嘗爲北兵所虜，往來河朔。後以姦事繫燕城獄，刼走夏津，殺回紇使者，得鞍馬資貨，自拔歸朝，以特恩收充忠孝軍萬户。月給甚優，日與羣不逞博，爲有司所劾。事聞，以其新自河朔來，未知法禁，詔勿問。從伊喇布哈攻平陽，論功最，遷本軍提控，佩金符。三峯之敗，走襄陽，説宋制使以取鄧州自効，制使信之，至與同燕飲。已而，知汴城圍解，復謀北歸。遣伊喇留格入鄧，説鄧帥聶赫，稱欲刼南軍爲北歸計。聶赫欲就此擒之，官努知事泄，卽馳還，見制使，請兵掠鄧邊，獲牛羊數百，宋人不疑。因掩宋軍，得馬三百。至鄧州城下，移書聶赫自辨，留馬於鄧而去，乃縛忠孝軍提控姬旺，詐爲唐州太守，械送北行。隨營帳取供給，因得入汴。有言其出入南北軍、行數千里而不懾，其智能可取，宰相悅，使權都尉。尋提軍數百馳入北軍獵騎中，生挾一回紇還。巡黄陵、八谷等處，刼獲甚衆，轉正都尉。又至黄陵，幾獲鎮州大將，中外皆以爲可用，至是欲拜爲元帥，不果。未幾，眞授元帥。戊戌，官努、阿里哈謀立荆王，未發，朝廷知之，置不問。庚子，帝發南京。甲辰，次黄陵岡。時平章博索原作白撒率諸將戰，官努之功居多。及渡河，惟官努一軍號令明肅，秋毫無犯。

二年（癸巳一二三三）春正月辛酉，帝至歸德，官努再請率軍北渡，不許。知府事兼總帥實嘉紐勒琿原作石盞女魯歡，本名實祿，亦作十六。〔攷異〕卷一百三十二徒單貞子亦名十六，另一人。本傳，初，以河南統軍使擢右都監，行平涼帥府，昌武節度使。屢言邊事，詔嘉納。尋以行樞院守歸德，與經歷冀禹錫屢拒元兵，得不拔。後爲官努害，誣以反，卒昭雪。又，續綱目作實吾紐勒歡，通鑑輯覽作什嘉紐勒琿，各異。以軍衆食寡，懼不能給，請令河北潰軍至者就糧徐、宿、陳三州，親衛軍亦遣出城就食。帝不得已，從之。〔攷異〕紐勒琿傳，時命富珠哩阿哈統諸軍行，道中譁語，阿哈請各給以券，軍稍定。俄求得譁語者，斬四人，諸軍洶洶。二月庚子夜，刼府民武邦傑、富察耀珠等九家，軍遂散。數日，官努變遂作。紀未載。乃諭官努曰：「紐勒琿盡散衛兵，卿當小心。」是時，唯官努忠孝軍四百五十人、馬用軍七百人留府中。用，本山西人，權果毅都尉，至歸德，始擢元帥。嘗召之謀事，不及官努，官努始有圖用之意。元將特默岱〔攷異〕續綱目作特穆岱。（駐）〔攻〕（據金史卷一一六蒲察官奴傳改）歸德，官努私與國用安謀，邀帝幸海州。及近侍局直長珠勒根烏舍原作兀惹使用安回，附奏謂海州可就山東豪傑圖恢復，且已具舟楫，可通遼東。帝不從。又嘗請北渡，爲紐勒琿阻。自是，有異志矣。且一軍倚外兵肆爲剽掠，官努不之禁，因是，左丞李蹊、左右司郎中張天綱、近侍局副使李大節俱言官努有反狀。帝竊憂之，使總領赫舍哩阿里哈、内族錫馨原作習顯陰伺其動靜，反泄其謀於官努。

三月戊辰，帝慮官努與馬用互相圖爲亂，遣宰執置酒和解之。用撤備，俄官努乘隙率其軍攻用，用軍敗走，被殺。官努亂殺軍民，以卒五十人守行宫，刼朝官皆聚於都水摩和納宅，以兵監之。驅參政紐勒琿至其家，悉出所有金銀，然後殺之。時代爲總帥者哈薩喇烏達原作朮速嘉兀底亦被害。乃遣都尉馬實被甲執刃，刼直長把納新原作把奴申，亦作把納紳。於帝前。帝初撫劍，見實至，擲劍於地曰：「爲我語元帥，我左右祇有此人，且留侍我。」實不敢迫，逡巡退。凡殺朝官李蹊而下三百餘人，軍民死者三千人。郎中完顔呼喇勒、都事冀禹錫赴水死。〔攷異〕官努傳，禹錫字京〔用〕〔甫〕，（據金史卷一一六蒲察官奴傳改）龍山人。由進士歷州郡，有能聲。守歸德，經畫捍禦，一府倚重。聞變，或勸微服逃，不從，被害。元好問中州集，禹錫字京父。崇慶二年進士，調沈丘簿，被令誣，坐廢十年。正大中，起扶風丞，擢右司都事兼應奉翰林文字。其贈雷御史詩云：「平生疾惡如風手，力振台綱事所難。人道千鈞羞射鼠，我憐衆（照）〔煦〕（據中州集庚集七改）解漂山。明時士論知無負，晚歲交盟豈易寒。見説嵩前若芝老，白雲倚杖待君還。」

是日薄暮，官努提兵入見帝，言「紐勒琿反，已殺之。」詔授樞副兼參政，暴紐勒琿之惡。先是，官努母爲北兵獲，帝與官努謀遣阿里哈詣元特默岱營議和，因歸其母，定和計，密結來使，知其大將在王家寺，遂畫(研)〔斫〕(據金史卷一一六官奴傳改)營之策。

夏五月五日，〔攷異〕哀宗紀未載，今從官努傳書之。官努率忠孝軍自南門登舟，帝御北門繫舟，待不勝，則走徐州。四更，接戰，軍小卻。官努持火槍，分軍腹背攻之，北軍大潰，溺死三千五百餘人，盡焚其柵還，遂真拜參政兼左副元帥。元兵退，官努入亳州，留錫馨總其軍。〔攷異〕官努傳，僞與元將忒木䚟相約，欲刼帝出降，因知其大將在王家寺，乃乘夜斫營，北軍大潰，溺死者三千人。以元史槊直腯魯華傳證之，則大將乃撒吾思卜華也。時追金主於歸德，駐營城北，左右皆水，金將官努來斫營，腹背受敵，一軍皆歿。史天澤傳，天澤聞其背水而營，亦謂非駐兵之地，不聽。果全軍皆歿。見趙翼劄記。

初，官努以帝居照碧堂，禁諸臣。無一人敢奏對者。日悲泣云：「自古無不亡之國、不死之君，但恨我不知用人，故爲此奴所囚耳。」於是內侍局令宋齊諾、〔攷異〕續綱目作宋珪，與奉御烏克遜愛實、納喇奇塔特，原作納蘭圪搭。紐祜祿温綽原作女奚烈完出。〔攷異〕續綱目作温卓。密謀誅之。或言官努密令烏舍計構用安，脅帝傳位，恢復山東，事不成，則獻帝於宋，以贖罪。官努時在亳州，再召乃還。帝諭以幸蔡事，官努憤憤而出，至於扼腕頓足，意趣叵測，帝決意欲誅之。

六月己卯，帝與內侍宋齊諾處置，令費摩綽哈召宰相議事，温綽伏照碧堂門間。官努入見，帝呼參政，官努卽應，温綽從後刺其肋，帝入拔劍斫之，官努中（槍）〔創〕（據金史卷一一六官奴傳改），投（城）〔階〕（同上）下走，奇塔特、愛實追殺之。授李泰和虎符，使撫定忠孝軍，遂殺白進、阿里哈。詔點檢珠勒根阿實達，原作阿勒根阿失答卽亳州斬錫馨〔攷異〕官努傳，錫馨既黨官努，率兵刼官庫，取金四千兩。帝命温特赫道僧、把納新鞫問，下獄。官努變，錫馨脱走，殺總領完顏長樂及道僧、把納新二人，遂奔亳。及官努誅，卽亳州斬之。所載較詳。及忠孝軍首領數人。烏舍使用安未還，伺於中路，數其罪，殺之。〔攷異〕大金國志云，是年正月，官奴爲參政，紇石烈小鍾兒爲總管，二人擅用符璽，妄行誅戮，屢説主出降，手刃官奴，小鍾兒爲衆軍射死。與傳異。哀宗紀，其黨從誅者尚有博濟。本傳未載。

初，官努解睢陽之圍，官屬苦饑窘，聞蔡州城池堅固，兵衆糧廣，咸勸帝南幸。會總帥烏庫哩鎬運糧至歸德，且請幸蔡州，帝意益決。惟官努嘗過蔡，知其不足恃，力争之，不聽。及官努以作亂誅，遣烏庫哩富察如蔡，還，如官努言。時已在道，無如何。迨被兵，始悔不用官努計。詔月給其母、妻糧，俾無失所。

金史紀事本末卷五十一

南渡忠諫諸臣

宣宗貞祐二年(甲戌一二一四)夏四月戊戌，帝以元允和議，赦國内。欲幸南京，左丞相廣平郡王圖克坦原作徒單鎰諫曰：「鑾輅一動，北路皆不守矣。今已講和，聚兵積粟，固守京師，策之上也。南京四面受敵。遼東根本之地，依山負海，其險足恃，備禦一面，以爲後圖，策之次也。」不從。庚戌，卒。乙卯，詔幸南京。後卒如其言。

鎰本名安春，原作按出。〔攷異〕汪輝祖金史同名録云，卷五十九宗室表衞紹王子壇，卷九十八完顔匡傳章宗時西南路通事、卷一百三紇石烈桓端傳貞祐三年猛安，三人同名按出。上京路人，北京副留守烏尼音原作烏輦子也。性頴悟，該習經史。樞密使完顔思敬請立女直進士科，鎰首登第，授兩官，選國子助教，〔攷異〕續通考云，大定九年，鎰舉女直進士第一。鎰嘗獻漢光武中興頌，世宗大悦曰：「不設科舉，安得是人。」策論進士，本選女直人之科也。始大定四年，命頒行女直大小字所譯經書，每謀克選二人習之，女直字學校諸生至三千人。九年，選異等，得百人，薦於京師，廪給之，命温迪罕〔締達〕(據金史卷五一選舉志、卷九九徒單鎰傳、卷一〇五温迪罕締達傳補)教之。復試，得徒丹鎰以下三十餘人。十一年，始議行策選之制。至十三年始設科，乃就憫忠寺試。夜半，聞塔上有樂聲入宮，考官完顏蒲涅等，喜爲得賢之祥，中選者徒單鎰以下二十七人。至二十年，遂命鎰等教授中外，其學大振，遂定制如漢進士例焉。所載甚詳。又温特赫提克德傳，該習經史。初，希尹制女直字，設學校，使紇哩垺等教之。其後，學者漸至轉習經史，故椿年、良弼皆由此致相位。提克德最精深，大定十三年，設女直進士科，鎰等二十七人登第。十五年，提克德遷著作佐郎，終翰林待制，贈承旨，謚文成。爲赫舍哩良弼所禮敬。用完顏守道薦，歷翰林待制、右司員外郎。章宗時，累擢平章政事，封濟國公。當李妃擅政，上疏皆切時弊。出爲陝西宣撫使，帥府並受節制，屢破宋兵。衛紹王立，改上京留守。中都戒嚴，遣兵入衛，徵拜右丞相。鎰言：「自用兵以來，彼聚而行，我散而守，以聚攻散，其敗必然。不若入保大城，併力備禦。昌、桓、撫三州素號富實，人皆勇健，可内徙，益兵勢，人畜貨財，不至亡失。」平章伊喇、(按，伊喇爲姓，其下失名)〔攷異〕遼、金大臣年表并無伊喇之名，衛紹王本紀亦不載，祇大安時大臣中有薩喇其人者，此稱伊喇，或係記載之訛。參政梁瑄曰：「如此是蹙境土也。」衛紹王以責鎰。鎰復奏曰：「遼東國家根本，距中都數千里，萬一受兵，州府顧望，必須報『可』，誤事多矣。可遣大臣行省以鎮之。」衛紹王不悦曰：「無故置行省，徒摇人心耳。」其後昌、桓、撫三州失守，乃大悔。俄東京復陷，益自訟曰：「我見丞相恥哉。」衛王被弒，鎰勸呼沙呼迎立宣宗。呼沙呼既殺南平，欲執其弟銘，復止之，使其奉迎。當是時，轉危爲安，惟鎰是賴。

鎰明敏方正，學問博洽，一時名士皆出其門，多至卿相。所著有宏道集六卷。其學之急、道之（尚）〔要〕（據金史卷九九徒單鎰傳改）二篇，大學諸生刻之石。

權參知政事完顏伯嘉，本名百嘉，見食貨志。亦作百家。〔攷異〕宣宗紀，貞祐四年，孟州經略使徒單百家，另一人。字輔之，北京路人。明昌二年進士，歷監察御史。劾奏平章布薩揆。或曰：「與宰相有隙，奈何？」伯嘉曰：「職分如此。」累擢左監軍，河東北路宣撫使，與副使沃呼哈達互訐，改知歸德。興定初，入爲吏部尚書，改中丞。時右副元帥富察阿里巴斯原作阿里不孫。〔攷異〕宣宗紀及楊雲翼傳均作阿里巴斯，而伯嘉傳作伊爾必斯，所載互異，今改正。又卷一百三宣宗時婆速路行省參政完顏阿里不孫，另一人。備禦關、陝，兵逃逸，疏「乞尸諸市，以戒不忠」，乃除名。宣宗憂旱，疏奏「高琪、汝礪不職所致，宜依漢制策免」。二人深怨之。宰相請修山寨以避兵，諫曰：「建議者謂據險可安君父，獨不見陳後主之入井乎？假令入山寨可以得生，能復爲國乎？」由是怒愈甚。以權參政出行省、帥府於河中，因争棄河東，大忤宰執。召還爲中丞，充河南宣慰副使，坐事免，起爲翰林學士。伯嘉强正，不與時低昂。汝礪方希寵固位，論事輒與之忤，由是毁之者衆。尋坐言事過切，降知歸德，以權參政行省河中，謀復河東，構疾卒。

尚書左丞張行信，〔攷異〕宏簡録云，先名行忠，避諱改。字信甫，莒州日照人。登進士第，官銅山令。明昌初，擢御史，歷轉運、按察使。崇慶二年，爲左諫議大夫。時呼沙呼罷職，希再用，行信疏劾之，再上不報。及呼沙呼弑逆，人甚危之，行信坦然不顧也。宣宗立，請立太子。奏罷貪鄙諸將帥。〔攷異〕宏簡録云，疏劾内族訛可護糧通州，遇敵輒潰，下之獄。中都受兵，方議和，握兵者不敢戰，恐壞和局。行信上言：「和、戰二事不相干，自崇慶來，皆以和誤。頃北使既來，然猶破東京，畧河東。今我使方行，輒按兵不動，於和議卒無益。宜及此時，擇猛將鋭兵，往來拒戰，使少沮，則和事易成。」帝心知其善，不能用。尋遣參政鄂屯忠孝括官民糧，慘刻失人心，奏免之。興定元年，拜參政。時高琪專權，窘辱朝士，行信屢引舊制，力詆其非。會宋兵侵境，朝議遣使詳問，高琪以爲失體，行信獨引故事折之。因汝礪言，事終寢。監察御史及各職官坐罪多被的決，奏改之。〔攷異〕元好問中州集，時大興范中字極之，承安中進士，累官京西路司農少卿，滑州刺史。當高琪當國，專以威刑肅物，笞辱士大夫與徒隸等。醫家以酒下地龍散，投以蠟丸，則受杖者失痛，此方大行，於時極之。戲爲詩云：「嚼蠟誰知味最長，一杯卯酒地龍香。年來紙價長安貴，不重新詩重藥方。」世人傳以爲笑。史未載。尋坐族弟行貞受賊僞命事，出爲涇州觀察使。〔攷異〕劉祁歸潛志云，爲内侍所譖。畢沅續通鑑云，數與杲勒齊辨，近侍局譖之。本傳云，有以飛語聞者。紀載各異。歷静難節度使，致仕。哀宗立，起左丞，言事稍遜，聲望頗減。後歸隱，卒於嵩山崇福宮。兩登相位，殆若無官。然遇事輒發，無所畏避，天下目爲正人。初至汴，父暐以御史大夫致仕，猶康健。見行簡爲承旨，行信爲禮部尚書，諸子姪多中第居官，當世未之有也。父兄世爲禮官，世習禮學，諸禮制皆有記録。金代儒臣，推張氏父子。行簡、行信又前後同領國史云。〔攷異〕大金集禮四十卷，爲明昌六年禮部尚書張暐奏進。分類排纂，條理秩然，足見金源一代之掌故，竝可訂史志之訛。續通考云，世宗時，命禮尚張暐等參校唐、宋故典沿革，開詳定所以議禮，設詳校所以審樂，統以宰相精學術者。至明昌初，書成。凡事物名數，井然有條。衛王大安中，楊雲翼等重校，名大金儀禮。元好問中州集，信甫名行中，大定末進士。宣宗立，拜參政。丞相高琪專權用事，信甫與之抗，朝廷稱焉。所居拙軒有爲作銘者，其引曰：「發凶竪未形之謀，則先識者以爲明。犯强臣不測之威，則嫉惡者以爲剛。」蓋實録也。於書無所不讀，日書經史五百字爲課，寒暑不廢者四五十年。詩亦有古意，史未載。行簡字敬甫，大定十九年詞賦第一人。典貢舉三十年，門生徧天下。卒，謚文正。所著有禮例纂百二十卷，又諸禮記録若干卷，及清臺記、皇華記、戒嚴記、爲善記、自公記諸書，見續通考。時開封孟宗獻，字友之，大定三年鄉、府、省、御四試皆第一，供奉翰林，同知單州事。河間趙承元，字善長，大定十三年詞賦第一人，官翰林學士。山陰張檝，字巨濟，明昌五年詞賦第一人，官鎮戎州刺史。濟南閻長言，字子秀，平生多奇夢，果魁天下。在翰苑十年，出爲河南府治中，均見中州集。函山旅話云，澤州李俊民用章，舉承安五年進士第一。金亡後，其同年三十三人，惟高平趙楠僅存。又挈家之燕京，俊民感舊游，以詩題登科記云：「試將小録問同年，風采依稀墮目前。三十一人今鬼籙，與君雖在各華顛。」又云：「君還依幼去幽、燕，我向荒山學種田。千里暮鴻行斷處，碧雲容易作愁天。」録中張儒卿介甫、晁李中寶臣、伯德維公理、孔天昭文安、王毅知剛、趙銖敬之，皆大興府人。又持嘉君，實女真人。居燕城，畫竹學劉自然，頗有意趣。見夏文彦圖繪寶鑑。中州集又云，王啟字希畢，大興人。正隆二年進士。章宗立，遷工部侍郎，轉河南北路提刑使，進吏部尚書。

老會」。

使宋還，出爲絳陽節度，致仕。歸(坐)〔鄉里〕，(據中州集辛集改)與左丞董公、參政馬公、宣徽盧公、尚書郭公爲「九

平章政事胥鼎，字和之，右丞持國子。登進士第，歷大理丞。章宗時，擢工部侍郎。至寧初，中都受兵，由兵部尚書拜參政。貞祐元年冬，出爲泰定節度使，改知大興府，進右丞。及南渡，留爲汾州觀察使，改知平陽府，權宣撫使。三年四月，建言利害十三事，若積軍儲、備黄河、選官讞獄、簡將練卒、鈔法、版籍，帝頗採用。以備禦功，拜(中)〔本〕(按指河東南路。據金史卷一〇八胥鼎傳改)路宣撫使。四年正月，元兵圍平陽，急攻者十日，鼎屢擊卻之，進樞副，兼左丞，行省於平陽。未幾，元兵已過關、陝，將薄京城，鼎率兵入援，并遣將趨陝，合力禦之。已而，北兵果由三門、集津北渡而去。至平陽，鼎遣兵擊卻之，乃還。興定元年正月，帝命鼎選兵付圖們呼圖克們統之，西伐夏，馳奏罷之，進拜平章，封莘國公。三月，詔舉兵侵宋，鼎乃分兵由秦、鞏、鳳翔三路進。疏陳六不可，弗聽。〔攷異〕劉祁歸潛志云：朝廷將伐宋取蜀，召議。公歸，上言止之，坐是忤旨，致仕，卒。與史異。宏簡録云：鼎言伐宋有六不可，大意雖有强兵，尚當伺隙，出其不備乃可取勝。矧今北兵過後，民食不給，遠近騷動，軍馬比舊纔十之一，器械亦多損敝。今歲邊境無兵，或自息養，如聞王師南征，必將乘隙併至。宋自奉和脩好，十年於兹，設聞舉事，徙民清野，我軍進不得食，退無所掠，兼以西北逃軍，屯聚爲患，宋人誘脅，足爲後憂，此皆社稷大計，不特疆場利害。詔付尚書省議。時諸軍由秦、鞏、鳳翔三路進，不聽。二年，上疏

勸勿親細務。帝不悦。高琪謂其言非是，乃喜。屢乞致仕，許之。哀宗立，起用平章，進英國公，行省衛州。未幾，卒。

鼎通達吏事，有度量。爲政鎮静，所至無賢不肖，皆得其懽心。南渡後，書生鎮方面者，惟鼎一人。〔攷異〕雷希顔爲鼎作神道碑，畧云：「黄霸、王允、蕭俛、崔植，皆漢、唐名臣。然或量不足，或才畧有所窮，權不足以濟事，知不足以知時故也。以姚崇之賢，惟其不知道，未免爲救時之相，其他可知也。國家有通明相，曰英國胥公，當兼數公之長。」元好問謂希顔此論，似涉過差，至於爲國朝名相，以度量雄天下則無愧矣。在長安，日乞致仕，表云：「興造功業，方聖主有爲之時。表裏山河，豈愚臣養病之地。」送弟有句云：「世事正須高着眼，宦途休厭少低頭。」他文類此。弟恒子嗣祖，今在燕中。見元好問中州集。

平章政事侯摯，初名師尹，字莘卿，東（河）〔阿〕（據金史卷一〇八侯摯傳改）人。由進士歷長武〔攷異〕宏簡録作長城令、户部主事。宣宗南渡，累擢勸農副使，行六部侍郎。進太常卿，行尚書六部事。上章言九事，帝畧施行焉。俄以參政行省事於河北，拜右丞。屢陳便宜，皆見聽。時紅襖賊渠郝定署官僭號，勢甚張。詔摯行省於東平，討捕亂黨。〔攷異〕宏簡録云：時紅襖賊數萬入臨沂、費縣境，官軍敗之，生擒僞宣徽使李壽甫，訊問。賊首郝定破邳州碙子堌，得船數百艘，連結元、宋，跨河爲亂。摯乃遣完顔霆等討平之。克密州，李全遁，其黨于忙兒等降。三年，以裏城畢工，遷官。四年，致仕。尋起爲大司農，進平章，封蕭國公，行省事。至封丘，軍變，全師還，復致仕。崔立之變，爲元兵所殺。

摯爲人威嚴，御兵人莫敢犯。在朝遇事敢言，喜薦士，如張文舉、雷淵、麻九疇輩，皆所拔用。南渡宰執中，名望最重。〔攷異〕劉祁歸潛志云，居相位，憒無所施。請守大名，詔出行尚書省。未幾，還朝，致仕。居南京，有園亭蔡水濱，日與耆老讌飲。南京降，以前宰執，爲北兵所殺。又云以治殺使臣唐慶事見殺。

平章政事巴古拉，原作把胡魯宣宗南遷，由左諫議大夫擢御前經歷官，歷涇州觀察使。興定元年，授陝西統軍使，入爲中丞。上言「進士取人泛濫，非求賢之道」。拜參政，同胥鼎防秋。三年，平涼等處地震，上言「乞敬畏天戒」。四年四月，行省帥事於京兆，疏陳養兵恤穀，論甚善。五年十月，西北兵攻延安，遣哈達、邁珠等禦却之。改知河中府，入爲大司農，拜參政，進右丞。哀宗立，擢平章。卒，贈右丞相，東平郡王。爲人忠實，憂國奉公。及卒，天下惜之。

尚書右丞師安石，字子安，清州人。〔攷異〕宏簡録云，本姓尹，避國諱改。登詞賦進士，補令史。承暉殉難中都，以遺表託安石，間道走汴以聞。宣宗以爲樞密院經歷官。〔攷異〕劉祁歸潛志云，趙思文時爲省掾，從福興守燕都。福興死，奔詣南京行宮，擢侍御史，歷防禦、節度。所在鎮靜，遷禮部尚書，卒。元好問中州集云，思文字庭玉，永平人。明昌五年進士。爲人誠實樂易，有君子長者之目。南狩以後，與楊、趙諸公皆完人，終始無玷缺者也。弟庭珪，同榜登科。三子敬叔、介叔、方叔今居鄉里，史未載。累遷中丞，上章言備禦二事，嘉納之。坐劾英王守純附奏不實，決杖追官。哀宗立，擢同簽樞院事，累進右丞。五年，臺諫劾近侍〔張文壽〕、（據金史卷一〇八師安石傳補）張仁壽、李麟之，安石亦論列三人不已，上怒甚，曰：「汝便取賢相，朕爲昏主止矣。」如是數百言。安石驟蒙任用，遽遭摧折，疽發腦而卒。〔攷異〕劉祁歸潛志云，既居位，人望頗減。俄以腦疽卒。未言其忤旨事。續通考云，萬年龜鏡録爲靖海師安石著。上甚悼惜之。

東京副留守陳規，字正叔，絳州稷山人。登詞賦進士，爲監察御史。貞祐三年，上章劾侯摯，不報。警巡使馮祥進由刀筆，劾罷之。屢陳利害，多見聽納。四年七月，條陳八事：〔攷異〕劉祁歸潛志八事作十事稍異。「一責大臣以身任安危、二任臺諫以廣耳目、三崇節儉以答天意、四選守令以結民心、五博謀羣臣以定大計、六重官賞以勸有功、七選將帥以明軍法、八練士卒以振軍威」。書奏，帝不悦。宰臣惡其紛更，出爲徐州經歷官。正大元年，入爲右司諫。上章言事，與楊雲翼諫修復河中府。又與臺諫奏五事。〔攷異〕宏簡録云，哀宗立，召爲右司諫。

議修復河中府，與完顏(李)〔素〕蘭(據金史卷一〇九完顏素蘭傳改)、楊雲翼等諫，從之。正大元年十一月，改充補闕。二年正月，與臺諫奏五事。稍異。四年十月，與右拾遺李大節奏劾薩哈連，出爲留守，朝論快之。初，宣宗嘗召文繡署令王壽孫作大紅半身繡衣，戒勿令陳規知，蓋規言事不假借，朝望甚重。凡宮中舉事，帝必曰「恐陳規有言」。挺然爲一時直臣。後爲中京副留守，卒。士論惜之。

規博學能文，詩亦有律度。剛毅質實，有古人風。渾源劉從益見其所奏八事，嘆曰：「宰相材也。」南渡後，諫官稱許古、陳規，而規不以訐直名，尤見重云。〔攷異〕元好問中州集載其送雷御史希顏罷官南歸詩云：「五事前陳志拂劘，屹如砥柱閱頹波。一麾共惜延年去，三黜何傷柳季和。(連)〔運〕(據中州集戊集改)蹇仕途如我老，激昂衰俗在君多。扁舟(西)〔南〕(同上)去知難戀，萬頃烟波一釣蓑。」又過驪山詩云：「豐、鎬無由問故基，三章止見黍離詩。而今多少華清石，都與行人刻豔辭。」明昌五年進士。子良臣，今在燕中。

左司諫許古字道真，汾陽節度使安仁子。元好問中州集云，安仁字子靖，河間樂壽人。大定七年進士，歷禮部員外郎。以汾陽節度使致仕。其少室道中詩云：「少室峰頭曉月沈，千家城郭淡陰陰。五更雞唱殘星滅，馬上看山過少林。」本傳謂明昌四年，嘗疏諫幸景明宮，遂罷幸。出爲澤州刺史。上無隱論十篇，卒，謚文簡。顧奎光金詩選載遊泰安竹林詩云：「蕭寺天教勝處安，峰巒騰擲水雲間。客來總説游山好，不道山僧却厭山。」明昌五年詞賦進士。〔攷異〕元好問中州集云，承安中進士。稍異。任左拾遺，拜御史。宣宗遷汴，委任高琪，無恢復謀，古上章請慎選將相，起用耆舊，招懷河北諸路，宿重兵京師。勿事搜括，明敕臣僚直言無隱。詔付尚書省，畧施行焉。轉右司諫兼侍御史。〔攷異〕劉祁歸潛志云，南渡爲侍御史，上章劾高琪。上知其忠，常庇護之。凡有奏下尚書省，輒去其姓名，然竟爲高琪所中，貶鳳翔幕。史未載。時元兵越潼關而東，集百官議，古請選募鋭卒，併力擊之，且開其歸路，我衆從而襲之，其破必矣。高琪格其議，不行。置招賢所，命古領其事。興定元年，廷議南侵，古上疏力諫。帝命古草議和牒，文成，宰臣以爲有哀祈意，遂不用。屢坐事解職。哀宗立，爲補闕，遷左司諫，論事稍不及前，尋致仕。元好問中州集載閑閑趙公制詞云：「安車蒲輪，天子所以厚優賢之禮。黄冠野服，人臣所以遂歸老之心。其恩榮足以兩全，而前後不可多得。有臣若此，如卿幾人？具官道直以方，氣剛而大，議論非世儒所到。名節以古人自期。擢自先朝，置之諫列，斥安昌竊位，已聞折檻之忠。及梁冀伏辜，方見（理）〔埋〕（據中州集戊集改）輪之志。朕即大位，稔聞直聲，起之於田里退閒之間，超之於侍從論思之地，完備始終之節，從容進退之（餘）〔間〕（同上）。歎陽城之敢言，惜其將去，念孔戣之既老，挽之莫留。特進一階，榮躋四秩。華山拂袖，最是爲世上之閒，神武挂冠，猶不負山中之相。勉終晚節，益介壽祺。」宏簡録云，致仕，居伊陽，郡人愛慕，郡守爲起伊川亭。正大七年卒，年七十四。

御史臺令史劉炳，葛城人。中貞祐三年進士第。即日，上書條便宜十事：一任諸王以鎮撫社稷、二結人心以固基本、三廣收人材以備國用、四選守令以安百姓、五褒忠義以勵臣節、六務農力本以廣蓄積、七崇節儉以省財用、八去冗食以助軍費、九修軍政以習守戰、十修城池以備守禦。宣宗雖異其言而不能用，但補御史臺令史而已。時，程震字威卿，東勝人。〔其〕〔與〕（據金史卷一一〇程震傳改）兄鼎，俱擢第。震入仕有能聲，治陳留，爲河南第一。召爲御史，彈劾無所撓。皇子荆王爲宰相，家僮假和市侵漁百姓，震劾之，令出内府銀償物直，杖大奴數人。尋坐事罷，以剛直不能久留於朝，士論惜之。

禮部尚書楊雲翼字之美，其先贊皇人，徙樂平。登明昌五年進士第一，詞賦亦中乙科。〔攷異〕劉祁歸潛志云，平定人，先擢詞賦第，又經義魁。稍異。應奉翰林文字，擢修撰。大安元年，承旨張行簡薦其材，且知術數，兼提點司天臺，進禮部郎中。宣宗貞祐三年，擢禮部侍郎。四年，潼關失守，朝議遣富察阿里巴斯爲副元帥以禦之，雲翼言其人言浮於實，必悮大事。不聽，後果敗。興定元年六月，遷侍講學士兼修國史，知集賢院事。詔稱其遇事敢言，議論忠讜。時議榷油，高琪力主之。雲翼與趙秉文、時戩等數人獨以爲不可，遂寢。高琪後以事譴之，不恤也。二年，遷禮部尚書，改吏部，擢御史中丞。鞫承立獄，劾其擁兵不進，免官。哀宗立，首命攝太常卿，拜翰林學士。後爲禮部尚書，兼侍讀。設益政院，雲翼爲選首。〔攷異〕劉祁歸潛志云，南渡爲翰林學士、吏禮部尚書、御史中丞。將大拜，以風疾止。再爲翰林學士，卒。士論惜之。元會汾金史攷證云，雲翼傳，正大三年二月，復爲禮部尚書，而哀宗紀不載，祇於三年大書置益政院，則與百官志同。以下文「明年設益政院」之文推之，則雲翼之復禮部尚書，當在二年，傳作三年，疑誤。又，元好問中州集云，大名史公奕，字季宏，大定末進士。程文典雅，歷翰林修撰，同知集賢院。正大中，置益政院，楊吏部之美與李宏皆其選也。以直學士致仕，卒。閒閒公稱其温厚、謙退、學問愈(和)〔扣〕(據中州集戊集第五公奕小傳改)而愈無窮，詩文號洹水集。史未載。每召見，賜坐而不名。嘗患風痺，及稍愈，帝親問愈之方，對曰：「但治心耳，心和則邪氣不干。治國亦然，人君先正其心，則朝廷百官莫不正。」帝矍然，知其醫諫也。五年卒，年五十九，謚文獻。天性雅重，待人寬而自律甚嚴。與人交分一定，死生禍福不少變。國家之事知無不言，而於南侵諫之尤力。及時全倡議侵宋，雲翼疏諫，不聽。嗣，全軍盡覆於淮上。宣宗曰：「當使我何面目見雲翼耶。」〔攷異〕元好問中州集云，與定末，拜吏部尚書。中外望其旦暮入相，竟以足疾，不果。正大五年八月，終於翰林學士，天下識與不識皆哀惜之。至今評者謂，「百餘年來，大夫、士身備四科者，惟公一人。」子恕，字誠之。第進士，今在燕中。雲翼所著有周禮辨一篇及文集。見續通考。云，初學語，即畫地作字，日誦數千言。

翰林學士趙秉文，字周臣，磁州滏陽人。登進士第，歷邯鄲令。明昌六年，爲應奉翰林文字，同知制誥。上書請罷胥持國，召用宗室守貞，下獄，免。後起同知岢嵐州，累擢翰林修撰，轉直學士。貞祐初，建言時事可行者三：一遷都、二導河、三封建。朝廷畧施行之。明年，乞守殘破一州，以宣布朝廷恤民之意。詔稱宿儒當在左右，不許。四年，拜侍講學士。〔興定元年〕（據金史卷一一〇趙秉文傳補）進禮部尚書，同修國史，知集賢院事。坐知貢舉得罪，致仕。五年，復起禮部尚書。哀宗立，改翰林學士，兼益政院説書官。正大九年正月，汴京戒嚴，命秉文爲赦文，辭情哀痛。及兵退，大臣欲稱賀，秉文言而止。三月，草開興改元詔，閭巷傳誦。洛陽人拜詔畢，舉城痛哭，其感人如此。是年五月卒，年七十四。封天水郡侯。嘗偕雲翼作龜鏡萬年録。又共集君臣政要以進。本傳，所著有易叢説十卷、中庸説〔十〕〔一〕（據金史卷一一〇趙秉文傳改）卷、論孟解各十卷、楊子發微一卷、太玄箋贊六卷、文中子類説一卷、南華畧釋一卷、列子補注一卷、資暇録十五卷、滏水集三十卷。時東明張特立，字文舉，亦著有易集説及歷年紀事詩。泰和中進士，後仕元，官洛陽令。

爲人至誠樂易，與人交不立崖岸，未嘗以大名自居。仕五朝，官六卿，自奉如寒士。與雲翼代掌文柄，時號楊、趙。朝使至自河湟者，多言夏人問秉文、庭筠起居狀，其爲四方所重如此。

庭筠字子端，（河）〔遼〕東（據金史卷一二六王庭筠傳改）人。博學，尤工文，且善字畫，名重於時。〔攷異〕續通考云，明昌三年，召王庭筠應奉翰林文字，命與校書郎張汝方品第法書、名畫，遂分入品者爲五百五十卷。庭筠傳，大定十六年進士。調恩州判官，有政聲。召試館職，中選，臺臣言其嘗犯贓罪，罷歸，居黄華山寺，因以自號。道陵知其材，因守貞薦，召入翰林，歷修撰。扈從秋山，應制賦詩三十〔餘〕（同上書補）首，上甚嘉之。卒官，年四十七。道陵以詩悼之，〔其引〕（同上）曰：「玉堂、東觀無復斯人矣！」有文集四十卷行世。子曼慶，亦能詩并書，官右司郎中。

元好問中州集云，熊岳人，父遵古。正隆五年進士，翰林直學士，才行兼備。道陵稱爲君子。子萬慶，詩筆字畫俱有父風。猶子明伯亦能詩。時宏州李純甫有與元裕之題子端山水詩云：「遼鶴歸來萬事空，人間無地(著)〔着〕(據中州集丁集改)詩翁。只留海岳樓中景，長在經營慘淡中。」純甫字之純，承安中進士。官右司都事，與雷御史希顏同爲中州豪傑，世號屏山先生。子仝，字稚川。今居鎮陽。又少作矮柏賦，以孔明、景畧自比。由小官上萬言書，援宋爲證，甚切。不見用。後喜佛，爲名教所貶。續通考云，純甫襄陰人。承安二年經義進士。著中國心學一書。同時任詢字君謨，易州人。父貴，善畫，游江、浙，生詢於虔州。書爲當時第一，畫亦入妙品。評者謂畫高於書，書高於詩，詩高於文。然庭筠獨以才具許之。正隆二年進士，北京鹽使。函山旅話云，元裕之寄書耶律中書，薦當時士大夫在河朔者。固安李天翼、漁陽趙鑄、燕人張舜俞、曹居一、王鑄。且曰：「凡此諸人，雖其學業操行參差不齊，要皆天民之秀，有用於世者也。」按，虞文靖學古録，有田氏先友翰墨序，稱彰德田師孟緝。其先友手翰中有劉伯熙，字善甫；曹居一字通甫；趙著字光祖，俱燕人，其稱著曰大俠。按元集作鑄者，字才卿，別是一人也。潘永因宋稗類鈔云，元遺山有妹爲女冠，文而豔。張平章欲娶之，遺山辭。令其自往訪。至，則手補天花板，誦詩曰：「補天手段暫施張，不許纖塵落畫堂。寄語新來雙燕子，移巢別去覓雕梁。」張悚然而出。

金史紀事本末卷五十二

末造殉節諸臣

宣宗貞祐三年（乙亥一二一五）夏五月庚申，中都破。右丞相兼都元帥定國公完顏承暉死之。承暉字維明，本名福興。〔攷異〕元史耶律楚材及石抹明安傳均作復興。續通考云，鄆王昂孫，初封鄒國公。好學，淹貫經史。襲父穆昆，由符寶祇候歷（巡警）〔警巡〕（據金史卷一〇一承暉傳改）使。章宗立，遷近侍局使，擢東京提刑副使，豪猾屏息。轉北京留守，入爲刑部尚書。屢忤權倖，改知大名、興中府。衞王卽位，授御史大夫、參政，進左丞，行省宣德。承裕兵敗會河堡，坐除名。貞祐初，拜右丞。妻子留滄州，城破死。執中誅，進平章、都元帥。中都被圍，出議和。及南遷，授右丞相，留守中都。以左丞穆延盡忠久在軍旅，悉以兵事付之，己乃總持大綱。太子去，右副元帥齊勤以兵叛降元，升盡忠平章，兼左副元帥。中都危急，遣人以礬寫奏乞援，高琪忌其成功，諸將顧望。及霸州兵敗，勢益孤。承暉約盡忠同死，未允。斬其心腹實庫，原作師姑。起辭家廟。召趙思文會飲，謂曰：「事勢至此，惟有一死報國家。」作遺表，付令史師安石，皆論國家大計及高琪姦狀。爲書以從子永懷爲後。神色泰然，謂安石曰：「承暉於五經皆經師授，謹守而力行之，不爲虚文。」既被酒，取筆與安石訣，最後倒寫二字，投筆嘆曰：「遽爾謬悮，得非神志亂耶？」遂仰藥死。瘞庭中。是日暮，盡忠南奔，中都陷。事聞，贈太尉、尚書令、廣平郡王，謚忠肅。嘗置司馬光、蘇軾畫像於書室，曰：「吾師司馬而友蘇公。」平章守貞素敬之，與爲忘年交。

同時任天寵，字清叔，定陶人。由進士歷户部尚書。中都不守，走南京，中道遇兵，死之。謚純肅。知大興府高霖亦及於難。霖字子約，東平人。官中都留守，權參政。贈承旨，謚文簡。本傳，大定末進士。歷國史院編修。上言「黄河爲害，皆(言)〔以〕(據金史卷一〇四高霖傳改)河流有曲折，適逢隘狹，故致湍決。按水經，當疏其阨塞，行所無事。今若開雞爪河以殺其勢，可免數埽之勞。」又言「並河隄廣植榆柳。」從之。後又請城宜城爲衞州，以護北門云。

此外殉節者，在宣宗朝則左監軍北京留守烏克遜温屯。原作烏古孫兀屯。上京路人。率兵援中都，詔守定興，兵敗戰没。觀州刺史高守約。一作高子約。字從簡，遼陽人。第進士。元使降將郭邦獻招降，不應，城破死之。贈崇義節度使，謚忠敬。

泰安州刺史哈薩喇安禮。原作和速嘉安禮。字子敬，大名路人，進士。元將勸降，不聽，城破被執。或以酒監對，曰：「我刺史也，何諱爲？」不屈死之。贈泰定節度使，謚堅貞。

參政定海節度使王維翰。字之翰，龍山人。進士，歷官有能聲。至鎮，縱民避亂，力窮被執，與妻姚氏均不屈死。贈中奉大夫，妻芮國夫人，謚貞潔。時安陽進士郭丙妻王氏，丙避亂居杞，元兵渡河，兩相失。王與少女俱被掠。王不顧女，自投河死。丙歸，感其義，終身鰥居。蒲城許古妻劉氏，貞祐初，賊圍蒲急，劉與二女俱自盡。封郡君，謚貞潔，女謚定姜、肅姜，以事付史館。掖縣相祺妻欒氏，貞祐間，紅襖賊陷城，殺祺父子，欲妻欒，欒大罵不從，被殺。封西河縣君，謚莊潔。石城李伯通妻闞氏，元兵亂，被獲，投塹不死，後教其子易讀書有成。監察御史李英妻張氏，元兵破濰，欲取爲夫人，不從，被殺。追封隴西郡夫人，謚莊潔。易州翟氏，金末，夫從軍死，翟少，出入兵刃數百里，以尸歸，負土葬，欲自盡，救免，年八十卒。鄜州康氏，夫早亡，服闋，父取歸，許嫁嚴沂，康聞，投崖死。事聞，命有司祭其墓。白水李文妻史氏，夫亡，父强以許嫁姚乙，史不聽，姚訴官被逼自縊。詔有司旌其墓。行唐蒲氏，適欒姓。夫亡，誓不嫁，山寇逼妻之，跳崖下水中死。鄉人號義姜，稱其水爲玉女塘。均見續通考。

安化節度使伊喇古尼。原作移剌古(輿)〔與〕涅(據金史卷一二一移剌古與涅傳改)。元兵取密，率兵力戰，連中流矢死，贈定遠大將軍。

寧海州刺史烏庫哩榮祖。原作烏古論福興，河間人。城破，力戰死之。贈安武節度使，謚毅勇。

沁南節度使宋扆。宛平人，進士。元兵至懷州，城破死之。

鎮西節度使烏庫哩仲温。本名呼喇。蓋州人，進士。元兵攻嵐州，城破死之。贈博索路都總管，謚忠毅。

武州刺史完顏玖珠。原作久住（按，據金史卷一二二本傳，當作九住）。元兵攻城，執其子姪抵城下招降，不顧。城破，力戰死。贈臨海節度使。判官唐古布格蘇同死，贈建州刺史。

應奉翰林文字李演。字巨川，任城人，進士第。丁憂，居里。任城被兵，畫守禦策。兵敗被執，不屈死。贈（齊）〔濟〕州（據金史卷一二二李演傳改）刺史。

東明令王毅。大興人，經義進士。守城抗敵，力屈被殺。贈（營）〔曹〕州（據金史卷一二一王毅傳改）刺史。

禮部侍郎、權左都監完顏寓。本名恩楚，原作訛出。寧州破，爲亂兵所殺。

翰林侍讀學士、勸農使王晦，字子明，澤州人，進士。守順州，城破被執，不屈死。贈樞副。裨將牛斗亦見殺。

淄州刺史齊鷹揚。元兵攻城，巷戰，被執，不屈死。贈嘉（義）〔議〕（據金史卷一二一齊鷹揚傳改）大夫。從死者判官楊敏中，贈昭勇大將軍，張奇嚕贈宣武將軍。

北京副留守珠嘉佛新，〔攷異〕原作佛紳，滿州語，桃柄也。原作朮甲法心，今譯改。同知順州温特赫雅齊堪。原作温迪罕咬查剌。〔攷異〕一作伊札爾，蒙古語，根源也。今譯改。二人同守密雲縣，元執佛新家屬招降，不應。城破陣亡。贈樞副，宿國公。雅齊堪亦不屈死，贈順州刺史。

雞澤縣名，屬洺州。令温特赫實芳努、原作十方奴節度判官富察濟巴。原作糺舍。〔攷異〕忠義傳作集賽，蒙古語，輪流值班之謂也。舊作怯薛，今譯改。二人同守薊州，城陷皆死。實芳努贈鎮國上將軍，濟巴贈金紫光禄大夫。

河北東路按察轉運使高錫。字永之，德基子。以蔭補官，遷（萍）〔平〕鄉（據金史卷一二一高錫傳改）令，察廉擢今官。至是，城破，自投城下死。〔攷異〕「萍」當作「平」。平鄉，縣名，屬邢州。忠義傳作「萍」，疑誤。

同知太原府吴僧格。克復河朔，詔徙其民南行，中道力憊，死。贈順義節度使。

左監軍行帥府事烏庫哩德升。本名魯爾錦，一作六斤，益都路人，進士。歷侍御史，劾執中，改防禦使。貞祐初，擢侍郎，權參政。論近侍預政，出爲集慶節度使，知太原府。困守數年，城破自縊死。其姑及妻皆自殺。贈承旨。子烏蘭威給奉御俸。

參政、河東行省李革，左監軍、行帥府事完顔蘇爾坦。革，字君美，河津人。第進士，歷韓城令，擢參政。元破潼關，罷爲絳陽節度使，代胥鼎守平陽，城陷自殺，贈右丞。蘇爾坦，城破亦死之，贈昌武節度使。提控郭用，戰敗不屈死。〔攷異〕劉祁歸潛志「革」作「鞏」，河中人。宏簡録蘇爾坦作蘇從坦。

東勝節度使伯特烏格。原作伯德窟哥。守東勝州，兩次被圍，戰死。

代州經畧使鄂屯酬和尚。原作奥屯醜和尚。守代州，兵敗被執，不屈死。

進士賈邦憲。守松平寨，被執，不屈死。

霍州刺史伊喇阿里哈。原作移剌阿里合，遼人。元兵至，被執，誘使降，曰：「吾有死，無貳心。」叱使跪，但向闕而立，叢矢射殺之。贈泰定節度使。節度副使孔祖湯，不屈死，亦贈官。〔攷異〕元好問中州集云，時遼東高憲，字仲常，吏部尚書（衛尉）（據中州集戊集删）。泰和三年乙科登第。年未三十，作詩已數千首。釋褐博州防禦判官，遼陽破，殁於兵間。史未載。

左都監行帥府事赫舍哩鶴壽。河北西路人。守鄜州，城破出走，據土山，力戰死。謚果（毅）〔勇〕（據金史卷一二二紇石烈鶴壽傳改）。時同死者，保大節度使完顏魯爾錦，鄜州破，投崖下死，贈特進。金安節度使鈕祜禄資格禄，鄜州城破同死，贈中京留守。河東安撫使富察羅索，救鄜州，城陷死之，贈定國節度使，謚襄勇。〔攷異〕劉祁歸潛志云，張遇字鼎臣，真定人。擢第爲應奉翰林文字，改鄜州經歷官，亦遇害。史未書。

同知太原府趙益。太原人，以克復府城功，擢招撫使。元兵至，殺妻子而死。贈宣撫使。

同知河中府、孟州防禦使侯小叔。河東人。守河中，力戰，城破死。下詔褒贈。〔攷異〕劉祁歸潛志云，楊楨字正夫，吉州人。擢第，歷户部侍郎，行部河中。北兵攻胡壁堡，將陷，知不免，與妻子俱投黄河死。史未載。

右監軍、知平陽府王佐。字輔之，霍州人。救襄、垣，尋中流矢死。贈金吾衞上將軍。

河東北轉運使、知彰德府洪果玖珠。原作黄擱久住，臨潢人。戰没，贈南京留守。

右副監烏凌阿奇珠。原作烏林答乞住，大名路人。進士，興平節度使。赴援中都，戰殁，贈參政。〔攷異〕章宗紀，泰和六年，同知昌武節度乞住，另一人。

保大節度使、知彰德府圖們色呼默。原作陀滿斜（默）〔烈〕（據金史卷一二二陀滿斜烈傳改），咸平路人。彰德城破死焉。

西安節度使尼瑪哈富勒呼。原作尼龐古蒲魯虎，中都路人，進士。潼關破，兵敗死之。

泰定節度使烏雅威赫。原作兀顏畏可，隆安路人。兖州城破死焉。

汾陽節度使烏雅恩徹亨。原作兀顏訛出虎，隆安路人。進士，補令史，守汾州，城破死。

工部尚書、權左都監鈕祜禄貞。原作粘葛貞，本名綽哈，原作抄合，西南路人。進士，守晉安府。城破與府官十餘人皆死之。〔攷異〕汪輝祖金史同名録云，卷十二章宗泰和六年將、卷一百十六官努傳天興二年近臣，姓裴滿氏，三人同名抄合。

昭義節度使、行帥府事納哈塔富拉搭。原作納合蒲剌都，大名路人，進士。守潞州，城破，力戰死，贈御史大夫。

孟州防禦使（遜）〔孫〕鐸（據金史卷九九孫鐸傳改）。字振之，滕州人。大定中進士，亢直。貞祐初，孟州城破，投水死。所著有虛舟居士集。（按，據金史卷一〇〇路鐸傳，虛舟居士集爲路鐸之詩文集，此處誤）

槙州刺史鈕祜禄恩楚。原作女奚烈斡出。守金勝堡，爲張提控所執，脅使降，不屈，殺之，執其妻子降元。判官王謹收衆屯周安堡，衆潰被執，亦不屈死。詔均贈官六階。

登州判官吴邦傑。寓居日照村墅，元驅之攻城，不從，殺之。贈定海節度副使。時富珠哩福壽爲唐邑主簿，戰死，贈官三階。海鹽時茂先不附紅襖賊，駡不絶口，亦被殺，贈防禦使。

同知上京留守温特赫老爾。原作老兒。時布希萬努攻上京，被執，脅降，不從，亂斫死。贈〔龍〕（據金史卷一二二温迪罕老兒傳補）虎衞上將軍。〔攷異〕劉祁歸潛志云，魏琦字民英，順聖人，擢高第，歷郎中。元犯潼關，行部至洛陽，見殺。官其子。王良臣字大用，潞州人，官翰林，從李英北征遇害。續通考云，納合蒲剌爲潞州左監軍，王良臣爲都參議官、修起居注。宣宗時，元兵攻潞州，蒲剌及良臣均死之，史俱未載。蒲剌疑卽納合蒲剌都。見上。

咸平路經歷官梁持勝。字經甫，節度襄子，進士。布希萬努有異志，持勝詣行省太平告變。俄太平受萬努僞命，毁上京宗廟，執元帥承充，奪其軍。持勝與治中費摩薩布、萬户韓公恕謀討之，事泄，均被害。贈持勝韓州刺史、薩布顯德節度，公恕信州刺史。〔攷異〕劉祁歸潛志云，梁名詢誼，字仲經，父絳州人，官應奉翰林文字，出爲留守判官，未幾以節死。汪輝祖金史同名録云，卷十一章宗泰和三年薊州刺史、卷十六宣宗元光二年奉御、卷九十七世宗時定海節度劉琉小字，四人同名太平。元好問中州集，經甫，泰和六年進士，制策優等，宏辭亦中選。貞祐初，由博士爲咸平治中，宗室承裕辟爲僚佐。承裕死，太平謀不軌，以兵脅使作文移，經甫大駡，不從。即日遇害，年三十六。初赴官，有詩云：「山雲欲雨花先慘，客路無人鳥亦（愁）〔悲〕（據中州集戊集改）。」人以爲讖云。又（榮）〔滎〕澤（據中州集壬集改）史士舉，字仲升，第進士，歷縣令。貞祐之亂，避兵太行，保聚失守。仲升義不受辱，投澗死，年七十九。

進士劉德基。大興人，守官邊邑。夏兵來攻，城破被執，駡賊，死，贈朝列大夫。

吏部侍郎、安州刺史圖克坦航。一名扎克繖，原作張僧。元兵攻城急，先縊其妻子而死。城破，軍民猶力戰，曰：「太守既死，我輩安可降？」死者甚衆。

參政、定國節度使李復亨，同知節度事額爾克。復亨字仲修，河津人，進士。城破自殺。贈資德大夫。額爾克亦同死。〔攷異〕劉祁歸潛志云，復亨爲參政，犨姪鎮固州，城陷死之。叔姪相繼執政，均死事，士論嘉之。但史「犨」作「革」，稍異耳。

濟陰令馬驤。禹城人，進士。曹州破，被執，不屈死。贈朝列大夫。時淄州張順亦不屈死，贈（定）〔宣〕（據金史卷一二二張順傳改）武將軍。〔攷異〕元好問中州集，濟南周馳，字仲才，大定中屢以策論魁天下。貞祐初，濟南陷，不肯降，携其二孫赴井死。所著有亞父撞玉斗（書）〔賦〕（據中州集庚集改）及他文數篇。又，滄州田紫芝，字德秀，疏俊蘊藉，與同郡王元卿齊名。貞祐初，避兵臺山，倉卒爲游騎所害，士論惜之。史均未載。

懿州節度使高閭山。澄州析木人。選充護衛，歷盤（海）〔安〕（據金史卷一二九高閭山傳改）、寧昌諸軍節度。貞祐二年，元兵至，城破死之。見酷吏傳。

潞州都統馬甫。元兵攻潞州，戰死。

武州判官郭秀。元兵下武州，死之。

沔城縣軍官任福。城破，爲元兵殺。

合河令喬天翼。城破，爲元兵殺。

東（萊）〔莒〕公（據金史卷一一八燕寧傳改）燕寧。與元兵戰，敗，死。〔攷異〕元史穆呼哩傳，石天應擒金將張鐵槍至，欲降之，張厲聲曰：「我受金朝恩二十餘年，事至此，有死而已。穆呼哩義之。諸將怒其不屈，竟殺之。史樞傳，鐵槍名資禄。又黑馬傳，金武仙據真定，黑馬從孛魯討之。金將忽察虎以兵來援，爲黑馬所殺。德海傳，攻金鄭州，殺金將左崇。張榮傳，攻金沛縣，將唆蛾侯來擒營，榮追殺之。史天倪傳，金將合達陷於蒙古，遂降之。已而，與監軍王守約連謀，越海歸金，天倪來，追殺守約。史均未載。

提控王禄。宋人襲破泗州西城，死之。

山東西路安撫使完顏阿林。與宋人争皂郊堡，兵敗戰没。

宣撫使鄂屯襄。夏人攻環州，軍亂，遇害。

葭州刺史赫舍哩王嘉努。夏破通泰砦死之。

提控珠格綽爾。原作朮蒲春兒。與宋人戰胡陂，敗死。

知中山府李仲。治中王善謀叛，被害。

邳州行省蒙古綱。經略祿格等謀亂，殺之。

中都經略使苗道潤。賈瑀等謀亂，刺殺之。

華州防禦判官完顏巴錦李友直等謀亂，遇害。

遼東行省完顏阿里巴斯。爲叛人伯特胡圖所殺。

都提控齊信。紅襖賊犯沂州，戰没。

提控王顯。從伯特玩攻李全，兵敗死焉。

經略使内族專努。原作轉奴。萊州民曲貴叛，被害。

鳳翔萬户完顏綽哈。原作醜和，以死節贈懷遠大將軍。

在哀宗朝，則定遠大將軍、忠孝統領完顏陳和尚，亦作禪華善，名彝，字良佐，豐州人，系出蕭、王諸孫。父奇格，以侵宋功，授同知階州，戰没嘉陵〔江〕（據金史卷一二三陳和尚傳補）。陳和尚幼爲元兵擄，置大帥帳下。時母居豐州，請歸省，與從兄色呼默殺卒，奪馬奉母還，宣宗授以官。色呼默行壽、泗帥府，隨往，從太原王渥受業，通孝經、左氏傳。及色呼默罷爲統領，隨屯方城，坐事繫獄，兄卒得出，授統領，轉提控。北兵入大昌原，以四百騎破八千衆。

其軍皆回紇、奈曼、羌、渾，驁悍淩突，號難制。每戰輒先登。尋捷於衛州，復大捷於倒回谷。及三峯山之敗，走鈞州，城破巷戰，俄出曰：「我金大將，欲見白事。」詣大帥，問姓名，曰：「我陳和尚也。大昌原諸捷皆我。若死亂軍，人謂我負國，今日明白死，天下必有知我者。」時帥欲其降，斫足脛折不爲屈，割口吻至耳，噀血而罵不絶聲。大將義之，酬以馬湩，祝曰：「好男子，他日再生，當令我得之。」贈鎮南節度，塑像褒忠廟。兄色呼默善戰，在商州，得歐陽修子孫并隣族三千餘，悉遣還。〔攷異〕劉祁歸潛志，色呼默作斜烈畢里海。

左監軍楊沃衍。朔州人。元招降不應。鈞州城破，自縊死。部將劉興格復於清化戰死。時與沃衍同死者，尚有樊澤、張惠、高英。

臨洮府總管圖們呼圖克們。原作陀滿胡土門，字子秀。進士，知臨洮，屢破夏兵。遷左監軍，行帥府、知晉安，與役嗜殺。未幾城破，死者百萬。後鎮臨洮，城破死之。贈中京留守。妻烏庫哩氏，亦從死。

汝州防禦使姬汝作。字欽之，汝陽人。元兵過，州人梁皐作亂，被殺。贈昌武節度使。

德順節度使愛新。一名莽格，原作忙哥。招鳳翔馬肩龍共守城，力屈均死。詔各贈官。〔攷異〕元好問中州集，肩龍字舜卿，宛平人。在太學，有賦聲。宣宗初，上書救宗室從坦死，授東平録事，假鳳翔總管判官。守德順城百日，食盡城陷，不知所終，時年五十三。配食褒忠廟。續通考云，世爲遼大族，有知興中府者，時號興中馬氏。

義順節度使禹顯。雁門人。與元兵戰，敗，被執，不屈死。時泰州進士張邦憲，官永固令，避兵徐州，被執，不屈遇害。彭城民劉全爲國安用執，亦不附，見殺。

鳳翔都統馬慶祥。元兵將攻鳳翔，與治中胥謙分道清野，遇於澮水，戰不利，被執，不屈死。贈恒州刺史，謚忠愍。謙及子嗣亨亦不屈死，均贈官。布薩和碩亦死，贈榮禄大夫。〔攷異〕續通考云，慶祥字瑞寧，寧(靜)〔淨〕州(據金史卷一二四馬慶祥傳改)人。本(姓)〔名〕(同上)習禮吉思，先世自西域徙臨洮狄道，以馬爲氏。城陷，不屈死，贈輔國上將軍，謚忠愍。同死者共十三人，從祀褒忠廟，仍録其孤。慶祥子正卿禮部尚書，贈梁郡侯，謚忠懿。

秦藍帥府經歷官商衡。字平叔，曹州人。官監察御史，屢忤權貴。行省烏登敗於鐵嶺。衡招集潰軍，被獲，不屈，自刭死。許古嘗薦衡可任宰相。

權唐州刺史、行帥府事烏庫哩海罕。原作黑漢。宋兵攻唐州，兵敗被執，死。

鎮南節度使、元帥珠嘉托羅海。原作朮甲脱魯灰，上京人。從行省烏登率潼關兵入援，至商州，衆潰，自殺。

平涼判官楊達夫。字晉卿，三原人。進士，鄠縣主簿。避兵州之北横嶺，被執，不屈，見殺。

國子監祭酒、權刑部尚書馮延登。字子(駿)〔俊〕(據金史卷一二四馮延登傳改)，吉州人，第進士。元兵圍汴，逃難被執，躍城内井中死。〔攷異〕劉祁歸潛志云，官吏部侍郎，遭亂不知所終。元好問中州集云，承安二年進士。令寧邊日，適閒閒公守此州，與論文義，相得甚歡，故詩文皆有律度。正大末，奉命北使，見留。使招鳳翔，不從，欲殺者久之。剃其鬚髯，羈管豐州，二年，乃得還。天興初元，授禮部侍郎。京城陷，自投井中死。有集，號横溪翁。予過大名，見於其子源〔如〕(據中州集戊集補)。顧奎光金詩選載其寄笏青柯平詩，有「松風度壑江聲遠，蘿月當軒扇影高。」之句。

尚書右丞持嘉烏新原作赤盞慰忻，字大用，上京人，進士。劾罷薩哈連，朝論快之。崔立之變，望睢陽痛哭，以弓弦自縊死。子棟（爾）〔齊〕（據道光殿本金史卷一一五持嘉烏新傳改）亦没兵間。

翰林承旨、汴京留守烏克遜仲端。原作烏古孫布希，進士。元兵圍汴，食盡自縊死。其妻己亦死。明日，崔立亂作。子愛實，以誅官努功授節度。〔攷異〕劉祁歸潛志作吾古孫仲端，字子正，官參政。

右司員外郎聶天驥。字元吉，五臺人，進士。留汴，值崔立亂，被創甚，卧十餘日死。女舜英亦自縊。

諫議大夫烏克遜納新。原作奴申，字道遠。性伉直敢爲。時兼近侍局使。汴京變，自縊死於臺中。

御史大夫費摩阿固岱。原作裴滿阿虎帶，字仲（林）〔寧〕（據金史卷一二四烏古孫奴申傳改），進士。汴京變，於臺中自縊死。〔攷異〕汪輝祖金史同名録云，卷十八哀宗紀天興二年内族，同簽睦親府事；卷四十五刑志承安時符寶局（直）〔官〕（據金史同名録卷八改）；卷一百一馮璧傳貞祐四年河中帥，宗室，亦作阿禄帶、阿魯帶；卷一百三十三張僅言傳正隆六年左衛將軍，五人同名阿虎帶，亦名阿忽帶。

户部尚書完顔珠赫。即珠顆，字仲平，進士。汴京變，亦縊死。

奉御完顔莽格。原作忙哥。汴京變，亦不辱而死。

右副點檢温都阿里、左副點檢完顔阿薩爾。原作阿散，與大理費摩德輝、納新子刑部掾瑪延、講議富察琦皆值亂，不屈死。琦本名阿憐，與顯宗子霍王瓚同名。事母完顔氏孝謹。母方晝寢，夢三人潛伏梁間，驚悟。琦曰：「梁上人鬼也，兒志在懸梁，阿母夢先見耳。」家人勸阻，母曰：「勿阻，兒所處是矣。」即自縊。〔攷異〕忠義傳以三人之死在崔立變之明日。歸潛志則以爲後三日，史作本日。續綱目，德輝姓納哈塔氏。續通考，瑪延作麻因。又云，許州蘇嗣〔之〕（據金史卷一三〇列女傳補）母白氏，宋尚書蘇轍五世孫婦也。年二十寡，外家議改醮，不從。曰：「我爲蘇學士家婦，又有子，乃使失身乎？」天興元年，許州被兵，嗣子爲汴京官，白曰：「兒往京，老婦死無恨。」即自縊，家人并其屋焚之。元好問中州集，李端甫字濟夫，同州人。第進士，官平定州判官，工於詩。子實，字師白，死於壬辰之難。寧晉康錫字伯禄。擢第，歷州縣，入爲御史，遷京南路司農丞。從軍，城陷，投水死。太原趙達夫嗜讀書，不事科舉。南渡後，居緱氏山中，壬辰之兵，遇害。史均未書。錫見卷四十六。（按，康錫事不見「卷四十六」，而見卷一一一）

中京留守、左都監、行帥府事强伸 本河中射糧軍子弟，貌寢，而膂力過人。初，從安寧復潼關。鐵嶺敗，被執，竄歸中京。時城破，薩哈連死，代者任守貞，署伸警巡使。後守貞入援，敗死鄭州，伸代領府事。甫三日，即被圍，竭力守禦，凡四閱月，得不拔。命優擢。會色呼入洛，行省事。伸於洛川驛建報恩堂，誓死守。元驅色呼子誘降，命射之，憤卒。烏凌阿呼圖代行省事。糧盡，軍稍散。伸築戰壘城外，皆有屏，曰「迷魂牆」，元兵來薄，屢卻之。呼圖走南山，都尉開門降，伸轉戰。至偃師被執，脅降不屈，死。〔攷異〕續綱目作齊克伸，執見元將塔齊爾，語不遜，兵卒曰：「汝能北面一屈膝，貸汝命。」不從，左右叱使北面，伸拗頸南向，遂殺之。元史李宗賢傳，攻河南，其渠魁强元帥者以衆出奔，宗賢追及，降之。按，此即强伸也。然伸力戰被擒，不屈而死，事見忠義傳。而元史謂追及降之，實屬曲筆，見趙翼劄記。又，中州集大興李（坊）〔芳〕（據中州集辛集改），字執剛，承安二年進士。歷乾、坊二州刺史，同知〔都〕（同上補）轉運使。正大末致仕，歿於洛陽之難。洛州王彧，字子文，承安中進士。官省掾，棄官去。正大壬辰，參政思烈行省洛陽，使參議臺事。城陷，不知所終。史未載。

右丞相、樞密使兼左副元帥完顏薩布 原作賽不，始祖弟博和哩後。貌魁偉，有大畧。泰和中，從侵宋，爲都統，大捷於溱水。貞祐初，簽樞院，知臨洮，改鳳翔，擢招討、觀察使。嗣出兵河北，招降晉安皇甫珪等，遷樞副。援河東，戰屢捷，進復河中。哀宗立，拜平章，進右丞相。屢躓屢起。天興二年七月，行省徐州，部將郭恩與叛賊郭頁嚕相結，殺元帥商瑀父子及赫舍哩算卓。十月，頁嚕遂約麻琮襲破徐州，薩布投河，不死，乃自縊。琮以城降元。

尚書右丞、樞密副使完顏呼沙呼。原作忽斜虎，字仲德，海蘭路人。負文武材，第進士，歷州縣。貞祐初，爲元俘，盡解其語，率降人萬餘來歸，授邳州刺史。哀宗立，擢簽樞、行院徐州，移知鞏昌，行帥事，均有政績。進行省，以參政行省陝州。汴京急，率兵入援，值帝東遷，妻子留京城五年，不入視。拜右丞兼樞副，從至歸德，命行省徐州，討平王德全亂。及官努誅，議遷蔡，贊成之。至，則領省院，事無鉅細，悉親爲之。選士、括馬、繕治甲兵，未嘗忘西幸秦、鞏意。爲近侍阻，每深居燕坐，瞑目太息而已。帝命選室女備後宮，及修見山亭，與同知衔爲遊息所，諫而止。定進馬遷賞格，得千餘匹。分道徵兵，軍聲稍振。及被圍，營畫禦備，撫循士卒，戰没者衆。城陷，率軍巷戰。聞帝縊，乃赴汝水死。掌軍務，信賞必罰，號令嚴整，軍士効用無異心。南渡後，將相文武忠亮始終無瑕，呼沙呼一人而已。

權參政烏凌阿呼圖。中京破，奔蔡，守西面。城陷，投汝水死。

忠孝軍元帥蔡巴爾。原作八兒。元將布展圍蔡，潛軍擊退之。承麟立，禮畢，巴爾不拜，曰：「有死而已，安能更事一君。」遂戰死。

都尉毛佺。恩州人，圍城之戰，佺力居多。城破，自縊。子先戰没。又，滑州（關）〔閣〕忠（據金史卷一二四毛佺傳改）、磁州（郭）〔郝〕乙（同上）同日戰死，皆贈官。時女直人無死事者，長公主言於帝曰：「近來立功効命多諸色人，無事時則自家人争强，有事則他人盡力，焉得不怨。」帝默然。

左副點檢温都察遜。原作温敦昌孫，皇太后姪。命捕魚練江，遇伏戰死。

前監察御史納塔和碩台。原作納坦胡失打。蔡城破，慟哭赴水死。

鎮南節度副使李獻甫。字欽用，獻能從弟。博通書籍，第進士。守備之策，時相倚重。蔡州破，死於難所。著有天倪集。顧奎光金詩選載秋風怨詩一首。

禮部尚書舒穆嚕世勣。字魯航，一字景署，第進士。父元毅死王事。哀宗將北渡，世勣求見，力言其不可，弗聽。仍從行至新蔡，與子嵩相見，上因擢嵩應奉。蔡州破，父子均死。嵩字企隆，亦進士。世勣本姓石抹，字晉卿，承安中進士。有題紙鳶詩。

應奉翰林文字宋九嘉。字飛卿，夏津人。第進士，致仕。後没於癸巳之難。顧奎光金詩選載其題蓮社圖詩云：「野鶩家雞俗好乖，虎溪泉石滿塵埃。壯哉砥柱頹波裏，惟有淵明挽不來。」

御史王國綱。字正之，宏州人。奉詔詣河(東)〔中〕(據金史卷一二六王國綱傳改)，遇元兵，見殺。〔攷異〕劉祁歸潛志云，翰林王彪出刺州，未赴，南京被圍，飲藥死。史未載。

左監軍任守貞。思烈等與元兵戰，軍潰京水，守貞死之。見上。

簽樞院事草火額爾克。原作訛可，本内族，元兵破河中，戰死。

鄭州防禦使烏淩阿耀珠。原作烏林答咬住。元帥馬伯堅以城降元，耀珠死之。

宿州副總帥高拉格。原作剌格，元兵破蔡州外城，戰没。

右監軍烏庫哩和歡。原作黑漢。元召宋兵攻唐州，與戰死之。

平章完顏哈達，原作合達副樞伊喇布哈。原作移剌蒲阿。三峯山與元人戰，兵敗均走鈞州。城破，先後見殺。〔攷異〕元史雪不台傳，哈達作合韃韃、李治傳作合答。又塔思傳布哈作蒲兀。所載各異。

徐州元帥完顏烏里。遇元兵於楊驛店，力戰死。時慶善努及睢州刺史張文壽同死。

行省圖克坦伊都。時宿州高拉格等作亂，殺節度赫舍哩阿古父子，推伊都主帥事，不從。至轂熟，遇元兵，死之。〔攷異〕哀宗紀高拉格作臘哥，與前在宿州殉節者另一人。

元帥完顏珠爾。原作猪兒。

軍將賀德希。使國安用還，至宿州，遇元兵死之。

都尉王愛實。蔡州城破，戰死。

權左副點檢完顏色呼默。〔攷異〕原作斜烈。汪輝祖金史同名録云，卷十三衞王至寧元年護衞；卷一百一抹撚盡忠傳貞祐時近侍局提點；卷一百完顏伯嘉傳貞祐時權堅州刺史；卷一百十七時青傳元光元年從宜；卷百二十二宣宗時彰德知府；卷一百十六石盞女魯歡傳正大九年權奉御；卷一百二十三陳和尚傳和尚從兄，名鼎，正大時統領，八人同名斜烈。時哀宗殉國，召侍御等同死。屬奉御經實焚幽蘭軒，收帝遺骸瘞之。經實一作絳山，後不知所終。

城父令李用(宣)〔宜〕(據金史卷一一七粘割荆山傳改)。楊春據亳州作亂，爲所殺。春以城降宋。判官劉均，林慮人，先元兵至，仰藥死。

行尚書事王賓。字德卿，亳州人，進士。舉兵討楊春，春遁，復其城。鎮防軍崔富格作亂，殺之。及魏節亨、孫良、孫玖珠、王進皆被害。〔攷異〕元好問中州集，德卿學詩甚力，故所得亦多。言懷云：「功名不到書生手，坐撫吴鈎惜壯圖。」又「風生傳令箭，星落受降城」。「煙外暮鐘催(使)〔倦〕(據中州集庚集改)馬，林間殘照聚歸(鵶)〔鴉〕(同上)。」人甚稱之。

元帥瓜爾佳實倫。許州軍變被殺。時鈕祜祿仝周、蘇椿等同死。

行省阿布哈努失爾。原作阿不罕奴十剌。河解元帥趙偉謀叛，殺之。凡二十一人。

元帥完顏呼圖。魚山張𤅊謀叛殺之。

樞副兼參政實嘉紐勒琿。原作石盞女魯歡。官努叛，殺之。及左丞李蹊等三百餘人。

參政完顏納新。原作奴申。與樞副薩尼雅布守汴京，被崔立殺。

陳州行省紐祜祿納新。亦作奴申。都尉李順兒作亂，與招撫使劉天起仝遇害。

行尚書盧芝、行侍郎石玠。二人往召武仙入援，玠爲仙殺，芝走，爲亂卒所害。

元帥瓜爾佳當格。蔡城圍急，爲總帥王銳所殺。

扶溝令王浩。循吏傳，浩初令涇陽，廉白，爲關輔第一。南遷，令扶溝。叛民錢大亨、李鈞等降元，勸浩降，不聽，殺之，無血。主簿劉坦、尉宋乙並見害。棄尸道傍，自春徂夏，儼然如生。亦見續通考。

左都監、知鳳翔府郭哈瑪爾。會州人。屢敗夏兵。甲午春，蔡城已破，汪世顯叛降元，遣使招降，不從。時西州無不歸順者，獨哈瑪爾堅守孤城。兵至，力戰，自焚死。城中人無一降者。〔攷異〕哈瑪爾原作郭蝦蟆。元史按竺爾傳之郭斌，卽蝦蟆也。見錢大昕諸史拾遺。續通考云，郭斌，會州將也。元兵圍城，既破，斌驅妻子入一室，焚之。已而，自投火中死。女奴自火中推兒出，授人曰：「將軍盡忠，忍死絶嗣，此其兒也，幸哀而收之。」言畢，復投火死。元將惻然，爲保其孤。所載較詳。哀宗紀均未書。元史太宗紀，七年十一月，奎騰攻石門，金便宜都總帥汪世顯降。世顯字仲明，鹽城人。

吏部郎中楊居仁。字行之，大興人，進士。國亡北渡，舉家投黃河死。

提控畢資倫。爲宋執，囚鎮江土牢十四年。國亡，設祭江岸，大哭，投江死。〔攷異〕元史趙宏偉傳，金亡，有總管王昌、張雲復起兵，宏偉夜襲雲，斬之。史未載。

參政富珠哩羅索。帝縊，與總帥元志、元帥王善爾、赫舍哩柏壽等及軍士五百餘人皆從死。時中丞權參政張天綱，城破爲宋孟珙得，械至臨安，命知府薛瓊問曰：「有何面目到此？」答曰：「國之興亡，何代無之？金亡，比汝二帝何如？」瓊奏其語，宋帝曰：「天綱真不畏死耶？」對曰：「大丈夫患死不中節耳，何畏之有？」因祈死不已。令供狀，不肯書虜主，但書故主而已。後不知所終。而宋史全文云，端平元年四月，授天綱武翼大夫，給袍帶。汪劍潭謂當大書於簡，以正金史之訛。本傳，字正卿，霸州益津人。詞賦進士，歷監察御史。以鯁直聞云。

金史紀事本末卷末

引用書目

欽定日下舊聞考
欽定滿洲源流考
欽定盛京通志
御批通鑑輯覽
欽定遼金元三史國語解
欽定全唐詩
史記 司馬遷
史記正義 張守節
管子 管仲
吴子 吴起
竹書紀年
圖書王會解
河圖括地象
山海經注 郭璞
前漢書 班固
漢書地理志注 顔師古
後漢書 范曄
續漢書 謝承
鹽鐵論 桓寬
水經 桑欽

水經注　酈道元

隋書　魏徵

南北史　李延壽

舊唐書　劉昫

新唐書　歐陽修　宋祁

六典　玄宗

通典　杜佑

續通典　宋白

通志　鄭樵

文獻通考　馬端臨

續文獻通考　王圻

册府元龜　王欽若

説文繫傳　徐鉉

石鼓辨　馬定國

石鼓音訓　潘㥯山迪

尚書要録　吕造

語孟旁通　桂瑛

禮例纂　張行簡

諸禮記録　張行簡

舊五代史　薛居正

新五代史　歐陽修

五代會要　王溥

南唐書　馬令

南唐書　陸游

遼史　脱脱等

契丹國志　葉隆禮

上契丹事　王曾

遼載　林本裕

亡遼録　史愿

亡遼遺録

使北語録　劉敞
燕北録　王易
燕北雜誌　武珪
燕山叢録　徐昌祚
虜廷事實　文惟簡
直北遼事
全遼志　薛延寵
遼小史　楊循吉
遼史拾遺　厲鶚
遼史拾遺補　楊循吉
金史　脱脱等
大金國志　宇文懋昭
金節要　張滙
金誌　張棣
裔夷謀夏録　汪藻

金盟本末　汪藻
金人背盟録　汪藻
三朝北盟會編　徐夢莘
北盟集補　徐夢莘
燕雲録　趙子砥
陷燕記　賈子莊
陷燕録　許採
松漠紀聞　洪皓
續松漠紀聞　洪皓
行程録　鍾邦直
奉使行程録　許亢〔宗〕
燕雲奉使録　趙良嗣
宣和奉使録　連南夫
建炎通問録　傅雱
奉使執禮録　鄭儼

奉使録　陶悦

入蕃録　宋敏求

使燕録　余嵘

正惠公使金録　程卓

奉使雜録　何鑄

北行日録　樓鑰

乘軺録　路振

靖康奉使録　鄭望之

山西軍前奉使録　李若水

隆興奉使審議録　雍希稷

攬轡録　范成大

桂海虞衡志　范成大

北狩見聞録　曹勛

茅齋自叙　馬擴

神麓記　苗耀

北狩行録　王若冲

痛哭流涕編　耿氏

孤臣泣血録　丁特起

痛定録　吕本中

封氏編年　封有功

南燼(餘)〔紀〕聞　〔舊題辛棄疾〕

北風揚沙録　無名氏

竊憤録　〔舊題辛棄疾〕

回天録　秦湛

建炎假道高麗録　楊應誠

南歸録　沈琯

遼東行部誌　〔王寂〕

北蕃地理志

北盟録

獅山掌録

鐵圍山叢談　蔡絛
北征紀實　蔡絛
國史後補　蔡絛
行程録　王大觀
征蒙記　李大諒
金太祖實録　宗弼
金太宗睿宗世宗實録　良弼
金章宗宣宗實録　王若虚
四朝聖訓　楊廷秀
大定遺訓　史奕
女直郡望姓氏譜　烏頁
大金德運圖〔説〕記
金人疆域圖
金中雜事
金國南遷録　張師顔

金華文統
瀛洲道古録
大金集禮　張暐
兩燕王墓碑辨　蔡珪
張孝純盡忠補過録　穆伯翎
續金石遺文跋尾　蔡珪
東南紀聞
興亡金鏡録　傅慎微
龜鏡萬年録　趙秉文
君臣政要　趙秉文
壬辰雜編　元好問
中州集　元好問
續夷堅志　元好問
歸潛志　劉祁
閒談劉齊王故事　王惲

海陵外集　周麟之
逆豫傳　楊堯弼
二楊歸朝録　楊堯弼、楊載探報金事
僞齊傳〔楊堯弼〕
平燕録
金史攷證　元會汾
金史同名録　汪輝祖
金詩選　顧奎光
北邊備對　程大昌
演繁露　程大昌
攷古編　程大昌
宋史　脱脱等
東都事略　王偁
南宋書　錢士升
宏簡録　邵經邦
王氏家録　王旦
沂公筆録
言行録　王曾
賈黄中談録　張洎
李氏談録　李昉
王公談録　王洙
韓忠獻（逸）〔遺〕事〔强至〕
寇萊公（逸）〔遺〕事
萊公紀事
欽宗實録　洪邁
夷堅志　洪邁
容齋四筆　洪邁
金坡遺事　錢惟演
東北諸蕃樞要　李季興
宋稗類抄　潘永因

紀談録　晁公邁
高宗聖政草　陸游
老學菴筆記　陸游
家世舊聞　陸游
避暑漫鈔　陸游
清尊録　陸游
雲麓漫鈔　趙彦衛
東坡題跋　蘇軾
東坡志林　蘇軾
清夜録筆談　沈括
朝野僉言　夏少曾
四朝聞見録　葉紹翁
聞見録　邵伯温
聞見後録　邵博
續清夜録默記　王銍
野客叢書　王楙
楓牕小牘　袁氏
雲谷雜記　張淏
墨莊漫録　張邦基
侯鯖録　趙德麟
蘇詩注　施元之
睽車志　郭象
揮麈前録、後録、三録　王明清
餘話投轄録　王明清
二老堂雜誌　周必大
玉堂雜誌　周必大
默記　張(戒)〔儼〕
籀史　翟耆年
日記　沈必先
成都丁記　胡元質

王寓思遠筆談
宋會要　王珪
宋續會要　虞允文
宋通典　魏鶴山
中興會要　梁克家
朝野雜紀　李心傳
建炎以來繫年要録　李心傳
西陲泰定録
三朝政要　富弼
宋史全文
九朝編年備要　陳均
兩朝綱目備要
十朝編要　李𡌴
九朝通略　熊克
中興小紀　熊克

中興忠義録　龔頤正
續中興義録　張鈞
中興紀事本末
中興戰功録　李璧
中興四朝志
中興日歷　汪伯彥
中興記　耿延禧
中興遺史　趙甡之
中興叛逆傳
中興姓氏録
國門近游録
宰輔編年録　徐自牧
宣政雜録　江萬里
澗上閒談

何氏備史
劉氏日記
圖經志書
逸史　蔣芾
嬾貞子　馬永卿
避戎夜話　龔茂良
宋朝事實　李攸
宋元史質　王洙
大事記講義　吕中
汴京紀事　劉子翬
宗忠簡逸事
靖康傳信録　李綱
靖康遺録　沈良
靖康要盟録
靖康餘録
靖康録　朱邦基
靖康要録、前録、後録、小録
靖康小雅
靖康草史　何烈
邊和録　陳伯疆
危史　鄭昂
桯史　岳珂
愧郯録　岳珂
金陀粹編　岳珂
秀水閒居録　朱勝非
渡江遭變録　朱勝非
蜀口用兵録　費士戣
西事記　王之望
丁巳瀟湘録　張浚
魏公行狀　張浚

扈從録逸事事實　趙鼎
維揚巡幸記
呂祉行狀　鄭克
十將傳
岳飛傳事實辨誣　岳珂
聘北道里記　江德藻
金宋通好事餘　李唐英
乘桴記　李正民
圍城悲喜雜記　趙暘
閱世記　王庭秀
勤王記
幼老春秋
紹興正論　湘山樵夫
金亮本末　宋翌
金人犯闕記　方冠
煬王江上録
正隆事迹
采石戰勝記　員興宗
記采石始末
瓜洲斃亮記　蹇駒
維揚過江録　葉夢得
敗盟記　晁公忞
亂華編　劉荀
順昌破賊録　楊汝翼
海道記　馮忠嘉
順昌破賊録　郭喬年
順昌破敵記　劉錡
西陲泰定録　李心傳
新舊安西樓記　安丙
靖蜀記　胡酉仲

上劉閣學自叙書　楊巨源

巨源事迹　益昌人

丁卯實編　〔毛方平〕

記巨源事　李珙

誅曦始末　李好義

平蜀實録　楊君玉

切齒録　任光旦

復四川本末　李好古

固陵録　李季允

寓録　毛方平

邊和録　陳伯疆

紀胡世將事　陳伯疆

野史　林希

柳邊紀略　楊賓

志林　虞喜

清波雜誌　周煇

北轅録　周煇

猗覺寮雜記　朱翌

臺省因話録　石公弼

柏臺雜誌　石公弼

鶴林玉露　羅大經

許彥周詩話　許顗

能改齋漫録　吴曾

記纂淵海　潘自牧

癸辛雜誌　周密

齊東野語　周密

志雅堂雜抄　周密

石林燕語　葉夢得

石林詩話　葉夢得

避暑餘話　葉夢得

稽山語録　方嶠
使蒙日録
樂善録　李昌齡
紀聞　潘遠
吴公手録　吴敏
蘄王元勳碑　趙雄
退朝録　勾龍如淵
吹劍録　俞文豹
澗泉日記　韓淲
清夜録〔俞文豹〕
甕牖閒評　袁文
金石録　趙明誠
隨隱漫録　陳世崇
泊宅編　方勺
見聞録　吕大麟

朱子語類
名臣言行録　朱熹
春明退朝録　宋敏求
五百家播芳文粹　魏齊賢　葉芬
元豐九域志　王存
名臣碑傳琬琰之集　杜大珪
太平寰宇志　樂史
咸淳臨安志　潛説友
乾道臨安志　周淙
輿地廣記　歐陽忞
方輿勝覽　祝穆
盤山志　釋志樸
寰宇通志〔陳循等〕
畿輔山川志
灤河圖志

宣府鎮志　孫世芳
清類天文分野之書
宋史紀事本末　陳邦瞻
續綱目　商輅
宋元通鑑　薛應旂
續通鑑　王宗沐
大方通鑑
續資治通鑑　畢沅
續通鑑本末補
蒙古源流　蒙古小徹辰薩囊台吉
元朝祕史
元一統志
元史　宋濂
元史類編　邵遠平
皇元建都記
皇元聖武親征録
大都賦　李洧孫
元魯國忠武王行録
故宮遺迹　蕭洵
宋遼金正統辨　楊維禎
宋遼金正統論　謝端
玉堂嘉話　王惲
修理大都石經事狀　王惲
花外東風閣日記
禁扁　王士點
山房隨筆　全愚蔣子正
瀛奎律髓　方回
東夷考略　陳士元
灤志　陳士元
甘水仙源録　李孟謙

玉泉山詩注　劉友先

論語集義　王鶚

歸田類稿　張養浩

瑞像來儀記　張養浩

墨史　陸友

文道紀年紀略

青箱堂記

圖繪寶鑑　夏文彥

函山旅話

素園石譜

名勝志　曹學佺

石墨鐫華　趙崡

長安客話　蔣一葵

堯山堂外紀　蔣一葵

書史會要　陶宗儀

輟耕録　陶宗儀

穀城山房筆麈　于慎行

圖書編　章潢

草木子　葉子奇

明一統志　李賢等

獅山掌録（按此書前已著録，見八六二頁）

國門近游録（按此書前已著録，見八六六頁）

西軒客談

浮溪文粹　胡堯臣

芹城小志

雍勝略

雍大記　何景明

縣道記

析津日記　周篔

帝京景物略　劉侗

長安可游記 宋啟明
燕都游覽志 孫國敉
淥水亭雜識 成德
京東考古録 顧炎武
昌平山水録 顧炎武
冬夜箋記 王崇簡
香祖筆記 王士禛
日下舊聞 朱彝尊
吉金貞石志 朱彝尊
日下舊聞補遺 朱昆田
讀史方輿紀要 顧祖禹
北平古今記 孫承澤
春明夢餘録 孫承澤
碣石叢談 郭造卿
遼金元朔閏考 錢大昕
廿二史攷異 錢大昕
三史藝文志 錢大昕
諸史拾遺 錢大昕
廿二史四譜 沈炳震
廿二史劄記 趙翼
鴻書 劉逵
翰墨大全 〔劉應李〕
宋牧仲詩注
禹貢錐指 胡渭
歸田後録 朱定國
絳雲樓書目
灤雪偶談
扈從東、西巡日録 高士奇
陝西通志 劉於義
江南通志 趙宏恩

延安府志
西安府志
順天府志
鳳翔府志
霸州志　錢達道
冀州志　熊相
隴州志
涿州志
大安軍志
興安州志
三河縣志　王自謹
北平舊志
東安縣志　張文舉
良鄉縣志　牛象坤
鳳縣志

鄠縣志　張祥
岐山縣志
麟遊縣志
雒川縣志
石泉縣志
寶坻縣志
豐潤縣志
沔縣志
大城縣志
郿陽縣志
蘇文忠集　蘇軾
樊川集　杜牧
石湖集　范成大
盤洲集　洪适
屏山集　劉子翬

浮溪集　汪藻
遺山集　元好問
貴耳集　張端義
楊公文集　楊雲翼
周禮辨　楊雲翼
拙軒集　王寂
黃山集　趙渢
滏水集　趙秉文
慵夫集　王若虛
滹南遺老集　王若虛
南濠集　都穆
屏山集　李純甫
禮部集　吳師道
蓬山集　劉從益
牧菴集　姚燧
燕石集　宋褧
金臺集　納新
秋澗集　王惲
陵川集　郝經
雲山集　姬翼
靜修集　劉因
藏春集　劉秉忠
緱山集　王衡
呆齋集　劉定之
匏翁家藏集　吳寬
潛溪集　宋濂
堅瓠集〔褚人穫〕
潛研堂集　錢大昕
柴墟集　儲巏
遼沙門善製燕京大憫忠寺觀音地宮舍利函

記
遼景福元年采師倫書重藏舍利記
遼王進思寺尼尊勝陀羅尼幢記
遼沙門彥珪等寶集寺佛殿前石幢
遼僧南扑盤山感化寺碑
金上方感化寺故監寺澄方遺行碑銘
金沙門知心香水寺頭陀大師靈塔實行碑
金僧圓照甘泉寺通和尚塔序
金僧重玉京師潭柘寺碑記
金張瓚大覺寺碑記

金雷希顏胥鼎神道碑
金節度楊公潭柘寺碑記
金呂卿雲葛山重修隆福院記
金諸表臣聖安寺旃檀佛像刻石記
金都統經略郎君陝西行記
金國史院編修官黨懷英禮部令史題名記碑
金黃久約涿州重修文宣王廟碑記
金王庭筠涿州漢昭烈帝廟碑銘
金劉光國霸州大城縣學宮記

*按，此目據四庫總目提要、中國叢書綜録等，對個別書名和作者略作了改補。凡删皆用圓括號，凡補皆用方括號。

校刻遼金紀事本末原叙

遼金二史紀事本末都爲九十二卷，伯氏芾生寄自峽江。余先讀叙例，作書統紀具矣。嘗取袁、陳諸家書，旁皇周覽，通貫累黽，獨遼、金二代編著未聞焉。昔四庫館臣以宋史紀事本末頗及遼、金，謂當稱三史紀事，不得獨以宋標名，詆其偏見。余攷陳書，涉二國者既尠，要爲有宋之編，稱名未舛，此持論之疏。然紀遼、金比它史不同。其人民、官爵緍繹未諳，一人迭出，史謌錯者數矣。又其修史率爾，採摭弗廣，漏脱者衆，垔誤時有，蓋踵作之難，命筆匪易。前人請事獨遺兹編，誠不如別部釐理耑緒，詳起訖已也。

伯氏編集，起自甲申，汔今一紀，始排比成帙。其書以遼金二史爲主，而參以新舊五代史、宋史、元史、葉隆禮契丹國志、宇文懋昭大金國志、司馬温公通鑑、朱文公綱目、李氏燾續通鑑長編、徐氏夢莘北盟會編、李氏心傳繫年要録、商氏輅續綱目、陳氏桱通鑑續編、王氏宗沐續通鑑、薛氏應旂宋元通鑑、徐氏乾學通鑑後編、畢氏沅續資治通鑑等書，以及各家説部、傳記、文集，約百數十種。凡事涉遼金者，靡不搜採、攷證，同異注於下方，雖自勤日月，不遑人事，後之讀二書者，實獲逸焉。

伯氏績學好文，諸經皆有撰述，尤邃於史學，此編可爲舉前之鑒，擁篲後來。余時奉簡，命備兵高廉，官牘積尺，蔑暇校字。命諸弟等審勘，將付手民。常謂紀事本末濫觴尚書史録之祖；後之作者不知其本於此也，迺篇綴以駢偶之辭，不自尊其體。宋景文摘碎云。文有屬對，平側用事，供公家一時宣讀，施行似快便，然不可施於史傳。予修唐史，未嘗得唐人一詔一令可載於傳者，惟舍對偶之文，近高古者，乃可著於篇。以對偶之文入史策，如以粉黛飾壯士，笙匏佐鼓鼙，非所施矣。況乃累幅連篇，出於作者，其非史法明矣。余叙刻此書，並誦宋公之言以告學者，兹編兩史，不加斷論，纂述之道，誠在彼不在此。伯氏由優選方官峽江訓導，督學盛公炳煒得見其書，深用褒許，趣付剞劂。其時從事參訂者，諸弟有棨、今由廩貢官江南補用道有架、由鄉舉官山西太谷令有榮、由附貢官户部主事有架，由例貢官兩淮鹽大使校對者余四子豫、由壬辰進士官編修、國史館協修復、由例貢官陝西直州牧，署留壩廳同知益、改名頤，由拔貢分發湖北補用道夬，改名豐，由鄉舉官户部郎中仝校者伯氏三子履、臨、晉也。校刊者伯氏僚壻上海令黄承暄、今官四川鹽茶道署理布政使上舍程嘉彬。繕寫者伯氏門人浙江德清茂才蔡震、改名寶善，今由鄉舉應經濟特科，用陝西知縣。廣西馬平上舍楊霽、楊霖也。坿識於此時。光緒十九年歲次昭陽大荒落竊月　仲弟有棻謹識

重刊遼金紀事本末跋

在昔，著作之家采摭多遺，每嫌簡略。世父積十餘年，辛苦搜討羣書，始於峽江官舍編輯遼、金二史紀事本末一書。歲癸巳，家君分巡高廉，郵寄來署。適豫改官庶常，入粤省覲，與諸弟奉嚴命分司襄校，付諸手民。宇内名宿争先睹爲快，頗許爲知言。今已風行，遠邇不脛而走矣。嗣因精力未衰，丹鉛餘暇，重加編摩。見於二代制誥、典章、金石文字未曾採録，終難割愛。書中字句間有訛舛，世父復專精增輯，遺者補之，謬者糾之。體例仍前，事蹟較備，於以重付剞劂，冀免遺憾焉。

豫以爲，古來名儒碩彦，著述不厭求詳，卽如考亭朱子，亦有晚年定論之書。然編自門人，究不如手爲訂正之爲愈也。

時家君以江藩奉朝旨，護理兩江督篆。世父來署盤桓，共相審覈。適因豫分校順直，鄉闈事竣，歸自汴梁，郵書京寓，屬爲跋尾，以誌巔末云。

光緒二十八年歲次元默攝提格陽月　從子豫謹述

金史人名
清元異譯對照表

幾點説明

一、本表係根據乾隆間改譯殿本，參以道光四年、道光七年殿本編製，凡經改譯的人名皆録。但僅僅姓氏改譯而名未改譯者，如其姓氏已因他名列入本表，名未改譯者卽不收入。如唐括辯、唐括貢、唐括重國、唐括鼎等，由於唐括氏改譯成唐古氏，已在本表其他人名中得到了表現，這些人名一般就不收入了。

二、《金史》人名，有的繫姓，有的不繫姓，爲查找方便，這兩種情況分别立目，例如唐括按答海、改譯成了唐古安塔哈，由於《金史》常省姓而逕用按答海，故安塔哈也立一目。

三、《金史》多人同名現象十分嚴重，如這些同名，改譯時没有歧譯，則只列一個，如按答海皆改譯作安塔哈，七斤皆改譯作齊勤，其他同名就不列了。

四、《金史》一人多名現象亦很嚴重，如石土門又叫神徒門、神土懣、神土門等，這些歧譯，改譯時，雖都統一作實圖美，但爲了便於使用，仍一一作了對照，使讀者一望而知。

五、《金史》在改譯時，又出現了新的多人同名，例如石狗兒、師姑兒、赤狗兒，都改譯成了實古爾，又如石古乃、習古廼、什古廼、實古乃，皆改譯成了實古納，所有這些都分

别立目。

六、本表按改譯過的人名第一字的四角號碼排列，排列順序暗取第二個字的前兩個數碼，如第二字相同，則暗取第三字的前兩個數碼，以次類推。

七、《金史紀事本末》的人名錯亂較多，如把“得”寫作“德”之類，由於音未錯，皆未校改，其改譯人名的寫法，本表則均以《金史》改譯爲準。

清譯名	元譯名
0022_3 齊	
齊諾	乞奴
齊特庫爾阿勒瑪斯	體土胡魯雅里密斯
齊遜	赤閏
齊勤	七斤
齊蘇	雛思
0022_3 齋	
齋達	哲垤
齋達	闍敵也
0022_7 高	
高元格	高元哥
高珠巴克	高术僕古
高珠巴克	高助不古
高佛哩	高佛留
高道拉	高朶剌
高拉格	高剌哥
高拉格	高臘哥
高摶多（即高松）	高檀朵
高揚格	高羊哥
高昭和碩	高召和失
0024_7 慶	
慶善努（即完顏承立）	慶山奴
0025_2 摩	
摩和納	毛花輦
摩多	没忒
摩格	磨哥
摩囉完	毛路完
摩囉歡	謀良虎
摩囉歡	毛良虎

0025_6 庫

清譯名	元譯名
庫爾達	胡離答

0026_7 唐

清譯名	元譯名
唐古卓克索巴	唐括直思白
唐古綽哈	唐括酬斡
唐古特伯烈	唐括脫孛魯
唐古伊實布	唐括移失不
唐古烏頁	唐括烏野
唐古烏延	唐括烏也
唐古烏楞古（唐古安禮本名）	唐括斡魯古
唐古安塔哈	唐括按答海
唐古富魯和卓	唐括蒲魯胡只
唐古定格	唐括定哥
唐古實庫	唐括石古
唐古實格	唐括石哥
唐古達蘭	唐括撻懶
唐古達格（唐古貢本名）	唐括達哥
唐古達呼布	唐括迭古本
唐古沙必	唐括實匹
唐古布古德	唐括孛古底（亦作孛古的）
唐古布格蘇	唐括孛果速
唐古蘇布特薩固察	唐括石批德撒骨只
唐古果勒	唐括狗兒
唐古羅索	唐括留速
唐古呼嚕	唐括鶻魯
唐古哈納	唐括劾迺
唐古哈達	唐括曷答
唐古哈達	唐括合達
唐古哈達	唐括合打
唐古哈克繖	唐括韓僧
唐古阿爾遜	唐括阿魯束
唐古阿古爾	唐括阿忽里
唐古阿喇蘇	唐括阿魯鎖
唐古騰格徹	唐括唐古出
唐古翁鄂羅（唐古辯本名）	唐括斡骨剌

0040_1 辛

清譯名	元譯名
辛額特埒	辛訛特剌（又作辛斡特剌）

0066_1 諳

清譯名	元譯名
諳達	按帶

0124_7 敲

清譯名	元譯名
敲僊	敲仙

0460_0 謝

清譯名	元譯名
謝嘉努	謝家奴

0462_7 訥

清譯名	元譯名
訥古庫	粄酷款
訥格	内哥
訥格納	納根涅

0466_0 諸

清譯名	元譯名
諸神努（赫舍哩氏）	諸神奴

0466_4 諾

清譯名	元譯名
諾爾	裊
諾爾桑德	紐尚德
諾爾桑德昌	紐尚德昌
諾延温都謙	耨怨温敦謙
諾延温都伊德（諾延温都謙本名）	耨怨温敦乙迭
諾延温都伊里布（諾延温都思忠本名）	耨怨温敦乙剌補
諾延温都烏達（亦作威泰）	耨怨温敦兀帶（又作吾帶、烏帶、斡帶）
諾延温都威泰	耨怨温敦斡帶（即兀帶）

0564_5 講

清譯名	元譯名
講格	江哥

0662_7 諤

清譯名	元譯名
諤德忠	卧德忠

0742_7 郭

清譯名	元譯名
郭頁嚕	郭野驢
郭哈瑪爾	郭蝦蟆
郭阿林	郭阿隣

1010_1 正

清譯名	元譯名
正嘉（完顏氏）	鄭家

1010_4 王

清譯名	元譯名
王努色爾（即王政）	王南撒里
王果勒	王狗兒
王阿魯	王阿驢
王阿哈	王阿海
王耀爾	王咬兒

1014_1 聶

清譯名	元譯名
聶赫	涅合
聶赫	泥河
聶赫	粘合

1021_1 元

清譯名	元譯名
元努	元奴

1080_6 頁

清譯名	元譯名
頁允克忠	野遇克忠

清譯名	元譯名
頁允思文	野遇思文
頁里雅爾	姚里鴉兒
頁里雅勒呼	姚里雅胡
頁嚕(完顏氏)	耶魯
頁嚕	葉魯

1111_0 北

清譯名	元譯名
北京努	北京奴

1111_4 班

清譯名	元譯名
班珠爾	奔鞠

1112_7 瑪

清譯名	元譯名
瑪爾戩直薩	木匠直撒
瑪延(完顏氏)	麻因
瑪延薩里罕	漫撚撒離曷
瑪武(遼將)	馬五
瑪納	馬腦
瑪納紹文	麻奴紹文
瑪穆丹	麻懣太彎
瑪察	麻產
瑪察克齊納爾	梅只乞奴
瑪達格(即章宗)	麻達葛
瑪克實	謀葛失
瑪奇(完顏氏)	麻吉
瑪哈	麻駭
瑪展	麻哲

1168_6 碩

清譯名	元譯名
碩碩歡	石適歡
碩碩歡	失來寬
碩和卓	稍合住

1240_1 延

清譯名	元譯名
延格	顏哥
延扎們都	顏盞門都
延扎祿格	顏盞六哥
延扎洋阿	顏盞羊艾
延扎芬徹	顏盞蒲查
延扎哈瑪爾	顏盞蝦蟆
延扎桑阿	顏盞宗阿
延扎舒嚕	顏盞世魯

1260_0 酬

清譯名	元譯名
酬爾	醜兒
酬和尚	醜和尚
酬努	醜奴
酬格	醜哥

1269_4 酥

清譯名	元譯名
酥格	速哥

1318_6 瓆

清譯名	元譯名
瓆都	班都
瓆都	奔睹

1323_6 強

清譯名	元譯名
強謙	敲仙

1519_0 珠

清譯名	元譯名
珠敦	注都

清譯名	元譯名	清譯名	元譯名
珠敦	术得	珠勒根額琳	阿勒根訛論
珠爾蘇	术列速	珠勒根温綽	阿勒根窊産
珠爾蘇埒	术實懶	珠勒根斡克珊（珠勒根彦忠本名）	阿勒根窊合山
珠德勒	术突刺		
珠嘉拜塔蘭	諸甲拔剔隣		
珠嘉佛新	术甲法心	珠勒根呼雅克	阿勒根和衍
珠嘉烏者	术甲兀者	珠勒根阿實達	阿勒根阿失答
珠嘉濟敦	术甲直敦	珠勒根阿哈	阿勒根阿海
珠嘉賽音	术甲賽也	珠勒呼	术魯古
珠嘉布勒圖	术甲孛里篤	珠勒呼	术里古
珠嘉塔克實布	术甲塔失不（亦作答失不、搭失不）	珠勒呼富聶遜	卓魯回蒲乃速
		珠格高琪	术虎高琪
		珠格麟	术虎麟
珠嘉蘇色	术甲撒速	珠格綽爾	术虎春兒
珠嘉托羅海	术甲脱魯灰	珠格山壽	术虎山壽
珠嘉臣嘉	术甲臣嘉	珠格和索哩	术虎忽失來
珠嘉算綽和	术甲蚪只罕	珠格伊埒圖	术虎移剌答
珠嘉耀珠	术甲咬住	珠格罕都	术虎桓都
珠蘇庫（烏淩阿氏）	术思黑	珠格芬徹	术虎蒲查
		珠格扎勒罕	术虎只魯歡
珠蘇拉（圖克坦氏）	术斯剌	珠格哈達	术虎合沓
		珠格筠壽	术虎筠壽
珠勒蘇	术烈速	珠嚕（完顏氏）	术魯
珠勒根彦忠（本名斡克珊）	阿勒根彦忠		
		珠嚕	术羅
		珠嚕準（蕭仲恭本名）	术里者
珠勒根文卿	阿勒根文卿		
珠勒根穆都哩	阿勒根没都魯	珠展（蕭氏）	招折
珠勒根伊實拉	阿勒根移失剌	珠巴克（徒單繹本名）	术輩
珠勒根烏舍	阿勒根兀惹		

1611_4 理

清譯名	元譯名
理嘉努	李家奴

1712_7 耶

清譯名	元譯名
耶律摩多	耶律没答
耶律諾爾	耶律娜
耶律聶呼	耶律揑里
耶律瑪武	耶律馬五
耶律瑪格	耶律馬哥
耶律瑪展	耶律麻者（亦作麻哲）
耶律佛德	耶律佛頂
耶律伯特	耶律孛迭
耶律伊遜	耶律乙辛
耶律伊都	耶律余睹（亦作余篤、余覩）
耶律烏格	耶律五哥
耶律烏舍	耶律吴十
耶律色實	耶律謝十
耶律徹格爾	耶律赤狗兒
耶律漳努	耶律張奴
耶律密呼	耶律彌勒
耶律實訥埒	耶律習泥烈
耶律賽音舒嚕	耶律慎須吕
耶律額頁	耶律奥野
耶律必埒哩	耶律闢里剌
耶律達實	耶律大石
耶律迪延	耶律迪越
耶律古裕	耶律骨欲
耶律薩尼雅布	耶律習涅阿補
耶律努格	耶律奴哥
耶律耨埒（即耶律恕）	耶律耨里
耶律扎巴	耶律察八
耶律托雲	耶律突欲
耶律圖善	耶律塗山
耶律果巴	耶律高八
耶律喀勒扎	耶律曷禮質
耶律鄂爾多	耶律訛里朶
耶律阿固齊	耶律奥古哲
耶律阿咾罕	耶律敖魯斡
耶律巴克沁	耶律八斤
耶律錫勒塔（干）	耶律神都斡

1714_5 珊

清譯名	元譯名
珊延（完顔氏）	鄯陽

1715_6 琿

清譯名	元譯名
琿額哲	沙古質
琿楚	渾黜
琿楚	渾啜

1716_2 瑠

清譯名	元譯名
瑠珠	留住
瑠嘉	留家
瑠努	留奴
瑠格	留哥

1718_0 玖

清譯名	元譯名
玖珠	久住
玖珠	九住
玖格	九哥

1722_1 鼐

清譯名	元譯名
鼐爾思聰	迺來思聰
鼐喇古	奈喇忽

2010_4 垂

清譯名	元譯名
垂慶	乘慶

2010_4 重

清譯名	元譯名
重僧努	衆僧奴
重嘉努	衆家奴

2024_7 愛

清譯名	元譯名
愛新	愛申
愛新	阿辛
愛新愛實拉	愛申阿失剌
愛新鄂約	阿沙兀野
愛實	愛失
愛實	阿喜
愛實拉	外失剌
愛實拉	阿實沓
愛勒	愛剌
愛呼	按虎

2040_7 雙

清譯名	元譯名
雙寬	雙古
雙寬	勝昆
雙寬	勝管

2043_0 奚

清譯名	元譯名
奚托卜嘉	奚撻不也
奚呼實罕	奚胡失海
奚金嘉努	奚金家奴

2071_4 毛

清譯名	元譯名
毛巴克實	毛八十

2121_7 盧

清譯名	元譯名
盧萬家努	盧萬家奴

2122_7 儒

清譯名	元譯名
儒努	乳奴

2140_6 卓

清譯名	元譯名
卓諾	术輦
卓多	詐都
卓多	招得
卓克索巴	注思版
卓勒	照撒
卓拉布	冶剌保
卓哩	照里
卓巴納	淬不乃
卓巴納	直離海

清譯名	元譯名	清譯名	元譯名
卓巴克	术孛	**2227_0 仙**	
2191_1 經		仙格	仙哥
經實	絳山	**2290_0 糾**	
2194_6 綽		糾堅	九斤
綽爾齊	雛訛只		
綽爾台	出里底	**2294_4 綏**	
綽奇	綽質	綏赫	綏可
綽斯和	注思灰	綏赫	斜喝
綽鄂	酬越		
綽哈	酬斡	**2360_0 台**	
綽哈	醜漢	台楚嚕忠毅	天籍辣忠毅
綽哈	醜阿		
綽哈	逐斡	**2423_1 德**	
綽哈	抄合	德濟	達紀
2210_8 豐		德濟	達吉
豐紳	封仙	德克濟布	覿吉補
		德克德	迪忽迭
2221_4 崔		德克德	迪姑迭
崔齊勤	崔七斤	德勒台	達兒觧
		德勒岱	特里底
2221_4 催		德格	德哥
催格	崔哥	德斡	敵斡
		德里	忒隣
2222_1 鼎		德呼台	得里底
鼎珠	定住	德哩布	特離補
2224_2 將		**2454_1 特**	
將羅雅爾唐	章羅謁蘭冬	特庫	特虎

清譯名	元譯名
特訥克	獨奴可
特爾格	鐵哥
特伯烈	忒不魯
特伯烈	脱孛魯
特通額	達塗阿
特克新	太神
特布赫	陁補火
特古斯	土古厮
特默	特末
特默	特末也
特默岱	忒木䚟
特默格	特謨葛
特默格	特謀葛
特默格	特末哥
特哩實克烏頁	特里失烏也

2492_7 納

清譯名	元譯名
納新	訥申
納新	奴申
納延	那也
納延	那野
納琳	乃烈
納琳沁博	納林心波
納琳思聰	廼令思聰
納琳思敬	廼令思敬
納塔謀嘉	納坦謀嘉
納塔和碩台	納坦胡失打
納塔裕	納坦裕
納蘇	南撒
納喇綽奇	納蘭綽赤
納喇烏新	納蘭吾申
納喇蒙古勒	納蘭謀古魯
納喇奎騰	納蘭佩頭
納喇吉遜	納蘭記僧
納喇奇塔	納蘭忔答
納喇邦烈	納蘭邦烈
納喇昉	納蘭昉
納喇呼喇勒	納蘭胡魯喇
納喇氏	拏懶氏
納喇巴克繖	納蘭伴僧
納哈塔齊勤	納合七斤
納哈塔德輝	納合德輝
納哈塔和碩	納合合閏
納哈塔烏頁（椿年本名）	納合烏頁
納哈塔烏珍	納合烏蠢
納哈塔富拉塔	納合蒲剌都
納哈塔邁珠	納合買住
納哈塔禄格	納合六哥
納哈塔通恩	納合純恩
納哈塔軍勝	納合軍勝
納哈塔道僧	納合道僧
納哈塔薩木哈	納合參謀合
納哈塔椿年	納合椿年
納哈塔斡喇布	納合斡魯補
納哈塔旺結	納合萬家
納哈塔哈達	納合合答
納哈塔降福	納合降福
納哈塔鉉	納合鉉
納丹珠（布薩	納坦出（僕散

清譯名	元譯名
氏）	氏）

2520_6 使

清譯名	元譯名
使順	什温

2522_7 佛

清譯名	元譯名
佛德	佛頂
佛們	盆買
佛寧	蒲涅
佛哩	佛留
佛門山	什母温山

2600_0 白

清譯名	元譯名
白瑠努	白留奴
白約索	白遥設
白額布根	白屋僕根
白阿蘇	白阿斯

2620_0 伯

清譯名	元譯名
伯特	孛德
伯特	孛特
伯特	孛迭
伯特	勃迭
伯特文格	伯德文哥
伯特章努	伯德張奴
伯特玩	伯德玩
伯特德哩布	伯德特離補
伯特和	伯德和
伯特烏格	伯德窊哥
伯特安	伯德安
伯特都努	伯德都奴
伯特梅和尚	伯德梅和尚
伯赫	孛黑（即跋黑）
伯赫	跋黑
伯赫布爾噶	播立開
伯勒赫	僕里黑
伯勒赫	把里海
伯勒赫	跋里海
伯哩	頗里
伯騰	孛太裕

2643_0 吴

清譯名	元譯名
吴僧格	吴僧哥
吴達喇	吴迪剌

2690_0 和

清譯名	元譯名
和摩爾	胡麻谷
和諾克	桓赦
和爾台	胡里特
和爾和	活臘胡
和爾察	忽里者
和爾察	胡論出
和爾古納	回古乃
和碩	忽沙
和碩	胡沙
和碩	鶻沙
和碩	合閭
和碩台	胡失答
和碩台	胡失打
和碩台	胡十答

清譯名	元譯名
和碩台	胡拾答
和碩台	鶻實答
和卓	劾者
和卓	活拙
和卓	合住
和卓僧秀	霍琢僧秀
和拜	胡八
和鑾	活羅
和色哩	忽失來
和木索	胡没速
和索哩	忽沙里
和索哩	胡石來
和索哩	胡什賚
和索哩	胡失來
和索哩	胡實賚
和索哩	胡蘇魯
和斯實勒	忽三十
和勒端	斛魯短
和勒端	活里疃
和勒端	桓端
和勒端	喚端
和勒博	劾里保
和勒博	遏剌補
和勒博	回離保
和坦	胡塔
和掄	活羅
和掄	胡剌温
和羅	海羅
和哩布（即世祖）	劾里鉢
和哩布	回里不
和囉海	活里蓋
和囉奇	劾魯古
和囉木薩噶	曷魯騷古
和尼	活女
和尼	合女

2691_4 程

清譯名	元譯名
程察遜	程陳僧

2692_2 穆

清譯名	元譯名
穆敦	木呑
穆延烏登	抹撚兀典
穆延烏登	抹撚阿典
穆延烏哩雅	抹撚吾里也
穆延額古德	抹撚阿虎德
穆延薩克達	抹撚史扢搭
穆延薩里罕	抹撚撒離喝（亦作漫撚撒離喝）
穆延蘇頁	抹撚速也
穆延都倫	抹撚獨魯
穆延盡忠（本名象多）	抹撚盡忠
穆延摶多	抹撚象多（抹撚盡忠本名）
穆延呼喇	抹撚胡剌（又名胡魯剌）
穆延呼喇勒	抹撚胡魯剌

清譯名	元譯名
	（亦作胡剌）
穆延居中	抹撚居中
穆納好德	謀寧好德
穆納光祖	謀寧光祖
穆遜	馬孫
穆達里哈	没答涅合
穆都哩	毛睹祿
穆里延（完顏氏）	謀里野
穆里延	没里野
穆喇斡	謨盧瓦
穆呼哩	木華黎
穆隆阿	謀盧瓦
穆隆阿	木盧瓦

2720_7 多

清譯名	元譯名
多囉	特列
多囉鑾	奪離剌
多隆烏	覩令孤

2722_0 們

清譯名	元譯名
們都	謾睹
們都	蠻覩
們圖琿	謾都訶

2725_7 伊

清譯名	元譯名
伊習蘭	移習覽
伊德	乙迭（耨怨温敦謙本名）
伊德爾	移敵列（移剌憷本名）
伊德納本	移特輦（完顏元宜又名）
伊伯	已彪
伊實布	乙塞補
伊實布	移失不
伊實布達	乙室白答
伊實拉	移失剌
伊遜	乙辛
伊遜	乙信
伊遜特古斯	移沙土古思
伊克	冶訶
伊蘇	乙薛
伊蘇瑪勒（完顏氏）	移室懣
伊勒希	雅里斯
伊勒呼	移剌古
伊林	餘里衍
伊楞古（完顏氏）	移剌屋
伊埒圖（富察氏）	移剌都（蒲察氏）
伊都	益都
伊都	余睹
伊都	餘都
伊里	乙列
伊里	乙烈
伊里布	乙剌補
伊里布	乙里補
伊里布	移剌不

清譯名	元譯名
伊喇	乙剌
伊喇	移剌
伊喇	冶剌
伊喇彥拱	移剌彥拱
伊喇摩多	移剌毛得
伊喇庫色勒	移剌窟斜
伊喇諳達	移剌按答
伊喇諾爾	移剌裊
伊喇諾爾	移剌娜
伊喇望	移剌望
伊喇聶赫	移剌粘何（移剌瑗本名）
伊喇聶赫	移剌粘合
伊喇元宜	移剌元宜
伊喇震	移剌震
伊喇瑪納布	移剌术納阿卜（即移剌周剌阿不）
伊喇瑗（本名聶赫）	移剌瑗（本名粘何）
伊喇延壽	移剌延壽
伊喇瑠和	移剌留斡
伊喇瑠格（亦作埒克）	移剌留哥（亦作留可）
伊喇玖勝努	移剌九勝奴
伊喇邴	移剌邴
伊喇子元	移剌子元
伊喇子敬（本名屋骨朵魯）	移剌子敬（本名鄂克多囉）

清譯名	元譯名
伊喇重格	移剌中哥（即移剌衆家奴）
伊喇重嘉努（亦作重格）	移剌衆家奴（亦作中哥）
伊喇愛罕	移剌呆合
伊喇卓拉布	移剌周剌阿不
伊喇德元	移剌德元
伊喇特爾格	移剌鐵哥
伊喇仲方	移剌仲方
伊喇傑	移剌傑
伊喇保	移剌保
伊喇臯善努	移剌高山奴
伊喇伊德爾	移剌移敵列（移剌慥本名）
伊喇伊都	移剌余睹
伊喇約博	移剌幼阿補
伊喇約囉	移剌聿奴魯
伊喇寧	移剌寧
伊喇寧古	移剌粘古
伊喇富森	移剌福僧
伊喇額哩頁	移剌余里也
伊喇補	移剌補
伊喇邁努	移剌買奴
伊喇温（本名阿薩爾）	移剌温
伊喇洋格	移剌羊哥
伊喇道	移剌道
伊喇查	移剌查

清譯名	元譯名	清譯名	元譯名
伊喇克忠	移剌克忠	伊喇按（伊喇道本名）	移剌按
伊喇布哈	移剌蒲阿	伊喇成（本名婁）	移剌成（本名落兀）
伊喇古尼	移剌古與涅	伊喇固	移剌固（即耶律固）
伊喇博囉	移剌拔魯	伊喇呼喇	移剌胡剌
伊喇塔富拉	移剌天佛留	伊喇鄂爾多	移剌斡里朵
伊喇薩爾拉	移剌沙里剌	伊喇鄂克多囉（伊喇子敬本名）	移剌屋骨朵魯
伊喇赫伯（亦作格布）	移剌曷補（亦作葛補）	伊喇阿達	移剌阿塔
伊喇覩	移剌覩	伊喇阿薩爾（伊喇温本名）	移剌阿撒
伊喇埒克	移剌留可（亦作留哥）	伊喇阿里哈	移剌阿里合
伊喇郁	移剌郁	伊喇長壽	移剌長壽
伊喇郝	移剌郝	伊喇履	移剌履
伊喇都	移剌都	伊喇熙載	移剌熙載
伊喇格布	移剌葛補（即曷補）	伊喇巴格	移剌霸哥
伊喇斡罕	移剌窩斡	伊喇巴噶（伊喇光祖幼名）	移剌八狗
伊喇趙三（伊喇道本名）	移剌趙三	伊喇巴錦（伊喇鄂爾多又名）	移剌八斤
伊喇本	移剌本	伊喇益	移剌益
伊喇婁（伊喇成本名）	移剌落兀	伊喇錫勒塔干	移剌神獨斡
伊喇托摩布（伊喇益本名）	移剌特末阿不	伊喇銅和尚	移剌銅和尚
伊喇托雲	移剌突裕	伊喇舒蘇鄂博	移剌順思阿不
伊喇托卜嘉	移剌塔不也		
伊喇托卜嘉	移剌答不也		
伊喇托卜嘉	移剌撻不也		
伊喇扎巴	移剌札八		

清譯名	元譯名
伊喇算卓	移剌山住
伊喇敏	移剌敏
伊喇光祖	移剌光祖
伊喇慥	移剌慥
伊呼訥	叵里乃

2732_7 烏

清譯名	元譯名
烏庫納（完顏氏）	烏故乃
烏庫哩慶裔	烏古論慶裔
烏庫哩慶壽	烏古論慶壽
烏庫哩誼	烏古論誼（本名雄名）
烏庫哩元忠（本名額哩頁）	烏古論元忠
烏庫哩延壽	烏古論延壽
烏庫哩重壽	烏古論重壽
烏庫哩先生	烏古論先生
烏庫哩德升（本名魯爾錦）	烏古論德升
烏庫哩仲端	烏古論仲端
烏庫哩仲温（本名呼喇）	烏古論仲温
烏庫哩伯祥	烏古論伯祥
烏庫哩和卓	烏古論换住
烏庫哩和勒端	烏古論桓端
烏庫哩和勒端	烏古論喚端
烏庫哩和尚	烏古論和尚
烏庫哩烏蘭威	烏古論兀里偉
烏庫哩魯爾錦	烏古論六斤
烏庫哩富勒呼	烏古論蒲魯虎
烏庫哩賽罕	烏古論賽漢
烏庫哩福齡	烏古論福齡
烏庫哩福興（烏古論榮祖本名）	烏古論福興
烏庫哩額琳	烏古論訛論
烏庫哩達希布	烏古論達吉不
烏庫哩達薩塔	烏古論敵庫德
烏庫哩達蘭	烏古論撻懶（亦稱富者撻懶）
烏庫哩禮	烏古論禮
烏庫哩罕都	烏古論歡覩
烏庫哩海罕	烏古論黑漢
烏庫哩道遠	烏古論道遠
烏庫哩道拉	烏古論奪剌
烏庫哩沙琿	烏古論石虎
烏庫哩大興	烏古論大興
烏庫哩克爾森	烏古論曷羅哂
烏庫哩布希	烏古論蒲鮮
烏庫哩布嚕魯△	烏古論不魯剌
烏庫哩雄名	烏古論雄名

△布嚕魯之魯字，疑是“喇”或“勒”字之誤。

清譯名	元譯名
	（即烏古論誼本名）
烏庫哩薩喇勒	烏古論石魯剌
烏庫哩薩哈	烏古論三合
烏庫哩芬徹	烏古論蒲查
烏庫哩老漢	烏古論老漢
烏庫哩世顯	烏古論世顯
烏庫哩素赫	烏古論掃合
烏庫哩揚珠	烏古論兗州
烏庫哩四和	烏古論四和
烏庫哩思列	烏古論思列
烏庫哩呼喇	烏古論胡剌（烏古論仲温本名）
烏庫哩呼喇勒	烏古論忽魯剌
烏庫哩呼嚕	烏古論忽魯
烏庫哩呼嚕	烏古論胡魯
烏庫哩喀喇	烏古論栲栳（烏古論鎬本名）
烏庫哩長壽	烏古論長壽
烏庫哩尼瑪哈（本名福興）	烏古論粘没曷
烏庫哩鎬（本名喀喇）	烏古論鎬
烏庫哩公政	烏古論公政
烏庫哩當堪	烏古論當海
烏庫哩榮祖（本名福興）	烏古論榮祖
烏新	斡善

清譯名	元譯名
烏新	畏新
烏爾袞都喀	烏古論都葛
烏爾古	烏谷
烏爾古	斡里古（即斡魯古、完顏氏）
烏爾圖	斡脱
烏爾圖罕	阿離土罕
烏爾圖罕	阿魯臺罕
烏頁	兀顏
烏頁	烏野
烏頁爾	吾也藍
烏瑪喇	屋謀魯
烏登	兀典
烏登	吾典
烏延	烏也
烏延	畏也
烏珠（完顏氏）	兀术
烏珠	斡啜
烏琿	烏虎
烏肯徹	吾古出
烏肯徹	烏骨出
烏伊遂良	吴哆遂良
烏色	兀撒惹
烏色	沃側
烏色	斡塞
烏色	斡賽
烏淩阿摩囉歡（烏淩阿暉	烏林荅謀良虎

清譯名	元譯名
本名）	
烏凌阿毅	烏林答毅
烏凌阿敦	烏林答阿督
烏凌阿五十九	烏林答五十九
烏凌阿天益	烏林答天益
烏凌阿天錫	烏林答天錫
烏凌阿瑪展	烏林答謀甲
烏凌阿琳（本名瑠珠）	烏林答琳
烏凌阿珠蘇庫	烏林答术思黑
烏凌阿瑠珠（烏凌阿琳本名）	烏林答留住
烏凌阿雙寬	烏林答勝昆（即勝管）
烏凌阿雙寬	烏林答勝管（亦作勝昆）
烏凌阿贊謨	烏林答贊謨
烏凌阿和卓（烏凌阿與本名）	烏林答合住
烏凌阿烏登	烏林答吾典
烏凌阿復（本名額哩埒）	烏林答復
烏凌阿富勒呼	烏林答蒲魯虎
烏凌阿實德琿	烏林答石土黑
烏凌阿實嘉努	烏林答石家奴
烏凌阿額哩埒（烏凌阿復本名）	烏林答阿里剌

清譯名	元譯名
烏凌阿奇珠	烏林答乞住
烏凌阿薩喇	烏林答剌撒
烏凌阿楚呼	烏林答鈔兀
烏凌阿某	烏林答某
烏凌阿托雲	烏林答泰欲
烏凌阿果多歡	烏林答故德黑
烏凌阿呼圖	兀林答胡土
烏凌阿呼圖	烏林答胡土
烏凌阿暉（本名摩囉歡）	烏林答暉
烏凌阿愿	烏林答愿
烏凌阿與（本名和卓）	烏林答與
烏凌阿舒嚕	烏林答石魯
烏凌阿耀珠	烏林答咬住
烏達	兀帶
烏達	吾帶
烏達	吾撻
烏達	烏特
烏達	烏帶
烏達布	兀答補
烏達布（宣宗本名）	吾都補
烏達布	吾睹補
烏達布	烏答補
烏克新	烏克壽
烏克遜弘毅	烏古孫弘毅
烏克遜愛實	吾古孫愛實
烏克遜愛實	烏古孫愛實
烏克遜納新	烏古孫奴申

清譯名	元譯名
烏克遜仲端（本名布希）	烏古孫仲端
烏克遜仲和	烏古孫仲和
烏克遜滿丕	烏古孫麻潑（亦作麻發）
烏克遜温屯	烏古孫兀屯
烏克遜布希（烏克遜仲端本名）	烏古孫卜吉
烏克遜鄂屯△	吾古孫兀屯
烏克遜阿里布	烏古孫阿里補
烏古鼐（景祖本名）	烏古廼
烏奇邁（太宗本名）	吴乞買
烏木罕	訛謨罕
烏木罕	訛謀罕
烏木罕	窩謀罕
烏蘭威	兀里偉
烏蘇	完速
烏蘇額琳	烏孫訛論
烏蘇薩哈	烏孫撒改
烏蘇埒克	胡速魯改
烏楞古	斡魯古
烏都温	屋徒門
烏格	五哥
烏格	烏葛
烏春	吾春
烏哲	烏者
烏哲	斡者
烏哲庫	吾扎忽（完顏氏）
烏哲訥	烏爪乃
烏里	兀里
烏里	烏烈
烏里	悟烈
烏呼肯扎塔（完顏氏）	吾侃术特
烏哩雅	斡里也
烏明	兀名
烏呼赫	屋里黑
烏嚕	兀魯
烏嚕（德帝本名）	烏魯
烏嚕	沃魯
烏雅五十六	烏延五十六
烏雅愛實	兀顏阿失
烏雅綽哈	兀顏抄合
烏雅烏瑪喇	烏延屋謀魯
烏雅烏登	兀顏吾丁
烏雅色埒	烏延思列
烏雅富勒呼	烏延蒲魯虎（即蒲魯渾）
烏雅富埒琿	烏延蒲魯渾（亦作蒲魯虎）

△鄂屯，亦譯作温屯。

清譯名	元譯名
烏雅富埒赫	烏延蒲里黑
烏雅實訥埒	烏延習泥烈
烏雅沃哩布	烏延吾里補
烏雅達希布	烏延達吉補
烏雅古頁	烏延國也
烏雅博恰	兀顏鉢轄
烏雅扎拉	烏延查剌
烏雅扎昆	烏延扎虎
烏雅威赫	兀顏畏可
烏雅恩徹亨	兀顏訛出虎
烏雅呼爾喀	烏延胡里改
烏雅呼實罕	烏延忽撒渾
烏雅呼沙呼	烏延鶻沙虎
烏雅鄂博（完顏氏）	烏延阿補
烏雅巴古拉	烏延孛古剌
烏雅普霞努	烏延蒲轄奴
烏雅舒（康宗本名）	烏雅束
烏舍	兀惹（阿勒根氏）
烏錦	五斤

2760_3 魯

清譯名	元譯名
魯爾錦	六斤

2771_7 色

清譯名	元譯名
色爾袞	實里館
色特爾	擇特懶
色實	謝十
色克	斜哥
色克	斜葛
色埒	辭列
色埒	辭勒
色埒	思列
色埒	厮勒
色埒	斜勒
色埒渾	厮魯渾
色埒默	斜列
色埒默	斜烈
色哩	賽里
色哩頁	斜里也
色哷	思烈

2791_5 紐

清譯名	元譯名
紐紐存忠	悪悪存忠
紐紐世忠	悪悪世忠
紐赫（完顏氏）	女胡
紐勒琿	女魯歡
紐掄	臬懶
紐鄂文忠	紐卧文忠

2792_0 約

清譯名	元譯名
約索	遥設
約博	幼阿補
約囉	聿魯
約囉特默格	遥里特末哥
約尼扎古雅	遥輦昭古牙

2824_0 徹

清譯名	元譯名
徹珍	茶扎

清譯名	元譯名
徹辰	禪赤
徹辰阿固齊	金臣阿古者

2826_6 僧

清譯名	元譯名
僧庫塀	鬆古刺
僧嘉努	僧家奴

3012_3 濟

清譯名	元譯名
濟爾噶濟	菹尼刮失
濟色	淬賽
濟嚕海	扎里海

3014_6 漳

清譯名	元譯名
漳格	障葛

3020_1 寧

清譯名	元譯名
寧温珠嚕	濃瑰朮魯
寧嘉蘇（哀宗本名）	寧甲速

3021_1 完

清譯名	元譯名
完顏齊諾	完顏乞奴
完顏齊勒	完顏七斤
完顏慶善努（一名承立）	完顏慶山奴
完顏摩囉歡	完顏謀良虎
完顏摩囉歡	完顏毛良虎
完顏諳達	完顏按帶
完顏訥古庫	完顏耨酷款
完顏諾爾布	完顏奴婢
完顏正嘉	完顏鄭家
完顏聶赫	完顏泥河
完顏元努	完顏元奴
完顏霸葛布琳	完顏霸合布里
完顏雲闢	完顏梟頻
完顏頁頁	完顏巖雅
完顏頁嚕	完顏耶魯
完顏瑪延	完顏麻因
完顏瑪奇	完顏麻吉
完顏酬努	完顏醜奴
完顏璸都	完顏奔睹
完顏珠爾	完顏猪兒
完顏珠赫	完顏珠顆
完顏珠勒呼	完顏朮里古
完顏珠勒呼	完顏朮里骨
完顏珠嚕	完顏朮魯
完顏珊延	完顏鄯陽
完顏琿楚	完顏渾黜
完顏玖珠	完顏久住
完顏玖珠	完顏九住
完顏鼐爾	完顏乃刺
完顏乙遜	完顏乙辛
完顏垂慶	完顏乘慶
完顏愛辛	完顏阿辛
完顏愛實	完顏阿喜
完顏愛實拉	完顏阿實賚
完顏卓克巴索	完顏注思版
完顏卓巴納	完顏淬不乃
完顏卓巴納	完顏直里海（卽淬不乃）

清譯名	元譯名	清譯名	元譯名
完顏經實	完顏絳山	完顏和卓	完顏劾者
完顏綽哈	完顏酬斡	完顏和卓	完顏合住
完顏綽哈	完顏醜和	完顏和色哩	完顏忽失來
完顏綽哈	完顏醜漢	完顏和索哩	完顏胡什賚
完顏綽哈	完顏醜阿	完顏和索哩	完顏胡失來
完顏催格	完顏崔哥	完顏和勒端	完顏桓端
完顏鼎努	完顏定奴	完顏和勒博徽	完顏胡特孛山（亦作胡特補山）
完顏出軍努	完顏出軍奴		
完顏綏赫（獻祖本名）	完顏綏可		
完顏德濟	完顏達紀	完顏和哩布（世祖本名）	完顏劾里鉢
完顏德濟	完顏達吉	完顏和哩布	完顏回里不
完顏德里	完顏忒隣	完顏和尼	完顏活女
完顏特庫	完顏特虎	完顏和尼	完顏合女
完顏特爾格	完顏鐵哥	完顏穆里延	完顏謀里野
完顏納新	完顏奴申	完顏穆里延	完顏没里也（宗傑本名）
完顏佛珠	完顏佛住		
完顏佛們	完顏蒲馬	完顏穆喇斡	完顏謨盧瓦
完顏佛們	完顏盆買	完顏們都	完顏謾睹
完顏佛寧	完顏蒲涅	完顏們都	完顏蠻覩
完顏伯特	完顏孛德	完顏們圖琿	完顏謾都訶
完顏伯特	完顏孛迭	完顏伊德納本	完顏移特輦
完顏伯赫	完顏孛黑	完顏伊克	完顏冶訶
完顏伯赫	完顏跋黑	完顏伊勒呼	完顏移剌古
完顏伯勒赫	完顏僕里黑	完顏伊都	完顏益都
完顏伯勒赫	完顏跋里海	完顏伊里布	完顏乙剌補
完顏和諾克	完顏桓赧	完顏伊呼訥	完顏惡里乃
完顏和碩	完顏胡沙	完顏烏庫納	完顏烏故乃
完顏和碩	完顏鶻沙	完顏烏珠	完顏兀朮
完顏和碩台	完顏胡失答	完顏烏珠	完顏斡啜

清譯名	元譯名
完顏烏肯徹	完顏兀古出
完顏烏肯徹	完顏烏骨出
完顏烏色	完顏沃側
完顏烏色	完顏斡賽
完顏烏達	完顏兀帶
完顏烏達	完顏烏帶（即完顏言）
完顏烏達布	完顏兀答補
完顏烏達布	完顏吾都補
完顏烏達布	完顏吾睹補
完顏烏古鼐（景祖本名）	完顏烏古迺
完顏烏蘇埒克	完顏胡速魯改
完顏烏楞古	完顏斡魯古
完顏烏哲	完顏烏者
完顏烏哲	完顏斡者
完顏烏哲庫	完顏吾扎忽
完顏烏里	完顏兀里
完顏烏里	完顏烏烈
完顏烏里	完顏悟烈
完顏烏呼肯扎塔	完顏吾侃术特
完顏烏哩雅	完顏烏里也
完顏烏哩雅	完顏烏里雅
完顏烏嚕	完顏兀魯
完顏烏嚕	完顏烏魯（德帝本名）
完顏鄂博	完顏烏也阿補
完顏烏雅舒（康宗本名）	完顏烏雅來

清譯名	元譯名
完顏魯爾錦	完顏六斤
完顏色克	完顏斜哥
完顏色克	完顏斜葛
完顏色埒	完顏思列
完顏色埒默	完顏斜列
完顏色埒默	完顏斜烈
完顏色哩	完顏賽里
完顏色呼	完顏思烈
完顏紐赫	完顏女胡
完顏紐掄	完顏裊懶
完顏綳森	完顏卞僧
完顏徹珍	完顏茶扎
完顏徹辰	完顏禪赤
完顏僧嘉努	完顏僧家奴
完顏濟勒	完顏進兒
完顏安	完顏唵
完顏安塔哈	完顏按答海
完顏安春	完顏按出
完顏安春	完顏按春
完顏富爾丹	完顏蒲里迭
完顏富德	完顏蒲帶
完顏富魯	完顏馮六
完顏富色克	完顏蒲速越
完顏富色里	完顏蒲速列
完顏富色里	完顏蒲速賚
完顏富勒呼	完顏蒲魯虎
完顏富勒堅	完顏蒲家
完顏富勒堅	完顏蒲甲
完顏富拉塔	完顏蒲剌都
完顏富拉塔	完顏蒲剌睹

清譯名	元譯名
完顔實庫	完顔師姑
完顔實庫	完顔什古
完顔實訥埒	完顔習尼列
完顔實訥埒	完顔習尼烈
完顔實實	完顔習失
完顔實古爾	完顔石狗兒
完顔實古爾	完顔師姑兒
完顔實古納	完顔石古乃
完顔實古納	完顔習古廼
完顔實古納	完顔什古(乃)
完顔實古納	完顔實古乃
完顔實格	完顔矢哥
完顔實圖美	完顔石土門
完顔實圖美	完顔神徒門
完顔實圖美	完顔神土懣
完顔實圖美	完顔神土門
完顔賽音	完顔賽一
完顔賽音	完顔賽也
完顔察遜	完顔蟬蠢
完顔額爾袞	完顔訛魯觀(宗雋本名)
完顔額爾克	完顔訛可
完顔額爾克	完顔阿可
完顔額爾古訥	完顔訛古乃
完顔額琳	完顔訛論
完顔額特布	完顔烏達補
完顔額魯	完顔訛魯
完顔額布勒	完顔耶補兒
完顔額森博勒	完顔阿思鉢
完顔額埒春	完顔訛論出

清譯名	元譯名
完顔額埒春	完顔兀論出
完顔額埒春	完顔斡論出
完顔額哩頁	完顔余里也
完顔額哩頁	完顔余里野
完顔額哩埒	完顔阿里刺
完顔沃里布	完顔吾里補
完顔沃哩	完顔斡烈
完顔蒙克	完顔蒙葛
完顔蒙克	完顔蒙括
完顔滿丕	完顔麻潑
完顔滿丕	完顔麻頗
完顔滿達	完顔漫帶
完顔滿都布	完顔謾都本
完顔達希布	完顔達吉不
完顔達蘭	完顔撻懶
完顔達春	完顔探春
完顔神果努	完顔神果奴
完顔罕都	完顔桓篤
完顔罕都	完顔歡都
完顔海努	完顔海奴
完顔道格	完顔道哥
完顔大羅索	完顔大婁室
完顔克實	完顔可喜
完顔內赫	完顔南合
完顔布琳	完顔普連
完顔布倫	完顔孛論
完顔布達	完顔背答
完顔布達	完顔白答
完顔布古德	完顔僕忽得
完顔布拉	完顔蒲剌

清譯名	元譯名
完顏布呼	完顏僕灰
完顏布呼	完顏布輝
完顏希卜蘇	完顏習不主
完顏希卜蘇	完顏習不失
完顏希卜蘇	完顏辭不失
完顏嘉哩	完顏糺里
完顏古新	完顏枴山
完顏古新	完顏谷神（希尹本名）
完顏古雲	完顏彀英
完顏喜格	完顏喜哥
完顏奇格	完顏乞哥
完顏頗拉叔	完顏頗剌叔（肅宗本名）
完顏頗拉淑	完顏婆剌淑（肅宗本名的異譯）
完顏博諾	完顏盆納
完顏博碩	完顏剖叔
完顏博碩庫	完顏不如哥
完顏博和哩	完顏保活里
完顏博濟	完顏孛吉
完顏博克托	完顏鬭合土
完顏博索	完顏白撒（一名承裔）
完顏博索	完顏婆速
完顏博斯納	完顏蒲速乃
完顏博勒和	完顏婆盧火
完顏博勒準	完顏孛論出
完顏博囉	完顏輩魯

清譯名	元譯名
完顏塔納	完顏檀奴
完顏塔塔	完顏挑撻（宗永本名）
完顏薩爾拉	完顏莎魯剌
完顏薩克達	完顏散達
完顏薩克達	完顏撒答（即散答）
完顏薩克蘇	完顏撒葛周
完顏薩布	完顏賽不
完顏薩布	完顏賽補
完顏薩布	完顏斜鉢
完顏薩勒扎	完顏沙離質
完顏薩勒扎	完顏沙里質
完顏薩里罕	完顏撒離喝
完顏薩里罕	完顏撒里輦
完顏薩里罕	完顏撒里合
完顏薩喇	完顏撒剌
完顏薩喇勒	完顏實魯剌（永中本名）
完顏薩嘍勒	完顏斜魯
完顏薩哈	完顏撒改
完顏薩哈連	完顏撒合輦
完顏薩尼雅布	完顏習捏阿不
完顏薩尼雅布	完顏斜捻阿不
完顏薩巴	完顏撒八
完顏芬徹	完顏蒲察
完顏芬徹	完顏蒲查
完顏赫色本	完顏劾真保
完顏茂吉達	完顏毛吉打
完顏蘇爾坦	完顏從坦

清譯名	元譯名
完顏蘇爾圖	完顏莎魯啜
完顏蘇瑪喀	完顏速没葛
完顏蘇色	完顏撒速
完顏蘇赫	完顏掃合
完顏蘇哷	完顏素蘭
完顏蘇哷和卓	完顏莎里古真
完顏蘇尼	完顏孰輦
完顏蘇尼	完顏徐輦
完顏莽伊蘇	完顏麻斤出
完顏莽格	完顏忙哥
完顏英格	完顏盈歌（穆宗本名）
完顏楝摩	完顏闍母
完顏觀音努	完顏觀音奴
完顏幫圖	完顏盤都（守純本名）
完顏都古嚕訥	完顏迪古廼
完顏都古嚕訥	完顏迪古乃（海陵本名）
完顏都本	完顏迪鉢
完顏格哷勒	完顏遏里來
完顏斡琿	完顏斡忽
完顏斡布	完顏斡本
完顏斡里雅	完顏斡里安
完顏斡里雅布	完顏斡里不（宗望本名）
完顏斡喇布	完顏斡離不（宗望本名）
完顏專努	完顏轉奴
完顏囊嘉特	完顏南家

清譯名	元譯名
完顏托卜嘉	完顏撻不也
完顏托卜嘉	完顏撻不野
完顏托克索	完顏突和速
完顏托克索	完顏突葛速
完顏托果斯	完顏迪古速
完顏托果斯	完顏覿古速
完顏扎拉	完顏查剌
完顏扎巴台	完顏扎保迪
完顏按春	完顏按出虎
完顏威準	完顏斡準
完顏威赫	完顏偎喝
完顏威赫	完顏偎可
完顏威泰	完顏斡帶
完顏揚德	完顏羊蹄
完顏恩楚	完顏訛出
完顏固納	完顏骨赧
完顏圖哩	完顏特里
完顏圖哩	完顏忒里
完顏果實	完顏鈎室
完顏果布	完顏摑保
完顏果嘉努	完顏國家奴
完顏果勒	完顏狗兒
完顏果囉	完顏摑剌
完顏羅索	完顏婁室
完顏呼爾察	完顏活里甲
完顏呼爾察	完顏胡里甲
完顏呼爾喀	完顏胡里改
完顏呼爾哈	完顏胡離改
完顏呼密	完顏胡麻愈
完顏呼實	完顏胡率

清譯名	元譯名
完顏呼實默	完顏胡十門
完顏呼實哈	完顏胡十改
完顏呼沙呼	完顏斛沙虎
完顏呼沙呼	完顏忽斜虎
完顏呼沙呼	完顏鶻沙虎
完顏呼沙呼	完顏鶻殺虎
完顏呼塔噶	完顏胡土瓦（顯宗本名）
完顏呼蘭	完顏鶻懶
完顏呼勒希圖	完顏活離胡土
完顏呼拉布	完顏斛魯補（即宗雅）
完顏呼拉布	完顏鶻魯補
完顏呼圖	完顏忽土
完顏呼圖哩	完顏忽土鄰
完顏呼喇	完顏忽刺
完顏呼喇	完顏胡刺
完顏呼喇勒	完顏忽魯刺
完顏呼喇勒	完顏胡魯刺
完顏呼喇勒	完顏胡里刺
完顏呼嚕	完顏忽魯
完顏呼嚕	完顏胡盧
完顏呼嚕	完顏胡魯
完顏呼嚕	完顏鶻魯
完顏呼嚕古	完顏忽刺古
完顏默音	完顏謀衍
完顏默呼	完顏没烈（即惟鎔）
完顏噶順	完顏勃孫
完顏咱斡	完顏斜斡
完顏明安	完顏猛安
完顏鄂摩	完顏吾母
完顏鄂爾多	完顏訛魯朶
完顏鄂特藏布	完顏訛魯不
完顏鄂特藏布	完顏斡魯不
完顏鄂倫	完顏兀論
完顏鄂倫	完顏斡論
完顏鄂博庫	完顏兀不喝
完顏鄂勒歡	完顏阿魯綰
完顏哈必蘇	完顏斛孛來
完顏哈達	完顏合達
完顏哈達	完顏合答
完顏哈達	完顏合打
完顏哈布爾	完顏胡八魯
完顏哈里	完顏海里
完顏哈喇	完顏合刺（熙宗本名）
完顏哈昭	完顏合周
完顏哈雅	完顏鶴野（永成本名）
完顏雅爾堅	完顏燕京
完顏阿庫納	完顏阿古廼
完顏阿爾法	完顏阿魯瓦
完顏阿爾古	完顏阿魯真
完顏阿多古	完顏阿土古
完顏阿禪	完顏按辰
完顏阿禪	完顏按陳
完顏阿布哈	完顏阿保寒
完顏阿古爾	完顏阿虎里
完顏阿古岱	完顏阿虎迭

清譯名	元譯名	清譯名	元譯名
完顏阿古岱	完顏阿虎帶	完顏堅	完顏糺
完顏阿古喇	完顏阿虎懶	完顏尼瑪哈	完顏粘没曷
完顏阿索美	完顏阿斯懣	完顏尼堪	完顏粘哥
完顏阿索美	完顏阿思懣	完顏尼堪	完顏粘罕
完顏阿薩爾	完顏阿散	完顏尼楚赫	完顏銀术可
完顏阿薩爾	完顏阿撒	完顏尼楚赫	完顏銀术哥
完顏阿蘭	完顏阿楞	完顏闍格	完顏闍哥
完顏阿蘭	完顏阿懶（即阿楞）	完顏巴爾斯	完顏拔離速
		完顏巴達	完顏拔達
完顏阿蘇	完顏阿瑣	完顏巴達	完顏把答
完顏阿林	完顏阿鄰	完顏巴克實	完顏八十
完顏阿拉	完顏阿剌	完顏巴圖	完顏朴都
完顏阿里	完顏阿列	完顏巴哈	完顏跋海（安帝本名）
完顏阿里庫	完顏阿里虎		
完顏阿里罕	完顏阿離合懣	完顏巴錦	完顏八斤
完顏阿里罕	完顏阿里合懣	完顏桑阿	完顏廣孫（即永功）
完顏阿里布	完顏阿離補		
完顏阿里布	完顏阿盧補	完顏桑阿	完顏宋葛（即永功）
完顏阿里布	完顏阿魯補		
完顏阿里布	完顏阿里白	完顏桑阿	完顏叟阿
完顏阿里巴斯	完顏阿里不孫	完顏騰格徹	完顏同刮茁
完顏果濟	完顏骨只	完顏金僧努	完顏金僧奴
完顏阿呼喇	完顏阿喝懶	完顏普嘉努	完顏蒲家奴
完顏阿嚕	完顏阿魯	完顏舍音	完顏斜也（杲本名）
完顏阿嚕岱	完顏阿魯帶		
完顏阿嚕岱	完顏阿禄帶	完顏錫卜察	完顏斜不出（永升本名）
完顏阿哈	完顏阿合		
完顏阿巴	完顏阿排	完顏錫納	完顏習撚
完顏辰爾	完顏陳兒	完顏錫伯	完顏斜婆
完顏長珠	完顏長住	完顏錫赫特	完顏謝庫德

清譯名	元譯名
完顏錫林	完顏習烈
完顏錫馨	完顏習顯
完顏錫里庫	完顏謝里忽
完顏錫里庫	完顏斯里忽（宗秀本名）
完顏錫里庫	完顏斜里虎
完顏錫里庫	完顏鎖里虎
完顏錫哩布	完顏謝夷保
完顏舒蘇	完顏受速
完顏舒蘇鄂博	完顏矧思阿補
完顏舒嚕	完顏石魯
完顏算卓	完顏撒梲
完顏恬霞努	完顏天下奴
完顏怕克巴	完顏怕八
完顏耀珠	完顏龡住
完塔哈	斡達罕

3040_1 準

清譯名	元譯名
準	猪奮
準	猪糞
準塔	准德

3040_4 安

清譯名	元譯名
安福格	安福哥
安塔哈	按答海
安春	按出
安春	按春
安扎	阿注阿
安圖	安特
安圖	安團

3060_6 富

清譯名	元譯名
富聶遜	蒲乃速
富珠哩摩囉歡	孛术魯毛良虎
富珠哩瑠珠	孛术魯留住
富珠哩玖珠	孛术魯久住
富珠哩子元	孛术魯子元
富珠哩德裕	孛术魯德裕
富珠哩和卓	孛术魯合住
富珠哩色色	孛术魯舍厮
富珠哩富色里	孛术魯蒲速列
富珠哩富卦喇	孛术魯吴括剌
富珠哩富拉塔	孛术魯蒲剌都（孛术魯德裕本名）
富珠哩定方	孛术魯定方
富珠哩察罕	孛术魯長河（亦作長哥）
富珠哩福壽	孛术魯福壽
富珠哩邁努	孛术魯買奴
富珠哩達哈	孛术魯達阿
富珠哩昌格	孛术魯長哥
富珠哩羅索	孛术魯婁室
富珠哩阿嚕罕	孛术魯阿魯罕
富珠哩阿哈	不术魯阿海
富珠哩阿哈	孛术魯阿海
富珠哩尼楚赫	孛术魯銀朮哥
富珠哩用吉	孛术魯用吉（即范用吉）
富德	盆德

清譯名	元譯名	清譯名	元譯名
富魯和卓	蒲魯胡只	富察徹辰	蒲察叉察
富察齊勤	蒲察七斤	富察濟巴	蒲察糺舍
富察章嘉努	蒲察張家奴	富察永成	蒲察永成
富察瑪哈雅納	蒲察毛花輦	富察守純	蒲察守純
富察琦	蒲察琦	富察富色克	蒲察蒲速越
富察珠嚕	蒲察只魯	富察富色哩	蒲察蒲速烈
富察秉彝	蒲察秉彝	富察富埒琿	蒲察蒲盧渾
富察秉鉉	蒲察秉鉉	富察官努	蒲察官奴
富察貞	蒲察貞	富察實嘉努	蒲察石家奴
富察鼎珠	蒲察定住	富察額古德	蒲察阿虎迭
富察鼎壽	蒲察鼎壽	富察額哩埒	蒲察訛里剌
富察台布	蒲察臺補	富察達希布	蒲察答吉卜
富察特克新	蒲察太神	富察達希布	蒲察打吉不
富察納新	蒲察訥申	富察通	蒲察通
富察和珍	蒲察胡盞	蒲察克忠	蒲察克忠
富察和卓	蒲察合住	富察布拉	蒲察蒲剌
富察和勒端	蒲察斛魯短	富察布壘	蒲察婆羅偎
富察和勒端	蒲察桓端	富察索囉	蒲察莎魯窩
富察穆遜	蒲察馬孫	富察博紐	蒲察蒲女
富察穆里延	蒲察沒里野	富察塔斯	蒲察特厮
富察伊爾必斯	蒲察阿里不孫	富察薩布	蒲察賽補
富察伊埒圖	蒲察移剌都	富察薩勒扎	蒲察沙離只
富察烏登	蒲察吾迭	富察芬徹	蒲察蒲查
富察烏延	蒲察畏也	富察世謀	蒲察世謀
富察烏琿	蒲察兀虎	富察世傑	蒲察世傑
富察烏達	蒲察兀迭	富察世達	蒲察世達
富察烏里	蒲察烏烈	富察歡托和	蒲察忽土華
富察烏哩雅	蒲察烏里雅	富察都古嚕訥	蒲察迪古乃
富察烏錦	蒲察五斤	富察振壽	蒲察振壽
富察魯爾錦	蒲察六斤	富察扎塔	蒲察張鐵

清譯名	元譯名
富察扎拉	蒲察查剌
富察托色拉	蒲察挑思剌
富察思忠	蒲察思忠
富察羅索	蒲察婁室
富察呼蘭	蒲察胡里安
富察呼嚕	蒲察胡魯
富察明秀	蒲察明秀
富察鄂倫	蒲察斡論
富察哈達	蒲察合達
富察哈布爾	蒲察鶻拔魯
富察雅爾堅	蒲察燕京
富察阿布哈	蒲察阿孛罕
富察阿古岱	蒲察阿胡迭
富察阿薩爾	蒲察阿撒
富察阿林	蒲察阿憐
富察阿里	蒲察阿里
富察阿里罕	蒲察阿離合懣
富察阿固岱	蒲察阿虎特
富察阿巴	蒲察按補
富察善爾	蒲察山兒
富察錫津	蒲察西京
富察鄭留	蒲察鄭留
富察耀珠	蒲察咬住
富卦喇	僕聒剌
富勒呼	僕盧虎
富勒呼	僕盧古
富勒堅	蒲家
富均努	府君奴
富埒琿	蒲盧渾
富埒琿	蒲魯懽
富哲達蘭	富者撻懶
富哲尼瑪哈	富者粘没罕
富哲尼堪	富者粘罕
富里	蒲烈
富呼	蒲虎

3077_2 密

清譯名	元譯名
密遜	邈孫
密遜	邈遜
密莽友直	咩銘友直
密拉	秘剌
密呼	彌勒

3077_7 官

清譯名	元譯名
官努	官奴

3080_1 定

清譯名	元譯名
定格	定哥

3080_6 賓

清譯名	元譯名
賓格	賓哥

3080_6 實

清譯名	元譯名
實庫	石古
實庫	什古
實庫	師姑
實新安巴	奚沙阿補
實訥	謝奴
實訥	神湼
實訥埒	習泥烈

清譯名	元譯名
實訥埒	習尼列
實登	拾得
實德琿	石土黑
實實	習失
實禄	十六
實嘉烏爾欽	石盞吾里忻
實嘉大安	石盞大安
實嘉努	石家奴
實嘉哈瑪爾	石盞蝦蟆
實嘉紐勒琿	石盞女魯歡
實古爾	石狗兒
實古爾	師姑兒
實古爾	赤狗兒
實古納	石古乃
實古納	習古迺
實古納	什古迺
實古納	實古乃
實都	神篤
實格	石哥
實格	十哥
實圖美	石土門
實圖美	神徒門
實圖美	神土懣
實圖美	神土門

3080_6 賽

清譯名	元譯名
賽音	賽一
賽音	賽也
賽音諾延	申乃因
賽必罕	昔畢罕
賽堪	賽罕
賽格	賽哥

3090_1 察

清譯名	元譯名
察遜	蟬蠢
察遜雅薩	常孫陽阿
察必達爾	轍孛得
察喇公濟	雜辣公濟

3112_7 馮

清譯名	元譯名
馮僧嘉努	馮僧家奴
馮萬努	馮萬奴

3130_1 遷

清譯名	元譯名
遷嘉努	千家奴

3168_6 額

清譯名	元譯名
額爾哀	耳骨延
額爾袞	訛魯觀
額爾克	訛可
額爾克	阿可
額爾古訥	訛古乃
額爾奇木奎伊	移里堇窟域
額頁	奧野
額琳	訛論
額特布	烏達補
額特布	烏睹本
額特埒	訛特剌
額特埒	斡特剌
額特埒	斡達剌

清譯名	元譯名
額特埒	斡答剌
額伊德昌	訛移德昌
額魯	訛魯
額魯元智	訛留元智
額克沁	訛哥金
額布勒	耶補兒
額布勒	牙不里
額布根	屋僕根
額古德	阿虎迭
額森博勒	阿思鉢
額哲埒訥	斡轉留奴
額圖琿	阿徒罕
額圖琿	阿土罕
額哩頁	訛里也
額哩頁	訛里野
額哩頁	余里也
額哩頁	余里野
額哩埒	訛離剌
額哩埒	訛里剌
額哩埒	阿里剌
額呼楚克	阿里出虎

3213_4 沃

清譯名	元譯名
沃赫	斡豁
沃赫	斡羅
沃勒業德	斡勒業德
沃勒雅喇	斡勒牙剌
沃哩	斡烈
沃哩不	吾里不
沃哩布	吾里補
沃哩赫	屋里海
沃呼伊囉斡	斡勒葉禄瓦
沃呼蘇布	斡勒宋浦
沃呼忠	斡勒忠
沃呼哈達	斡勒合達
沃辰	窊產

3300_0 必

清譯名	元譯名
必埒哩	闢里剌
必里克圖	迪列土
必喇阿魯岱	必蘭阿魯帶

3412_7 滿

清譯名	元譯名
滿丕	麻頗
滿達	漫帶
滿都布	漫都本

3418_1 洪

清譯名	元譯名
洪果玖珠	黄摑九住
洪果納新	黄摑奴申
洪果烏頁	黄摑兀也
洪果烏登	黄摑吾典
洪果安春	黄摑按出
洪果達呼布	黄摑敵古本
洪果薩哈	黄摑三合
洪果阿魯岱	黄摑阿魯答

3430_2 邁

清譯名	元譯名
邁珠	買住
邁努	買奴

清譯名	元譯名
邁格	買哥

3430_5 達

清譯名	元譯名
達爾歡	達魯罕
達爾歡	達魯歡
達年鄂博	迪輦阿不
達魯	迪六
達實	大石
達實	臺實
達達里	大迪里
達希布	達及保
達希布	達紀保
達希布	達吉不
達薩塔	敵庫德
達薩塔	狄庫德
達蘭	達懶
達蘭	撻懶
達勒達	撻離答
達格	達哥
達春	探春
達春額哲	大雛訛只
達呼	達回
達呼	迪虎
達呼	塔忽
達呼布	迭胡本
達呼布	迪古不
達呼布	迪古補
達呼布	狄故保
達呼默	達胡末
達嚕葛色埒	達魯古厮列
達嚕噶	達魯骨
達哈	達阿

3520_6 神

清譯名	元譯名
神果努	神果奴

3530_6 迪

清譯名	元譯名
迪延	迪越
迪里	迪烈

3611_7 温

清譯名	元譯名
温綽歡	斡茁火
温特赫天興	温迪罕天興
温特赫張格	温特罕張哥
温特赫伍爾	温迪罕五兒
温特赫卓諾	温迪罕术輦
温特赫德克德	温迪罕迪姑迭
温特赫伊蘇瑪勒	温迪罕移室懣
温特赫烏達	温迪罕兀帶
温特赫烏楞古	温迪罕斡魯古
温特赫噭珠	温迪罕繳住
温特赫富拉塔	温迪罕蒲里特
温特赫實芳努	温迪罕十方奴
温特赫福壽	温迪罕福壽
温特赫福興	温迪罕福興
温特赫額實	温迪罕二十
温特赫額埒春	温迪痕阿里出
温特赫額圖琿	温迪罕阿徒罕
温特赫蒙古勒	温迪罕謀古魯

清譯名	元譯名
温特赫達	温迪罕達
温特赫迪	温迪罕迪
温特赫道僧	温特罕道僧
温特赫布敦	温迪罕蒲睹
温特赫壽孫	温迪罕壽孫
温特赫博恰	温迪罕蒲匣
温特赫蘇布特	温迪罕斜普
温特赫老爾	温迪罕老兒
温特赫都本	温迪痕敵本
温特赫格綳額	温迪罕哥不靄
温特赫格綳額	温迪罕葛不靄
温特赫素赫	温迪罕速可
温特赫扎拉	温迪罕查剌
温特赫哲克訥	温迪罕扎古迺
温特赫成格勒	温迪罕青狗
温特赫提克德	温迪罕締達
温特赫思齊	温迪罕思齊
温特赫思敬	温迪罕思敬
温特赫羅索	温迪罕婁室
温特赫默色	温迪罕黑厮
温特赫鄂勒博	温迪罕斡魯補
温特赫雅齊堪	温迪罕咬查剌
温特赫阿古岱	温迪罕阿胡迭
温特赫阿嚕岱	温迪罕阿魯帶
温特赫巴哈納	温迪罕怕哥輦
温薩克蘇	温撒可喜
温都諳達	温敦按帶
温都璞	温敦璞（即王璞）
温都珠德勒	温敦术突剌

清譯名	元譯名
温都伯嘉努	温敦百家奴
温都伯英	温敦伯英
温都得壽	温敦得壽（即王得壽）
温都富勒哈	温敦蒲里海
温都察遜	温敦昌孫
温都太平	温敦太平
温都布拉	温敦蒲剌
温都七十五	温敦七十五
温都斡罕	温敦斡喝
温都忠	温敦忠
温都威赫	温敦偎喝
温都威泰	温都斡帶
温都敖拉	温都奥剌
温都阿里	温敦阿里
温屯	兀屯
温騰永昌	温敦永昌（即東永昌）

3712_7 鴻

清譯名	元譯名
鴻特默	忽土特滿

3718_2 次

清譯名	元譯名
次額頁	次奥野

3730_2 通

清譯名	元譯名
通肯	同斡
通古	同瓜
通古	同刮
通古齊勤	獨吉七斤

清譯名	元譯名
通吉文之	獨吉文之
通吉引壽	獨吉引壽
通吉鼎珠克	獨吉鼎术可
通吉和尚	獨吉和尚
通吉永中	獨吉永中
通吉窸拉	獨吉秘剌
通吉遷嘉努	獨吉千家奴
通吉温	獨吉温
通吉世顯	獨吉世顯
通吉扎古	獨吉照屋
通吉思忠	獨吉思忠
通吉呼實	獨吉忽史
通吉呼拉布	獨吉鶻魯補
通吉尼楚赫	獨吉銀术可
通吉義	獨吉義
通吉輝罕	獨吉回海
通恩	鈍恩

3740_1 罕

清譯名	元譯名
罕都	歡覩
罕都	歡都
罕都	歡睹

3772_0 朗

清譯名	元譯名
朗鄂特文廣	浪訛文廣
朗鄂特元智	浪訛元智
朗鄂特德光	浪訛德光
朗鄂特進忠	浪訛進忠

3815_1 洋

清譯名	元譯名
洋格	羊哥
洋阿	羊艾

3815_5 海

清譯名	元譯名
海罕	海葛安
海古勒	海狗
海古勒和尼齊	劾古活你茁
海古勒兄弟	海姑兄弟
海努	海奴
海呼	化胡

3826_8 裕

清譯名	元譯名
裕爾伯特	瑶里孛迭
裕爾罕都	余里痕都
裕爾雅勒呼	姚里鵶鶻

3830_6 道

清譯名	元譯名
道拉	鐸剌

3912_0 沙

清譯名	元譯名
沙必	實匹
沙津	沙秖

4003_0 大

清譯名	元譯名
大兵	太赤
大富色克	大蒲速越
大富僧額	大蒲速碗
大額頁	大奥野
大嘉努	大家奴
大嘉哩	大乣里
大藥師努	大藥師奴

清譯名	元譯名
大托卜嘉	大撻不野
大興國努	大興國奴

4003_0 太

清譯名	元譯名
太師努	太師奴

4021_6 克

清譯名	元譯名
克爾森	曷羅哂
克爾叟	曷魯燥
克爾叟	合魯索
克爾叟	合魯燥
克實	可喜
克楚額哲	渠雛訛只
克呼克巴噶	哥魯葛波古

4022_7 布

清譯名	元譯名
布敦	蒲都
布爾噶蘇	不剌速
布琳	普速
布色	婆薩
布達	背答
布達	白達
布達	白答
布達	蒲答
布達	駮達
布希	蒲莧
布希	蒲閑
布希班第	蒲鮮班底
布希特爾格	蒲鮮鐵哥
布希薩喇勒	蒲鮮石魯剌
布希萬努	蒲鮮萬奴
布希長安	蒲鮮長安
布希舒嚕	蒲鮮石魯
布古德	僕忽得
布木	別术
布薩齊勤	僕散七斤
布薩端	僕散端
布薩訥木舍布	僕散奴失不
布薩毅夫	僕散毅夫
布薩璸都	僕散班覩
布薩琦	僕散琦
布薩瑠嘉	僕散留家
布薩倬	僕散倬
布薩師恭	僕散師恭
布薩偉	僕散偉
布薩納延	僕散那也
布薩納丹珠	僕散納坦出
布薩和碩	僕散胡沙
布薩和木索	僕散胡没速
布薩烏哲	僕散烏者
布薩烏呼赫	僕散烏里黑
布薩烏錦	僕散五斤
布薩寧壽	僕散寧壽
布薩守中	僕散守中
布薩安貞	僕散安貞
布薩實訥埒	僕散習泥烈
布薩實勒們	僕散石里門
布薩額爾克	僕散訛可
布薩達斡	僕散太彎
布薩博羅	僕散背魯

清譯名	元譯名
布薩薩固珠	僕散掃吾出
布薩薩哈	僕散撒合
布薩莽噶嘉們	僕散忙押門
布薩歡塔	僕散渾坦
布薩斡喇布	僕散斡魯補
布薩忠佐	僕散忠佐
布薩忠義	僕散忠義
布薩素赫	僕散掃合
布薩揆	僕散揆
布薩思恭	僕散思恭（即師恭）
布薩呼沙呼	僕散忽殺虎
布薩呼蘭	僕散胡闌
布薩呼都克	僕散胡覩
布薩呼圖	僕散忽土
布薩哈斯罕	僕散曷速罕
布薩阿哈	僕散阿海
布薩懷忠	僕散懷忠
布格薩奇珠	僕根撒屈出
布格蘇	不歌束
布拉	蒲剌
布呼	不灰
布呼	僕虺
布呼	僕灰
布呼	卜灰
布呼	布輝
布嚕魯	不魯剌
布哈	蒲阿
布展	奔盞
布展	噴盞
布當	補擷

4022_7 希

清譯名	元譯名
希卜蘇	習不主
希卜蘇	習不出
希卜蘇	習不失
希卜蘇	辭不習
希卜蘇	辭不失
希卜蘇	轄拔速

4040_7 李

清譯名	元譯名
李齊諾	李賤奴
李齊勤	李七斤
李綽爾齊	李雛訛只
李特爾格	李鐵哥
李富色克	李蒲速越
李嘉努	李家奴
李奇嚕	李瘸驢
李耀珠	李咬住

4046_5 嘉

清譯名	元譯名
嘉勒斡	籍阿外
嘉哩	糺里

4060_0 古

清譯名	元譯名
古新	枴山
古新	谷神
古爾班	夔里本
古頁	國也
古魯罕扎	忽魯罕只

清譯名	元譯名
古實	故石
古渠們	骨鞠門
古沁文昌	骨勒文昌①
古裕	骨欲

4060_5 喜

清譯名	元譯名
喜格	喜哥

4062_1 奇

清譯名	元譯名
奇爾	乞兒
奇珠	乞住
奇格	乞哥

4090_3 索

清譯名	元譯名
索多	散都
索多	散覩
索多	撒覩
索羅希	索里乙室
索囉	莎魯窩
索囉	莎邏

4090_8 來

清譯名	元譯名
來準	來猪糞

4128_6 頗

清譯名	元譯名
頗克綽歡	婆諸刊
頗拉叔	頗剌淑
頗拉淑	婆剌淑

4199_1 標

清譯名	元譯名
標哈	杓合

4282_1 斯

清譯名	元譯名
斯靳年	新羅奴

4291_0 札

清譯名	元譯名
札勒嘉	札里吉

4304_2 博

清譯名	元譯名
博諾	盃乃
博諾	把奴
博諾	盆納
博爾蘇	孛剌束
博爾蘇	勃剌速
博爾蘇	勃剌淑
博碩	剖叔
博碩布	白撒不
博和哩	保活里
博多	象多
博多	頗答
博多和	罷敵悔
博多布	孛特補
博濟	孛吉
博濟	孛極
博克順	拔合汝
博克托	闊合土

① 骨勒文昌，版本作骨勦文昌。

清譯名	元譯名
博索	白撒
博索	婆速
博斯納	蒲速乃
博斯呼	白撒葛
博斯呼	白撒曷
博斯呼	把掃合
博斯呼	把撒合
博勒和	婆盧火
博勒和	勃魯骨
博勒準	孛論出
博羅	盃魯
博羅	背魯
博囉	輩魯
博囉	保魯
博哈	播斡

4411₁ 堪

清譯名	元譯名
堪布	看逋

4411₂ 范

清譯名	元譯名
范察遜	范陳僧

4416₁ 塔

清譯名	元譯名
塔納	檀奴
塔富拉	天佛留
塔斯	特思
塔斯	特厮
塔塔	挑撻
塔坦	臺答藹
塔里琿	忒里虎
塔呼喇	大和兒

4421₄ 薩

清譯名	元譯名
薩	撒
薩爾拉	莎魯剌
薩卜丹	實不迭
薩納台	笑乃觧
薩納台	小乃觧
薩納噶	思泥古
薩察	斜出
薩必	三濱
薩滿	撒卯
薩克達	散達
薩克達	散答
薩克達	史扢搭
薩克達	撒虎帶
薩克達	撒答
薩克蘇	撒葛梲
薩克蘇	撒葛周
薩克蘇	撒骨出
薩克蘇	撒合出
薩克蘇	厮故速
薩布	賽不
薩布	賽補
薩布	斜鉢
薩布特	碎不觧
薩古	掃胡
薩木	厮没
薩木哈	參謀合
薩塔	撒達

清譯名	元譯名
薩執直	煞執直
薩勒奇布哈	斜里吉不花
薩勒扎	沙離只
薩勒扎	沙里只
薩勒扎	沙里質
薩拉噶圖	撒里古獨
薩里罕	辭勒罕
薩里罕	辭里罕
薩里罕	撒離喝
薩里罕托色	撒里雅寅特斯
薩固察	撒屋出
薩喇	辭剌
薩喇	賽剌
薩喇	撒剌
薩喇	騷臘
薩喇達	撒剌答
薩喇勒	石魯剌
薩喇勒	實魯剌
薩喇圖	撒里土
薩噶爾瑪克	撒曷懣
薩噶爾瑪克	撒合懣
薩嘍勒	斜魯
薩哈	三合
薩哈	撒改
薩哈	撒海
薩哈	撒合
薩哈琿	撒合問
薩哈連	撒曷輦
薩哈連	撒合輦
薩尼雅布	習捏阿不
薩尼雅布	阿不
薩尼雅布	斜捻阿不
薩巴	撒八

4422_7 芬

清譯名	元譯名
芬徹	蒲察
芬徹	蒲查
芬徹都古嚕訥 見富察都古嚕訥	

4422_7 幫

清譯名	元譯名
幫圖	盤都

4422_7 蕭

清譯名	元譯名
蕭高陸	蕭高六
蕭珠嚕準	蕭术里者
蕭珠展	蕭招折
蕭玖格	蕭九哥
蕭豐嘉努	蕭馮家奴
蕭特默	蕭特謀
蕭特默	蕭特末
蕭特默格	蕭特謀葛
蕭納琳	蕭乃烈
蕭伊遜	蕭乙辛
蕭伊蘇	蕭乙薛
蕭伊里布	蕭野里補
蕭色佛呼	蕭謝佛留
蕭富里	蕭蒲烈
蕭察喇	蕭察剌

清譯名	元譯名
蕭必埒哩	蕭别離剌
蕭達年鄂博	蕭迪輦阿不
蕭海呼	蕭好胡
蕭布展	蕭霸哲
蕭嘉哩	蕭糺里
蕭斡罕	蕭窩斡
蕭扎拉	蕭查剌
蕭托諾	蕭屯納
蕭托卜嘉	蕭撻不也
蕭托卜嘉	蕭撻不野
蕭揚珠	蕭遥折
蕭圖喇	蕭禿剌
蕭旺嘉努	蕭王家奴
蕭呼哩	蕭斛律
蕭哈里	蕭海里
蕭阿古	蕭阿窊
蕭朋格	蕭彭哥
蕭巴錦	蕭八斤
蕭堂古特	蕭堂古帶

4423₂ 蒙

清譯名	元譯名
蒙克	蒙葛
蒙克	懵葛
蒙古仁本	蒙括仁本
蒙古鑾都	蒙括鑾都
蒙古特默	蒙括特末也
蒙古額哩埒	蒙括訛里剌
蒙古達呼	蒙古塔呼
蒙古勒	謀古魯
蒙古呼喇	蒙括胡剌

4425₃ 茂

清譯名	元譯名
茂元禮	咩元禮
茂賽音	抹腮引

4433₁ 赫

清譯名	元譯名
赫伯	喝補
赫魯	豁魯
赫色本	劾真保
赫木頗	鶻謀琶
赫嚕	曷魯
赫嚕	合魯
赫舍哩齊勤	紇石烈七斤
赫舍哩諸神努	紇石烈諸神奴
赫舍哩毅	紇石烈毅
赫舍哩正之	尅石烈正之
赫舍哩王嘉努	紇石烈王家奴
赫舍哩珠爾蘇	紇石烈术列速
赫舍哩珠赫	紇石烈猪狗
赫舍哩理	紇石烈理
赫舍哩子仁	紇石烈子仁
赫舍哩卓哩	紇石烈照里
赫舍哩貞	紇石烈貞
赫舍哩綽哈	紇石烈醜漢
赫舍哩德	紇石烈德
赫舍哩德倫	紇石烈鐵論
赫舍哩特伯烈	紇石烈忒不魯
赫舍哩特默	紇石烈特末也
赫舍哩伯爾克	紇石烈布里哥
赫舍哩和勒端	紇石烈桓端

清譯名	元譯名	清譯名	元譯名
赫舍哩約赫德	紇石烈牙吾塔	赫舍哩呼喇	紇石烈胡剌
赫舍哩準	紇石烈猪糞	赫舍哩囉索	紇石烈婁室
赫舍哩富拉塔	紇石烈蒲剌都	赫舍哩哈達	紇石烈曷答
赫舍哩良弼	紇石烈良弼	赫舍哩阿敦	紇石烈按敦
赫舍哩額頁	紇石烈奥也	赫舍哩阿卜薩	紇石烈阿補孫
赫舍哩額琳	紇石烈訛論	赫舍哩阿實罕	紇石烈阿習罕
赫舍哩邈	紇石烈邈	赫舍哩阿古	紇石烈阿虎
赫舍哩罕齊	紇石烈韓赤	赫舍哩阿蘇	紇石烈阿疎
赫舍哩太宇	紇石烈太宇	赫舍哩阿蘇	紇石烈阿疎
赫舍哩志	紇石烈志	赫舍哩阿里哈	紇石烈阿里合
赫舍哩志寧	紇石烈志寧	赫舍哩阿哈	紇石烈阿海
赫舍哩奇爾	紇石烈乞兒	赫舍哩尼楚赫	紇石烈銀术可
赫舍哩博濟	紇石烈孛吉	赫舍哩善才	紇石烈善才
赫舍哩博索	紇石烈孛孫	赫舍哩公順	紇石烈公順
赫舍哩薩里罕	紇石烈辭里罕	赫舍哩算卓	紇石烈善住
赫舍哩薩哈	紇石烈撒改	赫舍哩懷忠	紇石烈懷忠
赫舍哩薩哈連	紇石烈撒曷輦		
赫舍哩薩巴	紇石烈撒巴	**4433_1 燕**	
赫舍哩薩恰	紇石烈騷洽	燕綽爾	燕曹兒
赫舍哩執中	紇石烈執中		
赫舍哩萬努	紇石烈萬奴	**4439_4 蘇**	
赫舍哩柏壽	紇石烈柏壽	蘇爾坦	從坦
赫舍哩鶴壽	紇石烈鶴壽	蘇爾噶勒	石盧斡勒
赫舍哩忠定	紇石烈忠定	蘇頁	謝野
赫舍哩素赫	紇石烈掃合	蘇頁	速也
赫舍哩扎克丹	紇石烈哲典	蘇頁	左曆
赫舍哩哲	紇石烈哲	蘇瑪拉	薩謀魯
赫舍哩呼實默	紇石烈胡失門	蘇布特	速不觧
赫舍哩呼沙呼	紇石烈胡沙虎	蘇布特	斜普
赫舍哩呼蘭	紇石烈忽懶	蘇布特薩固察	石批德薩骨只

清譯名	元譯名
蘇赫	稍喝
蘇赫	燥合
蘇埒呼圖	梭魯胡土
蘇都	厮都
蘇都哩	散都魯
蘇都哩	散睹魯
蘇都哩	散篤魯
蘇拉	捼剌
蘇拉布	束里保
蘇呼和卓	莎里古真
蘇尼	孰輦
蘇尼	徐輦

4442_7 萬

清譯名	元譯名
萬嘉努	萬家奴
萬努	萬奴

4444_3 莽

清譯名	元譯名
莽古德懋	麻骨德懋
莽古進德	麻骨進德
莽格	忙哥
莽噶嘉們	忙押門

4445_6 韓

清譯名	元譯名
韓福努	韓福奴

4450_4 華

清譯名	元譯名
華特默	虎特末
華沙	劃沙
華沙布	胡沙補

4453_0 英

清譯名	元譯名
英格	盈歌

4471_1 老

清譯名	元譯名
老君努	老君奴
老哈	老斡

4480_1 楚

清譯名	元譯名
楚古爾蘇	雛鶻失
楚古爾蘇	雛鶻室
楚呼	鈔兀

4480_6 黃

清譯名	元譯名
黃格	黃哥
黃巴爾	黃八兒

4490_1 蔡

清譯名	元譯名
蔡巴爾	蔡八兒

4490_4 藥

清譯名	元譯名
藥師努	藥師奴

4491_0 杜

清譯名	元譯名
杜塔富拉	杜天佛留

4599_6 楝

清譯名	元譯名
楝摩	闍母
楝爾	冬兒
楝戩	堇氈

清譯名	元譯名
4680_6 賀	
賀德希	賀都喜
4692_7 楊	
楊珠	遥折
楊沃哩	楊斡烈
4714_0 埒	
埒爾錦	冷京
埒克	留可
4728_2 歡	
歡塔	渾坦
歡塔博索	渾都僕速
歡托和	忽土華
歡托和	胡都化
4742_7 努	
努色爾	南撒里
努色爾	女奚烈
4762_0 胡	
胡定格	胡定哥
4762_7 都	
都古嚕訥	迪古乃
都林	奪鄰
都努	都奴
都本	迪鉢
4796_4 格	
格綳額	哥不靄
格綳額	葛不靄
格哷勒	遏里來
4844_0 斡	
斡琿	斡忽
斡色辛	温撒辛
斡實	頑犀
斡罕	窩斡
斡克珊	窊合山
斡布	斡本
斡勒達	斡敵
斡里延	斡里衍
斡里雅	斡列阿
斡里雅	斡魯也
斡里雅	斡里衍（完顔婁室字）
斡里雅	斡里安
斡里雅布	斡里不
斡喇布	斡離不
斡喇布	斡魯補
4893_0 松	
松科	雙括
松科	僧酷
4980_2 趙	
趙酬爾	趙醜兒

清譯名	元譯名
趙特爾格	趙鐵哥

5001_8 拉

清譯名	元譯名
拉必	臘酷
拉林	烈鄰
拉巴哩	老孛論

5022_7 青

清譯名	元譯名
青伊克	青宜可

5023_0 本

清譯名	元譯名
本布	不補

5034_3 專

清譯名	元譯名
專努	轉奴

5040_4 婁

清譯名	元譯名
婁者	落兀

5073_2 囊

清譯名	元譯名
囊嘉特	南家

5080_6 貴

清譯名	元譯名
貴格	貴哥

5090_3 素

清譯名	元譯名
素赫	稍合
素赫	掃喝
素赫	掃合

5104_0 軒

清譯名	元譯名
軒達布	喊得不

5194_3 耨

清譯名	元譯名
耨埒	褥里

5201_0 扎

清譯名	元譯名
扎實結	結什角
扎克丹	查端
扎克丹	哲典
扎古	照屋
扎古雅	昭古牙
扎拉	察剌
扎拉	查剌
扎昆	扎虎
扎呼岱	沙忽帶
扎哈	醮答
扎巴	察八
扎巴	扎八
扎巴	昭逋
扎巴台	扎保迪

5201_4 托

清譯名	元譯名
托摩布	特末阿不
托諾	屯納
托卜嘉	撻不也
托卜嘉	撻不野
托卜嘉	撻僕野
托和倫	脱或欒

清譯名	元譯名
托紐	突撚
托迪	突迭
托迪	駞朵
托克索	突葛速
托克索	突合速

5260_2 哲

清譯名	元譯名
哲爾格	折哥
哲伊俊乂	折嘜俊乂
哲克訥	扎古迺

5304_4 按

清譯名	元譯名
按春	按出虎

5320_0 成

清譯名	元譯名
成格勒	青狗
成格勒	青狗兒
成格勒	青覺兒

5320_0 威

清譯名	元譯名
威伊執信	嵬嘜執信
威紐執忠	嵬恧執忠
威準	斡準
威載師憲	嵬宰師憲
威赫	偎喝
威赫	隈喝
威泰	斡帶
威喇	外留
威明彥	嵬茗彥
威明仁顯	嵬茗仁顯
威明世安	嵬茗世安

5404_1 持

清譯名	元譯名
持嘉秉甫	赤盞秉甫
持嘉師直	赤盞師直
持嘉和碩台	赤盞胡失答
持嘉和色里	赤盞胡失賴
持嘉和木歡	赤盞忽沒渾
持嘉烏新	石盞畏忻
持嘉烏新	赤盞尉忻
持嘉烏蘇埒克	赤盞胡速魯改
持嘉克們	赤盞高門
持嘉董七	赤盞董七
持嘉喀齊喀	石盞合喜
持嘉喀齊喀	赤盞合喜
持嘉暉	赤盞暉
持嘉錫爾格	赤盞實理哥

5560_6 曹

清譯名	元譯名
曹佛哩	曹佛留
曹吉遜	曹記僧

5580_6 費

清譯名	元譯名
費摩亨	裴滿亨
費摩齊勤	裴滿七斤
費摩諳達	裴滿按帶
費摩子仁	裴滿子仁
費摩子寧	裴滿子寧
費摩綽哈	裴滿抄合
費摩德仁	裴滿德仁

清譯名	元譯名
費摩德輝	裴滿德輝
費摩和碩	裴滿鶻沙
費摩和坦	裴滿胡塔
費摩富拉塔	裴滿蒲剌都
費摩富拉塔	裴滿蒲剌篤
費摩福興	裴滿福興
費摩達	裴滿達
費摩洋格	裴滿羊哥
費摩克爾森	裴滿可孫
費摩薩布	裴滿賽不
費摩蘇拉	裴滿按剌
費摩華善	裴滿虎山
費摩托紐	裴滿突撚
費摩思忠	裴滿思忠
費摩呼敦	裴滿忽覩
費摩呼實	裴滿胡喜
費摩呼達	裴滿忽達
費摩呼達	裴滿忽撻
費摩胡達	裴滿胡撻
費摩呼圖	裴滿忽土
費摩呼喇	裴滿胡剌
費摩哈希	裴滿河西
費摩阿古岱	裴滿阿虎帶
費摩阿拉	裴滿按剌（即按剌）
費摩阿里	裴滿阿里
費摩舍音	裴滿斜也
費摩欽甫	裴滿欽甫
費摩餘慶	裴滿餘慶

5602_7 揚

清譯名	元譯名
揚珠烏埒古	寅术烏籠骨
揚德	羊蹄
揚格	羊哥

5701_7 把

清譯名	元譯名
把玖錦	把九斤
把納新	把奴申
把富拉答	把蒲剌都

6015_0 國

清譯名	元譯名
國耀爾	國咬兒

6033_0 恩

清譯名	元譯名
恩楚	訛出
恩楚	斡出
恩楚華善	阿出胡山
恩勝努	恩勝奴

6040_0 田

清譯名	元譯名
田重嘉努	田衆家奴
田實格	田十哥

6050_4 畢

清譯名	元譯名
畢努爾	畢牛兒

6060_4 固

清譯名	元譯名
固納	骨赧
固納	谷赧

6060_4 圖

清譯名	元譯名
圖庫	敵庫
圖爾噶	度盧斡
圖卜新	多保真
圖卜蘇	陀鎖
圖們玖珠	駞滿九住
圖們色埒默	陀滿斜烈
圖們富尼瑪	駞滿蒲馬
圖們額哩頁	陀滿訛里也
圖們薩哈連	陀滿撒曷輦
圖們呼圖	陀滿忽土
圖們呼圖	陀滿忽吐
圖們呼圖克們	陀滿胡土門
圖們輝罕	駞滿回海
圖罕	禿罕
圖土勒	陁括里
圖克坦三勝	徒單三勝
圖克坦酬爾	徒單醜兒
圖克坦珠蘇拉	徒單朮斯剌
圖克坦珠巴克	徒單朮輩
圖克坦子溫	徒單子溫
圖克坦航	徒單航
圖克坦貞	徒單貞
圖克坦綽	徒單抄
圖克坦綽里	徒單綽里
圖克坦德勝	徒單德勝
圖克坦特布赫	徒單陁補火
圖克坦仲華	徒單仲華
圖克坦佛寧	徒單蒲涅
圖克坦伯嘉	徒單百家
圖克坦和珍	徒單況者
圖克坦和卓	徒單合住
圖克坦和羅	徒單海羅
圖克坦繹	徒單繹
圖克坦伊勒呼	徒單移剌古
圖克坦伊都	徒單益都
圖克坦烏爾袞都喀	徒單烏古論都葛
圖克坦烏登	徒單兀典
圖克坦烏濟	徒單吴甲
圖克坦烏遜	徒單頑僧
圖克坦烏哲	徒單烏者
圖克坦烏哩雅布	徒單吾里補
圖克坦烏哩雅布	徒單烏里補
圖克坦烏尼音	徒單烏輦
圖克坦色哩	徒單賽里
圖克坦寧慶	徒單寧慶
圖克坦永康	徒單永康
圖克坦永年	徒單永年
圖克坦守素	徒單守素
圖克坦安春	徒單按出
圖克坦富德	徒單蒲帶
圖克坦富均努	徒單府君努
圖克坦定格	徒單定哥
圖克坦實祿	徒單十六
圖克坦賽音	徒單賽一
圖克坦福定	徒單福定

清譯名	元譯名
圖克坦福壽	徒單福壽
圖克坦額呼楚克	徒單阿里出虎
圖克坦達喇	徒單塔剌
圖克坦克寧	徒單克寧
圖克坦南平	徒單南平
圖克坦壽春	徒單壽春
圖克坦博勒和	徒單婆盧火
圖克坦塔斯	徒單特思
圖克坦薩布	徒單賽補
圖克坦薩噶爾瑪克	徒單撒合懣
圖克坦薩哈	徒單三合
圖克坦恭	徒單恭
圖克坦某	徒單某
圖克坦都呼	徒單度移剌
圖克坦扎克繖	徒單張僧
圖克坦扎拉	徒單查剌
圖克坦威赫	徒單渭河
圖克坦思忠	徒單思忠
圖克坦喀齊喀	徒單合喜
圖克坦默呼	徒單沒烈
圖克坦默呼	徒單沒撚
圖克坦鄂勒博	徒單歐里白
圖克坦照	徒單照
圖克坦雅爾烏	徒單牙武
圖克坦雅爾噶	徒單牙剌哥
圖克坦長樂	徒單長樂
圖克坦肆喜	徒單四喜
圖克坦居正	徒單居正
圖克坦巴圖達爾罕	徒單拔炭都魯海
圖克坦巴噶	徒單拔改
圖克坦金壽	徒單金壽
圖克坦鎬	徒單鎬
圖克坦鏞	徒單鏞
圖克坦羲	徒單羲
圖克坦舍音	徒單斜也
圖克坦公弼	徒單公弼
圖克坦錫林	徒單習烈
圖克坦錫馨	徒單習顯
圖克坦銘	徒單銘
圖克坦鎰	徒單鎰
圖克坦懷貞	徒單懷貞
圖克坦懷忠	徒單懷忠
圖克坦慎思	徒單慎思
圖喇	圖剌
圖哩	特里
圖哩	忒里
圖嚕拉	突離剌

6080_6 圓

清譯名	元譯名
圓福努	圓福奴

6090_4 果

清譯名	元譯名
果實	鉤室
果布	摑保
果勒	狗兒
果囉	摑剌

清譯名	元譯名
6091_4 羅	
羅和	落虎
羅和	老忽
羅伊守忠	囉哆守忠
羅伊思忠	囉哆思忠
羅索	留速
6101_4 旺	
旺嘉努	王家奴
6200_0 喇	
喇卜丹	阿魯不太彎
喇卜丹	劉打
6204_9 呼	
呼敦	忽覩
呼敦紐祿	骨迭聶合
呼爾察	活里甲
呼爾罕	忽里罕
呼爾罕	活離罕
呼爾罕	胡里罕
呼爾喀	胡里改
呼爾哈	活里改
呼爾哈	胡離改
呼卜圖	胡補答
呼魯蘇	忽剌叔
呼紐	和你限
呼密	胡麻愈
呼實	忽史
呼實	胡率
呼實罕	忽撒渾
呼實罕	胡實海
呼實默	胡什滿
呼實默	胡十門
呼實哈	胡石改
呼遜	忽薛
呼遜	胡蘇
呼達	忽達
呼達	忽撻
呼沙呼	斛沙虎
呼沙呼	忽沙虎
呼沙呼	忽沙渾
呼沙呼	忽殺虎
呼沙呼	忽斜虎
呼沙呼	胡沙虎
呼沙呼	鶻沙虎
呼沙呼	鶻殺虎
呼塔噶	胡土瓦
呼蘭	忽懶
呼蘭	胡闌
呼蘭	鶻懶
呼勒希圖	活離胡土
呼拉布	忽盧補
呼拉布	鶻盧補
呼拉布	鶻魯補
呼拉哈	胡盧瓦
呼圖	忽土
呼圖	胡土
呼圖克	胡突古

清譯名	元譯名
呼圖克們	胡土門
呼圖克昆	胡突袞
呼圖哩	忽土鄰
呼喇	忽剌
呼喇	胡剌
呼喇繖	活剌散
呼喇勒	忽魯剌
呼喇勒	胡魯剌
呼喇勒	胡里剌
呼嚕	忽魯
呼嚕	胡盧
呼嚕	胡魯
呼嚕	鶻魯
呼嚕古	胡剌古

6306_4 喀

清譯名	元譯名
喀齊喀	合喜
喀勒扎	喝離質
喀勒扎	喝里質

6333_4 默

清譯名	元譯名
默音	謀衍
默色	黑厮
默呼	没烈

6402_7 噶

清譯名	元譯名
噶順	劾孫

6600_0 咱

清譯名	元譯名
咱斡	斜斡

6702_0 明

清譯名	元譯名
明師道	咩布師道
明安	猛安

6706_2 昭

清譯名	元譯名
昭和碩	召和式
昭蘇	照三
昭蘇	照撒

6722_7 鄂

清譯名	元譯名
鄂摩	兀母
鄂摩	吾母
鄂爾多	訛魯朶
鄂爾多	訛里朶
鄂爾多	斡魯朶
鄂爾多	斡里朶
鄂特藏布	訛魯不
鄂特藏布	斡魯不
鄂和	窩忽窩
鄂約	隈欲
鄂倫	兀論
鄂倫	窩論
鄂倫	斡論
鄂斯歡	阿思魁
鄂博	斡不
鄂博庫	兀不喝
鄂博庫	吾補可
鄂博台	烏不屯
鄂蘭沙津	烏論石準

清譯名	元譯名
鄂勒博	訛魯補
鄂勒博	斡盧保
鄂勒博	斡盧補
鄂勒歡	窩盧歡
鄂勒歡	斡魯罕
鄂勒歡	阿魯綰
鄂屯襄	奧屯襄
鄂屯酬和尚	奧屯醜和尚
鄂屯舜卿	奧屯舜卿
鄂屯安塔哈	奧燉按答海
鄂屯良弼	奧敦良弼
鄂屯沃哩布	奧屯吾里不
鄂屯喜格	奧屯喜哥
鄂屯薩固察	奧屯撒屋出
鄂屯薩噶爾瑪克	奧屯撒合門
鄂屯斡里雅布	奧屯斡里卜
鄂屯忠孝	奧屯忠孝
鄂屯扎勒嘉	奧屯扎里吉
鄂屯邦獻	奧屯邦獻
鄂屯哈斯罕	奧屯胡撒合
鄂屯雅格	奧屯牙哥
鄂屯驥	奧屯驥
鄂屯阿古	奧屯阿虎
鄂屯阿里布	奧屯阿里不
鄂屯馬和尚	奧屯馬和尚
鄂羅紹昌	卧落紹昌
鄂囉納	斡里裊
鄂囉紹先	訛羅紹先
鄂囉紹甫	訛羅紹甫
鄂囉世	訛羅世
鄂囉囉	斡里懶

6806_1 哈

清譯名	元譯名
哈納	劾迺
哈必蘇	斛孛束
哈達	曷達
哈達	合達
哈達	合答
哈達	合打
哈布爾	斛拔魯
哈布爾	胡拔魯
哈布爾	胡巴魯
哈布爾	胡八魯
哈布爾	鶻巴魯
哈希	河西
哈薩	胡撒
哈薩喇烏達	禾速嘉兀底
哈薩喇烏達布	禾速嘉兀地不
哈薩喇烏達布	和速嘉兀底不
哈薩喇安禮	和速嘉安禮
哈薩喇國鑑	和速嘉國鑑
哈里	海里
哈里	喝里
哈喇	喝里
哈喇	合刺
哈喇古勒	阿里骨列
哈噶	花狗
哈昭	合周

清譯名	元譯名	清譯名	元譯名
7021_4 雅		阿多古	阿土古
		阿濟根	唵吉斡
雅齊堪	么查剌	阿實克	阿臬
雅爾盤	躍盤	阿達茂	按得木
雅爾貝	押剌	阿達茂	按忒木
雅爾堅	燕京	阿禪	按辰
雅穆	牙夘	阿克占和實瑪勒	阿典和實懣
雅達納	鴨達		
雅蘇守節	拽税守節	阿克占富勒呼	阿典蒲魯虎
雅格	牙哥	阿克占桑阿	阿典宋阿
雅哈	牙改	阿布哩	愛拔里
		阿布哈	阿保寒
7122_0 阿		阿布哈綏赫	阿不罕斜合
阿庫納	阿古迺	阿布哈德甫	阿不罕德甫
阿爾占	阿魯真	阿布哈得剛	阿不罕德剛
阿爾遜	阿魯來	阿布哈額哩頁	阿不罕訛里也
阿爾法	阿魯瓦	阿布哈希卜蘇	阿不罕斜不失
阿爾薩哩	阿厮列	阿布哈努色爾	阿不罕奴失剌
阿爾本	斡里保	阿布哈努色爾	阿不罕奴十剌
阿爾本	斡里本	阿古	阿聒
阿爾本	阿離本	阿古	阿虎
阿爾本	阿剌本	阿古	阿忽
阿爾圖	阿里徒	阿古爾	阿虎里
阿爾圖罕	阿魯臺罕	阿古爾	阿活里
阿爾噶	阿里葛	阿古岱	阿虎迭
阿爾噶里	阿魯古列	阿古岱	阿虎帶
阿珠嚕	阿术魯	阿古岱	阿胡迭
阿卜薩	阿不沙	阿古喇	沃窟里
阿卜薩	阿補孫	阿古喇	阿虎懶
阿卜薩	阿本斯	阿索美	阿斯懣

清譯名	元譯名
阿薩爾	阿散
阿薩爾	阿撒
阿蘭	阿楞
阿蘇	阿瑣
阿蘇	阿速
阿蘇	阿斯
阿蘇	阿竦
阿勒達	阿里帶
阿勒楚爾	按察兒
阿勒坦	阿魯太彎
阿勒呼坦	阿里保太彎
阿勒巴	阿魯保
阿勒巴	阿里保
阿老罕	阿魯罕
阿都固	按都瓜
阿里	阿列
阿里庫	阿里虎
阿里庫	阿里刮
阿里庫	阿里骨
阿里罕	阿離合懣
阿里罕	阿里合懣
阿里布	阿離補
阿里布	阿盧補
阿里布	阿魯不
阿里布	阿魯補
阿里布	阿里不
阿里布	阿里白
阿里布	阿里補
阿里托歡	阿里徒歡
阿里哈	阿里合

清譯名	元譯名
阿里哈肆嘉努	阿里根寺家奴
阿里巴斯	阿里不孫
阿固岱	阿庫德
阿固達	阿骨打
阿喇古勒	阿里骨列
阿喇蘇	阿魯瑣
阿咾罕	敖魯斡
阿嘍罕	阿魯罕
阿嚕	阿魯
阿嚕岱	阿魯帶
阿嚕岱	阿禄帶
阿哈	阿海
阿巴	按補
阿巴	阿補
阿巴	阿排

7132_7 馬

清譯名	元譯名
馬武	馬五
馬蘇爾濟蘇	馬習禮吉思
馬義	馬乙

7173_2 長

清譯名	元譯名
長安努	長安奴

7210_0 劉

清譯名	元譯名
劉春格	劉春哥
劉興格	劉興哥

7220_0 剛

清譯名	元譯名
剛嘎	剛哥

清譯名	元譯名	清譯名	元譯名
7223₀ 瓜		瓜爾佳澤	夾谷澤
		瓜爾佳海壽	夾谷海壽
瓜爾佳諳達	夾谷愛答	瓜爾佳九十	夾谷九十
瓜爾佳元	夾谷元	瓜爾佳太守	夾谷太守
瓜爾佳天成	夾谷天成	瓜爾佳布爾噶蘇	夾谷不剌速
瓜爾佳瑞	夾谷瑞		
瓜爾佳瑠珠	夾谷留住	瓜爾佳布達	夾谷駮達
瓜爾佳玖珠	夾谷九住	瓜爾佳博諾	夾谷蒲乃
瓜爾佳衡	夾谷衡	瓜爾佳薩哈	夾谷撒喝
瓜爾佳鼎珠	夾谷定住	瓜爾佳薩哈	夾谷撒合
瓜爾佳德新	夾谷德新	瓜爾佳薩哈	加古撒曷
瓜爾佳德玉	夾谷德玉	瓜爾佳芬徹	古里甲蒲察
瓜爾佳伊德爾	夾谷移迪烈	瓜爾佳柏壽	夾谷柏壽
瓜爾佳伊扎爾	夾谷么查刺	瓜爾佳胡山	夾谷胡山
瓜爾佳伊里哈	夾谷移里罕	瓜爾佳都伯	夾谷德伯
瓜爾佳烏登	夾谷吾典	瓜爾佳扎拉	夾谷查刺
瓜爾佳守中	夾谷守中	瓜爾佳托雲	夾谷陶也
瓜爾佳富德	夾谷蒲帶	瓜爾佳旺嘉努	夾谷王家奴
瓜爾佳實訥	夾谷謝奴	瓜爾佳呼喇	夾谷胡刺
瓜爾佳實倫	古里甲石倫	瓜爾佳鄂摩	夾谷兀母
瓜爾佳察哈爾	夾谷查合你	瓜爾佳哈達	夾谷合達
瓜爾佳福德	夾谷福德	瓜爾佳阿卜薩	夾谷阿不沙
瓜爾佳福壽	夾谷福壽	瓜爾佳阿多古	夾谷阿土古
瓜爾佳額特埒	夾谷移特刺	瓜爾佳阿里布	夾谷阿里不
瓜爾佳沃哩布	夾谷吾里補	瓜爾佳阿哈	夾谷阿海
瓜爾佳必喇	夾谷必蘭	瓜爾佳肆嘉努	夾谷寺家奴
瓜爾佳邁珠	加古買住	瓜爾佳巴喇瑪	夾谷八里門
瓜爾佳達蘭	加古撻懶	瓜爾佳錫爾格	夾谷石里哥
瓜爾佳清臣	夾谷清臣	瓜爾佳當格	夾谷當哥
瓜爾佳温屯	夾谷兀屯	瓜里	括里

7421_4 陸

清譯名	元譯名
陸爾	六兒

7570_7 肆

清譯名	元譯名
肆嘉努	寺家奴

7710_4 堅

清譯名	元譯名
堅	糺

7721_1 尼

清譯名	元譯名
尼敦巴噶	泥本婆果
尼瑪哈	尼厖古
尼瑪哈	粘没曷
尼瑪哈	粘没喝
尼瑪哈和勒端	尼厖古桓端
尼瑪哈和尚	尼厖古和尚
尼瑪哈富勒呼	尼厖古蒲魯虎
尼瑪哈達希布	尼厖古達吉不
尼瑪哈薩蘭	尼厖古三郎
尼瑪哈華山	尼厖古華山
尼瑪哈楚呼	尼厖古鈔兀
尼瑪哈威喇	尼厖古外留
尼瑪哈鑑	尼厖古鑑
尼瑪哈懷忠	尼厖古懷忠
尼堪	粘哥
尼堪	粘罕
尼楚赫	銀术可
尼楚赫	銀术哥
尼格	捏哥
尼賜鼎	你思丁

7723_2 展

清譯名	元譯名
展盤	粘拔恩

7760_4 闍

清譯名	元譯名
闍格	闍哥

7764_1 闢

清譯名	元譯名
闢拉	闢懶

7771_7 巴

清譯名	元譯名
巴爾斯	拔離速
巴爾斯章	把思忠
巴延實喇	把移失剌
巴玖錦	把九斤
巴特瑪	巴的懣
巴濟拉	把内剌
巴沁師德	龐靜師德
巴沁嘉卜	巴氈角
巴達	拔達
巴達	把答
巴達爾呼	把德固
巴克繖	白散
巴克實	拔石
巴克實	跋石
巴克實	八十
巴布爾	播逋
巴古珠	把古咬住
巴古拉	保骨臘

清譯名	元譯名
巴古拉	把胡魯
巴圖	朴都
巴圖	跋忒
巴圖達爾罕	拔炭都魯灰
巴圖嚕	傍都里
巴噶	跋葛
巴噶	厖葛
巴噶	八狗
巴噶罕	把回海
巴噶布琳	霸合布里
巴哩	把里
巴哩慶祖	芭里慶祖
巴哩安仁	芭里安仁
巴哩直信	芭里直信
巴哩昌祖	芭里昌祖
巴哩美	拔乙門
巴哩公亮	把里公亮
巴哈	跋海
巴錦	八斤
巴恬努	把添奴

7780_1 興

清譯名	元譯名
興國努	興國奴

7780_6 賢

清譯名	元譯名
賢聖努	賢聖奴
賢舒嚕	賢石魯

7790_4 桑

清譯名	元譯名
桑阿	叟阿

7922_7 勝

清譯名	元譯名
勝額	繩果
勝格	勝哥

7922_7 騰

清譯名	元譯名
騰格徹	同刮出

8012_7 翁

清譯名	元譯名
翁鄂羅	斡骨欒
翁鄂羅	斡骨剌

8060_1 普

清譯名	元譯名
普嘉努	蒲家奴

8060_4 舍

清譯名	元譯名
舍音	斜也

8043_0 美

清譯名	元譯名
美赫宇文	梅詵宇文

8612_7 錫

清譯名	元譯名
錫爾丹	祥丹
錫卜察	斜不出
錫卜察	斜補出
錫納	習撚
錫伯	斜婆
錫克德肆嘉努	石敦寺家奴
錫布	翕浦
錫赫特	謝庫德

清譯名	元譯名
錫勒遵義	習勒尊義
錫勒塔干	奚撻罕
錫勒塔干	神獨斡
錫勒哈達	實里古達
錫林	習烈
錫埒	實婁
錫馨	石顯
錫馨	習顯
錫里庫	謝里忽
錫里庫	廝里忽
錫里庫	斜里虎
錫里庫	鎖里虎
錫喇	謝老
錫默	霞末
錫默摩囉歡	斜卯毛良虎
錫默延壽	斜卯延壽
錫默瑠嘉	斜卯劉家
錫默重興	斜卯重興
錫默愛實	斜卯愛實
錫默和摩爾	斜卯胡麻谷
錫默和尚	斜卯和尚
錫默寧嘉	斜卯寧吉
錫默安圖	斜卯阿土
錫默赫木頗	斜卯鶻謀琶
錫默歡塔	斜卯渾坦
錫默果囉	斜卯摑刺
錫默阿布哩	斜卯愛拔里
錫默阿古圖	斜卯阿鶻土
錫默阿里	斜卯阿里
錫哩布	謝夷保

8711_5 鈕

清譯名	元譯名
鈕祜祿奕	女奚烈奕
鈕祜祿元	女奚烈元
鈕祜祿烈山	女奚烈烈山
鈕祜祿貞	粘割貞
鈕祜祿經實	粘哥荆山
鈕祜祿綽哈	粘割抄合
鈕祜祿特烈	粘割忒鄰
鈕祜祿納新	粘葛奴申
鈕祜祿和爾察	女奚烈胡論出
鈕祜祿和掄克們	女奚烈胡里改門
鈕祜祿烏展	粘割完展
鈕祜祿色埒默	粘合斜烈
鈕祜祿守愚	女奚烈守愚
鈕祜祿額特埒	粘割斡特剌
鈕祜祿温綽	女奚烈完出
鈕祜祿罕嘉努	女奚烈韓家奴
鈕祜祿罕努	粘割韓奴
鈕祜祿資禄	女奚烈資禄
鈕祜祿遵古	粘割遵古
鈕祜祿布格蘇	女奚烈孛葛速
鈕祜祿古爾錦	女奚烈古里間
鈕祜祿博諾	女奚烈蒲乃
鈕祜祿薩哈	粘割撒改
鈕祜祿蘇卜實	粘割梭失
鈕祜祿林泉	女奚烈林泉
鈕祜祿忠	粘割忠
鈕祜祿囊嘉特	女奚烈南家

清譯名	元譯名	清譯名	元譯名
鈕祜禄恩楚	女奚烈斡出	舒穆嚕和尚	石抹和尚
鈕祜禄羅索	粘割婁室	舒穆嚕穆	石抹穆
鈕祜禄呼遜	粘割胡撒	舒穆嚕伊德	石抹移迭
鈕祜禄暉	粘割暉	舒穆嚕烏哲	石抹烏者
鈕祜禄哈達	粘割合達	舒穆嚕烏錦	石抹五斤
鈕祜禄哈達	粘割合答	舒穆嚕迪里	石抹迭勒
鈕祜禄哈達	粘合合打	舒穆嚕杏	石抹杏
鈕祜禄哈坦	粘葛合典	舒穆嚕老哈	石抹老斡
鈕祜禄哈尚	粘割胡上	舒穆嚕世勣	石抹世勣
鈕祜禄阿里	粘割阿里	舒穆嚕棟爾	石抹冬兒
鈕祜禄仝周	粘葛仝周	舒穆嚕斡魯	石抹斡魯
鈕祜禄尚和	粘葛詳古	舒穆嚕成格勒	石抹青狗
鈕祜禄耀珠	粘合咬住	舒穆嚕里	石抹里
		舒穆嚕圖喇	石抹突剌
8762_2 舒		舒穆嚕旺古	石抹王五
舒穆嚕充	石抹充	舒穆嚕呼圖	石抹忽土
舒穆嚕卞	石抹卞	舒穆嚕阿爾噶	石抹阿里哥
舒穆嚕元	石抹元	舒穆嚕阿爾噶里	石抹阿魯古列
舒穆嚕元毅	石抹元毅		
舒穆嚕元禮	石抹元禮	舒穆嚕阿瑪拉	石抹阿没剌
舒穆嚕晉卿	石抹晉卿	舒穆嚕阿古	石抹阿古
舒穆嚕延善努	石抹燕山奴	舒穆嚕長壽	石抹長壽
舒穆嚕珠德勒	石抹术突剌	舒穆嚕頤	石抹頤
舒穆嚕玖珠	石抹九住	舒穆嚕錫喇布	石抹許里阿補
舒穆嚕貞	石抹貞	舒穆嚕錦嘉努	石抹靳家奴
舒穆嚕嵩	石抹嵩	舒穆嚕懷忠	石抹懷忠
舒穆嚕仲温	石抹仲温	舒穆嚕惕益	石抹惕益
舒穆嚕和爾	石抹虎兒	舒穆嚕榮	石抹榮
舒穆嚕和卓	石抹合住	舒蘇	受速
舒穆嚕和卓	石抹輝者	舒蘇	神思

清譯名	元譯名
舒蘇鄂博	順思阿不
舒蘇鄂博	筯思阿補
舒威英	孰嵬英
舒嚕	石魯

9206_4 恬

清譯名	元譯名
恬霞努	天下努

9721_4 耀

清譯名	元譯名
耀爾	咬兒
耀珠	齩住
耀珠	咬住

9725_6 輝

清譯名	元譯名
輝罕	回海